U0620357

春秋左傳詳注

上

〔周〕左丘明 著
赵生群 注

中国古典名著译注丛书

中华书局

图书在版编目(CIP)数据

春秋左传详注/(周)左丘明著;赵生群注. —北京:中华书局,2023.12(2024.5重印)
(中国古典名著译注丛书)
ISBN 978-7-101-15574-7

Ⅰ.春… Ⅱ.①左…②赵… Ⅲ.①中国历史-春秋时代-编年体②《左传》-注释 Ⅳ.K225.04

中国版本图书馆CIP数据核字(2022)第024115号

书　　名	春秋左传详注(全三册)
著　　者	〔周〕左丘明
注　　者	赵生群
丛 书 名	中国古典名著译注丛书
责任编辑	刘　明
责任印制	陈丽娜
出版发行	中华书局 (北京市丰台区太平桥西里38号　100073) http://www.zhbc.com.cn E-mail:zhbc@zhbc.com.cn
印　　刷	大厂回族自治县彩虹印刷有限公司
版　　次	2023年12月第1版 2024年5月第2次印刷
规　　格	开本/880×1230毫米　1/32 印张43⅞　插页6　字数977千字
印　　数	3001-5000册
国际书号	ISBN 978-7-101-15574-7
定　　价	158.00元

前　言

孔子作《春秋》，叙鲁国十二公（隐、桓、庄、闵、僖、文、宣、成、襄、昭、定、哀）之间各国大事，时历二百四十二年，笔削旧史，以为褒贬。鲁太史左丘明惧弟子人人异端，各安其意，失其真，故依经立传，以史解经。左氏工于叙事，辞采缤纷，摹写战争及行人辞令，令人叹绝。《左传》规模宏大，是语言文字、历史文化的宝库。春秋时代的文献，流传至今者极少，因而弥足珍贵。作为经典，《左传》具有多方面的价值，它在经学、史学、文学、思想、文化等许多方面，历来都受到人们的重视。

阅读《左传》，有两个问题特别重要。

一、《左传》的性质

《左传》的性质，牵涉到它与《春秋》的关系、《左传》真伪等诸多重要问题，也直接影响到《左传》文本的解读。因此，这个问题不仅是一桩历史的悬案，同时也是所有读者必须思考和釐清的现实问题。

关于孔子是否作过《春秋》、《左传》与《春秋》的关系等问题,我在《春秋经传研究》这部书中有详尽的论证[①],《左传》中大量存在的阐发《春秋》书法凡例的文字、《左传》的行文语气和叙事特点等等,都说明了《左传》与《春秋》的对应关系。这里想要重点说明的是:《左传》不可能是一部独立的史书。

根据《左传》《国语》,"君举必书"是一条重要的书法原则[②],即便是"观社"这样的小事都在载录之列。但鲁公事迹见于《春秋》而《左传》不加记叙的就有一百多例。最明显的例子如:鲁隐公摄位,庄公、闵公、僖公因国内动乱,《春秋》都不书即位,《左传》一一说明其《春秋》不书即位之书法,而不载其即位之事实。定公即位时间不在正月,《左传》也载录其事,以说明定公于六月即位之原因。在鲁国正常即位的七位君主中,《左传》除载桓公即位以示例外,其他文、宣、成、襄、昭、哀六位君主即位都不加记载。桓公、宣公二君之葬,明见于《春秋》,《左传》也不载其事,隐公之葬不见于《经》,《左传》不补载其事而释《春秋》所以不书葬。君主即位、丧葬,均为国家大事,《左传》不记载此类事件,说明其目的不在述史,而专为解经。

《左传》僖公七年载管仲之言称:"夫诸侯之会,其德刑礼义,无国不记。"诸侯盟会是春秋时期各国外交上的重要事件,参与盟会的国家理应载录其事。但在鲁公举动见于

① 赵生群《春秋经传研究》,上海:上海古籍出版社,2000 年 5 月。

② 《左传》庄公二十三年、《国语・鲁语上》。

《春秋》而不载于《左传》的一百多例中,有二十馀例是鲁公至自盟会的记载。以庄公时代为例,《春秋》记载:庄公十九年,公子结及齐侯、宋公盟;二十二年,鲁及齐高傒盟于防;二十三年,公会齐侯,盟于扈;二十七年,公会齐侯于城濮。这些都不见于《左传》。左氏即使记录诸侯会盟之事,也大多不载与会之人,但却往往详细交代会盟的前因后果。《左传》之所以对盟会之事多付阙如或舍大而录细,原因在于凡例已举,如没有特别需要补充的地方就不必再重复经文,这是《左传》为传体而非史书的一个明证。

春秋时代,行人往还为列国所重。《春秋》定公十四年载:"天王使石尚来归脤。"《穀梁传》曰:"石尚欲书《春秋》,谏曰:'久矣周之不行礼于鲁也!请行脤。'贵复正也。"石尚欲书《春秋》,便请求出使行脤,可见周王使者所至,史书必加载录,而《左传》竟不载这一条,说明它不是以记事为目的。类似的情况如隐公九年天王使南季来聘,桓公八年天王使家父来聘,庄公元年天王使荣叔来锡桓公命等,《左传》都没有记载。《左传》襄公二十九年载叔侯之言称:"鲁之于晋也,职贡不乏,玩好时至,公卿大夫相继于朝,史不绝书,府无虚月。"可知列国大夫相互聘问也在史书应该记载的范围之内,但《左传》对这类事也往往不载,甚至连诸侯朝会鲁公也略而不书。如庄公二十三年祭叔来聘、荆人来聘、萧叔朝公,僖公五年杞伯姬来朝其子,定公十五年邾子来奔丧、滕子来会葬等等,《左传》都只字不提。

《左传》成公十三年载刘子之言云:"国之大事,在祀与戎。”古人对祭祀与战争二事极为重视。

郊、雩、烝、尝是一年之中通常要进行的祭祀活动。《春秋》“常事不书”，所以对这方面的记载颇为简略，而《左传》对《春秋》所记的又往往删削不载，偶尔加以记载也全都是以解经的形式出现的。大雩在经文中共出现二十一次，最早的一次在桓公五年，《春秋》载：“（秋）大雩。”《左传》云：“秋，大雩。书，不时也。凡祀：启蛰而郊，龙见而雩，始杀而尝，闭蛰而烝。过则书。”《左传》在此阐明了“过则书”之例。《春秋》记载的其他二十次大雩，《左传》有十一次无传，它们是：僖公十一年、十三年，成公三年、七年，襄公十六年、十七年，昭公八年，定公元年、七年（两次）、十二年。这些条目，当都在《左传》所谓“过则书”之列。另外九次大雩，分别见于襄公五年、八年、二十八年，昭公三年、六年、十六年、二十四年、二十五年（两次），《左传》都以“旱也”“旱甚也”来解释经文，以区别于“书不时”的条例。昭公二十五年经文载：“秋七月上辛，大雩。季辛，又雩。”《左传》云：“秋，书再雩，旱甚也。”传文不载两次大雩的时间，却解释《经》书再雩的原因，这是《左传》重点不在记事而在解经的显证。郊、烝、尝诸种祭祀，《左传》的叙述也与雩祭相类似，偏重阐述《春秋》书法。

鲁君亲赴戎行之举，是重大的军事行动，按照“君举必书”的记事原则，也理当录入史册，而《左传》却往往略而不载。如庄公二十六年《春秋》载，“二十有六年春，公伐戎”；“夏，公至自伐戎”；“秋，公会宋人、齐人伐徐”。传文都没有载录。《春秋》所载鲁国其他战事,《左传》也多略而不录。

在其他一些方面,《左传》的记载也不能用史法来衡量。

春秋时期周王崩者共十有二人,《左传》书其崩者有六:平、惠、襄、顷、灵、景。不书其崩者亦有桓、庄、僖、匡、定、简六王[①]。十二王之葬,则几乎不见于《左传》。《左传》即使书天王崩,也是为了解经。隐公三年《经》云:“三月庚戌,天王崩。”《传》云:“三年春,王三月,壬戌,平王崩。赴以庚戌,故书之。”周惠王崩于僖公七年,《春秋》从告,书于八年,称“冬十有二月丁未,天王崩”。《传》释之曰:“冬,王人来告丧,难故也,是以缓。”文公八年《经》云:“秋八月戊申,天王崩。”《传》不书月日,但曰:“秋,襄王崩。”杜注:“为公孙敖如周吊传。”文公十四年,顷王崩,因周室有乱,不赴,故经文不书。《左传》载之,以发明《春秋》不赴不书之例。襄公二十八年《经》云:“十有二月甲寅,天王崩。”《传》云:“癸巳,天王崩。未来赴,亦未书,礼也。”又云:“王人来告丧,问崩日,以甲寅告,故书之,以征过也。”昭公二十二年景王崩,因王室有乱,故传文作详细补充。最有意思的是桓公十五年《左传》释《春秋》载“天王使家父来求车”之事,而不载桓王之崩、葬。

《春秋》所载诸侯、鲁公子、卿大夫之卒,《左传》多阙而

① 其中成公五年《左传》载:“十一月己酉,定王崩。”杜预注:“《经》在虫牢盟上,《传》在下,月倒错。众家《传》悉无此八字,或衍文。”据传不空载经文之例,此为衍文无疑,故定王亦在不书者之列。

不录。

此外，关于自然方面的情况，如有年、大有年、饥、大饥、无冰、不雨、雨木冰、大雨雹、大无麦禾、火灾、地震、日食、螟、螽、多麋等，这些事都与国计民生有着重大关系，而《左传》大多不载，这一切都说明《左传》用传法而非史笔。

有不少学者认为《左传》与《春秋》关系密切，二者相辅相成，不可割裂，如：桓谭云："《左氏传》于《经》，犹衣之表里，相持而成。《经》而无《传》，使圣人闭门思之，十年不能知也。"[①]胡宁曰："《左氏》释经虽简，而博通诸史，叙事尤详，能令百世之下，颇见本末，其有功于《春秋》为多。"[②]章太炎先生亦尝云："信哉，《经》之与《传》，犹衣服表里相持，去《传》则《经》为虎豹之鞹，与犬羊无异矣。"[③]《左传》根据史实对《春秋》作了大量的补充，不仅可以使人们获得对《春秋》所载历史事件更加切实具体的了解，而且对读者加深理解《春秋》设辞之苦心、褒贬之寓意亦大有裨益，而一部孤立的《春秋》却只能贻人以"断烂朝报"之讥。

《经》不能离《传》，这一点不难理解。而为了进一步搞清《左传》与《春秋》的关系，明确《左传》的性质，我们还必

① 〔汉〕桓谭《新论》，见〔清〕严可均辑《全后汉文》（上册），北京：商务印书馆，1999 年，第 132 页。

② 〔清〕库勒纳撰，田洪整理注释《日讲春秋解义》（上册），海口：海南出版社，2013 年，第 36 页。

③ 章太炎《春秋疑义答问》，上海：上海人民出版社，2014 年，第 281 页。

须强调这样一个事实,即:《传》不能离《经》。[①] 左氏解经,不外乎两个大的方面:一是发凡起例,一是综述其事。《左传》凡例部分无法离开经文而独立存在,这是人所共知的事实;而《左传》叙事部分同样必须附丽于经,却很少有人论及。

这里举几个例子。

《左传》桓公五年:"仍叔之子,弱也。"离开经文,我们简直不知所云。《左传》宣公五年:"冬,来,反马也。"谁来?从哪国来?离开经文我们也不得而知。《左传》宣公八年:"冬,葬敬嬴。旱,无麻,始用葛茀。雨,不克葬,礼也。礼,卜葬,先远日,辟不怀也。"单看传文,敬嬴似乎竟未葬成。《左传》定公十五年:"葬定公。雨,不克襄事,礼也。"定公葬事,与敬嬴相类。

《左传》有很多省略的现象,都是蒙经文而省,与《春秋》合看无不晓畅明白,离开经文则百思不得其解。

《左传》对《春秋》记载简略的部分作出大量的补充,是为了使人们更好地理解经文,而对经文记载较详的部分多有省略,则是为了避免重复,这一切都说明《左传》之目的在于解经,而叙事不过是一种手段。

《经》《传》合璧,正好互相补充,相得益彰。反之,如《经》离开《传》,固然有许多地方难于理解;而《传》离开

① 杨伯峻先生曾指出:"桓谭说,《经》不能离开《左传》,其实,《左传》也不能离开《春秋经》。"这是很有价值的见解。见杨伯峻《春秋左传注》,第 23 页。

《经》,同样也有很多地方令人困惑,至于那些发明《春秋》书法义理的部分,就更是无的放矢了。皮锡瑞云:“《春秋》是经,《左氏》是传,离之双美,合之两伤。”[①]我们说,这几句话正可反其意而用之:《春秋》《左传》两书,合之双美,离则两伤。

二、读懂常用的字词

古书(特别是先秦文献)的阅读,会遇到许多障碍,这是很自然的事情。对《左传》这一类经典而言,影响我们理解的主要障碍,往往不是一些生僻的词语,而是因为我们对一些常见的字词解读有问题。

汉字的语义关系,本就复杂。文字有象形、指事、会意、形声,意思有本义,有引申,有通假,而《左传》成书于数千年之前,时光流逝,古今悬隔,许多字、词的涵义和使用习惯,已经发生了很大的变化,很多古人认为无需解释的意思,如今已变得晦涩不明,有些古书常用的词义,甚至在字典、词典中都找不到,这些情况都有可能成为我们阅读理解《左传》的障碍。试举例加以说明。

(1)曰

“曰”有“为”义。《左传》隐公三年:“先君以寡人为贤,使主社稷。若弃德不让,是废先君之举也,岂曰能贤?”末句“曰”当作“为”解。“岂曰能贤”犹“岂得为贤(能、贤二字同

---

① 〔清〕皮锡瑞撰,吴仰湘点校《经学通论》,北京:中华书局,2018年,第433页。

义)”。

“曰”用作介词,与“以”同义。《左传》宣公十二年:“楚自克庸以来,其君无日不讨国人而训之于民生之不易、祸至之无日、戒惧之不可以怠;在军,无日不讨军实而申儆之于胜之不可保、纣之百克而卒无后;训之以若敖、蚡冒筚路蓝缕以启山林;箴之曰民生在勤、勤则不匮。”此数句句式相同,文中的“曰”与“于”“以”同义,在句中用作介词,前人或不明此义,故标点、翻译以及对文意的理解多有谬误。

“曰”用作动词,有“以为”“认为”之义。《左传》僖公十九年:“齐桓公存三亡国以属诸侯,义士犹曰薄德。”同样的用法,在《左传》中有数十处,往往容易误解。

(2)谓

“谓”有“使”义。《广雅·释诂一》:“谓、命,使也。”《左传》僖公九年:“且人之欲善,谁不如我?我欲无贰,而能谓人已乎?”“能谓人已乎”言不能使人止(不为)也。《左传》襄公二十八年:“蔡侯之如晋也,郑伯使游吉如楚。及汉,楚人还之,曰:‘宋之盟,君实亲辱。今吾子来,寡君谓吾子姑还!’”又《传》昭公十二年:“平子欲使昭子逐叔仲小。小闻之,不敢朝。昭子命吏谓小待政于朝,曰:‘吾不为怨府。’”谓亦使也。《左传》“谓”用“使”义者,尚有数例。

“谓”有“认为”“以为”之义。《左传》隐公十一年:“齐侯以许让公。公曰:‘君谓许不共,故从君讨之。许既伏其罪矣,虽君有命,寡人弗敢与闻。’乃与郑人。”又十一年《传》“君子谓郑庄公于是乎有礼”“君子谓郑庄公失政刑矣”,“谓”字皆用此义。除此而外,《左传》中尚有数十例。《左传》昭公二十年:“君所谓可,据亦曰可;君所谓否,据亦曰否。”文中“谓”“曰”义同。

(3)甲

“甲”有“兵”义(指兵器),而后世不常用。

郑大夫子南与子晳争娶徐吾犯之妹,《左传》昭公元年载其事曰:“(女)适子南氏。子晳怒。既而櫜甲以见子南,欲杀之,而取其妻。子南知之,执戈逐之。及冲,击之以戈。子晳伤而归,告大夫曰:‘我好见之,不知其有异志也,故伤。’”“櫜甲”,《释文》本或作“衷甲”。一般理解为“藏甲于櫜中”或“衣衷(中)着(穿)甲”。而此处之甲当解作兵器。《诗·周颂·时迈》说“载戢干戈,载櫜弓矢”,“戢”“櫜”都是“藏”的意思。“櫜甲”即暗藏兵器。定公九年《传》载齐伐晋,东郭书与犁弥登城,约定一人向左,一人向右,待齐军尽登而后下。结果东郭书一直向左跑,犁弥背约先下。打完仗,二人休息,犁弥说,我先登城。《左传》说东郭书“敛甲”。“敛甲”是要攻击对方的动作,或解作收拾甲衣,但这样的理解显然不合情理。此处“甲”当指兵器,“敛”是“取”的意思。“敛甲”即拿起兵器。

(4)衷

“衷”有“身”义。《左传》闵公二年,晋献公大子帅师,衣之偏衣,佩之金玦。先友曰:“衣身之偏,握兵之要,在此行也,子其勉之!偏躬无慝,兵要远灾,亲以无灾,又何患焉!”狐突叹曰:“时,事之征也。衣,身之章也。佩,衷之旗也。故敬其事,则命以始。服其身,则衣之纯。用其衷,则佩之度。今命以时卒,闷其事也。衣之龙服,远其躬也。佩以金玦,弃其衷也。服以远之,时以闷之,龙凉,冬杀,金寒,玦离,胡可恃也?"文中的"衷"是"身"的意思。此节文字,"躬""衷""身"并用,其义同。"衣,身之章也"与"佩,衷之旗也","服(用)其身,则衣之纯"与"用其衷,则佩之度","衣之龙服,远其躬也"与"佩以金玦,弃其衷也",两两相对。因"衷"用作"身"义者罕见,故对此段文字理解多有歧异。

"衷"又有"怀""藏"之义。《左传》宣公九年:"陈灵公与孔宁、仪行父通于夏姬,皆衷其衵服,以戏于朝。""衷其衵服"谓怀藏其亵衣。"衷"字与下文"纳"同义。襄公二十七年《传》云"楚人衷甲","赵孟患楚衷甲",皆同义。

(5)逃

"逃"有"隐藏""藏匿"之意。《左传》定公四年,吴入楚,楚昭王逃至随,云"楚子在公宫之北,吴人在其南。子期似王,逃王,而己为王"。"逃王,而己为王"二句,前人或解作"逃至王所,着王衣饰",实误。"逃"有"隐藏""藏匿"的意思。《尔雅·释诂上》:"隐、匿、蔽、窜,微也。"郭璞注:"微,谓逃藏也。""逃王,而己为王",谓子期藏匿楚王,而己假扮为王。《史记·楚世家》曰:"王从臣子綦乃深匿王,自以为王。"《伍子胥列传》曰:"王子綦匿王,己自为王以当之。"《史记》易"逃"为"匿",文义明了。成公十年《传》:"公疾病,求医于秦。秦伯使医缓为之。未至,公梦疾为二竖子,曰:‘彼良医也,惧伤我,焉逃之?’其一曰:‘居肓之上,膏之下,若我何?’”“焉逃之”,谓何处藏身。成公十八年《传》:“齐为庆氏之难故,甲申晦,齐侯使士华免以戈杀国佐于内宫之朝。师逃于夫人之宫。”“师逃于夫人之宫”,谓伏兵藏匿于夫人之宫。

(6)年岁

“年”“岁”可指谷物。《说文·禾部》:“年,谷孰也。”“年”的本义是谷物成熟,后来也可以指谷物。如:襄公十一年《传》:“毋蕴年。”意思是说不许囤积粮食。昭公元年《传》:“国无道而年谷和熟,天赞之也。”“年谷和熟”意思是粮食丰收,“年谷”同义连文。僖公十九年《传》:“昔周饥,克殷而年丰。”“饥”指粮食歉收,“年丰”谓粮食丰收。《左传》中“有年”“大有年”的“年”也是谷的意思。

“岁”与“年”意思相通,所以也可以表示谷物。《左传》说“如农夫之望岁”“国人望君如望岁焉”,“望岁”意为盼望谷物丰收。

(7)朝

“朝”有“会”的意思。《左传》成公二年:“癸酉,师陈于鞌。邴夏御齐侯,逢丑父为右。晋解张御郤克,郑丘缓为右。齐侯曰:‘余姑翦灭此而朝食!’”后世“灭此朝食”成语出自这里。前人读“朝”为“昭”,意为“早上”,读音和释义都有问题。据《左传》,当时交战,通常晨炊蓐食(饱餐),而后有列阵、战祷等一系列程序,战斗结束,至少需打扫战场,清点战利品,甚或大战一日,依然不分胜负。如成公十六年,晋、楚战于鄢陵,“旦而战,见星未已”,于是子反命令军吏“察夷伤,补卒乘,缮甲兵,展车马,鸡鸣而食,唯命是听”,准备次日再战。所以,在此情况下,大战完毕再用早餐,绝无可能。“灭此朝食”之“朝”,当读“潮”,取“会”义。《史记·齐太公世家》叙鞌之战,云:“顷公曰:‘驰之,破晋军会食。’”可谓的解。《礼记·王制》:“以朝、覲、宗、遇、会、同于王。”朝、覲、宗、遇、会、同诸名,义得相通。《礼记·王制》:“耆老皆朝于庠。”郑玄注:“朝,犹会也。”《史记·夏本纪》:“荆及衡阳维荆州:江、汉朝宗于海。”谓江、汉会合而入于海。《五帝本纪》曰:“雷夏既泽,雍、沮会同。”“会同”亦“会合”之义。《史记·淮阴侯列传》:“(韩信)令其裨将传飱,曰:‘今日破赵会食!’”“破赵会食”正是“灭此朝食”之意。

(8)服

“服”指器用、器物,可泛指宫室车马衣服等一切物品。《左传》屡言“车服”,皆指车乘及相关器物。与命服有关者,则指相关之器物仪仗。昭公四年《传》言“夫子为司马,与工正书服”,“书服”,谓登记器物之名;又言“若命服,生弗敢服,死又不以,将焉用之?”“命服”,指天子所赐之器物仪仗。僖公二十八年《传》“王命尹氏及王子虎、内史叔兴父策命晋侯为侯伯,赐之大辂之服、戎辂之服”,成公二年《传》“赐三帅先路三命之服,司马、司空、舆帅、候正、亚旅皆受一命之服”,襄公二十六年《传》“赐之先路三命之服”“赐子产次路再命之服”,皆同义。

"服"有"悦""喜爱"之义。《尔雅·释诂上》:"悦、怿、愉,服也。"郭璞注:"皆谓喜而服从。"闵公二年《传》:"服其身,则衣之纯。"谓喜爱其人,则衣之纯衣(纯色之服)。宣公三年《传》:"以兰有国香,人服媚之如是。"《说文》:"媚,悦也。""服媚"同义连文。

"服"有"法""法度"之义。襄公三十年《传》:"子产使都鄙有章,上下有服。"谓都鄙上下皆有法度。"服"与"章"同义。宣公十二年《传》:"君子小人,物有服章。"谓君子小人皆遵法度。"服章"同义连文。

(9)柔

"柔"与扰音近义通,有"驯"义。僖公二十八年《传》:"晋侯梦与楚子搏,楚子伏己而盬其脑,是以惧。子犯曰:'吉。我得天,楚伏其罪,吾且柔之矣。'""柔之",谓驯服之。楚子俯伏,类屈服之状,故云。哀公十一年《传》:"夫其柔服,求济其欲也。""柔服"谓驯服、顺从。昭公二十九年《传》:"乃扰畜龙。"应劭曰:"扰音柔,扰驯也。"《列子·黄帝》:"周宣王之牧正有役人梁鸯者,能养野禽兽,委食于园庭之内,虽虎狼雕鹗之类,无不柔驯者。""柔驯"同义连文。

"柔"有"善"义。《说文》:"脜,嘉善肉也。""柔"与"脜"通,亦有"嘉善"之义。成公十四年《传》引《诗》曰:"兕觥其觩,旨酒思柔。"后一句是说美酒味道很好。"思",句中语助词,无义。"柔"是"善"的意思。《国语·周语中》:"无亦择其柔嘉,选其馨香。""柔嘉"與"馨香"皆为同义复词。《郑语》:“祝融亦能昭显天地之光明,以生柔嘉材者也。”“柔嘉材”即嘉材。《汉语大词典》《汉语大字典》等“柔”字条下不立“善”义,释“柔嘉”亦有可商。

“柔”有“安”义。《尔雅·释诂下》:“柔,安也。”《左传》“柔”字多用作“安”义。如:僖公二十五年《传》:“德以柔中国,刑以威四夷。”文公七年《传》:“叛而不讨,何以示威?服而不柔,何以示怀?”宣公十二年《传》:“伐叛,刑也;柔服,德也。”成公九年《传》:“勤以抚之,宽以待之。”昭公二十年《传》:“柔远能迩,以定我王。”昭公三十年《传》:“若好吴边疆,使柔服焉,犹惧其至。”哀公十一年《传》:“夫其柔服,求济其欲也。”“柔”可与“抚”“怀”等连用,组成同义复词。如:隐公十一年《传》:“吾子其奉许叔以抚柔此民也,吾将使获也佐吾子。”僖公二十四年《传》:“其怀柔天下也,犹惧有外侮。”“抚柔”“怀柔”皆同义连文。

(10)“狡”“愤”

“狡”“愤”二字,都有“盈”“盛”的意思。僖公十五年《传》:“今乘异产,以从戎事,及惧而变,将与人易。乱气狡愤,阴血周作,张脉偾兴,外强中干,进退不可,周旋不能,君必悔之。”《方言》卷十二:“愤,盈也。”《广雅·释诂下》:“愤,盈也。”《礼记·乐记》:“粗厉猛起奋末广贲之音作,则民刚毅。”郑玄注:“贲,读为愤。愤,怒气充实也。《春秋传》曰:血气狡愤。”《国语·周语上》:“阳瘅愤盈,土气震发。”谓阳气盈盛也。《逸周书·时训》:“阴气愤盈。”《后汉书·蔡邕传》:“阴气愤盛,则当静反动。”“愤盈”、“愤盛”皆二字同义并列。“狡愤”二字,亦同义连文。“狡”与“壮”义近,有“壮盛”之义,与“愤”义同。“乱气狡愤”,谓乱气充盈。《说文》:“毚,狡兔也。”段玉裁注:“《小雅·巧言》传:‘毚兔,狡兔也。’按:狡者,少壮之意。”“狡”有“壮”义,故亦有“盛”义。书传常“壮狡”连文。如:《大戴礼记·千乘》:“老疾用财,壮狡用力。”《吕氏春秋·仲夏纪》:“其器高以粗,养壮狡。”高诱注:“壮狡,多力之士。”《战国策·齐策三》:“韩子卢者,天下之疾犬也;东郭逡者,海内之狡兔也。韩子卢逐东郭逡,环山者三,腾山者五,兔极于前,犬罢于后,犬兔俱罢,各死其处,田父见之,无劳倦之苦,而擅其功。”此则“壮”、“狡”对举之例也。《淮南子·俶真训》:“罢马之死也,剥之若槁;狡狗之死也,割之犹濡。”“罢马”与“狡狗”相对。

(11)伏

“伏”有“休”“息”的意思。襄公二十三年《传》:“夫鼠,昼伏夜动,不穴于寝庙,畏人故也。”伏,休也,息也。“伏”与“动”相对。《说文》:“卧,休也。从人、臣,取其伏也。”定公四年《传》:“寡君越在草莽,未获所伏,下臣何敢即安?”“未获所伏”,《新序·节士》作“未获所休”,是其证已。《国语·鲁语下》曰:“自庶人以下,明而动,晦而休,无日以怠。”“明而动,晦而休”,与“昼伏夜动”义正相反。

(12)毁

“毁”可训“舍”,有“舍弃”、“放弃”之类的意思。庄公三十年《传》:“秋,申公斗班杀子元。斗穀於菟为令尹,自毁其家,以纾楚国之难。”毁,舍也,弃也;“家”谓家产。“自毁”二句,言舍弃其家财,以纾楚国之难。文公十八年《传》言“毁信废忠”,“毁”与“废”义近。成公二年《传》“淫湎毁常”,襄公十三年《传》“君命以共,若之何毁之”,昭公元年《传》“乃毁车以为行,五乘为三伍”,“毁”皆用“舍弃”义。《左传》屡言“毁中军”,都是“舍弃”“废除”的意思。

其他如:“二”“贰”有“叛”义;“宠”有“尊”义,“荣”义,“盛”义,“贵”义;“为”有“成”义,“能”义,“有”义,“用”义,“使”义,“如”义,“虽”义,“以”义,“乃”义,“而”义,“于”义,“其”义,“则”义;“类”“轨”“物”“量”“体”“则”“纪”“律”“制”“令”“刑”“辟”“服”“经”“常”“纲”“章”“典”“度”“艺”“极”“略”“节”“仪”“方”“索”都有“法”“法度”的意思。

诸如此类,不胜枚举。如能细心寻绎,举一反三,则许多疑难问题或可迎刃而解。

凡　例

一、《春秋左传》正文据中华书局 1980 年影印本阮元校刻《十三经注疏》本，凡有文字改动，随注说明。

二、《左传》为解释《春秋》而作，本书注意揭示二者关系，不单解释字词。

三、注释以简明为宗旨，力求明白简洁，一般不加引证。

四、书名“详注”，取周详、详备之意。凡前人忽略而易生误解之处，皆加注解。

五、全书不作互见，以便阅读。

六、限于体例，注释参考各家著作，不一一注明。

目　录

闵公

宣公

隐　公[1]

传

惠公元妃孟子[2]。孟子卒[3]，继室以声子[4]，生隐公。宋武公生仲子[5]。仲子生而有文在其手[6]，曰为“鲁夫人[7]”，故仲子归于我[8]。生桓公而惠公薨[9]，是以隐公立而奉之[10]。

〔注释〕

①隐公：姓姬，名息姑，惠公之子。据《史记·鲁周公世家》，为鲁公伯禽(周公姬旦子)之后第十四位君主，伯禽七世孙。公元前722年—公元前712年在位。隐是谥号，公是爵位。古代爵位无定称，出土彝器鲁君或称公，或称侯，《春秋》书法严谨，称鲁君为公，或据《鲁春秋》。《谥法》：“隐拂不成曰隐。”又：“不显尸国曰隐。”周爵凡五等：公、侯、伯、子、男。《春秋》根据鲁国史记笔削而成，故采用鲁国纪年。　②惠公：名弗湟，公元前768年—公元前723年在位。元妃：原配夫人。孟子：宋国女子，孟是排行，子是本姓。下文“仲子”，与此类似。　③卒：孟子为鲁夫人，死当称“薨”，此称卒，因为丧礼未成。　④“继室”句：谓接替夫人之位。声子：孟子的侄女或妹妹，随孟子陪嫁至鲁。声是谥号，

子是本姓。 ⑤宋武公：名司空，公元前765年—公元前748年在位。 ⑥文：字。手：指手掌。 ⑦曰为：为。曰、为同义。⑧归：女子出嫁。我：指鲁。《春秋》《左传》记事皆以鲁为主，常以“我”指代鲁国。 ⑨桓公：名允，公元前711年—公元前694年在位。薨：春秋时称诸侯死为薨。《礼记·曲礼下》：“天子死曰崩，诸侯曰薨，大夫曰卒，士曰不禄，庶人曰死。” ⑩立而奉之：指隐公摄位，而奉桓公为君。惠公死时，桓公尚幼，故隐公摄行政事，而实欲奉桓公为君。奉：尊，尊崇。此节文字与下文“元年春王正月，不书即位，摄也”本为一传，后人分传文与经相附，每年必以“某年”另起，故将此节提前，而与下文隔绝。《左传》中此类例子颇多，本书将随文说明。

经

元年春①，王正月②。

三月，公及邾仪父盟于蔑③。

夏五月，郑伯克段于鄢④。

秋七月，天王使宰咺来归惠公、仲子之赗⑤。

九月，及宋人盟于宿⑥。

冬十有二月⑦，祭伯来⑧。

公子益师卒⑨。

〔注释〕

①元年：古代帝王和诸侯即位的第一年。隐公元年为周平王四十九年（公元前722年）。 ②王：指周王。正月：一年的第一个月。古代纪月以十二支配十二月，夏历以建寅之月（今农历正月）为正月，殷历以建丑之月（今农历十二月）为正月，周历以建

子之月(今农历十一月)为正月。今农历沿用夏历。鲁用周历纪时,故称“王正月”。 ③公:指鲁隐公。《春秋》以鲁为主,他国为客,凡称“公”者,皆指鲁君,记他国人、事,则标明国籍,以资区别。及:与。邾(zhū):也称“邹”“邾娄”。国名,曹姓,故城在今山东邹城市东南。仪父:邾子克的字。盟:订立盟约。盟誓过程为:先凿地为方坎,杀牲于坎上,割牲左耳,以盘盛之,又取血,以敦盛之。读盟书以告神,然后与盟者歃血(小口饮血)。歃毕,加盟约正本于牲上,埋之,副本则由与盟者持归收藏。蔑:即“姑蔑”。鲁地,在今山东泗水县东四十五里。 ④郑伯:郑庄公,公元前743年—公元前701年在位。克:战胜。段:郑庄公同母弟。鄢:亦作“傿”。春秋时郑地,在今河南柘城县北三十里。 ⑤天王:周天子。此指平王,名宜臼,幽王之子。据《史记·十二诸侯年表》,平王公元前770年—公元前720年在位。根据《左传》及《竹书纪年》、清华简《系年》,平王之前尚有一位周王(携王)。周幽王即位后,荒淫无度,任用谗佞,废申后及太子宜臼,立褒姒为王后,其子伯服为太子。幽王十一年(公元前771年),申侯与犬戎攻杀幽王。诸侯与周室大臣共立幽王之弟余臣为王,是为携王。携王二十一年,晋文侯仇杀携王,立平王,三年后(公元前747年),周东迁洛邑(也称“雒邑”,故址在今河南洛阳市洛水北岸及瀍水两岸)。平王时,王室衰微,礼崩乐坏,诸侯势力逐渐强大,擅自以武力相征伐,政由方伯(诸侯之长)。从平王开始,中国历史进入春秋时期。宰咺(xuān):周大夫。宰是官名,咺是人名。归(kuì):通“馈”,馈赠。赗(fèng):帮助丧葬所送的车马束帛。 ⑥“及宋”句:鲁与宋人盟于宿。“及”上省略“鲁”字,与盟之人未书姓名。宿:国名,风姓,在今山东东平县东南二十里。 ⑦有(yòu):通“又”。用于整数和零数之间。 ⑧祭(zhài)伯:周卿士。祭是食邑(今河南郑州市东北有古祭亭),伯是爵位。

⑨公子益师:鲁孝公之子,字众父。卒:大夫死曰卒。

传

元年春,王周正月,不书即位①,摄也②。

〔注释〕

①不书即位:谓《春秋》不载隐公即位之事。即位:君主登位。 ②摄:代理。指隐公暂代桓公治理政事。

三月,公及邾仪父盟于蔑,邾子克也①。未王命,故不书爵②。曰"仪父"③,贵之也。公摄位而欲求好于邾④,故为蔑之盟。

〔注释〕

①邾子克也:全句应理解为:"邾仪父,邾子克也。"《春秋》记事,一般都书人名,邾子克称字,较为特殊,故《左传》特别加以提示。 ②爵:爵位。周爵五等:公、侯、伯、子、男。 ③"曰'仪父'"二句:这是作者解释《春秋》书法的话。谓《春秋》称邾子为"仪父",是表示对他的尊重。肯定他作为小国君主,能与大国(鲁国)通好,安定百姓。 ④好:亲,亲善。

夏四月,费伯帅师城郎①。不书,非公命也。

〔注释〕

①费(bì)伯:费庈父,鲁大夫。城:筑城。郎:鲁邑,在今山东鱼台县。

初[1]，郑武公娶于申[2]，曰武姜[3]。生庄公及共叔段[4]。庄公寤生[5]，惊姜氏，故名曰寤生，遂恶之。爱共叔段，欲立之。亟请于武公[6]，公弗许。

及庄公即位，为之请制[7]。公曰："制，岩邑也[8]，虢叔死焉[9]。佗邑唯命[10]。"请京[11]，使居之，谓之京城大叔[12]。祭仲曰[13]："都城过百雉[14]，国之害也。先王之制，大都不过参国之一[15]，中五之一，小九之一。今京不度[16]，非制也[17]。君将不堪[18]。"公曰："姜氏欲之，焉辟害[19]？"对曰："姜氏何厌之有[20]？不如早为之所[21]，无使滋蔓[22]。蔓，难图也。蔓草犹不可除，况君之宠弟乎[23]？"公曰："多行不义，必自毙[24]，子姑待之。"

既而大叔命西鄙、北鄙贰于己[25]。公子吕曰[26]："国不堪贰，君将若之何[27]？欲与大叔[28]，臣请事之；若弗与，则请除之，无生民心。"公曰："无庸，将自及[29]。"大叔又收贰以为己邑[30]，至于廪延[31]。子封曰："可矣。厚将得众[32]。"公曰："不义不暱[33]，厚将崩[34]。"

大叔完聚[35]，缮甲兵[36]，具卒乘[37]，将袭郑。夫人将启之[38]。公闻其期，曰："可矣。"命子封帅车二百乘以伐京[39]。京叛大叔段，段入于鄢。公伐诸鄢[40]。五月辛丑[41]，大叔出奔共[42]。

书曰[43]："郑伯克段于鄢。"段不弟[44]，故不言弟；如二君，故曰克；称郑伯，讥失教也，谓之郑志[45]。不言出奔[46]，难之也。

遂置姜氏于城颍[47]，而誓之曰[48]："不及黄泉[49]，无相见也！"既而悔之。

颍考叔为颍谷封人[50]，闻之，有献于公。公赐之食。食舍肉。公问之，对曰："小人有母，皆尝小人之食矣[51]，未尝君之羹[52]，请以遗之[53]。"公曰："尔有母遗繄[54]，我独无！"颍考叔曰："敢问何谓也[55]？"公语之故，且告之悔。对曰："君何患焉[56]！若阙地及泉[57]，隧而相见[58]，其谁曰不然[59]？"公从之。公入而赋[60]："大隧之中，其乐也融融[61]！"姜出而赋："大隧之外，其乐也泄泄[62]！"遂为母子如初。

君子曰[63]："颍考叔，纯孝也[64]，爱其母，施及庄公[65]。《诗》曰[66]：'孝子不匮[67]，永锡尔类。'其是之谓乎[68]！"

〔注释〕

①初：当初。时间副词。《左传》常以"初"字领起，追述前事。 ②郑武公：名掘突，公元前770年—公元前744年在位。郑为姬姓国家，周宣王同母弟姬友之后，春秋时都新郑（在今河南新郑市），战国时为韩所灭。申：国名，姜姓，在今河南南阳市。③曰：为。武姜：武公之妻。武是丈夫的谥号，姜是本姓。 ④共（gōng）叔段：郑庄公同母弟，名段，叔为排行，后来出奔共（在今河南辉县），故称共叔段。 ⑤寤生：逆生，即难产。寤：通"牾"，逆。 ⑥亟（qì）：屡次。 ⑦制：地名，在今河南郑州市西北邙山东头一带。 ⑧岩邑：险要的城邑。 ⑨虢（guó）叔：虢仲之后，东虢末代国君，为郑所灭。焉：于此。 ⑩佗：同"他"，其他。唯命：听凭吩咐。唯：任。 ⑪京：郑邑，在今河南荥阳市东南。⑫大（tài）叔：即太叔，尊称。大：同"太"。《左传》中"大子""大史""大庙""大师""大公"等词中之"大"字，皆与此相同。⑬祭（zhài）仲：郑大夫，字仲，名足。 ⑭都城：此处为城邑之泛称，并非指国都。都、城二字同义。过百雉：指城墙长度超过三百

丈。城墙方丈为堵,三堵为雉。 ⑮参(sān)国之一:国都的三分之一。参:同“三”。国:指国都。 ⑯不度:不合法度。 ⑰非制:不合先王制度。 ⑱不堪:受不了。堪:经得起。 ⑲焉:哪里。辟:同“避”。 ⑳何厌之有:即有何厌,谓不知满足。 ㉑为之所:谓恰当处置共叔段。所:处,处所。 ㉒无:勿。滋蔓:谓扩充势力。滋:增益。蔓:延伸。 ㉓宠弟:指同母弟。宠:尊。《说文》:“宠,尊居也。” ㉔自毙:自己垮台。毙:倒下。 ㉕既而:不久。鄙:边邑。贰:两属。指既属于庄公,又属于自己。 ㉖公子吕:郑大夫,字子封。 ㉗若……何:犹言“怎么办”。若:奈。 ㉘欲:若。表示假设。 ㉙自及:自及于祸。及:赶上。指遭祸。 ㉚收:取。 ㉛廪延:亦称延津,郑邑,在今河南延津县北。 ㉜厚:强,强大。 ㉝不义:指对国君不义。不昵(nì):指不能使大众亲附。昵:亲近。 ㉞崩:崩溃。 ㉟完:指加固城墙。完:坚。聚:聚粮草。 ㊱缮:备办。 ㊲具:准备。卒:步兵。乘(shèng):车兵。㊳启:助。 ㊴二百乘:战车二百辆。古代每辆战车可配备甲士三人,步卒七十二人。 ㊵诸:“之于”的合音。 ㊶辛丑:二十三日。古代以十干(甲、乙、丙、丁、戊、己、庚、辛、壬、癸)与十二支(子、丑、寅、卯、辰、巳、午、未、申、酉、戌、亥)相配记时。 ㊷共:地名,在今河南辉县。 ㊸书曰:以下几句是作者解释《春秋》书法的话。书:指《春秋》的记载。 ㊹不弟:不敬兄长。 ㊺郑志:郑伯的本意。志:意。 ㊻“不言”二句:《春秋》不说段“出奔”,是因为难以说他是自动出奔。难:以……为难。 ㊼置:安置。城颍:郑邑,在今河南襄城县境内。 ㊽誓之:向她发誓。 ㊾“不及”二句:谓此生不愿再见姜氏。黄泉:指地下之泉。人死后葬于地下。 ㊿颍考叔:郑大夫。颍谷:郑邑,在今河南登封市西南。封人:负责管理疆界的官员。 51皆:俱,遍。尝:食。 52羹:即上文之“肉”。《尔雅·释器》:“肉谓之羹。” 53遗(wèi):馈赠。

㊿㊹繄(yī):句末语气词。　㊿㊺敢:谦词。表示冒昧。　㊿㊻焉:乎。㊿㊼阙(jué):通“掘”,挖掘。　㊿㊽隧:隧道。此用如动词。㊿㊾其:语气词。表示反问语气。曰:认为,以为。然:那样。代指黄泉相见。　㊿⓪赋:赋诗。　㊿①融融:形容和乐。　㊿②泄(yì)泄:形容舒散畅快。　㊿③君子曰:这是《左传》发表议论的一种形式,有时也引用前贤或时人的话来评论人事。后代史书的“论”“赞”等,即起源于此。君子:古代指有道德修养的人。　㊿④纯孝:大孝。《尔雅·释诂上》:“纯,……大也。”　㊿⑤施(yì):延及。㊿⑥《诗》曰:引文出自《诗经·大雅·既醉》。　㊿⑦“孝子”二句:《传》意谓孝子无有穷尽,长赐人以法度。匮:尽。锡:赐。类:法。《方言》卷七:“肖、类,法也。”　㊿⑧“其是”句:大概说的就是这种情况吧!其:殆。表示测度语气。是之谓:谓(言说之义)是。之:起提宾作用,无义。

秋七月,天王使宰咺来归惠公、仲子之赗。缓①,且子氏未薨②,故名③。天子七月而葬,同轨毕至④;诸侯五月⑤,同盟至⑥;大夫三月⑦,同位至⑧;士逾月⑨,外姻至⑩。赠死不及尸⑪,吊生不及哀⑫,豫凶事⑬,非礼也。

〔注释〕

①缓:迟。指没有赶上葬期。诸侯五月而葬。惠公之死,具体时间不详。然据春秋时君薨、新君逾年改元之常例,知惠公薨于上年,至隐公元年七月已过五月。　②子氏:即仲子。仲子薨于隐公二年。　③《春秋》常例,天子之卿大夫不书名。宰咺使鲁,惠公已经下葬;而仲子未薨,不应预赠助丧之礼。此二事皆不合礼,故书其名。　④同轨:轨辙(宽窄)相同的地方。指全国。帝王统治天下,必令车同轨、书同文。轨:两轮之间的距离。毕:

尽,皆。 ⑤诸侯:指当时各国君主。周代诸侯共分公、侯、伯、子、男五等。五月:五月而葬。 ⑥同盟:指缔结盟约的国家。⑦大夫:职官等级名。三代官职,分为卿、大夫、士三等。 ⑧同位:同列。指同为大夫之人。 ⑨士:官名。古代诸侯置上士、中士、下士,位次于大夫。逾月:跨二月。 ⑩外姻:外亲,有婚姻关系的亲属。 ⑪赠死:赠送助丧之物。不及尸:未能在下葬之前赶到。 ⑫吊生:向死者家属吊丧。不及哀:未能在下葬之前赶到。哀:指反哭。葬后家人从墓地返回祖庙和殡宫,号哭尽哀,叫反哭。 ⑬豫:超前准备。凶事:指丧事。

八月,纪人伐夷①。夷不告②,故不书。

〔注释〕

①纪:国名,姜姓,春秋时为齐所灭,故地在今山东寿光市东南。夷:国名,妘姓,故城在今山东即墨市西。 ②"夷不"二句:纪人伐夷,夷不告于鲁,故史官不书于策(古者大事书于策,小事书于简牍),孔子《春秋》也不载其事。

有蜚①。不为灾②,亦不书。

〔注释〕

①蜚(fěi):一种害虫,似蚱蜢而轻小,能飞,气味恶臭,群食稻花,使稻不能结实。 ②为:成。

惠公之季年①,败宋师于黄②。公立,而求成焉③。九月,及宋人盟于宿,始通也④。

〔注释〕

①季年:末年。 ②宋:国名,子姓,公爵,武王灭纣,封纣王之庶兄微子启于宋,都商丘(在今河南商丘市),战国时为齐所灭。黄:宋邑,在今河南省杞县北。 ③求成:求和。成:和解。④通:交往。

冬十月庚申[①],改葬惠公。公弗临[②],故不书。惠公之薨也,有宋师,太子少,葬故有阙[③],是以改葬。

〔注释〕

①庚申:十四日。 ②临(lìn):指临葬礼哭吊。隐公摄政,奉桓公为君,谦让不敢以丧主自居,故不临惠公之丧。 ③有阙:有阙失,也即不完备。

卫侯来会葬[①]。不见公,亦不书。

〔注释〕

①会葬:参加葬礼。

郑共叔之乱[①],公孙滑出奔卫[②]。卫人为之伐郑,取廪延。郑人以王师、虢师伐卫南鄙[③]。请师于邾,邾子使私于公子豫[④]。豫请往,公弗许。遂行。及邾人、郑人盟于翼[⑤]。不书,非公命也。

〔注释〕

①郑:国名,姬姓,周宣王同母弟姬友之后,春秋时都新郑(在今河南新郑市),战国时为韩所灭。共叔:即共叔段。 ②公

孙滑:共叔段之子。卫:国名,姬姓,康叔封(周武王弟)之后,建都朝歌(在今河南淇县),懿公时为狄所灭。齐桓公复封卫,居楚丘(在今河南滑县东六十里),成公迁帝丘(在今河南濮阳县南约二十里之五星乡高城村南,黄河故道金堤河南岸),战国时为秦所灭。 ③以:率领。王师:周王的军队。虢:指西虢。国名,姬姓,故城在今河南陕县东南。昭公九年《左传》:"文、武、成、康之建母弟,以蕃屏周。"周封文王弟姬仲于制(今河南荥阳),是为东虢。公元前767年为郑武公所灭。封姬叔于雒(今陕西宝鸡一带),是为西虢。西周末年,西虢随周室东迁,都下阳(今山西平陆),是为北虢。后为晋所逼,徙于上阳(今河南三门峡),是为南虢。因当时东虢已灭,故西虢径称虢。鄙:边邑。 ④私:私下相见。公子豫:鲁大夫。 ⑤翼:郑地,在今山东费县西南。

新作南门①。不书,亦非公命也。

〔注释〕

①"新作"三句:这是作者解释《春秋》书法的话。意思是:虽为兴作大事,非君命则《春秋》不书。

十二月,祭伯来①,非王命也。

〔注释〕

①"祭伯"二句:祭伯非奉王命而自来,故《春秋》书"祭伯来",而不称使。

众父卒。公不与小敛①,故不书日②。

〔注释〕

①与(yù):参加。小敛:给死者穿衣、加被。 ②不书日:指《春秋》不记载众父死的日期。

经

二年春①,公会戎于潜②。

夏五月,莒人入向③。

无骇帅师入极④。

秋八月庚辰⑤,公及戎盟于唐⑥。

九月,纪裂繻来逆女⑦。

冬十月,伯姬归于纪⑧。

纪子帛、莒子盟于密⑨。

十有二月乙卯⑩,夫人子氏薨。

郑人伐卫。

〔注释〕

①二年:公元前721年。 ②戎:古代指西方少数民族。春秋时,部分戎人进入中原,与华夏杂处。潜:鲁地,在今山东济宁市西南。 ③莒(jǔ):国名,己姓,少昊之后,在今山东莒县。入:进入。指不灭其国、不占有其地。向:国名,姜姓。今山东莒县南七十里有向城,即其地。 ④无骇:鲁卿。极:鲁附庸之国,在今山东鱼台县西南。 ⑤庚辰:庚辰为七月九日,八月无庚辰。日或月有误。 ⑥唐:鲁地,在今山东鱼台县旧治东北。 ⑦纪:国名,姜姓,春秋时为齐所灭。裂繻(xū):纪卿。逆:迎娶。女:鲁惠公之女。 ⑧伯姬:鲁惠公长女。 ⑨子帛:裂繻的字。密:莒

邑。今山东昌邑市东偏南十五里有密乡，即其地。 ⑩乙卯：十六日。

传

二年春，公会戎于潜①，修惠公之好也。戎请盟，公辞②。

〔注释〕

①"公会"二句：戎本与惠公结好，今隐公会戎，重寻旧好，故曰修惠公之好。修：续。 ②辞：辞谢，推辞。

莒子娶于向，向姜不安莒而归①。夏，莒人入向，以姜氏还。

〔注释〕

①向姜：莒子所娶向女。即下文之"姜氏"。

司空无骇入极①，费庈父胜之②。

〔注释〕

①司空：官名。鲁司空地位为卿。 ②费庈父（qín fǔ）：即费伯。胜：灭。

戎请盟。秋，盟于唐①，复修戎好也。

〔注释〕

①盟于唐：隐公与戎盟。《传》蒙经文省"公"字。

九月,纪裂繻来逆女,卿为君逆也①。

〔注释〕

①卿为君逆:诸侯娶妇,必使卿出境相迎,方合于礼。

冬,纪子帛、莒子盟于密,鲁故也①。

〔注释〕

①鲁故:因为鲁国的缘故。莒、鲁不睦,纪侯既与鲁联姻,因使大夫盟莒,以解两国之怨,故曰“鲁故”。

郑人伐卫①,讨公孙滑之乱也。

〔注释〕

①“郑人”二句:叔段为郑伯所败,出奔共,公孙滑(叔段之子)出奔卫。卫人为之伐郑,取廪延,故郑人伐卫报复。

经

三年春①,王二月己巳②,日有食之③。
三月庚戌④,天王崩⑤。
夏四月辛卯⑥,君氏卒⑦。
秋,武氏子来求赙⑧。
八月庚辰⑨,宋公和卒⑩。
冬十有二月,齐侯、郑伯盟于石门⑪。
癸未⑫,葬宋穆公。

〔注释〕

①三年：公元前720年。　②己巳：初一日。　③日有食之：即日食。以今之历法推算，当为公历公元前720年2月22日之日全食。　④庚戌：十三日。　⑤天王：指周平王。崩：古代天子死亡之称。　⑥辛卯：二十二日。　⑦君氏：指隐公之母。鲁夫人卒，《春秋》通常书“夫人某氏薨”。隐公既谦让不敢当君位，也不想将生母与桓公之母并列，故经文以“君氏”指称隐公之母。隐公二年仲子（桓公之母）卒，《春秋》书“夫人子氏薨”，可参看。⑧武氏子：武氏之子。武氏为周室大夫，其子无官爵，故称“武氏子”。赙（fù）：助办丧事的财物。　⑨庚辰：十五日。　⑩宋公和：宋穆公，名和，公元前728年—公元前720年在位。卒：《春秋》书鲁君死曰“薨”，书他国诸侯曰“卒”，以示内外有别。　⑪齐侯：齐僖公，名禄甫，公元前730年—公元前698年在位。齐为姜姓国家，武王克殷，封吕尚于营丘（后称临淄），在今山东淄博市东北。春秋末年田氏篡立，为田齐，战国时为秦所灭。石门：齐地，在今山东济南市长清区西南。　⑫癸未：二十日。

传

三年春，王三月壬戌①，平王崩。赴以庚戌②，故书之③。

〔注释〕

①壬戌：二十五日。　②赴：报丧。今言“讣”。　③平王崩于三月壬戌（二十五日），周人讣告称庚戌（十三日），是为了让诸侯速至京师奔丧。《春秋》根据讣告书天王崩于庚戌，是为了惩戒臣子的过失。

夏,君氏卒。声子也[①]。不赴于诸侯,不反哭于寝[②],不祔于姑[③],故不曰薨[④]。不称夫人[⑤],故不言葬,不书姓。为公故[⑥],曰“君氏”。

〔注释〕

①声子:隐公之母。声是谥号,子是本姓。 ②反哭:葬后家人从墓地返回祖庙和殡宫,号哭尽哀,称反哭。寝:指殡宫。③祔(fù):祭祀名。死者与祖先合享之祭。古代丧礼,人死后百日祭祀,停止无时之哭,改为朝夕一哭,称为卒哭。卒哭后的第二天,奉死者神主祭于祖庙,称为祔。姑:祖姑。即祖母。 ④薨:古代诸侯及夫人死亡之称。 ⑤不称夫人:如果称夫人,则例当书“夫人子氏薨”,这样,就无法与桓公之母区分开来了。 ⑥“为公故”二句:隐公之母死,不称夫人,不书姓氏,是出于谦让。但隐公当时在鲁君之位,他的母亲不应等同于一般姬妾,故《春秋》特书“君氏”,以标明身分。

郑武公、庄公为平王卿士[①]。王贰于虢[②]。郑伯怨王[③]。王曰:“无之。”故周、郑交质[④]。王子狐为质于郑[⑤],郑公子忽为质于周[⑥]。王崩,周人将畀虢公政[⑦]。四月,郑祭足帅师取温之麦[⑧]。秋,又取成周之禾[⑨]。周、郑交恶[⑩]。

君子曰:“信不由中[⑪],质无益也。明恕而行[⑫],要之以礼[⑬],虽无有质,谁能间之[⑭]?苟有明信[⑮],涧溪沼沚之毛[⑯],蘋蘩薀藻之菜[⑰],筐筥锜釜之器[⑱],潢汙行潦之水[⑲],可荐于鬼神[⑳],可羞于王公,而况君子结二国之信,行之以礼,又焉用质[㉑]?《风》有《采蘩》《采蘋》[㉒],《雅》有《行苇》《泂

酌》㉓,昭忠信也㉔。"

〔注释〕

①卿士:王室执政之卿。 ②贰于虢:谓不专任郑伯,有时也分权给虢公。虢:指西虢公。 ③郑伯:指郑庄公。 ④交质:互换人质。 ⑤王子狐:周平王之子,名狐。 ⑥公子忽:郑庄公之子,名忽,即郑昭公。 ⑦畀(bì):与。政:国政。 ⑧祭(zhài)足:郑大夫。即隐公元年之祭仲。名足,仲是排行。帅:同"率"。温:周王畿(王城周围千里的地方)内的小国,故城在今河南温县。赵翼认为郑用夏正,四月当为夏之四月,麦已成熟,故郑人取之。杜预则认为周之四月,当夏之二月,麦尚未成熟,"取"是割除践踏的意思。 ⑨成周:指西周的东都洛邑。故城在今河南洛阳市东郊白马寺东。禾:秦汉以前禾指粟,即今之小米。后世指稻。 ⑩交恶:互相怨恨。 ⑪信:言,言辞。由中:发自内心。中:同"衷"。 ⑫明恕而行:懂得恕道,做到推己及人。明:知。恕:设身处地为他人着想。 ⑬要(yāo):约束。 ⑭间:离间。⑮明信:诚信。明、信义同。 ⑯涧溪沼沚(zhǐ):涧、溪都是山间的水流,沼是水池,沚是水中小洲。毛:草。地所生曰毛。 ⑰蘋:一种多年生水中蕨类植物,叶有长柄,每茎四小叶呈田字形,也叫"田字草"。夏秋开小白花。蘩:即白蒿,可食。蕰(wēn):即莙,水藻名,又称"牛藻""大叶藻"。藻:水藻的总称。 ⑱筐、筥(jǔ):两种竹器。方者为筐,圆者为筥。锜(qí)、釜:两种烹饪器。有足为锜,无足为釜。 ⑲"潢汙"句:泛指所有的水。潢汙(huáng wū):不流动的水。积小水为潢,不流动的水为汙。行:通"洐"。沟中流水。潦:雨后大水。 ⑳"可荐"二句:此二句互文见义,荐、羞都是进献的意思。 ㉑焉:安,何。 ㉒《风》:指《诗经》中的国风。《诗经》有周南、召南、邶、鄘、卫、王、郑、齐、

魏、唐、秦、陈、郐、曹、豳十五国风。《采蘩》《采蘋》:均为《诗·召南》篇名。《传》引此诗,义取"不嫌薄物"。 ㉓《雅》:指《诗经》中的《小雅》《大雅》。《行苇》:《诗·大雅》篇名。《泂(jiǒng)酌》:《诗·大雅》篇名。《传》引二诗,取诚信之义。 ㉔昭:彰明,显示。忠信:诚信。忠、信,复词同义。

武氏子来求赙[①],王未葬也。

〔注释〕

①"武氏"二句:谓鲁不供奉王丧,致令王室遣使来求,《春秋》载之,以示讥讽。

宋穆公疾[①],召大司马孔父而属殇公焉[②],曰:"先君舍与夷而立寡人[③],寡人弗敢忘。若以大夫之灵[④],得保首领以没[⑤],先君若问与夷,其将何辞以对[⑥]?请子奉之[⑦],以主社稷[⑧]。寡人虽死,亦无悔焉。"对曰:"群臣愿奉冯也[⑨]。"公曰:"不可。先君以寡人为贤,使主社稷。若弃德不让[⑩],是废先君之举也,岂曰能贤[⑪]?光昭先君之令德[⑫],可不务乎[⑬]?吾子其无废先君之功[⑭]!"使公子冯出居于郑。八月庚辰,宋穆公卒。殇公即位。

君子曰:"宋宣公可谓知人矣!立穆公,其子飨之[⑮],命以义夫[⑯]!《商颂》曰[⑰]:'殷受命咸宜[⑱],百禄是荷[⑲]。'其是之谓乎[⑳]!"

〔注释〕

①宋穆公:名和,宋武公之子。公元前728年—公元前720

年在位。　②大司马：宋国官名，掌管国家军政大事。孔父：名嘉，亦称孔父嘉，是孔子的祖先。属（zhǔ）：同“嘱”。嘱托。殇公：宋宣公的太子，名与夷，公元前719年—公元前711年在位。　③“先君”句：谓宋宣公将君位传给弟弟穆公，而不传给自己的太子与夷（即后来的殇公）。先君：指宋宣公。公元前747年—公元前729年在位。舍：弃。寡人：自谦之辞。意思是寡德之人。《左传》中的寡人都是诸侯自称。　④以大夫之灵：客套话，等于说托您的福。以：因。灵：福。　⑤“得保”句：谓得以善终。保首领：指不被杀戮。没：终。　⑥其将：将。其、将义同。何辞以对：用什么话来回答。　⑦奉：尊奉，拥戴。　⑧主社稷：指为君。主：祭祀。社稷：土神和谷神。后用以代指国家。　⑨冯：穆公之子，即后来的宋庄公。　⑩弃德：背先君之德。　⑪岂曰能贤：岂能称为贤能。曰：为。能、贤同义。　⑫光昭：明，昭明。光、昭同义。令德：美德。　⑬务：勉。　⑭吾子：对对方的敬称。语气比称“子”更为亲切。其：尚，希望。表示祈使语气。　⑮飨：通“享”。指享有宋国。　⑯“命以”句：谓遗命立弟为君而不传位于子，合于道义。夫（fú）：句末语气词，表示感叹语气。　⑰《商颂》：以下引诗见《诗·商颂·玄鸟》。《颂》是《诗经》三大组成部分之一，与《风》《雅》并列。《颂》诗分为周颂、鲁颂、商颂三部分。　⑱殷：即商，朝代名。受命：授命。指传授君位。宜：义。⑲百禄是荷：即荷百禄。承受各种福禄。是：助词。用于句中，起提宾作用。　⑳“其是”句：大概说的就是这种情况吧！其：殆。表示测度语气。

冬，齐、郑盟于石门①，寻卢之盟也②。庚戌③，郑伯之车偾于济④。

〔**注释**〕

①齐:国名,姜姓,周武王封太公望于营丘(在今山东临淄西北)。春秋时,桓公为五霸之一。后田氏取代姜氏,为战国七雄之一。秦始皇二十六年(公元前 221 年),为秦所灭。石门:齐地,在今山东济南市长清区西南。　②寻卢之盟:重申前盟。寻:温。卢:齐地,在今山东济南市长清区西南二十五里。卢之盟在春秋前。　③庚戌:此年十二月无庚戌。月或日有误。　④偾(fèn):覆败,倾覆。济:水名。古代四渎之一,济水源出河南济源市王屋山,过黄河而南,东流至山东,与黄河并行入海。后来下游为黄河所夺,唯发源处尚存。

卫庄公娶于齐东宫得臣之妹[①],曰庄姜[②],美而无子,卫人所为赋《硕人》也[③]。又娶于陈[④],曰厉妫[⑤],生孝伯,早死。其娣戴妫[⑥],生桓公,庄姜以为己子[⑦]。

公子州吁[⑧],嬖人之子也[⑨]。有宠而好兵[⑩],公弗禁[⑪]。庄姜恶之。石碏谏曰[⑫]:"臣闻爱子,教之以义方[⑬],弗纳于邪[⑭]。骄奢淫泆[⑮],所自邪也[⑯]。四者之来,宠禄过也。将立州吁[⑰],乃定之矣[⑱];若犹未也,阶之为祸[⑲]。夫宠而不骄,骄而能降[⑳],降而不憾[㉑],憾而能昣者[㉒],鲜矣[㉓]。且夫贱妨贵[㉔],少陵长,远间亲[㉕],新间旧,小加大[㉖],淫破义[㉗],所谓六逆也。君义,臣行[㉘],父慈,子孝,兄爱,弟敬,所谓六顺也。去顺效逆,所以速祸也[㉙]。君人者[㉚],将祸是务去[㉛],而速之,无乃不可乎[㉜]?"弗听。其子厚与州吁游[㉝],禁之,不可。桓公立,乃老[㉞]。

〔注释〕

①卫庄公:名扬,公元前757年—公元前735年在位。于:语助词,无义。东宫得臣:齐庄公的太子名得臣。东宫为太子所居。②庄姜:庄是丈夫的谥号,姜是本姓。 ③所为:所以。赋:赋有诵、作二义。此指创作。《硕人》:《诗·卫风》篇名。此诗主要描写庄姜的美貌及其出嫁时的盛况。 ④陈:国名,妫姓,虞舜之后,在今河南淮阳及安徽亳州市一带。 ⑤厉妫(guī):厉是谥号,妫是姓。下文"戴妫"与此相类似。 ⑥"其娣"二句:娣:女弟。即妹妹。桓公:卫桓公,名完。 ⑦"庄姜"句:谓庄姜将桓公收为己子。 ⑧州吁:卫庄公的庶子。 ⑨嬖(bì)人:宠爱之人。指姬妾。 ⑩兵:指武事。 ⑪弗禁:不加禁止。 ⑫石碏(què):卫之上卿。 ⑬义方:做人的正道。义、方同义。 ⑭纳:导,引导。邪:恶。 ⑮淫泆(yì):放纵。淫:纵。泆:同"逸"。放荡,放纵。 ⑯所自邪:邪所自(来)。谓骄奢淫泆是邪恶的根源。自:由,从。 ⑰将:欲。《广雅·释诂下》:"将、闿,欲也。" ⑱乃:则。 ⑲阶之为祸:谓宠禄无度,只会助长他缘宠而为祸患。阶:梯。此用作动词,有诱导之意。 ⑳降:谓安于地位降低。 ㉑憾:恨。 ㉒昣(zhěn):止。谓仅止于恨,而不采取进一步的行动。㉓鲜(xiǎn):少。 ㉔且夫:连词。连接句子,表示要进一步议论。妨:损害。 ㉕间:疏离。 ㉖加:侵陵。 ㉗淫破义:邪恶伤害正直。淫:邪。义:正。 ㉘行:顺,顺从。 ㉙速:召,招致。㉚君人:为人君。 ㉛将:当。祸是务去:即务去祸。 ㉜"无乃"句:副词"无乃"与助词"乎"组成固定格式,用委婉语气表示肯定的看法。可译为"恐怕……吧"。 ㉝厚:石厚,石碏之子。游:结交。谓交好。 ㉞老:告老,官吏年老辞官。

经

四年春[1],王二月,莒人伐杞[2],取牟娄[3]。

戊申[4],卫州吁弑其君完[5]。

夏,公及宋公遇于清[6]。

宋公、陈侯、蔡人、卫人伐郑[7]。

秋,翚帅师会宋公、陈侯、蔡人、卫人伐郑[8]。

九月,卫人杀州吁于濮[9]。

冬十有二月,卫人立晋[10]。

〔注释〕

①四年:公元前719年。 ②杞:国名,姒姓,禹之后,初都河南杞县,春秋时徙山东新泰一带,战国时为楚惠王所灭。 ③牟娄:杞邑。今山东诸城市有娄乡,即其地。 ④戊申:二月无戊申。戊申当是三月十六日。 ⑤州吁:卫庄公的庶子。完:卫庄公的太子。宣公四年《传》:"凡弑君,称君(唯书君之名),君无道也;称臣(书臣之名),臣之罪也。"弑为犯上作乱之称。臣杀其君,子杀其父,《春秋》特书"弑",以讨其罪。 ⑥遇:会,会见。清:卫邑,在今山东平阴县东阿镇南约三十里。 ⑦蔡:国名,姬姓,蔡叔度(周武王弟)之后。其时都上蔡(在今河南上蔡县西南上蔡故城)。平侯迁新蔡(在今河南新蔡县)。昭侯迁州来(亦称下蔡,在今安徽凤台县)。春秋后二十一年灭于楚。蔡、卫军队的将领非卿,故不书其人。 ⑧翚(huī):公子翚,字羽父,鲁大夫。 ⑨濮(pú):陈地,在今安徽亳州市东南。 ⑩晋:卫宣公,桓公之弟。

传

四年春,卫州吁弑桓公而立[①]。

〔注释〕

①立:自立为君。此传本与上年传文相接,为后人所割裂。

公与宋公为会[①],将寻宿之盟[②]。未及期[③],卫人来告乱[④]。夏,公及宋公遇于清。

〔注释〕

①公:指鲁隐公。会:会见。 ②寻:温。谓重申。宿之盟:隐公元年,鲁君与宋穆公盟于宿。 ③未及期:未到约定的日期。④告乱:告知州吁弑君之事。

宋殇公之即位也[①],公子冯出奔郑[②]。郑人欲纳之[③]。及卫州吁立,将修先君之怨于郑[④],而求宠于诸侯[⑤],以和其民[⑥]。使告于宋曰[⑦]:“君若伐郑,以除君害[⑧],君为主,敝邑以赋与陈、蔡从[⑨],则卫国之愿也。”宋人许之。于是陈、蔡方睦于卫[⑩],故宋公、陈侯、蔡人、卫人伐郑,围其东门,五日而还。

公问于众仲曰[⑪]:“卫州吁其成乎[⑫]?”对曰:“臣闻以德和民,不闻以乱。以乱,犹治丝而棼之也[⑬]。夫州吁[⑭],阻兵而安忍[⑮]。阻兵[⑯],无众;安忍,无亲。众叛、亲离,难以济矣[⑰]。夫兵,犹火也,弗戢[⑱],将自焚也[⑲]。夫州吁弑其君,而

虐用其民[20],于是乎不务令德[21],而欲以乱成[22],必不免矣[23]。"

〔注释〕

①"宋殇公"句:宋殇公即位之时。 ②公子冯:宋穆公之子。宋穆公将君位传给其侄,故公子冯出奔。 ③纳之:使之回国。 ④修先君之怨于郑:隐公二年,郑人伐卫,至此,卫人图谋报复。修:治。 ⑤宠:荣,誉。 ⑥和:平,安。 ⑦使:遣使。⑧害:患。宋公子冯出奔在外,欲与殇公争位,为宋君祸患。⑨敝邑:古代谦称自己的国家。赋:兵。古代按田赋出兵,故称兵为赋。 ⑩于是:是时,此时。于:此。是:时。陈:国名,妫姓,虞舜之后,其地在今河南淮阳及安徽亳州市一带。蔡:国名,姬姓,周武王弟蔡叔度之后,此时都上蔡(在今河南上蔡县西南)。春秋后二十余年为楚所灭。睦:亲。 ⑪众仲:鲁大夫,公子益师(字众父)之后。 ⑫其:将。 ⑬治丝而棼(fén)之:想要理顺丝却反而弄得更乱。治:理。棼:紊乱。 ⑭夫:此。 ⑮阻:恃,依仗。安忍:习于残忍,不以为意。 ⑯"阻兵"二句:谓依仗武力,难得众心。 ⑰济:成,成功。 ⑱戢(jí):止息。 ⑲将:必。⑳虐:残暴。 ㉑于是乎:于是。务:致力。令德:美德。 ㉒以乱成:以乱求成。 ㉓免:指免于祸。

秋,诸侯复伐郑。宋公使来乞师[①],公辞之[②]。羽父请以师会之[③],公弗许。固请而行[④]。故书曰"翚帅师"[⑤],疾之也。诸侯之师败郑徒兵[⑥],取其禾而还。

〔注释〕

①乞师:请求出兵援助。 ②辞:推辞。 ③羽父:公子翚的字。 ④固请:坚决要求。固:坚。行:往。 ⑤"故书"二句:谓

《春秋》不书“公子翚”而直书其名，表示憎恶其人。 ⑥徒兵：步卒。

州吁未能和其民，厚问定君于石子①。石子曰：“王觐为可②。”曰：“何以得觐？”曰：“陈桓公方有宠于王③，陈、卫方睦，若朝陈使请④，必可得也。”厚从州吁如陈。石碏使告于陈曰⑤：“卫国褊小⑥，老夫耄矣⑦，无能为也。此二人者⑧，实弑寡君⑨，敢即图之⑩。”陈人执之⑪，而请莅于卫⑫。九月，卫人使右宰丑莅杀州吁于濮⑬。石碏使其宰獳羊肩莅杀石厚于陈⑭。

君子曰：“石碏，纯臣也⑮，恶州吁而厚与焉⑯。大义灭亲，其是之谓乎！”

卫人逆公子晋于邢⑰。冬十二月，宣公即位⑱。书曰“卫人立晋”，众也⑲。

〔注释〕

①“厚问”句：石厚问石碏如何能使君位安定。 ②王觐(jìn)：即觐王。诸侯朝见天子叫觐。为：乃。 ③陈桓公：此时陈桓公未卒，而称其谥号，为史家追述之辞。 ④朝陈使请：朝于陈侯让他向周天子提出请求。 ⑤告：请。 ⑥褊(biǎn)小：狭小，狭隘。 ⑦老夫：年长之人自称。耄(mào)：年高。《礼记·曲礼上》：“八十九十曰耄。” ⑧者：助词。用在句末，表示提顿。⑨寡君：对他国谦称本国君主。 ⑩敢：自言冒昧之辞。即：就。图：谋。 ⑪执：止，抓住。 ⑫请莅于卫：请卫人自临其地处置。莅：临视。下文曰“莅杀”，莅有监察之意。 ⑬右宰丑：卫大夫。右宰为官名，丑是人名。 ⑭宰：古代卿大夫掌家政的总管。獳

(nóu)羊肩:人名。 ⑮纯臣:纯粹之臣。谓能恪守臣道,不杂私念。 ⑯“恶州吁”句:谓憎恨大恶之人不徇私情。与:在其中。⑰逆:迎。邢:国名,姬姓,春秋时为卫所灭。故城在今河北邢台市。 ⑱宣公:卫宣公,公元前718年—公元前700年在位。⑲众也:表示立公子晋是众人的意愿。

经

五年春①**,公矢鱼于棠**②。

夏四月,葬卫桓公。

秋,卫师入郕③。

九月,考仲子之宫④。**初献六羽**⑤。

邾人、郑人伐宋⑥。

螟⑦。

冬十有二月辛巳⑧**,公子彄卒**⑨。

宋人伐郑,围长葛⑩。

〔**注释**〕

①五年:公元前718年。 ②矢鱼:陈鱼而观之。矢:陈。棠:鲁地。今山东鱼台县城西南有观鱼台,即其地。 ③郕(chéng):国名,姬姓,故地在今河南范县、山东宁阳县东北一带。④考仲子之宫:仲子之庙落成,安放神主,举行祭祀。宫,指庙。古时宗庙宫室或重要器物作成,必行祭礼,或称考,或称落,或称成。仲子为惠公之妃,桓公之母。隐公欲奉桓公为君,故尊异其母,为她别立一庙。 ⑤初:始。献六羽:指用四十八人之歌舞。六羽,即六佾。佾指舞蹈的行列。舞者执翟(雉羽),故称羽。古代礼制,天子八佾,诸侯六佾,大夫四佾,士二佾。每佾八人。鲁

公为诸侯,但周命鲁世世祭祀周公,得用天子之礼乐,因而鲁沿用八佾。当仲子之宫落成之祭祀,改用六佾,故云“初献六羽”。⑥“邾人”句:邾人主兵,故列在郑之前。 ⑦螟:蛾的幼虫,有许多种,对农作物危害严重。此年螟虫成灾,故《春秋》书之。⑧辛巳:二十九日。 ⑨公子彄(kōu):鲁大夫,即《传》之臧僖伯。 ⑩长葛:郑邑,在今河南长葛市东北二十余里。

传

五年春,公将如棠观鱼者①。臧僖伯谏曰②:“凡物不足以讲大事③,其材不足以备器用④,则君不举焉⑤。君,将纳民于轨物者也⑥。故讲事以度轨量谓之轨⑦,取材以章物采谓之物⑧。不轨不物,谓之乱政。乱政亟行⑨,所以败也。故春蒐、夏苗、秋狝、冬狩⑩,皆于农隙以讲事也⑪。三年而治兵,入而振旅⑫,归而饮至⑬,以数军实⑭。昭文章⑮,明贵贱⑯,辨等列⑰,顺少长,习威仪也⑱。鸟兽之肉不登于俎⑲,皮革、齿牙、骨角、毛羽不登于器⑳,则公不射,古之制也。若夫山林川泽之实㉑,器用之资㉒,皂隶之事㉓,官司之守㉔,非君所及也。”公曰:“吾将略地焉㉕。”遂往,陈鱼而观之㉖。僖伯称疾不从。书曰“公矢鱼于棠”,非礼也㉗,且言远地也。

〔注释〕

①鱼:渔,捕鱼。者:句末语助词。 ②臧(zāng)僖伯:即公子彄,字子臧,后世以臧为姓,此为史家追述之辞。僖是谥号,伯是排行。 ③讲:习,讲习。大事:指祭祀、兵戎之事。 ④材:

物。指皮革、齿牙、骨角、毛羽之类。器用:指用于军国大事之器。⑤举:动,行动。 ⑥纳:导,引导。轨物:法度。轨、物同义。⑦讲事:讲习大事。度:正。轨量:法度。 ⑧章:明。物采:区分尊卑贵贱的采章物色,如乘舆旌旗衣服之类。物:法,法度。与上文"轨"同义。 ⑨"乱政"二句:常行乱政,是国家败亡的原因。亟:屡。败:衰败。 ⑩蒐、苗、狝(xiǎn)、狩都是田猎的名称,因举行的时间不同,称呼亦异。古人以田猎习武。 ⑪农隙:农事之间隙。即农闲之时。 ⑫入:指入国都。振旅:整顿军队。入而振旅,以示有始有终。 ⑬饮至:国君出行,告于宗庙,既还,合饮于宗庙,而赏有功,叫饮至。 ⑭数:计。军实:军中所有人员、器物及其所获。 ⑮昭:显,显示。文章:彩饰。此指车服旌旗等器物上的纹饰,古人用以区别尊卑贵贱。 ⑯明:辨,分别。 ⑰辨:别,区别。等列:位次。等、列同义。 ⑱习:熟悉。威仪:礼仪。威、仪同义。 ⑲俎(zǔ):古代祭祀、宴饮时放置牲体的礼器。⑳皮革:有毛为皮,去毛为革。齿牙:象牙之类。骨角:兽骨与角。毛羽:牦牛尾和鸟羽。不登于器:指不用于祭祀与军备之器。《国语·楚语下》:"天子禘郊之事,必自射其牲,……诸侯宗庙之事,必自射牛、刲羊、击豕。" ㉑若夫:发语词。实:指所产之物。此指不用于大事的一般物品。 ㉒器用:指一般的用具。资:材料。 ㉓皂隶:贱役。 ㉔官司:主管部门。指小臣。守:职守。㉕略地:巡视边境。略:巡行。棠为鲁、宋交界之地。 ㉖陈:布。谓既射而陈列所获之鱼。 ㉗非礼:不合于礼。

曲沃庄伯以郑人、邢人伐翼[①],王使尹氏、武氏助之[②]。翼侯奔随[③]。

〔注释〕

①曲沃庄伯：晋公子成师（即桓叔，穆侯之子）之子。晋昭侯封成师于曲沃（在今山西闻喜县东二十里）。翼：晋国旧都，在今山西翼城县东南。 ②王：周桓王，名林，平王之孙，公元前719年—公元前697年在位。尹氏、武氏：都是周世族大夫。 ③翼侯：晋鄂侯，名郄，公元前723年—前718年在位。随：晋地。今山西介休市东南二十五里有古随城，即其地。

夏，葬卫桓公。卫乱，是以缓①。

〔注释〕

①缓：迟。诸侯死后五月下葬。卫桓公于隐公四年三月被杀，至此已十四月，故云缓。

四月，郑人侵卫牧①，以报东门之役②。卫人以燕师伐郑③，郑祭足、原繁、泄驾以三军军其前④，使曼伯与子元潜军军其后⑤。燕人畏郑三军而不虞制人⑥。六月，郑二公子以制人败燕师于北制⑦。君子曰："不备不虞⑧，不可以师。"

〔注释〕

①牧：卫邑。 ②东门之役：隐公四年，卫与陈、蔡伐郑，围东门。 ③燕：指南燕。故地在今河南延津县东北。 ④祭足：与下原繁、泄驾皆郑大夫。军：驻扎。 ⑤曼伯：郑公子忽（后之郑昭公）的字。子元：郑公子元（后之郑厉公）。潜军：伏兵。潜：密，隐秘。 ⑥虞：备，防范。制：北制，亦名虎牢，地名，在今河南荥阳市汜水镇西。 ⑦二公子：指曼伯、子元。 ⑧不虞：指意外之事。

曲沃叛王[①]。秋,王命虢公伐曲沃[②],而立哀侯于翼[③]。

〔注释〕

①叛王:背叛周王。 ②虢公:虢国之君,为周王亲信。 ③哀侯:翼侯之子,名光。其时翼侯出奔于随。

卫之乱也[①],郕人侵卫,故卫师入郕。

〔注释〕

①卫乱在四年。

九月,考仲子之宫。将《万》焉[①],公问羽数于众仲[②]。对曰:"天子用八[③],诸侯用六[④],大夫四[⑤],士二[⑥]。夫舞,所以节八音而行八风[⑦],故自八以下[⑧]。"公从之。于是初献六羽,始用六佾也。

〔注释〕

①《万》:舞名。分为文、武两种。文舞执籥与翟,故亦称籥舞、羽舞。武舞执干与戚,故亦称干舞。 ②羽数:指人数。文舞执翟(雉羽),故以羽数指代人数。众仲:鲁大夫。 ③天子用八:天子用八佾,每佾八人,八八六十四人。佾:古代舞蹈的行列。 ④诸侯用六:诸侯用六佾,四十八人。 ⑤大夫四:大夫用四佾,三十二人。 ⑥士二:士用二佾,十六人。 ⑦"夫舞"二句:谓舞以音乐为节,传播八方之风。节:节制。八音:金、石、丝、竹、匏、土、革、木各种乐器所奏之音。金,指钟镈之类;石,磬;丝,琴瑟;竹,箫管;匏,笙;土,埙;革,鼓;木,柷敔(zhù yǔ)。行:播。八风:八方之风。《吕氏春秋·有始览》:"何谓八风?东北曰炎风,

东方曰滔风,东南曰熏风,南方曰巨风,西南曰凄风,西方曰飂风,西北曰厉风,北方曰寒风。” ⑧自八以下:谓唯天子得用最高等级(八佾),诸侯应当降等。自:用。

宋人取邾田。邾人告于郑曰:“请君释憾于宋[①],敝邑为道[②]。”郑人以王师会之[③]。伐宋,入其郛[④],以报东门之役[⑤]。宋人使来告命[⑥]。公闻其入郛也,将救之,问于使者曰:“师何及[⑦]?”对曰:“未及国[⑧]。”公怒,乃止[⑨]。辞使者曰:“君命寡人同恤社稷之难[⑩],今问诸使者,曰‘师未及国’,非寡人之所敢知也[⑪]。”

〔**注释**〕

①释憾:解恨。指报复。 ②敝邑:邾国自谦之辞。为道(dǎo):充当向导。道,引导。 ③以:率领。王师:周王的军队。④郛(fú):外城。 ⑤报:报复。 ⑥告命:相告。告、命同义。⑦何及:至于何处。 ⑧国:国都。 ⑨止:谓打消出兵的念头。⑩寡人:自谦之辞。意为寡德之人。恤:忧。难:患。 ⑪“非寡人”句:谓己不敢过问。知:闻。

冬十二月辛巳,臧僖伯卒。公曰:“叔父有憾于寡人[①],寡人弗敢忘。”葬之加一等[②]。

〔**注释**〕

①叔父:臧僖伯为孝公之子,与惠公(隐公之父)是兄弟。憾:怨恨。 ②“葬之”句:丧葬时将丧葬规格提高一等。

宋人伐郑,围长葛,以报入郛之役也。

经

六年春[①],郑人来渝平[②]。

夏五月辛酉[③],公会齐侯,盟于艾[④]。

秋七月[⑤]。

冬,宋人取长葛[⑥]。

〔注释〕

①六年:公元前 717 年。 ②渝(yú)平:改签和平条约。渝:改。平:成,和。此用作名词。 ③辛酉:十二日。 ④艾:地名,当在今山东蒙阴县西北艾山附近。 ⑤秋七月:《春秋》一年之中,不论有事无事,必备举四时。故此年秋天无事,也书"秋七月"。通观《春秋》,空书"春正月"者二十四,"夏四月"十一,"秋七月"十七,"冬十月"十一。 ⑥长葛:郑邑,在今河南长葛市东北二十余里。

传

六年春,郑人来渝平,更成也[①]。

〔注释〕

①更成:与"渝平"同义。渝、更都是改变的意思。成、平都是"和"的意思。指和平条约。

翼九宗、五正、顷父之子嘉父逆晋侯于随[①],纳诸鄂[②]。晋人谓之鄂侯[③]。

〔注释〕

①九宗、五正：皆晋世家大族。九宗：怀姓之九族。五正：五官(分掌五种官职)之长。《左传·定公四年》："分唐叔以怀姓九宗，职官五正。" 顷父之子嘉父：顷父之子名嘉父者，晋大夫。②鄂：晋邑，在今山西乡宁县南一里。 ③谓：称……为。

夏，盟于艾[①]，始平于齐也[②]。

〔注释〕

①鲁君与齐侯盟。《传》蒙经文省略会盟之人。 ②始平于齐：开始与齐国修好。

五月庚申[①]，郑伯侵陈[②]，大获[③]。

〔注释〕

①庚申：十一日。 ②郑伯：指郑庄公。陈：国名，妫姓，在今河南淮阳及安徽亳州市一带。 ③大获：俘获甚多。

往岁[①]，郑伯请成于陈[②]，陈侯不许[③]。五父谏曰[④]："亲仁善邻[⑤]，国之宝也。君其许郑[⑥]！"陈侯曰："宋、卫实难[⑦]，郑何能为？"遂不许。

君子曰："善不可失[⑧]，恶不可长[⑨]，其陈桓公之谓乎！长恶不悛[⑩]，从自及也[⑪]。虽欲救之[⑫]，其将能乎[⑬]？《商书》曰[⑭]：'恶之易也[⑮]，如火之燎于原[⑯]，不可乡迩[⑰]，其犹可扑灭[⑱]？'周任有言曰[⑲]：'为国家者[⑳]，见恶如农夫之务去草焉[㉑]，芟夷蕴崇之[㉒]，绝其本根[㉓]，勿使能殖[㉔]，则善者

信矣㉕。'"

〔注释〕

①往岁:去岁,去年。 ②请成:请求和解。 ③陈侯:指陈桓公。 ④五父:陈文公子,名佗。 ⑤亲仁:亲亲。谓亲近亲己者。《说文》:"仁,亲也。"善:交好。 ⑥其:副词。加强请求、劝告、命令等语气。 ⑦"宋、卫"二句:谓郑忧宋、卫,无奈陈何。当时郑与宋、卫交恶,而陈与宋、卫关系亲密。宋:国名,子姓,为殷之后,在今河南商丘市一带。卫:国名,姬姓,在今河南淇县、滑县一带。实:是。助词,用于句中,起提宾作用。难:患。 ⑧失:违,违背。 ⑨长(zhǎng):积。 ⑩悛(quān):止。 ⑪从:因。自及:祸及自身。 ⑫救:止。《说文》:"救,止也。" ⑬其将:其,岂。"其将"同义连文。 ⑭《商书》:《尚书》中记载殷商事迹的部分。 ⑮易:延,蔓延。 ⑯燎:焚烧。 ⑰乡(xiàng)迩:靠近。乡:向。 ⑱犹:尚。 ⑲周任:古之良史。 ⑳为:治。 ㉑务:勤,勤勉。 ㉒芟(shān)夷:割除。芟:《说文·癶部》引作"癹"(以足将草踏平)。蕴崇:积,聚。谓堆积。蕴、崇义同。 ㉓本根:根。本、根为同义复词。 ㉔殖:生。 ㉕信(shēn):通"伸",伸展。此指生长。

秋①,宋人取长葛。

〔注释〕

①秋:经文书冬,从告。

冬,京师来告饥①。公为之请籴于宋、卫、齐、郑②,礼也。

〔注释〕

①京师:指东周的都城。在今河南洛阳市。饥:饥荒。谷不熟为饥。 ②籴(dí):买粮食。

郑伯如周[①],始朝桓王也[②]。王不礼焉[③]。周桓公言于王曰[④]:"我周之东迁[⑤],晋、郑焉依[⑥]。善郑以劝来者,犹惧不蔇[⑦],况不礼焉[⑧]?郑不来矣!"

〔注释〕

①郑伯:指郑庄公。 ②始朝桓王:周、郑交恶(在隐公三年),故桓王即位三年,郑始朝王。 ③不礼:不以礼相待。 ④周桓公:即周公黑肩。 ⑤之:助词。用在主语和谓语之间,取消句子的独立性,使之充当句子成分或复句中的一个分句。 ⑥晋、郑焉依:即依(靠)晋、郑。焉:助词,作用同"是"。用在句中,标志宾语前置。 ⑦蔇(jì):同"暨",至。 ⑧焉:乎。表示反诘语气。

经

七年春[①],王三月,叔姬归于纪[②]。

滕侯卒[③]。

夏,城中丘[④]。

齐侯使其弟年来聘[⑤]。

秋,公伐邾。

冬,天王使凡伯来聘[⑥]。

戎伐凡伯于楚丘[⑦],以归[⑧]。

〔注释〕

①七年:公元前716年。 ②叔姬:伯姬的妹妹。隐公二年,伯姬归于纪,而以叔姬为媵(陪嫁的女子),因其年幼,故至此年始行。 ③滕侯:滕国国君。滕国,姬姓,今山东滕州市西南十四里有古滕城,即其地。 ④中丘:鲁邑,在今山东临沂市东北。 ⑤弟:《春秋》所谓弟,都是指同母弟。年:人名,即夷仲年。聘:国家之间通问修好。天子使卿大夫问于诸侯或诸侯使大夫问于诸侯,都叫聘。 ⑥凡伯:周卿士。凡是国名,伯是爵名。 ⑦伐:凡伯出使,有军队相随,故曰伐。古代君行,师从;卿行,旅从。楚丘:戎地,在今山东曹县东南。 ⑧以归:以之归。即拘执凡伯以归。

传

七年春,滕侯卒。不书名,未同盟也。凡诸侯同盟[①],于是称名[②],故薨则赴以名,告终、称嗣也[③]。以继好息民[④],谓之礼经[⑤]。

〔注释〕

①"凡诸侯"三句:诸侯结盟时称名,故卒时亦以名讣告同盟。 ②于是:乃。 ③告终、称嗣:告亡者之终,称嗣主之名。原本无"称"字,据龙山书院刊宋《纂图互注春秋经传集解》(以下简称"纂图本")、杜注及阮元《校勘记》补。 ④继好息民:继同盟之旧好,以安定民众。 ⑤礼经:礼之常。即常礼。

夏,城中丘。书,不时也[①]。

〔注释〕

①不时：不合时宜。时非农闲，事非急难，不宜大兴土木，故曰不时。

齐侯使夷仲年来聘[①]，结艾之盟也[②]。

〔注释〕

①夷仲年：即齐侯之弟。　②结：续。艾之盟：在隐公六年。

秋，宋及郑平。七月庚申[①]，盟于宿[②]。公伐邾[③]，为宋讨也。

〔注释〕

①庚申：十八日。　②宿：国名，在今山东东平县东南二十里。　③“公伐”二句：隐公五年，邾、郑伐宋，鲁公拒绝援宋；六年，鲁又因恨宋而与郑媾和。此年郑与宋和解，鲁惧宋，故主动为宋伐邾。

初，戎朝于周，发币于公卿[①]，凡伯弗宾[②]。冬，王使凡伯来聘。还，戎伐之于楚丘，以归。

〔注释〕

①发币：致币。币：指玉、马、皮、圭、璧等。　②弗宾：不敬。宾：敬。《说文》：“宾，所敬也。”由所敬之人引申之，则宾有敬义。

陈及郑平。十二月，陈五父如郑莅盟[①]。壬申[②]，及郑伯盟，歃如忘[③]。泄伯曰[④]：“五父必不免[⑤]，不赖盟矣[⑥]。”

郑良佐如陈莅盟[7]。辛巳[8],及陈侯盟,亦知陈之将乱也。

〔注释〕

①五父:公子佗。陈桓公弟。莅盟:参加会盟。莅:临。②壬申:二日。 ③歃(shà):歃血。古代会盟时,双方小口饮血。此句谓五父歃血时若有所失,心不在焉。忘:失。 ④泄伯:泄驾,郑大夫。 ⑤不免:谓不免于祸。 ⑥赖:恃。 ⑦良佐:郑大夫。 ⑧辛巳:十一日。

郑公子忽在王所[1],故陈侯请妻之[2]。郑伯许之,乃成昏[3]。

〔注释〕

①"郑公子忽"句:隐公三年,周、郑交质,公子忽为质于周。②妻(qì):以女嫁人。 ③成昏:谓行聘礼定下婚事。成:定。古代结婚有六礼:纳采、问名、纳吉、纳征、请期、亲迎。纳征即纳币,男方向女家送聘礼,女方接受后复书,婚姻乃定,亦称文定。公子忽迎娶妫氏在明年四月。

经

八年春[1],宋公、卫侯遇于垂[2]。

三月,郑伯使宛来归祊[3]。庚寅[4],我入祊。

夏六月己亥[5],蔡侯考父卒[6]。

辛亥[7],宿男卒。

秋七月庚午[8],宋公、齐侯、卫侯盟于瓦屋[9]。

八月,葬蔡宣公。

九月辛卯[10],公及莒人盟于浮来[11]。

螟[12]。

冬十有二月,无骇卒[13]。

〔注释〕

①八年:公元前715年。 ②遇:会,会见。垂:卫地,在今山东定陶县附近。 ③宛:郑大夫。祊(bēng):郑邑,在今山东费县东三十七里。 ④庚寅:二十二日。 ⑤己亥:二日。 ⑥蔡侯:蔡宣侯,名考父,公元前749年—公元前715年在位。 ⑦辛亥:十四日。 ⑧庚午:三日。 ⑨瓦屋:周地,今河南尉氏县洧川镇有瓦屋里,即其地。 ⑩辛卯:二十六日。 ⑪浮来:莒邑,在今山东莒县西。 ⑫螟:害虫。此年螟虫成灾,故《春秋》加以记载。 ⑬无骇:鲁卿。无骇卒后始赐氏,故不书氏。

传

八年春,齐侯将平宋、卫[1],有会期[2]。宋公以币请于卫[3],请先相见。卫侯许之,故遇于犬丘[4]。

〔注释〕

①平宋、卫:平宋、卫于郑。平:和,和解。 ②有会期:指已商定会见日期。 ③币:财货。 ④遇:会,会见。犬丘:即经文之“垂”。

郑伯请释泰山之祀而祀周公[1],以泰山之祊易许田。三月,郑伯使宛来归祊[2],不祀泰山也。

〔注释〕

①"郑伯"二句:郑桓公为周宣王同母弟,周赐之祊,为助天子祭祀泰山之汤沐邑。成王营王城(在今河南洛阳市),有迁都之意,赐周公许田,以供鲁君朝见时住宿之用。后世因于此立周公别庙。祊近鲁而许近郑,郑以为天子不复巡守(至泰山),故欲以祊易许田,取其便近。又恐鲁人以废周公之祀为由加以拒绝,特意表示将废泰山之祀而为鲁祀周公。释:废,放弃。许田:在许之田。 ②归:致。

夏,虢公忌父始作卿士于周①。

〔注释〕

①忌父:虢公之名。卿士:王室执政之卿。

四月甲辰①,郑公子忽如陈逆妇妫②。辛亥③,以妫氏归。甲寅④,入于郑。陈鍼子送女⑤。先配而后祖⑥。鍼子曰:"是不为夫妇⑦,诬其祖矣⑧,非礼也,何以能育⑨?"

〔注释〕

①甲辰:六日。 ②逆:迎。古代有亲迎之礼,夫婿至女家迎接新娘。妫(guī):即妫氏。妫为陈国姓。 ③辛亥:十三日。④甲寅:十六日。 ⑤陈鍼子:陈大夫。 ⑥"先配"句:迎亲当先告祖庙而后行,公子忽还郑而后告庙,不合于礼。 ⑦不为夫妇:不成其为夫妇。为:成。 ⑧"诬其"句:谓公子忽不敬祖先。诬:轻,轻视。 ⑨育:覆育。谓覆育其子孙。

齐人卒平宋、卫于郑[①]。秋,会于温[②],盟于瓦屋,以释东门之役[③],礼也。

〔注释〕

①齐人:指齐僖公。卒:终。谓终竟其事。平宋、卫于郑:使宋、卫与郑和好。 ②会于温:宋公、齐侯、卫侯会于温。《传》蒙经文省略与会之人。温:地名,在今河南温县西南三十里。会于温未告鲁,故经文不书。 ③释:谓开释前嫌。东门之役:在隐公四年。

八月丙戌[①],郑伯以齐人朝王[②],礼也[③]。

〔注释〕

①丙戌:八月无丙戌。日或月有误。 ②以:与。 ③礼也:郑伯不因王室任命虢公为卿士而背叛周王,作者认为合于礼。

公及莒人盟于浮来[①],以成纪好也。

〔注释〕

①"公及"二句:隐公二年,纪、莒为鲁之故盟于密。今公与莒人盟,也是对纪友善的表示。好:亲善。

冬,齐侯使来告成三国[①]。公使众仲对曰:"君释三国之图[②],以鸠其民[③],君之惠也。寡君闻命矣[④],敢不承受君之明德[⑤]?"

〔注释〕

①告成三国：以宋、卫、郑三国和解之事来告。 ②图：图谋。指不友好的图谋。 ③鸠：安集，安定。 ④闻命：受命。 ⑤敢：岂敢。谦辞。承受：接受，顺从。

无骇卒。羽父请谥与族①。公问族于众仲。众仲对曰："天子建德②，因生以赐姓③，胙之土而命之氏④。诸侯以字为谥⑤，因以为族⑥。官有世功，则有官族。邑亦如之⑦。"公命以字为展氏⑧。

〔注释〕

①羽父：即公子翚。鲁国执政大夫。谥：谥号。帝王、诸侯、公卿、大夫死后，根据生前行事定的称号。族：氏。表示宗族的称号。氏是姓的分支，用以区别子孙之所自出。 ②建德：封立有德之人。 ③因生以赐姓：根据其所生而赐之姓。如周之祖先生于姬水，故赐姓姬。因：以。 ④胙之土而命之氏：如周封舜后于陈，赐姓曰妫，赐之氏曰陈。胙：赐。命：赐。 ⑤"诸侯"二句：诸侯位卑（比之天子），不得赐姓，以大夫之字为大夫的谥号，其后即以为氏，故其臣以祖父或父亲的字为氏。如郑公子去疾（穆公之子）字子良，其孙良霄即以良为氏。因：乃。 ⑥"官有"二句：先世任职有功，则以官职为其族姓。如司马氏、司空氏、司徒氏之类。 ⑦邑亦如之：也有以采邑为其族姓者。如赵氏、魏氏、韩氏。 ⑧"公命"句：诸侯之子称公子、公子之子称公孙，公孙之子不可再称公孙，乃以其父祖之字为氏。无骇为公孙展之孙，故为展氏。

经

九年春①，天王使南季来聘②。

三月癸酉③，大雨震电④。

庚辰⑤，大雨雪⑥。

挟卒⑦。

夏，城郎⑧。

秋七月⑨。

冬，公会齐侯于防⑩。

〔注释〕

①九年：公元前714年。 ②天王：原本作“天子”，据纂图本及阮元《校勘记》改。经文皆言天王。南季：周大夫。南是氏，季是字。 ③三月：周正三月当夏正之正月。癸酉：十日。④震电：雷电。 ⑤庚辰：十七日。 ⑥大雨(yù)雪：下大雪。物从空中散落曰雨。 ⑦挟：鲁大夫。未赐族，故单书名。⑧郎：鲁邑，在今山东鱼台县东。 ⑨秋七月：一季之中，虽无事，《春秋》必书首月。 ⑩防：鲁邑，在今山东费县东北四十余里。

传

九年春，王三月癸酉，大雨霖以震①，书始也②。庚辰，大雨雪，亦如之③。书，时失也④。

〔注释〕

①大雨霖(lín)：持续大雨。霖：久雨。以：且，而且。 ②书始：谓《春秋》所书日期为大雨开始之日。 ③亦如之：也是书开

始之日。 ④时失：违背季节。失：违。周之三月，为夏之正月，不当有雷电，既有雷电，不当复有大雪，这些都是反常现象。

凡雨，自三日以往为霖[①]，平地尺为大雪[②]。

〔**注释**〕

①三日以往：超过三日。往：后。 ②平地尺：平地雪深一尺以上。

夏，城郎。书，不时也[①]。

〔**注释**〕

①不时：不合时宜。时非农闲，事非急难，不宜大兴土功，故曰不时。

宋公不王[①]。郑伯为王左卿士[②]，以王命讨之，伐宋。宋以入郛之役怨公[③]，不告命[④]。公怒，绝宋使[⑤]。

〔**注释**〕

①不王：不朝见周王。诸侯见于天子曰王。 ②左卿士：王朝最高行政长官之一。周有左、右卿士。 ③"宋以"句：隐公五年，邾、郑伐宋，入其郛，隐公拒绝宋国求救。 ④不告命：不以被伐来告。告、命同义。 ⑤绝宋使：断绝与宋国的使者往来。

秋，郑人以王命来告伐宋[①]。

〔注释〕

①“郑人”句:郑派遣使者转达天王伐宋之命。前次伐宋未得志,故复来告。

冬,公会齐侯于防[①],谋伐宋也。

〔注释〕

①“公会”二句:郑人未与此会,盖因戎患之故。

北戎侵郑[①]。郑伯御之[②],患戎师[③],曰:“彼徒我车[④],惧其侵轶我也[⑤]。”公子突曰[⑥]:“使勇而无刚者尝寇而速去之[⑦],君为三覆以待之[⑧]。戎轻而不整[⑨],贪而无亲,胜不相让,败不相救。先者见获[⑩],必务进[⑪],进而遇覆,必速奔。后者不救,则无继矣[⑫]。乃可以逞[⑬]。”从之。戎人之前遇覆者奔[⑭],祝聃逐之[⑮],衷戎师[⑯],前后击之,尽殪[⑰]。戎师大奔。十一月甲寅,郑人大败戎师。

〔注释〕

①北戎:古代北方少数民族,居地在今河北省东部。春秋时与齐、郑、燕等国接壤。 ②御:抵御。 ③患:忧虑。《说文》:“患,忧也。” ④徒:徒兵。车:车兵。 ⑤侵轶:突袭。轶:突。 ⑥公子突:即后来的郑厉公。 ⑦刚:坚毅。尝寇:试探敌人。尝:试。寇:敌。 ⑧三覆:三批伏兵。覆:埋伏。亦指伏兵。 ⑨轻:轻躁。 ⑩先者:在前面的士兵。获:掳获。指掳获财物、俘虏。 ⑪务进:疾进。务:疾。 ⑫无继:无后续之军。 ⑬逞:得逞。谓得志。 ⑭前:前队。 ⑮祝聃(dān):郑大夫。 ⑯衷:

本指中、中央。此指包裹、围在中央。 ⑰尽殪(yì):全部被歼。殪:死。

经

十年春[①],王二月,公会齐侯、郑伯于中丘[②]。

夏,翚帅师会齐人、郑人伐宋[③]。

六月壬戌[④],公败宋师于菅[⑤]。辛未[⑥],取郜[⑦]。辛巳[⑧],取防[⑨]。

秋,宋人、卫人入郑。宋人、蔡人、卫人伐戴[⑩]。郑伯伐取之。

冬十月壬午[⑪],齐人、郑人入郕[⑫]。

〔注释〕

①十年:公元前713年。 ②中丘:鲁邑,在今山东临沂市东北。 ③齐人、郑人:据《传》当是指齐僖公、郑庄公。 ④壬戌:七日。 ⑤菅(jiān):宋地,在今山东金乡、成武县境。 ⑥辛未:十六日。 ⑦郜(gào):宋邑,即南郜城,在北郜城南二里。故址在今山东成武县东南。 ⑧辛巳:二十六日。 ⑨防:宋邑,在今山东金乡县西南。 ⑩戴:亦作“载”。国名,在今河南兰考县一带。 ⑪壬午:二十七日。 ⑫郕:国名,姬姓,在今河南范县。

传

十年春,王正月[①],公会齐侯、郑伯于中丘。癸丑[②],盟于邓[③],为师期[④]。

〔注释〕

①正月:经文作“二月”。 ②癸丑:二月癸丑,二十六日。③邓:鲁地,在今山东滋阳县境。 ④为师期:确定出师之日期。

夏五月,羽父先会齐侯、郑伯伐宋[①]。

〔注释〕

①羽父:公子翚,鲁大夫。先:在约定日期之前。羽父不待公命,自作主张,《春秋》疾其专擅,故去其氏。

六月戊申[①],公会齐侯、郑伯于老桃[②]。壬戌[③],公败宋师于菅。庚午[④],郑师入郜[⑤]。辛未,归于我[⑥]。庚辰[⑦],郑师入防。辛巳,归于我。

君子谓郑庄公于是乎可谓正矣[⑧]。以王命讨不庭[⑨],不贪其土,以劳王爵[⑩],正之体也[⑪]。

〔注释〕

①戊申:六月无戊申。疑日有误。 ②老桃:宋地,未详何处。 ③壬戌:七日。 ④庚午:十五日。 ⑤入郜:取郜。⑥我:指鲁国。 ⑦庚辰:二十五日。 ⑧(君子)谓:以为,认为。 ⑨不庭:不朝。 ⑩劳:慰劳。王爵:周室所命诸侯。此指爵位高的国家。 ⑪正之体:谓得法度之正。体:法,法度。

蔡人、卫人、郕人不会王命[①]。

秋七月庚寅[②],郑师入郊。犹在郊,宋人、卫人入郑[③],蔡人从之伐戴。八月壬戌[④],郑伯围戴。癸亥[⑤],克之,取三

师焉⑥。

宋、卫既入郑,而以伐戴召蔡人,蔡人怒,故不和而败。

〔注释〕

①“蔡人”句:郑伯伐宋,以王命告诸国,而蔡、卫、郕三国不以师会诸侯伐宋。 ②庚寅:五日。 ③入郑:入侵郑国。 ④壬戌:八日。 ⑤癸亥:九日。 ⑥取:轻易克敌曰取。焉:兼词。于此。宋、卫、蔡三国之师在戴,郑师围戴而取三师。

九月戊寅①,郑伯入宋②。

〔注释〕

①戊寅:九月无戊寅。戊寅为八月二十四日。 ②郑伯入宋:此为报复宋、卫入郑。

冬,齐人、郑人入郕,讨违王命也。

经

十有一年春①,滕侯、薛侯来朝。
夏②,公会郑伯于时来③。
秋七月壬午④,公及齐侯、郑伯入许⑤。
冬十有一月壬辰⑥,公薨⑦。

〔注释〕

①十有一年:公元前712年。 ②夏:《公羊》《穀梁》下有“五月”二字。 ③时来:即传文之“郲”。郑地,在今河南郑州市西北。 ④壬午:三日。 ⑤许:国名,姜姓,周武王时封文叔于

许,故城在今河南许昌市东三十六里。春秋时屡次迁移,战国时灭于魏。 ⑥壬辰:十五日。 ⑦公薨:隐公实被杀,《春秋》内讳大恶,故书薨。不书薨于何处,以示与正常死亡有别。

传

十一年春,滕侯、薛侯来朝,争长①。薛侯曰:“我先封②。”滕侯曰:“我,周之卜正也③,薛,庶姓也④,我不可以后之。”公使羽父请于薛侯曰:“君与滕君辱在寡人⑤。周谚有之曰:‘山有木⑥,工则度之⑦;宾有礼,主则择之。’周之宗盟⑧,异姓为后。寡人若朝于薛,不敢与诸任齿⑨。君若辱贶寡人⑩,则愿以滕君为请⑪。”薛侯许之。乃长滕侯。

〔注释〕

①争长(zhǎng):谓争位次先后。长:先。 ②先封:薛之祖先奚仲,夏所封,在周之前。薛为任姓之国,始封地在今山东滕州市南四十里,其后多次迁移。 ③卜正:卜官之长。 ④庶姓:谓非周之同姓。滕始封之君错叔绣,为周文王之子。 ⑤辱:谦辞。在:于。 ⑥有:之。 ⑦度(duò):通“剫”。治木曰剫。 ⑧宗盟:会盟。宗:会见。《周礼·大宗伯》:“以宾礼亲邦国,春见曰朝,夏见曰宗,秋见曰覲,冬见曰遇。”会盟载书皆先同姓。 ⑨诸任:任姓诸国。齿:并列。 ⑩贶(kuàng):赐与,加惠。 ⑪“则愿”句:谓请列滕侯于前。

夏,公会郑伯于郲①,谋伐许也。

〔注释〕

①郲(lái):即经文之“时来”。

郑伯将伐许[①]。五月甲辰[②],授兵于大宫[③]。公孙阏与颍考叔争车[④],颍考叔挟辀以走[⑤],子都拔棘以逐之[⑥]。及大逵[⑦],弗及,子都怒。

秋七月,公会齐侯、郑伯伐许。庚辰[⑧],傅于许[⑨]。颍考叔取郑伯之旗蝥弧以先登[⑩],子都自下射之,颠[⑪]。瑕叔盈又以蝥弧登[⑫],周麾而呼曰[⑬]:“君登矣!”郑师毕登。壬午,遂入许。许庄公奔卫。

齐侯以许让公。公曰:“君谓许不共[⑭],故从君讨之。许既伏其罪矣[⑮],虽君有命,寡人弗敢与闻[⑯]。”乃与郑人。

郑伯使许大夫百里奉许叔以居许东偏[⑰],曰:“天祸许国,鬼神实不逞于许君[⑱],而假手于我寡人[⑲]。寡人唯是一二父兄不能共亿[⑳],其敢以许自为功乎[㉑]?寡人有弟[㉒],不能和协,而使糊其口于四方,其况能久有许乎?吾子其奉许叔以抚柔此民也[㉓],吾将使获也佐吾子[㉔]。若寡人得没于地[㉕],天其以礼悔祸于许[㉖],无宁兹许公复奉其社稷[㉗],唯我郑国之有请谒焉[㉘],如旧昏媾[㉙],其能降以相从也[㉚],无滋他族实逼处此[㉛],以与我郑国争此土也。吾子孙其覆亡之不暇[㉜],而况能禋祀许乎[㉝]?寡人之使吾子处此,不唯许国之为[㉞],亦聊以固吾圉也[㉟]。”乃使公孙获处许西偏,曰:“凡而器用财贿[㊱],无置于许。我死,乃亟去之[㊲]。吾先君新邑于此[㊳],王室而既卑矣[㊴],周之子孙日失其序[㊵]。夫许,大岳之

胤也[41]。天而既厌周德矣[42],吾其能与许争乎?"

君子谓郑庄公于是乎有礼。礼,经国家[43],定社稷,序民人[44],利后嗣者也。许无刑而伐之[45],服而舍之,度德而处之[46],量力而行之,相时而动[47],无累后人[48],可谓知礼矣。

郑伯使卒出豭[49],行出犬、鸡[50],以诅射颍考叔者[51]。

君子谓郑庄公失政刑矣。政以治民,刑以正邪[52]。既无德政[53],又无威刑[54],是以及邪。邪而诅之,将何益矣[55]!

〔注释〕

①郑伯:指郑庄公。 ②甲辰:二十五日。 ③授兵:分发兵器。大宫:太宫,郑国的祖庙。古代兵器藏于祖庙,有事则颁发,事毕缴还。 ④公孙阏(è):郑大夫。 ⑤辀(zhōu):车辕。用于大车上称辕,用于兵车、田乘、乘车上称辀。走:跑。 ⑥子都:公孙阏的字。棘(jǐ):通"戟"。 ⑦大逵:大路。四通八达的道路。⑧庚辰:初一日。 ⑨傅:附。指攀附攻城。即后世所谓"蚁附"。《墨子·备城门》以"蚁傅"为攻城之一法。《孙子·谋攻》:"将不胜其忿而蚁附之,杀士三分之一,而城不拔者,此攻之灾也。"⑩蝥(máo)弧:郑庄公之旗。 ⑪颠:颠坠,跌落。 ⑫瑕叔盈:郑大夫。 ⑬周:遍。麾:挥。谓挥旗以招大军。 ⑭谓:认为,以为。不共:不法。 ⑮伏其罪:承担罪责。伏:同"服"。任,承担,接受。 ⑯弗敢与闻:即不敢从命。与:语助词,无义。闻:受。 ⑰百里:人名。奉:事。指辅助。许叔:许庄公之弟。即后来之许穆公。东偏:许都的东部。下文"西偏"指许都的西部。⑱不逞:不快,不满。 ⑲假手于我寡人:即借手于我,借我之手。假:借。 ⑳唯:虽,即便。一二父兄:指同姓群臣。共亿:相安。共:相与。 ㉑其:而。以许自为功:以伐许为己功。 ㉒"寡

人”三句：谓郑庄公之弟出奔于外。隐公元年，郑伯克段于鄢，叔段出奔共。有：为，于。和协：和睦相处。糊口：寄食。《方言》卷二：“糊、托、庇、寓、媵，寄也。……寄食为糊。” ㉓吾子：对人表示亲近的称呼。子是古代对男子的敬称。其：表示希望语气。抚柔：安定，安抚。抚、柔皆训“安”。 ㉔获：公孙获，郑大夫。㉕得没于地：谓以寿终。 ㉖“天其”句：上天若依礼撤回加于许国的祸患。 ㉗“无宁”句：谓宁可让许叔来掌管许国。无宁：宁可。无是句首语助词，无义。兹：使。奉：事。指祭祀。此句与下文“无滋”句相对成文。 ㉘“唯我”句：谓此乃我郑国之心愿。唯：发语词，无义。请谒：请求。谒：请。 ㉙如旧昏媾：一如旧时结为姻亲。 ㉚其：若。表示假设。降：降低（身分）。犹言“屈尊”。从：就，依就。谓和睦相处。 ㉛无：毋，不要。滋：同“兹”，使。他族：他姓。逼：迫近。 ㉜其：将。覆亡之不暇：谓忙于挽救危亡而无暇他顾。覆：救护。《荀子·富国》：“故为之出死断亡以覆救之。” ㉝禋（yīn）祀许：祭祀许国所祭之神。谓保有许国之地。禋祀：禋、祀同义，泛指祭祀。 ㉞不唯许国之为：不单是为许国。 ㉟聊：赖。圉：边境。 ㊱而：尔，你的。财贿：财货。 ㊲亟（jí）：急。 ㊳先君：指郑武公，庄公之父。新邑于此：谓迁都于新郑。郑桓公初封郑，其地在今陕西华县东北。武公取虢、桧之地建都，在今河南新郑市。 ㊴卑：微，衰微。㊵“周之”句：谓姬姓诸侯日渐衰落。日：寖，渐。序：绪业，先人之遗业。 ㊶大（tài）岳：太岳。即四岳（古代分掌四时方岳的官）。《左传·庄公二十二年》：“姜，大岳之后也。”共工（炎帝神农氏后代）之从孙尧时为四岳，佐禹治水有功，获封于吕，为诸侯长，赐姓曰姜氏。太岳为姜姓，吕氏。据清华简《封许之命》，周成王时，吕丁因辅佐文王、武王有功，被封于许，是为许文叔。胤（yìn）：后代。 ㊷厌：厌弃。 ㊸经：治理。 ㊹序：按次序排列,也即治理之意。 ㊺无刑:不法,违背法度。 ㊻度(duó):量,估量。处:断。 ㊼相:视。时:时机。 ㊽无:不。累:忧。这句是说,不给后人留下忧患。 ㊾卒:春秋时军队编制,百人为卒。豭(jiā):公猪。 ㊿行(háng):二十五人为行。 (51)诅:祝诅。求神加祸于人。 (52)正邪:制止邪恶。正:止。邪:恶。 (53)德政:教化。 (54)威刑:刑罚。威、刑同义。 (55)将:其。矣:语气词。用法同"乎",表示疑问语气。

王取邬、刘、蒍、邘之田于郑①,而与郑人苏忿生之田②:温、原、绨、樊、隰郕、欑茅、向、盟、州、陉、隤、怀③。

君子是以知桓王之失郑也④。恕而行之⑤,德之则也⑥,礼之经也⑦。己弗能有,而以与人,人之不至,不亦宜乎⑧!

〔注释〕

①邬(wū):地名,在今河南偃师市。刘:在今河南偃师市西南。蒍(wěi):郑邑,在今河南孟津县东北。邘(yú):邑名,今河南沁阳市西北有邘台镇,即其地。 ②苏忿生:周武王时司寇,封于温。 ③温:邑名,故城在今河南温县西南。原:今河南济源市北有原乡,即其地。絺(chī):在今河南沁阳市西南三十里。樊:亦名阳樊,在今河南济源市西南。隰郕(xí chéng):即隰城,在今河南武陟县西南。欑(cuán)茅:在今河南修武县北。向:在今河南济源市西南二十余里。盟(mèng):在今河南孟州市西南数里。州:在今河南沁阳市东南五十里。陉(xíng):在今河南沁阳市西北三十里。隤(tuí):在今河南获嘉县西北。怀:在今河南武陟县西南。 ④桓王:周桓王。 ⑤恕:谓推己及人,设身处地为他人着想。 ⑥德之则:行为之准则。德:行。则:法,法度。 ⑦经:常。 ⑧亦:句中语气词,无义。宜:谓理所当然。

郑、息有违言[①]。息侯伐郑,郑伯与战于竟[②],息师大败而还。

君子是以知息之将亡也。不度德,不量力,不亲亲[③],不征辞[④],不察有罪[⑤],犯五不韪[⑥],而以伐人,其丧师也,不亦宜乎!

〔注释〕

①息:亦作“鄎”,国名,姬姓,故城在今河南息县。违言:怨言。有违言,也即不和。 ②竟:同“境”。 ③不亲亲:指息与郑同为姬姓之国而失和。 ④征辞:辨明是非。征:验证。⑤察:明,明察。 ⑥不韪(wěi):不善。指过错。韪:是。

冬十月,郑伯以虢师伐宋。壬戌[①],大败宋师,以报其入郑也[②]。宋不告命[③],故不书。凡诸侯有命,告则书,不然则否[④]。师出臧否[⑤],亦如之。虽及灭国[⑥],灭不告败,胜不告克,不书于策。

〔注释〕

①壬戌:十四日。 ②报:报复。入郑:宋入郑在隐公十年。③不告命:谓不以此事告鲁。命:告。 ④否:不书。 ⑤臧否(zāng pǐ):善恶得失。 ⑥“虽及”四句:即使国家灭亡,如果胜负双方都不通报,史即不书于策(仅书于简牍)。克:胜。

羽父请杀桓公[①],将以求大宰[②]。公曰:“为其少故也[③],吾将授之矣[④]。使营菟裘[⑤],吾将老焉[⑥]。”羽父惧,反谮公于桓公而请弑之[⑦]。公之为公子也[⑧],与郑人战于狐

壤[9],止焉[10]。郑人囚诸尹氏[11]。赂尹氏[12],而祷于其主钟巫[13]。遂与尹氏归,而立其主[14]。十一月,公祭钟巫[15],齐于社圃[16],馆于寪氏[17]。壬辰,羽父使贼弑公于寪氏。立桓公,而讨寪氏,有死者。不书葬[18],不成丧也[19]。

〔注释〕

①羽父:公子翚,鲁大夫。桓公:惠公之子,隐公异母弟。②将:欲。《广雅·释诂上》:"将、闿,欲也。"大(tài)宰:太宰。官名,为当时执政之卿。　③为其少故也:因为他年幼。　④授:还。隐公欲成父志,还政于桓公。　⑤营:营造。菟(tú)裘:地名,在今山东泗水县。　⑥老:终老。焉:于此。　⑦谮(zèn):谗。谓诬陷。　⑧"公之"句:隐公还是公子的时候。　⑨狐壤:郑地,在今河南许昌市北。　⑩止:获,俘获。《春秋》内讳获,故言止。　⑪尹氏:郑大夫。　⑫赂:贿赂。　⑬钟巫:神名。尹氏家中所立之神主。　⑭立其主:立其主于鲁。　⑮祭:谓将祭。⑯齐(zhāi):通"斋"。古代祭祀前必先斋戒。社圃(pǔ):园名。⑰馆:舍,住宿。寪(wěi)氏:鲁大夫。　⑱不书葬:指《春秋》不书隐公之葬。　⑲不成丧:丧礼有缺。成:备。

桓　公[①]

经

元年春[②],王正月,公即位。

三月,公会郑伯于垂[③],郑伯以璧假许田[④]。

夏四月丁未[⑤],公及郑伯盟于越[⑥]。

秋,大水。

冬十月。

〔注释〕

①桓公:名轨(一说允),惠公之子,公元前711年—公元前694年在位。《谥法》:"辟土服远曰桓。"　②元年:公元前711年。　③垂:卫地,在今山东定陶县附近。　④以璧假许田:郑以祊归鲁欲易许田,事见隐公八年。以祊不足以当许田,故复加璧。假:借。实为交换。　⑤丁未:二日。　⑥盟:易田事成,故盟。越:地名,近垂,当在今山东定陶县附近。

传

元年春,公即位,修好于郑[①]。郑人请复祀周公[②],卒易祊

田[③]。公许之。三月,郑伯以璧假许田[④],为周公、祊故也。

〔注释〕

①修好于郑:与郑建立友好关系。 ②"郑人"句:郑庄公请求放弃祭祀泰山而改祀周公,见隐公八年《传》。 ③卒:终。谓终竟其事。隐公八年郑以祊归鲁,而鲁未以许田予郑。 ④"郑伯"二句:意谓《春秋》书"郑伯以璧假许田",是因为让郑国祭祀周公、易取祊田二者都属违礼之举,故不提祊地,称以璧借许田,隐去了交换土地的实情。

夏四月丁未,公及郑伯盟于越[①],结祊成也[②]。盟曰[③]:"渝盟[④],无享国[⑤]!"

〔注释〕

①盟:缔结盟约。 ②结祊成:结成两国易田之事。 ③盟:盟誓。 ④渝盟:即背盟。渝:变,改变。 ⑤享国:指为君。享:祭祀。此谓主祭。

秋,大水。凡平原出水为大水[①]。

〔注释〕

①此句解释《春秋》所书"大水"之含义。出:现,出现。

冬,郑伯拜盟[①]。

〔注释〕

①郑伯拜盟:《经》不书其事,疑有阙误。拜盟:拜谢结盟。

宋华父督见孔父之妻于路①，目逆而送之②，曰："美而艳③。"

〔注释〕

①华(huà)父督：宋太宰(最高行政长官)。名督，字华父。古人名、字并称，先字后名。见：遇。孔父：名嘉，正考父之子，孔子之祖先。 ②逆：迎。 ③艳：高大。《说文》："艳，好而长也。"此条本与下年传文相接，为后人所割裂。

经

二年春①，王正月戊申②，宋督弑其君与夷及其大夫孔父③。

滕子来朝④。

三月，公会齐侯、陈侯、郑伯于稷⑤，以成宋乱⑥。

夏四月，取郜大鼎于宋⑦。戊申⑧，纳于大庙⑨。

秋七月，杞侯来朝。

蔡侯、郑伯会于邓⑩。

九月，入杞⑪。

公及戎盟于唐⑫。

冬，公至自唐。

〔注释〕

①二年：公元前710年。 ②戊申：正月无戊申。日或月有误。 ③督：华父督，宋太宰。与夷：宋殇公，公元前719年—公元前711年在位。 ④滕子：即隐公十一年之滕侯。 ⑤稷：宋

地,在今河南商丘市境内。 ⑥成宋乱:审理宋国乱狱(弑君之事)。《周礼·秋官·讶士》:“四方有乱狱,则往而成之。”成:平,定。 ⑦郜(gào):国名,姬姓,都北郜城,在今山东成武县东南。鼎为郜所铸,故称郜鼎。 ⑧戊申:九日。 ⑨纳:放入。大庙:太庙。周公之庙。 ⑩邓:蔡地,在今河南漯河市郾城区东南。⑪入:入其国而不取其土地。将帅非卿,故不书其人。 ⑫唐:鲁地,在今山东鱼台县北。

传

二年春,宋督攻孔氏,杀孔父而取其妻。公怒,督惧,遂弑殇公[①]。

君子以督为有无君之心[②],而后动于恶,故先书弑其君。

〔注释〕

①此条当与上年传文连读。 ②“君子”三句:此释《春秋》书法。宋督先杀孔父,后弑殇公,而《经》书“宋督弑其君与夷及其大夫孔父”,因宋督擅杀大夫,早已目无君长。以……为:认为,以为。

会于稷[①],以成宋乱。为赂故,立华氏也[②]。

宋殇公立,十年十一战[③],民不堪命[④]。孔父嘉为司马,督为大宰,故因民之不堪命[⑤],先宣言曰[⑥]:“司马则然[⑦]。”已杀孔父而弑殇公[⑧],召庄公于郑而立之[⑨],以亲郑。以郜大鼎赂公,齐、陈、郑皆有赂,故遂相宋公[⑩]。

〔注释〕

①“会于”句：鲁君与齐侯、陈侯、郑伯会于稷。《传》蒙经文省略与会之人。　②以上四句谓《春秋》书“会于稷，以成宋乱”，因受贿之故，不讨乱臣贼子，而反立之，实为助乱。“华氏”为后世追书之辞。赂：贿赂。　③十年十一战：隐公四年，与夷始即位，伐郑，围其东门；又取其禾；隐公五年，取邾田；与邾、郑战，入其郛；伐郑，围长葛；隐公九年，郑伯以王命伐宋；隐公十年，鲁败宋师于菅；宋、卫入郑；宋与蔡、卫伐戴；郑伯入宋；隐公十一年，郑伯以虢师大败宋师。　④不堪命：不堪使唤。堪：能承受或忍受。⑤因：趁。　⑥宣言：扬言。　⑦司马：官名，主管军事。则：实，是。　⑧已：乃。　⑨庄公：名冯，穆公之子，隐公三年奔郑。宋庄公公元前710年—公元前692年在位。　⑩相宋公：为庄公之相。

夏四月，取郜大鼎于宋，戊申，纳于大庙，非礼也。臧哀伯谏曰①：“君人者，将昭德塞违②，以临照百官③，犹惧或失之④，故昭令德以示子孙。是以清庙茅屋⑤，大路越席⑥，大羹不致⑦，粢食不凿⑧，昭其俭也⑨。衮、冕、黻、珽、带、裳、幅、舄、衡、纨、纮、綖⑩，昭其度也⑪。藻、率、鞞、鞛、鞶、厉、游、缨⑫，昭其数也。火、龙、黼、黻⑬，昭其文也⑭。五色比象⑮，昭其物也⑯。钖、鸾、和、铃⑰，昭其声也。三辰旂旗⑱，昭其明也。夫德，俭而有度，登降有数⑲，文、物以纪之⑳，声、明以发之㉑，以临照百官。百官于是乎戒惧㉒，而不敢易纪律㉓。今灭德立违㉔，而置其赂器于大庙㉕，以明示百官，百官象之㉖，其又何诛焉㉗？国家之败，由官邪也。官之失

德,宠赂章也㉘。郜鼎在庙,章孰甚焉?武王克商㉙,迁九鼎于雒邑㉚,义士犹或非之㉛,而况将昭违乱之赂器于大庙㉜,其若之何㉝?"公不听。

周内史闻之㉞,曰:"臧孙达其有后于鲁乎㉟!君违㊱,不忘谏之以德。"

〔注释〕

①臧哀伯:鲁大夫。名达,臧僖伯之子。 ②将:当,宜。昭德塞违:昭示明德,杜绝奸邪。塞:闭塞,杜绝。违:邪恶。 ③临照:临。临、照二字同义。 ④或:有时。 ⑤清庙:即太庙,天子的祖庙。茅屋:茅草所盖之屋。 ⑥大路:祭天之车。以木为之,不加装饰。《礼记·明堂位》:"大路,殷路也。"殷祭天以木路。《礼记·礼器》:"至敬无文,父党无容,大圭不琢,大羹不和,大路素而越席,牺尊疏布鼏,樿杓。此以素为贵也。"越(huó)席:蒲草编织之席,祭祀所用。越:通"括",结。 ⑦大(tài)羹:水煮肉,用以祭祀。不致:不以五味(酸、苦、辛、咸、甘)调和。《礼记·郊特牲》:"郊血,大飨腥,三献爓,一献孰,至敬不飨味,而贵气臭也。" ⑧粢(zī)食:用黍稷所做供神的饼。不凿:谓不精舂。凿本指米之细者,此用如动词。 ⑨昭:示。俭:节俭。 ⑩衮(gǔn):古代天子、上公祭祀宗庙时所穿的礼服。天子之衮红色,公衮黑色。冕:礼帽。《荀子·大略》:"天子山冕,诸侯玄冠,大夫裨冕,士韦弁,礼也。"黻:同"韨"。韦韠,古代祭服的蔽膝,用熟皮做成。《说文》:"一命缊韠,再命赤韠。"珽(tǐng):玉笏,朝见时所执手板。带:大带,亦名绅带。以丝为之,在革带之外。古代衣服外用大带束腰,结于前,两边下垂的部分叫绅。裳:下衣,即裙。幅(bī):古人以幅帛斜缠于胫,自足至膝,类似于后世的绑腿。舄(xì):鞋。单底的叫鞋,复底垫木的叫舄。衡:横笄(簪)。

衡的作用是把冠冕固定在发髻上。纨(dǎn):帽带。悬瑱(tiàn)(塞耳)之玉所系丝绳,垂于冠之两边。纮(hóng):冠冕上的带子。以一端系于左边笄上,另一端绕颐而上,缠于右边笄上。綖(yán):覆于冠冕上的装饰。 ⑪度:尊卑各有制度。 ⑫藻:当指冕上垂旒之丝绳。《周礼·夏官·弁师》:"掌王之五冕,皆玄冕朱里,延、纽,五采缫十有二就,皆五采玉十有二,玉笄朱纮。诸侯之缫斿九就,瑉玉三采,其余如王之事;缫斿皆就,玉瑱玉笄……诸侯及孤卿大夫之冕、韦弁、皮弁、弁绖,各以其等为之,而掌其禁令。"率(lǜ):通"䌖"。指带上交叉缝制的缉边。《礼记·杂记上》:"率带,诸侯大夫皆五采,士二采。"郑玄注:"此谓袭尸之大带。率,䌖也。䌖之不加箴功,大夫以上更饰以五采,士以朱绿。袭事成于带,变之,所以异于生。"鞞(bǐng):刀鞘。鞛(běng):通"琫"。刀柄上的饰物。天子以玉,诸侯以金。《说文·玉部》:"《礼》云:'佩刀,天子玉琫而珧珌。'"又曰:"《礼》:'佩刀,诸侯璗琫而璆珌。'"鞶(pán):革带。在衣内,用以系韠韨(裳外蔽膝之衣)等饰物。厉:同"砺"。磨刀石,革带上悬挂的饰物。游(liú):同"旒"。旌旗边缘下垂的饰物。《广雅·释天》:"天子十二斿,至地;诸侯九斿,至轸;卿大夫七斿,至轵;士三斿,至肩。"缨:亦称樊(pán)缨。马颈上的革带套环,及下垂之缨饰。各种车的等级不同,与之相配的缨饰也有十二就、九就、七就、五就的区别,见《周礼·春官·巾车》。 ⑬火、龙、黼(fǔ)、黻(fú):都是衣服上的花纹。火、龙象其形。黼、黻:均为五章之一,古代绣在冕服及旗帜上的文采。以黑白二色在礼服上绣成的斧形花纹,刃白身黑,称黼。以黑青二色在礼服上绣成的亞字(两个弓字相背之形,或说两"己"相背),称黻。 ⑭文:文饰,文采。⑮五色:青、黄、赤、白、黑。古代以此为正色。比象:次序。比:次。象:序。五色比象,谓以五色相配。 ⑯物:色。 ⑰钖

(yáng):亦称当卢。马额头上的饰物,镂金为之,行走时能发出声音。鸾:亦称銮。铜铃。有设在车衡上者,其形较大;亦有设在马镳上者,其形较小。和:设在轼(车前横木)上的铃。铃:设在旌旗上的小铃。 ⑱三辰:指日、月、星。画于旌旗,象天之明。旂(qí)旗:旗有九种,旂旗是其总称。 ⑲登降:增减。登:加。数:等级,等差。 ⑳文、物:指前所言花纹、颜色。纪:法。以为法度。 ㉑声、明:声承上文钖鸾和铃而言,明承上文三辰旂旗而言。发:明。 ㉒戒惧:慎,谨慎。戒、惧同义。 ㉓易:违反。纪律:法度。纪、律同义。 ㉔今:若,表示假设。灭德立违:谓弃德而立奸回之臣(华督)。灭:蔑,背弃。违:邪。 ㉕赂器:贿赂之器。 ㉖象:效,效法。 ㉗诛:责,责备。 ㉘宠赂:私宠与贿赂。 ㉙武王:周武王,姬发。克商:灭商。 ㉚九鼎:禹以九州所贡金铸九鼎。夏灭,迁于商。武王克商,取其九鼎。雒邑:武王灭商,营雒邑而迁鼎于此,而后去之。至周公,卒营雒邑,谓之王城(在今河南洛阳市)。 ㉛义士:指伯夷、叔齐。非:鄙薄,以为德薄。 ㉜将:乃。昭:显,展示。违乱:邪恶。违、乱皆与德相对,训邪。宣公十五年《传》:"民反德为乱。" ㉝若之何:对这事怎么办?言无法交代。若:奈。 ㉞内史:官名,周室之大夫。㉟臧孙达:即臧哀伯。 ㊱违:邪。

秋七月,杞侯来朝①,不敬。杞侯归,乃谋伐之。

〔注释〕

①"杞侯"二句:僖公二十七年《传》:"春,杞桓公来朝,用夷礼,故曰子。"此云"不敬",不知所指何事。

蔡侯、郑伯会于邓,始惧楚也①。

〔注释〕

①楚：亦称荆。国名，芈姓，周成王封熊绎于荆山一带，都丹阳（在今湖北秭归）。楚文王时，迁于郢（在今湖北江陵县北）。楚昭王十二年（鲁定公六年）徙鄀（在今湖北宜城市东南），是为鄀郢。后屡有迁徙。战国时灭于秦始皇。

九月，入杞①，讨不敬也。

〔注释〕

①入：入其国而不占有其地。

公及戎盟于唐①，修旧好也。

〔注释〕

①“公及”二句：隐公二年鲁与戎盟，今复盟，为重修旧好。修：续。

冬，公至自唐①，告于庙也。

凡公行，告于宗庙。反行，饮至、舍爵、策勋焉②，礼也。特相会③，往来称地，让事也。自参以上④，则往称地，来称会，成事也⑤。

〔注释〕

①“公至”二句：《春秋》书鲁公出行一百七十六次，书至者八十二，不书至者九十四。据《传》释《经》之凡例，反时告庙则书，不告则不书。 ②“饮至”句：国君出行，事毕返回，合饮于宗庙，叫饮至。饮毕，释置酒杯，叫舍爵。舍爵后记录功劳于策。 ③“特

相会”三句:谓每会应有会主,公独与一国相会,则双方谦让,不肯为主,会事不成,故往来书地,不称会。特:独。让事:谦让未成会事。 ④参(sān):同“三”。指三国以上。 ⑤成事:成会事。

初,晋穆侯之夫人姜氏以条之役生太子①,命之曰仇②。其弟以千亩之战生③,命之曰成师。师服曰④:“异哉,君之名子也!夫名以制义⑤,义以出礼⑥,礼以体政⑦,政以正民⑧。是以政成而民听⑨。易则生乱⑩。嘉耦曰妃⑪,怨耦曰仇,古之命也⑫。今君命大子曰仇,弟曰成师,始兆乱矣⑬,兄其替乎⑭?”

惠之二十四年⑮,晋始乱,故封桓叔于曲沃⑯。靖侯之孙栾宾傅之⑰。师服曰:“吾闻国家之立也,本大而末小,是以能固。故天子建国⑱,诸侯立家⑲,卿置侧室⑳,大夫有贰宗㉑,士有隶子弟㉒,庶人、工、商各有分亲㉓,皆有等衰㉔。是以民服事其上㉕,而下无觊觎㉖。今晋,甸侯也㉗,而建国,本既弱矣,其能久乎㉘?”

惠之三十年㉙,晋潘父弑昭侯而立桓叔㉚,不克。晋人立孝侯㉛。

惠之四十五年㉜,曲沃庄伯伐翼㉝,弑孝侯。翼人立其弟鄂侯㉞。鄂侯生哀侯㉟。哀侯侵陉庭之田㊱。陉庭南鄙启曲沃伐翼㊲。

〔注释〕

①晋穆侯:名费王,又称弗生,公元前811年—公元前785年在位。以:于。条:条戎所在地。今山西运城县安邑镇北三十里

有鸣条镇,当即其地。晋穆侯七年,与王师伐条戎、奔戎,王师败绩。穆侯生太子,故名之曰仇。“太”:据下文及《左传》行文之例当作“大”。 ②命:名,命名。曰:为。仇:即后来之晋文侯。③以:于。千亩:地名,在今山西安泽县北九十里。穆侯十年,伐千亩,有功。生少子,故名之曰成师(后封于曲沃,号桓叔)。④师服:晋大夫。 ⑤名以制义:名当从其义。制:从。 ⑥义以出礼:谓礼由义生。《国语·周语上》:“夫义所以生利也。”出:生。 ⑦礼以体政:行政以礼。体:行。 ⑧正:治。 ⑨听:从,服从。 ⑩易:违,违反。 ⑪嘉耦:佳偶。耦:匹。指匹配之人。妃(pèi):通“配”,配偶。 ⑫命:名,称。 ⑬始兆乱矣:已经显现祸乱之征兆。兆:现。 ⑭替:废。 ⑮惠之二十四年:鲁惠公二十四年,即晋昭侯元年(公元前745年)。 ⑯封:建。谓建为附庸之国。桓叔:即成师。曲沃:在今山西闻喜县东二十里。晋文侯卒,子昭侯立,危不自安,故封成师为曲沃伯。 ⑰靖侯:桓叔之叔祖。傅:辅佐。 ⑱建国:封立诸侯。 ⑲诸侯立家:诸侯立卿大夫之家。 ⑳置:立。侧室:支子,庶子。 ㉑贰宗:嫡子为小宗,次者为贰宗。贰:副。 ㉒隶子弟:士卑,自以其子弟为仆隶。㉓分亲:亲疏不同之亲戚。分:等。 ㉔等衰(cuī):等差,等级。等、衰同义。 ㉕服事:事,奉事。谓任其驱使。服、事同义。㉖觊觎(jì yú):企求。指非分之想。 ㉗甸侯:甸服内的诸侯。古代以京师为中心,每五百里为一区划,由近至远分为侯服、甸服、绥服、要服、荒服,称五服。甸服为王畿千里之内的诸侯。㉘其:岂。久:固。 ㉙惠之三十年:公元前739年。 ㉚潘父:晋大夫。昭侯:晋昭侯,名伯,公元前745年—公元前740年在位。㉛孝侯:名平,公元前739年—公元前724年在位。 ㉜惠之四十五年:公元前724年。 ㉝庄伯:桓叔之子。翼:晋国都城,在今山西翼城县东南。 ㉞鄂侯:名郄(xì),公元前723年—公元前718年在位。 ㉟哀侯：名光，公元前717年—公元前710年在位。 ㊱陉庭：地名，在今山西翼城县东南。 ㊲南鄙：南部边境。启：助。此条本与下年传文相接，为后人所割裂。

经

三年春正月[①]，公会齐侯于嬴[②]。

夏，齐侯、卫侯胥命于蒲[③]。

六月，公会杞侯于郕[④]。

秋七月壬辰朔[⑤]，日有食之，既[⑥]。

公子翚如齐逆女。

九月，齐侯送姜氏于讙[⑦]。

公会齐侯于讙。

夫人姜氏至自齐。

冬，齐侯使其弟年来聘[⑧]。

有年[⑨]。

〔注释〕

①三年：公元前709年。 ②嬴：齐邑，故城在今山东莱芜市西北。 ③胥命：诸侯相会，约言而不歃血盟誓。蒲：卫地，在今河南长垣县东。 ④郕：《公羊传》作"盛"，鲁邑，在今山东宁阳县东北。 ⑤朔：初一日。 ⑥既：尽。日食而尽，为日全食之象。此当为公历公元前709年7月17日发生的日全食。 ⑦姜氏：其人已离开齐国，故不称女；尚未至鲁，故不称夫人。讙(huān 阴)：鲁地，在今山东肥城市南。 ⑧年：夷仲年，齐僖公之弟。聘：访问。 ⑨有年：谷物丰收。年：谷。《说文·禾部》：

“年,谷孰也。”

传

三年春,曲沃武公伐翼[①],次于陉庭[②]。韩万御戎[③],梁弘为右[④]。逐翼侯于汾隰[⑤],骖絓而止[⑥],夜获之,及栾共叔[⑦]。

〔注释〕

①曲沃武公:名称,曲沃庄伯之子。 ②次:军队驻宿三晚以上为次。 ③韩万:庄伯之弟,武公之叔父。御戎:驾驭兵车。④右:戎车之右。打仗时坐在车右的武士。古代三人共一车,一般尊者居左,御者居中,武士在右。 ⑤翼侯:即晋哀侯。汾隰(xí):汾水边低洼之地。隰:低湿之地。 ⑥骖(cān):骖马。一车驾四马,中间的两匹叫服,左右的叫骖。絓(guà):挂,绊住。⑦栾共叔:名成,桓叔之傅栾宾之子,为哀侯大夫。与哀侯被俘后俱死。

会于嬴[①],成昏于齐也[②]。

〔注释〕

①会于嬴:桓公与齐侯会于嬴。《传》蒙经文省略与会之人。②成昏:订婚。

夏,齐侯、卫侯胥命于蒲[①],不盟也。

〔注释〕

①“齐侯”二句:释《春秋》所以书“胥命”之故。不盟:不立盟誓。

公会杞侯于郕[①],杞求成也。

〔注释〕

①“公会”二句:二年杞侯朝鲁,不敬,鲁入杞。今年杞来求和,故会于郕。求成:请求和解。

秋,公子翚如齐逆女[①]。修先君之好,故曰“公子”。

齐侯送姜氏[②],非礼也。凡公女嫁于敌国[③],姊妹[④],则上卿送之,以礼于先君[⑤]。公子[⑥],则下卿送之。于大国[⑦],虽公子[⑧],亦上卿送之。于天子,则诸卿皆行,公不自送。于小国,则上大夫送之。

〔注释〕

①“公子翚”三句:释《春秋》此年书翚为“公子”之义。隐公四年、十年《春秋》去“公子”而直书“翚”,因其不尊君命,故去其族,以示憎恶。修:续。　②姜氏:桓公所聘之人。齐为姜姓。③“凡公女”以下释齐侯送姜氏所以为非礼。公女:公族女子。敌国:地位相匹敌的国家。　④姊妹:指国君的姊妹。　⑤礼于先君:表示对先君的尊敬。　⑥公子:指国君的女儿。　⑦于:前面省略动词“嫁”。　⑧虽:即使。

冬,齐仲年来聘,致夫人也[①]。

〔注释〕

①致夫人:女子出嫁三月,父母之国使大夫聘问,谓之致女。就鲁国而言,齐仲年来则是“致夫人”。

芮伯万之母芮姜恶芮伯之多宠人也[1],故逐之,出居于魏[2]。

〔注释〕

①芮伯万:芮伯名万。宠人:宠姬。　②魏:国名,在今山西芮城县。

经

四年春正月[1],公狩于郎[2]。

夏,天王使宰渠伯纠来聘[3]。

〔注释〕

①四年:公元前708年。　②狩:冬猎曰狩。郎:鲁邑,在今山东鱼台县东。　③宰:官名。渠伯纠:渠是氏,伯是字,纠是名。此下不书秋、冬首月,为史之阙文。

传

四年春正月,公狩于郎。书[1],时,礼也。

〔注释〕

①书,时,礼也:狩为冬天田猎之名。周之正月,正值夏之十一月,时间得宜。

夏,周宰渠伯纠来聘。父在[1],故名。

〔注释〕

①父在,故名:释《春秋》既称其字(伯),又称其名(纠)之原因。

秋,秦师侵芮[①],败焉[②],小之也[③]。

〔注释〕

①秦:国名,嬴姓,周孝王封伯翳之后非子为附庸,邑于秦(在今甘肃清水县)。襄公时始列于诸侯。宁公二年(鲁隐公九年,公元前714年),徙平阳(在今陕西眉县西)。德公徙居雍(在今陕西凤翔)。献公徙居栎阳(在今陕西临潼北)。孝公徙咸阳(在今陕西咸阳市东)。国土主要在今陕西省。 ②败焉:败于芮。 ③小之:谓以芮国小而轻视之。

冬,王师、秦师围魏[①],执芮伯以归。

〔注释〕

①"王师"二句:桓公三年,芮伯万出奔魏,芮另立君主。秦为芮所败,故以芮伯归,欲纳之。

经

五年春正月[①],甲戌、己丑[②],陈侯鲍卒。

夏,齐侯、郑伯如纪。

天王使仍叔之子来聘[③]。

葬陈桓公。

城祝丘[④]。

秋，蔡人、卫人、陈人从王伐郑[⑤]。

大雩[⑥]。

螽[⑦]。

冬，州公如曹[⑧]。

〔注释〕

①五年：公元前707年。　②甲戌：上年之十二月二十日。己丑：本年正月七日。　③仍叔：周世族大夫。　④祝丘：地名，在今山东临沂市东三十五里。　⑤从王：周王亲征，诸侯率师以从。《春秋》书从，显示君臣关系。　⑥雩（yú）：为求雨而举行的祭祀。　⑦螽（zhōng）：指飞蝗。此年发生蝗灾，故《春秋》书之。⑧州：国名，姜姓，都淳于（在今山东安丘市东北）。

传

五年春正月，甲戌、己丑，陈侯鲍卒，再赴也[①]。于是陈乱[②]，文公子佗杀太子免而代之。公疾病而乱作[③]，国人分散，故再赴。

〔注释〕

①再赴：二次赴告。此句解释《春秋》书陈侯卒于“甲戌、己丑”之原因。　②于是：此时。于：此。是：时。　③疾病：病重。

夏，齐侯、郑伯朝于纪[①]，欲以袭之。纪人知之。

〔注释〕

①“齐侯”二句：齐、郑为当时重要国家，纪乃小国。齐、郑朝

纪,实欲袭之。

王夺郑伯政①,郑伯不朝。

秋,王以诸侯伐郑②,郑伯御之。王为中军;虢公林父将右军③,蔡人、卫人属焉。周公黑肩将左军④,陈人属焉。

郑子元请为左拒⑤,以当蔡人、卫人,为右拒,以当陈人,曰:"陈乱⑥,民莫有斗心,若先犯之,必奔。王卒顾之⑦,必乱。蔡、卫不枝⑧,固将先奔⑨。既而萃于王卒⑩,可以集事⑫。"从之。曼伯为右拒⑫,祭仲足为左拒⑬,原繁、高渠弥以中军奉公。为鱼丽之陈⑭,先偏后伍,伍承弥缝⑮。

战于繻葛⑯。命二拒曰:"旝动而鼓⑰。"蔡、卫、陈皆奔,王卒乱。郑师合以攻之,王卒大败。祝聃射王中肩,王亦能军⑱。祝聃请从之⑲。公曰:"君子不欲多上人⑳,况敢陵天子乎㉑!苟自救也㉒,社稷无陨㉓,多矣㉔。"

夜,郑伯使祭足劳王㉕,且问左右。

〔注释〕

①王夺郑伯政:隐公八年,虢公始任王卿士,郑庄公为左卿士(见隐公九年《传》)。至此桓王夺郑伯之政而专任虢公。　②以:有"率领"之意。僖公二十六年《传》:"凡师,能左右之曰以。"　③虢公林父:王卿士。　④黑肩:即后之周桓公。　⑤子元:郑公子,名突。拒:方阵。　⑥陈乱:陈桓公死,其弟佗杀太子免自立,国内不稳定。陈:国名,妫姓,在今河南淮阳及安徽亳州市一带。⑦顾:瞻顾。谓因瞻顾而分心。　⑧蔡:国名,姬姓,在今河南上蔡县一带。卫:国名,姬姓,在今河南淇县一带。不枝:抵挡不住。

枝:通“支”,支持,抵拒。 ⑨固:必。 ⑩既:终。而:乃。萃:聚集。 ⑪集:成。 ⑫曼伯:郑公子忽(后之昭公)。 ⑬祭(zhài)仲足:祭为氏,字仲,名足。与下文原繁、高渠弥、祝聃都是郑大夫。 ⑭鱼丽之陈(zhèn):古代兵车与步兵协同作战的一种阵法。据《司马法》,战车二十五辆为一偏,以车居前,以伍(五人为伍)次之,弥补战车之间的空隙。陈:同“阵”。 ⑮弥缝:弥补。弥、缝都是“合”的意思。 ⑯繻(xū)葛:即长葛,郑邑,在今河南长葛市东北二十余里。 ⑰旝(kuài):号令指挥用的旗帜,用整帛制成。鼓:击鼓进攻。 ⑱王亦能军:谓王师败绩,不复成军。疑“亦”为“不”之误字。 ⑲从:追逐。 ⑳欲:愿。上人:加于人之上,即陵人。 ㉑陵:凌驾,加于其上。 ㉒苟:但。 ㉓陨:失。 ㉔多矣:谓所获已多。 ㉕祭足:即祭仲。劳:慰问。下文“问”同义。

仍叔之子①,弱也。

〔注释〕

①“仍叔”二句:谓《春秋》书“仍叔之子”而不书其名,是讥讽王使幼弱。

秋,大雩。书,不时也①。凡祀,启蛰而郊②,龙见而雩③,始杀而尝④,闭蛰而烝⑤。过则书⑥。

〔注释〕

①不时:雩有两种,一种是按时举行的,即常祭。另一种是因天旱而特为举行的,即不时之祭。 ②启蛰(zhé):节气名。后避汉景帝讳,改为惊蛰。此时冬眠动物出来活动。启:发,出。

蜇:蜇虫。惊蛰本在雨水前(当夏时正月)。汉武帝行太初历,改在雨水之后(当夏正二月)。郊:祭名。在郊外祭祀天地,以祈求丰收。 ③龙:苍龙。东方角、亢、氐、房、心、尾、箕七宿(xiù)之总称。见(xiàn):同“现”。夏正四月,龙黄昏时现于东方,万物开始生长,故祭天祈雨。 ④始杀:夏正七月,秋季肃杀之气始至。尝:天子诸侯秋祭宗庙。秋天嘉谷始熟,故荐(献)尝于宗庙。 ⑤闭蛰:蜇虫藏匿。闭:藏。夏正十月,昆虫蛰伏。烝:天子诸侯冬祭宗庙。烝是“众”的意思。冬季万物皆成,可荐者众,故烝祭宗庙。 ⑥过:祭祀不按时举行。

冬,淳于公如曹①。度其国危②,遂不复③。

〔注释〕

①淳于公:即州公。州建都淳于(在今山东安丘市东北三十里)。 ②度:揣度,估量。 ③复:返。指回国。此条本与下年传文相接,为后人所割裂。

经

六年春正月①,寔来②。

夏四月,公会纪侯于成③。

秋八月壬午④,大阅⑤。

蔡人杀陈佗⑥。

九月丁卯⑦,子同生⑧。

冬,纪侯来朝。

〔注释〕

①六年:公元前706年。 ②寔(shí)来:此人(指州公)来至鲁。寔:通“是”。《公羊传》:“寔来者何?犹曰是人来也。” ③成:鲁邑,在今山东宁阳县北。 ④壬午:八日。 ⑤阅:检阅车马。 ⑥陈佗:即陈公子五父。桓公五年,佗杀陈太子而自立。因篡位未会诸侯,故不书爵。 ⑦丁卯:二十四日。 ⑧子同:桓公之子,名同。即后来之庄公。春秋十二公中,唯庄公为嫡长子,备用太子之礼,故史书之于策。

传

六年春[①],自曹来朝。书曰“寔来”,不复其国也[②]。

〔注释〕

①“六年”以下:本与前年传文相接,为后人所割裂。 ②复:返回。

楚武王侵随[①],使薳章求成焉[②],军于瑕以待之[③]。随人使少师董成[④]。斗伯比言于楚子曰[⑤]:“吾不得志于汉东也[⑥],我则使然[⑦]。我张吾三军[⑧],而被吾甲兵[⑨],以武临之,彼则惧,而协以谋我[⑩],故难间也[⑪]。汉东之国,随为大。随张[⑫],必弃小国。小国离[⑬],楚之利也。少师侈[⑭],请羸师以张之[⑮]。”熊率且比曰[⑯]:“季梁在[⑰],何益?”斗伯比曰:“以为后图,少师得其君[⑱]。”王毁军而纳少师[⑲]。

少师归,请追楚师。随侯将许之。季梁止之曰:“天方授楚[⑳],楚之羸,其诱我也[㉑],君何急焉?臣闻小之能敌大

也，小道大淫[22]。所谓道，忠于民而信于神也[23]。上思利民，忠也；祝史正辞[24]，信也。今民馁而君逞欲[25]，祝史矫举以祭[26]，臣不知其可也。”公曰：“吾牲牷肥腯[27]，粢盛丰备[28]，何则不信[29]？”对曰：“夫民，神之主也[30]，是以圣王先成民而后致力于神。故奉牲以告曰‘博硕肥腯[31]’，谓民力之普存也[32]，谓其畜之硕大蕃滋也[33]，谓其不疾瘯蠡也[34]，谓其备腯咸有也[35]。奉盛以告曰‘絜粢丰盛[36]’，谓其三时不害[37]，而民和年丰也[38]。奉酒醴以告曰[39]，‘嘉栗旨酒[40]’，谓其上下皆有嘉德而无违心也。所谓馨香，无谗慝也[41]。故务其三时[42]，修其五教[43]，亲其九族[44]，以致其禋祀[45]。于是乎民和而神降之福[46]，故动则有成[47]。今民各有心，而鬼神乏主，君虽独丰[48]，其何福之有[49]？君姑修政[50]，而亲兄弟之国[51]，庶免于难[52]。”随侯惧而修政，楚不敢伐。

〔注释〕

①楚武王：名熊通。霄敖之子，蚡冒之弟，公元前740年—前690年在位。楚国本为子爵，至楚武王时僭称王。随：国名，姬姓，故城在今湖北随州市南。　②薳（wěi）章：楚大夫。求成焉：向随国求和。成：和解。　③军：驻扎。瑕：随地。　④少师：官名。董成：主持和谈。董：督，理。谓理其事。　⑤斗伯比：楚大夫，令尹子文之父。　⑥得志：谓得逞所欲。汉东：汉水以东。汉东多姬姓小国。　⑦然：如此。　⑧张：陈，陈列。　⑨被吾甲兵：谓披甲带兵。　⑩协：和。以：原本作“来”，据阮元《校勘记》改。　⑪间：离间。　⑫张：大。谓自大。　⑬离：离心。　⑭侈：张，大。谓自大。　⑮羸（léi）师：谓以羸弱之师示随，使不备楚。羸：弱。　⑯熊率且（lǜ jū）比：楚大夫。　⑰季梁：随之贤臣。

⑱得其君:为君所信用。 ⑲毁军:撤除军垒。毁:撤。《说文》:“军,圜围也。” ⑳授:与。谓佑佐。 ㉑其:乃。 ㉒道:直,正。淫:邪。 ㉓忠:谓尽心。信:诚。 ㉔祝史:祝与史。官名。掌祭祀、告神之赞辞者。正辞:直言。谓言辞诚信,无隐无欺。 ㉕馁:饥饿。逞欲:快意于私欲。逞:快。 ㉖矫举:虚称功德。矫:诈。 ㉗牲牷(quán):即牺牲,祭祀用的牲畜。体完曰牲,色纯曰牷。肥腯(tú):肥壮。腯:肥。 ㉘粢盛:用于祭祀的谷物。粢:指黍稷。盛:盛于祭器中的黍稷祭品。丰备:丰足。 ㉙何则:何为。则:为。 ㉚主:主人。人为神之所依凭,故称主。 ㉛奉:进献。告:告神。博硕:多而且大。 ㉜普:遍。 ㉝畜:牲畜。蕃滋:繁衍。 ㉞瘯蠡(cù luǒ):指牲畜之小病。瘯:同“痤”。《说文》:“小肿也。” ㉟备:皆。与“咸”同义。 ㊱絜(jié):同“洁”。 ㊲三时:春、夏、秋。不害:无灾。害:灾。 ㊳年丰:谷物丰收。年:谷。 ㊴酒醴(lǐ):指酒。醴:甜酒。 ㊵嘉:美,善。栗:通“洌”,洁。旨:美。 ㊶谗慝:邪恶。谗、慝同义。 ㊷务:勤,勤勉。 ㊸修:行。五教:指父义、母慈、兄友、弟恭、子孝。 ㊹九族:指同族与外祖父、外祖母、姨母子及妻父、妻母、姑之子、姊妹之子、女子之子。 ㊺禋(yīn)祀:祭祀。 ㊻于是:因此。 ㊼有成:有功。 ㊽虽:即使。 ㊾其:语助词,无义。何福之有:即有何福。 ㊿修:治。 51兄弟之国:指汉东的姬姓小国。 52庶:庶几,差不多。

夏,会于成①,纪来咨谋齐难也②。

〔注释〕

①会于成:鲁君与纪侯会于成。《传》蒙经文省略与会之人。②咨谋:计议,商量。齐难:指齐欲灭纪。

北戎伐齐[1]，齐使乞师于郑[2]。郑大子忽帅师救齐。六月，大败戎师，获其二帅大良、少良[3]，甲首三百[4]，以献于齐。

于是诸侯之大夫戍齐[5]，齐人馈之饩[6]，使鲁为其班[7]，后郑。郑忽以其有功也，怒，故有郎之师[8]。

公之未昏于齐也[9]，齐侯欲以文姜妻郑大子忽[10]。大子忽辞。人问其故，大子曰："人各有耦[11]，齐大，非吾耦也。《诗》云[12]：'自求多福[13]。'在我而已，大国何为[14]？"君子曰善自为谋[15]。及其败戎师也，齐侯又请妻之[16]。固辞[17]。人问其故，大子曰："无事于齐，吾犹不敢。今以君命奔齐之急，而受室以归[18]，是以师昏也[19]。民其谓我何[20]？"遂辞诸郑伯[21]。

〔注释〕

①北戎：即山戎。我国古代北方少数民族。居今河北省东部。 ②乞师：请求援军。 ③大良、少良：北戎二帅之名。④甲首：甲士之首。 ⑤于是：此时。于：此。是：时。 ⑥馈：以食供人。饩(xì)：馈客之刍、米。 ⑦为其班：排定其先后顺序。其：之。班：次。 ⑧郎之师：在桓公十年。 ⑨"公之"句：桓公未娶文姜之前。 ⑩妻(qì)：以女嫁人。 ⑪耦：通"偶"，配，匹。 ⑫《诗》云：引文出《诗·大雅·文王》。言求福由己，而非由人。 ⑬自求多福：谓求之于己，而得福禄。 ⑭何为：何用。为：用。 ⑮曰：认为，以为。自为谋：为己谋虑。 ⑯"齐侯"句：时文姜已出嫁，齐侯欲以他女嫁之。 ⑰固辞：坚辞。 ⑱室：妻室。 ⑲以师昏：凭借军队为自己娶亲。 ⑳"民其"句：民众如何看我。谓：言。有"认为""以为"的意思。 ㉑辞诸郑伯：借

父命而辞之。诸：以。

秋，大阅，简车马也[1]。

〔注释〕

①简：阅，检阅。

九月丁卯，子同生。以大子生之礼举之[1]，接以大牢[2]，卜士负之[3]，士妻食之[4]，公与文姜、宗妇命之[5]。

公问名于申繻[6]。对曰："名有五：有信，有义，有象，有假，有类。以名生为信[7]，以德命为义[8]，以类命为象[9]，取于物为假[10]，取于父为类[11]。不以国[12]，不以官，不以山川，不以隐疾[13]，不以畜牲，不以器币[14]。周人以讳事神[15]，名，终将讳之[16]。故以国则废名[17]，以官则废职[18]，以山川则废主[19]，以畜牲则废祀[20]，以器币则废礼[21]。晋以僖侯废司徒[22]，宋以武公废司空[23]，先君献、武废二山[24]，是以大物不可以命[25]。"公曰："是其生也[26]，与吾同物[27]。命之曰同[28]。"

〔注释〕

①举：立。　②接：见，接见。子生三日，见于父。大牢：太牢。牛、羊、猪三牲并用曰太牢。《礼记·内则》："凡接子，择日。冢子则太牢，庶人特牲，士特豕，大夫少牢，国君世子太牢。"③卜士负之：占卜选定士人之吉者抱负之。　④士妻食之：占卜选择士之妻为乳母。　⑤文姜：桓公嫡妻。齐女。宗妇：同宗大夫之妻。命：名。指为太子命名。　⑥名：命名。申繻（xū）：鲁大夫。　⑦以名生：用与出生有关的事情命名。如唐叔虞初生，

掌中有“虞”字。 ⑧以德命:如太王自以为有德,后世必昌,故名文王曰昌。 ⑨类:形象相类之物。如孔子首像尼山,故名丘。⑩取于物:假借他物之名。如孔鲤生时鲁君遗孔子鲤。 ⑪取于父:谓取与父相似之事物。如庄公之生与桓公同日,故名同。类:似。 ⑫不以国:国君之子,不以国名为名。 ⑬隐疾:疾病。隐:疾,疾病。 ⑭器币:器物玉帛。 ⑮讳:避讳。君父之名,臣子不敢斥言。 ⑯终将讳之:天子、诸侯讳其父、祖、曾祖、高祖之名,卿大夫讳父及祖父。《礼记·曲礼上》:“卒哭乃讳。”将:则。⑰“故以国”句:国名不可废,故与国名相同之名不可用。 ⑱“以官”句:以官为名则改其官名。职:官。谓官名。 ⑲“以山川”句:以山川为名,则改山川之名。 ⑳“以畜牲”句:以牛、羊、猪等为名,则同名之牲不可用于祭祀。 ㉑“以器”句:器币为礼仪所需,因避讳而不能用于祭祀,则废礼。币:指缯帛玉器等。 ㉒“晋以”句:晋僖侯名司徒,因废司徒之官,改称中军。 ㉓“宋以”句:宋武公名司空,故改司空为司城。 ㉔“先君”句:鲁献公名具,武公名敖,鲁因废此二山之名,改以其乡名山。 ㉕大物:包括上文所言国、官、山川、隐疾、牲畜、器币等。 ㉖是:此。指庄公。㉗同物:指同日。《史记·鲁周公世家》:“夫人生子,与桓公同日,故名曰同。”昭公七年《传》称岁、时、日、月、星、辰为“六物”。㉘曰:为。

冬,纪侯来朝,请王命以求成于齐①。公告不能②。

〔注释〕

①请王命:请求周王之命。 ②告:辞。

经

七年春二月己亥①,焚咸丘②。

夏,谷伯绥来朝③。

邓侯吾离来朝④。

〔注释〕

①七年:公元前705年。己亥:二十八日。 ②咸丘:鲁地,在今山东巨野县东南。 ③谷伯绥:谷伯名绥。谷国为伯爵,嬴姓,故城在今湖北谷城县西北。 ④邓侯吾离:邓侯名吾离。邓为曼姓国,在今河南邓州市。谷伯、邓侯分别行朝礼,故分书之。

传

七年春①,谷伯、邓侯来朝。名,贱之也②。

〔注释〕

①春:《经》书"夏",《传》云"春",杜预以为春至、夏行朝礼。 ②名,贱之也:谓《春秋》书谷伯、邓侯之名,因朝礼不足而贬之。

夏,盟、向求成于郑①,既而背之②。

〔注释〕

①盟、向:二邑名,隐公十一年周王以此予郑,实际上郑国并未占领其地。求成:请求和解。郑对二邑用兵,故盟、向求和于郑。 ②既而:不久。

秋,郑人、齐人、卫人伐盟、向。王迁盟、向之民于郏[①]。

〔注释〕

①郏(jiá):又称“郏鄏”,即王城,在今河南洛阳市。

冬,曲沃伯诱晋小子侯[①],杀之。

〔注释〕

①曲沃伯:曲沃武公。小子侯:晋哀侯之子。

经

八年春正月己卯[①],烝[②]。
天王使家父来聘[③]。
夏五月丁丑[④],烝[⑤]。
秋,伐邾。
冬十月[⑥],雨雪。
祭公来[⑦],遂逆王后于纪。

〔注释〕

①八年:公元前704年。己卯:十四日。 ②烝:冬祭。周正正月,当夏之十一月,此烝并非不时之祭,因下文复烝,故书之,以见其渎(轻慢)。 ③家父:天子之大夫。家是氏,父是字。 ④丁丑:十四日。 ⑤烝:书失时。 ⑥“冬十月”二句:周正十月,为夏之八月,雨雪失时,故书。 ⑦“祭公”二句:祭公,天子之三公。王使鲁主婚,故祭公至鲁,受命迎娶王后。

传

八年春,灭翼[①]。

〔注释〕

①"八年"二句:此条本与上年传文相接,为后人所割裂。

随少师有宠[①]。楚斗伯比曰[②]:"可矣。雠有衅[③],不可失也。"

夏,楚子合诸侯于沈鹿[④]。黄、随不会[⑤]。使薳章让黄[⑥]。楚子伐随,军于汉、淮之间[⑦]。

季梁请下之[⑧]:"弗许而后战,所以怒我而怠寇也[⑨]。"少师谓随侯曰:"必速战。不然,将失楚师。"随侯御之[⑩]。望楚师。季梁曰:"楚人上左[⑪]。君必左[⑫],无与王遇,且攻其右[⑬]。右无良焉[⑭],必败。偏败[⑮],众乃携矣[⑯]。"少师曰:"不当王,非敌也[⑰]。"弗从。战于速杞[⑱],随师败绩[⑲]。随侯逸[⑳]。斗丹获其戎车[㉑],与其戎右少师[㉒]。

秋,随及楚平[㉓]。楚子将不许,斗伯比曰:"天去其疾矣[㉔],随未可克也。"乃盟而还。

〔注释〕

①随:国名,姬姓,故城在今湖北随州市南。少师:官名。 ②斗伯比:楚大夫,令尹子文之父。 ③雠:敌。衅:罅隙,裂缝。引申为弱点。 ④楚子:指楚武王。合:会。沈(chén)鹿:楚地,在今湖北钟祥市东。 ⑤黄:国名,嬴姓,故城在今河南潢川县西。 ⑥薳(wěi)章:楚大夫。让:谴责,责怪。 ⑦"军于"句:

随在汉水之东,淮河之南。 ⑧季梁:随大夫。下之:谓降服于楚。下:降。 ⑨所以:"所"为代词,与介词"以"连用,表示工具、手段、方法等。怒:激怒。怠:懈怠。寇:敌。 ⑩御:抵御。⑪上左:以左为上。 ⑫君必左:季梁希望随君居左。两军相对,随师之左,当楚师之右。 ⑬且:而。 ⑭良:指精锐之卒。 ⑮偏:即偏师。指全军的一部分,以别于主力。 ⑯携:离。谓军心涣散。 ⑰敌:匹。 ⑱速杞:随地,在今湖北广水市西。 ⑲败绩:大败。 ⑳逸:逃跑。 ㉑斗丹:楚大夫。戎车:随君所乘之兵车。 ㉒戎右:车右。少师得宠,故随君以为戎右。 ㉓平:媾和,和解。 ㉔"天去"句:谓少师被擒而死,是替随国除去了祸患。

冬,王命虢仲立晋哀侯之弟缗于晋①。

〔注释〕

①虢仲:即虢公林父,周卿士。

祭公来①,遂逆王后于纪,礼也。

〔注释〕

①"祭公来"三句:天子娶于诸侯,使同姓诸侯为之主婚。祭公来,受命于鲁,然后往纪迎接王后,合于礼仪。王后:季姜。周桓王娶之为后。

经

九年春①,纪季姜归于京师②。

夏四月。

秋七月。

冬，曹伯使其世子射姑来朝[3]。

〔注释〕

①九年：公元前703年。 ②季姜：即上年祭公迎娶的桓王王后。季是字，姜是姓。归：女子出嫁曰归。 ③“曹伯”句：曹伯有疾，故使其世子来朝。世子：太子。

传

九年春，纪季姜归于京师。凡诸侯之女行[1]，唯王后书。

〔注释〕

①“凡诸侯”二句：谓诸侯之女出嫁，唯嫁周王方书，嫁于诸侯，虽告于鲁，亦不书。行：指女子出嫁。

巴子使韩服告于楚[1]，请与邓为好[2]。楚子使道朔将巴客以聘于邓[3]，邓南鄙鄾人攻而夺之币[4]，杀道朔及巴行人[5]。楚子使薳章让于邓[6]。邓人弗受[7]。

夏，楚使斗廉帅师及巴师围鄾[8]。邓养甥、聃甥帅师救鄾[9]。三逐巴师，不克。斗廉衡陈其师于巴师之中以战[10]，而北。邓人逐之[11]，背巴师，而夹攻之。邓师大败。鄾人宵溃[12]。

〔注释〕

①巴子：巴国国君。巴为姬姓国，子爵，当在今湖北襄樊市附

近。韩服:巴使者。 ②邓:国名,曼姓,在今河南邓州市。好:旧读去声。友好。 ③道朔:楚大夫。巴客:指韩服。将:率领。④南鄙:南部边境。鄾(yóu):国名,在今河南邓州市南。其时已为楚所灭。之:其。币:聘礼。指车马玉帛等。 ⑤行人:官名,掌朝觐聘问。 ⑥薳(wěi)章:楚大夫。让:责备。 ⑦弗受:即拒绝接受。 ⑧斗廉:楚大夫。 ⑨养甥、聃甥:皆邓大夫。⑩"斗廉"二句:楚分巴师为二部,斗廉横列楚师于其间,与邓师战而佯奔。衡:横。北:败逃。 ⑪"邓人"三句:邓人追逐楚师,巴师包抄于邓师背后,与楚军夹击邓师。 ⑫宵溃:夜间溃散。

秋,虢仲、芮伯、梁伯、荀侯、贾伯伐曲沃①。

〔注释〕

①"虢仲"句:虢仲即虢公林父。芮伯、梁伯、荀侯、贾伯都是小国君主。

冬,曹大子来朝。宾之以上卿①,礼也。

享曹大子②。初献③,乐奏而叹。施父曰④:"曹大子其有忧乎⑤!非叹所也⑥。"

〔注释〕

①"宾之"二句:谓以接待曹国上卿之礼待之,合于礼。参见《周礼·春官·典命》。宾:招待宾客。 ②享:通"飨"。飨宴。③初献:祭祀或宴客时第一次献酒叫初献。 ④施父:鲁大夫。惠公之子,名子尾,字施父。 ⑤"曹大子"句:曹伯卒于十年春。此时盖已病重。其:揣测之辞。 ⑥非叹所:谓叹非其时。所:时。《国语·楚语下》:"吾闻君子唯独居思念前世之崇替,与哀

殡丧,于是有叹,其余则否。"《左传·昭公二十八年》云:"唯食忘忧。"

经

十年春[①],王正月庚申[②],曹伯终生卒。

夏五月,葬曹桓公。

秋,公会卫侯于桃丘[③],弗遇。

冬十有二月丙午[④],齐侯、卫侯、郑伯来战于郎[⑤]。

〔注释〕

①十年:公元前702年。 ②庚申:六日。 ③"公会"二句:卫侯与鲁国约定会期,卫侯背信不往,故鲁君往而不遇。桃丘:卫地,在今山东平阴县东阿镇。 ④丙午:二十七日。 ⑤郎:鲁邑,在今山东鱼台县东。

传

十年春,曹桓公卒。

虢仲谮其大夫詹父于王[①]。詹父有辞[②],以王师伐虢。夏,虢公出奔虞[③]。

〔注释〕

①虢仲:虢公林父,王卿士。谮(zèn):谗毁。詹父:虢仲属下的大夫。 ②有辞:有理,在理。 ③虞:国名,姬姓,僖公五年为晋所灭。其地在今山西平陆县。

秋，秦人纳芮伯万于芮[①]。

〔注释〕

①“秦人”句：芮伯于桓公四年为秦所执。

初，虞叔有玉[①]，虞公求旃[②]。弗献。既而悔之，曰：“周谚有之[③]：‘匹夫无罪[④]，怀璧其罪。’吾焉用此[⑤]，其以贾害也[⑥]？”乃献之[⑦]。又求其宝剑。叔曰：“是无厌也[⑧]。无厌，将及我[⑨]。”遂伐虞公。故虞公出奔共池[⑩]。

〔注释〕

①虞叔：虞公之弟。　②旃：之。　③谚：俗语。　④“匹夫”二句：谓他人图谋其璧，将害之。匹夫：庶人，平民。怀：藏。其：为，是。　⑤焉：何。　⑥其：而。贾（gǔ）害：取祸。贾：求。也：句末语气词，表示疑问语气。　⑦之：原本无，据阮元《校勘记》补。　⑧厌：满足。　⑨将：必。及我：祸及于我。　⑩共（gōng）池：地名，当在今山西平陆县。

冬，齐、卫、郑来战于郎[①]，我有辞也。

初，北戎病齐[②]，诸侯救之，郑公子忽有功焉。齐人饩诸侯[③]，使鲁次之[④]。鲁以周班后郑[⑤]。郑人怒，请师于齐。齐人以卫师助之，故不称侵伐。先书齐、卫[⑥]，王爵也。

〔注释〕

①“齐、卫”二句：谓《春秋》书齐、卫、郑“来战”而不言侵伐，表明鲁国在理。郎：鲁地，在鲁都曲阜附近。　②北戎病齐：桓公六年《传》云：“北戎伐齐。”病齐：为齐患。　③饩（xì）：生食。指

供给牛羊谷物等。 ④次:排列先后顺序。 ⑤周班:指周室封爵之位次。班:次。 ⑥“先书”二句:三国伐鲁,郑主兵,而《春秋》仍按王爵先书齐、卫而后郑,与鲁以周班后郑有异曲同工之妙。王爵:义同“周班”。爵:次,位次。

经

十有一年春正月[①],齐人、卫人、郑人盟于恶曹[②]。

夏五月癸未[③],郑伯寤生卒。

秋七月,葬郑庄公。

九月,宋人执郑祭仲[④]。突归于郑[⑤]。郑忽出奔卫[⑥]。

柔会宋公、陈侯、蔡叔,盟于折[⑦]。

公会宋公于夫钟[⑧]。

冬十有二月,公会宋公于阚[⑨]。

〔注释〕

①十有一年:公元前701年。有:同“又”。用在整数和零数之间。 ②恶曹:地名,未详何处。 ③癸未:七日。 ④祭仲:即祭足,郑大夫。 ⑤突:郑厉公。 ⑥忽:郑昭公。 ⑦柔:鲁大夫未赐族者。蔡叔:蔡大夫,名叔。折:地名,未详何处。⑧夫钟:郕邑,在今山东宁阳县北。 ⑨阚(kàn):鲁地,在今山东汶上县西南。

传

十一年春,齐、卫、郑、宋盟于恶曹[①]。

〔注释〕

①宋:《经》无“宋”字,当为缺文。

楚屈瑕将盟贰、轸[①]。郧人军于蒲骚[②],将与随、绞、州、蓼伐楚师[③]。莫敖患之[④]。斗廉曰:“郧人军其郊,必不诫[⑤],且日虞四邑之至也[⑥]。君次于郊郢[⑦],以御四邑[⑧],我以锐师宵加于郧,郧有虞心而恃其城[⑨],莫有斗志[⑩]。若败郧师,四邑必离[⑪]。”莫敖曰:“盍请济师于王[⑫]?”对曰:“师克在和[⑬],不在众。商、周之不敌[⑭],君之所闻也。成军以出,又何济焉?”莫敖曰:“卜之。”对曰:“卜以决疑。不疑,何卜?”遂败郧师于蒲骚,卒盟而还[⑮]。

〔注释〕

①贰、轸(zhěn):二国名,后为楚所灭。贰在今湖北广水市山县,轸在今湖北应城市西。 ②郧(yún):国名,在今湖北安陆市。蒲骚(xiāo):郧邑,在今湖北应城市西北。 ③绞:国名,在今湖北陨县西北。州:国名,偃姓,在今湖北监利县东。蓼(liǎo):国名,在今安徽霍邱县一带。 ④莫敖:即屈瑕。莫敖为楚官名,相当于司马。 ⑤诫:戒,戒备。 ⑥虞:望,指望。四邑:即随、绞、州、蓼四国。《说文》:“邑,国也。”段注:“郑庄公曰:吾先君新邑于此。《左传》凡称人曰大国,凡自称曰敝邑。古国、邑通称。” ⑦君:指屈瑕。次:驻扎。郊郢:楚地。 ⑧御:备,防备。 ⑨虞心:希望四国增援的想法。城:蒲骚城。 ⑩莫:没有谁。 ⑪离:谓离心。 ⑫盍(hé):“何不”的合音。济师:增加军队。济:益。 ⑬克:战胜,打胜仗。 ⑭“商、周”二句:谓商、周军力悬殊。敌:匹,对等。周武王伐纣时,商纣军队极多,武

王兵少,而最终却是武王获胜。《孟子·尽心下》称武王伐纣,革车三百,虎贲之士三千人。《左传·昭公二十四年》引《大誓》:"纣有亿兆(极言其多)夷人,亦有离德。" ⑮卒盟:最终与贰、轸二国订立盟约。

郑昭公之败北戎也①,齐人将妻之,昭公辞。祭仲曰:"必取之。君多内宠②,子无大援,将不立。三公子皆君也③。"弗从。

夏,郑庄公卒。

初,祭封人仲足有宠于庄公④,庄公使为卿。为公娶邓曼⑤,生昭公,故祭仲立之。宋雍氏女于郑庄公⑥,曰雍姞⑦,生厉公。雍氏宗有宠于宋庄公⑧,故诱祭仲而执之,曰:"不立突,将死。"亦执厉公而求赂焉⑨。祭仲与宋人盟,以厉公归而立之。

秋九月丁亥⑩,昭公奔卫。己亥⑪,厉公立。

〔注释〕

①"郑昭公"句:郑公子忽败北戎在桓公六年。　②君:指郑庄公。内宠:指姬妾。　③三公子:指子突、子亹、子仪。其母皆有宠。皆君:都有可能成为国君。　④祭(zhài):郑地,在今河南中牟县。封人:主管封疆的官员。仲足:即祭仲。　⑤邓曼:邓国之女。　⑥雍氏:宋大夫。女(nǜ):以女嫁人。　⑦雍姞(jí):姞为雍氏之姓。　⑧宗:同宗,指同姓之人。　⑨亦:又。　⑩丁亥:十四日。　⑪己亥:二十六日。

经

十有二年春正月[①]。

夏六月壬寅[②],公会杞侯、莒子,盟于曲池[③]。

秋七月丁亥[④],公会宋公、燕人[⑤],盟于谷丘[⑥]。

八月壬辰[⑦],陈侯跃卒。

公会宋公于虚[⑧]。

冬十有一月,公会宋公于龟[⑨]。

丙戌[⑩],公会郑伯,盟于武父[⑪]。

丙戌,卫侯晋卒。

十有二月,及郑师伐宋。丁未[⑫],战于宋。

〔注释〕

①十有二年:公元前700年。 ②壬寅:二日。 ③曲池:鲁地,在今山东宁阳县东北。 ④丁亥:十七日。 ⑤燕人:南燕大夫。燕:国名,故城在今河南延津县东北。 ⑥谷丘:宋地,在今河南商丘市东南。 ⑦壬辰:八月无壬辰。壬辰为七月二十二日。 ⑧虚:宋地,疑在今河南睢县。 ⑨龟:宋地,疑在今河南睢县。 ⑩丙戌:十八日。 ⑪武父:郑地,在今山东东明县西北。 ⑫丁未:十日。

传

十二年夏,盟于曲池[①],平杞、莒也[②]。

〔注释〕

①盟于曲池:鲁君与杞侯、莒子盟。《传》蒙经文省略会盟之人。 ②平杞、莒:和解杞、莒两国之纷争。隐公四年,莒人伐杞,两国自此失和。鲁君会盟两国之君,以期化解其矛盾。

公欲平宋、郑[①]。秋,公及宋公盟于句渎之丘[②]。宋成未可知也[③],故又会于虚[④]。冬,又会于龟。宋公辞平[⑤],故与郑伯盟于武父。遂帅师而伐宋[⑥],战焉,宋无信也。

君子曰:"苟信不继[⑦],盟无益也。《诗》云[⑧]:'君子屡盟[⑨],乱是用长[⑩]。'无信也。"

〔注释〕

①平:和。宋以立厉公之故,多求货赂于郑,郑不能堪,故宋、郑不和。 ②句渎之丘:即经文之"谷丘"。 ③"宋成"句:宋是否同意和解尚未可知。 ④"故又"句:鲁君会宋公。 ⑤宋公辞平:宋公贪赂,故与鲁君三会而最终仍拒绝与郑和解。 ⑥"遂帅师"三句:谓《春秋》既书"伐宋",又重书"战",以见宋之无信。战焉:战于宋地。 ⑦不继:谓空有言辞,而无诚信之行动以继之。 ⑧《诗》云:引文出自《诗·小雅·巧言》。 ⑨屡:频,数。⑩是用:是以。长(zhǎng):生。

楚伐绞[①],军其南门。莫敖屈瑕曰[②]:"绞小而轻[③],轻则寡谋。请无扞采樵者以诱之[④]。"从之。绞人获三十人[⑤]。明日,绞人争出,驱楚役徒于山中[⑥]。楚人坐其北门[⑦],而覆诸山下[⑧],大败之,为城下之盟而还[⑨]。

〔注释〕

①楚伐绞:桓公十一年,绞欲与郧、随、州三国伐楚。绞:国名,在今湖北陨县西北。 ②莫敖:楚官名,相当于司马。 ③轻:轻躁。 ④扞:同“捍”,保卫。采樵者:取薪者。 ⑤获:俘。⑥驱:逐,追。役徒:即上文之采樵者。 ⑦坐其北门:谓设伏兵于其北门。坐:止,待。 ⑧覆:设伏兵阻击。 ⑨为:签订。城下之盟:敌人兵临城下被迫签订的和约。古人以此为耻辱。

伐绞之役,楚师分涉于彭[①]。罗人欲伐之[②],使伯嘉谍之[③],三巡数之[④]。

〔注释〕

①分涉:分兵渡水。彭:水名,在今湖北房县。 ②罗:国名,熊姓,故城在今湖北宜城市西。后多次迁移,终为楚所灭。③伯嘉:罗大夫。谍:本指间谍。此指为间谍侦察。 ④三巡数之:把楚军数了三遍。巡:遍。此章本与下年传文相接,为后人所割裂,又误与上章相连。

经

十有三年春二月[①],公会纪侯、郑伯。己巳[②],及齐侯、宋公、卫侯、燕人战[③]。齐师、宋师、卫师、燕师败绩[④]。

三月,葬卫宣公。

夏,大水。

秋七月。

冬十月。

〔注释〕

①十有三年：公元前699年。 ②己巳：三日。 ③卫侯：指卫惠侯。卫宣公未葬，卫君称侯与邻国交往，不合于礼。 ④败绩：大败。

传

十三年春，楚屈瑕伐罗，斗伯比送之。还，谓其御曰："莫敖必败[①]。举趾高[②]，心不固矣[③]。"遂见楚子[④]，曰："必济师[⑤]。"楚子辞焉。入告夫人邓曼[⑥]。邓曼曰："大夫其非众之谓[⑦]，其谓君抚小民以信[⑧]，训诸司以德[⑨]，而威莫敖以刑也[⑩]。莫敖狃于蒲骚之役[⑪]，将自用也[⑫]，必小罗。君若不镇抚[⑬]，其不设备乎[⑭]！夫固谓君训众而好镇抚之[⑮]，召诸司而劝之以令德[⑯]，见莫敖而告诸天之不假易也[⑰]。不然，夫岂不知楚师之尽行也[⑱]？"楚子使赖人追之[⑲]，不及。

莫敖使徇于师曰[⑳]："谏者有刑！"及鄢[㉑]。乱次以济[㉒]，遂无次。且不设备。及罗，罗与卢戎两军之[㉓]，大败之。莫敖缢于荒谷[㉔]。群帅囚于冶父以听刑[㉕]。楚子曰："孤之罪也。"皆免之。

〔注释〕

①莫敖：楚官名，相当于司马，掌军务。 ②趾：足。 ③固：稳定。 ④遂：《汉书·五行志中之上》作"遽"。楚子：楚武王。楚为子爵。 ⑤济师：增加军队。济：益。 ⑥邓曼：楚夫人为邓君之女，邓为曼姓，故称。 ⑦大夫：指斗伯比。其非众之谓：谓非言师之众寡。其：殆。谓：言。 ⑧抚：安。 ⑨诸司：指各级

官员。 ⑩威:震慑。 ⑪狃(niǔ):习,习惯。蒲骚之役:在桓公十一年。 ⑫将:必。自用:自以为是。 ⑬镇抚:谓节制。镇、抚都有"按抑"的意思。 ⑭其:将。 ⑮夫:彼。指斗伯比。固:必。镇抚:安定。镇、抚皆训"安",与上文含义不同。 ⑯令德:美德。 ⑰诸:之。假易:宽贷,宽纵。假、易义同。 ⑱行:往。 ⑲赖:国名,在今湖北随州市。 ⑳徇(xùn):宣令。㉑鄢:水名,源出湖北保康县西南,流经南漳、宜城两地入汉水。楚师渡河处在今湖北宜城市境。 ㉒次:行列。 ㉓卢戎:南蛮国,妫姓,在今湖北南漳县东。两军之:两面夹击楚军。 ㉔缢:自缢。荒谷:楚地,在今湖北江陵县西。 ㉕冶父:楚地,在今湖北江陵县南。听刑:听候楚王处罚。

宋多责赂于郑[①]。郑不堪命[②],故以纪、鲁及齐与宋、卫、燕战。不书所战[③],后也。

〔注释〕

①宋多责赂于郑:宋立郑厉公,因而求赂于郑,见桓公十一年《传》。赂:财货。 ②不堪命:无法忍受宋国的欲求。堪:承受得起。 ③"不书"二句:桓公未按规定时间到达作战地点,故《春秋》不书所战之地。

郑人来请修好[①]。

〔注释〕

①此条本与十四年传文相接,为后人所割裂。

经

十有四年春正月[①],公会郑伯于曹。

无冰。

夏五[②]。

郑伯使其弟语来盟[③]。

秋八月壬申[④],御廪灾[⑤]。

乙亥[⑥],尝[⑦]。

冬十有二月丁巳[⑧],齐侯禄父卒。

宋人以齐人、蔡人、卫人、陈人伐郑[⑨]。

〔注释〕

①十有四年:公元前698年。 ②夏五:其下有缺文。 ③语:郑庄公之子,厉公之弟。 ④壬申:十五日。 ⑤御廪:国君亲自耕种以供祭祀的粮食,存放于御廪。灾:火灾。指非人为而起的火灾。《左传·宣公六年》:“凡火,人火曰火,天火曰灾。” ⑥乙亥:十八日。 ⑦尝:秋天谷熟,祭而荐于宗庙,称尝。 ⑧丁巳:二日。 ⑨《公羊传》“卫人”在“蔡人”之上。

传

十四年春,会于曹[①]。曹人致饩[②],礼也。

〔注释〕

①会于曹:鲁君会郑伯。《传》蒙经文省略与会之人。②“曹人”二句:《左传·哀公十二年》:“夫诸侯之会,事既毕矣,侯伯致礼,地主归饩,以相辞也。”曹为地主,会毕致饩,合于礼。

致:送。饩(xì):馈客之生牲、刍、米等。

夏,郑子人来寻盟①,且修曹之会②。

〔注释〕

①子人:郑伯之弟,名语,字子人。寻盟:重申前盟。此寻桓公十二年武父之盟。寻:温,重申。 ②修:续。亦重申之意。

秋八月壬申,御廪灾。乙亥①,尝。书,不害也②。

〔注释〕

①“乙亥”四句:《春秋》书乙亥举行尝祭,以明御廪失火而无害于粢盛(祭祀)。 ②不害:未成灾。

冬,宋人以诸侯伐郑①,报宋之战也②。焚渠门③,入,及大逵④。伐东郊⑤,取牛首⑥。以大宫之椽归⑦,为卢门之椽⑧。

〔注释〕

①诸侯:即经文所载齐、蔡、卫、郑。 ②宋之战:在桓公十二年。 ③渠门:郑国都城之城门。 ④大逵:大路。逵:四通八达的大道。 ⑤东郊:郑郊。 ⑥牛首:郑邑,在今河南通许县西北。 ⑦大宫:即太宫。郑国的祖庙。椽:椽子,用于支撑房顶的木条。 ⑧卢门:宋郊之城门。

经

十有五年春二月①,天王使家父来求车②。

三月乙未[3],天王崩。

夏四月己巳[4],葬齐僖公。

五月,郑伯突出奔蔡[5]。

郑世子忽复归于郑[6]。

许叔入于许[7]。

公会齐侯于艾[8]。

邾人、牟人、葛人来朝[9]。

秋九月,郑伯突入于栎[10]。

冬十有一月,公会齐侯、宋公、卫侯、陈侯于袲[11],伐郑。

〔注释〕

①十有五年:公元前697年。 ②天王:周桓王。家父:天子之大夫。家是氏,父是字。 ③乙未:十一日。 ④己巳:十五日。 ⑤郑伯突:郑厉公。 ⑥郑世子忽:即郑昭公。桓公十一年,郑庄公卒,昭公即位,当年即出奔,故返国不称君而称世子。复归:指复其位。 ⑦许叔:许穆公,名新臣,许庄公之弟。隐公十一年,郑入许,许庄公奔卫,郑伯使许大夫百里奉许叔居许东偏。郑庄公卒,许叔得以即君位。 ⑧艾:地名,在今山东蒙阴县西北艾山附近。 ⑨邾(zhū):国名,曹姓,在今山东邹城市。牟:国名,在今山东莱芜市东。葛:国名,在今河南宁陵县北。⑩栎(lì):郑国的大城,为公子元(郑厉公)食邑,在今河南禹州市(郑都城西南九十里)。 ⑪齐侯:原本无此二字,据阮元《校勘记》补。袲(chì):宋地,在今安徽宿州市西。诸国先行会礼,后伐郑。

传

十五年春，天王使家父来求车①，非礼也。诸侯不贡车服，天子不私求财②。

〔注释〕

①“天王”二句：车乘与相关器物，用于在上位者赐与下属，诸侯不以车服贡于天子。《春秋》书“天王使家父来求车”，以见其非礼。　②“天子”句：诸侯职贡有常，天子不应私求财货。

祭仲专①。郑伯患之，使其婿雍纠杀之②。将享诸郊③，雍姬知之④，谓其母曰：“父与夫孰亲⑤？”其母曰：“人尽夫也⑥，父一而已，胡可比也⑦？”遂告祭仲曰：“雍氏舍其室而将享子于郊⑧，吾惑之，以告⑨。”祭仲杀雍纠，尸诸周氏之汪⑩。公载以出⑪，曰：“谋及妇人⑫，宜其死也⑬。”

夏，厉公出奔蔡。

〔注释〕

①专：专擅，专权。　②雍纠：郑大夫，祭仲之女婿。　③将享诸郊：雍纠欲在郑郊宴请祭仲而杀之。　④雍姬：祭仲之女，雍纠之妻。　⑤孰亲：哪个更亲？　⑥人尽夫也：人皆可以为夫。⑦胡：何。　⑧舍其室：谓不在家中举行。舍：弃。谓弃而不用。⑨以：故，所以。　⑩尸：陈尸示众。周氏：郑大夫。汪：水池。⑪公载以出：厉公载雍纠之尸以出奔。　⑫谋及妇人：与妇人共谋。　⑬宜其死也：言被杀乃理所当然。

六月乙亥[1],昭公入[2]。

〔注释〕

①乙亥:二十二日。 ②昭公入:自卫国入郑即位。

许叔入于许[1]。

〔注释〕

①入:指入于许都。许叔本居许东偏。

公会齐侯于艾[1],谋定许也[2]。

〔注释〕

①齐侯:齐襄公。名诸儿,齐僖公之子。 ②定许:安定许国。

秋,郑伯因栎人杀檀伯[1],而遂居栎。

〔注释〕

①因:依,依凭。檀伯:郑国守栎邑的大夫。

冬,会于袲[1],谋伐郑,将纳厉公也。弗克而还。

〔注释〕

①会于袲:鲁君与诸侯会于袲。《传》蒙经文省略与会之人。

经

十有六年春正月[1],公会宋公、蔡侯、卫侯于曹。

夏四月，公会宋公、卫侯、陈侯、蔡侯伐郑。

秋七月，公至自伐郑。

冬，城向[2]。

十有一月，卫侯朔出奔齐[3]。

〔**注释**〕

①十六年：公元前 696 年。 ②向：国名，姜姓，在今山东莒县南。此时向已属鲁。 ③卫侯朔：即卫惠公。

传

十六年春正月，会于曹[1]，谋伐郑也。

〔**注释**〕

①会于曹：鲁君与宋公、蔡侯、卫侯会。《传》蒙经文省略与会之人。

夏，伐郑[1]。

〔**注释**〕

①鲁君与宋、卫、陈、蔡伐郑。《传》蒙经文省有所略。

秋七月，公至自伐郑[1]，以饮至之礼也。

〔**注释**〕

①"公至"二句：此释《春秋》书法。鲁君出行，凡行饮至之礼者，则《春秋》书其至（还），否则不书。饮至：国君出行，事毕返回，合饮于宗庙，叫饮至。

冬，城向。书[①]，时也。

〔注释〕

①书，时也：冬天筑城，合于时令。

初，卫宣公烝于夷姜[①]，生急子[②]，属诸右公子[③]。为之娶于齐，而美，公取之。生寿及朔，属寿于左公子[④]。夷姜缢。宣姜与公子朔构急子[⑤]。公使诸齐。使盗待诸莘[⑥]，将杀之。寿子告之，使行[⑦]。不可，曰："弃父之命[⑧]，恶用子矣[⑨]？有无父之国则可也。"及行，饮以酒[⑩]，寿子载其旌以先[⑪]，盗杀之。急子至，曰："我之求也[⑫]。此何罪[⑬]？请杀我乎[⑭]！"又杀之。二公子故怨惠公[⑮]。

十一月，左公子泄、右公子职立公子黔牟[⑯]。惠公奔齐[⑰]。

〔注释〕

①卫宣公：名晋。卫庄公之子。烝：上淫曰烝。夷姜为宣公庶母，故称烝。　②急子：亦作"伋"。　③属：同"嘱"。嘱托。右公子：名职。　④左公子：名泄。　⑤宣姜：即齐女，宣公所娶急子之妻。构：谗恶，诬陷。　⑥盗：贼，寇贼。莘（shēn）：卫地，在今山东莘县北。　⑦行：出行，离开。　⑧弃：违，违背。⑨恶（wū）：安，何。矣：语气词。表示疑问语气。　⑩饮以酒：谓用酒将他灌醉。　⑪载：设。旌：旗帜。　⑫我之求：谓本欲求我以杀之。　⑬此：指寿子。　⑭乎：语气词。表示命令语气。⑮惠公：即公子朔。　⑯黔（qián）牟：卫宣公庶子。　⑰惠公奔齐：齐为公子朔母舅家，故前往投靠。

经

十有七年春正月丙辰[①],公会齐侯、纪侯,盟于黄[②]。

二月丙午[③],公会邾仪父[④],盟于趡[⑤]。

夏五月丙午[⑥],及齐师战于奚[⑦]。

六月丁丑[⑧],蔡侯封人卒。

秋八月,蔡季自陈归于蔡。

癸巳[⑨],葬蔡桓侯[⑩]。

及宋人、卫人伐邾。

冬十月朔,日有食之[⑪]。

〔注释〕

①十有七年:公元前695年。丙辰:十三日。 ②黄:齐地,在今山东淄博市淄川区淄川镇东北。 ③丙午:二月无丙午,丙午为三月四日。日或月有误。 ④邾仪父:邾子。名克,字仪父。⑤趡(cuǐ):鲁地,在今山东泗水县与邹城市之间。 ⑥丙午:五日。 ⑦奚:地名,在今山东滕州市东南,本为奚仲所封之地。齐背盟而来战,故不书侵伐,表示鲁在理。 ⑧丁丑:六日。 ⑨癸巳:二十三日。 ⑩蔡桓侯:《春秋》于诸侯之葬例称"公",此称"侯",或袭用史文旧称,也有可能是传抄致误。 ⑪日有食之:此次日食为公元前695年10月10日的日环食。

传

十七年春,盟于黄,平齐、纪[①],且谋卫故也[②]。

〔注释〕

①平齐、纪：齐本欲灭纪，桓公十三年，纪又随鲁、郑败齐。至此鲁盟二君，以期齐、纪和解。平：和解。 ②“且谋”句：卫惠公之母为齐女。卫逐惠公，齐欲纳之。

及邾仪父盟于趡[①]，寻蔑之盟也[②]。

〔注释〕

①“及邾仪父”句：鲁君与邾仪父盟。《传》蒙经文省略。 ②寻：温，重申。蔑之盟：在隐公元年。

夏，及齐师战于奚，疆事也[①]。于是齐人侵鲁疆[②]，疆吏来告[③]。公曰：“疆埸之事[④]，慎守其一[⑤]，而备其不虞[⑥]，姑尽所备焉[⑦]。事至而战[⑧]，又何谒焉[⑨]？”

〔注释〕

①疆事：指齐、鲁争疆界。 ②于是：承上之词，当是时。 ③疆吏：主管边疆的官吏。告：请，请示。 ④疆埸（yì）：边疆，边境。 ⑤一：常。指固有之边境。 ⑥不虞：不意。指意外之事，也即突发事件。虞：意料。 ⑦所：其。 ⑧事：指戎事。 ⑨谒：告。

蔡桓侯卒。蔡人召蔡季于陈[①]。

〔注释〕

①“蔡人”句：蔡季为蔡桓侯之弟。桓侯卒，无子，蔡人召蔡季回国即位。

秋,蔡季自陈归于蔡[1]。蔡人嘉之也。

〔注释〕

①"蔡季"二句:蔡季内得国人之望,故《春秋》书"归"不书"纳",表示他主要不是依靠外力回国的。蔡人拥戴蔡季,以字告,故《春秋》亦书其字。嘉:褒。

伐邾[1],宋志也。

〔注释〕

①"伐邾"二句:宋与邾争边疆,鲁顺从宋公的旨意,背趡之盟而伐邾。

冬十月朔[1],日有食之[2]。不书日,官失之也。天子有日官[3],诸侯有日御[4]。日官居卿以厎日[5],礼也。日御不失日[6],以授百官于朝。

〔注释〕

①朔:农历每月的第一天。 ②日有食之:此次日食是发生在公历公元前695年10月10日的日环食。 ③日官:天子掌管历数的官。 ④日御:诸侯掌管历数的官。 ⑤居卿:列于卿位。居:位。日官不在六卿之位,而位从卿,故曰居卿。厎(zhǐ)日:谓推知日月四时。厎:致,推算。"厎",原本作"底",据阮元《校勘记》改。 ⑥"日御"二句:(天子日官定历颁于诸侯)诸侯之日御奉之,不失天时,以授百官。

初,郑伯将以高渠弥为卿[1],昭公恶之[2],固谏,不听。

昭公立，惧其杀己也，辛卯[③]，弑昭公，而立公子亹[④]。

君子谓昭公知所恶矣[⑤]。公子达曰[⑥]："高伯其为戮乎[⑦]！复恶已甚矣[⑧]。"

〔注释〕

①郑伯：郑庄公。高渠弥：郑大夫。 ②昭公：郑昭公，名忽。③辛卯：十月二十二日。 ④公子亹(wěi)：昭公之弟。 ⑤谓：以为。 ⑥公子达：鲁大夫。 ⑦高伯：指高渠弥。其：将。⑧复恶：报怨。复：报。恶：怨。已甚：太甚，过分。

经

十有八年春[①]，王正月，公会齐侯于泺[②]。公与夫人姜氏遂如齐[③]。

夏四月丙子[④]，公薨于齐[⑤]。

丁酉[⑥]，公之丧至自齐[⑦]。

秋七月。

冬十有二月己丑[⑧]，葬我君桓公。

〔注释〕

①十有八年：公元前694年。 ②齐侯：齐襄公。泺(luò)：地名，在今山东济南市西北。 ③"公与"句：鲁公本与夫人同行，至泺，公与齐侯行会礼，故先书会。而后公与夫人同至齐，故曰"遂"。 ④丙子：十日。 ⑤公薨于齐：桓公被杀而《春秋》书"薨"，是隐讳之辞。 ⑥丁酉：五月一日。 ⑦丧：指死者的遗体。桓公之丧至自齐，告于庙，故书。 ⑧己丑：二十七日。

传

十八年春，公将有行[①]，遂与姜氏如齐[②]。申繻曰[③]：“女有家[④]，男有室，无相渎也，谓之有礼。易此[⑤]，必败[⑥]。”

公会齐侯于泺，遂及文姜如齐。齐侯通焉。[⑦]公谪之[⑧]。以告。

夏四月丙子，享公[⑨]。使公子彭生乘公[⑩]，公薨于车[⑪]。

鲁人告于齐曰：“寡君畏君之威[⑫]，不敢宁居[⑬]，来修旧好[⑭]，礼成而不反，无所归咎[⑮]，恶于诸侯[⑯]。请以彭生除之[⑰]。”齐人杀彭生[⑱]。

〔注释〕

①行：出行。 ②姜氏：文姜。桓公夫人，齐襄公之妹。 ③申繻(xū)：鲁大夫。 ④“女有家”三句：男女各有家室，不可亵渎。家：指夫。室：指妻。据《史记·齐太公世家》，文姜出嫁前已与其兄私通，故申繻加以提醒。 ⑤易：违，违背。 ⑥必败：必有灾祸。 ⑦及：与。通：通奸。 ⑧谪(zhé)：责，责备。 ⑨享公：齐侯为鲁君设宴享之礼。 ⑩乘公：助鲁君登车。 ⑪公薨于车：《齐太公世家》：“(齐侯)使力士彭生抱上鲁君车，因拉杀鲁桓公。” ⑫寡君：对他国谦称本国君主。 ⑬宁居：安居。 ⑭修：续。 ⑮咎：罪。 ⑯恶：丑，耻。 ⑰除之：除其耻。 ⑱“齐人”句：齐人杀彭生，以谢于鲁。彭生非卿，故不书。

秋，齐侯师于首止[①]，子亹会之[②]，高渠弥相[③]。七月戊戌[④]，齐人杀子亹[⑤]，而轘高渠弥[⑥]。祭仲逆郑子于陈而立之[7]。

是行也[8],祭仲知之,故称疾不往。人曰:“祭仲以知免。”仲曰:“信也[9]。”

〔注释〕

①首止:卫地,在今河南睢县东南。　②子亹:郑国国君,上年弑昭公而即位。　③相(xiàng):赞礼之人。此指为相赞礼。古代朝聘、会盟、祭祀、宴享等,设相以赞礼仪。　④戊戌:三日。⑤“齐人”句:子亹本与齐襄公有隙,故被杀。　⑥轘(huàn):车裂。　⑦郑子:名子仪,昭公之弟。　⑧是行:此行。　⑨信:确实,的确。

周公欲弑庄王而立王子克[1]。辛伯告王[2],遂与王杀周公黑肩。王子克奔燕[3]。

初,子仪有宠于桓王,桓王属诸周公[4]。辛伯谏曰:“并后[5],匹嫡[6],两政[7],耦国[8],乱之本也[9]。”周公弗从,故及[10]。

〔注释〕

①庄王:桓王太子。王子克:字子仪,庄王之弟。　②辛伯:周大夫。　③燕:指南燕。国名,姞姓,故城在今河南卫辉市东南。　④属:嘱托。　⑤并后:指妾与王后不分上下。　⑥匹嫡:庶子与嫡子无别。匹:敌,对等。　⑦两政:指嬖幸权重,与正卿匹敌。两:耦,匹敌。政:通“正”。指正卿。　⑧耦国:封邑过大,有如国都。并、匹、两、耦四字同义。　⑨本:根源。　⑩及:及于祸难。

庄　公[①]

经

元年春[②],王正月。

三月,夫人孙于齐[③]。

夏,单伯送王姬[④]。

秋,筑王姬之馆于外[⑤]。

冬十月乙亥[⑥],陈侯林卒。

王使荣叔来锡桓公命[⑦]。

王姬归于齐。

齐师迁纪郱、鄑、郚[⑧]。

〔注释〕

①庄公:名同,桓公之子。公元前693年—公元前662年在位。《谥法》:“胜敌克乱曰庄。” ②元年:公元前693年。③夫人:文姜,庄公之母。孙:同“逊”,遁。谓出奔。桓公因文姜而死,鲁人责之,故出奔。《春秋》内讳奔,凡鲁君、鲁夫人出奔,皆称“孙”。 ④单(shàn)伯:天子之卿。单为食邑,伯为爵名。送王姬:王嫁女于齐,命鲁主婚,故不称使,而云单伯送女。王姬不称字,尊王,且别于鲁女。天子嫁女于诸侯,使同姓诸侯主婚,而不亲自主持,因天子与诸侯地位不对等。 ⑤筑王姬之馆于

外:王室之女嫁给齐侯,齐侯当亲迎,庄公在三年服丧期内,不忍在宗庙礼待齐侯,又不敢违背王命,所以采取变通的办法,筑王姬之馆于外地。馆:舍。 ⑥乙亥:十八日。 ⑦荣叔:周大夫。荣是氏,叔是字。锡桓公命:追命桓公,褒称其德。锡:赐与。⑧“齐师”句:齐欲灭纪,故徙三邑之民而取其地。郱(píng)、鄑(jìn)、郚(wú):皆纪国之邑。郱在今山东临朐;鄑在今山东昌邑市西北;郚在今山东安丘市西南。

传

元年春①,不称即位,文姜出故也②。

〔注释〕

①“元年春”三句:桓公之死与文姜有关,文姜因而不敢回国。庄公因父死母出,不忍行即位之礼,故《春秋》不载庄公即位。 ②文姜:桓公夫人,齐女。

三月①,夫人孙于齐。不称姜氏②,绝不为亲,礼也。

〔注释〕

①“三月”二句:庄公即位后,文姜还鲁,至此再度出奔齐国。②“不称”三句:齐侯因文姜而杀桓公,文姜之义宜与齐断绝关系,此年夫人复奔齐,故《春秋》去“姜氏”之称以示义。

秋,筑王姬之馆于外①。为外②,礼也。

〔注释〕

①"筑王姬之馆"三句：齐强鲁弱，又秉承天王之命，鲁不敢不为王姬主婚。但庄公丧期未满，故筑馆舍王姬于城外以成礼。②为：于。

经

二年春[1]，王二月，葬陈庄公。

夏，公子庆父帅师伐於馀丘[2]。

秋七月，齐王姬卒[3]。

冬十有二月，夫人姜氏会齐侯于禚[4]。

乙酉[5]，宋公冯卒。

〔注释〕

①二年：公元前692年。 ②於馀丘：国名。其地未详。③齐王姬卒：王姬由鲁主婚嫁于齐，故视同鲁女，书其卒。 ④夫人：文姜。桓公之妻，齐襄公之妹。禚(zhuó)：齐地，在今山东济南市长清区，为齐、鲁交界之地。 ⑤乙酉：四日。

传

二年冬，夫人姜氏会齐侯于禚[1]。书，奸也。

〔注释〕

①"夫人"三句：桓公死后，文姜两度奔齐，因惧祸。至此始与齐侯私会。《传》称"书奸"，奸在夫人。文姜连年出会(至齐与齐侯相会)，均属此类。

经

三年春[1]，王正月，溺会齐师伐卫[2]。

夏四月，葬宋庄公。

五月，葬桓王。

秋，纪季以酅入于齐[3]。

冬，公次于滑[4]。

〔注释〕

①三年：公元前691年。 ②溺：公子溺，鲁大夫。 ③"纪季"句：纪季为纪侯之弟，字季。齐欲灭纪，纪国小力弱，无法抗拒，纪季遵纪侯之命，以酅入于齐为附庸。使社稷得存，祭祀不废，故《春秋》称其字而不名。酅（xī）：纪邑，在今山东淄博市临淄区东。 ④滑：郑地，在今河南睢县西北。《公羊传》《穀梁传》皆作"郎"。

传

三年春，溺会齐师伐卫[1]，疾之也。

〔注释〕

①"溺会"句：鲁大夫溺专命而行，故《春秋》去其氏，单称其名，以示厌恶。

夏五月，葬桓王[1]，缓也。

〔注释〕

①“葬桓王”二句：周桓王崩于桓公十五年三月，七年乃葬，故曰缓。桓王因何迟至七年而葬，史无明文。缓：迟缓。

秋，纪季以酅入于齐，纪于是乎始判[①]。

〔注释〕

①判：分。纪季以酅入齐，纪从此一分为二：纪侯居纪，纪季以酅为齐之附庸。

冬，公次于滑，将会郑伯谋纪故也。郑伯辞以难[①]。

凡师，一宿为舍[②]，再宿为信[③]，过信为次[④]。

〔注释〕

①“郑伯”句：郑厉公居栎，图谋复位，郑伯自顾不暇，故无力助纪。郑伯：即子仪。难（nàn）：祸患。 ②一宿：住一夜。③再宿：住两夜。 ④过信：超过两夜，即住三夜以上。

经

四年春[①]，王二月，夫人姜氏享齐侯于祝丘[②]。

三月，纪伯姬卒[③]。

夏，齐侯、陈侯、郑伯遇于垂[④]。

纪侯大去其国[⑤]。

六月乙丑[⑥]，齐侯葬纪伯姬[⑦]。

秋七月。

冬，公及齐人狩于禚[8]。

〔注释〕

①四年：公元前690年。 ②“夫人”句：享为两君相见之礼，非夫人所得用。宴享之事，《春秋》所不书，此独书姜氏享齐侯，以见其非礼。祝丘：鲁地。 ③伯姬：鲁女，隐公二年嫁于纪。④遇：会，会见。垂：卫地，在今山东定陶县附近。 ⑤“纪侯大去”句：谓去而不返。大：长。纪侯命纪季以酅入于齐以存宗庙社稷，故不言灭；不见迫逐，故不称出奔。 ⑥乙丑：二十三日。⑦“齐侯”句：纪侯去国，纪实际上已经灭亡，齐侯以纪初附，故以纪国夫人之礼葬伯姬。鲁女出嫁，唯为诸侯夫人者并书卒、葬。⑧禚（zhuó）：齐地。《公羊传》《穀梁传》皆作“郜”。《春秋》书鲁君越境而狩，以见其非礼。

传

四年春，王正月，楚武王荆尸[1]，授师孑[2]，焉以伐随[3]。将齐[4]，入告夫人邓曼曰：“余心荡[5]。”邓曼叹曰：“王禄尽矣[6]。盈而荡[7]，天之道也。先君其知之矣[8]，故临武事，将发大命[9]，而荡王心焉。若师徒无亏[10]，王薨于行，国之福也。”王遂行。卒于樠木之下[11]。令尹斗祁、莫敖屈重除道梁溠[12]，营军临随[13]。随人惧[14]，行成。莫敖以王命入盟随侯，且请为会于汉汭而还[15]。济汉而后发丧[16]。

〔注释〕

①“楚武王”句：谓楚武王初创楚国陈兵之法。楚武王：芈姓，熊氏，名通。荆：楚之别称。尸：陈。 ②授师孑：把戟颁发给

将士。这是楚国用戟之始。孑:戟。一种戈、矛合体的武器,作战时既可以刺,也可以勾。 ③焉:而。 ④齐(zhāi):通“斋”,斋戒。将授兵于太庙,故先斋戒。 ⑤心荡:心动。指心乱跳。⑥王禄尽矣:谓楚王寿命将终。禄:福。 ⑦“盈而荡”二句:物满则动而生变,为自然之道。楚蛮夷小国,武王始起其众,僭号称王,陈兵授师,志得意满,邓曼知将有变。而:则。 ⑧先君:指楚君之先祖。其:大概。 ⑨大命:指征伐之令。 ⑩“若师徒”三句:楚王薨于道,不死于敌手,军队就不会遭受损失,故曰“国之福也”。亏:损。行(háng):路,道路。 ⑪樠(mán)木:树名。《说文》:“樠,松心木。” ⑫令尹:楚官名,为最高行政长官兼军事统帅。莫敖:楚官名,次于令尹、司马,掌兵事。除道:修治道路。《说文》引作“脩涂”。除:修,治。梁:桥,此指架桥。溠(zhà):水名,亦称“扶恭河”,在今湖北随州市西北。武王卒,楚军秘不发丧,出奇兵从间道至随。 ⑬营军:修筑营垒。⑭“随人”二句:随人不意楚军突至,故惧而求和。行成:求和。行:言。成:平,和。 ⑮汉汭(ruì):汉水弯曲之处。汭:河水转弯处。 ⑯济:渡。楚在汉水西岸,随汉水在东岸,二国讲和,楚军渡过汉水,然后公布楚王死讯。

纪侯不能下齐①,以与纪季②。夏,纪侯大去其国③,违齐难也④。

〔注释〕

①下齐:即臣服于齐。 ②以与纪季:将纪国交给纪季。③大去其国:谓离开国家不再返回。 ④违:避。

经

五年春[①]，王正月。

夏，夫人姜氏如齐师。

秋，郳犁来来朝[②]。

冬，公会齐人、宋人、陈人、蔡人伐卫。

〔注释〕

①五年：公元前 689 年。　②郳（ní）：附庸国名，后为小邾，在今山东滕州市东。犁来：郳君之名。

传

五年秋，郳犁来来朝。名[①]，未王命也。

〔注释〕

①名，未王命也：郳为附庸之国，未受爵命为诸侯，故《春秋》称其名。

冬，伐卫，纳惠公也[①]。

〔注释〕

①纳惠公：使卫惠公回到卫国。卫惠公名朔，桓公十六年出奔齐。

经

六年春[①]，王正月[②]，王人子突救卫[③]。

夏六月，卫侯朔入于卫。

秋，公至自伐卫[④]。

螟[⑤]。

冬，齐人来归卫俘[⑥]。

〔注释〕

①六年：公元前688年。 ②正月：《公羊》《穀梁》所据经文作"三月"。 ③王人子突：王室官员，字子突。地位卑微者，故不书其官。 ④公至自伐卫：鲁君返回时告于宗庙，故《春秋》书其事。 ⑤螟：害虫。此年螟虫成灾，故《春秋》载其事。 ⑥归（kuì）：通"馈"。赠送。俘：指所获的东西。《说文》："俘，军所获也。"《周书·世俘解》："武王俘商旧玉亿有百万。"凡军所获取之物，均可称俘，并不限于俘虏的人。《公羊传》《穀梁传》作"来归卫宝"。

传

六年春，王人救卫。

夏，卫侯入，放公子黔牟于周[①]，放宁跪于秦[②]，杀左公子泄、右公子职，乃即位。

君子以二公子之立黔牟为不度矣[③]。夫能固位者[④]，必度于本末[⑤]，而后立衷焉[⑥]。不知其本[⑦]，不谋[⑧]；知本之不枝[⑨]，弗强[⑩]。《诗》云[⑪]："本枝百世。"

〔注释〕

①放：放逐。 ②宁跪：卫大夫。 ③以：以为，认为。立黔牟：二公子立黔牟在桓公十六年。为：是。不度（duó）：即欠考

虑,谋虑不周。 ④固位:巩固君位。 ⑤度于本末:审时度势,综合考虑各种因素。本末:主次。 ⑥衷:适。指合适的人。⑦不知其本:谓不知立君之根本。 ⑧不谋:不参加策划。⑨本之不枝:所立之人不足以固其位。不枝:不支,承受不起。⑩强(qiǎng):勉强。 ⑪“《诗》云”二句:引文出自《诗·大雅·文王》,谓文王本枝俱茂,繁盛百世。

冬,齐人来归卫宝[①],文姜请之也[②]。

〔注释〕

①卫宝:卫国的宝器。段玉裁云:“古者用兵所获,人民器械皆曰俘,此所归者宝器,故《左传》以‘宝’释《经》之‘俘’。”②“文姜”句:文姜淫于齐侯,求以卫宝归鲁,欲取悦于鲁。

楚文王伐申[①],过邓[②]。邓祁侯曰[③]:“吾甥也[④]。”止而享之[⑤]。骓甥、聃甥、养甥请杀楚子[⑥]。邓侯弗许。三甥曰[⑦]:“亡邓国者,必此人也。若不早图,后君噬齐[⑧],其及图之乎[⑨]!图之,此为时矣[⑩]。”邓侯曰:“人将不食吾余[⑪]。”对曰:“若不从三臣,抑社稷实不血食[⑫],而君焉取余[⑬]?”弗从。还年[⑭],楚子伐邓。十六年[⑮],楚复伐邓,灭之。

〔注释〕

①楚文王:名赀,楚武王之子。申:国名,姜姓,在今河南南阳市。 ②邓:国名,曼姓,在今河南邓州市。 ③邓祁侯:祁是邓侯的谥号。 ④甥:姐妹的儿子。楚武王夫人邓曼,是邓国女子。⑤止:留。 ⑥骓甥、聃甥、养甥:皆邓大夫。楚子:即楚文王。

⑦三甥:指骓甥、聃甥、养甥三人。 ⑧噬(shì)齐:噬脐。人不能自噬其脐,喻不可及。噬:咬。齐:通“脐”。 ⑨其:岂。及:来得及。 ⑩此为时矣:现在是时候了。此:今。为:其。 ⑪“人将”句:谓自害其甥,必为人所鄙视。襄公二十六年《传》:“是以将赏,为之加膳,加膳则饫赐。”“饫赐”,即以食余分赐臣下。 ⑫抑:则。社稷:土神与谷神。指代国家。实:句中语气词。用以加强语气。 ⑬君焉取余:言无从得余食。取:得。 ⑭还年:伐申返还之年。 ⑮十六年:鲁庄公十六年(公元前678年)。

经

七年春[①],夫人姜氏会齐侯于防[②]。

夏四月辛卯[③],夜,恒星不见[④]。夜中,星陨如雨[⑤]。

秋[⑥],大水[⑦]。

无麦、苗[⑧]。

冬,夫人姜氏会齐侯于谷[⑨]。

〔注释〕

①七年:公元前687年。 ②防:鲁地,在今山东费县东北。 ③辛卯:六日。 ④恒星:常见之星。 ⑤星陨如雨:星陨如同下雨。 ⑥秋:周正之秋,在夏正之前二月。此当在夏天。 ⑦大水:平地出水为大水。 ⑧无麦、苗:大水淹没成熟之麦与庄稼之苗。 ⑨谷:齐地,在今山东平阴县东阿镇。

传

七年春,文姜会齐侯于防[①],齐志也。

〔注释〕

①“文姜”二句:文姜屡屡私会齐侯。至齐地,则是夫人之意;至鲁地,则是齐侯之意。

夏,恒星不见①,夜明也。星陨如雨②,与雨偕也③。

〔注释〕

①“恒星”二句:发生流星雨,故夜明;夜明,故恒星不显现。②星陨如雨:有流星陨落,同时下雨。这是《左传》对经文的理解。 ③偕:俱,一起。

秋,无麦、苗,不害嘉谷也①。

〔注释〕

①“不害”句:夏天大水淹没庄稼之苗,尚可补种,故曰“不害”。嘉谷:指黍稷之类。黍稷用于祭祀,故称嘉谷。

经

八年春①,王正月,师次于郎②,以俟陈人、蔡人。
甲午③,治兵④。
夏,师及齐师围郕⑤。郕降于齐师⑥。
秋,师还⑦。
冬十有一月癸未⑧,齐无知弑其君诸儿⑨。

〔注释〕

①八年:公元前 686 年。 ②“师次”二句:军队驻于一地,

住宿超过两夜以上为次。鲁与陈、蔡约定共伐郕,二国之师未至,故次于郎以待之。 ③甲午:十三日。 ④治兵:将出师,治兵以习号令。 ⑤郕(chéng):国名,姬姓,故城在今山东宁阳县东北。 ⑥"郕降"句:二国同围郕,而齐独纳降。 ⑦师还:当时史官赞扬鲁庄公克己复礼,全师而还,特书其事。 ⑧癸未:六日。 ⑨"齐无知"句:国君被杀,称臣之名,臣之罪。

传

八年春,治兵于庙[①],礼也。

〔注释〕

①庙:太庙,鲁之祖庙。

夏,师及齐师围郕。郕降于齐师。仲庆父请伐齐师[①]。公曰:"不可。我实不德[②],齐师何罪?罪我之由[③]。《夏书》曰[④]:'皋陶迈种德[⑤],德[⑥],乃降。'姑务修德[⑦],以待时乎[⑧]!"

秋,师还。君子是以善鲁庄公[⑨]。

〔注释〕

①仲庆父:桓公之子,庄公之弟。请伐齐师:齐与鲁同围郕,而齐独受郕降,故请伐之。 ②实:句中语气词。用以加强语气。不德:无德。 ③罪我之由:即罪由我。 ④《夏书》曰:引文出自逸《书》。 ⑤迈种德:勉力培养懿德。迈:勉。 ⑥德,乃降:有德,他人方才愿意服从。降:悦服。 ⑦姑:且。务:勉,勤勉。⑧乎:语气词。加强命令语气。 ⑨"君子"句:谓《春秋》承史策

旧文,特书“师还”,表示对庄公的赞赏。是以:因此。

齐侯使连称、管至父戍葵丘①,瓜时而往②,曰:“及瓜而代③。”期戍④,公问不至⑤。请代,弗许。故谋作乱。

僖公之母弟曰夷仲年⑥,生公孙无知⑦,有宠于僖公,衣服礼秩如適⑧。襄公绌之⑨。二人因之以作乱⑩。

连称有从妹在公宫⑪,无宠。使间公⑫,曰:“捷⑬,吾以女为夫人⑭。”

冬十二月,齐侯游于姑棼⑮,遂田于贝丘⑯。见大豕⑰。从者曰:“公子彭生也⑱。”公怒,曰:“彭生敢见⑲!”射之。豕人立而啼⑳。公惧,队于车㉑,伤足,丧屦㉒。反,诛屦于徒人费㉓。弗得,鞭之,见血。走出,遇贼于门㉔。劫而束之㉕。费曰:“我奚御哉㉖!”袒而示之背㉗。信之。费请先入㉘。伏公而出斗㉙,死于门中。石之纷如死于阶下㉚。遂入,杀孟阳于床㉛。曰:“非君也,不类㉜。”见公之足于户下㉝,遂弑之,而立无知。

〔注释〕

①齐侯:指齐襄公。连称、管至父:二人皆齐大夫。戍:守卫。葵丘:齐地,在今山东临淄西。 ②瓜时:瓜熟之时。 ③及瓜而代:到明年瓜时使人代戍。 ④期(jī)戍:戍守满一整年。期:周年。 ⑤问:讯。指代戍的命令。 ⑥僖公:齐僖公,名禄父。母弟:同母弟。夷仲年:齐襄公的叔父。夷是谥号,仲是排行,年是名。 ⑦公孙无知:《汉书·古今人表》作“公子无知”。 ⑧礼秩:礼仪、秩禄之待遇。秩:爵禄的等级。適(dí):同“嫡”,嫡子。

⑨绌:通“黜”,废,贬退。此指贬低。 ⑩“二人”句:连称、管至父依傍无知作乱。因:依。 ⑪从妹:堂妹。从:旧读 zòng。堂房亲戚。在公宫:指为妾。 ⑫间:伺,窥视。 ⑬捷:指事成。以下二句为无知之承诺。 ⑭女:汝,你。《史记·齐太公世家》云“事成,以女为无知夫人”。 ⑮姑棼(fén):齐地,即薄姑,在今山东博兴县东北。 ⑯田:猎。贝丘:齐地,在今山东博兴县南。 ⑰大豕:大野猪。 ⑱公子彭生:齐公子,他为襄公杀死鲁桓公,后应鲁国要求,齐杀彭生以谢罪。事见桓公十八年《传》。⑲见:现,现身。 ⑳人立:像人一样站着。指猪后脚立地,前脚悬空直立。 ㉑队:同“坠”。 ㉒屦(jù):鞋。 ㉓诛:责,求。徒人费:《汉书·古今人表》作“寺人费”,“徒人”或为“侍人”之误。侍人即寺人,宦者。 ㉔贼:作乱者。 ㉕劫:劫持。束:捆绑。 ㉖奚:疑问代词。为何。御:抵御,抵抗。 ㉗袒(tǎn):去衣露上身。 ㉘费请先入:此为费假装助贼。 ㉙伏:匿,藏匿。 ㉚石之纷如:襄公幸臣。 ㉛孟阳:齐小臣。 ㉜类:似,像。 ㉝户下:门下。

初,襄公立,无常①。鲍叔牙曰②:“君使民慢③,乱将作矣。”奉公子小白出奔莒④。乱作,管夷吾、召忽奉公子纠来奔⑤。

〔**注释**〕

①无常:不遵法度。常:法。 ②鲍叔牙:齐大夫,公子小白之傅。 ③使:役。慢:轻慢。 ④小白:齐襄公弟,齐僖公庶子,即后来之齐桓公。莒:国名,己姓,在今山东莒县。 ⑤管夷吾:字仲。与召忽皆为公子纠之傅。公子纠:公子小白的庶兄。来奔:出奔至鲁。此条本与九年传文相接,为后人所割裂,而误置于

此年。

初，公孙无知虐于雍廪[1]。

〔注释〕

①雍廪：齐渠丘大夫。此条亦与九年传文相接，为后人所割裂。

经

九年春[1]，齐人杀无知[2]。

公及齐大夫盟于蔇[3]。

夏，公伐齐，纳子纠[4]。齐小白入于齐。

秋七月丁酉[5]，葬齐襄公[6]。

八月庚申[7]，及齐师战于乾时[8]，我师败绩[9]。

九月，齐人取子纠[10]，杀之。

冬，浚洙[11]。

〔注释〕

①九年：公元前685年。 ②杀无知：无知不称“君”，因其弑君而立，未列于会。 ③公及齐大夫盟：齐国内乱无君，故大夫得与鲁公盟。来者非一人，故不称名。蔇（jì）：鲁地，在今山东苍山县西北。《公羊传》《穀梁传》作“暨”。 ④纳子纠：使公子纠入齐即位。 ⑤丁酉：二十四日。 ⑥葬齐襄公：诸侯五月而葬。齐襄公九月乃葬，是因为齐国内乱。 ⑦庚申：十八日。 ⑧“及齐师”句：小白既定而鲁师未还，故战。乾（gān）时：齐地，在今山东青州市境内。时水的支流旱时则干涸，名乾时。 ⑨败绩：大

败。鲁讳败,故不言公战。 ⑩取:求,请。 ⑪浚(jùn):疏通,挖深。洙(shū):泗水支流,出山东费县北,西流入泗水,故道久已湮没。

传

九年春,雍廪杀无知①。

〔注释〕

①此条当与上年传文连读。

公及齐大夫盟于蔇①,齐无君也②。

〔注释〕

①公:鲁庄公。齐大夫:公子纠之党羽。 ②齐无君:襄公被杀,齐无国君,鲁欲立公子纠为齐君。

夏,公伐齐,纳子纠。桓公自莒先入①。

〔注释〕

①桓公:公子小白,即后来的齐桓公。

秋,师及齐师战于乾时,我师败绩。公丧戎路①,传乘而归②。秦子、梁子以公旗辟于下道③,是以皆止④。

〔注释〕

①戎路:兵车。 ②传(zhuàn)乘:乘驿车。传:驿车。 ③秦子、梁子:鲁君的御戎和车右。辟:避。下道:间道,小路。此

句谓二人以鲁庄公之旗诱骗齐师。 ④止：获。被俘。

鲍叔帅师来言曰："子纠，亲也[①]，请君讨之[②]。管、召，雠也[③]，请受而甘心焉[④]。"乃杀子纠于生窦[⑤]。召忽死之[⑥]。管仲请囚。鲍叔受之，及堂阜而税之[⑦]。归而以告曰[⑧]："管夷吾治于高傒[⑨]，使相可也[⑩]。"公从之[⑪]。

〔注释〕

①亲：子纠为小白之兄。 ②讨：杀。《齐太公世家》："子纠，兄弟，弗忍诛，请鲁自杀之。" ③雠：同"仇"。管仲、召忽皆为公子纠之傅，且管仲曾射公子小白，中其带钩，故曰仇。 ④受：与。谓交齐国处理。甘心：快意。谓欲杀戮之以快其心。 ⑤生窦：鲁地，在今山东菏泽市北。 ⑥召忽死之：召忽为公子纠自杀。⑦堂阜：齐、鲁边界之地，属齐，在今山东蒙阴县西北。税（tuō）：通"脱"，解。 ⑧告：请。 ⑨治于高傒（xī）：谓管仲政治才干超过高傒。高傒：高敬仲，太公之后，齐名臣。 ⑩相：担任国相。⑪公：指齐桓公。

经

十年春[①]，王正月，公败齐师于长勺[②]。

二月，公侵宋[③]。

三月，宋人迁宿[④]。

夏六月，齐师、宋师次于郎[⑤]。公败宋师于乘丘[⑥]。

秋九月，荆败蔡师于莘[⑦]，以蔡侯献舞归[⑧]。

冬十月，齐师灭谭[⑨]。谭子奔莒。

〔注释〕

①十年:公元前684年。 ②长勺:鲁地,在今山东曲阜市北。 ③侵:出兵打仗,用钟鼓称伐,不用钟鼓称侵。 ④宋人迁宿:宋国强迁宿地之民而取其地。 ⑤次:驻扎。郎:鲁邑,在今山东鱼台县东。 ⑥乘(shèng)丘:鲁地,在今山东兖州市。 ⑦荆:即楚。楚国本号为荆,后改为楚。莘(shēn):蔡地,在今河南汝南县。 ⑧蔡侯献舞:蔡哀侯,即桓公十七年自陈归蔡之蔡季。 ⑨谭:国名,子爵,在今山东济南市东南。

传

十年春,齐师伐我[①]。公将战。曹刿请见[②]。其乡人曰:"肉食者谋之[③],又何间焉[④]?"刿曰:"肉食者鄙[⑤],未能远谋。"乃入见。问:"何以战?"公曰:"衣食所安[⑥],弗敢专也[⑦],必以分人。"对曰:"小惠未遍,民弗从也。"公曰:"牺牲玉帛[⑧],弗敢加也[⑨],必以信。"对曰:"小信未孚[⑩],神弗福也[⑪]。"公曰:"小大之狱[⑫],虽不能察[⑬],必以情[⑭]。"对曰:"忠之属也[⑮]。可以一战。战则请从。"

公与之乘[⑯]。战于长勺。公将鼓之[⑰],刿曰:"未可。"齐人三鼓。刿曰:"可矣。"齐师败绩。公将驰之[⑱],刿曰:"未可。"下,视其辙[⑲],登,轼而望之[⑳],曰:"可矣。"遂逐齐师。

既克[㉑],公问其故。对曰:"夫战[㉒],勇气也。一鼓作气[㉓],再而衰[㉔],三而竭。彼竭我盈,故克之。夫大国难测也,惧有伏焉[㉕]。吾视其辙乱[㉖],望其旗靡,故逐之。"

〔注释〕

①齐师伐我:鲁国支持公子纠与小白争位,故齐伐之。 ②曹刿(guì):鲁人。 ③肉食者:指在位者。 ④间焉:参与其中。间:厕,与。 ⑤鄙:陋,浅陋。 ⑥所安:指喜爱之物。安:乐。 ⑦专:独自享用。 ⑧牺牲玉帛:祭祀用的牲畜、玉器和丝织品等。 ⑨加:诬。指虚夸失实。 ⑩未孚:不足以取信(于神)。孚:信。 ⑪福:佑。 ⑫小大之狱:指各种诉讼案件。 ⑬察:明,明察。 ⑭必以情:谓必据实情判断。 ⑮忠:指尽心于民事。《左传·桓公六年》:"上思利民,忠也。"属:类。 ⑯公与之乘:公与曹刿同乘一辆兵车。 ⑰鼓之:击鼓进攻。 ⑱驰:逐,追逐。 ⑲辙:车轮的痕迹。 ⑳轼:车前扶手的横木。 ㉑克:战胜。 ㉒夫:发语词,表示下面将要开始议论。 ㉓一鼓作气:第一次进攻时士气旺盛。作:振作。 ㉔而:乃。 ㉕伏:指伏兵。 ㉖"吾视"二句:辙乱、旗靡,证明齐军不是假装逃跑。

夏六月,齐师、宋师次于郎。公子偃曰[①]:"宋师不整,可败也。宋败,齐必还,请击之。"公弗许。自雩门窃出[②],蒙皋比而先犯之[③]。公从之[④],大败宋师于乘丘。齐师乃还。

〔注释〕

①公子偃:鲁大夫。 ②雩(yú)门:鲁国南城西门。窃:私。 ③皋比:虎皮。 ④从之:跟随其后。

蔡哀侯娶于陈[①],息侯亦娶焉[②]。息妫将归[③],过蔡。蔡侯曰:"吾姨也[④]。"止而见之[⑤],弗宾[⑥]。息侯闻之,怒,使

谓楚文王曰[⑦]:"伐我[⑧],吾求救于蔡而伐之。"楚子从之。秋九月,楚败蔡师于莘,以蔡侯献舞归。

〔注释〕

①蔡哀侯:宣侯之子,桓侯之弟。 ②息侯:息国君主。③息妫(guī):息侯所娶陈女,妫姓。归:出嫁。 ④姨:妻子的姐妹。 ⑤止:留。 ⑥弗宾:不敬。宾:敬。 ⑦楚文王:名熊赀。⑧"伐我"二句:让楚国假装伐息,息求救于蔡,然后楚再伐蔡。

齐侯之出也[①],过谭,谭不礼焉。及其入也[②],诸侯皆贺,谭又不至。冬,齐师灭谭,谭无礼也。谭子奔莒[③],同盟故也。

〔注释〕

①"齐侯"句:齐侯出奔的时候。 ②"及其"句:齐侯入齐,在桓公九年。 ③"谭子"二句:谭子奔莒,因莒与谭是同盟之国。

经

十有一年春[①],王正月。

夏五月戊寅[②],公败宋师于鄑[③]。

秋,宋大水[④]。

冬,王姬归于齐[⑤]。

〔注释〕

①十有一年:公元前683年。 ②戊寅:十七日。 ③鄑(jìn):鲁地,当在今山东汶上县南。 ④宋大水:鲁国往吊,故

书。 ⑤“王姬”句:王姬由鲁归齐,鲁主婚。

传

十一年夏,宋为乘丘之役故①,侵我。公御之。宋师未陈而薄之②,败诸鄑③。

凡师④,敌未陈曰败某师⑤,皆陈曰战,大崩曰败绩,得俊曰克⑥,覆而败之曰取某师⑦,京师败曰王师败绩于某⑧。

〔注释〕

①乘丘之役:鲁大败宋师于乘丘,见上年《传》。 ②薄:迫,逼迫。 ③诸:之于。 ④凡师:凡是有关打仗的记载。 ⑤“敌未陈”句:谓有一方未成列则称“败某师”。《春秋》书鲁败别国之师皆曰“败某师”。 ⑥得:获。谓俘获。俊:雄杰之人。 ⑦“覆而”句:设置伏兵打败敌人,则谓之“取”(因其败之甚易)。⑧京师:指周天子的军队。王师败绩于某:王者至尊,诸侯不得与之战。故王师败绩,不言为何国所败,而以自败为名。

秋,宋大水。公使吊焉①,曰:“天作淫雨②,害于粢盛③,若之何不吊④?”对曰:“孤实不敬⑤,天降之灾,又以为君忧⑥,拜命之辱⑦。”

臧文仲曰⑧:“宋其兴乎⑨!禹、汤罪己⑩,其兴也悖焉⑪;桀、纣罪人⑫,其亡也忽焉⑬。且列国有凶⑭,称孤,礼也。言惧而名礼⑮,其庶乎⑯!”既而闻之曰⑰:“公子御说之辞也⑱。”臧孙达曰⑲:“是宜为君⑳,有恤民之心㉑。”

〔注释〕

①使：派遣使者。吊：对有丧或遭灾祸的人表示哀悼、慰问。据《史记》，往吊者为臧文仲。 ②“天作”句：谓大雨成灾。作：为。谓降。淫：过，过甚。 ③害：灾。粢盛：盛在祭器中的黍稷。此泛指庄稼。 ④若之何：如何。犹言“怎能”。之：句中语助词，无义。吊：悯，悯恤。 ⑤孤：诸侯通常自称“寡人”，遇凶事则称“孤”。不敬：对上天不敬。 ⑥以为君忧：以之（天灾）为鲁君之忧。 ⑦拜命之辱：谓感谢鲁君厚意。辱：谦辞。意思是使对方受屈辱了。 ⑧臧文仲：臧孙辰，鲁大夫。 ⑨其：句中语气词。表示揣测语气。兴：盛，昌盛。 ⑩禹：名文命，夏朝之创始者。汤：名天乙，商朝创立者。罪己：归罪于己。《论语·尧曰》载汤告天之辞曰：“朕躬有罪，无以万方；万方有罪，罪在朕躬。” ⑪悖（bó）焉：勃然，形容迅速兴起。悖：通“勃”。卒。谓迅疾。 ⑫桀：名履癸，夏朝亡国之君。纣：名辛，商朝亡国之君。罪人：归罪于他人。 ⑬忽焉：形容迅速。忽：疾。 ⑭列国：诸侯各国。凶：灾祸。指饥荒。《墨子·七患》：“三谷不收谓之凶。” ⑮言惧：言辞知惧。指罪己。名礼：名称（指称孤）合于礼。 ⑯庶：庶几，差不多。表示将会出现好的结果。 ⑰既而：不久以后。 ⑱公子御说（yuè）：宋庄公子，即后之宋桓公。 ⑲臧孙达：鲁大夫，臧文仲的祖父。 ⑳是：此，此人。宜：殆。 ㉑恤：体恤，顾恤。

冬，齐侯来逆共姬①。

〔注释〕

①齐侯：齐桓公。共姬：王室之女。齐侯娶王姬，由鲁国主婚，故至鲁迎娶。

乘丘之役[①]，公以金仆姑射南宫长万[②]，公右歂孙生搏之[③]。宋人请之[④]。宋公靳之[⑤]，曰："始吾敬子[⑥]，今子，鲁囚也[⑦]，吾弗敬子矣。"病之[⑧]。

〔注释〕

①乘丘之役：在庄公十年。 ②金仆姑：矢名。南宫长万：宋万。宋大夫。南宫是氏，长是字，万是名。 ③右：车右。歂(chuán)孙：鲁大夫。生搏：生擒。搏：捕。 ④请之：请以宋万归宋。 ⑤宋公：宋闵公，名捷。靳：戏弄，嘲笑。 ⑥始：先，从前。子：古代对男子的敬称。 ⑦囚：俘虏。 ⑧病：辱，以为辱。此条本与下年传文相接，为后人所割裂。

经

十有二年春[①]，王三月，纪叔姬归于酅[②]。

夏四月。

秋八月甲午[③]，宋万弑其君捷及其大夫仇牧[④]。

冬十月，宋万出奔陈。

〔注释〕

①十有二年：公元前682年。 ②"纪叔姬"句：纪季以酅入于齐，见庄公三年《传》。纪侯去国而死，叔姬归鲁，至此复归于酅。酅(xī)：纪邑，在今山东淄博市临淄区东。 ③甲午：十日。④宋万：南宫长万。仇(qiú)牧：宋大夫。

传

十二年秋，宋万弑闵公于蒙泽[①]。遇仇牧于门，批而杀之[2]。遇大宰督于东宫之西[3],又杀之。立子游[4]。群公子奔萧[5],公子御说奔亳[6]。南宫牛、猛获帅师围亳[7]。

冬十月,萧叔大心及戴、武、宣、穆、庄之族以曹师伐之[8]。杀南宫牛于师,杀子游于宋[9],立桓公[10]。猛获奔卫。南宫万奔陈,以乘车辇其母[11],一日而至。

宋人请猛获于卫。卫人欲勿与,石祁子曰[12]:“不可。天下之恶一也[13],恶于宋而保于我[14],保之何补?得一夫而失一国[15],与恶而弃好[16],非谋也。”卫人归之。亦请南宫万于陈[17],以赂。陈人使妇人饮之酒,而以犀革裹之[18]。比及宋[19],手足皆见[20]。宋人皆醢之[21]。

〔注释〕

①蒙泽:古泽名,为宋君离宫所在地。在今河南商丘市东北。②批:同“揌”,以手击打。《淮南子·道应训》:“知伯与襄子饮,而批襄子之首。” ③大宰:即太宰。官名,执政之卿。督:华督。东宫:诸侯的小寝。 ④子游:宋公子。 ⑤萧:附庸国名,子姓,在今安徽萧县县城西北十五里。 ⑥亳:宋邑,在今安徽亳州市。⑦南宫牛:南宫长万之弟。猛获:长万的党羽。 ⑧萧叔大心:萧大夫。字叔,名大心。萧本宋邑,后封叔大心,为宋附庸。戴、武、宣、穆、庄之族:宋五位国君的子孙。 ⑨宋:指宋国都。 ⑩桓公:御说。 ⑪乘车:乘用之车。非兵车。辇:以人拉车。 ⑫石祁子:卫大夫。 ⑬恶:憎,憎恶。一:同,相同。 ⑭保:保护。⑮一夫:一人。 ⑯与(yù):助。弃:背。好:友好国家。宋、卫本为同盟之国。 ⑰“亦请”二句:谓又以赂请南宫长万于陈。亦:又。 ⑱犀革:犀牛皮。 ⑲比(bì)及:等到。比:介词,待到。及:至。 ⑳见:显现。此二句言南宫长万力大。 ㉑醢(hǎi):

肉酱。此用作动词。

经

十有三年春[1],齐侯、宋人、陈人、蔡人、邾人会于北杏[2]。

夏六月,齐人灭遂[3]。

秋七月。

冬,公会齐侯,盟于柯[4]。

〔**注释**〕

①十有三年:公元前681年。 ②北杏:齐地,在今山东平阴县东阿镇。 ③遂:国名,妫姓,在今山东宁阳县。 ④柯:即东阿,齐邑,在今山东平阴县东阿镇西南。

传

十三年春,会于北杏[1],以平宋乱[2]。遂人不至。夏,齐人灭遂而戍之[3]。

〔**注释**〕

①"会于"句:齐侯、宋人、陈人、蔡人、邾人会于北杏。《传》蒙经文省略主语。 ②以平宋乱:宋有弑君之乱,齐桓公欲成霸业,故会诸侯以平之。平:定。 ③戍:守。

冬,盟于柯,始及齐平也[1]。

〔**注释**〕

①"始及"句:谓始与齐通好。平:讲和。

宋人背北杏之会[1]**。**

〔注释〕

①背:背叛。此条本与十四年传文相接,为后人所割裂。

经

十有四年春[1]**,齐人、陈人、曹人伐宋**[2]**。**

夏,单伯会伐宋[3]**。**

秋七月,荆入蔡[4]**。**

冬,单伯会齐侯、宋公、卫侯、郑伯于鄄[5]**。**

〔注释〕

①十有四年:公元前680年。 ②"齐人"句:宋人背北杏之会,故伐之。 ③单(shàn)伯会伐宋:诸侯既伐宋,单伯乃至,故曰"会伐宋"。单伯:周大夫。 ④荆:即楚。入:入其国而不将其地据为己有。 ⑤鄄(juàn):卫地,在今山东鄄城县西北。

传

十四年春,诸侯伐宋。齐请师于周[1]**。夏,单伯会之**[2]**。取成于宋而还**[3]**。**

〔注释〕

①齐请师于周:齐欲以尊周为名,行图霸之实,故请师于周。②会之:会诸侯之师。 ③取成:达成和解。成:平,和解。

郑厉公自栎侵郑[1]**,及大陵**[2]**,获傅瑕**[3]**。傅瑕曰:"苟**

舍我，吾请纳君。”与之盟而赦之。六月甲子[4]，傅瑕杀郑子及其二子[5]，而纳厉公。

初，内蛇与外蛇斗于郑南门中，内蛇死。六年而厉公入。公闻之，问于申繻曰[6]：“犹有妖乎[7]？”对曰：“人之所忌[8]，其气燄以取之，妖由人兴也。人无衅焉[9]，妖不自作。人弃常则妖兴，故有妖。”

厉公入，遂杀傅瑕。使谓原繁曰：“傅瑕贰[10]，周有常刑，既伏其罪矣[11]。纳我而无二心者，吾皆许之上大夫之事[12]。吾愿与伯父图之[13]。且寡人出[14]，伯父无里言[15]；人，又不念寡人，寡人憾焉[16]。”对曰：“先君桓公命我先人典司宗祏[17]。社稷有主[18]，而外其心，其何贰如之[19]？苟主社稷，国内之民，其谁不为臣[20]？臣无二心，天之制也[21]。子仪在位，十四年矣，而谋召君者，庸非二乎[22]？庄公之子犹有八人[23]，若皆以官爵行赂劝贰而可以济事[24]，君其若之何[25]？臣闻命矣[26]。”乃缢而死。

〔注释〕

①郑厉公：名突，郑庄公次子。厉公以桓公十五年入居栎。栎（lì）：郑邑，在今河南禹州市。郑：指郑国国都。 ②大陵：郑地。 ③傅瑕：郑大夫。 ④甲子：二十日。 ⑤郑子：子仪。 ⑥申繻（xū）：鲁大夫。 ⑦犹：或然之辞，或者。《经传释词》：“犹为若似之若，又为若或之若。”妖：异，怪，与“常”相对。凡异常、反常之事物，皆可谓之妖。 ⑧“人之”三句：谓人有所畏惧，其心气不盛，而自生妖邪。忌：惮，畏惧。燄（yàn）：始燃时火苗微弱。《尚书·洛诰》：“无若火始燄燄。”以：自。兴：作，生。

⑨“人无”二句:谓人若心志坚强,则妖无由而作。此句与上文“人之所忌”照应。衅:罅隙。引申为薄弱之处。 ⑩“傅瑕”二句:谓不忠者当诛。贰:叛,背叛。常刑:常法。 ⑪伏其罪:承担罪责。伏:同“服”,任,承担。 ⑫上大夫:卿。事:职。⑬伯父:指原繁。 ⑭且:而。 ⑮无里言:谓不通报国内之事。里:内。 ⑯憾:恨。 ⑰桓公:郑桓公,名友,周厉王少子,宣王庶弟,郑始封之君。典司:掌管。宗祏(shí):宗庙神主。《说文·示部》:“祏,宗庙主也。” ⑱社稷有主:谓有国君在位。 ⑲何贰如之:有什么背叛比这更严重呢?贰:叛。 ⑳为:是。 ㉑制:法则。 ㉒庸:岂。二:同“贰”。叛。 ㉓犹:尚。 ㉔赂:贿赂。济事:成事。 ㉕其:将。若之何:奈之何。问如何处置。㉖闻命:受命。

蔡哀侯为莘故①,绳息妫以语楚子②。楚子如息③,以食入享④,遂灭息。以息妫归,生堵敖及成王焉⑤。未言⑥。楚子问之。对曰:“吾一妇人,而事二夫,纵弗能死,其又奚言⑦?”楚子以蔡侯灭息,遂伐蔡。秋七月,楚入蔡。

君子曰:“《商书》所谓‘恶之易也⑧,如火之燎于原⑨,不可乡迩⑩,其犹可扑灭’者⑪,其如蔡哀侯乎!”

〔注释〕

①“蔡哀侯”句:楚败蔡于莘,以蔡侯归,在庄公十年。②绳:通“譝”,誉,称赞。息妫(guī):息侯所娶陈女,妫姓。楚子:楚文王。 ③息:本作“鄎”。国名,姬姓,在今河南息县。④以食入享:假托带着食物入享息侯。 ⑤堵敖:亦称“杜敖”,名艰。在位三年,为其弟成王所杀。死后葬于杜,故称杜敖(楚

君无谥号者以敖加地名为称号)。 ⑥未言:未尝开口说话。⑦奚:何。 ⑧"《商书》"句:引文见《尚书·盘庚》。易:延,蔓延。⑨燎:焚烧。 ⑩乡(xiàng)迩:靠近。乡:同"向"。 ⑪其:岂。犹可:可,可以。犹、可同义。

冬,会于鄄[①],宋服故也。

〔注释〕

①会于鄄:单伯、齐侯、卫侯、郑伯相会于鄄。《传》蒙经文省略主语。

经

十有五年春[①],齐侯、宋公、陈侯、卫侯、郑伯会于鄄[②]。

夏,夫人姜氏如齐[③]。

秋,宋人、齐人、邾人伐郳[④]。

郑人侵宋。

冬十月。

〔注释〕

①十有五年:公元前679年。 ②鄄(juàn):卫地,在今山东鄄城县西北。 ③"夫人"句:夫人姜氏,指文姜,齐僖公之女,桓公之姊妹。父母不在,夫人无归宁之礼,姜氏如齐为非礼之举。④郳:国名。其地未详。

传

十五年春,复会焉[①],齐始霸也[②]。

〔注释〕

①复会焉:诸侯复会于鄄。此承上年冬会于鄄而言。 ②始霸:始为诸侯之长。

秋,诸侯为宋伐郳。郑人间之而侵宋[①]。

〔注释〕

①间(jiàn):伺,伺机。

经

十有六年春[①],王正月。

夏,宋人、齐人、卫人伐郑[②]。

秋,荆伐郑。

冬十有二月,会齐侯、宋公、陈侯、卫侯、郑伯、许男、滑伯、滕子[③],同盟于幽。

郑子克卒。

〔注释〕

①十有六年:公元前678年。 ②"宋人"句:郑伐宋,故诸侯伐郑。《春秋》记征伐之事,以主兵者为先。宋主兵,故列于郑国之前。 ③"会齐侯"二句:《春秋》书"会"而缺主语,表明鲁国与会。《春秋繁露·灭国下》:"幽之会,庄公不往。"故《经》不书鲁国何人与会。幽:宋地,在今河南兰考县。

传

十六年夏,诸侯伐郑,宋故也[①]。

〔注释〕

①“宋故”句:郑侵宋,故诸侯伐郑。

郑伯自栎入[①],缓告于楚[②]。秋,楚伐郑,及栎,为不礼故也[③]。

〔注释〕

①郑伯自栎入:郑厉公自栎入郑,事在庄公十四年。 ②缓:迟,迟缓。 ③不礼:不敬。

郑伯治与于雍纠之乱者[①],九月,杀公子阏[②],刖强鉏[③]。公父定叔出奔卫[④]。三年而复之[⑤],曰:“不可使共叔无后于郑[⑥]。”使以十月入[⑦],曰:“良月也[⑧],就盈数焉[⑨]。”

君子谓强鉏不能卫其足[⑩]。

〔注释〕

①治:讨,惩处。与(yù):参与。雍纠之乱:见桓公十五年《传》。 ②公子阏(è):祭仲的党羽。 ③刖(yuè):古代的一种酷刑,断人双脚。强鉏(chú):祭仲之党。 ④公父定叔:共叔段之孙,公孙滑之子。“定”是谥号。 ⑤复之:使之返回郑国。⑥“不可”句:共叔段作乱,本不应有后。郑厉公篡立,与共叔段同恶相恤,故袒护之。 ⑦以:于。 ⑧良月:古人以奇数之月为忌,偶数之月为良。 ⑨盈数:满数。数至十而满。 ⑩谓:以为,认为。卫:护,保护。

冬,同盟于幽,郑成也[①]。

〔注释〕

①成：平，和解。

王使虢公命曲沃伯以一军为晋侯[1]。

〔注释〕

①虢公：周卿士。命：爵命。曲沃伯：即曲沃武公。一军：《周礼·夏官·叙官》："凡制军，万有二千五百人为军。王六军，大国三军，次国二军，小国一军。"

初，晋武公伐夷[1]，执夷诡诸[2]。芳国请而免之[3]。既而弗报[4]，故子国作乱[5]，谓晋人曰："与我伐夷而取其地[6]。"遂以晋师伐夷，杀夷诡诸。周公忌父出奔虢[7]。惠王立而复之[8]。

〔注释〕

①夷：周地。未详何处。 ②夷诡诸：周大夫。夷为食邑名。此以邑为氏。 ③芳（wěi）国：周大夫。免：释。 ④既：终。而：乃。弗报：不加酬谢。 ⑤子国：即芳国。 ⑥取其地：使晋取其地。 ⑦周公忌父：王卿士。 ⑧"惠王"句：周惠王立在庄公十七年，此探后言之。

经

十有七年春[1]，齐人执郑詹[2]。

夏，齐人歼于遂[3]。

秋，郑詹自齐逃来。

冬,多麋[④]。

〔注释〕

①十有七年:公元前677年。 ②郑詹:郑执政大夫,郑厉公之子。 ③歼:被歼灭,杀尽。遂:国名,妫姓,故城在今山东肥城市南。已于庄公十三年为齐国所灭。 ④多麋:麋鹿成灾,故《春秋》书其事。

传

十七年春,齐人执郑詹,郑不朝也[①]。

〔注释〕

①不朝:不朝于齐。

夏,遂因氏、颌氏、工娄氏、须遂氏飨齐戍[①],醉而杀之,齐人歼焉。

〔注释〕

①"遂因氏"句:齐灭遂而戍之,在庄公十三年。因氏、颌(hé)氏、工娄氏、须遂氏:遂国的四个强族。飨:用酒食招待人。戍:戍卒。

经

十有八年春[①],王三月,日有食之[②]。

夏,公追戎于济西[③]。

秋,有蜮[④]。

冬十月。

〔注释〕

①十有八年:公元前676年。 ②日有食之:此次日食为公历公元前676年4月15日的日全食。杜预以为不书日是史官漏记。 ③戎:己氏之戎,居处在今山东曹县西南。济西:济水之西。 ④蜮(tè):即螣。蝗虫之属。

传

十八年春,虢公、晋侯朝王[①]。王飨醴[②],命之宥[③]。皆赐玉五瑴[④],马三匹,非礼也。王命诸侯[⑤],名位不同[⑥],礼亦异数[⑦],不以礼假人[⑧]。

〔注释〕

①虢公:虢国之君,名丑。晋侯:晋献公。名诡诸,武公之子。王:周惠王。 ②飨醴(lǐ):设醴以享之。醴:甜酒。 ③命之宥(yòu):赐。宥(yòu):侑币。宴享时赠送宾客的礼物。《国语·晋语四》:"王飨醴,命公胙侑。"《尔雅》:"酬、酢、侑,报也。"宥:同"侑"。 ④五瑴(jué):五双。瑴:同"珏"。双玉为珏。 ⑤命:爵命。 ⑥名位:爵位。名:爵号。 ⑦异数:等级各不相同。数:等差。 ⑧不以礼假人:公与侯地位不同。今所赐之物相同,是以礼滥施于人。假:僭,滥。

虢公、晋侯、郑伯使原庄公逆王后于陈[①]。陈妫归于京师[②],实惠后[③]。

〔注释〕

①原庄公:周卿士。逆:迎。 ②陈妫(guī):王后为陈女,陈为妫姓,故称陈妫。 ③实:即。惠后:惠王王后。她宠爱少子,乱周室,在僖公二十四年。

夏,公追戎于济西。不言其来①,讳之也。

〔注释〕

①“不言”二句:戎来而鲁不知,故讳之。

秋,有蜮①,为灾也。

〔注释〕

①“有蜮”二句:害虫成灾,故《春秋》载其事。

初,楚武王克权①,使斗缗尹之②。以叛③,围而杀之④。迁权于那处⑤,使阎敖尹之⑥。

及文王即位⑦,与巴人伐申⑧,而惊其师⑨。巴人叛楚而伐那处,取之,遂门于楚⑩。阎敖游涌而逸⑪。楚子杀之,其族为乱。冬,巴人因之以伐楚⑫。

〔注释〕

①楚武王:名熊通。权:国名,子姓,故城在今湖北当阳市东南。 ②斗缗:楚大夫。尹之:为权之县尹。 ③以叛:以权叛楚。 ④围而杀之:楚王围权而杀斗缗。 ⑤“迁权”句:迁权地之民于那处。那(nuó)处:楚地,在今湖北荆门市东南。 ⑥阎敖:楚大夫。 ⑦文王:楚文王。名赀,楚武王之子。于庄公五年

(公元前689年)即位。 ⑧巴:国名,在今湖北襄阳市一带。楚与巴人伐申,事在庄公六年。 ⑨惊其师:阎敖使巴师受到惊惧。⑩门于楚:攻打楚城门。其时楚文王已迁都于郢(在今湖北江陵县北),那处即在其北。 ⑪涌:水名,在今湖北监利县南,俗称"乾港湖"。逸:逃跑。 ⑫"巴人"句:巴人利用阎敖之族人伐楚。因:依靠。此条传文本与下年相接,为后人所割裂。

经

十有九年春[①],王正月。

夏四月。

秋,公子结媵陈人之妇于鄄[②],遂及齐侯、宋公盟[③]。

夫人姜氏如莒[④]。

冬,齐人、宋人、陈人伐我西鄙[⑤]。

〔注释〕

①十有九年:公元前675年。 ②公子结:宋大夫。媵(yìng):古代贵族出嫁时随嫁或陪嫁的人。除本国外,同姓之国也经常派人陪嫁。此当是卫国之女嫁于陈宣公为夫人,鲁国以女陪嫁。陈人之妇:陈侯之妇。未入国,还不能算是正式夫人,故称妇。鄄(juàn):卫地,在今山东鄄城县西北。 ③"遂及"句:结在鄄闻齐、宋有会事,临时决定与二君为盟。 ④夫人姜氏:文姜。如莒:杜预以为书奸。 ⑤鄙:边邑。

传

十九年春,楚子御之[①],大败于津[②]。还,鬻拳弗纳[③],

遂伐黄[④]。败黄师于踖陵[⑤]。还,及湫[⑥],有疾。夏六月庚申[⑦],卒。鬻拳葬诸夕室[⑧],亦自杀也,而葬于绖皇[⑨]。

初,鬻拳强谏楚子[⑩],楚子弗从。临之以兵[⑪],惧而从之。鬻拳曰:"吾惧君以兵,罪莫大焉。"遂自刖也[⑫]。楚人以为大阍[⑬],谓之大伯[⑭]。使其后掌之[⑮]。

君子曰:"鬻拳可谓爱君矣。谏以自纳于刑[⑯],刑犹不忘纳君于善[⑰]。"

〔注释〕

①楚子御之:此承上年《传》巴人伐楚而言。御之:抵御巴师。 ②津:楚地,在今湖北枝江市西之津乡。 ③鬻(yù)拳:楚国主管城门的人。弗纳:不让楚王进城。纳:入。 ④黄:国名,嬴姓,故城在今河南潢川县西。 ⑤踖(què)陵:黄邑,在今河南潢川县西南。 ⑥湫(jiǎo):楚地,在今湖北钟祥市北。⑦庚申:十五日。 ⑧夕室:冥室,谓冢墓。《说文·口部》:"夕者,冥也。" ⑨绖(dié)皇:墓门内庭中之道。 ⑩强(qiǎng)谏:力谏。强:强力。 ⑪临:制。 ⑫刖(yuè):砍去双脚。 ⑬大阍(hūn):掌城门的官。 ⑭大伯:太伯。 ⑮使其后掌之:使其子孙常掌此职。 ⑯自纳于刑:自陷于刑。自:己。纳:入。 ⑰纳:导,引导。

初,王姚嬖于庄王[①],生子颓。子颓有宠,蒍国为之师[②]。及惠王即位[③],取蒍国之圃以为囿[④]。边伯之宫近于王宫[⑤],王取之。王夺子禽祝跪与詹父田[⑥],而收膳夫之秩[⑦],故蒍国、边伯、石速、詹父、子禽祝跪作乱[⑧],因苏氏[⑨]。秋,五大夫奉子颓以伐王[⑩],不克,出奔温[⑪]。苏子奉子颓以

奔卫。卫师、燕师伐周[12]。冬,立子颓。

〔注释〕

①王姚:庄王之妾,姚姓。嬖:宠。此指受宠。 ②蔿(wěi)国:周大夫。 ③惠王即位:在庄公十八年。惠王:名阆,庄王之孙,僖王之子。 ④圃(pǔ):种瓜果蔬菜的园子。囿:养禽兽的苑囿。 ⑤边伯:周大夫。宫:房屋,住宅。 ⑥子禽祝跪:与下文之"詹父"二人均为周大夫。 ⑦收:收回。取消。膳夫:官名,主管王室膳食。秩:俸禄。 ⑧石速:周大夫。即上文之膳夫。 ⑨因:依靠。苏氏:周大夫。隐公十一年,桓王夺苏氏十二邑与郑。 ⑩五大夫:指蔿国、边伯、石速、詹父、子禽祝跪五人。奉:帮助。 ⑪温:苏氏食邑,故城在今河南温县西南。 ⑫燕:指南燕。国名,姞姓,在今河南卫辉市。

经

二十年春[1],王二月,夫人姜氏如莒。

夏,齐大灾[2]。

秋七月。

冬,齐人伐戎。

〔注释〕

①二十年:公元前674年。 ②大灾:大火。《春秋》所书火灾分为两种:人为因素引起的火灾叫"火";非人为因素造成的火灾叫"灾"。

传

二十年春,郑伯和王室[1],不克[2]。执燕仲父[3]。夏,郑

伯遂以王归。王处于栎[4]。秋,王及郑伯入于邬[5]。遂入成周[6],取其宝器而还。

冬,王子颓享五大夫[7],乐及遍舞[8]。郑伯闻之,见虢叔[9],曰:“寡人闻之:哀乐失时,殃咎必至。今王子颓歌舞不倦[10],乐祸也。夫司寇行戮[11],君为之不举[12],而况敢乐祸乎?奸王之位[13],祸孰大焉[14]?临祸忘忧,忧必及之。盍纳王乎[15]?”虢公曰:“寡人之愿也[16]。”

〔注释〕

①郑伯:郑厉公。和王室:调和惠王与子颓的矛盾。 ②不克:调停没有成功。克:成。 ③燕仲父:南燕之君。 ④栎(lì):郑邑,在今河南禹州市。 ⑤邬(wū):隐公十一年桓王所取郑邑。在今河南偃师市西南。 ⑥成周:西周时所营的东都洛邑,在王城之东。在今河南洛阳市东郊白马寺东。 ⑦王子颓:周庄王子,周惠王之叔父。享:通“飨”。五大夫:指苏国、边伯、石速、詹父、子禽祝跪五人。 ⑧乐及遍舞:遍舞六代(黄帝、尧、舜、禹、汤、武)之乐。 ⑨虢叔:虢公,字叔。 ⑩倦:止。《国语·周语上》:“今吾闻子颓歌舞不息,乐祸也。” ⑪司寇:官名,为六卿之一,主管刑狱。戮:杀戮。 ⑫不举:不享用盛馔。举:杀牲之盛馔。《周礼·天官·膳夫》:“王日一举。”注:“杀牲盛馔曰举。” ⑬奸(gān):同“干”,犯。 ⑭祸孰大焉:谓祸莫大于此。 ⑮盍:何不。 ⑯此条本与下年传文相接,为后人所割裂。

经

二十有一年春[1],王正月。

夏五月辛酉[②],郑伯突卒。

秋七月戊戌[③],夫人姜氏薨。

冬十有二月,葬郑厉公。

〔注释〕

①二十有一年:公元前673年。 ②辛酉:二十七日。 ③戊戌:五日。

传

二十一年春,胥命于弭[①]。夏,同伐王城[②]。郑伯将王自圉门入[③],虢叔自北门入。杀王子颓及五大夫。

郑伯享王于阙西辟[④],乐备[⑤]。王与之武公之略[⑥],自虎牢以东[⑦]。原伯曰[⑧]:"郑伯效尤[⑨],其亦将有咎[⑩]。"五月,郑厉公卒。

王巡虢守[⑪],虢公为王宫于玤[⑫],王与之酒泉[⑬]。

郑伯之享王也,王以后之鞶鉴予之[⑭]。虢公请器,王予之爵[⑮]。郑伯由是始恶于王[⑯]。

冬,王归自虢[⑰]。

〔注释〕

①"胥命"句:此条本与上年传文相接,主语为郑伯、虢叔,承上文省略。胥命:诸侯相会,约言而不歃血盟誓。弭(mǐ):郑地,在今河南新密市。 ②王城:周之都城。在今河南洛阳市西。成王时营建洛邑,谓之王城,为周之东都。平王自镐京迁居东都王城。 ③郑伯:郑厉公。名突。将:率,率领。圉门:王城南门。

④阙:亦称观、象魏。宫门外的建筑物,形如台,悬典法于此,布告民众。天子左右双阙,诸侯一阙。西辟:西偏。 ⑤乐备:遍用六代(黄帝、尧、舜、禹、汤、武)之乐。备:齐全。 ⑥“王与之”句:郑武公辅佐平王,平王以虎牢以东之地赐之,后郑失其地,惠王复与之,以酬其功。略:疆界。 ⑦虎牢:即北制。地名,在今河南荥阳市汜水镇西。 ⑧原伯:原庄公,周卿士。 ⑨效尤:仿效错事。指效法子颓乐及遍舞。尤:罪过,过失。 ⑩其:大概。表示揣测语气。咎:灾祸。 ⑪王巡虢守:周王巡视虢地。天子到诸侯国叫巡守,也叫巡狩。守:谓所守之地。 ⑫为:修筑。玤(bèng):虢地,在今河南渑池县。 ⑬酒泉:周邑。其地未详。⑭后:王后。鞶(pán)鉴:大镜子。鞶:通“盘”。大。 ⑮爵:饮酒器。 ⑯郑伯:郑文公,名捷,郑厉公之子。由是:因此。周王赐其父鞶鉴而与虢叔爵,爵贵于鞶鉴,故郑伯恶王。 ⑰归自虢:从虢国回到王城。

经

二十有二年春①,王正月,肆大眚②。

癸丑③,葬我小君文姜。

陈人杀其公子御寇④。

夏五月⑤。

秋七月丙申⑥,及齐高傒盟于防⑦。

冬,公如齐纳币⑧。

〔注释〕

①二十有二年:公元前672年。原本无“有”字,据纂图本及阮元《校勘记》补。 ②肆大眚(shěng):赦免有罪之人。肆:赦。

眚:罪过。肆大眚即赦免有罪之人。 ③癸丑:二十三日。④公子御寇:陈宣公之太子。据《史记·陈杞世家》,宣公欲立宠妾之子,杀太子。 ⑤夏五月:据《春秋》之例,一季之中无事,书首月。此不书"夏四月"而书"夏五月",杜预亦未加解说,下当有脱文。 ⑥丙申:九日。 ⑦高傒(xī):齐国之卿。防:鲁邑,在今山东费县东北四十余里。 ⑧纳币:古代婚礼有六,即纳采、问名、纳吉、纳征、请期、亲迎。纳币即纳征。男方派人至女家纳币以订婚。币:指帛,也泛指玉、马、皮、圭、璧等。庄公丧母未满两年而图婚,又不使公卿而亲往纳币,都不合于礼。

传

二十二年春,陈人杀其大子御寇。陈公子完与颛孙奔齐[①]。颛孙自齐来奔。

齐侯使敬仲为卿[②]。辞曰:"羁旅之臣幸若获宥[③],及于宽政,赦其不闲于教训[④],而免于罪戾[⑤],弛于负担[⑥],君之惠也。所获多矣,敢辱高位以速官谤[⑦]?请以死告[⑧]!《诗》云[⑨]:'翘翘车乘[⑩],招我以弓[⑪],岂不欲往[⑫],畏我友朋。'"使为工正[⑬]。

饮桓公酒[⑭],乐。公曰:"以火继之。"辞曰:"臣卜其昼,未卜其夜[⑮],不敢。"君子曰:"酒以成礼,不继以淫[⑯],义也。以君成礼,弗纳于淫[⑰],仁也。"

初,懿氏卜妻敬仲[⑱]。其妻占之[⑲],曰:"吉。是谓'凤皇于飞[⑳],和鸣锵锵。有妫之后[㉑],将育于姜[㉒]。五世其昌,并于正卿[㉓]。八世之后[㉔],莫之与京。'"

陈厉公[25]，蔡出也，故蔡人杀五父而立之[26]。生敬仲。其少也，周史有以《周易》见陈侯者[27]，陈侯使筮之[28]，遇《观》䷓之《否》䷋[29]。曰："是谓'观国之光[30]，利用宾于王'。此其代陈有国乎[31]！不在此，其在异国。非此其身[32]，在其子孙。光，远而自他有耀者也[33]。《坤》[34]，土也；《巽》[35]，风也；《乾》[36]，天也。风为天于土上[37]，山也。有山之材[38]，而照之以天光[39]，于是乎居土上，故曰'观国之光[40]，利用宾于王'。庭实旅百[41]，奉之以玉帛[42]，天地之美具焉[43]，故曰'利用宾于王[44]'。犹有观焉[45]，故曰其在后乎[46]！风行而著于土[47]，故曰其在异国乎！若在异国[48]，必姜姓也。姜，大岳之后也。山岳则配天[49]。物莫能两大[50]。陈衰，此其昌乎！"

及陈之初亡也[51]，陈桓子始大于齐[52]。其后亡也[53]，成子得政[54]。

〔注释〕

①公子完：即田敬仲，名完，陈厉公之子。公子完与颛孙都是御寇之党。　②敬仲：田完的谥号。　③羁旅：寄客，寄寓。幸若：幸而。若：而。宥：宽赦。　④闲：习。　⑤免：脱。罪戾：罪过。戾：罪。　⑥弛：放松。　⑦敢：用于反问的副词。有"岂敢"的意思。辱：辱没。谦词。速：召，招致。官谤：因居官不称职而遭到责难。　⑧以死告：以死相请。告：请。　⑨《诗》云：以下所引为逸《诗》。　⑩翘翘：形容高。　⑪招我以弓：《左传·昭公二十年》云"招士以弓"。这两句隐喻齐桓公礼贤下士，欲任用自己。　⑫"岂不"二句：谓自己并非不想居官，但害怕朋友讥责。　⑬工正：官名，掌百工。　⑭饮桓公酒：敬仲请桓公到自己家里饮酒。　⑮"未卜"二句：夜饮为淫乐(过甚之乐)，故不

敢。 ⑯淫：过度于，放纵。凡事过度都可以称作淫。如“淫雨”。 ⑰纳：引，引导。 ⑱懿氏：陈大夫。 ⑲占：灼烧龟甲视其裂痕预测吉凶。 ⑳“凤皇”二句：凤凰是传说中的神鸟，雄曰凤，雌曰凰。雄雌偕飞，相和而鸣，其声锵锵。比喻夫妻和睦。于飞：即飞。于为句中语助词，无义。锵锵：形容和鸣之声。 ㉑有妫之后：即妫姓之后。有妫：妫姓。有为名词词头，无实义。陈为妫姓。 ㉒育于姜：在齐国养育后代，即生活于齐国。齐国为姜姓。 ㉓并于正卿：与正卿并列。据《史记·田敬仲完世家》，敬仲生稚孟夷，稚孟夷生湣孟庄，湣孟庄生须无，须无生无宇。陈无宇非卿而为上大夫（上大夫位卿）。故曰“并于正卿”。 ㉔“八世”二句：据《田敬仲完世家》，陈无宇生乞，乞生常，田常弑齐简公。田常生子盘（八世），相齐。“田襄子既相齐宣公，三晋杀知伯，分其地。襄子使其兄弟宗人尽为齐都邑大夫，与三晋通使，且以有齐国”。莫之与京：谓齐国无人能与之相比。京：大。 ㉕“陈厉公”二句：陈厉公名跃，公子完之父，蔡国女子所生。出：生。 ㉖“故蔡人”句：蔡人杀五父（陈佗）在桓公六年。 ㉗周史：周太史，掌管祭祀、历法、法典等。《周易》：卜筮之书，即今之《易经》，为儒家经典文献之一。 ㉘筮（shì）：用蓍草占卜吉凶。 ㉙“遇《观》”句：卦象由《观》变为《否》。《观》：卦名。由《坤》、《巽》两卦重叠而成，《坤》下《巽》上。《否》：坤下乾上。《周易》中组成卦的符号叫爻（yáo）。爻分为阳爻“—”和阴爻“--”两种。《观》卦的第四爻（从下往上数）由阴爻变为阳爻，则整个卦就从《观》变成了《否》。音否（pǐ） ㉚“是谓”二句：这两句是爻辞（说明六十四卦爻象的文辞）。意思是观察国家的情形，去往对自己前途有利的地方，以期成为君主的上客。谓：为。光：明。此指好的环境。 ㉛代：替代。有国：享有国家。㉜非此其身：即非此身。此、其同义。 ㉝远：在远处。他：他物，谓非本体。有耀:有光耀。　㉞《坤》,土也:《观》与《否》的下卦都是《坤》,《坤》象征地,故云。　㉟《巽》,风也:《观》的上卦为《巽》,《巽》象征风,故云。　㊱《乾》,天也:《否》的上卦为《乾》,《乾》象征天。　㊲"风为天"二句:此两句就卦象的变化而言。由《观》变为《否》,实质上是《观》的上卦《巽》(象征风)变成了《乾》(象征天),风变成了天而位于地上(《否》的下卦是《坤》象征地),天地相接,代表的含义是山。　㊳"有山"句:此就《否》卦整体而言。《否》既代表山,山上出产各种物资,故云"有山之材"。　㊴"而照"二句:此就《否》卦的上卦而言。《乾》象征天,天有日月星辰,故云"照之以天光"。《否》之象,《乾》在上,《坤》在下,故云"居土上"。　㊵"故曰"句:此总括上文而言之。敬仲观察国家的情况,离开陈国而之他国,子孙有才干(有山之材),而受到国君器重(如万物得天光照耀),而居上位,所以说"观国之光,利用宾于王"。　㊶庭实:诸侯朝见天子或诸侯之间互相聘问时,以礼物相赠,陈列于庭中,谓之庭实。庭实包括马、皮、牲、米、醢等。旅:陈。百:表示多,指诸物皆备。　㊷"奉之"句:《否》的上卦为《乾》,可以代表金玉;下卦为《坤》,可以代表布帛。古人在庭实之外,常加之以束帛加璧,故云"奉之以玉帛"。奉:与,赠与。　㊸"天地"句:《否》的下卦为地(《坤》),上卦为天(《乾》),有庭实旅百,又加以玉帛,所以说"天地之美具焉"。㊹"故曰"句:庭实旅百,封之以玉帛,备天下之物,具天地之美,而朝见天子,故曰"利用宾于王"。　㊺犹有观焉:尚有待进一步观察。《观》有"观察"的意思。　㊻后:后世。　㊼"风行"二句:此句就《观》变成《否》的过程而言。《观》卦《坤》下《巽》上。《观》变为《否》,实际上是《观》的上卦《巽》(代表风)变为《乾》(代表天)。《巽》(风)在变化过程中,所以有风行之象;风行,由一处至于另一处。这一过程,也象征着敬仲从陈国至于他国,故曰“其在异国乎”。著:附。 ㊽“若在”四句:筮者预言前往的异国,必是姜姓之国,因为姜姓是太岳之后,与《观》变成《否》的过程及结果“风为天于土上,山也”相对应(岳即是山)。太岳:即四岳(古代分掌四时方岳的官)。齐为姜姓,而姜姓出于太岳,故曰四岳之后。《左传·庄公二十二年》:“姜,大岳之后也。”共工(炎帝神农氏后代)之从孙尧时为四岳,佐禹治水有功,获封于吕,为诸侯长,赐姓曰姜氏。 ㊾山岳则配天:山岳高峻,足以与天相配。山岳象征齐国(太岳之后),天象征周天子。这是对“利用宾于王”的进一步说明。 ㊿“物莫能”三句:妫姓子孙本有陈国,敬仲适齐,子孙又将代姜氏而有国。陈与齐不能同时兴盛。陈国衰落之时,即是敬仲子孙昌盛之时。大:盛。 (51)陈之初亡:鲁昭公八年,楚灭陈。 (52)陈桓子:敬仲五世孙陈无宇。 (53)后亡:陈灭后曾一度复国。至哀公十七年,楚最终灭陈。 (54)成子:田(陈)常,敬仲七世孙。

经

二十有三年春①,公至自齐。

祭叔来聘②。

夏,公如齐观社③。

公至自齐。

荆人来聘④。

公及齐侯遇于谷⑤。

萧叔朝公。

秋,丹桓宫楹⑥。

冬十有一月,曹伯射姑卒⑦。

十有二月甲寅[⑧],公会齐侯,盟于扈[⑨]。

〔注释〕

①二十有三年:公元前671年。 ②祭(zhài)叔:祭公。天子之内臣不得外交,故不称使。 ③公如齐观社:社为土地之神。齐因祭社检阅军备物资,故鲁君前往观看。 ④荆人:楚人。 ⑤遇:会,会见。谷:齐地,在今山东平阴县东阿镇。 ⑥丹:赤色。此用作动词。桓宫:桓公之庙。楹:柱。 ⑦射姑:《史记·管蔡世家》作"夕姑"。 ⑧甲寅:六日。 ⑨扈:郑地,在今河南原武废县西。

传

二十三年夏,公如齐观社,非礼也。曹刿谏曰[①]:"不可。夫礼,所以整民也[②]。故会以训上下之则[③],制财用之节[④],朝以正班爵之义[⑤],帅长幼之序[⑥],征伐以讨其不然[⑦]。诸侯有王[⑧],王有巡守[⑨],以大习之[⑩]。非是[⑪],君不举矣[⑫]。君举必书[⑬]。书而不法[⑭],后嗣何观[⑮]?"

〔注释〕

①曹刿:鲁大夫。 ②整民:治理百姓。 ③会:诸侯会盟。则:等,等级。 ④财用:指所贡财货。财、用同义。节:等,等差。指贡赋的多少。 ⑤朝:朝会。指诸侯朝觐周天子或诸侯相见。正班爵之义:正爵位之次序,明尊卑贵贱之礼仪。班爵:指位次。班、爵同义。义:通"仪"。等级。 ⑥帅:顺。长幼之序:谓先后次序。长:先。幼:后。《国语·鲁语上》:"夫宗庙之有昭穆也,以次世之长幼,而等胄之亲疏也。"韦昭曰:"长幼,先后也。"

⑦讨:讨伐。不然:不用命者。 ⑧王:谓朝聘于天子。 ⑨巡守:天子巡行诸侯之国。 ⑩大习之:习会朝之礼。习:肄习。⑪非是:不是这些。是:此。 ⑫举:行,动。 ⑬书:书于策。古代史官记事,大事书于策,小事书于简牍。 ⑭不法:不合法度。⑮后嗣:后代。《国语·鲁语上》载此事,云:“公不听,遂如齐。”

晋桓、庄之族逼[①],献公患之。士芀曰[②]:“去富子[③],则群公子可谋也已[④]。”公曰:“尔试其事。”士芀与群公子谋,谮富子而去之[⑤]。

〔注释〕

①桓、庄之族逼:桓叔、庄伯的子孙强盛,逼迫公室。桓叔是曲沃武公的祖父,庄伯是武公的父亲。 ②士芀(wěi):晋大夫。③富子:桓、庄二族中的强者。 ④群公子:群公之子。 ⑤谮:谗毁。

秋,丹桓宫之楹[①]。

〔注释〕

①此条本与下年传文相接,为后人所割裂。

经

二十有四年春[①],王三月,刻桓宫桷[②]。
葬曹庄公。
夏,公如齐逆女[③]。
秋,公至自齐。

八月丁丑④,夫人姜氏入。

戊寅⑤,大夫、宗妇觌⑥,用币。

大水⑦。

冬,戎侵曹。

曹羁出奔陈。

赤归于曹⑧。

郭公⑨。

〔注释〕

①二十有四年:公元前670年。 ②刻:雕刻。桷(jué):椽。圆形的叫椽,方形的称桷。 ③公如齐逆女:庄公至齐亲迎夫人。④丁丑:三日。 ⑤戊寅:四日。 ⑥"大夫"二句:君夫人至,大夫执贽见,以明臣子之道,这是当时礼节。宗妇见君夫人用币不合于礼,故《春秋》书之以示讥刺。宗妇:同宗大夫之妻。觌(dí):相见。币:指玉帛。 ⑦大水:平地出水为大水。 ⑧赤:曹僖公之名。 ⑨郭公:《经》有缺文。

传

二十四年春,刻其桷①,皆非礼也。御孙谏曰②:"臣闻之:俭,德之共也③;侈④,恶之大也。先君有共德⑤,而君纳诸大恶⑥,无乃不可乎⑦?"

〔注释〕

①"刻其桷"二句:此承上年《传》"丹桓宫楹"而言。刻其桷,指刻桓宫(桓公庙)之椽。 ②御孙:鲁国当时掌工匠的大夫。③共(hóng):通"洪",大。 ④侈:奢,奢侈。 ⑤共德:大德。

⑥纳：入，导入。 ⑦无乃：恐怕。

秋，哀姜至①。公使宗妇觌，用币，非礼也。御孙曰：“男贽大者玉帛②，小者禽鸟，以章物也③。女贽不过榛、栗、枣、脩④，以告虔也⑤。今男女同贽⑥，是无别也。男女之别，国之大节也⑦，而由夫人乱之，无乃不可乎？”

〔注释〕

①哀姜：庄公夫人。哀是谥号，姜是母家的姓。 ②“男贽”二句：谓地位不同，所执之贽轻重亦异：公、侯、伯、子、男执玉；诸侯之太子、附庸国君、孤卿（太师、太傅、太保三孤）执帛；卿执羔；大夫执雁；士执雉。贽：初见尊长时所送的礼品。 ③章物：彰明法度。物：法。 ④榛（zhēn）：一种干果，似栗而小。脩：加姜桂捶治的肉圃。 ⑤告虔：表示恭敬。告：示。 ⑥今：若。表示假设。 ⑦大节：根本法度。

晋士蔿又与群公子谋①，使杀游氏之二子②。士蔿告晋侯曰③：“可矣。不过二年，君必无患④。”

〔注释〕

①士蔿：晋大夫。 ②游氏之二子：也是桓叔、庄伯之族。③晋侯：晋献公。 ④患：忧。

经

二十有五年春①，陈侯使女叔来聘②。

夏五月癸丑③，卫侯朔卒④。

六月辛未朔[⑤]，日有食之[⑥]。鼓、用牲于社[⑦]。

伯姬归于杞[⑧]。

秋，大水。鼓、用牲于社、于门[⑨]。

冬，公子友如陈[⑩]。

〔**注释**〕

①二十有五年：公元前669年。　②女(rǔ)叔：陈国之卿。女是氏，叔是字。　③癸丑：十三日。　④卫侯朔：卫惠公。　⑤朔：旧历每月的第一天。　⑥日有食之：此次日食为公历公元前669年5月27日的日环食。　⑦鼓：击鼓。用牲：杀牲以祭。社：土神。　⑧归：女子出嫁。　⑨门：指国门。国都之门。　⑩"公子友"句：公子友如陈，报女叔之聘。公子友为庄公同母弟。

传

二十五年春，陈女叔来聘，始结陈好也。嘉之[①]，故不名。

〔**注释**〕

①"嘉之"二句：《春秋》书法，称字贵于称名。嘉：褒。

夏六月辛未朔，日有食之。鼓、用牲于社，非常也[①]。唯正月之朔[②]，慝未作[③]，日有食之，于是乎用币于社[④]，伐鼓于朝。

〔注释〕

①非常:不合通常的做法,也即不合于礼。如日食在建巳之月(四月),则应伐鼓于朝,用币于社(通常情况,周之六月,正当夏之四月,而此年失闰,六月不在夏正四月),故曰非常。　②正月:指周正六月,当夏正四月。《诗·小雅·正月》:"正月繁霜,我心忧伤。"《笺》:"夏之四月,建巳之月,纯阳用事。"参见昭公十七年《传》。　③慝:阴气。作:发作,发动。　④于是:乃。用币:以玉帛祭祀。

秋,大水。鼓、用牲于社、于门,亦非常也。凡天灾[1],有币[2],无牲。非日月之眚[3],不鼓。

〔注释〕

①天灾:指日食、月食、大水等。　②币:用以祭祀或馈赠的帛。　③眚(shěng):灾。

晋士蒍使群公子尽杀游氏之族,乃城聚而处之[1]。

冬,晋侯围聚,尽杀群公子。

〔注释〕

①聚:晋邑,在今山西绛县东南。处之:使居之。

经

二十有六年春[1],公伐戎。

夏,公至自伐戎。

曹杀其大夫[2]。

秋,公会宋人、齐人伐徐[3]。

冬十有二月癸亥朔[4],日有食之[5]。

〔注释〕

①二十有六年:公元前668年。 ②曹杀其大夫:不称大夫之名,非其罪。 ③徐:国名,嬴姓,在今安徽泗县西北。 ④朔:旧历每月的第一天。 ⑤日有食之:此次日食为公历公元前668年11月10日的日环食。

传

二十六年春,晋士蒍为大司空[1]。

〔注释〕

①大司空:官名,诸侯三卿之一。主要掌管营造诸事,兼掌司寇之职。

夏,士蒍城绛[1],以深其宫[2]。

〔注释〕

①绛:晋国都城,在今山东翼城县东南十五里。 ②深:高。谓加高。

秋,虢人侵晋[1]。

冬,虢人又侵晋[2]。

〔注释〕

①虢:指西虢。国名,姬姓。 ②“虢人”句:据《史记·晋世

家》,晋献公九年,因晋群公子出奔在虢,虢两次伐晋。

经

二十有七年春[①],公会杞伯姬于洮[②]。

夏六月,公会齐侯、宋公、陈侯、郑伯,同盟于幽[③]。

秋,公子友如陈,葬原仲[④]。

冬,杞伯姬来。

莒庆来逆叔姬[⑤]。

杞伯来朝[⑥]。

公会齐侯于城濮[⑦]。

〔注释〕

①二十有七年:公元前667年。 ②杞伯姬:庄公长女,嫁于杞,为杞成公夫人。洮(táo):鲁地,在今河南范县。 ③幽:宋地,在今河南兰考县。 ④原仲:陈大夫。 ⑤莒庆:莒大夫。叔姬:庄公之女。嫁女于诸侯称“女”,嫁于大夫则称字。此称“叔姬”,知是莒庆自逆其妇。 ⑥杞伯:前此称“杞侯”,此后称“杞伯”或“杞子”,杜预以为为时君所黜。 ⑦城濮:卫地,在今河南范县南。

传

二十七年春,公会杞伯姬于洮,非事也[①]。天子非展义不巡守[②],诸侯非民事不举[③],卿非君命不越竟[④]。

〔注释〕

①非事:非国君之本职。事:职,谓职守。 ②展义:宣示德

义。巡守:亦称巡狩,天子巡行诸侯之国。 ③举:出行。 ④竟:同“境”。

夏,同盟于幽,陈、郑服也[1]。

〔注释〕

①陈、郑服也:庄公二十二年,陈乱,而齐纳陈公子敬仲;二十五年,郑与楚成。陈、郑皆有二心于齐,至此始服。

秋,公子友如陈,葬原仲,非礼也[1]。原仲,季友之旧也[2]。

〔注释〕

①非礼也:公子友以私交如陈,不合于礼。 ②旧:故,故友。

冬,杞伯姬来,归宁也[1]。

凡诸侯之女,归宁曰来,出曰来归[2]。夫人归宁曰如某,出曰归于某[3]。

〔注释〕

①归宁:已出嫁的妇女回家省亲。 ②出:弃逐,被遗弃。来归:指来而不返。 ③归:也是不再返回的意思。

晋侯将伐虢[1]。士蒍曰:“不可。虢公骄[2],若骤得胜于我[3],必弃其民[4]。无众而后伐之,欲御我,谁与[5]?夫礼、乐、慈、爱,战所畜也[6]。夫民,让事、乐和、爱亲、哀丧[7],而后可用也。虢弗畜也,亟战[8],将饥[9]。”

〔注释〕

①晋侯：晋献公。 ②骄：骄矜自大。 ③骤：屡，屡次。 ④弃其民：谓不安抚其民众。 ⑤与：从。 ⑥所畜：谓凭借。畜：同“蓄”。 ⑦让事：遇事谦让。乐和：以和睦为乐。爱亲：爱其亲戚。哀丧：哀怜有丧之人。 ⑧亟(qì)：屡，屡次。 ⑨饥：谓士气低落，与“饱”相对。

王使召伯廖赐齐侯命①，且请伐卫，以其立子颓也②。

〔注释〕

①王：周惠王。召(shào)伯廖：王卿士。赐齐侯命：命齐侯为诸侯之长。赐：命。 ②立子颓：卫立子颓为王在庄公十九年。

经

二十有八年春①，王三月甲寅②，齐人伐卫。卫人及齐人战，卫人败绩。

夏四月丁未③，邾子琐卒。

秋，荆伐郑④。公会齐人、宋人救郑。

冬，筑郿⑤。

大无麦、禾⑥。

臧孙辰告籴于齐⑦。

〔注释〕

①二十有八年：公元前666年。 ②甲寅：三月无甲寅。日或月有误。 ③丁未：二十四日。 ④荆：楚。 ⑤郿(méi)：鲁邑，在今山东东平县西。《公羊传》《穀梁传》作“微”。 ⑥大无

麦、禾:麦熟于夏,禾(黍稷之属)成于秋。《春秋》于此年冬书大无麦、禾,是因为全年粮食严重歉收。　⑦臧孙辰:即臧文仲,鲁大夫。告:请。籴:买粮食。

传

二十八年春,齐侯伐卫①,战,败卫师,数之以王命②,取赂而还③。

〔注释〕

①齐侯:齐桓公。　②数:责,责备。王命:周天子之命。③赂:财货。

晋献公娶于贾①,无子。烝于齐姜②,生秦穆夫人及太子申生③。又娶二女于戎,大戎狐姬生重耳④,小戎子生夷吾⑤。晋伐骊戎⑥,骊戎男女以骊姬⑦。归,生奚齐,其娣生卓子⑧。

骊姬嬖,欲立其子,赂外嬖梁五与东关嬖五⑨,使言于公曰:"曲沃⑩,君之宗也⑪;蒲与二屈⑫,君之疆也⑬,不可以无主。宗邑无主,则民不威⑭;疆埸无主⑮,则启戎心⑯。戎之生心⑰,民慢其政,国之患也。若使大子主曲沃,而重耳、夷吾主蒲与屈,则可以威民而惧戎,且旌君伐⑱。"使俱曰:"狄之广莫⑲,于晋为都。晋之启土⑳,不亦宜乎?"晋侯说之。夏,使大子居曲沃,重耳居蒲城,夷吾居屈。群公子皆鄙㉑,唯二姬之子在绛㉒。二五卒与骊姬谮群公子而立奚

齐㉓,晋人谓之“二五耦㉔”。

〔注释〕

①晋献公:名诡诸。晋武公之子。贾:国名,姬姓,今山西临汾市有贾乡,即其地。 ②烝:上淫,即下淫上。多指与长辈通奸。齐姜:晋武公妾,献公庶母。 ③秦穆夫人:申生之姊。④大戎:大戎为唐叔之子孙别居戎狄者。狐姬:姬是姓,狐是氏。重耳:即后来的晋文公。 ⑤小戎子:大戎狐姬的妹妹。夷吾:即后来的晋惠公。 ⑥骊戎:部族名。西戎的一支,姬姓,在今陕西临潼东。 ⑦骊戎男:骊戎之君,男爵。女(nǜ):以女嫁人。⑧娣:女弟,即妹妹。此当为随嫁之女。 ⑨外嬖:外宠,帝王宠幸的臣子。相对于“内宠”而言。梁五:姓梁,名五。东关嬖五:《汉书·古今人表》作“东关五”。东关为复姓,五是人名。上文“外嬖”兼梁五与东关五言之,此“嬖”字当为衍文。 ⑩曲沃:桓叔(晋穆侯子成师)的封邑,在今山西闻喜县东二十里。 ⑪宗:宗邑,宗庙所在之邑。桓叔的子孙灭翼而代有晋国,故武公先君宗庙在曲沃。 ⑫蒲:晋邑,在今山西蒲县。二屈:北屈与南屈。北屈在今山西吉县东北,南屈当在其南。 ⑬疆:边境。 ⑭不威:不畏。 ⑮疆埸(yì):边疆,边境。 ⑯启:发,生。戎:寇,敌。 ⑰之:若。 ⑱旌:彰,彰明。伐:功。 ⑲“狄之”二句:谓狄人广莫之地,皆可以为晋之城邑。广莫:广大无边。都:邑。⑳启土:开拓疆土。启:开,开辟。 ㉑鄙:边邑。这里用作动词,居于边邑。 ㉒二姬:指骊姬和她的妹妹。 ㉓二五:梁五与东关嬖五二人的合称。谮:谗毁。 ㉔二五耦:意指二五狼狈为奸,合伙做坏事。原本无“五”字,据纂图本及阮元《校勘记》补。

楚令尹子元欲蛊文夫人①,为馆于其宫侧,而振《万》

焉[②]。夫人闻之,泣曰:“先君以是舞也[③],习戎备也。今令尹不寻诸仇雠[④],而于未亡人之侧[⑤],不亦异乎[⑥]!”御人以告子元[⑦]。子元曰:“妇人不忘袭雠[⑧],我反忘之!”

秋,子元以车六百乘伐郑[⑨],入于桔柣之门[⑩]。子元、斗御疆、斗梧、耿之不比为旆[⑪],斗班、王孙游、王孙喜殿。众车入自纯门[⑫],及逵市[⑬]。县门不发[⑭],楚言而出[⑮]。子元曰:“郑有人焉[⑯]。”诸侯救郑[⑰]。楚师夜遁。郑人将奔桐丘[⑱],谍告曰[⑲]:“楚幕有乌[⑳]。”乃止。

〔注释〕

①令尹:楚官名,为最高军政长官。子元:楚武王子,文王之弟。蛊:惑,谓诱惑、引诱。文夫人:楚文王夫人息妫。 ②振《万》焉:舞《万》于文夫人之宫侧。振:舞蹈时振铎(摇铃)为节拍。《万》:舞名,分文舞和武舞两种,此为武舞,执干戚以舞。焉:于此。 ③以:为。 ④寻:用。仇雠:敌,敌人。仇、雠同义。⑤未亡人:寡妇自称。 ⑥异:怪,奇怪。 ⑦御人:夫人的侍者。⑧袭:袭取。 ⑨乘:古代战车,一车四马,谓之乘。每辆战车可配备甲士三人,步卒七十二人。 ⑩桔柣(jié dié):郑国远郊之门。柣:原本作“秩”,据杜预注、纂图本及《宋本册府元龟》卷四一一改。 ⑪斗御疆:与下文斗梧、耿之不比等皆为楚大夫。疆字或作“强”。古籍二字常通用。旆(pèi):前军。旆是附设在旗正幅縿上的长帛。旗上加旆,表示将要打仗。引申为前军,与“殿”相对。 ⑫纯门:郑外郭门。 ⑬逵市:郭内大路上的市场。 ⑭“县门”句:郑人故意不放下悬门,以示有备。县门:古代用于守城的闸门,平时悬起,有警时可放下,以阻隔内外。县:同“悬”。发:启,启用。 ⑮楚言:楚人之言。言:语。 ⑯人:

指人才。 ⑰诸侯:指鲁君与齐人、宋人。《传》蒙经文而省略。⑱桐丘:郑地,在今河南扶沟县西。 ⑲谍:间谍。侦探消息的人。 ⑳幕:帐。帐幕有乌,知楚人已去。

冬,饥[1]。臧孙辰告籴于齐,礼也。

〔注释〕

①饥:饥荒。谷不熟为饥。

筑郿[1],非都也。凡邑[2],有宗庙先君之主曰都,无曰邑。邑曰筑,都曰城。

〔注释〕

①筑郿,非都也:《春秋》书"筑"而不书"城",因郿非都邑。②"凡邑"三句:据《周礼》,四邑为都,四井为邑。若是宗庙所在之地,则邑也称都,以示尊崇宗庙。主:神主。

经

二十有九年春[1],新延厩[2]。

夏,郑人侵许。

秋,有蜚[3]。

冬十有二月,纪叔姬卒[4]。

城诸及防[5]。

〔注释〕

①二十有九年:公元前665年。 ②新:更造。延厩:马厩之

名。 ③蜚:一种害虫。体轻如蚊,椭圆,味恶臭。群集食稻花,使不能结实。 ④纪叔姬:纪叔姬以隐公七年归于纪。纪亡,于庄公十二年复归酅。 ⑤诸:鲁邑,在今山东诸城市西南。防:鲁邑,在今山东费县东北四十里。

传

二十九年春,新作延厩[①],书,不时也。凡马,日中而出[②],日中而入。

〔注释〕

①作:修建。 ②"日中"二句:日中指春分、秋分。春分、秋分时昼夜时间相等,谓之日中。春分时牧马于野,秋分时马入于厩。

夏,郑人侵许。凡师,有钟鼓曰伐,无曰侵,轻曰袭[①]。

〔注释〕

①轻曰袭:轻师疾进,掩其不备为袭。

秋,有蜚,为灾也[①]。凡物[②],不为灾,不书。

〔注释〕

①为灾:成灾。 ②"凡物"三句:这是作者解释《春秋》书法的话。

冬十二月,城诸及防,书,时也。凡土功[①],龙见而毕务[②],

戒事也[③]。火见而致用[④],水昏正而栽[⑤],日至而毕[⑥]。

〔注释〕

①土功:指治水建筑等事。 ②龙见(xiàn):夏正九月,周正十一月,龙星角、亢出现在东方,春、夏、秋三季农务已毕,进入农闲之时,可令民从事土功。龙:苍龙。星宿名。东方七宿(角、亢、氐、房、心、尾、箕)的总称。毕务:完工。务:事。 ③戒:准备。 ④"火见"句:火,大火,亦即心宿。夏正十月之初,心宿次角、亢之后,早晨出现在东方。致用:将版、臿、畚、梮等工具送达场地。用:器具。 ⑤"水昏正"句:水为二十八宿中的室宿,亦称大水、定星、营室。夏正十月,水星黄昏时出现在正南方,可以开始筑墙。栽(zài):筑墙的长版。此指设版筑墙。 ⑥日至:冬至。冬至以后不再兴作土功。

樊皮叛王[①]。

〔注释〕

①樊皮:周大夫。此条本与下年传文相接,为后人所割裂。

经

三十年春[①],王正月。

夏,次于成[②]。

秋七月,齐人降鄣[③]。

八月癸亥[④],葬纪叔姬。

九月庚午朔[⑤],日有食之[⑥]。鼓、用牲于社[⑦]。

冬,公及齐侯遇于鲁济[⑧]。

齐人伐山戎[9]。

〔注释〕

①三十年：公元前664年。　②次于成：鲁师次于成。成：鲁邑，在今山东宁阳县北。　③鄣(zhāng)：纪附庸国，今山东东平县东有鄣城集，即其地。　④癸亥：二十四日。　⑤朔：旧历每月的第一天。　⑥日有食之：此次日食为公历公元前664年8月28日的日全食。　⑦鼓、用牲于社：非正月日食而击鼓、用牲于社，不合于礼。　⑧遇：会，会见。鲁济：济水经过齐、鲁边界，在齐界为齐济，在鲁界为鲁济。　⑨山戎：即北戎。古代北方少数民族，居地在今河北省东部。春秋时与齐、郑、燕等国接壤。

传

三十年春[1]，王命虢公讨樊皮[2]。夏四月丙辰[3]，虢公入樊，执樊仲皮[4]，归于京师。

〔注释〕

①"三十年"二句：此承上年"樊皮叛王"而言。　②王：周惠王。虢公：名丑，王卿士。　③丙辰：十四日。　④樊仲皮：即樊皮。仲是排行。

楚公子元归自伐郑[1]，而处王宫[2]。斗射师谏[3]，则执而梏之[4]。秋，申公斗班杀子元[5]。斗穀於菟为令尹[6]，自毁其家[7]，以纾楚国之难[8]。

〔注释〕

①公子元:令尹子元。 ②处王宫:二十八年《传》云子元欲引诱文夫人息妫,筑舍于其宫侧。 ③斗射师:斗廉。楚大夫。④梏(gù):刑具名,即手铐。此用作动词,械系其手。 ⑤申公:申之县尹。楚国县尹称公。斗班:楚大夫。 ⑥斗穀於菟(gòu wū tú):子文。子文初生时被弃,而虎乳之。楚人称乳为“穀”,称虎为“於菟”,故名“穀於菟”。 ⑦毁其家:指分施其家财。毁:舍。家:家产。 ⑧纾:缓,舒缓。

冬,遇于鲁济,谋伐山戎也①,以其病燕故也。

〔注释〕

①“谋山戎”二句:齐桓公修霸业,故为燕谋难。“伐”字原无,据唐石经、日本宫内厅书陵部藏镰仓时代钞本《春秋经传集解》补。燕:国名,姬姓,召公奭之后,战国时为七雄之一,其地在今河北省境内。病燕:为燕之祸患。

经

三十有一年春①,筑台于郎②。

夏四月,薛伯卒。

筑台于薛③。

六月,齐侯来献戎捷④。

秋,筑台于秦⑤。

冬,不雨⑥。

〔注释〕

①三十有一年:公元前663年。 ②筑台于郎:筑台非时,《春秋》书之以示讥刺。郎:鲁邑,在今山东鱼台县东。 ③薛:鲁邑,其地未详。 ④齐侯:《说文》引《春秋传》作"齐人"。时齐桓公在位。戎捷:伐戎所获之战利品。指俘虏。《说文》:"捷,猎也,军获得也。" ⑤秦:地名,今河南范县有秦亭,即其地。⑥不雨:未成灾,故不书旱。

传

三十一年夏六月,齐侯来献戎捷,非礼也。

凡诸侯有四夷之功①,则献于王,王以警于夷②。中国则否③。诸侯不相遗俘④。

〔注释〕

①四夷:指夷狄。 ②警于夷:警示于夷狄。 ③中国则否:华夏之国互相攻伐,则无献俘之礼。 ④"诸侯"句:即便有夷狄之功,诸侯之间也不以俘获互相赠送。

经

三十有二年春①,城小谷②。

夏,宋公、齐侯遇于梁丘③。

秋七月癸巳④,公子牙卒⑤。

八月癸亥⑥,公薨于路寝⑦。

冬十月己未⑧,子般卒⑨。

公子庆父如齐⑩。

狄伐邢[11]。

〔注释〕

①三十有二年:公元前662年。 ②小谷:即谷,齐管仲之私邑,在今山东平阴县东阿镇。 ③遇:会,会见。梁丘:宋邑,在今山东成武县东北。 ④癸巳:五日。 ⑤公子牙:庄公之弟。⑥癸亥:五日。 ⑦路寝:天子、诸侯的正寝,也是治事之处。天子六寝,路寝一,小寝六。诸侯三寝,路寝一,燕寝、侧室各一。⑧己未:二日。 ⑨子般:庄公的太子。先君未葬,故不书爵;未成君,故不书薨。不书杀,为《春秋》隐讳之辞。 ⑩"公子庆父"句:庆父杀子般,假赴告之名适齐。庆父:庄公之弟。 ⑪狄:亦称翟,古代对北方少数名族的泛称。邢:国名,姬姓,周公之子所封,故地在今河北邢台市。

传

三十二年春,城小谷[1],为管仲也。

〔注释〕

①"城小谷"二句:鲁国感念齐桓公之德,故为管仲城私邑。管仲名夷吾,字仲,为齐桓公相。

齐侯为楚伐郑之故[1],请会于诸侯。宋公请先见于齐侯。夏,遇于梁丘。

〔注释〕

①"齐侯"二句:庄公二十八年,楚伐郑。今齐桓公会诸侯,谋为郑报复。

秋七月,有神降于莘[①]。

惠王问诸内史过曰[②]:“是何故也?”对曰:“国之将兴,明神降之[③],监其德也[④];将亡,神又降之,观其恶也。故有得神以兴,亦有以亡。虞、夏、商、周皆有之。”王曰:“若之何?”对曰:“以其物享焉[⑤]。其至之日[⑥],亦其物也。”王从之。内史过往,闻虢请命[⑦],反曰:“虢必亡矣,虐而听于神[⑧]。”

神居莘六月。虢公使祝应、宗区、史嚚享焉[⑨]。神赐之土田[⑩]。史嚚曰:“虢其亡乎!吾闻之:国将兴,听于民[⑪];将亡,听于神。神,聪明正直而壹者也[⑫],依人而行[⑬]。虢多凉德[⑭],其何土之能得[⑮]?”

〔注释〕

①有神降于莘(shēn):有神下降于莘地。降:下。莘:虢地,今河南三门峡市有莘原,即其地。 ②诸:于。内史过(guō):周大夫。内史为官名。 ③明神:即神。明、神同义。 ④监:视,察。 ⑤“以其”句:以相关的物品祭神。物:类。享:祭。 ⑥“其至”二句:神所至之日,亦可用作祭祀数量之依据。《国语·周语上》:“昔尧临民以五,今其胄见,神之见也,不过其物。”韦昭《注》:“物,数也。” ⑦请命:据下文,当是虢请于神,求赐土田。命:赐。 ⑧虐:残暴。听于神:求福于神。 ⑨祝:太祝。官名,掌祭祀告神的赞辞。宗:宗人。掌礼之官。史:太史。官名,掌法典、礼籍、祭祀、星历等。应、区、嚚(yín):皆为人名。 ⑩“神赐之”句:谓神允诺赐之以土地。 ⑪听于民:顺民意。 ⑫正直:公正。壹:诚。 ⑬依人:依凭于人。行:言。 ⑭凉德:薄德。凉:薄。 ⑮其:表示反诘语气。何土之能得:即能得何土。

初，公筑台，临党氏[1]。见孟任[2]，从之，闷[3]。而以夫人言[4]，许之。割臂盟公[5]。生子般焉。雩[6]，讲于梁氏[7]，女公子观之[8]。圉人荦自墙外与之戏[9]。子般怒，使鞭之。公曰："不如杀之，是不可鞭。荦有力焉，能投盖于稷门[10]。"

公疾，问后于叔牙。对曰："庆父材[11]。"问于季友[12]，对曰："臣以死奉般[13]。"公曰："乡者牙曰'庆父材'。"成季使以君命命僖叔待于鍼巫氏[14]，使鍼季鸩之[15]。曰："饮此，则有后于鲁国[16]；不然，死且无后。"饮之，归，及逵泉而卒[17]。立叔孙氏[18]。

八月癸亥，公薨于路寝。子般即位，次于党氏[19]。

冬十月己未，共仲使圉人荦贼子般于党氏[20]。成季奔陈。立闵公[21]。

〔注释〕

①党（zhǎng）氏：鲁大夫。任姓。 ②孟任：党氏之女。孟是排行。 ③闷（bì）：《说文》："闷，闭门也。"闭门。表示拒绝。 ④"而以"句：庄公应允立孟任为夫人。 ⑤割臂盟公：割臂歃血与庄公立盟。 ⑥雩（yú）：祭天。为求雨而进行的祭祀亦称雩。 ⑦讲：习，预习。梁氏：鲁大夫。 ⑧女公子：庄公之女，子般之妹。 ⑨圉人：官名，掌牧养马匹。荦：人名。戏：以言辞相戏。 ⑩盖：门扇。稷门：鲁国的南城门。 ⑪庆父：庄公之弟。据《史记·鲁周公世家》，庄公有三弟，依次为庆父、叔牙、季友。子般非庄公嫡子，故叔牙建议立庆父。材：同"才"，贤，贤能。 ⑫季友：庄公同母弟。 ⑬奉：侍奉，谓拥戴。 ⑭成季：即季友。僖叔：叔牙。待：止。鍼（qián）巫氏：鲁大夫。 ⑮鍼季：即鍼巫。鸩（zhèn）：以毒酒饮人。 ⑯有后：谓为之立继承人。 ⑰逵

泉:鲁地,在今山东曲阜市东南五里。 ⑱立叔孙氏:不以罪诛,故得立后。 ⑲次:舍。 ⑳共(gōng)仲:即庆父。贼:杀。㉑闵公:名启方。庄公庶子,当时不超过八岁。

闵　公[1]

经

元年春[2],王正月。

齐人救邢。

夏六月辛酉[3],葬我君庄公。

秋八月,公及齐侯盟于落姑[4]。

季子来归[5]。

冬,齐仲孙来。

〔注释〕

①闵公:名启方,庄公之子,公元前 661 年—前 660 年在位。《谥法》:“在国遭难曰闵。” ②元年:公元前 661 年。 ③辛酉:八日。 ④落姑:齐地,在今山东博兴县东北。 ⑤季子:公子友之字。季子贤,忠于社稷,故称字。

传

元年春,不书即位[1],乱故也。

〔注释〕

①“不书”二句:《春秋》不书闵公即位,因上年鲁国内乱,子般被杀,闵公不行即位之礼。

狄人伐邢①。管敬仲言于齐侯曰②:“戎狄豺狼,不可厌也③。诸夏亲昵④,不可弃也。宴安鸩毒⑤,不可怀也⑥。《诗》云⑦:‘岂不怀归⑧,畏此简书⑨。’简书,同恶相恤之谓也⑩。请救邢以从简书。”齐人救邢。

〔注释〕

①狄:亦称翟,古代北方少数名族之一,分布在今河北、山西等地。邢:国名,姬姓,在今河北邢台市。狄人伐邢事在庄公三十二年冬,《传》叙于此,交代“齐人救邢”之前因。 ②管敬仲:名夷吾,字仲。敬是谥号。齐侯:齐桓公。 ③厌:满足。 ④诸夏:中国,指中原地区的诸侯。亲昵:亲近。 ⑤宴安:安逸。《说文》:“宴,安也。”鸩毒:毒药。鸩:毒。此句谓安逸如同毒药。⑥怀:贪恋。 ⑦《诗》云:引文出自《诗·小雅·出车》。 ⑧怀归:思归。 ⑨简书:古代无纸,有事书于简,谓之简书。此指告急文书,类似于后世的羽檄。 ⑩同恶:谓同仇敌忾。恤:忧虑,顾恤。

夏六月,葬庄公。乱故,是以缓①。

〔注释〕

①缓:迟。谓葬过五月。古代诸侯五月而葬。庄公薨于上年八月,至此已历十一月。

秋八月,公及齐侯盟于落姑①,请复季友也。齐侯许之,使召诸陈②,公次于郎以待之③。"季子来归④",嘉之也。

〔注释〕

①"公及"二句:闵公初立,国家多难,以季友忠贤,故请于霸主(齐桓公),使之复返鲁国。及:与。 ②使召诸陈:派人将他从陈国召回。季友于上年奔陈。 ③郎:鲁邑,在今山东鱼台县东。 ④"季子"二句:谓《春秋》书"季子来归",称其字而不称名,以示嘉许。嘉:称赞。

冬,齐仲孙湫来省难①。书曰"仲孙"②,亦嘉之也。

仲孙归,曰:"不去庆父③,鲁难未已④。"公曰:"若之何而去之⑤?"对曰:"难不已,将自毙⑥,君其待之!"公曰:"鲁可取乎?"对曰:"不可。犹秉周礼⑦。周礼⑧,所以本也。臣闻之:国将亡⑨,本必先颠,而后枝叶从之。鲁不弃周礼⑩,未可动也。君其务宁鲁难而亲之⑪。亲有礼,因重固⑫,间携贰⑬,覆昏乱⑭,霸王之器也⑮。"

〔注释〕

①仲孙湫(jiǎo):齐大夫。仲孙是字,湫是名。省难:了解鲁国内乱的情况。省:视察。 ②"书曰"二句:《春秋》称"仲孙"(字)而不书其名,也是表示嘉许。嘉:褒。 ③去:除掉。庆父:共仲。鲁庄公庶兄,他与哀姜私通,庄公死后,派人杀死继位之君公子般,闵公二年又再次弒君,图谋自立为君。 ④已:终止。⑤若之何:如何。之:句中语助词。 ⑥将:必。自毙:自取灭亡。

毙:倒下。 ⑦秉:持。 ⑧"周礼"二句:谓周礼为立国之基。周礼:周朝的礼制。所以:所谓。以:谓。本:草木的根或茎干。喻根本。 ⑨"国将亡"三句:以树木比喻国家。颠:仆倒。 ⑩弃:废。 ⑪其:句中语气词。表示希望语气。务:勉。谓致力。宁:止息。 ⑫因:依。重固:指根基牢固的国家。重、固同义。 ⑬间:离间。携贰:内部离心离德的国家。携:通"慵"。携、贰皆训"离"。 ⑭覆:倾覆。 ⑮器:本指器具、工具,引申为方法、手段。

晋侯作二军[①],公将上军,大子申生将下军[②]。赵夙御戎[③],毕万为右[④],以灭耿、灭霍、灭魏[⑤]。还,为大子城曲沃[⑥]。赐赵夙耿,赐毕万魏,以为大夫。

士芳曰[⑦]:"大子不得立矣。分之都城[⑧],而位以卿,先为之极[⑨],又焉得立?不如逃之[⑩],无使罪至。为吴大伯[⑪],不亦可乎?犹有令名[⑫],与其及也。且谚曰[⑬]:'心苟无瑕,何恤乎无家[⑭]?'天若祚大子[⑮],其无晋乎!"

卜偃曰[⑯]:"毕万之后必大[⑰]。万,盈数也[⑱]。魏[⑲],大名也。以是始赏,天启之矣[⑳]。天子曰兆民[㉑],诸侯曰万民。今名之大[㉒],以从盈数,其必有众[㉓]。"

初,毕万筮仕于晋[㉔],遇《屯》䷂之《比》䷇[㉕]。辛廖占之[㉖],曰:"吉。《屯》固,《比》入[㉗],吉孰大焉?其必蕃昌。《震》为土[㉘],车从马,足居之[㉙],兄长之,母覆之[㉚],众归之,六体不易[㉛],合而能固[㉜],安而能杀[㉝],公侯之卦也[㉞]。公侯之子孙[㉟],必复其始。"

〔注释〕

①晋侯:晋献公。作二军:建立两军。按周朝军制,一军一万二千五百人。王六军,大国三军,次国二军,小国一军。晋本一军,见庄公十六年《传》,至此扩充为二军。 ②申生:晋献公嫡长子。 ③赵夙:赵衰之兄。 ④毕万:魏犨的祖父。右:戎车之右。 ⑤耿:国名,姬姓,在今山西河津市汾水南岸。霍:国名,姬姓,在今山西霍州市西南。魏:国名,姬姓,在今山西芮城县东北。⑥曲沃:晋之别都,在今山西闻喜县东北。太子申生居曲沃,在庄公二十八年。 ⑦士蒍:晋大夫。 ⑧分:与。都城:指曲沃。晋国宗庙所在之地。《左传·庄公二十八年》:"凡邑有宗庙先君之主曰都。" ⑨极:至。指无以复加的地位。 ⑩逃:去。 ⑪吴大伯:太伯是周太王的嫡子,知其父欲立季历,故出奔吴地,以避让之。 ⑫"犹有"二句:谓离去尚能得到好的名声,胜过留下遭殃。与其:连词,连接比较短语,表示两种情况的比较。及:及于祸。 ⑬谚:古语。也指俗语。 ⑭恤:忧。 ⑮"天若"二句:谓上天若是保佑太子,终将享有晋国。祚:赐福。无晋:谓不继承国君之位。 ⑯卜偃:郭偃。晋大夫,掌占卜。 ⑰大:盛。 ⑱盈数:满数。 ⑲魏:字本作"巍"。高大。 ⑳启:教,诱,引导。㉑兆:古代以十亿为兆,万亿、亿亿亦为兆。极言数之多。 ㉒名之大:命之以大名。名:命名。 ㉓其必有众:以魏与万相配,预示必得众。 ㉔筮:用蓍草占卜以预测吉凶。 ㉕遇《屯》䷂之《比》䷇:卦象由《屯》变为《比》。《屯》卦为《震》下《坎》上。《比》卦为《坤》下《坎》上。《屯》变为《比》,实际上是《屯》之初爻由阳爻变为阴爻(卦的下半由《震》变为《坤》)。屯:音(zhūn)。 ㉖辛廖:周大夫。占:根据卦兆预测吉凶。 ㉗《屯》固,《比》入:屯是固的意思,比是合的意思。屯:固,安。比:会,合。此句解释《屯》《固》卦名的意思。 ㉘"《震》为土"二句:就

卦象变化的局部而言。《屯》变为《比》,实即《震》变为《坤》。《震》为雷,《坤》为土,《震》变为《坤》,是得土之象;《震》为车,《坤》为土、为马,故云"《震》为土,车从马"。 ㉙"足居之"二句:《震》为足,又为长兄,故云"足居之,兄长之"。居:定。长:养。 ㉚"母覆之"二句:此句就卦象变化的结果而言。《比》卦《坤》下《坎》上。《坤》为母,《坎》为众,故云"母覆之,众归之"。覆:庇荫。 ㉛六体:指卦之六爻。《汉书·律历志》:"九六之变,登降于六体。"不易:不变。 ㉜合而能固:此句综合卦象最终和初始的含义而言。《屯》为初始卦象,有坚固之义,《比》为变化后生成的卦象,有和合之义,故云"合而能固"。 ㉝安而能杀:此就具体卦象的变化而言。《屯》变为《比》,实即《震》变为《坤》。《坤》为地(安),《震》为雷(杀),故云"安而能杀"。安:稳,稳固。 ㉞公侯之卦:这是综合上文内容而得出的结论。㉟"公侯"二句:毕万为毕公高之后,其后代又将复列于诸侯,故云"公侯之子孙,必复其始"。始:初。

经

二年春[①],王正月,齐人迁阳[②]。

夏五月乙酉[③],吉禘于庄公[④]。

秋八月辛丑[⑤],公薨[⑥]。

九月,夫人姜氏孙于邾[⑦]。

公子庆父出奔莒[⑧]。

冬,齐高子来盟[⑨]。

十有二月,狄入卫[⑩]。

郑弃其师。

〔注释〕

①二年：公元前660年。②阳：国名，姬姓，今山东沂水县西南有阳都城，即其地。③乙酉：五月无乙酉。日或月有误。④禘(dì)：大祭之名。祀天地于郊、天子诸侯宗庙之祭都可以称禘。吉禘：指三年之丧(实际上是二十五个月)毕，而祫于大庙，然后进行禘祀，致死者之神主于庙，而以远祖当替代者入祧(远祖的庙)，借此大祭(禘)而审昭穆。祭祀之后，三年之丧即毕。⑤辛丑：二十五日。⑥公薨：被弑而书薨，为隐讳之辞；不书地，以别于正常死亡。⑦孙：同"逊"。《春秋》内讳奔，称孙。⑧莒：国名，己姓，在今山东莒县。⑨高子：子为男子之美名。齐侯使来平鲁乱，鲁人贵之，故不书其名而称"子"。⑩狄：指赤狄。少数民族部族，以衣服尚赤而得名。居地在今山西长治县北、黎城县西。入：入其国而不占有其地曰入。

传

二年春，虢公败犬戎于渭汭[①]。舟之侨曰[②]："无德而禄，殃也。殃将至矣！"遂奔晋。

〔注释〕

①犬戎：西戎之别种居中国者。渭汭(ruì)：渭河入河处，在今陕西华阴市东北。汭：河流弯曲处。②舟之侨：虢大夫。

夏，吉禘于庄公，速也[①]。

〔注释〕

①速：未至二十五月。

初，公傅夺卜齮田[1]，公不禁。秋八月辛丑，共仲使卜齮贼公于武闱[2]。成季以僖公适邾[3]。共仲奔莒，乃入，立之。以赂求共仲于莒[4]，莒人归之。及密[5]，使公子鱼请[6]。不许。哭而往。共仲曰："奚斯之声也[7]。"乃缢。

闵公，哀姜之娣叔姜之子也[8]，故齐人立之。共仲通于哀姜[9]，哀姜欲立之。闵公之死也，哀姜与知之[10]，故孙于邾。齐人取而杀之于夷[11]，以其尸归。僖公请而葬之。

成季之将生也，桓公使卜楚丘之父卜之[12]。曰："男也。其名曰友，在公之右[13]。间于两社[14]，为公室辅。季氏亡，则鲁不昌。"又筮之[15]，遇《大有》䷍之《乾》䷀[16]，曰[17]："同复于父[18]，敬如君所。"及生，有文在其手曰"友"[19]，遂以命之[20]。

〔注释〕

①傅：古代负责教导天子、诸侯及子弟的人。卜齮（yǐ）：鲁大夫。 ②共仲：庆父。鲁庄公弟。贼：杀。武闱（wěi）：武公庙之小门。 ③成季：季友，鲁庄公弟。僖公：名申。鲁庄公子，闵公庶兄。邾：国名，曹姓，故城在今山东邹城市东南。 ④赂：财货。⑤密：鲁地，在今山东费县北。 ⑥公子鱼：即下文之奚斯。⑦奚斯：公子鱼的字。 ⑧娣：妹妹。 ⑨通：私通。 ⑩与知之：谓知其谋。与：语助词，无义。 ⑪夷：齐地。 ⑫卜楚丘之父：鲁掌卜大夫。不知卜楚丘父之名，故举其子以称之。 ⑬在公之右：指在国君左右用事。 ⑭间于两社：言为鲁之大臣。两社：亳社、周社。两社之间为朝廷大臣治事之处。间：居于其间。⑮筮：用蓍草占卜。 ⑯遇《大有》䷍之《乾》䷀：卦象从《大有》变为《乾》。《大有》：《乾》下《离》上。《乾》：《乾》下《乾》上。⑰曰：以下为筮者之辞。 ⑱"同复"二句：《大有》变为《乾》，实

际上是第五爻由阴爻变成阳爻,也即《离》变成《乾》。《离》为子、为臣,《乾》为父、为君。《离》变为《乾》,上下都成了《乾》,故云"同复于父"(其行与父同),受到国君尊敬,在其左右,故云"敬如君所"。同:合。复:行。如:往。所:处所。 ⑲文:字。 ⑳命之:给他起名。命:名。

冬十二月,狄人伐卫[①]。卫懿公好鹤[②],鹤有乘轩者[③]。将战,国人受甲者皆曰[④]:"使鹤,鹤实有禄位[⑤],余焉能战[⑥]!"公与石祁子玦[⑦],与宁庄子矢[⑧],使守,曰:"以此赞国[⑨],择利而为之。"与夫人绣衣,曰:"听于二子[⑩]。"渠孔御戎[⑪],子伯为右[⑫],黄夷前驱,孔婴齐殿[⑬]。及狄人战于荧泽[⑭],卫师败绩,遂灭卫[⑮]。卫侯不去其旗,是以甚败[⑯]。狄人囚史华龙滑与礼孔[⑰],以逐卫人。二人曰[⑱]:"我[⑲],大史也,实掌其祭。不先,国不可得也。"乃先之。至,则告守曰[⑳]:"不可待也[㉑]。"夜与国人出。狄入卫,遂从之[㉒],又败诸河[㉓]。

初,惠公之即位也少[㉔],齐人使昭伯烝于宣姜[㉕],不可[㉖],强之[㉗]。生齐子、戴公、文公、宋桓夫人、许穆夫人[㉘]。文公为卫之多患也,先适齐。及败,宋桓公逆诸河[㉙],宵济。卫之遗民男女七百有三十人[㉚],益之以共、滕之民[㉛],为五千人。立戴公[㉜],以庐于曹[㉝]。许穆夫人赋《载驰》[㉞]。齐侯使公子无亏帅车三百乘、甲士三千人以戍曹[㉟]。归公乘马[㊱],祭服五称[㊲],牛、羊、豕、鸡、狗皆三百,与门材[㊳]。归夫人鱼轩[㊴],重锦三十两[㊵]。

〔注释〕

①狄:亦称翟,古代北方少数名族之一,分布在今河北、山西等地。 ②卫懿公:名赤。卫惠公之子。懿是谥号。 ③轩:有藩的车子。 ④受甲者:指征发的徒众。甲:兵。古代兵器由国家收藏,需用时颁发,事毕缴还。 ⑤禄位:俸禄官位。 ⑥焉:何。 ⑦石祁子:卫大夫。玦:古代佩饰,环形而有缺口。玦常用来表示决断之意。 ⑧宁庄子:名速,卫大夫。矢:箭。赠之以矢,可以专决军事。 ⑨赞:助。 ⑩二子:石祁子与宁庄子。⑪渠孔:与下文子伯、黄夷、孔婴齐都是卫大夫。御戎:驾驭战车。⑫右:车右。 ⑬殿:殿后。 ⑭荧泽:当在黄河北岸,今已不能确知何地。 ⑮灭:古代君死、国灭皆可曰灭。 ⑯甚败:惨败。甚:表示程度严重。 ⑰囚:俘。史:史官。 ⑱二人:华龙滑与礼孔。 ⑲"我"以下五句:夷狄敬畏鬼神,二人诈言当先禀告之。 ⑳守:指石祁子、宁庄子二人。 ㉑待:止,留。 ㉒从:追逐。 ㉓河:黄河。 ㉔惠公:卫惠公。名朔,宣公之子,懿公之父。少:惠公即位时约十五六岁。 ㉕昭伯:公子顽。宣公之子,惠公庶兄。烝:上淫曰烝。多指与母辈通奸。宣姜:齐女,卫惠公之母,卫宣公夫人。 ㉖不可:昭伯不愿意。 ㉗强(qiǎng):谓强迫。 ㉘齐子:即卫长姬。为齐桓公如夫人。戴公:名申。文公:名燬。宋桓夫人:宋桓公的夫人。宋襄公之母。许穆夫人:许穆公夫人。 ㉙逆诸河:在黄河边迎接卫人。 ㉚遗民:残余之民。 ㉛共:卫邑,在今河南辉县。滕:卫邑。据战国楚简《容成氏》,其地或在共邑附近共山之另一侧。 ㉜戴公:戴公当年卒,卫人复立文公。 ㉝庐:寄,寄居。曹:疑指曹国。一说曹为卫邑,在今河南滑县西南白马故城。清华简《系年》第四章:"周惠王立十又七年,赤翟王留吁起师伐卫,大败卫师于睘,幽侯灭焉,翟遂居卫。卫人乃东涉河,迁于曹。" ㉞赋:创作。

《载驰》:《诗·卫风》篇名。 ㉟齐侯:指齐桓公。公子无亏:即武孟,齐桓公之子。 ㊱归(kuì):通“馈”,赠送。乘马:用于驾车之马。 ㊲五称:五套。称:成套的衣服。 ㊳门材:做门户的木材。 ㊴鱼轩:以鱼皮作装饰的车。 ㊵重锦:厚锦。重:厚。三十两:三十匹。两:匹。古代布帛单位名。一匹为四丈,以两丈双行,故曰两。

郑人恶高克[①],使帅师次于河上,久而弗召,师溃而归,高克奔陈。郑人为之赋《清人》[②]。

〔注释〕

①“郑人”三句:高克为郑大夫,好利而不顾其君,郑文公恶之,故使帅师而不召回。 ②《清人》:《诗·郑风》篇名。刺文公退臣不以其道。

晋侯使大子申生伐东山皋落氏[①]。里克谏曰[②]:“大子,奉冢祀、社稷之粢盛[③],以朝夕视君膳者也[④],故曰冢子。君行则守,有守则从。从曰抚军,守曰监国,古之制也。夫帅师,专行谋[⑤],誓军旅[⑥],君与国政之所图也[⑦],非大子之事也。师在制命而已[⑧]。禀命则不威[⑨],专命则不孝,故君之嗣適不可以帅师[⑩]。君失其官[⑪],帅师不威,将焉用之?且臣闻皋落氏将战,君其舍之!”公曰:“寡人有子,未知其谁立焉[⑫]。”不对而退。见大子。大子曰:“吾其废乎?”对曰:“告之以临民[⑬],教之以军旅[⑭],不共是惧[⑮],何故废乎?且子惧不孝,无惧弗得立。修己而不责人[⑯],则免于难。”

大子帅师，公衣之偏衣[17]，佩之金玦[18]。狐突御戎[19]，先友为右[20]。梁馀子养御罕夷[21]，先丹木为右。羊舌大夫为尉[22]。先友曰："衣身之偏[23]，握兵之要[24]，在此行也，子其勉之！偏躬无慝[25]，兵要远灾[26]，亲以无灾，又何患焉！"狐突叹曰："时[27]，事之征也[28]。衣，身之章也[29]。佩，衷之旗也[30]。故敬其事，则命以始[31]。服其身[32]，则衣之纯[33]。用其衷[34]，则佩之度。今命以时卒[35]，闷其事也[36]。衣之尨服[37]，远其躬也。佩以金玦，弃其衷也。服以远之，时以闷之，尨凉[38]，冬杀[39]，金寒[40]，玦离[41]，胡可恃也？虽欲勉之，狄可尽乎？"梁馀子养曰："帅师者受命于庙，受脤于社[42]，有常服矣[43]。不获而尨[44]，命可知也[45]。死而不孝，不如逃之。"罕夷曰："尨奇无常[46]，金玦不复[47]，虽复何为[48]？君有心矣[49]。"先丹木曰："是服也，狂夫阻之[50]。曰'尽敌而反[51]'，敌可尽乎！虽尽敌，犹有内谗，不如违之[52]。"狐突欲行。羊舌大夫曰："不可。违命不孝，弃事不忠[53]。虽知其寒[54]，恶不可取[55]。子其死之！"大子将战，狐突谏曰："不可。昔辛伯谂周桓公云[56]：'内宠并后[57]，外宠二政，嬖子配適，大都耦国，乱之本也。'周公弗从[58]，故及于难。今乱本成矣，立可必乎[59]？孝而安民[60]，子其图之，与其危身以速罪也[61]。"

〔注释〕

①晋侯：晋献公。皋落氏：赤狄之别种，在今山西垣曲县东南。皋落为其氏族之名。 ②里克：晋大夫。 ③奉：供奉。冢祀：大祭，指宗庙之祭。粢盛：祭品，指盛在祭器中的黍稷。④朝夕：早晚。视：监，监察。膳：膳食。 ⑤专行谋：专断行动之

决策。 ⑥誓:制,指挥。 ⑦国政:国之正卿。 ⑧制命:发布号令。制、命同义。 ⑨禀命:接受命令,指受命于君。不:无。⑩嗣適(dí):嫡嗣。適:同“嫡”。 ⑪官:职。 ⑫立:嗣。 ⑬告:教。临民:谓居曲沃治其民。 ⑭军旅:军旅之事,指将下军。⑮不共是惧:惧不恭。共:同“恭”。 ⑯修己:完善自身。 ⑰之:以。偏衣:左右异色的衣服。偏:半。《国语·晋语一》作“偏裻之衣”。 ⑱金玦:青铜做成的珏。玦:本指环形而有缺口的佩玉。 ⑲狐突:晋大夫。狐偃之父,重耳的外祖父。戎:戎车。申生此时以太子代晋侯将上军。 ⑳先友:先丹木之族。右:车右。㉑梁馀子养:梁养,字馀子。罕夷:晋下军统帅。 ㉒羊舌大夫:名突,羊舌职之父,叔向之祖父。尉:军尉。地位在军帅之下。㉓衣身之偏:太子所穿衣服,半边颜色与晋君相同。偏:半。㉔握:持,掌握。要:权柄。 ㉕偏躬无慝:谓晋君分其服色之半与太子,并无恶意。慝:恶。 ㉖兵要远灾:掌握军事要务,可以远离灾祸。灾:祸。这是先友宽慰太子的话。 ㉗时:指行事之时间。 ㉘征:征兆。 ㉙身之章:身分贵贱的标志。章:表。㉚衷:衷心,内心。旗:表,谓表露。 ㉛命以始:谓赏赐当在春夏之时。 ㉜服其身:喜爱其人。服:悦。 ㉝纯:纯色之服。㉞“用其衷”二句:谓欲用其人,则当赐合于常度之物为佩。衷:中,身。 ㉟卒:尽。冬季为四时之末。 ㊱闷(bì):尽,谓其后无以为继。 ㊲尨(máng)服:杂色之服。指偏衣。 ㊳尨凉:尨服驳杂不纯。凉:杂,与“纯”相对。《说文》引作“椋”,意为杂色牛。㊴冬杀:冬日为肃杀之时。 ㊵金寒:金玦寒凉。金:指金玦之材质而言。 ㊶玦离:金玦暗示诀别。玦如环而有缺,不相连属,古人常用来表示决绝、分离之意。 ㊷脤(shèn):祭社之肉。古代出兵祭社,名曰宜。祭毕,以肉分赐诸人。 ㊸常服:古代打仗时以红色皮革为弁,又以为服。 ㊹不获:不获常服。获:得。 ㊺命:

指献公之用意。 ㊻尨奇无常：杂色偏衣，不合法度。奇：偏。 ㊼金玦不复：玦表示决绝，故曰不复。复：返。 ㊽虽：即，即使。何为：何用。 ㊾有心：有异常之心。谓献公有害太子之心。《说文·有部》："有，不宜有也。" ㊿狂夫阻之：言虽愚夫犹知有疑。狂夫：愚人。阻：疑。 (51)尽敌而反：此为献公命申生之辞。 (52)违：去，逃离。 (53)弃：废。事：职。 (54)寒：薄。 (55)取：为。 (56)辛伯：周大夫。谂（shěn）：规谏。《说文》："谂，深谏也。" (57)"内宠"四句：其时太子申生之母已死，骊姬专宠，外宠梁五与东关嬖五擅权，奚齐有夺嫡之势，与辛伯所谏情形相类。所不同者，唯曲沃（大都）为太子所居。二政：指嬖幸干政，政出多门。二：耦。并、二、配、耦四字皆"比并""匹敌"之义。政：指执政大夫。 (58)"周公"二句：王子克（庄王之弟）有宠于周桓王，桓王属之周公。桓王崩后，周公欲弑庄王而立王子克，为庄王所杀。事见《左传·桓公十八年》。 (59)必：肯定，确定。 (60)孝：指保全自身。安民：指不战。狐突的意思仍是劝太子出行。 (61)"与其"句：谓不出行则危及自身而招致罪戾。此为倒装句，当与上句连起来理解，意思是与其危身以召祸，不如孝而安民。与：如。

成风闻成季之繇①，乃事之②，而属僖公焉③，故成季立之。

〔注释〕

①成风：僖公之母，庄公妾。繇（zhòu）：卦兆之占辞。②事：结交。 ③属：通"嘱"，嘱托，托付。

僖之元年①，齐桓公迁邢于夷仪②。二年，封卫于楚

丘[3]。邢迁如归[4]，卫国忘亡[5]。

〔注释〕

①僖之元年：鲁僖公元年（公元前659年）。此与下文载僖公二年之事，皆探后言之。 ②邢：国名，周公第四子所封之地，在今河北邢台市。夷仪：地名，故城在今山东聊城市西。 ③楚丘：卫地，在今河南滑县东。 ④如归：谓如往故地。 ⑤忘亡：忘其亡国之困。

卫文公大布之衣[1]，大帛之冠[2]，务材训农[3]，通商惠工[4]，敬教劝学[5]，授方任能[6]。元年[7]，革车三十乘[8]，季年[9]，乃三百乘[10]。

〔注释〕

①"卫文公"句：卫戴公即位，当年即去世，文公继立。大布：粗布。 ②大帛：即大白，古之白布冠。文公大布之衣、大帛之冠，说明生活节俭。 ③务材：致力于增加材用（各种物资）。材：资材。训农：训导百姓勤于农事。 ④通商：通商贩之路，即开通贸易。惠工：加惠于百工（各种工匠）。 ⑤敬教：敬事五教（父义、母慈、兄友、弟恭、子孝）。劝学：劝民向学。 ⑥授方任能：任用正直、贤能之人。授：受，任。方：正直。 ⑦元年：卫文公元年亦即鲁僖公元年（公元前659年）。 ⑧革车：战车。⑨季年：末年。卫文公卒于鲁僖公二十五年（公元前635年）。⑩乃：则。

僖　公①

经

元年春②，王正月。

齐师、宋师、曹师次于聂北③，救邢④。

夏六月，邢迁于夷仪⑤。

齐师、宋师、曹师城邢。

秋七月戊辰⑥，夫人姜氏薨于夷⑦。齐人以归⑧。

楚人伐郑⑨。

八月，公会齐侯、宋公、郑伯、曹伯、邾人于柽⑩。

九月，公败邾师于偃⑪。

冬十月壬午⑫，公子友帅师败莒师于郦⑬，获莒挐⑭。

十有二月丁巳⑮，夫人氏之丧至自齐⑯。

〔注释〕

①僖公：名申，庄公之子，闵公之兄，公元前659年—公元前627年在位。《谥法》："小心畏忌曰僖。"　②元年：公元前659年。　③曹师：原文作"曹伯"，据纂图本及阮元《校勘记》改。聂北：邢地。　④救邢：狄侵邢，故齐率诸侯救之。　⑤"邢迁"句：邢迁如归，故《传》不称齐桓公迁之。夷仪：地名，在今山东聊城

市西。 ⑥戊辰:二十七日。 ⑦“夫人”句:夫人姜氏,齐桓公之妹,有淫行,为桓公所杀。《春秋》内讳杀,故称薨。夷:齐地。⑧以归:以姜氏之尸归于鲁。 ⑨楚:前此称“荆”,至此始改国号为楚。 ⑩柽(chēng):宋邑,在今河南淮阳县西北。 ⑪偃:邾地,在今山东费县南。 ⑫壬午:十三日。 ⑬公子友:季友。庄公之弟,僖公之叔父。郦:鲁地。 ⑭获:俘获或杀死敌人。挐:原本作“拏”,据纂图本及阮元《校勘记》改。 ⑮丁巳:十八日。 ⑯夫人氏:即夫人。指庄公夫人哀姜。丧:死者的遗体。

传

元年春,不称即位①,公出故也。公出、复入不书②,讳之也。讳国恶③,礼也。

〔注释〕

①“不称”二句:僖公因乱出奔,即位之礼有缺,故《春秋》不书其即位。 ②公出、复入:闵公二年八月,庆父使人杀闵公,公子申(僖公)出奔于邾。九月,庆父出奔莒,僖公回国即位。复入:返还。复、入皆训“还”。 ③国恶:本国羞耻之事。恶:耻。

诸侯救邢①。邢人溃,出奔师②。师遂逐狄人,具邢器用而迁之③,师无私焉④。

〔注释〕

①诸侯:齐桓公、宋桓公、曹昭公亲与其事,故称诸侯。②师:指齐、宋、曹诸国次于聂北之师。 ③具:具备。 ④师无私焉:言诸侯之师于邢之器物财货无所私取。

夏，邢迁于夷仪。诸侯城之，救患也。凡侯伯[1]，救患、分灾[2]、讨罪，礼也。

〔注释〕

①侯伯：诸侯之长。　②分灾：救济受灾者。分：施。

秋，楚人伐郑，郑即齐故也[1]。盟于荦[2]，谋救郑也。

〔注释〕

①即：就。指亲近。　②荦：即经文之"柽"。其地当在今河南淮阳县西北。

九月，公败邾师于偃，虚丘之戍将归者也[1]。

〔注释〕

①虚丘：邾地。戍：指驻守边疆的军队。

冬，莒人来求赂[1]。公子友败诸郦，获莒子之弟挐。非卿也[2]，嘉获之也。公赐季友汶阳之田及费[3]。

〔注释〕

①赂：财货。闵公二年，鲁曾以赂求共仲，今又来求赂，实为贪得无厌。　②"非卿"二句：挐为莒子之弟，非卿，本不当书名，《春秋》为嘉奖季友的功劳，特笔书之。　③汶阳之田：汶水北岸之田。水之北、山之南为阳。费(bì)：鲁邑，在今山东费县西北二十里。

夫人氏之丧至自齐。君子以齐人之杀哀姜也为已甚矣[①]，女子[②]，从人者也。

〔注释〕

①以：以为，认为。之：原本无，据阮元《校勘记》、王叔岷说补。已甚：太甚，过分。 ②“女子”二句：女子有三从之义，未嫁从父，既嫁从夫，夫死从子。女子在夫家有罪，非父母家所宜讨。

经

二年春[①]，王正月，城楚丘[②]。

夏五月辛巳[③]，葬我小君哀姜。

虞师、晋师灭下阳[④]。

秋九月，齐侯、宋公、江人、黄人盟于贯[⑤]。

冬十月，不雨。

楚人侵郑。

〔注释〕

①二年：公元前658年。 ②楚丘：卫邑，在今河南滑县东。元年城夷仪，《经》书“城邢”，因邢已迁于夷仪；而此时卫尚庐于曹而未迁，故《经》书“城楚丘”。 ③辛巳：十四日。 ④下阳：北虢都城，在今山西平陆县东北。《公羊传》《穀梁传》作“夏阳”。 ⑤江：国名，嬴姓，故城在今河南正阳县东南。黄：国名，嬴姓，在今河南潢川县西。贯：宋地，故城在今山东曹县西南。

传

二年春，诸侯城楚丘而封卫焉[①]。不书所会[②]，后也。

〔注释〕

①封卫：封本指帝王把土地分给诸侯，建立国家。闵公二年，卫为狄所灭，国君战死，今诸侯重建其国，故云封。　②“不书”二句：谓经文不书参与城楚丘的国君，因鲁后至。元年经云“齐师、宋师、曹师城邢”，可参看。

晋荀息请以屈产之乘与垂棘之璧假道于虞以伐虢①。公曰②：“是吾宝也。”对曰：“若得道于虞，犹外府也③。”公曰：“宫之奇存焉④。”对曰：“宫之奇之为人也，懦而不能强谏⑤。且少长于君⑥，君昵之⑦，虽谏⑧，将不听。”乃使荀息假道于虞，曰：“冀为不道⑨，人自颠軨⑩，伐鄍三门⑪。冀之既病⑫，则亦唯君故。今虢为不道，保于逆旅⑬，以侵敝邑之南鄙。敢请假道，以请罪于虢⑭。”虞公许之，且请先伐虢。宫之奇谏，不听，遂起师⑮。夏，晋里克、荀息帅师会虞师伐虢，灭下阳。先书虞⑯，贿故也。

〔注释〕

①荀息：晋大夫，即荀叔。名黯，字息。屈：北屈，在今山西吉县。其地产良马。乘：四马曰乘。垂棘：地名，在今山西潞城市北。假道：借路。晋伐国需途经虞国（虞在晋之南，虢又在虞之南），故借道。虞：国名，姬姓，在今山西平陆县东北。虢：国名，又名北虢。周封文王弟叔于于西虢（在今陕西宝鸡市附近）公元前687年为秦所灭。北虢是虢叔子孙迁徙之地，在今山西平陆县。　②公：指晋献公。　③外府：相对于内府（晋之府库）而言。　④宫之奇：虞大夫。　⑤懦：软弱，怯懦。能：敢。强谏：力谏。　⑥少长于君：少时为虞公收养。长：养。　⑦昵：亲近。

⑧“虽谏”二句：谓虞公对宫之奇亲而狎之，必轻其言而不从。⑨冀：国名，在今山西河津市东北。不久即为晋所灭，以为郤氏食邑。不道：无道。 ⑩颠轸（líng）：地名，即今之虞坂，在山西平陆县东北。 ⑪鄍（míng）：虞邑，在今山西平陆县东北。三门：三处城门。 ⑫“冀之”二句：言虞报复冀之侵伐，使之疲困。病：困。唯：以，因。 ⑬保于逆旅：以客舍为依托以自守。保：守。 ⑭请罪于虢：向虢国问罪。请：问。 ⑮起师：起虞师。起：发。 ⑯“先书”二句：谓《春秋》因厌恶虞君贪贿而同意伐虢，故列虞师于晋师之前。贿：贪。

秋，盟于贯，服江、黄也[1]**。**

〔注释〕

①服江、黄：江、黄本从楚，至此始服齐。

齐寺人貂始漏师于多鱼[1]**。**

〔注释〕

①寺人貂：宫廷内侍，名貂。漏师：泄漏军事秘密。漏：泄。《韩非子·内储说右上》：“今为人主而漏其群臣之语，是犹无当之玉卮也，虽有圣智，莫尽其术，为其漏也。”

虢公败戎于桑田[1]**。晋卜偃曰**[2]**：“虢必亡矣。亡下阳不惧，而又有功，是天夺之鉴**[3]**，而益其疾也**[4]**。必易晋而不抚其民矣**[5]**。不可以五稔**[6]**。”**

〔注释〕

①桑田:虢地,今河南灵宝市有稠桑驿,即其地。 ②卜偃:郭偃。晋大夫,掌占卜。 ③"是天"句:谓虢取胜,将失戒惧之心而骄纵自恣。鉴:镜子。引申为可供借鉴的事物。 ④疾:灾祸。 ⑤易:轻,轻视。抚:安抚。 ⑥以:及。五稔(rěn):五年。稔:谷物成熟。谷物一年一熟,因称年为稔。

冬,楚人伐郑,斗章囚郑聃伯[①]。

〔注释〕

①斗章:楚大夫。囚:俘。聃(nán)伯:郑大夫。

经

三年春[①],王正月,不雨。

夏四月,不雨。

徐人取舒[②]。

六月,雨。

秋,齐侯、宋公、江人、黄人会于阳谷[③]。

冬,公子友如齐莅盟[④]。

楚人伐郑。

〔注释〕

①三年:公元前657年。 ②徐:国名,嬴姓,故城在今安徽泗县西北五十里。舒:国名,偃姓,在今安徽舒城县。 ③阳谷:齐地,在今山东阳谷县北三十里。 ④莅盟:参加会盟。莅:临。

传

三年春，不雨。夏六月，雨。自十月不雨至于五月[①]，不曰旱，不为灾也。

〔注释〕

①“自十月”三句：谓自僖公二年十月至三年五月，一直没有下雨。周之六月，当夏之四月，前此不雨，对庄稼播种影响不大，故未成灾。

秋，会于阳谷[①]，谋伐楚也[②]。

〔注释〕

①“会于”句：齐侯、宋公、江人、黄人会于阳谷。《传》蒙经文省略主语。 ②谋伐楚：因上年楚侵郑之故。

齐侯为阳谷之会来寻盟[①]。冬，公子友如齐莅盟[②]。

〔注释〕

①寻盟：重申前盟或旧约。阳谷之会，鲁公未往，齐侯派人来告知相关内容，希望得到鲁国的承认。寻：温，重申。 ②公子友：季友。僖公之叔父。

楚人伐郑，郑伯欲成[①]。孔叔不可[②]，曰：“齐方勤我[③]，弃德不祥[④]。”

〔注释〕

①郑伯:郑文公。成:媾和。 ②孔叔:郑大夫。 ③勤:忧,恤。指为郑事奔忙。 ④弃:背。不祥:不善。

齐侯与蔡姬乘舟于囿①,荡公②。公惧,变色。禁之,不可。公怒,归之③,未之绝也④。蔡人嫁之⑤。

〔注释〕

①蔡姬:齐桓公夫人,蔡穆侯之妹。囿:苑,古代养禽兽的园林。园中有池,故可行舟。 ②荡:摇。指使船摇晃。 ③归之:使归蔡。 ④未之绝:原文作"未绝之",据阮元《校勘记》、杨伯峻说改。 ⑤此条本与下年传文相接,为后人所割裂。

经

四年春①,王正月,公会齐侯、宋公、陈侯、卫侯、郑伯、许男、曹伯侵蔡。蔡溃②,遂伐楚,次于陉③。

夏,许男新臣卒④。

楚屈完来盟于师⑤,盟于召陵⑥。

齐人执陈辕涛涂⑦。

秋,及江人、黄人伐陈⑧。

八月,公至自伐楚⑨。

葬许穆公。

冬十有二月,公孙兹帅师会齐人、宋人、卫人、郑人、许人、曹人侵陈⑩。

〔注释〕

①四年：公元前656年。 ②蔡：国名，姬姓，在今河南汝南、上蔡县一带。溃：崩溃，瓦解。民逃其上曰溃。 ③陉（xíng）：楚地，在今河南偃城县东。 ④“许男”句：据经文，知许男卒于师。 ⑤屈完：楚大夫。 ⑥召（shào）陵：地名，在今河南偃城县东。 ⑦辕涛涂：陈大夫。 ⑧“及江人”句：主语应为齐人，蒙上文而省。 ⑨“公至”句：告于庙，故《春秋》载其事。 ⑩公孙兹：叔孙戴伯，叔牙之子。

传

四年春，齐侯以诸侯之师侵蔡[①]。蔡溃，遂伐楚。楚子使与师言曰[②]：“君处北海[③]，寡人处南海[④]，唯是风马牛不相及也[⑤]。不虞君之涉吾地也[⑥]，何故？”管仲对曰[⑦]：“昔召康公命我先君大公曰[⑧]：‘五侯九伯[⑨]，女实征之，以夹辅周室[⑩]。’赐我先君履[⑪]，东至于海[⑫]，西至于河[⑬]，南至于穆陵[⑭]，北至于无棣[⑮]。尔贡包茅不入[⑯]，王祭不共[⑰]，无以缩酒[⑱]，寡人是征[⑲]。昭王之不复[⑳]，寡人是问。”对曰：“贡之不入，寡君之罪也，敢不共给？昭王之不复，君其问诸水滨[㉑]！”师进，次于陉。

夏，楚子使屈完如师。师退，次于召陵。

齐侯陈诸侯之师，与屈完乘而观之[㉒]。齐侯曰：“岂不穀是为[㉓]？先君之好是继[㉔]。与不穀同好[㉕]，如何？”对曰：“君惠徼福于敝邑之社稷[㉖]，辱收寡君[㉗]，寡君之愿也。”齐侯曰：“以此众战，谁能御之？以此攻城，何城不克？”对曰：

“君若以德绥诸侯[28]，谁敢不服？君若以力，楚国方城以为城[29]，汉水以为池[30]，虽众[31]，无所用之。”

屈完及诸侯盟。

〔注释〕

①齐侯：指齐桓公。以：有“率领”之意。 ②楚子：指楚成王。 ③北海：极北之地。海：指荒远之地，不必实指大海。④寡人：意为“寡德之人”。古代君主谦称。南海：指极南之地。⑤唯：虽。风马牛：指牛马到处乱跑。风：放，走逸。 ⑥不虞：不料，没料到。 ⑦管仲：齐大夫，名夷吾，字仲。 ⑧召（shào）康公：召公奭，周成王时太保。“康”是谥号。先君：对本国已故君主的称呼。大公：即太公，名尚，齐始祖。姓姜，故称姜尚；氏吕，故又称吕尚。 ⑨“五侯”二句：谓天下所有诸侯，太公都可以征伐。五侯：公、侯、伯、子、男五等诸侯。九伯：九州方伯。太公为王官之长，得以九伐之法征讨邦国。 ⑩夹辅：辅佐。夹：辅。⑪履：鞋。 ⑫海：指黄海、渤海。 ⑬河：黄河。齐境不及黄河，此为夸张之辞。 ⑭穆陵：楚地，今湖北麻城市北与河南光山县交界处有穆陵关，当即其地。 ⑮无棣：齐地，在今山东无棣县。⑯包茅：包裹成束的菁茅（一种有刺的茅）。据《尚书·禹贡》，菁茅为荆州应进贡之物。入：纳，缴纳。 ⑰不共：谓有缺。共：具，具备。 ⑱缩酒：滤酒。古代以酒灌注束茅之上，以除去渣滓。缩：通“莤”。 ⑲寡人是征：即寡人征是。征：问。 ⑳“昭王”二句：昭王到南方巡守，过汉水，船坏而溺。齐人欲罪楚，故问之。昭王：周昭王，成王之孙。寡人是问：即寡人问是。《吕氏春秋·季夏纪·音初》高诱《注》引《传》作：“昭王南征，没而不复。”㉑“君其”句：你还是到水边去问问吧。诸：于。 ㉒乘（shèng）：同乘一车。 ㉓岂不穀是为：即岂为不穀。不穀：意为“不善之

人”。君主自谦之辞。据《左传》,周天子、王子及齐、楚、越之国君均有用此称者。 ㉔“先君”句:此与上句均为宾语前置句。意谓兴师非为己,而欲延续从前之友好关系。 ㉕同好(hào):谓同好恶。 ㉖“君惠”句:谓齐侯加惠,为楚国求福。惠:加惠,施爱于人。徼:求。社稷:土神与谷神。 ㉗辱:谦辞。谓这样做使对方蒙受了屈辱。收:收录,接纳。 ㉘绥:安抚。 ㉙方城:山名,在今河南叶县之南,汉水以北,绵延七八百里,合桐柏、大别诸山,统称为方城。 ㉚池:护城河。 ㉛虽众:王念孙认为当作“虽君之众”。《太平御览》卷六七引《传》作“虽众,无所用之”,《宋本册府元龟》卷七四四同。

陈辕涛涂谓郑申侯曰[①]:“师出于陈、郑之间[②],国必甚病[③]。若出于东方,观兵于东夷[④],循海而归[⑤],其可也。”申侯曰:“善。”涛涂以告齐侯,许之[⑥]。申侯见,曰:“师老矣[⑦],若出于东方而遇敌,惧不可用也。若出于陈、郑之间,共其资粮屝屦[⑧],其可也[⑨]。”齐侯说,与之虎牢[⑩]。执辕涛涂[⑪]。

〔注释〕

①申侯:郑大夫。 ②出:经过。犹今言“取道”。 ③病:困。师之出入,需供给费用,故病。 ④观兵:炫耀兵威。观:示。东夷:指郯、莒、徐诸夷。 ⑤循:沿着,顺着。 ⑥许之:许出东方。 ⑦老:疲。 ⑧资粮:粮食。资:粮。屝屦(fèi jù):鞋。屝:草鞋。屦:麻鞋。 ⑨其:语助词,无义。 ⑩虎牢:地名,又名制,在今河南荥阳市汜水镇西。 ⑪执:拘捕。

秋,伐陈,讨不忠也[①]。

〔注释〕

①不忠:指辕涛涂欲使诸侯之师出东道。

许穆公卒于师[①],葬之以侯,礼也。凡诸侯薨于朝会[②],加一等;死王事,加二等。于是有以衮敛[③]。

〔注释〕

①"许穆公"二句:许为男爵,葬之以侯礼。　②"凡诸侯"二句:诸侯命有三等。《周礼·天官·典命》:"上公九命为伯,侯、伯七命,子男五命。"朝会:春见曰朝,时见曰会。诸侯会天子,诸侯相会都可以称朝会。　③于是:因此。以衮敛:敛(装殓)以衮衣。衮:古代天子、上公所穿的礼服。

冬,叔孙戴伯帅师会诸侯之师侵陈[①]。陈成[②],归辕涛涂。

〔注释〕

①叔孙戴伯:公孙兹,叔牙之子。叔孙是氏(此为后世追书之辞),戴是谥号。　②成:讲和。

初,晋献公欲以骊姬为夫人[①]。卜之[②],不吉。筮之,吉。公曰:"从筮。"卜人曰:"筮短龟长[③],不如从长。且其繇曰[④]:'专之渝[⑤],攘公之羭[⑥]。一薰一莸[⑦],十年尚犹有臭[⑧]。'必不可。"弗听。立之,生奚齐。其娣生卓子[⑨]。

及将立奚齐,既与中大夫成谋[⑩],姬谓大子曰:"君梦齐姜[⑪],必速祭之。"大子祭于曲沃[⑫],归胙于公[⑬]。公田,姬置

诸宫六日。公至，毒而献之[14]。公祭之地，地墳[15]。与犬，犬毙。与小臣[16]，小臣亦毙。姬泣曰："贼由大子[17]。"大子奔新城[18]。公杀其傅杜原款[19]。

或谓大子[20]："子辞[21]，君必辩焉[22]。"大子曰："君非姬氏[23]，居不安，食不饱。我辞，姬必有罪。君老矣，吾又不乐[24]。"曰："子其行乎！"大子曰："君实不察其罪[25]，被此名也以出[26]，人谁纳我？"

十二月戊申，缢于新城。

姬遂谮二公子曰[27]："皆知之。"重耳奔蒲[28]，夷吾奔屈[29]。

〔注释〕

①骊姬：骊戎之女。晋献公伐骊戎，获骊姬。　②"卜之"四句：用龟为卜，用蓍为筮。《礼记·曲礼上》云："卜筮不相袭。"卜不吉，不得更筮；筮不吉，不得更卜。献公卜筮并用，不合于礼。③筮短龟长：古代大事用卜，小事用筮。立夫人为大事，自当用卜，故云"筮短龟长"。长、短犹言优劣。　④繇（zhòu）：卦兆的占辞。　⑤专：专宠。渝：变。　⑥攘（ráng）：除，除去。羭（yú）：美。渝、羭古读如由，与莸、臭为韵。这两句说，专宠骊姬将生变，而除公之美。　⑦薰：香草名。又名蕙草。莸（yóu）：水草名。其茎似薰，其味恶臭。　⑧十年：言时间长久。尚犹：尚。尚、犹同义。臭（xiù）：气味。此指恶臭。　⑨娣：妹妹。　⑩中大夫：指执政大夫。成谋：定谋。　⑪"君梦"二句：古人梦见先人，常以食祭之。齐姜：晋献公夫人，申生之母，其时已故。⑫祭于曲沃：晋宗庙在曲沃，齐姜死后祔于祖姑，故往祭之。曲沃：晋之别都，在今山西闻喜县东二十里。　⑬胙（zuò）：祭肉。

祭祀所用酒肉。《晋语二》作“福”,同义。古代臣子祭祀,必归胙于君。《国语·晋语二》:“骊姬受福,乃置鸩于酒,置堇(乌头)于肉。” ⑭毒:下毒。 ⑮墳(fèn):同“賁”。沸腾。 ⑯与小臣:《国语·晋语二》作“饮小臣酒”。小臣:宫中阉人。 ⑰贼由大子:谓贼害之心发自太子。 ⑱新城:即曲沃。僖公二年,晋为申生城曲沃,故称新城。 ⑲傅:教导君主及其子嗣的人。⑳或:或指代词,有人。 ㉑辞:申辩,解说。 ㉒辩:通“辨”,辨别。 ㉓姬氏:指骊姬。 ㉔不乐:谓君既不乐,己亦将不乐。㉕察:审察,分辨。 ㉖被:蒙受。 ㉗谮:谗毁。 ㉘重耳:献公庶子。即后来之晋文公。蒲:晋邑,在今山西蒲县。 ㉙夷吾:献公庶子。即后来之晋惠公。屈:晋邑,在今山西吉县东北。

经

五年春[1],晋侯杀其世子申生[2]。

杞伯姬来[3],朝其子[4]。

夏,公孙兹如牟[5]。

公及齐侯、宋公、陈侯、卫侯、郑伯、许男、曹伯会王世子于首止[6]。

秋八月,诸侯盟于首止[7]。

郑伯逃归[8],不盟。

楚人灭弦[9],弦子奔黄[10]。

九月戊申朔[11],日有食之[12]。

冬,晋人执虞公[13]。

〔注释〕

①五年:公元前655年。 ②“晋侯”句:称晋侯杀其子,恶献公用谗。《传》载申生死在去年,《经》在今春,从告。 ③伯姬:鲁女,杞成公夫人。来:来宁(向父母问安)。 ④朝其子:使其子来朝。 ⑤牟:国名,在今山东莱芜市东。 ⑥王世子:周惠王太子,名郑。不书其名,而称诸侯会之,表示尊敬。首止:卫地,在今河南睢县东南。 ⑦“诸侯”句:诸侯会盟,若其事相接,《春秋》例不重书。此因王世子仅与会而不与盟,故书“诸侯”以明之。 ⑧逃归:逃回。 ⑨弦:国名,姬姓,在今河南潢川县西北。⑩黄:国名,嬴姓,在今河南潢川县西。 ⑪朔:旧历每月初一日。⑫日有食之:此为公历公元前655年8月19日的日全食。 ⑬晋人执虞公:虞公贪贿,拒绝忠谏,称人以执,同于无道于民之例。

传

五年春,王正月辛亥朔[①],日南至[②]。公既视朔[③],遂登观台以望[④],而书[⑤],礼也。凡分、至、启、闭[⑥],必书云物[⑦],为备故也[⑧]。

〔注释〕

①正月:周之正月,当夏之十一月。 ②日南至:冬至。冬至日,太阳位于最南端,白昼最短,黑夜最长。古时二分(春分、秋分)、二至(夏至、冬至)均不系四时。至:极。 ③视朔:古代天子、诸侯每月朔日祭告祖庙,受朔政,然后理政事。告庙称告(gù)朔(天子每年冬季之末以明年朔政分赐诸侯,诸侯受而藏之祖庙,于每月月初祭庙受朔政),听政称视朔。 ④观(guàn)台:台上筑屋可以远观者。此供瞭望天象之用。望:望云物(详下文注)。 ⑤“而书”二句:朔旦冬至,历数之所始,治历者因此可明

其术。鲁君不能常修此礼,故书而善之。 ⑥分:春分、秋分。至:夏至、冬至。启:立春、立夏。闭:立秋、立冬。 ⑦云物:天象云气之色。物:色。古人据此以测灾变。 ⑧备:备灾祥之变。

晋侯使以杀大子申生之故来告。

初,晋侯使士蒍为二公子筑蒲与屈①,不慎②,置薪焉③。夷吾诉之。公使让之④。士蒍稽首而对曰⑤:"臣闻之:无丧而戚,忧必雠焉⑥。无戎而城⑦,雠必保焉⑧。寇雠之保⑨,又何慎焉!守官废命⑩,不敬。固雠之保,不忠。失忠与敬,何以事君?《诗》云⑪:'怀德惟宁⑫,宗子惟城。'君其修德而固宗子⑬,何城如之?三年将寻师焉⑭,焉用慎?"退而赋曰⑮:"狐裘尨茸⑯,一国三公⑰,吾谁适从?"

及难,公使寺人披伐蒲⑱。重耳曰:"君父之命不校⑲。"乃徇曰⑳:"校者,吾雠也。"逾垣而走㉑。披斩其袪㉒。遂出奔翟㉓。

〔注释〕

①晋侯:指晋献公。士蒍(wěi):晋大夫。蒲:晋邑,在今山西蒲县。屈:晋邑,在今山西吉县。 ②不慎:即马虎、随便。慎:谨。 ③薪:薪柴。墙中有薪则不固。 ④让:责备。 ⑤稽(qǐ)首:叩头至地。古时最重的跪拜礼。 ⑥雠:应,相应。⑦戎:寇。 ⑧雠:敌。保:据,占据。《广雅·释诂四》:"保、隐、据、刊,定也。"《三国志·蜀书·后主传》:"乘间阻远,保据庸、蜀。" ⑨寇雠:敌,敌人。寇、雠皆训"敌"。 ⑩守官:居官。废命:废君命。 ⑪《诗》云:引文出自《诗·大雅·板》。 ⑫"怀德"二句:若有美德使之安定,宗子就如同城池。怀:归,归向。

宗子：嫡长子。指太子申生。 ⑬固：安，安定。 ⑭寻师：用兵。寻：用。 ⑮赋：指作诗。 ⑯尨茸（máng róng）：形容杂乱。⑰“一国”二句：谓献公在立嗣问题上态度暧昧，令人不知所从。适、从同义。 ⑱寺人披：宫内近侍，名披。《史记·晋世家》名“勃鞮”，盖语之转。寺人：宦官。 ⑲校（jiào）：违抗。 ⑳徇：向众人宣示。 ㉑逾垣：翻墙。 ㉒袪（qū）：衣袖。 ㉓翟：通“狄”。

夏，公孙兹如牟，娶焉[①]。

〔注释〕

①娶焉：娶妻于牟。

会于首止[①]，会王大子郑，谋宁周也[②]。

〔注释〕

①“会于”二句：鲁君与齐侯、宋公、陈侯、卫侯、郑伯、许男、曹伯会王世子郑。《传》蒙经文省略与会之人。 ②谋宁周：惠王因惠后故，欲废太子郑而立其弟子带，齐桓公帅诸侯会于首止，以定太子之位。

陈辕宣仲怨郑申侯之反己于召陵[①]，故劝之城其赐邑[②]，曰：“美城之，大名也[③]，子孙不忘。吾助子请。”乃为之请于诸侯而城之，美。遂谮诸郑伯曰[④]：“美城其赐邑，将以叛也。”申侯由是得罪[⑤]。

〔注释〕

①辕宣仲:即辕涛涂。反:背。申侯背约出卖辕涛涂,事在僖公四年。召(shào)陵:地名,在今河南偃城县东。 ②赐邑:齐桓公所赐之邑。即虎牢。 ③大名:因霸主所赐而夸耀之,故曰大名。 ④谮诸郑伯:对郑文公说申侯的坏话。谮:谗毁。 ⑤得罪:得罪于郑伯。郑杀申侯见僖公七年《传》。

秋,诸侯盟。王使周公召郑伯[①],曰:"吾抚女以从楚[②],辅之以晋,可以少安。"郑伯喜于王命,而惧其不朝于齐也[③],故逃归不盟。孔叔止之[④],曰:"国君不可以轻[⑤],轻则失亲。失亲,患必至。病而乞盟[⑥],所丧多矣。君必悔之!"弗听,逃其师而归[⑦]。

〔注释〕

①"王使"五句:周王恨齐桓公定太子之位,故召郑伯使叛齐。楚、晋不服齐,故王使郑从楚,辅之以晋以安郑。周公:宰孔。周卿士。 ②抚:安,安定。 ③"而惧"句:郑因不服从齐国而忧惧。 ④孔叔:郑大夫。 ⑤轻:轻率。 ⑥病:困窘。 ⑦"逃其"句:古代君出师从。郑伯弃其师而归,故曰逃其师。逃:弃,离开。

楚斗穀於菟灭弦[①]。弦子奔黄。

〔注释〕

①斗穀於菟(gòu wū tú):即后来的令尹子文。斗是氏。斗伯比通于䢵子之女,生子文,䢵夫人弃之于云梦,而虎乳之。楚人谓

乳为穀,谓虎於菟,故名之曰斗穀於菟。事见《左传·宣公四年》。

于是江、黄、道、柏方睦于齐[①],皆弦姻也[②]。弦子恃之而不事楚,又不设备,故亡。

〔注释〕

①于是:此时。于:此。是:时。江:国名,嬴姓,在今河南正阳县东南。道:国名,故城在今河南息县西南(即汉之阳安县)。柏:国名,故城在今河南舞阳县东南。 ②姻:外姻。

晋侯复假道于虞以伐虢[①]。宫之奇谏曰[②]:“虢,虞之表也[③]。虢亡,虞必从之。晋不可启[④],寇不可翫[⑤]。一之谓甚[⑥],其可再乎?谚所谓‘辅车相依[⑦],唇亡齿寒’者,其虞、虢之谓也。”公曰:“晋,吾宗也[⑧],岂害我哉?”对曰:“大伯、虞仲[⑨],大王之昭也[⑩]。大伯不从[⑪],是以不嗣[⑫]。虢仲、虢叔[⑬],王季之穆也。为文王卿士[⑭],勋在王室[⑮],藏于盟府。将虢是灭[⑯],何爱于虞?且虞能亲于桓、庄乎[⑰]?其爱之也[⑱]?桓、庄之族何罪,而以为戮[⑲],不唯逼乎[⑳]?亲以宠逼[㉑],犹尚害之,况以国乎?”公曰:“吾享祀丰絜[㉒],神必据我[㉓]。”对曰:“臣闻之:鬼神非人实亲[㉔],惟德是依。故《周书》曰[㉕]:‘皇天无亲[㉖],惟德是辅。’又曰[㉗]:‘黍稷非馨[㉘],明德惟馨。’又曰[㉙]:‘民不易物[㉚],惟德繄物。’如是,则非德,民不和,神不享矣。神所冯依[㉛],将在德矣[㉜]。若晋取虞,而明德以荐馨香[㉝],神其吐之乎[㉞]?”弗听,许晋使。宫之奇以其族行,曰:“虞不腊矣[㉟]。在此行也,晋不更举矣[㊱]。”

八月甲午[37]，晋侯围上阳[38]。问于卜偃曰："吾其济乎[39]？"对曰："克之。"公曰："何时？"对曰："童谣云：'丙之晨[40]，龙尾伏辰[41]，均服振振[42]，取虢之旂[43]。鹑之贲贲[44]，天策焞焞[45]，火中成军[46]，虢公其奔[47]。'其九月、十月之交乎[48]！丙子旦[49]，日在尾，月在策，鹑火中，必是时也。"

冬十二月丙子朔[50]，晋灭虢。虢公丑奔京师[51]。师还，馆于虞[52]，遂袭虞，灭之。执虞公及其大夫井伯，以媵秦穆姬[53]。而修虞祀[54]，且归其职贡于王[55]。故书曰"晋人执虞公"，罪虞，且言易也[56]。

〔注释〕

①晋侯：晋献公。假道：借道。僖公二年，晋曾假道于虞以伐虢。虞：国名，姬姓，在今山西平陆县。虢：此时名南虢。虢叔（西虢始封之君）之后裔迁都下阳（在今山西平陆县），因在河之北，称北虢；后渡河徙都上阳（在今河南三门峡市），是为南虢。②宫之奇：虞大夫。 ③虢，虞之表也：虢与虞互为表里。表：外，外面。 ④启：导，诱导。 ⑤寇：敌。兵作于外为寇，作于内为乱。翫（wán）：轻忽。 ⑥"一之"二句：一次就已经过分了，难道还能再来第二次吗？谓：为。之：已。 ⑦辅：面颊。一说指大车载物后两边起支持作用的板。车：牙床。 ⑧晋，吾宗也：晋与虞为同姓。宗：同祖为宗。 ⑨大（tài）伯、虞仲：太伯、仲雍。太王的长子、次子。虞仲为虞始封之君。 ⑩大王之昭：即太王之子。古代宗庙、墓地排列之次序，始祖居中，左昭右穆。周以后稷为始祖，其子为昭，其孙为穆。后世子孙昭生穆，穆生昭，以世次计（单数为昭，偶数为穆）。太王（古公亶父）为后稷十二世孙，为穆，其子太伯、虞仲（仲雍）、季历为后稷十三世孙，为昭。 ⑪不

从：指不跟随在太王之侧。太伯、虞仲知其父欲传位于季历，故二人出奔以避让之。 ⑫嗣：嗣位。 ⑬“虢仲”二句：虢仲、虢叔是王季的次子和三子，王季于周为昭，故其子为穆。昭公九年《传》：“文、武、成、康之建母弟，以蕃屏周。”周文王封母弟姬仲于制（今河南荥阳），封姬叔于雍（今陕西宝鸡陈仓一带），故称“虢仲”“虢叔”。 ⑭卿士：执政大臣。 ⑮“勋在”二句：对周室有功，受封时的典册藏在盟府（藏盟书的府库）中。《说文》：“府，文书藏也。” ⑯“将虢”二句：晋连虢都要灭，虞更不在话下。⑰“且虞”句：谓晋与虞虽亲爱，但不会超过桓、庄之族。桓、庄：指曲沃桓叔与曲沃庄伯（桓叔之子）。庄伯生武公，武公生献公，庄伯为献公之祖，桓叔为献公曾祖。虞虽与晋同祖，但关系较疏。⑱其爱之也：言晋对于虞不会有怜悯之心。其：岂。也：同“邪”。⑲戮：杀戮。晋献公用士蔿之计，尽杀群公子，见庄公二十三年至二十五年《传》。 ⑳唯：以，因为。逼：逼迫。桓、庄之族人多势大，威胁晋室。 ㉑“亲以”二句：亲属之间，或因势力太大而遭忌恨。宠：盛。犹尚：尚，尚且。同义副词连用，亦可作“尚犹”，义同。害：忌。 ㉒享祀：祭祀。享：祭。丰絜（jié）：丰盛而且洁净。絜：同“洁”。 ㉓据：依。 ㉔“鬼神”二句：鬼神并不对某个人特别亲近，只是亲近有德之人。实：是，寔。依：亲。 ㉕《周书》：《尚书》逸文。今见古文《尚书·蔡仲之命》。 ㉖“皇天”二句：上天对人没有亲疏之别，只亲附有德之人。辅：亲。《荀子·非十二子》：“辅然，端然。”杨倞注：“辅然，相亲附之貌。”㉗又曰：以下所引亦《尚书》逸文。今见古文《尚书·君陈》。㉘“黍稷”二句：谓黍稷并非真正的馨香之物，好的德行才能馨香远闻。唯：句中语助词。 ㉙又曰：以下所引亦《尚书》逸文。今见古文《尚书·旅獒》。 ㉚“民不”二句：人们不会改变祭祀之物，只有好的德行才算是真正的祭品。繄（yī）：是。 ㉛冯

(píng)依:依凭。冯、依二字同义。 ㉜将:唯。 ㉝荐:献。㉞其:岂。吐:弃。谓弃而不食。 ㉟腊:年终祭祀众神之名。此指举行腊祭。 ㊱更:再。举:举兵。 ㊲甲午:十七日。 ㊳上阳:春秋时南虢都城,在今河南陕县东南。 ㊴济:成。 ㊵丙之晨:《汉书·律历志下》作"丙子之辰"。丙:指丙子。 ㊶龙尾伏辰:太阳行至尾宿的位置,尾宿为日光所掩,故隐伏不见。尾:尾宿。为苍龙七宿之第六宿。伏:隐。辰:日月、日星交会为辰。㊷均服:戎服,黑色。均:同"袀",黑。振振:形容服饰之盛。㊸旂(qí):军之旌旗。旂字古音在痕部,与晨、辰、振、贲、军、奔为韵。 ㊹鹑:鹑火,亦称鸟星,南方朱雀七宿的总称。贲贲(bēn bēn):鸟星之状,如鹑奔跑。贲贲:同"奔奔"。 ㊺天策:又名傅说星,箕、尾二宿之间的一颗小星。焞焞(tūn tūn):形容星光暗淡。其时天策星靠近太阳,故暗。 ㊻火中:谓鹑火早晨见于南方。成军:军事取得成功。 ㊼其:将。 ㊽九月、十月之交:指夏历九月、十月之交(晦朔交会)。 ㊾"丙子"三句:丙子日,此夜日月合朔于尾星,月行较快,故至旦而在天策之位。 ㊿十二月:周之十二月,当夏之十月。朔:旧历每月的第一天。 (51)京师:周之都城。 (52)馆:客舍。此用作动词。 (53)媵(yìng):古代贵族女子出嫁时随嫁或陪嫁的人。秦穆姬:晋献公女,嫁于秦为穆公夫人。 (54)修虞祀:谓不废虞祀。修:续。 (55)职贡:贡赋。藩属之国以时入贡曰职贡。贡:赋。 (56)且:原本作"公",据纂图本、阮元《校勘记》及敦煌写本(P.2562)改。

经

六年春[①],王正月。

夏,公会齐侯、宋公、陈侯、卫侯、曹伯伐郑,围新城[②]。

秋,楚人围许,诸侯遂救许[3]。

冬,公至自伐郑。

〔注释〕

①六年:公元前654年。 ②新城:郑地,在今河南新密市东南三十里。 ③诸侯:即上文伐郑之诸侯。

传

六年春,晋侯使贾华伐屈[1]。夷吾不能守,盟而行[2]。将奔狄,郤芮曰[3]:"后出同走[4],罪也。不如之梁[5]。梁近秦而幸焉[6]。"乃之梁。

〔注释〕

①贾华:晋大夫。屈:晋邑,在今山西吉县。 ②盟:与屈人盟,约其日后相助。 ③郤(xì)芮:晋大夫。 ④"后出"二句:前此重耳已奔狄,今若夷吾又往,则有同谋之嫌。同走:投奔同一个地方。 ⑤梁:国名,嬴姓,故城在今陕西韩城之少梁城。⑥幸焉:谓梁亲于秦。幸:亲,亲近。

夏,诸侯伐郑,以其逃首止之盟故也[1]。围新密[2],郑所以不时城也。

〔注释〕

①首止之盟:事在僖公五年。 ②新密:即《经》之新城。郑筑城非时,故《春秋》书"新城"以罪之。

秋,楚子围许以救郑[①]。诸侯救许,乃还[②]。

〔注释〕

①“楚子”句:郑从楚,故楚救之。 ②乃还:郑围已解,故楚师还。

冬,蔡穆侯将许僖公以见楚子于武城[①]。许男面缚衔璧[②],大夫衰绖[③],士舆榇[④]。楚子问诸逢伯[⑤]。对曰:“昔武王克殷,微子启如是[⑥]。武王亲释其缚,受其璧而祓之[⑦]。焚其榇,礼而命之[⑧],使复其所[⑨]。”楚子从之。

〔注释〕

①蔡穆侯:名肸。蔡哀侯之子。将:率。许僖公:名叶。许穆公之子。武城:楚地,在今河南南召县东南。 ②面缚:将双手反绑于背后。面:通“偭”,背。衔璧:表示受死。古代人死后口中多含珠玉。面缚、衔璧,表示愿意请罪、臣服。 ③衰绖(cuī dié 阴阳):丧服。君将受死,故着丧服。 ④舆榇(chèn):以丧车载棺。舆:轶轴,古代的丧车。榇:棺材。 ⑤逢伯:楚大夫。⑥微子启:纣之庶兄,宋始封之君。 ⑦祓(fú):古时除灾祈福的仪式。此用作动词。 ⑧命:爵。谓赐予爵命。 ⑨复其所:复其位。所:职。

经

七年春[①],齐人伐郑。

夏,小邾子来朝[②]。

郑杀其大夫申侯[③]。

秋七月，公会齐侯、宋公、陈世子款、郑世子华，盟于宁母[④]。

曹伯班卒。

公子友如齐。

冬，葬曹昭公。

〔注释〕

①七年：公元前653年。　②小邾子：郳犁来。分邾而封之，故称小邾。来朝：始得王命而朝鲁。　③“郑杀”句：申侯为郑卿，专权好利而被杀，《春秋》称其名以罪之。　④宁母：鲁地，今山东鱼台县有泥(nìng)母亭，即其地。

传

七年春，齐人伐郑。孔叔言于郑伯曰：“谚有之曰：‘心则不竞[①]，何惮于病[②]？’既不能强，又不能弱，所以毙也。国危矣，请下齐以救国[③]。”公曰：“吾知其所由来矣[④]，姑少待我。”对曰：“朝不及夕[⑤]，何以待君？”

〔注释〕

①则：若，如果。竞：争。谓争胜。　②惮：惧怕。病：屈辱。③下齐：服从于齐。　④“吾知”句：谓已知齐人伐郑之原因。所由：表示缘由。　⑤朝不及夕：即朝不保夕。

夏，郑杀申侯以说于齐[①]，且用陈辕涛涂之谮也[②]。

初，申侯，申出也[③]，有宠于楚文王。文王将死[④]，与之

璧，使行，曰："唯我知女。女专利而不厌[⑤]，予取予求[⑥]，不女疵瑕也[⑦]。后之人将求多于女[⑧]，女必不免[⑨]。我死，女必速行。无适小国，将不女容焉。"既葬，出奔郑，又有宠于厉公[⑩]。子文闻其死也[⑪]，曰："古人有言曰：'知臣莫若君[⑫]。'弗可改也已[⑬]。"

〔注释〕

①说(yuè)：同"悦"，取悦。 ②用：以，因。谮：谗毁。辕涛涂设计进谗在僖公五年。 ③申出：申国女子所生。出：生。 ④文王将死：楚文王死于鲁庄公九年。 ⑤专利：积聚财货。专：积。利：资财，财货。厌：足，满足。 ⑥予取予求：从我这里索取。求：取。 ⑦不女(rǔ)疵瑕：我不把这些作为你的罪过。 ⑧后之人：指楚国嗣君。求多于女：对你多所责求。 ⑨不免：不免于灾祸。 ⑩厉公：郑厉公。名突。 ⑪子文：即斗穀於菟。楚令尹。 ⑫莫若：无人能及。若：如。 ⑬改：易。弗可改：谓此言有理，不可改变。

秋，盟于宁母，谋郑故也。

管仲言于齐侯曰[①]："臣闻之：招携以礼[②]，怀远以德[③]。德、礼不易[④]，无人不怀[⑤]。"齐侯修礼于诸侯，诸侯官受方物[⑥]。

郑伯使大子华听命于会[⑦]。言于齐侯曰："泄氏、孔氏、子人氏三族[⑧]，实违君命[⑨]。君若去之以为成[⑩]，我以郑为内臣[⑪]，君亦无所不利焉。"齐侯将许之。管仲曰："君以礼与信属诸侯[⑫]，而以奸终之[⑬]，无乃不可乎？子父不奸之谓

礼[14]，守命共时之谓信[15]。违此二者，奸莫大焉。”公曰：“诸侯有讨于郑，未捷。今苟有衅[16]，从之，不亦可乎？”对曰：“君若绥之以德，加之以训辞[17]，而帅诸侯以讨郑，郑将覆亡之不暇[18]，岂敢不惧？若总其罪人以临之[19]，郑有辞矣[20]，何惧？且夫合诸侯，以崇德也。会而列奸，何以示后嗣？夫诸侯之会，其德刑礼义，无国不记。记奸之位[21]，君盟替矣[22]。作而不记[23]，非盛德也。君其勿许，郑必受盟。夫子华既为大子，而求介于大国以弱其国[24]，亦必不免。郑有叔詹、堵叔、师叔三良为政[25]，未可间也[26]。”齐侯辞焉[27]。子华由是得罪于郑。

冬，郑伯使请盟于齐。

〔注释〕

①齐侯：指齐桓公。　②招携：招抚怀有二心者。携：离。③怀远：使疏远者亲附。怀：怀柔。　④易：违。　⑤怀：来。谓归附。　⑥官受方物：诸侯依职贡献其特产。官：职。受：授，赋。方物：各地的土产。　⑦郑伯：指郑文公。　⑧泄氏、孔氏、子人氏：郑国的三个家族。　⑨违君命：指逃盟而从楚。　⑩君若：原本作“若君”，据阮元《校勘记》、杨伯峻说及敦煌写本（P. 2562）改。成：讲和。　⑪以郑为内臣：谓以郑事齐，如封内之臣。⑫属：会。《国语·齐语》：“兵车之属六，乘车之会三。”韦昭注：“属，亦会也。”　⑬奸：邪。指奸邪之人。　⑭奸（gān）：犯。⑮守命：谨遵君命。守：遵，遵从。共（gōng）时：恭奉时事。共：同“恭”。　⑯有衅：指内部不团结。衅：罅隙，间隙。　⑰训辞：顺从（指合于礼义）之言。训：顺。《国语·楚语下》：“楚之所宝者，曰观射父，能作训辞，以行事于诸侯，使无以寡君为口实。”

⑱覆亡之不暇:谓忙于挽救危亡而无暇他顾。覆:救。 ⑲总:带领。临:伐。 ⑳有辞:有理。 ㉑记奸之位:记载有奸人在列之会。位:指会位。 ㉒替:废。 ㉓“作而”二句:按当时史法,君举必书。即使齐史隐讳不书,亦非盛德。 ㉔求介:求助。介:助。 ㉕三良:三位贤臣。 ㉖间:疏离。 ㉗辞焉:辞之。指不接受子华之言。

闰月[①],惠王崩。襄王恶大叔带之难[②],惧不立,不发丧,而告难于齐[③]。

〔注释〕

①闰月:闰十二月。 ②襄王:惠王之太子,名郑。恶:患。大叔带:襄王弟,惠后子,惠后以宠欲立之,未及而卒。 ③告难于齐:僖公五年,齐桓公曾会诸侯于首止,以定太子郑之位,故告难于齐以请援。此条本与八年传文相接,为后人所割裂。

经

八年春[①],王正月,公会王人、齐侯、宋公、卫侯、许男、曹伯、陈世子款,盟于洮[②]。郑伯乞盟[③]。

夏,狄伐晋。

秋七月,禘于大庙[④],用致夫人[⑤]。

冬十有二月丁未[⑥],天王崩[⑦]。

〔注释〕

①八年:公元前 652 年。 ②洮(táo):地名,当时属曹(僖公三十一年分为二,其北部属鲁,南部属曹),在今山东鄄城县西

南。 ③乞盟：请求参与会盟。郑本从楚，去年冬，郑伯请盟于齐。今春诸侯相会，又提出正式申请。 ④禘（dì）：大祭之名。天子、诸侯夏天祭祀宗庙称禘。鲁礼：三年之丧（实际上是二十五个月）毕，而祫于大庙，然后进行禘祀，祭祀之后，三年之丧即告完毕。大庙：始祖之庙。此指鲁周公之庙。 ⑤致：以死者之神主列于庙，而序其昭穆。夫人：指哀姜。夫人淫，且参与弑君，僖公对此事心存犹豫，故禘期延后。 ⑥丁未：十九日。 ⑦天王崩：天王实崩于上年闰月，而以今年十二月丁未来告。

传

八年春，盟于洮，谋王室也。郑伯乞盟，请服也。襄王定位而后发丧①。

〔注释〕

①襄王定位：王人会诸侯于洮，而后王位定。

晋里克帅师①，梁由靡御，虢射为右②，以败狄于采桑③。梁由靡曰："狄无耻④，从之⑤，必大克。"里克曰："惧之而已⑥，无速众狄⑦。"虢射曰："期年⑧，狄必至，示之弱矣。"夏，狄伐晋，报采桑之役也。复期月⑨。

〔注释〕

①里克：与下梁由靡、虢射皆晋大夫。 ②右：车右。 ③采桑：地名，在今山西乡宁县西。 ④无耻：不以逃跑为耻。 ⑤从：追逐。 ⑥惧：《四部丛刊》本作"拒"。 ⑦速：召，招致。狄若败，必来报复，故曰速。 ⑧期（jī）年：周年。此谓一年之内。

期：周匝。 ⑨复期月：于一月内即行报复。复：报。

秋，禘而致哀姜焉，非礼也。凡夫人，不薨于寝[①]，不殡于庙[②]，不赴于同[③]，不祔于姑[④]，则弗致也[⑤]。

〔注释〕

①寝：正寝。居室的正室。 ②不殡于庙：不殡于正寝之阼阶（汪中说）。殡：停放灵柩或把灵柩送到墓地。 ③赴：发出讣告。同：指同盟之国。 ④祔（fù）：祭祀名。死者与祖先合享之祭。古代丧礼，人死后百日祭祀，停止无时之哭，改为朝夕一哭，称为卒哭。卒哭后的第二天，奉死者神主祭于祖庙，称为祔。姑：祖姑。指丈夫的祖母。 ⑤弗致：哀姜薨于外，依礼不得致。

冬，王人来告丧[①]，难故也，是以缓[②]。

〔注释〕

①王人：周之使者。 ②缓：迟。此四句解释经文书天王崩于今冬之故。

宋公疾[①]，大子兹父固请曰[②]："目夷长[③]，且仁，君其立之！"公命子鱼。子鱼辞，曰："能以国让，仁孰大焉？臣不及也，且又不顺[④]。"遂走而退[⑤]。

〔注释〕

①宋公：宋桓公。 ②兹父：宋襄公之名。 ③目夷：字子鱼，襄公庶兄。 ④不顺：舍嫡立庶，不合于礼。 ⑤此条本与下年传文相接，为后人所割裂。

经

九年春①,王三月丁丑②,宋公御说卒③。

夏,公会宰周公、齐侯、宋子、卫侯、郑伯、许男、曹伯于葵丘④。

秋七月乙酉⑤,伯姬卒。

九月戊辰⑥,诸侯盟于葵丘。

甲子⑦,晋侯佹诸卒。

冬,晋里克杀其君之子奚齐⑧。

〔注释〕

①九年:公元前651年。 ②丁丑:二十日。 ③御说(yuè):宋桓公。 ④宰周公:宰孔。为周室之太宰,食邑于周,故称宰周公。宋子:宋本公爵,在丧,故称子。葵丘:宋地,在今河南兰考县东南。 ⑤乙酉:三十日。 ⑥戊辰:十四日。 ⑦甲子:在戊辰前四日,即九月九日。书在戊辰后,根据赴告。 ⑧里克:原本作“里奚克”,据阮元《校勘记》及敦煌写本(P. 2562)删“奚”字。奚齐受命继位无罪,故称里克之名,以著其罪。君之子:当时献公未葬,奚齐未成君,故称君之子,亦不称弑。

传

九年春,宋桓公卒①。未葬,而襄公会诸侯,故曰“子”②。凡在丧,王曰小童③,公侯曰子。

〔注释〕

①“宋桓公”四句:解释《春秋》书“宋子”的原因。 ②曰:

称,谓之。 ③小童:取童蒙幼小之意。

夏,会于葵丘[1]。寻盟[2],且修好[3],礼也。

王使宰孔赐齐侯胙[4],曰:"天子有事于文、武[5],使孔赐伯舅胙[6]。"齐侯将下拜[7]。孔曰:"且有后命[8]。天子使孔曰:'以伯舅耋老[9],加劳[10],赐一级[11],无下拜。'"对曰:"天威不违颜咫尺[12],小白余敢贪天子之命无下拜[13]?恐陨越于下[14],以遗天子羞[15],敢不下拜?"下,拜;登,受[16]。

〔注释〕

①"会于"句:宰周公与鲁、晋、齐、宋、郑、许、曹诸国会于葵丘。《传》蒙经文省略与会之人。 ②寻盟:重申前盟。 ③修好:重温旧好。修:续。 ④王:指周襄王。宰孔:即经文之宰周公。周太宰,食邑于周。胙(zuò):祭肉。《周礼·春官·大宗伯》:"以胙膰之礼,亲兄弟之国。"《左传·僖公二十四年》:"宋,先代之后也,于周为客。天子有事,膰焉。"赐胙膰于同姓,以示亲近;赐于异姓,以示尊崇。 ⑤有事:指举行祭祀。文、武:文王、武王。 ⑥伯舅:指齐桓公。天子称同姓诸侯为伯父、叔父,称异姓诸侯为伯舅、叔舅。 ⑦下拜:走到堂下跪拜。 ⑧且:复。 ⑨以:因。耋(dié)老:年老。七十曰耋。庄公九年,齐桓公入主齐国,至今已四十余年。 ⑩加劳:嘉其功。加:通"嘉"。⑪赐一级:将礼遇提高一等。级:等。 ⑫"天威"句:上天鉴察下情,威严近在咫尺之间。意思是自己不敢失礼。《说文》:"违,离也。"颜:额。此谓颜面。咫:八寸。 ⑬小白:齐桓公之名。贪:承,承受。 ⑭恐陨越于下:谓高据上位(不下堂),唯恐颠坠于下。陨、越都是坠的意思。 ⑮遗(wèi)天子羞:使天子蒙羞。遗:

予，给予。 ⑯下，拜；登，受：先到堂下跪拜，再上堂受胙。

秋，齐侯盟诸侯于葵丘，曰："凡我同盟之人，既盟之后，言归于好①。"

宰孔先归，遇晋侯②，曰："可无会也。齐侯不务德③，而勤远略④，故北伐山戎⑤，南伐楚⑥，西为此会也。东略之不知⑦，西则否矣，其在乱乎⑧！君务靖乱⑨，无勤于行⑩。"晋侯乃还。

〔注释〕

①言：句首语助词，无义。 ②晋侯：指晋献公。 ③务：致力于。 ④勤：致力。与"务"同义。远略：指征伐之事。略：谋。 ⑤山戎：即北戎，古代北方少数民族之一，在今河北玉田县。齐伐北戎，事在庄公三十一年（公元前663年）。 ⑥伐楚：事在僖公四年（公元前656年）。 ⑦"东略"二句：齐是否东伐，不得而知；西伐晋国，则不可能。谓晋不必惧齐。之：则。 ⑧在乱：言晋国将有内乱。在：存，有。 ⑨务：勉，勉力。靖乱：消弭祸乱。靖：息，止息。 ⑩勤于行：谓疲于奔走。

九月，晋献公卒。里克、丕郑欲纳文公①，故以三公子之徒作乱②。

初，献公使荀息傅奚齐。公疾，召之，曰："以是藐诸孤辱在大夫③，其若之何④？"稽首而对曰⑤："臣竭其股肱之力，加之以忠贞。其济⑥，君之灵也⑦；不济，则以死继之。"公曰："何谓忠贞？"对曰："公家之利⑧，知无不为，忠也。送

往事居⑨，耦俱无猜⑩，贞也。”

及里克将杀奚齐，先告荀息曰：“三怨将作⑪，秦、晋辅之⑫，子将何如？”荀息曰：“将死之。”里克曰：“无益也。”荀叔曰⑬：“吾与先君言矣，不可以贰⑭。能欲复言而爱身乎⑮？虽无益也，将焉辟之？且人之欲善⑯，谁不如我？我欲无贰，而能谓人已乎⑰？”

冬十月，里克杀奚齐于次⑱。书曰“杀其君之子”，未葬也。荀息将死之，人曰：“不如立卓子而辅之⑲。”荀息立公子卓以葬。十一月，里克杀公子卓于朝，荀息死之。

君子曰：“《诗》所谓⑳：‘白圭之玷㉑，尚可磨也。斯言之玷，不可为也。’荀息有焉㉒。”

〔注释〕

①丕郑：晋大夫。文公：重耳。 ②三公子之徒：申生、重耳、夷吾的拥护者。 ③“以是”句：以此幼弱之孤托付给大夫。藐：小。诸：之。《广雅·释言》：“诸、旃，之也。”辱：谦辞。谓使对方受委屈。在：于。 ④若之何：如何。之：句中语助词。 ⑤稽（qǐ）首：叩头。古时最重的跪拜礼。 ⑥其：若。济：成。 ⑦灵：福。 ⑧公家之利：有利于公室之事。 ⑨往：死者。居：生者。 ⑩耦俱无猜：谓不负死者，无愧生者。耦：两。猜：憾，恨。 ⑪三怨：三公子之徒心怀怨恨者。 ⑫秦、晋辅之：谓秦将助之，晋之人心亦向附之。 ⑬荀叔：荀息。 ⑭贰：背，违背。 ⑮复言：践行诺言。复：行。《国语·晋语二》：“岂能欲行吾言而又爱吾身乎？” ⑯欲善：好善。 ⑰谓：使。《广雅·释诂一》：“谓、命，使也。”已：止。谓制止里克等人效忠于三公子。 ⑱次：丧次。居丧之所。 ⑲卓子：公子卓，献公之子，骊姬的妹妹所生。

⑳《诗》:引文出自《诗·大雅·抑》。 ㉑“白圭”四句:谓白圭之瑕疵,尚可磨而除之;此言既出,不可追悔。圭:玉器,上尖下方。玷:白玉的斑点。 ㉒荀息有焉:谓荀息从君于昏,最终只能以死兑现承诺。

齐侯以诸侯之师伐晋,及高梁而还[①],讨晋乱也。令不及鲁,故不书。

〔注释〕

①高梁:晋邑,在今山西临汾市东北。

晋郤芮使夷吾重赂秦以求入[①],曰:“人实有国[②],我何爱焉[③]? 人而能民[④],土于何有[⑤]?”从之。

齐隰朋帅师会秦师[⑥],纳晋惠公。

秦伯谓郤芮曰[⑦]:“公子谁恃?”对曰:“臣闻亡人无党[⑧],有党必有雠[⑨]。夷吾弱不好弄[⑩],能斗不过[⑪],长亦不改,不识其他。”公谓公孙枝曰[⑫]:“夷吾其定乎?”对曰:“臣闻之:唯则定国[⑬]。《诗》曰[⑭]:‘不识不知[⑮],顺帝之则。’文王之谓也。又曰[⑯]:‘不僭不贼[⑰],鲜不为则[⑱]。’无好无恶,不忌不克之谓也[⑲]。今其言多忌克,难哉!”公曰:“忌则多怨,又焉能克? 是吾利也。”

〔注释〕

①郤芮:晋大夫。重赂秦:指许秦以土地。重:厚。入:返,归。 ②人实有国:言不为君,则国为他人所有。 ③爱:吝惜。④而:如。能:善。谓相得。 ⑤土于何有:谓不必吝惜土地。

有：爰。与上文“我何爰焉”相应。 ⑥隰（xí）朋：齐大夫。晋惠公：夷吾。 ⑦秦伯：秦穆公。 ⑧党：朋党，党羽。 ⑨雠：同“仇”。 ⑩弱：年少。弄：嬉戏玩耍。 ⑪能斗不过：能斗而不过甚。此数句谓夷吾通达平和，无恶于国。 ⑫公孙枝：秦大夫，字子桑。 ⑬则：法，法度。 ⑭《诗》曰：引文出自《诗·大雅·皇矣》。 ⑮“不识”二句：谓不用聪明机巧，唯依循上天之法度。帝：天。最高的天神。古人认为上帝是宇宙万物的主宰。 ⑯又曰：引文出自《诗·大雅·抑》。 ⑰僭：过，差失。贼：害，伤害。⑱鲜（xiǎn）：少。则：法。 ⑲忌：忌人之能。克：胜。谓好居人上。

宋襄公即位，以公子目夷为仁[①]，使为左师以听政[②]。于是宋治[③]。故鱼氏世为左师[④]。

〔注释〕

①目夷：字子鱼，襄公庶兄。 ②左师：宋执政官。听政：参政。 ③于是：因此。 ④鱼氏：子鱼之后以鱼为氏。

经

十年春[①]，王正月，公如齐。

狄灭温[②]，温子奔卫。

晋里克弑其君卓及其大夫荀息[③]。

夏，齐侯、许男伐北戎[④]。

晋杀其大夫里克[⑤]。

秋七月。

冬，大雨雪[⑥]。

〔注释〕

①十年：公元前650年。　②温：周王畿（王城附近周围千里的地方）内的小国，故城在今河南温县西南三十里。　③“晋里克”句：弑卓在上年而《春秋》书于今春，从赴告。献公既死，卓已免丧，故称君。荀息虽信守诺言，却无远谋，从君于昏，故称其名。④北戎：山戎。　⑤“晋杀”句：里克弑二君，故称名以罪之。⑥大雨雪：平地盈尺为大雪。

传

十年春，狄灭温，苏子无信也[①]。苏子叛王即狄[②]，又不能于狄[③]，狄人伐之，王不救，故灭[④]。苏子奔卫。

〔注释〕

①苏子：即经文之“温子”。苏是姓，封于温。　②叛王：苏子叛王，事在庄公十九年。即狄：投靠狄人。即：就。　③不能：不善。　④故灭：狄虽灭温，而其地仍为周所有。

夏四月，周公忌父、王子党会齐隰朋立晋侯[①]。晋侯杀里克以说[②]。将杀里克，公使谓之曰：“微子[③]，则不及此[④]。虽然，子杀二君与一大夫[⑤]，为子君者，不亦难乎[⑥]！”对曰：“不有废也[⑦]，君何以兴？欲加之罪[⑧]，其无辞乎？臣闻命矣。”伏剑而死[⑨]。于是丕郑聘于秦[⑩]，且谢缓赂[⑪]，故不及[⑫]。

〔注释〕

①周公忌父：周卿士。王子党：周大夫。晋侯：指晋惠公夷吾。 ②“晋侯”句：晋侯杀死里克，表明自己与篡弑无关。说：取悦于众。 ③微：无。 ④不及此：不能居君位。 ⑤“子杀”句：里克杀奚齐、卓子与大夫荀息，见上年《传》。杀：原本作“弑”，据阮元《校勘记》及敦煌写本（P. 2562）改。 ⑥难：病。⑦不有：无有，没有。表示假设的前提不存在。 ⑧“欲加”二句：言想要加罪于人，总能找到借口。其：岂。 ⑨伏剑而死：以剑自刎。 ⑩于是：当时。丕郑：里克之党。 ⑪谢缓赂：解说未能及时兑现诺言之原因。夷吾为求入国，许秦厚赂，此时食言不与，而以巧言辩解。缓：迟。 ⑫不及：不及于难。

晋侯改葬共大子[①]。

秋，狐突适下国[②]，遇大子。大子使登[③]，仆，而告之曰：“夷吾无礼[④]，余得请于帝矣[⑤]，将以晋畀秦[⑥]，秦将祀余。”对曰：“臣闻之：神不歆非类[⑦]，民不祀非族。君祀无乃殄乎[⑧]？且民何罪？失刑、乏祀[⑨]，君其图之！”君曰[⑩]：“诺。吾将复请。七日，新城西偏将有巫者而见我焉[⑪]。”许之，遂不见[⑫]。及期而往，告之曰[⑬]：“帝许我罚有罪矣[⑭]，敝于韩[⑮]。”

丕郑之如秦也，言于秦伯曰：“吕甥、郤称、冀芮实为不从[⑯]，若重问以召之[⑰]，臣出晋君，君纳重耳，蔑不济矣[⑱]。”

冬，秦伯使冷至报问[⑲]，且召三子。郤芮曰：“币重而言甘，诱我也。”遂杀丕郑、祁举及七舆大夫、左行共华、右行贾华、叔坚、骓歂、累虎、特宫、山祁[⑳]，皆里、丕之党也。

丕豹奔秦[21],言于秦伯曰:“晋侯背大主而忌小怨[22],民弗与也[23],伐之,必出。”公曰:“失众,焉能杀[24]?违祸[25],谁能出君?”

〔注释〕

①共(gōng)大子:太子申生。共是谥号。太子申生蒙冤而死,草草下葬,故改葬。 ②下国:指曲沃。为晋之陪都。武公并晋,迁都于绛。曲沃为桓叔封邑,先君宗庙所在之地。 ③“大子”二句:谓已故太子申生现身,使狐突登车为御。仆:驾车。狐突本是申生的御者。 ④无礼:指夷吾烝(上淫曰烝)于贾君。贾君为晋献公次妃。一说为申生之妃。 ⑤得请于帝:已经征得天帝的同意。得:有求而获曰得。帝:天,上帝。 ⑥畀(bì):给予。 ⑦“神不”句:神不享用异族的祭祀。歆:飨。类:族。⑧殄(tiǎn):绝。 ⑨失刑:刑罚失当。指使民无罪而遭亡国之罚。乏祀:绝祀。谓秦将不祭祀晋之先祖。 ⑩君:指太子申生。⑪新城:曲沃。西偏:西边,西部。将有巫者见(xiàn)我:谓已将附于巫者而现身。 ⑫不见:申生之形隐没不见。 ⑬告之:巫者告狐突。 ⑭有罪:有罪之人。指夷吾。 ⑮敝:败。韩:即韩原。晋地,在今山西芮城县。 ⑯吕甥、郤称、冀芮:三人皆晋大夫。不从:不顺。谓不同意将土地给秦国。 ⑰重问:厚遗。问:指送人的礼物。 ⑱蔑:无。济:成。 ⑲泠(líng)至:秦大夫。报问:报丕郑之聘,且致礼品于吕甥等。 ⑳七舆大夫:官名。又见《左传·襄公二十三年》。左行:相当于左军。右行:相当于右军。 ㉑丕豹:丕郑之子。 ㉒大主:强大的外援。指秦国。惠公返晋,得力于秦国的帮助。忌:憎恨。小怨:指里克、丕郑等。㉓与:助。 ㉔杀:杀里克、丕郑之党。 ㉕“违祸”:谓晋人皆欲避祸,无人能逐其君。

经

十有一年春[①],晋杀其大夫丕郑父[②]。

夏,公及夫人姜氏会齐侯于阳谷[③]。

秋八月,大雩[④]。

冬,楚人伐黄[⑤]。

〔注释〕

①十有一年:公元前649年。 ②丕郑父:即丕郑。丕郑以私怨乱国,故《春秋》书名以罪之。 ③"公及"句:夫人与鲁君同会齐君,不合于礼,故《春秋》书之。阳谷:齐地,在今山东阳谷县北三十里。 ④雩(yú):古代求雨之祭。每年孟夏黄昏时苍龙现于东方,在此月祭祀五方上帝,这是常祀。遭遇大旱,亦进行雩祭。 ⑤黄:国名,嬴姓,在今河南潢川县西。

传

十一年春,晋侯使以丕郑之乱来告[①]。

〔注释〕

①"晋侯"句:杀丕郑在上年冬而《经》书于今春,《传》释其故。

天王使召武公、内史过赐晋侯命[①]。受玉[②],惰[③]。过归,告王曰:"晋侯其无后乎!王赐之命,而惰于受瑞[④],先自弃也已[⑤],其何继之有[⑥]?礼,国之干也[⑦]。敬,礼之舆也[⑧]。不敬,则礼不行。礼不行,则上下昏,何以长世[⑨]?"

〔注释〕

①天王：周襄王。召（shào）武公：周卿士，召穆公之子。内史过：周大夫。赐晋侯命：命晋侯为诸侯。赐：命。命：爵命。此为新君即位，天子赐嗣位之命。 ②玉：命圭，长七寸，侯所执。诸侯即位，天子赐之命圭（亦称信圭），以为瑞节。 ③惰：轻慢，不敬。《说文·心部》："惰，不敬也。"段玉裁曰："今书皆作惰。"《国语·周语上》云："晋侯执玉卑，拜不稽首。" ④瑞：指命圭。⑤弃：绝。 ⑥其何继之有：其有何继，即无后之意。 ⑦干：根本。 ⑧舆：车。礼无敬不行，故以为喻。 ⑨长世：历世长远。长：久。

夏，扬、拒、泉、皋、伊、雒之戎同伐京师[1]，入王城，焚东门，王子带召之也[2]。秦、晋伐戎以救周。秋，晋侯平戎于王[3]。

〔注释〕

①扬、拒、泉、皋：皆邑名，诸戎所居，都在今河南洛阳市西南。伊、雒之戎：杂居在伊水、雒水（即洛水）之间之戎。 ②王子带：襄王之弟，惠后宠子。王子带欲篡位，故召戎伐周。 ③平戎于王：使诸戎与王室和解。平：和。

黄人不归楚贡[1]。冬，楚人伐黄。

〔注释〕

①"黄人"句：黄为楚之属国，此时依仗齐国而不向楚国进贡。黄为嬴姓小国，在今河南潢川县西。

经

十有二年春[①],王三月庚午[②],日有食之[③]。

夏,楚人灭黄。

秋七月。

冬十有二月丁丑[④],陈侯杵臼卒。

〔注释〕

①十有二年:公元前648年。 ②庚午:三月朔日。杜注:“不书朔,官失之。” ③日有食之:此为公历公元前648年4月6日的日全食。 ④丁丑:十二日。

传

十二年春,诸侯城卫楚丘之郛[①],惧狄难也。

〔注释〕

①郛(fú):郭,外城。僖公二年,卫迁于楚丘,诸侯为之筑城。至此又为之城郛。

黄人恃诸侯之睦于齐也,不共楚职[①],曰:“自郢及我九百里[②],焉能害我?”夏,楚灭黄。

〔注释〕

①职:贡赋。 ②郢:楚都,在今湖北江陵县北十里之纪南城。楚旧都丹阳,楚文王始徙此。九百里:约相当于现在的七百里。

王以戎难故[1],讨王子带。秋,王子带奔齐。

〔注释〕

①“王以”二句:上年王子带召戎伐周,故讨之。

冬,齐侯使管夷吾平戎于王[1],使隰朋平戎于晋[2]。

王以上卿之礼飨管仲,管仲辞曰:“臣,贱有司也[3]。有天子之二守国、高在[4],若节春秋来承王命[5],何以礼焉[6]?陪臣敢辞[7]。”王曰:“舅氏[8]!余嘉乃勋[9],应乃懿德[10],谓督不忘[11]。往践乃职[12],无逆朕命!”管仲受下卿之礼而还[13]。

君子曰:“管氏之世祀也宜哉[14]!让不忘其上[15]。《诗》曰[16]:‘恺悌君子[17],神所劳矣[18]。’”

〔注释〕

①管夷吾:管仲之名。平:和。　②隰(xí)朋:齐大夫。③贱有司:自谦之辞。犹言“贱吏”。有司:官吏。古代设官分职,各有专司,故称有司。管仲位下卿,故不敢受上卿之礼。④“有天子”句:《礼记·王制》云:“次国三卿,二卿命于天子,一卿命于其君。”高氏、国氏,命于天子,世为上卿。守:守臣。言天子所命为齐守臣。　⑤“若节”句:谓当春秋朝聘之时来接受王命。节:时。　⑥“何以”句:言己不当受上卿之礼,与高、国无别。　⑦陪臣:诸侯之臣对天子自称陪臣。敢:谦辞。有冒昧的意思。　⑧舅氏:天子称异姓诸侯为伯舅、叔舅。管仲为异姓诸侯之使,故称舅氏。　⑨嘉:褒。谓褒奖。乃:你的。　⑩应乃懿德:接受你匡辅之美德。应:通“膺”,受。　⑪谓督不忘:认为齐

侯德厚不可忘。谓:以为。督:笃,厚。 ⑫往践乃职:命管仲以所任官职接受上卿之礼。管仲虽为下卿而执齐政,天王欲以管仲的职位提高他的礼遇。 ⑬"管仲"句:言管仲不敢以官职自高,只肯接受下卿之礼。 ⑭世祀:世代享受祭祀。《史记·管晏列传》司马贞《索隐》引《世本》:"庄仲山产敬仲夷吾,夷吾产武子鸣,鸣产桓子启方,启方产成子孺,孺产庄子卢,卢产悼子其夷,其夷产襄子武,武产景子耐涉,耐涉产微,凡十代。"宜:谓理所当然。⑮上:指高氏、国氏。 ⑯《诗》曰:引文出自《诗·大雅·旱麓》。⑰恺悌(kǎi tì):和乐平易。恺:乐。悌:易。 ⑱劳:劳来,劝勉。

经

十有三年春①,狄侵卫。

夏四月,葬陈宣公。

公会齐侯、宋公、陈侯、卫侯、郑伯、许男、曹伯于咸②。

秋九月,大雩③。

冬,公子友如齐。

〔注释〕

①十有三年:公元前647年。 ②咸:卫地,在今河南濮阳市东南六十里。 ③雩(yú):求雨之祭。非时,故书。

传

十三年春,齐侯使仲孙湫聘于周①,且言王子带②。事毕③,不与王言④。归,复命曰:"未可。王怒未怠⑤。其十年乎!不十年,王弗召也。"

〔**注释**〕

①仲孙湫:齐大夫。　②“且言”句:上年王子带奔齐,齐侯使仲孙湫言于襄王,欲使之召回王子带。　③事:指聘问之事。④不与王言:不言王子带之事。　⑤息:休,止息。

夏,会于咸[①],淮夷病杞故[②],且谋王室也。

〔**注释**〕

①鲁君会齐侯、宋公、陈侯、卫侯、郑伯、许男、曹伯于咸。《传》蒙经文省略与会之人。　②淮夷:古代居于淮河流域的少数民族部落。

秋,为戎难故,诸侯戍周。齐仲孙湫致之[①]。

〔**注释**〕

①致:谓达成其事。

冬,晋荐饥[①],使乞籴于秦[②]。秦伯谓子桑[③]:“与诸乎[④]?”对曰:“重施而报[⑤],君将何求[⑥]?重施而不报,其民必携[⑦]。携而讨焉,无众,必败。”谓百里[⑧]:“与诸乎?”对曰:“天灾流行,国家代有[⑨]。救灾恤邻,道也。行道有福。”丕郑之子豹在秦,请伐晋[⑩]。秦伯曰:“其君是恶[⑪],其民何罪?”秦于是乎输粟于晋[⑫],自雍及绛相继[⑬],命之曰泛舟之役[⑭]。

〔注释〕

①荐饥:遭受连年饥荒。荐:频仍。饥:谷不熟。 ②乞籴:请求购买粮食。 ③子桑:公孙枝。秦大夫。 ④诸:之。 ⑤重施:厚施。重:厚。报:报答。 ⑥将:尚。求:图。 ⑦携:离。 ⑧百里:百里奚。秦大夫。 ⑨代有:更替发生。代:更迭,更替。 ⑩请伐晋:丕豹欲报父仇,故请伐晋。 ⑪其君是恶:即恶其君。 ⑫粟:谷物的总称。 ⑬雍:春秋时秦国都城,在今陕西凤翔县南。绛:晋国都城,在今山西翼城县东南。秦从渭水运粟进入黄河、汾水至绛。 ⑭命:命名。曰:为。泛舟:浮舟。泛:浮,漂浮。

经

十有四年春①,诸侯城缘陵②。

夏六月,季姬及鄫子遇于防③,使鄫子来朝④。

秋八月辛卯⑤,沙鹿崩⑥。

狄侵郑。

冬,蔡侯肸卒⑦。

〔注释〕

①十有四年:公元前646年。 ②缘陵:即营陵。地名,在今山东昌乐县东南。 ③季姬:鲁女,鄫夫人。鄫(zēng)子:鄫君,子爵。遇:会,会见。防:指东防。鲁地,在今山东费县东北。 ④"使鄫子"句:鄫子本无朝鲁之意,季姬召而使之来朝,故言使鄫子来朝。 ⑤辛卯:六日。 ⑥沙鹿:山名,时属晋,在今河北大名县东。 ⑦蔡侯肸(xī):蔡穆侯。

传

十四年春，诸侯城缘陵而迁杞焉[1]。不书其人[2]，有阙也。

〔注释〕

①杞：国名，姒姓，初都河南杞县，春秋时徙山东新泰一带。②"不书"二句：这是解释《春秋》书法的话。诸侯城缘陵，事未完密，为惠不终，故经文略称"诸侯"。

鄫季姬来宁[1]，公怒之以鄫子之不朝也[2]，夏，遇于防[3]，而使来朝。

〔注释〕

①宁：归宁。已婚女子回家省亲。　②怒：责。《广雅·释诂下》："怒，……责也。"止：据阮元《校勘记》及敦煌写本（P. 2562）删。　③遇：会。季姬会鄫子于防。

秋八月辛卯，沙鹿崩。晋卜偃曰[1]："期年将有大咎[2]，几亡国[3]。"

〔注释〕

①卜偃：郭偃。晋大夫，掌占卜。　②期(jī)年：周年。将：必。咎：灾祸。　③几(jī)：几乎，接近。

冬，秦饥，使乞籴于晋，晋人弗与。庆郑曰[1]："背施[2]，

无亲；幸灾，不仁；贪爱[3]，不祥；怒邻，不义。四德皆失，何以守国？”虢射曰[4]：“皮之不存[5]，毛将安傅？”庆郑曰：“弃信、背邻，患孰恤之[6]？无信，患作；失援，必毙。是则然矣。”虢射曰：“无损于怨[7]，而厚于寇，不如勿与。”庆郑曰：“背施、幸灾，民所弃也。近犹雠之[8]，况怨敌乎[9]？”弗听。退曰：“君其悔是哉[10]！”

〔注释〕

①庆郑：晋大夫。　②“背施”二句：背弃有恩于己者，则无亲近之人。　③贪爱：吝啬。贪：吝。与“爱”同义。《国语·晋语三》：“已赖其地，而又爱其实，忘善而背德，虽我必击之。”④虢射：晋大夫，惠公之舅。　⑤“皮之”二句：喻根本既失，其余细微末节无补于事。谓晋前已背约不予秦城，即使输粟于秦也无益。将：尚。　⑥患：灾，灾祸。　⑦“无损”二句：言予秦粟不足以解怨，反而增强敌国的力量。损：减。厚：益。寇：敌。　⑧近：亲近之人。雠：怨。　⑨怨敌：指秦国。　⑩其：必。

经

十有五年春[1]，王正月，公如齐。

楚人伐徐[2]。

三月，公会齐侯、宋公、陈侯、卫侯、郑伯、许男、曹伯，盟于牡丘[3]，遂次于匡[4]。公孙敖帅师及诸侯之大夫救徐[5]。

夏五月，日有食之。

秋七月，齐师、曹师伐厉[6]。

八月，螽[7]。

九月，公至自会。

季姬归于鄫[8]。

己卯晦[9]，震夷伯之庙[10]。

冬，宋人伐曹。

楚人败徐于娄林[11]。

十有一月壬戌[12]，晋侯及秦伯战于韩[13]。获晋侯[14]。

〔注释〕

①十有五年：公元前645年。　②徐：国名，嬴姓，在今安徽泗县西北。　③牡丘：地名，在今山东聊城市东北七里。　④匡：卫地，在今河南睢县西三十里。　⑤公孙敖：桓公之孙，庆父之子。诸侯：即上文所列诸国。诸侯既盟，各遣大夫率军救徐，故不复列国名。　⑥厉：国名，在今河南鹿邑县东。　⑦螽(zhōng)：指飞蝗。此年飞蝗成灾，故《春秋》书之。　⑧"季姬"句：季姬本为鲁女，鄫夫人，上年回国省亲，鲁国责鄫子不朝而将她扣留，并使之召鄫子来朝，《春秋》书"归"，意为重新出嫁。鄫(zēng)：国名，姒姓，在今山东枣庄市东。　⑨己卯：九月三十日。　⑩震：雷击。夷伯：展氏之祖，夷是谥号，伯是字。　⑪娄林：徐地，在今安徽泗县东北。　⑫壬戌：十四日。　⑬韩：晋地，在今陕西韩城市西南。　⑭获晋侯：《传》在九月，《经》书十一月，从告。获：俘。

传

十五年春，楚人伐徐，徐即诸夏故也[1]。

〔注释〕

①即:就。指亲附。诸夏:中国。指周王朝分封的诸侯国。

三月,盟于牡丘,寻葵丘之盟[①],且救徐也。孟穆伯帅师及诸侯之师救徐[②],诸侯次于匡以待之。

〔注释〕

①寻葵丘之盟:重温葵丘之盟。葵丘之盟在僖公九年。②孟穆伯:公孙敖。庆父之子,鲁大夫。

夏五月,日有食之。不书朔与日,官失之也[①]。

〔注释〕

①官失之:日官推算有误。

秋,伐厉[①],以救徐也。

〔注释〕

①伐厉:齐师、曹师伐厉,《传》蒙经文省略主语。

晋侯之入也[①],秦穆姬属贾君焉[②],且曰:"尽纳群公子[③]。"晋侯烝于贾君[④],又不纳群公子,是以穆姬怨之。晋侯许赂中大夫[⑤],既而皆背之。赂秦伯以河外列城五[⑥],东尽虢略[⑦],南及华山[⑧],内及解梁城[⑨],既而不与。晋饥[⑩],秦输之粟;秦饥[⑪],晋闭之籴,故秦伯伐晋。

卜徒父筮之[⑫],吉。涉河[⑬],侯车败。诘之[⑭],对曰:"乃大吉也。三败，必获晋君。其卦遇《蛊》☶[15]，曰：'千乘三去[16]，三去之余，获其雄狐[17]。'夫狐《蛊》[18]，必其君也。《蛊》之贞[19]，风也[20]；其悔[21]，山也[22]。岁云秋矣[23]，我落其实，而取其材，所以克也。实落材亡，不败何待？"

三败及韩[24]。晋侯谓庆郑曰："寇深矣，若之何[25]？"对曰："君实深之，可若何[26]？"公曰："不孙[27]。"卜右，庆郑吉，弗使。步扬御戎[28]，家仆徒为右[29]。乘小驷[30]，郑入也[31]。庆郑曰："古者大事[32]，必乘其产。生其水土，而知其人心，安其教训[33]，而服习其道[34]，唯所纳之[35]，无不如志。今乘异产[36]，以从戎事，及惧而变[37]，将与人易。乱气狡愤[38]，阴血周作[39]，张脉偾兴[40]，外强中干[41]，进退不可，周旋不能[42]，君必悔之。"弗听。

九月，晋侯逆秦师，使韩简视师[43]。复曰："师少于我，斗士倍我。"公曰："何故？"对曰："出因其资[44]，入用其宠[45]，饥食其粟，三施而无报[46]，是以来也。今又击之，我怠，秦奋，倍犹未也。"公曰："一夫不可狃[47]，况国乎？"遂使请战，曰："寡人不佞[48]，能合其众而不能离也。君若不还，无所逃命。"秦伯使公孙枝对曰："君之未入，寡人惧之。入而未定列[49]，犹吾忧也。苟列定矣，敢不承命[50]？"韩简退曰："吾幸而得囚[51]。"

壬戌[52]，战于韩原。晋戎马还泞而止[53]。公号庆郑[54]。庆郑曰："愎谏违卜[55]，固败是求[56]，又何逃焉？"遂去之[57]。梁由靡御韩简，虢射为右，辂秦伯[58]，将止之[59]。郑以救公误之，遂失秦伯[60]。秦获晋侯以归。晋大夫反首拔舍从之[61]。

秦伯使辞焉,曰:“二三子何其戚也[62]?寡人之从晋君而西也[63],亦晋之妖梦是践[64],岂敢以至[65]?”晋大夫三拜稽首曰[66]:“君履后土而戴皇天[67],皇天后土实闻君之言,群臣敢在下风[68]。”

穆姬闻晋侯将至,以大子罃、弘与女简璧登台而履薪焉[69]。使以免服衰绖逆[70],且告曰:“上天降灾,使我两君匪以玉帛相见[71],而以兴戎[72]。若晋君朝以入,则婢子夕以死[73];夕以入,则朝以死。唯君裁之!”乃舍诸灵台[74]。

大夫请以入。公曰:“获晋侯,以厚归也[75]。既而丧归[76],焉用之?大夫其何有焉[77]?且晋人戚忧以重我[78],天地以要我[79]。不图晋忧,重其怒也[80]。我食吾言[81],背天地也。重怒难任[82],背天不祥,必归晋君。”公子縶曰[83]:“不如杀之,无聚慝焉[84]。”子桑曰:“归之而质其大子,必得大成[85]。晋未可灭,而杀其君,祇以成恶[86]。且史佚有言曰[87]:‘无始祸[88],无怙乱[89],无重怒。’重怒难任,陵人不祥。”乃许晋平。

晋侯使郤乞告瑕吕饴甥[90],且召之。子金教之言曰[91]:“朝国人而以君命赏。且告之曰:‘孤虽归,辱社稷矣[92]。其卜贰圉也[93]。’”众皆哭。晋于是乎作爰田[94]。吕甥曰:“君亡之不恤,而群臣是忧,惠之至也[95]。将若君何?”众曰:“何为而可?”对曰:“征缮以辅孺子[96]。诸侯闻之,丧君有君,群臣辑睦[97],甲兵益多。好我者劝,恶我者惧,庶有益乎!”众说。晋于是乎作州兵[98]。

初,晋献公筮嫁伯姬于秦,遇《归妹》䷵之《睽》䷥[99]。史苏占之[100],曰:“不吉。其繇曰[101]:‘士刲羊[102],亦无衁也[103]。

女承筐[104]，亦无贶也[105]。西邻责言[106]，不可偿也。《归妹》之《睽》[107]，犹无相也。《震》之《离》[108]，亦《离》之《震》。为雷为火[109]，为嬴败姬。车说其輹[110]，火焚其旗，不利行师[111]，败于宗丘[112]。《归妹》《睽》孤[113]，寇张之弧。侄其从姑[114]，六年其逋[115]，逃归其国，而弃其家[116]，明年其死于高梁之虚[117]。'"及惠公在秦，曰："先君若从史苏之占，吾不及此夫！"韩简侍，曰："龟，象也[118]；筮，数也[119]。物生而后有象[120]，象而后有滋[121]，滋而后有数[122]。先君之败德[123]，及可数乎？史苏是占，勿从何益[124]？《诗》曰[125]：'下民之孽[126]，匪降自天。僔沓背憎[127]，职竞由人[128]。'"

〔注释〕

①"晋侯"句：晋惠公夷吾返国在僖公九年。入：返，还。②秦穆姬：晋献公之女，申生之姊。嫁于秦，为穆公夫人。属（zhǔ）：嘱托。贾君：晋献公次妃。一说为申生之妃。 ③群公子：指晋武公、献公的子孙。 ④烝：上淫（与长辈通奸）曰烝。⑤赂：赠送财物。中大夫：指国内的执政大臣里克、丕郑等。⑥秦伯：指秦穆公。河外：指河西与河南。黄河自龙门至华阴一段，自北向南流，故以河西与河南为河外。列城：诸城。 ⑦东尽虢略：从河南往东穷尽虢界。今河南灵宝市即虢略镇故址。⑧华（huà）山：在今陕西华阴县南，为秦、晋之边界。 ⑨内：指河内。解（xiè）梁城：晋地，今山西永济市有解城，即其地。⑩"晋饥"二句：事在僖公十三年。饥：谷不熟。 ⑪"秦饥"二句：事在僖公十四年。闭：禁，禁止。 ⑫卜徒父：秦之卜人，名徒父。卜：用龟甲占卜吉凶。筮：用蓍草占卜吉凶。 ⑬"涉河"二句：言秦伯涉河，所乘之车毁败。 ⑭诘：问。 ⑮《蛊》☶：《蛊》卦卦

象为《巽》下《艮》上。 ⑯三去：三驱。去：通“驱”。指追赶敌人。 ⑰雄狐：喻晋君。 ⑱狐《蛊》：雄狐的变辞。 ⑲贞：内卦（卦的下三爻）。 ⑳风也：《蛊》的内卦为巽，巽为风。秦人占卜，以秦为主，故内卦（风）象秦。 ㉑悔：外卦（卦的上三爻）。 ㉒山也：《蛊》的外卦为艮，艮为山。晋为客，故外卦艮（山）为晋之象。 ㉓“岁云”四句：这几句联系事件发生的季节来解释卦象。时值秋季，秋风吹落果实，同时也是砍伐木材的时候，故有利于秦（风）而不利于晋（山）。岁：岁时，季节。云：句中语助词，无义。 ㉔三败：晋军三败。 ㉕若之何：奈之何。犹言“怎么办”。 ㉖可若何：言无可奈何。 ㉗不孙：不逊。孙：恭顺。 ㉘步扬：郤犨之父。步扬本为晋公族郤氏之后，食邑于步，遂以为氏。 ㉙家仆徒：晋大夫。 ㉚小驷：马名。 ㉛入：贡纳。 ㉜：大事：指战事。 ㉝安：习，习惯。 ㉞服习：熟习，熟悉。服、习为同义复词。 ㉟唯：任，听凭。纳：导，引导。 ㊱今：若。表示假设。异产：他国所产之马。 ㊲“及惧”二句：谓马因惊惧而发生变化，必不听指挥。易：违，违背。 ㊳乱气狡愤：谓气逆而亢奋。乱：逆。狡、愤皆有“盛”义。 ㊴阴血周作：谓血液在全身急速运行。阴血：即血。血在体内，故称阴血。 ㊵张（zhàng）脉偾（fèn）兴：膨胀的血管突起。张：通“胀”。偾：同“坟”。高起。 ㊶外强中干：谓外虽有强盛之形而实不可用。干：枯竭。 ㊷周旋：回旋。周、旋同义。 ㊸韩简：晋大夫。韩万之孙。视师：察看敌情。 ㊹出因其资：出奔时得到秦国的资助。因：依靠。 ㊺入用其宠：回到晋国系秦人所纳。用：以，因。宠：恩泽。 ㊻施：恩惠。 ㊼“一夫”二句：言晋若避而不战，秦必习以为常而轻晋。《国语·晋语三》载惠公答韩简云：“今我不击，归必狃。一夫不可狃，而况国乎！”一夫：一人。狃（niǔ）：忕（shì）。即“习”“习惯”的意思。 ㊽“寡人”二句：谓无法向众人交代。不佞：不才。

谦辞。合:聚。离:散。 ㊾定列:定位。指巩固君位。 ㊿承命:奉命。即接受挑战。 51幸而得囚:谓不战死而被俘已是幸事。囚:俘。 52:壬戌:九月十三日。 53还泞而止:在泥泞中盘旋而不得出。泞:泥。 54号(háo):大声呼喊。 55愎谏:违谏。去谏曰愎。 56固败是求:谓自取其败。固:乃。求:取。 57去:离开。 58辂(yà):通"迓",迎。 59止:获,俘获。 60失:纵,放跑。 61反首:披头散发。反:覆。拔舍:露宿草野。拔:通"茇"。 62戚:忧。 63晋:原本无此字,据杨伯峻说补。 64亦:只,只是。妖梦:僖公十年《传》载狐突适曲沃,不寐而遇见已故太子申生,后来太子又附体于巫者,对他说:上帝将要惩罚夷吾,使他败于韩地。妖:异,怪。践:实现。使某事成为现实。 65以至:太过分。以:太。至:甚。 66稽(qǐ)首:叩头。古时最重的跪拜礼。 67履:践,踩。后土:对地和地祈的尊称。戴:覆。皇天:对天和天神的尊称。 68"群臣"句:谓群臣亦闻秦君之言。晋大夫希望秦君不要食言。 69太子罃(yīng):即秦康公。太子与弘、简璧都是穆姬所生。履薪:堆积薪柴而履其上,表示要自焚。 70免(wèn)服:丧服。免:亦作"絻"。去冠束发,用麻布自颈项交于额上,又向后绕于发结。为始发丧时所着。衰绖(cuī dié):丧服名。衰用方布缀于上衣当心之处,谓之衰。丧服的上衣也称衰。绖:丧服时所系之麻带,著于首为首绖,著于腰为腰绖。 71匪:非。否定副词。玉帛:瑞玉和缣帛。古代祭祀、会盟、朝聘等场所用的珍贵礼物。 72兴戎:谓兵戎相见。戎:兵。 73婢子:妇人之卑称。与"妾"义近。自谦之辞。 74舍:住宿。灵台:台名。当在秦都城郊外。 75厚:益。归:终。 76既:终。而:乃。 77何有:犹言"何得"。 78戚忧:谓表现出忧戚。指反首拔舍。重:通"动"。指感动。 79要(yāo):誓,誓约。 80重:益。 81我食吾言:违背自己的诺言。食:伪,与"信"相反。

⑫任：担，承担。 ⑬公子絷：秦大夫。 ⑭聚慝（tè）：谓国内多怨。慝：恶，怨。《国语·晋语三》："逐之恐构诸侯，以归则国家多慝，复之则君臣合作，恐为君忧，不若杀之。" ⑮大成：指极有利于秦国的媾和。大：厚。 ⑯祇：但。恶：怨。 ⑰史佚：周武王时太史，名佚。 ⑱始祸：首祸。指挑起祸乱之端。 ⑲怙乱：乘人之乱以求利。怙：恃。 ⑳郤乞：晋大夫。瑕吕饴甥：即吕甥。 ㉑子金：瑕吕饴甥的字。 ㉒辱社稷：使国家蒙羞。社稷：土神和谷神。象征国家。 ㉓卜贰圉：卜日立圉继承君位。贰：代。继承、承袭之义。《玉篇·贝部》："（贰）代也。"圉：惠公太子之名。《国语·晋语三》云："二三子其改置以代圉也。" ㉔作爰田：制定土地轮休之法。土地轮休，不必每年出赋税。 ㉕惠：仁，仁爱。《说文》："惠，爱也。" ㉖征缮：征收赋税，整治武器。缮：备。孺子：指子圉。 ㉗辑睦：和睦。 ㉘州兵：指地方武装。二千五百家为州。 ㉙《归妹》䷵之《睽》䷥：卦象由《归妹》变为《睽》。《归妹》的卦象为《兑》下《震》上。《睽》的卦象为《兑》下《离》上。《归妹》第六位的阴爻变为阳爻，即变成《睽》卦。 ⑩⓪史苏：晋卜筮之史。 ⑩①繇（zhòu）：卦兆的占辞。 ⑩②刲（kuī）：刺，杀。 ⑩③亦无衁（huāng）：即无血。亦：句中语气词，无义。下句亦字用法与此同。 ⑩④筐：方形竹器，用以盛放食物。 ⑩⑤贶（kuàng）：赐。《周易·归妹》上六爻辞云："女承筐，无实；士刲羊，无血。无攸利。"女持筐求赐而不得，士屠羊而无血，所作之事不成，故不吉。 ⑩⑥"西邻"二句：晋嫁女于西（秦），而遇不吉之卦，知秦有责备之言，晋无以为应。偿：报，应对。 ⑩⑦"《归妹》"二句：《归妹》为嫁女之卦，《睽》为乖离之象，所以无助。犹：则。睽：乖。相：助。 ⑩⑧"《震》之"二句：此就卦象变化的局部而言。谓《震》变为《离》，与《离》变为《震》，差别不大，都不吉利。 ⑩⑨"为雷"二句：《震》为雷，《离》为火。雷、火动则盛，说明客方强

盛(《震》、《离》均为外卦,象征客方)。客方强盛,则主方衰弱,故曰“为嬴(秦国之姓)败姬(晋国之姓)”。 ⑩“车说”二句:此言姬姓战败之状。说(tuō):通“脱”。輹(fù):亦名“伏兔”。呈半规形,在车左右軫之下,作用是钩住车轴不与车脱离。车脱輹则失其用,火焚旗,则溃败可知。 ⑪行师:用兵。行:用。 ⑫宗丘:韩(韩原)的别称。 ⑬“《归妹》”二句:《归妹》变为《睽》,实即其上爻由阴爻变成阳爻。《周易·睽》上九云:“《睽》孤,见豕负涂,载鬼一车,先张之弧,后说之弧。”其人所以孤绝,是由于敌人(寇)张其弧(弓),也即由于战争。 ⑭侄其从姑:此句是对《睽》孤的具体说明。子圉为秦穆姬之侄,战后至秦为质,失位孤绝,即所谓《睽》孤。其:将。 ⑮“六年”句:子圉于僖公十七年质于秦,二十二年逃归,共历六年。逋(bū):逃。 ⑯家:妻。子圉逃归晋国,而弃其妇怀嬴于秦。 ⑰“明年”句:根据《左传》,子圉于僖公二十二年逃归晋国,二十四年被杀。高梁:晋邑,在今山西临汾市东北。 ⑱龟,象也:卜用龟甲烧灼而取其兆(裂痕),以测吉凶。 ⑲筮,数也:筮用(后改用策)五十根,通过一定的步骤先后确定六爻之阴阳(奇数为阴,偶数为阳),以测吉凶。⑳“物生”句:有物然后有象。 ㉑“象而”句:成象然后有滋生繁衍。 ㉒“滋而”句:滋生繁衍然后有数。 ㉓“先君”二句:谓先君恶德,非筮数所生。败:恶。与“善”相对。及:其,岂。 ㉔勿从:从,听从。勿为句中语助词,无义。 ㉕《诗》曰:引文出自《诗·小雅·十月之交》。 ㉖“下民”二句:言民之邪恶,非从天降。 ㉗僔(zǔn)沓背憎:当面迎合,背后则互相憎恨。《说文》:“僔,聚也。”沓:合。 ㉘职竞由人:都是由于人。职:实。竞:皆。

震夷伯之庙,罪之也。于是展氏有隐慝焉①**。**

〔注释〕

①隐慝(tè):隐藏的罪恶。慝:恶。

冬,宋人伐曹,讨旧怨也①。

〔注释〕

①旧怨:指庄公十四年曹与诸侯伐宋。

楚败徐于娄林,徐恃救也①。

〔注释〕

①"徐恃"句:徐依赖齐国救援,故败。

十月,晋阴饴甥会秦伯①,盟于王城②。

秦伯曰:"晋国和乎?"对曰:"不和。小人耻失其君而悼丧其亲③,不惮征缮以立圉也,曰:'必报雠,宁事戎狄。'君子爱其君而知其罪,不惮征缮以待秦命④,曰:'必报德,有死无二⑤。'以此不和。"秦伯曰:"国谓君何⑥?"对曰:"小人戚,谓之不免⑦。君子恕,以为必归。小人曰:'我毒秦,秦岂归君?'君子曰:'我知罪矣,秦必归君。贰而执之⑧,服而舍之,德莫厚焉,刑莫威焉⑨。服者怀德,贰者畏刑。此一役也,秦可以霸。纳而不定,废而不立,以德为怨,秦不其然⑩。'"秦伯曰:"是吾心也。"改馆晋侯,馈七牢焉⑪。

蛾析谓庆郑曰⑫:"盍行乎!"对曰:"陷君于败,败而不死,又使失刑,非人臣也。臣而不臣,行将焉入⑬?"十一月,

晋侯归。丁丑[14],杀庆郑而后入[15]。

是岁,晋又饥,秦伯又饩之粟[16],曰:“吾怨其君,而矜其民[17]。且吾闻唐叔之封也[18],箕子曰[19]:‘其后必大[20]。’晋其庸可冀乎[21]!姑树德焉,以待能者。”

于是秦始征晋河东[22],置官司焉[23]。

〔注释〕

①阴饴甥:即吕甥。食采于阴,故曰阴饴甥。 ②王城:秦地,在今陕西大荔县东。 ③悼:痛。 ④待:供,给。 ⑤有:虽,即便。 ⑥国谓君何:国人认为晋君命运如何。 ⑦不免:谓不得归。免:归。 ⑧贰:叛。 ⑨厚:大。 ⑩不其然:即不然,不会那样。其:句中语助词,无义。 ⑪馈七牢:谓以诸侯之礼待之。《周礼·秋官·大行人》:“诸侯之礼,介七人,礼七牢。”牛、羊、猪各一为一牢。 ⑫蛾(yǐ)析:晋大夫。 ⑬行将焉入:谓无人愿意接纳。入:归,往。 ⑭丁丑:二十九日。 ⑮入:指入绛。⑯饩(xì):指以谷物赠人。 ⑰矜:怜悯。 ⑱唐叔:武王之子,名虞,晋始封之君。 ⑲箕子:殷王帝乙之子,纣之庶兄。 ⑳大:盛。 ㉑其庸:岂,难道。其、庸义同。冀:通“觊”,希图。 ㉒征:征赋。河东:黄河以东。《传》文说“东尽虢略,南及华山,内及解梁城”。 ㉓官司:官吏。

经

十有六年春[1],王正月戊申朔[2],陨石于宋五[3]。是月[4],六鹢退飞过宋都[5]。

三月壬申[6],公子季友卒[7]。

夏四月丙申[8],鄫季姬卒。

秋七月甲子[9],公孙兹卒[10]。

冬十有二月,公会齐侯、宋公、陈侯、卫侯、郑伯、许男、邢侯、曹伯于淮[11]。

〔注释〕

①十有六年:公元前644年。 ②朔:农历每月的第一天。 ③"陨石"句:从天上落下五块石头(陨石),掉在宋国境内。陨:坠落。 ④是月:陨石之月。《经》书此二字,表示与上事不在同日。 ⑤鹢(yì):水鸟名。形似鹭而大,羽色苍白,善翔。《穀梁传》《汉书五行志下之下》引《左传》皆作"鹢"。退飞:谓遇风而退,并非向后飞。宋人以为灾祸之兆,告于诸侯,故书。 ⑥壬申:二十六日。 ⑦季友:公子友。 ⑧丙申:二十一日。 ⑨甲子:二十日。 ⑩公孙兹:即叔孙戴伯。 ⑪淮:指今江苏盱眙一带。

传

十六年春,陨石于宋五,陨星也。六鹢退飞过宋都,风也[1]。周内史叔兴聘于宋。宋襄公问焉,曰:"是何祥也[2]?吉凶焉在[3]?"对曰:"今兹鲁多大丧[4],明年齐有乱[5],君将得诸侯而不终[6]。"退而告人曰:"君失问[7]。是阴阳之事[8],非吉凶所生也。吉凶由人。吾不敢逆君故也[9]。"

〔注释〕

①风也:谓风势强劲。 ②祥:吉凶之征兆。 ③焉在:在何处。 ④今兹:今年。大丧:谓公子季友、公孙兹之卒。 ⑤齐有乱:僖公十七年,齐桓公卒,齐内乱,孝公奔宋。 ⑥"君将"句:

指宋襄公屡会诸侯而终败于泓。 ⑦失问：问题提得不对。⑧“是阴阳”二句：这是阴阳交感而产生的自然现象，与吉凶无关。 ⑨“吾不”句：我回答宋君是怕拂逆君主意志。

夏，齐伐厉[①]，不克，救徐而还[②]。

〔注释〕

①厉：国名，今河南鹿邑县东有厉乡，即其地。 ②救徐：盖楚伐徐，故齐救之。徐为嬴姓之国，在今安徽泗县西北。

秋，狄侵晋，取狐厨、受铎[①]，涉汾，及昆都[②]，因晋败也[③]。

〔注释〕

①狐厨、受铎：皆晋邑，在今山西襄汾县。 ②昆都：晋邑，在今山西临汾市南，汾河之东。 ③因晋败：上年秦晋战于韩，晋国大败。因：趁。

王以戎难告于齐[①]。齐征诸侯而戍周。

〔注释〕

①戎难：戎自僖公十一年伐京师以来，常为王室之患。

冬十一月乙卯[①]，郑杀子华[②]。

〔注释〕

①乙卯：十二日。 ②子华：郑太子。因进谗于诸侯而得罪

郑伯,事见僖公七年《传》。

十二月,会于淮①,谋鄫②,且东略也③。城鄫,役人病④。有夜登丘而呼曰⑤:"齐有乱!"不果城而还⑥。

〔注释〕

①"会于"句:鲁君会齐侯、宋公、陈侯、卫侯、郑伯、许男、邢侯、曹伯于淮,《传》蒙经文省略与会之人。 ②谋鄫(zēng):鄫受淮夷侵陵,故谋救之。鄫:国名,姒姓,在今山东枣庄市。 ③东略:东伐。 ④病:困顿。 ⑤有:有人。 ⑥果:终。谓终竟其事。

经

十有七年春①,齐人、徐人伐英氏②。

夏,灭项③。

秋,夫人姜氏会齐侯于卞④。

九月,公至自会。

冬十有二月乙亥⑤,齐侯小白卒⑥。

〔注释〕

①十有七年:公元前643年。 ②英氏:国名,偃姓,在今安徽六安市西南。 ③灭项:鲁君在会,另遣军队灭项。项:国名,在今河南项城市东北。 ④卞:鲁邑,故城在今山东泗水县东五十里。 ⑤乙亥:九日。 ⑥齐侯小白卒:齐桓公卒于十月乙亥,《经》书十二月,从告。

传

十七年春，齐人为徐伐英氏[①]，以报娄林之役也。

〔注释〕

①“齐人”二句：僖公十五年，楚败徐于娄林，英氏为楚盟国，故伐而报之。娄林：徐地，在今安徽泗县东北。

夏，晋大子圉为质于秦[①]，秦归河东而妻之[②]。

惠公之在梁也[③]，梁伯妻之。梁嬴孕，过期[④]。卜招父与其子卜之[⑤]。其子曰：“将生一男一女。”招曰[⑥]：“然。男为人臣[⑦]，女为人妾。”故名男曰圉[⑧]，女曰妾。及子圉西质[⑨]，妾为宦女焉[⑩]。

〔注释〕

①“晋大子”句：僖公十五年，晋败于韩，使太子圉为质于秦。②“秦归”句：僖公十五年，秦始征河东，置官司。至此复以河东归晋。妻（qì）之：将女儿（怀嬴）嫁给他。妻：以女嫁人。 ③梁：国名，嬴姓，故城在今陕西韩城之少梁城。夷吾奔梁在僖公六年。④过期：超过孕期。 ⑤卜招父：梁太卜。 ⑥招：即卜招父。⑦“男为”二句：谓男女分别为人奴婢。 ⑧圉：臣隶之称。⑨西：往西。秦在晋之西。质：充当人质。 ⑩宦女：侍女。

师灭项。淮之会[①]，公有诸侯之事，未归，而取项。齐人以为讨而止公[②]。

〔注释〕

①淮之会：在上年冬十二月。　②以为讨：以此(灭项)作为惩罚的理由。讨：诛，责。止：执，拘捕。《春秋》对内讳言执，故变其辞曰止。

秋，声姜以公故会齐侯于卞①。

九月，公至。书曰"至自会"②，犹有诸侯之事焉，且讳之也。

〔注释〕

①声姜：僖公夫人，齐女。　②"书曰"三句：《春秋》书"公至自会"，因诸侯有会盟之事，且讳言被执。犹：因。

齐侯之夫人三：王姬、徐嬴、蔡姬，皆无子。齐侯好内①，多内宠，内嬖如夫人者六人②：长卫姬③，生武孟④；少卫姬，生惠公⑤；郑姬，生孝公⑥；葛嬴，生昭公⑦；密姬，生懿公⑧；宋华子⑨，生公子雍。公与管仲属孝公于宋襄公⑩，以为大子。雍巫有宠于卫共姬⑪，因寺人貂以荐羞于公⑫，亦有宠。公许之立武孟⑬。

管仲卒⑭，五公子皆求立⑮。冬十月乙亥⑯，齐桓公卒。易牙入，与寺人貂因内宠以杀群吏，而立公子无亏。孝公奔宋。十二月乙亥，赴⑰。辛巳⑱，夜殡⑲。

〔注释〕

①内：姬妾。　②内嬖：内宠。即姬妾。　③长卫姬：卫姬有二，故分少长以别之。　④武孟：公子无亏之字。　⑤惠公：公子

元。 ⑥孝公：公子昭。 ⑦昭公：公子潘。 ⑧懿公：公子商人。 ⑨宋华子：宋国华氏之女，子姓。 ⑩属：通“嘱”，嘱托。⑪雍巫：雍地之巫。《管子·小称》谓之“堂巫”，《吕氏春秋·先识览·知接》谓之“常之巫”。卫共姬：即长卫姬。共是谥号。⑫因：由，通过。寺人貂：宫中近侍，名貂。亦称竖貂。荐羞：进献。荐、羞同义。 ⑬“公许”句：易牙既得宠，为长卫姬请立武孟，齐侯许之。 ⑭管仲卒：在僖公十五年。 ⑮五公子：桓公子六人，孝公已为太子，故不数入。 ⑯十月乙亥：十月八日。 ⑰赴：发讣告。告丧于他国。 ⑱辛巳：十五日。 ⑲殡：停柩。此指盛尸入棺。自卒至殡共历六十七日。

经

十有八年春①，王正月，宋公、曹伯、卫人、邾人伐齐②。

夏，师救齐③。

五月戊寅④，宋师及齐师战于甗⑤，齐师败绩。

狄救齐。

秋八月丁亥⑥，葬齐桓公⑦。

冬，邢人、狄人伐卫。

〔注释〕

①十有八年：公元前642年。 ②“宋公”句：诸侯伐齐，为纳公子昭（齐孝公）。 ③师：鲁师。 ④戊寅：十五日。 ⑤甗（yǎn）：齐地，在今山东济南市历城区。 ⑥丁亥：八月无丁亥，日有误。 ⑦葬齐桓公：齐乱，故十一月始葬。

传

十八年春,宋襄公以诸侯伐齐[①]。三月,齐人杀无亏[②]。

〔注释〕

①"宋襄"句:宋襄公率诸侯之师送太子昭回国,故伐齐。②无亏:字武孟,齐桓公子。桓公死后,易牙、竖貂等立无亏为君。

郑伯始朝于楚[①]。楚子赐之金[②],既而悔之,与之盟曰:"无以铸兵[③]。"故以铸三钟。

〔注释〕

①"郑伯"句:齐桓公卒,中国无霸主,故郑始朝楚。 ②金:指铜。 ③"无以"句:古代铸兵器、钟鼎等均用铜。

齐人将立孝公,不胜四公子之徒[①],遂与宋人战[②]。夏五月,宋败齐师于甗,立孝公而还。

秋八月,葬齐桓公[③]。

〔注释〕

①四公子:指齐昭公潘、懿公商人、惠公元及公子雍。 ②"遂与"句:四公子之徒与宋人战。 ③葬齐桓公:孝公立而后得葬。

冬,邢人、狄人伐卫,围菟圃[①]。卫侯以国让父兄子弟及朝众[②],曰:"苟能治之,燬请从焉[③]。"众不可[④],而后师于訾娄[⑤]。狄师还[⑥]。

〔注释〕

①菟(tú)圃:卫地,在今河南长垣县。 ②朝众:朝臣。③燬(huǐ):卫侯之名。 ④不可:不答应。 ⑤后:原本作"从",据纂图本及阮元《校勘记》、杨伯峻说改。訾(zī)娄:卫邑,在今河南滑县西南。 ⑥狄师还:邢人、狄人共伐卫,而单言狄师还,盖邢师未还。

梁伯益其国而不能实也①,命曰新里②,秦取之③。

〔注释〕

①梁伯:梁国国君。梁国在今陕西韩城市南之少梁城。益其国:指扩展城邑。实:谓以民众充实其中。 ②命曰:命名为。新里:地名,在今陕西澄城县东北二十里。 ③此条本与十九年传文相接,为后人所割裂。

经

十有九年春①,王三月,宋人执滕子婴齐②。

夏六月,宋公、曹人、邾人盟于曹南③。

鄫子会盟于邾。己酉④,邾人执鄫子,用之⑤。

秋,宋人围曹。

卫人伐邢⑥。

冬,会陈人、蔡人、楚人、郑人⑦,盟于齐⑧。

梁亡。

〔注释〕

①十有九年:公元前 641 年。 ②滕子婴齐:滕子书名,从赴

告而无关褒贬。　③曹南：曹之南鄙。　④己酉：二十二日。⑤用之：谓杀之而祭于社。用：杀人以祭、杀牲以祭，皆谓之用。⑥卫人伐邢：此事在宋人围曹之前，《经》书于后，从告。　⑦会：《公羊传》“会”上有“公”字。　⑧盟于齐：谓诸国同与齐盟。

传

十九年春①，遂城而居之。

〔注释〕

①此条当与上年传文连读。

宋人执滕宣公。

夏，宋公使邾文公用鄫子于次睢之社①，欲以属东夷②。司马子鱼曰③：“古者六畜不相为用④，小事不用大牲⑤，而况敢用人乎？祭祀以为人也⑥。民，神之主也⑦。用人，其谁飨之？齐桓公存三亡国以属诸侯⑧，义士犹曰薄德⑨。今一会而虐二国之君⑩，又用诸淫昏之鬼⑪，将以求霸⑫，不亦难乎？得死为幸⑬！”

〔注释〕

①“宋公”句：宋襄公让邾文公杀掉鄫国国君用以祭祀土地神。用：杀人或牲祭祀。　②“欲以”句：睢水有妖神，东夷信之，皆立祠祭祀。故宋公使邾子杀鄫子以祭，欲使东夷归附。属：使归属、归附。　③司马子鱼：公子目夷，字子鱼。宋襄公庶兄，任司马。　④六畜：马、牛、羊、猪、狗、鸡。不相为用：谓不杀同类用作祭祀。如祭马的祖先不用马。　⑤事：指祭祀。大牲：指马、

牛、猪、羊。 ⑥祭祀以为人:祭祀是为人而祭祀。 ⑦神之主:民为神所依凭,故曰神之主。 ⑧三亡国:指鲁、邢、卫。一说谓邢、卫、杞。 ⑨曰:认为,以为。 ⑩虐二国之君:指执滕子、用鄫子。虐:施暴虐。 ⑪诸:“之于”的合音。淫昏:惑乱,昏聩。次睢之社非周社,不当祭祀,且不应以人为祭品。 ⑫将:欲。⑬得死为幸:谓得以寿终,已是幸事。得死:谓终其天年。

秋,卫人伐邢,以报菟圃之役[①]。于是卫大旱[②],卜有事于山川[③],不吉。宁庄子曰[④]:“昔周饥[⑤],克殷而年丰[⑥]。今邢方无道,诸侯无伯[⑦],天其或者欲使卫讨邢乎[⑧]?”从之。师兴而雨[⑨]。

〔注释〕

①菟(tú)圃之役:见上年《传》。 ②于是:此时。 ③有事:谓祭祀。 ④宁庄子:卫大夫。 ⑤饥:谷不熟。 ⑥年丰:谷物丰收。年:谷。 ⑦伯:长。 ⑧其:或,也许。与“或者”同义。 ⑨兴:发。

宋人围曹,讨不服也。子鱼言于宋公曰:“文王闻崇德乱而伐之[①],军三旬而不降[②]。退修教而复伐之[③],因垒而降[④]。《诗》曰[⑤]:‘刑于寡妻[⑥],至于兄弟,以御于家邦。’今君德无乃犹有所阙[⑦],而以伐人,若之何[⑧]?盍姑内省德乎[⑨]!无阙而后动。”

〔注释〕

①“文王”句:崇侯虎无德,故文王伐之。崇:国名,在今陕西

户县东。乱：昏。 ②军：围，包围。三旬：三十日。 ③退：归。修教：推行教化。修：行。 ④因垒而降：谓崇人放弃抵抗，主动投降。因：就。 ⑤《诗》曰：引文出自《诗·大雅·思齐》。⑥"刑于"三句：谓文王之教，由近及远。刑：法，典范。寡妻：嫡妻。指太姒。御：治。邦：国。 ⑦阙：阙失。 ⑧若之何：言无法交代。 ⑨盍：何不。内省（xǐng）德：退而反省自身之德行。内：通"衲（復）"，退。《说苑·指武》作"胡不退修德"。马王堆汉墓帛书《六十四卦·算》："初六，进内，利武人之贞。"今本《周易·巽》作"进退"。

陈穆公请修好于诸侯[①]，以无忘齐桓之德。冬，盟于齐[②]，修桓公之好也。

〔注释〕

①"陈穆公"句：宋襄公暴虐，故思齐桓。修：续。 ②盟于齐：鲁君与陈人、蔡人、楚人、郑人盟于齐。《传》蒙经文省略与盟之人。

梁亡。不书其主[①]，自取之也[②]。初，梁伯好土功，亟城而弗处[③]。民罢而弗堪，则曰[④]："某寇将至[⑤]。"乃沟公宫[⑥]，曰："秦将袭我[⑦]。"民惧而溃，秦遂取梁。

〔注释〕

①不书其主：不书灭梁者（秦）之主名。 ②自取之：谓自取灭亡。取：致。 ③亟（qì）：屡。 ④则曰：以下为梁伯之言。则：乃。 ⑤寇：敌。 ⑥沟：护城河。此用作动词。 ⑦秦将袭我：此亦梁伯之言。

经

二十年春[1],新作南门[2]。

夏,郜子来朝[3]。

五月乙巳[4],西宫灾[5]。

郑人入滑[6]。

秋,齐人、狄人盟于邢[7]。

冬,楚人伐随[8]。

〔注释〕

①二十年:公元前640年。 ②新作南门:重新建造南门。南门:指鲁国都南门。本名稷门,僖公时重建增高,改名高门。③郜(gào):国名,姬姓。都北郜城,在今山东武城县东南。④乙巳:二十四日。 ⑤西宫:鲁君别宫。《汉书·五行志上》:“僖公二十年五月乙巳,西宫灾。……《左氏》以为:西宫者,公宫也。言西,知有东。东宫,太子所居。言宫,举区皆灾也。”不知是否为《左传》佚文。 ⑥入:入其国而不据有其地。滑:国名,姬姓。今河南偃师市有缑氏镇,即其地。 ⑦邢:故地在今河北邢台市境。 ⑧随:国名,姬姓,故城在今湖北随州市南。

传

二十年春,新作南门。书,不时也[1]。凡启塞[2],从时。

〔注释〕

①书,不时也:《左传·庄公二十九年》:“凡土功:龙见而毕务,戒事也;火见而致用,水昏正而栽,日至而毕。”此时已过冬

至,不宜兴土功,故曰不时。 ②凡启塞,从时:谓如遇日常启闭所需,则随时修筑。启塞:开启与关闭。启指门户道桥,塞指城郭墙堑。

滑人叛郑而服于卫[①]。夏,郑公子士、泄堵寇帅师入滑[②]。

〔注释〕

①服:从,服从。 ②公子士:郑文公子。泄堵寇:郑大夫,又称堵叔。泄寇封于堵,因以为氏。

秋,齐、狄盟于邢,为邢谋卫难也[①]。于是卫方病邢[②]。

〔注释〕

①"为邢"句:为邢谋划对付卫国的威胁。 ②于是:此时。方:正当。病邢:对邢构成威胁。

随以汉东诸侯叛楚[①]。冬,楚斗毂於菟帅师伐随[②],取成而还。

君子曰:"随之见伐,不量力也。量力而动[③],其过鲜矣[④]。善败由己[⑤],而由人乎哉[⑥]?《诗》曰[⑦]:'岂不夙夜[⑧],谓行多露。'"

〔注释〕

①随:国名,姬姓,故城在今湖北随州市南。 ②斗毂於菟(gòu wū tú):即令尹子文。 ③动:行。 ④其:则。 ⑤善败:祸福。善:福。败:祸。 ⑥而:岂。 ⑦《诗》曰:引文出自

《诗·召南·行露》。 ⑧"岂不"二句:谓己虽欲不避晨昏而行,无奈道路多露。喻违礼而行,必有其咎。谓:奈,奈何。行(háng):道,道路。

宋襄公欲合诸侯。臧文仲闻之①,曰:"以欲从人②,则可;以人从欲③,鲜济。"

〔注释〕

①臧文仲:鲁大夫。 ②以欲从人:克制自己的欲望而从人。③以人从欲:强迫他人服从自己的欲望。

经

二十有一年春①,狄侵卫②。

宋人、齐人、楚人盟于鹿上③。

夏,大旱④。

秋,宋公、楚子、陈侯、蔡侯、郑伯、许男、曹伯会于盂⑤。执宋公以伐宋⑥。

冬,公伐邾⑦。

楚人使宜申来献捷⑧。

十有二月癸丑⑨,公会诸侯,盟于薄⑩,释宋公。

〔注释〕

①二十有一年:公元前639年。 ②狄侵卫:卫为邢患,故狄侵之。 ③鹿上:宋地,在今安徽阜阳市南部。 ④大旱:成灾,故书。 ⑤楚子:《经》书"楚子"自此始。楚始与中国行会礼,故称爵。盂:宋地,今河南睢县西北有盂亭,即其地。 ⑥执宋公:

宋公无德而争盟,为诸侯所憎恶,故以诸国共执为辞而不言楚执之。 ⑦公伐邾:邾灭须句,故伐之。邾在今山东邹城市东南。⑧宜申:斗宜申。献捷:献宋捷。捷:获。战利品。 ⑨癸丑:十日。 ⑩诸侯:即上文会于盂之诸侯。薄:即亳。宋邑,在今安徽亳州市。

传

二十一年春,宋人为鹿上之盟,以求诸侯于楚。楚人许之。公子目夷曰:“小国争盟①,祸也。宋其亡乎!幸而后败②。”

〔注释〕

①争盟:争当盟主。 ②幸而后败:谓战败而不亡国,即属幸事。

夏,大旱。公欲焚巫尪①。臧文仲曰:“非旱备也②。修城郭、贬食、省用、务穑、劝分③,此其务也。巫尪何为④?天欲杀之,则如勿生⑤。若能为旱,焚之滋甚。”公从之。是岁也,饥而不害⑥。

〔注释〕

①巫尪(wāng):即巫。尪:原本作尫,据阮元《校勘记》改。《说文》有“尢”字,古文作尪。《史墙盘》:“上帝司夏,尢保受天子绾命。”尢即巫之义。《楚辞·九歌》:“思灵保兮贤姱。”《史记·封禅书》:“巫祠社主、巫保、族累之属。”“尢保”“灵保”“巫保”皆神之谓。尢保即巫保,总称为巫,分言之,则女称巫,男称

尪。楚人称巫为灵。(唐兰说)《说文·尢部》:“尢(尪),尲也,曲胫人也。”跛者为尪,犹盲瞽之为乐师,刖兀之为守阍也。尪虽以形名,其事则巫也。(参蒋礼鸿说) ②旱备:防止干旱的办法。备:防。 ③修城郭:以防他国乘机侵犯。贬:减损。用:财货。务穑:致力于农事。劝分:劝有储积者分施于人。分:施。④何为:何用。 ⑤如:当,应当。 ⑥饥:粮食歉收。谷不熟为饥。不害:无害。谓不伤民。

秋,诸侯会宋公于盂①。子鱼曰②:“祸其在此乎!君欲已甚③,其何以堪之?”于是楚执宋公以伐宋。

冬,会于薄以释之。子鱼曰:“祸犹未也,未足以惩君④。”

〔注释〕

①“诸侯”句:鲁君与宋公、楚子、陈侯、蔡侯、郑伯、许男、曹伯会于盂。《传》蒙经文省略与会之人。《史记·十二诸侯年表》云宋襄公“召楚盟”。 ②子鱼:公子目夷。 ③欲:贪,贪欲。已甚:太过分。 ④惩:惩戒。

任、宿、须句、颛臾①,风姓也,实司大皞与有济之祀②,以服事诸夏③。邾人灭须句。须句子来奔,因成风也④。成风为之言于公曰:“崇明祀⑤,保小寡⑥,周礼也。蛮夷猾夏⑦,周祸也。若封须句⑧,是崇皞、济⑨而修其祀⑩,纾祸也⑪。”

〔注释〕

①任(rén):国名,在今山东济宁市。宿:国名,在今山东东平县东南二十里。须句:国名,在今山东东平县东。《公羊传》作“须朐”。颛(zhuān)臾:鲁之附庸国,在今山东费县西北。②司:掌管。大皞(tài hào):太皞,也即伏羲。古代传说中的部落酋长。有济:指济水之神。有:名词性词头,无义。③服事:事,奉事。谓任其役使。服:事。④因:依。成风:庄公之妾,僖公之母。须句为成风母家,故须句子来奔。⑤崇:敬。明祀:神明之祀。指太皞、有济之祀。明:神。《国语·周语下》:“古者先王既有天下,又崇立上帝明神而敬事之。”⑥保:安。小寡:小国。寡:小。⑦猾:乱。夏:诸夏。指中国。⑧封:指复其国土、爵位。⑨皞:太皞。济:济水。⑩修其祀:谓续其祭祀。修:续。“其”字原无,据金泽文库本补。⑪纾:解,缓解。

经

二十有二年春[1],公伐邾,取须句。

夏,宋公、卫侯、许男、滕子伐郑。

秋八月丁未[2],及邾人战于升陉[3]。

冬十有一月己巳朔,宋公及楚人战于泓[4],宋师败绩。

〔注释〕

①二十有二年:公元前638年。②丁未:三日。③升陉(xíng):鲁地,在今山东高密市。④泓:水名,在今河南柘城县西北,久已湮。

传

二十二年春,伐邾[①],取须句。反其君焉,礼也。

〔注释〕

①"伐邾"四句:须句上年为邾所灭,今鲁伐邾,取须句而反其君,复其国,存其祀,合于礼。

三月,郑伯如楚[①]。

〔注释〕

①郑伯:指郑文公。

夏,宋公伐郑[①]。子鱼曰[②]:"所谓祸在此矣!"

〔注释〕

①宋公伐郑:郑伯如楚,故宋襄公伐之。 ②子鱼:公子目夷,宋襄公庶兄。

初,平王之东迁也[①],辛有适伊川[②],见被发而祭于野者[③],曰:"不及百年[④],此其戎乎!其礼先亡矣。"

秋,秦、晋迁陆浑之戎于伊川[⑤]。

〔注释〕

①"平王"句:根据《竹书纪年》、清华简《系年》的记载,幽王十一年(公元前771年),申侯与犬戎攻杀幽王。诸侯与周室大臣共立幽王之弟余臣为王,周携王二十一年(公元前750年),晋

文侯仇杀携王,立平王,三年后(公元前747年),周室东迁洛邑(在今河南洛阳市)。 ②辛有:周大夫。伊川:伊河所经之地,属周,在今河南伊川县一带。 ③被(pī)发:散发。被:通"披"。《礼记·王制》:"东方曰夷,被发文身,有不食火者矣。"可见披发为夷狄之俗。祭于野:祭于野外。 ④不及百年:周室东迁(公元前747年)至僖公二十二年(公元前638年),历时109年。周辛于平王东迁10年之后前往伊川,则未及百年。 ⑤陆浑之戎:戎之一支,允姓,本居瓜州,秦、晋诱而迁之于伊川。

晋大子圉为质于秦①,将逃归,谓嬴氏曰②:"与子归乎?"对曰:"子,晋大子,而辱于秦。子之欲归,不亦宜乎?寡君之使婢子侍执巾栉③,以固子也④。从子而归,弃君命也。不敢从,亦不敢言。"遂逃归。

〔注释〕

①"晋大子"句:子圉为质于秦,见僖公十七年《传》。 ②嬴氏:怀公之妻,秦穆公女。 ③婢子:谦称。《礼记·曲礼下》:"自世妇以下,自称曰婢子。"侍执巾栉(zhì):谓侍候起居。巾用于擦拭,栉用于梳理头发。 ④固:安,稳定。

富辰言于王曰①:"请召大叔②。《诗》曰③:'协比其邻④,昏姻孔云。'吾兄弟之不协,焉能怨诸侯之不睦⑤?"王说⑥。王子带自齐复归于京师⑦,王召之也。

〔注释〕

①富辰:周大夫。 ②大(tài)叔:王子带,襄王同母弟。僖

公十二年奔齐。 ③《诗》曰:引文出自《诗·小雅·正月》。④“协比”二句:言王者为政,先和协亲近,然后婚姻亲戚得以和睦。协:和,和睦。今本《诗经》作“洽”,亦同义。比:亲。孔:甚。云:友好。 ⑤不睦:不和。 ⑥说:同“悦”。 ⑦“王子带”二句:终十三年仲孙湫之言,且为二十四年天王出居于郑张本。

邾人以须句故出师①。公卑邾②,不设备而御之。臧文仲曰:“国无小③,不可易也。无备,虽众,不可恃也。《诗》曰④:‘战战兢兢⑤,如临深渊,如履薄冰。’又曰⑥:‘敬之敬之⑦,天惟显思,命不易哉!’先王之明德,犹无不难也⑧,无不惧也,况我小国乎!君其无谓邾小⑨,蜂虿有毒⑩,而况国乎?”弗听。

八月丁未,公及邾师战于升陉,我师败绩。邾人获公胄⑪,县诸鱼门⑫。

〔注释〕

①“邾人”句:鲁伐邾取须句,故邾人来报复。 ②卑:轻,轻视。 ③无:通“毋”,不可。 ④《诗》曰:引文出自《诗·小雅·小旻》。 ⑤“战战”三句:言常怀戒惧之心。战战兢兢:形容畏惧。履:踩,踏。 ⑥又曰:以下引文出自《诗·周颂·敬之》。⑦“敬之”三句:言天道甚明,天命不可违,奉承其命极难,有国者宜深敬戒之。显:明。思:语助词,无义。易:违背。 ⑧难:通“戁”。敬。《说文·心部》:“戁,敬也。” ⑨无谓:不要认为。⑩蜂虿(chài):蜂、蝎之类。泛指毒虫。 ⑪胄:头盔。 ⑫县:同“悬”。鱼门:邾都城之门。

楚人伐宋以救郑。宋公将战，大司马固谏曰[①]："天之弃商久矣[②]，君将兴之[③]，弗可赦也已。"弗听。

冬十一月己巳朔，宋公及楚人战于泓。宋人既成列，楚人未既济[④]。司马曰[⑤]："彼众我寡，及其未既济也，请击之。"公曰："不可。"既济而未成列，又以告[⑥]。公曰："未可。"既陈而后击之，宋师败绩。公伤股，门官歼焉[⑦]。

国人皆咎公[⑧]。公曰："君子不重伤[⑨]，不禽二毛[⑩]。古之为军也[⑪]，不以阻隘也[⑫]。寡人虽亡国之余[⑬]，不鼓不成列[⑭]。"子鱼曰："君未知战。勍敌之人[⑮]，隘而不列[⑯]，天赞我也[⑰]。阻而鼓之[⑱]，不亦可乎？犹有惧焉[⑲]。且今之勍者，皆吾敌也。虽及胡耇[⑳]，获则取之[㉑]，何有于二毛[㉒]？明耻教战[㉓]，求杀敌也。伤未及死，如何勿重？若爱重伤[㉔]，则如勿伤[㉕]；爱其二毛，则如服焉[㉖]。三军以利用也[㉗]，金鼓以声气也[㉘]。利而用之，阻隘可也。声盛致志[㉙]，鼓儳可也[㉚]。"

〔注释〕

①大司马固：公孙固。宋庄公之孙。《史记·宋微子世家》、《尹文子·大道下》以为公子目夷（子鱼）。 ②商：指宋。 ③将：欲。兴：昌。使动用法。 ④未既济：没有全部渡过泓水。既：尽。 ⑤司马：公子目夷（子鱼）。《说苑·尊贤》谓："夫宋襄公不用公子目夷之言，大辱于楚。" ⑥告：请。 ⑦门官：宋公的亲军。歼：被杀尽。 ⑧咎：责，责备。 ⑨重（chóng）伤：伤害已经受伤的人。 ⑩禽：同"擒"。二毛：头发颜色不一的人。指老人。 ⑪为军：用兵。 ⑫不以阻隘：谓不凭借地势险要取胜。阻、隘二字同义，均指险要之地。《说文》："阻，险也。" ⑬亡

国之余：宋为殷商之后。 ⑭“不鼓”句：谓不进攻阵列未成的敌军。《司马法·仁本》：“成列而鼓，是以明其信也。” ⑮勍（qíng）敌之人：指强敌。勍：强。 ⑯隘：用作动词，谓遭遇险阻。⑰赞：助。 ⑱“阻而”二句：利用有利地形进攻，难道不可以吗？阻：亦用作动词，谓利用险阻。 ⑲犹有惧焉：言利用险阻而击之，犹恐不能取胜。惧：忧，担心。 ⑳胡耇（gǒu）：高寿。胡、耇二字同义，都是长寿的意思。 ㉑获：克。取：杀。 ㉒“何有”句：谓不必怜惜。何有：不顾之辞。有：爱。 ㉓明耻：知耻。明：知。教：习。 ㉔爱：怜惜。 ㉕如：当，应当。 ㉖服：降。 ㉗以利用：因其便利而用之。以：因。利：便。 ㉘声气：以声音助士气。㉙声盛致志：盛其鼓声以调动士兵的杀敌情绪。致：极，尽。㉚鼓儳（chán）：攻击阵列不整之敌。《说文》：“儳，儳互不齐也。”此指军队行阵不整。

丙子晨①，郑文夫人芈氏、姜氏劳楚子于柯泽②。楚子使师缙示之俘馘③。君子曰：“非礼也。妇人送迎不出门④，见兄弟不逾阈⑤，戎事不迩女器⑥。”

丁丑⑦，楚子入飨于郑⑧，九献⑨，庭实旅百⑩，加笾豆六品⑪。飨毕，夜出，文芈送于军。取郑二姬以归⑫。叔詹曰⑬：“楚王其不没乎⑭！为礼卒于无别⑮。无别，不可谓礼，将何以没？”诸侯是以知其不遂霸也⑯。

〔注释〕

①丙子：十一月九日。 ②郑文：郑文公。芈（mǐ）氏、姜氏：都是郑文公夫人。芈氏为楚女，姜氏为齐女。柯泽：郑地，在今河南新郑市东南。 ③师缙（jìn）：楚乐师。俘馘（guó）：指俘虏和

杀死的敌人。古代打仗，杀死敌人后割取左耳为证，曰馘。④门：指寝门。⑤阈（yù）：门槛。⑥迩：近。女器：女子所用器物。⑦丁丑：十日。⑧入飨于郑：接受郑国宴请。⑨九献：上公之享礼，九次献酒而礼毕。据《左传》、《国语》两君相见亦用之。⑩庭实旅百：指各种礼物齐备。庭实：诸侯朝见天子或诸侯之间互相聘问时，以礼物相赠，陈列于庭中，谓之庭实。庭实包括马、皮、牲、米、醢等。旅：陈。百：表示多。⑪加笾（biān）豆六品：谓正礼之外，又增加盛于笾豆的食品六种。笾豆：笾和豆，两种盛食物的礼器。⑫二姬：指两个姬姓女子。郑为姬姓。⑬叔詹：郑大夫。⑭不没：不得善终。没：终。楚成王于文公元年为太子商臣所杀。⑮为礼：行礼。无别：指男女不分。⑯“诸侯”句：僖公二十八年，楚与晋战于城濮，楚师败绩。遂：终。

经

二十有三年春①，齐侯伐宋，围缗②。

夏五月庚寅③，宋公兹父卒。

秋，楚人伐陈。

冬十有一月，杞子卒④。

〔注释〕

①二十有三年：公元前637年。②缗：宋邑，在今山东金乡县东北二十五里。③庚寅：二十五日。④杞子：杞在《春秋》中最早称侯（桓公二年），庄公二十七年后称伯，亦偶有称子者。

传

二十三年春，齐侯伐宋①，围缗，以讨其不与盟于

齐也[2]。

〔注释〕

①齐侯:齐孝公。 ②"以讨"句:僖公十九年,诸侯盟于齐,而宋不会。宋襄公新败于泓,故齐人乘机伐宋。

夏五月,宋襄公卒,伤于泓故也[1]。

〔注释〕

①伤于泓:上年宋与楚战于泓,宋襄公腿部受伤。

秋,楚成得臣帅师伐陈[1],讨其贰于宋也[2]。遂取焦、夷[3],城顿而还[4]。子文以为之功[5],使为令尹[6]。叔伯曰[7]:"子若国何[8]?"对曰:"吾以靖国也[9]。夫有大功而无贵仕[10],其人能靖者与有几[11]?"

〔注释〕

①成得臣:子玉。 ②贰于宋:谓即从楚,复从宋,怀有二心。 ③焦:陈邑,在今安徽亳州市。夷:一名城父。陈邑,在今安徽亳州市东南七十里。 ④顿:国名,姬姓,今河南项城市偏西有南顿故城,即其地。 ⑤子文:斗穀於菟。楚令尹。之:其。 ⑥令尹:楚最高军政长官。 ⑦叔伯:薳吕臣,楚大夫。 ⑧若国何:言无法向国家交代。若:奈。 ⑨靖:安定。 ⑩贵仕:高位。贵:尊。仕:官。 ⑪"其人"句:言无几人能安之。与:语助词,无义。

九月,晋惠公卒[1]。怀公命无从亡人[2]。期[3],期而不至[4],无赦。狐突之子毛及偃从重耳在秦,弗召。冬,怀公

执狐突[⑤]，曰："子来则免[⑥]。"对曰："子之能仕，父教之忠，古之制也。策名委质[⑦]，贰乃辟也[⑧]。今臣之子名在重耳，有年数矣[⑨]。若又召之，教之贰也。父教子贰，何以事君？刑之不滥，君之明也，臣之愿也。淫刑以逞[⑩]，谁则无罪[⑪]？臣闻命矣。"乃杀之。

卜偃称疾不出[⑫]，曰："《周书》有之[⑬]：'乃大明服[⑭]。'己则不明[⑮]，而杀人以逞，不亦难乎[⑯]？民不见德，而唯戮是闻[⑰]，其何后之有[⑱]？"

〔注释〕

①晋惠公：名夷吾。 ②怀公：子圉。亡人：指重耳。怀公伯父。 ③期：约定。敦煌写本（P.3634）作"其"。 ④期（jī 阴）：周年。 ⑤"怀公"句：未至周年而怀公执狐突。 ⑥子：指狐突之二子。 ⑦策名：书名于策。委质：谓献上见面礼，确定君臣之分。古人相见，执贽为礼，如卿以羔，大夫以雁，士以雉。质：通"贽"。初次见面时所持的礼物。 ⑧贰：背叛。辟（bì）：诛。⑨年数：时日。数：时。 ⑩淫刑以逞：滥施刑罚以逞己意。淫：滥，过甚。逞：快。 ⑪则：能。 ⑫卜偃：郭偃。晋大夫，掌占卜。 ⑬《周书》：引文出自《尚书·康诰》。 ⑭乃大明服：言明其法度。服：法。 ⑮则：若。表示假设。 ⑯难：病。 ⑰唯戮是闻：唯闻杀戮。闻：知，见。 ⑱何后之有：即"有何后"。僖公二十四年，怀公为重耳所杀。

十一月，杞成公卒。书曰"子"[①]，杞，夷也。不书名，未同盟也。凡诸侯同盟，死则赴以名，礼也。赴以名[②]，则亦书之，不然则否[③]，辟不敏也[④]。

〔注释〕

①"书曰"三句:杞本称伯,用夷礼,故贬称子。此释《春秋》书法。 ②"赴以"句:谓未同盟而赴以名则亦书其名。 ③不然则否:未同盟而不以名告则不书其名。 ④辟不敏:谓惩戒其不敬。辟:明。敏:敬。文公十四年《传》:"凡崩、薨,不赴则不书。祸、福,不告亦不书。惩不敬也。

晋公子重耳之及于难也①,晋人伐诸蒲城②。蒲城人欲战。重耳不可,曰:"保君父之命而享其生禄③,于是乎得人④。有人而校⑤,罪莫大焉。吾其奔也。"遂奔狄⑥。从者狐偃、赵衰、颠颉、魏武子、司空季子⑦。

狄人伐廧咎如⑧,获其二女叔隗、季隗,纳诸公子。公子取季隗,生伯儵、叔刘⑨。以叔隗妻赵衰,生盾。将适齐,谓季隗曰:"待我二十五年⑩,不来而后嫁。"对曰:"我二十五年矣,又如是而嫁,则就木焉⑪。请待子。"处狄十二年而行。

过卫,卫文公不礼焉。出于五鹿⑫,乞食于野人,野人与之块⑬。公子怒,欲鞭之。子犯曰⑭:"天赐也⑮。"稽首⑯,受而载之。

及齐,齐桓公妻之⑰。有马二十乘,公子安之。从者以为不可。将行,谋于桑下。蚕妾在其上⑱,以告姜氏⑲。姜氏杀之,而谓公子曰:"子有四方之志⑳,其闻之者,吾杀之矣。"公子曰:"无之。"姜曰:"行也!怀与安㉑,实败名㉒。"公子不可。姜与子犯谋,醉而遣之。醒,以戈逐子犯。

及曹,曹共公闻其骈胁㉓,欲观其裸。浴,薄而观之㉔。

僖负羁之妻曰[25]："吾观晋公子之从者，皆足以相国。若以相，夫子必反其国[26]。反其国，必得志于诸侯。得志于诸侯，而诛无礼，曹其首也。子盍蚤自贰焉[27]！"乃馈盘飧[28]，置璧焉[29]。公子受飧反璧。

及宋，宋襄公赠之以马二十乘。

及郑，郑文公亦不礼焉。叔詹谏曰[30]："臣闻天之所启[31]，人弗及也。晋公子有三焉[32]，天其或者将建诸[33]，君其礼焉！男女同姓[34]，其生不蕃。晋公子，姬出也，而至于今[35]，一也。离外之患[36]，而天不靖晋国[37]，殆将启之[38]，二也。有三士足以上人[39]，而从之，三也。晋、郑同侪[40]，其过子弟[41]，固将礼焉，况天之所启乎？"弗听。

及楚，楚子飨之[42]，曰："公子若反晋国，则何以报不穀[43]？"对曰："子女玉帛[44]，则君有之。羽毛齿革[45]，则君地生焉。其波及晋国者[46]，君之余也，其何以报君[47]？"曰："虽然，何以报我？"对曰："若以君之灵[48]，得反晋国，晋、楚治兵，遇于中原，其辟君三舍[49]。若不获命[50]，其左执鞭弭[51]，右属櫜鞬[52]，以与君周旋[53]。"子玉请杀之[54]。楚子曰："晋公子广而俭[55]，文而有礼[56]。其从者肃而宽[57]，忠而能力[58]。晋侯无亲，外内恶之。吾闻姬姓[59]，唐叔之后其后衰者也，其将由晋公子乎！天将兴之，谁能废之？违天，必有大咎[60]。"乃送诸秦。

秦伯纳女五人，怀嬴与焉[61]。奉匜沃盥[62]，既而挥之[63]。怒曰[64]："秦、晋，匹也[65]，何以卑我[66]！"公子惧，降服而囚[67]。

他日，公享之。子犯曰："吾不如衰之文也，请使衰从。"

公子赋《河水》[68]，公赋《六月》[69]。赵衰曰："重耳拜赐[70]！"公子降、拜、稽首[71]，公降一级而辞焉[72]。衰曰："君称所以佐天子者命重耳，重耳敢不拜[73]！"

〔注释〕

①"晋公子"句：晋公子重耳遭难出奔的时候。重耳为晋献公庶子，骊姬之乱，太子申生自杀，重耳奔蒲，事见僖公四年《传》。 ②蒲城：晋邑，在今山西蒲县。 ③保：恃。享：食。生禄：养生之禄。 ④于是乎得人：谓因禄而得众。 ⑤校（jiào）：对抗。 ⑥狄：古代北方少数民族部落。重耳之母为狄人，故奔狄。 ⑦狐偃：重耳的舅父。赵衰（cuī）：字子馀。颠颉：晋大夫。魏武子：名犨（chōu）。司空季子：名胥臣。 ⑧廧咎（qiáng gāo）如：赤狄的别支，隗姓，在今河南安阳市西南一带。 ⑨儵：音 chóu。 ⑩二十五年：二十五岁。年：岁。 ⑪就木：入棺。谓死亡。 ⑫出：行，经过。五鹿：卫地，在今河南濮阳市南。 ⑬块：土块。 ⑭子犯：狐偃的字。 ⑮天赐：谓得到土块，是上天赐予土地的象征。 ⑯稽（qǐ）首：叩头至地。古时最重的跪拜礼。 ⑰"齐桓"句：据《史记・齐太公世家》，事在齐桓公四十二年（鲁僖公十六年）。 ⑱蚕妾：养蚕的女奴。在其上：在桑树上。 ⑲姜氏：重耳之妻。齐桓公女。 ⑳有四方之志：谓将远行。 ㉑怀与安：指贪恋安逸。怀：安。与：于。 ㉒败：毁败。㉓曹共公：名襄。骈胁：肋骨长得连成一片。骈：相连。 ㉔薄：帘。《国语・晋语四》："（曹共公）欲观其状，止其舍，谍其将浴，设微薄而观之。" ㉕僖负羁：曹大夫。 ㉖夫子：古代对男子的尊称。此指重耳。《国语・晋语四》："其从者皆国相也，以相一人，必得晋国。" ㉗盍：何不。蚤：通"早"。贰：别。表示与曹君有所不同。 ㉘馈：赠送。盘飧（sūn）：以盘装盛的饭食。飧：熟

食。 ㉙置璧焉：置璧于饭中。 ㉚叔詹：郑大夫。 ㉛天之所启：指为天所保佑的人。启：佑助。 ㉜有三焉：有三点与众不同之处。 ㉝其：或，也许。与“或者”同义。建：建立。指立为君主。诸：“之乎”的合音。 ㉞“男女”二句：指男女同姓婚配，子孙不能繁盛。重耳的母亲是大戎狐姬，与晋同姓。 ㉟“晋公子”三句：言重耳之母为姬姓（与晋同姓），而存活至今。献公之子九人，当时唯重耳尚在。《国语·晋语四》云重耳出奔时十七岁，在外十九年，即位四年，则此时为四十岁。《史记·晋世家》则云出奔时“重耳年四十三”，又云“重耳出亡凡十九岁而得入，时年六十二矣”。皆误。出：生。 ㊱离外之患：指遭遇流亡之忧。离：通“罹”。患：忧。 ㊲“天”后有“下”字，据阮元《校勘记》及敦煌写本（P. 3634）、（S. 1443）删。靖：安。 ㊳殆：大概。㊴三士：指狐偃、赵衰、贾佗。上人：居于人上。 ㊵同侪（chái）：谓地位相等。同、侪同义，都是“等”“齐”的意思。 ㊶其过子弟：晋国经过郑国的子弟。 ㊷楚子：指楚成王。《国语·晋语四》：“楚成王以周礼享之，九献，庭实旅百。” ㊸不穀：犹言“不善之人”。古代君主自谦之辞。据《左传》、《国语》，周天子及齐、楚、吴、越之君均有用此称者。 ㊹子女：女子。指美女。 ㊺羽毛齿革：指鸟羽、牦牛、象牙、犀革。毛：通“旄”。 ㊻波及晋国：谓扩散而至于晋国。波：流，散。 ㊼其：将。 ㊽以君之灵：即托你的福。灵：福。 ㊾其：则。辟：同“避”。三舍：九十里。三十里为舍。 ㊿不获命：所请不被应允。《仪礼·士相见礼》：“主人对曰：‘某也固辞，不得命，将走见。’”郑玄注：“不得命者，不得见许之命也。”“不得命”与“不获命”同义。 51鞭：马鞭。弭（mǐ）：指弓。 52属（zhǔ）：着，附着。櫜鞬（gāo jiàn）：分别指放箭和弓的口袋。 53周旋：交战的委婉语。 54子玉：成得臣。楚令尹。 55广而俭：志向远大而行为检点。俭：约，约束。

㊹文:谓长于辞令。 ㊺肃而宽:恭敬而待人宽厚。 ㊻力:勉,勉力。 ㊼“吾闻”三句:我听说,在姬姓诸侯中,唐叔子孙所在之国衰落最迟,大概是公子重耳将要为君的缘故吧!唐叔:名虞,周成王之弟,封于唐,其子改国号为晋。 ㊽大咎:大祸。 ㊾怀嬴:秦穆公女,嫁给晋怀公为妻,故称怀嬴。与焉:在五人之中。此时公子圉已逃回晋国,故秦穆公又将怀嬴嫁给重耳。 ㊿奉匜(yí)沃盥:手持盛水器浇水给重耳洗手。匜:盛水器。沃:注水。 63既:事毕。挥之:重耳盥洗既毕,洒去手上余水。《说文·手部》:“挥,奋也。”振去之意。 64怒:重耳挥水而不待侍者授巾擦拭,怀嬴以为不敬,故怒。 65匹:敌,对等。 66卑:贱,轻视。 67降服而囚:谓降低所着衣服之等级,自拘谢罪。 68《河水》:逸诗。义取河水朝宗于海。重耳赋此诗,表示对秦国的尊敬。 69《六月》:《诗·小雅》篇名。这是歌颂尹吉甫辅佐周宣王北伐获胜的诗。秦穆公借此勉励重耳辅佐周天子建立功业。 70拜赐:拜命。赐:命。谓感谢秦穆公的好意。 71降、拜、稽首:下阶走到堂下,再拜、稽首(叩首至地)。 72降一级:降阶一等。宴享时,若宾卑主尊,宾必降拜,主必降辞。辞:辞谢其降拜。 73敢:岂敢。此条本与下年传文相接,为后人所割裂。

经

二十有四年春[①],王正月。

夏,狄伐郑。

秋七月。

冬,天王出居于郑[②]。

晋侯夷吾卒[③]。

〔注释〕

①二十有四年：公元前636年。 ②“天王”句：天子以天下为家，本无所谓外，亦无所谓出。此称天王“出居”，讥襄王行匹夫之孝，不顾天下之重，因避其母弟而出奔，实为自绝于周。据《传》，襄王出居在此年秋，《经》书于冬，从告。 ③“晋侯”句：据《传》，晋惠公卒在上年九月，《经》书于此年冬，从告。

传

二十四年春，王正月，秦伯纳之。不书[1]，不告入也。

及河，子犯以璧授公子[2]，曰：“臣负羁绁从君巡于天下[3]，臣之罪甚多矣。臣犹知之，而况君乎？请由此亡。”公子曰：“所不与舅氏同心者[4]，有如白水[5]！”投其璧于河[6]。

济河，围令狐[7]，入桑泉[8]，取臼衰[9]。二月甲午[10]，晋师军于庐柳[11]。秦伯使公子絷如晋师[12]。师退[13]，军于郇[14]。辛丑[15]，狐偃及秦、晋之大夫盟于郇[16]。壬寅[17]，公子入于晋师。丙午[18]，入于曲沃[19]。丁未[20]，朝于武宫[21]。戊申[22]，使杀怀公于高梁[23]。不书，亦不告也。

吕、郤畏逼[24]，将焚公宫而弑晋侯[25]。寺人披请见[26]。公使让之，且辞焉[27]。曰：“蒲城之役[28]，君命一宿[29]，女即至。其后余从狄君以田渭滨，女为惠公来求杀余，命女三宿，女中宿至[30]。虽有君命，何其速也？夫袪犹在[31]，女其行乎！”对曰：“臣谓君之入也[32]，其知之矣。若犹未也，又将及难。君命无二[33]，古之制也。除君之恶[34]，唯力是视。蒲人、狄人[35]，余何有焉[36]！今君即位，其无蒲、狄乎？齐桓公置射钩[37],而使管仲相。君若易之[38],何辱命焉[39]？行者其众[40],岂唯刑臣[41]？”公见之。以难告[42]。三月,晋侯潜会秦伯于王城[43]。己丑晦[44],公宫火。瑕甥、郤芮不获公,乃如河上。秦伯诱而杀之。晋侯逆夫人嬴氏以归[45]。秦伯送卫于晋三千人[46],实纪纲之仆[47]。

初,晋侯之竖头须[48],守藏者也[49]。其出也,窃藏以逃,尽用以求纳之[50]。及入,求见。公辞焉以沐[51]。谓仆人曰[52]:“沐则心覆[53],心覆则图反,宜吾不得见也。居者为社稷之守[54],行者为羁绁之仆,其亦可也,何必罪居者？国君而雠匹夫[55],惧者其众矣[56]。”仆人以告,公遽见之。

狄人归季隗于晋[57],而请其二子[58]。文公妻赵衰,生原同、屏括、楼婴[59]。赵姬请逆盾与其母[60],子馀辞[61]。姬曰:“得宠而忘旧,何以使人？必逆之!”固请,许之。来,以盾为才[62],固请于公,以为嫡子,而使其三子下之[63]。以叔隗为内子[64],而己下之。

晋侯赏从亡者,介之推不言禄[65],禄亦弗及。推曰:“献公之子九人,唯君在矣[66]。惠、怀无亲,外内弃之。天未绝晋,必将有主[67]。主晋祀者,非君而谁？天实置之[68],而二三子以为己力[69],不亦诬乎[70]？窃人之财,犹谓之盗,况贪天之功[71],以为己力乎？下义其罪[72],上赏其奸,上下相蒙[73],难与处矣!”其母曰:“盍亦求之[74]？以死,谁怼[75]？”对曰:“尤而效之[76],罪又甚焉。且出怨言,不食其食[77]。”其母曰:“亦使知之,若何？”对曰:“言,身之文也[78]。身将隐,焉用文之[79]？是求显也。”其母曰:“能如是乎？与女偕隐[80]。”遂隐

而死。晋侯求之,不获。以绵上为之田㉛,曰:“以志吾过㉜,且旌善人㉝。”

〔注释〕

①“不书”二句:《春秋》不书不记载重耳回国的事,是因为晋国没有告知鲁国。入:返,还。此条当与上年传文连读。 ②授:还。 ③负羁绁(xiè):谓随侍执役。羁绁:马络头和马缰绳。④所:若,如果。表示假设。舅氏:指子犯。子犯是重耳的舅父。⑤有如白水:谓黄河之神可以为证。有如:有。“如”亦训有。《仪礼·觐礼》:“礼日于南门外,礼月与四渎于北门外,礼山川丘陵于西门外。”郑玄注:“盟神必云日月山川焉者,尚著明也。”定公元年《左传》:“纵子忘之,山川鬼神其忘诸乎!” ⑥“投其”句:投璧自誓以取信。 ⑦令狐:地名,在今山西临猗县西。 ⑧桑泉:地名,在今山西临猗县临晋镇东南。 ⑨臼衰(cuī):地名,在今山西运城市解州镇东南。 ⑩二月甲午:二月无甲午。甲午为三月四日。 ⑪庐柳:地名,在今山西临猗县北。此句言怀公派兵拒重耳。 ⑫“秦伯”句:秦穆公派公子絷说服晋军接纳重耳回国。公子絷(zhí):秦穆公子。 ⑬师退:晋师退。 ⑭郇(xún):地名,山西运城市解州镇西北有郇城,即其地。 ⑮辛丑:十一日。 ⑯盟:杀牲歃血,对神发誓。 ⑰壬寅:十二日。 ⑱丙午:十六日。 ⑲曲沃:晋宗庙所在之地,在今山西闻喜县东北。⑳丁未:十七日。 ㉑武宫:曲沃武公之庙,在绛。武公是重耳的祖父。 ㉒戊申:十八日。 ㉓怀公:晋惠公之子,名圉。高梁:晋邑,在今山西临汾市东北。 ㉔吕、郤(xì):吕甥和郤芮。两人都是晋惠公的旧臣。 ㉕弑:《释文》作杀。晋侯:指重耳。 ㉖寺人披:晋宦官。名披。寺人即阉人。 ㉗焉:之。 ㉘蒲城之役:僖公五年,晋献公命寺人披伐蒲城,杀重耳。蒲城:晋邑,在今山

西蒲县。 ㉙“君命”二句：按国君之命，你可在第二天到达，而你当天就赶到了。一宿：住一晚。 ㉚中宿：第二宿（第三日）。㉛夫：代词。那个。袪（qū）：衣袖。 ㉜“臣谓”四句：我以为你这次回到晋国，该懂得做国君的道理了，如果还是不明此理，恐怕还将遭难！谓：以为。 ㉝“君命”二句：执行国君的命令，不能怀有二心，唯有尽己之力。 ㉞“除君”二句：言当尽力消除君患。恶：患。 ㉟蒲人、狄人：都是指重耳。重耳出逃，先在蒲，后在狄。 ㊱何有：谓不必怜惜。有：爱。 ㊲“齐桓公”二句：当初公子小白（即后来的齐桓公）与公子纠争位，管仲射中小白的带钩。桓公即位后采纳鲍叔的意见，不计前嫌，任用管仲为相。置：赦免。 ㊳易之：指采取与桓公不同的做法。 ㊴何辱命焉：谓不待重耳下令。 ㊵行者其众：谓出亡者将会很多。其：原本作“甚”，据纂图本、《释文》及杨伯峻说改。 ㊶刑臣：犹言“刑余之臣”。寺人披是阉人，故以此自称。 ㊷难：指吕、郤策划焚宫弑君的事。 ㊸潜：秘密，隐秘。王城：秦地，在今陕西大荔县东。㊹己丑：四月三十日。晦：旧历每月的最后一天（月大三十日，月小二十九日）。 ㊺逆：迎。嬴氏：文嬴，秦穆公女。或以为即晋怀公之妻辰嬴，实误。 ㊻卫：卫士，卫兵。 ㊼纪纲之仆：指管理门户仆役之事的人。 ㊽竖头须：近侍之臣。名头须。竖：左右小臣。由年少者充任。 ㊾守藏（zàng）者：看守库藏的人。㊿“尽用”句：用尽库藏资财谋求让重耳回国。 (51)焉：之。沐：洗头。 (52)仆人：指谒者。 (53)“沐则”二句：这是头须的话。大意是说：洗头时上身朝下，心也会颠倒过来，心一颠倒，考虑问题正好与常人相反。古人认为心掌管思考。 (54)居者：留在国内的人。头须自指。守：守卫者。 (55)匹夫：庶人。雠：怨，憎恨。(56)其：原本作“甚”。据纂图本、《释文》及杨伯峻说改。 (57)季隗：重耳在狄时娶的妻子。 (58)请其二子：请以伯鯈、叔刘留于狄。 ⑲楼:原本作“搂”,据阮元《校勘记》改。 ⑳赵姬:晋文公之女。 ㉑子馀:赵衰的字。 ㉒以……为:认为,以为。才:贤,贤能。 ㉓下之:位居其下。 ㉔内子:嫡妻,正妻。 ㉕介之推:姓介,名推。“之”为语助词。春秋时人名中有“之”字者,皆属此类。 ㉖君:指重耳。矣:耳。 ㉗必将:必,必定。必、将同义。主:君。 ㉘置:立。 ㉙二三子:指跟随重耳出奔的人。 ㉚诬:欺,欺骗。《说文》:“诬,加也。”即以无为有。 ㉛“况贪”二句:何况将天所成就之功据为己有呢?贪:偷。与上文“盗”同义。力:功。 ㉜“下义”二句:臣下把有罪的事当作正义的,君主奖赏盗贼。奸:盗。《广雅·释诂》:“奸、宄、窃,盗也。” ㉝蒙:欺,欺骗。 ㉞盍亦:盍,何不。亦:语助词,无义。 ㉟以死,谁怼(duì):因此而死,又能怨谁呢?怼:怨恨。 ㊱“尤而”二句:既指责他们不对,却又仿效他们,罪过就比他们更大了。尤:归罪,指责。 ㊲不食其食:即不食其禄。 ㊳文:文饰。 ㊴焉用:何须。文:文饰。 ㊵偕:一起,共同。 ㊶绵上:地名,在今山西介休市南四十里的介山之下。为之田:为介子推之田。此为虚封。之:其。 ㊷志:记。 ㊸旌:表彰。善人:贤人。

郑之入滑也①,滑人听命。师还,又即卫②。郑公子士、泄堵俞弥帅师伐滑③。王使伯服、游孙伯如郑请滑④。郑伯怨惠王之入而不与厉公爵也⑤,又怨襄王之与卫、滑也⑥,故不听王命,而执二子。王怒,将以狄伐郑。富辰谏曰⑦:“不可。臣闻之:大上以德抚民⑧,其次亲亲⑨,以相及也⑩。昔周公吊二叔之不咸⑪,故封建亲戚以蕃屏周。管、蔡、郕、霍、鲁、卫、毛、聃、郜、雍、曹、滕、毕、原、酆、郇⑫,文之昭也⑬。邘、晋、应、韩⑭,武之穆也⑮。凡、蒋、邢、茅、胙、祭⑯,

周公之胤也[17]。召穆公思周德之不类[18]，故纠合宗族于成周而作诗[19]，曰：'常棣之华[20]，鄂不韡韡[21]。凡今之人[22]，莫如兄弟。'其四章曰：'兄弟阋于墙[23]，外御其侮。'如是，则兄弟虽有小忿，不废懿亲[24]。今天子不忍小忿，以弃郑亲[25]，其若之何？庸勋、亲亲、昵近、尊贤[26]，德之大者也。即聋、从昧、与顽、用嚚[27]，奸之大者也。弃德、崇奸[28]，祸之大者也。郑有平、惠之勋[29]，又有厉、宣之亲[30]，弃嬖宠而用三良[31]，于诸姬为近[32]，四德具矣。耳不听五声之和为聋[33]，目不别五色之章为昧[34]，心不则德义之经为顽[35]，口不道忠信之言为嚚，狄皆则之，四奸具矣。周之有懿德也，犹曰莫如兄弟[36]，故封建之。其怀柔天下也[37]，犹惧有外侮。扞御侮者[38]，莫如亲亲，故以亲屏周[39]。召穆公亦云[40]。今周德既衰，于是乎又渝周、召[41]，以从诸奸[42]，无乃不可乎？民未忘祸[43]，王又兴之[44]，其若文、武何[45]？"王弗听。使颓叔、桃子出狄师[46]。

〔注释〕

①"郑之"句：郑国攻入滑国的时候。郑入滑在僖公二十年。②即卫：亲近卫国。即：就。　③公子士：郑文公子。泄堵俞弥：郑大夫。即泄堵寇，又称堵叔。泄寇封于堵，因以为氏。　④王：指周襄王。伯服、游孙伯：二人皆周大夫。请滑：以滑为请。即请郑不要攻打滑国。　⑤"郑伯"句：庄公二十一年《传》载，周子颓之乱，郑厉公率师平定王室，惠王得以返周。郑厉公享惠王，王与之鞶鉴（镜子），虢公请器，王与之爵（饮酒器），厉公颇为不满。厉公：名突。郑文公之父。入：返。　⑥"又怨"句：又怨襄王（惠王之子）亲近卫、滑。与：亲。　⑦富辰：周大夫。　⑧大（tài）

上:太上。最高一等。抚:安。 ⑨其次:次一等的。亲亲:亲其所亲。 ⑩以相及:谓由亲及疏,由近及远。 ⑪“周公”二句:周公伤夏、殷之季世,疏其亲戚,以至于灭亡,故广封其兄弟。吊:伤。二叔:夏、殷二朝之末世。咸:和。蕃屏:拱卫。蕃:屏。⑫管:管叔鲜封国,在今河南郑州市。蔡:蔡叔度封国,在今河南上蔡县。郕(chéng):叔武所封国,在今河南范县、山东宁阳县东北一带。霍:叔处所封之国,在今山西霍州市西南。鲁:周公旦封国。周公摄政,留京师,由长子伯禽就封为鲁君。在今山东曲阜市。毛:叔郑所封之国,在今陕西扶风县,后改封在今河南宜阳县。聃:季载所封之国,在今湖北荆门市东南。郜(gào):文王第十二子所封之国,都北郜城,在今山东成武县东南。雍:文王第十三子所封之国,在今河南沁阳市东北。曹:文王子曹叔振铎封国,在今山东定陶县。滕:文王子错叔绣封国,在今山东滕州市西南。毕:文王子毕公高所封之国,在今陕西咸阳市西北。原:文王第十六子所封之国,在今河南济源市西北。酆(fēng):亦作“丰”。文王子封国,在今陕西户县东。郇(xún):文王子封国,在今山西临猗县西南。 ⑬文之昭:文王之子。古代宗庙、墓地排列之次序,始祖居中,左昭右穆。周以后稷为始祖,其子为昭,其孙为穆。后世子孙昭生穆,穆生昭,以世次计(单数为昭,偶数为穆)。文王为后稷十四世孙,为穆,故其子为昭。 ⑭邘(yú):周武王第二子所封之国,在今河南沁阳市西北。应(yīng):武王第四子所封之国,在今河南鲁山县东。韩:武王子所封之国,初封在今河北固安县东,后改封在今陕西韩城市。 ⑮武之穆:武王之子。武王于周为昭,故其子为穆。 ⑯凡:周公第二子所封之国,在今河南辉县市西南。蒋:周公第三子伯龄所封之国,今河南固始县东有蒋乡,即其地。邢:周公第四子所封之国,在今河北邢台市。茅:周公庶子所封之国,在今山东金乡县西北。胙:周公庶子所封之国,在今河南延津县北。祭(zhài):周公第七子所封之国,在今河南郑州市东北。 ⑰胤:嗣,后代。 ⑱召(shào)穆公:周卿士,名虎,召康公之后。不类:不善。 ⑲纠合:集合。纠:聚,合。成周:指西周的东都洛邑,在今河南洛阳市东。作诗:以下引文出自《诗·小雅·常棣》。 ⑳常棣(dì):棣。即甘棠。开白花,果实如樱桃,可食。华(huā):花。 ㉑鄂不:花托与花蒂。鄂:花托。不:同"柎",花蒂。"不"古文象萼蒂之形。韡韡(wěi wěi):形容有光华。原本作韩韩,据阮元《校勘记》改。此二句以常棣起兴,比喻兄弟和睦,则强盛而有光华。 ㉒"凡今"二句:言凡当今之人,亲爱莫如兄弟。 ㉓"兄弟"二句:谓兄弟虽然内部不和,犹能共同抵御外侮。阋(xì)于墙:争讼于内。侮:侵,陵。 ㉔懿亲:至亲。指宗亲。 ㉕弃:绝。 ㉖庸勋:善待有功之人。庸:偿,酬报。《小尔雅·释言》"庸,偿也。"昵:亲。 ㉗即聋、从昧:亲近昏聩之人。聋:听不聪。从:就,依就。昧:视不明。与:亲。嚚(yín):指愚蠢之人。 ㉘弃:背。崇奸:与坏人同流合污。崇:从。奸:邪。 ㉙"郑有"句:平王东迁,主要依靠晋、郑二国。惠王出奔,虢、郑纳之。此言庸勋。 ㉚"又有"句:郑始封之君桓公,名友,为周厉王之子,宣王同母弟。此言亲亲。 ㉛弃嬖宠:僖公七年,郑杀嬖臣申侯。十六年,杀宠子子华。三良:指叔詹、堵叔、师叔。良:贤。此言尊贤。 ㉜于诸姬为近:郑与周之关系,亲于其他姬姓之国。郑桓公为周司徒,武公、庄公为周卿士。近:亲,亲近。 ㉝五声:宫、商、角、徵、羽。 ㉞五色:青、黄、赤、白、黑。章:彰,明。 ㉟则:法。以为法则。经:法,法度。 ㊱曰:认为,以为。 ㊲怀柔:安定。怀、柔皆训"安"。 ㊳扞御:抵御。扞:同"捍",御。 ㊴屏:藩屏。 ㊵亦云:亦然。云:然。㊶渝周、召:改变周公、召公亲近兄弟之道。 ㊷以从诸奸:谓欲以狄师伐郑。诸:于。 ㊸祸:指子颓之乱与叔带召狄之事。

㊹兴之：引起祸端。兴：作。 ㊺“其若”句：言将废文、武之功业，无法交代。若：奈。 ㊻颓叔、桃子：皆周大夫。出：发。

夏，狄伐郑，取栎[1]。

〔注释〕

①栎（lì）：郑邑，在今河南禹州市。

王德狄人，将以其女为后[1]。富辰谏曰：“不可。臣闻之曰：‘报者倦矣[2]，施者未厌。’狄固贪婪，王又启之[3]。女德无极[4]，妇怨无终，狄必为患。”王又弗听。

初，甘昭公有宠于惠后[5]，惠后将立之，未及而卒。昭公奔齐[6]。王复之[7]，又通于隗氏[8]。王替隗氏[9]。颓叔、桃子曰：“我实使狄，狄其怨我[10]。”遂奉大叔以狄师攻王。王御士将御之[11]，王曰：“先后其谓我何[12]？宁使诸侯图之。”王遂出。及坎欿[13]，国人纳之。

秋，颓叔、桃子奉大叔，以狄师伐周，大败周师，获周公忌父、原伯、毛伯、富辰[14]。王出适郑，处于氾[15]。大叔以隗氏居于温[16]。

〔注释〕

①将：欲。 ②“报者”二句：谓受惠者已厌烦报答，施恩者却尚未满足。 ③启：导，诱导。 ④“女德”二句：谓妇女之天性，近之则不知足，远之则怨愤不已。德：性。定公四年《传》：“夷德无厌。”无极：不知满足。极：止，足。无终：无穷无尽。终：尽。 ⑤甘昭公：即王子带，惠王之子，襄王同母弟。封于甘，昭

是谥号。 ⑥昭公奔齐：王子带出奔齐国。事见僖公十二年《传》。 ⑦王复之：周襄王召回王子带。在二十二年。复：回来。此为使动用法。 ⑧通：私通。隗氏：襄王之后，狄女。 ⑨替：废。 ⑩其：殆。 ⑪御士：侍卫之士。 ⑫"先后"句：已故的王后会如何看我？谓：言。 ⑬坎欿(dǎn)：周地，在今河南巩义市东南。 ⑭周公忌父、原伯、毛伯、富辰：四人都是周襄王的大臣。 ⑮氾(fàn)：郑地，在今河南襄城县南，因南氾水而得名。⑯温：地名，在今河南温县西南。

郑子华之弟子臧出奔宋[①]，好聚鹬冠[②]。郑伯闻而恶之[③]，使盗诱之。八月，盗杀之于陈、宋之间。

君子曰："服之不衷[④]，身之灾也[⑤]。《诗》曰[⑥]：'彼己之子[⑦]，不称其服[⑧]。'子臧之服，不称也夫！《诗》曰[⑨]：'自诒伊戚[⑩]。'其子臧之谓矣[⑪]。《夏书》曰[⑫]：'地平天成[⑬]。'称也。"

〔注释〕

①子臧：郑太子子华同母弟。僖公十六年，郑杀子华，故子臧出奔。 ②鹬(yù)冠：鹬羽制成之冠。鹬：一种水鸟，天将雨即鸣。 ③"郑伯"句：鹬冠为非常之服，子臧得罪出奔，不自收敛而炫奇，故郑伯恶之。 ④衷：中，适。谓合宜。 ⑤灾：祸。⑥《诗》曰：引文出自《诗·曹风·候人》。 ⑦彼己(jì)之子：那个人。彼、己、之三字同义，用作代词。今本《诗经》"己"作"其"，义同。 ⑧不称其服：与"服之不衷"同义。称：相称。 ⑨《诗》曰：引文出自《诗·小雅·小明》。 ⑩自诒伊戚：自取此忧患。诒：遗。伊：此。戚：忧。 ⑪矣：也。 ⑫《夏书》：逸书。今古

文《尚书·大禹谟》有此句。 ⑬地平天成:犹天地平成。比喻天地万物各得其宜。平、成二字同义。

宋及楚平[①]。宋成公如楚[②]。还,入于郑。郑伯将享之[③],问礼于皇武子[④],对曰:"宋,先代之后也[⑤],于周为客[⑥]。天子有事[⑦],膰焉[⑧];有丧[⑨],拜焉。丰厚可也。"郑伯从之。享宋公,有加礼[⑩]。

〔注释〕

①平,和解。 ②宋成公:名王臣。宋襄公之子。 ③享:通"飨"。 ④皇武子:郑卿。 ⑤先代:前朝。代:朝。宋为商之后裔。 ⑥于周为客:谓周以客礼待之。为:是。 ⑦有事:指祭祀宗庙。 ⑧膰(fán):祭肉。此指赐胙,以示尊重。 ⑨有丧,拜焉:宋吊周丧,周王特拜谢之。 ⑩有加礼:谓礼数加厚。"礼"下原有"也"字,《释文》曰:"一本无'也'字。"今据删。襄公三十一年《传》:"晋侯见郑伯,有加礼,厚其宴好而归之。"

冬,王使来告难,曰:"不穀不德[①],得罪于母氏之宠子带[②],鄙在郑地氾[③],敢告叔父[④]。"臧文仲对曰:"天子蒙尘于外[⑤],敢不奔问官守[⑥]?"王使简师父告于晋[⑦],使左鄢父告于秦[⑧]。

天子无出[⑨]。书曰"天王出居于郑",辟母弟之难也[⑩]。天子凶服、降名[⑪],礼也。

〔注释〕

①不穀:意为"不善"。君主自谦之辞。据《左传》,周天子及

齐、楚之君均有用此称者。　②母氏之宠子带：母亲所宠爱的儿子子带。母氏：原本作“母弟”，僖公五年孔《疏》引《传》作“母氏”，今据改。宠：尊。《说文》：“宠，尊居也。”本意为尊者所居之处，此用作尊贵义。“母氏之宠弟”谓母亲所生地位尊贵的弟弟。③鄙：指野处。　④叔父：天子称同姓诸侯曰叔父或伯父。⑤蒙尘：指君主奔波于外。天子出奔，身被尘土，故曰蒙尘。⑥官守：王之左右群臣。守：官。　⑦简师父：周大夫。　⑧左鄢父：周大夫。　⑨天子无出：天子无所谓出奔。天下皆天子所有，故不言出。《礼记·曲礼下》：“天子不言出。”　⑩母弟：指叔带。襄王同母弟。　⑪凶服：丧服。降名：指自称“不穀”。

郑伯与孔将鉏、石甲父、侯宣多省视官具于氾[①]，而后听其私政[②]，礼也[③]。

〔注释〕

①孔将鉏、石甲父、侯宣多：三人皆郑大夫。省视：察看。官具：天王所需器具。官：指天子。具：器物。　②私政：指郑国之政。　③礼也：谓合于先君后己之礼。

卫人将伐邢，礼至曰[①]：“不得其守[②]，国不可得也。我请昆弟仕焉[③]。”乃往，得仕[④]。

〔注释〕

①礼至：卫大夫。　②守：谓邢之正卿。　③昆弟：兄弟。仕焉：仕于邢。　④此条本与下年传文相接，为后人所割裂。

经

二十有五年春[①],王正月丙午[②],卫侯燬灭邢。

夏四月癸酉[③],卫侯燬卒。

宋荡伯姬来逆妇[④]。

宋杀其大夫。

秋,楚人围陈[⑤],纳顿子于顿。

葬卫文公。

冬十有二月癸亥[⑥],公会卫子、莒庆[⑦],盟于洮[⑧]。

〔注释〕

①二十有五年:公元前635年。 ②丙午:二十一日。 ③癸酉:二十日。 ④荡伯姬:伯姬为鲁女,嫁为宋大夫荡氏妻。来逆妇:伯姬为其子逆妇。女子越境逆妇,不合于礼,《春秋》载其事以示讥刺。 ⑤"楚人"二句:顿子为陈所迫而出奔,故楚围陈以纳之。顿:国名,姬姓,今湖北荆门市偏西有南顿故城,即其地。 ⑥癸亥:十三日。 ⑦卫子:卫文公卒未逾年,故卫侯不称爵而称"子"。莒庆:莒大夫。 ⑧洮(táo):鲁地,在山东泗水县东南。

传

二十五年春,卫人伐邢。二礼从国子巡城[①],掖以赴外[②],杀之。正月丙午,卫侯燬灭邢[③]。同姓也,故名。礼至为铭曰[④]:"余掖杀国子,莫余敢止[⑤]。"

〔注释〕

①二礼：礼至与其弟。国子：邢之正卿。　②掖：捉持其臂。《说文》："掖，以手持人臂也。"赴：至。　③"卫侯"三句：《礼记·曲礼下》："诸侯不生名，……灭同姓，名。"卫侯灭同姓，故《春秋》书卫侯燬之名，以示憎恶。　④为铭：作铭文。铭：作文刻于器物之上，称述平生功德，使传扬后世，或用以自警。　⑤莫余敢止：即莫敢止余。莫：没有人。此条当与上年传文连读。

秦伯师于河上[①]，将纳王[②]。狐偃言于晋侯曰[③]："求诸侯，莫如勤王。诸侯信之，且大义也。继文之业[④]，而信宣于诸侯[⑤]，今为可矣[⑥]。"使卜偃卜之[⑦]，曰："吉。遇黄帝战于阪泉之兆[⑧]。"公曰："吾不堪也[⑨]。"对曰："周礼未改[⑩]。今之王，古之帝也。"公曰："筮之[⑪]。"筮之，遇《大有》☲之《睽》☲[⑫]，曰："吉。遇'公用享于天子'之卦[⑬]。战克而王飨[⑭]，吉孰大焉。且是卦也，天为泽以当日[⑮]，天子降心以逆公，不亦可乎？《大有》去《睽》而复[⑯]，亦其所也。"

晋侯辞秦师而下[⑰]。三月甲辰[⑱]，次于阳樊[⑲]。右师围温[⑳]，左师逆王。夏四月丁巳[㉑]，王入于王城[㉒]。取大叔于温，杀之于隰城[㉓]。

戊午[㉔]，晋侯朝王。王飨醴[㉕]，命之宥[㉖]。请隧[㉗]，弗许，曰："王章也[㉘]。未有代德[㉙]，而有二王[㉚]，亦叔父之所恶也[㉛]。"与之阳樊、温、原、欑茅之田[㉜]。晋于是始起南阳[㉝]。

阳樊不服，围之。苍葛呼曰[㉞]："德以柔中国[㉟]，刑以威四夷，宜吾不敢服也。此谁非王之亲姻[㊱]，其俘之也[㊲]？"乃

出其民㊳。

〔注释〕

①秦伯:指秦穆公。师:驻扎。 ②纳王:送襄王回京师。此时周王避王子带之乱,出居于郑。 ③狐偃:晋大夫。晋侯:指晋文公。 ④文:晋文侯,名仇。晋文侯杀携王而立平王,平王嘉其功绩,锡文侯命。《尚书》有《文侯之命》。 ⑤宣:明。 ⑥为:其。 ⑦卜偃:郭偃,晋大夫,掌占卜。卜:钻刻龟甲,灼烧视兆(裂痕)以预测吉凶。 ⑧"遇黄帝"句:黄帝与炎帝战于阪泉之野而胜之,故以为吉。阪泉:在今河北涿鹿县。 ⑨不堪:谓不敢当此卦。文公以为黄帝是指自己,故云不堪。 ⑩"周礼"三句:言周德虽衰,其命未改。今之王,乃与古之帝相当。谓帝兆与晋侯无关。 ⑪筮:以蓍草占卜以测吉凶。 ⑫《大有》䷍之《睽》䷥:卦象由《大有》变为《睽》。《大有》:《乾》下《离》上。《睽》:《兑》下《离》上。《大有》的第三爻由阳爻变为阴爻,整个卦象即从《大有》变为《睽》。 ⑬公用享于天子:此为《大有》九三爻辞。谓文公将接受天子飨宴。之卦:此下原有"也"字,据阮元《校勘记》删。 ⑭克:胜。 ⑮"天为"二句:谓天变为泽而居于日下,乃天子降心逆公之象。《大有》变为《睽》,其上卦(《离》)未变,下卦则由《乾》变为《兑》。《乾》为天,《兑》为泽,而居于《离》(《离》为日)下。故曰"天为泽而当日"。《乾》为天、为君,变为《兑》而居于《离》下,故曰"天子降心以逆公"。当:对。 ⑯"《大有》"二句:谓撇开《睽》卦不论,回到《大有》本卦,亦有天子降心之象。所:宜。 ⑰辞秦师:辞谢秦师使还。 ⑱甲辰:二十日。 ⑲阳樊:又名樊,亦名阳,在今河南济源市西南。 ⑳温:地名,在今河南温县西南。 ㉑丁巳:四日。 ㉒王城:东周都城,在今河南洛阳市东。 ㉓隰(xí)城:即隰郕,在今河南武陟县西南。 ㉔戊

午:五日。 ㉕王飨醴(lí):王设醴以享之。醴:甜酒。 ㉖命:赐。宥(yòu):侑币。宴享时赠送宾客的礼物。《国语·晋语四》:"王飨醴,命公胙侑。" ㉗请隧:向周王请求死后用隧葬之礼。隧:即隧道。古代葬礼悬棺而下,唯有天子可以开掘隧道,运棺入墓。 ㉘王章:周朝的典章制度。章:法。 ㉙代德:代周有天下之德。 ㉚二王:诸侯而用天子之葬礼,如二王并立。 ㉛叔父:指晋文公。天子称同姓诸侯为叔父或伯父。 ㉜原:今河南济源市北有原乡,即其地。欑(cuán)茅:在今河南修武县北。 ㉝起:启,开,开辟。南阳:在今河南新乡一带,亦即阳樊诸邑所在之地。其地在太行之南,黄河之北,故称南阳。 ㉞苍葛:阳樊人。 ㉟"德以"三句:谓晋以威四夷之法加兵于中国,故不服。柔:安。吾:指代阳樊人。 ㊱"此谁"句:谓在阳樊者,皆为王之亲戚婚姻。 ㊲其:乃。也:表示反诘语气。 ㊳出其民:谓让阳樊人迁走而仅取其地。

秋,秦、晋伐鄀①。楚斗克、屈御寇以申、息之师戍商密②。秦人过析③,隈入而系舆人④,以围商密,昏而傅焉⑤。宵坎血加书⑥,伪与子仪、子边盟者⑦。商密人惧,曰:"秦取析矣!戍人反矣!"乃降秦师。秦师囚申公子仪、息公子边以归⑧。楚令尹子玉追秦师⑨,弗及。遂围陈,纳顿子于顿。

〔**注释**〕

①鄀(ruò):秦、楚边疆上的小国,亦称"下鄀",允姓,都商密,在今河南内乡县、陕西商州市之间。后徙都上鄀,在今湖北宜城市。 ②斗克:时为申公。屈御寇:时为息公。申、息:皆楚邑。

戍商密：即戍鄀。斗克与屈御寇实戍析。 ③析：楚邑，一名“白羽”，在今河南西峡县。 ④“隈入”句：谓秦人突然入析，俘虏析人。隈（wēi）：通“猥”，猝。系：拘。舆人：众人。 ⑤昏：天黑。傅：蚁附。谓攀附攻城。 ⑥坎血加书：结盟时先凿地为方坎，杀牲于坎上，割牲左耳，以盘盛之，又取血，以敦盛之。读盟书以告神，然后与盟者歃血（小口饮血）。歃毕，加盟约正本于牲上，埋之，副本则由与盟者持归收藏。 ⑦“伪与”句：伪装与斗克、屈御寇结盟。者：句末语助词，无义。 ⑧“秦师”句：商密既降，守析之军亦败，故二人被俘。秦师：原本无此二字，据纂图本、阮元《校勘记》、杨伯峻说补。囚：俘。 ⑨子玉：成得臣的字。

冬，晋侯围原，命三日之粮。原不降，命去之。谍出，曰：“原将降矣。”军吏请待之[①]。公曰：“信，国之宝也，民之所庇也。得原失信，何以庇之？所亡滋多[②]。”退一舍而原降。迁原伯贯于冀[③]。赵衰为原大夫，狐溱为温大夫[④]。

〔注释〕

①军吏：原文此下有“曰”字，据敦煌写本（P. 4058）删。 ②亡：失。滋：已。 ③原伯贯：周之原大夫，名贯。冀：国名，在今山西河津市一带。 ④狐溱：狐毛之子。

卫人平莒于我[①]。十二月，盟于洮，修卫文公之好[②]，且及莒平也。

〔注释〕

①“卫人”句：僖公元年，鲁败莒于郦，获莒挐，二国相怨已久，至此经卫调停，始和解。 ②“修卫”句：卫成公修文公与鲁

僖公之好。修：续。

晋侯问原守于寺人勃鞮①。对曰："昔赵衰以壶飧从②，径馁而弗食③。"故使处原④。

〔注释〕

①原守：守原之大夫人选。寺人勃鞮：即寺人披。 ②壶飧（sūn）：以壶装盛的饭食。壶：盛饮食的器具。 ③径馁：《韩非子·外储说左下》作"寝饿"，意谓饿甚。 ④王引之以为此条当在"卫人平莒于我"条之前，疑误。

经

二十有六年春①，王正月己未②，公会莒子、卫宁速③，盟于向④。

齐人侵我西鄙。公追齐师⑤，至酅⑥，弗及⑦。

夏，齐人伐我北鄙⑧。

卫人伐齐。

公子遂如楚乞师⑨。

秋，楚人灭夔⑩，以夔子归。

冬，楚人伐宋，围缗⑪。

公以楚师伐齐⑫，取谷⑬。

公至自伐齐。

〔注释〕

①二十有六年：公元前634年。 ②己未：十日。 ③宁速：

宁庄子,卫大夫。 ④向:莒邑,在今山东莒县南七十里。 ⑤"公追"句:《春秋》记事一般不涉及过程,此次鲁君追逐齐师,远至齐地,故特笔书之。 ⑥酅(xī):齐地,在今山东平阴县南。⑦弗:原本作"不",据阮元《校勘记》及敦煌写本(P. 4058)改。⑧北鄙:北部边境。 ⑨公子遂:鲁卿。乞师:请求援军。 ⑩夔:国名,芈姓,今湖北秭归县东有夔子城,即其地。《经》不讥楚灭同姓,因夔有不祀先祖之罪。 ⑪缗:宋邑,在今山东金乡县东北二十五里。 ⑫公以楚师:鲁君能左右楚师,故称"以"。 ⑬谷:齐地,在今山东平阴县东阿镇。

传

二十六年春,王正月,公会莒兹丕公、宁庄子[①],盟于向,寻洮之盟也[②]。

〔注释〕

①莒兹丕公:莒君,号兹丕。莒君无谥,故以号为称。莒在今山东莒县。宁庄子:卫大夫。 ②寻:温,重申。洮之盟:在上年。

齐师侵我西鄙,讨是二盟也[①]。

〔注释〕

①二盟:指此年向之盟与上年洮之盟。齐孝公以盟主自居,鲁与莒、向盟,未告齐侯,故齐侵鲁。

夏,齐孝公伐我北鄙[①]。卫人伐齐[②],洮之盟故也。

公使展喜犒师[③],使受命于展禽[④]。齐侯未入竟[⑤],展

喜从之,曰:“寡君闻君亲举玉趾⑥,将辱于敝邑,使下臣犒执事⑦。”齐侯曰:“鲁人恐乎?”对曰:“小人恐矣,君子则否。”齐侯曰:“室如县罄⑧,野无青草,何恃而不恐?”对曰:“恃先王之命。昔周公、大公股肱周室⑨,夹辅成王。成王劳之⑩,而赐之盟曰:‘世世子孙,无相害也。’载在盟府⑪,大师职之⑫。桓公是以纠合诸侯⑬,而谋其不协,弥缝其阙⑭,而匡救其灾⑮,昭旧职也。及君即位,诸侯之望曰:‘其率桓之功⑯!’我敝邑用不敢保聚⑰,曰:‘岂其嗣世九年⑱,而弃命废职⑲,其若先君何⑳?君必不然。’恃此以不恐。”齐侯乃还㉑。

〔注释〕

①齐孝公:名昭。齐桓公之子。 ②“卫人”二句:鲁、卫结盟,有互救之义,故卫人伐齐。 ③展喜:鲁大夫,展禽之弟。犒(kào)师:以酒食慰劳军队。师指齐师。 ④受命:谓讨教。展禽:鲁大夫。即柳下惠。名获,字禽。 ⑤“齐侯”二句:谓展喜出境相迎。竟:同“境”。从:就。 ⑥“寡君”二句:谓齐侯亲自率军来伐。趾:足。辱:谦辞。谓使对方受屈辱了。 ⑦执事:左右从事之人。不敢斥言尊者,故婉言执事。 ⑧室如县(xuán)罄:喻空无所有。县罄,《国语·鲁语上》作“悬磬”。县:同“悬”。《说文》:“罄,器中空也。从缶,殸声。殸,古文磬字。” ⑨周公:鲁周公姬旦。大公:齐太公姜尚。股肱:谓辅佐。下文“夹辅”义同。 ⑩劳:功。以为有功。 ⑪载:载书。盟书。盟府:收藏盟誓的地方。 ⑫大师:官名,周之三公。太公为太师,兼掌司盟之职。或说当为太史之误。职:主。 ⑬纠合:聚集。 ⑭弥缝:弥合。弥、缝同义。阙:隙。引申为裂痕、矛盾。 ⑮匡救:救助。

匡、救二字同义。灾:祸。 ⑯其:表示期望的语气词。率:循,遵循。桓:指齐桓公。功:职。 ⑰用:因。谓因此旧盟。保聚:聚众保守。 ⑱嗣世:继位。 ⑲弃命:背命。弃:违。废职:废先人之职。 ⑳"其若"句:言无法向先人交代。若:奈。 ㉑齐侯乃还:《国语·鲁语上》曰:"齐侯乃许为平而还。"

东门襄仲、臧文仲如楚乞师[①]。臧孙见子玉而道之伐齐、宋[②],以其不臣也[③]。

夔子不祀祝融与鬻熊[④]。楚人让之,对曰:"我先王熊挚有疾[⑤],鬼神弗赦[⑥],而自窜于夔[⑦],吾是以失楚,又何祀焉?"秋,楚成得臣、斗宜申帅师灭夔[⑧],以夔子归。

〔注释〕

①东门襄仲:即公子遂。襄仲居东门,故以为氏。臧文仲:臧孙辰。鲁大夫。 ②子玉:楚令尹。道:引导。 ③不臣:谓不服从楚国。臣:服。 ④祝融:帝喾高辛氏之火正,楚国远祖。鬻(yù)熊:祝融十二世孙。夔由楚国分出,故当祀祝融与鬻熊。 ⑤熊挚:楚嫡子,因疾病不得嗣位,故别封为夔子。 ⑥弗赦:祈祷于鬼神而其疾不愈,故云鬼神弗赦。 ⑦窜:匿,躲藏。 ⑧成得臣:即子玉。楚令尹。斗宜申:子西,楚司马。

宋以其善于晋侯也[①],叛楚即晋[②]。冬,楚令尹子玉、司马子西帅师伐宋,围缗。

〔注释〕

①"宋以"句:重耳出奔过宋,宋襄公赠马二十乘。善:亲。

②叛楚即晋:僖公二十四年《传》载宋与楚结盟,宋成公如楚。

公以楚师伐齐,取谷。凡师,能左右之曰以[①]。置桓公子雍于谷[②],易牙奉之[③],以为鲁援。楚申公叔侯戍之[④]。桓公之子七人,为七大夫于楚[⑤]。

〔注释〕

①左右:谓指挥调动自如。 ②公子雍:齐桓公子。公子雍本与齐孝公争立,故使居谷以逼齐。 ③易牙:名雍巫,齐桓公宠臣。奉:辅佐。 ④申公叔侯:楚大夫。 ⑤"为七大夫"句:齐桓公之子七人奔楚,楚皆以为大夫。

经

二十有七年春[①],杞子来朝。

夏六月庚寅[②],齐侯昭卒。

秋八月乙未[③],葬齐孝公。

乙巳[④],公子遂帅师入杞[⑤]。

冬,楚人、陈侯、蔡侯、郑伯、许男围宋[⑥]。

十有二月甲戌[⑦],公会诸侯[⑧],盟于宋。

〔注释〕

①二十有七年:公元前633年。 ②庚寅:十九日。 ③乙未:二十五日。 ④乙巳:九月六日。 ⑤入:入其国而不据有其地。 ⑥楚人:据《传》,楚成王亲自参与围宋及会盟。《经》书"楚人"从告。 ⑦甲戌:六日。 ⑧诸侯:即上文楚、陈、蔡、郑、许各国。

传

二十七年春，杞桓公来朝[①]。用夷礼，故曰“子”。公卑杞[②]，杞不共也[③]。

〔注释〕

①“杞桓公”三句：杞本为夏之后裔，侯爵，入春秋称伯。杞迫近东夷，风俗混杂，今来朝而用夷礼，故《春秋》贬其号而称子。《礼记·曲礼下》：“其在东夷、北狄、西戎、南蛮，虽大曰子。” ②卑：贱，轻视。 ③共：同“恭”。

夏，齐孝公卒。有齐怨[①]，不废丧纪[②]，礼也[③]。

〔注释〕

①有齐怨：上年齐两次伐鲁。 ②丧纪：即丧事。纪：事。③礼也：虽有旧怨，而赠吊礼数不废，合于礼。

秋，入杞，责无礼也[①]。

〔注释〕

①责无礼：杞用夷礼，不恭，故责之。《四部丛刊》本无“无”字。

楚子将围宋[①]，使子文治兵于睽[②]，终朝而毕[③]，不戮一人[④]。子玉复治兵于蒍[⑤]，终日而毕，鞭七人，贯三人耳[⑥]。国老皆贺子文[⑦]。子文饮之酒。蒍贾尚幼[⑧]，后至，不贺。

子文问之。对曰："不知所贺。子之传政于子玉，曰：'以靖国也。'靖诸内而败诸外[9]，所获几何？子玉之败，子之举也。举以败国，将何贺焉？子玉刚而无礼，不可以治民[10]。过三百乘[11]，其不能以入矣[12]。苟入而贺，何后之有？"

冬，楚子及诸侯围宋。宋公孙固如晋告急[13]。先轸曰[14]："报施、救患、取威、定霸[15]，于是乎在矣[16]。"狐偃曰[17]："楚始得曹[18]，而新昏于卫，若伐曹、卫，楚必救之，则齐、宋免矣[19]。"于是乎蒐于被庐[20]，作三军[21]。谋元帅[22]。赵衰曰[23]："郤縠可[24]。臣亟闻其言矣[25]，说《礼》《乐》而敦《诗》《书》[26]。《诗》《书》，义之府也[27]。《礼》《乐》，德之则也[28]。德义，利之本也。《夏书》曰[29]：'赋纳以言[30]，明试以功[31]，车服以庸[32]。'君其试之！"乃使郤縠将中军，郤溱佐之[33]。使狐偃将上军，让于狐毛而佐之[34]。命赵衰为卿，让于栾枝、先轸[35]。使栾枝将下军，先轸佐之。荀林父御戎[36]，魏犨为右[37]。

〔注释〕

①楚子：指楚成王。名熊恽。　②子文：原先楚国的令尹。治兵：治军以习号令。睽：楚邑，未详何处。　③终朝：一个早晨。④戮：指惩处。　⑤子玉：成得臣。楚令尹。蒍（wěi）：楚邑，未详何处。　⑥贯：指以箭贯穿。《司马法》："小罪联之，中罪刖之，大罪刭之。"《说文》："联，军法以矢贯耳也。"　⑦国老：致仕之公卿大夫及命士。贺子文：贺其举荐得人。　⑧蒍贾：字伯嬴，孙叔敖之父。幼：年少。　⑨"靖诸"句：楚国内部安定了，对外却将要失败。　⑩治民：指治军。　⑪三百乘：一车四马为乘。

配备甲士三人,步卒七十二人。 ⑫“其不”句:谓必败,不能复帅师而返。僖公三十二年载蹇叔之言曰:“孟子,吾见师之出,而不见其入也。”其:将。入:返,还。 ⑬公孙固:宋庄公孙。 ⑭先轸(zhěn):原轸,晋下军副帅。 ⑮施:指宋襄公赠马于重耳。取威:树立威望。 ⑯于是乎在:在于此。 ⑰狐偃:晋文公舅父。 ⑱“楚始”二句:楚最近刚使曹归附,并与卫国建立婚姻关系。得:相亲。 ⑲齐、宋免矣:上年楚使申叔侯戍谷以逼齐,楚若救曹、卫,则齐必无患。 ⑳蒐:检阅,阅兵。被庐:晋地。未详何处。 ㉑作三军:闵公元年晋献公作二军,今又建一军。㉒元帅:指中军主帅。 ㉓赵衰:晋大夫。 ㉔郤縠(xì hú):晋大夫。 ㉕亟(qì):屡,屡次。 ㉖说《礼》《乐》:与下文“敦《诗》《书》”互文见义,谓敦悦《诗》《书》《礼》《乐》。说:同“悦”。敦:耽悦。 ㉗义之府:谓义之所聚。府:聚。 ㉘德之则:行为之准则。德:行。则:法,法度。 ㉙《夏书》:《尚书》的一部分。引文见《尚书·益稷》。 ㉚赋纳以言:谓采纳其言,以观其志。赋、纳都是“取”的意思。 ㉛明试以功:谓考察其事迹。明:察。功:事。㉜车服以庸:赐之车服以彰显之。车服:车乘及相关器物仪仗。庸:显。 ㉝郤溱:晋大夫。 ㉞狐毛:狐偃之兄。 ㉟栾枝:晋大夫。栾宾之孙。 ㊱荀林父:中行桓子。戎:戎车。 ㊲魏犨(chōu):魏武子。犨或本作“犫”。“犫”为“犨”之俗字。《左传》“犫”“犨”二字混用,后文不一一出注。右:车右。

晋侯始入[①],而教其民。二年,欲用之。子犯曰:“民未知义,未安其居[②]。”于是乎出定襄王[③],入务利民,民怀生矣[④]。将用之。子犯曰:“民未知信,未宣其用[⑤]。”于是乎伐原以示之信[⑥]。民易资者[⑦],不求丰焉[⑧],明征其辞[⑨]。公

曰:“可矣乎?”子犯曰:“民未知礼,未生其共。”于是乎大蒐以示之礼[⑩],作执秩以正其官[⑪]。民听不惑,而后用之。出谷戍[⑫],释宋围[⑬],一战而霸[⑭],文之教也[⑮]。

〔**注释**〕

①始入:僖公二十四年,重耳返回晋国。入:返,还。 ②未安其居:对生活不满意。安:乐。居:家。 ③“于是乎”二句:对外安定周室,对内致力于改善民生。文公纳襄王,在僖公二十五年。出:外。入:内。 ④怀生:安生。怀:谓留恋。 ⑤宣:明。⑥伐原:在二十五年。 ⑦易资:交易货物。资:货,财货。⑧不求丰:不使诈求多。 ⑨明征其辞:言辞诚实无欺。明征:诚,信。二字同义。 ⑩“于是乎”句:通过大蒐顺少长,明贵贱。⑪执秩:掌官爵秩禄之官。正:治。 ⑫出谷戍:二十六年,楚置齐公子雍于谷以逼齐,且使申公叔侯戍之。二十八年,楚子使申公去谷。 ⑬释宋围:楚子玉去宋。 ⑭一战:指下年城濮之战。⑮文:文德。

经

二十有八年春[①],晋侯侵曹。晋侯伐卫。

公子买戍卫[②],不卒戍[③],刺之[④]。

楚人救卫。

三月丙午[⑤],晋侯入曹,执曹伯,畀宋人[⑥]。

夏四月己巳[⑦],晋侯、齐师、宋师、秦师及楚人战于城濮[⑧],楚师败绩。

楚杀其大夫得臣[⑨]。

卫侯出奔楚。

五月癸丑[10]，公会晋侯、齐侯、宋公、蔡侯、郑伯、卫子、莒子[11]，盟于践土[12]。

陈侯如会[13]。

公朝于王所[14]。

六月，卫侯郑自楚复归于卫[15]。

卫元咺出奔晋[16]。

陈侯款卒。

秋，杞伯姬来[17]。

公子遂如齐。

冬，公会晋侯、齐侯、宋公、蔡侯、郑伯、陈子、莒子、邾子、秦人于温[18]。

天王狩于河阳[19]。

壬申[20]，公朝于王所。

晋人执卫侯[21]，归之于京师[22]。

卫元咺自晋复归于卫[23]。

诸侯遂围许[24]。

曹伯襄复归于曹[25]，遂会诸侯围许。

〔注释〕

①二十有八年：公元前632年。 ②公子买：鲁大夫，字子丛。 ③不卒戍：鲁畏晋，故杀公子买。"不卒戍"是托辞，非事实。 ④刺：杀。《春秋》书鲁杀大夫曰刺。 ⑤丙午：十日。⑥畀：与。 ⑦己巳：三日。 ⑧城濮：卫地，在今河南范县南七十里。 ⑨得臣：成得臣，楚令尹。 ⑩癸丑：十八日。 ⑪卫

子:卫本侯爵,此时成公出奔,其弟叔武摄位受盟,因未受王命,从未成君之礼,故称“子”。 ⑫践土:郑地,在今河南原阳县西南。 ⑬陈侯如会:陈本从楚,楚败,惧而从晋,赴会而不及盟,故云“如会”。 ⑭朝于王所:王不在京师而在践土,故云“王所”。 ⑮复归:国君出奔,复归其位称复归。 ⑯元咺(xuān):卫大夫。 ⑰杞伯姬:庄公女,杞成公、桓公之母,庄公二十五年归于杞。 ⑱陈子:陈穆公未葬,故不称爵而称“子”。邾子:原本作“邾人”。据阮元《校勘记》、杨伯峻说及敦煌写本(P.2509)改。温:地名,在今河南温县西南。 ⑲狩:冬猎。河阳:晋地,在今河南孟州市西三十五里。 ⑳壬申:十月九日。 ㉑晋人执卫侯:《左传·成公十五年》云:“凡君不道于其民,诸侯讨而执之,则曰某人执某侯。”卫侯无道,故称人以执。 ㉒归之于京师:诸侯不得相讨,故归之于京师。 ㉓“卫元咺”句:卫侯无道而出奔在外,卫人拥戴元咺,故书“复归”。 ㉔诸侯:指会于温之诸侯。遂围许:诸侯会于践土、温,许皆不至,诸侯因会而伐之。 ㉕“曹伯”二句:晋侯许复曹伯,曹伯并未回国而会诸侯围许。

传

二十八年春,晋侯将伐曹[①],假道于卫。卫人弗许。还,自南河济[②],侵曹、伐卫。正月戊申[③],取五鹿[④]。

二月,晋郤縠卒[⑤]。原轸将中军[⑥],胥臣佐下军[⑦],上德也[⑧]。

晋侯、齐侯盟于敛盂[⑨]。卫侯请盟,晋人弗许。卫侯欲与楚[⑩],国人不欲,故出其君[⑪],以说于晋[⑫]。卫侯出居于襄牛[⑬]。

〔注释〕

①"晋侯"二句:曹在卫之东,故假道于卫。晋侯:指晋文公。假道:借道。古代经过他国,必须假道。 ②自南河济:晋军绕道卫之南再向东。南河:原本作"河南",据纂图本、敦煌写本(P. 2509)、《宋本册府元龟》卷二五二及杨伯峻说改。南河亦作"南津",又称"棘津""济津",在今河南淇县南,已湮。 ③戊申:十一日。 ④五鹿:卫地,在今河南濮阳市南三十里。重耳过其地,乞食,卫人与之土块,故取其地。 ⑤郤縠(xì hú):晋中军帅(亦即三军主帅)。 ⑥原轸:先轸。食邑于原,故以为氏。⑦胥臣:名臼季。司空季子。 ⑧上德也:原轸本为下军佐(位列第六),今超升为中军主帅(位第一),是尊尚有德之人。⑨齐侯:指齐昭公。敛盂:卫地,在今河南濮阳市东南。 ⑩卫侯:指卫成公。与:从。 ⑪出:逐。 ⑫说(yuè):同"悦",取悦。 ⑬出居:指离开都城。襄牛:卫地,在今河南范县。

公子买戍卫①,楚人救卫,不克。公惧于晋,杀子丛以说焉②。谓楚人③:"不卒戍也。"

〔注释〕

①公子买戍卫:卫为楚之婚姻,鲁欲从楚,故戍卫。 ②子丛:公子买之字。 ③原本"人"下有"曰"字,据阮元《校勘记》、杨伯峻说删。

晋侯围曹,门焉①,多死。曹人尸诸城上②,晋侯患之。听舆人之谋③,称"舍于墓④"。师迁焉⑤。曹人凶惧⑥。为其所得者,棺而出之。因其凶也而攻之⑦。三月丙午⑧,入

曹。数之[9]，以其不用僖负羁，而乘轩者三百人也。且曰："献状[10]！"令无入僖负羁之宫，而免其族，报施也[11]。魏犨、颠颉怒曰[12]："劳之不图[13]，报于何有[14]！"爇僖负羁氏[15]。魏犨伤于胸。公欲杀之，而爱其材[16]。使问[17]，且视之[18]。病[19]，将杀之。魏犨束胸见使者，曰："以君之灵[20]，不有宁也[21]！"距跃三百[22]，曲踊三百[23]。乃舍之。杀颠颉以徇于师[24]，立舟之侨以为戎右[25]。

宋人使门尹般如晋师告急[26]。公曰[27]："宋人告急，舍之则绝[28]，告楚不许[29]。我欲战矣，齐、秦未可[30]，若之何？"先轸曰："使宋舍我而赂齐、秦[31]，藉之告楚[32]。我执曹君，而分曹、卫之田以赐宋人。楚爱曹、卫，必不许也。喜赂怒顽[33]，能无战乎[34]？"公说。执曹伯，分曹、卫之田以畀宋人[35]。

楚子入居于申[36]，使申叔去谷[37]，使子玉去宋，曰："无从晋师。晋侯在外[38]，十九年矣，而果得晋国[39]。险阻艰难，备尝之矣；民之情伪[40]，尽知之矣。天假之年[41]，而除其害[42]。天之所置[43]，其可废乎？《军志》曰[44]：'允当则归[45]。'又曰：'知难而退。'又曰：'有德不可敌。'此三志者[46]，晋之谓矣。"

子玉使伯棼请战[47]，曰："非敢必有功也[48]，愿以间执谗慝之口[49]。"王怒，少与之师，唯西广、东宫与若敖之六卒实从之[50]。

子玉使宛春告于晋师曰[51]："请复卫侯而封曹[52]，臣亦释宋之围[53]。"子犯曰[54]："子玉无礼哉！君取一[55]，臣取二[56]。不可失矣[57]。"先轸曰："子与之[58]。定人之谓礼[59]。楚一言而定三国[60]，我一言而亡之。我则无礼，何以战乎？不许楚言，是弃宋也。救而弃之，谓诸侯何[61]？楚有三施[62]，我有三怨，怨雠已多[63]，将何以战？不如私许复曹、卫以携之[64]，执宛春以怒楚[65]，既战而后图之[66]。”公说。乃拘宛春于卫，且私许复曹、卫。曹、卫告绝于楚[67]。

子玉怒，从晋师。晋师退。军吏曰：“以君辟臣，辱也。且楚师老矣[68]，何故退？”子犯曰：“师直为壮[69]，曲为老，岂在久矣？微楚之惠不及此[70]，退三舍辟之[71]，所以报也。背惠食言[72]，以亢其雠[73]，我曲楚直，其众素饱[74]，不可谓老。我退而楚还，我将何求？若其不还，君退臣犯，曲在彼矣。”退三舍。楚众欲止，子玉不可。

夏四月戊辰[75]，晋侯、宋公、齐国归父、崔夭、秦小子慭次于城濮[76]。楚师背酅而舍[77]，晋侯患之。听舆人之诵曰[78]：“原田每每[79]，舍其旧而新是谋[80]。”公疑焉。子犯曰：“战也！战而捷，必得诸侯；若其不捷，表里山河[81]，必无害也。”公曰：“若楚惠何[82]？”栾贞子曰[83]：“汉阳诸姬[84]，楚实尽之。思小惠而忘大耻，不如战也。”晋侯梦与楚子搏，楚子伏己而盬其脑[85]，是以惧。子犯曰：“吉。我得天[86]，楚伏其罪[87]，吾且柔之矣[88]。”

子玉使斗勃请战[89]，曰：“请与君之士戏[90]，君冯轼而观之[91]，得臣与寓目焉[92]。”晋侯使栾枝对曰：“寡君闻命矣。楚君之惠，未之敢忘，是以在此[93]。为大夫退，其敢当君乎？既不获命矣[94]，敢烦大夫，谓二三子[95]：戒尔车乘[96]，敬尔君事，诘朝将见[97]。”

晋车七百乘[98]，韅、靷、鞅、靽[99]。晋侯登有莘之虚以观师[100],曰:“少长有礼[101],其可用也。”遂伐其木,以益其兵[102]。己巳[103],晋师陈于莘北[104]。胥臣以下军之佐当陈、蔡[105]。子玉以若敖之六卒将中军,曰:“今日必无晋矣[106]!”子西将左[107],子上将右[108]。胥臣蒙马以虎皮,先犯陈、蔡。陈、蔡奔,楚右师溃。狐毛设二旆而退之[109]。栾枝使舆曳柴而伪遁[110],楚师驰之[111]。原轸、郤溱以中军公族横击之[112]。狐毛、狐偃以上军夹攻子西,楚左师溃。楚师败绩。子玉收其卒而止[113],故不败。

晋师三日馆、谷[114],及癸酉而还[115]。甲午[116],至于衡雍[117],作王宫于践土。

乡役之三月[118],郑伯如楚致其师[119]。为楚师既败而惧,使子人九行成于晋[120]。晋栾枝入盟郑伯。五月丙午[121],晋侯及郑伯盟于衡雍。

丁未[122],献楚俘于王,驷介百乘[123],徒兵千[124]。郑伯傅王[125],用平礼也[126]。己酉[127],王享醴[128],命晋侯宥[129]。王命尹氏及王子虎、内史叔兴父策命晋侯为侯伯[130],赐之大辂之服、戎辂之服[131],彤弓一、彤矢百[132],玈弓矢千[133],秬鬯一卣[134],虎贲三百人[135]。曰:“王谓叔父[136],敬服王命[137],以绥四国[138],纠逖王慝[139]。”晋侯三辞,从命。曰:“重耳敢再拜稽首[140],奉扬天子之丕显休命[141]。”受策以出,出入三觐[142]。

卫侯闻楚师败,惧,出奔楚,遂适陈,使元咺奉叔武以受盟[143]。癸亥[144],王子虎盟诸侯于王庭[145],要言曰[146]:“皆奖王室[147],无相害也。有渝此盟[148],明神殛之[149],俾队其师[150],无克祚国[151],及其玄孙[152],无有老幼。”君子谓是盟也信[153],谓晋于

是役也能以德攻[154]。

〔注释〕

①门:攻打城门。 ②尸:陈尸。 ③舆人:众人。原本"谋"下有"曰"字,据王引之说及敦煌写本(P.3634)删。 ④称:言,扬言。 ⑤师迁焉:晋师迁于墓地。 ⑥凶惧:恐惧。凶、惧二字同义。曹人以为晋师将掘其先祖之墓,故惧。 ⑦"因其"句:晋师乘曹人之惧而攻其城。因:趁。 ⑧丙午:十日。 ⑨"数之"三句:责备曹共公不用贤臣僖负羁,而宠臣众多。数:责,责备。轩:大夫所乘之车。《史记·晋世家》云:"数之,以其不用僖负羁,而用美女乘轩者三百人也。" ⑩献状:自呈其形体。献:呈现,显露。重耳骈胁,曹共公曾观其裸浴。事见僖公二十三年《传》。⑪报施:报飧、璧之施。 ⑫魏犨、颠颉:二人曾随晋文公出奔。⑬劳之不图:即不图劳。谓不报赏功劳。劳:功。 ⑭报于何有:即何有于报。何有:不顾之辞。 ⑮爇(ruò):烧。僖负羁氏:僖负羁家。 ⑯爱:惜。材:才力。 ⑰问:慰问,问候。 ⑱视之:察其伤情。 ⑲病:指伤重。 ⑳灵:福佑。 ㉑不有宁也:反问句。犹言岂能不宁。 ㉒距跃:超越。即向上跳。三百:泛指次数之多。 ㉓曲踊:向前跳。踊:跳。 ㉔徇:示众。 ㉕"立舟之侨"句:立舟之侨为戎右,以代魏犨。 ㉖门尹般:宋大夫。任门尹,名般。 ㉗公:指晋文公。 ㉘舍:弃。绝:断绝关系。㉙告楚:请楚国撤军。告:请。 ㉚未可:不允。可:肯。 ㉛舍我:指撇开晋国。 ㉜藉:凭借,通过。 ㉝赂:指宋之财货。顽:指楚国态度顽固。 ㉞无:不。 ㉟畀:给,给予。 ㊱申:楚邑,在今河南南阳市。 ㊲申叔:叔侯,楚之申大夫,当时占领谷邑并在那里驻守。谷:齐邑,在今山东平阴县东阿镇南。 ㊳"晋侯"二句:晋公子重耳遭骊姬之乱,于鲁僖公五年出奔,至二十四年始

返回晋国。事见僖公二十三年《传》。 ㊴果：终。 ㊵情伪：虚实，真假。情：实。伪：虚。 ㊶天假之年：上天赐给他年寿。年：齿，寿。献公之子九人，此时唯重耳在，故云“天假之年”。昭公十三年《传》云：“（重耳）生十七年，有士五人，……亡十九年，守志弥笃。”《国语·晋语四》亦云：“晋公子生十七年而亡，卿材三人从之。”《史记·晋世家》谓重耳出亡时四十三岁，归时六十二岁，或另有所据。 ㊷除其害：清除了他的政敌（指晋惠公、怀公、吕甥、郤芮等）。害：患。 ㊸置：立。 ㊹《军志》：古代的兵书。 ㊺允当则归：谓适可而止。允：当。当：终，止。 ㊻“此三志”二句：这三句话，说的正是晋国的情况。 ㊼伯棼（fén）：斗椒，一字子越。楚大夫。棼，原本作“棼”，据阮元《校勘记》改。㊽必：肯定。 ㊾间执：堵塞。间：隔，阻隔。执：塞，堵。谗慝（tè）：邪恶之人。劳贾曾批评子玉刚而无礼，率军如超过三百辆战车，一定会失败。此所谓谗慝，或即指此。 ㊿西广（guàng）：楚军编制分为左右两广，西广即右广。东宫：楚王之别宫。指隶属于太子的军队。若敖：楚武王之祖父，子玉之祖，楚王无谥者皆称敖。这里是军队的名称。六卒：一百八十乘。三十乘为一卒。(51)宛春：楚大夫。 (52)复卫侯：让卫侯回到卫国。封曹：指恢复曹国原有的疆界。 (53)臣：子玉自称。 (54)子犯：狐偃，晋大夫。(55)君：指晋侯。取一：得到一项好处。 (56)取二：得到两项好处。(57)失：指失掉作战的机会。 (58)与之：指答应子玉的要求。 (59)定：使安定。之：语助词，无义。 (60)三国：卫、曹、宋。 (61)谓诸侯何：如诸侯何。言无法向诸侯交代。谓：如，奈。 (62)三施：指对三国都有恩惠。 (63)怨雠：怨仇。已：太。 (64)私：暗中，私下。携：离间（指离间楚与曹、卫的关系）。 (65)怒：激怒。 (66)既战：打完仗后。 (67)告绝于楚：向楚国宣布断绝关系。 (68)老：疲。谓军队疲惫，士气衰落。楚师去年冬天围宋，至此已将近半年。

⑲“师直”三句：师出有名，士气就旺，理亏，士气就低，岂在出兵时间的长短？直：义。曲：不直。即不义。矣：义同“乎”，表示反问语气。 ⑳微：无。惠：赐，恩惠。不及此：没有今天。重耳出亡时曾受到楚国的厚待。 ㉑“退三舍”二句：退避三舍，作为对楚国的报答。重耳流亡至楚，曾许诺，如果晋、楚交战，将退避三舍。三舍：九十里。三十里为一舍。 ㉒背惠：指不顾楚国的恩惠。食言：违背诺言。食：伪。 ㉓亢其雠：指保护楚国的仇敌（宋国）。亢：捍蔽，庇护。 ㉔其众素饱：楚军士气向来饱满。㉕戊辰：二日。 ㉖宋公：指宋成公。名王臣。国归父、崔夭：皆齐大夫。小子慭（yìn）：秦穆公子。 ㉗酅（xī）：地名，在今山东平阴县东阿镇西南，是险要的丘陵地带。舍：住宿。指驻扎。㉘诵：指朗诵的歌词。 ㉙原田：高原之田。高平曰原。每每：形容草长得茂盛。《说文》：“每，草盛上出也。” ㉚“舍其”句：即舍旧图新。意为晋国应趁现在强盛谋立新功，不必老是顾念旧惠。㉛表里山河：指晋国外有黄河，内有太行山作为屏障。表：外面。里：里面。 ㉜若楚惠何：有愧于楚之恩惠。即无法向楚国交待。若：奈。 ㉝栾贞子：栾枝，晋国下军统帅。 ㉞“汉阳”二句：汉水北岸的那些姬姓诸侯，楚国都把他们灭掉了。山南水北为阳。㉟伏己：伏在自己身上。己：身。盬（gǔ）：吸。脑：脑髓。 ㊱我得天：晋侯仰面朝天，故云“得天”。 ㊲楚伏其罪：楚王伏在晋侯身上，姿态如同伏罪。 ㊳柔：扰。谓驯服。 ㊴斗勃：楚大夫。 ㊵戏：角力。 ㊶冯轼：倚靠在车厢前的横木上。冯：同“凭”。 ㊷与：参与。寓目：观看。 ㊸在此：退避三舍至此。㊹不获命：所请不被应允。指子玉不同意退兵。获：得。 ㊺二三子：指楚军将帅。 ㊻戒：准备。车乘（shèng）：战车。 ㊼诘朝：明天早晨。将（qiāng）：请。 ㊽七百乘：古代每辆战车配备甲士三人，步兵七十二人。七百辆战车满员共有五万二千五百

人。 ⑨⑨韅(xiǎn):俗称“马肚带”。横系于两匹服马腹腋下的革带。靷(yǐn):引车前行的革带。服马、骖马各有一靷,一端系于马颈部的套环,另一端分别系于车轴和舆下后边的横木。鞅(yāng):套在马颈部的革带。服马之鞅,用以固轭。骖马之鞅,一端系于衡之中部,以防两骖马外逸。靽(pàn):同“绊”,套住马脚的绳。此句描写晋军装备齐全,军容壮盛。 ⑩⓪有莘(shēn):古国名,在今山东定陶县西南。虚:同“墟”。旧城废址。 ⑩①少长有礼:军士长幼有序。 ⑩②益:充实。兵:兵器。 ⑩③己巳:四月三日。 ⑩④莘北:即城濮。 ⑩⑤胥臣:晋大夫。佐:副帅。 ⑩⑥无晋:谓将消灭晋军。 ⑩⑦子西:斗宜申,楚司马。左:左军。 ⑩⑧子上:斗勃的字。右:右军。 ⑩⑨狐毛:晋上军统帅。设二旆(pèi):将前军分为两队,各设一旆。旆:附设在旗正幅上的长帛,可以解下。 ⑪⓪曳柴:拖着树枝。 ⑪①驰:逐,追逐。 ⑪②原轸:即先轸。郤(xì)溱:晋中军副帅。公族:中军由公室成员所组成者。 ⑪③收:约束。 ⑪④三日馆、谷:宿于楚舍、食楚谷三日。 ⑪⑤及:到,至。癸酉:四月七日。 ⑪⑥甲午:四月二十八日。 ⑪⑦衡雍:郑地,在今河南原阳县西南,践土东北。 ⑪⑧乡(xiàng)役之三月:城濮战前的三月份。乡:先前。 ⑪⑨郑伯:指郑文公。致其师:答应以军队助楚作战。 ⑫⓪子人九:姓子人,名九,郑大夫。行成:言和,求和。 ⑫①丙午:五月十一日。 ⑫②丁未:十二日。 ⑫③驷介:四马披甲。介:通“甲”。 ⑫④徒兵:步兵。 ⑫⑤傅:相。在主人左右助行礼者。此指为相赞礼。 ⑫⑥用平礼:周平王时,享晋文侯仇,以郑武公为相。今襄王享晋文公,复以郑伯为相,故曰“用平礼”。 ⑫⑦己酉:十四日。 ⑫⑧王享醴(lǐ):王设醴以享之。醴:甜酒。 ⑫⑨命晋侯宥(yòu):命晋侯与王相酬酢,以示宠异。《尔雅》:“酬、酢、侑,报也。”宥:同“侑”。 ⑬⓪尹氏、王子虎:周卿士。内史:官名。佐太宰管理爵禄废置,以及颁发王之策命等。叔兴父:周大夫。策命：以策书任命。侯伯：诸侯之长。 ⑬大辂之服：大辂及与之配套的服装及仪仗器物。大辂：亦作“大路”。天子之车。戎辂之服：戎辂及与之配套的器物仪仗。戎辂：亦作“戎路”。王在军中所乘之车。 ⑬彤弓：漆成红色的弓。彤矢百：漆成红色的箭一百支。 ⑬玈（lú）弓矢：漆成黑色的弓和箭。《礼记·王制》：“诸侯，赐弓矢然后征，赐斧钺然后杀。”“玈弓矢千”，敦煌写本（P. 2509）、金泽文库本作“玈弓十，玈矢千”。 ⑬秬鬯（jù chàng）：以秬黍酿成的酒。此酒不加郁金香草。秬：黑黍。鬯：黑黍所酿之酒，芬香条畅上下，故称鬯。卣（yǒu）：盛酒器。 ⑬虎贲（bēn）：勇力之士。 ⑬叔父：指晋文公。天子称同姓诸侯曰伯父、叔父。 ⑬服：行，遵行。王命：天子之命。 ⑬绥：安，安抚。四国：四方诸侯。 ⑬纠逖：绳治。逖：通“剔”，治。慝：恶。指恶人。此句谓绳治敢于对周王作恶的人。 ⑭稽（qǐ）首：古时最重的跪拜礼。叩首至地。 ⑭奉扬：奉承并宣扬。丕、显、休：都是“命”的定语，意思分别为大、明、美。 ⑭出入三觐：出入王宫，前后三次朝见天子。觐：诸侯朝见天子。 ⑭奉：辅佐。叔武：卫侯的弟弟。 ⑭癸亥：二十八日。 ⑭诸侯：指鲁公、晋侯、齐侯、宋公、蔡侯、郑伯、卫子、莒子。《传》蒙经文省略。王庭：指王宫。 ⑭要言：即盟誓。以下为誓言的内容。 ⑭奖：助，辅助。⑭有：若。渝：变。指违背。盟：盟誓。 ⑭明神：同“神明”。即神。明、神同义。殛（jí）：诛。 ⑮俾：使。队：同“坠”，失。 ⑮克：能。祚国：享有国家。 ⑮“及其”二句：到了你的玄孙，不论老幼，无有孑遗。其：敦煌写本（P. 2509）、《四部丛刊》本作“而”，义同。玄孙：曾孙之子。 ⑮谓：认为，以为。信：合于信义。 ⑮能以德攻：谓以文德教民而后用之。

初，楚子玉自为琼弁、玉缨①，未之服也②。先战③，梦

河神谓己曰④:“畀余⑤,余赐女孟诸之麋⑥。”弗致也⑦。大心与子西使荣黄谏⑧,弗听。荣季曰:“死而利国⑨,犹或为之,况琼玉乎?是粪土也,而可以济师⑩,将何爱焉?”弗听。出告二子曰⑪:“非神败令尹,令尹其不勤民⑫,实自败也⑬。”既败,王使谓之曰⑭:“大夫若入,其若申、息之老何⑮?”子西、孙伯曰⑯:“得臣将死,二臣止之曰:‘君其将以为戮⑰。’”及连谷而死⑱。

晋侯闻之而后喜可知也⑲,曰:“莫余毒也已⑳!芳吕臣实为令尹㉑,奉己而已㉒,不在民矣㉓。”

〔注释〕

①琼弁:以玉为饰之冠。缨:帽子上垂挂的缌子。 ②服:用。 ③先战:交战之前。 ④河神:黄河之神。 ⑤畀:给。⑥赐:与。女:汝,你。孟渚之麋:孟渚水边之地。孟渚为宋国水泽名,在河南商丘市东北,今已湮。麋:同“湄”,水草相接的地方。 ⑦弗致:不肯把东西送给河神。致:与。 ⑧大心:子玉的儿子。荣黄:即下文的荣季。 ⑨而:如,如果。 ⑩济师:使军队得胜。济:成。 ⑪二子:指大心、子西。 ⑫其:乃。勤民:顾恤百姓。勤:恤。 ⑬自败:自取其败。 ⑭王:指楚成王。⑮“其若”句:将如何对申、息的父老交代呢?意思是无法面对牺牲将士的亲属。 ⑯孙伯:即大心。 ⑰其将:将。其、将同义。⑱连谷:楚地。未详何处。子玉至连谷,犹未获楚王赦命,故自杀。⑲可知:可见。谓喜形于色。 ⑳莫余毒也已:没有人能对我构成威胁了。毒:害。 ㉑芳吕臣:楚大夫。实:句中语气词,无义。㉒奉己:谓自守而无大志。奉:保全。 ㉓不在民:谓不体恤百姓。在:存,恤。

或诉元咺于卫侯曰[①]:"立叔武矣。"其子角从公[②],公使杀之。咺不废命[③],奉夷叔以入守。

六月,晋人复卫侯[④]。宁武子与卫人盟于宛濮[⑤],曰:"天祸卫国,君臣不协,以及此忧也。今天诱其衷[⑥],使皆降心以相从也[⑦]。不有居者[⑧],谁守社稷?不有行者,谁扞牧圉[⑨]?不协之故,用昭乞盟于尔大神[⑩],以诱天衷[⑪]。自今日以往,既盟之后,行者无保其力[⑫],居者无惧其罪。有渝此盟,以相及也[⑬]。明神先君,是纠是殛[⑭]。"国人闻此盟也,而后不贰[⑮]。

卫侯先期入[⑯],宁子先[⑰],长牂守门[⑱],以为使也[⑲],与之乘而入[⑳]。公子歂犬、华仲前驱[㉑]。叔武将沐[㉒],闻君至,喜,捉发走出[㉓],前驱射而杀之。公知其无罪也,枕之股而哭之[㉔]。歂犬走出,公使杀之。元咺出奔晋。

〔注释〕

①或:有人。诉:谮,毁谤。　②角:元咺之子。　③"咺不"二句:元咺不废君命,仍奉叔武受践土之盟,然后入卫守备。夷叔:即叔武。夷是谥号。　④"晋人"句:卫受盟于践土,晋人同意卫侯返国。　⑤宁武子:名俞。卫大夫。宛(yuǎn)濮:地名,在今河南长垣县西南。　⑥天诱其衷:天助善人。诱:奖,助。衷:善。　⑦降心:同心。降:和同。　⑧不有:无有,没有。表示假设的前提不存在。　⑨扞牧圉:谓随行侍卫执役。扞:同"捍",保卫。牧圉:放养牛马。襄公二十六年《传》云"臣不佞,不能负羁绁以从扞牧圉",文义较明。　⑩用:因。　⑪以诱天衷:助成天之善意。　⑫保:恃。力:功劳。　⑬及:逮,遏。谓相害。⑭是纠是殛:即纠是殛是。谓绳治诛杀之。　⑮不贰:无疑虑。

贰:疑。 ⑯先期:先于约定日期。卫侯不信叔武,故先入。 ⑰宁子先:宁俞先于卫侯入国,为之作准备。 ⑱长牂(zāng):卫大夫。 ⑲以为使也:因为宁俞是卫侯的使者。 ⑳与之乘:与宁俞共乘一车。 ㉑前驱:为卫侯先驱。 ㉒沐:洗头。 ㉓捉发:握发。不及擦拭,故握发去水而出。 ㉔枕之股:以叔武之尸枕己之股。

城濮之战,晋中军风于泽①,亡大旆之左旃②。祁瞒奸命③,司马杀之④,以徇于诸侯,使茅茷代之⑤。师还。壬午⑥,济河。舟之侨先归,士会摄右⑦。

秋七月丙申⑧,振旅⑨,恺以入于晋⑩。献俘授馘⑪,饮至大赏⑫,征会讨贰⑬。杀舟之侨以徇于国。民于是大服。

君子谓文公其能刑矣⑭,三罪而民服⑮。《诗》云⑯:"惠此中国⑰,以绥四方。"不失赏刑之谓也。

冬,会于温⑱,讨不服也⑲。

〔注释〕

①风于泽:在泽中遇到大风。 ②大旆(pèi):大旗。之:与。左旃:中军先驱战车之左旃。旃:用整幅的帛做成的旗。 ③奸(gān)命:违犯军令。指丢失军旗。奸:犯。 ④司马:官名。晋军中设司马,掌军法。 ⑤茅茷(fèi):人名。 ⑥壬午:六月十七日。 ⑦士会:随武子,士蒍之孙。摄右:代理车右之职。 ⑧丙申:七月一日。 ⑨振旅:古代治兵或打仗,归来时整顿军队,称振旅。 ⑩恺:同"凯"。还师时振旅之乐。此指奏凯歌。入:返,还。 ⑪俘:俘虏。馘(guó):杀人割取左耳,此用作名词。此句谓献俘于宗庙。 ⑫饮至:国君出行,告于宗庙,既还,合

饮于宗庙,叫饮至。大赏:遍赏有功。 ⑬征会:征召诸侯与会。贰:指怀有二心者。 ⑭谓:以为。其:为。 ⑮三罪:指惩罚颠颉、祁瞒、舟之侨。 ⑯《诗》云:引文出自《诗·大雅·民劳》。⑰"惠此"二句:谓刑赏不失,可施惠于中国,而安定四方诸侯。方:国。 ⑱"会于"句:鲁君与晋侯、齐侯、宋公、蔡侯、郑伯、陈子、莒子、邾子、秦人于温。《传》蒙经文省略与会之人。 ⑲不服:指许、卫。

卫侯与元咺讼①,宁武子为辅②,鍼庄子为坐③,士荣为大士④。卫侯不胜。杀士荣,刖鍼庄子⑤,谓宁俞忠而免之⑥。执卫侯,归之于京师,置诸深室⑦。宁子职纳橐饘焉⑧。元咺归于卫,立公子瑕⑨。

〔注释〕

①讼:争辩曲直。指争卫侯杀叔武事。 ②为辅:为卫侯之辅。即充当卫侯的诉讼人。国君不能参加狱讼,故使人代之。③坐:诉讼代理人。 ④大士:治狱官。盖如今之律师。 ⑤刖:砍去双脚。 ⑥谓:以为。 ⑦深室:囚室。其处幽深,故曰深室。 ⑧纳橐饘(tuó zhān):指衣食。橐:衣囊。饘:厚粥。⑨公子瑕:卫公子適。

是会也①,晋侯召王,以诸侯见②,且使王狩③。仲尼曰④:"以臣召君⑤,不可以训。"故书曰"天王狩于河阳",言非其地也⑥,且明德也⑦。

〔注释〕

①是会：温之会。 ②以诸侯见：率领诸侯朝见周襄王。见：朝。 ③且：而。 ④仲尼：孔子。《春秋》的作者。 ⑤“以臣”三句：解释《春秋》书“天王狩于河阳”的原因。狩：天子外出巡行。 ⑥“言非”句：会所不合适，故书“河阳”。 ⑦明德：隐晋侯召王之过，而明其勤王之德。

壬申，公朝于王所。

丁丑①，诸侯围许。

〔注释〕

①丁丑：十月十四日。

晋侯有疾，曹伯之竖侯獳货筮史①，使曰：“以曹为解②。齐桓公为会而封异姓③，今君为会而灭同姓。曹叔振铎④，文之昭也。先君唐叔⑤，武之穆也。且合诸侯，而灭兄弟，非礼也。与卫偕命⑥，而不与偕复，非信也。同罪异罚⑦，非刑也。礼以行义，信以守礼⑧，刑以正邪⑨。舍此三者，君将若之何？”公说。复曹伯，遂会诸侯于许⑩。

晋侯作三行以御狄⑪。荀林父将中行，屠击将右行，先蔑将左行。

〔注释〕

①竖：左右小臣。由年少者充任。 ②以曹为解：以灭曹之事解说晋侯生病之原因。 ③异姓：指邢、卫、杞。 ④“曹叔”二句：曹始封之君叔振铎，为文王之子。古代宗庙、墓地排列之次

序，始祖居中，左昭右穆。周以后稷为始祖，其子为昭，其孙为穆。后世子孙昭生穆，穆生昭，以世次计（单数为昭，偶数为穆）。文王为后稷十四世孙，为穆，故其子为昭。 ⑤“先君”二句：晋始封之君叔虞，为武王之子。武王于周为昭，故其子为穆。 ⑥偕：俱。命：指晋曾答应私复曹、卫。 ⑦同罪异罚：指曹、卫俱得罪于晋，卫侯已复，而独执曹君。 ⑧守：持，保持。 ⑨正：止。⑩“遂会”句：言曹伯不返国，即会诸侯于许。 ⑪三行（háng）：左行、中行、右行。晋前此有三军，又有左行、右行（见僖公十年《传》），此时复增中行。三军各设佐，而三行不设佐，是因为行的建制比军小。

经

二十有九年春[1]，介葛卢来[2]。

公至自围许。

夏六月，会王人、晋人、宋人、齐人、陈人、蔡人、秦人，盟于翟泉[3]。

秋，大雨雹[4]。

冬，介葛卢来。

〔注释〕

①二十有九年：公元前631年。 ②介葛卢：介君，名葛卢。来：未行朝礼，故不言朝。 ③翟泉：地名，在今河南洛阳市东北二十五里。 ④雨（yù）：凡由空而散落者皆称雨。如雨雪、雨冰、雨粟等。

传

二十九年春，介葛卢来朝[①]，舍于昌衍之上[②]。公在会[③]，馈之刍、米[④]，礼也[⑤]。

〔注释〕

①介：原本无，据阮元《校勘记》、杨伯峻说及敦煌写本(P. 2509)补。 ②昌衍：即昌平山，在今山东曲阜市东南五十里。 ③公在会：鲁公会诸侯围许。 ④刍、米：泛指饔饩。据《周礼·秋官·掌客》，行聘礼之后，主人致饔饩，包括牲牢、醯醢、米禾、刍薪等，以供宾客食用。刍：草料。 ⑤礼也：此时鲁君不在，而鲁待客之礼不缺，故《春秋》特笔书之，赞其合礼。

夏，公会王子虎、晋狐偃、宋公孙固、齐国归父、陈辕涛涂、秦小子憖[①]，盟于翟泉，寻践土之盟[②]，且谋伐郑也。卿不书[③]，罪之也。在礼[④]，卿不会公、侯，会伯、子、男可也。

〔注释〕

①《经》书蔡人，而《传》无姓名，因其人地位低微。 ②寻：重申。践土之盟：在上年。践土为郑地，在今河南原阳县西南。 ③"卿不"二句：卿本应书名，此处不书，是责其违礼。 ④"在礼"三句：依据周礼，列国之卿，相当于小国诸侯。列国盟王子虎(周卿士)，诸国之卿盟鲁君(公爵)，皆不合于礼。

秋，大雨雹，为灾也[①]。

〔注释〕

①为灾也:因成灾而书。

冬,介葛卢来,以未见公,故复来朝。礼之,加燕好[①]。

〔注释〕

①加燕好:指宴享及赠礼盛于常礼。燕:通“宴”。好:好货。宴享时所赠礼品。

介葛卢闻牛鸣,曰:“是生三牺[①],皆用之矣[②],其音云[③]。”问之而信[④]。

〔注释〕

①三牺:三头生牛。 ②用:杀之以祭。古人食必先祭。③云:然,如此。 ④信:符合实情。《周礼·秋官·貉吏》:“掌与兽言。”又《夷隶》:“掌役牧人养牛马,与鸟言。”郑玄注:“郑司农云:夷狄之人或晓鸟兽之言。”

经

三十年春[①],王正月。

夏,狄侵齐。

秋,卫杀其大夫元咺及公子瑕[②]。

卫侯郑归于卫。

晋人、秦人围郑。

介人侵萧[③]。

冬，天王使宰周公来聘[④]。

公子遂如京师[⑤]，遂如晋。

〔注释〕

①三十年：公元前630年。 ②“卫杀”句：元咺与卫侯讼，又立公子瑕，见僖公二十八年《传》。公子瑕为君已一年有余，因未会诸侯，故不称其爵。 ③萧：附庸国名，子姓，在今安徽萧县。④宰周公：名阅。周公兼任天子之家宰，故称“宰周公”。 ⑤如京师：报宰周公之聘。

传

三十年春，晋人侵郑，以观其可攻与否。狄间晋之有郑虞也[①]，夏，狄侵齐。

晋侯使医衍鸩卫侯[②]。宁俞货医[③]，使薄其鸩，不死。公为之请，纳玉于王与晋侯，皆十瑴[④]。王许之。秋，乃释卫侯。

卫侯使赂周歂、冶廑[⑤]，曰：“苟能纳我，吾使尔为卿。”周、冶杀元咺及子適、子仪[⑥]。公入，祀先君[⑦]，周、冶既服[⑧]，将命[⑨]，周歂先入，及门，遇疾而死。冶廑辞卿[⑩]。

〔注释〕

①间：伺，伺机。虞：忧。指战事。 ②晋侯：指晋文公。衍：医者之名。鸩（zhèn）：用毒酒杀人。卫侯：卫成公。上年被囚京师。 ③宁俞：卫大夫。货：赂，贿赂。 ④瑴（jué）：同“珏”。双玉曰珏。 ⑤“卫侯”句：卫侯恐元咺拒己，故贿赂周、冶，允诺以二人为卿。 ⑥元咺：卫大夫。子適（dí）：公子瑕。前年立为

卫君。子仪：公子瑕同母弟。 ⑦祀先君：据《礼记·祭统》，赐爵禄在太庙进行。 ⑧既服：已着卿服。 ⑨将命：将入庙受命。⑩辞卿：惧而辞卿。

九月甲午[①]，晋侯、秦伯围郑，以其无礼于晋[②]，且贰于楚也[③]。晋军函陵[④]，秦军氾南[⑤]。

佚之狐言于郑伯曰[⑥]："国危矣。若使烛之武见秦君[⑦]，师必退。"公从之。辞曰[⑧]："臣之壮也，犹不如人，今老矣，无能为也已[⑨]。"公曰："吾不能早用子，今急而求子，是寡人之过也[⑩]。然郑亡，子亦有不利焉。"许之。夜缒而出[⑪]。见秦伯，曰："秦、晋围郑，郑既知亡矣。若亡郑而有益于君，敢以烦执事[⑫]。越国以鄙远[⑬]，君知其难也，焉用亡郑以倍邻[⑭]？邻之厚[⑮]，君之薄也。若舍郑以为东道主[⑯]，行李之往来[⑰]，共其乏困[⑱]，君亦无所害。且君尝为晋君赐矣[⑲]，许君焦、瑕[⑳]，朝济而夕设版焉[㉑]，君之所知也。夫晋何厌之有？既东封郑[㉒]，又欲肆其西封[㉓]，若不阙秦[㉔]，将焉取之[㉕]？阙秦以利晋，唯君图之[㉖]！"秦伯说。与郑人盟，使杞子、逢孙、扬孙戍之[㉗]，乃还。

子犯请击之[㉘]。公曰："不可。微夫人之力不及此[㉙]。因人之力而敝之[㉚]，不仁。失其所与[㉛]，不知[㉜]。以乱易整[㉝]，不武。吾其还也。"亦去之[㉞]。

初，郑公子兰出奔晋[㉟]，从于晋侯伐郑，请无与围郑[㊱]。许之，使待命于东[㊲]。郑石甲父、侯宣多逆以为大子[㊳]，以求成于晋[㊴]，晋人许之。

〔注释〕

①甲午:十三日。 ②"以其"句:重耳过郑,郑文公不予礼待,见僖公二十三年《传》。 ③贰于楚:重耳即位,郑文公惧,故背晋而从楚。 ④函陵:地名,在今河南新郑市北。 ⑤氾(fàn)南:郑地,在今河南中牟县南。氾:原本作"汜",据阮元《校勘记》改。 ⑥佚之狐:郑大夫。郑伯:指郑文公。 ⑦烛之武:郑大夫。 ⑧辞曰:主语是烛之武。 ⑨无能为也已:无所作为了。 ⑩是:此。 ⑪缒:悬索。 ⑫执事:办事人员。谦辞。⑬越国:指越过晋国。秦在西,郑在东,晋在两国之间,秦至郑,需经过晋国。鄙远:以远方的郑国为边邑。 ⑭焉用:何须,何必。用:须。倍邻:谓增强邻国(指晋)的力量。倍:益,增。 ⑮"邻之"二句:邻国的力量增强了,您的力量就相对显得薄弱了。厚:强。薄:弱。 ⑯舍:放过。指不消灭。东道主:东方道路上的主人。谓秦国使节东行至郑,郑可供其所需。 ⑰行李:指使者。⑱乏困:匮乏,缺少。乏、困同义。指馆舍、器用、资粮等方面的不足。 ⑲为晋君赐:对晋君施加过恩惠。赐:惠。 ⑳许君焦、瑕:答应把焦、瑕等城给秦国。焦、瑕:晋地,都在今河南陕县附近。㉑"朝济"句:谓晋惠公刚回到晋国,就在焦、瑕修筑城墙。济:指渡过黄河。设版:指筑城。版是筑城用的夹板。焉:于此。 ㉒东封郑:以郑国为东面的疆界。封:疆界。此用作动词。 ㉓肆:延伸。谓扩展。西封:西部疆界。 ㉔阙:侵损,侵削。 ㉕焉:从何处。 ㉖唯:愿。 ㉗杞子、逢孙、扬孙:三人皆秦大夫。扬:原本作"杨",据阮元《校勘记》及敦煌写本(P. 2509)改。戍:驻守。㉘子犯:狐偃,晋文公的舅父。 ㉙微:非。夫人:此人。指秦穆公。之:原本无,据阮元《校勘记》、杨伯峻说及敦煌写本(P. 2509)补。不及此:没有今天。重耳入晋,因穆公之助。 ㉚因:依靠,凭借。敝:坏。指伤害。 ㉛所与:联盟之国。指秦。 ㉜知:同

"智"。 ㉝乱:指互相攻击。整:指协调一致。 ㉞去之:指离开郑国。 ㉟公子兰:郑文公庶子。即后来的郑穆公。 ㊱与:参加。 ㊲东:指晋国东部边境。 ㊳石甲父、侯宣多:皆郑大夫。逆:迎。 ㊴求成:求和。

冬,王使周公阅来聘。飨有昌歜、白黑、形盐①。辞曰:"国君,文足昭也②,武可畏也,则有备物之飨③,以象其德④,荐五味⑤,羞嘉谷,盐虎形,以献其功⑥。吾何以堪之?"

〔注释〕

①昌歜(chù):疑当作"昌歜"(音 zàn)。"歜"为"歜"之省。据《玉篇》,"歜"字或当从"欠"得声。即昌蒲菹。以昌蒲根制成的酱料调味品。白黑:经炒制的稻米和黍米。形盐:加工成虎形之盐。先捣盐使结实,再刻镂成虎形。 ②"文足"二句:文可以彰显于世,武足以使人畏惧。足:可。 ③则:故。备物:诸物皆备。 ④象:象征。 ⑤"荐五味"二句:进献五味和嘉谷。荐、羞都是"献"的意思。五味:酸、苦、辣、咸、甜。昌歜含五味。嘉谷:指米、黍。 ⑥献:象。

东门襄仲将聘于周①,遂初聘于晋②。

〔注释〕

①东门襄仲:鲁公子遂。字襄仲。 ②初聘于晋:自从进入春秋,鲁始聘于晋,故曰"初"。

经

三十有一年春[1],取济西田[2]。

公子遂如晋。

夏四月,四卜郊[3],不从[4],乃免牲[5]。犹三望[6]。

秋七月。

冬,杞伯姬来求妇[7]。

狄围卫。

十有二月,卫迁于帝丘[8]。

〔注释〕

①三十有一年:公元前629年。 ②济西田:济水西岸之地。其地本属曹,僖公二十八年,晋文公伐曹,分其地与诸侯,以济西之田分给鲁国。 ③卜郊:以龟甲占卜郊祀与否。郊:祭名。在郊外祭祀天地。 ④不从:不吉。 ⑤免牲:即不举行郊祀。免:纵而不杀。牲指郊祀用的赤毛牛犊。 ⑥犹:还。表示为多余之举。望:指郊祀山川。在郊祀时,遥祭山川,故称望。鲁望祭海(东海)、岱(泰山)、淮(淮河)。 ⑦求妇:为其子求妇。 ⑧帝丘:地名,在今河南濮阳县东南约二十里的五星乡高城村南。

传

三十一年春,取济西田,分曹地也[1]。使臧文仲往[2],宿于重馆[3]。重馆人告曰:"晋新得诸侯,必亲其共[4]。不速行,将无及也。"从之。分曹地,自洮以南[5],东傅于济[6],尽曹地也。

〔注释〕

①分曹地：二十八年，晋讨曹，分其地，至此始划定疆界。②臧文仲：臧孙辰。鲁大夫。 ③重馆：重地的客馆。重：地名，在今山东鱼台县西北十一里。 ④共：同“恭”。 ⑤洮（táo）：地名，在今山东鄄城县西南。 ⑥傅：附，近靠。

襄仲如晋，拜曹田也。

夏四月，四卜郊[①]，不从，乃免牲，非礼也。犹三望，亦非礼也。礼不卜常祀[②]，而卜其牲、日[③]。牛卜日曰牲[④]。牲成而卜郊[⑤]，上怠慢也[⑥]。望，郊之细也[⑦]。不郊，亦无望可也。

〔注释〕

①“四卜”句：鲁以周公之故，得用天子礼乐，郊为例行之郊祀，不应占卜是否进行。今四卜不从（不吉），乃不祀，不合于礼。②常祀：按惯例举行指祭祀。 ③卜其牲、日：通过占卜确定郊牛与日期之吉凶。吉则从之，不吉则改卜。 ④牛卜日曰牲：卜得吉日后，牛改名曰牲。 ⑤成：备。 ⑥怠慢：怠，怠惰。怠、慢同义。 ⑦细：细节。

秋，晋蒐于清原[①]，作五军以御狄[②]。赵衰为卿[③]。

〔注释〕

①蒐：检阅，阅兵。清原：地名，在今山西闻喜县西北。②五军：晋本有上、中、下三军，又有上、中、下三行（见僖公二十八年），今罢三行，改为新上军、新下军，故有五军。 ③赵衰为

卿:《国语·晋语四》云赵衰将新上军。

冬,狄围卫。卫迁于帝丘。卜曰三百年[①]。

卫成公梦康叔曰[②]:"相夺予享[③]!"公命祀相。宁武子不可,曰:"鬼神非其族类[④],不歆其祀[⑤]。杞、鄫何事[⑥]?相之不享于此[⑦],久矣,非卫之罪也。不可以间成王、周公之命祀[⑧],请改祀命[⑨]。"

〔**注释**〕

①卜曰三百年:占卜结果是可以立国三百年。据《史记·卫康叔世家》及《年表》,此后卫历十九君、四百三十年。 ②康叔:卫康叔。名封,文王之子,武王之弟,卫始封之君。西周初年,封于康丘(见《系年》),夷王时徙于卫。 ③相:夏后氏(帝启)之孙,居帝丘。享:祭品。 ④族类:指同宗。族、类二字同义。⑤歆:享。 ⑥杞、鄫(zēng):二国皆夏之后裔。何事:何所事。谓自当祀相。 ⑦"相之"三句:言帝丘久不祀相,非自卫而绝之。享:祭。 ⑧间:干,犯。命祀:帝王所命之郊祀。 ⑨祀命:祀相之命。

郑泄驾恶公子瑕[①],郑伯亦恶之,故公子瑕出奔楚。

〔**注释**〕

①泄驾:郑大夫。

经

三十有二年春[①],王正月。

夏四月己丑[②],郑伯捷卒。

卫人侵狄。

秋,卫人及狄盟。

冬十有二月己卯[③],晋侯重耳卒。

〔注释〕

①三十有二年:公元前 628 年。 ②己丑:十六日。 ③己卯:十日。

传

三十二年春,楚斗章请平于晋[①],晋阳处父报之[②]。晋、楚始通。

〔注释〕

①请平:求和。平:和解。 ②阳处父:晋大夫。报:回访。

夏,狄有乱。卫人侵狄,狄请平焉。

秋,卫人及狄盟。

冬,晋文公卒。庚辰[①],将殡于曲沃[②],出绛[③],柩有声如牛[④]。卜偃使大夫拜[⑤]。曰:"君命大事[⑥]。将有西师过轶我[⑦],击之,必大捷焉。"

杞子自郑使告于秦[⑧],曰:"郑人使我掌其北门之管[⑨],若潜师以来[⑩],国可得也。"穆公访诸蹇叔[⑪]。蹇叔曰:"劳师以袭远[⑫],非所闻也[⑬]。师劳力竭,远主备之,无乃不可乎[⑭]!师之所为,郑必知之。勤而无所[⑮],必有悖心[⑯]。且

行千里,其谁不知?”公辞焉。召孟明、西乞、白乙⑰,使出师于东门之外。蹇叔哭之,曰:“孟子!吾见师之出,而不见其入也⑱!”公使谓之曰:“尔何知?中寿⑲,尔墓之木拱矣。”蹇叔之子与师⑳,哭而送之,曰:“晋人御师必于殽㉑。殽有二陵焉㉒:其南陵,夏后皋之墓也㉓。其北陵,文王之所辟风雨也㉔。必死是间㉕,余收尔骨焉。”秦师遂东。

〔注释〕

①庚辰:十一日。 ②殡:停放灵柩。曲沃:晋宗庙所在地,在今山西闻喜县东。 ③出:经过。绛(jiàng):晋国都,在今山西翼城县东南。 ④柩:装有遗体的棺材。 ⑤卜偃:郭偃。晋大夫,掌占卜。 ⑥君命大事:谓文公发布有关军事的命令。大事:指戎事。 ⑦西师:指秦军。过轶:经过。轶:越过。指越过边境。古代经过别国,必须借道,否则即视为入侵。 ⑧杞子:秦穆公派去戍郑的三位将领之一。 ⑨掌其北门之管:谓掌管北门。管:锁。 ⑩潜师:秘密发兵。潜:隐秘。 ⑪访:谋,问。诸:“之于”的合音。蹇(jiǎn)叔:秦国老臣。 ⑫以:而。远:指远方的国家(郑国)。 ⑬非所闻也:委婉语。表示不赞成。⑭无乃:恐怕,大概。 ⑮勤:劳。无所:无处可用力。 ⑯悖心:背离之心。 ⑰孟明:姓百里,名视,百里奚之子。西乞:字乞,名术。白乙:字乙,名丙。这三人都是秦国将领。 ⑱入:返,还。⑲“中寿”二句:如果只活到中等年寿,你坟上的树木现在应该合抱了。拱:两手合抱。 ⑳与师:指在军中。与:参与。 ㉑殽(xiáo):同“崤”。山名,在今河南洛宁县西北六十里,西接陕县,东接渑池县,地势险要。 ㉒二陵:指东、西殽山。二山相距三十五里。东殽山即下文的“北陵”,在洛宁县北二十里;西殽山即下

文的“南陵”,在陕县东南七十里。陵:大山。 ㉓夏后皋:夏帝,名皋,夏桀的祖父。后:君主。 ㉔“文王”句:是文王避风雨的地方。 ㉕是间:此间。指二陵之间。

经

三十有三年春[①],王二月,秦人入滑[②]。

齐侯使国归父来聘。

夏四月辛巳[③],晋人及姜戎败秦师于殽[④]。

癸巳[⑤],葬晋文公。

狄侵齐。

公伐邾[⑥],取訾娄[⑦]。

秋,公子遂帅师伐邾。

晋人败狄于箕[⑧]。

冬十月,公如齐。

十有二月,公至自齐。

乙巳[⑨],公薨于小寝[⑩]。

陨霜不杀草[⑪],李、梅实。

晋人、陈人、郑人伐许[⑫]。

〔注释〕

①三十有三年:公元前627年。 ②滑:国名,姬姓。今河南偃师市南二十里有缑氏镇,即其地。 ③辛巳:十五日。 ④姜戎:姜姓之戎,居晋之南鄙。殽(xiáo):同“崤”。山名,在今陕西潼关至河南新安县一带,地势险要。 ⑤癸巳:二十七日。⑥邾:国名,曹姓,在今山东曲阜市东南。 ⑦訾(zī)娄:邾邑,在

今山东济宁县。⑧箕:晋邑,在今山西蒲县东北。⑨乙巳:十一月十二日。《经》书十二月,误。⑩小寝:指燕寝。天子六寝,路寝一,小寝五。诸侯三寝,路寝一,燕寝、侧室各一。⑪“陨霜”句:周之十一月,当夏之九月,按节令应是轻霜之时,今下浓霜,又不能杀草,所以成灾。⑫许:国名,姜姓,在今河南许昌市。

传

三十三年春,秦师过周北门[①],左右免胄而下[②],超乘者三百乘[③]。王孙满尚幼[④],观之,言于王曰:“秦师轻而无礼[⑤],必败。轻则寡谋,无礼则脱[⑥]。入险而脱,又不能谋,能无败乎?”

及滑,郑商人弦高将市于周[⑦],遇之,以乘韦先[⑧],牛十二犒师[⑨],曰:“寡君闻吾子将步师出于敝邑[⑩],敢犒从者[⑪]。不腆敝邑[⑫],为从者之淹[⑬],居则具一日之积[⑭],行则备一夕之卫[⑮]。”且使遽告于郑[⑯]。

郑穆公使视客馆[⑰],则束载、厉兵、秣马矣[⑱]。使皇武子辞焉[⑲],曰:“吾子淹久于敝邑[⑳],唯是脯资饩牵竭矣[㉑]。为吾子之将行也[㉒],郑之有原圃[㉓],犹秦之有具囿也[㉔],吾子取其麋鹿,以闲敝邑[㉕],若何?”杞子奔齐,逢孙、扬孙奔宋。

孟明曰:“郑有备矣,不可冀也[㉖]。攻之不克,围之不继[㉗],吾其还也。”灭滑而还。

〔注释〕

①原本“秦”上有“晋”字,据阮元《校勘记》及《史记·秦本纪》张守节《正义》、敦煌写本(P. 2509)、《宋本册府元龟》卷七七

三刪。北门：周都城洛邑的北门。 ②左右：指车左、车右。古代战车，每辆有甲士三人，除主帅所乘之车外，都是御者居中，两人分居左右。免胄：脱下头盔。下：指下车。 ③超乘：跳跃上车。《说文》："超，跳也。" ④王孙满：周襄王之孙，名满。 ⑤轻：轻佻。无礼：依礼，经过王城应卷甲束兵，下车步行。今秦军仅免胄下车，又立即跳而上车，是失礼的举动。 ⑥脱：易，轻忽。⑦市于周：到周地经商。 ⑧以乘（shèng）韦先：用四张熟牛皮作为先行礼物。乘：古代一车四马称为乘，故乘又用作"四"的代称。韦：熟牛皮。先：古代正式送礼以前，先送一份较轻的礼为引。 ⑨犒：慰劳。 ⑩寡君：对他国谦称自己的国君。步师：行军。出于敝邑：谓前往郑国。《说文》："出，进也。" ⑪敢：表示谦敬之辞。有"冒昧"的意思。从者：等于说"左右"。谦辞。⑫不腆（tiǎn）：不富有。谦辞。腆：丰厚。 ⑬淹：久。指在外时间长。 ⑭居：止，居留。积：指刍、米、菜、薪等日常用品。 ⑮备一夕之卫：充当一夜的警卫。 ⑯且：而。遽（jù）：传车。驿车。⑰"郑穆公"句：原本无此七字，据阮元《校勘记》及敦煌写本（P.2509）、《宋本册府元龟》卷七五〇补。郑穆公名兰，文公之子。客馆：宾馆。指杞子等人住的地方。前年秦与郑盟，秦穆公派杞子、逢孙、扬孙戍郑。 ⑱则：已经。束载：捆束车载之物。厉兵：磨砺兵器。秣马：喂马。谓杞子等已准备行动。成公十六年《传》"蒐乘、补卒，秣马、利兵"与此相类似。 ⑲皇武子：郑大夫。辞：告，致辞。 ⑳淹久：久留。淹、久二字同义。 ㉑唯是：以是，因此。脯资饩（xì）牵：指各种食物。脯：干肉。资：粮食。饩：杀好的牲畜。牵：活的牲畜。 ㉒为：如。 ㉓原圃：郑国苑囿名，在今河南中牟县西北。 ㉔具囿：王引之、卢文弨以为当作"具圃"，疑是。具圃为秦国苑囿名，在今在今陕西凤翔县境内。㉕以闲敝邑：谓使郑国得以休息。闲：息。 ㉖冀：希冀。 ㉗不继:敦煌写本(P.2509)作“无继”,谓无后继之师。

齐国庄子来聘[1],自郊劳至于赠贿[2],礼成而加之以敏[3]。臧文仲言于公曰:“国子为政,齐犹有礼,君其朝焉。臣闻之,服于有礼[4],社稷之卫也。”

〔注释〕

①国庄子:国归父。齐上卿。 ②“自郊劳”句:谓自始至终。郊劳:行聘礼、觐礼时,宾至于郊,国君使人以束锦慰劳。赠贿:宾客离开时赠送礼物。 ③敏:敬。 ④服:从。

晋原轸曰[1]:“秦违蹇叔,而以贪勤民,天奉我也[2]。奉不可失,敌不可纵。纵敌患生,违天不祥。必伐秦师。”栾枝曰[3]:“未报秦施[4],而伐其师,其为死君乎[5]?”先轸曰:“秦不哀吾丧,而伐吾同姓[6],秦则无礼,何施之为[7]?吾闻之,一日纵敌,数世之患也。谋及子孙[8],可谓死君乎?”遂发命,遽兴姜戎[9]。子墨衰绖[10],梁弘御戎[11],莱驹为右[12]。

夏四月辛巳[13],败秦师于殽[14],获百里孟明视、西乞术、白乙丙以归[15]。遂墨以葬文公。晋于是始墨。

文嬴请三帅[16],曰:“彼实构吾二君[17],寡君若得而食之,不厌[18],君何辱讨焉[19]!使归就戮于秦,以逞寡君之志[20],若何?”公许之。先轸朝,问秦囚。公曰:“夫人请之,吾舍之矣。”先轸怒,曰:“武夫力而拘诸原[21],妇人暂而免诸国[22]。堕军实而长寇雠[23],亡无日矣!”不顾而唾[24]。公使阳处父追之[25],及诸河,则在舟中矣。释左骖[26],以公命赠孟明。孟明

稽首曰[27]："君之惠，不以累臣衅鼓[28]，使归就戮于秦，寡君之以为戮[29]，死且不朽[30]。若从君惠而免之[31]，三年，将拜君赐[32]。"

秦伯素服郊次[33]，乡师而哭[34]，曰："孤违蹇叔，以辱二三子，孤之罪也。"不替孟明[35]，曰[36]："孤之过也，大夫何罪？且吾不以一眚掩大德[37]。"

〔注释〕

①原轸：即先轸。原是其封地，故以为氏。 ②奉：与，助。③栾枝：晋大夫。 ④秦施：指秦有恩于文公。施：恩惠。 ⑤"其为"句：岂非目无先君？为：有。死君：已故之君。指晋文公。⑥同姓：指郑、滑。二国皆姬姓。 ⑦何施之为：何施之有。为：有。 ⑧"谋及"二句：为子孙着想，可以向先君交代。 ⑨遽：迅速。兴：发。姜戎：姜姓之戎，戎之别支，居晋南境。 ⑩子墨衰绖（cuī dié）：晋襄公把丧服染成黑色。晋文公未葬，故襄公称子。此时襄公居丧，着白色丧服，不宜从戎，故染为黑色。衰：丧服，用一块方的麻布缀于上衣当心之处，谓之衰（此衰唯为父母服丧用之）。丧服之上衣亦称衰。绖：服丧所系之带，以麻为之。在首为首绖，在腰为腰绖。 ⑪梁弘：晋大夫。御戎：御戎车。⑫莱驹：晋大夫。右：车右。 ⑬辛巳：十五日。 ⑭殽：同"崤"。山名，在今河南洛宁县西北六十里，西接陕县，东接渑池县，地势险要。 ⑮百里孟明视：姓百里，名视，字孟明。西乞术、白乙丙：二人与孟明视都是秦国将领。 ⑯文嬴：晋文公夫人，秦穆公之女，晋襄公之嫡母。请三帅：为孟明等三人求情。 ⑰构：挑拨离间。⑱厌：满足。 ⑲辱：谓使对方蒙受屈辱。谦辞。 ⑳逞：满足。志：意，意愿。 ㉑武夫：武士。力：勉，勉力。原：野外。指战场。

㉒暂:通“渐”,诈,欺诈。国:国都。 ㉓堕(huī):毁,舍,舍弃。军实:军中人员物资器械之总称。此指俘虏。长:益。寇雠:敌,敌人。寇、雠同义。 ㉔不顾而唾:此句极写先轸之愤怒。《礼记·内则》云:“在父母舅姑之所,……不敢唾洟。”顾:视。 ㉕阳处父:晋大夫。 ㉖左骖:一车四马,在两旁的称骖,在左边的称左骖。 ㉗稽(qǐ)首:古时最重的跪拜礼。拜时叩首至地。 ㉘累臣:囚俘,俘虏。孟明自称。累、臣同义。衅鼓:祭鼓。衅:以血祭祀。 ㉙之:若。 ㉚死且不朽:犹言“虽死犹生”。 ㉛从君惠:因为晋君的好意。 ㉜将拜君赐:将要来拜谢晋君的恩赐。意思是将要来报仇。赐:惠。 ㉝素服郊次:穿着丧服,宿于郊外。国家遭遇大的灾难(如死亡、荒年、灾祸、围败、寇乱等)国君降服、出次。次:舍。 ㉞乡:向。 ㉟替:废。 ㊱曰:原本无,据王念孙、杨伯峻说及敦煌写本(P. 2509)补。 ㊲“且吾”句:谓不以此一过失而完全否定他。眚(shěng):过失。

狄侵齐,因晋丧也①。

〔注释〕

①因:乘。

公伐邾,取訾娄,以报升陉之役①。邾人不设备。
秋,襄仲复伐邾。

〔注释〕

①升陉(xíng)之役:在僖公二十二年。

狄伐晋,及箕。八月戊子①,晋侯败狄于箕。郤缺获白

狄子[②]。

先轸曰："匹夫逞志于君而无讨[③]，敢不自讨乎？"免胄入狄师[④]，死焉。狄人归其元[⑤]，面如生。

初，臼季使过冀[⑥]，见冀缺耨[⑦]，其妻馌之[⑧]。敬，相待如宾。与之归，言诸文公曰："敬，德之聚也[⑨]。能敬，必有德。德以治民，君请用之！臣闻之，出门如宾[⑩]，承事如祭[⑪]，仁之则也。"公曰："其父有罪[⑫]，可乎？"对曰："舜之罪也殛鲧[⑬]，其举也兴禹。管敬仲[⑭]，桓之贼也，实相以济[⑮]。《康诰》曰[⑯]：'父不慈，子不祗[⑰]，兄不友，弟不共，不相及也[⑱]。'《诗》曰[⑲]：'采葑采菲[⑳]，无以下体。'君取节焉可也[㉑]。"文公以为下军大夫。反自箕，襄公以三命命先且居将中军[㉒]，以再命命先茅之县赏胥臣[㉓]，曰："举郤缺，子之功也。"以一命命郤缺为卿，复与之冀[㉔]，亦未有军行[㉕]。

〔注释〕

①戊子：二十四日。 ②郤缺：晋大夫。白狄子：白狄之首领。白狄为狄之别种。 ③"匹夫"二句：自己图一时快意而失礼于君，却没有被治罪，我怎么能不惩罚自己呢？匹夫：先轸自称。逞志：快意。指不顾而唾，只图一时快意而失君臣之礼。讨：诛，罚。 ④免胄：脱下头盔。 ⑤元：首。 ⑥臼季：胥臣，字季。冀：晋邑，在今山西河津市一带。 ⑦冀缺：即郤缺。郤缺食邑于冀。耨(nòu)：锄草。 ⑧馌(yè)：送饭到田里。 ⑨德之聚：美德之集中体现。 ⑩如宾：如见大宾。 ⑪承事如祭：办事如同参加祭祀。此二句言常怀谨敬之心。承：奉。 ⑫其父有罪：冀缺的父亲冀芮欲杀害文公，为秦穆公所诱杀。事见僖公二十四年《传》。 ⑬"舜之"二句：鲧治洪水，九年不成，舜杀之于

羽山,后来起用鲧的儿子禹。罪:惩处有罪之人。殛(jí):诛。鲧:禹之父。举:任,任用。 ⑭"管敬仲"二句:管仲拥护公子纠与齐桓公争位,射桓公,中其带钩。管敬仲:姓管,名夷吾,字仲,敬为谥号。贼:对仇敌的蔑称。 ⑮实相以济:终使管仲为相而成霸业。实:终。相:使为相。济:成。 ⑯《康诰》曰:今《尚书·康诰》无此文。 ⑰祗(zhī):敬。 ⑱不相及:谓不以罪相牵连。 ⑲《诗》曰:引文出自《诗·邶风·谷风》。 ⑳"采葑"二句:葑(fēng)、菲都是野菜,上部可食,而下部有恶臭,食之者不以其恶而弃其善。下体:指根。 ㉑取节焉:谓取其善节(好的方面)。 ㉒三命:命是爵位的等级。周爵分为九等,自一命至于九命,地位以次升高。先且居:先轸之子。 ㉓"以再命"句:先茅无后,故取其县以赏胥臣。再命:二命。 ㉔冀:原是冀缺之父冀芮的食邑,今复与之。 ㉕亦:犹。军行:军列。当时晋之五军各有帅,故郤缺虽为帅而无军行。

冬,公如齐,朝,且吊有狄师也[①]。反,薨于小寝,即安也[②]。

〔注释〕

①"且吊"句:对齐国受到狄国侵犯表示慰问。 ②即安:就其所安之处。疾病时当居路寝,僖公仍居小寝(燕寝),故云即安。

晋、陈、郑伐许,讨其贰于楚也。

楚令尹子上侵陈、蔡。陈、蔡成[①],遂伐郑,将纳公子瑕[②]。门于桔柣之门[③]。瑕覆于周氏之汪[④],外仆髡屯禽之以献[⑤]。文夫人敛而葬之郐城之下[⑥]。

〔注释〕

①成：和解。 ②纳公子瑕：送公子瑕回郑国即位。公子瑕为郑文公所恶而奔楚，在僖公三十一年。 ③门：攻打城门。桔柣(jié dié)之门：郑远郊之门。 ④覆：战车倾覆。汪：水池。⑤外仆：从事外役之仆。禽：同"擒"，杀。 ⑥文夫人：郑文公夫人。敛：盛尸入棺。郐(kuài)城：故郐国，在今河南新密市东南。

晋阳处父侵蔡[①]。楚子上救之，与晋师夹泜而军[②]。阳子患之，使谓子上曰："吾闻之：文不犯顺[③]，武不违敌[④]。子若欲战，则吾退舍[⑤]，子济而陈，迟速唯命[⑥]。不然，纾我[⑦]。老师费财[⑧]，亦无益也。"乃驾以待[⑨]。

子上欲涉，大孙伯曰[⑩]："不可。晋人无信，半涉而薄我[⑪]，悔败何及？不如纾之。"乃退舍。阳子宣言曰[⑫]："楚师遁矣。"遂归。楚师亦归。

大子商臣谮子上曰[⑬]："受晋赂而辟之，楚之耻也。罪莫大焉。"王杀子上。

〔注释〕

①阳处父：晋大夫。 ②泜(zhì)：水名。即滍水，今名沙河，源出河南鲁山县西，东流经宝丰、叶县、舞阳合于北沙河。 ③顺：指文辞顺者。 ④违：避。 ⑤舍：三十里。 ⑥迟速：快慢。迟：徐。唯：任，听凭。 ⑦纾我：谓楚军后撤，使晋军得以渡河列阵。纾：缓。 ⑧老：疲。 ⑨驾以待：驾马以待楚师之进退。⑩大孙伯：成大心，子玉之子。 ⑪薄：进逼。即袭击。 ⑫宣言：扬言。 ⑬"大子"句：楚成王欲立商臣为太子，令尹子上曾加劝阻(事见文公元年《传》)，故商臣谗毁子上。

葬僖公[1],缓作主[2],非礼也。凡君薨,卒哭而祔[3],祔而作主,特祀于主[4],烝、尝、禘于庙[5]。

〔注释〕

①葬僖公:葬僖公在文公元年四月。诸侯五月而葬。僖公薨于三十三年十二月,葬于文公元年四月,中有闰月,凡历七月。②缓作主:作僖公神主迟缓。依礼,葬后卒哭,祔祭于祖庙,即应立主。作僖公之主在文公二年二月。主:死者的神位,以木为之。③卒哭:祭名。在七虞(诸侯五月而葬,葬后十二天内共进行七次虞祭)之后。丧礼,自大敛(以尸体入棺)后,朝、夕各一哭,其间哀至则哭。卒哭之后,止无时之哭(唯朝、夕哭,其他时间不再哭),故名卒哭。祔(fù):祭名。虞祭、卒哭之后,立死者之主于祖庙,并排列昭穆之序。祭毕,反主于寝,至大祥(除丧之祭)乃迁于庙。 ④特祀于主:新主既立,祭祀于寝,不与宗庙其他神主共祭,故云特祀。 ⑤"烝、尝"句:言烝、尝与禘,则在宗庙与群祖合祭。烝:天子诸侯冬祭宗庙。烝是"众"的意思。冬季万物皆成,可荐者众,故烝祭宗庙。尝:天子诸侯秋祭宗庙。秋天嘉谷始熟,故荐(献)尝于宗庙。禘(dì):大祭之名。天子、诸侯夏天祭祀宗庙称禘。鲁礼:三年之丧(实际上是二十五个月)毕,而祫于大庙,然后进行禘祀,祭祀之后,三年之丧即毕。按:此节文字当在文公元年"夏四月丁巳,葬僖公"之下,今在僖公之末,系错简所致。

文　公[1]

经

元年春[2]，王正月，公即位。

二月癸亥[3]，日有食之。

天王使叔服来会葬[4]。

夏四月丁巳[5]，葬我君僖公。

天王使毛伯来锡公命[6]。

晋侯伐卫。

叔孙得臣如京师[7]。

卫人伐晋。

秋，公孙敖会晋侯于戚[8]。

冬十月丁未[9]，楚世子商臣弑其君頵[10]。

公孙敖如齐。

〔注释〕

①文公：名兴，僖公之子，公元前626年—公元前609年在位。《谥法》："慈惠爱民曰文。"又："忠信接礼曰文。"　②元年：公元前626年。　③癸亥：癸亥为三月一日。"二月"或为"三月"之误。　④叔服：周大夫。叔为氏，服是字。会葬：参加鲁僖

公的葬礼。 ⑤丁巳:二十六日。 ⑥毛伯:毛国之君,周卿士。锡:命,赐命。命:爵命。此为新君即位,天子赐嗣位之命。⑦叔孙得臣:叔牙之孙。 ⑧公孙敖:桓公之孙,庆父之子。戚:卫邑,在今河南濮阳市北。 ⑨丁未:十九日。 ⑩世子:太子。頵(yūn,又读 jūn):楚成王之名。

传

元年春,王使内史叔服来会葬[①]。公孙敖闻其能相人也[②],见其二子焉[③]。叔服曰:"谷也食子[④],难也收子[⑤]。谷也丰下[⑥],必有后于鲁国。"

〔注释〕

①内史:官名,佐太宰管理爵禄废置等政务,并掌颁发王之策命。 ②能:善。相人:给人看相。 ③见其二子:使两个儿子见叔服。 ④食子:谓谷之子孙将使公孙敖得以血食于后世。即下文"有后于鲁国"的意思。谷先公孙敖而死,见文公十四年《传》。食:祭祀供养。 ⑤收:敛。指为之送终。 ⑥丰下:颐部(下巴)丰满。

于是闰三月[①],非礼也。先王之正时也,履端于始[②],举正于中[③],归余于终[④]。履端于始,序则不愆[⑤]。举正于中,民则不惑[⑥]。归余于终,事则不悖[⑦]。

〔注释〕

①"于是"二句:置闰当在岁终。今在三月,不合于礼。于是:此时。 ②履端于始:谓推算历数以冬至为起点。端:正。

③举正于中：谓以中星（二十八宿分布四方，每方七宿，七宿居中之星为中星。如火为苍龙之中星，虚为玄武之中星，昴为白虎之中星）确定分、至（春分、秋分、夏至、冬至），使之分别在四季的第二个月。举：取。正：中。于：以。　④归余于终：古代以三百六十六日为一年，月球绕地球运行一周需二十九天多一点。一年十二个月，月大三十天，月小二十九天，共计三百五十四天，比实际数字要少，所以用设置闰月的办法来解决这一问题。二到三年置一闰，五年置二闰，十九年置七闰。闰月设置在岁终，故曰“归余于终”。　⑤序：指四时。则：乃。愆：失，违。谓差错。　⑥不惑：季节不失，故民不惑。　⑦不悖：四时得序，故事无悖乱。悖：乱。

夏四月丁巳[①]，葬僖公。

〔注释〕

①“夏四月”二句：《左传》不空载经文（即没有仅载经文，而不作补充说明的传文）。据此，知僖公末年最后一条传文应在此处。

王使毛伯卫来赐公命[①]。叔孙得臣如周拜[②]。

〔注释〕

①毛伯卫：王卿士。封于毛，为伯爵，字卫。赐：原本作“锡”，据阮元《校勘记》、杨伯峻说改。　②叔孙得臣：叔牙之孙。如周拜：拜谢周王赐命。

晋文公之季年[①]，诸侯朝晋。卫成公不朝，使孔达侵郑[②]，伐绵、訾及匡[③]。晋襄公既祥[④]，使告于诸侯而伐卫，

及南阳[⑤]。先且居曰[⑥]:"效尤[⑦],祸也。请君朝王,臣从师[⑧]。"晋侯朝王于温[⑨],先且居、胥臣伐卫[⑩]。五月辛酉朔[⑪],晋师围戚。六月戊戌[⑫],取之,获孙昭子[⑬]。

卫人使告于陈。陈共公曰:"更伐之[⑭],我辞之。"卫孔达帅师伐晋。君子以为古[⑮]。古者越国而谋[⑯]。

〔**注释**〕

①季年:末年。 ②孔达:卫大夫。 ③绵、訾:皆郑地。未详何处。匡:卫地,在今河南长垣县西南十五里。 ④既祥:祥祭之后。祥:丧祭名。父母死后十三月而小祥,二十五月大祥。晋文公卒于僖公三十二年十二月,此时小祥之祭已毕。 ⑤南阳:卫地,在今河南新乡一带。其地在太行之南,黄河之北,故称南阳。 ⑥先且居:先轸之子。晋中军主帅。 ⑦"效尤"二句:此先且居劝晋侯朝王之辞。谓卫不朝晋,而晋伐之;晋不朝王,是仿效卫之过失而招祸。尤:罪。 ⑧从:率。 ⑨温:地名,在今河南温县西南。 ⑩胥臣:臼季。即司空季子。 ⑪朔:旧历每月的第一天。 ⑫戊戌:八日。 ⑬孙昭子:卫大夫,食邑于戚。⑭"更伐"二句:转而伐晋,我再代卫向晋求和。辞之:指为卫求和于晋。卫若战败而求和,过于示弱,故使卫伐晋而后求和,以维护尊严。 ⑮古:合于古道。 ⑯越国而谋:谓与他国共谋国事。

秋,晋侯疆戚田[①],故公孙敖会之。

〔**注释**〕

①疆戚田:取戚田而划定疆界。

初,楚子将以商臣为大子[①],访诸令尹子上[②]。子上曰:

"君之齿未也[③],而又多爱[④],黜乃乱也[⑤]。楚国之举[⑥],恒在少者。且是人也,蜂目而豺声,忍人也[⑦],不可立也。"弗听。

既,又欲立王子职而黜大子商臣[⑧]。商臣闻之而未察[⑨],告其师潘崇曰:"若之何而察之[⑩]?"潘崇曰:"享江芈而勿敬也[⑪]。"从之。江芈怒曰:"呼[⑫],役夫[⑬]!宜君王之欲杀女而立职也[⑭]!"告潘崇曰:"信矣。"潘崇曰:"能事诸乎[⑮]?"曰:"不能。""能行乎[⑯]?"曰:"不能。""能行大事乎[⑰]?"曰:"能。"

冬十月,以宫甲围成王[⑱]。王请食熊蹯而死[⑲],弗听。丁未,王缢。谥之曰"灵[⑳]",不瞑[㉑];曰"成[㉒]",乃瞑。

穆王立[㉓],以其为大子之室与潘崇[㉔],使为大师[㉕],且掌环列之尹[㉖]。

〔注释〕

①楚子:楚成王。将:欲。 ②访:询问,征求意见。 ③齿:年,年龄。未:未到确定太子之时。 ④爱:指内宠。 ⑤黜乃乱也:若立后来所生爱子而废商臣,则生乱。 ⑥举:立。 ⑦忍人:狠心之人。 ⑧王子职:商臣之庶弟。 ⑨察:审。谓确定。⑩若之何:如何。之:句中语助词,无义。 ⑪享:宴。江芈(mǐ):楚成王之妹,嫁于江。芈:原本作"芊",据阮元《校勘记》改。下同。 ⑫呼:同"吁"。恨怒之声。 ⑬役夫:贱者之称。⑭"宜君王"句:楚王本无意杀商臣,江芈怒,故甚其辞。 ⑮诸:之。代指王子职。 ⑯行:出亡。 ⑰行大事:指发动政变。⑱宫甲:太子宫中的士兵。 ⑲熊蹯(fán):熊掌。蹯:野兽的足掌。熊掌难以煮烂,王请食之,欲拖以待变。 ⑳灵:《谥法》:"乱而不损曰灵。" ㉑瞑:闭目。 ㉒成:《谥法》:"安民立政曰

成。” ㉓穆王：即商臣。 ㉔为大子之室：指为太子时所有的财产。室：家产。 ㉕大师：即太师。官名，主持国政。 ㉖环列之尹：宫廷侍卫长官。列兵环绕王宫，故曰环列。尹：长官。

穆伯如齐[①]。始聘焉，礼也。凡君即位，卿出并聘[②]，践修旧好[③]，要结外援[④]，好事邻国[⑤]，以卫社稷，忠信卑让之道也[⑥]。忠，德之正也[⑦]。信，德之固也[⑧]。卑让，德之基也[⑨]。

〔注释〕

①穆伯：公孙敖。 ②并聘：遍聘诸国。并：遍。 ③践修旧好：保持从前的友好关系。践：循。修：续。 ④要结：结交。要：结。 ⑤好：善。 ⑥卑让：谦让。 ⑦正：长，帅。 ⑧固：保障。 ⑨基：根基。

殽之役[①]，晋人既归秦帅[②]，秦大夫及左右皆言于秦伯曰[③]：“是败也，孟明之罪也，必杀之。”秦伯曰：“是孤之罪也。周芮良夫之诗曰[④]：‘大风有隧[⑤]，贪人败类[⑥]。听言则对[⑦]，诵言如醉[⑧]。匪用其良[⑨]，覆俾我悖[⑩]。’是贪故也，孤之谓矣[⑪]。孤实贪以祸夫子[⑫]，夫子何罪？”复使为政[⑬]。

〔注释〕

①殽之役：在僖公三十三年。 ②秦帅：秦军统帅孟明视、西乞术、白乙丙。三人皆在殽之战中被俘。 ③秦伯：秦穆公。 ④芮良夫：周厉王时卿士。下引芮良夫诗见《诗·大雅·桑柔》。 ⑤有隧：形容迅疾。 ⑥类：法，法度。 ⑦听言则对：顺从之言，则喜而对答。听：从，顺。 ⑧诵言如醉：规谏之言，则如同醉酒

而毫无反应。诵:讽,谏。 ⑨匪:不。良:贤。 ⑩覆:反。悖:行为悖乱。 ⑪矣:也。 ⑫夫子:古代对男子的尊称。此指孟明。 ⑬此条本与下年传文相接,为后人所割裂。

经

二年春[①],王二月甲子[②],晋侯及秦师战于彭衙[③],秦师败绩[④]。

丁丑[⑤],作僖公主[⑥]。

三月乙巳[⑦],及晋处父盟[⑧]。

夏六月,公孙敖会宋公、陈侯、郑伯、晋士縠,盟于垂陇[⑨]。

自十有二月不雨[⑩],至于秋七月[⑪]。

八月丁卯[⑫],大事于大庙[⑬],跻僖公[⑭]。

冬,晋人、宋人、陈人、郑人伐秦。

公子遂如齐纳币[⑮]。

〔注释〕

①二年:公元前625年。 ②甲子:八日。 ③彭衙:秦邑,在今陕西白水县东北四十里。 ④败绩:大崩曰败绩。 ⑤丁丑:二十一日。 ⑥主:亦称“神主”。死者之牌位。以木为之。三年丧毕,入藏于庙。 ⑦乙巳:十九日。 ⑧处父:阳处父,晋之正卿。 ⑨垂陇:郑地,在今在今河南荥阳市东北。 ⑩不雨:不书“旱”而称“不雨”,因五谷尚有收获。 ⑪七月:周之七月,当夏之五月。 ⑫丁卯:十四日。 ⑬大事:指禘。按鲁礼:三年之丧(实际上是二十五个月)毕,而祫于大庙,然后进行禘祀,祭祀之后,三年之丧即毕。大庙:太庙。周公之庙。 ⑭跻(jī)僖

公：将僖公的牌位升于闵公之上。跻：升。僖公虽为闵公之兄，而继闵公即位，庙次应在闵公之下，今升在闵公之上，故《春秋》书之以示讥。 ⑮纳币：古代婚礼有六，即纳采、问名、纳吉、纳征、请期、亲迎。纳币即纳征。男方派人至女家纳币以订婚。币：指帛。也泛指玉、马、皮、圭、璧等。

传

二年春，秦孟明视帅师伐晋①，以报殽之役。二月，晋侯御之②。先且居将中军③，赵衰佐之④。王官无地御戎⑤，狐鞫居为右⑥。甲子，及秦师战于彭衙，秦师败绩。晋人谓秦"拜赐之师⑦"。

战于殽也⑧，晋梁弘御戎，莱驹为右。战之明日，晋襄公缚秦囚，使莱驹以戈斩之。囚呼，莱驹失戈。狼瞫取戈以斩囚⑨，禽之以从公乘⑩。遂以为右。箕之役⑪，先轸黜之⑫，而立续简伯。狼瞫怒。其友曰："盍死之⑬？"瞫曰："吾未获死所。"其友曰："吾与女为难⑭。"瞫曰："《周志》有之⑮：'勇则害上⑯，不登于明堂⑰。'死而不义，非勇也。共用之谓勇⑱。吾以勇求右，无勇而黜，亦其所也⑲。谓上不我知⑳，黜而宜，乃知我矣。子姑待之。"及彭衙，既陈，以其属驰秦师，死焉。晋师从之，大败秦师。

君子谓狼瞫于是乎君子㉑。《诗》曰㉒："君子如怒㉓，乱庶遄沮。"又曰㉔："王赫斯怒㉕，爰整其旅㉖。"怒不作乱，而以从师，可谓君子矣！

秦伯犹用孟明㉗。孟明增修国政㉘，重施于民㉙。赵成

子言于诸大夫曰㉚:“秦师又至,将必辟之㉛。惧而增德,不可当也。《诗》曰㉜:‘毋念尔祖㉝,聿修厥德。’孟明念之矣。念德不怠,其可敌乎㉞!”

〔注释〕

①“秦孟明”二句:孟明视为秦军主帅,僖公三十三年殽之战,被晋国俘虏,后被释放回国。 ②晋侯:指晋襄公。 ③先且居:晋军主帅。先轸之子。 ④赵衰:晋大夫。佐之:为中军副帅。 ⑤御戎:为晋侯驾驭戎车。 ⑥狐鞫(jú)居:字简伯,食邑于续,又称续简伯。 ⑦拜赐之师:僖公三十三年《传》,孟明对阳处父有“三年将拜君赐”的话,晋人以此讥讽秦人。 ⑧战于殽也:殽之战的时候。 ⑨狼瞫(shěn):晋武士。 ⑩禽:杀。生俘死得皆可称禽。从:即,就。 ⑪箕之役:在僖公三十三年。箕:晋地,在今山西蒲县东北。 ⑫先轸:当时晋军主帅。黜之:免去其车右之职。黜:废。 ⑬盍:何不。 ⑭为难(nàn):发难。谓杀先轸。为:作。 ⑮《周志》:《周书》。引文见《逸周书·大匡》。 ⑯则:如,若。表示假设。害:危。 ⑰明堂:祖庙。明堂是策勋序德的地方,不义的人不得登明堂。 ⑱共(gōng)用:指为上所用。共:同“恭”。 ⑲亦其所:谓得其宜。亦:乃。所:宜。 ⑳上:指先轸。 ㉑谓:以为。 ㉒《诗》曰:引文出自《诗·小雅·巧言》。 ㉓“君子”二句:言君子之怒,用以止乱。遄(chuán):疾。沮(jǔ):止。 ㉔又曰:引文出自《诗·大雅·皇矣》。 ㉕赫斯:赫然。发怒的样子。 ㉖爰:于是。旅:师旅。 ㉗秦伯:指秦穆公。 ㉘增修国政:更加勤于政事。增:益。修:勉。 ㉙重:厚。 ㉚赵成子:赵衰。 ㉛将必辟之:请务必避开秦军。将必:必,必定。将、必同义。 ㉜《诗》曰:引文出自《诗·大雅·文王》。 ㉝“毋念”二句:言不忘其

祖,而修其德。毋念:念。“毋”与下文“聿”都是发语词,无义。㉞其:尚。

丁丑,作僖公主。书,不时也[①]。

〔注释〕

①书,不时也:僖公三十三年《传》云:“卒哭而祔,祔而作主。”则作主当在僖公葬后的第十四天,今葬后过十月而作主,故云“不时”。

晋人以公不朝来讨[①]。公如晋。夏四月己巳[②],晋人使阳处父盟公以耻之[③]。书曰“及晋处父盟”[④],以厌之也。适晋不书[⑤],讳之也。

〔注释〕

①讨:责。 ②己巳:十四日。 ③“晋人”句:依礼,卿大夫不得盟公侯。晋故意让大夫与鲁君盟,以此来羞辱鲁国。耻:辱。④“书曰”二句:谓《经》书“及晋处父盟”,是显示对阳处父的贬抑。厌:抑。 ⑤“适晋”二句:《春秋》不书鲁君前往晋国,是隐讳之辞。

公未至[①]。六月,穆伯会诸侯及晋司空士縠[②],盟于垂陇,晋讨卫故也。书“士縠”[③],堪其事也。

陈侯为卫请成于晋,执孔达以说[④]。

〔注释〕

①公未至:鲁君未回到鲁国。 ②穆伯:即经文之公孙敖。

士縠(hú):士蔿之子。司空:晋卿。 ③"书士縠"二句:文公之前,《春秋》书诸侯会盟征伐之事,鲁卿书名,他国即使是卿,亦多称"人"。因为士縠胜任其事,《春秋》特书其名。堪:能担当。 ④说:同"悦"。谓取悦于晋。

秋八月丁卯,大事于大庙,跻僖公,逆祀也[①]。于是夏父弗忌为宗伯[②],尊僖公,且明见曰[③]:"吾见新鬼大[④],故鬼小。先大后小,顺也。跻圣贤,明也。明顺,礼也。"

君子以为失礼。礼无不顺。祀,国之大事也,而逆之,可谓礼乎?子虽齐圣[⑤],不先父食久矣[⑥]。故禹不先鲧[⑦],汤不先契[⑧],文、武不先不窋[⑨]。宋祖帝乙[⑩],郑祖厉王[⑪],犹上祖也[⑫]。是以《鲁颂》曰[⑬]:"春秋匪解[⑭],享祀不忒[⑮]。皇皇后帝[⑯],皇祖后稷[⑰]。"君子曰礼,谓其后稷亲而先帝也[⑱]。《诗》曰[⑲]:"问我诸姑[⑳],遂及伯姊[㉑]。"君子曰礼,谓其姊亲而先姑也[㉒]。

仲尼曰:"臧文仲[㉓],其不仁者三,不知者三。下展禽[㉔],废六关[㉕],妾织蒲[㉖],三不仁也。作虚器[㉗],纵逆祀[㉘],祀爰居[㉙],三不知也。"

〔注释〕

①逆祀:祖庙之位,父为昭,子为穆,臣继君,如同子继父,故闵公当在僖公之上。今升僖公于闵公之上,故曰逆祀。 ②于是:此时。宗伯:掌管祭祀的官。《周礼·春官·宗伯》郑玄注引《左传》作"宗人"。 ③明见:明言其所见。 ④"吾见"二句:谓僖公大而闵公小。僖公本为闵公之兄,死时年又长,故曰新鬼大,

故鬼小。 ⑤齐圣：明圣。 ⑥“不先”句：谓祭祀之位，后君不应在前君之上。 ⑦禹：夏朝创始之君。鲧(gǔn)：禹之父。因治水失败而被杀。 ⑧汤：商朝创始之君。契(xiè)：汤十三世祖。 ⑨不窋(zhuó)：周始祖后稷之子。 ⑩“宋祖”句：宋以帝乙为祖。宋为殷之后，殷灭，周封微子启于宋。帝乙为微子启之父。 ⑪“郑祖”句：郑以厉王为祖。郑与周同姓，厉王之子友始封于郑，是为郑桓公。 ⑫犹上祖也：始封之君尚且尊崇其父、祖。犹：由，因。 ⑬《鲁颂》：引文出自《诗·鲁颂·閟宫》。此诗歌颂僖公郊祀上天，配以后稷。 ⑭春秋：指四时。匪解(xiè)：不懈。 ⑮享祀：祭祀。享：祭。忒(tè)：差错。 ⑯皇皇后帝：指天神。皇皇：形容大。后、帝同义，指天帝。 ⑰皇祖：太祖。 ⑱谓：言。而：犹。先帝：以天帝为先。此句谓后稷虽亲，祭祀犹先天。 ⑲《诗》曰：引文出自《诗·邶风·泉水》。 ⑳问：馈赠。姑：父之姊妹。 ㉑伯姊：大姐。即下文之“姊”。 ㉒“谓其”句：谓姊虽亲，而馈赠先姑。先：以……为先。 ㉓臧文仲：臧孙辰。鲁大夫。 ㉔下：贬退。展禽：柳下惠。 ㉕废：置，立。六关：关名。鲁本无此关，臧文仲置之以收税，故曰不仁。 ㉖织蒲：织蒲席以卖。言与民争利。 ㉗作虚器：指臧文仲私藏大蔡(大龟)，并雕画大龟居住的小屋子。《论语·公冶长》：“子曰：‘臧文仲居蔡，山节藻棁(节为梁上斗栱，棁为梁上短柱)，何如其知也？’”据《礼记·礼器》，诸侯以龟为宝，大夫之家不藏龟。《礼记·明堂位》，山节藻棁为天子之庙饰。 ㉘纵逆祀：纵容夏父弗忌升僖公之位于闵公之上。 ㉙爰居：海鸟名。《国语·鲁语上》载爰居止于鲁东门外三日，臧文仲使国人祭之。

冬，晋先且居、宋公子成、陈辕选、郑公子归生伐秦[①]，

取汪及彭衙而还[2],以报彭衙之役。卿不书[3],为穆公故,尊秦也,谓之崇德。

〔注释〕

①公子成:宋庄公子。公子归生:字子家。 ②汪:秦地,今陕西白水县有汪城,当即其地。 ③"卿不书"四句:解释《春秋》不书诸国之卿姓名而称"人"的原因。秦穆公有德而诸侯伐之,《春秋》不书诸卿之名,以示贬抑。

襄仲如齐纳币[1],礼也。凡君即位,好舅甥[2],修昏姻[3],娶元妃以奉粢盛[4],孝也。孝,礼之始也[5]。

〔注释〕

①襄仲:公子遂的字。 ②好舅甥:亲善联姻之国。好:亲。舅甥:鲁君多娶齐女为夫人,故齐、鲁为舅甥之国。 ③修:续。昏姻:婚姻。 ④元妃:嫡夫人。奉粢盛:指祭祀。奉:供奉。粢盛:盛在祭器中的黍稷。 ⑤始:本,根本。

经

三年春[1],王正月,叔孙得臣会晋人、宋人、陈人、卫人、郑人伐沈[2]。沈溃[3]。

夏五月[4],王子虎卒[5]。

秦人伐晋。

秋,楚人围江[6]。

雨螽于宋[7]。

冬,公如晋。

十有二月己巳[8]，公及晋侯盟。

晋阳处父帅师伐楚以救江。

〔注释〕

①三年：公元前624年。 ②沈：国名，姬姓，故城在今安徽阜阳市西北一百二十里之沈丘集。 ③溃：崩溃，瓦解。 ④夏五月：《传》云“夏四月乙亥”。 ⑤王子虎：即《传》之王叔文公。⑥江：国名，嬴姓，故城在今河南正阳县东南。 ⑦雨（yù）：凡物从天散落都可称雨。螽：指飞蝗。 ⑧己巳：二十三日。

传

三年春，庄叔会诸侯之师伐沈[1]，以其服于楚也。沈溃。凡民逃其上曰溃，在上曰逃[2]。

〔注释〕

①庄叔：叔孙得臣。鲁大夫。庄是谥号，叔是字。 ②在上曰逃：君主出亡称逃。逃：去。

卫侯如陈，拜晋成也[1]。

〔注释〕

①拜晋成：感谢陈侯促成晋与卫和解。参见二年《传》。

夏四月乙亥[1]，王叔文公卒[2]。来赴，吊如同盟，礼也。

〔注释〕

①四月乙亥：四月二十六日。《经》书五月，从告。 ②“王

叔”四句:王叔文公即王子虎。为周卿士,曾与僖公同盟于践土(僖公二十八年),又同盟于翟泉(二十九年)。周赴告于鲁,鲁以同盟诸侯礼吊之。赴:通“讣”。

秦伯伐晋,济河焚舟①,取王官及郊②,晋人不出。遂自茅津济③,封殽尸而还④。遂霸西戎⑤,用孟明也⑥。

君子是以知秦穆公之为君也⑦,举人之周也⑧,与人之壹也⑨;孟明之臣也,其不解也⑩,能惧思也⑪;子桑之忠也⑫,其知人也,能举善也⑬。《诗》曰⑭:“于以采蘩⑮?于沼于沚⑯。于以用之⑰?公侯之事。”秦穆有焉。“夙夜匪解⑱,以事一人”,孟明有焉。“诒厥孙谋⑲,以燕翼子”,子桑有焉。

〔注释〕

①济河焚舟:以示必死。 ②王官:晋地,在今山西闻喜县西。郊:晋地。当在闻喜县附近。 ③茅津:即今之茅津渡,在今山西平陆县南黄河北岸。 ④封殽尸:僖公三十三年,晋击秦师于殽,大败之,至此秦取死者骸骨,聚而埋之。封:聚土为冢。⑤西戎:古代西北少数民族的总称。《史记·秦本纪》:“三十七年,秦用由余谋伐西戎,益国十二,开地千里,遂霸西戎。” ⑥孟明:孟明视。秦军主帅。曾败于殽,又败于彭衙,秦穆公一如既往任用他。 ⑦是以:以是,因此。 ⑧举:与,用。周:备。指不执一偏。 ⑨与:用。壹:专一。 ⑩解:同“懈”。 ⑪惧思:惧而自省。 ⑫子桑:即公孙枝。秦大夫。 ⑬举善:举贤。善:贤能。 ⑭《诗》曰:引文出自《诗·召南·采蘩》。 ⑮于以:于何,在何处。蘩:即白蒿,可食。 ⑯沼:水池。沚:水中小洲。

⑰“于以”二句：谓沼沚之蘩极其微薄，犹可用于公侯之事。 ⑱“夙夜”二句：出自《诗·大雅·烝民》，为赞美仲山甫之辞。夙夜：早晚，朝夕。匪懈：不懈。一人：指天子。 ⑲“诒厥”二句：出自《诗·大雅·文王有声》。赞美武王能以善谋遗子孙，以安成之。诒(yí)：遗(wèi)。燕：安。翼：成，成就。

秋，雨螽于宋，队而死也[①]。

〔注释〕

①队：同“坠”。

楚师围江。晋先仆伐楚以救江[①]。

冬，晋以江故告于周。王叔桓公、晋阳处父伐楚以救江[②]，门于方城[③]，遇息公子朱而还[④]。

〔注释〕

①先仆：晋大夫。 ②王叔桓公：周卿士。王叔文公之子。 ③门：攻打城门。方城：山名，在今河南叶县南。此指方城山关口。 ④息公子朱：楚大夫，为伐江之主帅。

晋人惧其无礼于公也[①]，请改盟。公如晋，及晋侯盟。晋侯飨公，赋《菁菁者莪》[②]。庄叔以公降拜[③]，曰：“小国受命于大国，敢不慎仪[④]？君贶之以大礼[⑤]，何乐如之？抑小国之乐[⑥]，大国之惠也。”晋侯降，辞[⑦]。登，成拜[⑧]。公赋《嘉乐》[⑨]。

〔注释〕

①“晋人”二句:上年晋使阳处父与鲁公盟,是对鲁君的侮辱,今请改盟。 ②《菁菁者莪》:《诗·小雅》篇名。晋侯赋此诗,取“既见君子,乐且有仪”之意。 ③庄叔:叔孙得臣,时为相(助行礼者)。以:使。降拜:降阶而拜。 ④慎仪:敬其礼仪。慎:敬。仪:礼。 ⑤贶(kuàng)之以大礼:赐鲁君以飨宴之礼。贶:赐。 ⑥抑:语助词,无义。 ⑦降,辞:降阶辞让,不使鲁君拜。 ⑧登,成拜:二君皆升阶至堂上,然后成拜礼。 ⑨《嘉乐》:《诗·大雅》篇名。鲁公赋此诗,取“显显令德,宜民宜人,受禄于天”之意。

经

四年春[1],公至自晋。

夏,逆妇姜于齐[2]。

狄侵齐。

秋,楚人灭江[3]。

晋侯伐秦。

卫侯使宁俞来聘。

冬十有一月壬寅[4],夫人风氏薨[5]。

〔注释〕

①四年:公元前623年。 ②“逆妇”句:鲁国到齐国去迎娶夫人姜氏。文公之母尚在,故称妇。 ③江:国名,嬴姓,在今河南正阳县东南。 ④壬寅:十月朔日。《经》在十一月,疑误。 ⑤风氏:成风,僖公之母。成风非嫡夫人,然母以子贵,丧葬之礼同夫人。

传

四年春,晋人归孔达于卫[1]。以为卫之良也[2],故免之。

〔注释〕

①孔达:卫大夫。文公元年,孔达率师伐晋。二年,卫人求和,执孔达取悦于晋。 ②良:贤。

夏,卫侯如晋拜[1]。

〔注释〕

①"卫侯"句:感谢晋国释放孔达。

曹伯如晋会正[1]。

〔注释〕

①会正:诸侯相会,以确定向霸主缴纳贡赋的数量。正:通"政"。

逆妇姜于齐[1],卿不行,非礼也。君子是以知出姜之不允于鲁也[2]。曰:"贵聘而贱逆之[3],君而卑之[4],立而废之[5],弃信而坏其主[6],在国必乱,在家必亡[7]。不允宜哉!《诗》曰[8]:'畏天之威[9],于时保之[10]。'敬主之谓也。"

〔注释〕

①"逆妇"三句:依礼,国君娶妻当亲迎,有故则使卿逆。鲁使大夫往,不合于礼。 ②不允:不为国人所敬信。允:信。

③贵聘而贱逆之:指公子遂(鲁卿)如齐纳币,却只派大夫去迎亲。 ④君:小君。即夫人。卑之:谓不以君夫人礼迎之。卑:贱。 ⑤立而废之:立夫人而卑其礼,如同废之。 ⑥主:君。此指内主,即君夫人。 ⑦家:指卿大夫之家。亡:乱。 ⑧《诗》曰:引文出自《诗·周颂·我将》。 ⑨畏天之威:畏惧天威。⑩于时:于是。之:本指福禄。引诗者断章取义,借指"内主"。

秋,晋侯伐秦,围邧、新城①,以报王官之役②。

〔注释〕

①邧(yuán):秦邑,在今陕西澄城县南。新城:秦邑,在今陕西澄城县东北二十里。 ②王官之役:在上年。

楚人灭江。秦伯为之降服、出次、不举①,过数②。大夫谏。公曰:"同盟灭③,虽不能救,敢不矜乎④!吾自惧也。"

君子曰:"《诗》云⑤:'惟彼二国⑥,其政不获。惟此四国,爰究爰度。'其秦穆之谓矣⑦。"

〔注释〕

①降服:素服。即丧服。古代有丧事或遭遇大灾服丧服。出次:谓出居于外。不举:不享用盛馔。举:杀牲之盛馔。《周礼·天官·膳夫》:"王日一举。"注:"杀牲盛馔曰举。" ②过数:降低生活规格超过了通常的做法。数:等差。 ③同盟:同盟之国。④矜:哀怜,怜悯。 ⑤《诗》云:引文出自《诗·大雅·皇矣》。⑥"惟彼"四句:谓夏、殷之政不合法度,故四方诸侯于是谋度其政事。二国:指夏、殷。获:通"矱",法度。四国:四方之国。爰:于是。 ⑦矣:也。

卫宁武子来聘[①]。公与之宴,为赋《湛露》及《彤弓》[②]。不辞[③],又不答赋。使行人私焉[④]。对曰:"臣以为肄业及之也[⑤]。昔诸侯朝正于王[⑥],王宴乐之,于是乎赋《湛露》[⑦],则天子当阳,诸侯用命也。诸侯敌王所忾[⑧],而献其功[⑨],王于是乎赐之彤弓一、彤矢百、玈弓矢千[⑩],以觉报宴[⑪]。今陪臣来继旧好[⑫],君辱贶之[⑬],其敢干大礼以自取戾[⑭]?"

〔注释〕

①宁武子:宁俞。卫大夫。 ②"为赋"句:《湛露》《彤弓》均为《诗·小雅》篇名。赋:诵。 ③不辞:不辞谢。 ④行人:官名,掌朝觐聘问。私:以私人名义会见。 ⑤肄业:练习。鲁赋诗不当,宁武子佯装不知。 ⑥朝正于王:诸侯以正月朝见天子。 ⑦"于是"三句:言《湛露》为天子宴诸侯之诗,非诸侯所得用。则:乃。当阳:天子南面(向阳)而治。当:对。用命:效命。 ⑧敌王所忾:王所怨怒者,诸侯也视为仇敌。敌:当。忾:怨怒。 ⑨献其功:谓诸侯征讨四夷获胜,则向天子献捷(战利品)。 ⑩彤弓:漆成红色的弓。彤矢:漆成红色的箭。玈(lú)弓矢:漆成黑色的弓和箭。诸侯得赐弓矢,可以专征。 ⑪以觉报宴:以盛大宴乐酬答有功之人。觉:通"梏"。大。报:酬,答。 ⑫陪臣:诸侯之臣对天子称陪臣。宁武子论天子之乐,故自称陪臣。 ⑬辱:谦辞。谓使对方受屈辱了。贶(kuàng):赐。 ⑭其:岂。干:犯。戾:罪。

冬,成风薨[①]。

〔注释〕

①此条本与下年传文相接,为后人所割裂。

经

五年春[1],王正月,王使荣叔归含且赗[2]。

三月辛亥[3],葬我小君成风。

王使召伯来会葬[4]。

夏,公孙敖如晋。

秦人入鄀[5]。

秋,楚人灭六[6]。

冬十月甲申[7],许男业卒。

〔注释〕

①五年:公元前622年。 ②荣叔:周大夫。含:含玉,放在死者口中的玉。且:与。赗(fèng):助葬用的车马。此用作动词。赠送用于丧事的车马。 ③辛亥:十三日。 ④召伯:周卿。⑤鄀(ruò):秦、楚边境的小国,允姓,都商密,在今河南内乡县、陕西商州市之间。秦人入鄀,徙至上鄀,在今湖北宜城市。⑥六:国名,偃姓,皋陶之后,以国为氏,在今安徽六安市北。⑦甲申:十九日。

传

五年春,王使荣叔来含且赗[1],召昭公来会葬,礼也。

〔注释〕

①"王使"三句:成风为僖公之母,庄公之妾。天子以夫人之礼归含且赗,明母以子贵,故曰礼。召昭公:周卿士。

初，鄀叛楚即秦[1]，又贰于楚[2]。夏，秦人入鄀。

〔注释〕

①即秦：依附秦国。即：就。　②贰于楚：两属于楚。即在从属于秦国的同时，又亲近楚国。

六人叛楚即东夷[1]。秋，楚成大心、仲归帅师灭六[2]。

〔注释〕

①东夷：古代对东方少数民族的统称。此指淮河流域的夷人。　②成大心：子玉之子。仲归：子家。二人皆楚大夫。

冬，楚公子燮灭蓼[1]。

〔注释〕

①公：原本无，据阮元《校勘记》、杨伯峻说补。蓼（liǎo）：国名，姬姓，帝高阳之后，今河南固始县东有蓼城冈，即其地。

臧文仲闻六与蓼灭[1]，曰："皋陶、庭坚不祀忽诸[2]！德之不建[3]，民之无援[4]，哀哉！"

〔注释〕

①臧文仲：臧孙辰。鲁大夫。　②皋陶（yáo）：舜之狱官。庭坚：皋陶之字。不祀：无后。忽：灭，灭绝。诸：乎。　③建：立。④援：助。

晋阳处父聘于卫[1]，反，过宁[2]，宁嬴从之[3]。及温而

还[④]。其妻问之，嬴曰："以刚[⑤]。《商书》曰[⑥]：'沈渐刚克[⑦]，高明柔克。'夫子壹之[⑧]，其不没乎[⑨]！天为刚德[⑩]，犹不干时，况在人乎？且华而不实[⑪]，怨之所聚也。犯而聚怨[⑫]，不可以定身[⑬]。余惧不获其利，而离其难[⑭]，是以去之。"

〔注释〕

①阳处父：晋大夫。 ②宁：晋邑，在今河南获嘉县西北。③宁嬴：逆旅大夫（掌客舍）。 ④温：指温山，在今河南修武县北五十里。 ⑤以刚：太刚强。以：太。 ⑥《商书》：引文出自《尚书·洪范》。今在《周书》。 ⑦"沈渐"二句：谓本性柔弱的人，当以刚强调剂；本性刚强的人，则以阴柔自制。沈：阴。渐：通"潜"。克：胜。 ⑧壹：专。谓一味刚强。 ⑨其：表示揣度语气。不没：不得善终。 ⑩"天为"二句：天道刚，尚以柔相济，不犯四时之序。时：四时。 ⑪华而不实：指言过其行。 ⑫犯：陵。谓好陵驾于人。 ⑬定：安。 ⑭离：通"罹"，遭。

晋赵成子、栾贞子、霍伯、臼季皆卒[①]。

〔注释〕

①赵成子：赵衰，晋中军佐。成是谥号。栾贞子：栾枝。晋下军帅。霍伯：先且居，晋中军帅。霍为其食邑。臼季：胥臣，晋下军佐。此条本与下年传文相接，为后人所割裂。

经

六年春[①]，葬许僖公。

夏，季孙行父如陈[②]。

秋，季孙行父如晋。

八月乙亥[③]，晋侯欢卒。

冬十月，公子遂如晋。

葬晋襄公。

晋杀其大夫阳处父。

晋狐射姑出奔狄[④]。

闰月不告月[⑤]，犹朝于庙[⑥]。

〔**注释**〕

①六年：公元前621年。 ②季孙行父：季友之孙。 ③乙亥：十五日。 ④狐射姑：狐偃之子。 ⑤告(gù)月：每年之末，天子向诸侯颁布下年之日历及政令。诸侯受之，每月朔日朝于庙，告而行之，称告月。文公因闰月非常月，即不告月，实为怠于政事。 ⑥犹朝于庙：既不告月，朝于庙就没有意义。《经》书"犹朝于庙"，表明是多余之举。

传

六年春，晋蒐于夷[①]，舍二军[②]。使狐射姑将中军[③]，赵盾佐之[④]。阳处父至自温[⑤]，改蒐于董[⑥]，易中军[⑦]。阳子，成季之属也[⑧]，故党于赵氏，且谓赵盾能[⑨]，曰："使能，国之利也。"是以上之[⑩]。宣子于是乎始为国政[⑪]，制事典[⑫]，正法罪[⑬]，辟刑狱[⑭]，董逋逃[⑮]，由质要[⑯]，治旧洿[⑰]，本秩礼[⑱]，续常职[⑲]，出滞淹[⑳]。既成，以授大傅阳子与大师贾佗[㉑]，使行诸晋国，以为常法。

〔注释〕

①蒐:阅兵。夷:晋地。未详何处。 ②舍二军:僖公三十一年,晋蒐于清原,作五军。今废二军(新上军、新下军),恢复上、中、下三军之制。 ③狐射姑:狐偃子。将中军:统帅中军。晋中军帅为三军主帅。 ④赵盾:赵衰子。 ⑤阳处父:晋大夫。时为太傅。温:阳处父食邑,在今河南温县。上年阳处父聘卫,返晋时经过温地而还。 ⑥董:晋地,在今山西万荣县西六十里之荣河镇东。 ⑦易中军:改以赵盾为中军帅,狐射姑佐之。 ⑧成季:赵衰。成是谥号,季是字。阳处父曾为赵衰属大夫。 ⑨谓:认为,以为。能:贤,贤能。 ⑩上之:使居上位。 ⑪宣子:赵盾。为国政:掌管国之政事。晋以中军帅为执政大夫。 ⑫制事典:制订典章制度。典:法。 ⑬法罪:刑法律令。 ⑭辟(bì):明。刑狱:刑罚。狱:刑罚。 ⑮董逋(bū)逃:追捕逃亡之人。董:督,理。 ⑯由:用。质要:契约。质、要同义。 ⑰旧洿(wū):积久之秽政。 ⑱秩礼:常礼。秩:常。 ⑲续常职:接续已废之官,使复故常。 ⑳出滞淹:指举拔贤能。出:进,举。滞淹:有才德而久居下位的人。与昭公十四年《传》“举淹滞”同义。 ㉑大傅:太傅。与下文太师皆为卿。贾佗:晋文公旧臣,曾从亡于外,因是晋之公族,故不在从亡五人之数。

臧文仲以陈、卫之睦也[1],欲求好于陈。夏,季文子聘于陈[2],且娶焉。

〔注释〕

①臧文仲:臧孙辰。鲁大夫。 ②季文子:季孙行父。文是谥号。

秦伯任好卒[①]。以子车氏之三子奄息、仲行、鍼虎为殉[②],皆秦之良也。国人哀之,为之赋《黄鸟》[③]。

君子曰:"秦穆之不为盟主也宜哉!死而弃民。先王违世[④],犹诒之法[⑤],而况夺之善人乎[⑥]!《诗》曰[⑦]:'人之云亡[⑧],邦国殄瘁。'无善人之谓。若之何夺之?"古之王者,知命之不长,是以并建圣哲[⑨],树之风声[⑩],分之采物[⑪],著之话言[⑫],为之律度[⑬],陈之艺极[⑭],引之表仪[⑮],予之法制[⑯],告之训典[⑰],教之防利[⑱],委之常秩[⑲],道之礼则[⑳],使毋失其土宜[㉑],众隶赖之[㉒],而后即命[㉓]。圣王同之。今纵无法以遗后嗣[㉔],而又收其良以死[㉕],难以在上矣。君子是以知秦之不复东征也[㉖]。

〔注释〕

①任(rén)好:秦穆公之名。 ②子车:秦大夫之氏。殉:以人从葬。 ③《黄鸟》:《诗·秦风》篇名。秦人哀三良,刺穆公以人为殉而作此诗。 ④违世:去世。违:离。 ⑤诒(yí):遗(wèi)。⑥之:其。善人:贤能之人。善:贤。 ⑦《诗》曰:引文出自《诗·大雅·瞻卬》。 ⑧"人之"二句:言善人亡,则国家病。之、云:句中语助词,无义。殄瘁:二字同义,都是病的意思。 ⑨并建圣哲:遍选贤能之士。并:遍。圣哲:德才超常之人。 ⑩树之风声:为百姓树立好的风教。风、声都是"教"的意思。 ⑪分:与。采(cài)物:土地与器物。采:采邑。物:指乘舆旌旗衣服之类。⑫著:明。谓明示。话言:教令,号令。话:言,命。 ⑬律度:钟律度量。 ⑭陈:列。艺极:法度,准则。艺、极同义。 ⑮引:陈。《尔雅·释诂上》:"引,……陈也。"表仪:规范。 ⑯法制:法律制度。 ⑰告:教。训典:先王之书。 ⑱防利:止其利欲之

心。防：止，制止。利：贪。 ⑲常秩：官司之常职。秩：官。 ⑳之：以。“之”下原有“以”字，盖旁注窜入正文，据唐石经删。礼则：礼仪规范。 ㉑失：违。土宜：分别各种土地的自然条件，选种不同的谷物。毋失其土宜，也即因地制宜。 ㉒赖：恃。 ㉓即命：去世。即：就，终。 ㉔纵：既。遗：留。 ㉕收：聚。 ㉖“君子”句：谓秦不能复征东方诸侯，为霸主。

秋，季文子将聘于晋[①]，使求遭丧之礼以行[②]。其人曰[③]：“将焉用之？”文子曰：“备豫不虞[④]，古之善教也。求而无之实难[⑤]，过求何害？”

〔注释〕

①季文子：季孙行父。 ②“使求”句：让人准备遇到丧事所需的物品。季文子闻晋侯病，故预作准备。 ③其人：指从者。④备豫：防备，预备。备、豫二字同义。不虞：指突然出现的变故。⑤“求而”二句：谓所患在临事而无备，预备过于所求则无患。求：责。难：患。害：妨。

八月乙亥，晋襄公卒。灵公少[①]。晋人以难故，欲立长君[②]。赵孟曰[③]：“立公子雍[④]。好善而长，先君爱之[⑤]，且近于秦[⑥]。秦，旧好也。置善则固，事长则顺[⑦]，立爱则孝，结旧则安。为难故，故欲立长君，有此四德者，难必抒矣[⑧]。”贾季曰[⑨]：“不如立公子乐[⑩]。辰嬴嬖于二君[⑪]，立其子，民必安之。”赵孟曰：“辰嬴贱，班在九人[⑫]，其子何震之有[⑬]？且为二嬖，淫也。为先君子，不能求大，而出在小国，辟也[⑭]。

母淫子辟，无威。陈小而远，无援。将何安焉？杜祁以君故[15]，让偪姞而上之[16]，以狄故[17]，让季隗而己次之，故班在四。先君是以爱其子，而仕诸秦，为亚卿焉[18]。秦大而近，足以为援[19]。母义子爱，足以威民。立之，不亦可乎？"使先蔑、士会如秦[20]，逆公子雍。贾季亦使召公子乐于陈。赵孟使杀诸郫[21]。

〔注释〕

①灵公：晋灵公。名夷皋，襄公之太子。此时尚在怀抱之中。②欲立长君：欲废太子而立年长之君。 ③赵孟：赵盾。 ④公子雍：文公之子，襄公庶弟。 ⑤先君：指晋文公。 ⑥近于秦：与秦国关系亲近。 ⑦事：立。与"置"同义。 ⑧抒：通"纾"，缓。 ⑨贾季：狐射姑。 ⑩公子乐：文公之子。襄公庶弟。⑪辰嬴：怀嬴。秦穆公女。二君：指怀公、文公。辰嬴先嫁怀公，后又嫁文公。 ⑫班在九人：辰嬴在文公众多姬妾中位列第九。班：位，位次。 ⑬震：威。 ⑭辟：邪，邪僻。 ⑮杜祁：公子雍之母。杜伯之后。祁是姓。 ⑯偪姞（bī jí）：姞姓之女，生襄公为太子，故杜祁让之，使位居己上。 ⑰"以狄"二句：因季隗是文公在狄时所娶，故复让之。 ⑱亚卿：次卿。 ⑲足：可。 ⑳先蔑：士伯。士会：随季。二人皆晋大夫。 ㉑郫（pí）：晋地，在今河南济源市西一百余里。

贾季怨阳子之易其班也[1]，而知其无援于晋也。九月，贾季使续鞫居杀阳处父[2]。书曰"晋杀其大夫[3]"，侵官也。

〔注释〕

①易其班：改变他的位次。贾季（狐射姑）本为中军帅，阳处

父把他降为中军佐。 ②续鞫居:狐鞫居,狐氏之族。 ③“书曰”二句:《春秋》书“晋杀其大夫”,且称阳处父之名,因为他有专擅越权之罪。侵官:越职。晋君已任命中军主帅,阳处父又加以改变,故曰“侵官”。

冬十月,襄仲如晋①,葬襄公。

〔注释〕

①襄仲:即经文之“公子遂”。

十一月丙寅①,晋杀续简伯②。贾季奔狄。宣子使臾骈送其帑③。

夷之蒐,贾季戮臾骈④,臾骈之人欲尽杀贾氏以报焉⑤。臾骈曰:“不可。吾闻前志有之曰:‘敌惠敌怨⑥,不在后嗣。’忠之道也。夫子礼于贾季⑦,我以其宠报私怨,无乃不可乎?介人之宠⑧,非勇也。损怨益仇⑨,非知也。以私害公,非忠也。释此三者⑩,何以事夫子?”尽具其帑与其器用财贿,亲帅扞之⑪,送致诸竟⑫。

〔注释〕

①丙寅:十一月无丙寅。丙寅为十二月八日。 ②续简伯:续鞫居。 ③臾骈:赵盾的下属。送:遣。帑(nú):妻子。④戮:辱。 ⑤人:指从臣。贾氏:贾家。 ⑥“敌惠”二句:或感恩,或怀怨,都不及于后代。谓有恩于彼,不能指望其后人报答;有怨于彼,不可仇视其后人。敌:当。惠:恩。在:存,至。 ⑦夫子:指赵盾。 ⑧介:因,凭借。 ⑨损怨益仇:谓欲减轻(发泄)

自己的怨怒，尽杀贾氏，而增加他人对我的仇恨。　⑩释此三者：谓抛弃勇、知、忠。释：舍弃。　⑪扞：同“捍”。卫。　⑫送致诸竟：送达边境。致：至。诸：于。

闰月不告朔[①]，非礼也。闰以正时[②]，时以作事[③]，事以厚生[④]，生民之道于是乎在矣[⑤]。不告闰朔，弃时政也[⑥]，何以为民[⑦]？

〔**注释**〕

①告朔：即《经》之“告月”。　②闰以正时：四时误差逐渐增大，则置闰月加以补救。　③时以作事：根据季节安排农业生产。④厚生：增加财富。厚：益。生：财。　⑤“生民”句：生民之道即在于此。　⑥弃：废。　⑦为民：治民。

经

七年春[①]，公伐邾[②]。

三月甲戌[③]，取须句[④]。

遂城郚[⑤]。

夏四月，宋公王臣卒。

宋人杀其大夫。

戊子[⑥]，晋人及秦人战于令狐[⑦]。

晋先蔑奔秦。

狄侵我西鄙[⑧]。

秋八月，公会诸侯、晋大夫，盟于扈[⑨]。

冬，徐伐莒[⑩]。

公孙敖如莒莅盟[11]。

〔注释〕

①七年：公元前620年。 ②邾：国名，曹姓，在今山东邹城市东南。 ③甲戌：十七日。 ④须句：国名，风姓，太皞之后，鲁之附庸国，在今山东东平县西北。 ⑤郚(jú)：鲁邑，在今山东泗水县东南。 ⑥戊子：二日。 ⑦令狐：晋地，在今山西临猗县西。 ⑧西鄙：西部边境。 ⑨扈：郑地，在今河南原阳县西六十里。 ⑩徐：国名，嬴姓，在今安徽泗县西北。莒(jǔ)：国名，己姓，在今山东莒县。 ⑪莅盟：参与会盟。莅：临。

传

七年春，公伐邾，间晋难也[1]。

三月甲戌，取须句[2]，置文公子焉，非礼也。

〔注释〕

①间(jiàn)：伺，伺机。晋难：指晋襄公去世，晋国有立君之争。 ②"取须句"三句：须句为太皞之后，鲁之附庸国，邾文公之子叛逃在鲁，故鲁君使为须句大夫。绝太皞之祀以与邻国之叛臣，不合于礼。焉：于此。

夏四月，宋成公卒。于是公子成为右师[1]，公孙友为左师[2]，乐豫为司马[3]，鳞矔为司徒[4]，公子荡为司城[5]，华御事为司寇[6]。

昭公将去群公子[7]，乐豫曰："不可。公族，公室之枝叶也。若去之，则本根无所庇阴矣[8]。葛藟犹能庇其本根[9]，

故君子以为比[10],况国君乎？此谚所谓‘庇焉而纵寻斧焉’者也[11]。必不可。君其图之！亲之以德,皆股肱也,谁敢携贰[12]？若之何去之[13]？”不听。

穆、襄之族率国人以攻公[14],杀公孙固、公孙郑于公宫。六卿和公室[15],乐豫舍司马以让公子卬[16]。昭公即位而葬[17]。书曰“宋人杀其大夫[18]”,不称名,众也,且言非其罪也。

〔注释〕

①公子成:庄公子。右师:官名。与左师共掌国政。宋以右师、左师、司马、司徒、司城、司寇为六卿。 ②公孙友:目夷子。③乐豫:宋戴公玄孙。司马:掌军政之官。 ④鳞矔(guàn):宋桓公之孙。司徒:掌户籍赋税徒役之官。 ⑤公子荡:宋桓公子。司城:即司空。掌土木建筑。宋武公名司空,故改司空为司城。⑥华御事:华元之父。司寇:掌刑狱之官。 ⑦昭公:宋昭公。名杵臼,宋成公之子。 ⑧本根:根。本、根义同。阴:遮蔽,保护。⑨葛藟(lěi):两种蔓生植物。葛为多年生蔓草,块根可入药,茎的纤维可制葛布。藟又称“藤”,似葛而粗大。 ⑩君子以为比:谓诗人取以喻九族兄弟。《诗·王风·葛藟》:“绵绵葛藟,在河之浒,终远兄弟,谓他人父。谓他人父,亦莫我顾。”《诗序》云:“《葛藟》,王族刺平王也。周室道微,弃其九族焉。” ⑪纵:放任。寻:用。 ⑫携贰:离心离德。携、贰皆训离。 ⑬若之何:奈何。犹言“怎能”。 ⑭穆、襄之族:指穆公、襄公子孙中昭公想要清除的人。 ⑮和公室:调解宋公室内部的矛盾。 ⑯公子卬:宋昭公之弟。 ⑰“昭公”句:谓宋昭公即位,乃葬成公。⑱“书曰”四句:此释《春秋》书法。不称杀者之名,因其人众,名不可知;不称死者之名,以其无罪。

秦康公送公子雍于晋[①]，曰："文公之入也无卫，故有吕、郤之难[②]。"乃多与之徒卫[③]。

穆嬴日抱大子以啼于朝[④]，曰："先君何罪？其嗣亦何罪[⑤]？舍適嗣不立[⑥]，而外求君，将焉置此[⑦]？"出朝，则抱以适赵氏，顿首于宣子[⑧]，曰："先君奉此子也而属诸子，曰：'此子也才[⑨]，吾受子之赐；不才，吾唯子之怨。'今君虽终，言犹在耳，而弃之[⑩]，若何？"宣子与诸大夫皆患穆嬴，且畏逼，乃背先蔑而立灵公[⑪]，以御秦师。

箕郑居守[⑫]。赵盾将中军，先克佐之[⑬]。荀林父佐上军[⑭]。先蔑将下军[⑮]，先都佐之[⑯]。步招御戎[⑰]，戎津为右。及堇阴[⑱]。宣子曰："我若受秦，秦则宾也[⑲]；不受，寇也。既不受矣，而复缓师，秦将生心[⑳]。先人有夺人之心[㉑]，军之善谋也。逐寇如追逃，军之善政也。"训卒[㉒]，利兵[㉓]，秣马[㉔]，蓐食[㉕]，潜师夜起。戊子，败秦师于令狐，至于刳首[㉖]。

己丑[㉗]，先蔑奔秦，士会从之[㉘]。

先蔑之使也，荀林父止之，曰："夫人、大子犹在，而外求君，此必不行[㉙]。子以疾辞，若何？不然，将及[㉚]。摄卿以往可也[㉛]，何必子？同官为寮[㉜]，吾尝同寮，敢不尽心乎！"弗听。为赋《板》之三章[㉝]。又弗听。及亡，荀伯尽送其帑及其器用财贿于秦[㉞]，曰："为同寮故也。"

士会在秦三年，不见士伯[㉟]。其人曰[㊱]："能亡人于国[㊲]，不能见于此，焉用之[㊳]？"士季曰："吾与之同罪[㊴]，非义之也[㊵]，将何见焉？"及归[㊶]，遂不见[㊷]。

〔**注释**〕

①秦康公:秦穆公之子。公子雍:文公之子,襄公庶弟。此时晋国欲迎公子雍回国即位,故秦康公派人护送。　②吕、郤之难:吕甥、郤芮欲焚公宫而杀文公,见僖公二十四年《传》。　③徒卫:步卒充任侍卫者。　④穆嬴:襄公夫人,灵公母。大子:指太子夷皋。　⑤亦:又。　⑥舍:弃。適嗣:嫡子。　⑦将焉置此:将如何处置太子?　⑧宣子:赵盾的谥号。　⑨“此子”二句:此子若贤能,就托付给你了。也:表示假设。才:能,贤。赐:惠。⑩弃:背。　⑪先蔑:迎公子雍之正使。　⑫箕郑:晋上军主帅。居守:留守都城。　⑬先克:先且居之子。代狐射姑为中军佐。⑭荀林父:晋上军副帅。箕郑将上军居守,故其佐独行。　⑮“先蔑”句:先蔑前此已还晋,故得将下军。　⑯先都:晋大夫。⑰御戎:驾驭戎车。　⑱堇(jǐn)阴:晋地,当在今山西临猗县东距令狐不远处。　⑲则:乃,是。　⑳生心:谓产生以武力立公子雍为君的想法。　㉑先人:先发制人。有:以。夺人:谓夺敌之战心。㉒训:训诫。　㉓利:厉(砺),磨。　㉔秣马:喂饱马匹。　㉕蓐(rù)食:饱餐。蓐:厚。　㉖刳(kū)首:晋地,在今山西临猗县西。　㉗己丑:四月三日。　㉘士会:晋大夫。　㉙不行:不成。㉚及:及于祸。　㉛摄卿:使大夫代理卿职。　㉜同官为寮:同在一起做官,就是同僚。僖公二十八年荀林父将中行,先蔑将左行。㉝《板》:《诗·大雅》篇名。其三章云:“我虽异事,及尔同寮。我即尔谋,听我嚣嚣。我言唯服,勿以为笑。先民有言,询于刍荛。”义取刍荛之言,犹不可轻忽。赋:诵。　㉞帑(nú):妻子。㉟士伯:先蔑。　㊱其人:指从者。　㊲“能亡”句:言能与其人一起从晋国出奔。　㊳焉用之:何必如此。用:为。　㊴同罪:俱有迎公子雍之罪。　㊵非义之也:并非因其行为合于道义。㊶及归:士会归晋在文公十三年,《传》终言之。　㊷遂:终。

狄侵我西鄙，公使告于晋。赵宣子使因贾季问酆舒[①]，且让之[②]。酆舒问于贾季曰："赵衰、赵盾孰贤[③]？"对曰："赵衰，冬日之日也[④]。赵盾，夏日之日也[⑤]。"

〔注释〕

①因：由，通过。酆（fēng）舒：狄相。　②让之：责其侵鲁。③赵衰：赵盾之父。　④冬日之日：谓令人依恋。　⑤夏日之日：谓令人畏惧。

秋八月，齐侯、宋公、卫侯、陈侯、郑伯、许男、曹伯会晋赵盾[①]，盟于扈，晋侯立故也。公后至[②]，故不书所会。凡会诸侯，不书所会，后也。后至，不书其国，辟不敏也[③]。

〔注释〕

①陈侯：此二字原本无，据阮元《校勘记》、杨伯峻说补。②"公后"二句：因鲁君迟到，故《春秋》不列与会公侯及卿大夫之名。　③辟不敏：谓惩戒其不敬。辟：明。敏：敬。文公九年《传》："公子遂会晋赵盾、宋华耦、卫孔达、许大夫救郑，不及楚师。卿不书，缓也，以惩不恪。"

穆伯娶于莒[①]，曰戴己[②]，生文伯[③]；其娣声己，生惠叔[④]。戴己卒，又聘于莒，莒人以声己辞[⑤]，则为襄仲聘焉[⑥]。

〔注释〕

①穆伯：公孙敖，鲁大夫。莒：国名，己姓，在今山东莒县。②戴己：莒女，与其妹声己皆嫁穆伯。戴、声当是谥号。　③文

伯:名谷。　④娣:妹妹。惠叔:名难。　⑤以声己辞:谓声己当继戴己,不必另娶。　⑥则:乃。襄仲:公子遂,公孙敖从父兄弟。

冬,徐伐莒。莒人来请盟①。穆伯如莒莅盟②,且为仲逆③。及鄢陵④,登城见之,美,自为娶之。仲请攻之。公将许之,叔仲惠伯谏曰⑤:"臣闻之:兵作于内为乱,于外为寇。寇犹及人⑥,乱自及也⑦。今臣作乱,而君不禁,以启寇雠⑧,若之何⑨?"公止之。惠伯成之⑩,使仲舍之⑪,公孙敖反之⑫,复为兄弟如初。从之。

〔注释〕

①"莒人"句:莒人欲结援于鲁。　②莅盟:参与盟会。③为仲逆:为襄仲迎娶莒女。仲:襄仲。　④鄢陵:莒邑,当在今山东临沭县。　⑤叔仲惠伯:名彭。叔牙之孙。此时叔仲氏未立,《传》探后言之。文公十四年《经》云"叔彭生帅师伐邾"。⑥犹:则。及人:及于他人。谓对双方都有伤害。　⑦自及:谓纯粹伤害自家人。　⑧以启寇雠:内有乱,则敌人伺机而动。启:导,诱导。寇、雠二字皆训敌。　⑨若之何:奈何。言无法交代。⑩成:和,和解。　⑪舍之:放弃莒女。　⑫反之:使女返莒。

晋郤缺言于赵宣子曰①:"日卫不睦②,故取其地③。今已睦矣,可以归之④。叛而不讨,何以示威?服而不柔⑤,何以示怀⑥?非威非怀,何以示德?无德,何以主盟?子为正卿,以主诸侯,而不务德,将若之何?《夏书》曰⑦:'戒之用休⑧,董之用威⑨,劝之以《九歌》⑩,勿使坏。'九功之德皆可

歌也，谓之九歌。六府、三事，谓之九功。水、火、金、木、土、谷，谓之六府[11]。正德、利用、厚生[12]，谓之三事。义而行之，谓之德、礼[13]。无礼不乐[14]，所由叛也。若吾子之德莫可歌也，其谁来之[15]？盍使睦者歌吾子乎[16]？"宣子说之[17]。

〔**注释**〕

①郤缺：晋大夫。②日：往日。不睦：与晋不和。③取其地：卫不朝晋，晋取卫戚邑，在文公元年。④归之：归其地。⑤服：从。柔：安，安抚。⑥怀：安抚。⑦《夏书》：引文见《尚书·大禹谟》。⑧戒之用休：告诫人们不应懈怠。用：以。休：怠。⑨董：正。⑩《九歌》：相传为夏后启之歌。⑪六府：水、火、金、木、土、谷为财之所聚，故曰六府。府：聚。⑫正德：正其德。利用：利其器用。利：便，便利。用：器，器用。厚生：增加财富。厚：益。生：财。⑬德、礼：德与礼。德指正德。礼以制财用之节，厚生民之命。⑭无礼：无德无礼。与上文"德礼"相对。乐（yuè）：无德无礼，无可歌者，故曰不乐。⑮来：归。⑯盍：何不。吾子：对人亲昵、尊敬的称呼。⑰说：同"悦"。此条本与下年传文相接，为后人所割裂。

经

八年春[1]，王正月。

夏四月。

秋八月戊申[2]，天王崩[3]。

冬十月壬午[4]，公子遂会晋赵盾，盟于衡雍[5]。

乙酉[6]，公子遂会雒戎[7]，盟于暴[8]。

公孙敖如京师,不至而复。丙戌[9],奔莒[10]。

螽[11]。

宋人杀其大夫司马[12]。宋司城来奔。

〔注释〕

①八年:公元前619年。 ②戊申:二十九日。 ③天王:周襄王。 ④壬午:四日。 ⑤衡雍:郑地,在今河南原阳县西南。⑥乙酉:七日。 ⑦雒戎:《传》云"伊、雒之戎",指居于伊水、雒水(即洛水)之间的戎人。 ⑧暴:郑地,在今河南原阳县西。⑨丙戌:八日。 ⑩莒:国名,己姓,在今山东莒县。 ⑪螽(zhōng):指飞蝗。成灾,故书。 ⑫司马:此与下文"司城"都是官名。杀大夫书官而不称名,为《春秋》特例。

传

八年春,晋侯使解扬归匡、戚之田于卫[1],且复致公壻池之封[2],自申至于虎牢之竟[3]。

〔注释〕

①晋侯:晋灵公。此时尚幼。解(xiè)扬:晋大夫。匡:卫地,在今河南长垣县西南十五里之匡城。戚:卫邑,在今河南濮阳市北。匡、戚本卫地,文公元年为晋所侵占,今归还卫国。 ②"且复"二句:且将已封给公壻池的土地归还郑国。公壻池:氏公壻,名池。旧说以为晋公之婿,误。 ③申:郑地,在今河南巩义市东。虎牢:地名,在今河南荥阳汜水镇西。竟:同境。

夏,秦人伐晋,取武城[1],以报令狐之役[2]。

〔注释〕

①武城:晋邑,在今陕西华县东北七十里。 ②令狐之役:在上年。

秋,襄王崩[1]。

〔注释〕

①为公孙敖如京师《传》。

晋人以扈之盟来讨[1]。

〔注释〕

①"晋人"句:文公七年,诸侯会于扈,鲁君后至,故晋人来讨。

冬,襄仲会晋赵孟[1],盟于衡雍,报扈之盟也[2]。遂会伊、雒之戎[3]。书曰"公子遂",珍之也[4]。

〔注释〕

①襄仲:公子遂。 ②报:酬。谓补偿。 ③伊、雒之戎:戎族散居于伊、洛之间者。伊、雒之戎将伐鲁,公子遂不及禀告国君,专命与盟,故称"遂"。 ④"书曰"二句:此释《春秋》书法。《经》不书氏族而称"公子",是对公子遂的嘉许。珍:贵。

穆伯如周吊丧,不至[1],以币奔莒[2],从己氏焉[3]。

〔注释〕

①不至:不至周。　②币:指吊丧之礼物。莒:国名,己姓,在今山东莒县。　③从:即,就。己氏:莒女。

宋襄夫人[①],襄王之姊也[②]。昭公不礼焉[③]。夫人因戴氏之族[④],以杀襄公之孙孔叔、公孙钟离及大司马公子卬[⑤],皆昭公之党也。司马握节以死[⑥],故书以官[⑦]。司城荡意诸来奔[⑧],效节于府人而出[⑨]。公以其官逆之[⑩],皆复之[⑪]。亦书以官,皆贵之也。

〔注释〕

①宋襄:宋襄公。昭公之祖。宋襄夫人为昭公之祖母。②襄王:周襄王。　③不礼:不以礼待。　④因:依,依靠。戴氏之族:华、乐、皇氏,皆为宋戴公之后。　⑤大司马:掌军政之官。⑥节:使者的符信。持节而死,表示不废君命。　⑦书以官:《春秋》书其官位而不称名。　⑧司城:即司空。掌土木建筑之官。荡意诸:公子荡之孙。　⑨"效节"句:还节于府人而后出奔。效:致。　⑩以其官逆之:以原任官职之礼待之。依常礼,卿出奔,位从大夫。此以本官待之,为特殊礼遇。　⑪皆复之:司城之属官来奔者,皆请于宋而复之。

夷之蒐[①],晋侯将登箕郑父、先都[②],而使士縠、梁益耳将中军[③]。先克曰[④]:"狐、赵之勋[⑤],不可废也。"从之。先克夺蒯得田于堇阴[⑥]。故箕郑父、先都、士縠、梁益耳、蒯得作乱[⑦]。

〔注释〕

①夷之蒐:晋阅兵于夷,在文公六年。 ②登:升。谓提升其地位。据《国语·晋语四》,僖公三十一年,蒐于清原,箕郑父为新上军佐,先都为新下军佐。夷之蒐,本欲使箕郑父从新上军升于上军,先都从新下军升于下军。 ③“而使”句:使士縠(hú)将中军,梁益耳佐之。 ④先克:时为中军佐。 ⑤“狐、赵”句:狐偃、赵衰有从文公出亡之功。 ⑥堇(jǐn)阴:晋地,在今山西临猗县东。 ⑦“故箕郑父”句:文公七年,箕郑父为上军将,先都为下军佐,犹因夷之蒐而恨先克,故参与作乱。此条本与下年传文相接,为后人所割裂。

经

九年春[①],毛伯来求金[②]。

夫人姜氏如齐[③]。

二月,叔孙得臣如京师。辛丑[④],葬襄王。

晋人杀其大夫先都。

三月,夫人姜氏至自齐。

晋人杀其大夫士縠及箕郑父[⑤]。

楚人伐郑。

公子遂会晋人、宋人、卫人、许人救郑。

夏,狄侵齐。

秋八月,曹伯襄卒。

九月癸酉[⑥],地震。

冬,楚子使椒来聘[⑦]。

秦人来归僖公、成风之襚[8]。

葬曹共公。

〔注释〕

①九年:公元前618年。 ②毛伯:名卫。周卿士。求金:即求赙。赙是助葬的财货。 ③“夫人”句:姜氏为齐女,回齐探视父母。 ④辛丑:二十五日。 ⑤及:与。 ⑥癸酉:九月无癸酉。日或月有误。 ⑦椒:楚大夫之名。不书氏,史文省略。⑧归:通“馈”,赠送。襚(suì):助葬的衣被。“襚”原本作“隧”,据阮元《校勘记》、杨伯峻说改。

传

九年春,王正月己酉[1],使贼杀先克[2]。乙丑[3],晋人杀先都、梁益耳[4]。

〔注释〕

①己酉:三日。 ②贼:凶手。《大戴礼记·曾子立事》:“杀人而不戚焉,贼也。”此条本与上年传文相接,主语为箕郑父等。③乙丑:十九日。 ④梁益耳非卿,故《经》不书。

毛伯卫来求金[1],非礼也。不书王命[2],未葬也。

〔注释〕

①“毛伯”二句:天子不求私财,今来求金,故曰非礼。②“不书”二句:襄王未葬,新君不能称王,故不称王使毛伯。

二月，庄叔如周[①]，葬襄王。

〔注释〕

①庄叔：叔孙得臣。

三月甲戌[①]，晋人杀箕郑父、士縠、蒯得[②]。

〔注释〕

①甲戌：二十九日。 ②蒯得：蒯得非卿，故《经》不书。

范山言于楚子曰[①]："晋君少，不在诸侯[②]，北方可图也。"楚子师于狼渊以伐郑[③]。囚公子坚、公子龙及乐耳[④]。郑及楚平。

〔注释〕

①范山：楚大夫。楚子：楚穆王。名商臣。 ②不在诸侯：不体恤他国。在：存，恤。 ③狼渊：地名，在今河南许昌市西。④囚：俘。公子坚：与下文公子龙、乐耳三人皆郑大夫。

公子遂会晋赵盾、宋华耦、卫孔达、许大夫救郑[①]，不及楚师。卿不书[②]，缓也[③]，以惩不恪[④]。

〔注释〕

①公子遂：鲁之上卿。赵盾：晋之正卿。华耦：华父督曾孙。孔达：卫卿。 ②卿不书：谓赵盾、华耦、孔达皆卿，《春秋》不书名氏而称"晋人、宋人、卫人"。 ③缓：行动迟缓，以至于救郑不及。 ④不恪：不敬。恪：恭敬。

夏,楚侵陈,克壶丘①,以其服于晋也。

〔注释〕

①壶丘:陈邑,在今河南新蔡县东南。

秋,楚公子朱自东夷伐陈①。陈人败之,获公子茷②。陈惧③,乃及楚平。

〔注释〕

①公子朱:楚公子,名朱。旧说以为即文公三年《传》之息公子朱,误。 ②公子茷(fěi):楚公子。 ③“陈惧”二句:陈以弱胜强,故惧而请平。及:与。平:和解。

冬,楚子越椒来聘①,执币傲②。叔仲惠伯曰③:“是必灭若敖氏之宗④。傲其先君⑤,神弗福也⑥。”

〔注释〕

①子越椒:斗椒,字子越,亦字伯棼。 ②执币傲:分发礼品时态度不恭敬。币:馈赠礼物之通称。傲:轻慢,不敬。 ③叔仲惠伯:名彭。鲁大夫。 ④若敖氏:若敖是斗椒的曾祖。若敖生斗伯比,斗伯比生令尹子文、司马子良,子良生椒。宗:族。⑤傲其先君:奉使必祭庙告于先君,今不敬,故曰傲其先君。⑥福:佑。

秦人来归僖公、成风之襚,礼也。诸侯相吊贺也,虽不当事①,苟有礼焉②,书也,以无忘旧好。

〔注释〕

①不当事:不及于事。当:值。此时距僖公薨已十年,成风薨亦已六年,赠死不及尸,吊丧不及哀,故曰不当事。 ②苟:若。

经

十年春[1],王三月辛卯[2],臧孙辰卒[3]。

夏,秦伐晋。

楚杀其大夫宜申[4]。

自正月不雨,至于秋七月。

及苏子盟于女栗[5]。

冬,狄侵宋。

楚子、蔡侯次于厥貉[6]。

〔注释〕

①十年:公元前617年。 ②辛卯:二十二日。 ③臧孙辰:臧文仲。 ④宜申:斗宜申。 ⑤苏子:周卿士。女栗:地名,未详何处。 ⑥厥貉:地名,在今河南项城市。

传

十年春,晋人伐秦,取少梁[1]。

〔注释〕

①少梁:古梁国,僖公十年为秦所灭,在今陕西韩城市南二十二里。

夏,秦伯伐晋,取北征[①]。

〔注释〕

①北征:晋邑,在今陕西澄城县。

初,楚范巫矞似谓成王与子玉、子西曰[①]:“三君皆将强死[②]。”城濮之役[③],王思之[④],故使止子玉曰:“毋死。”不及[⑤]。止子西,子西缢而县绝[⑥],王使适至,遂止之。使为商公[⑦]。沿汉溯江[⑧],将入郢[⑨]。王在渚宫[⑩],下见之。惧[⑪],而辞曰[⑫]:“臣免于死[⑬],又有谗言[⑭],谓臣将逃,臣归死于司败也[⑮]。”王使为工尹[⑯]。又与子家谋弑穆王,穆王闻之。五月,杀斗宜申及仲归[⑰]。

〔注释〕

①范巫矞(yú)似:范地之巫,名矞似。 ②强死:暴死。谓死于非命。 ③城濮之役:在僖公二十八年。 ④思之:想起了范巫说的话。 ⑤不及:未能赶上制止子玉自杀。 ⑥县:“悬”之本字。悬索。 ⑦商公:商邑大夫。楚县尹称公。 ⑧沿汉溯江:顺汉水下行,再由长江逆流而上。沿:顺流而下。溯:逆流而上。 ⑨入郢:谋作乱,故欲入郢。郢:楚国都城,在今湖北江陵县北十里。 ⑩渚宫:楚之别宫,在今江陵城内。 ⑪惧:见王,故惧。 ⑫辞:解说。 ⑬臣免于死:谓王止之使不死。 ⑭“又有”二句:言已畏谗言,不敢往商地,故至都城。谓:言。 ⑮归死:就戮。司败:即司寇,掌刑狱。 ⑯工尹:百工之长。 ⑰仲归:子家。子家非卿,故《经》不书。

秋七月，及苏子盟于女栗[1]，顷王立故也。

〔注释〕

①“及苏子”二句：顷王初立，而与鲁盟，以亲诸夏。

陈侯、郑伯会楚子于息[1]。冬，遂及蔡侯次于厥貉[2]，将以伐宋。

宋华御事曰[3]：“楚欲弱我也[4]。先为之弱乎，何必使诱我[5]？我实不能，民何罪？”乃逆楚子，劳且听命[6]。遂道以田孟诸[7]。宋公为右盂[8]，郑伯为左盂。期思公复遂为右司马[9]，子朱及文之无畏为左司马[10]。命夙驾载燧[11]。宋公违命，无畏抶其仆以徇[12]。

或谓子舟曰[13]：“国君不可戮也[14]。”子舟曰：“当官而行[15]，何强之有？《诗》曰[16]：‘刚亦不吐[17]，柔亦不茹。’‘毋纵诡随[18]，以谨罔极。’是亦非辟强也[19]，敢爱死以乱官乎[20]！”

〔注释〕

①息：楚地，在今河南息县。 ②次：军队驻留，超过两宿为次。 ③华御事：宋司寇。 ④弱：示弱。此指使宋示弱服从。⑤诱：逼迫之意。 ⑥劳：慰问。 ⑦道：为导，在前面引路。孟诸：宋国水泽名，在今河南商丘市东北。 ⑧“宋公”二句：清华简《系年》作“宋公为左芋，郑伯为右芋”。右盂：即右芋。掌田猎之官。盂：同“芋”。《左传》楚、陈二国皆有“芋尹”。 ⑨期思公复遂：期思之县尹，名复遂。楚县尹称公。 ⑩子朱：息公（息大夫）。文之无畏：申舟。楚大夫。 ⑪夙驾：早驾。燧：木燧。古代取火的工具。古代田猎，先焚烧猎场。 ⑫抶（chì）：笞击。

仆:宋公之御者。徇:示众。 ⑬或:有人。子舟:无畏的字。⑭戮:辱。 ⑮“当官”二句:谓居其官,行其事,不为过分。当:值。官:职。强:强梁,凶暴。 ⑯《诗》曰:引文出自《诗·大雅·烝民》。 ⑰“刚亦”二句:不欺软怕硬。谓不畏权势。吐:弃。茹:食。谓弃而不食。今本《诗经》作“柔亦不茹,刚亦不吐”,与定公四年引文同而与此异。 ⑱“毋纵”二句:引文出自《诗·大雅·民劳》。谓不要放纵欺谩之人,以约束不合规范的行为。诡随:叠韵连绵词,指谲诈欺谩之人。谨:敛束。罔极:不法。罔:无,不。极:法度。 ⑲辟:同“避”。 ⑳爱:惜。乱官:指废弃职守。乱:废。

厥貉之会,麇子逃归①。

〔注释〕

①麇子:麇国君主。此条本与下年传文相接,为后人所割裂。

经

十有一年春①,楚子伐麇②。

夏,叔彭生会晋郤缺于承筐③。

秋,曹伯来朝。

公子遂如宋。

狄侵齐。

冬十月甲午④,叔孙得臣败狄于咸⑤。

〔注释〕

①十有一年:公元前 616 年。 ②麇(jūn):国名,在今湖北

郧县西。　③叔彭生：叔仲惠伯。鲁大夫。各本“叔”下衍“仲”字，据阮元《校勘记》删。此时叔仲氏尚未立，《传》探后言之。十四年《经》云“叔彭生帅师伐邾”。郤缺：冀缺。承筐：亦作“承匡”。宋地，在今河南睢县西三十里。　④甲午：四日。　⑤咸：鲁地，在今山东巨野县南。非僖公十三年之咸。

传

十一年春，楚子伐麇，成大心败麇师于防渚[①]。潘崇复伐麇[②]，至于钖穴[③]。

〔注释〕

①成大心：楚令尹。字孙伯，子玉之子。防渚：麇地，在今湖北房县。　②潘崇：楚太师。　③钖（yáng）穴：麇地，在今湖北郧县西北一百八十里。

夏，叔仲惠伯会晋郤缺于承筐，谋诸侯之从于楚者[①]。

〔注释〕

①“谋诸侯”句：当时诸侯从楚者，有陈、郑、宋诸国。

秋，曹文公来朝，即位而来见也[①]。

〔注释〕

①“即位”句：曹文公即位在上年。见：朝。

襄仲聘于宋[①]，且言司城荡意诸而复之[②]，因贺楚师之

不害也③。

〔注释〕

①襄仲：公子遂。鲁大夫。 ②"且言"句：言荡意诸之事，使复归宋国。荡意诸因宋国内乱而奔鲁，事在文公八年。 ③楚师之不害：上年楚师次于厥貉，欲讨伐宋国，宋人表示服从，故未受兵害。害：患。

鄋瞒侵齐①，遂伐我。公卜使叔孙得臣追之②，吉。侯叔夏御庄叔③，绵房甥为右，富父终甥驷乘④。冬十月甲午，败狄于咸，获长狄侨如⑤。富父终甥摏其喉⑥，以戈杀之。埋其首于子驹之门⑦，以命宣伯⑧。

初，宋武公之世⑨，鄋瞒伐宋，司徒皇父帅师御之⑩，耏班御皇父充石⑪，公子谷甥为右，司寇牛父驷乘，以败狄于长丘⑫，获长狄缘斯⑬。皇父之二子死焉⑭。宋公于是以门赏耏班⑮，使食其征⑯，谓之耏门。晋之灭潞也⑰，获侨如之弟焚如。齐襄公之二年⑱，鄋瞒伐齐。齐王子成父获其弟荣如⑲，埋其首于周首之北门⑳。卫人获其季弟简如㉑。鄋瞒由是遂亡㉒。

〔注释〕

①鄋（sōu）瞒：狄国名，防风氏之后，釐姓，在今山东济南市北。 ②叔孙得臣：鲁卿。 ③侯叔夏：与下文绵房甥、富父终甥都是鲁大夫。庄叔：叔孙得臣。 ④驷乘：为车右之贰。四人共乘一车，设两名车右，是为了加强战斗力。 ⑤长狄侨如：鄋瞒国君。狄有赤狄、白狄、长狄。 ⑥摏（chōng）：撞，捣。 ⑦子驹

之门:鲁北郭之西门。 ⑧命:名。宣伯:叔孙侨如,得臣之子。 ⑨宋武公之世:据《史记·十二诸侯年表》,宋武公卒于鲁惠公二十一年,在春秋前。 ⑩司徒皇父:名充石,字皇父。宋戴公子,时为司徒。 ⑪耏(ěr)班:与下文公子谷甥、司寇牛父皆宋大夫。 ⑫长丘:宋地,在今河南封丘县南。 ⑬长狄缘斯:长狄侨如之祖先。 ⑭之:与。二子:指公子谷甥、司寇牛父。 ⑮"宋公"句:四人同乘,而三人皆死,故独赏耏班。门:城门。 ⑯使食其征:以城门税赏之。征:税。 ⑰"晋之"句:晋灭潞氏在宣公十五年。潞:即宣公十五年之"潞氏"。国名,赤狄之别族,在今山西潞城市东北。 ⑱齐襄公之二年:据《史记·齐太公世家》王子成父杀长狄在齐惠公二年,亦即鲁宣公二年(公元前607年)。此云"齐襄公之二年",盖后人传写致误。 ⑲王子成父:齐大夫。 ⑳周首:齐邑,在今山东平阴县东。 ㉑"卫人"句:伐齐退走,至卫而被俘。 ㉒《传》因叔孙得臣获侨如而终言狄事。

郕大子朱儒自安于夫钟①,国人弗徇②。

〔注释〕

①郕(chéng):国名,姬姓,故地在今河南范县。安:居,处。夫钟:郕邑,在今山东汶上县东北。 ②徇:顺,从。此条本与下年传文相接,为后人所割裂。

经

十有二年春①,王正月,郕伯来奔②。

杞伯来朝。

二月庚子③,子叔姬卒。

夏,楚人围巢[④]。

秋,滕子来朝。

秦伯使术来聘[⑤]。

冬十有二月戊午[⑥],晋人、秦人战于河曲[⑦]。

季孙行父帅师城诸及郓[⑧]。

〔注释〕

①十有二年:公元前 615 年。 ②郕伯:实为太子而称“伯”,因鲁公以诸侯之礼迎之。 ③庚子:十二日。 ④巢:吴、楚间小国,今安徽巢湖市(原巢县)东北五里有居巢故址,即其地。 ⑤术:秦大夫之名。 ⑥戊午:十二月无戊午。 ⑦河曲:晋地,在今山西永济市南。黄河至此折而东流,故云河曲。 ⑧诸:鲁邑,在今山东诸城市西南三十里。郓:鲁有东、西两郓。此为东郓。鲁、莒边界之邑,在今山东沂水县东北五十里。

传

十二年春,郕伯卒[①]。郕人立君[②]。大子以夫钟与郕邽来奔[③]。公以诸侯逆之,非礼也。故书曰“郕伯来奔”。不书地[④],尊诸侯也。

〔注释〕

①郕(chéng)伯:郕国国君。 ②立君:谓舍太子而立他人为君。 ③夫钟:郕邑,在今山东汶上县。郕邽(guī):郕邑之宝圭。邽:通“圭”。 ④“不书”二句:言既以郕太子为诸侯,故不复责其窃邑之罪。

杞桓公来朝[①],始朝公也[②]。且请绝叔姬而无绝昏[③],公许之。

二月,叔姬卒。不言杞[④],绝也。书“叔姬”,言非女也[⑤]。

〔注释〕

①杞桓公:名姑容。即经文之杞伯。 ②始朝公:鲁公即位后始来朝。 ③“且请”句:请与叔姬绝(即与叔姬离婚),而不断绝婚姻关系(立叔姬之妹为夫人)。 ④“不言”二句:经书“子叔姬卒”而不称“杞叔姬”,是因为杞国已与她断绝了关系。 ⑤非女:谓已出嫁。

楚令尹大孙伯卒[①]。成嘉为令尹[②]。群舒叛楚[③]。夏,子孔执舒子平及宗子[④],遂围巢。

〔注释〕

①大孙伯:成大心,子玉之子。 ②成嘉:大心之弟。 ③群舒:指散居于今安徽舒城、庐江、巢湖一带的偃姓诸国。有舒庸、舒蓼、舒鸠等,皆同宗异国,合称群舒。 ④子孔:成嘉之字。舒子平:舒国之君,名平。宗子:宗国之君。

秋,滕昭公来朝,亦始朝公也。

秦伯使西乞术来聘[①],且言将伐晋。襄仲辞玉[②],曰:“君不忘先君之好,照临鲁国[③],镇抚其社稷[④],重之以大器[⑤],寡君敢辞玉。”对曰:“不腆敝器[⑥],不足辞也。”主人三辞。宾答曰[⑦]:“寡君愿徼福于周公、鲁公以事君[⑧],不腆先君之敝器[⑨],使下臣致诸执事[⑩],以为瑞节[⑪],要结好命[⑫],所

以藉寡君之命[13],结二国之好,是以敢致之。”襄仲曰:“不有君子[14],其能国乎?国无陋矣[15]。”厚贿之[16]。

〔注释〕

①西乞术:秦大夫。 ②襄仲:公子遂。鲁卿。辞玉:聘礼之仪节。使者至所聘之国,必以圭璋为贽,受聘之国辞玉,表示尊让。 ③照临:照耀。照、临二字同义。 ④镇抚:安,安定。镇、抚同义。 ⑤重:加。大器:指圭、璋。 ⑥腆(tiǎn):厚,丰厚。⑦答:原本作“客”,据纂图本、阮元《校勘记》、杨伯峻说改。《宋本册府元龟》卷七四四作“宾客答曰”。 ⑧“寡君”句:言愿事君以求福于鲁之先君。徼:求。周公:姬旦。鲁公:伯禽。 ⑨先君之敝器:出使必告于庙,故称先君之敝器。 ⑩致:送,送至。执事:办事的人。表示谦敬之辞。 ⑪瑞节:瑞信。以圭璋为信,故曰瑞节。 ⑫要结:缔结。要:约,结。好命:友好之命。 ⑬藉:荐,陈。 ⑭“不有”二句:如果没有君子,就不成其为国家。其:岂。 ⑮国无陋矣:谓有君子,则国必不鄙陋。无:不。 ⑯贿:赠送财货。

秦为令狐之役故[1],冬,秦伯伐晋,取羁马[2]。晋人御之。赵盾将中军[3],荀林父佐之[4]。郤缺将上军[5],臾骈佐之[6]。栾盾将下军[7],胥甲佐之[8]。范无恤御戎[9]。以从秦师于河曲。臾骈曰:“秦不能久,请深垒固军以待之[10]。”从之。

秦人欲战,秦伯谓士会曰[11]:“若何而战?”对曰:“赵氏新出其属曰臾骈[12],必实为此谋,将以老我师也[13]。赵有侧室曰穿[14],晋君之婿也[15],有宠而弱[16],不在军事[17],好勇而狂[18],且恶臾骈之佐上军也。若使轻者肆焉[19],其可。”秦伯

以璧祈战于河[20]。

十二月戊午，秦军掩晋上军[21]，赵穿追之[22]，不及。反，怒曰："裹粮坐甲[23]，固敌是求[24]，敌至不击，将何俟焉？"军吏曰："将有待也[25]。"穿曰："我不知谋，将独出。"乃以其属出[26]。宣子曰："秦获穿也，获一卿矣[27]。秦以胜归，我何以报？"乃皆出。战，交绥[28]。

秦行人夜戒晋师曰[29]："两君之士皆未憖也[30]，明日请相见也。"臾骈曰："使者目动而言肆[31]，惧我也，将遁矣。薄诸河[32]，必败之。"胥甲、赵穿当军门呼曰："死伤未收而弃之[33]，不惠也[34]。不待期而薄人于险[35]，无勇也。"乃止。秦师夜遁。复侵晋，入瑕[36]。

〔注释〕

①令狐之役：在文公七年。　②羁马：晋邑，在今山西永济市南三十六里。　③赵盾：晋之正卿。　④荀林父：亦称荀伯。⑤郤缺：郤芮之子。　⑥臾骈：晋大夫。　⑦栾盾：栾枝之子。⑧胥甲：胥臣之子。　⑨御戎：驾驭戎车。　⑩深垒固军：加高壁垒而使坚固。深：高。军：指军垒。待：御。　⑪士会：原为晋大夫，文公七年奔秦。此时为秦之谋士。　⑫"赵氏"句：臾骈为赵盾属大夫，新出任上军佐。出：仕，出仕。其：之。　⑬将：欲。老：疲。　⑭侧室：支子。赵穿为赵夙庶孙。　⑮晋君：指襄公。⑯弱：年少。　⑰不在军事：不懂军事。在：察。　⑱狂：愚。⑲轻者：轻躁好勇者。肆：犯突。谓突袭后迅速撤离。　⑳"秦伯"句：秦伯沉璧于河，祈求能够取胜。　㉑掩：乘敌不备袭击。㉒赵穿追之：上军不动，独赵穿追之。　㉓裹粮：携带粮食。裹：囊。此用作动词。坐甲：藉甲而坐。谓准备随时迎敌。　㉔固敌

是求:本是为了求敌(打仗)。 ㉕有待:指等待可乘之机。 ㉖属:部属。 ㉗获一卿:赵穿虽非军帅,而列卿位。 ㉘交绥:双方均后退。交:皆,俱。绥:退却。 ㉙行人:使者。戒:告请。 ㉚未慭(yìn):未得休息。慭:息。 ㉛目动:眼神不安。言肆:说话语速快。肆:疾。 ㉜薄:迫。 ㉝收:敛。 ㉞不惠:不仁。《说文》:"惠,爱也。" ㉟不待期:不等约定之日期(明日)。 ㊱瑕:晋地,在今河南灵宝市东。

城诸及郓,书,时也①。

〔注释〕

①书,时也:《春秋》记载城诸及郓,因冬天筑城,合于时宜。

经

十有三年春①,王正月。

夏五月壬午②,陈侯朔卒。

邾子蘧蒢卒。

自正月不雨③,至于秋七月④。

大室屋坏⑤。

冬,公如晋。卫侯会公于沓⑥。

狄侵卫。

十有二月己丑⑦,公及晋侯盟。

公还自晋。郑伯会公于棐⑧。

〔注释〕

①十有三年:公元前614年。 ②壬午:初一日。 ③不雨:

不书“旱”而称“不雨”，因五谷尚有收获。　④秋七月：周之七月，当夏之五月。　⑤大室屋坏：太庙（周公庙）正室的屋顶倒塌。太室有两层（重屋），此屋指上层。　⑥沓：地名。未详何处。　⑦己丑：十二月无己丑。己丑为十一月十一日。　⑧棐（fěi）：即棐林，郑地，在今河南新乡县东二十五里。

传

十三年春，晋侯使詹嘉处瑕①，以守桃林之塞②。

〔注释〕

①“晋侯”句：晋侯以瑕赐詹嘉。詹嘉：亦名瑕嘉，晋大夫。瑕：晋邑，在今山西芮城县南。　②桃林之塞：其地略当于今河南灵宝市以西、陕西潼关县以东一带地区。瑕与桃林塞隔河相对，故处瑕可以守桃林之塞，遏制秦师东向。

晋人患秦之用士会也①，夏，六卿相见于诸浮②。赵宣子曰③：“随会在秦④，贾季在狄⑤，难日至矣⑥，若之何？”中行桓子曰⑦：“请复贾季，能外事，且由旧勋⑧。”郤成子曰⑨：“贾季乱⑩，且罪大⑪，不如随会能⑫，贱而有耻，柔而不犯⑬，其知足使也⑭，且无罪。”乃使魏寿馀伪以魏叛者⑮，以诱士会，执其帑于晋⑯，使夜逸。请自归于秦⑰，秦伯许之。履士会之足于朝⑱。秦伯师于河西⑲，魏人在东⑳。寿馀曰：“请东人之能与夫二三有司言者㉑，吾与之先。”使士会㉒。士会辞曰：“晋人㉓，虎狼也。若背其言，臣死，妻子为戮，无益于君，不可悔也。”秦伯曰：“若背其言，所不归尔帑者㉔，有如

河㉕!"乃行。绕朝赠之以策㉖,曰:"子无谓秦无人㉗,吾谋适不用也㉘。"既济,魏人噪而还㉙。秦人归其帑。其处者为刘氏㉚。

〔注释〕

①士会:本为晋大夫,于文公七年奔秦,秦用为谋士。 ②六卿:指晋上、中、下三军将佐。诸浮:晋地。 ③赵宣子:赵盾。晋正卿。 ④随会:即士会。食邑于随、范,故又称随会、范会。⑤贾季:即狐射姑。食邑于贾,字季。贾季奔狄,见文公六年《传》。 ⑥日至:不日将至。 ⑦中行桓子:荀林父。僖公二十八年始将中行,因以为氏。桓是谥号。 ⑧由:用。旧勋:贾季之父狐偃,从文公出亡有大功。 ⑨郤(xì)成子:郤缺。 ⑩乱:好为乱。 ⑪罪大:指擅杀阳处父。 ⑫能:贤,贤能。 ⑬柔:温顺。不犯:谓不可犯以非礼。 ⑭知:同"智"。足:可。使:用。⑮"乃使"句:使魏寿馀假装率领魏人叛乱。魏寿馀:毕万之后。魏本为故古国名,晋献公灭魏,以赐毕万,地在今山西芮城县。⑯执:拘。帑(nú):妻子儿女。 ⑰自归于秦:以魏地归附秦国。归:依,就。谓投奔。 ⑱履:蹑,踩。 ⑲"秦伯"句:秦、晋此时以黄河为界,秦军驻扎河西,准备取魏地。 ⑳东:河东。 ㉑"请东人"二句:请与晋人中能与魏之官吏商谈归秦之事者,一起先至于魏。东人:指晋人。夫:彼。二三有司:指魏之官吏。 ㉒使士会:秦伯使士会。 ㉓"晋人"七句:士会已知魏寿馀之意,恐己归晋后妻子为秦所诛,故推辞,表示自己无去意。 ㉔所:如果。表示假设。 ㉕有如河:黄河之神可以为证。有如:有。"如"亦训有。河:指河神。 ㉖绕朝:秦大夫。策:马鞭。 ㉗无谓:不要以为。谓:认为。 ㉘"吾谋"句:绕朝欲阻止士会入晋,而秦伯不用其谋。适:但。 ㉙"魏人"句:魏人喜得士会,故噪

而还。噪:群呼。 ㉚处者:士会之族人留秦者。为刘氏:士会是刘累(尧之后)的后代,居秦者别其族,复刘姓。

邾文公卜迁于绎[1]。史曰:“利于民而不利于君。”邾子曰:“苟利于民,孤之利也。天生民而树之君[2],以利之也。民既利矣,孤必与焉[3]。”左右曰:“命可长也[4],君何弗为?”邾子曰:“命在养民[5]。死之短长[6],时也[7]。民苟利矣,迁也,吉莫如之!”遂迁于绎。

五月,邾文公卒。君子曰知命[8]。

〔注释〕

①邾文公:名蘧蒢。邾子瑣之子。绎:亦作“峄”。邾邑,在今山东临沂市西。 ②树之君:为之立君。 ③与焉:在其中。谓亦得其利。 ④长:延长。 ⑤命:使命。 ⑥死之短长:寿命的长短。死:命。指寿命。 ⑦时:期,命。指命分。《释名·释天》:“时,期也,物之生死各应节期而止也。” ⑧曰:谓,认为。

秋七月,大室之屋坏。书,不共也[1]。

〔注释〕

①书,不共:《春秋》书太室之屋坏,是批评臣下不恭,简慢宗庙,致使倾覆。

冬,公如晋。朝,且寻盟[1]。卫侯会公于沓,请平于晋[2]。公还,郑伯会公于棐,亦请平于晋[3]。公皆成之[4]。

郑伯与公宴于棐[5]。子家赋《鸿雁》[6]。季文子曰[7]:

"寡君未免于此[8]。"文子赋《四月》[9]。子家赋《载驰》之四章[10]。文子赋《采薇》之四章[11]。郑伯拜,公答拜。

〔注释〕

①寻盟:寻衡雍之盟(在文公八年)。寻:温,重申。 ②平:和解。 ③"亦请"句:郑、卫贰于楚,畏晋,故请鲁君求和于晋。④成:平,和解。 ⑤"郑伯"句:以下补叙郑伯会鲁君于棐之细节。 ⑥子家:郑大夫公子归生之字。《鸿雁》:《诗·小雅》篇名。义取侯伯哀恤鳏寡,有征行之劳。言郑国寡弱,希望鲁君至晋,为郑请平。赋:诵。 ⑦季文子:季孙行父。鲁大夫。 ⑧"寡君"句:言鲁亦有微弱之忧。 ⑨《四月》:《诗·小雅》篇名。义取行役逾时,思归祭祀,不欲为之返晋请平。 ⑩《载驰》:《诗·鄘风》篇名。四章以下,义取小国有急,寻求大国援手救助。⑪《采薇》:《诗·小雅》篇名。义取不敢安居,将为郑请于晋。

经

十有四年春[1],王正月,公至自晋。

邾人伐我南鄙。

叔彭生帅师伐邾[2]。

夏五月乙亥[3],齐侯潘卒。

六月,公会宋公、陈侯、卫侯、郑伯、许男、曹伯、晋赵盾。癸酉[4],同盟于新城[5]。

秋七月,有星孛入于北斗[6]。

公至自会。

晋人纳捷菑于邾[7],弗克纳。

九月甲申[8],公孙敖卒于齐[9]。

齐公子商人弑其君舍[10]。

宋子哀来奔[11]。

冬,单伯如齐[12]。

齐人执单伯[13]。

齐人执子叔姬[14]。

〔注释〕

①十有四年:公元前 613 年。 ②叔彭生:叔仲惠伯。③乙亥:五月无乙亥。乙亥为四月二十九日。 ④癸酉:二十八日。 ⑤新城:宋地,在今河南商丘市西南。 ⑥"有星"句:彗星既现而移入北斗。古人以此为异常之事,故《春秋》书之。此为世界最早有关哈雷彗星之记载。孛(bèi):彗星。 ⑦捷菑:邾公子名。《公羊传》"捷"作"接"。 ⑧甲申:十一日。 ⑨"公孙敖"句:大夫出奔例不书卒。鲁已许其返国,故书之。 ⑩弑其君:齐昭公已葬,舍已即位,故未逾年而称君。弑:臣子杀死君父,称弑。 ⑪子哀:高哀。宋大夫,字子哀。大夫出奔例书名氏。贵之,故书其字。 ⑫单伯:周卿士。《春秋》不书外国互相外来之事,因单伯为鲁如齐,故书之。 ⑬执:拘捕。 ⑭子叔姬:鲁女,齐侯舍之母。

传

十四年春,顷王崩[1]。周公阅与王孙苏争政[2],故不赴[3]。凡崩、薨[4],不赴则不书。祸、福[5],不告,亦不书。惩不敬也。

〔注释〕

①顷王:周顷王。周襄王子,名壬臣。 ②周公阅:周太宰,王卿士。政:国政。 ③不赴:指未向鲁国发讣告。 ④“凡崩”二句:解释《春秋》不书顷王崩之原因。 ⑤祸、福:分别指灾祸与喜庆之事。

邾文公之卒也[①],公使吊焉,不敬。邾人来讨,伐我南鄙,故惠伯伐邾[②]。

〔注释〕

①邾文公之卒:邾文公卒于上年五月。 ②惠伯:名彭。叔牙之子。

子叔姬妃齐昭公[①],生舍。叔姬无宠,舍无威。公子商人骤施于国[②],而多聚士,尽其家[③],贷于公有司以继之[④]。夏五月,昭公卒,舍即位。

〔注释〕

①妃(pèi):通“配”,匹配,婚配。原本无“妃”字,据阮元《校勘记》、杨伯峻说补。齐昭公:名潘。桓公之子。 ②公子商人:桓公夫人密姬之子。骤:屡,屡次。 ③家:家产。 ④公有司:掌管公室财产的官。

邾文公元妃齐姜生定公[①],二妃晋姬生捷菑[②]。文公卒,邾人立定公,捷菑奔晋。

〔注释〕

①元妃：原配夫人。定公：邾定公。名貜且。　②二妃：次妃。

六月，同盟于新城，从于楚者服[①]，且谋邾也[②]。

〔注释〕

①从于楚者：指陈、郑、宋。　②谋邾：谋纳捷菑。

秋七月乙卯[①]，夜，齐商人杀舍[②]，而让元[③]。元曰："尔求之久矣。我能事尔，尔不可使多蓄憾[④]，将免我乎[⑤]？尔为之！"

〔注释〕

①秋七月：《经》书九月，从告。乙卯：七月无乙卯，日误。②杀：原本作"弑"，据纂图本、阮元《校勘记》、杨伯峻说改。③元：齐惠公。齐桓公子，商人之兄。　④多蓄憾：言不为君则积恨多。　⑤将免我乎：谓彼积怨甚，则己不免于死。将：其。

有星孛入于北斗。周内史叔服曰："不出七年[①]，宋、齐、晋之君皆将死乱。"

〔注释〕

①"不出"二句：谓宋、齐、晋三国之君皆将死于祸乱。文公十六年，宋弑昭公；十八年，齐弑懿公；宣公二年，晋弑灵公。彗星形如扫帚，古人认为彗星出现有象征"除秽""除旧布新"的意义。宋、齐、晋三国之君皆无道，有秽德，故叔服以为彗星出与此三人

有关。

晋赵盾以诸侯之师八百乘纳捷菑于邾[①]。邾人辞曰："齐出貜且长[②]。"宣子曰[③]："辞顺[④]，而弗从[⑤]，不祥。"乃还。

〔注释〕

①八百乘：战车八百辆。古代每乘战车配备甲士三人，步卒七十二人。纳捷菑于邾：试图让捷菑回邾国即位。 ②"齐出"句：谓齐女所生之子年长。貜且（jué jū）：邾公子，即后来的邾定公。 ③宣子：赵盾的谥号。 ④辞顺：立嫡以长，故曰辞顺。⑤而：如，如果。

周公将与王孙苏讼于晋[①]，王叛王孙苏[②]，而使尹氏与聃启讼周公于晋[③]。赵宣子平王室而复之[④]。

〔注释〕

①讼：诉讼。 ②王：周匡王。名班。叛：背。指违背诺言。③尹氏：周卿士。聃启：周大夫。讼：为人辩诉。 ④平：和解。复之：使之归于和睦。

楚庄王立[①]，子孔、潘崇将袭群舒[②]，使公子燮与子仪守[③]，而伐舒蓼[④]。二子作乱[⑤]，城郢[⑥]，而使贼杀子孔，不克而还。八月，二子以楚子出[⑦]。将如商密[⑧]，庐戢梨及叔麇诱之[⑨]，遂杀斗克及公子燮[⑩]。

初，斗克囚于秦[⑪]，秦有殽之败[⑫]，而使归求成[⑬]。成而

不得志⑭,公子燮求令尹而不得,故二子作乱。

〔注释〕

①楚庄王:穆王之子。 ②子孔:成嘉。楚令尹。潘崇:楚太师。群舒:指散居于今安徽舒城、庐江、巢湖一带的偃姓诸国。皆同宗而异国。 ③公子燮:庄王之傅。子仪:庄王之师。 ④舒蓼(liǎo):国名,在今安徽庐江县。 ⑤二子:指公子燮和子仪。⑥城郢:拟拒子孔、潘崇入郢。郢为楚都,在今湖北江陵县北之纪南城。 ⑦以楚子出:挟持楚王离郢。 ⑧商密:楚邑,在今河南内乡县。 ⑨庐:楚邑,在今湖北南漳县东。戢梨:庐大夫。梨:原本作"黎",据阮元《校勘记》、杨伯峻说及敦煌写本(S. 85)改。叔麇:戢梨之佐。 ⑩斗克:子仪之名。 ⑪斗克囚于秦:在僖公二十五年。 ⑫有:以。 殽之败:在僖公三十三年。 ⑬求成:与秦结好。 ⑭不得志:指未获报偿。

穆伯之从己氏也①,鲁人立文伯②。穆伯生二子于莒③,而求复④。文伯以为请。襄仲使无朝听命⑤。复而不出⑥。三年而尽室以复适莒⑦。文伯疾,而请曰:"谷之子弱⑧,请立难也⑨。"许之。文伯卒,立惠叔⑩。穆伯请重赂以求复。惠叔以为请,许之。将来,九月,卒于齐。告丧⑪,请葬⑫,弗许。

〔注释〕

①"穆伯"句:穆伯从己氏,事见文公八年《传》。穆伯:公孙敖。鲁大夫。从:即,就。己氏:莒国之女。 ②文伯:名谷。穆伯之子。 ③莒:国名,己姓,在今山东莒县。 ④复:返国。⑤襄仲:公子遂。无朝:不参与政事。 ⑥出:仕,出仕。 ⑦三

年：原本作“二年”，据纂图本、阮元《校勘记》、敦煌写本（S. 85）、《宋本册府元龟》卷七五〇改。尽室：尽携其家财。室：家产。⑧谷之子：孟献子。弱：年少。 ⑨难：谷之弟。 ⑩惠叔：即难。⑪告丧：向鲁报丧。 ⑫请葬：请归葬于鲁。

宋高哀为萧封人①，以为卿，不义宋公而出②，遂来奔。书曰“宋子哀来奔”③，贵之也。

〔注释〕

①萧：本为宋邑，后封叔大心，为宋附庸，地在今安徽萧县西北十五里。封人：典守封疆之官。 ②不义：不以……为义。③“书曰”二句：诸侯之大夫来奔例称名，《春秋》贵子哀不食污君之禄，特书其字。

齐人定懿公①，使来告难②，故书以九月③。

齐公子元不顺懿公之为政也④，终不曰“公”，曰“夫己氏⑤”。

〔注释〕

①定懿公：定其君位。 ②告难：告舍被杀之事。 ③书以九月：事在七月，来告在九月，故《经》书九月。 ④顺：服。⑤夫己氏：犹言“那个人”。

襄仲使告于王，请以王宠求昭姬于齐①。曰：“杀其子，焉用其母？请受而罪之②。”

冬，单伯如齐，请子叔姬。齐人执之③。又执子叔姬。

〔注释〕

①昭姬:子叔姬,舍之母。 ②受:接受。 ③齐人执之:齐人恨鲁假借王室之力以求女,故执单伯。

经

十有五年春[①],季孙行父如晋。

三月,宋司马华孙来盟[②]。

夏,曹伯来朝。

齐人归公孙敖之丧[③]。

六月辛丑朔,日有食之[④],鼓、用牲于社[⑤]。

单伯至自齐[⑥]。

晋郤缺帅师伐蔡。戊申[⑦],入蔡。

秋[⑧],齐人侵我西鄙。

季孙行父如晋。

冬十有一月,诸侯盟于扈[⑨]。

十有二月,齐人来归子叔姬[⑩]。

齐侯侵我西鄙,遂伐曹,入其郛[⑪]。

〔注释〕

①十有五年:公元前612年。 ②华孙:名耦。宋卿。 ③丧:指盛有尸体的棺材。 ④日有食之:此为公历公元前612年4月21日的日全食。 ⑤鼓:击鼓。用牲于社:杀牲祭社(土地神)。 ⑥单伯:周卿士。上年为鲁叔姬求情被齐扣留。 ⑦戊申:九日。 ⑧秋:原本无此字,据纂图本、阮元《校勘记》、杨伯峻说及敦煌写本(S.85)补。 ⑨扈:郑地,在今河南原阳县

西。 ⑩子叔姬:鲁女,齐昭公太子公子舍之母,舍被杀,子叔姬亦被齐人拘捕,事见上年《传》。 ⑪郛(fú):郭。

传

十五年春,季文子如晋[1],为单伯与子叔姬故也。

〔**注释**〕

①“季文子”二句:单伯、子叔姬被齐人拘捕,季文子(季孙行父)如晋,请晋人出面调停。

三月,宋华耦来盟[1],其官皆从之。书曰“宋司马华孙[2]”,贵之也。

公与之宴,辞曰:“君之先臣督得罪于宋殇公[3],名在诸侯之策。臣承其祀[4],其敢辱君[5]?请承命于亚旅[6]。”鲁人以为敏[7]。

〔**注释**〕

①“宋华耦”二句:华耦出盟鲁国,当行之官皆备。 ②“书曰”二句:贵华孙能从古典,故《春秋》书其官,而不称其名。③“君之”二句:华耦为华督之曾孙。桓公二年,华督弑其君殇公。华耦以罪人子孙自视,不敢当鲁君之宴。策:简策。 ④承其祀:为其后嗣。承:奉。 ⑤其:岂。 ⑥亚旅:上大夫。 ⑦鲁人:鲁国之人。敏:敬。

夏,曹伯来朝,礼也。诸侯五年再相朝[1],以修王命[2],古之制也。

〔注释〕

①“诸侯”三句：十一年，曹伯来朝，今又来朝，合于古制。②修：行。

齐人或为孟氏谋[1]，曰：“鲁，尔亲也。饰棺置诸堂阜[2]，鲁必取之。”从之。卞人以告[3]。惠叔犹毁以为请[4]，立于朝以待命。许之。取而殡之[5]。齐人送之。书曰“齐人归公孙敖之丧”，为孟氏[6]，且国故也[7]。葬视共仲[8]。

声己不视[9]，帷堂而哭[10]。襄仲欲勿哭[11]。惠伯曰[12]：“丧，亲之终也。虽不能始[13]，善终可也。史佚有言曰[14]：‘兄弟致美[15]。’救乏、贺善、吊灾、祭敬、丧哀[16]，情虽不同，毋绝其爱，亲之道也。子无失道[17]，何怨于人？”襄仲说。帅兄弟以哭之。

他年[18]，其二子来[19]，孟献子爱之[20]，闻于国。或谮之曰[21]：“将杀子。”献子以告季文子。二子曰：“夫子以爱我闻，我以将杀子闻[22]，不亦远于礼乎？远礼不如死。”一人门于句鼆[23]，一人门于戾丘，皆死。

〔注释〕

①孟氏：穆伯（公孙敖）之家人。庆父为庶长子，其后人为孟孙氏，故称“孟氏”。 ②“饰棺”句：饰棺不殡，示无所归。堂阜：齐、鲁边境之邑，在今山东蒙阴县西北。 ③卞人：卞邑大夫。卞：鲁邑，在今山东泗水县东五十里。 ④惠叔：名难。公孙敖次子。毁：居丧哀伤过度以致羸弱毁形。 ⑤殡：停柩待葬。⑥为孟氏：因孟氏世为鲁卿，而公孙敖为其祖。 ⑦国故：孟氏为

国之公族。 ⑧葬视共仲：比照葬共仲之礼。谓皆因罪而降低丧葬规格。视：比。共仲：庆父，公孙敖之父。 ⑨声己：公孙敖次妃，惠叔之母。不视：不视其柩。 ⑩帷堂：丧礼，尸未设饰，以布帷围之。《礼记·杂记》云："朝夕哭，不帷。"声己怨公孙敖从莒女，故帷堂而哭。 ⑪"襄仲"句：襄仲怨公孙敖娶其妻。 ⑫惠伯：叔彭生。 ⑬"虽不"二句：即便其始不善，亦当以善终。能：善。善终：妥善处理其丧事。 ⑭史佚：周武王时太史，名佚。 ⑮致：尽，极。美：善。谓亲善。 ⑯"救乏"句：救其困乏，贺其福祥，吊其灾祸，祭之则敬，临其丧而哀。善：福。 ⑰失道：违背道义。 ⑱他年：指此后若干年。 ⑲二子：公孙敖在齐所生的两个儿子。 ⑳孟献子：仲孙蔑，公孙敖的长孙，文伯之子。 ㉑谮：谗毁。 ㉒将：欲。 ㉓门：攻打或防守城门。此指防守城门。句鼆(měng)：与下文"戾丘"俱为鲁邑，当在今山东曲阜市。

六月辛丑朔，日有食之①。鼓、用牲于社，非礼也。日有食之，天子不举②，伐鼓于社③；诸侯用币于社④，伐鼓于朝，以昭事神、训民、事君⑤，示有等威⑥，古之道也。

〔注释〕

①"日有"三句：天子遭遇日食，方可击鼓、用牲于社，鲁为诸侯，行此事不合于礼。 ②不举：不享用盛馔。举：杀牲之盛馔。《周礼·天官·膳夫》："王日一举。"注："杀牲盛馔曰举。" ③伐鼓：击鼓。 ④"诸侯"二句：谓诸侯只能用币于社，击鼓于朝。币：指玉帛等。 ⑤"以昭"句：天子不举，诸侯用币，所以事神；尊卑异制，所以顺民。训：顺。 ⑥等威：礼仪等差。威：仪，礼仪。

齐人许单伯请而赦之[①],使来致命。书曰“单伯至自齐”,贵之也。

〔注释〕

①“齐人”四句:单伯乃周卿士,为鲁请子叔姬于齐,齐人执之。今来致赦叔姬之命,故《春秋》书其至以贵之。

新城之盟[①],蔡人不与[②]。晋郤缺以上军、下军伐蔡,曰:“君弱[③],不可以怠[④]。”戊申,入蔡,以城下之盟而还[⑤]。凡胜国[⑥],曰灭之;获大城焉[⑦],曰入之。

〔注释〕

①新城之盟:上年陈、郑、宋会盟于新城,表示服从晋国。 ②不与:不参加会盟。 ③君:原本无此字,据纂图本、敦煌写本(S.85)及杨伯峻说补。弱:年幼。 ④怠:懈怠。 ⑤以:为。城下之盟:敌人兵临城下而被迫签订的屈辱和约。 ⑥胜国:指灭其国家,占有其土地。 ⑦“获大城”二句:得大都而不有其地。

秋,齐人侵我西鄙,故季文子告于晋。

冬十一月,晋侯、宋公、卫侯、蔡侯、陈侯、郑伯、许男、曹伯盟于扈[①],寻新城之盟[②],且谋伐齐也。齐人赂晋侯,故不克而还。于是有齐难[③],是以公不会。书曰“诸侯盟于扈[④]”,无能为故也[⑤]。凡诸侯会,公不与[⑥],不书,讳君恶也。与而不书,后也[⑦]。

〔注释〕

①陈侯:原本无此二字,据阮元《校勘记》、杨伯峻说及敦煌写本(S.85)补。 ②寻:温,重申。 ③于是:此时。于:此。是:时。齐难:即下文所言齐侵鲁西鄙。 ④"书曰"句:谓《春秋》略书"诸侯"而不具列其名氏。 ⑤无能为:无所作为。⑥"公不与"三句:谓无国难,而不与会,则为君恶,讳而不书。恶:耻。 ⑦后:后期。

齐人来归子叔姬,王故也[①]。

〔注释〕

①王故:因周匡王有命。

齐侯侵我西鄙,谓诸侯不能也[①]。遂伐曹,入其郛[②],讨其来朝也。

季文子曰:"齐侯其不免乎?己则无礼[③],而讨于有礼者曰:'女何故行礼[④]!'礼以顺天[⑤],天之道也。己则反天[⑥],而又以讨人,难以免矣。《诗》曰[⑦]:'胡不相畏[⑧],不畏于天。'君子之不虐幼贱,畏于天也。在《周颂》曰[⑨]:'畏天之威[⑩],于时保之。'不畏于天,将何能保?以乱取国[⑪],奉礼以守[⑫],犹惧不终。多行无礼,弗能在矣[⑬]。"

〔注释〕

①谓:以为,认为。不能:无能为。谓不能讨己。 ②郛(fú):郭。 ③则:语助词,无义。无礼:谓执王使而伐无罪。④"女何"句:此为揣度齐侯的想法。女:汝,你。 ⑤顺:从,顺

从。 ⑥反：违，违反。 ⑦《诗》曰：引文出自《诗·小雅·雨无正》。 ⑧“胡不”二句：谓人不相畏，因不畏于天。 ⑨《周颂》：引文出自《诗·周颂·我将》。 ⑩“畏天”二句：畏惧天威，于是保其福禄。 ⑪以乱取国：指杀舍而自立。 ⑫奉：遵循。守：保，保守。 ⑬弗能在：谓不得善终。《尔雅·释诂下》：“求、酋、在、卒、就，终也。”

经

十有六年春[1]，季孙行父会齐侯于阳谷[2]，齐侯弗及盟[3]。

夏五月，公四不视朔[4]。

六月戊辰[5]，公子遂及齐侯盟于郪丘[6]。

秋八月辛未[7]，夫人姜氏薨[8]。

毁泉台[9]。

楚人、秦人、巴人灭庸[10]。

冬十有一月，宋人弑其君杵臼。

〔注释〕

①十有六年：公元前611年。 ②阳谷：齐地，在今山东阳谷县北三十里。 ③及：与。 ④视朔：天子、诸侯每月朔（初一）日祭告于庙，然后听政。告庙称告朔，听政称视朔。视朔亦称“听朔”。 ⑤戊辰：五日。 ⑥郪（xī）丘：齐地，当在今山东淄博市临淄区附近。 ⑦辛未：九日。 ⑧夫人姜氏：声姜。僖公夫人，文公之母，齐女。 ⑨泉台：即郎台。庄公三十一年《经》：“筑台于郎。”郎在今山东曲阜市南郊。 ⑩巴：国名，在今四川东部一带。庸：国名，今湖北竹山县东四十里有上庸故城，即其

地。庸此后为楚属国。

传

十六年春,王正月,及齐平①。公有疾,使季文子会齐侯于阳谷②。请盟,齐侯不肯③,曰:“请俟君间④。”

〔注释〕

①及:与。平:和解。 ②季文子:季孙行父。鲁卿。 ③肯:可。 ④间(jiàn):病痊愈或好转。

夏五月,公四不视朔①,疾也。

〔注释〕

①“公四”二句:言因病而不能视朔。

公使襄仲纳赂于齐侯①,故盟于郪丘。

〔注释〕

①襄仲:公子遂。鲁卿。

有蛇自泉宫出①,入于国②,如先君之数③。

秋八月辛未,声姜薨,毁泉台④。

〔注释〕

①泉宫:在鲁南郊郎邑。 ②国:国都。即曲阜。 ③如先君之数:谓共有十七条蛇。鲁自伯禽至僖公凡十七君。 ④泉台:泉宫之台。鲁人以为声姜薨与蛇出泉台有关,故毁泉台。

楚大饥，戎伐其西南[①]，至于阜山[②]，师于大林[③]。又伐其东南，至于阳丘[④]，以侵訾枝[⑤]。庸人帅群蛮以叛楚[⑥]。麇人帅百濮聚于选[⑦]，将伐楚。于是申、息之北门不启[⑧]。

楚人谋徙于阪高[⑨]。𫇭贾曰[⑩]："不可。我能往，寇亦能往。不如伐庸。夫麇与百濮，谓我饥不能师，故伐我也。若我出师，必惧而归。百濮离居[⑪]，将各走其邑，谁暇谋人[⑫]？"乃出师。旬有五日，百濮乃罢。

自庐以往[⑬]，振廪同食。次于句澨[⑭]。使庐戢梨侵庸[⑮]，及庸方城[⑯]。庸人逐之，囚子扬窗[⑰]。三宿而逸，曰："庸师众，群蛮聚焉，不如复大师[⑱]，且起王卒，合而后进。"师叔曰[⑲]："不可。姑又与之遇以骄之[⑳]。彼骄我怒，而后可克，先君蚡冒所以服陉隰也[㉑]。"又与之遇，七遇皆北[㉒]，唯裨、儵、鱼人实逐之[㉓]。

庸人曰："楚不足与战矣。"遂不设备。楚子乘驲[㉔]，会师于临品[㉕]，分为二队[㉖]，子越自石溪[㉗]，子贝自仞以伐庸[㉘]。秦人、巴人从楚师。群蛮从楚子盟[㉙]，遂灭庸。

〔注释〕

①戎：指居于楚西面山中的少数民族部落。 ②阜山：楚邑，在今湖北房县南一百五十里。 ③大林：楚邑，在今湖北荆门市西北。 ④阳丘：楚邑。未详何处。 ⑤訾（zī）枝：楚邑，在今湖北枝江市。 ⑥群蛮：指散处楚国西南（在今湖南沅陵、芷江一带）的少数民族。 ⑦麇（jūn）：国名，在今湖北郧县西。百濮：濮是江、汉以南的少数民族，部落非一，总名百濮。选：楚地，在今湖北枝江市北。 ⑧申：地名，在今河南南阳市。息：地名，在今

河南息县。申、息两县在楚国北面。害怕中原诸侯乘机进犯,故不敢开启北门。 ⑨阪高:楚之险地。 ⑩蔿(wěi)贾:孙叔敖之父。 ⑪离居:散居。 ⑫谁:何。 ⑬"自庐"二句:至庐之后,聚粮共食。庐:楚邑,在今湖北南漳县东。往:后。振:收,聚。⑭句澨(gōu shì):楚西部边境。在今湖北郧县东南。 ⑮庐戢梨:庐邑大夫,名戢梨。梨:原本作"黎",据阮元《校勘记》改。⑯庸方城:庸之方城。山名,在今四川竹山县东四十五里,山上平坦,四面险固。山南有城,周围十余里。 ⑰囚:俘。子扬窗:戢梨之属官。名窗,字子扬。 ⑱复大师:再次征发大军。 ⑲师叔:潘尪。楚大夫。 ⑳又:再。遇:战。 ㉑蚡(fén)冒:楚武王父。陉隰(xíng xí):指散居在今湖北江陵县、当阳市以东山溪之地的族群。 ㉒北:败走。 ㉓裨、儵(chóu)、鱼:庸之三邑。裨、儵,地未详。鱼在今四川奉节县东。 ㉔驲(rì):传车。 ㉕临品:地名,在今湖北丹江口市均县镇。 ㉖二队:二路。队:道。㉗子越:斗椒之字。石溪:与下文"仞"皆地名,在今湖北丹江口市均县镇。 ㉘子贝:楚大夫。 ㉙楚子:指楚庄王。

宋公子鲍礼于国人[①]。宋饥,竭其粟而贷之[②]。年自七十以上,无不馈诒也[③],时加羞珍异[④]。无日不数于六卿之门[⑤]。国之材人[⑥],无不事也。亲自桓以下[⑦],无不恤也。公子鲍美而艳[⑧],襄夫人欲通之[⑨],而不可,乃助之施[⑩]。昭公无道,国人奉公子鲍以因夫人[⑪]。

于是华元为右师[⑫],公孙友为左师,华耦为司马[⑬],鳞矔为司徒[⑭],荡意诸为司城[⑮],公子朝为司寇。初,司城荡卒[⑯],公孙寿辞司城[⑰],请使意诸为之[⑱]。既而告人曰:"君无道,吾官近,惧及焉[19]。弃官,则族无所庇。子,身之贰也[20],姑纾死焉[21]。虽亡子,犹不亡族。”

既[22],夫人将使公田孟诸而杀之[23]。公知之,尽以宝行。荡意诸曰:“盍适诸侯?”公曰:“不能其大夫至于君祖母以及国人[24],诸侯谁纳我?且既为人君,而又为人臣,不如死。”尽以其宝赐左右以使行。

夫人使谓司城去公[25],对曰:“臣之而逃其难,若后君何[26]?”

冬十一月甲寅[27],宋昭公将田孟诸,未至,夫人王姬使帅甸攻而杀之[28]。荡意诸死之。书曰“宋人弑其君杵臼[29]”,君无道也。

文公即位[30],使母弟须为司城。华耦卒,而使荡虺为司马[31]。

〔注释〕

①公子鲍:昭公庶弟。 ②贷:施。 ③馈诒(yí):馈、诒义同,皆馈赠之意。 ④羞:进献。珍异:珍奇美食。 ⑤数:屡。六卿:宋以右师、左师、司马、司徒、司城、司寇为六卿。 ⑥材人:贤人。材:同“才”。贤,贤能。 ⑦桓:宋桓公。鲍之曾祖。⑧艳:高大。《说文》:“艳,好而长也。” ⑨襄夫人:宋襄公夫人,公子鲍嫡祖母。 ⑩乃:原本作“夫人”,据阮元《校勘记》、敦煌写本(S. 85)、《宋本册府元龟》卷七四六改。 ⑪奉:拥戴。因:依,依靠。 ⑫于是:此时。是:时。华元:华督曾孙。 ⑬华耦:华元之兄。 ⑭鳞矔(guàn):襄公庶弟公鳞之子。矔:原本作“鱹”,据纂图本、阮元《校勘记》、杨伯峻说及敦煌写本(S. 85)改。⑮荡意诸:公子荡之孙。 ⑯司城荡卒:当在文公七年、八年之

间。 ⑰“公孙寿”句:公孙寿为公子荡之子。父死,子当嗣立。⑱意诸:公孙寿之子。 ⑲及:及于祸。 ⑳身:我。贰:副贰。㉑姑:且。纾:缓。 ㉒既:既而,不久。 ㉓孟渚:宋国水泽名,在河南商丘市东北,今已湮。 ㉔不能:不相得。能:善。君祖母:诸侯祖父之嫡妻,非指亲祖母。 ㉕使谓:使。使、谓同义。㉖若后君何:言无以事后君。 ㉗甲寅:二十三日。 ㉘夫人王姬:宋襄夫人为周襄王姊。帅甸:即甸师。掌郊甸之事。 ㉙“书曰”二句:谓《春秋》书宋君之名,而称“宋人”杀之,表明国君无道。 ㉚文公:即公子鲍。 ㉛荡虺:荡意诸弟。

经

十有七年春①,晋人、卫人、陈人、郑人伐宋。

夏四月癸亥②,葬我小君声姜③。

齐侯伐我西鄙④。

六月癸未⑤,公及齐侯盟于谷⑥。

诸侯会于扈⑦。

秋,公至自谷。

冬,公子遂如齐。

〔注释〕

①十有七年:公元前610年。 ②癸亥:五日。 ③声姜:僖公夫人,文公之母。 ④西鄙:《传》作“北鄙”。 ⑤癸未:二十六日。 ⑥谷:齐地,在今山东平阴县东阿镇。 ⑦扈:郑地,在今河南原阳县西。

传

十七年春，晋荀林父、卫孔达、陈公孙宁、郑石楚伐宋。讨曰："何故弑君！"犹立文公而还①。卿不书②，失其所也③。

〔注释〕

①"犹立"句：据宣公元年《传》，晋取宋赂而立文公。 ②卿不书：谓《春秋》不书诸国将帅姓名而略称"人"。按常例，卿当书名。 ③失其所：指偏离正确立场。诸侯本以文公弑君而讨之，今反立之，故曰"失其所"。所：处所。

夏四月癸亥，葬声姜。有齐难①，是以缓②。

〔注释〕

①齐难：指齐侵鲁。 ②缓：迟。声姜薨于上年八月，至此已历九月，超过五月之期，故曰缓。

齐侯伐我北鄙。襄仲请盟。六月，盟于谷①。

〔注释〕

①盟于谷：鲁君与齐侯盟于谷，《传》蒙经文省略会盟之人。

晋侯蒐于黄父①，遂复合诸侯于扈②，平宋也③。公不与会，齐难故也。书曰"诸侯"，无功也。

〔**注释**〕

①黄父：又名“黑壤”。晋地，在今山西翼城县东北六十五里。 ②诸侯：指十五年《传》所载诸侯。 ③平：和解。

于是晋侯不见郑伯①，以为贰于楚也②。郑子家使执讯而与之书③，以告赵宣子④，曰：“寡君即位三年⑤，召蔡侯而与之事君。九月，蔡侯入于敝邑以行⑥。敝邑以侯宣多之难⑦，寡君是以不得与蔡侯偕。十一月，克减侯宣多⑧，而随蔡侯以朝于执事⑨。十二年六月⑩，归生佐寡君之嫡夷⑪，以请陈侯于楚，而朝诸君。十四年七月⑫，寡君又朝，以蒇陈事⑬。十五年五月⑭，陈侯自敝邑往朝于君。往年正月⑮，烛之武往，朝夷也⑯。八月，寡君又往朝。以陈、蔡之密迩于楚⑰，而不敢贰焉，则敝邑之故也。虽敝邑之事君⑱，何以不免？在位之中⑲，一朝于襄⑳，而再见于君㉑。夷与孤之二三臣相及于绛㉒，虽我小国㉓，则蔑以过之矣。今大国曰：‘尔未逞吾志㉔。’敝邑有亡㉕，无以加焉。古人有言曰：‘畏首畏尾㉖，身其余几？’又曰：‘鹿死不择音㉗。’小国之事大国也，德，则其人也㉘；不德，则其鹿也。铤而走险㉙，急何能择？命之罔极㉚，亦知亡矣。将悉敝赋以待于鯈㉛，唯执事命之㉜。文公二年六月壬申㉝，朝于齐。四年二月壬戌㉞，为齐侵蔡，亦获成于楚㉟。居大国之间，而从于强令㊱，岂其罪也？大国若弗图㊲，无所逃命。”

晋巩朔行成于郑㊳，赵穿、公壻池为质焉㊴。

〔注释〕

①于是:在此时。即诸侯会盟之时。郑伯:郑穆公。名兰,郑文公子。　②贰于楚:贰属于楚。既表示服从晋国,同时又从属于楚国。　③子家:公子归生。郑执政大夫。执讯:通讯问之官。④赵宣子:赵盾。晋正卿。　⑤"寡君"句:郑穆公于僖公三十三年即位,至鲁文公二年,在位三年。　⑥入:至。行:往。指前往朝晋。　⑦侯宣多之难:侯宣多立穆公后,恃宠专权。　⑧克減:消灭。《尔雅·释诂》:"戡、刘、杀,克也。"減:通"咸",灭绝。⑨朝于执事:即朝于晋君。谦让不敢斥言晋侯,故称执事。⑩十二年:郑穆公之十二年,当鲁文公十一年,晋灵公五年。⑪嫡夷:穆公嫡子名夷。夷即后来之灵公。　⑫十四年:郑穆公十四年。当鲁文公十三年,晋灵公七年。　⑬以蒇(chǎn)陈事:完成使陈国服从晋国之事。蒇:成。　⑭十五年:郑穆公十五年。当鲁文公十四年,晋灵公八年。　⑮往年:去年。即鲁文公十六年,晋灵公十年。　⑯朝夷:使夷往朝。　⑰密迩:靠近。密:近。⑱虽:若。　⑲在位之中:郑穆公即位以来。　⑳一朝于襄:一次朝见晋襄公(穆公三年)。　㉑再见于君:两次朝见晋灵公(穆公十四年、十七年)。见:朝。　㉒孤之二三臣:指郑之大臣。归生自指及烛之武等。相及于绛:谓不绝于路。绛:晋都,在今山西翼城县东南十五里。　㉓"虽我"二句:像郑国这样的小国,尊礼晋国,已臻极致。虽:若。则:其。　㉔逞:满,满足。　㉕"敝邑"二句:谓晋若再加苛求,郑纵使亡国,事晋之礼无以复加。有:虽。㉖"畏首"二句:首尾皆畏,则不畏者少。谓没完没了,常怀畏惧之心。其:且。几:几何,多少。　㉗"鹿死"句:鹿将死,顾不上选择荫蔽之所。音:通"荫"。　㉘德,则其人也:谓大国有德,则小国乃是人。其:为,是。　㉙铤而走险:急不择路,涉险而行。铤:疾走貌。　㉚"命之"二句:谓晋求索无度,郑已知将亡。罔:

无。极:法度。 ㉛悉:尽。赋:兵。待于犨(chóu):谓以兵拒晋。犨:晋、郑边境之地。 ㉜唯:任,听凭。 ㉝文公二年:郑文公二年。当鲁庄公二十三年,齐桓公十五年。 ㉞四年二月:郑文公四年。当鲁庄公二十五年,齐桓公十七年。 ㉟成:平,和解。此二句谓郑文公时从属齐桓公,同时亦顺从楚国,桓公并未怪罪。 ㊱强令:强力胁迫之命。 ㊲大国:指晋国。 ㊳巩朔:晋大夫。行成:言和,求和。 ㊴赵穿:晋卿。公壻池:氏公壻,名池。为质焉:到郑国充当人质。

秋,周甘歜败戎于邥垂[①],乘其饮酒也。

〔注释〕

①甘歜(chù):周大夫。邥(shěn)垂:周地,在今河南洛阳市南。

冬十月,郑大子夷、石楚为质于晋[①]。

〔注释〕

①石楚:郑大夫。

襄仲如齐,拜谷之盟。复曰[①]:"臣闻齐人将食鲁之麦[②]。以臣观之,将不能[③]。齐君之语偷[④]。臧文仲有言曰[⑤]:'民主偷[⑥],必死。'"

〔注释〕

①复:回报鲁君。 ②将食鲁之麦:谓将伐鲁。 ③将:殆。④偷:苟且。 ⑤臧文仲:臧孙辰。鲁大夫。文仲是谥号。

⑥民主:百姓之主。

经

十有八年春[①],王二月丁丑[②],公薨于台下[③]。

秦伯罃卒。

夏五月戊戌[④],齐人弑其君商人。

六月癸酉[⑤],葬我君文公。

秋,公子遂、叔孙得臣如齐[⑥]。

冬十月,子卒[⑦]。

夫人姜氏归于齐。

季孙行父如齐。

莒弑其君庶其。

〔注释〕

①十有八年:公元前 609 年。 ②丁丑:二十三日。 ③台下:言非路寝(诸侯正寝)。 ④戊戌:十六日。 ⑤癸酉:二十一日。 ⑥"公子遂"句:二卿适齐,各有使命。 ⑦子:文公太子,名恶。僖公九年《传》云:"凡在丧,公侯称子。"

传

十八年春,齐侯戒师期[①],而有疾。医曰:"不及秋,将死。"公闻之[②],卜,曰:"尚无及期[③]。"惠伯令龟[④],卜楚丘占之,曰:"齐侯不及期,非疾也。君亦不闻[⑤]。令龟有咎[⑥]。"二月丁丑,公薨。

〔注释〕

①戒师期:告知出师日期。戒:告。 ②公:指鲁君。 ③尚:希冀之辞。 ④惠伯:名彭。叔牙之子。令龟:以所卜之事告龟。令:命,告。 ⑤不闻:不见。谓不见此事。即先齐君而死。⑥令龟有咎:令龟者(惠伯)亦有凶祸。

齐懿公之为公子也,与邴歜之父争田[①],弗胜。及即位,乃掘而刖之[②],而使歜仆[③]。纳阎职之妻,而使职骖乘[④]。

夏五月,公游于申池[⑤]。二人浴于池,歜以扑挟职[⑥],职怒。歜曰:"人夺女妻而不怒,一挟女,庸何伤[⑦]!"职曰:"与刖其父而弗能病者何如[⑧]?"乃谋弑懿公,纳诸竹中[⑨]。归,舍爵而行[⑩]。齐人立公子元[⑪]。

〔注释〕

①邴歜(bǐng chù):人名。 ②掘而刖之:掘出其尸,断其足。 ③仆:御,驾车。 ④骖乘:亦称"参乘""陪乘"。在车之右,任保卫之职。如是戎车,称车右,其余则称骖乘。 ⑤申池:齐西门(申门)外之池,在今山东临淄镇西。 ⑥扑:通"朴"。笞击之具。挟(chì):笞,击打。 ⑦庸何伤:何伤。庸、何义同。⑧与:比。能:以,以为。病:辱,耻。以为耻辱。 ⑨纳:藏。竹中:竹林之中。 ⑩舍爵而行:告庙饮酒之后乃出奔。言齐人恶懿公,二人无所畏惧。舍爵:放置酒杯。 ⑪公子元:齐桓公子,懿公之兄。

六月,葬文公。

秋,襄仲、庄叔如齐[①],惠公立故[②],且拜葬也。

〔注释〕

①襄仲:公子遂。庄叔:叔孙得臣。 ②"惠公"二句:襄仲贺惠公立,庄叔谢齐来会葬。

文公二妃[①]。敬嬴生宣公。敬嬴嬖而私事襄仲。宣公长,而属诸襄仲。襄仲欲立之,叔仲不可[②]。仲见于齐侯而请之[③]。齐侯新立[④],而欲亲鲁,许之。

冬十月,仲杀恶及视[⑤],而立宣公。书曰"子卒[⑥]",讳之也。

仲以君命召惠伯[⑦]。其宰公冉务人止之[⑧],曰:"入必死[⑨]。"叔仲曰:"死君命可也。"公冉务人曰:"若君命,可死。非君命,何听?"弗听。乃入,杀而埋之马矢之中[⑩]。公冉务人奉其帑以奔蔡[⑪],既而复叔仲氏[⑫]。

〔注释〕

①二妃:次妃。《史记·鲁周公世家》:"文公有二妃:长妃齐女为哀姜,生子恶及视;次妃敬嬴,嬖爱,生子倭。"疑此处传文有脱误。 ②叔仲:惠伯。名彭。也即叔彭生。 ③仲:指襄仲。④"齐侯"三句:宣公非嫡长子。齐立之,则必亲齐。 ⑤恶:太子。视:太子同母弟。 ⑥"书曰"二句:《春秋》不书"弑"或"杀",而书"卒",为鲁讳大恶。 ⑦君命:指太子恶之命。⑧宰:卿大夫家臣之长。公冉务人:姓公冉,名务人。 ⑨入:往。⑩马矢:马粪。 ⑪奉:保全。帑(nú):妻子。 ⑫复叔仲氏:复立其子。《礼记·檀弓》《正义》引《世本》云:"桓公生僖叔牙,叔牙生武仲休,休生惠伯彭,彭生皮,为叔仲氏。"此处称"叔仲氏",乃探后言之。

夫人姜氏归于齐[①],大归也[②]。将行[③],哭而过市曰:“天乎!仲为不道,杀適立庶[④]!”市人皆哭。鲁人谓之哀姜[⑤]。

〔注释〕

①夫人姜氏:出姜,恶、视之母。 ②大归:往而不返,有别于归宁,故曰大归。大:长。 ③将:当。 ④適:同“嫡”。 ⑤哀姜:时人哀之,因谓之哀姜。“哀”非谥号。

莒纪公生大子仆[①],又生季佗。爱季佗而黜仆,且多行无礼于国。仆因国人以弑纪公[②],以其宝玉来奔,纳诸宣公。公命与之邑,曰:“今日必授!”季文子使司寇出诸竟[③],曰:“今日必达[④]!”公问其故。季文子使大史克对曰[⑤]:“先大夫臧文仲教行父事君之礼[⑥],行父奉以周旋[⑦],弗敢失队[⑧]。曰:‘见有礼于其君者,事之如孝子之养父母也;见无礼于其君者,诛之如鹰鹯之逐鸟雀也[⑨]。’先君周公制《周礼》[⑩],曰:‘则以观德[⑪],德以处事[⑫],事以度功[⑬],功以食民[⑭]。’作《誓命》[⑮],曰:‘毁则为贼[⑯],掩贼为藏[⑰],窃贿为盗[⑱],盗器为奸[⑲]。主藏之名[⑳],赖奸之用[㉑],为大凶德[㉒],有常无赦[㉓],在《九刑》不忘[㉔]。’行父还观莒仆[㉕],莫可则也[㉖]。孝、敬、忠、信为吉德,盗、贼、藏、奸为凶德。夫莒仆,则其孝、敬[㉗],则弑君父矣;则其忠、信,则窃宝玉矣。其人,则盗贼也;其器,则奸兆也[㉘]。保而利之[㉙],则主藏也。以训则昏[㉚],民无则焉[㉛]。不度于善[㉜],而皆在于凶德,是以去之。昔高阳氏有才子八人[㉝]:苍舒、隤敳、梼戭、大临、尨降、庭坚、仲容、叔达[34],齐、圣、广、渊、明、允、笃、诚[35],天下之民谓之'八恺[36]'。高辛氏有才子八人[37]:伯奋、仲堪、叔献、季仲、伯虎、仲熊、叔豹、季狸[38],忠、肃、共、懿、宣、慈、惠、和[39],天下之民谓之'八元[40]'。此十六族也[41],世济其美[42],不陨其名[43],以至于尧,尧不能举[44]。舜臣尧,举八恺,使主后土[45],以揆百事[46],莫不时序[47],地平天成[48]。举八元[49],使布五教于四方[50],父义、母慈、兄友、弟共、子孝,内平外成[51]。昔帝鸿氏有不才子[52],掩义隐贼[53],好行凶德[54],丑类恶物[55],顽嚚不友[56],是与比周[57],天下之民谓之'浑敦[58]'。少皞氏有不才子[59],毁信废忠[60],崇饰恶言[61],靖谮庸回[62],服谗蒐慝[63],以诬盛德[64],天下之民谓之'穷奇[65]'。颛顼氏有不才子[66],不可教训,不知话言[67],告之则顽,舍之则嚚,傲很明德[68],以乱天常,天下之民谓之'梼杌[69]'。此三族也,世济其凶,增其恶名。以至于尧,尧不能去。缙云氏有不才子[70],贪于饮食,冒于货贿[71],侵欲崇侈[72],不可盈厌[73],聚敛积实[74],不知纪极[75],不分孤寡[76],不恤穷匮,天下之民以比三凶[77],谓之'饕餮[78]'。舜臣尧,宾于四门[79],流四凶族浑敦、穷奇、梼杌、饕餮[80],投诸四裔[81],以御螭魅[82]。是以尧崩而天下如一,同心戴舜,以为天子,以其举十六相[83],去四凶也。故《虞书》数舜之功[84],曰'慎徽五典[85],五典克从[86]',无违教也。曰'纳于百揆[87],百揆时序',无废事也。曰'宾于四门,四门穆穆[88]',无凶人也。舜有大功二十而为天子[89]。今行父虽未获一吉人[90],去一凶矣[91]。于舜之功,二十之一也,庶几免于戾乎[92]!"

〔注释〕

①莒纪公:名庶其。原本"公"下有"子"字,据阮元《校勘记》删。 ②因:依,凭借。 ③季文子:季孙行父。鲁卿。出诸竟:送到境外。出:自内而外。 ④今日必达:《国语·鲁语上》作"今日必通"。达、通皆训出。 ⑤大史克:鲁太史。 ⑥臧文仲:臧孙辰谥文仲。 ⑦奉:遵循。周旋:应对。 ⑧失队:失,违。失、队同义。队:同"坠"。 ⑨鹰鹯(zhān):鹰、鹯都是猛禽。 ⑩周公:姬旦。《周礼》:今之《周礼》,盖与当时已不全同。⑪则:法,法度。 ⑫处:处理,处置。 ⑬度:量,衡量。 ⑭食:养。 ⑮《誓命》:周公所作文章名,今已不存。 ⑯毁则为贼:毁坏法度,是为贼。 ⑰掩:藏匿。藏:通"臧"。指窝主。 ⑱贿:财货。 ⑲器:国之宝器。奸:盗。《广雅·释诂》:"奸、宄、窃,盗也。" ⑳主藏之名:蒙藏贼之名。主:守。 ㉑赖:利,贪。用:器用。 ㉒凶德:恶德,恶行,与下"吉德"相反。凶:恶。㉓有常:有常刑。 ㉔《九刑》:刑书名。《誓命》以下,皆《九刑》之文,其书今已亡佚。不忘:不失。忘:失。 ㉕还(xuán)观:观察。还:观。 ㉖则:仿效,效法。 ㉗则其孝、敬:谓以孝敬标准衡量其人。 ㉘奸兆:偷盗之物。兆:通"佻",偷。 ㉙保而利之:保其人而贪其器。利:贪。 ㉚以训则昏:以此训导百姓,则百姓迷惑。 ㉛则:法则,标准。 ㉜度:在。 ㉝高阳氏:帝颛顼,黄帝之孙,昌意之子。高阳是其号。才子:贤能之后裔。才:能,贤。子:指子孙。 ㉞"苍舒"句:此八人即垂、益、禹、皋陶之属。庭坚:高阳氏之子。 ㉟齐:中。谓举措合度。圣:通。谓通达庶事。广:宽。谓度量宽弘。渊:深。谓思虑深远。明:达。谓洞见幽微。允:信。谓恪守信用。笃:厚。谓待人厚道。诚:敬。㊱八恺:八位和善之人。恺:和。 ㊲高辛氏:帝喾,黄帝之曾孙。高辛是其号。八人:亦指其后裔。 ㊳"伯奋"句:此八人即稷、

契、朱虎、熊罴之属。　㊴忠：忠诚。谓尽心奉上。肃：敬。谓临事勤勉。共：恭。谓持身恭谨。懿：美。谓品行美好。宣：宽。慈：谓宅心慈爱。惠：仁爱。谓好善乐施。和：和平。谓与人无争。　㊵八元：八位善人。元：善。　㊶十六族：十六人皆有大功，得赐氏族，故称族。　㊷济：益，增益。美：善。　㊸不陨其名：不失前世之美名。陨：坠，失。　㊹举：任用。　㊺后土：地官。禹作司空，平水土，即主地之官。　㊻揆：度，筹划。　㊼时序：承顺，顺从。　㊽地平天成：天地和谐。平、成同义，都是"和"的意思。　㊾举八元：契在八元之中。　㊿布：施，施行。五教：即下文所言五事。　(51)内平外成：内外就家庭而言。　(52)帝鸿氏：黄帝。　(53)掩义隐贼：谓掩藏邪恶。掩、隐皆"藏"义。义：通"俄"，邪。　(54)凶德：恶德。即恶行。《史记·五帝本纪》作"凶慝"，义同。　(55)丑类恶物：与恶人相亲近。丑类：同类。丑、类义同。此用作动词。物：人。　(56)顽嚚(yín)：谓邪恶奸诈之人。心不则德义为顽。口不道忠信之言为嚚。不友：对兄弟不友爱之人。　(57)是：指代浑敦。比周：亲近。比、周同义。　(58)浑敦：恶兽名。因以为凶人之号。此指欢兜。　(59)少皞氏："皞"亦作"昊"。又号金天氏，黄帝子，名挚，字青阳。　(60)毁：舍，弃。与"废"同义。　(61)崇饰：修饰。崇、饰义同。　(62)靖谮庸回：安习谗佞，信用奸邪。靖：安。谮：进谗言之人。庸：用。回：邪。(63)服谗蒐慝(tè)：谓与奸邪之人为伍。服：亲，亲近。谗：指邪恶之人。蒐：聚。　(64)诬：谤，毁谤。盛德：盛德之人。　(65)穷奇：恶兽名。因以为凶人之号。此指共工。　(66)颛顼氏：原本无"氏"字，据阮元《校勘记》、《宋本册府元龟》卷七四四、卷九四〇补。(67)话言：教令，号令。话：言，命。　(68)傲很：轻蔑不遵从。傲：轻，轻慢。很：不听从。　(69)梼杌(táo wù)：恶兽名。因以为凶人之号。　(70)缙(jìn)云氏：姜姓。黄帝时以云名官，夏官为缙云，后世因以为氏。缙:赤色。 ⑰冒:贪。货贿:财货。货、贿义同。⑱侵欲:放纵欲望。崇侈:谓任其膨胀。崇、侈都是大(张大)的意思。 ⑲盈厌:满足。盈、厌义同。 ⑳聚敛积实:积聚财物。积、实同义,都是指财货。 ㉑纪极:限度。纪、极义同。 ㉒分:施。谓救助。 ㉓比三凶:非帝之子,故分别言之,比于三凶。㉔饕餮(tāo tiè):恶兽名。因以为凶人之号。 ㉕宾:通“傧”。引导(迎接)宾客。 ㉖流:放逐。 ㉗投:放,弃。诸:于。四裔:四方边远之地。裔:边。 ㉘御:当。螭魅(chī mèi):传说山林中害人的怪物。螭:同“魑”。 ㉙十六相:指八元、八恺十六位贤人。相:辅佐之人。 ㉚《虞书》:引文见今《尚书·舜典》。数:称。 ㉛慎徽五典:谓协调各种伦常关系。慎:顺。徽:和。五典:即五常、五教。指父义、母慈、兄友、弟恭、子孝五种伦理道德。《史记·五帝本纪》云:“乃使舜慎和五典,五典能从。” ㉜克从:百姓能遵从。 ㉝纳:入。百揆:百事。 ㉞穆穆:庄敬的样子。㉟大功二十:谓举十六相而去四凶。 ㊱获:得。吉人:善人。㊲凶:恶人。 ㊳庶几(jī):冀,望。庶、几同义。戾:罪。

宋武氏之族道昭公子①,将奉司城须以作乱②。十二月,宋公杀母弟须及昭公子,使戴、庄、桓之族攻武氏于司马子伯之馆③。遂出武、穆之族④。使公孙师为司城⑤。公子朝卒,使乐吕为司寇⑥,以靖国人⑦。

〔注释〕

①武氏之族:宋武公之族人。道:从。文公弑昭公,故武氏之族欲因其子以作乱。 ②奉:助。司城须:文公同母弟。任司城之职,名须。 ③戴、庄、桓之族:皇、乐、华三氏为戴族,仲氏为庄族,向、鱼、荡、鳞四氏为桓族。司马子伯:华耦。宋司马,字子伯。

其时已死。 ④"遂出"句:穆族党于武氏,故并逐之。出:逐。⑤公孙师:宋庄公之孙。 ⑥乐吕:宋戴公曾孙。 ⑦靖:安。

中国古典名著译注丛书

春秋左傳詳注

中

〔周〕左丘明 著
赵生群 注

中华书局

宣　公[1]

经

元年春[2],王正月,公即位。

公子遂如齐逆女[3]。

三月,遂以夫人妇姜至自齐[4]。

夏,季孙行父如齐。

晋放其大夫胥甲父于卫[5]。

公会齐侯于平州[6]。

公子遂如齐。

六月,齐人取济西田[7]。

秋,邾子来朝[8]。

楚子、郑人侵陈,遂侵宋。晋赵盾帅师救陈。

宋公、陈侯、卫侯、曹伯会晋师于棐林[9],伐郑。

冬,晋赵穿帅师侵崇[10]。

晋人、宋人伐郑。

〔注释〕

①宣公:名倭,文公子,公元前 608 年—公元前 591 年在位。

《谥法》:“善问周达曰宣。” ②元年:公元前608年。 ③“公子遂”句:公子遂是鲁卿,为鲁君如齐迎娶夫人。 ④妇:宣公之母尚在,故称“妇”而不单称“夫人”。 ⑤放:放逐。 ⑥平州:齐地,在今山东莱芜市西。 ⑦济西田:鲁地。 ⑧邾子来朝:宣公新立,故来朝。 ⑨棐(fěi)林:郑地,在今河南新郑市东二十五里。 ⑩崇:国名,在今陕西户县东。此处“崇”盖为别封,其地未详。《公羊传》作“柳”。

传

元年春,王正月,公子遂如齐逆女①,尊君命也。

〔注释〕

①“公子遂”二句:此释《春秋》称“公子遂”之原因。诸侯之卿,出入称姓氏,表示尊重君命。逆女:为宣公迎娶夫人。

三月,遂以夫人妇姜至自齐①,尊夫人也。

〔注释〕

①“遂以”二句:《春秋》单书遂之名而不称“公子”是表示对夫人的尊敬。

夏,季文子如齐①,纳赂以请会②。

〔注释〕

①季文子:季孙行父。 ②“纳赂”句:宣公篡立,未列于诸侯之会,故纳贿于齐而请会。

晋人讨不用命者[1],放胥甲父于卫,而立胥克[2]。先辛奔齐[3]。

〔注释〕

①“晋人”二句:胥甲父即胥甲,晋下军佐。文公十二年,晋与秦战于河曲,胥甲不肯迫秦人于险。讨:惩处。 ②胥克:胥甲父之子。 ③先辛:胥甲父之属大夫。

会于平州[1],以定公位。

〔注释〕

①“会于”二句:鲁君与齐侯会于平州,而定宣公之位。《传》蒙经文省略与会之人。

东门襄仲如齐拜成[1]。

〔注释〕

①拜成:拜谢得会齐侯。

六月,齐人取济西之田[1],为立公故,以赂齐也。

〔注释〕

①“齐人”三句:鲁以济西之田赂齐,齐人不用师徒而得之,故称“取”。

宋人之弑昭公也[1],晋荀林父以诸侯之师伐宋[2],宋及晋平[3],宋文公受盟于晋。又会诸侯于扈[4],将为鲁讨齐,皆

取赂而还[⑤]。郑穆公曰："晋不足与也[⑥]。"遂受盟于楚。陈共公之卒[⑦]，楚人不礼焉[⑧]。陈灵公受盟于晋。

秋，楚子侵陈，遂侵宋。晋赵盾帅师救陈、宋。会于棐林[⑨]，以伐郑也。楚蒍贾救郑[⑩]，遇于北林[⑪]，囚晋解扬[⑫]。晋人乃还。

〔注释〕

①"宋人"句：宋人弑昭公在文公十六年。　②晋荀林父以诸侯伐宋在文公十七年。　③平：和解。　④会诸侯于扈：在文公十五年。　⑤皆取赂而还：此句总上二事言之。文公十七年，晋会诸侯于扈，欲伐宋；文公十五年，晋会诸侯于扈，本欲为鲁讨齐，后来却都受贿而中止其事，以见晋失诸侯之心，为下文晋伐郑张本。　⑥与：亲。　⑦陈共公卒在文公十三年。　⑧不礼：指不行吊丧、会葬之礼。　⑨"会于"句：宋公、陈侯、卫侯、曹伯会晋师于棐林。《传》蒙经文省略与会之人。　⑩蒍(wěi)贾：楚大夫。孙叔敖之父。　⑪遇：战。北林：郑地，在今河南新郑市北。⑫囚：俘。解(xiè)扬：晋大夫。

晋欲求成于秦[①]。赵穿曰："我侵崇，秦急崇[②]，必救之。吾以求成焉。"冬，赵穿侵崇。秦弗与成。

〔注释〕

①求成：求和。　②急：谓重视。

晋人伐郑，以报北林之役。

于是晋侯侈[①]，赵宣子为政[②]，骤谏而不入[③]，故不竞于楚④。

〔注释〕

①于是:此时。侈:放纵。 ②赵宣子:赵盾,晋正卿。 ③骤谏:屡次进谏。不入:不被采纳。入:纳。 ④不竞于楚:谓不能与楚争霸。竞:争。

经

二年春①,王二月壬子②,宋华元帅师及郑公子归生帅师,战于大棘③,宋师败绩④。获宋华元⑤。

秦师伐晋。

夏,晋人、宋人、卫人、陈人侵郑。

秋九月乙丑⑥,晋赵盾弑其君夷皋。

冬十月乙亥⑦,天王崩⑧。

〔注释〕

①二年:公元前607年。 ②壬子:二月无壬子。日或月有误。 ③大棘:宋地,在今河南睢县南。 ④败绩:大败。 ⑤获:得大夫,生死皆曰获。此为生擒。 ⑥乙丑:二十六日。 ⑦乙亥:七日。 ⑧天王:周匡王。

传

二年春,郑公子归生命于楚①,伐宋。宋华元、乐吕御之②。二月壬子,战于大棘,宋师败绩。囚华元,获乐吕③,及甲车四百六十乘④,俘二百五十人,馘百⑤。

狂狡辂郑人[⑥],郑人入于井,倒戟而出之[⑦],获狂狡。君子曰:"失礼违命[⑧],宜其为禽也[⑨]。戎,昭果毅以听之之谓礼[⑩]。杀敌为果,致果为毅[⑪]。易之[⑫],戮也[⑬]。"

将战,华元杀羊食士,其御羊斟不与。及战,曰:"畴昔之羊[⑭],子为政[⑮];今日之事,我为政。"与入郑师,故败。君子谓羊斟非人也[⑯]。以其私憾,败国殄民[⑰],于是刑孰大焉[⑱]。《诗》所谓"人之无良"者[⑲],其羊斟之谓乎!残民以逞[⑳]。

宋人以兵车百乘、文马百驷[㉑],以赎华元于郑。半入,华元逃归[㉒]。立于门外[㉓],告而入。见叔牂[㉔],曰:"子之马然也[㉕]?"对曰:"非马也,其人也[㉖]。"既合而来奔[㉗]。

宋城,华元为植[㉘],巡功[㉙]。城者讴曰[㉚]:"睅其目[㉛],皤其腹[㉜],弃甲而复[㉝]。于思于思[㉞],弃甲复来[㉟]。"使其骖乘谓之曰[㊱]:"牛则有皮[㊲],犀兕尚多,弃甲则那?"役人曰:"从其有皮[㊳],丹漆若何[㊴]?"华元曰:"去之。夫其口众[㊵],我寡。"

〔注释〕

①公子归生:郑执政大夫。命于楚:受命于楚。原本"命"上有"受"字,据杜预注、阮元《校勘记》、杨伯峻说删。 ②华元:宋右师。六卿之首。乐吕:宋司寇。 ③获:指死而为敌所得。④及:与。甲车:兵车。甲:兵。 ⑤馘(guó):杀人取其左耳。原本有"人"字,据《释文》引或说删。 ⑥狂狡:宋大夫。辂(yà):通"迓",迎。指迎战。 ⑦"倒戟"二句:狂狡倒戟以柄授郑人,使出于井,反为郑人所获。 ⑧失:违。 ⑨禽:通"擒"。⑩戎:兵事。昭:明。听:从,遵从。谓遵从果毅之精神。 ⑪致

果为毅:做到果敢,乃为毅。致:达到。 ⑫易:违,违反。 ⑬戮:当受刑戮。 ⑭畴昔:前日。 ⑮为政:作主。政:主。 ⑯谓:认为,以为。 ⑰殄:尽,灭绝。 ⑱"于是"句:当刑戮者,莫大于此。 ⑲《诗》:引文出自《诗·小雅·角弓》。义取不良之人,相怨以亡。今本《诗经》作"民之无良"。无良:不善。 ⑳残民以逞:残害人民,以快己意。残:贼。 ㉑文马:毛色有文采的马。百驷:四百匹。 ㉒华元逃归:据《史记·十二诸侯年表》,华元逃归在明年。 ㉓"立于"二句:华元先告城门,而后入。言其行事不苟。 ㉔叔牂(zāng):羊斟。 ㉕"子之"句:是否因为你的马不听指挥?也:句末语气词,表示疑问语气。 ㉖其:乃,是。㉗合:对。《尔雅·释诂上》:"妃、合、会,对也。" ㉘植:主。指监工的将领。 ㉙巡功:视察筑城之事。 ㉚讴:齐声歌唱。㉛睅(hàn):大目。 ㉜皤(pó):大腹。 ㉝弃甲:谓亡师。复:逃归。此数句以目、腹、复为韵。 ㉞于思于思:形容多须。于:语气词,无义。思:通"偲",多须貌。 ㉟复来:又来巡功。此二句以思、来为韵。 ㊱骖乘:亦称"参乘"。在车之右,任保卫之职。戎车称车右,其余则称骖乘。 ㊲"牛则"三句:谓兽皮可作甲者尚多,丢盔弃甲亦无妨。犀:犀牛。兕(sì):形如水牛,体色青。一说为雌犀牛。犀、兕、牛之皮都是古代制革的材料。那(nuó):"奈何"的合音。此数句以皮、多、那为韵。 ㊳从:同"纵",虽。 ㊴若何:奈何。 ㊵夫其:彼。夫、其同义。

秦师伐晋,以报崇也①,遂围焦②。

夏,晋赵盾救焦。遂自阴地③,及诸侯之师侵郑④,以报大棘之役⑤。

楚斗椒救郑⑥,曰:"能欲诸侯⑦,而恶其难乎?"遂次于

郑，以待晋师。赵盾曰："彼宗竞于楚[8]，殆将毙矣[9]。姑益其疾[10]。"乃去之。

〔注释〕

①报崇：报复晋上年侵崇。　②焦：晋地，在今河南陕县南。③阴地：晋地，在今河南卢氏县东北。　④及：与。诸侯之师：指宋、卫、陈诸国之军队。　⑤大棘之役：郑败宋师于大棘，在此年春。　⑥斗椒：楚大夫。若敖之族。　⑦"能欲"二句：谓欲得诸侯，则不可烦其患难。欲：求。恶：畏。　⑧"彼宗"句：谓斗椒之族，势力强大。斗椒为若敖之后，自子文以来，世为令尹。竞：强。⑨毙：倒下。谓灭亡。　⑩益其疾：谓养成其祸患。疾：害。

晋灵公不君[1]，厚敛以雕墙[2]，从台上弹人[3]，而观其辟丸也[4]。宰夫胹熊蹯不熟[5]，杀之，置诸畚[6]，使妇人载以过朝[7]。赵盾、士季见其手[8]，问其故，而患之。将谏，士季曰："谏而不入[9]，则莫之继也[10]。会请先[11]。不入，则子继之。"三进[12]，及溜，而后视之。曰："吾知所过矣[13]，将改之。"稽首而对曰[14]："人谁无过？过而能改，善莫大焉[15]。《诗》曰[16]：'靡不有初[17]，鲜克有终。'夫如是，则能补过者鲜矣。君能有终，则社稷之固也[18]，岂惟群臣赖之[19]？又曰[20]：'衮职有阙[21]，惟仲山甫补之。'能补过也。君能补过，衮不废矣[22]。"

犹不改。宣子骤谏[23]。公患之，使鉏麑贼之[24]。晨往，寝门辟矣[25]，盛服将朝[26]。尚早，坐而假寐[27]。麑退，叹而言曰："不忘恭敬，民之主也。贼民之主，不忠；弃君之命[28]，不

信。有一于此[29],不如死也。”触槐而死[30]。

秋九月,晋侯饮赵盾酒,伏甲将攻之[31]。其右提弥明知之[32],趋登曰[33]:“臣侍君宴[34],过三爵,非礼也。”遂扶以下[35]。公嗾夫獒焉[36],明搏而杀之[37]。盾曰:“弃人用犬,虽猛何为[38]!”斗且出[39]。提弥明死之。

初,宣子田于首山[40],舍于翳桑[41]。见灵辄饿[42],问其病。曰:“不食三日矣。”食之,舍其半。问之,曰:“宦三年矣[43],未知母之存否,今近焉,请以遗之[44]。”使尽之[45],而为之箪食[46],与肉,置诸橐以与之[47]。既而与为公介[48],倒戟以御公徒[49],而免之[50]。问何故。对曰:“翳桑之饿人也。”问其名、居[51],不告而退。遂自亡也[52]。

乙丑,赵穿攻灵公于桃园[53]。宣子未出山而复[54]。大史书曰[55]:“赵盾弑其君[56]。”以示于朝。宣子曰:“不然。”对曰:“子为正卿,亡不越竟[57],反不讨贼,非子而谁?”宣子曰[58]:“乌呼[59]!‘我之怀矣[60],自诒伊戚’,其我之谓矣!”孔子曰:“董狐,古之良史也[61],书法不隐[62]。赵宣子,古之良大夫也,为法受恶[63]。惜也,越竟乃免。”

宣子使赵穿逆公子黑臀于周而立之[64]。壬申[65],朝于武宫[66]。

〔注释〕

①晋灵公:名夷皋。襄公之子。不君:不行君道。即无道。②厚敛:多收赋税。雕:画。 ③弹人:用弹弓射人。 ④辟丸:躲避弹丸。 ⑤宰夫:即膳夫。官名,掌国君膳食。胹(ér):煮。熊蹯(fán):熊掌。蹯:兽足。熟:烂。 ⑥畚(běn):用草绳或竹

篾编织的盛物器具。　⑦载：通“戴”，背负。过朝：经过朝廷。⑧赵盾：晋正卿，赵衰之子。士季：名会，晋大夫。　⑨不入：不被采纳。　⑩莫之继：没有人能继其后。　⑪先：先谏。　⑫“三进”三句：一进入门，再进入庭，三进则升阶当霤。依礼，卿大夫入门，即当见之。及溜：上阶至霤，即将入堂。溜：通“霤”。檐下滴水处。视：见。　⑬所过：指所犯过失。所：其。　⑭稽（qǐ）首：叩首至地。古时最重的跪拜礼。　⑮善莫大焉：善事没有比这更大的了。　⑯《诗》曰：引文出自《诗·大雅·荡》。　⑰“靡不”二句：谓人之初无不有善，却很少有人能善始善终。靡：无。鲜：少。　⑱固：保障。　⑲赖：恃。　⑳又曰：引文出自《诗·大雅·烝民》。　㉑“衮职”二句：周宣王有过失，只有仲山甫能弥补。衮：天子之服。职：实。阙：过失。仲山甫：又称樊侯，周宣王时贤臣。　㉒衮：指天子之位。　㉓骤谏：屡次进谏。　㉔鉏麑（chú ní）：晋国勇士。贼：刺杀。　㉕寝门：卧室之门。辟：开。㉖盛服：指穿戴整齐。　㉗假寐：不脱衣冠打盹。　㉘弃：违背。㉙有一于此：指在不忠、不信两者之中有其一。　㉚触：撞。㉛伏甲：伏卒。甲：兵。　㉜右：车右。坐在车右的武士。提弥明：人名。　㉝趋：小步快走。　㉞“臣侍”三句：《礼记·玉藻》：“君若赐之爵，则越席再拜稽首受，……君子之饮酒也，受一爵而色洒如也，二爵而言言斯，礼已三爵，而油油以退。”　㉟扶：服虔注本作“跣”。徒跣（不穿鞋）之意。下：下堂。　㊱嗾（sǒu）：发声使狗。夫：代词。那个。獒（áo）：猛犬。《尔雅·释畜》：“狗四尺为獒。”　㊲搏：击。　㊳何为：何用。　㊴斗且出：边打边往外逃。　㊵首山：即首阳山，在今山西永济市东南。　㊶舍：住宿。翳桑：地名。　㊷灵辄：人名。饿：指断食。《淮南子·说山训》：“宁一月饥，无一旬饿。”高诱注：“饥，食不足。饿，困乏也。”㊸宦：为人臣隶。　㊹遗（wèi）：予。　㊺尽：吃完。　㊻“为之”

句:给他装了一筐食物。箪(dān):盛饭用的圆筐,竹制。此用作动词。 ㊼橐(tuó):口袋。 ㊽既而:不久。与为公介:充当晋灵公的甲士。与:加入。为:于。 ㊾倒戟:调转戟之指向。即倒戈。御:抵挡。公徒:灵公的甲士。 ㊿免:纵,放走。 ⑸居:住处。 ⑸遂自亡:谓赵盾遂出亡。遂自:遂。二字同义。 ⑸"赵穿"句:赵穿攻灵公而弑之,《传》蒙经文省略结果。桃园:晋国苑囿。赵穿:赵盾族弟。 ⑸山:指晋国境内之山。或谓即温山。复:返回。 ⑸大史:即太史。官名,掌国史。 ⑸弑:指臣下杀死君主,儿子杀死父亲。古人认为这是大逆不道之事。 ⑸越竟:越过边境。 ⑸宣子:赵盾的谥号。 ⑸乌呼:同"呜呼",表示感叹语气。 ⑹"我之"二句:逸《诗》。意思是:因为我怀恋祖国,却给自己招来了忧患。伊:同"繄",是。 ⑹良史:好的史官。 ⑹书法不隐:坚持史官记事原则,无所回避。隐:避。 ⑹为法受恶:因为史官书法而蒙受恶名。受:当。 ⑹公子黑臀:即后来的晋成公,文公少子,其母为周女。 ⑹壬申:十月四日。 ⑹武宫:武公之庙。在曲沃。

初,丽姬之乱①,诅无畜群公子②,自是晋无公族③。及成公即位,乃宦卿之適而为之田④,以为公族⑤。又宦其余子⑥,亦为余子⑦。其庶子为公行⑧。晋于是有公族、余子、公行。

赵盾请以括为公族⑨。曰:"君姬氏之爱子也⑩。微君姬氏⑪,则臣狄人也。"公许之。

冬,赵盾为旄车之族⑫,使屏季以其故族为公族大夫⑬。

〔注释〕

①丽姬：即骊姬。晋献公夫人。骊姬谗杀太子申生，逐群公子，造成晋国长期内乱。　②诅：盟誓，誓约。畜：收容。群公子：国君以外之公族子孙。　③公族：公室同姓子弟。　④宦：仕。適：同“嫡”，嫡子。原本“嫡”下有“子”字，据阮元《校勘记》、杨伯峻说删。为之田：与之田。　⑤公族：指公族大夫。掌教训公室子弟。　⑥余子：嫡子之同母弟。　⑦余子：官名。掌管余子之政。　⑧庶子：嫡子之同母弟及妾之子。公行（háng）：官名，率公之戎行。　⑨括：赵括。赵盾异母弟。　⑩君姬氏：赵括之母赵姬，晋文公之女，成公之姊。　⑪“微君”二句：赵衰先娶叔隗于狄，生赵盾。回国后，文公以女妻之，生同、括、婴。赵姬固请于赵衰迎赵盾归晋，且以为嫡子，见僖公二十四年《传》。微：非。⑫旄车之族：官名。即馀子，亦称公路。平时掌教训卿之馀子，战时则率之掌君之戎车。旄车：诸侯之戎路。戎车有旄，故称旄车。⑬屏季：即赵括。屏是其食邑。故族：赵盾原先所统之族。

经

三年春①，王正月，郊牛之口伤②，改卜牛③。牛死④，乃不郊。犹三望⑤。

葬匡王⑥。

楚子伐陆浑之戎⑦。

夏，楚人侵郑。

秋，赤狄侵齐⑧。

宋师围曹。

冬十月丙戌⑨，郑伯兰卒。

葬郑穆公⑩。

〔注释〕

①三年:公元前606年。 ②郊牛:准备用于郊祭的牛。郊祭必先卜牛,然后卜日。卜日之前称牛,卜日之后称牲。郊:祭名。在郊外祭祀天地。 ③改卜牛:卜筮另择郊牛。 ④"牛死"二句:依礼,郊牛虽伤、死,当通过卜筮另行择取,不可因此而废郊。 ⑤犹:还。表示为多余之举。望:指郊祀山川。郊祀时,遥祭山川而祭,故称望。 ⑥葬匡王:天子七月而葬,此仅四月,过速。 ⑦楚子:指楚庄王。陆浑之戎:戎之一支,允姓,本居瓜州,秦、晋诱而迁之于伊川(在今河南嵩县一带)。 ⑧赤狄:狄之别族,因衣服尚赤而得名,居地在今山西长治县北、黎城县西。 ⑨丙戌:二十三日。戌:原本作"戊",据纂图本、《四部丛刊》本改。 ⑩葬郑穆公:葬不及五月,速。

传

三年春,不郊而望①,皆非礼也。望,郊之属也。不郊,亦无望可也。

〔注释〕

①"不郊"六句:不举行郊祭,却进行望祭,都不合于礼。因为郊祭从属于望祭。如果不举行郊祭,则望祭也不必进行。

晋侯伐郑,及郔①。郑及晋平②,士会入盟③。

〔注释〕

①郔(yán):郑地,当在郑国都城与管之间,当今河南郑州市

南(郑州市管城区与新郑市的郑韩故城遗址之间)。或以为即隐公元年之廪延,误。 ②平:和解。 ③士会:晋大夫。

楚子伐陆浑之戎,遂至于雒①,观兵于周疆②。定王使王孙满劳楚子③。楚子问鼎之大小、轻重焉④。对曰:"在德不在鼎⑤。昔夏之方有德也⑥,远方图物⑦,贡金九牧⑧,铸鼎象物⑨,百物而为之备⑩,使民知神奸⑪。故民入川泽、山林,不逢不若⑫。螭魅罔两⑬,莫能逢之⑭。用能协于上下⑮,以承天休⑯。桀有昏德⑰,鼎迁于商,载祀六百⑱。商纣暴虐,鼎迁于周。德之休明⑲,虽小⑳,重也。其奸回昏乱㉑,虽大㉒,轻也。天祚明德㉓,有所厎止㉔。成王定鼎于郏鄏㉕,卜世三十㉖,卜年七百,天所命也。周德虽衰,天命未改㉗。鼎之轻重,未可问也。"

〔注释〕

①雒:洛水。洛水发源于陕西洛南县冢岭山,东流经河南巩义市入黄河。 ②观兵:陈兵炫耀武力。观:示。疆:边境。③定王:周定王:名瑜。周匡王弟。王孙满:周大夫。劳:慰劳。④"楚子"句:楚王问鼎之大小、轻重,有逼周取天下之意。鼎:即九鼎。禹收九州之金,铸九鼎。夏亡,鼎迁于商;商亡,复迁于周。九鼎为国家权力之象征。 ⑤"在德"句:谓鼎之大小、轻重,取决于君主之德,而不在鼎之本身。 ⑥"昔夏"句:指夏禹之世。⑦图物:谓画山川奇异之物而献之。图:画。 ⑧贡金九牧:使九州长官贡金(青铜之类的金属)。九牧:九州之长。 ⑨铸鼎象物:仿照九州所画之物,铸之于鼎。 ⑩百物:众物。而:乃。备:具备。 ⑪知:识。神奸:指山泽之精怪。即下文"螭魅罔两"之

属。《周礼·秋官·壶涿氏》："若欲杀其神。"郑玄注："神谓水神龙、罔象。"罔象即罔两，为山川之精物。奸：恶物。 ⑫不逢：《尔雅》郭璞注引作"禁御"，此《传》盖传写致误。下文云"莫能逢之"，杜注云："逢，遇也。"不若：不善。指不善之物。《尔雅·释诂上》："若，……善也。" ⑬螭魅（chī mèi）：传说山林中害人的怪物。螭：同"魑"。罔两（wǎng liǎng）：同"魍魉"，传说山川中的精怪。 ⑭逢：触，犯。 ⑮"用能"句：因而能够上下和睦。用：因。协：和。 ⑯承：受，接受。天休：天赐福佑。休：荫庇。⑰昏德：昏乱之行。 ⑱载祀：年岁。载、祀同义，都是"年"的意思。 ⑲德之休明：如果德行美好。之：若。表示假设。休明：光明。休、明同义。 ⑳虽小，重也：鼎虽小，而重不可迁。 ㉑"其奸回"句：如果德行奸邪昏乱。其：若。表示假设。奸回：奸邪。奸、回义同。 ㉒虽大，轻也：鼎虽大，亦轻而可迁。 ㉓祚：福。此用作动词。赐福。 ㉔有所厎（zhǐ）止：有一定之数。厎：止。㉕郏鄏（jiá rǔ）：周之雒邑，春秋时谓之王城。在今河南洛阳市。㉖"卜世"二句：周朝共历三十六王，八百六十七年。 ㉗天命：古代统治者声称自己统治天下是受命于天。

夏，楚人侵郑，郑即晋故也[①]。

〔注释〕

①即晋：亲附晋国。即：就。

宋文公即位三年[①]，杀母弟须及昭公子，武氏之谋也。使戴、桓之族攻武氏于司马子伯之馆[②]，尽逐武、穆之族。武、穆之族以曹师伐宋[③]。秋，宋师围曹，报武氏之乱也。

〔注释〕

①"宋文公"三句:武氏奉司城须(文公同母弟)及昭公子作乱被杀,在文公十八年《传》。 ②"使戴"二句:文公逐武、穆之族亦在文公十八年《传》。司马子伯:华耦。官司马,字子伯。当时已去世。 ③武、穆之族以曹师伐宋:当在去年或前年。

冬,郑穆公卒。

初,郑文公有贱妾曰燕姞[1],梦天使与己兰[2],曰:"余为伯儵[3]。余,而祖也。以是为而子[4]。以兰有国香,人服媚之如是[5]。"既而文公见之,与之兰而御之[6]。辞曰:"妾不才,幸而有子,将不信[7],敢征兰乎[8]?"公曰:"诺。"生穆公,名之曰兰。

文公报郑子之妃[9],曰陈妫[10],生子华、子臧。子臧得罪而出[11]。诱子华而杀之南里[12],使盗杀子臧于陈、宋之间[13]。又娶于江[14],生公子士。朝于楚,楚人鸩之[15],及叶而死[16]。又娶于苏[17],生子瑕、子俞弥[18]。俞弥早卒。泄驾恶瑕[19],文公亦恶之,故不立也。公逐群公子,公子兰奔晋[20],从晋文公伐郑。石癸曰[21]:"吾闻姬、姞耦[22],其子孙必蕃[23]。姞[24],吉人也,后稷之元妃也[25]。今公子兰,姞甥也。天或启之[26],必将为君[27],其后必蕃。先纳之,可以亢宠[28]。"与孔将鉏、侯宣多纳之[29],盟于大宫而立之[30]。以与晋平[31]。

穆公有疾,曰:"兰死,吾其死乎!吾所以生也。"刈兰而卒[32]。

〔注释〕

①燕姞(jí):南燕之女,姞姓。　②天使:天神。　③伯儵(chóu):南燕之祖。　④"以是"句:以此(兰)给你做儿子。而:你的。　⑤服媚:悦,喜爱。服、媚同义。《尔雅·释诂上》:"悦、怿、愉、释、宾、协,服也。"《说文》:"媚,说也。"　⑥御:接幸。⑦将:若,表示假设。　⑧征兰:以兰为验。征:证。　⑨报:淫亲属之妻曰报。郑子:子仪,文公之叔父。　⑩陈妫(guī):陈女,妫姓。　⑪子臧出奔宋,郑文公使盗杀之于陈、宋之间,事见僖公二十四年《传》。　⑫郑杀太子华,见僖公十六年《传》。南里:郑地,在今河南新郑市南。　⑬盗杀子臧,见僖公二十四年《传》。⑭江:国名,嬴姓,在今河南正阳县东南。　⑮鸩(zhèn):以毒酒杀人。　⑯叶:楚地,在今河南叶县南三十里。　⑰苏:此苏盖苏忿生之食邑,即温,在今在今河南温县西南。　⑱子俞弥:郑文公子。与泄堵俞弥非一人。　⑲泄驾恶瑕:泄驾憎恶公子瑕。泄驾与公子瑕二人皆为郑大夫。　⑳"公子兰"二句:公子兰从晋文公伐郑见僖公三十年《传》。　㉑石癸:郑大夫。　㉒姬、姞耦:姬、姞二姓宜为配偶。耦:匹,配。　㉓蕃:繁盛。　㉔姞,吉人也:"姞"亦作"吉",故云。　㉕姞姓之女为后稷妃,周因此兴起。㉖启:佑,助。　㉗必将:必,必定。必、将同义。　㉘亢:极。㉙孔将鉏、侯宣多:二人皆郑大夫。　㉚大(tài)宫:郑祖庙。㉛郑与晋盟,事见僖公三十年《传》。　㉜刈(yì):割。

经

四年春[1],王正月,公及齐侯平莒及郯[2]。莒人不肯。公伐莒,取向[3]。

秦伯稻卒。

夏六月乙酉④，郑公子归生弑其君夷。

赤狄侵齐⑤。

秋，公如齐。

公至自齐。

冬，楚子伐郑。

〔注释〕

①四年：公元前605年。 ②"公及"句：莒与郯相怨，鲁、齐共调停之。平：和。莒（jǔ）：国名，己姓，少昊之后，在今山东莒县。郯（tán）：国名，己姓，少昊之后，在今山东郯城县西南二十里。 ③向：本为国名，莒人取以为邑，在今山东莒县南七十里。 ④乙酉：二十六日。 ⑤赤狄：狄之别族，因衣服尚赤而得名，居地在今山西长治县北、黎城县西一带。

传

四年春，公及齐侯平莒及郯。莒人不肯。公伐莒，取向，非礼也。平国以礼①，不以乱。伐而不治②，乱也。以乱平乱，何治之有？无治，何以行礼？

〔注释〕

①"平国"二句：谓当以礼调停他国矛盾，而不是靠武力。平：定。 ②"伐而"二句：仪仗武力而不用礼制，这是助长祸乱。

楚人献鼋于郑灵公①。公子宋与子家将见②，子公之食指动③，以示子家，曰："他日我如此④，必尝异味⑤。"及入，宰夫将解鼋⑥，相视而笑。公问之，子家以告。及食大夫

鼋,召子公而弗与也。子公怒,染指于鼎,尝之而出。公怒,欲杀子公。子公与子家谋先⑦。子家曰:"畜老,犹惮杀之⑧,而况君乎?"反谮子家⑨。子家惧而从之。夏,弑灵公。

书曰"郑公子归生弑其君夷"⑩,权不足也。君子曰仁而不武⑪,无能达也。凡弑君,称君⑫,君无道也;称臣⑬,臣之罪也。

郑人立子良⑭,辞曰:"以贤⑮,则去疾不足;以顺⑯,则公子坚长。"乃立襄公⑰。

襄公将去穆氏⑱,而舍子良⑲。子良不可,曰:"穆氏宜存⑳,则固愿也。若将亡之㉑,则亦皆亡,去疾何为㉒?"乃舍之。皆为大夫。

〔注释〕

①鼋(yuán):俗称"癞头鼋"。一种水生动物,似鳖而大且圆,体形巨大,头上有疙瘩,背青黄色。郑灵公:名夷,穆公太子。②公子宋:字子公。子家:公子归生。二人皆郑大夫。　③食指:手的第二指。　④他日:往日。　⑤尝:食。　⑥宰夫:即膳夫。官名,掌国君膳食。解:剖,宰割。　⑦先:先于灵公作难。⑧惮:畏惧。　⑨谮:谗毁。　⑩"书曰"二句:弑君者为公子宋,而《经》书公子归生,《传》释其故。子家勇气不足以御侮,惧谗而从恶弑君,故书以为首恶。权不足:谓勇气不足。权:勇。⑪"君子"二句:君子认为公子归生有仁心而无勇气,故不能通于仁道而终陷弑君之罪。惮杀老畜,是其仁;不讨子公,是不武。武:勇。达:通。　⑫称君:指唯书君之名,而不书臣名。　⑬称臣:书弑君者之名。　⑭子良:公子去疾,穆公庶子。　⑮以贤:就贤能而论。　⑯顺:指少长之序。《尔雅·释诂上》:"顺,叙

也。” ⑰襄公:公子坚。 ⑱穆氏:穆公诸子。也即襄公之兄弟。 ⑲舍子良:因子良让位故。 ⑳宜存:保留,保全。宜:安。存:留。 ㉑亡:去,逐。 ㉒何为:何用。

初,楚司马子良生子越椒[①]。子文曰[②]:“必杀之。是子也,熊虎之状[③],而豺狼之声,弗杀,必灭若敖氏矣[④]。谚曰:‘狼子野心[⑤]。’是乃狼也,其可畜乎[⑥]?”子良不可。子文以为大戚[⑦]。及将死,聚其族,曰:“椒也知政,乃速行矣,无及于难!”且泣曰:“鬼犹求食[⑧],若敖氏之鬼,不其馁而[⑨]!”

及令尹子文卒,斗般为令尹[⑩],子越为司马。芀贾为工正[⑪],谮子扬而杀之[⑫],子越为令尹,己为司马。子越又恶之[⑬],乃以若敖氏之族,圄伯嬴于轑阳而杀之[⑭]。遂处烝野[⑮],将攻王。王以三王之子为质焉[⑯],弗受。师于漳澨[⑰]。

秋七月戊戌[⑱],楚子与若敖氏战于皋浒[⑲]。伯棼射王[⑳],汰辀[㉑],及鼓跗[㉒],著于丁宁[㉓]。又射,汰辀,以贯笠毂[㉔]。师惧,退。王使巡师曰:“吾先君文王克息[㉕],获三矢焉。伯棼窃其二,尽于是矣。”鼓而进之,遂灭若敖氏。

初,若敖娶于䢵[㉖],生斗伯比。若敖卒,从其母畜于䢵,淫于䢵子之女,生子文焉。䢵夫人使弃诸梦中[㉗]。虎乳之[㉘]。䢵子田,见之,惧而归。夫人以告[㉙],遂使收之[㉚]。楚人谓乳穀[㉛],谓虎於菟[㉜],故命之曰穀於菟[㉝]。以其女妻伯比,实为令尹子文。

其孙箴尹克黄使于齐[㉞]。还及宋,闻乱。其人曰[㉟]:“不可以入矣[㊱]。”箴尹曰:“弃君之命,独谁受之[㊲]?君,天也,

天可逃乎?"遂归。复命,而自拘于司败㊳。王思子文之治楚国也,曰:"子文无后,何以劝善?"使复其所㊴,改命曰生㊵。

〔注释〕

①司马子良:斗伯比子。为楚司马。子越椒:斗椒,字子越。②子文:子良之兄。 ③"熊虎"二句:其状如熊虎,而声如豺狼。之:其。 ④若敖氏:若敖为楚武王之祖,其后代以若敖为氏。子文、子良等都是若敖氏之后。 ⑤狼子野心:豺狼之子不可驯服。比喻凶暴之人本性险恶。 ⑥其:岂。畜(xù):养。 ⑦戚:忧。⑧犹:若,如果。表示假设。 ⑨不其馁而:恐怕将要挨饿了!谓若敖氏之子孙将因子樾椒而灭绝,不能享受祭祀,血食于后世。不其:其,将。不为语助词,无义。而:乎。 ⑩斗般:即斗班。字子扬,子文之子。 ⑪劳贾:楚大夫。工正:百工之长。 ⑫劳贾为子越椒谗斗般于王而杀之。谮:谗毁。 ⑬斗椒又恶劳贾。⑭圄:囚。伯嬴:劳贾。轑(liáo)阳:楚邑。其地未详。 ⑮烝野:楚邑。 ⑯三王之子:楚之文王、成王、穆王之子孙。 ⑰漳澨(shì):漳水边。漳:水名。楚之漳水源出湖北南漳县西南,东南流经钟祥、当阳市合沮水为沮漳河,东经江陵县入长江。澨:水滨。 ⑱戊戌:十日。 ⑲皋浒:楚地。 ⑳伯棼(fén):斗越椒。 ㉑汰辀(zhōu):穿过车辕。汰:过。辀:车辕,用于大车上的称辕,用于兵车、田车、乘车上的称辀。《说文》引作"泰辅"。泰:滑。辅:车轮外旁增夹毂的两条直木,以加强承重能力。㉒鼓跗(fū):鼓架。跗:足。 ㉓丁宁:钲。似铃而小。似铃而无舌,中有柄,半在上,半在下。可敲击发声。古代鸣钲以为收兵信号。 ㉔笠毂:车盖之毂。古时乘车遮阳避雨之具,大而有把可握者称簦(类似今之雨伞),小而无把、戴于头上者称笠。混而言之,则簦笠不分。此笠类似于簦,即车盖。《史记·管晏列传》

云:“其夫为相御,拥大盖,策驷马,意气扬扬,甚自得也。”毂:车辐所聚之处。此指车盖弓骨(如伞用以张合的部分)所聚之处。㉕克息:楚灭息在庄公十四年。息:国名,妫姓,在今河南息县。㉖䢵(yún):即陨。国名,在今湖北安陆市。 ㉗梦:云梦,楚之大泽,其地跨长江南北。 ㉘乳之:喂之以乳。 ㉙夫人以告:夫人以女私通生子事告之。原本无“夫人”二字,据纂图本、杨伯峻说补。 ㉚收:养。 ㉛谓:称。乳:乳汁。穀:通“教”。《说文·子部》:“教,乳也。” ㉜於菟(wū tú):音。《说文新附》:“楚人谓虎为乌檡。” ㉝命:名。穀於菟:子文之名。原本此上有“斗”字,据王引之说删。 ㉞箴(zhēn)尹:楚官名,主规谏。克黄:斗班之子。 ㉟其人:指从者。 ㊱入:返,还。 ㊲独:其。 ㊳拘:囚。司败:春秋时楚、陈主刑狱之官。 ㊴复其所:复其职。 ㊵改命:改名。曰:为。

冬,楚子伐郑[1],郑未服也。

〔注释〕

①“楚子”二句:上年楚侵郑,郑未服,故复伐之。

经

五年春[1],公如齐。

夏,公至自齐。

秋九月,齐高固来逆叔姬[2]。

叔孙得臣卒。

冬,齐高固及子叔姬来[3]。

楚人伐郑。

〔注释〕

①五年:公元前604年。 ②高固:齐国上卿。 ③子叔姬:叔姬已嫁,故称“子叔姬”。

传

五年春,公如齐。高固使齐侯止公[①],请叔姬焉[②]。

〔注释〕

①止:拘,扣留。 ②请叔姬:请与叔姬成婚。

夏,公至自齐。书,过也[①]。

〔注释〕

①过:过失。指被迫将叔姬下嫁高固。

秋九月,齐高固来逆女。自为也,故书曰“逆叔姬[①]”,卿自逆也。

〔注释〕

①“故书”二句:鲁君之女,嫁于诸侯称女,嫁于大夫称字,高固为自己迎娶,故不称女。卿:原本作“即”,据阮元《校勘记》、杨伯峻说改。

冬,来[①],反马也[②]。

〔注释〕

①来:主语为“齐高固及子叔姬”,《传》蒙经文而省略。 ②反

马:春秋时贵族嫁女,用车送到夫家,三月之后,夫家留下车,把马送回,表示夫妻可以偕老。

楚子伐郑[①]。陈及楚平[②]。晋荀林父救郑,伐陈。

〔注释〕

①楚子伐郑:郑背楚附晋,故楚伐之。 ②平:和解。

经

六年春[①],晋赵盾、卫孙免侵陈[②]。

夏四月。

秋八月,螽[③]。

冬十月。

〔注释〕

①六年:公元前603年。 ②孙免:卫大夫。 ③螽(zhōng):指飞蝗。蝗虫成灾,故书。

传

六年春,晋、卫侵陈,陈即楚故也[①]。

〔注释〕

①即楚:亲附楚国。即:就。

夏,定王使子服求后于齐[①]。

〔注释〕

①子服:周大夫。求后:请求娶齐女为王后。

秋,赤狄伐晋[①],围怀及邢丘[②]。晋侯欲伐之。中行桓子曰[③]:“使疾其民[④],以盈其贯[⑤],将可殪也[⑥]。《周书》曰[⑦]:‘殪戎殷[⑧]。’此类之谓也[⑨]。”

〔注释〕

①赤狄:狄之别族,因衣服尚赤而得名,居地在今山西长治县北、黎城县西。 ②怀:在今河南武陟县西南。邢丘:在今河南温县东二十里。 ③中行桓子:荀林父。曾将晋军中行,桓是谥号。④疾:病。 ⑤盈其贯:谓满其数。如穿钱之满一贯。贯满,则不可复加;恶满,将难以为继。贯:穿钱的绳。 ⑥将:乃。殪:尽,灭绝。 ⑦《周书》:引文出自《尚书·康诰》。 ⑧殪戎殷:灭掉大国殷。戎:大。 ⑨此类之谓:即谓此类。

冬,召桓公逆王后于齐[①]。

〔注释〕

①召桓公:周卿士。天子娶妇不亲迎,故遣卿代逆。

楚人伐郑,取成而还[①]。

〔注释〕

①成:和解。

郑公子曼满与王子伯廖语[①],欲为卿。伯廖告人曰:

“无德而贪，其在《周易》《丰》䷶之《离》䷝[②]，弗过之矣[③]。”间一岁[④]，郑人杀之。

〔注释〕

①公子曼满：与下文“王子伯廖”皆为郑大夫。 ②《丰》之《离》：卦象由《丰》变为《离》。《丰》的卦象为《离》下《震》上，《离》的卦象是《离》下《离》上。《丰》变为《离》是由于《丰》卦上爻由阴变阳。《丰》上六爻辞云：“丰其屋，蔀其家，窥其户，阒其无人，三年不觌。凶。”意思是无德而有大房子，不出三年就会灭亡。 ③弗过之：不过三年。 ④间一岁：间隔一年。即第三年。

经

七年春[①]，卫侯使孙良夫来盟[②]。

夏，公会齐侯伐莱[③]。

秋，公至自伐莱。

大旱。

冬，公会晋侯、宋公、卫侯、郑伯、曹伯于黑壤[④]。

〔注释〕

①七年：公元前602年。 ②孙良夫：卫大夫。 ③莱：国名，在今山东昌邑市东南。 ④黑壤：即黄父。晋地，在今山西翼城县东北六十五里。

传

七年春，卫孙桓子来盟[①]。始通[②]，且谋会晋也[③]。

〔注释〕

①孙桓子：孙良夫。 ②始通：宣公即位，卫国始来修好。③谋会晋：谋求与晋国会盟。

夏，公会齐侯伐莱。不与谋也[①]。凡师出，与谋曰及，不与谋曰会[②]。

〔注释〕

①与谋：共同参与谋划。与：参与。 ②不与谋：仅为应命而行。此三句为解经之语。

赤狄侵晋，取向阴之禾[①]。

〔注释〕

①向阴：地名。未详何处。禾：指麦。

郑及晋平[①]，公子宋之谋也[②]，故相郑伯以会[③]。冬，盟于黑壤。王叔桓公临之[④]，以谋不睦。

晋侯之立也[⑤]，公不朝焉[⑥]，又不使大夫聘，晋人止公于会[⑦]，盟于黄父。公不与盟，以赂免[⑧]。故黑壤之盟不书[⑨]，讳之也[⑩]。

〔注释〕

①及：与。平：和解。 ②公子宋：郑大夫。 ③相：为相赞礼。 ④王叔桓公：周卿士。临：以尊适卑曰临。王叔桓公至会所而未参与会盟，故《经》不书。 ⑤晋侯之立：晋成公即位在宣

公二年。 ⑥"公不"二句:《左传·襄公元年》云:"凡诸侯即位,小国朝之,大国聘焉,以继好结信,谋事补阙,礼之大者也。" ⑦止:拘,扣留。 ⑧赂:财货。 ⑨不书:谓《春秋》只书会,不书盟。 ⑩讳:隐讳。鲁君被执,不得与盟,故讳之。

经

八年春[1],公至自会。

夏六月,公子遂如齐,至黄乃复[2]。

辛巳[3],有事于大庙[4]。仲遂卒于垂[5]。

壬午[6],犹绎[7]。《万》入[8],去籥[9]。

戊子[10],夫人嬴氏薨[11]。

晋师、白狄伐秦[12]。

楚人灭舒蓼[13]。

秋七月甲子[14],日有食之[15],既[16]。

冬十月己丑[17],葬我小君敬嬴。雨,不克葬[18]。庚寅[19],日中而克葬。

城平阳[20]。

楚师伐陈。

〔注释〕

①八年:公元前601年。 ②至黄乃复:使命未毕,因病而还。黄:齐地,在今山东淄博市淄川区淄川镇东北。 ③辛巳:十五日。 ④有事:指禘祭。《礼记·明堂位》:"季夏六月,以禘礼祀周公于大庙。"大庙:太庙。指周公庙。 ⑤仲遂:公子遂。鲁卿。垂:齐地。 ⑥壬午:十六日。 ⑦犹:尚,还。绎:祭名。天

子、诸侯于祭祀之明日又祭，并行傧尸（置尸于堂，以宾礼待之）之礼，称为绎。卿死不应行绎祭。 ⑧《万》入：用《万》舞。《万》：舞名。分为文、武两种。文舞执籥与翟，故亦称籥舞、羽舞。武舞执干与戚，故亦称干舞。入：进。 ⑨去籥（yuè）：去其乐。籥：管乐器。有吹籥、舞籥二种。吹籥似笛而短，三孔。舞籥长三尺，六孔或七孔，可执以舞。 ⑩戊子：二十二日。 ⑪夫人嬴氏：敬嬴。文公次妃，宣公之母。 ⑫白狄：狄之一部，隗姓，散居在山西、陕西西北一带。因衣服尚白而得名。 ⑬舒蓼（liǎo）：国名，在今安徽庐江县。 ⑭甲子：二十九日。 ⑮日有食之：此年日食应在十月朔，为日全食。 ⑯既：尽。 ⑰己丑：二十五日。 ⑱雨，不克葬：因下雨不能按时下葬。克：能。 ⑲庚寅：二十六日。 ⑳平阳：鲁邑，在今山东新泰市西北四里。

传

八年春，白狄及晋平。夏，会晋伐秦[①]。晋人获秦谍[②]，杀诸绛市[③]，六日而苏。

〔注释〕

①会晋伐秦：白狄会晋伐秦。《传》蒙经文省略主语。②谍：间谍，侦探情报的人。 ③绛：晋之都城，在今山西翼城县东南。

有事于大庙[①]。襄仲卒而绎，非礼也。

〔注释〕

①“有事”三句：卿大夫死，本不当行绎祭，且又值禘祭之时，

故曰非礼。参见《经》注。

楚为众舒叛故[1],伐舒蓼,灭之。楚子疆之[2],及滑汭[3]。盟吴、越而还[4]。

〔注释〕

①众舒:散居于今安徽舒城、庐江、巢湖一带的偃姓小国的合称。 ②疆:以为疆界。 ③滑汭(ruì):滑水转弯处。滑水在今安徽合肥市、庐江县以东,巢湖市、无为县两地之间。 ④吴:国名,姬姓,太伯之后,在今江苏苏州一带。越:国名,姒姓,少康之后,在今浙江杭州市东,以至于海。

晋胥克有蛊疾[1],郤缺为政[2]。秋,废胥克。使赵朔佐下军[3]。

〔注释〕

①胥克:晋卿。为下军副帅。蛊疾:神志惑乱之疾。 ②郤缺为政:郤缺执政。时赵盾已死,郤缺代之。 ③赵朔:赵盾之子。佐下军:代胥克。

冬,葬敬嬴。旱,无麻,始用葛茀[1]。雨,不克葬,礼也。礼,卜葬[2],先远日,辟不怀也。

〔注释〕

①葛茀(fú):葛制的绳索。葛:多年生蔓草。茎的纤维有韧性,可制布。茀:通“绋”。亦作“绰”。下葬时引柩的大绳。 ②“卜葬”三句:通过占卜决定下葬日期,先选较远的日子,以免

被人认为对死者没有感情。怀:思,思念。

城平阳。书,时也①。

〔注释〕

①时:适时。

陈及晋平。楚师伐陈,取成而还①。

〔注释〕

①成:平,和解。

经

九年春①,王正月,公如齐。
公至自齐。
夏,仲孙蔑如京师。
齐侯伐莱②。
秋,取根牟③。
八月,滕子卒④。
九月,晋侯、宋公、卫侯、郑伯、曹伯会于扈⑤。
晋荀林父帅师伐陈。
辛酉⑥,晋侯黑臀卒于扈⑦。
冬十月癸酉⑧,卫侯郑卒。
宋人围滕⑨。
楚子伐郑。

晋郤缺帅师救郑。

陈杀其大夫泄冶。

〔注释〕

①九年：公元前600年。 ②莱：国名，在今山东潍坊东。③根牟：附庸国名，在今山东沂水县东南。 ④滕子卒：未同盟，且未赴以名，故不书名。 ⑤扈：郑地，在今河南原阳县西。⑥辛酉：九月无辛酉。日误。 ⑦卒于扈：卒于境外，故书地；会事已毕，故不书卒于会。 ⑧癸酉：十六日。 ⑨滕：国名，姬姓，在今山东滕州市。

传

九年春，王使来征聘[①]。夏，孟献子聘于周[②]。王以为有礼，厚贿之[③]。

〔注释〕

①王使：周王之使。征聘：召鲁往聘。 ②孟献子：仲孙蔑。③贿：赐。

秋，取根牟[①]，言易也。

〔注释〕

①取根牟，言易也：《春秋》书“取”，言得之甚易。

滕昭公卒[①]。

〔注释〕

①为下文宋人围滕《传》。

会于扈[①],讨不睦也[②]。陈侯不会[③]。晋荀林父以诸侯之师伐陈[④]。晋侯卒于扈,乃还。

〔注释〕

①"会于"句:晋侯、宋公、卫侯、郑伯、曹伯会于扈。《传》蒙经文省略主语。　②不睦:指不亲附晋国的国家。　③陈侯不会:上年楚取成于陈,故不会。　④荀林父:晋卿。

冬,宋人围滕,因其丧也[①]。

〔注释〕

①因其丧:滕有昭公之丧。因:趁。

陈灵公与孔宁、仪行父通于夏姬[①],皆衷其衵服[②],以戏于朝。泄冶谏曰[③]:"公卿宣淫[④],民无效焉[⑤],且闻不令[⑥]。君其纳之[⑦]!"公曰:"吾能改矣。"公告二子。二子请杀之,公弗禁,遂杀泄冶。

孔子曰:"《诗》云[⑧]:'民之多辟[⑨],无自立辟。'其泄冶之谓乎!"

〔注释〕

①孔宁、仪行父:皆陈卿。夏姬:郑穆公女,陈大夫御叔之妻。　②衷:怀,藏。衵(nì)服:内衣,贴身之衣。　③泄冶:陈大夫。

④宣淫:公然行淫亵之事。宣:公开。 ⑤无效:无可仿效者。无:何。 ⑥闻(wèn):名誉,名声。令:善。 ⑦纳之:藏纳衵服。纳:藏。 ⑧《诗》云:引文出自《诗·大雅·板》。 ⑨"民之"二句:谓人多邪僻,不可自立法度,以危及自身。前"辟"字释为"邪僻",后"辟"字释为"法"。

楚子为厉之役故[1],伐郑。

〔注释〕

①厉之役:宣公六年,楚伐郑,取成于厉。既成,郑伯逃归。

晋郤缺救郑[1]。郑伯败楚师于柳棼[2],国人皆喜,唯子良忧曰[3]:"是国之灾也[4],吾死无日矣[5]!"

〔注释〕

①郤缺:晋卿。 ②柳棼(fén):郑地。未详何处。 ③子良:公子去疾。郑襄公之弟。 ④灾:祸。 ⑤无日:言迫近。

经

十年春[1],公如齐。

公至自齐。

齐人归我济西田[2]。

夏四月丙辰[3],日有食之[4]。

己巳[5],齐侯元卒。

齐崔氏出奔卫。

公如齐。

五月,公至自齐。

癸巳⑥,陈夏征舒弑其君平国。

六月,宋师伐滕⑦。

公孙归父如齐⑧,葬齐惠公⑨。

晋人、宋人、卫人、曹人伐郑。

秋,天王使王季子来聘⑩。

公孙归父帅师伐邾,取绎⑪。

大水。

季孙行父如齐。

冬,公孙归父如齐。

齐侯使国佐来聘⑫。

饥⑬。

楚子伐郑。

〔**注释**〕

①十年:公元前 599 年。 ②“齐人”句:宣公初立,以济西田赂齐请会,至此齐以田还鲁。济西之田:济水西岸的土地,在今山东巨野县、东平县之间。 ③丙辰:朔日。不书朔,史官推算有误。 ④日有食之:此为公历公元前 599 年 3 月 6 日之日环食。⑤己巳:十四日。 ⑥癸巳:九日。 ⑦滕:国名,姬姓,在今山东滕州市。 ⑧公孙归父:襄仲之子。 ⑨齐惠公:名元,齐桓公之子。 ⑩王季子:周定王子。 ⑪绎:邾邑。 ⑫国佐:齐卿。⑬饥:饥荒。谷不熟为饥。

传

十年春,公如齐。齐侯以我服故[①],归济西之田。

〔注释〕

①我服故:宣公已四朝于齐。

夏,齐惠公卒。崔杼有宠于惠公[①],高、国畏其逼也[②],公卒而逐之。奔卫。

书曰"崔氏"[③],非其罪也,且告以族,不以名。凡诸侯之大夫违[④],告于诸侯曰:"某氏之守臣某[⑤],失守宗庙,敢告。"所有玉帛之使者[⑥],则告;不然[⑦],则否。

〔注释〕

①崔杼:齐大夫。　②高、国:高氏、国氏,世为齐之上卿。③"书曰"四句:崔杼无罪,故《春秋》书其氏而不名。且齐以其族来告,而不告其名。族:姓氏。　④违:去国。指出奔或被逐。⑤某氏之守臣某:某姓臣子某人。前一"某"代指姓。后一"某"代指名。　⑥"所有"句:谓若是互通聘问的友好国家,则告知之。所:若,如果。聘礼,执玉致命,执帛致享,故云。　⑦不然,则否:不通聘者,则不告。

公如齐奔丧[①]。

〔注释〕

①公如齐奔丧:鲁宣公为文公庶子,本不当立。齐惠公立之且定其位,故鲁君亲往奔丧。国君亲诸侯之丧,非常礼。

陈灵公与孔宁、仪行父饮酒于夏氏[1]。公谓行父曰[2]:“征舒似女。”对曰:“亦似君。”征舒病之[3]。公出,自其厩射而杀之[4]。二子奔楚[5]。

〔注释〕

①孔宁:与仪行父都是陈灵公的大臣。君臣三人皆与夏姬私通,见上年《传》。夏氏:夏征舒家。夏征舒为夏姬之子。 ②“公谓”四句:陈灵公即位十五年,而夏征舒已为卿,无为父子之嫌。因夏姬淫荡,故君臣以此相戏。 ③病:辱。引以为耻辱。④厩:马厩。 ⑤二子:孔宁、仪行父。

滕人恃晋而不事宋[1]。六月,宋师伐滕。

〔注释〕

①恃:仗,依仗。

郑及楚平[1]。诸侯之师伐郑,取成而还[2]。

〔注释〕

①郑及楚平:上年郑败楚师,恐楚怨恨,故与楚平。 ②取成:和解。

秋,刘康公来报聘[1]。

〔注释〕

①刘康公:即王季子。王卿士,食邑于刘。报聘:回报孟献子之聘。

师伐邾[①],取绎。

〔注释〕

①伐邾:公孙归父率师伐邾,《传》蒙经文而略其人。

季文子初聘于齐[①]。

〔注释〕

①季文子:季孙行父。鲁卿。初聘于齐:齐侯即位首次行聘。

冬,子家如齐[①],伐邾故也。

〔注释〕

①"子家"二句:鲁侵小国,恐齐来讨,故往谢之。子家:即公孙归父。

国武子来报聘[①]。

〔注释〕

①国武子:国佐,齐之上卿。报聘:回报季文子之聘。

楚子伐郑[①]。晋士会救郑[②],逐楚师于颍北[③]。诸侯之师戍郑。

〔注释〕

①楚子伐郑:郑与晋和解,故楚伐郑。 ②士会:晋卿。 ③颍北:颍水之北。地当在今河南禹州市之北。

郑子家卒。郑人讨幽公之乱[①]，斫子家之棺而逐其族[②]。改葬幽公，谥之曰灵[③]。

〔注释〕

①幽公之乱：即灵公之乱。郑公子归生弑灵公，在宣公四年。②斫子家之棺：谓剖其棺。子家：公子归生。郑大夫。 ③谥之曰灵：初谥“幽”，改谥曰“灵”。

经

十有一年春[①]，王正月。

夏，楚子、陈侯、郑伯盟于辰陵[②]。

公孙归父会齐人伐莒。

秋，晋侯会狄于欑函[③]。

冬十月，楚人杀陈夏征舒。

丁亥[④]，楚子入陈[⑤]。

纳公孙宁、仪行父于陈[⑥]。

〔注释〕

①十有一年：公元前598年。 ②辰陵：陈地，在今河南淮阳县西六十里。 ③欑（cuán）函：狄地。 ④丁亥：十一日。⑤入陈：取陈而复封之，不取其地，故《春秋》书“入”。 ⑥纳：以力使入。

传

十一年春，楚子伐郑[①]，及栎[②]。子良曰[③]：“晋、楚不务

德而兵争④，与其来者可也⑤。晋、楚无信，我焉得有信？”乃从楚。

夏，楚盟于辰陵，陈、郑服也。

〔注释〕

①楚子：指楚庄王。 ②栎（lì）：郑邑，在今河南禹州市。 ③子良：公子去疾。郑穆公之子，襄公之弟。 ④务德：勉力修德。 ⑤与：从。

楚左尹子重侵宋①，王待诸郔②。

〔注释〕

①左尹：楚官名。楚有左尹、右尹，位在令尹之下。子重：公子婴齐。楚庄王弟。 ②郔（yán）：楚地，当在今河南项城市。

令尹𫇭艾猎城沂①，使封人虑事②，以授司徒③。量功命日④，分财用⑤，平板榦⑥，称畚筑⑦，程土物⑧，议远迩⑨，略基趾⑩，具糇粮⑪，度有司⑫。事三旬而成⑬，不愆于素⑭。

〔注释〕

①𫇭（wěi）艾猎：𫇭敖。即孙叔敖。沂：楚邑，在今河南正阳县。 ②封人：官名。掌设社稷及疆界之坛垣等事。与典守封疆之封人不同。虑事：筹划工程之事。虑：谋度。 ③司徒：掌役之官。为封人之上司。 ④量功命日：计算用工多少，规定工程日期。量：度，揆度。 ⑤分财用：分担资财。财、用同义。 ⑥平板榦（gàn）：商量分工程配额。平：议。板：筑墙所用之夹板。

榦:筑墙时竖在两头的支柱。 ⑦称畚筑:预估筑城用具。称:权衡。畚:盛土之器。筑:捣土之杵。 ⑧程土物:分别土之类别。程:品,类。物:类,种类。 ⑨议远迩:考虑远近,以均劳逸。议:同“仪”,谋度。 ⑩略:行。谓巡视。基趾:地基。 ⑪糇(hóu)粮:干粮。 ⑫度:考虑。有司:工程主管者。 ⑬三旬:三十天。成:毕。 ⑭不愆于素:谓皆合于原先计划。愆:失,违。素:预,预期。《国语·吴语》:“夫谋必素见成事焉,而后履之,不可以授命。”韦昭《注》:“素,犹豫也。”《传》言孙叔敖善使民。

晋郤成子求成于众狄[①]。众狄疾赤狄之役[②],遂服于晋。秋,会于欑函[③],众狄服也。

是行也,诸大夫欲召狄。郤成子曰:“吾闻之:非德[④],莫如勤。非勤,何以求人?能勤,有继[⑤]。其从之也[⑥]。《诗》曰[⑦]:‘文王既勤止[⑧]。’文王犹勤,况寡德乎[⑨]?”

〔注释〕

①郤(xì)成子:郤缺。晋卿。成:和解。众狄:狄非一部,故云众狄。 ②“众狄”句:众狄怨赤狄之役使。赤狄潞氏最强,故能役使众狄。 ③“会于”句:晋侯会狄于欑函,《传》蒙经文省略与会之人。 ④“非德”二句:无过人之美德而想要得人心,最好是为别人做事。勤:劳。 ⑤有继:谓有人相从。 ⑥其从之也:希望晋君前去会见狄人。即不要召狄人来会。从:就,依就。 ⑦《诗》曰:引文出自《诗·周颂·赉》。 ⑧“文王”句:谓文王以勤创业。止:语助词,无义。 ⑨寡德:寡德之人。

冬,楚子为陈夏氏乱故[①],伐陈。谓陈人:“无动[②]!将

讨于少西氏[3]。”遂入陈，杀夏征舒，轘诸栗门[4]。因县陈[5]。陈侯在晋[6]。

申叔时使于齐[7]，反，复命而退。王使让之曰：“夏征舒为不道，弑其君，寡人以诸侯讨而戮之，诸侯、县公皆庆寡人[8]，女独不庆寡人，何故？”对曰：“犹可辞乎[9]？”王曰：“可哉！”曰：“夏征舒弑其君，其罪大矣。讨而戮之，君之义也。抑人亦有言曰[10]：‘牵牛以蹊人之田[11]，而夺之牛[12]。’牵牛以蹊者，信有罪矣。而夺之牛，罚已重矣[13]。诸侯之从也，曰讨有罪也。今县陈，贪其富也。以讨召诸侯，而以贪归之[14]，无乃不可乎？”王曰：“善哉！吾未之闻也。反之，可乎？”对曰：“可哉[15]！吾侪小人所谓‘取诸其怀而与之[16]’也。”乃复封陈。乡取一人焉以归[17]，谓之夏州。故书曰“楚子入陈，纳公孙宁、仪行父于陈”，书有礼也[18]。

〔注释〕

①“楚子”句：夏征舒弑灵公，在宣公十年。 ②动：惊，惧。 ③少西氏：指夏征舒家族。征舒之祖字子夏，名少西。 ④轘(huàn)：将人车裂。栗门：陈城门。 ⑤县陈：灭陈以为楚县。 ⑥陈侯：指陈成公。当时在晋国避乱。 ⑦申叔时：楚大夫。 ⑧县公：楚之县尹称公。庆：贺。 ⑨辞：辩解，解释。 ⑩抑：然，不过。 ⑪蹊(xī)人之田：以他人之田为蹊径。蹊：小路。 ⑫之：其。 ⑬已：太。 ⑭归：终。 ⑮可哉：原本无此二字，据《四部丛刊》本及《史记》补。 ⑯吾侪：我辈。取诸其怀而与之：谓取物于人怀中而复还之，犹胜过不还。 ⑰“乡取”二句：取陈之民，乡各一人，于楚地别立夏州，以彰武功。州：周之编户单位，二千五百户为州。五州为乡，乡万二千五百户。夏州在今湖北武

汉市汉阳以北一带。 ⑱有礼:讨乱存国,故曰有礼。

厉之役[1],郑伯逃归[2]。自是楚未得志焉[3]。郑既受盟于辰陵[4],又徼事于晋[5]。

〔注释〕

①厉之役:盖在六年。 ②郑伯逃归:楚、郑既成,而郑伯逃归。 ③未得志:郑依违于晋、楚之间,事楚不坚定。 ④郑受楚盟,事在本年。 ⑤徼:求。此条本与下年传文相接,为后人所割裂。

经

十有二年春[1],葬陈灵公[2]。

楚子围郑[3]。

夏六月乙卯[4],晋荀林父帅师及楚子战于邲[5],晋师败绩[6]。

秋七月。

冬十有二月戊寅[7],楚子灭萧[8]。

晋人、宋人、卫人、曹人同盟于清丘[9]。

宋师伐陈。卫人救陈。

〔注释〕

①十有二年:公元前597年。 ②葬陈灵公:陈乱,二十一月始得葬。 ③围郑:实为入郑。 ④乙卯:六月无乙卯。 ⑤邲(bì):郑地,在今河南荥阳市东北。 ⑥败绩:大败。 ⑦戊寅:九日。 ⑧萧:附庸国名,子姓,在今安徽萧县。 ⑨清丘:卫地,

在今河南濮阳市东南。

传

十二年春,楚子围郑[①],旬有七日[②]。郑人卜行成[③],不吉。卜临于大宫[④],且巷出车[⑤],吉。国人大临[⑥],守陴者皆哭[⑦]。楚子退师[⑧]。郑人修城。进,复围之。三月,克之。入自皇门[⑨],至于逵路[⑩]。郑伯肉袒牵羊以逆[⑪]。曰:"孤不天[⑫],不能事君,使君怀怒,以及敝邑,孤之罪也,敢不唯命是听?其俘诸江南[⑬],以实海滨,亦唯命。其翦以赐诸侯[⑭],使臣妾之[⑮],亦唯命。若惠顾前好[⑯],徼福于厉、宣、桓、武[⑰],不泯其社稷[⑱],使改事君,夷于九县[⑲],君之惠也,孤之愿也,非所敢望也。敢布腹心[⑳],君实图之[㉑]!"左右曰:"不可许也。得国无赦[㉒]。"王曰:"其君能下人,必能信用其民矣[㉓],庸可几乎[㉔]?"退三十里,而许之平。潘尪入盟[㉕],子良出质[㉖]。

〔注释〕

①楚子:指楚庄王。　②旬:十日。　③行成:言和,求和。④临(lìn):哭。大宫:太宫。郑之祖庙。　⑤巷出车:陈车于街巷。表示将被迁徙。　⑥国人大临:城中之人皆哭。向楚国显示穷窘。　⑦守陴(pí)者:守城者。陴:城上矮墙,有孔,可以窥外。守城者不能至太庙哭,故哭于城上。　⑧"楚子"六句:哀其穷困,故还师。郑犹不服,故复围而克之。三月:谓历时三月。⑨皇门:郑国都城门。　⑩逵路:大路。逵:四通八达的道路。⑪郑伯:指郑襄公。肉袒牵羊:表示降服为臣仆。肉袒:脱去上

衣,裸露肢体。 ⑫孤不天:我不顺承天之旨意。孤:诸侯自称。⑬其:或。俘诸江南:俘虏而流放于海滨。江南:即下文之“海滨”。 ⑭翦:灭,灭绝。 ⑮使臣妾之:谓以郑人分赐诸侯,男为臣,女为妾。 ⑯顾:念。前好:从前的友好关系。楚、郑世有盟誓之好。 ⑰“徼福”句:谓顾及郑先君面子。徼福:求其赐福。厉、宣、桓、武:周厉王、宣王与郑桓公、武公。郑始封之君桓公,名友,为厉王少子,宣王庶弟,宣王封之于郑。武公为桓公之子。 ⑱泯:灭。社稷:土神和谷神。指代国家。 ⑲夷:等,等同。九县:诸县。九是虚数。 ⑳布:陈述。腹心:指肺腑之言。㉑实:其。 ㉒赦:舍,放弃。 ㉓信用:使,使用。信、用同义。㉔庸:岂,难道。几:通“冀”。指抱有觊觎之心。 ㉕潘尪(wāng):楚大夫。 ㉖子良:郑伯之弟。

夏六月,晋师救郑。荀林父将中军[①],先縠佐之[②]。士会将上军[③],郤克佐之[④]。赵朔将下军[⑤],栾书佐之[⑥]。赵括、赵婴齐为中军大夫[⑦],巩朔、韩穿为上军大夫[⑧],荀首、赵同为下军大夫[⑨]。韩厥为司马[⑩]。

及河,闻郑既及楚平,桓子欲还[⑪],曰:“无及于郑而剿民[⑫],焉用之?楚归而动[⑬],不后。”随武子曰[⑭]:“善。会闻用师,观衅而动[⑮]。德、刑、政、事、典、礼不易[⑯],不可敌也,不为是征[⑰]。楚君讨郑[⑱],怒其贰而哀其卑[⑲]。叛而伐之,服而舍之,德、刑成矣。伐叛,刑也;柔服[⑳],德也。二者立矣。昔岁入陈[㉑],今兹入郑[㉒],民不罢劳[㉓],君无怨讟[㉔],政有经矣[㉕]。荆尸而举[㉖],商、农、工、贾不败其业[㉗],而卒乘辑睦[㉘],事不奸矣[㉙]。蒍敖为宰[㉚],择楚国之令典[㉛]。军行,右辕[32]，左追蓐[33]，前茅虑无[34]，中权[35]，后劲[36]。百官象物而动[37]，军政不戒而备[38]，能用典矣。其君之举也[39]，内姓选于亲[40]，外姓选于旧[41]。举不失德，赏不失劳[42]。老有加惠[43]，旅有施舍[44]。君子小人，物有服章[45]。贵有常尊[46]，贱有等威，礼不逆矣。德立、刑行、政成、事时、典从、礼顺[47]，若之何敌之？见可而进，知难而退，军之善政也。兼弱攻昧[48]，武之善经也[49]。子姑整军而经武乎[50]，犹有弱而昧者，何必楚？仲虺有言曰[51]：'取乱侮亡[52]。'兼弱也。《汋》曰[53]：'於铄王师[54]，遵养时晦[55]。'耆昧也[56]。《武》曰[57]：'无竞惟烈[58]。'抚弱耆昧[59]，以务烈所，可也。"彘子曰[60]："不可。晋所以霸，师武臣力也[61]。今失诸侯，不可谓力；有敌而不从，不可谓武。由我失霸，不如死。且成师以出，闻敌强而退，非夫也[62]。命为军帅[63]，而卒以非夫，唯群子能[64]，我弗为也。"以中军佐济[65]。

知庄子曰[66]："此师殆哉！《周易》有之，在《师》䷆之《临》䷒[67]，曰：'师出以律[68]，否臧，凶。'执事顺成为臧[69]，逆为否[70]。众散为弱[71]，川壅为泽[72]。有律以如己也[73]，故曰律。否臧，且律竭也[74]。盈而以竭[75]，夭且不整[76]，所以凶也。不行之谓《临》[77]。有帅而不从[78]，临孰甚焉！此之谓矣。果遇[79]，必败。彘子尸之[80]，虽免而归[81]，必有大咎[82]。"韩献子谓桓子曰[83]："彘子以偏师陷[84]，子罪大矣。子为元帅，师不用命，谁之罪也？失属亡师[85]，为罪已重[86]，不如进也。事之不捷[87]，恶有所分。与其专罪[88]，六人同之[89]，不犹愈乎[90]？"师遂济。

楚子北，师次于郔[91]。沈尹将中军[92]，子重将左[93]，子反将右[94]，将饮马于河而归。闻晋师既济，王欲还，嬖人伍参欲战[95]。令尹孙叔敖弗欲，曰："昔岁入陈，今兹入郑，不无事矣[96]。战而不捷，参之肉其足食乎[97]？"参曰："若事之捷，孙叔为无谋矣。不捷，参之肉将在晋军[98]，可得食乎？"令尹南辕、反旆[99]，伍参言于王曰："晋之从政者新，未能行令。其佐先縠刚愎不仁[100]，未肯用命。其三帅者，专行不获[101]。听而无上[102]，众谁适从[103]？此行也，晋师必败。且君而逃臣[104]，若社稷何？"王病之[105]，告令尹，改乘辕而北之，次于管以待之[106]。

晋师在敖、鄗之间[107]。郑皇戌使如晋师[108]，曰："郑之从楚，社稷之故也，未有贰心[109]。楚师骤胜而骄[110]，其师老矣[111]，而不设备。子击之，郑师为承[112]，楚师必败。"彘子曰："败楚服郑，于此在矣[113]。必许之！"栾武子曰[114]："楚自克庸以来[115]，其君无日不讨国人而训之于民生之不易、祸至之无日、戒惧之不可以怠[116]。在军，无日不讨军实而申儆之于胜之不可保、纣之百克而卒无后[117]；训之以若敖、蚡冒筚路蓝缕以启山林[118]；箴之曰民生在勤、勤则不匮[119]。不可谓骄。先大夫子犯有言曰[120]：'师直为壮[121]，曲为老。'我则不德，而徼怨于楚，我曲楚直，不可谓老。其君之戎分为二广[122]，广有一卒[123]，卒偏之两[124]。右广初驾[125]，数及日中[126]，左则受之[127]，以至于昏。内官序当其夜[128]，以待不虞[129]，不可谓无备。子良，郑之良也。师叔[130]，楚之崇也。师叔入盟，子良在楚[131]，楚、郑亲矣。来劝我战，我克则来[132]，不克遂往[133]，以我卜也[134]。郑不可从!”赵括、赵同曰:“率师以来,唯敌是求[135]。克敌得属[136],又何俟?必从彘子!”知季曰[137]:“原、屏[138],咎之徒也[139]。”赵庄子曰[140]:“栾伯善哉[141]!实其言[142],必长晋国[143]。”

楚少宰如晋师[144],曰:“寡君少遭闵凶[145],不能文[146]。闻二先君之出入此行也[147],将郑是训定[148],岂敢求罪于晋?二三子无淹久[149]!”随季对曰[150]:“昔平王命我先君文侯曰[151]:‘与郑夹辅周室,毋废王命!’今郑不率[152],寡君使群臣问诸郑,岂敢辱候人[153]?敢拜君命之辱。”彘子以为谄[154],使赵括从而更之[155],曰:“行人失辞[156]。寡君使群臣迁大国之迹于郑[157],曰:‘无辟敌!’群臣无所逃命[158]。”

楚子又使求成于晋,晋人许之,盟有日矣[159]。楚许伯御乐伯,摄叔为右,以致晋师[160]。许伯曰:“吾闻致师者,御靡旌摩垒而还[161]。”乐伯曰:“吾闻致师者,左射以菆[162],代御执辔,御下,两马、掉鞅而还[163]。”摄叔曰:“吾闻致师者,右入垒,折馘、执俘而还[164]。”皆行其所闻而复。晋人逐之,左右角之[165]。乐伯左射马而右射人,角不能进。矢一而已。麋兴于前[166],射麋丽龟[167]。晋鲍癸当其后,使摄叔奉麋献焉,曰:“以岁之非时[168],献禽之未至[169],敢膳诸从者[170]。”鲍癸止之[171],曰:“其左善射,其右有辞[172],君子也。”既免[173]。

晋魏锜求公族未得[174],而怒,欲败晋师。请致师,弗许。请使,许之。遂往,请战而还。楚潘党逐之[175],及荧泽[176],见六麋,射一麋以顾献[177],曰:“子有军事,兽人无乃不给于鲜[178]?敢献于从者。”叔党命去之[179]。赵旃求卿未得[180],且怒于失楚之致师者[181]。请挑战,弗许。请召盟[182],许之。与魏锜皆命而往。郤献子曰[183]:"二憾往矣[184],弗备,必败。"彘子曰:"郑人劝战,弗敢从也。楚人求成,弗能好也。师无成命[185],多备何为[186]?"士季曰:"备之善。若二子怒楚,楚人乘我[187],丧师无日矣。不如备之。楚之无恶,除备而盟,何损于好?若以恶来,有备,不败。且虽诸侯相见,军卫不彻[188],警也。"彘子不可。

士季使巩朔、韩穿帅七覆于敖前[189],故上军不败。赵婴齐使其徒先具舟于河,故败而先济。

潘党既逐魏锜[190],赵旃夜至于楚军,席于军门之外[191],使其徒入之。楚子为乘广三十乘,分为左右。右广鸡鸣而驾[192],日中而说[193]。左则受之,日入而说。许偃御右广,养由基为右[194];彭名御左广[195],屈荡为右。乙卯,王乘左广以逐赵旃,赵旃弃车而走林。屈荡搏之,得其甲裳[196]。晋人惧二子之怒楚师也[197],使軘车逆之[198]。潘党望其尘[199],使骋而告曰:"晋师至矣!"楚人亦惧王之入晋军也,遂出陈。孙叔曰:"进之[200]!宁我薄人[201],无人薄我。《诗》云[202]:'元戎十乘[203],以先启行[204]。'先人也。《军志》曰:'先人有夺人之心[205]。'薄之也。"遂疾进师,车驰卒奔,乘晋军。桓子不知所为,鼓于军中曰:"先济者有赏!"中军、下军争舟,舟中之指可掬也[206]。

晋师右移,上军未动[207]。工尹齐将右拒卒以逐下军[208]。楚子使唐狡与蔡鸠居告唐惠侯曰[209]:"不穀不德而贪[210],以遇大敌,不穀之罪也。然楚不克[211],君之羞也,敢藉君灵[212],以济楚师。”使潘党率游阙四十乘[213]，从唐侯以为左拒[214]，以从上军。驹伯曰[215]：“待诸乎[216]？”随季曰：“楚师方壮，若萃于我[217]，吾师必尽，不如收而去之。分谤、生民[218]，不亦可乎？殿其卒而退[219]，不败。

王见右广，将从之乘[220]。屈荡户之[221]，曰：“君以此始，亦必以终。”自是楚之乘广先左。

晋人或以广队[222]，不能进，楚人惎之脱扃[223]。少进，马还[224]，又惎之拔旆投衡[225]，乃出。顾曰：“吾不如大国之数奔也[226]。”

赵旃以其良马二，济其兄与叔父[227]，以他马反。遇敌不能去，弃车而走林。逢大夫与其二子乘[228]，谓其二子无顾[229]。顾曰：“赵傁在后[230]。”怒之，使下，指木曰：“尸女于是[231]。”授赵旃绥[232]，以免。明日以表尸之[233]，皆重获在木下[234]。

楚熊负羁囚知罃[235]。知庄子以其族反之[236]，厨武子御[237]，下军之士多从之。每射[238]，抽矢，菆，纳诸厨子之房。厨子怒曰：“非子之求[239]，而蒲之爱，董泽之蒲可胜既乎[240]？”知季曰：“不以人子[241]，吾子其可得乎？吾不可以苟射故也。”射连尹襄老，获之[242]，遂载其尸。射公子谷臣[243]，囚之[244]。以二者还。

及昏，楚师军于邲。晋之余师不能军[245]，宵济，亦终夜有声。

丙辰[246]，楚重至于邲[247]，遂次于衡雍[248]。潘党曰：“君盍筑武军而收晋尸[249]，以为京观[250]？臣闻克敌必示子孙，以无忘武功。”楚子曰：“非尔所知也。夫文[251]，止戈为武[252]。武王克商，作《颂》，曰[253]：'载戢干戈[254]，载橐弓矢[255]。我求懿德[256]，肆于时夏[257]，允王保之[258]。'又作《武》[259]，其卒章曰[260]："耆定尔功[261]。"其三曰[262]：'铺时绎思[263]，我徂维求定。'其六曰[264]：'绥万邦[265]，屡丰年。'夫武，禁暴、戢兵、保大、定功、安民、和众、丰财者也[266]。故使子孙无忘其章[267]。今我使二国暴骨，暴矣。观兵以威诸侯[268]，兵不戢矣。暴而不戢，安能保大？犹有晋在，焉得定功？所违民欲犹多[269]，民何安焉？无德而强争诸侯，何以和众？利人之几[270]，而安人之乱，以为己荣，何以丰财？武有七德，我无一焉，何以示子孙？其为先君宫[271]，告成事而已，武非吾功也。古者明王伐不敬，取其鲸鲵而封之[272]，以为大戮，于是乎有京观，以惩淫慝[273]。今罪无所[274]，而民皆尽忠以死君命，又可以为京观乎[275]？"祀于河，作先君宫，告成事而还。

〔注释〕

①荀林父：晋之正卿。时任中军主帅，亦即三军统帅。②先縠（hú）：先轸之后。③士会：士蒍之孙。④郤（xì）克：郤缺之子。⑤赵朔：赵盾之子。⑥栾书：栾盾之子。⑦赵括、赵婴齐：皆赵盾异母弟。赵婴齐亦称"赵婴"。古人之名，单复并行。⑧巩朔：又称巩伯。⑨荀首：荀林父弟。赵同：赵婴齐兄。⑩韩厥：韩简之孙。⑪桓子：荀林父之谥号。⑫无及于郑：谓救郑不及。剿民：残民。剿：绝。⑬"楚归"二句：谓待楚还师再伐郑，不为迟。⑭随武子：士会。⑮衅：间隙。⑯典：法。不易：不违。易：反，违。⑰不为是征：即不征是。不征伐这样的国家。⑱君：原本作"军"，据阮元《校勘记》、《宋本册府元龟》卷四五六改。⑲贰：叛。哀：怜。卑：卑

下。 ⑳柔服:安抚顺从的国家。 ㉑昔岁:昨岁,去年。入陈:讨夏征舒。 ㉒今兹:今年。 ㉓罢劳:疲劳。罢:同“疲”。㉔君无怨讟(dú):人民对君主无怨恨。怨、讟二字同义。㉕经:常。指常法。 ㉖荆尸:楚兵阵之名。楚武王始为此阵法,后因以为名。荆:楚。尸:陈。 ㉗商:移徙经商者。贾:固定在某处经商者。业:事。 ㉘卒乘:士兵。卒:步兵。乘:车兵。辑:和。 ㉙奸(gān):犯。 ㉚蔿(wěi)敖:孙叔敖。宰:指令尹。㉛令典:善法。 ㉜右辕:右军视将军车辕之指向为进退。㉝左:指左军。追蓐(rù):运送作蓐子(垫席)的草。追:送。《诗·周颂·有客》“薄言追之”郑《笺》:“追,送也。” ㉞前茅:前军。茅:通“旄”。旗帜上以旄为饰,故称前茅。虑无:预备应付意想不到之事。 ㉟中权:中军谋划全局。 ㊱后劲:后军以精兵为殿。 ㊲象物:取法天地之物类。《国语·周语下》:“象物天地。”物:类。 ㊳戒:申敕。备:成。 ㊴举:选拔人才。㊵内姓:同姓。亲:支属亲近者。 ㊶外姓:异姓。旧:指贵族世家。 ㊷劳:功。指有功之人。 ㊸加惠:特加之恩惠。 ㊹旅:旅客。他国至秦者。施舍:赐予。 ㊺物:人。 服章:法,法度。服、章同义。 ㊻“贵有”二句:二句互文见义。贵贱尊卑,礼仪各有等差。尊:敬。威:畏。亦恭敬之义。《广雅·释诂》:“畏、尊,敬也。” ㊼事时:谓兴作合时。从:顺。 ㊽兼弱攻昧:兼并弱小昏乱的国家。昧:昏乱者。 ㊾武:用兵。善经:好办法。 ㊿姑:且。经武:整治武备。经:治。 ⑤①仲虺(huǐ):汤之左相。 ⑤②侮:陵。 ⑤③《汋》:《诗·周颂》篇名。汋:今本《诗经》作“酌”。⑤④於(wū):叹词。表示赞叹。铄(shuò):美。 ⑤⑤“遵养”句:谓率领军队,攻取此昏昧者。遵:率,率领。养:取。时:此。晦:昧。⑤⑥耆:攻。 ⑤⑦《武》:《诗·周颂》篇名。 ⑤⑧“无竞”句:谓功业无人可比。竞:比,并。烈:业。 ⑤⑨“抚弱”二句:谓攻取弱者、昧者,以建立功业。《广雅·释诂》:"抚,取也。"务:勉,勉力。烈所:可以成就功业之事。 ⑥⓪彘子:即先縠。 ⑥①武:勇。力:勉,勉力。 ⑥②非夫:不成其为男子汉。《说文》:"夫,丈夫也。" ⑥③命:名。"为"原本作"有","帅"原本作"师",据纂图本、阮元《校勘记》、《宋本册府元龟》卷四五六改。 ⑥④唯:虽,即使。 ⑥⑤以中军佐济:以中军副帅身分率所属士兵渡河。 ⑥⑥知庄子:荀首。知:同"智"。 ⑥⑦《师》之《临》:卦象由《师》变为《临》。《师》:《坎》下《坤》上。《临》:《兑》下《坤》上。《师》卦之初爻由阴爻变为阳爻,整个卦象即变为《临》卦。 ⑥⑧"师出"三句:此为《师》卦初六爻辞。谓师出当遵法纪,法纪不善,则有凶咎。律:法。否:不。臧:善。 ⑥⑨顺成:循法以成事。 ⑦⓪逆为否:违反法纪为不善。 ⑦①众散为弱:《师》变为《临》,由于《坎》变为《兑》。《坎》为众。今变为《兑》,有众散之象,故弱。 ⑦②川壅为泽:《坎》为川,《兑》为泽,《坎》变为《兑》,有川壅之象。此二句就卦象变化而言。 ⑦③"有律"句:有法纪,则军队指挥自如。如己:谓如己意。 ⑦④且:乃,是。律竭:法纪失效。竭:穷,尽。谓败坏。 ⑦⑤盈而以竭:《坎》为川,川水充沛,故曰盈。变而为《兑》,《兑》为泽,泽水易竭。 ⑦⑥夭:阻塞。且:而。不整:谓众散。 ⑦⑦"不行"句:《师》变为《临》,象征川壅为泽,故水不流行。"之谓"原本作"谓之",据纂图本、《宋本册府元龟》卷四五六、卷七三二改。 ⑦⑧"有帅"二句:彘子不从主帅军令,法纪不行,莫甚于此。临:不行。此句据初六爻辞而联系实际情形。 ⑦⑨果:若。表示假设。遇:战。 ⑧⓪尸:主。 ⑧①免:指免于战死。 ⑧②必有大咎:宣公十三年晋杀先縠。咎:灾祸。 ⑧③韩献子:韩厥。 ⑧④偏师:指全军的一部分,相对于主力而言。陷:深入。 ⑧⑤失属:失去属国(指郑)。战败,必失属。亡师:彘子孤军深入,必败。 ⑧⑥已:太。 ⑧⑦事之不捷:如果战而不胜。事:指战事。之:若。表示假设。 ⑱专罪：谓元帅一人独当罪责。专：独。 ⑲同：共。谓共同分担。 ⑳愈：胜，胜过。 ㉑郔(yán)：郑地，在今河南郑州市北。 ㉒沈尹：沈县大夫。 ㉓子重：公子婴齐。 ㉔子反：公子侧。 ㉕嬖人：宠臣。伍参：伍奢之祖父。 ㉖不：非。 ㉗"参之"句：谓伍参之罪大，食其肉犹不解恨。其：岂。 ㉘将：乃。 ㉙南辕：回车向南。晋军在北，楚军本北向。反旆(pèi)：前军调转方向。旆：附设在旗正幅上的长帛。引申为前军，与"殿"相对。 ⑩⓪刚愎：刚狠。 ⑩①专行不获：欲专行而不得。 ⑩②"听而"句：想要服从命令，而不知谁是真正的上级。听：从。 ⑩③众谁适从：将士不知听从何人。适、从同义。 ⑩④君：楚庄王。臣：荀林父。 ⑩⑤病：耻，辱。 ⑩⑥"次于"句：楚王次于管以待令尹。管：地名，在今河南郑州市北二里。 ⑩⑦敖、鄗(qiāo)：二山名，在今河南荥阳市北。 ⑩⑧皇戌：郑卿。 ⑩⑨未有贰心：言不敢背晋。 ⑪⓪骤胜：屡次获胜。 ⑪①老：疲。 ⑪②承：继。谓继其后。 ⑪③于此在矣：即在于此矣。 ⑪④栾武子：栾书。 ⑪⑤"楚自"句：楚灭庸在文公十六年。 ⑪⑥讨：治。训：诫。于：以。 ⑪⑦军实：军中人员器用之总称。此指将士。申儆：告诫。申、儆同义。保：恃。纣之百克而卒无后：纣王曾百战百胜，最终却灭亡绝后。 ⑪⑧若敖、蚡(fén)冒：楚之先君。若敖名熊仪，当周幽王之世。蚡冒为楚武王之兄。筚(bì)路蓝缕以启山林：驾着柴车、穿着破衣服开辟土地。筚路：用竹木编的车，亦称柴车。蓝缕：敝衣。 ⑪⑨箴(zhēn)：诫。曰：以。民生：人民生活。匮：匮乏。 ⑫⓪子犯：狐偃。晋文公的舅父。 ⑫①"师直"二句：谓师出有名，则士气高涨；反之则士气低落。直：理直。曲：理亏。二句见僖公二十八年《传》。 ⑫②君之戎：楚王之亲兵。二广(guàng)：两部。指东、西两广。 ⑫③广有一卒：每广有士卒百人。 ⑫④卒偏之两：每卒(百人)有一偏(十五乘)之战车。偏：十五乘。两：车。此指战车。 ⑫初驾：先驾。 ⑫数：时。日中：正午。 ⑫左则受之：左广便接替右广。受：更，代。 ⑫内官：近侍之臣。序：次，依次。当：值。 ⑫不虞：指意外之事。 ⑬师叔：潘尪。楚人所尊崇者。 ⑬在楚：出质在楚。 ⑬来：谓附晋。 ⑬往：去。指从楚。 ⑬以我卜：以晋之胜负决定是否从晋。 ⑬唯敌是求：唯为求敌（打仗）。 ⑬得属：指使郑归附。 ⑬知季：荀首。也即知庄子。 ⑬原：赵同。屏：赵括。 ⑬咎之徒：招祸之人。⑭赵庄子：赵朔。赵盾之子。 ⑭栾伯：栾书。 ⑭实其言：即依其言行事。实：践行。 ⑭长（zhǎng）晋国：谓执晋国之政。长：主。 ⑭少宰：官名。太宰之副。 ⑭闵凶：指丧事。闵：忧。⑭不能文：谓拙于言辞。 ⑭二先君：指成王、穆王。庄王之父、祖。出入：往返。出：往。入：返。行：道路。 ⑭将：唯。郑是训定：训定郑国。 ⑭淹久：久留。淹、久二字同义。 ⑮随季：士会。 ⑮文侯：晋文侯，名仇。平王东迁，文侯与郑武公共定周室。 ⑮不率：不遵王命。率：循。 ⑮“岂敢”句：谓不欲与楚交战。候人：官名。掌迎送宾客之事。此指楚少宰。 ⑮谄：谄媚，讨好。 ⑮更：改。 ⑮行人：使者的通称。失辞：回答有误。⑮“寡君”句：谓将楚军逐出郑境。迁：徙。 ⑮无所逃命：谓将与楚战。 ⑮有日：日期已定。 ⑯致晋师：向晋军挑战。 ⑯御：乐伯非主帅，故许伯居中而御。靡旌：驾车疾驱，使旌旗倾斜。摩垒：迫近敌人营垒。摩：近。 ⑯左：车左。乐伯以弓矢在车左。菆（zōu）：植物的茎。此指蒲柳为杆的箭。 ⑯两马：整治马饰。两：通“㨾”，饰。掉：正。鞅（yāng）：套在马颈部的革带。服马之鞅，用以固轭；骖马之鞅，一端系于衡之中部，以防两骖马外逸。 ⑯折馘（guó）：杀敌取其左耳。执俘：生俘敌人。执：捕。⑯角：从两边包抄夹击。 ⑯兴：起。 ⑯丽：著。龟：指兽背上隆起之处。古人射猎，以从背上射入、洞胸达腋为善。 ⑯以岁之非时:《周礼·天官·兽人》:“夏献麋。”时当初夏,故曰“非时”。岁:岁时,季节。 ⑯禽:禽兽之总名。 ⑰膳:进膳。⑰止之:止其军不复追。 ⑰有辞:善于言辞。有:善。 ⑰既:尽。免:纵,放走。 ⑰魏锜(yǐ,又音qí):魏犨之子。公族:指公族大夫。掌教训公室子弟。 ⑰潘党:人名。与成公十六年“潘尪之党”非一人。 ⑰荧泽:即荥泽。在今河南荥阳市东,郑州市西北。 ⑰顾:回头。 ⑰兽人:官名。掌供野兽,并掌田兽之政令。给:足。 ⑰叔党:即潘党。去:舍,纵。 ⑱赵旃:赵穿之子。 ⑱“且怒”句:乐伯等致晋师,晋逐而舍之。 ⑱召盟:请盟。召:请。 ⑱郤献子:郤克。 ⑱二憾:两个心怀怨恨的人。指魏锜、赵旃。憾:恨。 ⑱成命:既定的策略。 ⑱何为:何用。⑱乘:陵。指突袭。 ⑱彻:通“撤”,除,除去。 ⑱帅:率。七覆:七处伏兵。 ⑲“潘党”二句:赵旃与魏锜虽俱受命,而未同行。 ⑲席:布席。此指布席而坐。 ⑲鸡鸣:指丑时。用鸡鸣、平旦等表示时辰,先秦已有之。 ⑲说(tuō)驾:卸车。说:通“脱”。 ⑲养由基:字叔。楚之善射者。 ⑲“彭名”二句:楚王更替乘载,故各有御、右。 ⑲甲裳:甲之下衣。甲:军人所穿革制护身衣。 ⑲怒:使怒。 ⑲軘(tún)车:兵车之一种,用于屯守。 ⑲“潘党”句:潘党逐魏锜,犹在道路,故先见扬尘。 ⑳进:靠近,逼近。 ⑳《诗》云:引文出自《诗·小雅·六月》。 ⑳元戎:古代大型战车,用于冲开敌阵。元:大。 ⑳启行:开道。⑳先人:先于敌而动。即争取主动。 ⑳“先人”句:谓打击敌人士气。有:以。 ⑳“舟中”句:后至者以手攀舟,在舟者以刀砍之,故断指甚多。掬:双手合捧。 ⑳上军未动:设伏敖前为预备,故未乱。 ⑳工尹齐:楚大夫。右拒:右翼方阵。拒:通“矩”。 ⑳唐狡:与下“蔡鸠居”皆为楚大夫。唐惠侯:唐为楚所属小国,故《经》不书唐惠侯。 ㉑不穀:君主自谦之辞。 ㉑不克:不胜。 ㉑㉒藉:借。灵:福,佑。 ㉑㉓阙:阙车。兵车名。古代列车为阵,或有疏缺,即以阙车补之。《周礼·春官·车仆》有“阙车之萃”。战时巡游补缺,故称游阙。 ㉑㉔左拒:左翼方阵。㉑㉕驹伯:郤克之子。 ㉑㉖待诸:御之。待:御。诸:之。 ㉑㉗萃:集。 ㉑㉘分谤:分担逃跑之名。谤:非议。生民:使民得生。指不战。 ㉑㉙殿其卒:亲自为上军之后殿。 ㉒⓪从:即,就。 ㉒㉑户:止。原本作“尸”,据阮元《校勘记》改。 ㉒㉒或:有人。广(guàng):广车。兵车之一种。队:同“坠”。谓陷于坑。 ㉒㉓惎(jì):教。扃(jiōng):兵车前固定军旗或兵器的横木。 ㉒㉔还(xuán):旋转,打转。 ㉒㉕旆:指旗帜。投:弃。衡:车杠前的横木,下有两轭,扼于两服马之颈。此句谓除去旆、衡。 ㉒㉖数奔:屡屡奔逃。 ㉒㉗济:救助。 ㉒㉘逢(páng)大夫:逢氏,晋大夫。与:以。 ㉒㉙无顾:不要回头看。 ㉓⓪傻:同“叟”。 ㉓㉑尸:谓收其尸。 ㉓㉒绥:拉手登车的绳。 ㉓㉓表:标记。 ㉓㉔“皆重”句:兄弟重叠死于树下。获:被杀。 ㉓㉕熊负羁:楚大夫。知罃:知庄子之子。 ㉓㉖族:家兵。亦为其部属。 ㉓㉗厨武子:魏锜,食邑于厨,武是谥号。 ㉓㉘“每射”四句:知庄子遇到好箭(蒲柳做箭杆的箭)就撤下,插入厨武子的箭袋。抽,谓除去,与昭公二十一年《传》“抽矢”同。 ㉓㉙“非子”二句:言不尽心营救儿子,老是舍不得用好箭。蒲:蒲柳。即水杨。可以做箭杆。爱:吝惜。 ㉔⓪董泽:泽名,在今山西闻喜县北四十里,其地产杨柳。胜既:尽。胜、既同义。㉔㉑不以:不有。如果没有。以:有。 ㉔㉒获:生俘死得皆可称获。㉔㉓公子谷臣:楚王之子。 ㉔㉔囚:俘虏。 ㉔㉕不能军:不复成军。㉔㉖丙辰:此年六月无丙辰,疑日误。 ㉔㉗重:辎重。载物之车。㉔㉘衡雍:郑地,在今河南原阳县西南。 ㉔㉙盍:何不。武军:足以彰显军威的营垒。军:军垒。此处为纪念性的建筑。收:聚。㉕⓪京观:聚积敌尸,封土以为高冢,称为京观。京:高丘。 ㉕㉑文:

字。 ㊾止戈为武:武字的古文从"止""戈"。 ㊿《颂》曰:引文出自《诗·周颂·时迈》。赞美武王能诛暴而息兵。 254载:乃。戢(jí):收藏。干戈:盾与戟。干戈为古代常用兵器,故用作武器的通称。 255櫜(gāo):韬,弓衣。此用作动词,藏的意思。 256懿德:美德。 257肆于时夏:陈美德于此《夏》乐之中。肆:陈。时:是,此。 258允王保之:谓王天下而保有之。允:句首语助词,无义。 259《武》:《诗·周颂》篇名。 260卒章:最后一章。今本《诗经》中,《武》只有一章。 261耆(zhǐ)定尔功:谓武王继文王之业,胜殷止杀,致定其功。耆:致。 262其三曰:引文出自《诗·周颂·赉》。其三:第三章。据《礼记·乐记》,《武》之乐章共有六成(舞曲一曲,谓之成),诗歌亦有六章与之相配,故此云"其三曰"、下云"其六曰"。参见王国维《观堂集林·周大武乐章考》。 263"铺时"二句:谓布此(文王之)德而陈述之,以赏大功而往求天下之安定。铺:布。时:是,此。绎:陈。思:语助词,无义。徂(cú):往。维:同"唯"。 264其六曰:引文出自《诗·周颂·桓》。其六:第六章。 265绥:安。 266禁暴:止戈为武。戢兵:戢干戈,櫜弓矢。保大:允王保之。定功:耆定尔功。安民:我徂维求定。和众:绥万邦。丰财:屡丰年。 267章:功。功之大者谓之章。 268观兵:陈兵示威。 269犹:已。 270"利人"二句:谓乘人之危乱以取利。几:危。安:乐。 271"其为"句:谓筑宫祭祀先君,告战胜。先君宫:楚先王之庙。古代出师,载迁庙主随行。成事:成功。 272取:杀。鲸鲵:鲸鱼。雄曰鲸,雌曰鲵。比喻首恶之人。封:聚土为坟。 273淫慝(tè):邪恶。指邪恶之人。慝:恶。 274罪无所:无处(人)可以归罪。 275又:何。

是役也,郑石制实入楚师①,将以分郑②,而立公子鱼

臣。辛未,郑杀仆叔及子服[3]。君子曰:“史佚所谓‘毋怙乱[4]’者,谓是类也[5]。《诗》曰[6]:‘乱离瘼矣[7],爰其适归?’归于怙乱者也夫[8]!”

〔注释〕

①“郑石制”句:郑以石制入楚师,表示愿意从楚,与皇戌如晋师之使命正相反。 ②“将以”二句:石制欲以郑之半与楚,而以其半立公子鱼臣为君,以求专宠。 ③仆叔:鱼臣。子服:石制。 ④怙乱:恃人之乱以求利。 ⑤是类:此类。 ⑥《诗》曰:引文出自《诗·小雅·四月》。 ⑦“乱离”二句:谓政治混乱,人民忧患病困,不知何处可为归宿。离:忧。瘼(mò):病。爰:焉。适:归。适、归二字同义。 ⑧“归于”句:谓百姓忧病,当归罪于恃乱谋利之人。此为引诗者断章取义,与诗之原意有别。

郑伯、许男如楚[1]。

〔注释〕

①“郑伯”句:楚战胜,故二国如楚。

秋,晋师归。桓子请死[1],晋侯欲许之。士贞子谏曰[2]:“不可。城濮之役[3],晋师三日谷[4],文公犹有忧色。左右曰:‘有喜而忧[5],如有忧而喜乎?’公曰:‘得臣犹在[6],忧未歇也[7]。困兽犹斗,况国相乎!’及楚杀子玉,公喜而后可知也[8],曰:‘莫余毒也已[9]!’是晋再克而楚再败也,楚是以再世不竞[10]。今天或者将大警晋也[11],而又杀林父以重楚胜,其无乃久不竞乎?林父之事君也,进思尽忠,退思补过,社

稷之卫也[12],若之何杀之?夫其败也[13],如日月之食焉[14],何损于明?"晋侯使复其位。

〔注释〕

①桓子请死:战败而归,故请死。《礼记·檀弓上》:"谋人之军师,败则死之。" ②士贞子:士渥浊。晋大夫。 ③城濮之役:在僖公二十八年。 ④三日谷:战胜后三天食敌军之食粮。⑤"有喜"二句:谓有喜而忧,则亦将有忧而喜乎。如:将。⑥得臣:子玉。时任楚令尹。 ⑦歇:止,息。 ⑧而后:然后。可知:谓见于颜色。 ⑨莫余毒也已:没有人能伤害我了。⑩再世:二世。指成王至穆王。竞:强。 ⑪将:原本无此字,据金泽文库本补。警:戒。 ⑫卫:捍卫者。 ⑬夫其:彼。指荀林父。 ⑭"日月"二句:日食、月食,无损于日月的光辉。喻荀林父虽有过,然不足以掩其功。损:减。

冬,楚子伐萧,宋华椒以蔡人救萧[1]。萧人囚熊相宜僚及公子丙[2]。王曰:"勿杀,吾退。"萧人杀之。王怒,遂围萧。萧溃。

申公巫臣曰[3]:"师人多寒。"王巡三军,拊而勉之[4]。三军之士,皆如挟纩[5]。遂傅于萧[6]。

还无社与司马卯言[7],号申叔展[8]。叔展曰:"有麦曲乎[9]?"曰:"无。""有山鞠穷乎[10]?"曰:"无。""河鱼腹疾奈何[11]?"曰:"目于眢井而拯之[12]。""若为茅绖[13],哭井则已。"明日,萧溃。申叔视其井,则茅绖存焉[14],号而出之[15]。

〔注释〕

①华椒:宋大夫。　②囚:俘。熊相宜僚:名宜僚,氏熊相。与公子丙皆为楚大夫。　③申公巫臣:申大夫,名巫臣。　④拊:抚摸。　⑤挟纩(kuàng):穿着丝绵之衣。挟:着,穿着。纩:丝绵。此句谓三军之士倍感温暖。　⑥傅:蚁附。谓攀附攻城。⑦还无社:萧大夫。司马卯:楚大夫。　⑧号:呼。申叔展:楚大夫。　⑨麦曲:麦制的酒母。　⑩山鞠穷:即山芎䓖。一种药用的植物。麦曲、山鞠穷皆御寒之药,暗示无社逃入泥水之中。无社不解,故皆答曰无。　⑪"河鱼"句:谓无御寒之药,将病。⑫"目于"句:无社使叔展到枯井中救自己。眢(yuān)井:枯井。⑬"若为"二句:使结茅为绖(如带状),置于井侧,以为标记。已:至。　⑭则:而。　⑮号:哭。

晋原縠、宋华椒、卫孔达、曹人同盟于清丘①。曰:"恤病讨贰②。"于是卿不书,不实其言也③。

〔注释〕

①原縠(hú):先縠。　②贰:叛。指背盟者。　③宋伐郑而卫救之,楚伐宋,晋不救,皆未履行盟约。实:行,履行。

宋为盟故①,伐陈。卫人救之。孔达曰:"先君有约言焉②,若大国讨③,我则死之④。"

〔注释〕

①"宋为"二句:陈附楚,宋依清丘之盟,讨贰伐陈。　②先君:指卫成公。卫成公与陈共公有旧好。卫人亦参与清丘之盟,孔达欲救陈,故以先君为言。约言:指盟约。　③大国:指晋国。

④则:即,就。

经

十有三年春[1],齐师伐莒[2]。

夏,楚子伐宋。

秋,螽[3]。

冬,晋杀其大夫先縠。

〔注释〕

①十有三年:公元前596年。 ②莒:国名,己姓,在今山东莒县。 ③螽(zhōng):指飞蝗。成灾,故书。

传

十三年春,齐师伐莒,莒恃晋而不事齐故也[1]。

〔注释〕

①恃:依仗。

夏,楚子伐宋,以其救萧也[1]。君子曰:"清丘之盟[2],唯宋可以免焉。"

〔注释〕

①宋救萧,事在上年。 ②"清丘"二句:十二年,晋、宋、卫、陈盟于萧。陈贰于楚,宋因而伐陈,以履行盟约,故可免于罪责。清丘之盟在上年。

秋,赤狄伐晋[①],及清[②],先縠召之也[③]。

〔注释〕

①赤狄:狄之别族,因衣服尚赤而得名,居地主要在今山西长治县北、黎城县西一带。 ②清:一名清原。地名,在今山西稷山县东南二十余里。 ③"先縠"句:先縠因邲之战不得志,故欲召狄人作乱。

冬,晋人讨邲之败与清之师[①],归罪于先縠而杀之,尽灭其族。君子曰:"恶之来也[②],己则取之[③],其先縠之谓乎!"

〔注释〕

①邲之战,先縠不从命,致使晋军战败。 ②恶:患。 ③取:致。谓招致。

清丘之盟,晋以卫之救陈也讨焉[①]。使人弗去[②],曰:"罪无所归,将加而师[③]。"孔达曰[④]:"苟利社稷,请以我说[⑤]。罪我之由[⑥]。我则为政,而亢大国之讨[⑦],将以谁任[⑧]?我则死之[⑨]。"

〔注释〕

①讨:指遣使讨其罪。 ②使人:使者。 ③将加而师:将兴师伐卫。加:施,用。而:尔,你们。 ④孔达:卫卿。 ⑤说:解说。 ⑥罪我之由:罪由我。 ⑦亢:当。 ⑧以:由。任:当,承担。 ⑨则:将。此条本与下年传文相接,为后人所割裂。

经

十有四年春[①],卫杀其大夫孔达。

夏五月壬申[②],曹伯寿卒。

晋侯伐郑。

秋九月,楚子围宋。

葬曹文公。

冬,公孙归父会齐侯于谷[③]。

〔注释〕

①十有四年:公元前595年。 ②壬申:十一日。 ③谷:齐地,在今山东平阴县东阿镇。

传

十四年春,孔达缢而死。卫人以说于晋而免[①]。遂告于诸侯曰:"寡君有不令之臣达[②],构我敝邑于大国[③],既伏其罪矣[④],敢告。"卫人以为成劳复室其子[⑤],使复其位[⑥]。

〔注释〕

①说于晋:向晋国解释。说:解说。 ②不令:不善。 ③构:挑拨,离间。 ④伏其罪:因罪受罚。伏:同"服"。 ⑤以为:以,因。以、为义同。成劳:功,功劳。成、劳同义,皆训功。室:把女儿嫁给他。 ⑥复其位:继承其父之禄位。

夏,晋侯伐郑[①],为邲故也[②]。告于诸侯,蒐焉而还[③]。

中行桓子之谋也[4]。曰:"示之以整[5],使谋而来[6]。"郑人惧,使子张代子良于楚[7]。郑伯如楚,谋晋故也[8]。郑以子良为有礼[9],故召之。

〔注释〕

①晋侯:指晋景公。 ②为邲故:晋败于邲,郑亲附楚国,故晋伐郑。 ③蒐:检阅,阅兵。 ④中行桓子:荀林父,邲之战时担任晋中军主帅。 ⑤整:军容整齐,纪律严明。 ⑥使谋而来:使郑自谋而来从晋。 ⑦子张:公孙黑肱,郑穆公孙。子良:公子去疾,郑穆公子,宣公十二年到楚国充当人质。 ⑧谋晋:图谋御晋。 ⑨以……为:认为,以为。有礼:谓让国。子良让位于公子坚,见宣公四年《传》。

楚子使申舟聘于齐[1],曰:"无假道于宋[2]。"亦使公子冯聘于晋[3],不假道于郑。申舟以孟诸之役恶宋[4],曰:"郑昭宋聋[5],晋使不害[6],我则必死。"王曰:"杀女,我伐之。"见犀而行[7]。及宋,宋人止之[8]。华元曰:"过我而不假道,鄙我也[9]。鄙我,亡也。杀其使者,必伐我。伐我,亦亡也。亡一也[10]。"乃杀之。楚子闻之,投袂而起[11],屦及于窒皇[12],剑及于寝门之外[13],车及于蒲胥之市[14]。秋九月,楚子围宋。

〔注释〕

①楚子:指楚庄王。申舟:名无畏(或作毋畏)。楚大夫。②假道:出聘时途经他国,须行假道之礼,见《仪礼·聘礼》。楚王有意挑衅,故不假道。 ③亦:又。 ④恶:耻,辱。宋公与楚

穆王田于孟诸，宋公违命，申舟抶其仆，见文公十年《传》。⑤昭：明。聋：暗。此句谓郑明于事理，而宋则否。 ⑥不害：无害。谓无生命危险。害：患。 ⑦见犀而行：引见其子于楚王而行，示必死。 ⑧止：拘，扣留。 ⑨鄙：轻视。 ⑩一：一样，相同。 ⑪投袂：奋袖。投：振。《淮南子·主术训》："楚庄王伤文无畏之死于宋也，奋袂而起，衣冠相连于道。" ⑫"屦及"句：古人在室内不穿鞋。楚王盛怒之下，不及纳履而出，至庭，而送履者始追及之。窒（dié）皇：同"绖皇"，寝门之庭。 ⑬寝门之外：寝门在庭外。 ⑭蒲胥之市：蒲胥是地名，市在其中。

冬，公孙归父会齐侯于谷[1]。见晏桓子[2]，与之言鲁，乐。桓子告高宣子曰[3]："子家其亡乎[4]，怀于鲁矣[5]。怀必贪，贪必谋人。谋人，人亦谋己。一国谋之，何以不亡？"

〔注释〕

①公孙归父：襄仲之子。 ②晏桓子：晏婴之父。 ③高宣子：高固，齐之上卿。 ④子家：公孙归父的字。亡：出奔。⑤怀：怀有私心。《国语·鲁语下》"君教使臣曰'每怀靡及'"韦昭注："怀私为每怀。"

孟献子言于公曰[1]："臣闻小国之免于大国也，聘而献物[2]，于是有庭实旅百[3]；朝而献功[4]，于是有容貌采章嘉淑[5]，而有加货[6]，谋其不免也。诛而荐贿[7]，则无及也。今楚在宋[8]，君其图之！"公说[9]。

〔注释〕

①孟献子:仲孙蔑。鲁卿。 ②聘:指诸侯使卿大夫问于诸侯。物:聘礼。如玉帛皮币之类。 ③庭实:诸侯朝见天子或诸侯之间互相聘问时,以礼物相赠,陈列于庭中,谓之庭实。庭实包括马、皮、牲、米、醢等。旅:陈。百:表示多。指诸物皆备。④朝:指诸侯相会见。功:指宫中嫔妇送交的丝麻、布帛、衣服等。⑤容貌:仪容。此指修饰仪容之物。采章:指器服的颜色、图案。《左传·昭公二十五年》:"为九文、六采、五章,以奉五色。"嘉淑:美善。 ⑥加货:常礼之外增加的礼品。 ⑦诛而荐贿:谓待大国诛求然后进献财货。诛:责,求。而:乃。 ⑧楚在宋:楚子围宋。 ⑨说:同"悦"。此条本与下年传文相接,为后人所割裂。

经

十有五年春①,公孙归父会楚子于宋。

夏五月,宋人及楚人平②。

六月癸卯③,晋师灭赤狄潞氏④,以潞子婴儿归⑤。

秦人伐晋。

王札子杀召伯、毛伯⑥。

秋,螽⑦。

仲孙蔑会齐高固于无娄⑧。

初税亩⑨。

冬,蝝生⑩。

饥⑪。

〔注释〕

①十有五年:公元前594年。 ②平:和解。 ③癸卯:十九日。 ④赤狄:狄之别族,因衣服尚赤而得名,居地在今山西长治县北、黎城县西。潞氏:即潞。赤狄之别种,在今山西潞城市东北四十里。 ⑤潞子婴儿:潞氏之君,名婴儿。《春秋》对所谓夷狄之君皆称子。 ⑥王札子:王子札。 ⑦螽(zhōng):指飞蝗。成灾,故书。 ⑧无娄:杞邑。未详何处。《公羊传》作“牟娄”。 ⑨初税亩:开始按田亩征税。参见《传》注。 ⑩蝝(yuán):飞蝗之幼虫,未生翅者。 ⑪饥:饥荒。谷不熟为饥。

传

十五年春,公孙归父会楚子于宋[①]。

〔注释〕

①此条应与上年传文连读。

宋人使乐婴齐告急于晋[①]。晋侯欲救之,伯宗曰[②]:“不可。古人有言曰:‘虽鞭之长[③],不及马腹。’天方授楚[④],未可与争。虽晋之强,能违天乎?谚曰[⑤]:‘高下在心[⑥]。’川泽纳污[⑦],山薮藏疾,瑾瑜匿瑕,国君含垢,天之道也。君其待之!”乃止。

使解扬如宋[⑧],使无降楚,曰:“晋师悉起,将至矣。”郑人囚而献诸楚。楚子厚赂之,使反其言[⑨]。不许。三而许之[⑩]。登诸楼车[⑪],使呼宋人而告之[⑫]。遂致其君命[⑬]。楚子将杀之,使与之言曰:“尔既许不穀而反之[⑭],何故?非我无信,女则弃之[15]。速即尔刑[16]!”对曰:“臣闻之:君能制命为义[17],臣能承命为信,信载义而行之为利。谋不失利,以卫社稷,民之主也[18]。义无二信[19],信无二命。君之赂臣,不知命也[20]。受命以出,有死无贯[21],又可赂乎?臣之许君,以成命也[22]。死而成命,臣之禄也[23]。寡君有信臣,下臣获考死[24],又何求?”楚子舍之以归。

夏五月,楚师将去宋[25]。申犀稽首于王之马前曰[26]:“毋畏知死,而不敢废王命,王弃言焉[27]。”王不能答。申叔时仆[28],曰:“筑室[29],反耕者,宋必听命。”从之。宋人惧,使华元夜入楚师[30],登子反之床[31],起之,曰:“寡君使元以病告,曰:敝邑易子而食[32],析骸以爨。虽然,城下之盟[33],有以国毙,不能从也。去我三十里,唯命是听。”子反惧,与之盟,而告王。退三十里,宋及楚平。华元为质。盟曰:“我无尔诈[34],尔无我虞。”

〔注释〕

①乐(yuè)婴齐:宋大夫。上年楚围宋,故乐婴齐告急于晋。②伯宗:晋大夫。　③“虽鞭”二句:即便马鞭很长,也打不到马肚子。谓救宋非晋力量所及。　④授:予。谓佑助。　⑤谚:古语。亦指俗语。　⑥高下在心:或高或低,皆由我心裁度。谓度时制宜。　⑦“川泽”四句:川泽容受污浊,山林薮泽藏匿毒虫,美玉隐含斑纹,国君忍受耻辱。纳:藏。含:忍。　⑧解(xiè)扬:晋大夫。　⑨反:背,违背。　⑩而:乃。　⑪楼车:设有望楼的战车。用以瞭望敌情。　⑫人:原本无此字,据纂图本、《四部丛刊》本、《宋本册府元龟》卷七三九补。　⑬致:达,传达。　⑭不

穀:不善之人。君主自谦之辞。 ⑮弃:背,违背。与上文“反”同义。 ⑯即:就。 ⑰“君能”三句:国君能发布正确的命令,这叫做义;臣下能奉行君命,这叫做信。信依据义而行,这就叫利。承:奉行。载:成,成就。 ⑱主:主人。 ⑲“义无”二句:义不背信,信不违命。二:同“贰”。背,违背。 ⑳不知命:不懂得信无二命之理。 ㉑有:虽。賈(yǔn):坠,失。指废弃。 ㉒成命:完成使命。 ㉓禄:福。 ㉔获考死:谓死得其所。考:老,寿。㉕“楚师”句:上年九月,楚子围宋,至此已历时九月。 ㉖申犀:无畏(申舟)之子。十四年,楚王让无畏出使齐国,又命令他不要向宋国借道,为宋国所杀。稽(qǐ)首:叩首至地。古时最重的跪拜礼。 ㉗弃言:背弃诺言。指伐宋未服而去。 ㉘申叔时:楚大夫。仆:御,驾车。 ㉙“筑室”二句:修筑房舍,让部分士兵回家种地。表示将长期驻扎。 ㉚华元:宋卿。 ㉛子反:公子侧,楚司马。 ㉜“敝邑”二句:言宋国情况已极其危急。易:交换。析:剖开。骸:骸骨,尸骨。爨:炊。 ㉝“城下”三句:宁可亡国,也不能接受城下之盟。有:虽。 ㉞“我无”二句:谓两不相欺。诈、虞义同,皆训“欺”。

潞子婴儿之夫人,晋景公之姊也。酆舒为政而杀之[①],又伤潞子之目。晋侯将伐之。诸大夫皆曰:“不可。酆舒有三俊才[②],不如待后之人。”伯宗曰:“必伐之!狄有五罪,俊才虽多,何补焉?不祀[③],一也。耆酒[④],二也。弃仲章而夺黎氏地[⑤],三也。虐我伯姬[⑥],四也。伤其君目,五也。怙其俊才[⑦],而不以茂德[⑧],兹益罪也[⑨]。后之人或者将敬奉德义以事神人,而申固其命[⑩],若之何待之?不讨有罪,曰‘将待后’。后有辞而讨焉[⑪],毋乃不可乎?夫恃才与众,亡之

道也。商纣由之[12],故灭。天反时为灾[13],地反物为妖[14],民反德为乱,乱则妖灾生[15]。故文[16],反正为乏[17]。尽在狄矣[18]。"晋侯从之。六月癸卯,晋荀林父败赤狄于曲梁[19]。辛亥[20],灭潞。酆舒奔卫。卫人归诸晋,晋人杀之。

〔注释〕

①酆(fēng)舒:潞相。 ②三俊才:三项过绝于人的本领。俊:绝异。 ③不祀:不祭祀祖先。 ④耆:通"嗜"。 ⑤弃:废。仲章:潞之贤人。黎氏:黎侯国,在今山西长治县西南三十里。 ⑥虐:杀,杀害。伯姬:潞子婴儿的夫人。 ⑦怙:恃。 ⑧茂德:盛德。 ⑨兹益罪:增加罪责。兹:益。《四部丛刊》本作"滋",义同。 ⑩申固:延长。申:通"伸"。固:久。命:指国运。 ⑪有辞:有理。谓酆舒之后不失德,将有理。 ⑫由之:由此道而行。 ⑬反时:违反季节。时:四时。为灾:成灾。 ⑭反物:违反物之常性。物:法则。妖:异,怪。奇异、反常之事物,皆可谓之妖。 ⑮"乱则"句:谓灾异生于民乱。妖灾:灾,灾祸。妖、灾同义。 ⑯文:字。 ⑰反正为乏:"正"的字形反过来就是"乏"字。言违反正道,将致乏绝。 ⑱言灾、妖、乱、乏皆在狄。 ⑲曲梁:地名,在今山西潞城市北四十里。 ⑳辛亥:二十七日。《经》书"癸卯",从告。

王孙苏与召氏、毛氏争政[1],使王子捷杀召戴公及毛伯卫[2],卒立召襄[3]。

〔注释〕

①王孙苏等三人皆为周卿士。 ②王子捷:即王札子。 ③召襄:召戴公之子。

秋七月，秦桓公伐晋，次于辅氏[①]。壬午[②]，晋侯治兵于稷[③]，以略狄土[④]，立黎侯而还[⑤]。及雒[⑥]，魏颗败秦师于辅氏。获杜回，秦之力人也。

初，魏武子有嬖妾[⑦]，无子。武子疾，命颗曰："必嫁是！"疾病[⑧]，则曰："必以为殉[⑨]！"及卒，颗嫁之。曰："疾病则乱[⑩]，吾从其治也[⑪]。"及辅氏之役，颗见老人结草以亢杜回[⑫]。杜回踬而颠[⑬]，故获之。夜，梦之曰："余，而所嫁妇人之父也[⑭]。尔用先人之治命，余是以报[⑮]。"

〔注释〕

①辅氏：晋地，在今陕西大荔县东约二十里。 ②壬午：二十八日。 ③稷：晋地，在今山西稷山县南十五里。 ④略：取。⑤黎侯：黎国君主。黎：本旧国，潞氏夺其地，晋复立之。复立之黎国在今山西黎城县东北十八里。 ⑥雒：晋地，在今陕西大荔县东南。 ⑦魏武子：魏犨，魏颗之父。嬖妾：宠妾。 ⑧疾病：病危。病：病重。 ⑨殉：陪葬。 ⑩乱：昏。谓神志昏乱。 ⑪治：神志清醒。 ⑫结草：以草相缠结。亢：遮。谓遮绊。 ⑬踬(zhì)：遭到阻碍。颠：仆，跌倒。 ⑭而：尔，你。 ⑮是以报：以此作为报答。

晋侯赏桓子狄臣千室[①]，亦赏士伯以瓜衍之县[②]。曰："吾获狄土，子之功也。微子[③]，吾丧伯氏矣。"羊舌职说是赏也[④]，曰："《周书》所谓'庸庸祗祗'者[⑤]，谓此物也夫[⑥]！士伯庸中行伯[⑦]，君信之，亦庸士伯，此之谓明德矣。文王所以造周[⑧]，不是过也[⑨]。故《诗》曰'陈锡哉周[⑩]'，能施也。

率是道也⑪,其何不济⑫?”

〔注释〕

①桓子:荀林父。桓是谥号。狄臣千室:俘获之狄人一千家。臣:俘虏。 ②亦:又。士伯:士贞子。瓜衍之县:晋地,在今山西孝义县北十里之瓜城。 ③“微子”二句:邲之败,荀林父请死,晋侯欲许之,士伯谏而止之。微:非。伯氏:荀林父。伯是其字。④羊舌职:叔向之父。说:同“悦”。为此而高兴。 ⑤《周书》:引文出自《尚书·康诰》。庸庸祗(zhī)祗:用有功之人,敬可敬之人。前一“庸”字为动词,后一“庸”字为名词。两“祗”字亦为动宾结构。庸:用。祗:敬。 ⑥此物:此类。物:类。 ⑦“士伯”句:士伯以中行伯为可用之人。 ⑧造周:创建周朝。造:创。⑨不是过:无过于此。 ⑩《诗》曰:引文出自《诗·大雅·文王》。谓文王布施于天下而创周。陈:布。锡:赐。哉:始。谓始创。 ⑪率:循,遵。 ⑫济:成。

晋侯使赵同献狄俘于周①,不敬。刘康公曰②:“不及十年,原叔必有大咎③。天夺之魄矣④。”

〔注释〕

①赵同:晋大夫,赵盾异母弟。 ②刘康公:即王季子。③原叔:赵同。原是食邑。咎:祸。 ④之:其。魄:魂魄。古人认为躯体之外,尚有魂魄,丧失魂魄,人就会死。

初税亩,非礼也。谷出不过藉①,以丰财也。

〔注释〕

①“谷出”句:谓赋税不超过十分之一。周行井田之制,一夫耕百亩。其中公田十亩,借民之力而为之(由民代耕)。赋税不过于此。

冬[①],蝝生,饥。幸之也。

〔注释〕

①“冬”四句:蝝(蝗虫的幼虫)生于冬,遇寒即死,未成螽(飞蝗),虽饥(此年秋已遭蝗灾),而不再成灾,故曰“幸之”。

经

十有六年春[①],王正月,晋人灭赤狄甲氏及留吁[②]。

夏,成周宣榭火[③]。

秋,郯伯姬来归[④]。

冬,大有年[⑤]。

〔注释〕

①十有六年:公元前593年。 ②“晋人”句:晋既灭潞氏,又尽灭其余党。甲氏、留吁(xū):皆赤狄别种。甲氏在今山西武乡县侯甲山与沁县一带,留吁在今山西屯留县南。 ③成周:指西周的东都洛邑。在今河南洛阳市东约四十里。宣榭:土台上所建堂式建筑,为古时习射讲武之处。榭:屋之无室者。火:发生火灾。 ④郯(tán)伯姬:鲁女。嫁给郯君为夫人者。 ⑤大有年:大丰收。五谷丰熟为有年。大有多的意思。

传

十六年春，晋士会帅师灭赤狄甲氏及留吁、铎辰①。

三月，献狄俘②。晋侯请于王。戊申③，以黻冕命士会将中军④，且为大傅⑤。于是晋国之盗逃奔于秦。羊舌职曰⑥："吾闻之：禹称善人⑦，不善人远。此之谓也夫！《诗》曰⑧：'战战兢兢⑨，如临深渊，如履薄冰。'善人在上也。善人在上，则国无幸民⑩。谚曰：'民之多幸，国之不幸也。'是无善人之谓也。"

〔注释〕

①士会：晋卿。甲氏、留吁、铎辰：皆赤狄之属。铎辰在今山西长治县以北和长子县一带。铎辰为潞氏之属，故《经》不书。②献狄俘：献狄俘于周王。　③戊申：二十八日。　④黻(fú)冕：古代卿大夫祭祀时所着礼服、礼帽。　⑤大傅：太傅。　⑥羊舌职：晋大夫，叔向之父。　⑦称：举，任用。　⑧《诗》曰：引文出自《诗·小雅·小旻》。　⑨"战战"三句：言善人在上，则无不戒惧。履：踩。　⑩幸民：心存侥幸之人。

夏，成周宣榭火，人火之也①。凡火，人火曰火，天火曰灾。

〔注释〕

①人火：由于人纵火而造成的火灾。

秋，郯伯姬来归，出也①。

〔注释〕

①出:女子被夫家休弃。

为毛、召之难故[①],王室复乱。王孙苏奔晋[②],晋人复之。

冬,晋侯使士会平王室[③],定王享之。原襄公相礼[④],殽烝[⑤]。武季私问其故[⑥]。王闻之,召武子曰:“季氏[⑦]!而弗闻乎[⑧]?王享有体荐[⑨],宴有折俎[⑩]。公当享[⑪],卿当宴[⑫],王室之礼也。”武子归而讲求典礼[⑬],以修晋国之法。

〔注释〕

①毛、召之难:指毛伯卫、召戴公被杀。事在上年。　②毛、召之徒欲讨苏氏,故出奔。　③平:和,和解。　④原襄公:周大夫。相礼:助行礼仪。　⑤殽烝:切肉为殽,盛于俎内,叫殽烝。殽:带骨的肉。烝:升。升殽于俎。　⑥武季:原本作“武子”,据杜预注、杨伯峻说改。私问其故:享当体荐,而以殽烝,故问之。⑦季氏:士会字季。　⑧而:尔。　⑨体荐:亦称房烝。将半个牲体置于俎上。此仅为摆设而非供食用。　⑩折俎:即殽烝。解体折节,升于俎上者。此为可食之物。　⑪公当享:天子招待诸侯用享礼。当:则。　⑫卿当宴:天子招待诸侯之卿用宴礼。⑬“武子”二句:《国语・周语中》:“(武子)归乃讲聚三代之典礼,于是乎修执秩以为晋国之法。”讲:研习。求:聚。典礼:礼仪。典:礼。

经

十有七年春[①],王正月庚子[②],许男锡我卒。

丁未[3],蔡侯申卒。

夏,葬许昭公。

葬蔡文公。

六月癸卯[4],日有食之。

己未[5],公会晋侯、卫侯、曹伯、邾子,同盟于断道[6]。

秋,公至自会。

冬十有一月壬午[7],公弟叔肸卒[8]。

〔注释〕

①十有七年:公元前592年。 ②庚子:二十五日。 ③丁未:二月二日。 ④"六月"二句:此年六月无癸卯,亦无日食。日食当在五月甲戌朔。 ⑤己未:十六日。 ⑥断道:晋地。当在今河南济源市西南。 ⑦壬午:十二日。 ⑧叔肸(xī):文公之子。宣公同母弟。

传

十七年春,晋侯使郤克征会于齐[1]。齐顷公帷妇人使观之[2]。郤子登[3],妇人笑于房。献子怒,出而誓曰:"所不此报[4],无能涉河!"献子先归,使栾京庐待命于齐[5],曰:"不得齐事[6],无复命矣!"

郤子至,请伐齐,晋侯弗许。请以其私属[7],又弗许。

齐侯使高固、晏弱、蔡朝、南郭偃会[8]。及敛盂[9],高固逃归[10]。夏,会于断道[11],讨贰也。盟于卷楚[12],辞齐人[13]。晋人执晏弱于野王[14],执蔡朝于原[15],执南郭偃于温[16]。

苗贲皇使[17],见晏桓子[18]。归,言于晋侯曰:"夫晏子何

罪？昔者诸侯事吾先君，皆如不逮。举言群臣不信[19]，诸侯皆有贰志[20]。齐君恐不得礼[21]，故不出，而使四子来。左右或沮之[22]，曰：'君不出，必执吾使。'故高子及敛盂而逃。夫三子者曰[23]：'若绝君好[24]，宁归死焉。'为是犯难而来[25]。吾若善逆彼[26]，以怀来者。吾又执之[27]，以信齐沮[28]，吾不既过矣乎[29]？过而不改，而又久之[30]，以成其悔[31]，何利之有焉？使反者得辞[32]，而害来者[33]，以惧诸侯，将焉用之？"晋人缓之[34]，逸[35]。

秋八月，晋师还[36]。

〔注释〕

①晋侯：指晋景公。郤(xì)克：晋卿。征会于齐：召齐国参加会盟。征：召。 ②帷：以帷幕遮蔽。 ③"郤子"二句：郤克跛足，故登阶而妇人笑之。房：在堂之左右的屋。 ④"所不"二句：如果不能报复遭受的侮辱，就不能渡过黄河！所：若。表示假设。 ⑤栾京庐：郤克的副使。 ⑥不得齐事：谓不得伐齐之命。 ⑦私属：家属的士卒。 ⑧高固、晏弱：皆为齐卿。蔡朝、南郭偃二人皆齐大夫。 ⑨敛盂：卫地，在今河南濮阳市东南。 ⑩高固逃归：闻郤克怒，故逃归。 ⑪"会于"句：鲁君与晋侯、卫侯、曹伯、邾子相会，《传》蒙经文省略与会之人。 ⑫卷楚：地名，当在断道附近。 ⑬辞齐人：拒绝齐人参加。 ⑭野王：地名，在今河南沁阳市。 ⑮原：地名，在今河南济源市西北之原乡。⑯温：邑名，故城在今河南温县西南。 ⑰苗贲皇：楚斗椒之子。宣公四年，楚灭若敖氏，苗贲皇奔晋，仕为大夫，食邑于苗，此时出使路过野王。 ⑱晏桓子：即晏弱。 ⑲"举言"二句：谓诸侯皆言晋之群臣不讲诚信，因而有贰心。苗贲皇不敢斥言晋君，故称群

臣。举:皆。 ⑳贰志:疑心。贰:疑。 ㉑不得礼:得不到礼遇。㉒沮:止,阻止。 ㉓三子:指晏弱、蔡朝、南郭偃。 ㉔“若绝”二句:若不往,则将断送齐、晋两国的友好关系,故宁可冒死前往。归死:就戮。 ㉕犯难:冒险。难:险。 ㉖“吾若”二句:我们应当友善对待他们,使来者安心。若:应该。怀:安。 ㉗又:乃。㉘信齐沮:使齐人阻止来晋的预言得以证实。 ㉙过:错。㉚久之:久拘而不释。久:留。 ㉛以成其悔:使他们后悔来晋国。㉜反者:中途逃归者。指高固。得辞:得理,有理。 ㉝害:伤害。㉞缓:指放松看管。 ㉟逸:逃逸。此时逃归者仅晏弱一人,蔡朝、南郭偃二人次年方得逃归。 ㊱晋师还:未闻晋师出,而书其还,疑有缺文。

范武子将老[①],召文子曰[②]:“燮乎!吾闻之,喜怒以类者鲜[③],易者实多[④]。《诗》曰[⑤]:‘君子如怒[⑥],乱庶遄沮。君子如祉,乱庶遄已。’君子之喜怒,以已乱也。弗已者,必益之[⑦]。郤子其或者欲已乱于齐乎[⑧]!不然,余惧其益之也。余将老,使郤子逞其志[⑨],庶有豸乎[⑩]!尔从二三子唯敬[⑪]。”乃请老。郤献子为政。

〔注释〕

①范武子:士会。初封随,后改封范。老:致仕,告老退休。②文子:士燮。士会之子。 ③类:法。谓合于法度。鲜:少。④易:违。 ⑤《诗》曰:引文出自《诗·小雅·巧言》。 ⑥“君子”四句:谓如果君子喜怒得中,则祸乱庶可速止。遄(chuán):疾。沮:止。祉(zhǐ):喜。已:止。二句怒、沮为韵,祉、已为韵。⑦益:增。 ⑧其:或,也许。与“或者”同义。 ⑨逞其志:满足

其意愿。遄:快。 ⑩豸(zhì):解,缓解。 ⑪二三子:指晋国诸卿大夫。

冬,公弟叔肸卒。公母弟也[1]。凡大子之母弟,公在曰公子,不在曰弟。凡称弟,皆母弟也。

〔注释〕

①母弟:同母弟。

经

十有八年春[1],晋侯、卫世子臧伐齐[2]。

公伐杞。

夏四月。

秋七月,邾人戕鄫子于鄫[3]。

甲戌[4],楚子旅卒。

公孙归父如晋。

冬十月壬戌[5],公薨于路寝[6]。

归父还自晋[7],至笙,遂奔齐。

〔注释〕

①十有八年:公元前 591 年。 ②卫世子臧:卫穆公太子,名臧。 ③戕:国君被他国之人杀害曰戕。鄫(zēng):国名,姒姓,在今山东枣庄市东南。 ④甲戌:七日。 ⑤壬戌:二十七日。 ⑥路寝:天子、诸侯之正寝,治事之处。 ⑦“归父”三句:大夫返还,《春秋》不书。因为赞赏归父能以礼退,故特书之。未入鲁境而奔齐,故不言出。笙:《公羊传》《穀梁传》作“柽”。地名,未详何处。

传

十八年春，晋侯、卫大子臧伐齐，至于阳谷[1]。齐侯会晋侯，盟于缯[2]，以公子强为质于晋。晋师还。蔡朝、南郭偃逃归[3]。

〔注释〕

①阳谷：齐地，在今山东阳谷县北三十里。 ②缯（zēng）：地名，当在山东阳谷附近。 ③“蔡朝”句：晋既与齐盟，看管放松，故二人得以逃归。

夏，公使如楚乞师[1]，欲以伐齐[2]。

〔注释〕

①“公使”句：宣公不事齐而从晋，齐、晋盟，故惧而如楚乞师（请求出兵援助）。 ②欲：唐石经作“将”，盖古文。“将”亦“欲”义。

秋，邾人戕鄫子于鄫。凡自虐其君曰弑[1]，自外曰戕。

〔注释〕

①“凡自”句：谓本国之人杀其君称“弑”。此释《春秋》书法，未必完全合于经文原意。襄公二十九年《经》云：“阍弑吴子余祭。”阍为越俘而非吴人。虐：杀，杀害。

楚庄王卒，楚师不出。既而用晋师[1]，楚于是乎有蜀之役[2]。

〔注释〕

①用晋师：指成公二年鞌之师。此役鲁与晋、卫诸国败齐。②蜀之役：在成公二年冬。蜀：鲁地，在今山东泰安市西。

公孙归父以襄仲之立公也有宠[①]，欲去三桓以张公室[②]。与公谋而聘于晋，欲以晋人去之。冬，公薨。季文子言于朝曰[③]："使我杀適立庶以失大援者[④]，仲也夫！"臧宣叔怒曰[⑤]："当其时不能治也，后之人何罪[⑥]？子欲去之，许请去之[⑦]。"遂逐东门氏[⑧]。

子家还[⑨]，及笙，坛帷[⑩]，复命于介[⑪]。既复命，袒、括发[⑫]，即位哭[⑬]，三踊而出[⑭]。遂奔齐。书曰"归父还自晋[⑮]"，善之也。

〔注释〕

①"公孙"句：襄仲杀文公太子而立宣公，公孙归父为襄仲之子，故得宠于宣公。 ②"欲去"句：时三桓强，公室弱，归父欲去三桓而张大公室。三桓：指孟孙、叔孙、季孙。三氏皆为桓公之后，故称三桓。 ③季文子：季孙行父，季友之孙。 ④"使我"二句：将去公孙归父，故归罪襄仲。適：同"嫡"。指文公太子子恶。大援：不知所指。盖季孙行父诡词以欺众。仲：襄仲。⑤臧宣叔：臧孙许，臧文仲之子。 ⑥后之人：指公孙归父。⑦许请去之：臧孙许时为司空，主行刑。 ⑧东门氏：襄仲居东门，故称东门氏。 ⑨子家：公孙归父之字。 ⑩坛帷：筑土为坛，以布帛围之。《礼记·曲礼下》："大夫士去国，逾竟，为坛位，乡国而哭。" ⑪复命于介：据《仪礼·聘礼》，使者出境后闻其君薨，仍须完成使命，返国之后，在柩前复命。归父闻季孙已逐其

家,故向副使复命,使反命于君。介:副使,助使者行礼者。 ⑫袒:脱去上衣之左袖,内仍有襦、中衣,称袒。括发:丧礼,去纚(shǐ,包发之帛),而用麻结发。《礼记·檀弓下》:“袒、括发,去饰之甚也。” ⑬即位哭:就己之位而哭。 ⑭三踊:一踊为三跳,三踊为九跳。踊:跳。《礼记·檀弓下》:“辟踊,哀之至也。”辟踊指女辟(捶胸)男踊。 ⑮“书曰”二句:归父遭变故而不废君命,依礼致哀,故善之。

成　公[①]

经

元年春[②],王正月,公即位。

二月辛酉[③],葬我君宣公。

无冰[④]。

三月,作丘甲[⑤]。

夏,臧孙许及晋侯盟于赤棘[⑥]。

秋,王师败绩于茅戎[⑦]。

冬十月。

〔注释〕

①成公:名黑肱,宣公之子,公元前590年—公元前573年在位。《谥法》:“安民立政曰成。”　②元年:公元前590年。③辛酉:二十八日。　④无冰:周之二月,当夏之十二月,而无冰,故以为异而书之。　⑤丘甲:以丘为单位,出一定数量的军赋。此当为新增之措施。丘:古代地域区划单位。《周礼·地官·小司徒》云:“九夫为井,四井为邑,四邑为丘,四丘为甸。”　⑥赤棘:晋地。未详。　⑦茅戎:戎之别种,在今河南济源市西。《公羊传》《穀梁传》作“贸戎”。

传

元年春，晋侯使瑕嘉平戎于王[①]，单襄公如晋拜成[②]。刘康公徼戎[③]，将遂伐之。叔服曰[④]："背盟而欺大国[⑤]，此必败！背盟，不祥；欺大国，不义。神、人弗助，将何以胜？"不听，遂伐茅戎。三月癸未[⑥]，败绩于徐吾氏[⑦]。

〔注释〕

①瑕嘉：詹嘉。晋大夫，食邑于瑕。平戎于王：调和戎人与周王室的矛盾。文公十七年，周甘歜败戎于邥垂。瑕嘉平戎，当在此后不久。 ②单襄公：单朝。周卿士。 ③刘康公：王季子。徼戎：对戎存侥幸之心。指欲乘其无备而败之。 ④叔服：周内史。 ⑤大国：指晋国。 ⑥癸未：二十日。 ⑦败绩：大崩。徐吾氏：茅戎内聚落之名。

为齐难故[①]，作丘甲。

〔注释〕

①"为齐"二句：宣公末年不事齐，惧齐来伐，故作丘甲。

闻齐将出楚师[①]，夏，盟于赤棘[②]。

〔注释〕

①齐将出楚师：齐师将与楚师共伐鲁。出：发。 ②"盟于"句：臧孙许与晋侯盟，《传》蒙经文省略会盟之人。

秋，王人来告败[①]。

〔注释〕

①“王人”句:王人败绩在三月,至秋始来告,故《经》书之。

冬,臧宣叔令修赋、缮完[①],具守备,曰:“齐、楚结好,我新与晋盟,晋、楚争盟,齐师必至。虽晋人伐齐[②],楚必救之,是齐、楚同我也[③]。知难而有备,乃可以逞[④]。”

〔注释〕

①臧宣叔:即臧孙许。修赋:修整军赋。赋:军备。缮完:修整加固城郭。完:坚,固。 ②虽:若。表示假设。 ③同我:谓共同对付鲁国。同:共。 ④逞:解。

经

二年春[①],齐侯伐我北鄙[②]。

夏四月丙戌[③],卫孙良夫帅师及齐师战于新筑[④],卫师败绩。

六月癸酉[⑤],季孙行父、臧孙许、叔孙侨如、公孙婴齐帅师会晋郤克、卫孙良夫、曹公子首及齐侯战于鞌[⑥],齐师败绩。

秋七月,齐侯使国佐如师。己酉[⑦],及国佐盟于袁娄[⑧]。

八月壬午[⑨],宋公鲍卒。

庚寅[⑩],卫侯速卒。

取汶阳田[⑪]。

冬,楚师、郑师侵卫。

十有一月,公会楚公子婴齐于蜀⑫。

丙申⑬,公及楚人、秦人、宋人、陈人、卫人、郑人、齐人、曹人、邾人、薛人、鄫人盟于蜀。

〔注释〕

①二年:公元前589年。 ②北鄙:北部边境。 ③丙戌:三十日。 ④新筑:卫地,在今河北魏县南。 ⑤癸酉:十八日。⑥公孙婴齐:子叔婴齐,叔肸之子。鞌(ān):齐地,在今山东历城县城内。 ⑦己酉:二十四日。 ⑧袁娄:地名,在今山东淄博市临淄镇西五十里。 ⑨壬午:二十八日。 ⑩庚寅:九月六日。⑪取汶阳田:晋使齐以济西田(济水西岸之地)归还鲁国。 ⑫公子婴齐:即子重。楚令尹。蜀:鲁地,在今山东泰安市西。 ⑬丙申:十三日。

传

二年春,齐侯伐我北鄙,围龙①。顷公之嬖人卢蒲就魁门焉②,龙人囚之③。齐侯曰:"勿杀!吾与而盟,无入而封④。"弗听。杀而膊诸城上⑤。齐侯亲鼓,士陵城⑥。三日,取龙。遂南侵,及巢丘⑦。

〔注释〕

①龙:鲁邑,在今山东泰安市东南五十里之龙乡。 ②卢蒲就魁:卢蒲为氏,就魁是名。门焉:攻打龙邑城门。 ③囚:俘。④无入而封:不进入你们的国境。封:疆界。 ⑤膊:暴。陈尸示众。 ⑥陵:升,登。 ⑦巢丘:鲁邑,当在龙之附近。

卫侯使孙良夫、石稷、宁相、向禽将侵齐[①],与齐师遇[②]。石子欲还,孙子曰:“不可。以师伐人,遇其师而还,将谓君何[③]?若知不能[④],则如无出[⑤]。今既遇矣,不如战也。”

夏,有[⑥]……

石成子曰[⑦]:“师败矣。子不少须[⑧],众惧尽。子丧师徒,何以复命?”皆不对[⑨]。又曰:“子,国卿也。陨子[⑩],辱矣。子以众退,我此[⑪]。”乃止,且告车来甚众[⑫]。齐师乃止,次于鞫居[⑬]。新筑人仲叔于奚救孙桓子[⑭],桓子是以免。

既[⑮],卫人赏之以邑[⑯],辞,请曲县、繁缨以朝[⑰],许之。

仲尼闻之,曰:“惜也,不如多与之邑。唯器与名[⑱],不可以假人,君之所司也[⑲]。名以出信[⑳],信以守器[㉑],器以藏礼[㉒],礼以行义[㉓],义以生利[㉔],利以平民[㉕],政之大节也[㉖]。若以假人,与人政也。政亡,则国家从之,弗可止也已。”

〔注释〕

①孙良夫:孙林父之父。石稷:石碏四世孙。宁相:宁俞之子。向禽将:姓向,名禽将。 ②与齐师遇:齐伐鲁还,与卫师遇于卫地。 ③谓君何:如君何。言无法向国君复命。谓:如,奈。④不能:不能战。 ⑤如:当,应当。 ⑥夏,有:此处有缺文,当是叙述新筑之战的文字。 ⑦石成子:石稷。 ⑧子:指孙良夫。须:待。谓留而御敌。 ⑨皆不对:众皆不欲御敌,故不对。⑩陨:通“抎”,失,损失。谓被俘。《说文》:“抎,有所失也。从手,云声。《春秋传》曰:‘抎子,辱矣。’” ⑪此:止。谓止而御敌。《说文》:“此,止也。” ⑫“且告”句:新筑人来救,故告令军中,以稳定军心。 ⑬鞫居:卫地,当距新筑不远。 ⑭仲叔于奚:新筑大夫。孙桓子:孙良夫。 ⑮既:既而。 ⑯之:指代仲

叔于奚。 ⑰曲县：古代钟磬等乐器悬挂在架上，地位不同，规格也不同。天子四面悬挂，象征宫室四面之墙，称宫悬；诸侯去其南面，剩三面，称轩悬，亦称曲悬；大夫又去其北面，东西两面悬挂，称判悬；士仅于东面或阶间悬挂，称特悬。县："悬"之本字。繁（pán）缨：亦称"樊缨"。马颈上的革带套环，及下垂之缨饰。各种车的等级不同，与之相配的缨饰也有区别，见《周礼·春官·巾车》。 ⑱"唯器"二句：器物名号，代表人的身分，故不可滥施于人。假：僭，滥。器：指服物仪仗。 ⑲司：主，掌管。 ⑳名以出信：名号（地位）产生威信。出：生。 ㉑守器：保有所得器物。守：持，保持。 ㉒藏：隐，包含。 ㉓礼以行义：礼是义的表现。㉔义以生利：行义然后能生利。 ㉕平：治。 ㉖大节：大体，根本。

孙桓子还于新筑，不入[①]，遂如晋乞师。臧宣叔亦如晋乞师[②]。皆主郤献子[③]。晋侯许之七百乘。郤子曰："此城濮之赋也[④]。有先君之明与先大夫之肃[⑤]，故捷。克于先大夫，无能为役[⑥]，请八百乘。"许之。郤克将中军，士燮佐上军[⑦]，栾书将下军[⑧]，韩厥为司马[⑨]，以救鲁、卫。臧宣叔逆晋师，且道之[⑩]。季文子帅师会之[⑪]。

及卫地，韩献子将斩人[⑫]，郤献子驰，将救之。至，则既斩之矣。郤子使速以徇。告其仆曰："吾以分谤也[⑬]。"

师从齐师于莘[⑭]。六月壬申[⑮]，师至于靡笄之下[⑯]。齐侯使请战，曰："子以君师辱于敝邑，不腆敝赋[⑰]，诘朝请见[⑱]。"对曰："晋与鲁、卫，兄弟也。来告曰：'大国朝夕释憾于敝邑之地[⑲]。'寡君不忍，使群臣请于大国，无令舆师淹于君地[⑳]。能进不能退，君无所辱命[㉑]。"齐侯曰："大夫之许[22]，寡人之愿也；若其不许，亦将见也。”齐高固入晋师[23]，桀石以投人[24]，禽之而乘其车[25]，系桑本焉[26]，以徇齐垒[27]，曰：“欲勇者贾余余勇[28]！”

癸酉，师陈于鞌。邴夏御齐侯，逢丑父为右[29]。晋解张御郤克[30]，郑丘缓为右[31]。齐侯曰：“余姑翦灭此而朝食[32]！”不介马而驰之[33]。郤克伤于矢，流血及屦[34]，未绝鼓音[35]，曰：“余病矣！”张侯曰[36]：“自始合[37]，而矢贯余手及肘[38]，余折以御[39]。左轮朱殷[40]，岂敢言病？吾子忍之！”缓曰：“自始合，苟有险[41]，余必下推车，子岂识之[42]？然子病矣。”张侯曰：“师之耳目[43]，在吾旗鼓，进退从之。此车一人殿之[44]，可以集事[45]，若之何其以病败君之大事也[46]？擐甲执兵[47]，固即死也[48]。病未及死，吾子勉之！”左并辔[49]，右援枹而鼓[50]。马逸[51]，不能止，师从之。齐师败绩。逐之，三周华不注[52]。

韩厥梦子舆谓己曰[53]：“旦辟左右[54]！”故中御而从齐侯[55]。邴夏曰：“射其御者，君子也[56]。”公曰：“谓之君子而射之，非礼也。”射其左，越于车下[57]。射其右，毙于车中[58]。綦毋张丧车[59]，从韩厥，曰：“请寓乘[60]。”从左右[61]，皆肘之[62]，使立于后。韩厥俯，定其右。逢丑父与公易位[63]。将及华泉[64]，骖絓于木而止[65]。丑父寝于轏中[66]，蛇出于其下，以肱击之[67]，伤而匿之[68]，故不能推车而及[69]。韩厥执絷前[70]，再拜稽首[71]，奉觞加璧以进[72]，曰：“寡君使群臣为鲁、卫请，曰：‘无令舆师陷入君地。’下臣不幸，属当戎行[73]，无所逃隐[74]，且惧奔辟，而忝两君[75]。臣辱戎士[76]，敢告不敏[77]，摄官承乏[78]。”丑父使公下，如华泉取饮[79]。郑周父御佐车[80],宛茷为右[81],载齐侯以免。韩厥献丑父。郤献子将戮之,呼曰:“自今无有代其君任患者[82],有一于此,将为戮乎?”郤子曰:“人不难以死免其君,我戮之,不祥。赦之,以劝事君者。”乃免之。

齐侯免,求丑父,三入三出[83]。每出,齐师以帅退[84]。入于狄卒,狄卒皆抽戈楯冒之[85]。以入于卫师,卫师免之。遂自徐关入[86]。齐侯见保者[87],曰:“勉之!齐师败矣。”辟女子[88],女子曰:“君免乎?”曰:“免矣。”曰:“锐司徒免乎[89]?”曰:“免矣。”曰:“苟君与吾父免矣,可若何?”乃奔[90]。齐侯以为有礼。既而问之,辟司徒之妻也[91]。予之石窌[92]。

晋师从齐师,入自丘舆[93],击马陉[94]。

齐侯使宾媚人赂以纪甗、玉磬与地[95]。不可,则听客之所为。宾媚人致赂[96]。晋人不可,曰:“必以萧同叔子为质[97],而使齐之封内尽东其亩[98]!”对曰:“萧同叔子非他,寡君之母也。若以匹敌[99],则亦晋君之母也。吾子布大命于诸侯,而曰必质其母以为信[100],其若王命何?且是以不孝令也。《诗》曰[101]:‘孝子不匮[102],永锡尔类。’若以不孝令于诸侯,其无乃非德类也乎[103]?先王疆理天下[104],物土之宜[105],而布其利,故《诗》曰[106]:‘我疆我理,南东其亩[107]。’今吾子疆理诸侯,而曰‘尽东其亩’而已。唯吾子戎车是利[108],无顾土宜,其无乃非先王之命也乎?反先王则不义[109],何以为盟主?其晋实有阙[110]。四王之王也[111],树德而济同欲焉[112]。五伯之霸也[113],勤而抚之,以役王命。今吾子求合诸侯,以逞无疆之欲[114]。《诗》曰[115]:‘布政优优[116],百禄是遒。’子实不优,而弃百禄,诸侯何害焉[117]!不然,寡君之命使臣,则有辞矣[118]。曰:‘子以君师辱于敝邑,不腆敝赋,以犒从者。畏君之震[119],师徒桡败[120]。吾子惠徼齐国之福[121],不泯其社稷[122],使继旧好,唯是先君之敝器、土地不敢爱。子又不许[123],请收合余烬[124],背城借一[125]。敝邑之幸[126],亦云从也。况其不幸,敢不唯命是听?’”鲁、卫谏曰[127]:“齐疾我矣[128]!其死亡者,皆亲昵也[129]。子若不许,雠我必甚。唯子则又何求[130]?子得其国宝,我亦得地[131],而纾于难[132],其荣多矣。齐、晋亦唯天所授[133],岂必晋?”晋人许之。对曰:“群臣帅赋舆以为鲁、卫请[134],若苟有以藉口而复于寡君[135],君之惠也。敢不唯命是听?”

禽郑自师逆公[136]。

秋七月,晋师及齐国佐盟于爰娄[137]。使齐人归我汶阳之田。公会晋师于上鄍[138],赐三帅先路三命之服[139],司马、司空、舆帅、候正、亚旅皆受一命之服[140]。

〔注释〕

①不入:不入国都。 ②臧宣叔:臧孙许,臧文仲之子。 ③“皆主”句:二人皆以郤克为主人(宿于其家)。郤克时为中军帅,欲雪使齐之耻。主:舍。 ④赋:军赋。指甲兵车马等。城濮之战,晋君出动战车七百乘。 ⑤先君:晋文公。先大夫:指先轸、赵衰、狐偃等。肃:才具敏捷。 ⑥无能为役:供其役使犹嫌不足。 ⑦士燮:士会之子。佐:原本作“将”,据纂图本、阮元《校勘记》、《宋本册府元龟》卷四二四及竹添光鸿说改。 ⑧栾书:栾盾之子。 ⑨韩厥:韩简之孙。司马:掌军法的官。

⑩道:为向导。 ⑪季文子:季孙行父。 ⑫韩献子:韩厥。⑬谤:非议。 ⑭莘(shēn):卫地,在今山东莘县北八里。 ⑮壬申:十七日。 ⑯靡笄(jī):山名。即历山,又称千佛山。在今山东济南市南十里。 ⑰腆(tiǎn):厚,丰厚。 ⑱诘朝(zhāo):明日早晨。见:两军相见。指打仗。 ⑲大国:指齐国。朝夕:旦暮,早晚。释憾:解恨。敝邑:鲁、卫自称。 ⑳"无令"句:欲速战以决胜负。舆师:军众。舆、师同义,皆训"众"。淹:久。㉑"君无"句:谓即使没有齐侯请战之命,亦将一战。所:语助词,无义。 ㉒之:若。表示假设。 ㉓高固:齐上卿。 ㉔桀:揭,举。投:掷。 ㉕禽:同"擒"。 ㉖桑本:桑根。桑根颜色显眼,故系之以示异于他人之车。 ㉗垒:营垒。 ㉘贾:买。 ㉙逢(páng)丑父:人名。右:车右。 ㉚解(xiè)张:晋大夫。 ㉛郑丘缓:晋大夫。郑丘是氏,缓是名。 ㉜姑:且。翦灭:消灭。翦、灭二字同义。朝食:会食。朝:会。 ㉝不介马:不给马披甲。介:甲。用作动词。 ㉞屦(jù):鞋。 ㉟未绝鼓音:谓始终指挥军队前进。古代车战,主帅居中,亲掌旗鼓,指挥军队。 ㊱张侯:即解张。字张,名侯。 ㊲合:接战。 ㊳"而矢"句:《史记·齐太公世家》云:"我始入,再伤。"则张侯身中两箭,一贯手掌,一贯肘。 ㊴折以御:折断箭杆继续驾车。 ㊵朱殷(yān):红黑色。殷:赤黑色。血色红,久则殷。 ㊶苟:但,只要。 ㊷识:知。 ㊸"师之"三句:谓旗鼓为全军注目,三军皆随之进退。《孙子兵法·军争》:"言不相闻,故为鼓铎;视不相见,故为旌旗。夫金鼓旌旗者,所以一民之耳目也。" ㊹殿:镇,镇守。 ㊺集事:成事。 ㊻若之何:奈何。其:乃。 ㊼擐(huàn):穿,著。执:持。 ㊽固即死也:谓死伤在所难免。固:本来。即:就。㊾左并辔:御者本双手执辔,此时并于左手。 ㊿援:取。桴(fú)鼓槌。 51逸:狂奔。 52三周华不注:围着华不注山跑了三圈。

华不注：山名，在今山东济南市东北。 ⑤③子舆：韩厥之父。⑤④旦：原本作“且”，据阮元《校勘记》、《宋本册府元龟》卷八四五改。 ⑤⑤“故中御”句：古代军制，天子、诸侯或主帅立于兵车之中，在鼓之下。若非主帅，则御者在中。韩厥欲避左右，故居中代御者。 ⑤⑥君子：指地位高的人（谓非御者）。 ⑤⑦越：坠，坠落。⑤⑧毙：仆倒。 ⑤⑨綦毋（qí wú）张：晋大夫，姓綦毋，名张。⑥⓪寓：寄。 ⑥①从左右：欲居车之左右。从：就。 ⑥②肘之：以肘止之。 ⑥③易位：掉换位置。齐顷公本居中，逢丑父在右，现在二人互换。 ⑥④华泉：泉名。在华不注山下，流入济水。 ⑥⑤骖：骖马。驾车四马中在两旁者。絓：绊住。 ⑥⑥辗（zhàn）：栈车。役车。 ⑥⑦肱：手臂。 ⑥⑧匿：藏。谓隐瞒。 ⑥⑨及：被追上。⑦⓪执絷（zhí）：表示执臣仆之礼。絷：缚马足的绳索。原文有“马”字，据《说文·马部》引《春秋传》及段注删。 ⑦①稽（qǐ）首：叩首至地。古时最重的跪拜礼。 ⑦②奉觞加璧：亦用以表示礼敬。奉觞：举杯敬酒。 ⑦③属（zhǔ）：适，刚好。戎行：兵车的行列。⑦④逃隐：躲藏，藏匿。逃、隐义同。 ⑦⑤忝：辱。两君：指晋君、齐君。 ⑦⑥臣辱戎士：我忝居戎士之列。 ⑦⑦不敏：不才。敏：才。《国语·齐语》：“尽其四支之敏。”韦昭注：“敏，犹材也。” ⑦⑧摄官承乏：谓晋国缺乏人才，故充任其官。承：继，接替。乏：缺。言将履行职责，与齐侯同归（即俘虏齐君）。摄：代理。 ⑦⑨取饮：取水。实际上是让齐侯逃跑。古代打仗时君臣将士军服相同，此时逢丑父与齐侯交换了位置，故逢丑父冒充齐侯。 ⑧⓪佐车：副车。 ⑧①宛茷（fěi）：与上文郑周父都是齐大夫。 ⑧②“自今”三句：谓己代齐侯受难，竟然被杀，今后将无人愿意代君任患。自今：从今，今后。任：当，承担。将：乃。 ⑧③三入三出：齐侯因逢丑父代己受难，故三入敌阵以求之。 ⑧④“齐师”句：谓齐师整顿军队，督励想撤退的士兵。帅：劝，鼓励。 ⑧⑤抽：出。楯：同

“盾”。冒:覆。谓护卫。 ⑧⑥徐关:齐地,在今山东淄博市西南。⑧⑦保者:守卫者。 ⑧⑧辟女子:使当道的女子回避。 ⑧⑨锐司徒:主管锐利兵器(如戈、矛之类)者。 ⑨⓪奔:奔走避齐君。 ⑨①辟司徒:主管军垒者。辟:通“壁”。 ⑨②石窌(liù):齐地,在今山东济南市长清区东南三十里。 ⑨③丘舆:齐邑,在今山东青州市西南。 ⑨④马陉(xíng):齐邑,在今山东青州市西南。 ⑨⑤宾媚人:国佐。齐上卿。甗(yǎn):古炊器。用青铜或陶制成,分两层,上可蒸,下可煮。甗与玉磬皆齐灭纪所得。 ⑨⑥赂:财货。即上文所言甗、玉磬、土地。 ⑨⑦萧同叔子:萧君之女。即齐顷公母。同叔:萧君之字。子:女。 ⑨⑧封内:境内。尽东其亩:使田垄一律东西向。 ⑨⑨匹敌:对等,相当。匹:敌。 ⑩⓪而:乃。 ⑩①《诗》曰:引文出自《诗·大雅·既醉》。 ⑩②“孝子”二句:谓孝子无有穷尽,长赐人以法度。匮:尽。锡:赐。类:法。《方言》卷七:“肖、类,法也。” ⑩③非德类:不合于道德法度。类:法。也乎:二字同义,表示反问语气。也:同“耶”。 ⑩④疆理:划分疆界而治理之。 ⑩⑤“物土”二句:考察土地之所宜,决定适合种植之作物。物:相,考察。利:物。 ⑩⑥《诗》曰:引文出自《诗·小雅·信南山》。 ⑩⑦南东其亩:田垄或南北向,或东西向。 ⑩⑧“唯吾子”句:晋在齐之西,如齐田垄东西向,晋国伐齐,易于通行。⑩⑨反:违,违反。 ⑪⓪阙:过失。 ⑪①四王:谓禹、汤、文、武。 ⑪②树德:立德。济:成。 ⑪③五伯:指夏伯昆吾,商伯大彭、豕韦,周伯齐桓、晋文。 ⑪④逞:满足。无疆:无止境。 ⑪⑤《诗》曰:引文出自《诗·商颂·长发》。 ⑪⑥“布政”二句:谓商汤施政和缓,故百福来聚。布:施。优优:形容宽缓。百禄是遒:即遒百禄。禄:福。遒:聚。 ⑪⑦何害:何伤。 ⑪⑧则:其。 ⑪⑨震:威。 ⑫⓪桡败:谓战败。桡、败同义。《文选》卷五十七颜延年《阳给事诔》:“投命徇节,在危无挠。”李善注:“《左氏传》曰‘师徒挠败’,杜预曰:

‘挠，败也。’” ⑫惠：加惠。徼：求。 ⑫泯：灭。社稷：土神和谷神，是古代国家的象征。 ⑫又：若，如果。表示假设。 ⑫收合：聚合。收：聚，合。余烬（jìn）：剩余，残余。余、烬为同义复词。喻战败后残余之众。 ⑫背城借一：背城而列，以借一战。谓最后决一死战。 ⑫“敝邑”二句：即使齐侥幸取胜，犹将服从晋国。此为外交辞令。亦：犹。云：语助词，无义。 ⑫谏：谏郤克。 ⑫疾：怨恨。 ⑫亲昵：亲近之人。 ⑬唯：虽，即使。⑬得地：得齐退还之侵地。本年《传》云：“（秋）取汶阳田。”⑬荣：得。 ⑬亦：语助词，无义。授：予。指佑助。 ⑬赋舆：兵众。 ⑬“若苟”句：如果齐国答应晋国的一些条件，使我们好向国君交代。若苟：如果。若、苟二字同义。藉口：借他人之言。口：言语。 ⑬禽郑：鲁大夫。成公自鲁来与晋师相会，禽郑从军中前往迎接。 ⑬爰娄：即袁娄。见《经》注。 ⑬上鄍（míng）：齐、卫交界之地，在今山东阳谷县。 ⑬三帅：郤克、士燮、栾书。先路：车名。《礼记·郊特牲》记载路有大路、先路、次路三种。据《左传》，此三路常用于赏赐。三命：周代官爵分为九等，称九命。公、侯伯之卿三命。《周礼·春官·典命》：“壹命受职，再命受服，三命受位。”诸侯之卿三命，得立位于王朝。服：指相应的器物仪仗。 ⑭司马、司空：与下“亚旅”皆为大夫。舆帅：主兵车之官。候正：主斥候（侦探敌情者）之官。一命：九等官爵中最低的一等。

八月，宋文公卒。始厚葬，用蜃炭①，益车马②，始用殉③，重器备④。椁有四阿⑤，棺有翰桧⑥。

君子谓华元、乐举于是乎不臣⑦。臣，治烦去惑者也⑧，是以伏死而争⑨。今二子者，君生则纵其惑，死又益其侈⑩，

是弃君于恶也，何臣之为[11]？

〔注释〕

①蜃(shèn)炭：用蜃(蛤蜊)烧成之灰。蜃炭具有吸湿之功用。 ②益车马：增加随葬之车马。 ③用殉：用活人陪葬。④重(chóng)：重复。谓不止一份。器备：器具。备：器物。襄公五年《传》："无重器备。" ⑤椁有四阿：用木材堆砌的外棺四边都有伸出的边沿(类似屋檐)。 ⑥翰桧：棺木两边的彩绘装饰叫翰，棺盖的装饰叫桧。 ⑦谓：以为。华元、乐(yuè)举：二人为宋执政大臣。 ⑧烦：乱。 ⑨伏死：甘愿舍弃生命。 ⑩侈：过。⑪何臣之为：何臣之有。即不成其为臣子。为：有。

九月，卫穆公卒。晋三子自役吊焉[1]，哭于大门之外[2]。卫人逆之[3]，妇人哭于门内[4]，送亦如之。遂常以葬[5]。

〔注释〕

①晋三子：晋之三帅。指郤克、士燮、栾书。三：原本作"二"，据纂图本、阮元《校勘记》、杨伯峻说改。 ②"哭于"句：依礼本应进门登堂哭吊，但此时三人尚未回国复命，故不敢成礼。③逆之：谓迎而就之，于门外设丧位。 ④"妇人"句：据《礼记·丧大记》，妇人哭于堂。此哭于门内，亦因宾在门外而变通之法。⑤遂常以葬：以后遂以为葬礼之常。

楚之讨陈夏氏也[1]，庄王欲纳夏姬[2]。申公巫臣曰[3]："不可。君召诸侯，以讨罪也。今纳夏姬，贪其色也。贪色为淫，淫为大罚。《周书》曰：'明德慎罚[4]。'文王所以造周也[5]。明德，务崇之之谓也[6]。慎罚，务去之之谓也[7]。若

兴诸侯,以取大罚[8],非慎之也。君其图之!”王乃止。子反欲取之[9]。巫臣曰:“是不祥人也。是夭子蛮[10],杀御叔[11],杀灵侯[12],戮夏南[13],出孔、仪[14],丧陈国[15],何不祥如是?人生实难[16],其有不获死乎?天下多美妇人,何必是?”子反乃止。王以予连尹襄老[17]。

襄老死于邲[18],不获其尸。其子黑要烝焉[19]。巫臣使道焉[20],曰:“归[21],吾聘女[22]。”又使自郑召之[23],曰:“尸可得也[24],必来逆之。”姬以告王。王问诸屈巫[25]。对曰:“其信[26]。知罃之父[27],成公之嬖也[28],而中行伯之季弟也[29]。新佐中军,而善郑皇戌[30],甚爱此子,其必因郑而归王子与襄老之尸以求之[31]。郑人惧于邲之役而欲求媚于晋[32],其必许之!”王遣夏姬归。将行,谓送者曰:“不得尸[33],吾不反矣。”巫臣聘诸郑[34],郑伯许之。

及共王即位[35],将为阳桥之役[36],使屈巫聘于齐,且告师期[37]。巫臣尽室以行[38]。申叔跪从其父将适郢[39],遇之,曰:“异哉!夫子有三军之惧[40],而又有《桑中》之喜[41],宜将窃妻以逃者也[42]。”及郑,使介反币[43],而以夏姬行。将奔齐,齐师新败,曰:“吾不处不胜之国。”遂奔晋。而因郤至[44],以臣于晋。晋人使为邢大夫[45]。

子反请以重币锢之[46]。王曰:“止!其自为谋也,则过矣[47]。其为吾先君谋也,则忠。忠,社稷之固也[48],所盖多矣[49]。且彼若能利国家,虽重币,晋将可乎[50]?若无益于晋,晋将弃之,何劳锢焉?”

〔注释〕

①“楚之”句：夏征舒杀陈灵公，楚庄王讨而杀之，事见宣公十一年《传》。 ②夏姬：御叔之妻，夏征舒之母。 ③申公巫臣：申大夫，名巫臣。 ④明德慎罚：此节用《尚书·康诰》之文。明：尊。慎：谨，谨慎。 ⑤造：创，创建。 ⑥崇之：崇德。崇：尊。 ⑦去之：去罚。 ⑧取大罚：淫为大罚。 ⑨子反：楚公子侧。 ⑩是：此。指夏姬。夭子蛮：使子蛮早死。子蛮盖为夏姬初嫁之夫。昭公二十八年《传》谓夏姬杀三夫。 ⑪御叔：陈大夫。夏姬之夫，夏征舒之父。 ⑫灵侯：陈灵公。 ⑬夏南：夏征舒，夏姬之子。 ⑭出孔、仪：使孔宁、仪行父出奔在外。 ⑮丧陈国：楚讨夏征舒，曾一度灭陈。丧：亡。 ⑯“人生”二句：谓人活着不易，要死却很容易。谓不必娶夏姬以求死。 ⑰连尹襄老：楚大夫。官连尹，名襄老。 ⑱死于邲：邲之战，襄老为荀首（知庄子）射杀。见宣公十二年《传》。 ⑲黑要：襄老之子。烝焉：与夏姬私通。上淫（与长辈通奸）曰烝。 ⑳道：通“导”，诱。㉑归：回郑国母家。 ㉒聘：娶以为妻。 ㉓自郑召之：自郑召夏姬使归。 ㉔“尸可”二句：谓襄老之尸可得，然须夏姬至郑迎之。 ㉕屈巫：即巫臣。 ㉖其信：大概是真的。 ㉗知罃之父：荀首。邲之战，知罃为楚俘获。 ㉘嬖：宠臣。 ㉙中行伯：荀林父。邲之战，荀林父为晋军主帅。 ㉚善：交好。皇戌：郑大夫。㉛其必：必定。其、必同义。因：由，通过。王子：楚公子谷臣。邲之战为荀首所擒获。求之：求取知罃。 ㉜求媚：取悦。 ㉝“不得”二句：此为夏姬与巫臣出奔不返之借口。 ㉞聘夏姬为妻。㉟“及共王”句：楚共王即位在上年。 ㊱阳桥之役：见下文。阳桥：地名，在今山东泰安市西北。 ㊲师期：出师之日期。 ㊳尽室：尽携家中财产。室：家产。 ㊴申叔跪：申叔时之子。郢：楚都，在今湖北江陵县北。 ㊵夫子：古代对男子的敬称。有三军

之惧：谓有军事使命在身。惧：忧。 ㊶《桑中》：《诗·卫风》篇名。此诗描写男女相恋幽会之事。 ㊷宜：殆。 ㊸介：副使，助使者行礼者。币：指准备聘齐的礼品。 ㊹因：依。郤至：郤克的族侄。 ㊺邢大夫：邢之长官。邢为晋邑，在今河北邢台市。 ㊻重币：厚礼。锢：禁锢。使不得出仕。 ㊼则：乃。过：失，失误。 ㊽社稷之固：社稷之屏障。 ㊾盖：覆，遮盖。 ㊿将：岂。可：许。

晋师归，范文子后人①。武子曰②："无为吾望尔也乎③？"对曰："师有功，国人喜以逆之。先入，必属耳目焉④，是代帅受名也，故不敢。"武子曰："吾知免矣⑤。"

郤伯见⑥，公曰："子之力也夫⑦！"对曰："君之训也⑧，二三子之力也，臣何力之有焉！"范叔见⑨，劳之如郤伯。对曰："庚所命也⑩，克之制也⑪，燮何力之有焉！"栾伯见⑫，公亦如之。对曰："燮之诏也⑬，士用命也，书何力之有焉！"

〔注释〕

①范文子：士燮。 ②武子：士会。士燮之父。 ③为：使，令。 ④属(zhǔ)：注，聚。 ⑤免：免于祸患。 ⑥郤伯：郤克，字伯。 ⑦力：功。 ⑧训：教，教训。 ⑨范叔：即范文子。 ⑩庚：荀庚。时为上军帅。此役荀庚未行，士燮代将，故称帅以让。所：之。 ⑪制：命。郤克为中军帅，统帅全军。 ⑫栾伯：栾书，下军主帅。 ⑬诏：命。《国语·晋语五》云："书也受命于上军，以命下军之士。"

宣公使求好于楚①，庄王卒②，宣公薨，不克作好③。公

即位,受盟于晋[4],会晋伐齐[5]。卫人不行使于楚,而亦受盟于晋[6],从于伐齐。故楚令尹子重为阳桥之役以救齐[7]。将起师,子重曰:"君弱[8],群臣不如先大夫,师众而后可。《诗》曰[9]:'济济多士[10],文王以宁。'夫文王犹用众,况吾侪乎[11]?且先君庄王属之曰[12]:'无德以及远方,莫如惠恤其民而善用之[13]。'"乃大户[14],已责[15],逮鳏[16],救乏,赦罪,悉师,王卒尽行[17]。彭名御戎[18],蔡景公为左,许灵公为右。二君弱[19],皆强冠之。

冬,楚师侵卫,遂侵我,师于蜀[20]。使臧孙往[21]。辞曰:"楚远而久[22],固将退矣。无功而受名,臣不敢。"楚侵及阳桥,孟孙请往[23],赂之以执斫、执针、织纴[24],皆百人,公衡为质[25],以请盟。楚人许平[26]。

十一月,公及楚公子婴齐、蔡侯、许男、秦右大夫说、宋华元、陈公孙宁、卫孙良夫、郑公子去疾及齐国之大夫盟于蜀[27]。卿不书[28],匮盟也。于是乎畏晋而窃与楚盟[29],故曰匮盟。蔡侯、许男不书[30],乘楚车也,谓之失位。

君子曰:"位其不可不慎也乎!蔡、许之君,一失其位,不得列于诸侯,况其下乎!《诗》曰[31]:'不解于位[32],民之攸塈。'其是之谓矣。"

楚师及宋,公衡逃归。臧宣叔曰:"衡父不忍数年之不宴[33],以弃鲁国,国将若之何?谁居[34]?后之人必有任是夫[35]!国弃矣。"

是行也[36],晋辟楚,畏其众也。君子曰:"众之不可以已也[37]。大夫为政[38],犹以众克,况明君而善用其众乎?《大

誓》所谓‘商兆民离[39]，周十人同[40]’者，众也[41]。”

〔注释〕

①宣公使求好于楚，事见宣公十八年《传》。 ②“庄王”二句：楚庄王卒于宣公十八年，其年，鲁宣公亦薨。 ③不克作好：未能缔结友好关系。作：成。 ④受盟于晋：上年与晋盟于赤棘。⑤会晋伐齐：即此年鞌之战。 ⑥亦：又。 ⑦子重：公子婴齐，楚庄王弟。 ⑧君弱：楚共王此时仅十二三岁。 ⑨《诗》曰：引文出自《诗·大雅·文王》。 ⑩“济济”二句：言国之贤士众多，文王赖之得安。济济：形容众多。 ⑪侪（chái）：辈。 ⑫属：通“嘱”，嘱咐。 ⑬惠恤：善待。惠：爱。恤：体恤。善用：很好地加以利用。 ⑭大户：清点户口。大：遍。户：名词用如动词。 ⑮已责：免除拖欠之债务。已：去，除去。责：同“债”。 ⑯逮鳏（guān）：施及老人。逮：及。老而无夫、无妻皆可曰鳏。 ⑰王卒：楚王近卫部队。行：出。 ⑱“彭名”三句：王卒尽行，故王之戎车亦行。令蔡、许二君当左右之位。彭名：楚大夫。 ⑲“二君”二句：蔡、许之君年幼，勉强而行冠礼。冠为男子成人之礼，士二十而冠。⑳蜀：鲁地，在今山东泰安市西。 ㉑臧孙：臧孙许，鲁大夫。㉒楚远而久：楚军远征，且在外日久。 ㉓孟孙：仲孙蔑。 ㉔执斫：木工。执针：女工。织纴：织造缯帛的人。 ㉕公衡：鲁成公子。 ㉖平：和解。 ㉗右大夫说（yuè）：右大夫名说。 ㉘“卿不书”二句：《春秋》不书各国卿名（齐国与盟者非卿除外），因为这次会盟没有诚信。匮盟：有名无实之盟。匮：空。 ㉙“于是”句：此时鲁、卫、曹、宋等国畏惧晋国，偷偷地和楚国结盟，并非诚心从楚。 ㉚“蔡侯”三句：《春秋》不书蔡、许之君，因为他们乘楚王之车，而充当车左、车右，失其本位（君位）。位：爵位。㉛《诗》曰：引文出自《诗·大雅·假乐》。 ㉜“不解”二句：言

在位者不懈怠，百姓就能得到休息。解：同“懈”。塈（jì）：息。㉝衡父：即公衡。宴：安。 ㉞谁居：言楚将来伐，无人能安居。居：安。 ㉟“后之”句：言后之人必有当此患者。任：承担，担当。是：此。 ㊱是行：此举。行：举。 ㊲以：原本无此字，据纂图本、阮元《校勘记》、杨伯峻说补。已：去。谓弃而不用。㊳大夫：指子重。楚令尹。 ㊴《大誓》：即《太誓》，《尚书》篇名。今见古文《尚书·周书》。商兆民离：商之民众极多，而离心离德。兆民：极言民众之多。古代天子之民称兆民，诸侯曰万民。㊵周十人同：谓周有十位贤臣，同心同德。《左传·昭公二十四年》：“《大誓》曰：‘纣有亿兆夷人，亦有离德。余有乱臣十人，同心同德。’”同：合。 ㊶众也：言民离则弱，合则众。

晋侯使巩朔献齐捷于周[①]。王弗见，使单襄公辞焉[②]，曰：“蛮夷戎狄，不式王命[③]，淫湎毁常[④]，王命伐之，则有献捷。王亲受而劳之，所以惩不敬，劝有功也。兄弟甥舅[⑤]，侵败王略[⑥]，王命伐之，告事而已，不献其功，所以敬亲昵[⑦]，禁淫慝也[⑧]。今叔父克遂[⑨]，有功于齐，而不使命卿镇抚王室[⑩]，所使来抚余一人[⑪]，而巩伯实来[⑫]，未有职司于王室[⑬]，又奸先王之礼[⑭]，余虽欲于巩伯[⑮]，其敢废旧典以忝叔父[⑯]？夫齐[⑰]，甥舅之国也，而大师之后也[⑱]，宁不亦淫从其欲以怒叔父[⑲]，抑岂不可谏诲[⑳]？”士庄伯不能对[㉑]。王使委于三吏[㉒]，礼之如侯伯克敌使大夫告庆之礼[㉓]，降于卿礼一等[㉔]。王以巩伯宴[㉕]，而私贿之[㉖]。使相告之曰[㉗]：“非礼也，勿籍[㉘]。”

〔注释〕

①巩朔:晋大夫。献齐捷:进献俘虏的齐军士卒和战利品。捷:获。 ②单襄公:周卿士。焉:之。 ③式:用。 ④淫湎:沉湎。指沉溺于嗜欲。淫、湎同义。毁常:废弃法度。常:法。 ⑤兄弟:指同姓诸侯。甥舅:指异姓诸侯。 ⑥侵败王略:败坏周之法度。侵:犯。略:法。 ⑦亲昵:亲近之人。 ⑧淫慝(tè):邪恶之人。淫、慝二字同义。 ⑨"今叔父"句:谓晋君伐齐得胜。叔父:周王称同姓诸侯为伯父、叔父。克:能。遂:成,成功。 ⑩"而不"句:谓不使天子所命之卿出使于周。巩朔为上军大夫,非命卿,名位不达于王室。镇抚:安,安定。镇、抚同义。 ⑪余一人:天子自称。 ⑫巩伯:巩朔。 ⑬"未有"句:《礼记·王制》:"大国三卿,皆命于天子;次国三卿,二卿命于天子。"巩朔非王室任命之卿,故曰"未有职司于王室"。职司:官职,职位。 ⑭又:若。表示假设。奸(gān):犯。 ⑮欲:好,喜好。 ⑯其:岂。典:礼。忝:辱。 ⑰"夫齐"二句:周、齐世为婚姻,当时王后亦是齐女,故曰甥舅之国。 ⑱大师:齐始封之君姜尚,为周太师。 ⑲宁:岂,难道。不:语助词,无义。淫从:淫纵,放纵。淫:纵。 ⑳抑:语助词,无义。谏诲:谏,规谏。二字同义。 ㉑士庄伯:巩朔。 ㉒委:嘱,托付。三吏:三公,三卿。 ㉓"礼之"句:谓不用献捷礼,而用告庆礼。 ㉔"降于"句:以低于卿一等的礼接待巩朔。 ㉕以:与。 ㉖私贿之:私下赠送给巩朔财货。 ㉗相:助主人行礼者。 ㉘籍:书。指不书于史策。

经

三年春①,王正月,公会晋侯、宋公、卫侯、曹伯伐郑。

辛亥②,葬卫穆公。

二月,公至自伐郑。

甲子③,新宫灾④,三日哭⑤。

乙亥⑥,葬宋文公。

夏,公如晋。

郑公子去疾帅师伐许。

公至自晋。

秋,叔孙侨如帅师围棘⑦。

大雩⑧。

晋郤克、卫孙良夫伐廧咎如⑨。

冬十有一月,晋侯使荀庚来聘。

卫侯使孙良夫来聘。

丙午⑩,及荀庚盟。

丁未⑪,及孙良夫盟。

郑伐许。

〔注释〕

①三年:公元前588年。 ②辛亥:二十九日。 ③甲子:十二日。 ④新宫:宣公庙。宫是庙的别称。三年丧毕,新主(神主)迁入庙,旧主祧迁,宫室亦粉饰一新,故称新宫。灾:天火曰灾。 ⑤三日哭:《礼记·檀弓下》:"有焚其先人之室,则三日哭。" ⑥乙亥:二十三日。 ⑦棘:地名,在今山东泰安市西南。⑧雩(yú):求雨之祭。不时,故书。 ⑨廧咎(qiáng gāo)如:赤狄之别种。在今山西太原市一带。一说在今河南安阳市西南。⑩丙午:二十九日。 ⑪丁未:三十日。

传

三年春，诸侯伐郑[①]，次于伯牛[②]，讨邲之役也[③]。遂东侵郑。郑公子偃帅师御之[④]，使东鄙覆诸鄤[⑤]，败诸丘舆[⑥]。皇戌如楚献捷[⑦]。

〔注释〕

①诸侯：指鲁、晋、宋、卫、曹五国诸侯。《传》蒙经文省略。 ②伯牛：郑地。未详何处。 ③邲之役：在宣公十二年。郑有贰心，故讨之。 ④公子偃：郑穆公子。 ⑤东鄙：指东部边境的军队。鄙：边境。覆：设伏阻击。鄤（mán）：地名，在郑东部边境。 ⑥丘舆：地名，当在鄤附近。 ⑦戌：原本作“戍”，据纂图本、阮元《校勘记》改。献捷：进献俘虏和战利品。

夏，公如晋[①]，拜汶阳之田。

〔注释〕

①“公如”二句：上年晋使齐以汶阳之田还鲁，故往答谢之。

许恃楚而不事郑，郑子良伐许[①]。

晋人归公子谷臣与连尹襄老之尸于楚[②]，以求知罃。于是荀首佐中军矣，故楚人许之。王送知罃，曰：“子其怨我乎[③]？”对曰：“二国治戎[④]，臣不才，不胜其任，以为俘馘[⑤]。执事不以衅鼓[⑥]，使归即戮[⑦]，君之惠也。臣实不才，又谁敢怨？”王曰：“然则德我乎？”对曰：“二国图其社稷，而求纾其民[⑧]，各惩其忿[⑨]，以相宥也[⑩]，两释累囚[⑪]，以成其好。二国

有好⑫，臣不与及，其谁敢德⑬？”王曰：“子归，何以报我？”对曰：“臣不任受怨⑭，君亦不任受德。无怨无德，不知所报。”王曰：“虽然，必告不穀。”对曰：“以君之灵⑮，累臣得归骨于晋，寡君之以为戮⑯，死且不朽⑰。若从君之惠而免之，以赐君之外臣首⑱，首其请于寡君⑲，而以戮于宗⑳，亦死且不朽。若不获命㉑，而使嗣宗职㉒，次及于事㉓，而帅偏师以修封疆㉔，虽遇执事㉕，其弗敢违㉖。其竭力致死㉗，无有二心，以尽臣礼，所以报也。”王曰：“晋未可与争。”重为之礼而归之㉘。

〔注释〕

①子良：公子去疾，郑穆公之子。 ②“晋人”二句：邲之战，楚俘获知罃，知罃之父荀首俘获楚庄王之子谷臣，杀死连尹襄老而得其尸。此时晋以此二者换取知罃。原本“归”字后有“楚”字，据纂图本、《四部丛刊》本删。 ③其：或。 ④治戎：治兵。谓交战。 ⑤俘馘（guó）：战利品。指俘虏。馘：杀人取其左耳。 ⑥衅鼓：祭鼓。衅：用血祭祀。 ⑦即戮：就死。戮：杀。 ⑧纾：缓。 ⑨惩：止。谓消除。 ⑩宥：宽赦。 ⑪纍囚：俘虏。累、囚同义。下文“累臣”同。 ⑫“二国”二句：谓因两国和好而释放俘虏，与己无关。有：亲。 ⑬其：又。 ⑭任受：承受，担当。任、受二字同义。 ⑮以君之灵：即托君之福。 ⑯之：若，如果。表示假设。 ⑰死且不朽：谓虽死犹生。 ⑱赐：与。外臣：对异国君主自称之辞。首：荀首。 ⑲其：若。 ⑳宗：宗庙。 ㉑不获命：所请不被应允。谓晋君不杀他。获：得。 ㉒嗣宗职：继承世职。 ㉓次：以次。及于事：指担任官职。事：职。 ㉔偏师：军队之一部，相对于全体而言。此指军队，是比较委婉的说法。

修:巡,巡视。 ㉕执事:指楚将帅。 ㉖其:将。违:躲避。 ㉗致死:拼死。 ㉘重为之礼:谓与之厚礼。重:厚。

秋,叔孙侨如围棘[1],取汶阳之田。棘不服,故围之。

〔注释〕

①叔孙侨如:叔孙得臣子。

晋郤克、卫孙良夫伐廧咎如,讨赤狄之余焉[1]。廧咎如溃[2],上失民也。

〔注释〕

①赤狄:狄之别族,因衣服尚赤而得名,居地主要在今山西长治县北、黎城县西一带。 ②溃:民逃其上曰溃。

冬十一月,晋侯使荀庚来聘[1],且寻盟[2]。卫侯使孙良夫来聘[3],且寻盟[4]。公问诸臧宣叔曰[5]:"中行伯之于晋也[6],其位在三[7]。孙子之于卫也,位为上卿。将谁先?"对曰:"次国之上卿[8],当大国之中[9],中当其下[10],下当其上大夫[11]。小国之上卿[12],当大国之下卿,中当其上大夫,下当其下大夫。上下如是,古之制也[13]。卫在晋[14],不得为次国。晋为盟主[15],其将先之。"丙午,盟晋;丁未,盟卫,礼也。

〔注释〕

①荀庚:荀林父子。 ②寻盟:寻元年赤棘之盟。寻:温,重申。 ③孙良夫:卫之正卿。 ④寻宣公七年之盟。 ⑤臧宣

叔:臧孙许。鲁大夫。 ⑥中行伯:即荀庚。 ⑦其位在三:荀庚当时任上军帅,地位在中军帅、佐之下。 ⑧次国:第二等的国家。指侯、伯。 ⑨当:对。谓对应。中:中卿。 ⑩下:下卿。⑪次国之卿大夫皆降大国一等。 ⑫"小国"四句:小国卿、大夫皆降大国二等。 ⑬古之制:古制,公为大国,侯、伯为次国,子、男为小国。 ⑭"卫在"二句:卫对晋国而言,不能算是次国。春秋时以强弱论大小,故卫虽侯爵,犹为小国。在:于。得:能。⑮"晋为"二句:卫降于晋二等,则孙良夫与荀庚地位相当。然晋为盟主,故当先晋。将:当。

十二月甲戌[①],晋作六军[②]。韩厥、赵括、巩朔、韩穿、荀骓、赵旃皆为卿[③],赏鞌之功也[④]。

〔注释〕

①甲戌:二十七日。 ②六军:晋原有上、中、下三军,今又增设新上军、新中军、新下军,为六军。 ③"韩厥"句:韩厥将新中军,赵括佐之;巩朔将新上军,韩穿佐之;荀骓将新下军,赵旃佐之。六人皆新增为卿。 ④鞌之战在二年。

齐侯朝于晋。将授玉[①],郤克趋进曰[②]:"此行也[③],君为妇人之笑辱也,寡君未之敢任。"

晋侯享齐侯。齐侯视韩厥[④],韩厥曰:"君知厥也乎[⑤]?"齐侯曰:"服改矣[⑥]。"韩厥登,举爵曰:"臣之不敢爱死[⑦],为两君之在此堂也。"

〔注释〕

①授玉:行朝礼。朝聘必以玉,表示重礼。 ②趋:小步快走。 ③"此行"三句:言齐侯之来,为谢妇人之笑,非为两国修好而来朝,晋君不敢当此惠。郤克使齐,为妇人所笑,见宣公十七年《传》。任:当,承担。 ④视:见。 ⑤知:识,认识。 ⑥服改矣:戎服改朝服。 ⑦"臣之"二句:谓自己拼死作战,正为今日两君相好。

荀罃之在楚也[①],郑贾人有将置诸褚中以出[②]。既谋之,未行,而楚人归之。贾人如晋,荀罃善视之[③],如实出己。贾人曰:"吾无其功,敢有其实乎?吾小人,不可以厚诬君子[④]。"遂适齐。

〔注释〕

①荀罃:即知罃。 ②褚:装衣服的口袋。出:去,离开。 ③视:看待,对待。 ④诬:欺,欺骗。《说文》:"诬,加也。"即以无为有。

经

四年春[①],宋公使华元来聘[②]。

三月壬申[③],郑伯坚卒。

杞伯来朝。

夏四月甲寅[④],臧孙许卒。

公如晋。

葬郑襄公。

秋，公至自晋。

冬，城郓[5]。

郑伯伐许。

〔注释〕

①四年：公元前587年。 ②华元：宋卿。 ③壬申：三月无壬申。壬申为二月二十六日。 ④甲寅：九日。 ⑤郓（yùn）：鲁有东、西两郓。此为西郓。地近于齐，在今山东郓城县东十六里。

传

四年春，宋华元来聘，通嗣君也[1]。

〔注释〕

①通嗣君：宋共公即位（在上年），始来聘。

杞伯来朝[1]，归叔姬故也。

〔注释〕

①"杞伯"二句：杞伯欲休弃叔姬，故先来朝，说明原因。叔姬：鲁女，嫁为杞伯夫人。

夏，公如晋。晋侯见公，不敬。季文子曰[1]："晋侯必不免。《诗》曰[2]：'敬之敬之[3]！天惟显思，命不易哉！'夫晋侯之命在诸侯矣[4]，可不敬乎[5]！"

〔注释〕

①季文子：季孙行父，鲁卿。 ②《诗》曰：引文出自《诗·周颂·敬之》。 ③"敬之"三句：言天道甚明，天命不可违，有国者宜深敬戒之。显：明。思：语助词，无义。易：违背。 ④"夫晋侯"句：言敬诸侯，则得天命。 ⑤可：岂可。

秋，公至自晋，欲求成于楚而叛晋[1]。季文子曰："不可。晋虽无道，未可叛也。国大臣睦，而迩于我，诸侯听焉[2]，未可以贰[3]。《史佚之志》有之[4]，曰：'非我族类[5]，其心必异。'楚虽大，非吾族也，其肯字我乎[6]？"公乃止。

〔注释〕

①求成：求和。 ②听：从。 ③贰：叛。 ④史佚：周武王时太史，名佚。 ⑤族类：同类。指同姓。 ⑥其：岂。字：抚，爱。

冬十一月，郑公孙申帅师疆许田[1]，许人败诸展陂[2]。郑伯伐许，取鉏任、泠敦之田[3]。

晋栾书将中军[4]，荀首佐之，士燮佐上军，以救许伐郑，取氾、祭[5]。

楚子反救郑[6]，郑伯与许男讼焉[7]，皇戌摄郑伯之辞[8]。子反不能决也。曰："君若辱在寡君[9]，寡君与其二三臣共听两君之所欲，成其可知也[10]。不然，侧不足以知二国之成[11]。"

〔注释〕

①公孙申：郑大夫。即叔孙申。疆许田：上年郑伐许，侵其

田,今划定其疆界。 ②展陂(pí):许地,在今河南许昌市西北。③鉏任(chú rén)、泠(líng)敦:皆许地,在今河南许昌市。 ④将中军:代郤克为晋军主帅。 ⑤氾(fàn):郑地,在今河南荥阳市西北。氾为水名。氾:原本作"汜"(音 sì),据阮元《校勘记》改。祭(zhài):郑地,在今河南郑州市北。 ⑥子反:公子侧。 ⑦"郑伯"句:郑伯与许男在子反面前争讼。讼:争辩是非。 ⑧摄:代。指代表郑伯对质。辞:指讼狱之辞。 ⑨君:指郑伯、许男。辱在寡君:希望二君朝楚。辱:谦辞。犹言"委曲"。在:于。 ⑩成:终。指断狱的结果。 ⑪不足以:不可,不能。足:可。

晋赵婴通于赵庄姬①。

〔注释〕

①赵婴:赵婴齐,赵盾异母弟。赵庄姬:赵朔(赵盾子)之妻,为赵婴之侄媳。此条本与下年传文相接,为后人所割裂。

经

五年春①,王正月,杞叔姬来归②。

仲孙蔑如宋。

夏,叔孙侨如会晋荀首于谷③。

梁山崩④。

秋,大水。

冬十有一月己酉⑤,天王崩。

十有二月己丑⑥,公会晋侯、齐侯、宋公、卫侯、郑伯、曹伯、邾子、杞伯,同盟于虫牢⑦。

〔注释〕

①五年:公元前586年。 ②来归:指被出(休弃)。 ③谷:齐地,在今山东平阴县东阿镇。 ④梁山:山名,在今陕西韩城市西北,与合阳县相接。 ⑤己酉:十三日。 ⑥己丑:二十四日。 ⑦虫牢:郑地,在今河南封丘县北三里。

传

五年春[①],原、屏放诸齐[②]。婴曰:"我在,故栾氏不作[③]。我亡,吾二昆其忧哉[④]!且人各有能有不能[⑤],舍我何害?"弗听。

婴梦天使谓己[⑥]:"祭余,余福女。"使问诸士贞伯[⑦]。贞伯曰:"不识也。"既而告其人曰[⑧]:"神福仁而祸淫。淫而无罚,福也。祭,其得亡乎[⑨]!"祭之,之明日而亡。

〔注释〕

①此条当与上年传文连读。 ②原:赵同,食邑于原。屏:赵括,食邑于屏。 ③不作:不敢兴起事端。 ④二昆:二兄。赵同、赵括皆赵婴之胞兄。 ⑤"人各"句:言自己虽有淫行,而能保护赵氏。 ⑥天使:天神。 ⑦士贞伯:士渥浊。 ⑧人:指士贞伯之从人。 ⑨得亡:得出亡而无他祸。

孟献子如宋[①],报华元也[②]。

〔注释〕

①孟献子:仲孙蔑。 ②报华元:答谢上年华元来聘。

夏,晋荀首如齐逆女,故宣伯饫诸谷[①]。

〔注释〕

①宣伯:叔孙侨如。饫(yùn):赠送粮食。《说文》:"野馈曰饫。"

梁山崩,晋侯以传召伯宗[①]。伯宗辟重[②],曰:"辟传[③]!"重人曰[④]:"待我,不如捷之速也[⑤]。"问其所[⑥],曰:"绛人也[⑦]。"问绛事焉,曰:"梁山崩,将召伯宗谋之。"问:"将若之何?"曰:"山有朽壤而崩[⑧],可若何?国主山川[⑨]。故山崩川竭,君为之不举、降服、乘缦、彻乐、出次[⑩],祝币[⑪],史辞[⑫],以礼焉。其如此而已。虽伯宗若之何?"伯宗请见之[⑬],不可。遂以告[⑭],而从之[⑮]。

〔注释〕

①传(zhuàn):传车。传车为古代驿站专用之车,每至一站,换车马御者,中途可以不停留。 ②伯宗:晋大夫。辟重:使当道的载重车避让。重:载重的大车。 ③辟传:给传车让路。 ④重人:押送重车之人。 ⑤捷:走捷径。 ⑥所:处。指居处。 ⑦绛:晋地,在今山西翼城县东南。 ⑧朽壤:宋本《国语》作"朽坏"。 ⑨国主山川:国以山川为主。主:祭祀对象。 ⑩不举:不享用盛馔。举:杀牲之盛馔。《周礼·天官·膳夫》:"王日一举。"注:"杀牲盛馔曰举。"降服:素服。指丧服。乘缦(màn):乘无文饰之车。彻乐:撤去音乐。《周礼·春官·大司乐》:"四镇五岳崩,令去乐。"出次:谓出居于外。 ⑪祝币:陈币而祝之。币:指祭品。 ⑫史辞:史作辞以祷于天。 ⑬见之:欲见之于晋君。 ⑭以告:以重人之言告晋君。 ⑮从之:晋侯从之。

许灵公诉郑伯于楚[1]。六月，郑悼公如楚讼[2]，不胜。楚人执皇戌及子国[3]。故郑伯归，使公子偃请成于晋[4]。秋八月，郑伯及晋赵同盟于垂棘[5]。

〔注释〕

①诉：诉讼，告状。 ②讼：争辩是非。 ③皇戌：郑大夫。郑悼公的诉讼代理人。子国：公子发，郑穆公子。 ④公子偃：郑穆公子。 ⑤垂棘：地名，在今山西潞城市北。

宋公子围龟为质于楚而归[1]，华元享之。请鼓噪以出[2]，鼓噪以复入，曰："习攻华氏[3]。"宋公杀之。

〔注释〕

①围龟：文公之子。 ②鼓噪：击鼓呼叫。噪：群呼。 ③习攻华氏：预习进攻华氏。宣公十五年，宋、楚和解，华元使围龟代己为质于楚，故围龟怨华氏而欲攻之。

冬，同盟于虫牢[1]，郑服也。

〔注释〕

①"同盟"句：鲁、晋等国诸侯会于虫牢。《传》蒙经文省略与会之人。

诸侯谋复会，宋公使向为人辞以子灵之难[1]。

〔注释〕

①"宋公"句：宋公不想参加诸侯之会，故以子灵之乱作为托

词。子灵:公子围龟。

十一月己酉[①],定王崩。

〔注释〕

①“十一月”二句:《经》在虫牢盟上。

经

六年春[①],王正月,公至自会。

二月辛巳[②],立武宫[③]。

取鄟[④]。

卫孙良夫帅师侵宋。

夏六月,邾子来朝。

公孙婴齐如晋[⑤]。

壬申[⑥],郑伯费卒。

秋,仲孙蔑、叔孙侨如帅师侵宋。

楚公子婴齐帅师伐郑。

冬,季孙行父如晋。

晋栾书帅师救郑。

〔注释〕

①六年:公元前585年。 ②辛巳:十七日。 ③武宫:纪念战胜、彰显武功之室。 ④鄟(tuán):附庸小国,在今山东郯城县东北。 ⑤公孙婴齐:子叔婴齐,叔肸之子。 ⑥壬申:十日。

传

六年春,郑伯如晋拜成①。子游相②,授玉于东楹之东③。士贞伯曰④:"郑伯其死乎!自弃也已⑤。视流而行速⑥,不安其位⑦,宜不能久⑧。"

〔注释〕

①拜成:上年晋与郑盟于赤棘,又有虫牢之盟,故郑伯前往拜谢。 ②子游:公子偃。相:为相赞礼。 ③"授玉"句:依礼,尊卑相同者,授玉当在两楹之间,今在东楹之东,乃郑伯自卑其位。玉:指圭。 ④士贞伯:士渥浊,晋大夫。 ⑤自弃:不尊重自己。弃:捐弃,放弃。也已:同"也矣"。表示感叹语气。 ⑥视流而行速:目光游移不定,行走迅疾。 ⑦安:定。 ⑧宜:殆。

二月,季文子以鞌之功立武宫①,非礼也。听于人以救其难②,不可以立武③。立武由己,非由人也。

〔注释〕

①季文子:季孙行父。鲁卿。鞌(ān)之功:成公二年,季文子曾率军参与鞌之战。 ②"听于"句:鞌之战是鲁国请求晋国出兵,以缓解齐国侵鲁之患。听:从。 ③不可以立武:不足以张扬武功。

取鄟,言易也①。

〔注释〕

①《春秋》书"取",言得知甚易。

三月,晋伯宗、夏阳说、卫孙良夫、宁相、郑人、伊雒之戎、陆浑、蛮氏侵宋①,以其辞会也②。师于鍼③,卫人不保④。说欲袭卫,曰:"虽不可入,多俘而归,有罪不及死。"伯宗曰:"不可。卫唯信晋,故师在其郊而不设备。若袭之,是弃信也。虽多卫俘,而晋无信,何以求诸侯?"乃止。师还⑤,卫人登陴⑥。

〔注释〕

①伯宗、夏阳说(yuè):皆晋大夫。孙良夫、宁相:皆卫大夫。伊雒之戎:杂居在伊水、雒水(即洛水)之间的戎族。在今河南洛阳市西南。陆浑:陆浑之戎。戎之一支,允姓,本居瓜州,秦、晋诱而迁之于伊川(在今河南嵩县、伊川县)。蛮氏:戎之别种,地当今河南汝州市西南。 ②辞会:晋会诸侯于虫牢,宋拒绝参加,见上年《传》。 ③鍼:卫邑,在今河南濮阳市附近。 ④不保:不守备。⑤还:指侵宋还。 ⑥陴(pí):城上矮墙,有孔,可以窥外。

晋人谋去故绛①。诸大夫皆曰:"必居郇、瑕氏之地②,沃饶而近盬③,国利君乐,不可失也。"韩献子将新中军④,且为仆大夫⑤。公揖而入⑥,献子从。公立于寝庭⑦,谓献子曰:"何如?"对曰:"不可。郇、瑕氏土薄水浅,其恶易觏⑧。易觏则民愁,民愁则垫隘⑨,于是乎有沉溺重膇之疾⑩。不如新田⑪,土厚水深,居之不疾,有汾、浍以流其恶⑫,且民从教,十世之利也。夫山泽林盬,国之宝也。国饶,则民骄佚⑬。近宝⑭,公室乃贫,不可谓乐。"公说,从之。夏四月丁丑⑮,晋迁于新田。

〔注释〕

①故绛:绛为晋都,在今山西翼城县东南。晋景公迁都于新田,亦谓之绛,因称旧都为故绛。 ②郇(xún):地名,山西运城市解州镇西北有郇城,即其地。瑕:晋地,在今河南灵宝市。③盬(gǔ):盐池,今称解池,在今山西运城市东南。 ④韩献子:韩厥。 ⑤仆大夫:官名,掌宫中之事,为诸仆之长。 ⑥公揖而入:晋君视朝毕,向群臣作揖而退。诸侯有三朝,自外而内分别为外朝、内朝、治朝。 ⑦寝庭:路寝之庭。路寝为天子、诸侯之正寝。君主一般在路寝理政。 ⑧恶:污秽之物。觏(gòu):积聚。⑨垫隘:困顿。 ⑩沉溺:风湿病。重膇(zhuì):足肿病。 ⑪新田:在今山西侯马市,距故绛五十里。 ⑫汾:汾水。汾水流经新田西北,入黄河。浍(kuài):浍水。浍水流经新田注入汾水。⑬骄佚:逸,安逸。谓贪图享受。骄、逸同义。 ⑭"近宝"二句:近宝,则民不务本,故公室贫。 ⑮丁丑:十四日。

六月,郑悼公卒①。

〔注释〕

①士贞伯预言郑伯将死,《传》终其言。

子叔声伯如晋①。命伐宋②。

〔注释〕

①子叔声伯:公孙婴齐。 ②命伐宋:晋人命鲁伐宋。

秋,孟献子、叔孙宣伯侵宋①,晋命也。

〔注释〕

①孟献子:仲孙蔑。叔孙宣伯:叔孙侨如。

楚子重伐郑[①],郑从晋故也[②]。

〔注释〕

①子重:公子婴齐,楚庄王弟。 ②郑从晋:上年郑与晋盟。

冬,季文子如晋,贺迁也[①]。

〔注释〕

①贺迁:贺晋迁都。

晋栾书救郑[①],与楚师遇于绕角[②]。楚师还。晋师遂侵蔡。楚公子申、公子成以申、息之师救蔡[③],御诸桑隧[④]。赵同、赵括欲战[⑤],请于武子[⑥]。武子将许之,知庄子、范文子、韩献子谏曰[⑦]:"不可。吾来救郑,楚师去我,吾遂至于此,是迁戮也[⑧]。戮而不已[⑨],又怒楚师,战必不克。虽克,不令[⑩]。成师以出[⑪],而败楚之二县,何荣之有焉?若不能败,为辱已甚[⑫],不如还也。"乃遂还[⑬]。

于是军帅之欲战者众[⑭]。或谓栾武子曰[⑮]:"圣人与众同欲,是以济事[⑯],子盍从众[⑰]?子为大政[⑱],将酌于民者也[⑲]。子之佐十一人[⑳],其不欲战者,三人而已。欲战者可谓众矣。《商书》曰[㉑]:'三人占[㉒],从二人。'众故也。"武子曰:"善钧[㉓],从众。夫善,众之主也。三卿为主[㉔],可谓众

矣。从之,不亦可乎?”

〔注释〕

①栾书:晋中军主帅。 ②绕角:郑地,在今河南鲁山县东南。 ③申、息:皆楚邑。申在今河南南阳市,息在今河南息县。④桑隧:地名,在今河南确山县东。 ⑤赵同、赵括:赵盾之异母弟。时赵同为下军佐,赵括为新中军佐。 ⑥武子:栾书。⑦知庄子:荀首。中军佐。范文子:士燮。上军佐。韩献子:韩厥。新中军将。 ⑧迁戮:把杀戮转移到别人头上。指救郑转而侵蔡。 ⑨已:止。 ⑩不令:不善。 ⑪成师:盛师。六军皆出,故曰成师。 ⑫已:太。 ⑬乃遂:乃。乃、遂二字义同。⑭军帅:六军之将、佐。 ⑮或:有人。 ⑯济:成。 ⑰盍:何不。 ⑱大政:指正卿。 ⑲将:乃。酌于民:谓斟酌众人的意见作出决定。 ⑳“子之”句:晋设六军,各有正、副帅,凡十二人。栾书将中军,为全军统帅,故云“子之佐十一人”。 ㉑《商书》:引文今在《尚书·周书·洪范》。 ㉒“三人”二句:三人占卜,结果未必相同,当从二人所占。谓从众。 ㉓钧:等。 ㉔“三卿”二句:三帅主战,亦可谓之众。《国语·周语上》:“人三为众。”三卿皆晋之贤人。

经

七年春①,王正月,鼷鼠食郊牛角②,改卜牛③。鼷鼠又食其角,乃免牛④。

吴伐郯⑤。

夏五月,曹伯来朝。

不郊⑥,犹三望。

秋，楚公子婴齐帅师伐郑。

公会晋侯、齐侯、宋公、卫侯、曹伯、莒子、邾子、杞伯救郑。

八月戊辰，同盟于马陵[⑦]。

公至自会。

吴入州来[⑧]。

冬，大雩[⑨]。

卫孙林父出奔晋。

〔注释〕

①七年：公元前584年。 ②鼷（xī）鼠：一种极小的老鼠。郊牛：用作郊祀的牛。 ③改卜牛：改卜他牛。 ④免：免去。 ⑤吴：国名，姬姓，据有淮、泗以南至浙江太湖以东地区。郯（tán）：国名，己姓，在今山东郯城县。 ⑥"不郊"二句：废郊祀而行望祭，乃多余之举。郊：在郊外祭祀天地，为常祀，不可废。犹：还。望：指祭祀山川。在郊祀时，遥祭山川，故称望。 ⑦马陵：卫地，在今河北大名县东南十五里。 ⑧州来：楚邑，在今安徽凤台县。 ⑨雩（yú）：求雨之祭。

传

七年春，吴伐郯，郯成[①]。

季文子曰[②]："中国不振旅[③]，蛮夷入伐，而莫之或恤[④]，无吊者也夫[⑤]！《诗》曰[⑥]：'不吊昊天[⑦]，乱靡有定。'其此之谓乎！有上不吊[⑧]，其谁不受乱[⑨]？吾亡无日矣！"君子曰："知惧如是，斯不亡矣。"

〔注释〕

①成:郯与吴讲和。实即服于吴。 ②季文子:季孙行父,鲁卿。 ③不振旅:谓无震慑之威。振旅:整顿部队。 ④莫之或恤:无人顾恤之。或:语助词,无义。 ⑤无吊者:谓无善君(霸主)。吊:善。 ⑥《诗》曰:引文出自《诗·小雅·节南山》。《诗》刺在上者不能体恤下民,故昊天告乱。 ⑦昊天:上天。 ⑧上:指霸主。 ⑨受乱:遭受灾祸。受:当,承担。乱:祸。

郑子良相成公以如晋[①],见,且拜师[②]。

〔注释〕

①子良:名去疾。郑穆公子。相:为相赞礼。 ②拜师:拜谢上年晋师救郑。

夏,曹宣公来朝。

秋,楚子重伐郑[①],师于氾[②]。诸侯救郑[③]。郑共仲、侯羽军楚师[④],囚郧公钟仪[⑤],献诸晋。

八月,同盟于马陵,寻虫牢之盟[⑥],且莒服故也[⑦]。

晋人以钟仪归,囚诸军府[⑧]。

〔注释〕

①子重:公子婴齐,楚庄王弟。 ②氾(fàn):郑地,在今河南襄城县南。 ③诸侯:指鲁、晋等九国,《传》蒙经文省略。 ④军:攻,攻打。 ⑤囚:俘。郧(yún)公钟仪:郧邑大夫,名钟仪。郧为楚邑,在今湖北安陆市。 ⑥寻:温,重申。虫牢之盟:在上年。 ⑦莒服:莒本属齐,齐服晋,故莒亦附晋。 ⑧军府:

军用仓库。

楚围宋之役[1]，师还，子重请取于申、吕以为赏田[2]，王许之[3]。申公巫臣曰[4]："不可。此申、吕所以邑也[5]。是以为赋[6]，以御北方。若取之，是无申、吕也[7]，晋、郑必至于汉[8]。"王乃止。子重是以怨巫臣。子反欲取夏姬[9]，巫臣止之，遂取以行[10]，子反亦怨之。及共王即位[11]，子重、子反杀巫臣之族子阎、子荡及清尹弗忌及襄老之子黑要[12]，而分其室[13]。子重取子阎之室，使沈尹与王子罢分子荡之室[14]，子反取黑要与清尹之室。巫臣自晋遗二子书[15]，曰："尔以谗慝贪婪事君[16]，而多杀不辜，余必使尔罢于奔命以死[17]。"

巫臣请使于吴，晋侯许之。吴子寿梦说之[18]。乃通吴于晋。以两之一卒适吴[19]，舍偏两之一焉[20]。与其射御[21]，教吴乘车，教之战陈[22]，教之叛楚。置其子狐庸焉，使为行人于吴[23]。吴始伐楚、伐巢、伐徐[24]，子重奔命[25]。马陵之会，吴入州来[26]，子重自郑奔命。子重、子反于是乎一岁七奔命。蛮夷属于楚者，吴尽取之。是以始大，通吴于上国[27]。

〔注释〕

①"楚围"句：楚围宋在宣公十四、十五年。　②"子重"句：欲分申、吕之田为赏田。申：楚邑，在今河南南阳市。吕：楚邑，在今河南南阳市西。　③王：楚庄王。　④申公巫臣：屈氏，名巫臣，为申大夫。　⑤"此申"句：谓申、吕赖此田得以成邑。申、吕皆古国名，姜姓，楚灭以为邑。　⑥赋：军赋。　⑦无申、吕：若以其田属私人，则申、吕不能成邑。　⑧汉：汉水。　⑨子反：公子

侧。夏姬:陈大夫御叔之妻,因与陈灵公淫乱,而导致陈国内乱。⑩遂取以行:巫臣娶夏姬而奔晋,事见成公二年《传》。 ⑪共王即位:楚共王即位在鲁成公元年。 ⑫清尹弗忌:与子间、子荡皆巫臣之属。清尹:官名。黑要:以夏姬故怨黑要,故并杀之。 ⑬室:家资,家产。 ⑭沈尹:沈县县尹。 ⑮遗:与。二子:子重、子反。 ⑯谗慝:邪恶。 ⑰奔命:奉命奔走。 ⑱寿梦:季札之父。 ⑲两之一卒:合两偏为一卒。即兵车三十辆。偏:兵车十五辆为一偏。 ⑳"舍偏"句:留两偏之一于吴。即留下兵车十五乘。 ㉑与:参与。 ㉒战陈:作战的阵法。 ㉓行人:官名,掌朝觐聘问之事。 ㉔巢:吴、楚间小国,偃姓,今安徽巢湖市东北五里有居巢故址,即其地。徐:国名,嬴姓,在今安徽泗县西北。㉕救巢、徐。 ㉖州来:在今安徽凤台县。 ㉗上国:指中原诸侯。

卫定公恶孙林父①。冬,孙林父出奔晋。卫侯如晋,晋反戚焉②。

〔注释〕

①孙林父:孙良夫子。 ②反戚焉:把戚地归还卫国。戚:在今河南濮阳市北,为孙氏食邑。孙林父出奔,戚随之属晋。

经

八年春①,晋侯使韩穿来言汶阳之田②,归之于齐。

晋栾书帅师侵蔡。

公孙婴齐如莒③。

宋公使华元来聘④。

夏,宋公使公孙寿来纳币⑤。

晋杀其大夫赵同、赵括。

秋七月,天子使召伯来赐公命[⑥]。

冬十月癸卯[⑦],杞叔姬卒。

晋侯使士燮来聘。

叔孙侨如会晋士燮、齐人、邾人伐郯。

卫人来媵[⑧]。

〔注释〕

①八年:公元前583年。 ②韩穿:晋卿。汶阳之田:汶河以北田地,在今山东泰安市以西、肥城市以南。此田本是鲁地,为齐所侵占。成公二年鞌之战,齐国战败,晋使齐归还鲁国。齐服事晋,故晋使鲁复归于齐。 ③莒:国名,嬴姓,在今山东莒县。④来聘:聘共姬。 ⑤公孙寿:荡意诸之父。纳币:古代婚礼有六,即纳采、问名、纳吉、纳征、请期、亲迎。纳币即纳征,男方派人至女家纳币以订婚。币:指帛。也泛指玉、马、皮、圭、璧等。⑥赐:命。命:爵命。诸侯即位,天子赐以爵服。八年乃来赐命,缓。 ⑦癸卯:二十四日。 ⑧媵:送陪嫁之女。

传

八年春,晋侯使韩穿来言汶阳之田,归之于齐。季文子饯之[①],私焉[②],曰:"大国制义以为盟主[③],是以诸侯怀德畏讨,无有贰心。谓汶阳之田[④],敝邑之旧也,而用师于齐[⑤],使归诸敝邑。今有二命曰:'归诸齐。'信以行义[⑥],义以成命,小国所望而怀也。信不可知,义无所立,四方诸侯,其谁不解体[⑦]?《诗》曰[⑧]:'女也不爽[⑨],士贰其行[⑩]。士也罔极[11],二三其德[12]。’七年之中,一与一夺[13],二三孰甚焉[14]?士之二三,犹丧妃耦[15],而况霸主?霸主将德是以[16],而二三之,其何以长有诸侯乎?《诗》曰[17]:‘犹之未远[18],是用大简[19]。’行父惧晋之不远犹而失诸侯也,是以敢私言之。”

〔注释〕

①季文子:季孙行父。饯:饯行。 ②私焉:私下与之交谈。③制义:遵从法度。制:从。 ④谓:认为,以为。 ⑤“而用”句:成公二年,齐伐鲁、卫,晋出兵相救,与齐战于鞌。而:故。⑥信:守信。 ⑦解体:离心。谓背离晋国。 ⑧《诗》曰:引文出自《诗·卫风·氓》。 ⑨不爽:无过错。爽:失。 ⑩贰其行:谓不专一。贰:不一。 ⑪罔极:有始无终。罔:不。极:终。⑫二三其德:前后不一致,反复不定。二三:不专一。二:同“贰”。 ⑬一:或。 ⑭“二三”句:谓前后不一,莫甚于此。⑮妃(pèi)耦:配偶。妃、耦同义。 ⑯将德是以:应当用德。将:当。以:用。 ⑰《诗》曰:引文出自《诗·大雅·板》。 ⑱犹:通“猷”,谋。 ⑲大简:极力规谏。简:今本《诗经》作“谏”。义同。

晋栾书侵蔡,遂侵楚,获申骊[1]。

楚师之还也[2],晋侵沈[3],获沈子揖初,从知、范、韩也[4]。君子曰:“从善如流,宜哉!《诗》曰[5]:‘恺悌君子[6],遐不作人[7]。’求善也夫!作人,斯有功绩矣。”

是行也,郑伯将会晋师,门于许东门[8],大获焉。

〔注释〕

①申骊:楚大夫。 ②楚师之还:成公六年,晋、楚之师相遇于绕角,楚师宵溃而还。 ③沈:国名,在今河南沈丘县东南之沈丘城。 ④知、范、韩:知庄子(荀首)、范文子(士燮)、韩献子(韩厥)。当时晋六军将佐中,十一人主张与楚交战,栾书采用知、范、韩三人意见,决定退兵,侵沈而得沈子揖初。 ⑤《诗》曰:引文出自《诗·大雅·旱麓》。 ⑥恺悌(kǎi tì):形容和乐平易。恺:乐。悌:易。 ⑦遐:何。作人:任用善人。作:用。 ⑧门:攻打城门。

声伯如莒[①],逆也[②]。

〔注释〕

①声伯:公孙婴齐。 ②逆:为己逆妇。

宋华元来聘,聘共姬也[①]。

〔注释〕

①共姬:成公姊妹。嫁宋共公,故称共姬。

夏,宋公使公孙寿来纳币,礼也[①]。

〔注释〕

①礼也:使卿纳币,合于礼。

晋赵庄姬为赵婴之亡故[①],谮之于晋侯曰[②]:"原、屏将为乱[③]。"栾、郤为征[④]。六月,晋讨赵同、赵括[⑤]。武从姬氏

畜于公宫[⑥]。以其田与祁奚[⑦]。韩厥言于晋侯曰:"成季之勋、宣孟之忠而无后[⑧],为善者其惧矣。三代之令王[⑨],皆数百年保天之禄。夫岂无辟王[⑩]?赖前哲以免也[⑪]。《周书》曰[⑫]:'不敢侮鳏寡[⑬]。'所以明德也。"乃立武,而反其田焉。

〔注释〕

①赵庄姬:赵朔之妻,晋景公之姊妹。赵婴(赵朔的叔父)与庄姬私通,赵同、赵括把他放逐到齐国,事在成公五年。 ②谮:毁谤。 ③原:赵同,食邑于原。屏:赵括,食邑于屏。 ④栾:栾氏。郤(xì):郤氏。为征:作证。 ⑤讨:诛。 ⑥"武从"句:赵武与庄姬养于景公宫内。武:赵武,赵朔与庄姬所生。姬氏:即庄姬。畜:养。 ⑦"以其"句:将赵氏之田赐给祁奚。 ⑧成季:赵衰。辅助文公有功。宣孟:赵盾。 ⑨三代之令王:夏、商、周三代的英明君王。令:善。 ⑩辟王:邪僻之主。辟:通"僻",邪僻。 ⑪赖:恃。前哲:前代令王。 ⑫《周书》曰:引文出自《尚书·康诰》。 ⑬侮:陵。鳏寡:年老无偶之人。引申为孤弱之人。

秋,召桓公来赐公命[①]。

〔注释〕

①召桓公:周卿士。

晋侯使申公巫臣如吴[①],假道于莒[②]。与渠丘公立于池上[③],曰:"城已恶[④]。"莒子曰:"辟陋在夷[⑤],其孰以我为

虞[⑥]?"对曰:"夫狡焉思启封疆以利社稷者[⑦],何国蔑有?唯然[⑧],故多大国矣。唯或思或纵也[⑨]。勇夫重闭[⑩],况国乎?"

〔注释〕

①申公巫臣:楚大夫,此时出奔在晋。 ②假道:借道。③渠丘公:即莒子朱。莒君无谥,以地名为号。渠丘为地名。池:城池。 ④已:太。 ⑤辟陋:偏僻。辟、陋同义。 ⑥"其孰"句:谓无人觊觎此僻陋之地。虞:望。 ⑦"夫狡"二句:那些强悍而想开拓疆土的人,每个国家都有。狡:壮,壮盛。启:开,张。蔑:无。 ⑧唯然:唯其如此。 ⑨或思或纵:有的谋虑戒备,有的放纵无备。 ⑩勇夫:勇士。重闭:内外门户层层关闭。

冬,杞叔姬卒。来归自杞[①],故书。

〔注释〕

①"来归"二句:这是解释《春秋》书法的话。因为怜悯叔姬被休弃,故书其卒。

晋士燮来聘,言伐郯也[①],以其事吴故。公赂之,请缓师。文子不可[②],曰:"君命无贰[③],失信不立。礼无加货,事无二成[④]。君后诸侯,是寡君不得事君也[⑤]。燮将复之[⑥]。"季孙惧[⑦],使宣伯帅师会伐郯[⑧]。

〔注释〕

①郯(tán):国名,在今山东郯城县。上年郯服从吴国,故谋伐之。 ②文子:即士燮。 ③贰:背,违背。 ④成:全。谓公

私相背，难以两全。 ⑤不得事君：士燮威胁将与鲁绝交。⑥复之：以此向晋君复命。 ⑦季孙：季孙行父，鲁卿。 ⑧宣伯：叔孙侨如。

卫人来媵共姬[①]，礼也。凡诸侯嫁女，同姓媵之，异姓则否。

〔注释〕

①"卫人"二句：古代诸侯之女出嫁，同姓诸侯当以女陪嫁。

经

九年春[①]，王正月，杞伯来逆叔姬之丧以归。

公会晋侯、齐侯、宋公、卫侯、郑伯、曹伯、莒子、杞伯，同盟于蒲[②]。

公至自会。

二月，伯姬归于宋。

夏，季孙行父如宋致女[③]。

晋人来媵[④]。

秋七月丙子[⑤]，齐侯无野卒。

晋人执郑伯。

晋栾书帅师伐郑。

冬十有一月，葬齐顷公。

楚公子婴齐帅师伐莒。庚申[⑥]，莒溃。

楚人入郓[⑦]。

秦人、白狄伐晋[8]。

郑人围许。

城中城[9]。

〔注释〕

①九年:公元前582年。 ②蒲:卫地,在今河南长垣县东。③致女:女子出嫁三月,父母之国使大夫聘问,谓之致女。 ④媵:送陪嫁之女。 ⑤丙子:七月无丙子。丙子为六月一日。 ⑥庚申:十七日。 ⑦郓:鲁、莒边界之邑,其时属莒,在今山东沂水县东北五十里。 ⑧白狄:狄之别种,因衣服尚白而得名。 ⑨中城:指鲁都曲阜之内城。

传

九年春,杞桓公来逆叔姬之丧[1],请之也[2]。杞叔姬卒[3],为杞故也。逆叔姬[4],为我也。

〔注释〕

①杞桓公:名姑容。叔姬:杞桓公夫人。成公五年被休弃归鲁,八年卒。丧:指死者的遗体。 ②请之:鲁请杞逆其丧归。③"杞叔姬"二句:杞以妇礼逆其丧归,故称"杞"。上年经文书"杞叔姬卒"。 ④杞逆叔姬之丧,因鲁之请,故不书"杞"。此四句解释《春秋》书法。

为归汶阳之田故[1],诸侯贰于晋。晋人惧,会于蒲[2],以寻马陵之盟[3]。季文子谓范文子曰[4]:"德则不竞[5],寻盟何为?"范文子曰:"勤以抚之[6],宽以待之,坚疆以御之[7],明

神以要之[8],柔服而伐贰[9],德之次也[10]。”

是行也,将始会吴[11],吴人不至。

〔注释〕

①“为归”二句:汶阳之田本是鲁地,为齐所侵占。成公二年鞌之战,齐国战败,晋使齐归还鲁国。上年,因齐服事晋,晋使鲁复归于齐。晋国出尔反尔,故诸侯离心。汶阳之田:汶河以北田地,在今山东泰安市以西、肥城市以南。贰:离。谓离心。 ②会于蒲:鲁、晋等九国诸侯相会。《传》蒙经文省略与会之人。③寻:温,重申。马陵之盟:在七年。 ④季文子:季孙行父,鲁卿。范文子:士燮,晋卿。 ⑤则:若。竞:强,盛。 ⑥勤:慰问。抚:安。 ⑦坚疆:刚强。疆:《四部丛刊》本作“彊”。 ⑧“明神”句:以神的名义订立盟誓。要:誓,誓约。明、神同义。⑨柔服:安抚顺从者。 ⑩德之次:次于德者。 ⑪将:欲。

二月,伯姬归于宋[1]。

〔注释〕

①伯姬:鲁宣公女。归:女子出嫁。

楚人以重赂求郑[1],郑伯会楚公子成于邓。

〔注释〕

①“楚人”二句:郑与晋会于蒲,故楚以重礼笼络郑国。邓:楚邑,在今河南邓州市。

夏,季文子如宋致女。复命,公享之[1]。赋《韩奕》之五

章[②]。穆姜出于房[③],再拜,曰:“大夫勤辱[④],不忘先君,以及嗣君[⑤],施及未亡人[⑥],先君犹有望也[⑦]。敢拜大夫之重勤[⑧]!”又赋《绿衣》之卒章而入[⑨]。

〔注释〕

①公享之:诸侯卿大夫出使归来,国君因其有勤劳之功,设宴慰劳。 ②《韩奕》:《诗·大雅》篇名。其五章言蹶父嫁其女韩姞于韩侯,韩姞生活幸福,且有美誉。 ③穆姜:宣公夫人,成公及伯姬之母。房:诸侯之寝(路寝),中曰室,东、西曰房。 ④勤辱:劳,劳苦。勤、辱同义。 ⑤嗣君:成公,伯姬之兄。 ⑥施:延。未亡人:寡妇自称之辞。 ⑦“先君”句:言先君亦希望文子若此。 ⑧重勤:厚劳。谓多所辛苦。 ⑨《绿衣》:《诗·邶风》篇名。其卒章言“我思古人,实获我心”。

晋人来媵[①],礼也。

〔注释〕

①“晋人”二句:鲁国嫁女,同姓来媵,合于礼。

秋,郑伯如晋。晋人讨其贰于楚也,执诸铜鞮[①]。

〔注释〕

①铜鞮(dī):晋邑,在今山西沁县南。晋有别宫在铜鞮。

栾书伐郑。郑人使伯蠲行成[①],晋人杀之,非礼也。兵交[②],使在其间可也。

楚子重侵陈以救郑[③]。

〔注释〕

①行成：言和，求和。 ②“兵交”二句：即使处在交战状态，也不能加害于使者。交：合。 ③子重：公子婴齐。楚令尹。

晋侯观于军府①，见钟仪②。问之曰：“南冠而絷者③，谁也？”有司对曰：“郑人所献楚囚也。”使税之④。召而吊之⑤。再拜稽首⑥。问其族，对曰：“泠人也⑦。”公曰：“能乐乎？”对曰：“先人之职官也⑧，敢有二事⑨？”使与之琴，操南音⑩。公曰：“君王何如？”对曰：“非小人之所得知也⑪。”固问之，对曰：“其为大子也⑫，师、保奉之，以朝于婴齐而夕于侧也⑬。不知其他。”

公语范文子。文子曰：“楚囚，君子也。言称先职，不背本也。乐操土风⑭，不忘旧也。称大子⑮，抑无私也。名其二卿⑯，尊君也。不背本，仁也。不忘旧，信也。无私，忠也。尊君，敏也⑰。仁以接事，信以守之，忠以成之，敏以行之，事虽大，必济。君盍归之，使合晋、楚之成⑱？”公从之。重为之礼，使归求成。

〔注释〕

①观于军府：视察军用仓库。 ②钟仪：楚大夫。成公七年被俘。 ③南冠：楚冠。絷（zhí）：捆绑。 ④税：同“脱”，解脱，松绑。 ⑤吊：慰问。 ⑥稽（qǐ）首：叩首至地。古时最重的跪拜礼。 ⑦泠人：即伶人。乐官。 ⑧人：原作“父”，据《四部丛刊》本改。 ⑨“敢有”句：谓不敢改任它职。事：职。 ⑩操：弹奏。南音：南方的乐曲。即楚声。 ⑪得：能。 ⑫“其为”二

句:他当太子的时候,有师、保训导他。师、保:指负责教导太子的人。 ⑬“以朝”句:言朝夕(朝见为朝,暮见为夕)不懈,以事重臣。婴齐:令尹子重。侧:司马子反。 ⑭土风:楚乐。即南音。⑮“称大子”二句:称说共王为太子时的事情,说明钟仪无阿谀之私。抑:发语词,无义。 ⑯名其二卿:称二卿之名。 ⑰敏:敬。⑱合:成。成:和解。

冬十一月,楚子重自陈伐莒①,围渠丘②。渠丘城恶,众溃,奔莒。戊申③,楚入渠丘。莒人囚楚公子平。楚人曰:“勿杀!吾归而俘。”莒人杀之。楚师围莒。莒城亦恶,庚申④,莒溃。楚遂入郓。莒无备故也。

君子曰:“恃陋而不备⑤,罪之大者也。备豫不虞⑥,善之大者也。莒恃其陋,而不修城郭⑦,浃辰之间⑧,而楚克其三都⑨,无备也夫!《诗》曰⑩:‘虽有丝麻⑪,无弃菅蒯。虽有姬、姜,无弃蕉萃。凡百君子⑫,莫不代匮⑬。’言备之不可以已也⑭。”

〔注释〕

①莒:国名,在今山东莒县。 ②渠丘:邑名,在今山东莒县北。 ③戊申:五日。 ④庚申:十七日。 ⑤“恃陋”句:依仗偏僻而不作戒备。陋:僻。 ⑥备豫:预备,准备。 ⑦城郭:城墙。郭:外城。 ⑧浃辰:十二日。浃:周遍。自甲至癸为十日,自子至亥为十二辰。 ⑨三都:渠丘、莒、郓。 ⑩《诗》曰:逸《诗》。 ⑪“虽有”四句:即便有丝麻,也不能舍弃菅蒯;有了大国美女,也不能抛弃陋贱之人。丝麻:丝与麻,可以为履。菅(jiān)蒯:茅草之类,可以编绳、结履。姬、姜:大国之女。蕉萃:

同"憔悴"。喻陋贱之人。 ⑫凡百:泛指一切。概括之辞。⑬代匮:以备匮乏。代:待,备。 ⑭已:去,弃。

秦人、白狄伐晋,诸侯贰故也[①]。

〔注释〕

①贰:离。谓离心。

郑人围许[①],示晋不急君也。是则公孙申谋之[②],曰:"我出师以围许,为将改立君者[③],而纾晋使[④],晋必归君。"

〔注释〕

①"郑人"二句:此年秋,晋执郑成公。郑人此时围许,表示不在乎国君被执。急:以为急。 ②则:乃。 ③"为将"句:做出要另立新君的样子。为:通"伪"。 ④纾晋使:暂不遣使如晋。纾:缓。

城中城,书,时也[①]。

〔注释〕

①时也:冬天筑城,得时之宜。

十二月,楚子使公子辰如晋[①],报钟仪之使,请修好结成[②]。

〔注释〕

①公子辰:楚太宰。 ②修好结成:建立友好关系,缔结和约。

经

十年春[1],卫侯之弟黑背帅师侵郑。

夏四月,五卜郊[2],不从,乃不郊。

五月,公会晋侯、齐侯、宋公、卫侯、曹伯伐郑[3]。

齐人来媵[4]。

丙午[5],晋侯獳卒[6]。

秋七月,公如晋。

冬十月[7]。

〔注释〕

①十年:公元前561年。 ②“五卜”三句:郊为鲁之常祀,不应再加占卜决定是否进行。此云“五卜郊,不从,乃不郊”,说明当政者怠惰。郊:祭名。在郊外祭祀天地。不从:不吉。③晋侯:指晋厉公。晋景公有疾,晋人立太子,会诸侯伐郑。④齐人来媵:诸侯嫁女,同姓媵之。齐非鲁之同姓而来媵,非常礼。媵:来送陪嫁之女。 ⑤丙午:五月无丙午。丙午为六月七日。 ⑥晋侯獳(nòu):晋景公。 ⑦冬十月:《礼记·中庸》孔颖达《疏》:“成十年,不书‘冬十月’,贾、服以为不视朔登台。”

传

十年春,晋侯使籴茷如楚[1],报大宰子商之使也[2]。

〔注释〕

①籴茷(fěi):晋大夫。 ②子商:公子辰。

卫子叔黑背侵郑[①],晋命也。

〔注释〕

①子叔黑背:卫定公弟。子叔是氏。

郑公子班闻叔申之谋[①]。三月,子如立公子繻[②]。夏四月,郑人杀繻,立髡顽[③]。子如奔许。栾武子曰[④]:"郑人立君,我执一人焉,何益?不如伐郑而归其君,以求成焉[⑤]。"晋侯有疾。五月,晋立大子州蒲以为君,而会诸侯伐郑。郑子罕赂以襄钟[⑥],子然盟于脩泽[⑦],子驷为质[⑧]。辛巳[⑨],郑伯归。

〔注释〕

①叔申之谋:上年晋执郑成公,郑用公孙申之谋,出兵围许,装出要另立新君的样子,逼迫晋国释放郑君。 ②子如:公子班。公子繻(xū):郑襄公之子,郑成公庶兄。 ③髡顽:郑成公太子。④栾武子:栾书,晋卿。 ⑤求成:求和。 ⑥子罕:公子喜。郑穆公子。襄钟:郑襄公神庙之钟。 ⑦子然:穆公子。脩泽:郑地,在今河南原阳县西南。 ⑧子驷:名骓,郑穆公子。 ⑨辛巳:十二日。

晋侯梦大厉[①],被发及地[②],搏膺而踊曰[③]:"杀余孙[④],不义。余得请于帝矣[⑤]!"坏大门及寝门而入[⑥]。公惧,入于室。又坏户[⑦]。公觉,召桑田巫[⑧]。巫言如梦[⑨]。公曰:"何如?"曰:"不食新矣[⑩]。"公疾病[⑪],求医于秦。秦伯使医缓为之[⑫]。未至,公梦疾为二竖子[⑬],曰:"彼良医也,惧伤我,

焉逃之[14]?”其一曰:“居肓之上[15],膏之下[16],若我何?”医至,曰:“疾不可为也。在肓之上,膏之下,攻之不可[17],达之不及[18],药不至焉,不可为也。”公曰:“良医也。”厚为之礼而归之。六月丙午[19],晋侯欲麦[20],使甸人献麦[21],馈人为之[22]。召桑田巫,示而杀之。将食,张[23],如厕,陷而卒[24]。小臣有晨梦负公以登天[25],及日中[26],负晋侯出诸厕,遂以为殉。

〔注释〕

①大厉:大鬼。　②被:同“披”。　③搏膺:捶胸。踊:跳。捶胸、跳跃表示极度悲愤。《礼记·檀弓下》:“辟踊,哀之至也。”　④杀余孙:指晋景公杀赵同、赵括。景公所梦大厉,为赵氏先祖。　⑤“余得”句:我已征得天帝同意,可以报仇。帝:天,上帝。　⑥寝门:寝宫之门。　⑦户:内室之门。　⑧桑田巫:桑田的女巫。桑田为晋邑,今河南灵宝市有稠桑驿,即其地。巫:古代称能以舞降神的人。　⑨“巫言”句:巫言如梦所见。　⑩新:当年所收的粮食。此指新麦。　⑪疾病:病重。　⑫秦伯:秦桓公。医缓:古代名医,名缓。为:治。　⑬竖子:童子。　⑭焉逃之:何处藏身呢?逃:隐匿。之:乎。　⑮肓:心脏与隔膜之间。　⑯膏:心脏下部心尖脂肪。　⑰攻:指灸。　⑱达:用针刺治疗。据金文、甲骨文,“达”之初文象针之形。　⑲六月:周之六月,当夏之四月,麦始熟。　⑳欲麦:想要食麦尝新。　㉑甸人:甸师。掌田事之官。献:进。　㉒馈人:主饮食之官。　㉓张:胀。肚子发胀。　㉔陷:跌入粪坑。　㉕小臣:指宦官。有:有人。　㉖日中:中午。

郑伯讨立君者,戊申[1],杀叔申、叔禽[2]。君子曰:“忠为

令德[③],非其人[④],犹不可,况不令乎?”

〔注释〕

①戊申:九日。 ②叔申:公孙申。叔禽:公孙申之弟。③令德:美德。 ④非其人:无合适的效忠对象。谓郑成公有负臣下忠心。

秋,公如晋。晋人止公[①],使送葬[②]。于是籴茷未反[③]。

〔注释〕

①止:拘,扣留。 ②送:原作“逆”,据纂图本、《四部丛刊》本改。 ③“于是”句:这时籴茷还没有回到晋国。晋籴茷使楚结成,晋疑鲁贰于楚,欲待籴茷还而验其虚实。

冬,葬晋景公。公送葬,诸侯莫在。鲁人辱之[①],故不书[②]。讳之也。

〔注释〕

①辱:以为辱。 ②不书:不书葬晋景公。

经

十有一年春[①],王三月,公至自晋。

晋侯使郤犨来聘[②]。己丑[③],及郤犨盟。

夏,季孙行父如晋。

秋,叔孙侨如如齐。

冬十月。

〔注释〕

①十有一年：公元前580年。 ②郤犨（xì chōu）：晋大夫，郤克之堂兄弟。 ③己丑：二十四日。

传

十一年春，王三月，公至自晋。晋人以公为贰于楚[①]，故止公。公请受盟，而后使归[②]。

郤犨来聘，且莅盟[③]。

〔注释〕

①"晋人"句：四年，鲁君如晋，晋侯不敬。成公返鲁，欲求成于楚而叛晋。 ②而后使归：鲁公上年七月如晋，至此始得归。③且莅盟：鲁公请盟于晋，故晋使大夫来盟。莅：临。

声伯之母不聘[①]。穆姜曰："吾不以妾为姒[②]。"生声伯而出之[③]。嫁于齐管于奚，生二子而寡[④]。以归声伯。声伯以其外弟为大夫[⑤]，而嫁其外妹于施孝叔[⑥]。郤犨来聘，求妇于声伯。声伯夺施氏妇以与之[⑦]。妇人曰："鸟兽犹不失俪[⑧]，子将若何[⑨]？"曰："吾不能死亡[⑩]。"妇人遂行。生二子于郤氏。郤氏亡[⑪]，晋人归之施氏。施氏逆诸河，沈其二子[⑫]。妇人怒曰："已不能庇其伉俪而亡之[⑬]，又不能字人之孤而杀之[⑭]，将何以终？"遂誓施氏[⑮]。

〔注释〕

①声伯：子叔婴齐，叔肸之子。不聘：非正式迎娶者。古时订

婚、迎娶皆称聘。不行聘礼,则视同私奔。《礼记·内则》:“聘则为妻,奔则为妾。” ②姒(sì):兄弟之妻互称之辞。穆姜为宣公夫人,宣公为叔肸同母兄弟。 ③出:休弃。 ④二子:一子一女。古代男女通称子。 ⑤外弟:其母嫁管于奚所生子。 ⑥施孝叔:鲁惠公五世孙。 ⑦施氏妇:即其外妹。声伯之母嫁管于奚所生女。 ⑧俪:偶。 ⑨子:指其夫施孝叔。 ⑩死亡:被杀或出奔。 ⑪郤氏亡:郤氏被灭在成公十七年,此探后言之。⑫沈(chén):同“沉”。 ⑬已:既。伉俪:配偶,妻子。 ⑭字:养。 ⑮誓:通“逝”。去。

夏,季文子如晋①,报聘②,且莅盟也。

〔注释〕

①季文子:季孙行父,鲁卿。 ②报聘:报郤犨之聘。

周公楚恶惠、襄之逼也①,且与伯与争政②,不胜,怒而出。及阳樊③,王使刘子复之④,盟于鄄而入⑤。三日,复出奔晋。

〔注释〕

①周公楚:周卿士,周公之后。惠、襄:惠王、襄王之族。②伯与:周卿士。 ③阳樊:又名樊,亦名阳,原为周邑,此时已属晋,在今河南济源市西南二十里。参僖公二十五年《传》。④刘子:王季子。即刘康公。复:返。 ⑤鄄(juàn):周地。未详何处。入:返。

秋,宣伯聘于齐①,以修前好②。

〔注释〕

①宣伯:叔孙侨如,鲁卿。 ②前好:鲁以前之友好关系。

晋郤至与周争鄇田[①]。王命刘康公、单襄公讼诸晋[②]。郤至曰:"温,吾故也[③],故不敢失。"刘子、单子曰:"昔周克商,使诸侯抚封[④],苏忿生以温为司寇[⑤],与檀伯达封于河[⑥]。苏氏即狄[⑦],又不能于狄而奔卫[⑧]。襄王劳文公而赐之温[⑨],狐氏、阳氏先处之[⑩],而后及子。若治其故,则王官之邑也[⑪],子安得之?"晋侯使郤至勿敢争[⑫]。

〔注释〕

①郤至:晋大夫。鄇(hóu):温别邑,在今河南武陟县西南十五里。 ②单襄公:单戴公之子。 ③温,吾故也:谓温本是郤氏食邑。温在今河南温县。 ④抚封:安定封内之地。抚:安。⑤苏忿生:周武王时卿士。 ⑥"与檀伯"句:与檀伯达同封于黄河北岸。檀邑在今河南济源市。 ⑦即:亲近。 ⑧不能:不善。⑨"襄王"句:周襄王因晋文公勤王有功,赐给他南阳之地,其中有温邑。事见僖公二十五年《传》。 ⑩"狐氏"二句:狐溱为温大夫,见僖公二十五年《传》。温为阳处父食邑,见文公六年《传》。 ⑪王官之邑:周王属官之食邑。谓其地本非晋国所有。⑫勿敢:弗许。

宋华元善于令尹子重[①],又善于栾武子[②]。闻楚人既许晋籴茷成[③],而使归复命矣。冬,华元如楚,遂如晋,合晋、楚之成[④]。

〔注释〕

①华元:宋执政大夫。善:交好。子重:公子婴齐。 ②栾武子:栾书。 ③“闻楚”句:上年晋籴茷如楚求成。 ④“合晋”句:促成晋、楚和好。

秦、晋为成,将会于令狐①。晋侯先至焉。秦伯不肯涉河,次于王城②,使史颗盟晋侯于河东③。晋郤犨盟秦伯于河西④。范文子曰⑤:“是盟也何益?齐盟⑥,所以质信也⑦。会所⑧,信之始也。始之不从⑨,其何质乎⑩?”秦伯归而背晋成。

〔注释〕

①令狐:晋地,在今山西临猗县西。 ②王城:秦地,在今陕西大荔县东。 ③史颗:秦大夫。河东:令狐在黄河之东。④河西:王城在黄河之西。 ⑤范文子:士燮。 ⑥齐(zhāi)盟:会盟。会盟必斋戒。齐:同“斋”。 ⑦质信:取信。质:质、信同义。 ⑧会所:会盟之处所。 ⑨“始之”句:谓不愿至约定之地。从:遵从。 ⑩质:诚,信。

经

十有二年春①,周公出奔晋②。

夏,公会晋侯、卫侯于琐泽③。

秋,晋人败狄于交刚④。

冬十月。

〔注释〕

①十有二年:公元前579年。 ②周公:名楚,王卿士。 ③琐泽:晋地。未详何处。 ④交刚:地名。未详何处。

传

十二年春,王使以周公之难来告。书曰:“周公出奔晋。”凡自周无出[1],周公自出故也。

〔注释〕

①“凡自”二句:王者无出。普天之下,莫非王土,故自周奔诸侯不言“出”。此书周公“出奔”,因其自绝于周,自己执意出奔。自:由,从。

宋华元克合晋、楚之成[1]。夏五月,晋士燮会楚公子罢、许偃[2]。癸亥[3],盟于宋西门之外,曰:“凡晋、楚无相加戎[4],好恶同之,同恤灾危[5],备救凶患[6]。若有害楚,则晋伐之。在晋[7],楚亦如之。交贽往来[8],道路无壅[9],谋其不协[10],而讨不庭[11]。有渝此盟[12],明神殛之[13],俾队其师[14],无克胙国[15]!”郑伯如晋听成[16]。会于琐泽[17],成故也。

〔注释〕

①“宋华元”句:华元谋晋、楚和解见上年《传》。克:约。 ②士燮:晋卿。 ③癸亥:六日。 ④加戎:加兵。戎:兵。 ⑤灾危:危,危险。灾、危同义。 ⑥备:皆,同。凶患:灾,灾害。凶:灾。 ⑦“在晋”二句:若有危害晋国者,楚国也要加以讨伐。 ⑧交贽往来:即使者往来。贽:聘享之礼物。 ⑨壅:阻塞。

⑩协:和。 ⑪不庭:不朝。引申为不从命。 ⑫有:若。渝:变。指违背。 ⑬明神:即神。明、神同义。殛(jí):诛。 ⑭俾:使。队:同“坠”。失,丧。 ⑮胙(zuò)国:享国。守社稷曰胙。⑯听成:接受和解之命。听:受。 ⑰“会于”句:鲁君与晋侯、卫侯会于琐泽。《传》蒙经文省略主语。

狄人间宋之盟以侵晋[①],而不设备。秋,晋人败狄于交刚。

〔注释〕

①间:伺,伺机。

晋郤至如楚聘[①],且莅盟[②]。楚子享之[③],子反相[④],为地室而县焉[⑤]。郤至将登[⑥],金奏作于下[⑦],惊而走出。子反曰:“日云莫矣[⑧],寡君须矣[⑨],吾子其入也[⑩]!”宾曰[⑪]:“君不忘先君之好,施及下臣,贶之以大礼[⑫],重之以备乐[⑬]。如天之福[⑭],两君相见,何以代此?下臣不敢!”子反曰:“如天之福,两君相见,无亦唯是一矢以相加遗[⑮]?焉用乐[⑯]?寡君须矣,吾子其入也!”宾曰:“若让之以一矢[⑰],祸之大者,其何福之为[⑱]?世之治也,诸侯间于天子之事[⑲],则相朝也,于是乎有享宴之礼。享以训共俭[⑳],宴以示慈惠[㉑]。共俭以行礼,而慈惠以布政。政以礼成,民是以息[㉒]。百官承事[㉓],朝而不夕,此公侯之所以扞城其民也[㉔]。故《诗》曰[㉕]:‘赳赳武夫[㉖],公侯干城。’及其乱也,诸侯贪冒[㉗],侵欲不忌,争寻常以尽其民[㉘],略其武夫[㉙],以为己腹心股肱爪牙。

故《诗》曰：'赳赳武夫㉚，公侯腹心。'天下有道，则公侯能为民干城，而制其腹心。乱则反之。今吾子之言，乱之道也，不可以为法。然吾子，主也，至敢不从？"遂入，卒事。归，以语范文子。文子曰："无礼必食言㉛，吾死无日矣夫㉜！"

冬，楚公子罢如晋聘，且莅盟。十二月，晋侯及楚公子罢盟于赤棘㉝。

〔注释〕

①郤（xì）至：晋大夫。　②莅盟：参加会盟。莅：临。　③楚子：楚共王。　④子反：公子侧。相：为相赞礼。　⑤地室：地下室。县："悬"的本字。指悬挂钟鼓。　⑥登：登堂。　⑦金奏：以钟镈（镈形似钟而大）奏《九夏》。《周礼·春官·钟师》："钟师，掌金奏。凡乐事，以钟鼓奏《九夏》：《王夏》、《肆夏》、《昭夏》、《纳夏》、《章夏》、《齐夏》、《族夏》、《祴夏》、《骜夏》。"⑧云：句中助词，无义。莫："暮"的本字。　⑨须：待。　⑩其：语气词。表示祈使语气。　⑪宾：指郤至。　⑫贶（kuàng）：赐。⑬重：加。备乐：指《九夏》。　⑭"如天"三句：谓今以此乐享己，倘日后两君相见，则无他乐可用。如天之福：谓大福。极大曰天。代：易。　⑮无亦：不亦，不。亦为语助词，无义。唯：但。相加遗：相加。加、遗义同。　⑯焉用乐：用不到乐曲。用：须。此数句谓即便两君相见，亦但以武力相加，故无需用此乐。　⑰让：予。与上文"遗"同义。　⑱何福之为：何福之有。为：有。　⑲间：通"闲"，闲暇。谓得闲暇。　⑳"享以"句：享有体荐，设几而不倚，爵盈而不饮，肴干而不食，重礼仪而不重饮食，所以说"享以训共俭"。体荐：亦称"房烝"。将半个牲体置于俎上。此仅为摆设而非供食用。训：教。俭：节俭。　㉑慈惠：慈爱。宣公十六年

《传》云:“宴有折俎。”折俎即“殽烝”。解体折节,升于俎上者。此为可食之物,所以说“宴以示慈惠”。 ㉒息:安。 ㉓“百官”二句:谓百官奉承君命,白天奉事,晚上休息。 ㉔扞城:即干城。盾与城郭。比喻捍卫者。此用作动词。扞:通“干”。 ㉕《诗》曰:引文出自《诗·周南·兔罝》。 ㉖赳赳:形容勇武。 ㉗“诸侯”二句:谓诸侯侵吞贪婪,放纵不已。贪冒:贪婪。贪、冒同义。忌:止。 ㉘寻常:比喻小利。八尺为寻,倍寻为常。尽其民:使其民因战争而死亡。 ㉙略:取。 ㉚“赳赳”二句:引文亦出自《诗·周南·兔罝》。此处断章取义,未必符合诗之原意。 ㉛食言:背弃诺言。食:伪。 ㉜“吾死”句:言晋、楚将起纷争。㉝赤棘:晋地。未详何处。

经

十有三年春①,晋侯使郤锜来乞师②。

三月,公如京师③。

夏五月,公自京师,遂会晋侯、齐侯、宋公、卫侯、郑伯、曹伯、邾人、滕人伐秦。

曹伯卢卒于师。

秋七月,公至自伐秦。

冬,葬曹宣公。

〔注释〕

①十有三年:公元前578年。 ②郤(xì)锜:晋卿。乞师:请求援军。 ③公如京师:鲁君伐秦途经京师,顺便朝王。

传

十三年春，晋侯使郤锜来乞师，将事不敬[①]。孟献子曰[②]："郤氏其亡乎！礼，身之干也[③]。敬，身之基也[④]。郤子无基。且先君之嗣卿也[⑤]，受命以求师，将社稷是卫，而惰[⑥]，弃君命也。不亡何为？"

〔注释〕

①将事：奉事。 ②孟献子：仲孙蔑。 ③干：与下文"基"都是"根本"的意思。此四句言礼与敬乃身之根本。 ④基：本，根本。 ⑤嗣卿：郤锜为郤克之子，父子相继为晋卿，故曰嗣卿。⑥惰：不敬。

三月，公如京师。宣伯欲赐[①]，请先使[②]。王以行人之礼礼焉[③]。孟献子从[④]，王以为介而重贿之[⑤]。

公及诸侯朝王[⑥]，遂从刘康公、成肃公会晋侯伐秦。成子受脤于社[⑦]，不敬。刘子曰："吾闻之，民受天地之中以生[⑧]，所谓命也。是以有动作礼义威仪之则[⑨]，以定命也。能者养之以福[⑩]，不能者败以取祸[⑪]。是故君子勤礼[⑫]，小人尽力。勤礼莫如致敬[⑬]，尽力莫如敦笃[⑭]。敬在养神[⑮]，笃在守业[⑯]。国之大事，在祀与戎。祀有执膰[⑰]，戎有受脤，神之大节也[⑱]。今成子惰，弃其命矣[⑲]，其不反乎[⑳]！"

〔注释〕

①宣伯：叔孙侨如。欲赐：欲得周王赏赐。 ②先使：《国语·周语中》云"使叔孙侨如先聘且告"。 ③"王以"句：王以使

人之礼待之,而不用行聘之礼,无加赐。《周语中》谓简王接受王孙说的建议,且得知叔孙侨如先使之意图,故不加赐。行人:使者。 ④孟献子:仲孙蔑。从:谓从鲁君朝王。 ⑤介:助宾客行礼之人。重:厚。贿:赐。 ⑥"公及"二句:上年晋与秦订盟,秦旋即背盟,故晋与诸侯伐秦。刘康公:王季子。 ⑦成子:成肃公。受脤(shèn)于社:古代出兵祭社,名曰宜。祭毕,以肉分赐诸人。脤:祭肉。 ⑧"民受"句:古人认为人受天地中和之气而生。《周易·下经》:"天地(阴阳)感而万物化生。"《汉书·律历志上》:"传曰'天六地五',数之常也。天有六气,降生五味。夫五六者,天地之中合,而民所受以生也。" ⑨动作:《汉书·五行志中之上》在"礼义"二字之下。威仪:礼仪。则:法度。 ⑩能者:贤者。能:贤。养之以福:言养威仪而得福。之:出,生。《说文》:"之,出也。" ⑪败:坏,毁坏。 ⑫勤礼:尽礼。勤:尽。⑬致:尽。 ⑭敦笃:笃实。敦、笃二字同义。 ⑮养神:供养神灵。 ⑯守业:守职。 ⑰执膰(fán):接受祭肉。执:受。古时祭祀后以祭肉分发同姓诸侯。膰:祭宗庙之肉。 ⑱神之大节:事神之根本。大节:大体。 ⑲弃:捐弃。 ⑳不反:不能返还。

夏四月戊午[①],晋侯使吕相绝秦[②]。曰:"昔逮我献公及穆公相好[③],戮力同心[④],申之以盟誓,重之以昏姻。天祸晋国[⑤],文公如齐,惠公如秦。无禄[⑥],献公即世[⑦]。穆公不忘旧德,俾我惠公用能奉祀于晋[⑧]。又不能成大勋,而为韩之师[⑨]。亦悔于厥心[⑩],用集我文公[⑪],是穆之成也[⑫]。文公躬擐甲胄[⑬],跋履山川,逾越险阻[⑭],征东之诸侯虞、夏、商、周之胤而朝诸秦[⑮],则亦既报旧德矣。郑人怒君之疆埸[⑯],我文公帅诸侯及秦围郑。秦大夫不询于我寡君[⑰],擅及郑盟。

诸侯疾之[18],将致命于秦。文公恐惧,绥静诸侯[19]。秦师克还无害,则是我有大造于西也[20]。无禄,文公即世。穆为不吊[21],蔑我死君[22],寡我襄公[23],迭我殽地[24],奸绝我好[25],伐我保城[26],殄灭我费滑[27],散离我兄弟[28],挠乱我同盟,倾覆我国家。我襄公未忘君之旧勋[29],而惧社稷之陨,是以有殽之师[30]。犹愿赦罪于穆公[31]。穆公弗听,而即楚谋我[32]。天诱其衷[33],成王陨命[34],穆公是以不克逞志于我[35]。穆、襄即世[36],康、灵即位[37]。康公[38],我之自出,又欲阙翦我公室[39],倾覆我社稷,帅我蝥贼[40],以来荡摇我边疆[41],我是以有令狐之役。康犹不悛[42],入我河曲[43],伐我涑川[44],俘我王官[45],翦我羁马[46],我是以有河曲之战[47]。东道之不通[48],则是康公绝我好也。及君之嗣也[49],我君景公引领西望曰[50]:'庶抚我乎!'君亦不惠称盟[51],利吾有狄难[52],入我河县[53],焚我箕、郜[54],芟夷我农功[55],虔刘我边陲[56],我是以有辅氏之聚[57]。君亦悔祸之延,而欲徼福于先君献、穆[58],使伯车来命我景公曰[59]:'吾与女同好弃恶,复修旧德[60],以追念前勋。'言誓未就[61],景公即世,我寡君是以有令狐之会[62]。君又不祥,背弃盟誓。白狄及君同州[63],君之仇雠,而我之昏姻也。君来赐命曰:'吾与女伐狄。'寡君不敢顾昏姻,畏君之威,而受命于吏[64]。君有二心于狄,曰:'晋将伐女。'狄应且憎[65],是用告我[66]。楚人恶君之二三其德也[67],亦来告我曰:'秦背令狐之盟,而来求盟于我:"昭告昊天上帝、秦三公、楚三王曰[68]:余虽与晋出入[69],余唯利是视。"不穀恶其无成德[70],是用宣之,以惩不壹[71]。'诸侯备闻此言[72],斯是用痛心疾首,昵就寡人。寡人帅以听命,唯好是求。君若惠顾诸侯,矜哀寡人[73],而赐之盟,则寡人之愿也。其承宁诸侯以退[74],岂敢徼乱?君若不施大惠,寡人不佞[75],其不能以诸侯退矣[76]。敢尽布之执事[77],俾执事实图利之!"

秦桓公既与晋厉公为令狐之盟,而又召狄与楚,欲道以伐晋,诸侯是以睦于晋。

晋栾书将中军[78],荀庚佐之[79]。士燮将上军[80],郤锜佐之。韩厥将下军[81],荀罃佐之[82]。赵旃将新军[83],郤至佐之[84]。郤毅御戎[85],栾鍼为右[86]。孟献子曰:"晋帅乘和[87],师必有大功。"五月丁亥[88],晋师以诸侯之师及秦师战于麻隧[89],秦师败绩。获秦成差及不更女父[90]。曹宣公卒于师。师遂济泾[91],及侯丽而还[92]。迓晋侯于新楚[93]。

成肃公卒于瑕[94]。

〔注释〕

①戊午:五日。　②晋侯:晋厉公。吕相:魏相,魏锜之子。食邑于吕,故称吕相。绝秦:与秦断交。　③昔逮:古昔。逮:通"肆",古。献公:晋献公。穆公:秦穆公。　④戮力同心:齐心合力。戮:并。同:齐。　⑤"天祸"三句:晋遭骊姬之乱,重耳(文公)流亡在外十九年,曾一度至秦,夷吾(惠公)也曾流亡至秦。⑥无禄:无福。即不幸。　⑦即世:去世。即:就,终。世:身。晋献公卒于鲁僖公九年。　⑧"俾我"句:秦纳夷吾(惠公),使回国即位,见僖公九年《传》。俾:使。奉祀:主祭。　⑨"而为"句:僖公十五年,秦伐晋,获惠公。为:有。　⑩"亦悔"句:秦穆公对此也感到后悔。　⑪"用集"句:谓秦纳重耳。见僖公二十四年《传》。集:成,成全。　⑫成:功。与上文"勋"同义。　⑬躬擐

甲胄:穿戴铠甲。躬:身。擐:穿。 ⑭险阻:危险之地。阻:险。⑮征:召。东之诸侯:指东方诸侯。与“虞、夏、商、周之胤”为同位复指成分。胤:后代。朝诸秦:朝见秦君。此事史籍无考,盖虚夸之辞。 ⑯“郑人”二句:僖公三十年,晋因郑贰于楚,伐郑,秦助晋围郑。疆埸(yì):边境。埸:边界。 ⑰“秦大夫”二句:秦穆公不征求晋国的意见,擅自与郑国订盟。言秦大夫而不称穆公,是外交辞令。询:谋。 ⑱“诸侯”二句:谓诸侯非常痛恨秦国的做法,要与秦国拼命。围郑唯秦、晋二国,此为虚张声势。致命:舍命。 ⑲绥静:使安静。绥:安。 ⑳则:乃。大造:大功。造:成。西:指秦。 ㉑不吊:不善。 ㉒蔑我死君:原本作“蔑死我君”,参考《释文》及武亿《群经义证》说改。蔑:轻,轻视。㉓寡我襄公:以为晋君寡弱可欺。寡:少,小。谓轻视。襄公:文公之子。 ㉔迭:通“轶”,侵犯。 ㉕“奸绝”句:离间断绝晋国与郑国的友好关系。奸绝:离间断绝。奸:通“间”。好:友好国家。指郑国。 ㉖保城:城,城邑。保:同“堡”,小城。 ㉗殄灭:消灭,灭亡。费滑:指滑国。费为滑国都城,在今河南偃师市缑氏镇。 ㉘兄弟:郑、滑皆姬姓,与晋为兄弟之国。 ㉙旧勋:纳文公之功。 ㉚殽之师:在僖公三十三年。 ㉛赦罪:释罪。赦:释,解脱。 ㉜即楚谋我:文公十四年,秦使斗克归楚求成。㉝天诱其衷:天助善人。诱,奖,助。衷:善。 ㉞成王陨命:文公元年,楚弑成王。 ㉟逞志:得意。 ㊱穆、襄即世:文公六年,秦穆公、晋襄公皆卒。 ㊲康:秦康公。灵:晋灵公。 ㊳“康公”二句:秦康公为穆姬(晋献公女)所生。自:由,从。出:生。 ㊴阙翦:削弱。翦:削减。 ㊵蝥贼:危害国家之人。指晋公子雍。蝥:食根的害虫。贼:食节的害虫。 ㊶“以来”二句:晋遣先蔑、士会接公子雍回国即位,秦康公派兵护送,不想晋临时变卦,截击秦军于令狐。事见文公六、七年《传》。 ㊷悛:悔改。 ㊸河曲:

晋地,在今山西永济市东南。黄河至此折而东流,故云河曲。 ㊹涑川:地名,在今山西永济市东北。 ㊺俘:取。王官:晋地,在今山西闻喜县西。 ㊻翦:伐。羁马:晋邑,在今山西永济市南。㊼河曲之战:在文公十二年。 ㊽东道之不通:指晋断绝与秦往来。晋在秦之东。 ㊾君:指秦桓公。 ㊿引领:延颈,伸长脖子。犹言翘首。 (51)亦:又。不惠称盟:不肯加惠与晋订盟。惠:加惠。称:举行。 (52)"利吾"句:宣公十五年,晋灭赤狄潞氏。 (53)河县:近河之县邑。 (54)箕:晋邑,在今山西蒲县东北之箕城。郜(gào):晋地。未详何处。 (55)芟(shān)夷:割除。农功:指庄稼。 (56)虔刘:杀戮。虔、刘同义。 (57)辅氏之聚:即辅氏之战。秦伐晋,晋大败秦军于辅氏,见宣公十五年《传》。聚:会。 (58)"而欲"句:想要向先君献公(晋)、穆公(秦)求福。即恢复秦、晋交好时的状态。 (59)伯车:秦桓公子,名鍼。 (60)修:循,依。 (61)言誓未就:盟誓尚未商定。言、誓同义。就:成。 (62)寡君:此文称"寡君"三次,"我君"一次,又称"寡人"五次,前后口吻不一,盖草创润色,犹未尽善。令狐之会:在成公十一年。 (63)白狄:狄之别种,因服色尚白而得名。及:与。同州:同处雍州。 (64)受命于吏:给属官下达命令。受:授。 (65)应且憎:一面接受(应答),同时又憎恨(秦)。 (66)是用:因此。 (67)二三其德:出尔反尔,不讲信用。二三:谓不一。 (68)昊天:天。昊:大。秦三公:秦穆、康、共公。楚三王:楚成、穆、庄王。 (69)出入:往来。出:往。入:返,还。(70)不穀:君主自称之辞。意为不善之人。无成德:谓前后不一。成:定。 (71)不壹:不信。壹:信。 (72)备:俱,皆。 (73)矜哀:哀怜,怜悯。 (74)承宁:止息。承:止。 (75)不佞:不才。 (76)以:原本无此字,据纂图本、阮元《校勘记》、《宋本册府元龟》卷七四四补。(77)执事:左右办事之人。婉辞。 (78)栾书:晋正卿。 (79)荀庚:晋卿,荀林父之子。 (80)士燮:晋卿,士会之子。 (81)韩厥:晋卿,韩简之孙。 ⑧荀罃:晋卿,荀首之子。 ⑧赵旃:赵穿之子。 ⑧郤至:晋卿,郤克之侄。 ⑧郤毅:郤至之弟。 ⑧栾鍼:栾书之子。 ⑧帅乘和:将士齐心。帅:统帅。乘:车士。 ⑧:丁亥:五日。 ⑧麻隧:秦地,在今陕西泾阳县北。 ⑨成差:与不更女父皆秦大夫。不更为秦官爵名,疑地位高于后世之不更(秦爵二十等,不更为第四等,在大夫之下)。女父为人名。 ⑨泾:水名。泾水源出陕西泾阳县,东南流经彬县、高陵县入渭。 ⑨侯丽:秦地,当在今陕西礼泉县。 ⑨迓:迎。新楚:秦地,在今陕西大荔县。战后晋侯留驻新楚,师还,而往迎之。 ⑨瑕:晋邑,在今河南陕县南四十里。

六月丁卯①,夜,郑公子班自訾求入于大宫②,不能,杀子印、子羽③。反军于市。己巳④,子驷帅国人盟于大宫⑤,遂从而尽焚之。杀子如、子駹、孙叔、孙知⑥。

〔注释〕

①丁卯:十五日。 ②"郑公子"句:公子班,字子如。成公十年,公子班出奔许。訾:郑地。大宫:郑之祖庙。 ③子印、子羽:皆郑穆公子。 ④己巳:十七日。 ⑤子驷:穆公子。 ⑥子如:公子班。子駹(máng):公子班之弟。孙叔:公子班之子。孙知:子駹之子。

曹人使公子负刍守①,使公子欣时逆曹伯之丧②。秋,负刍杀其大子而自立也③,诸侯乃请讨之。晋人以其役之劳④,请俟他年。冬,葬曹宣公。既葬,子臧将亡⑤,国人皆将从之。成公乃惧⑥,告罪⑦,且请焉。乃反,而致其邑⑧。

〔注释〕

①公子负刍：曹宣公庶子。即后来之曹成公。 ②公子欣时：曹宣公庶子。 ③大子：宣公太子。 ④役：指麻隧之役。劳：功。 ⑤子臧：公子欣时的字。 ⑥成公：负刍。 ⑦“告罪”二句：承认有罪，请求子臧不要出奔。 ⑧致其邑：还其食邑于成公。致：归。

经

十有四年春[①]，王正月，莒子朱卒[②]。

夏，卫孙林父自晋归于卫[③]。

秋，叔孙侨如如齐逆女。

郑公子喜帅师伐许。

九月，侨如以夫人妇姜氏至自齐[④]。

冬十月庚寅[⑤]，卫侯臧卒。

秦伯卒[⑥]。

〔注释〕

①十有四年：公元前577年。 ②莒子朱：即莒渠丘公，名季佗。 ③成公七年，孙林父出奔晋。 ④妇：成公之母尚在，故称“妇”。 ⑤庚寅：十五日。 ⑥秦伯：秦桓公。

传

十四年春，卫侯如晋。晋侯强见孙林父焉[①]。定公不可。夏，卫侯既归，晋侯使郤犨送孙林父而见之[②]。卫侯欲辞，定姜曰[③]：“不可。是先君宗卿之嗣也[④]，大国又以为请，

不许,将亡。虽恶之,不犹愈于亡乎?君其忍之!安民而宥宗卿[⑤],不亦可乎?"卫侯见而复之[⑥]。

卫侯飨苦成叔[⑦],宁惠子相[⑧]。苦成叔傲。宁子曰:"苦成家其亡乎!古之为享食也,以观威仪、省祸福也[⑨]。故《诗》曰[⑩]:'兕觥其觩[⑪],旨酒思柔[⑫]。彼交匪傲[⑬],万福来求[⑭]。'今夫子傲,取祸之道也。"

〔注释〕

①"晋侯"句:晋厉公逼卫定公见孙林父。孙林父为卫执政大臣,成公七年出奔晋。 ②郤犨(xì chōu):晋大夫。 ③定姜:姜氏,定公夫人。 ④先君:定公之父穆公。宗卿:同姓之卿。指孙良夫(孙林父之父)。孙氏出自卫武公。 ⑤宥:宽赦。宗卿:指孙林父,出奔前为卫卿。 ⑥复之:复孙林父职位与食邑。⑦苦成叔:郤犨。食邑于苦,谥成,字叔。 ⑧宁惠子:宁殖。相:为相赞礼。 ⑨威仪:礼仪。省:察。 ⑩《诗》曰:引文出自《诗·小雅·桑扈》。义取君子交往无傲,而众福来聚。 ⑪兕觥(sì gōng):用犀牛角制成的饮酒器。觩(qiú):角上曲貌。⑫旨酒思柔:美酒味道很好。思:句中语助词,无义。柔:善。⑬彼交匪傲:谓不轻慢。彼:匪,不。交:通"姣"。侮,轻慢。⑭求:通"逑",聚。

秋,宣伯如齐逆女[①]。称族[②],尊君命也。

〔注释〕

①宣伯:叔孙侨如。逆女:为成公迎娶夫人。 ②"称族"二句:《春秋》书侨如之姓"叔孙",表示尊崇鲁君之命。

八月，郑子罕伐许[①]，败焉[②]。戊戌[③]，郑伯复伐许。庚子[④]，入其郛[⑤]。许人平以叔申之封[⑥]。

〔注释〕

①子罕：公子喜，郑穆公子。 ②败焉：为许所败。 ③戊戌：二十二日。 ④庚子：二十四日。 ⑤郛（fú）：外城。 ⑥"许人"句：许国承认叔申划定的疆界，与郑国讲和。平：和。叔申之封：成公三年，郑伐许，侵其田。四年，公孙申帅师划定其疆界，许人败之。此时许以承认公孙申（叔申）所划疆界为条件，与郑媾和。

九月，侨如以夫人妇姜氏至自齐。舍族[①]，尊夫人也。故君子曰："《春秋》之称[②]，微而显[③]，志而晦[④]，婉而成章[⑤]，尽而不污[⑥]，惩恶而劝善[⑦]。非圣人，谁能修之？"

〔注释〕

①"舍族"二句：《春秋》不书侨如之姓"叔孙"，表示尊重夫人。 ②称：言。指措辞。 ③微：隐，隐晦。 ④志：彰。与"晦"相对。 ⑤婉：婉转。章：法度。 ⑥尽：尽其事实。污：滥。 ⑦"惩恶"句：善善恶恶，用以劝惩。

卫侯有疾，使孔成子、宁惠子立敬姒之子衎以为大子[①]。

冬十月，卫定公卒。夫人姜氏既哭而息，见大子之不哀也，不内酌饮[②]，叹曰："是夫也[③]，将不唯卫国之败[④]，其必始于未亡人[⑤]。乌呼！天祸卫国也夫！吾不获鱄也使主社

稷[6]。"大夫闻之,无不耸惧[7]。孙文子自是不敢舍其重器于卫[8],尽置诸戚[9],而甚善晋大夫[10]。

〔注释〕

①孔成子:孔烝鉏,孔达之孙。敬姒:卫定公妾。衎(kàn):即后来的卫献公。 ②不内酌饮:即滴水不进。内:入,进。酌:同"勺"。 ③是夫:此人。 ④"将不"句:谓不唯败坏卫国。⑤其必:必定。其、必同义。未亡人:寡妇自称之辞。 ⑥鱄(zhuān):衎之同母弟。主社稷:指为君。主:祭祀。 ⑦耸惧:惧。耸、惧同义。 ⑧孙文子:孙林父。舍:放置。重器:宝器。⑨戚:孙氏食邑。在今河南濮阳市北。 ⑩善:交好。

经

十有五年春[1],王二月,葬卫定公。

三月乙巳[2],仲婴齐卒[3]。

癸丑[4],公会晋侯、卫侯、郑伯、曹伯、宋世子成、齐国佐、邾人,同盟于戚。

晋侯执曹伯,归于京师。

公至自会。

夏六月,宋公固卒。

楚子伐郑。

秋八月庚辰[5],葬宋共公。

宋华元出奔晋。

宋华元自晋归于宋。

宋杀其大夫山。

宋鱼石出奔楚[6]。

冬十有一月,叔孙侨如会晋士燮、齐高无咎、宋华元、卫孙林父、郑公子鳝、邾人会吴于钟离[7]。

许迁于叶[8]。

〔注释〕

①十有五年:公元前576年。 ②乙巳:四日。 ③仲婴齐:襄仲之子,公孙归父之弟。宣公十八年,鲁逐东门氏,后又使婴齐续其后,称仲氏。 ④癸丑:二十二日。 ⑤庚辰:十一日。 ⑥鱼石:公子目夷之曾孙。 ⑦会吴:前此吴未与中国会盟,今始来通,晋帅诸侯之大夫会之,故书"会吴",以示殊异。钟离:国名,嬴姓,在今安徽凤阳县东北。 ⑧许迁于叶:许避郑,南依楚,如自动迁移。叶:楚邑,在今河南叶县。

传

十五年春,会于戚[1],讨曹成公也[2]。执而归诸京师。书曰"晋侯执曹伯[3]",不及其民也。凡君不道于其民[4],诸侯讨而执之,则曰"某人执某侯[5]"。不然,则否。

诸侯将见子臧于王而立之[6]。子臧辞曰:"前志有之[7],曰:'圣达节[8],次守节[9],下失节[10]。'为君,非吾节也。虽不能圣,敢失守乎[11]?"遂逃,奔宋。

〔注释〕

①会于戚:鲁君与晋、卫、郑、曹、宋、齐、邾相会。《传》蒙经文省略与会之人。戚:卫邑,在今河南濮阳市北。 ②讨曹成公:十三年,曹成公杀太子而自立。 ③"书曰"二句:谓曹伯之恶不

加于其民（仅杀太子），故《经》书“晋侯”（不书晋人）执曹伯。④不道于其民：对百姓无道。 ⑤“某人”句：称“人”执其君，表示为众人所恶。 ⑥将(qiāng)：请。子臧：曹公子欣时。 ⑦前志：古书。 ⑧达节：谓自然合于法度。达：通。节：节操。 ⑨守节：守节而不失。守：持。 ⑩失：违，违背。 ⑪失守：失节。守：节，操守。

夏六月[①]，宋共公卒。

〔注释〕

①“夏六月”二句：为下文宋乱张本。

楚将北师[①]，子囊曰[②]：“新与晋盟而背之[③]，无乃不可乎？”子反曰[④]：“敌利则进[⑤]，何盟之有？”申叔时老矣[⑥]，在申[⑦]，闻之，曰：“子反必不免。信以守礼，礼以庇身。信礼之亡，欲免，得乎？”

楚子侵郑，及暴隧[⑧]。遂侵卫，及首止[⑨]。郑子罕侵楚[⑩]，取新石[⑪]。

栾武子欲报楚[⑫]。韩献子曰[⑬]：“无庸[⑭]。使重其罪，民将叛之。无民，孰战？”

〔注释〕

①北师：出兵北上。指侵郑、卫。 ②子囊：名贞，楚庄王子，楚共王弟。 ③新与晋盟：十二年，楚与晋盟于宋西门之外，又盟于赤棘。 ④子反：公子侧，楚司马。 ⑤“敌利”二句：对我有利就采取行动，管他什么盟不盟的！敌：当。 ⑥申叔时：楚大

夫。 ⑦在申：告老归本邑。申为申叔时食邑，在今河南南阳市。⑧暴隧：即暴。郑地，在今河南原阳县西。 ⑨首止：卫地，在今河南睢县东南。 ⑩子罕：公子喜，郑穆公子。 ⑪新石：楚邑，在今河南叶县。 ⑫栾武子：栾书，晋中军帅。报楚：报复楚国。⑬韩献子：韩厥。 ⑭无庸：不用。

秋八月，葬宋共公。于是华元为右师[①]，鱼石为左师[②]，荡泽为司马[③]，华喜为司徒[④]，公孙师为司城[⑤]，向为人为大司寇[⑥]，鳞朱为少司寇[⑦]，向带为大宰[⑧]，鱼府为少宰[⑨]。荡泽弱公室，杀公子肥[⑩]。华元曰："我为右师，君臣之训，师所司也。今公室卑[⑪]，而不能正[⑫]，吾罪大矣。不能治官[⑬]，敢赖宠乎[⑭]？"乃出奔晋。

二华[⑮]，戴族也。司城，庄族也[⑯]。六官者[⑰]，皆桓族也。

鱼石将止华元[⑱]，鱼府曰："右师反，必讨，是无桓氏也[⑲]。"鱼石曰："右师苟获反，虽许之讨，必不敢。且多大功，国人与之。不反，惧桓氏之无祀于宋也[⑳]。右师讨，犹有戌在[㉑]。桓氏虽亡，必偏[㉒]。"鱼石自止华元于河上。请讨[㉓]，许之，乃反。使华喜、公孙师帅国人攻荡氏，杀子山[㉔]。书曰"宋杀其大夫山[㉕]"，言背其族也。

鱼石、向为人、鳞朱、向带、鱼府出舍于睢上[㉖]。华元使止之，不可[㉗]。冬十月，华元自止之，不可，乃反[㉘]。鱼府曰："今不从，不得入矣[㉙]。右师视速而言疾[㉚]，有异志焉。若不我纳，今将驰矣[㉛]。"登丘而望之，则驰。骋而从之[㉜]，则决睢

澨、闭门登陴矣㉝。左师、二司寇、二宰遂出奔楚㉞。

华元使向戌为左师，老佐为司马㉟，乐裔为司寇，以靖国人㊱。

〔注释〕

①于是：此时。华元：宋执政大臣。右师：宋六卿（右师、左师、司马、司徒、司城、司寇）之首。 ②鱼石：公子目夷之曾孙。目夷字子鱼，后世以鱼为氏。 ③荡泽：名山，公孙寿之孙。④华喜：华父督之玄孙。 ⑤公孙师：宋庄公之孙。 ⑥向为人：宋桓公之后。 ⑦鳞朱：鳞矔之孙。少司寇：即小司寇。 ⑧向带：宋桓公之后。 ⑨鱼府：公子目夷之后。 ⑩公子肥：宋文公子。《史记·宋微子世家》云："司马唐山攻杀太子肥。"据《史记》，则公子肥为宋共公太子。 ⑪卑：微，衰微。 ⑫正：治。⑬治官：治其职事。 ⑭赖宠：贪恋高位。赖：利，贪。宠：尊。⑮"二华"二句：华元、华喜，为宋戴公之后。华督是宋戴公之孙，字华，后世以华为氏。 ⑯庄族：公孙师为庄公之后。 ⑰六官：指左师（鱼石）、司马（荡泽）、大司寇（向为人）、少司寇（鳞朱）、太宰（向带）、少宰（鱼府）。桓族：宋桓公之后。 ⑱止华元：阻止其出奔。 ⑲无桓氏：谓华元讨荡泽，将并及六氏。 ⑳无祀：绝嗣。祀：嗣。此句言国人将灭桓族。 ㉑戌：向戌。向戌为华元亲信，亦宋桓公之后。 ㉒偏：偏于一部。谓不尽亡。 ㉓请讨：华元请讨荡泽。 ㉔子山：荡泽。 ㉕"书曰"二句：《春秋》书"宋杀其大夫山"，不书其氏族，是因为荡氏为宋公族，却危害公室，故去其氏以罪之。原本无"其"字，据《四部丛刊》本补。㉖睢上：睢水边。当在距宋都不远处。 ㉗不可：五人不止。㉘反：华元还。 ㉙不得入：不得返宋。入：返，还。 ㉚"右师"二句：华元目光移动迅速，说话又快，恐怕是另有打算。谓并非真

心挽留五人。 ㉛今:即。将:当。 ㉜骋而从之:五人亦驰,追逐华元。 ㉝睢澨(shì):指睢水堤岸。《说文》:"澨,埤增水边土,人所止者。"陴(pí):城上矮墙,有孔,可以窥外。 ㉞"左师"句:《春秋》不书四大夫出奔,独鱼石来告。 ㉟老佐:宋戴公五世孙。 ㊱靖:安。

晋三郤害伯宗①,谮而杀之②,及栾弗忌③。伯州犁奔楚④。韩献子曰:"郤氏其不免乎!善人⑤,天地之纪也,而骤绝之⑥,不亡何待?"

〔注释〕

①三郤(xì):指郤锜、郤犨、郤至。害:憎,怨。伯宗:晋大夫。②谮:谗毁。 ③栾弗忌:晋之贤大夫。 ④伯州犁:伯宗之子。⑤"善人"二句:贤人是天地的纲纪。善:贤。纪:法,法纪。⑥骤:屡。

初,伯宗每朝,其妻必戒之曰:"盗憎主人①,民恶其上②。子好直言,必及于难。"

〔注释〕

①盗憎主人:邪恶之人憎恨正直之人。 ②恶:憎,怨。

十一月,会吴于钟离①,始通吴也②。

〔注释〕

①"会吴"句:鲁与晋、齐、宋、卫、郑、邾会于钟离,《传》蒙经文省略主语。 ②始通吴:吴始与中国交往。

许灵公畏逼于郑,请迁于楚。辛丑[1],楚公子申迁许于叶[2]。

〔**注释**〕

①辛丑:三日。 ②叶:楚邑,在今河南叶县南二十里之古叶城。

经

十有六年春[1],王正月,雨,木冰[2]。

夏四月辛未[3],滕子卒。

郑公子喜帅师侵宋。

六月丙寅朔,日有食之[4]。

晋侯使栾黡来乞师[5]。

甲午晦[6],晋侯及楚子、郑伯战于鄢陵[7],楚子、郑师败绩。

楚杀其大夫公子侧[8]。

秋,公会晋侯、齐侯、卫侯、宋华元、邾人于沙随[9],不见公。

公至自会。

公会尹子、晋侯、齐国佐、邾人伐郑[10]。

曹伯归自京师。

九月,晋人执季孙行父,舍之于苕丘[11]。

冬十月乙亥[12],叔孙侨如出奔齐。

十有二月乙丑[13],季孙行父及晋郤犫盟于扈[14]。

公至自会。

乙酉⑮,刺公子偃⑯。

〔注释〕

①十有六年:公元前575年。 ②雨,木冰:天气极寒,雨著于木而成冰。木冰亦称“木介”,即今所谓雨凇。 ③辛未:六日。 ④日有食之:此为公历公元前575年5月9日的日全食。⑤栾黡(yǎn):栾书之子。乞师:请求援军。 ⑥甲午:三十日。⑦鄢陵:即鄢。郑地,在今河南鄢陵县北。郑灭鄢后,初用旧名,后改称鄢陵。 ⑧公子侧:子反。背盟违礼以取败,故书其名。⑨沙随:宋地,在今河南宁陵县北。 ⑩尹子:王卿士,子爵。⑪苕(tiáo)丘:晋地。未详其处。《公羊传》作“招丘”。 ⑫乙亥:十三日。 ⑬乙丑:四日。 ⑭郤犨(xì chōu):晋大夫。扈:郑地,在今河南原阳县西六十里。 ⑮乙酉:二十四日。 ⑯刺:杀。《春秋》于鲁杀大夫皆书刺。

传

十六年春,楚子自武城使公子成以汝阴之田求成于郑①。郑叛晋,子驷从楚子盟于武城②。

〔注释〕

①“楚子”句:楚共王从武城派公子成用汝阴之田向郑国求和。武城:楚地,在今河南南召县东南。汝阴之田:当在河南郏县与叶县之间,汝水之南。 ②“子驷”句:谓子驷前往武城与楚子结盟。子驷:公子騑,郑穆公子。从:就,依就。

夏四月，滕文公卒。

郑子罕伐宋[①]，宋将鉏、乐惧败诸汋陂[②]。退，舍于夫渠[③]，不儆[④]。郑人覆之[⑤]，败诸汋陵[⑥]，获将鉏、乐惧[⑦]。宋恃胜也。

〔注释〕

①滕为宋之与国，郑因滕有丧而伐宋。子罕：名喜。郑穆公子。 ②汋陂（sháo pí）：宋地，当在今河南商丘与宁陵之间。③夫渠：宋地，当距汋陂不远。 ④儆：戒备。 ⑤覆：伏击。⑥汋陵：宋地，在今河南宁陵县南。 ⑦将鉏、乐惧：二人皆宋大夫。

卫侯伐郑，至于鸣雁[①]，为晋故也[②]。

〔注释〕

①鸣雁：郑地，在今河南杞县北。 ②"为晋"句：晋将伐郑，卫先出兵。

晋侯将伐郑，范文子曰[①]："若逞吾愿[②]，诸侯皆叛[③]，晋可以逞。若唯郑叛，晋国之忧，可立俟也[④]。"栾武子曰[⑤]："不可以当吾世而失诸侯，必伐郑。"乃兴师。栾书将中军，士燮佐之。郤锜将上军[⑥]，荀偃佐之[⑦]。韩厥将下军[⑧]。郤至佐新军[⑨]。荀罃居守[⑩]。郤犨如卫[⑪]，遂如齐，皆乞师焉。栾黡来乞师[⑫]。孟献子曰[⑬]："有胜矣[⑭]。"戊寅[⑮]，晋师起。

郑人闻有晋师，使告于楚，姚句耳与往[⑯]。楚子救郑。司马将中军[⑰]，令尹将左[⑱]，右尹子辛将右[⑲]。过申[⑳]，子反

入见申叔时[21],曰:“师其何如?”对曰:“德、刑、详、义、礼、信[22],战之器也[23]。德以施惠,刑以正邪,详以事神,义以建利[24],礼以顺时,信以守物[25]。民生厚而德正[26],用利而事节[27],时顺而物成,上下和睦,周旋不逆,求无不具,各知其极[28]。故《诗》曰[29]:‘立我烝民[30],莫匪尔极。’是以神降之福,时无灾害[31],民生敦厖[32],和同以听,莫不尽力以从上命,致死以补其阙[33],此战之所由克也。今楚内弃其民[34],而外绝其好,渎齐盟[35],而食话言[36],奸时以动[37],而疲民以逞[38]。民不知信,进退罪也。人恤所底[39],其谁致死?子其勉之[40]!吾不复见子矣[41]。”姚句耳先归。子驷问焉,对曰:“其行速,过险而不整。速则失志[42],不整丧列。志失列丧,将何以战?楚惧不可用也。”

五月,晋师济河。闻楚师将至,范文子欲反,曰:“我伪逃楚[43],可以纾忧[44]。夫合诸侯,非吾所能也,以遗能者。我若群臣辑睦以事君,多矣。”武子曰[45]:“不可。”

六月,晋、楚遇于鄢陵。范文子不欲战。郤至曰:“韩之战[46],惠公不振旅;箕之役[47],先轸不反命;邲之师[48],荀伯不复从,皆晋之耻也。子亦见先君之事矣。今我辟楚,又益耻也。”文子曰:“吾先君之亟战也有故:秦、狄、齐、楚皆强,不尽力,子孙将弱。今三强服矣,敌楚而已。唯圣人能外内无患[49]。自非圣人[50],外宁必有内忧。盍释楚以为外惧乎?”

甲午晦,楚晨压晋军而陈[51]。军吏患之[52]。范匄趋进[53],曰:“塞井夷灶[54],陈于军中,而疏行首[55]。晋、楚唯天所授,何患焉?”文子执戈逐之[56],曰:“国之存亡,天也。童子何知焉？”栾书曰：“楚师轻窕[57]，固垒而待之，三日必退。退而击之，必获胜焉。”郤至曰：“楚有六间[58]，不可失也。其二卿相恶[59]，王卒以旧[60]，郑陈而不整[61]，蛮军而不陈[62]，陈不违晦[63]，在陈而嚣[64]，合而加嚣[65]。各顾其后[66]，莫有斗心，旧不必良，以犯天忌[67]，我必克之。”

楚子登巢车以望晋军[68]。子重使大宰伯州犁侍于王后[69]。王曰：“骋而左右[70]，何也？”曰：“召军吏也。”“皆聚于中军矣。”曰：“合谋也[71]。”“张幕矣[72]。”曰：“虔卜于先君也[73]。”“彻幕矣[74]。”曰：“将发命也。”“甚嚣，且尘上矣。”曰：“将塞井夷灶而为行也[75]。”“皆乘矣，左右执兵而下矣。”曰：“听誓也[76]。”“战乎？”曰：“未可知也。”“乘而左右皆下矣。”曰：“战祷也[77]。”伯州犁以公卒告王[78]。苗贲皇在晋侯之侧[79]，亦以王卒告[80]。皆曰：“国士在[81]，且厚，不可当也。”苗贲皇言于晋侯曰：“楚之良，在其中军王族而已。请分良以击其左右[82]，而三军萃于王卒[83]，必大败之。”公筮之，史曰：“吉。其卦遇《复》䷗[84]，曰[85]：‘南国蹙[86]，射其元王[87]，中厥目。’国蹙，王伤，不败何待？”公从之。

有淖于前[88]，乃皆左右相违于淖[89]。步毅御晋厉公[90]，栾鍼为右[91]。彭名御楚共王[92]，潘党为右[93]。石首御郑成公[94]，唐苟为右[95]。栾、范以其族夹公行[96]，陷于淖。栾书将载晋侯，鍼曰：“书退[97]！国有大任[98]，焉得专之？且侵官[99]，冒也[100]；失官[101]，慢也；离局[102]，奸也[103]。有三罪焉，不可犯也。”乃掀公以出于淖[104]。

癸巳[105]，潘尪之党与养由基蹲甲而射之[106]，彻七札焉[107]。

以示王,曰:"君有二臣如此[108],何忧于战?"王怒曰:"大辱国[109]!诘朝尔射[110],死艺。"吕锜梦射月[111],中之,退入于泥。占之,曰:"姬姓,日也[112];异姓,月也[113]。必楚王也。射而中之,退入于泥,亦必死矣。"及战,射共王中目。王召养由基,与之两矢,使射吕锜,中项,伏弢[114]。以一矢复命。

郤至三遇楚子之卒,见楚子,必下,免胄而趋风[115]。楚子使工尹襄问之以弓[116],曰:"方事之殷也[117],有韎韦之跗注[118],君子也。识见不穀而趋[119],无乃伤乎?"郤至见客[120],免胄承命,曰:"君之外臣至从寡君之戎事[121],以君之灵,间蒙甲胄[122],不敢拜命[123]。敢告不宁[124],君命之辱。为事之故[125],敢肃使者[126]。"三肃使者而退。

晋韩厥从郑伯,其御杜溷罗曰:"速从之[127]!其御屡顾,不在马,可及也。"韩厥曰:"不可以再辱国君[128]。"乃止。郤至从郑伯,其右茀翰胡曰[129]:"谍辂之[130],余从之乘[131],而俘以下。"郤至曰:"伤国君有刑。"亦止。石首曰:"卫懿公唯不去其旗[132],是以败于荧。"乃内旌于弢中。唐苟谓石首曰:"子在君侧,败者壹大[133]。我不如子,子以君免,我请止。"乃死。

楚师薄于险[134],叔山冉谓养由基曰[135]:"虽君有命,为国故,子必射!"乃射。再发[136],尽殪[137]。叔山冉搏人以投[138],中车,折轼。晋师乃止。囚楚公子茷[139]。

栾鍼见子重之旌,请曰:"楚人谓夫旌[140],子重之麾也,彼其子重也[141]。日臣之使于楚也[142],子重问晋国之勇,臣对曰:'好以众整。'曰:'又何如?'臣对曰:'好以暇[143]。'今两国治戎,行人不使,不可谓整。临事而食言,不可谓暇。请摄饮焉[144]。”公许之。使行人执榼承饮[145],造于子重[146],曰:“寡君乏使,使鍼御持矛[147],是以不得犒从者,使某摄饮[148]。”子重曰:“夫子尝与吾言于楚[149],必是故也。不亦识乎[150]!”受而饮之[151],免使者而复鼓。

旦而战,见星未已。子反命军吏察夷伤[152],补卒乘,缮甲兵[153],展车马[154],鸡鸣而食,唯命是听。晋人患之。苗贲皇徇曰:“蒐乘、补卒[155],秣马、利兵[156],修陈、固列[157],蓐食、申祷[158],明日复战。”乃逸楚囚[159]。王闻之,召子反谋。谷阳竖献饮于子反[160],子反醉而不能见。王曰:“天败楚也夫!余不可以待。”乃宵遁。

晋入楚军,三日谷[161]。范文子立于戎马之前[162],曰:“君幼,诸臣不佞[163],何以及此?君其戒之!《周书》曰[164]:‘惟命不于常[165]。’有德之谓。”

楚师还。及瑕[166],王使谓子反曰:“先大夫之覆师徒者[167],君不在。子无以为过,不穀之罪也。”子反再拜稽首曰[168]:“君赐臣死,死且不朽。臣之卒实奔,臣之罪也。”子重使谓子反曰:“初陨师徒者[169],而亦闻之矣[170]。盍图之[171]?”对曰:“虽微先大夫有之[172],大夫命侧,侧敢不义?侧亡君师[173],敢忘其死?”王使止之,弗及而卒。

战之日,齐国佐、高无咎至于师。卫侯出于卫。公出于坏隤[174]。

〔注释〕

①范文子：士燮。 ②逞吾愿：如我意。逞：快。 ③“诸侯”二句：言诸侯皆叛，则晋知惧，忧患尚可缓解。《方言》：“逞，解也。” ④立俟：立而待之。谓将速至。 ⑤栾武子：栾书，晋中军主帅。 ⑥郤锜：郤克之子。 ⑦荀偃：荀庚之子。 ⑧韩厥：韩简之孙。 ⑨郤至：郤克之族侄。 ⑩荀罃：荀首之子，当时为下军佐。 ⑪郤犨：郤豹曾孙。当时为新军帅。 ⑫乞师：请求援兵。 ⑬孟献子：仲孙蔑。 ⑭有胜矣：谓晋将取胜。有：将，必。 ⑮戊寅：十三日。 ⑯姚句耳：郑大夫。与往：随行。非使者。 ⑰司马：公子侧（子反）。 ⑱令尹：公子婴齐（子重）。 ⑲子辛：公子壬夫。 ⑳申：楚邑，在今河南南阳市。㉑申叔时：楚大夫。 ㉒详：通“祥”，顺。 ㉓器：器用，工具。引申为凭借。 ㉔义以建利：守义乃能成利。建：成。 ㉕物：法，法度。 ㉖“民生”句：人民生活富足，则德归于正。生：财。厚：多。德：行为。 ㉗“用利”句：谓器具便利，不失农时。用：器，器用。利：便。节：时，合时。文公六年《传》：“时以作事，事以厚生。”文公七年《传》：“正德、利用、厚生，谓之三事。” ㉘极：准则，法度。 ㉙《诗》曰：引文出自《诗·周颂·思文》。㉚“立我”二句：谓安置众民，无不合其法度。烝：众。 ㉛时：四时。 ㉜民生敦厖（dūn máng）：百姓生活丰足。敦：厚。厖：丰。 ㉝阙：战死者。 ㉞内弃其民：谓不施惠。 ㉟渎齐（zhāi）盟：亵渎盟誓。谓不祥。齐：同“斋”。古代盟誓必斋戒。㊱食话言：食言，不守信。食：伪。话、言同义。 ㊲奸（gān）时：违时。即不顺时。 ㊳逞：满足私欲。 ㊴“人恤”句：人人都担心自己的归宿。恤：忧。底：至。一本作“厎”，义同。 ㊵勉之：保重，自爱。 ㊶不复见子：言子反将战败而不返。 ㊷失志：失于思虑。 ㊸伪：同“为”。意为如果，表示假设。逃：避。 ㊹纾：

缓解。 ㊺武子：栾书。 ㊻“韩之”二句：僖公十五年，晋与秦战于韩，晋国战败，惠公被俘。振旅：返还时整顿军队。 ㊼“箕之”二句：僖公三十三年，狄伐晋。晋败狄师，而主帅先轸战死。反命：复命于君。 ㊽“邲之”二句：宣公十二年，晋与楚战于邲，晋军溃败。荀伯：荀林父，当时晋军主帅。不复从：指溃败不能再战。㊾患：忧。《说文》：“患，忧也。”下文“惧”亦忧患义。 ㊿自：若，如果。《国语·晋语七》作“讵”，义同。 (51)“楚晨”句：楚军于清晨迫近晋军营垒列阵。 (52)军吏患之：担心军队无处展开。(53)范匄：士燮之子。 (54)夷：平。 (55)疏行首：谓布军阵。疏：布。行首：行列。首：通“道”。 (56)文子：士燮。 (57)轻窕(tiào)：轻佻。不稳重。 (58)间：隙，缝隙。引申为弱点。 (59)二卿：子重、子反。恶：憎，怨。 (60)以：用。旧：旧家，世族。 (61)不整：行列不整。 (62)“蛮军”句：蛮夷从楚者不列阵。 (63)陈不违晦：列阵不避忌晦日。古人认为晦日列阵出战，于军不利。晦：旧历每月的最后一天。 (64)嚣：喧哗。 (65)合：指阵合。加：益。 (66)“各顾”二句：《国语·晋语六》云：“郑将顾楚，楚将顾夷，莫有斗心。”(67)以：又。犯天忌：指阵不违晦。 (68)巢车：《说文》引作“轈车”，即楼车。上设望楼，可用以瞭望敌情。 (69)伯州犁：晋伯宗之子。三郤谮杀伯宗，伯州犁奔楚，见上年《传》。 (70)骋而左右：驰走者或左或右。 (71)合谋：共同商议。 (72)张幕：张设帐幕。 (73)“虔卜”句：虔诚地向先君卜问战事胜负。虔：敬。古代出兵，随军携带先君神主。 (74)彻：撤除。 (75)行：军队行列。 (76)誓：命。(77)战祷：战前祈祷。祷：祈神求福。 (78)公卒：晋侯亲兵。 (79)苗贲皇：斗椒之子。宣公四年，楚杀斗椒，苗贲皇奔晋，食邑于苗。(80)王卒：楚王亲兵。 (81)“国士”二句：谓精锐所在，且数量多。国士：指一国勇力之士。《荀子·子道》：“虽有国士之力，不能自举其身。”注：“国士，一国勇力之士。”厚：多。 (82)“请分”句：从中军分出部分精锐之卒,攻击楚军左、右两翼。 ㉝三军:此次战役,晋出动四军(上、中、下、新)。战时“中、下易行”(中军分出部分士卒划归上军、新军,攻击楚之左军、右军,而将下军并入中军),故合为三军。萃:集。 ㉞《复》:《震》下《坤》上。 ㉟曰:以下为卦兆的占辞。 ㊱南国:指楚。蹙(cù):迫,局促。 ㊲元王:大王。 ㊳淖(nào):泥沼。 ㊴“乃皆”句:谓晋军都从左右避开泥沼。违:避开。 ㊵步毅:郤毅,郤至之弟。 ㊶栾鍼:栾书之子。 ㊷彭名:楚大夫。 ㊸潘党:人名,与下文“潘尪之党”非一人。 ㊹石首:郑大夫。 ㊺唐苟:郑大夫。 ㊻“栾、范”句:栾、范之族兵强,故居公之左右。族:家族成员组成的军队。㊼书退:让栾书退下。《礼记·曲礼上》云:“君前臣名。”故栾鍼名其父。 ㊽有:之。大任:重任。 ㊾侵官:越职。 ⑩冒:贪,贪婪。 ⑩失官:失职。 ⑩离局:离开本职。 ⑩奸:乱。⑩“乃掀”句:以手将晋侯之车抬出泥沼。 ⑩癸巳:二十九日。甲午之前一日。 ⑩潘尪(wāng)之党:潘尪之子,名党。此举其父名,以区别于上文为共王戎右之潘党。蹲:聚。指重叠。⑩彻七札:穿透七层铠甲。彻:通,贯。札:甲。《广雅·释诂》:“札、鳞、检,甲也。”古代以革为甲。 ⑩“君有”二句:二人以善射夸耀于王。 ⑩大辱国:谓二人不尚智谋而以勇力相夸,适足以为国之大耻。 ⑩“诘朝”二句:明天打仗,你若射箭,将因善射而死。 ⑪吕锜:魏锜。 ⑪姬姓,日也:姬姓尊(与周同姓),故为日。⑪异姓,月也:异姓卑,故为月。 ⑪弢(tāo):弓衣。 ⑪“免胄”句:脱下头盔快步疾走。表示恭敬。趋风:趋走。风义同“趋”。⑪工尹襄:任工尹(主百工之官)者,名襄。问:以物赠人。 ⑪方事之殷:正当战事紧张激烈之时。方:当。殷:盛。 ⑪“有韎韦”句:有穿着赤色牛皮军服者。跗(fū)注:类似长裤。跗:脚背。注:属,连。 ⑪识:适,刚才。 ⑫客:工尹襄。 ⑫君:指楚君。外臣:对他国君主自称之辞。从:即,就。 ⑫间:与,参与。 ⑬不敢拜命:《礼记·檀弓上》:"介者不拜。"拜命:拜谢楚王问候之命。 ⑭"敢告"二句:谓楚君问候之命,自己深感不安。《国语·晋语六》云:"不敢当拜君命之辱。"意谓不敢接受楚君问候之命,与《左传》意思相近。 ⑮事:使。指使者。在甲骨文、金文中"事"与"吏""使"为一字。《晋语六》作"为使者故",文义更明了。 ⑯肃:军中行礼曰肃。肃拜时双手合拢,当心而下移,俯身作揖。 ⑰从:追赶。 ⑱"不可"句:成公二年鞌之战,韩厥已追及齐顷公。 ⑲茀(fú)翰胡:晋大夫。 ⑳谍:驿。马骑。此指乘马。《广雅·释诂四》:"谍,驿也。"辂(yà):通"迓",迎。 ㉑从之乘:谓上郑伯之车。 ㉒"卫懿公"二句:卫懿公与狄人战于荧泽,卫师大败,懿公被杀。事见闵公二年《传》。唯:因。 ㉓败者壹大:若败,则关系极大。壹:语助词,无义。 ㉔薄于险:在险阻之处为晋军所迫。薄:迫。 ㉕叔山冉:名冉,氏叔山。 ㉖再发:射了两箭。发:射。 ㉗殪:死。 ㉘搏:执,持。 ㉙公子茷(fěi):名钧,字发。《国语·晋语六》作"公子发钩"。 ㉚谓:言。 ㉛彼其(jì):彼。彼、其同义。 ㉜日:往日。 ㉝暇:闲暇,从容。 ㉞摄饮:使人代己饮子重酒。 ㉟榼(kē):盛酒器。承:奉。 ㊱造:至。 ㊲御:备。谓备员充数。持矛:为车右。 ㊳某:使者自称其名。 ㊴夫子:指栾鍼。 ㊵识(zhì):记。谓记性好。 ㊶受而饮之:知其兑现"好以暇"的诺言而来献饮。 ㊷察:视。夷伤:伤者。夷:通"痍"。伤。 ㊸缮:修治。 ㊹展:整顿。 ㊺蒐:阅,检阅。 ㊻秣马:喂饱马匹。 ㊼修陈:整顿军阵。修:整。 ㊽蓐(rù)食:饱餐。蓐:厚,丰厚。申祷:再次祈祷。申:重。 ㊾逸:纵。 ㊿谷阳竖:子反内竖。竖:童仆。 ⑯¹三日谷:食楚谷三日。 ⑯²戎马:晋君戎车之马。 ⑯³不佞:不才。 ⑯⁴《周书》曰:引文出自《尚书·康诰》。 ⑯⁵惟命不于常:谓天命无常,唯助有德之人。 ⑯瑕:楚邑,在今湖北随州市。 ⑯"先大夫"二句:僖公二十八年,晋、楚战于城濮,楚军大败。当时成得臣(子玉)任令尹,楚成王不在军中。 ⑯稽(qǐ)首:叩首至地。古时最重的跪拜礼。 ⑯初陨师徒者:从前打败仗使军队蒙受损失的人。指子玉。陨:失,丧失。 ⑰而:尔。⑰盍图之:子重逼子反自裁。盍:何不。 ⑰微:非。 ⑰"侧亡"二句:《礼记·檀弓上》:"谋人之军师,败则死之。" ⑰坏隤(tuí):鲁邑,当在今山东曲阜市境内。

宣伯通于穆姜[①],欲去季、孟而取其室[②]。将行,穆姜送公,而使逐二子。公以晋难告[③],曰:"请反而听命。"姜怒。公子偃、公子鉏趋过[④],指之曰:"女不可[⑤],是皆君也。"公待于坏隤,申宫儆备[⑥],设守而后行,是以后。使孟献子守于公宫。

〔注释〕

①宣伯:叔孙侨如。穆姜:成公之母。 ②季:季文子。孟:孟献子。室:家产。 ③晋难:晋令鲁伐郑。 ④公子偃、公子鉏:二人皆成公庶弟。 ⑤"女不"二句:言欲废成公而另立君。不可:不逐季、孟二人。 ⑥申宫:加强宫禁。申:约束。儆备:戒备。

秋,会于沙随[①],谋伐郑也[②]。

宣伯使告郤犨曰:"鲁侯待于坏隤[③],以待胜者。"郤犨将新军,且为公族大夫[④],以主东诸侯[⑤]。取货于宣伯[⑥],而诉公于晋侯[⑦]。晋侯不见公。

〔注释〕

①"会于"句:鲁君与晋、齐、卫、宋、邾会于沙随,《传》蒙经文省略与会之人。 ②谋伐郑:郑尚未服。 ③"鲁侯"二句:鲁君观望晋、楚之胜负。 ④公族大夫:官名。掌管教训公族及卿大夫子弟。 ⑤"以主"句:主管东方诸侯。 ⑥货:贿赂。 ⑦诉:谮,毁谤。

曹人请于晋曰:"自我先君宣公即世[1],国人曰:'若之何忧犹未弭[2]?'而又讨我寡君[3],以亡曹国社稷之镇公子[4],是大泯曹也[5],先君无乃有罪乎?若有罪[6],则君列诸会矣[7]。君唯不遗德刑[8],以伯诸侯,岂独遗诸敝邑?敢私布之。"

〔注释〕

①即世:去世。"世"原本作"位",据纂图本、《宋本册府元龟》卷七四六及杨伯峻说改。曹宣公卒在鲁成公十三年。②弭(mǐ):止,息。 ③"而又"句:上年晋执曹成公。 ④"以亡"句:谓使子臧逃奔宋国。社稷之镇:社稷之安定者。镇:安。"社稷之镇"与"公子"为同位复指成分。 ⑤泯:灭。 ⑥若:虽,即使。 ⑦"则君"句:谓晋君已让曹成公参加诸侯会盟。诸侯虽有罪,若已参加诸侯会盟,则不复讨。上年戚之会,曹伯在列,盟毕而晋侯执之,故曹人以为无罪。 ⑧遗:失。

七月,公会尹武公及诸侯伐郑[1]。将行,姜又命公如初[2]。公又申守而行。诸侯之师次于郑西,我师次于督扬[3],不敢过郑。子叔声伯使叔孙豹请逆于晋师[4],为食于

郑郊⑤。师逆以至⑥。声伯四日不食以待之,食使者而后食⑦。

〔注释〕

①诸侯:指晋、齐、邾。 ②“姜又”句:穆姜再次要求成公驱逐季孙、孟孙。 ③督扬:地名,在郑东部,当今河南新郑市东。④子叔声伯:公孙婴齐。叔孙豹:叔孙侨如之弟。 ⑤为食:为晋师准备饭食。 ⑥师逆以至:声伯诫叔孙豹需待晋师至,乃食。⑦使者:指晋军使者。

诸侯迁于制田①,知武子佐下军②,以诸侯之师侵陈,至于鸣鹿③。遂侵蔡。未反,诸侯迁于颍上④。戊午⑤,郑子罕宵军之⑥,宋、齐、卫皆失军⑦。

〔注释〕

①制田:地名,在今河南新郑市东北。 ②知武子:荀罃。③鸣鹿:陈邑,在今河南鹿邑县西十三里。 ④颍上:颍水之滨。当在今河南禹州市。颍:水名,源出河南登封市西南,东南流经禹州市、临颍、西华、商水等地入淮。 ⑤戊午:二十四日。 ⑥宵军之:在夜间攻击诸侯之军垒。军:军垒。攻击军垒为军,犹攻打城门为门。 ⑦失军:失其军垒。

曹人复请于晋。晋侯谓子臧①:“反②,吾归而君。”子臧反,曹伯归。子臧尽致其邑与卿而不出③。

〔注释〕

①子臧:公子欣时。 ②反:回国。此时子臧在宋。 ③“子

臧”句:谓将食邑爵位归还曹君,不再出仕。出:仕。

宣伯使告郤犨曰:“鲁之有季、孟[①],犹晋之有栾、范也[②],政令于是乎成。今其谋曰:‘晋政多门[③],不可从也。宁事齐、楚,有亡而已[④],蔑从晋矣。’若欲得志于鲁,请止行父而杀之[⑤],我毙蔑也而事晋[⑥],蔑有贰矣。鲁不贰,小国必睦。不然,归必叛矣[⑦]。”

九月,晋人执季文子于苕丘。公还,待于郓[⑧]。使子叔声伯请季孙于晋。郤犨曰:“苟去仲孙蔑而止季孙行父,吾与子国[⑨],亲于公室[⑩]。”对曰:“侨如之情[⑪],子必闻之矣。若去蔑与行父,是大弃鲁国而罪寡君也。若犹不弃,而惠徼周公之福[⑫],使寡君得事晋君,则夫二人者[⑬],鲁国社稷之臣也。若朝亡之,鲁必夕亡。以鲁之密迩仇雠[⑭],亡而为雠[⑮],治之何及?”郤犨曰:“吾为子请邑。”对曰:“婴齐[⑯],鲁之常隶也[⑰],敢介大国以求厚焉[⑱]?承寡君之命以请[⑲],若得所请,吾子之赐多矣,又何求?”范文子谓栾武子曰:“季孙于鲁,相二君矣[⑳]。妾不衣帛,马不食粟,可不谓忠乎?信谗慝而弃忠良[㉑],若诸侯何?子叔婴齐奉君命无私[㉒],谋国家不贰[㉓],图其身不忘其君。若虚其请[㉔],是弃善人也。子其图之!”乃许鲁平,赦季孙。

冬十月,出叔孙侨如而盟之[㉕]。侨如奔齐。

十二月,季孙及郤犨盟于扈。归,刺公子偃[㉖],召叔孙豹于齐而立之[㉗]。

齐声孟子通侨如[㉘],使立于高、国之间[㉙]。侨如曰:“不

可以再罪。"奔卫,亦间于卿㉚。

〔注释〕

①季、孟:季孙、孟孙。 ②栾、范:栾氏、范氏。 ③晋政多门:晋国政出多门。 ④"有亡"二句:虽亡国,亦不从晋。有:虽。蔑:毋,不。 ⑤止:拘。行父:季孙行父。即季文子。⑥蔑:仲孙蔑。即孟献子。 ⑦归:季孙行父返鲁。 ⑧郓(yùn):指西郓。鲁邑,在今山东郓城县东十六里。 ⑨吾与子国:谓使鲁君委政于子叔婴齐。 ⑩"亲于"句:谓亲声伯超过鲁之公室。声伯外妹嫁郤犨,事见成公十一年《传》。 ⑪侨如之情:谓侨如通穆姜,并欲夺季、孟之室。 ⑫惠:加惠。徼:求。⑬夫:此。 ⑭密迩:靠近。密:近。与"迩"同义。仇雠:敌,敌人。谓齐、楚。 ⑮亡而为雠:言鲁亡而属齐、楚,则为晋之仇敌。⑯婴齐:声伯之名。 ⑰隶:贱役。谦词。 ⑱介:因,凭借。厚:重。焉:乎。 ⑲承:奉。 ⑳二君:指宣公、成公。 ㉑谗慝:指邪恶之人。 ㉒奉:行,执行。无私:不谋私利。 ㉓不贰:无贰心。 ㉔虚:不落实。即拒绝。 ㉕出:逐出。盟:古代盟誓,大曰盟,小曰诅。此为专门针对叔孙侨如之盟。襄公二十三年《传》载其盟誓云:"无或如叔孙侨如欲废国常,荡覆公室!"㉖公子偃:公子偃与谋,故杀之。 ㉗立之:立为叔孙氏之后。侨如作乱时,叔孙豹奔齐。 ㉘声孟子:齐灵公母,宋女。 ㉙"使立"句:言位比二卿。立:同"位"。高、国:高氏、国氏,世为齐之上卿。 ㉚间于卿:谓居卿位。间:厕,居。

晋侯使郤至献楚捷于周①。与单襄公语②,骤称其伐③。单子语诸大夫曰:"温季其亡乎④!位于七人之下⑤,而求掩其上⑥。怨之所聚,乱之本也。多怨而阶乱⑦,何以

在位[8]？《夏书》曰[9]：‘怨岂在明[10]，不见是图。’将慎其细也[11]。今而明之[12]，其可乎？”

〔**注释**〕

①献捷：进献俘虏和战利品。 ②单襄公：名朝，周卿士。 ③骤：屡。称：夸耀。伐：功。 ④温季：即郤至，食邑于温。 ⑤“位于”句：晋有上、中、下及新军，地位依次为中军帅、中军佐、上军帅、上军佐、下军帅、下军佐、新军帅、新军佐。郤至为新军佐，位列第八。 ⑥掩：盖。 ⑦阶乱：助长祸乱。阶：招致，导致。 ⑧在位：谓终其位。在：终。 ⑨《夏书》：逸《书》。 ⑩“怨岂”二句：防怨不仅要注意显著者，亦须顾及隐微者。此二句今见古文《尚书·五子之歌》。明：大。 ⑪将：当。 ⑫而：乃。明之：使怨恨扩大。

经

十有七年春[1]，卫北宫括帅师侵郑[2]。

夏，公会尹子、单子、晋侯、齐侯、宋公、卫侯、曹伯、邾人伐郑。

六月乙酉[3]，同盟于柯陵[4]。

秋，公至自会。

齐高无咎出奔莒。

九月辛丑[5]，用郊[6]。

晋侯使荀罃来乞师[7]。

冬，公会单子、晋侯、宋公、卫侯、曹伯、齐人、邾人伐郑。

十有一月，公至自伐郑。

壬申[8],公孙婴齐卒于狸脤[9]。

十有二月丁巳朔,日有食之[10]。

邾子貜且卒[11]。

晋杀其大夫郤锜、郤犨、郤至。

楚人灭舒庸[12]。

〔注释〕

①十有七年:公元前574年。 ②北宫括:卫成公曾孙。北宫是氏,括是名。 ③乙酉:二十六日。 ④柯陵:郑地,在今河南许昌市南,临颍县北三十里。 ⑤辛丑:十四日。 ⑥用郊:举行郊祭。郊:祭名。在郊外祭祀天地。 ⑦乞师:请求援军。⑧壬申:十一月无壬申。日有误。 ⑨齐:原本无此字,据纂图本、《四部丛刊》本补。狸脤(shèn):鲁地,未详何处。 ⑩日有食之:此为公元前574年10月22的日全食。 ⑪邾子貜(jué)且:邾定公。 ⑫舒庸:国名,偃姓,在今安徽舒城县一带。

传

十七年春,王正月,郑子驷侵晋虚、滑[1]。卫北宫括救晋侵郑,至于高氏[2]。

夏五月,郑大子髡顽、侯獳为质于楚[3],楚公子成、公子寅戍郑。

〔注释〕

①子驷:名騑,郑穆公子。虚:晋邑,在今河南偃师市东南之虚城。滑:晋邑,今河南偃师市有缑氏镇,即其地。 ②高氏:郑邑,在今河南禹州市西南。 ③髡顽:郑成公太子。即来的郑僖

公。侯獳(nòu):郑大夫。

公会尹武公、单襄公及诸侯伐郑[①],自戏童至于曲洧[②]。

〔注释〕

①诸侯:指晋、宋、卫、曹、齐、邾,《传》蒙经文省略。 ②戏童:亦称戏,在今河南巩义市东南。曲洧(wěi):郑地,在今河南尉氏县之洧川镇。

晋范文子反自鄢陵[①],使其祝、宗祈死[②],曰:"君骄侈而克敌[③],是天益其疾也[④],难将作矣!爱我者唯祝我[⑤],使我速死,无及于难,范氏之福也。"六月戊辰[⑥],士燮卒。

〔注释〕

①范文子:士燮。反自鄢陵:上年鄢陵之役还。 ②祝、宗:宗人、家祝,主祈祷、祭祀之官。 ③骄侈:骄傲放纵。侈:放纵。④疾:灾祸。 ⑤祝:诅咒。 ⑥戊辰:九日。

乙酉,同盟于柯陵,寻戚之盟也[①]。

〔注释〕

①寻:温,重申。戚之盟:在十五年。

楚子重救郑[①],师于首止[②]。诸侯还[③]。

〔注释〕

①子重:公子婴齐,楚庄王弟。 ②首止:卫邑,近于郑,在今河南睢县东南。 ③诸侯还:畏惧楚国强大,故还。

齐庆克通于声孟子①,与妇人蒙衣乘辇而入于闳②。鲍牵见之③,以告国武子④。武子召庆克而谓之⑤。庆克久不出,而告夫人曰⑥:"国子谪我⑦!"夫人怒。国子相灵公以会⑧,高、鲍处守⑨。及还,将至,闭门而索客⑩。孟子诉之曰:"高、鲍将不纳君,而立公子角⑪。国子知之⑫。"秋七月壬寅⑬,刖鲍牵而逐高无咎⑭。无咎奔莒⑮。高弱以卢叛⑯。齐人来召鲍国而立之⑰。

初,鲍国去鲍氏而来,为施孝叔臣⑱。施氏卜宰⑲,匡句须吉⑳。施氏之宰,有百室之邑。与匡句须邑,使为宰。以让鲍国㉑,而致邑焉。施孝叔曰:"子实吉。"对曰:"能与忠良㉒,吉孰大焉?"鲍国相施氏忠,故齐人取以为鲍氏后。

仲尼曰:"鲍庄子之知不如葵㉓,葵犹能卫其足。"

〔注释〕

①庆克:庆封之父。声孟子:齐灵公母,齐顷公夫人。 ②"与妇人"句:庆克以衣蒙面,混在妇女之中进入宫中。辇:人拉的车。闳(hóng):巷门。 ③鲍牵:鲍叔牙曾孙。 ④国武子:国佐,齐之上卿。 ⑤谓:告。 ⑥夫人:声孟子。 ⑦谪:谴责。 ⑧相:为相赞礼。会:会伐郑。 ⑨高、鲍:高无咎、鲍牵。 ⑩闭门:关闭城门。索客:搜索以防备坏人。 ⑪公子角:齐顷公之子。⑫知:谓通谋。 ⑬壬寅:十四日。 ⑭刖:古代砍脚的酷刑。

⑮莒:国名,己姓,在今山东莒县。 ⑯高弱:高无咎之子。卢:高氏食邑,在今山东济南市长清区西南。 ⑰"齐人"句:齐人召鲍国于鲁,立他为鲍氏之后。鲍国:鲍牵之弟。 ⑱臣:家臣。 ⑲宰:家宰,卿大夫家中总管。 ⑳匡句须:施氏家宰。 ㉑"以让"二句:以宰让鲍国,并致其邑。 ㉒与:用。 ㉓"鲍庄子"二句:葵犹能蔽其本根,而鲍牵不能保其足,故云。《孔子家语·正论》:"鲍庄子食于淫乱之朝,不量主之明暗,以受大刑,是智之不如葵,葵犹能卫其足。"葵:一种草本植物,嫩叶可食。卫:护。谓荫庇。足:指根。《释名·释兵》:"木以下为本,以根为足也。"

冬,诸侯伐郑。十月庚午[①],围郑。楚公子申救郑,师于汝上[②]。十一月,诸侯还。

〔注释〕

①庚午:十三日。 ②汝上:汝水边。汝水为楚、郑边界之河。

初,声伯梦涉洹[①],或与己琼瑰[②],食之,泣而为琼瑰[③],盈其怀。从而歌之曰[④]:"济洹之水,赠我以琼瑰。归乎,归乎!琼瑰盈吾怀乎!"惧不敢占也[⑤]。还自郑,壬申,至于狸脤而占之,曰:"余恐死,故不敢占也。今众繁[⑥],而从余三年矣,无伤也。"言之,之莫而卒[⑦]。

〔注释〕

①声伯:公孙婴齐。洹(huán):水名。即安阳河,在今河南安阳市西北四里。 ②或:有人。琼瑰:玉珠。 ③"泣而"句:

谓眼泪化为玉珠,满其怀。泣:泪。为:化。 ④从而:因而。⑤惧不敢占:古人死后口中含玉,声伯梦食玉珠,害怕死,故不敢占。 ⑥“今众”三句:声伯以为从属众多,已应琼瑰满怀之梦,故不再惧死。而:已。 ⑦之莫:至暮。

齐侯使崔杼为大夫①,使庆克佐之,帅师围卢②。国佐从诸侯围郑,以难请而归③。遂如卢师,杀庆克,以谷叛④。齐侯与之盟于徐关而复之⑤。十二月,卢降,使国胜告难于晋⑥,待命于清⑦。

〔注释〕

①崔杼:齐惠公宠臣。 ②围卢:讨高弱。 ③“以难”句:以声孟子诬陷高氏、国氏之难告于诸侯而返国。 ④谷:齐地,在今山东平阴县东阿镇。 ⑤徐关:齐地,在今山东淄博市西南,淄川镇西。 ⑥国胜:国佐之子。 ⑦清:齐邑,在今山东聊城市西。

晋厉公侈①,多外嬖。反自鄢陵,欲尽去群大夫,而立其左右②。胥童以胥克之废也③,怨郤氏,而嬖于厉公。郤锜夺夷阳五田④,五亦嬖于厉公。郤犨与长鱼矫争田⑤,执而梏之⑥,与其父母妻子同一辕⑦。既,矫亦嬖于厉公。栾书怨郤至⑧,以其不从己而败楚师也,欲废之。使楚公子茷告公曰⑨:“此战也,郤至实召寡君,以东师之未至也⑩,与军帅之不具也⑪,曰:‘此必败!吾因奉孙周以事君⑫。’”公告栾书。书曰:“其有焉⑬!不然,岂其死之不恤⑭,而受敌使

乎[15]？君盍尝使诸周而察之[16]？”郤至聘于周，栾书使孙周见之。公使觇之[17]，信[18]。遂怨郤至。

厉公田，与妇人先杀而饮酒[19]，后使大夫杀。郤至奉豕[20]，寺人孟张夺之[21]，郤至射而杀之。公曰：“季子欺余[22]！”

厉公将作难[23]，胥童曰：“必先三郤。族大，多怨。去大族，不逼；敌多怨[24]，有庸。”公曰：“然。”郤氏闻之，郤锜欲攻公，曰：“虽死，君必危。”郤至曰：“人所以立，信、知、勇也。信不叛君，知不害民，勇不作乱。失兹三者[25]，其谁与我？死而多怨[26]，将安用之？君实有臣而杀之，其谓君何[27]？我之有罪[28]，吾死后矣。若杀不辜，将失其民，欲安，得乎？待命而已。受君之禄，是以聚党。有党而争命[29]，罪孰大焉！”

壬午[30]，胥童、夷羊五帅甲八百，将攻郤氏。长鱼矫请无用众，公使清沸魋助之[31]。抽戈结衽而伪讼者[32]。三郤将谋于榭[33]，矫以戈杀驹伯、苦成叔于其位[34]。温季曰[35]：“逃威也[36]。”遂趋。矫及诸其车，以戈杀之，皆尸诸朝[37]。

胥童以甲劫栾书、中行偃于朝[38]。矫曰：“不杀二子，忧必及君。”公曰：“一朝而尸三卿[39]，余不忍益也。”对曰：“人将忍君。臣闻乱在外为奸，在内为轨。御奸以德[40]，御轨以刑。不施而杀[41]，不可谓德。臣逼而不讨，不可谓刑。德刑不立，奸轨并至。臣请行[42]。”遂出奔狄。公使辞于二子[43]，曰：“寡人有讨于郤氏，郤氏既伏其辜矣。大夫无辱[44]，其复职位。”皆再拜稽首曰：“君讨有罪，而免臣于死，君之惠也。二臣虽死，敢忘君德？”乃皆归。公使胥童为卿。

公游于匠丽氏[45],栾书、中行偃遂执公焉。召士匄,士匄辞。召韩厥,韩厥辞,曰:“昔吾畜于赵氏[46],孟姬之谗[47],吾能违兵。古人有言曰:‘杀老牛莫之敢尸[48]。’而况君乎?二三子不能事君,焉用厥也?”

〔注释〕

①侈:放纵。②左右:即外嬖(嬖幸之臣)。③“胥童”句:郤缺废胥克,见宣公八年《传》。胥童:胥克之子。④郤(xì)锜:郤克之子。夷阳五:下文作“夷羊五”。夷羊为复姓。“阳”“羊”通。⑤郤犨(chōu):郤克同祖兄弟。长鱼娇:姓长鱼,名娇。⑥执而梏之:抓起来给他戴上手铐。梏:手铐。此用作动词。⑦“与其”句:把长鱼娇和他的父母妻子绑在同一车辕上。⑧“栾书”二句:鄢陵之战,栾书欲固守,郤至言楚有六间,晋可取胜。栾书:晋正卿。郤至:郤克族侄。⑨公子茷(fěi):楚公子,鄢陵之战为晋军所俘。⑩东师:指齐、鲁、卫之师。⑪不具:不备。当时下军佐荀罃留守,新军主帅郤犨前往他国乞师。⑫因:谓趁此机会。奉:拥戴。孙周:晋襄公之曾孙,名周。即后来的晋悼公。君:指楚君。⑬其有焉:大概有此事吧!⑭岂其:岂。岂、其二字义同。恤:顾。⑮受敌使:接受敌方使者。鄢陵之战,楚子赠郤至弓以示问候。⑯尝:试。察:审察,分辨。⑰觇(zhān):窥视。⑱信:确实(如栾书所言)。⑲杀:指射杀猎物。⑳奉:进献。㉑寺人:官名。掌宫内女御、女奴诸事,以宦者充任。㉒欺:欺负。指不告而杀寺人。㉓作难:发难。㉔“敌多”二句:对手多仇怨,容易对付。敌:匹。有庸:易成功。庸:功。㉕失:违,违背。㉖“死而”二句:言作乱亦死,不必再增加仇怨。㉗其谓君何:犹其奈君何。谓:如,奈。㉘“我之”二句:我若有罪,现在死就算迟了。

之:若。后:晚,迟。 ㉙争命:抗命。 ㉚壬午:二十六日。㉛清沸魋(tuí):亦嬖臣。 ㉜结衽:衣襟打结。伪讼者:假装打架争讼。者,句末语助词,无义。 ㉝榭:土台上所建堂式建筑,用以习射讲武。榭:屋之无室者。 ㉞驹伯:郤锜。苦成叔:郤犨。位:所坐之处。 ㉟温季:郤至。 ㊱逃,威也:逃跑是怕死的表现。威:畏,害怕。 ㊲皆尸诸朝:陈尸于朝。 ㊳甲:兵。中行偃:荀偃。 ㊴而:已。 ㊵御:禁,止。 ㊶施:教。㊷行:去。 ㊸二子:栾书、荀偃(中行偃)。 ㊹辱:以为耻辱。㊺匠丽氏:厉公在翼地的嬖臣。 ㊻畜(xù)于赵氏:为赵氏所养。畜:养。 ㊼"孟姬"二句:赵庄姬谗杀赵同、赵括,栾氏、郤氏皆参与其事,而韩厥不在其中。违兵:避其兵难。 ㊽尸:主。谓作主。

舒庸人以楚师之败也,道吴人围巢①,伐驾②,围厘、虺③,遂恃吴而不设备。楚公子橐师袭舒庸,灭之。

〔注释〕

①道:引导。巢:吴、楚间小国,偃姓,此时盖属楚。今安徽巢湖市东北有居巢故城,即其地。 ②驾:楚邑,在今安徽无为县。③厘:楚邑,亦在今安徽无为县。虺:楚邑,在今安徽庐江县。

闰月乙卯晦①,栾书、中行偃杀胥童。民不与郤氏②,胥童道君为乱,故皆书曰"晋杀其大夫"。

〔注释〕

①闰月乙卯:闰十二月三十日。 ②"民不与"三句:郤氏失民,胥童倡乱,故皆以国讨书之,说明被杀者罪有应得。道:从,

顺从。

经

十有八年春[①],王正月,晋杀其大夫胥童[②]。

庚申[③],晋弑其君州蒲[④]。

齐杀其大夫国佐[⑤]。

公如晋。

夏,楚子、郑伯伐宋。

宋鱼石复入于彭城[⑥]。

公至自晋。

晋侯使士匄来聘。

秋,杞伯来朝。

八月,邾子来朝。

筑鹿囿[⑦]。

己丑[⑧],公薨于路寝[⑨]。

冬,楚人、郑人侵宋。

晋侯使士鲂来乞师。

十有二月,仲孙蔑会晋侯、宋公、卫侯、邾子、齐崔杼,同盟于虚朾[⑩]。

丁未[⑪],葬我君成公。

〔注释〕

①十有八年:公元前573年。 ②"晋杀"句:《传》在上年,《经》在今春,从告。 ③庚申:五日。 ④"晋弑"句:《春秋》称

国以弑(不书何人弑君),是归罪晋君。弑君不称臣之名,君无道。州蒲:《史记·十二诸侯年表》作“寿曼”,钱大昕《廿二史考异》以为“蒲”乃“满”之讹。 ⑤国佐:国武子。 ⑥彭城:宋邑,在今江苏徐州市。 ⑦筑鹿囿:筑墙为鹿苑。 ⑧己丑:七日。 ⑨路寝:天子、诸侯之正寝,治事之处。 ⑩虚朾(tīng):地名。未详何处。 ⑪丁未:二十七日。

传

十八年春,王正月庚申[①],晋栾书、中行偃使程滑弑厉公[②],葬之于翼东门之外[③],以车一乘[④]。使荀罃、士鲂逆周子于京师而立之[⑤],生十四年矣。大夫逆于清原[⑥],周子曰:“孤始愿不及此。虽及此[⑦],岂非天乎!抑人之求君[⑧],使出命也[⑨]。立而不从,将安用君?二三子用我,今日;否,亦今日。共而从君,神之所福也。”对曰:“群臣之愿也,敢不唯命是听!”庚午[⑩],盟而入,馆于伯子同氏[⑪]。辛巳[⑫],朝于武宫[⑬]。逐不臣者七人。周子有兄而无慧[⑭],不能辨菽麦,故不可立。

〔注释〕

①庚申:五日。 ②栾书:晋正卿。中行偃:荀偃,晋卿。程滑:晋大夫。 ③翼:晋旧都,在今山西翼城县东南。 ④以车一乘:谓不以君礼葬之。《礼记·檀弓下》谓葬国君“遣车七乘”。又云:“君之適长殇,车三乘;公之庶长殇,车一乘;大夫之適长殇,车一乘。” ⑤荀罃、士鲂:皆晋大夫。周子:晋襄公曾孙,名周。 ⑥清原:地名,在今山西稷山县东南。 ⑦虽:而。 ⑧抑:

然,不过。 ⑨出命:发令。 ⑩庚午:十五日。 ⑪"馆于"句:住在大夫伯子同家。馆:舍。 ⑫辛巳:二十六日。 ⑬武宫:曲沃武宫之庙。 ⑭无慧:谓弱智。

齐为庆氏之难故[1],甲申晦[2],齐侯使士华免以戈杀国佐于内宫之朝[3]。师逃于夫人之宫[4]。书曰"齐杀其大夫国佐",弃命[5],专杀,以谷叛故也。使清人杀国胜[6]。国弱来奔[7]。王湫奔莱[8]。庆封为大夫[9],庆佐为司寇[10]。既,齐侯反国弱[11],使嗣国氏,礼也。

〔注释〕

①庆氏之难:国佐杀庆克,见上年《传》。 ②甲申:二十九日。 ③士华免:华免,齐大夫。士:主刑狱之官。内宫:夫人之宫。 ④逃:匿,隐藏。 ⑤"弃命"三句:国佐违背会师伐郑之命而先归,擅自杀死庆克,又以谷叛齐,三事皆见上年《传》。弃:违。 ⑥清人:清邑大夫。国胜:国佐之子。去年齐侯使国胜待命于清。 ⑦国弱:国胜之弟。 ⑧王湫:国佐之党。莱:国名,姜姓,今山东黄县有莱子城,即其地。 ⑨庆封:庆克之子。大夫:齐之大夫,相当于诸侯之卿。 ⑩庆佐:庆封之弟。司寇:掌刑狱之官。 ⑪"齐侯"三句:国佐之罪,不当绝祀。

二月乙酉朔,晋悼公即位于朝[1]。始命百官,施舍已责[2],逮鳏寡[3],振废滞[4],匡乏困[5],救灾患,禁淫慝[6],薄赋敛,宥罪戾[7],节器用[8],时用民[9],欲无犯时[10]。使魏相、士鲂、魏颉、赵武为卿[11]。荀家、荀会、栾黡、韩无忌为公族大夫[12],使训卿之子弟共俭孝弟[13]。使士渥浊为大傅[14],使修范武子之

法[15]。右行辛为司空[16],使修士苏之法[17]。弁纠御戎[18],校正属焉[19],使训诸御知义。荀宾为右,司士属焉[20],使训勇力之士时使[21]。卿无共御[22],立军尉以摄之。祁奚为中军尉,羊舌职佐之。魏绛为司马[23],张老为候奄[24]。铎遏寇为上军尉[25],籍偃为之司马[26],使训卒乘亲以听命[27]。程郑为乘马御[28],六驺属焉[29],使训群驺知礼[30]。凡六官之长[31],皆民誉也。举不失职[32],官不易方[33],爵不逾德[34],师不陵正[35],旅不逼师,民无谤言[36],所以复霸也。

〔注释〕

①原本"晋"下有"侯"字,据杨伯峻说删。 ②施舍:赐予。已责:废弃欠债。已:止,去。责:同"债"。 ③逮:及,及于。鳏寡:鳏夫寡妇。 ④振:起。指起用。废滞:废黜。废、滞同义。⑤匡:救。乏困:贫困。 ⑥淫慝(tè):邪恶。 ⑦宥(yòu)罪戾:赦免有罪之人。戾:罪。 ⑧节:省。器用:器物,器具。⑨时用民:使民以时。 ⑩欲无犯时:不因私欲犯农时。 ⑪魏相:吕相,时为下军佐。士鲂(fáng):士会之子。魏颉:魏颗之子,佐新军。赵武:赵朔之子,其时尚未为卿,此盖探后言之。魏相等四人之父、祖皆有功于晋。 ⑫韩无忌:韩厥之长子。公族大夫:官名,掌管公族及卿大夫子弟训导。 ⑬训:教。共俭:恭敬节俭。孝弟(tì):孝悌。弟:弟弟顺从兄长。 ⑭士渥浊:士贞子。 ⑮修:循。谓延用。范武子:士会。曾任中军帅,景公太傅,曾讲聚三代之典礼,为执秩之法。 ⑯右行辛:辛将右行,因以为氏。司空:官名。掌百工。 ⑰士苏(wěi):献公时司空。⑱弁纠:栾纠。 ⑲校正:掌马之官。 ⑳司士:车右之官。㉑勇力之士:指车右。时使:至时(需要时)而用之。 ㉒"卿无"

二句:省去卿之戎御,设军尉代御。摄:佐,辅助。 ㉓魏绛:魏犨之子。司马:指军司马,主军政。魏绛为中军司马。 ㉔候奄:即候正,掌斥候(侦探敌情)。《国语·晋语七》称张老为“元候”,即中军候。 ㉕上军尉:上军舆尉。 ㉖“籍偃”句:谓籍偃任上军司马。籍偃:籍谈之父。 ㉗卒:步兵。乘:车兵。亲以听命:相亲以听上命。 ㉘程郑:荀氏之别族。乘马御:又名赞仆,官名,掌管六厩马政。 ㉙六驺:六闲之驺。驺:主驾马车之官。《周礼·夏官·校人》云:“邦国六闲。”闲指马厩。 ㉚“使训”句:乘车应注意礼容,故训群驺使知礼。 ㉛六官:六卿之官。天子以六官治天下。晋卿虽众,亦以六官为主,故称六官。 ㉜举不失职:所任用之人皆称其职。 ㉝官不易方:任人不违法度。易:反,违。方:法。 ㉞爵:位,位次。指官位。 ㉟“师不”二句:谓下属不陵逼上级。正、师、旅都是官名,正高于师,师高于旅。《周礼·天官·宰夫》:“(宰夫)掌百官府之征令,辨其八职:一曰正,掌官法以治要;二曰师,掌官成以治凡,……四曰旅,掌官常以治数。” ㊱谤言:非议。

公如晋,朝嗣君也①。

〔注释〕

①朝嗣君:晋悼公新即位而朝之。

夏六月,郑伯侵宋,及曹门外①。遂会楚子伐宋,取朝郏②。楚子辛、郑皇辰侵城郜③,取幽丘④。同伐彭城,纳宋鱼石、向为人、鳞朱、向带、鱼府焉⑤。以三百乘戍之而还。书曰“复入⑥”。凡去其国,国逆而立之曰“入”,复其位曰

“复归”，诸侯纳之曰“归”，以恶曰“复入”。宋人患之。西鉏吾曰[7]：“何也？若楚人与吾同恶[8]，以德于我，吾固事之也，不敢贰矣。大国无厌[9]，鄙我犹憾。不然，而收吾憎[10]，使赞其政[11]，以间吾衅[12]，亦吾患也。今将崇诸侯之奸[13]，而披其地[14]，以塞夷庚[15]，逞奸而携服[16]，毒诸侯而惧吴、晋[17]，吾庸多矣[18]，非吾忧也。且事晋何为[19]？晋必恤之[20]。”

〔注释〕

①曹门：宋城门名。 ②朝郏（jiá）：宋邑，在今河南夏邑县。 ③子辛：公子壬夫。皇辰：郑大夫。城郜（gào）：宋邑，在今安徽萧县。 ④幽丘：宋邑，亦在今安徽萧县。 ⑤“纳宋”句：鱼石等五人于成公十五年奔楚。 ⑥复入：复返。恶鱼石等依仗大国，以兵威入，故书“复入”。 ⑦西鉏吾：宋大夫。 ⑧同恶：同恶鱼石等。 ⑨“大国”二句：言已事之，则楚以宋为边邑，犹恨不足。 ⑩收：聚，合。憎：所憎恶之人。 ⑪赞：佐，助。 ⑫间：伺，伺机。衅：缝隙。 ⑬崇：尊。奸：邪。指奸邪之人。 ⑭披其地：谓楚取彭城以封鱼石。披：分。其：之。 ⑮夷庚：大路。夷：平。庚：道。 ⑯逞奸：使恶人快意。逞：快。携服：使已服之诸侯离心。携：离。 ⑰毒：害，伤害。 ⑱庸：利，好处。 ⑲何为：何如。表示商量语气。 ⑳恤：顾，顾恤。

公至自晋。

晋范宣子来聘，且拜朝也[1]。君子谓晋于是乎有礼[2]。

〔注释〕

①拜朝：答谢鲁君朝晋。 ②谓：以为。有礼：合于谦让之礼。

秋,杞桓公来朝,劳公,且问晋故。公以晋君语之[1]。杞伯于是骤朝于晋而请为昏[2]。

〔注释〕

①“公以”句:以晋君之德政告杞桓公。 ②骤:屡,屡次。

七月,宋老佐、华喜围彭城[1],老佐卒焉[2]。

〔注释〕

①老佐、华喜:皆宋大夫。 ②老佐卒,故未能克彭城。

八月,邾宣公来朝,即位而来见也[1]。

〔注释〕

①邾宣公即位在今年。

筑鹿囿。书,不时也[1]。

〔注释〕

①不时:非用土功之时。

己丑,公薨于路寝,言道也[1]。

〔注释〕

①道:言合于君薨之常道(通常情况)。

冬十一月,楚子重救彭城[1],伐宋。宋华元如晋告急[2]。

韩献子为政[3],曰:“欲求得人,必先勤之[4]。成霸安彊[5],自宋始矣。”晋侯师于台谷以救宋[6]。遇楚师于靡角之谷[7],楚师还[8]。

〔注释〕

①子重:公子婴齐。楚令尹。 ②华元:宋卿。 ③韩献子:韩厥。 ④勤之:指为诸侯之事奔忙。勤:劳。 ⑤成:定。彊:通“疆”。 ⑥台谷:地名。未详何处。 ⑦靡角之谷:宋地,当在彭城附近。 ⑧楚师还:楚畏晋强,故还师。

晋士鲂来乞师[1]。季文子问师数于臧武仲[2],对曰:“伐郑之役[3],知伯实来[4],下军之佐也。今彘季亦佐下军[5],如伐郑可也。事大国,无失班爵而加敬焉[6],礼也。”从之。

〔注释〕

①“晋士鲂”句:乞师以救宋。 ②问师数:问当出多少军队。臧武仲:臧孙纥,臧孙许之子。 ③伐郑之役:在上年。④知伯:荀罃。 ⑤彘季:士鲂。 ⑥班爵:班次,位次。班、爵同义。

十二月,孟献子会于虚朾[1],谋救宋也。宋人辞诸侯[2],而请师以围彭城。孟献子请于诸侯,而先归会葬。

〔注释〕

①孟献子:仲孙蔑。会于虚朾:仲孙蔑会晋侯、宋公、卫侯、邾子、齐崔杼。 ②“宋人”二句:宋不敢烦诸侯,故但请留其师。

丁未,葬我君成公[1]。书,顺也。

〔注释〕

①“葬我君”三句:成公薨于路寝,五月而葬,国家安定,太子嗣立,故云顺。

襄　公[①]

经

元年春[②]，王正月，公即位。

仲孙蔑会晋栾黡、宋华元、卫宁殖、曹人、莒人、邾人、滕人、薛人围宋彭城[③]。

夏，晋韩厥帅师伐郑，仲孙蔑会齐崔杼、曹人、邾人、杞人次于鄫[④]。

秋，楚公子壬夫帅师侵宋[⑤]。

九月辛酉[⑥]，天王崩。

邾子来朝[⑦]。

冬，卫侯使公孙剽来聘[⑧]。

晋侯使荀罃来聘[⑨]。

〔注释〕

①襄公：名午，成公之子，公元前572年—公元前542年在位。《谥法》："因事有功曰襄。"又："辟土有功曰襄。"　②元年：公元前572年。　③彭城：宋邑，在今江苏徐州市，此时为鱼石等人所占据。　④鄫（zēng）：郑地，在今河南睢县东南四十里。⑤公子壬夫：子反之弟。　⑥辛酉：十六日。　⑦邾子：邾宣公。

⑧公孙剽:穆公之孙,子叔黑背之子。 ⑨天王崩,而讣告未至,故卫、晋犹来聘。

传

元年春己亥[①],围宋彭城[②]。非宋地[③],追书也。于是为宋讨鱼石,故称"宋",且不登叛人也[④],谓之宋志[⑤]。

彭城降晋。晋人以宋五大夫在彭城者归[⑥],置诸瓠丘[⑦]。

齐人不会彭城,晋人以为讨。二月,齐大子光为质于晋。

〔注释〕

①己亥:正月无己亥。日有误。 ②"围宋"句:诸侯围宋彭城,《传》蒙经文省略主语。 ③"非宋"二句:成公十八年,楚取彭城封鱼石,故曰非宋地。孔子作《春秋》,追书属之于宋。④登:成。 ⑤谓之:称之为。宋志:宋人之志。 ⑥五大夫:鱼石、向为人、鳞朱、向带、鱼府。 ⑦瓠丘:即壶丘,在今山西垣曲县东南五十里。

夏五月,晋韩厥、荀偃帅诸侯之师伐郑[①],入其郛[②],败其徒兵于洧上[③]。于是东诸侯之师次于鄫[④],以待晋师。晋师自郑以鄫之师侵楚焦、夷及陈[⑤]。晋侯、卫侯次于戚[⑥],以为之援[⑦]。

〔注释〕

①韩厥:晋中军主帅。荀偃:晋上军副帅。 ②郛(fú):外

城。 ③徒兵:步兵。洧(wěi)上:洧水边。洧:水名,即今双洎河。入于贾鲁河。 ④东诸侯之师:指齐、鲁、曹、邾、杞五国军队。 ⑤焦:陈邑,在今安徽亳州市。夷:一名城父。陈邑,在今安徽亳州市东南七十里。 ⑥戚:卫邑,在今河南濮阳市北。⑦以为之援:为韩厥之援。

秋,楚子辛救郑[①],侵宋吕、留[②]。郑子然侵宋[③],取犬丘[④]。

〔注释〕

①子辛:即公子壬夫。 ②吕:宋邑,在今江苏徐州市东南约五十里。留:宋邑,在今江苏沛县东南五十里。 ③子然:郑穆公子。 ④犬丘:宋邑,在今河南永城市西北三十里。

九月,邾子来朝[①],礼也。

〔注释〕

①邾子:邾宣公。来朝:襄公即位而来朝。

冬,卫子叔、晋知武子来聘[①],礼也。凡诸侯即位,小国朝之,大国聘焉[②],以继好、结信、谋事、补阙[③],礼之大者也。

〔注释〕

①子叔:公孙剽。知武子:知罃。 ②焉:之。 ③补阙:补过。

经

二年春[①],王正月,葬简王[②]。

郑师伐宋。

夏五月庚寅[③],夫人姜氏薨[④]。

六月庚辰[⑤],郑伯睔卒[⑥]。

晋师、宋师、卫宁殖侵郑。

秋七月,仲孙蔑会晋荀罃、宋华元、卫孙林父、曹人、邾人于戚[⑦]。

己丑[⑧],葬我小君齐姜[⑨]。

叔孙豹如宋。

冬,仲孙蔑会晋荀罃、齐崔杼、宋华元、卫孙林父、曹人、邾人、滕人、薛人、小邾人于戚,遂城虎牢[⑩]。

楚杀其大夫公子申。

〔注释〕

①二年:公元前 571 年。 ②葬简王:天子七月而葬。此仅五月,速。 ③庚寅:十九日。 ④夫人姜氏:齐姜。成公夫人。⑤六月庚辰:六月无庚辰。庚辰距庚寅五十日,当为七月九日。⑥郑伯睔(gùn):郑成公,名睔。 ⑦戚:卫邑,在今河南濮阳市北。 ⑧己丑:十九日。 ⑨齐姜:齐是谥,姜是母家之姓。⑩虎牢:即北制。地名,在今河南荥阳市汜水镇西。

传

二年春,郑师侵宋[①],楚令也。

〔注释〕

①“郑师”二句：楚令郑侵宋，因上年宋以诸侯之师取彭城。

齐侯伐莱[①]。莱人使正舆子赂夙沙卫以索马牛皆百匹[②]，齐师乃还[③]。君子是以知齐灵公之为灵也[④]。

〔注释〕

①莱：国名，姜姓，今山东黄县有莱子城，即其地。　②正舆子：莱之贤臣。夙沙卫：齐宦者。姓夙沙，名卫，齐灵公宠臣。索马牛：经过挑选的马、牛。索：选，选择。　③齐师乃还：夙沙卫受贿而言于齐侯故。　④“君子”句：谓谥号与其行事相称。《谥法》：“乱而不损曰灵。”

夏，齐姜薨。初，穆姜使择美槚[①]，以自为榇与颂琴[②]。季文子取以葬[③]。

君子曰非礼也[④]。礼无所逆。妇，养姑者也[⑤]。亏姑以成妇[⑥]，逆莫大焉。《诗》曰[⑦]：“其惟哲人[⑧]，告之话言[⑨]，顺德之行[⑩]。”季孙于是为不哲矣。且姜氏，君之妣也[⑪]。《诗》曰[⑫]：“为酒为醴[⑬]，烝畀祖妣[⑭]，以洽百礼[⑮]，降福孔偕[⑯]。”

齐侯使诸姜、宗妇来送葬[⑰]。召莱子[⑱]，莱子不会，故晏弱城东阳以逼之[⑲]。

〔注释〕

①穆姜：宣公夫人，成公之母。美：好，善。槚(jiǎ)：即榎，一名山楸，古人常用来做棺椁。　②榇(chèn)：棺材。颂琴：琴名。

③"季文子"句：季孙行父取穆姜之榇与颂琴葬齐姜。穆姜通于叔孙侨如，欲去季氏、孟氏，见成公十六年《传》。此时穆姜已失势被软禁于东宫。 ④曰：认为，以为。 ⑤姑：夫之母。穆姜为齐姜之姑。 ⑥亏：损。成：成就，成全。 ⑦《诗》曰：引文出自《诗·大雅·抑》。 ⑧哲人：智慧超常之人。哲：智。与愚相对。 ⑨话言：善言。话：善。 ⑩之：而。 ⑪妣：指祖母或祖母辈以上的女性祖先，与后世指母亲不同。穆姜为成公之母，襄公之祖母。 ⑫《诗》曰：引文出自《诗·周颂·丰年》。 ⑬醴(lǐ)：甜酒。 ⑭烝：进献。畀：与。祖妣：祖父、祖母。 ⑮洽：备。 ⑯"降福"句：谓神降之福，将甚遍。孔：大。偕：遍，亦周备之义。 ⑰诸姜：齐同姓之女。宗妇：同姓大夫之妇。《礼记·檀弓下》："妇人不越疆而吊人。" ⑱"召莱子"二句：齐侯欲召莱子会葬齐姜，是失礼的做法。 ⑲晏弱：晏婴之父。东阳：齐邑，在今山东临朐县东。

郑成公疾，子驷请息肩于晋[①]。公曰："楚君以郑故[②]，亲集矢于其目，非异人任[③]，寡人也。若背之，是弃力与言[④]，其谁昵我？免寡人[⑤]，唯二三子！"

秋七月庚辰，郑伯睔卒。于是子罕当国[⑥]，子驷为政，子国为司马[⑦]。晋师侵郑[⑧]，诸大夫欲从晋。子驷曰："官命未改[⑨]。"

会于戚[⑩]，谋郑故也。孟献子曰[⑪]："请城虎牢以逼郑[⑫]。"知武子曰[⑬]："善。鄫之会[⑭]，吾子闻崔子之言[⑮]，今不来矣。滕、薛、小邾之不至[⑯]，皆齐故也。寡君之忧不唯郑[⑰]。罃将复于寡君[⑱]，而请于齐[⑲]。得请而告[⑳]，吾子之功

也。若不得请,事将在齐㉑。吾子之请㉒,诸侯之福也,岂唯寡君赖之㉓?"

〔注释〕

①子驷:公子騑。息肩:卸去负担。此谓减轻负担,得以喘息。郑服于楚,楚需求过甚,郑不堪负荷,故欲改事晋。 ②"楚君"二句:成公十六年,晋伐郑,楚共王为救郑而伤其目。集矢于目:眼睛中箭。集:止。 ③"非异"二句:谓楚王伤目之责,不应由他人,而应当由自己来承担。任:责,责任。 ④力:功。言:指郑、楚之盟誓。 ⑤"免寡人"二句:谓使我免于背弃楚国之罪责,就仰仗诸位大夫了。 ⑥子罕:公子喜,穆公之子。当国:主政。当:主。 ⑦子国:公子发,穆公之子。 ⑧郑:原本作"卫",据经文、《四部丛刊》本及《宋本册府元龟》卷二四九改。 ⑨官命:君命。《广雅·释诂一》:"官,君也。" ⑩"会于"句:仲孙蔑会晋、宋、卫、曹、邾于戚,《传》蒙经文省略与会之人。 ⑪孟献子:仲孙蔑。 ⑫虎牢:即北制。地名,在今河南荥阳市汜水镇西。 ⑬知武子:荀罃。 ⑭鄫之会:在上年。 ⑮"吾子"二句:孟献子闻齐崔杼有不服晋之言,以告知武子,故知武子虽未与会,而知其事。 ⑯滕、薛、小邾:皆小国,近齐,故听命于齐。⑰"寡君"句:言复忧齐叛。 ⑱复于寡君:以城虎牢事告晋君。⑲请于齐:请齐会城。 ⑳得请:所请获准。谓齐人答应共筑虎牢。告:告诸侯会筑虎牢。 ㉑事将在齐:谓将伐齐。 ㉒"吾子之请"二句:谓城虎牢,足以服郑,避免战争。 ㉓赖:恃。

穆叔聘于宋①,通嗣君也②。

〔注释〕

①穆叔:叔孙豹。穆是谥号。 ②襄公立而聘于宋。

冬,复会于戚[①]。齐崔武子及滕、薛、小邾之大夫皆会,知武子之言故也[②]。遂城虎牢,郑人乃成。

〔注释〕

①"复会"句:诸侯复会于戚,《传》蒙经文省略与会之人。②上云"若不得请,事将在齐"。齐惧,故率三国来会。

楚公子申为右司马,多受小国之赂,以逼子重、子辛[①]。楚人杀之,故书曰[②]:"楚杀其大夫公子申。"

〔注释〕

①逼:逼夺其权势。子重:公子婴齐,楚令尹。子辛:公子壬夫,楚右尹。 ②"故书"二句:《春秋》书"某国杀其大夫某",表示一国共讨其人。

经

三年春[①],楚公子婴齐帅师伐吴[②]。

公如晋。

夏四月壬戌[③],公及晋侯盟于长樗[④]。

公至自晋。

六月,公会单子、晋侯、宋公、卫侯、郑伯、莒子、邾子、齐世子光。己未[⑤],同盟于鸡泽[⑥]。

陈侯使袁侨如会[7]。

戊寅[8],叔孙豹及诸侯之大夫及陈袁侨盟。

秋,公至自会。

冬,晋荀罃帅师伐许。

〔注释〕

①三年:公元前570年。 ②公子婴齐:子重。 ③壬戌:二十六日。 ④长樗(chū):晋都郊外之地。 ⑤己未:二十四日。 ⑥鸡泽:地名,在今河北邯郸市东北。 ⑦袁侨如会:袁侨后至,详《传》。 ⑧戊寅:六月无戊寅。戊寅为七月十三日。

传

三年春,楚子重伐吴[1],为简之师[2]。克鸠兹[3],至于衡山[4]。使邓廖帅组甲三百、被练三千以侵吴[5]。吴人要而击之[6],获邓廖。其能免者[7],组甲八十、被练三百而已。

子重归,既饮至三日[8],吴人伐楚,取驾[9]。驾,良邑也。邓廖,亦楚之良也。君子谓子重于是役也[10],所获不如所亡。楚人以是咎子重[11]。子重病之,遂遇心疾而卒[12]。

〔注释〕

①子重:公子婴齐。楚令尹。 ②简之师:经过挑选的军队。简:选,选择。 ③鸠兹:吴邑,在今安徽芜湖市东南二十五里之鸠兹港。 ④衡山:吴地,在今安徽当涂县东北六十里之横山。⑤组甲:穿丝绸衣服的士兵。甲:兵。被练:穿练袍的士兵。⑥要:通"邀",拦截。 ⑦免:脱。指逃脱。 ⑧饮至:军队出征,必告于宗庙,既还,亦告祭合饮于宗庙,叫饮至。 ⑨驾:楚

邑，在今安徽无为县。 ⑩谓：以为。 ⑪咎：怪罪。 ⑫遇：得。心疾：心脏病。疾：原本作“病”，据纂图本、《四部丛刊》本、《宋本册府元龟》卷九二六改。

公如晋，始朝也①。

〔注释〕

①襄公即位，始朝晋君。

夏，盟于长樗①。孟献子相②，公稽首③。知武子曰④：“天子在⑤，而君辱稽首，寡君惧矣。”孟献子曰：“以敝邑介在东表⑥，密迩仇雠⑦，寡君将君是望⑧，敢不稽首？”

〔注释〕

①“盟于”句：鲁君与晋君盟，《传》蒙经文省略会盟之人。 ②相：为相赞礼。 ③稽（qǐ）首：叩首至地。古时最重的跪拜礼。 ④知武子：荀罃。 ⑤“天子”三句：稽首一般用于君臣之间行礼，故晋君不敢当。 ⑥介：独。东表：谓东边。表：外。 ⑦密迩：紧靠。密：近。仇雠：敌，敌人。仇雠皆训“敌”。谓齐、楚。 ⑧将：唯。

晋为郑服故①，且欲修吴好②，将合诸侯③。使士匄告于齐曰：“寡君使匄，以岁之不易④，不虞之不戒⑤，寡君愿与一二兄弟相见⑥，以谋不协⑦。请君临之，使匄乞盟⑧。”齐侯欲勿许，而难为不协⑨，乃盟于耏外⑩。

〔注释〕

①郑服晋在上年。 ②修吴好:与吴修好。 ③将:欲。④不易:不太平。易:平,平安。 ⑤"不虞"句:谓意外之事难以防备。虞:意料,预料。戒:备。 ⑥兄弟:列国之君以兄弟相称。⑦协:和。 ⑧乞盟:请求结盟。 ⑨难为不协:又怕诸侯不和睦。难:以……感到为难。为:于。 ⑩耏(ér)外:指齐都临淄之西北郊。耏:水名,又名时水,即乾时之下流。

祁奚请老[①],晋侯问嗣焉[②]。称解狐[③],其雠也,将立之而卒。又问焉,对曰:"午也可[④]。"于是羊舌职死矣[⑤],晋侯曰:"孰可以代之?"对曰:"赤也可[⑥]。"于是使祈午为中军尉,羊舌赤佐之。

君子谓祁奚于是能举善矣[⑦]。称其雠,不为谄[⑧]。立其子,不为比[⑨]。举其偏[⑩],不为党[⑪]。《商书》曰[⑫]:"无偏无党[⑬],王道荡荡[⑭]。"其祁奚之谓矣!解狐得举[⑮],祈午得位,伯华得官,建一官而三物成[⑯],能举善也夫!唯善[⑰],故能举其类。《诗》云[⑱]:"惟其有之[⑲],是以似之。"祁奚有焉。

〔注释〕

①老:致仕。祁奚时为中军尉。 ②嗣:继任者。 ③称:举。《孔子家语·儒行》:"内称不辟亲,外举不辟怨。" ④午:祁午。祁奚之子。 ⑤于是:此时。羊舌职:祁奚(中军尉)之佐。⑥赤:羊舌职之子。 ⑦君子:《吕氏春秋·去私》作"孔子"。谓:以为。 ⑧谄:奉承,谄媚。 ⑨比:阿党。指偏私。 ⑩偏:属。 ⑪党:阿党,指偏私。 ⑫《商书》曰:引文出自《尚书·洪范》。 ⑬偏:偏私。 ⑭荡荡:形容宽广。 ⑮得举:未得位,

故曰得举。 ⑯建:立。一官:指军尉。物:法。三法指不谄、不比、不党。 ⑰“唯善”二句:谓唯有善人能举其同类。 ⑱《诗》云:引文出自《诗·小雅·裳裳者华》。 ⑲“惟其”二句:唯内心有善德,方能形之于外。似:类。

六月,公会单顷公及诸侯①。己未,同盟于鸡泽。

晋侯使荀会逆吴子于淮上②,吴子不至。

〔注释〕

①诸侯:指晋、宋、卫、郑、莒、邾、齐。《传》蒙经文省略。单顷公:王卿士。 ②荀会:晋公族大夫。吴子:寿梦。淮上:当在今安徽凤台县,地当淮水北岸。

楚子辛为令尹①,侵欲于小国②。陈成公使袁侨如会求成③,晋侯使和组父告于诸侯④。秋,叔孙豹及诸侯之大夫及陈袁侨盟,陈请服也。

〔注释〕

①子辛:公子壬夫。 ②侵欲:纵欲。 ③“陈成公”句:陈亦叛楚附晋,故求会于晋。袁侨:陈大夫。 ④“晋侯”句:告诸侯使相会。和组父:晋大夫。

晋侯之弟扬干乱行于曲梁①,魏绛戮其仆②。晋侯怒,谓羊舌赤曰:“合诸侯以为荣也,扬干为戮③,何辱如之?必杀魏绛,无失也!”对曰:“绛无贰志,事君不辟难,有罪不逃刑,其将来辞④,何辱命焉?”言终,魏绛至,授仆人书⑤,将伏

剑[⑥],士鲂、张老止之。公读其书曰:"日君乏使[⑦],使臣斯司马[⑧]。臣闻师众以顺为武[⑨],军事有死无犯为敬[⑩]。君合诸侯,臣敢不敬?君师不武[⑪],执事不敬[⑫],罪莫大焉。臣惧其死,以及扬干,无所逃罪。不能致训[⑬],至于用钺[⑭],臣之罪重,敢有不从[⑮],以怒君心?请归死于司寇[⑯]。"公跣而出[⑰],曰:"寡人之言,亲爱也。吾子之讨[⑱],军礼也。寡人有弟,弗能教训,使干大命[⑲],寡人之过也。子无重寡人之过[⑳],敢以为请[㉑]。"

晋侯以魏绛为能以刑佐民矣[㉒],反役[㉓],与之礼食[㉔],使佐新军[㉕]。张老为中军司马[㉖],士富为候奄[㉗]。

〔注释〕

①"晋侯"句:古代会盟,有兵车之会,有乘车之会,均有军队跟随。乱行:扰乱军行。曲梁:地名,在今河北永年县。 ②戮:杀。《晋语七》:"魏绛斩其仆。"仆:御者。此时魏绛任中军司马,主管军法。 ③为戮:受辱。 ④其:殆。辞:解说。 ⑤仆人:官名,掌传达君命、传呈奏事等。 ⑥伏剑:以剑自裁。 ⑦日:从前。乏使:缺少供驱使者。 ⑧斯:通"司"。谓任职。 ⑨师众:师旅。师:众。顺:服从。 ⑩有:虽。 ⑪不武:谓有不顺(违反军纪)者。 ⑫执事不敬:官吏不能依法处置犯军纪者。⑬致训:尽教训之责。 ⑭钺:大斧。 ⑮不从:不从刑戮。⑯归死:就戮。司寇:官名,主刑狱。 ⑰跣(xiǎn):赤足。晋侯恐魏绛自杀,故赤足而出。 ⑱讨:治。治罪。 ⑲干:犯。⑳"子无"句:魏绛若死,是加重晋君之过。 ㉑敢以为请:请魏绛不要自杀。 ㉒以……为:认为,以为。刑:法。 ㉓反役:事毕回国。 ㉔与之礼食:谓设食于庙,以宾礼招待魏绛。《仪礼》

有《公食大夫礼》。 ㉕佐新军:任新军副帅。 ㉖为中军司马:继任魏绛之职。 ㉗士富:士会别族。为候奄:继任张老之职。候奄:主斥候(侦探敌情者)之官。

楚司马公子何忌侵陈,陈叛故也[①]。

〔注释〕

①陈叛楚附晋。

许灵公事楚,不会于鸡泽。冬,晋知武子帅师伐许。

经

四年春[①],王三月己酉[②],陈侯午卒。

夏,叔孙豹如晋。

秋七月戊子[③],夫人姒氏薨[④]。

葬陈成公。

八月辛亥[⑤],葬我小君定姒[⑥]。

冬,公如晋。

陈人围顿[⑦]。

〔注释〕

①四年:公元前569年。 ②己酉:三月无己酉。日有误。③戊子:二十九日。 ④姒(sì)氏:杞女,成公之妾,襄公之母。⑤辛亥:二十二日。 ⑥定姒:定是谥号,姒是母家之姓。 ⑦顿:国名,姬姓,今湖北荆门市偏西有南顿故城,即其地。

传

四年春,楚师为陈叛故,犹在繁阳[①]。韩献子患之[②],言于朝曰:“文王帅殷之叛国以事纣,唯知时也[③]。今我易之[④],难哉!”

〔注释〕

①繁阳:楚地,在今河南新蔡县北。上年秋天楚公子何忌伐陈,至今未归,故云“犹在繁阳”。 ②韩献子:韩厥。晋中军主帅。 ③时:天时。 ④“今我”二句:谓晋未能服楚而欲得陈,难以如愿。易:违。

三月,陈成公卒。楚人将伐陈,闻丧,乃止。陈人不听命[①]。臧武仲闻之[②],曰:“陈不服于楚,必亡。大国行礼焉,而不服,在大犹有咎[③],而况小乎[④]?”

夏,楚彭名侵陈,陈无礼故也。

〔注释〕

①不听命:不从楚命。 ②臧武仲:臧孙纥,臧孙许之子。③咎:灾祸。 ④而:又。

穆叔如晋[①],报知武子之聘也[②]。晋侯享之。金奏《肆夏》之三[③],不拜。工歌《文王》之三[④],又不拜。歌《鹿鸣》之三[⑤],三拜。韩献子使行人子员问之[⑥],曰:“子以君命,辱于敝邑,先君之礼,藉之以乐[⑦],以辱吾子。吾子舍其大[⑧],而重拜其细[⑨],敢问何礼也?”对曰:“《三夏》,天子所以享元

侯也[10]，使臣弗敢与闻[11]。《文王》，两君相见之乐也，臣不敢及。《鹿鸣》，君所以嘉寡君也[12]，敢不拜嘉？《四牡》，君所以劳使臣也[13]，敢不重拜？《皇皇者华》，君教使臣曰：必咨于周[14]。臣闻之，访问于善为咨[15]，咨亲为询[16]，咨礼为度[17]，咨事为诹[18]，咨难为谋[19]。臣获五善，敢不重拜？"

〔注释〕

①穆叔：叔孙豹。 ②知武子：荀罃。荀罃聘鲁在元年。 ③"金奏"句：用钟镈演奏。镈(bó)：形似钟，而比钟大。《肆夏》之三：《肆夏》中的三个乐曲。据《国语·鲁语下》，当指《樊》(一名《四夏》)《遏》(一名《韶夏》)《渠》(一名《纳夏》)。《周礼·春官·钟师》："钟师，掌金奏。凡乐事，以钟鼓奏《九夏》：《王夏》《肆夏》《昭夏》《纳夏》《章夏》《齐夏》《族夏》《祴夏》《骜夏》。" ④"工歌"句：乐人歌唱《文王》的前三篇。《文王》之三：《大雅》之前三篇。即《文王》《大明》《绵》。 ⑤《鹿鸣》之三：《小雅》之前三篇。即《鹿鸣》《四牡》《皇皇者华》。 ⑥行人：使者的通称。 ⑦藉之以乐：谓借乐以成礼。 ⑧大：指《肆夏》之三、《文王》之三。 ⑨重拜：再三拜谢。重：多。细：指《鹿鸣》之三。 ⑩元侯：指大国之君。 ⑪与闻：接受。与：语助词。闻：受。 ⑫嘉：褒，称赞。取《鹿鸣》"我有嘉宾，德音孔昭"之意。 ⑬《四牡序》云："《四牡》，劳使臣之来也。有功而见知，则说(悦)矣。"《诗》中有云"岂不怀归，王事靡盬"。 ⑭必咨于周：《皇皇者华》云"周爰咨诹""周爰咨谋""周爰咨度""周爰咨询"。周：忠信。指忠信之人。 ⑮访问于善：问善道。访问：问。访、问义同。 ⑯咨亲：问亲戚之义。 ⑰咨礼：问礼所宜。 ⑱咨事：问政事。 ⑲咨难：问患难。

秋,定姒薨。不殡于庙[1],无榇[2],不虞[3]。

匠庆谓季文子曰[4]:"子为正卿,而小君之丧不成[5],不终君也[6]。君长[7],谁受其咎[8]?"

初,季孙为己树六槚于蒲圃东门之外[9]。匠庆请木,季孙曰:"略[10]。"匠庆用蒲圃之槚,季孙不御[11]。

君子曰:"《志》所谓'多行无礼,必自及也[12]',其是之谓乎!"

〔注释〕

①殡:停放灵柩。庙:祖庙。 ②榇(chèn):棺材。 ③虞:安,丧祭名。葬后返于殡宫祭祀,以安死者之灵。 ④匠庆:鲁大匠(木工之长),名庆。季文子:季孙行父。 ⑤小君:君夫人称小君。定姒本为成公之妾,非夫人。然此时其子已立为君,母以子贵,故亦称小君。不成:不备。谓丧礼有缺。 ⑥不终君:不终事君之道。谓既以襄公为君,即当以夫人礼葬定姒。 ⑦长:成人。此时襄公尚不足八岁。 ⑧受:承,担当。 ⑨槚(jiǎ):即榎。一名山楸。古人常用来做棺椁。蒲圃:场圃名。东门:蒲圃之东门。 ⑩略:取。谓自取之。 ⑪御:止,制止。 ⑫自及:祸及自身。自:己。

冬,公如晋听政[1]。晋侯享公。公请属鄫[2],晋侯不许。孟献子曰[3]:"以寡君之密迩于仇雠[4],而愿固事君[5],无失官命[6]。鄫无赋于司马[7],为执事朝夕之命敝邑,敝邑褊小[8],阙而为罪[9],寡君是以愿借助焉。"晋侯许之。

〔注释〕

①听政：指听令接受鲁向晋国贡赋之数。 ②属鄫（zēng）：以鄫为属国。鄫：国名，姒姓，在今山东枣庄市东。 ③孟献子：仲孙蔑。 ④密迩：靠近。密：近。仇雠：敌，敌人。仇、雠皆训"敌"。 ⑤愿：欲。固：专一。 ⑥失：违。官命：君命。此指晋君之命。 ⑦"鄫无"句：鄫国不向晋国缴纳贡赋。司马：官名，主军旅之事。 ⑧褊（biǎn）小：狭小。 ⑨阙而为罪：缺则有罪。为：有。

楚人使顿间陈而侵伐之[①]，故陈人围顿。

〔注释〕

①间：间隙。指伺其间隙。

无终子嘉父使孟乐如晋[①]，因魏庄子纳虎豹之皮[②]，以请和诸戎。晋侯曰："戎狄无亲而贪，不如伐之。"魏绛曰："诸侯新服，陈新来和，将观于我。我德，则睦；否，则携贰[③]。劳师于戎，而楚伐陈，必弗能救，是弃陈也。诸华必叛[④]。戎，禽兽也。获戎失华，无乃不可乎？《夏训》有之曰[⑤]：'有穷后羿[⑥]。'"公曰："后羿何如？"对曰："昔有夏之方衰也[⑦]，后羿自鉏迁于穷石[⑧]，因夏民以代夏政[⑨]。恃其射也，不修民事，而淫于原兽[⑩]。弃武罗、伯因、熊髡、龙圉[⑪]，而用寒浞。寒浞，伯明氏之谗子弟也[⑫]。伯明后寒弃之[⑬]，夷羿收之[⑭]，信而使之[⑮]，以为己相。浞行媚于内[⑯]，而施赂于外，愚弄其民，而虞羿于田[⑰]。树之诈慝[⑱]，以取其国

家，外内咸服。羿犹不悛[19]。将归自田，家众杀而亨之[20]，以食其子[21]。其子不忍食诸[22]，死于穷门[23]。靡奔有鬲氏[24]。浞因羿室[25]，生浇及豷[26]。恃其谗慝诈伪[27]，而不德于民。使浇用师，灭斟灌及斟寻氏[28]。处浇于过[29]，处豷于戈[30]。靡自有鬲氏，收二国之烬[31]，以灭浞而立少康[32]。少康灭浇于过，后杼灭豷于戈[33]，有穷由是遂亡[34]，失人故也。昔周辛甲之为大史也[35]，命百官，官箴王阙[36]。于《虞人之箴》曰[37]：'芒芒禹迹[38]，画为九州[39]，经启九道[40]。民有寝庙[41]，兽有茂草，各有攸处[42]，德用不扰[43]。在帝夷羿，冒于原兽[44]，忘其国恤[45]，而思其麀牡[46]。武不可重[47]，用不恢于夏家[48]。兽臣司原[49]，敢告仆夫[50]。'《虞箴》如是，可不惩乎[51]？"于是晋侯好田[52]，故魏绛及之。

公曰："然则莫如和戎乎？"对曰："和戎有五利焉：戎狄荐居[53]，贵货易土[54]，土可贾焉[55]，一也。边鄙不耸[56]，民狎其野[57]，穑人成功[58]，二也。戎狄事晋，四邻振动[59]，诸侯威怀[60]，三也。以德绥戎[61]，师徒不勤[62]，甲兵不顿[63]，四也。鉴于后羿[64]，而用德度[65]，远至迩安[66]，五也。君其图之！"

公说[67]。使魏绛盟诸戎，修民事，田以时。

〔注释〕

①无终子嘉父：无终（山戎国名）国之君，名嘉父。　②因：由，通过。魏庄子：魏绛。　③携贰：离心。携、贰皆训"离"。④诸华：指中原诸侯。　⑤《夏训》：《夏书》。　⑥有穷后羿：有穷国之君，号羿。有穷：国名，在今河南洛阳市西南。后：君主。魏绛此言语意未完。　⑦有夏：夏朝。有是词头，无义。　⑧鉏：

地名,在今河南滑县东十五里。穷石:即穷谷。在今河南洛阳市西南。　⑨"因夏"句:依靠夏朝的百姓夺取夏朝政权。禹之孙太康,昏乱失国。其弟仲康嗣立,国势衰弱不振。仲康之子相立,羿遂夺其位。　⑩淫:贪。原兽:野兽。原:原野。　⑪弃:废。武罗、伯因、熊髡、尨(mǎng)圉:四人皆羿之贤臣,羿弃而不用。因:原本作"困",据阮元《校勘记》改。　⑫伯明氏:寒国酋长,名伯明。谗:邪,邪恶。　⑬伯明后寒:义同"寒后伯明"。寒:古代部落名,在今山东潍坊市。　⑭夷羿:夷为羿之氏。收:接纳。⑮使:用。　⑯媚:取悦。内:宫人。　⑰虞:娱。于:以。　⑱树:立。之:其。诈慝(tè):欺诈邪恶。即下文之"谗慝诈伪"。　⑲悛:改。　⑳亨:烹,煮。　㉑食(sì):使食。　㉒诸:之。　㉓死于穷门:被杀死于有穷氏国门。　㉔靡:伯靡,夏之遗臣。有鬲氏:部落名,在今山东德州市东南二十五里。　㉕因:依,就。室:指妻妾。　㉖浇:音(ào)。豷:音(yì)。　㉗谗慝:邪恶。诈伪:欺诈。伪:欺。　㉘斟灌:部落名,在今河南范县北。斟寻氏:部落名,在今河南偃师市西十余里。　㉙处:居。过(guō):国名,在今山东莱州市西北。　㉚戈:国名,在宋、郑之间。当在今河南杞县、尉氏县附近。　㉛烬(jìn):余,残余。指遗民。　㉜少康:夏后相遗腹子。㉝后杼:少康子。　㉞"有穷"句:谓寒浞因此而灭亡。寒浞篡位后沿用有穷国号。　㉟辛甲:殷臣,屡谏纣王不听,适周为公卿,周武王时任太史。　㊱箴(zhēn):规谏。阙:过失。　㊲《虞人之箴》:亦称《虞箴》。虞人:官名,掌山泽苑囿、田猎诸事。　㊳芒芒:形容广大。　㊴画:分。　㊵经启:治理开通。九道:九州之道。㊶寝庙:指居所。庙为屋室之通称。《尔雅·释宫》:"室有东西厢,曰庙;无东西厢有室,曰寝。"　㊷攸处:所居之处。　㊸德:本性。指人与兽的本性。用:因,因此。不扰:各不相扰。　㊹冒:贪。㊺恤:忧。　㊻麀(yōu)牡:泛指禽兽。麀:母鹿。牡:公兽。

㊼武:迹,踪迹。重:通“踵”。踪。此句谓羿贪于田猎,不理政事,不可踪迹。 ㊽恢:大。 ㊾兽臣:即虞人。 ㊿仆夫:仆人。官名,掌传达君命、传呈奏事等。 (51)惩:戒。 (52)“于是”句:此时晋侯喜欢田猎。 (53)荐居:谓逐水草而居。荐:茂草。 (54)贵:重。易:轻,轻视。 (55)贾:买。 (56)耸:惧。 (57)狎:习。 (58)穑人:农夫。成功:成其农功。 (59)振动:恐惧。振、动都是“惧”的意思。 (60)威怀:畏其威而思其德。怀:思。 (61)绥:安,安抚。 (62)勤:劳。 (63)甲兵:兵,兵器。甲、兵同义。顿:敝,坏。 (64)鉴于后羿:以后羿为戒。 (65)德度:道德法度。度:法。 (66)远至迩安:远者来附,近者安服。 (67)说:同“悦”。

冬十月,邾人、莒人伐鄫。臧纥救鄫①,侵邾,败于狐骀②。国人逆丧者皆髽③。鲁于是乎始髽。国人诵之曰④:“臧之狐裘⑤,败我于狐骀。我君小子⑥,朱儒是使⑦。朱儒朱儒,使我败于邾。”

〔注释〕

①臧纥:臧武仲。救鄫:鄫属鲁,故救之。 ②狐骀(tái):邾地,在今山东滕州市东南二十里之狐骀山。 ③逆:迎。髽(zhuā):妇人丧髻。以麻发合结曰髽。鲁阵亡者众,不能备丧服,故髽。此盖迎丧者不分男女皆髽。 ④诵:讽。 ⑤狐裘:狐皮裘衣。臧纥当时未必服狐裘,此盖诗人用以起兴。 ⑥小子:小孩。 ⑦朱儒是使:使派侏儒。朱儒:同“侏儒”,矮人。

经

五年春①,公至自晋。

夏，郑伯使公子发来聘[②]。

叔孙豹、鄫世子巫如晋[③]。

仲孙蔑、卫孙林父会吴于善道[④]。

秋，大雩[⑤]。

楚杀其大夫公子壬夫[⑥]。

公会晋侯、宋公、陈侯、卫侯、郑伯、曹伯、莒子、邾子、滕子、薛伯、齐世子光、吴人、鄫人于戚[⑦]。

公至自会。

冬，戍陈[⑧]。

楚公子贞帅师伐陈[⑨]。

公会晋侯、宋公、卫侯、郑伯、曹伯、莒子、邾子、滕子、薛伯、齐世子光救陈[⑩]。

十有二月，公至自救陈。

辛未[⑪]，季孙行父卒。

〔注释〕

①五年：公元前568年。　②公子发：子产之父。　③“叔孙”句：鄫属鲁，其太子比鲁大夫，故书巫如晋。鄫(zēng)：国名，姒姓，在今山东枣庄市东。　④善道：地名，在今江苏盱眙县北。《公羊传》《穀梁传》作“善稻”。　⑤雩(yú)：求雨之祭。　⑥“楚杀”句：《春秋》书壬夫之名，责其贪。　⑦戚：卫邑，在今河南濮阳市北。　⑧戍陈：诸侯会于戚，同受晋命戍陈，不复有告命，故独书鲁。　⑨公子贞：庄王子。　⑩莒子邾子滕子薛伯：原本无此八字，据臧庸、杨伯峻说补。　⑪辛未：二十日。

传

五年春，公至自晋。

王使王叔陈生诉戎于晋[①]，晋人执之[②]。士鲂如京师[③]，言王叔之贰于戎也。

〔注释〕

①王叔陈生：周卿士。诉戎于晋：戎陵暴周室，故诉于盟主。诉：控告。　②执：拘捕。　③"士鲂"二句：士鲂去京师解释拘捕王叔陈生的原因，说他有二心于戎。

夏，郑子国来聘[①]，通嗣君也[②]。

〔注释〕

①子国：即公子发。　②嗣君：指郑僖公。时已即位三年。

穆叔觌鄫大子于晋[①]，以成属鄫[②]。书曰"叔孙豹、鄫大子巫如晋"，言比诸鲁大夫也[③]。

〔注释〕

①穆叔：叔孙豹。觌（dí）：见。　②"以成"句：达成以鄫属鲁之事。　③比诸鲁大夫：将鄫太子巫视同鲁大夫（因为鄫是鲁属国）。比：等同。

吴子使寿越如晋[①]，辞不会于鸡泽之故[②]，且请听诸侯之好[③]。晋人将为之合诸侯，使鲁、卫先会吴[④]，且告会期，

故孟献子、孙文子会吴于善道[5]。

〔注释〕

①吴子:寿梦。寿越:吴大夫。　②"辞不"句:三年,晋会吴于鸡泽,吴子不至,故派使者说明原因。辞:说,说明。　③听:从。　④"使鲁"二句:以其道远,故使鲁、卫先会告期。　⑤孟献子:仲孙蔑。孙文子:孙林父,卫卿。

秋,大雩,旱也[1]。

〔注释〕

①大雩,旱也:《春秋》常事不书。书雩皆因"不时",而"不时"之雩,又因天旱。

楚人讨陈叛故[1],曰:"由令尹子辛实侵欲焉[2]。"乃杀之[3]。书曰"楚杀其大夫公子壬夫[4]",贪也。

君子谓楚共王于是不刑[5]。《诗》曰[6]:"周道挺挺[7],我心扃扃[8]。讲事不令[9],集人来定。"已则无信,而杀人以逞,不亦难乎[10]?《夏书》曰[11]:"成允成功[12]。"

〔注释〕

①陈叛见三年《传》。讨:求,追究。　②侵欲:放纵私欲。③杀子辛。　④"书曰"二句:责其贪,故书名。　⑤谓:以为。于是:于此。不刑:不合法度。刑:法。　⑥《诗》:逸《诗》。⑦周道:周朝治国之道。挺挺:形容正直。　⑧扃扃:明察。⑨"讲事"二句:谓谋事不善,当聚集贤人共定之。讲:谋。令:善。　⑩难:病。　⑪《夏书》:逸《书》。　⑫成允成功:谓信成

然后能成功。允:信。此句今见古文《尚书·大禹谟》。

九月丙午①,盟于戚②,会吴,且命戍陈也③。

〔注释〕

①丙午:二十四日。 ②"盟于"句:鲁君与晋、宋、陈、卫、郑、曹、莒、邾、滕、薛、齐、吴、鄫结盟,《传》蒙经文省略会盟之人。 ③"且命"句:晋命诸侯戍陈。

穆叔以属鄫为不利①,使鄫大夫听命于会②。

〔注释〕

①"穆叔"句:叔孙豹认为以鄫为鲁之属国对鲁国不利。 ②"使鄫"句:谓使鄫以独立国身份参加会盟。

楚子囊为令尹①。范宣子曰②:"我丧陈矣!楚人讨贰而立子囊,必改行③,而疾讨陈④。陈近于楚,民朝夕急,能无往乎⑤?有陈⑥,非吾事也,无之而后可。"

冬,诸侯戍陈。子囊伐陈。十一月甲午⑦,会于城棣以救之⑧。

〔注释〕

①子囊:公子贞。 ②范宣子:士匄。 ③改行:改变子辛的做法。 ④疾:急。 ⑤往:去。谓附楚。 ⑥"有陈"三句:使陈国归附,非晋国力量所能及,没有陈国反而更好。有:得。 ⑦甲午:十三日。 ⑧城棣:郑地,在今河南原阳县北十里。

季文子卒[1]。大夫入敛[2],公在位[3]。宰庀家器为葬备[4],无衣帛之妾,无食粟之马,无藏金玉,无重器备[5]。君子是以知季文子之忠于公室也。相三君矣[6],而无私积[7],可不谓忠乎?

〔注释〕

①季文子:季孙行父。鲁之正卿。 ②入敛:指大敛。将尸体盛放入棺。 ③公在位:据《礼记·丧大记》,大夫大敛,国君亲临,就位于序(堂上分隔东西的墙)端。 ④宰:卿大夫家的总管。庀(pǐ):具。葬备:下葬之物。备:器。 ⑤重:重复。器备:器物。备:器。 ⑥相三君:季文子在宣公、成公、襄公三朝为相。⑦积:财。

经

六年春[1],王三月壬午[2],杞伯姑容卒。

夏,宋华弱来奔[3]。

秋,葬杞桓公。

滕子来朝。

莒人灭鄫[4]。

冬,叔孙豹如邾[5]。

季孙宿如晋[6]。

十有二月,齐侯灭莱[7]。

〔注释〕

①六年:公元前 567 年。 ②壬午:三日。 ③华弱:华椒

孙。 ④莒:国名,己姓,在今山东莒县。鄫(zēng):国名,姒姓,在今山东枣庄市东。 ⑤郳:国名,曹姓,在今山东邹城市东南。⑥季孙宿:季孙行父之子。 ⑦莱:国名,在今山东潍坊东。

传

六年春,杞桓公卒。始赴以名[①],同盟故也。

〔注释〕

①"始赴"二句:杞国发讣告第一次用名字,是因为同盟的缘故。杞桓公三次与鲁成公同盟,故赴以名。

宋华弱与乐辔少相狎[①],长相优[②],又相谤也[③]。子荡怒[④],以弓梏华弱于朝[⑤]。平公见之,曰:"司武而梏于朝[⑥],难以胜矣!"遂逐之。夏,宋华弱来奔。司城子罕曰[⑦]:"同罪异罚,非刑也[⑧]。专戮于朝[⑨],罪孰大焉?"亦逐子荡。子荡射子罕之门,曰:"几日而不我从[⑩]?"子罕善之如初[⑪]。

〔注释〕

①狎:亲近。 ②长:成人。优:调戏。 ③谤:毁谤。④子荡:乐辔。 ⑤"以弓"句:谓张弓套住华弱之首,拘之于朝。梏:械系,拘止。 ⑥司武:司马,掌军事。《说文》:"马,怒也,武也。"⑦司城:即司空。子罕:乐喜。 ⑧非刑:不合法度。 ⑨"专戮"二句:擅自凌辱大臣,没有什么罪名比这更大的了。戮:辱。 ⑩"几日"句:谓子罕不久亦将被逐。几:几何。 ⑪善:友好(对待)。

秋,滕成公来朝,始朝公也[①]。

〔注释〕

①始朝公:初次朝见襄公。

莒人灭鄫,鄫恃赂也[①]。

〔注释〕

①赂:指贡赋于鲁。

冬,穆叔如邾聘[①],且修平[②]。

〔注释〕

①穆叔:叔孙豹,鲁卿。 ②修平:修好。

晋人以鄫故来讨[①],曰:“何故亡鄫[②]?”季武子如晋见[③],且听命[④]。

〔注释〕

①讨:责。谓问罪。 ②亡鄫:使鄫亡。鄫属鲁,鲁有保护之责。 ③季武子:季孙宿。鲁卿。 ④听命:听从晋国处置。

十一月,齐侯灭莱,莱恃谋也[①]。

〔注释〕

①谋:指赂齐之谋。襄公二年,齐伐莱,莱人赂宿沙卫得免。

于郑子国之来聘也[①],四月,晏弱城东阳[②],而遂围莱。甲寅[③],堙之[④],环城傅于堞。及杞桓公卒之月[⑤],乙未[⑥],王

湫帅师及正舆子、棠人军齐师⑦,齐师大败之。丁未⑧,入莱。莱共公浮柔奔棠。正舆子、王湫奔莒,莒人杀之。四月,陈无宇献莱宗器于襄宫⑨。晏弱围棠,十一月丙辰⑩,而灭之。迁莱于郳⑪。高厚、崔杼定其田⑫。

〔**注释**〕

①"于郑"句:在郑大夫子国来聘的时候。子国聘鲁在上年四月。 ②东阳:齐邑,在今山东临朐县东。 ③甲寅:襄公五年四月无甲寅。 ④"堙(yīn)之"二句:谓环绕莱城周围筑土为山,土山逼近城上矮墙。堙:堆土为山。傅:蚁附。谓攀附攻城。堞(dié):矮墙。 ⑤杞桓公卒之月:此年三月。 ⑥乙未:十六日。 ⑦王湫:本是齐人,成公十八年奔莱。正舆子:莱大夫。棠:莱邑。军:攻,攻打。 ⑧丁未:二十八日。 ⑨陈无宇:陈完之玄孙。宗器:宗庙宝器。指钟、鼎之类。襄宫:齐襄公庙。或以为"襄"为"惠"之误。 ⑩十一月丙辰:十一月无丙辰,丙辰为十二月十一日。《经》在十二月,疑是。 ⑪郳(ní):齐地,本郳国,在今山东滕州市。 ⑫定其田:定莱国之田。

经

七年春①,郯子来朝②。

夏四月,三卜郊③,不从④,乃免牲⑤。

小邾子来朝。

城费。

秋,季孙宿如卫。

八月,螽⑥。

冬十月，卫侯使孙林父来聘。

壬戌[7]，及孙林父盟。

楚公子贞帅师围陈。

十有二月，公会晋侯、宋公、陈侯、卫侯、曹伯、莒子、邾子于郏[8]。

郑伯髡顽如会，未见诸侯。丙戌[9]，卒于鄵[10]。

陈侯逃归。

〔注释〕

①七年：公元前 566 年。 ②郯（tán）子：郯国君主。 ③卜郊：以龟占卜郊祀与否。郊：祭名。在郊外祭祀天地。 ④不从：不吉。 ⑤免牲：即不举行郊祀。免：纵而不杀。牲：指郊祀用的赤毛牛犊。 ⑥螽（zhōng）：飞蝗。成灾，故书。 ⑦壬戌：二十二日。 ⑧郏（wěi）：郑邑，在今河南鲁山县。 ⑨丙戌：十二月无丙戌。丙戌为闰月十七日。 ⑩鄵（cào）：郑地，在今河南新郑、鲁山二县之间。

传

七年春，郯子来朝，始朝公也[1]。

〔注释〕

①始朝襄公。

夏四月，三卜郊，不从，乃免牲。

孟献子曰[1]：“吾乃今而后知有卜筮[2]。夫郊，祀后稷以祈农事也[3]。是故启蛰而郊[4]，郊而后耕[5]。今既耕而卜

郊,宜其不从也[⑥]。”

〔注释〕

①孟献子:仲孙蔑,鲁正卿。 ②“吾乃今”句:我现在才明白为什么要卜蓍的道理。乃今而后:而今而后。即从今以后。乃:于。有:为。卜筮:龟卜蓍筮。 ③后稷:周之祖先。后人祀之,以为谷神。 ④启蛰(zhé):惊蛰。惊蛰本在雨水前(当夏时正月)。汉武帝行太初历,改在雨水之后(当夏正二月)。 ⑤据《大戴礼记·夏小正》,农事始于正月。 ⑥其:乎。

南遗为费宰[①]。叔仲昭伯为隧正[②],欲善季氏[③],而求媚于南遗[④],谓遗:“请城费,吾多与而役[⑤]。”故季氏城费。

〔注释〕

①费(bì):季氏私邑,在今山东费县西北二十里。宰:邑宰。②叔仲昭伯:名带。隧正:相当于《周礼·地官》之遂人,总掌诸遂之政治,如土地、人民之数,赋税、征役之法,水利设施等。③善:亲,亲近。 ④求媚:取悦。 ⑤而:尔,你。役:役徒。

小邾穆公来朝,亦始朝公也[①]。

〔注释〕

①亦始朝公:承上文郯子始朝公而言。

秋,季武子如卫[①],报子叔之聘[②],且辞缓报非贰也[③]。

〔注释〕

①季武子:季孙宿。 ②子叔:公孙剽。 ③“且辞”句:解

释回聘滞后的原因,说明并非对卫国有二心。辞:说,解说。缓:迟。公孙剽襄公元年至鲁行聘,鲁至今始回聘,故云“缓报”。

冬十月,晋韩献子告老①。公族穆子有废疾②,将立之③,辞曰:“《诗》曰④:‘岂不夙夜⑤,谓行多露。’又曰⑥:‘弗躬弗亲⑦,庶民弗信。’无忌不才,让,其可乎⑧?请立起也⑨。与田苏游⑩,而曰‘好仁⑪。’《诗》曰⑫:‘靖共尔位⑬,好是正直。神之听之,介尔景福。’恤民为德⑭,正直为正⑮,正曲为直⑯,参和为仁⑰。如是,则神听之,介福降之⑱。立之,不亦可乎?”庚戌⑲,使宣子朝,遂老。晋侯谓韩无忌仁⑳,使掌公族大夫㉑。

〔注释〕

①韩献子:韩厥,晋执政大夫。告老:请求致仕。老:致仕。②穆子:名无忌,韩厥长子。成公十八年为公族大夫。废疾:谓不能治愈的疾病或因病生活不能自理。《礼记·王制》:“废疾非人不养者,一人不从政。” ③立之:代韩厥为卿。 ④《诗》曰:引文出自《诗·召南·行露》。 ⑤“岂不”二句:言虽欲早夜而行,奈何道路多露。男女相爱,女子守礼而心存顾忌,故以此言推辞。行:路。 ⑥又曰:引文出自《诗·小雅·节南山》。 ⑦“弗躬”二句:言在位而不能躬亲政事,则庶民不信。 ⑧其:语助词,无义。 ⑨起:韩起。韩厥次子,无忌之弟。 ⑩田苏:晋贤大夫。游:交往。 ⑪田苏言韩起好仁。 ⑫《诗》曰:引文出自《诗·小雅·小明》。 ⑬“靖共”四句:言君子恭谨其位,喜好正直之人。如此,则神明顺之,可致大福。靖共:恭谨。听:从,顺。介:助。景:大。 ⑭恤民为德:靖共其位,乃为安民。 ⑮正直:将

直者放正。 ⑯正曲:使曲者变直。 ⑰参和:德、正、直三者合为一体。和:合。 ⑱介:大。 ⑲庚戌:十日。 ⑳谓:认为,以为。 ㉑“使掌”句:公族大夫非止一人,使无忌总掌之。

卫孙文子来聘①,且拜武子之言②,而寻孙桓子之盟③。公登亦登④。叔孙穆子相⑤,趋进曰:“诸侯之会,寡君未尝后卫君⑥。今吾子不后寡君,寡君未知所过。吾子其少安⑦!”孙子无辞⑧,亦无悛容⑨。

穆叔曰:“孙子必亡。为臣而君⑩,过而不悛,亡之本也。《诗》曰⑪:‘退食自公⑫,委蛇委蛇⑬。’谓从者也⑭。衡而委蛇⑮,必折。”

〔注释〕

①孙文子:孙林父,卫卿。 ②武子之言:季孙宿如卫言缓报非贰之言。 ③寻:温,重申。孙桓子之盟:成公三年,鲁与孙良夫(孙林父之父)盟。 ④公登亦登:依礼,登堂上阶,臣应后君一阶。今孙林父与鲁君同登,不合礼仪。 ⑤相:为相赞礼。⑥地位相等,故并登不为先后。 ⑦安:徐。 ⑧无辞:不作解释。 ⑨悛:改。 ⑩而:如。 ⑪《诗》曰:引文出自《诗·召南·羔羊》。 ⑫退食自公:罢朝归食于家。退:归。 ⑬委蛇(weī yí)委蛇:形容自得。 ⑭从者:顺者。指顺礼者。此数句言大臣在朝居家,无不顺礼。 ⑮衡:横,逆。与“从者”相对。

楚子囊围陈①,会于鄬以救之②。

郑僖公之为大子也,于成之十六年③,与子罕适晋④,不礼焉。又与子丰适楚⑤,亦不礼焉。及其元年⑥,朝于晋,子

丰欲诉诸晋而废之[7],子罕止之。及将会于郏,子驷相[8],又不礼焉。侍者谏,不听。又谏,杀之。及鄵,子驷使贼夜弑僖公,而以疟疾赴于诸侯[9]。简公生五年[10],奉而立之[11]。

〔注释〕

①子囊:公子贞。楚令尹。　②"会于"句:鲁君会晋、宋、陈、卫、曹、莒、邾之君,《传》蒙经文省略与会之人。　③于:在。成:鲁成公。　④子罕:郑穆公之子,长僖公两辈。　⑤子丰:亦郑穆公子。　⑥元年:郑僖公元年,当鲁襄公三年。　⑦诉:告。⑧子驷:公子骓。郑穆公子。　⑨"而以"句:向诸侯发出的讣告说,郑僖公暴病而死。疟疾:暴病。疟:通"虐",暴。　⑩简公:名嘉。僖公之子。五年:五岁。　⑪奉:拥戴。

陈人患楚[1]。庆虎、庆寅谓楚人曰[2]:"吾使公子黄往[3],而执之[4]。"楚人从之。二庆使告陈侯于会,曰:"楚人执公子黄矣!君若不来,群臣不忍社稷宗庙[5],惧有二图[6]。"陈侯逃归[7]。

〔注释〕

①陈人患楚:因楚围陈之故。　②庆虎、庆寅:陈执政大夫。③公子黄:陈成公子,哀公之弟。　④执之:执公子黄。　⑤"群臣"句:谓不忍心让国家灭亡。　⑥惧有二图:言将改立国君。⑦诸侯此会本为救陈,陈侯逃归,故不书救。

经

八年春[1],王正月,公如晋。

夏，葬郑僖公。

郑人侵蔡，获蔡公子燮[2]。

季孙宿会晋侯、郑伯、齐人、宋人、卫人、邾人于邢丘[3]。

公至自晋。

莒人伐我东鄙。

秋九月，大雩[4]。

冬，楚公子贞帅师伐郑。

晋侯使士匄来聘。

〔注释〕

①八年：公元前565年。　②公子燮：蔡庄公子。　③邢丘：晋地，在今河南温县东二十里。　④雩(yú)：求雨之祭。

传

八年春，公如晋朝，且听朝聘之数[1]。

〔注释〕

①朝聘之数：指朝聘所用礼品(实为贡赋)之数。

郑群公子以僖公之死也，谋子驷[1]。子驷先之。夏四月庚辰[2]，辟杀子狐、子熙、子侯、子丁[3]。孙击、孙恶出奔卫[4]。

庚寅[5]，郑子国、子耳侵蔡[6]，获蔡司马公子燮。郑人皆喜，唯子产不顺[7]。曰："小国无文德，而有武功，祸莫大焉。楚人来讨[8]，能勿从乎[9]？从之，晋师必至。晋、楚伐郑，自

今郑国不四、五年,弗得宁矣。"子国怒之曰:"尔何知? 国有大命[⑩],而有正卿[⑪],童子言焉,将为戮矣!"

〔注释〕

①子驷:公子騑,郑执政大夫。 ②庚辰:十三日。 ③辟杀:诛杀。辟:诛。 ④孙击、孙恶:子狐之子。 ⑤庚寅:二十三日。 ⑥子国:公子发。子耳:公孙辄。 ⑦子产:公孙侨,子国之子。顺:安。 ⑧蔡从楚故。 ⑨从:从楚。 ⑩大命:君命。 ⑪正卿:指子驷。

五月甲辰[①],会于邢丘[②],以命朝聘之数,使诸侯之大夫听命。季孙宿、齐高厚、宋向戌、卫宁殖、邾大夫会之。郑伯献捷于会[③],故亲听命。大夫不书[④],尊晋侯也。

〔注释〕

①甲辰:七日。 ②"会于"句:季孙宿会晋侯、郑伯、齐人、宋人、卫人、邾人于邢丘。《传》蒙经文省略与会之人。 ③献捷:进献战俘和战利品。 ④"大夫"二句:季孙宿、高厚、向戌、宁殖皆卿,《春秋》不书其名,表示尊重晋侯。

莒人伐我东鄙[①],以疆鄫田。

〔注释〕

①"莒人"二句:莒既灭鄫,鲁侵其西界,莒伐鲁东鄙,以正其封疆。

秋九月,大雩,旱也[①]。

〔注释〕

①大雩,旱也:《春秋》书大雩,是因为干旱。

冬,楚子囊伐郑[①],讨其侵蔡也。

子驷、子国、子耳欲从楚,子孔、子蟜、子展欲待晋[②]。子驷曰:"《周诗》有之曰[③]:'俟河之清[④],人寿几何?兆云询多[⑤],职竞作罗。'谋之多族[⑥],民之多违,事滋无成[⑦]。民急矣,姑从楚以纾吾民[⑧]。晋师至,吾又从之。敬共币帛[⑨],以待来者,小国之道也。牺牲玉帛,待于二竟[⑩],以待强者而庇民焉。寇不为害,民不罢病[⑪],不亦可乎?"

子展曰:"小所以事大,信也。小国无信,兵乱日至[⑫],亡无日矣。五会之信[⑬],今将背之,虽楚救我,将安用之?亲我无成[⑭],鄙我是欲,不可从也。不如待晋。晋君方明,四军无阙[⑮],八卿和睦[⑯],必不弃郑。楚师辽远,粮食将尽,必将速归,何患焉?舍之闻之:'杖莫如信[⑰]。'完守以老楚[⑱],杖信以待晋,不亦可乎?"

子驷曰:"《诗》云[⑲]:'谋夫孔多[⑳],是用不集。发言盈庭[㉑],谁敢执其咎?如匪行迈谋[㉒],是用不得于道。'请从楚,骓也受其咎[㉓]。"

乃及楚平。使王子伯骈告于晋曰[㉔]:"君命敝邑:'修而车赋[㉕],儆而师徒[㉖],以讨乱略[㉗]。'蔡人不从,敝邑之人,不敢宁处[㉘],悉索敝赋[㉙],以讨于蔡,获司马燮,献于邢丘。今楚来讨曰:'女何故称兵于蔡[㉚]?'焚我郊保[㉛],冯陵我城郭[㉜]。敝邑之众,夫妇男女,不遑启处[㉝],以相救也。翦焉倾

覆[34],无所控告[35]。民死亡者,非其父兄,即其子弟。夫人愁痛[36],不知所庇。民知穷困,而受盟于楚。孤也与其二三臣不能禁止[37],不敢不告。”知武子使行人子员对之[38],曰:“君有楚命[39],亦不使一介行李告于寡君[40],而即安于楚[41]。君之所欲也,谁敢违君?寡君将帅诸侯以见于城下[42],唯君图之[43]!”

〔注释〕

①子囊:公子贞,楚令尹。 ②子孔:公子嘉,穆公子。子蟜(jiǎo):公孙虿。子展:公孙舍之。待晋:待晋救援。 ③《周诗》:逸《诗》。 ④“俟河”二句:言人寿短促,而河清难待。⑤“兆云”二句:谓始谋甚多,适足以引发忧患。兆:始。云:语助词,无义。询:谋。职:只,只是。竞:皆。作:兴。罗:同“罹”,忧。 ⑥族:家。 ⑦滋:益。 ⑧纾:缓。 ⑨共:同“供”,备。⑩二竟:晋、楚二国所伐之郑国边境。 ⑪罢病:疲困。罢:通“疲”。 ⑫兵乱:战乱。 ⑬五会:谓郑与晋及诸侯五次会盟:三年,会鸡泽;五年,会戚,又会城棣;七年,会鄬;八年,会邢丘。⑭无成:无功。成:功。 ⑮四军:晋有上、中、下军及新军。⑯八卿:指四军之将、佐。 ⑰杖莫如信:可仗恃者莫过于信。⑱完守:固守。完:坚。老:使疲怠。 ⑲《诗》云:引文出自《诗·小雅·小旻》。 ⑳“谋夫”二句:言谋者甚众,则是非相乱,因而难以成事。集:成。 ㉑“发言”二句:发言盈庭,各是其是,而无人敢承担责任。执:受,承担。咎:过,罪过。 ㉒“如匪”二句:谓人坐而论道,因此不能得其理。匪:彼。行迈:行。行、迈义同。道:理。 ㉓騑(fēi):子驷之名。据二十二年《传》,子驷本主张从晋,此年会于邢丘曾受辱,故改而从楚。受:承,担

当。　㉔王子伯骈：郑大夫。　㉕修：整，整顿。车赋：车乘。㉖儆：戒，戒备。　㉗乱略：败坏法度之人。乱：败。略：法。　㉘宁处：安居。　㉙悉索：穷尽。悉、索皆训尽。赋：兵。　㉚称：举。㉛郊保：郊外的小城。保：通“堡”，小城。　㉜冯（píng）陵：侵陵，侵犯。　㉝遑：闲暇。启处：安居。启：跪。古人坐时双膝着地，臀部压着脚跟。　㉞翦焉：形容坠落。　㉟控告：告诉。控：告。㊱夫人：人人。夫：人。　㊲孤：指郑伯。　㊳知武子：荀罃，晋中军帅。行人：使者。　㊴君有楚命：谓楚国希望郑国服从楚命。　㊵一介行李：单个使者。介：《释文》、《石经》、金泽文库本、宋本均作“个”。行李：行人。　㊶即安：就而安之。　㊷“寡君”句：谓晋将率诸侯伐郑。　㊸唯：愿。

晋范宣子来聘①，且拜公之辱②，告将用师于郑。

公享之。宣子赋《摽有梅》③。季武子曰④：“谁敢哉⑤？今譬于草木⑥，寡君在君⑦，君之臭味也⑧。欢以承命，何时之有⑨？”武子赋《角弓》⑩。宾将出，武子赋《彤弓》⑪。宣子曰：“城濮之役⑫，我先君文公献功于衡雍⑬，受彤弓于襄王，以为子孙藏⑭。匄也⑮，先君守官之嗣也，敢不承命？”君子以为知礼。

〔注释〕

①范宣子：士匄。　②“且拜”句：鲁君此年春朝于晋。③《摽有梅》：《诗·召南》篇名。摽（biào）：落。有：语助词，无义。《诗》云梅盛则落。比喻女子当及时而嫁。宣子赋此，望鲁能及时出兵。　④季武子：季孙宿，鲁卿。　⑤谁敢哉：谓不敢不及时。　⑥譬于：譬如。于：如。　⑦在：于。君：指晋君。

⑧臭(xiù)味:气味。谓同类。臭、味义同。这三句以草木作比喻,说鲁君就像是晋君发出的气味。　⑨何时之有:言当随时应命。　⑩《角弓》:《诗·小雅》篇名。义取“兄弟婚姻,无相远矣”。　⑪《彤弓》:《诗·小雅》篇名。《彤弓》为天子赏赐有功者之诗。武子赋此,期望晋君继承文公霸业。　⑫城濮之役:在僖公二十八年。　⑬衡雍:郑地,在今河南原阳县西南,践土东北。　⑭以为子孙藏:将彤弓(漆成红色的弓)珍藏以示子孙。⑮“匄也”二句:士匄之祖士会、父士燮皆为晋卿,士匄此时嗣位为卿,乃继承先君父祖之职。守官:职事,职位。守、官同义。

经

九年春[1],宋灾[2]。

夏,季孙宿如晋。

五月辛酉[3],夫人姜氏薨。

秋八月癸未[4],葬我小君穆姜。

冬,公会晋侯、宋公、卫侯、曹伯、莒子、邾子、滕子、薛伯、杞伯、小邾子、齐世子光伐郑。

十有二月己亥[5],同盟于戏[6]。

楚子伐郑。

〔注释〕

①九年:公元前564年。　②灾:天火(非人为因素造成的火灾)曰灾。　③辛酉:三十日。　④癸未:二十四日。　⑤己亥:十二月无己亥。《传》在十一月,当是。己亥为十一月十一日。⑥戏:亦称“戏童”。郑地,在今河南登封市嵩山北。

传

九年春,宋灾。乐喜为司城以为政①。使伯氏司里②,火所未至,彻小屋③,涂大屋,陈畚挶④,具绠缶⑤,备水器,量轻重⑥,蓄水潦⑦,积土涂⑧,巡丈城⑨,缮守备⑩,表火道⑪。使华臣具正徒⑫,令隧正纳郊保⑬,奔火所。使华阅讨右官⑭,官庀其司⑮。向戌讨左⑯,亦如之。使乐遄庀刑器⑰,亦如之。使皇郧命校正出马⑱,工正出车⑲,备甲兵,庀武守。使西鉏吾庀府守⑳。令司宫、巷伯儆宫㉑。二师令四乡正敬享㉒,祝、宗用马于四墉㉓,祀盘庚于西门之外㉔。

晋侯问于士弱曰:"吾闻之,宋灾,于是乎知有天道㉕,何故?"对曰:"古之火正㉖,或食于心㉗,或食于咮㉘,以出内火㉙。是故咮为鹑火,心为大火。陶唐氏之火正阏伯居商丘㉚,祀大火㉛,而火纪时焉㉜。相土因之㉝,故商主大火。商人阅其祸败之衅㉞,必始于火,是以日知其有天道也㉟。"公曰:"可必乎㊱?"对曰:"在道㊲。国乱无象㊳,不可知也。"

〔注释〕

①乐喜:子罕。司城:即司空。宋六卿(右师、左师、司马、司徒、司城、司寇)之一。为政:主持国政。 ②伯氏:宋大夫。司里:管理城中街巷。里:居民区。 ③"彻小"二句:拆除小屋,用以隔火;用泥土涂抹大屋,使之不易燃烧。彻:通"撤",除去。④畚(běn):用草绳或竹篾编成的盛土器具。挶(jú):举土之器。⑤绠(gěng):汲水器上的绳。缶:汲水器。 ⑥量轻重:估量任务轻重。量:度。 ⑦蓄水潦:储水。潦:积水。 ⑧土涂:泥土。

涂：泥。　⑨巡丈城：巡行其城，以丈为度。　⑩缮：治。守备：守城之器具。　⑪表：标记。用作动词。火道：火所经行之处。⑫华臣：华元之子，宋司徒。正徒：官府常设的役徒。　⑬隧正：相当于《周礼·地官》之遂人，总掌诸遂之政治，如土地、人民之数，赋税、征役之法，水利设施等。纳：收聚。郊保：指郊区之役徒。《汉书·五行志上》："郊保之民，使奔火所。"　⑭华阅：亦华元之子，继华元为右师。讨：治。右官：右师所属之官。　⑮庀（pǐ）：具。司：官属。　⑯向戌：宋左师。左：左官，左师所属之官。　⑰乐遄（chuán）：宋司寇。刑器：刑具。　⑱皇郧：宋司马。校正：司马属官，主管马匹。　⑲工正：司马属官，主百工。⑳西鉏吾：宋太宰。府守：府库守藏。　㉑司宫：奄人（宦官）之长。巷伯：奄人。儆宫：加强宫廷戒备。　㉒二师：右师、左师。乡正：乡大夫。掌一乡（一万二千五百户）之教令。享：祀，祭祀。㉓祝、宗：宗人、家祝，主祈祷、祭祀之官。用马：杀马以祭。墉（yōng）：城墙。城（土）为阴气积聚之所，故祀之以禳火。　㉔盘庚：殷王，宋之远祖。西门之外：殷墟在宋国的西北方向。　㉕天道：指自然规律。道：理。　㉖火正：古代掌火之官，主祭火星，行火政。　㉗食：配食。心：二十八宿之一，苍龙七宿的第五宿，有星三颗。其主星亦称大火、大辰。　㉘咮（zhòu）：星名，即柳星。朱鸟七宿，首位者称鹑首，中间称鹑火（柳、星、张），末尾者称鹑尾。　㉙以出内火：农历三月黄昏时，鹑火星出现在南方，则令民放火；九月黄昏时，大火星伏而不见，则令民纳火，禁放火。出内火：出火、纳火。出火：指放火焚烧野草。内火：禁火。内：藏纳。《周礼·夏官·司马》："季春出火，民咸从之。季秋内火，民亦如之。"《礼记·郊特牲》："季春出火，为焚也。"　㉚陶唐氏：尧有天下之号。阏（è）伯：高辛氏之子。　㉛祀大火：祭祀大火星。　㉜"而火"句：观察大火星移动以确定季节。　㉝"相土"

二句:相土始继阏伯之后居商丘,祀大火。相土:契之子,殷商先祖。因:仍,沿袭。主:祭主。指祭祀对象。 ㉞阅:察。祸败:灾祸。败:祸。衅:预兆。 ㉟日:寖,渐。《汉书·五行志上》无"日"字。 ㊱必:确定,肯定。 ㊲道:指国家之治乱。 ㊳"国乱"二句:谓政治昏乱,上天不示预兆,则不可知。

夏,季武子如晋[1],报宣子之聘也[2]。

〔注释〕

①季武子:季孙宿。鲁卿。 ②宣子:范宣子。即士匄,晋卿。范宣子来聘在八年。

穆姜薨于东宫[1]。始往而筮之,遇《艮》之八䷳[2]。史曰:"是谓《艮》之《随》䷐[3]。《随》,其出也[4]。君必速出!"姜曰:"亡[5]。是于《周易》曰:'《随》,元亨利贞[6],无咎。'元[7],体之长也。亨,嘉之会也。利,义之和也[8]。贞,事之干也[9]。体仁足以长人[10],嘉德足以合礼,利物足以和义[11],贞固足以干事[12],然故不可诬也[13],是以虽《随》无咎。今我妇人,而与于乱,固在下位[14],而有不仁[15],不可谓元[16];不靖国家,不可谓亨[17];作而害身,不可谓利;弃位而姣[18],不可谓贞[19]。有四德者,《随》而无咎[20]。我皆无之,岂《随》也哉[21]?我则取恶[22],能无咎乎?必死于此,弗得出矣。"

〔注释〕

①穆姜:成公母,襄公祖母。东宫:正寝以外的别宫。僖公二十年有"西宫"。穆姜私通叔孙侨如,欲去季孙、孟孙,并威胁要

废成公(事在成公十六年),故被徙居东宫。　②遇《艮》之八:谓《艮》之六爻,有五爻发生变化,唯有六二(《艮》卦之第二爻)不变。即下文所言"《艮》之《随》"。《艮》:《艮》下《艮》上。《说文》:"六,《易》之数,阴变于六,正于八。"段玉裁注:"金榜氏曰:'《乾凿度》谓七、八为彖,九、六为变。故彖占七、八,爻占九、六。一爻变者以变爻占,是爻占九、六也;六爻皆不变及变两爻以上者,占之彖辞,是彖占七、八也。公子重耳筮得贞《屯》悔《豫》皆八,董因筮得《泰》之八,穆姜筮得《艮》之八,凡阴不变者为八也。'"　③《艮》之《随》:由《艮》卦变为《随》卦。《随》:《震》下《兑》上。　④出:出走。　⑤亡:无,否。　⑥"元亨"二句:此为《随》卦卦辞。亨:通达顺利。故下文曰"嘉之会"。贞:信。无咎:无祸。　⑦元:首。故下云"体之长(帅)"。　⑧和:顺,合。谓合于义,乃为利。　⑨干:根本。　⑩"体仁"句:谓行仁足以居于人上。体:行。足:可。　⑪"利物"句:有利于人,乃合于义。物:人。　⑫"贞固"句:谓诚信坚定足以任事。　⑬"然故"二句:言不诬四德,乃能遇《随》无咎。然故:然而。诬:虚妄。谓无其实。　⑭下位:女子卑于丈夫。　⑮有:为。不仁:指逼迫成公等事。　⑯不足以长人。　⑰不可谓亨:不可谓通达顺利。⑱"弃位"句:指与下臣私通。姣:淫之别名。班彪《北征赋》:"忿戎王之淫狡,秽宣后之失贞。"王念孙曰:"狡读为姣,姣亦淫也。"⑲此处"贞"为贞节之义。　⑳而:乃。　㉑岂《随》也哉:谓不合《随》元、亨、利、贞之义。　㉒取:为。

秦景公使士雃乞师于楚①,将以伐晋,楚子许之。子囊曰:"不可。当今吾不能与晋争。晋君类能而使之②,举不失选③,官不易方④。其卿让于善⑤,其大夫不失守⑥,其士

竞于教[7],其庶人力于农穑[8],商工皂隶不知迁业[9]。韩厥老矣[10],知罃禀焉以为政[11]。范匄少于中行偃而上之[12],使佐中军[13]。韩起少于栾黡[14],而栾黡、士鲂上之,使佐上军。魏绛多功,以赵武为贤,而为之佐[15]。君明、臣忠,上让、下竞。当是时也,晋不可敌[16],事之而后可。君其图之!”王曰:“吾既许之矣[17]。虽不及晋[18],必将出师[19]。”

秋,楚子师于武城[20],以为秦援。

秦人侵晋,晋饥[21],弗能报也。

〔注释〕

①士雃(qián):秦大夫。乞师:请求援军。 ②类能:聚贤。类:聚。使:用。 ③选:善。 ④官不易方:任人不违法度。方:法。 ⑤善:贤。指贤能之士。 ⑥守:职守。 ⑦竞于教:努力教导百姓。竞:强,勉力。 ⑧农穑:农业。农、穑义同。 ⑨皂隶:贱役。不知迁业:安于其位,不想改变职业。 ⑩老:致仕。⑪禀焉:受命于韩厥。禀:受。为政:行政。此时知罃将中军。⑫上之:中行偃使居己上。 ⑬范匄佐中军,中行偃将上军。⑭“韩起”三句:栾黡、士鲂让韩起,韩起佐上军。栾黡将下军,士鲂佐之。 ⑮为之佐:赵武为新军帅,魏绛为佐。 ⑯敌:当。抵挡。 ⑰已许秦国出兵。 ⑱不及:不如。 ⑲必将:必,必定。必、将同义。出师:发兵。 ⑳武城:楚地,在今河南南召县东南。㉑饥:饥荒。谷不熟为饥。

冬十月,诸侯伐郑。庚午[1],季武子、齐崔杼、宋皇郧从荀罃、士匄门于鄟门[2]。卫北宫括、曹人、邾人从荀偃、韩起门于师之梁[3]。滕人、薛人从栾黡、士鲂门于北门[4]。杞人、

郳人从赵武、魏绛斩行栗[5]。甲戌[6]，师于汜[7]。令于诸侯曰："修器备[8]，盛糇粮[9]，归老幼，居疾于虎牢[10]，肆眚[11]，围郑。"

郑人恐，乃行成[12]。中行献子[13]曰："遂围之，以待楚人之救也，而与之战。不然，无成[14]。"知武子曰[15]："许之盟而还师，以敝楚人[16]。吾三分四军，与诸侯之锐[17]，以逆来者[18]，于我未病，楚不能矣，犹愈于战。暴骨以逞[19]，不可以争。大劳未艾[20]。君子劳心，小人劳力，先王之制也。"诸侯皆不欲战，乃许郑成。十一月己亥[21]，同盟于戏，郑服也。

将盟，郑六卿公子騑、公子发、公子嘉、公孙辄、公孙虿、公孙舍之及其大夫、门子皆从郑伯[22]。晋士庄子为载书[23]，曰："自今日既盟之后，郑国而不唯晋命是听[24]，而或有异志者，有如此盟[25]！"公子騑趋进曰："天祸郑国，使介居二大国之间[26]，大国不加德音[27]，而乱以要之[28]，使其鬼神不获歆其禋祀[29]，其民人不获享其土利[30]，夫妇辛苦垫隘[31]，无所底告[32]。自今日既盟之后，郑国而不唯有礼与强可以庇民者是从[33]，而敢有异志者，亦如之！"荀偃曰："改载书[34]！"公孙舍之曰："昭大神要言焉[35]。若可改也，大国亦可叛也。"知武子谓献子曰："我实不德，而要人以盟，岂礼也哉！非礼，何以主盟？姑盟而退，修德息师而来，终必获郑，何必今日？我之不德[36]，民将弃我，岂唯郑？若能休和[37]，远人将至，何恃于郑[38]？"乃盟而还。

〔注释〕

①庚午:十一日。 ②鲁、齐、宋之师从晋中军。鄟(zhuān)门:郑之东门。 ③卫、曹、邾之师从晋上军。门:攻打城门。师之梁:郑之西门。 ④滕、薛之师从晋下军。 ⑤杞、郳之师从晋新军。郳(ní):即《经》之小邾。行栗:道路两旁之栗树。 ⑥甲戌:十五日。 ⑦氾(fàn):东氾水,在今河南中牟县南。 ⑧修:备。器备:器具。备:器。 ⑨糇(hóu)粮:干粮。 ⑩疾:有病之人。虎牢:地名,在今河南荥阳市汜水镇西。 ⑪肆眚(shěng):赦免有罪之人。眚:过。 ⑫行成:言和,求和。 ⑬中行献子:荀偃。 ⑭无成:无功。 ⑮知武子:荀罃。 ⑯敝:疲。 ⑰锐:精锐。 ⑱来者:指楚军。 ⑲"暴骨"二句:言争当用谋,不可恃力。 ⑳大劳未艾:大战还在后面。艾:息,止息。 ㉑己亥:十一日。 ㉒公子骓(fēi):字子驷。公子发:子国。公子嘉:子孔。公孙辄:子耳。公孙虿:子蟜(jiǎo)。公孙舍之:子展。门子:卿大夫之嫡子。 ㉓士庄子:士弱。载书:亦称盟书、载辞、载,盟书。 ㉔而:如,如果。 ㉕有如此盟:愿受违盟之罚。有:动词词头,无义。 ㉖介居:处于二者之间。介:间。二大国:指晋、楚。 ㉗德音:善德。 ㉘要:要挟。 ㉙歆:享。《说文》:"歆,神食气也。"禋(yīn)祀:祭祀。 ㉚土利:土地出产之物。 ㉛夫妇:男女。垫隘:谓困顿。 ㉜无所底(zhǐ)告:无可告求之人。底告:致告。 ㉝"郑国"三句:谓郑国如果不是服从有礼而且强大足以保护百姓的国家,而怀有异心,亦如此盟。而:如果。 ㉞改载书:子驷亦以所言载于策,故荀偃欲改之。 ㉟"昭大神"句:谓盟誓乃昭示明神而缔结盟约。要言:盟誓。 ㊱之:若,如果。表示假设。 ㊲休和:谓使诸侯安定和睦。 ㊳恃:懒,依靠。

晋人不得志于郑[①],以诸侯复伐之。十二月癸亥[②],门其三门。闰月戊寅[③],济于阴阪[④],侵郑。次于阴口而还[⑤]。子孔曰:“晋师可击也。师老而劳[⑥],且有归志,必大克之。”子展曰:“不可。”

〔注释〕

①“晋人”句:谓郑未完全服从。 ②癸亥:五日。 ③闰月戊寅:此年不当有闰月。戊寅为十二月二十日。 ④阴阪:洧水渡口,在今河南新郑市西稍偏北。 ⑤阴口:郑地。 ⑥老:谓在外日久。

公送晋侯。晋侯以公宴于河上[①],问公年。季武子对曰:“会于沙随之岁[②],寡君以生。”晋侯曰:“十二年矣。是谓一终[③],一星终也。国君十五而生子。冠而生子[④],礼也。君可以冠矣,大夫盍为冠具[⑤]?”武子对曰:“君冠,必以祼享之礼行之[⑥],以金石之乐节之[⑦],以先君之祧处之[⑧]。今寡君在行[⑨],未可具也。请及兄弟之国而假备焉[⑩]。”晋侯曰:“诺。”公还,及卫,冠于成公之庙[⑪],假钟磬焉,礼也。

〔注释〕

①以:与。 ②:会于沙随之岁:成公十六年。 ③“是谓”二句:十二年为一终。岁星(即木星)约十二年运行一周天。谓:为。终:周。 ④冠:冠礼,男子成人之礼。士二十而冠,天子、诸侯、大夫行冠礼皆早于士。 ⑤盍:何不。冠具:举行冠礼之器具。 ⑥祼(guàn)享:指祭祀先君。祼:用圭瓒酌郁鬯灌地,使达于地下,用以降神。享:祭祀祖先。 ⑦金石:指钟磬。节:为

节奏。 ⑧祧(tiāo)指先祖之庙。处:居。此谓行冠礼当在祖庙。 ⑨行(háng):道,路。 ⑩假备:借用行冠礼的器具。备:器。 ⑪成公:卫成公,卫献公(当时卫君)之曾祖。

楚子伐郑。子驷将及楚平。子孔、子蟜曰:“与大国盟[1],口血未干而背之[2],可乎?”子驷、子展曰:“吾盟固云唯强是从。今楚师至,晋不我救,则楚强矣。盟誓之言,岂敢背之?且要盟无质[3],神弗临也[4],所临唯信。信者,言之瑞也[5],善之主也[6],是故临之。明神不蠲要盟[7],背之,可也。”乃及楚平。公子罢戎入盟,同盟于中分[8]。

楚庄夫人卒[9],王未能定郑而归。

〔注释〕

①大国:指晋国。 ②口血未干:指新盟。同盟必歃血(小口饮血)。 ③要盟:胁迫订立之盟约。质:信。 ④临:莅,至。 ⑤瑞:符。 ⑥主:本。 ⑦明神:即神。明、神同义。蠲(juān):通“涓”,洁。谓要盟为神所弃。 ⑧中分:郑都城之里名。 ⑨楚庄夫人:共王之母。

晋侯归,谋所以息民。魏绛请施舍[1],输积聚以贷[2]。自公以下,苟有积者,尽出之。国无滞积[3],亦无困人。公无禁利[4],亦无贪民。祈以币更[5],宾以特牲[6],器用不作[7],车服从给[8]。行之期年[9],国乃有节[10]。三驾而楚不能与争[11]。

〔注释〕

①施舍:赐予。 ②输:尽。积聚:指富余的财货。积、聚同义。 ③滞积:富余的财货。滞:积。 ④公无禁利:山林川泽所出之物与民共之。 ⑤祈以币更:祭祀不用牲,而改用帛。祈:祭,祭祀。祭祀祈神赐福。币:帛。 ⑥宾:招待宾客。特牲:一种牲畜。特:一。此句言务节俭。 ⑦器用不作:不造作新器。⑧车服:车乘器物。给:具,具备。 ⑨期(jī)年:一周年。⑩有节:有法度。 ⑪三驾:三次兴师。指十年师于牛首,十一年师于向,同年秋天观兵于郑东门。自此楚不能与晋争,而郑归附晋国。

经

十年春[①],公会晋侯、宋公、卫侯、曹伯、莒子、邾子、滕子、薛伯、杞伯、小邾子、齐世子光会吴于柤[②]。

夏五月甲午[③],遂灭偪阳[④]。

公至自会。

楚公子贞、郑公孙辄帅师伐宋。

晋师伐秦。

秋,莒人伐我东鄙。

公会晋侯、宋公、卫侯、曹伯、莒子、邾子、齐世子光、滕子、薛伯、杞伯、小邾子伐郑。

冬,盗杀郑公子騑、公子发、公孙辄[⑤]。

戍郑虎牢。

楚公子贞帅师救郑。

公至自伐郑。

〔注释〕

①十年:公元前563年。 ②柤(zhā):楚地,在今江苏邳州市北稍偏西之加口镇。吴子在柤,晋以诸侯往会之,故曰会吴。 ③甲午:九日。 ④偪(bī)阳:国名,妘姓,在今山东峄城南五十里。 ⑤"盗杀"句:杀者非卿,故称盗。

传

十年春,会于柤[①],会吴子寿梦也[②]。

三月癸丑[③],齐高厚相大子光以先会诸侯于钟离[④],不敬。士庄子曰[⑤]:"高子相大子以会诸侯,将社稷是卫,而皆不敬,弃社稷也,其将不免乎[⑥]!"

夏四月戊午[⑦],会于柤。

〔注释〕

①"会于"句:鲁君与晋、宋、卫、曹、莒、滕、薛、杞、小邾、齐诸国相会。《传》蒙经文省略与会之人。 ②寿梦:又名"乘",盖音之转。 ③癸丑:二十七日。 ④钟离:国名,嬴姓,在今安徽凤阳县东北二十五里。 ⑤士庄子:士弱。 ⑥不免:不免于祸。 ⑦戊午:二日。

晋荀偃、士匄请伐偪阳[①],而封宋向戌焉。荀罃曰:"城小而固,胜之不武,弗胜为笑。"固请。丙寅[②],围之,弗克。孟氏之臣秦堇父辇重如役[③]。偪阳人启门,诸侯之士门焉[④]。县门发[⑤],郰人纥抉之以出门者[⑥]。狄虒弥建大车之

轮[7],而蒙之以甲,以为橹[8]。左执之,右拔戟,以成一队[9]。孟献子曰[10]:“《诗》所谓‘有力如虎’者也[11]。”主人县布[12],堇父登之,及堞而绝之[13]。队[14],则又县之,苏而复上者三[15]。主人辞焉[16],乃退。带其断以徇于军三日[17]。

诸侯之师久于偪阳,荀偃、士匄请于荀罃曰:“水潦将降[18],惧不能归,请班师[19]。”知伯怒[20],投之以机[21],出于其间[22],曰:“女成二事[23],而后告余。余恐乱命[24],以不女违。女既勤君而兴诸侯[25],牵帅老夫以至于此[26],既无武守[27],而又欲易余罪[28],曰:‘是实班师。不然,克矣。’余羸老也[29],可重任乎[30]?七日不克,必尔乎取之[31]!”五月庚寅[32],荀偃、士匄帅卒攻偪阳,亲受矢石[33]。甲午[34],灭之。书曰“遂灭偪阳[35]”,言自会也。

以与向戌。向戌辞曰:“君若犹辱镇抚宋国[36],而以偪阳光启寡君[37],群臣安矣,其何贶如之[38]?若专赐臣,是臣兴诸侯以自封也[39],其何罪大焉。敢以死请。”乃予宋公。

宋公享晋侯于楚丘[40],请以《桑林》[41]。荀罃辞。荀偃、士匄曰:“诸侯宋、鲁[42],于是观礼。鲁有禘乐[43],宾祭用之。宋以《桑林》享君,不亦可乎?”舞[44],师题以旌夏[45]。晋侯惧而退入于房[46]。去旌,卒享而还。及著雍[47],疾[48]。卜,《桑林》见[49]。荀偃、士匄欲奔请祷焉[50]。荀罃不可,曰:“我辞礼矣[51],彼则以之[52]。犹有鬼神[53],于彼加之。”晋侯有间[54],以偪阳子归,献于武宫[55],谓之夷俘[56]。偪阳,妘姓也。使周内史选其族嗣纳诸霍人[57],礼也[58]。

师归,孟献子以秦堇父为右[59]。生秦丕兹,事仲尼[60]。

〔注释〕

①“晋荀偃”二句：宋常事晋，而向戌为宋贤臣，故晋欲灭偪阳以封之。 ②丙寅：十日。 ③秦堇（jǐn）父：孟孙氏家奴。辇：以人力拉车。重：辎重，载重之车。 ④门：攻打城门。 ⑤县门：古代用于守城的闸门，安装于内城门，平时悬起，有警时可放下，以阻隔内外。县：同“悬”。发：启，启用。 ⑥郰（zōu）人：郰大夫。郰为鲁邑，在今山东曲阜市东南约四十里。纥：叔梁纥，孔子之父。抉：揭，举。 ⑦狄虒（sī）弥：鲁国勇士。建：援，执持。大车：牛车，用于平地载物。 ⑧橹：盾。 ⑨一队：一列。 ⑩孟献子：仲孙蔑，鲁执政大夫。 ⑪有力如虎：语出《诗·邶风·简兮》。 ⑫主人：指守军。县布：将布从城上悬下。 ⑬堞（dié）：城上矮墙。 ⑭队：通“坠”。 ⑮“苏而”句：昏迷醒来则复上，如是者三。 ⑯辞焉：辞之不使复上。 ⑰断：断布。徇：宣示。 ⑱水潦：雨水。 ⑲班师：回师。班：还。 ⑳知伯：荀罃。 ㉑机：通“几”。 ㉒出于其间：出于荀偃、士匄二人之间。 ㉓二事：指伐偪阳、封向戌。 ㉔“余恐”二句：我怕军令不一，因而同意你们的意见。乱命：紊乱军命。 ㉕勤：忧。谓为君分忧。兴：发。 ㉖牵帅：牵引。老夫：荀罃自称。 ㉗武守：指勇武精神。武：勇。守：节操。 ㉘易余罪：归罪于我。易：迁，移。 ㉙羸老：老弱。也：矣。 ㉚可重任乎：谓不堪任此重责。任：负，担。 ㉛“必尔”句：言当杀汝。取：杀。 ㉜庚寅：五日。 ㉝受：迎。 ㉞甲午：九日。 ㉟“书曰”二句：《春秋》书“遂灭偪阳”，是说诸侯相会之后灭偪阳。遂：表示下一事接着上一事。 ㊱若犹：如果。若、犹同义。镇抚：安定。镇、抚同义。 ㊲光启寡君：谓使宋君扩大疆土。光：通“广”。启：开拓。 ㊳贶（kuàng）：赐。 ㊴自封：为己谋利。封：厚。《国语·楚语上》：“是聚民利以自封而瘠民也。”《楚语下》：“民多旷者，而我取富焉，是勤民以自封

也，死无日矣。” ㊵楚丘：宋地，在今河南商丘市北，山东曹县东南。 ㊶以：用。《桑林》：殷天子之乐。享礼而用《桑林》，不合于礼，故荀罃推辞。 ㊷“诸侯”二句：宋为王者之后，鲁以周公故，得赐天子礼乐，故可观。 ㊸“鲁有”二句：《礼记·大传》：“礼，不王不禘。王者禘其所自出，以其祖配之。”行禘祭时，配以四代之乐。鲁享大宾及祭祀宗庙亦用禘乐。 ㊹舞：舞《桑林》。㊺师：乐师。题以旌夏：以旌夏（大旌）标记其行列。 ㊻房：正室左右之室。 ㊼著雍：晋地。 ㊽疾：晋侯疾。 ㊾《桑林》见：眼前出现《桑林》乐舞之场景。 ㊿“士匄”句：士匄欲还宋祈祷。(51)辞：推辞。请不用《桑林》。 (52)则：乃。表示转折语气。以：用。 (53)“犹有”二句：谓若有鬼神，当加祸于宋。犹：若。表示假设。 (54)间：病痊愈或好转。 (55)武宫：曲沃武公庙。晋以为祖庙。 (56)谓之：称之为。夷俘：实为中国之俘，讳称夷俘。(57)“使周”句：让周内史选择妘姓宗族的人，把他安置到霍人，以奉祀先祖。内史：官名，佐太宰管理爵禄废置以及颁发王之诏命等。霍人：晋邑，在今山西繁峙县东郊。 (58)礼也：不灭人之祀，合于礼。 (59)嘉其勇力，故以为车右。 (60)仲尼：孔子的字。

六月，楚子囊、郑子耳伐宋①，师于訾母②。庚午③，围宋，门于桐门④。

〔注释〕

①子囊：公子贞，楚令尹。子耳：公孙辄，郑卿。 ②訾母（zī wú）：宋地，在今河南鹿邑县南。 ③庚午：十五日。 ④门：攻打城门。桐门：宋北门。

晋荀罃伐秦，报其侵也①。

〔注释〕

①报其侵:秦侵晋在七年。

卫侯救宋,师于襄牛[①]。郑子展曰[②]:“必伐卫。不然,是不与楚也。得罪于晋,又得罪于楚,国将若之何?”子驷曰[③]:“国病矣[④]!”子展曰:“得罪于二大国,必亡。病,不犹愈于亡乎?”诸大夫皆以为然。故郑皇耳帅师侵卫,楚令也[⑤]。

孙文子卜追之[⑥],献兆于定姜[⑦]。姜氏问繇[⑧]。曰:“兆如山陵[⑨],有夫出征,而丧其雄。”姜氏曰:“征者丧雄,御寇之利也[⑩]。大夫图之!”卫人追之,孙蒯获郑皇耳于犬丘[⑪]。

〔注释〕

①襄牛:卫地,在今河南范县东南。 ②子展:公孙舍之。 ③子驷:公子騑,郑正卿。 ④病:苦,困。 ⑤楚令:楚令郑侵卫。 ⑥孙文子:孙林父。 ⑦“献兆”句:把龟兆给定姜看。献:进。兆:烧灼龟甲形成的裂纹。古人以此预测吉凶。定姜:卫定公夫人,献公之母。 ⑧繇(zhòu):卦兆的占辞。 ⑨“兆如”三句:以下数句以陵、雄为韵(古音同在登部)。夫:众。 ⑩寇:敌。 ⑪孙蒯:孙良夫之孙,孙林父之子。犬丘:宋邑,在今河南永城市西北。《四部丛刊》本作“大丘”。

秋七月,楚子囊、郑子耳伐我西鄙。还,围萧[①]。八月丙寅[②],克之。九月,子耳侵宋北鄙。

孟献子曰:“郑其有灾乎[③]!师竞已甚[④]。周犹不堪

竞[5],况郑乎!有灾,其执政之三士乎[6]!”

〔注释〕

①萧:宋邑,在今安徽萧县北十五里。 ②丙寅:十二日。③灾:祸。 ④竞:争。已:太。此句谓郑屡用兵。 ⑤周:指王室。 ⑥三士:指子驷、子国、子耳。

莒人间诸侯之有事也[1],故伐我东鄙。

〔注释〕

①间:伺。谓伺其间隙。

诸侯伐郑[1]。齐崔杼使大子光先至于师,故长于滕。己酉[2],师于牛首[3]。

〔注释〕

①“诸侯”三句:解释《春秋》书齐世子光先于滕子之故。长:先。 ②己酉:二十六日。 ③牛首:郑地,在今河南通许县西北。

初,子驷与尉止有争[1],将御诸侯之师而黜其车[2]。尉止获[3],又与之争。子驷抑尉止曰:“尔车非礼也[4]。”遂弗使献[5]。

初,子驷为田洫[6],司氏、堵氏、侯氏、子师氏皆丧田焉[7]。故五族聚群不逞之人因公子之徒以作乱[8]。

于是子驷当国[9],子国为司马[10],子耳为司空[11],子孔为

司徒[12]。冬十月戊辰[13]，尉止、司臣、侯晋、堵女父、子师仆帅贼以入，晨攻执政于西宫之朝[14]，杀子驷、子国、子耳，劫郑伯以如北宫[15]。子孔知之，故不死。书曰"盗[16]"，言无大夫焉。

子西闻盗[17]，不儆而出[18]，尸而追盗[19]。盗入于北宫，乃归授甲，臣妾多逃[20]，器用多丧。子产闻盗[21]，为门者[22]，庀群司[23]，闭府库[24]，慎闭藏[25]，完守备[26]，成列而后出。兵车十七乘，尸而攻盗于北宫。子蟜帅国人助之[27]，杀尉止、子师仆，盗众尽死。侯晋奔晋。堵女父、司臣、尉翩、司齐奔宋[28]。

子孔当国，为载书[29]，以位序、听政辟[30]。大夫诸司门子弗顺[31]，将诛之[32]。子产止之，请为之焚书[33]。子孔不可，曰："为书以定国，众怒而焚之，是众为政也，国不亦难乎[34]？"子产曰："众怒难犯，专欲难成[35]，合二难以安国，危之道也。不如焚书以安众，子得所欲[36]，众亦得安，不亦可乎？专欲无成，犯众兴祸，子必从之！"乃焚书于仓门之外[37]，众而后定。

〔注释〕

①尉止：郑大夫。 ②黜：减。 ③获：获囚俘。 ④"尔车"句：谓尉止之车还是超过规定。 ⑤弗使献：不让尉止献俘。 ⑥田洫：田间沟洫。 ⑦"司氏"句：子驷以整理田间水道为名，侵夺四家之田。 ⑧五族：尉止和丧失田地的四家。不逞：不得志。因：依靠。公子之徒：指子狐、子熙、子侯、子丁之族党。四人于八年为子驷所杀。 ⑨当国：执政。当：主。 ⑩子国：公子

发。 ⑪子耳:公孙辄。 ⑫子孔:公子嘉。 ⑬戊辰:十五日。 ⑭西宫:诸侯正寝(路寝)以外之别宫。下“北宫”同。 ⑮郑伯:郑简公,其时尚幼。 ⑯“书曰”二句:《春秋》不书作乱者之名,因为其中没有卿。大夫:指卿。《春秋》非卿不书名。尉止等五人皆为士。 ⑰子西:公孙夏,子驷之子。 ⑱儆:戒备。 ⑲尸:收尸。 ⑳臣妾:奴隶。 ㉑子产:公孙侨,子国之子。 ㉒为门者:置守门之人。 ㉓庀(pǐ):具。群司:众官。 ㉔闭:守。㉕慎闭藏:谨慎守护所藏的财物。 ㉖完:坚。谓加强。 ㉗子蟜(jiǎo):公孙虿。 ㉘尉翩:尉止之子。司齐:司臣之子。 ㉙载书:盟书。 ㉚“以位”句:卿大夫各守其职,听受执政之命。辟:法。㉛诸司:各部门主管官员。门子:卿大夫之嫡子。弗顺:不从。㉜将诛之:子孔欲诛不从者。 ㉝焚书:焚毁盟书。 ㉞难:病。㉟专欲:私欲。专:独。 ㊱得所欲:指当国。 ㊲“乃焚”句:焚书于外,欲使众知之。仓门:郑国都之东南门。

诸侯之师城虎牢而戍之[①]。晋师城梧及制[②],士鲂、魏绛戍之[③]。书曰“戍郑虎牢[④]”,非郑地也,言将归焉。郑及晋平。

〔注释〕

①虎牢:地名,在今河南荥阳市西北之汜水镇西。 ②梧:郑地,当在虎牢附近。制:即虎牢。晋于制筑小城。 ③士鲂、魏绛:皆晋卿。 ④“书曰”三句:虎牢此时并不属于郑国,《春秋》书“戍郑虎牢”,表示将要归还于郑。虎牢为郑要害之地,诸侯在此筑城,欲逼郑从晋,而后归之。

楚子囊救郑。十一月，诸侯之师还郑而南①，至于阳陵②。楚师不退。知武子欲退，曰："今我逃楚，楚必骄，骄，则可与战矣。"栾黡曰③："逃楚，晋之耻也。合诸侯以益耻，不如死！我将独进。"师遂进。己亥④，与楚师夹颍而军⑤。子蟜曰⑥："诸侯既有成行⑦，必不战矣。从之将退⑧，不从亦退。退，楚必围我。犹将退也⑨。不如从楚⑩，亦以退之。"宵涉颍⑪，与楚人盟。栾黡欲伐郑师，荀罃不可，曰："我实不能御楚，又不能庇郑⑫，郑何罪？不如致怨焉而还⑬。今伐其师⑭，楚必救之，战而不克，为诸侯笑。克不可命⑮，不如还也。"丁未⑯，诸侯之师还，侵郑北鄙而归。楚人亦还。

〔注释〕

①还：环绕。 ②阳陵：郑地，在今河南许昌市西北。 ③栾黡（yǎn）：栾书之子，晋下军副帅。 ④己亥：十七日。 ⑤颍：水名。源出河南登封市西南，东南流经禹州市、临颍、西华、商水诸地，北合贾鲁河，南合沙河入淮。晋、楚夹颍水而军，当在今河南禹州市东南泉点镇附近。 ⑥蟜：原本作"矫"，据阮元《校勘记》、杨伯峻说改。 ⑦成行：指还军之成议。行：言。 ⑧"从之"二句：谓无论郑从晋与否，晋及诸侯皆将退。从：服。 ⑨犹：均，同样。 ⑩"不如"二句：谓不如从楚以退楚军。 ⑪"宵涉"二句：畏晋知其事，故宵涉颍水而南，与楚盟。宵：原本作"霄"，据蜀石经、杜预注及阮元《校勘记》改。 ⑫庇：荫庇。原本作"庀"，据蜀石经、纂图本及阮元《校勘记》、杨伯峻说改。 ⑬致怨：表达不满之意。 ⑭今：若，如果。表示假设。 ⑮克不可命：谓胜负难定。命：信。 ⑯丁未：二十五日。

王叔陈生与伯舆争政[①],王右伯舆[②]。王叔陈生怒而出奔。及河,王复之,杀史狡以说焉[③]。不入[④],遂处之。晋侯使士匄平王室[⑤],王叔与伯舆讼焉[⑥]。王叔之宰与伯舆之大夫瑕禽坐狱于王庭[⑦],士匄听之[⑧]。王叔之宰曰:“筚门闺窦之人而皆陵其上[⑨],其难为上矣!”瑕禽曰:“昔平王东迁[⑩],吾七姓从王,牲用备具[⑪],王赖之[⑫],而赐之骍旄之盟[⑬],曰:‘世世无失职。’若筚门闺窦,其能来东厎乎[⑭]?且王何赖焉?今自王叔之相也,政以贿成,而刑放于宠[⑮]。官之师旅[⑯],不胜其富,吾能无筚门闺窦乎?唯大国图之!下而无直[⑰],则何谓正矣!”范宣子曰[⑱]:“天子所右[⑲],寡君亦右之;所左,亦左之。”使王叔氏与伯舆合要[⑳],王叔氏不能举其契[㉑]。王叔奔晋。不书,不告也[㉒]。单靖公为卿士,以相王室。

〔注释〕

①王叔陈生:与伯舆同为周卿士。争政:争权。 ②右:助。③说:取悦。 ④不入:不返。入:返。 ⑤平:调和。 ⑥讼:争辩是非。 ⑦宰:卿大夫家的总管。瑕禽:伯舆属大夫。坐狱:争讼。坐:讼曲直。狱:讼。 ⑧听:听讼。听其讼辞以判曲直。⑨筚门闺窦:指卑贱之人。筚门:柴门。闺窦:小门。闺:一本作“圭”。凿墙为门,上锐下方,形状如圭。窦:《说文》引作“窬”。⑩“昔平王”二句:平王东迁,大臣从者七姓,伯舆之祖在其中。⑪牲用:指牺牲及祭祀之物。用:簠簋之实。指黍稷稻粮等。伯舆之祖掌祭祀。备具:丰足。备、具同义。 ⑫赖:恃,依靠。⑬骍(xīng)旄:赤色牛。周人尚赤,而牛为大牲,重要场合用之。骍:赤色。旄:旄牛。 ⑭来东厎:来东方安居。厎:至。 ⑮刑:

法。放:乱。谓宠臣左右刑罚。 ⑯"官之"二句:谓师、旅之长皆受贿赂。师:百官府中之副职,佐正长者。旅:官名,掌统计治绩。师、旅皆见《周礼·天官·宰夫》。 ⑰"下而"二句:如果认为地位低就无理,则无所谓正义。直:义,正义。谓:以。正:直。矣:乎。 ⑱范宣子:范匄。 ⑲"天子"四句:宣子知伯舆直,而不欲自专,故归之天子。所右:所赞成的。左:"右"之反。 ⑳合要:核对供词。合:核验。要:要词,供词。 ㉑契:契券。指相关凭证。 ㉒不书,不告也:《春秋》未记载此事,因为没有通告鲁国。

经

十有一年春①,王正月,作三军。

夏四月,四卜郊②,不从③,乃不郊④。

郑公孙舍之帅师侵宋。

公会晋侯、宋公、卫侯、曹伯、齐世子光、莒子、邾子、滕子、薛伯、杞伯、小邾子伐郑。

秋七月己未⑤,同盟于亳城北⑥。

公至自伐郑。

楚子、郑伯伐宋。

公会晋侯、宋公、卫侯、曹伯、齐世子光、莒子、邾子、滕子、薛伯、杞伯、小邾子伐郑,会于萧鱼⑦。

公至自会。

楚人执郑行人良霄⑧。

冬,秦人伐晋。

〔注释〕

①十有一年:公元前562年。 ②卜郊:以龟占卜郊祀与否。郊:祭名。在郊外祭祀天地。 ③不从:不吉。 ④不郊:不举行郊祀。 ⑤己未:十一日。 ⑥亳城:一本作"京城"。亳城即亳,郑地,在今河南商丘市北。 ⑦萧鱼:郑地当在今河南许昌市西。 ⑧良霄:公孙辄之子。

传

十一年春,季武子将作三军[①],告叔孙穆子曰[②]:"请为三军,各征其军[③]。"穆子曰:"政将及子[④],子必不能[⑤]。"武子固请之。穆子曰:"然则盟诸[⑥]?"乃盟诸僖闳[⑦],诅诸五父之衢[⑧]。

正月,作三军,三分公室而各有其一[⑨]。三子各毁其乘[⑩]。季氏使其乘之人[⑪],以其役邑入者无征,不入者倍征[⑫]。孟氏使半为臣[⑬],若子若弟。叔孙氏使尽为臣[⑭],不然不舍[⑮]。

〔注释〕

①季武子:季孙宿。将作三军:鲁本二军,皆属鲁公,此更立中军。 ②叔孙穆子:叔孙豹。 ③各征其军:季孙、孟孙、叔孙三家各统一军,而征其家属之赋税。征:税。 ④政将及子:指霸主之政令。 ⑤不能:谓不堪重负。《周礼·夏官·司马》:"凡制军,万有二千五百人为军。王六军,大国三军,次国二军,小国一军。"鲁以次国而为大国之制,贡赋必重,故不能堪。 ⑥盟:杀牲歃血,告誓于明神。诸:"之乎"的合音。 ⑦僖闳(hóng):

僖公之庙门。闳:门。 ⑧诅:古代盟誓,大事曰盟,小事曰诅。然经常一事而兼用盟、诅。五父之衢:道路名。在今山东曲阜市东南五里。 ⑨“三分”句:将三军之民众(家属)分为三,三家各取其一。从此季孙、孟孙、叔孙各统一军,军队不再属于鲁君。 ⑩“三子”句:三家废弃其私属军乘。毁:舍,弃。 ⑪“季氏”二句:季氏原有私属以役邑加入军乘之人,免去公家之税收。“以其役邑入者”为“其乘之人”的同位语。 ⑫不入者倍征:不加入军乘者,则使公家倍其税收。 ⑬“孟氏”二句:孟孙氏取其子弟之半臣属于己,或取其子,或取其弟,而以父兄归公。实即四分其乘之人,以其三(父兄及子弟之半)归公,而自取其一。若:或。 ⑭使尽为臣:尽取其子弟,以其父兄归公。昭公五年《传》云:“初,作中军,三分公室而各有其一。季氏尽征之,叔孙氏臣其子弟,孟氏取其半焉。及其舍之也,四分公室,季氏择二,二子各一,皆尽征之,而贡于公。”可与此文参看。 ⑮不舍:不放弃原有的军乘。

郑人患晋、楚之故①,诸大夫曰:“不从晋,国几亡②。楚弱于晋。晋不吾疾也③,晋疾,楚将辟之。何为而使晋师致死于我④?楚弗敢敌⑤,而后可固与也。”子展曰⑥:“与宋为恶⑦,诸侯必至,吾从之盟。楚师至,吾又从之,则晋怒甚矣。晋能骤来⑧,楚将不能⑨,吾乃固与晋。”大夫说之。使疆埸之司恶于宋⑩。宋向戌侵郑⑪,大获。子展曰:“师而伐宋可矣⑫。若我伐宋,诸侯之伐我必疾,吾乃听命焉,且告于楚。楚师至,吾又与之盟⑬,而重赂晋师,乃免矣。”

〔注释〕

①故:难。 ②几:危,殆。 ③疾:急。谓以郑为急务。 ④何为:如何。致死于我:即与我拼命。 ⑤“楚弗”二句:晋致死,则楚不敢敌,然后可以常从晋。固:专,专一。 ⑥子展:公孙舍之,郑卿。 ⑦为恶:相恶。 ⑧骤:频,频繁。 ⑨将:则。 ⑩疆埸(yì)之司:驻守边疆的官吏。恶于宋:向宋挑衅。 ⑪向戌:宋卿。 ⑫师:出师。 ⑬又:原本作“乃”,据蜀石经、纂图本、《四部丛刊》本及《宋本册府元龟》卷二四九改。

夏,郑子展侵宋。

四月,诸侯伐郑[①]。己亥[②],齐太子光、宋向戌先至于郑,门于东门[③]。其莫[④],晋荀罃至于西郊,东侵旧许[⑤]。卫孙林父侵其北鄙。六月,诸侯会于北林[⑥],师于向[⑦]。右还[⑧],次于琐[⑨],围郑,观兵于南门[⑩],西济于济隧[⑪]。郑人惧,乃行成[⑫]。

秋七月,同盟于亳[⑬]。范宣子曰[⑭]:“不慎[⑮],必失诸侯。诸侯道敝而无成[⑯],能无贰乎?”乃盟。载书曰[⑰]:“凡我同盟,毋蕴年[⑱],毋壅利[⑲],毋保奸[⑳],毋留慝[㉑],救灾患[㉒],恤祸乱[㉓],同好恶,奖王室[㉔]。或间兹命[㉕],司慎、司盟[㉖],名山、名川,群神、群祀[㉗],先王、先公[㉘],七姓十二国之祖[㉙],明神殛之[㉚],俾失其民,队命亡氏[㉛],踣其国家[㉜]。”

〔注释〕

①诸侯:指鲁、晋、宋等十二国,《传》蒙经文省略。 ②己亥:十九日。 ③门:攻打城门。 ④莫:“暮”的本字。 ⑤旧

许:郑之许邑,旧许国之地,在今河南许昌市。 ⑥北林:郑地,在今河南新郑市北约四十里。 ⑦向:郑地,在今河南尉氏县西南四十里。 ⑧右还(xuán):向右转。 ⑨琐:郑地,在今河南新郑市北十余里。 ⑩观兵:陈兵示威。 ⑪济隧:水名,在今河南荥阳市东南,今已湮没。 ⑫行成:言和,求和。 ⑬亳:即《经》之亳城。 ⑭范宣子:范匄,晋中军副帅。 ⑮慎:谨敬。 ⑯道敝:疲于奔命。敝:疲。无成:无功。 ⑰载书:盟书。 ⑱毋蕰年:不要囤积粮食。蕰:积。年:谷。 ⑲壅利:积聚财货。壅:积。 ⑳保奸:保护恶人。奸:邪,恶。 ㉑慝(tè):恶。指恶人。㉒灾患:灾,灾害。患:灾。 ㉓恤:救。祸乱:灾祸。乱:祸。㉔奖:助。 ㉕间:干,犯。 ㉖司慎、司盟:皆天神名。司慎,察不敬者;司盟,察盟者。 ㉗群祀:指天神之外在祀典者。 ㉘先王:诸侯之太祖。如宋祖帝乙,郑祖厉王。先公:始封之君。 ㉙七姓十二国:晋、鲁、卫、郑、曹、滕,姬姓;邾、小邾,曹姓;宋,子姓;齐,姜姓;莒,己姓;杞,姒姓;薛,任姓。凡七姓十三国。此言十二国,误。 ㉚明神:即神。明、神同义。殛(jí):诛。 ㉛队命:陨命。谓丧失性命。队:同"坠",失。亡氏:灭族。 ㉜踣(bó):倒毙,灭亡。

楚子囊乞旅于秦①。秦右大夫詹帅师从楚子,将以伐郑②。郑伯逆之③。丙子④,伐宋。

〔注释〕

①子囊:公子贞,楚令尹。乞旅:即乞师。请求援军。 ②将:欲。 ③"郑伯"句:郑伯迎接楚军(表示服从)。 ④丙子:二十八日。

九月,诸侯悉师以复伐郑[①]。郑人使良霄、大宰石㚟如楚[②],告将服于晋,曰:"孤以社稷之故,不能怀君[③]。君若能以玉帛绥晋[④],不然则武震以摄威之[⑤],孤之愿也。"楚人执之。书曰"行人[⑥]",言使人也。

诸侯之师观兵于郑东门。郑人使王子伯骈行成。甲戌[⑦],晋赵武入盟郑伯。冬十月丁亥[⑧],郑子展出盟晋侯。十二月戊寅[⑨],会于萧鱼[⑩]。庚辰[⑪],赦郑囚,皆礼而归之。纳斥候[⑫],禁侵掠。晋侯使叔肸告于诸侯[⑬]。公使臧孙纥对曰:"凡我同盟,小国有罪,大国致讨,苟有以藉手[⑭],鲜不赦宥[⑮]。寡君闻命矣。"

郑人赂晋侯以师悝、师触、师蠲[⑯],广车、軘车淳十五乘[⑰],甲兵备。凡兵车百乘[⑱],歌钟二肆[⑲],及其镈、磬[⑳],女乐二八[㉑]。

晋侯以乐之半赐魏绛[㉒],曰:"子教寡人和诸戎狄[㉓],以正诸华[㉔]。八年之中,九合诸侯[㉕],如乐之和,无所不谐。请与子乐之。"辞曰:"夫和戎狄,国之福也。八年之中,九合诸侯,诸侯无慝[㉖],君之灵也[㉗],二三子之劳也[㉘],臣何力之有焉[㉙]?抑臣愿君安其乐而思其终也[㉚]。《诗》曰[㉛]:'乐只君子[㉜],殿天子之邦。乐只君子,福禄攸同[㉝]。便蕃左右[㉞],亦是帅从。'夫乐以安德[㉟],义以处之,礼以行之,信以守之,仁以厉之[㊱],而后可以殿邦国,同福禄,来远人,所谓乐也。《书》曰[㊲]:'居安思危。'思则有备,有备无患。敢以此规[㊳]。"公曰:"子之教,敢不承命?抑微子[㊴],寡人无以待戎,不能济河[㊵]。夫赏,国之典也,藏在盟府[㊶],不可废也。

子其受之!"魏绛于是乎始有金石之乐,礼也[42]。

〔注释〕

①"诸侯"句:郑国背盟,故诸侯复伐之。 ②良霄:郑卿。石臭(chuò):郑卿。 ③怀:归。谓归附。 ④绥晋:谓与晋和好。绥:安。 ⑤武震:武威。震:威。摄威:畏惧。摄:通"慑"。惧。慑、威同义。 ⑥"书曰"二句:《春秋》书"楚人执郑行人良霄",因良霄是使者,不应拘捕。使人:使者。 ⑦甲戌:二十七日。 ⑧丁亥:十日。 ⑨戊寅:二日。 ⑩"会于"句:鲁君会晋侯、宋公、卫侯、曹伯、齐世子光、莒子、邾子、滕子、薛伯、杞伯、小邾子伐郑,会于萧鱼。《传》蒙经文省略与会之人。 ⑪庚辰:四日。 ⑫纳:归。指撤回。斥候:侦探敌情的人。 ⑬叔肸(xī):羊舌肸,字叔向。 ⑭藉手:借手。谓借助于他人。 ⑮赦宥(yòu):赦免。宥:宽。 ⑯师悝(kuī)、师触、师蠲(juān):皆乐师。 ⑰广(guàng)车:兵车。軘(tún)车:兵车之一种,用于屯守。淳:通"纯"。皆,各。此句谓广车与軘车,各十五乘,合之共三十乘。 ⑱"凡兵车"句:外加其他兵车,合之共百乘。 ⑲歌钟二肆:歌钟两架。即三十二枚。肆:列。悬钟十六枚为一组,称一肆。 ⑳镈(bó):乐器,形似钟而大,与钟磬配合使用。磬:乐器,以玉石制成,形如矩。 ㉑女乐:歌舞伎。二八:十六人。古代歌舞,八人一列,谓之佾。二八即二佾。 ㉒《国语·晋语七》云:"公锡魏绛女乐一八,歌钟一肆。" ㉓"子教"句:魏绛建议晋君和戎,见襄公四年《传》。 ㉔诸华:指华夏(中原)诸国。㉕九合诸侯:《国语·晋语七》作"七合诸侯"。 ㉖无慝:无怨言。谓皆从命。 ㉗灵:福,佑。 ㉘劳:功。 ㉙力:功。 ㉚抑:然,不过。安:乐。思其终:思得善终。 ㉛《诗》曰:引文出自《诗·小雅·采菽》。 ㉜"乐只"二句:言和乐君子,可以镇抚天子之邦。

只(zhǐ):语助词,无义。殿:镇。 ㉝攸:所。同:聚。 ㉞"便蕃"二句:言远人相率来服,频在左右。便蕃:频繁,频频。 ㉟"夫乐"二句:谓以乐安德,以义度德。处:察,审度。 ㊱厉:勉,勉励。 ㊲《书》:逸《书》。 ㊳规:规谏。 ㊴抑:语助词,无义。微:非。 ㊵济河:谓服郑。 ㊶盟府:藏盟书的府库。 ㊷礼也:晋侯赏有功之臣,合于礼。

秦庶长鲍、庶长武帅师伐晋①,以救郑。鲍先入晋地,士鲂御之,少秦师而弗设备②。壬午③,武济自辅氏④,与鲍交伐晋师⑤。己丑⑥,秦、晋战于栎⑦,晋师败绩,易秦故也⑧。

〔注释〕

①庶长:秦官爵名。鲍与武皆为庶长。 ②少:以秦师为少。③壬午:六日。 ④辅氏:晋地,在今陕西大荔县东二十里。⑤交:俱,共。 ⑥己丑:十三日。 ⑦栎(yuè):晋地。未详何处。 ⑧易:轻。

经

十有二年春①,王三月②,莒人伐我东鄙,围台③。

季孙宿帅师救台,遂入郓④。

夏,晋侯使士鲂来聘。

秋九月,吴子乘卒⑤。

冬,楚公子贞帅师侵宋。

公如晋。

〔注释〕

①十有二年：公元前561年。 ②三：原本作"二"，据蜀石经及阮元《校勘记》改。 ③台：鲁地，在今山东费县东南十二里之台亭。 ④郓(yùn)：鲁有东、西两郓。此为东郓，鲁、莒边界之邑，在今山东沂水县东北五十里。 ⑤乘：寿梦之名。

传

十二年春，莒人伐我东鄙，围台。季武子救台，遂入郓[1]，取其钟以为公盘[2]。

〔注释〕

①乘胜入郓。 ②盘：食器，亦可盛水。此句言以钟为襄公铸盘。

夏，晋士鲂来聘，且拜师[1]。

〔注释〕

①拜师：拜谢上年鲁随晋伐郑。

秋，吴子寿梦卒。临于周庙[1]，礼也[2]。凡诸侯之丧，异姓临于外[3]，同姓于宗庙[4]，同宗于祖庙[5]，同族于祢庙[6]。是故鲁为诸姬，临于周庙；为邢、凡、蒋、茅、胙、祭，临于周公之庙[7]。

〔注释〕

①临(lìn)：哭吊。周庙：周文王庙。周公出于文王，故鲁立

其庙。 ②礼也:鲁与吴同姓,临于周庙,合于礼。 ③临于外:于城外向其国而哭。 ④宗庙:指周庙。 ⑤祖庙:始封之君庙。⑥同族:指高祖以下。祢(nǐ)庙:父庙。 ⑦邢、凡、蒋、茅、胙、祭(zhài):皆周公支子别封之国,共祖周公。参见僖公二十四年《传》注。周公之庙:祖庙。

冬,楚子囊、秦庶长无地伐宋①,师于杨梁②,以报晋之取郑也③。

〔注释〕

①子囊:公子贞,楚令尹。无地:人名,任庶长之职。 ②杨梁:宋地,在今河南商丘市东南三十里。 ③晋之取郑:晋率诸侯伐郑,郑人求和,见上年《传》。

灵王求后于齐①。齐侯问对于晏桓子②,桓子对曰:"先王之礼辞有之,天子求后于诸侯,诸侯对曰:'夫妇所生若而人③,妾妇之子若而人。'无女而有姊妹及姑姊妹④,则曰:'先守某公之遗女若而人⑤。'"齐侯许昏。王使阴里结之⑥。

〔注释〕

①灵王:周灵王。名泄心,简王之子。 ②晏桓子:晏弱。晏婴之父。 ③夫妇所生:谓诸侯嫡妻所生。若而:若干。不定之辞。 ④姑姊妹:即姑。父之姊妹,称姑姊妹,后人省称姑。⑤先守:先臣。诸侯为天子守臣。某公:代先君之谥号。若为姊妹,则用其父之谥,若为姑姊妹,则用其祖之谥。 ⑥阴里:周大夫。结:原本作"逆",据蜀石经、纂图本、杜预注、阮元《校勘记》、《宋本册府元龟》卷七四四改。结:缔。谓缔结婚约。

公如晋,朝,且拜士鲂之辱[①],礼也。

〔注释〕

①“且拜”句:谢士鲂来聘。

秦嬴归于楚[①]。楚司马子庚聘于秦[②],为夫人宁[③],礼也[④]。

〔注释〕

①秦嬴:秦景公妹,嫁为楚共王夫人。 ②子庚:名午,楚庄王子。 ③宁:女子出嫁后回娘家省亲。 ④礼也:诸侯之夫人,父母既殁,归宁使卿合于礼。

经

十有三年春[①],公至自晋。
夏,取邿[②]。
秋九月庚辰[③],楚子审卒[④]。
冬,城防[⑤]。

〔注释〕

①十有三年:公元前560年。 ②邿(shī):附庸小国,妊姓,在今山东济宁市南。 ③庚辰:十四日。 ④楚子审:楚共王。 ⑤防:鲁邑,在今山东费县东北四十余里。

传

十三年春,公至自晋[①],孟献子书劳于庙,礼也。

〔注释〕

①"公至"三句:诸侯出行,返回时告于祖庙,赏有功之人,合于礼。孟献子:仲孙蔑。书劳:书功劳于策。劳:功。

夏,邿乱,分为三。师救邿[①],遂取之。凡书"取[②]",言易也;用大师焉曰"灭[③]";弗地曰"入[④]"。

〔注释〕

①师:鲁师。 ②"凡书"二句:不用师徒,或用师徒而不劳,即使是灭国,也称"取"。 ③"用大"句:用大军费力攻取的,即使不是国家,也称"灭"。 ④"弗地"句:得其国而不据为己有,就称"入"。

荀罃、士鲂卒[①]。晋侯蒐于绵上以治兵[②]。使士匄将中军[③],辞曰:"伯游长[④]。昔臣习于知伯[⑤],是以佐之,非能贤也[⑥]。请从伯游。"荀偃将中军,士匄佐之。使韩起将上军,辞以赵武[⑦]。又使栾黡[⑧],辞曰:"臣不如韩起。韩起愿上赵武,君其听之!"使赵武将上军,韩起佐之。栾黡将下军,魏绛佐之[⑨]。新军无帅[⑩],晋侯难其人[⑪],使其什吏率其卒乘官属[⑫],以从于下军,礼也。晋国之民,是以大和,诸侯遂睦。

君子曰:"让,礼之主也[⑬]。范宣子让[⑭],其下皆让。栾黡为汰[⑮],弗敢违也。晋国以平,数世赖之。刑善也夫[⑯]!一人刑善,百姓休和[⑰],可不务乎?《书》曰[⑱]:'一人有庆[⑲],兆民赖之,其宁惟永。'其是之谓乎!周之兴也,其《诗》

曰[20]：'仪刑文王[21]，万邦作孚。'言刑善也[22]。及其衰也，其《诗》曰[23]：'大夫不均[24]，我从事独贤。'言不让也。世之治也，君子尚能而让其下，小人农力以事其上[25]，是以上下有礼，而谗慝黜远[26]，由不争也，谓之懿德。及其乱也，君子称其功以加小人[27]，小人伐其技以冯君子[28]，是以上下无礼，乱虐并生[29]，由争善也[30]，谓之昏德。国家之敝，恒必由之。"

〔注释〕

①荀罃、士鲂：皆晋卿。荀罃为中军主帅，士鲂为下军副帅。②蒐：检阅，阅兵。绵上：在今山西翼城镇西。　③士匄：中军副帅。　④伯游：荀偃，晋上军帅。　⑤习：近，亲近。　⑥能贤：贤能。能、贤为同义复词，皆"贤能"之义。　⑦辞：让。赵武：新军帅。　⑧栾黡（yǎn）：下军帅。　⑨魏绛：新军副帅。　⑩新军无帅：原新军帅赵武、佐魏绛皆迁升，故无帅。　⑪难其人：对确定新军主帅人选感到为难。难：以……为难。　⑫什吏：指军尉、司马、司空、舆尉、候奄及其副手。卒乘：步兵和车兵。　⑬主：本。　⑭范宣子：范匄。　⑮为：虽。汰：侈。谓自大。　⑯刑：法，仿效。　⑰百姓：百官。休和：安定和睦。　⑱《书》曰：引文出自《尚书·吕刑》。　⑲"一人"三句：国君一人为善，万民皆享其利，国家就可以长期安定。一人：本指天子。庆：善。兆民：极言民众之多。天子曰兆民，诸侯曰万民。宁：安。永：长。　⑳其《诗》曰：引文出自《诗·大雅·文王》。　㉑"仪刑"二句：谓以文王为法度，乃能为万国所信。孚：信。　㉒刑善：效法贤能之人。善：能。　㉓《诗》曰：引文出自《诗·小雅·北山》。　㉔"大夫"二句：刺周厉王任役不均，使己独劳。贤：劳。此处断章取义，谓作者自夸贤能。　㉕农力：努力。农：敦煌写本（S. 133）作"展"。

㉖谗慝(tè)黜远:邪恶之人被废黜疏远。 ㉗君子:指在位者。称:伐,夸耀。加:陵。 ㉘伐:自夸。冯(píng):凭陵,陵驾。㉙乱虐:昏乱暴虐。并:皆,俱。 ㉚争善:争胜。善:愈,胜。

楚子疾,告大夫曰:"不穀不德①,少主社稷。生十年而丧先君,未及习师、保之教训②,而应受多福③。是以不德,而亡师于鄢④,以辱社稷,为大夫忧⑤,其弘多矣⑥。若以大夫之灵⑦,获保首领以殁于地⑧,唯是春秋窀穸之事所以从先君于祢庙者⑨,请为'灵'若'厉'⑩,大夫择焉!"莫对⑪。及五命,乃许。

秋,楚共王卒。子囊谋谥⑫。大夫曰:"君有命矣⑬。"子囊曰:"君命以共⑭,若之何毁之⑮?赫赫楚国,而君临之,抚有蛮夷⑯,奄征南海⑰,以属诸夏⑱,而知其过⑲,可不谓共乎?请谥之'共'。"大夫从之。

〔注释〕

①不穀:君主自谦之辞。意为不善之人。 ②习:熟,熟习。师、保:都是负责训导太子的官。 ③应受多福:谓为君。应:通"膺",受。应、受义同。多:大。 ④鄢:鄢陵。鄢陵之战在成公十六年。 ⑤为:使。 ⑥弘多:多。弘、多同义。 ⑦灵:福佑。⑧"获保"句:谓得以善终。 ⑨"唯是"句:若是埋葬祭祀一类的事情。唯:若。春秋:指祭祀。窀穸(zhūn xì):墓穴。指埋葬。窀:厚,深。穸:同"夕"。《说文·口部》:"夕者,冥也。"冥,幽。窀穸犹言"幽深之地"。从:谓从祀。祢(nǐ)庙:父死,在宗庙立主,称祢。诸侯五庙(父、祖、高祖、曾祖、始祖),父庙最后,故曰从先君于祢庙。 ⑩为:用。灵:《谥法》:"乱而不损曰灵。"若:

或。厉:《谥法》:“杀戮无辜曰厉。”灵、厉都是恶谥。　⑪莫对:无人答应。　⑫子囊:公子贞。谋:议。　⑬君有命矣:谓君命谥灵或厉。⑭君命以共:君命以“共”为谥。　⑮毁:舍,弃。　⑯抚有:抚,有。谓兼并。　⑰奄:尽。征:取。　⑱属:使归附。　⑲“而知”二句:《逸周书·谥法解》:“既过能改曰恭。”《国语·鲁语下》:“楚恭王能知其过而为‘恭’。”

吴侵楚。养由基奔命①,子庚以师继之②。养叔曰③:“吴乘我丧,谓我不能师也,必易我而不戒④。子为三覆以待我⑤,我请诱之。”子庚从之。战于庸浦⑥,大败吴师,获公子党。

君子以吴为不吊⑦。《诗》曰⑧:“不吊昊天⑨,乱靡有定⑩。”

〔注释〕

①养由基:楚大夫,以善射著称。奔命:接受命令赴敌。②子庚:公子午。　③养叔:养由基。　④易:轻。戒:备。⑤覆:伏兵。　⑥庸浦:楚地,当在今安徽无为县南。　⑦以……为:认为,以为。不吊:不善。　⑧《诗》曰:引文出自《诗·小雅·节南山》。　⑨不吊昊天:即昊天不吊。谓上天不恤下民。⑩乱靡有定:祸乱没有安定之时。靡:无。

冬,城防①。书,事时也。于是将早城,臧武仲请俟毕农事②,礼也。

〔注释〕

①“城防”三句:《春秋》书“城防”,因为冬天筑城,举事得其时宜。 ②臧武仲:臧孙纥。

郑良霄、大宰石臭犹在楚①。石臭言于子囊曰:“先王卜征五年②,而岁卜其祥。祥习则行③。不习④,则增修德而改卜。今楚实不竞⑤,行人何罪?止郑一卿⑥,以除其逼⑦,使睦而疾楚,以固于晋⑧,焉用之?使归而废其使⑨,怨其君以疾其大夫⑩,而相牵引也⑪,不犹愈乎⑫?”楚人归之。

〔注释〕

①“郑良霄”句:二人使于楚被执,事见十一年《传》。 ②“先王”二句:先王以占卜决定征伐,五年之中,每年都要占卜吉凶。卜:原本作“习”,据《文选》李善注《东京赋》、《车驾幸京口侍游蒜山作》引文改。祥:吉凶。 ③祥习则行:五年占卜皆吉,乃行征伐。 ④“不习”二句:如果不重复出现吉兆,则加修其德行,另行占卜。增:益。 ⑤不竞:谓不能修德自强。竞:强。 ⑥止:拘留。一卿:指良霄。 ⑦除其逼:谓良霄不在,郑大臣不互相逼迫。 ⑧固于晋:坚定事晋。 ⑨废其使:废其使命。 ⑩“怨其”句:谓良霄归,将怨郑君与其他大臣。以:与。 ⑪牵引:牵制。 ⑫愈:胜。

经

十有四年春①,王正月,季孙宿、叔老会晋士匄、齐人、

宋人、卫人、郑公孙虿、曹人、莒人、邾人、滕人、薛人、杞人、小邾人会吴于向[②]。

二月乙未朔，日有食之[③]。

夏四月，叔孙豹会晋荀偃、齐人、宋人、卫北宫括、郑公孙虿、曹人、莒人、邾人、滕人、薛人、杞人、小邾人伐秦。

己未[④]，卫侯出奔齐。

莒人侵我东鄙[⑤]。

秋，楚公子贞帅师伐吴。

冬，季孙宿会晋士匄、宋华阅、卫孙林父、郑公孙虿、莒人、邾人于戚[⑥]。

〔注释〕

①十有四年：公元前559年。 ②向：郑地，在今河南尉氏县西南。吴子在向，诸侯会之，故曰“会吴”。 ③日有食之：此为公元前559年1月14日之日环食。 ④己未：二十七日。⑤报十二年季孙宿入郓。 ⑥戚：孙林父食邑，在今河南濮阳市东北。

传

十四年春，吴告败于晋。会于向[①]，为吴谋楚故也[②]。范宣子数吴之不德也[③]，以退吴人。

执莒公子务娄[④]，以其通楚使也。

将执戎子驹支[⑤]，范宣子亲数诸朝[⑥]，曰：“来，姜戎氏！昔秦人迫逐乃祖吾离于瓜州[⑦]，乃祖吾离被苫盖、蒙荆棘以来归我先君[⑧]。我先君惠公有不腆之田[⑨]，与女剖分而食之。今诸侯之事我寡君不如昔者,盖言语漏泄,则职女之由[10]。诘朝之事[11],尔无与焉[12]!与将执女!”对曰:“昔秦人负恃其众[13],贪于土地,逐我诸戎。惠公蠲其大德[14],谓我诸戎是四岳之裔胄也[15],毋是翦弃[16]。赐我南鄙之田,狐狸所居,豺狼所嗥。我诸戎除翦其荆棘[17],驱其狐狸豺狼,以为先君不侵不叛之臣,至于今不贰[18]。昔文公与秦伐郑,秦人窃与郑盟,而舍戍焉[19],于是乎有殽之师。晋御其上[20],戎亢其下[21],秦师不复,我诸戎实然。譬如捕鹿,晋人角之[22],诸戎掎之[23],与晋踣之[24]。戎何以不免[25]?自是以来,晋之百役,与我诸戎相继于时[26],以从执政,犹殽志也[27],岂敢离逷[28]?今官之师旅[29],无乃实有所阙,以携诸侯[30],而罪我诸戎!我诸戎饮食衣服不与华同[31],贽币不通[32],言语不达[33],何恶之能为?不与于会,亦无瞢焉[34]!”赋《青蝇》而退[35]。宣子辞焉[36],使即事于会[37],成恺悌也[38]。

于是子叔齐子为季武子介以会[39],自是晋人轻鲁币,而益敬其使。

〔注释〕

①会于向:鲁与晋、齐、宋、卫、郑、曹、邾、滕、薛、杞、小邾会吴于向。《传》蒙经文省略与会者。 ②“为吴”句:为吴谋伐楚。上年吴伐楚失败,告于盟主,以图报复。 ③范宣子:士匄。数:责备。不德:指吴伐楚丧。 ④“执莒”二句:拘捕莒公子务娄,因莒与楚国交往。 ⑤驹支:戎子之名。 ⑥朝:指各国卿大夫相会时设置的朝堂。 ⑦瓜州:地名,在今甘肃敦煌东北。⑧苫(shān)盖:茅草编成的遮盖物。苫、盖同义。蒙:覆盖。归:

依。谓投靠。 ⑨腆(tiǎn):多。《说文》:"腆,设膳腆腆多也。" ⑩则职女之由:都是由于你。则:乃。职:实。 ⑪诘朝:明早。 ⑫尔无与焉:你不要参加会见。 ⑬负恃:凭借,依仗。负、恃义同。 ⑭蠲(juān):明。 ⑮谓:认为,以为。四岳之裔胄:四岳的后代。四岳:尧时方伯,姜姓。裔胄:后代。 ⑯毋是翦弃:即毋翦弃是。是:指姜戎。翦弃:除去。翦:除。弃:去。 ⑰除翦:除去。 ⑱贰:叛。 ⑲舍戍:设置守卫。舍:置。 ⑳御:当。上:前。 ㉑亢:当。下:后。 ㉒角:执其角。 ㉓掎(jǐ):引其腿。《说文》"掎,偏引也。" ㉔踣(bó):毙,倒下。 ㉕免:免于罪戾。 ㉖相继:谓不绝。 ㉗犹殽志:如同殽之战时无有二心。 ㉘离逷(tì):疏远。逷:同"逖"。远。 ㉙官之师旅:犹言执事之人。师、旅皆为政官,见《周礼·天官·宰夫》。此为外交辞令。 ㉚携:离。谓使疏离。 ㉛华:华夏。指中原诸侯。 ㉜贽币不通:谓不相往来。贽币:见面时赠送的礼物。 ㉝达:通。 ㉞瞢(méng):惭,惭愧。 ㉟《青蝇》:《诗·小雅》篇名。有云"恺悌君子,无信谗言"。 ㊱辞:谢。 ㊲即事于会:参见诸侯之会。戎子与会而《春秋》不书,因其为晋之附庸。 ㊳成恺悌:谓不信谗。恺悌:形容和乐的样子。 ㊴子叔齐子:叔老。氏子叔,字齐子。季武子:季孙宿。介:助宾客行礼者。

吴子诸樊既除丧①,将立季札。季札辞曰:"曹宣公之卒也②,诸侯与曹人不义曹君③,将立子臧④。子臧去之,遂弗为也,以成曹君,君子曰能守节⑤。君,义嗣也⑥,谁敢奸君⑦?有国,非吾节也。札虽不才,愿附于子臧,以无失节⑧。"固立之,弃其室而耕⑨,乃舍之。

〔注释〕

①"吴子"二句:吴子乘(寿梦)卒于十二年七月,既葬,除丧,欲让位于季札。诸樊:寿梦长子。季札:诸樊弟。 ②曹宣公卒在成公十三年。 ③曹君:公子负刍(成公),宣公死后杀太子自立。事见成公十三年《传》。 ④子臧:公子欣时。 ⑤曰:以为,认为。节:节操,操守。 ⑥义嗣:合法继承人。义:正。⑦奸(gān):犯。 ⑧失:违。 ⑨"弃其"句:放弃财产去种地。弃:舍弃。室:家,家产。

夏,诸侯之大夫从晋侯伐秦[1],以报栎之役也[2]。晋侯待于竟[3],使六卿帅诸侯之师以进[4]。及泾[5],不济。叔向见叔孙穆子[6],穆子赋《匏有苦叶》[7]。叔向退而具舟。鲁人、莒人先济。郑子蟜见卫北宫懿子曰[8]:"与人而不固,取恶莫甚焉[9],若社稷何?"懿子说。二子见诸侯之师而劝之济。济泾而次。秦人毒泾上流,师人多死。郑司马子蟜帅郑师以进,师皆从之,至于棫林[10],不获成焉[11]。荀偃令曰:"鸡鸣而驾,塞井夷灶[12],唯余马首是瞻[13]!"栾黡曰:"晋国之命,未是有也。余马首欲东。"乃归。下军从之。左史谓魏庄子曰[14]:"不待中行伯乎[15]?"庄子曰:"夫子命从帅[16]。栾伯,吾帅也[17],吾将从之。从帅,所以待夫子也。"伯游曰[18]:"吾令实过[19],悔之何及?多遗秦禽[20]。"乃命大还[21]。晋人谓之迁延之役[22]。

栾鍼曰[23]:"此役也,报栎之败也。役又无功,晋之耻也。吾有二位于戎路[24],敢不耻乎?"与士鞅驰秦师[25],死焉。

士鞅反。栾黡谓士匄曰:"余弟不欲往,而子召之。余弟死,而子来,是而子杀余之弟也。弗逐,余亦将杀之。"士鞅奔秦。

于是齐崔杼、宋华阅、仲江会伐秦㉖,不书,惰也。向之会亦如之㉗。卫北宫括不书于向㉘,书于伐秦,摄也。

秦伯问于士鞅曰㉙:"晋大夫其谁先亡?"对曰:"其栾氏乎!"秦伯曰:"以其汰乎㉚?"对曰:"然。栾黡汰虐已甚㉛,犹可以免。其在盈乎㉜!"秦伯曰:"何故?"对曰:"武子之德在民㉝,如周人之思召公焉㉞,爱其甘棠,况其子乎?栾黡死,盈之善未能及人㉟,武子所施没矣㊱,而黡之恶实章㊲,将于是乎在。"秦伯以为知言㊳。为之请于晋而复之㊴。

〔注释〕

①诸侯之大夫:鲁、晋、齐、宋、卫、郑、曹、莒、邾、滕、薛、杞、小邾之卿大夫,《传》蒙经文省略。 ②栎之役:秦败晋于栎在十一年。 ③竟:同"境"。 ④六卿:晋中、上、下三军将佐。即荀偃、士匄、赵武、韩起、栾黡、魏绛。 ⑤泾:水名。发源于甘肃,流经陕西彬县、泾阳、高陵,与渭水合。 ⑥叔向:羊舌肸。叔孙穆子:叔孙豹。 ⑦《匏有苦叶》:《诗·邶风》篇名。义取"深则涉,浅则揭"。言志在必济。 ⑧子蟜(jiǎo):公孙虿。北宫懿子:北宫括。 ⑨取恶:招致怨恨。取:致。恶:怨。 ⑩棫(yù)林:秦地,当在今陕西泾阳县泾水之西南。 ⑪不获成:谓秦不服。成:平。指和解。 ⑫塞井夷灶:毁弃井、灶,准备决战。 ⑬"唯余"句:即唯瞻余马首。看着我马头的方向行动。 ⑭左史:记事之官。魏庄子:魏绛。 ⑮中行伯:荀偃。 ⑯夫子:对先生长者的称呼。此指荀偃。 ⑰栾黡为下军帅。 ⑱伯游:荀偃。

⑲令:原本作“今”,据蜀石经、阮元《校勘记》、《宋本册府元龟》卷四五六改。 ⑳多遗秦禽:谓若再进军,只是多送给秦军俘虏。多:通“衹”,但。遗:与。禽:擒获。 ㉑大还:全军撤退。大:毕,尽。 ㉒谓之:称之为。迁延:迟疑徘徊。 ㉓栾鍼:栾黡之弟。 ㉔“吾有”句:栾黡、栾鍼兄弟二人皆乘戎车。栾黡将下军。栾鍼为戎右。 ㉕士鞅:士匄之子。 ㉖“于是”三句:在此次战役中,齐崔杼、宋华阅、仲江(身分为卿)而《春秋》不书其名,是因为怠惰。惰:指不肯济泾。 ㉗“向之”句:向之会不书其名,亦因怠惰。 ㉘“卫北宫”三句:向之会,不书北宫括之名,伐秦书其名,因为他态度正确。摄:正。 ㉙秦伯:秦景公。 ㉚汰:侈,骄纵。 ㉛汰虐:放纵暴虐。已甚:太甚。 ㉜盈:栾盈,栾黡之子。 ㉝武子:栾书。栾黡之父。 ㉞召公:召公奭。周卿士。《诗·召南》说,召公奭曾在甘棠树下听讼,国人因怀念召公,而不忍砍伐其树。 ㉟善:恩,惠。 ㊱所施:所施恩泽。没:尽。 ㊲恶:原本作“怨”,据《汉书·叙传》颜师古《注》、《文选·幽通赋》李善注改。章:彰。 ㊳知言:有识之言。知:同“智”。 ㊴“为之”句:为士鞅请求晋国让他回去。

卫献公戒孙文子、宁惠子食①,皆服而朝②,日旰不召③,而射鸿于囿。二子从之④,不释皮冠而与之言⑤。二子怒。孙文子如戚⑥,孙蒯入使⑦。公饮之酒,使大师歌《巧言》之卒章⑧。大师辞⑨。师曹请为之⑩。初,公有嬖妾,使师曹诲之琴,师曹鞭之。公怒,鞭师曹三百。故师曹欲歌之,以怒孙子,以报公。公使歌之,遂诵之⑪。蒯惧,告文子。文子曰:“君忌我矣⑫。弗先,必死。”

并帑于戚⑬,而入见蘧伯玉曰⑭:“君之暴虐,子所知也。

大惧社稷之倾覆[15],将若之何?"对曰:"君制其国,臣敢奸之?虽奸之[16],庸知愈乎?"遂行,从近关出[17]。

公使子蟜、子伯、子皮与孙子盟于丘宫[18],孙子皆杀之。四月己未,子展奔齐[19]。公如鄄[20]。使子行于孙子[21],孙子又杀之。公出奔齐,孙氏追之,败公徒于河泽[22],鄄人执之[23]。

初,尹公佗学射于庾公差,庾公差学射于公孙丁。二子追公。公孙丁御公。子鱼曰[24]:"射为背师[25],不射为戮,射为礼乎[26]?"射两軥而还[27]。尹公佗曰:"子为师[28],我则远矣[29]。"乃反之[30]。公孙丁授公辔而射之,贯臂[31]。

子鲜从公[32]。及竟,公使祝、宗告亡[33],且告无罪。定姜曰[34]:"无神,何告?若有,不可诬也[35]。有罪,若何告无?舍大臣而与小臣谋,一罪也。先君有冢卿以为师保[36],而蔑之[37],二罪也。余以巾栉事先君[38],而暴妾使余[39],三罪也。告亡而已,无告无罪!"

公使厚成叔吊于卫,曰:"寡君使瘠[40],闻君不抚社稷[41],而越在他竟[42],若之何不吊[43]?以同盟之故,使瘠敢私于执事[44],曰:'有君不吊[45],有臣不敏[46],君不赦宥[47],臣亦不帅职,增淫发泄[48],其若之何?'"卫人使大叔仪对[49],曰:"群臣不佞[50],得罪于寡君。寡君不以即刑[51],而悼弃之[52],以为君忧。君不忘先君之好,辱吊群臣,又重恤之[53]。敢拜君命之辱,重拜大贶[54]。"厚孙归,复命,语臧武仲曰[55]:"卫君其必归乎!有大叔仪以守,有母弟鱄以出[56],或抚其内,或营其外,能无归乎?"

齐人以郲寄卫侯[57]。及其复也[58],以郲粮归。

右宰谷从而逃归[59],卫人将杀之。辞曰:“余不说初矣[60]。余狐裘而羔袖[61]。”乃赦之。

卫人立公孙剽[62],孙林父、宁殖相之,以听命于诸侯[63]。

卫侯在郲。臧纥如齐[64],唁卫侯。与之言,虐[65]。退而告其人曰[66]:“卫侯其不得入矣!其言粪土也。亡而不变,何以复国?”子展、子鲜闻之,见臧纥,与之言,道[67]。臧孙说。谓其人曰:“卫君必入。夫二子者,或挽之[68],或推之,欲无入,得乎?”

〔注释〕

①“卫献公”句:卫献公与孙林父、宁殖相约共食。戒:告。先期告事。犹约定。 ②皆服而朝:敦煌写本(S. 133)无此四字。 ③旰(gàn):晚,迟。 ④从之:从公于囿。从:即,就。⑤皮冠:田猎时所戴的帽子。卫侯不释皮冠而见大臣,有失礼仪。⑥戚:孙林父食邑,在今河南濮阳市东北十余里。 ⑦孙蒯:孙林父之子。入使:入朝从公。 ⑧大师:乐工之长。《巧言》:《诗·小雅》篇名。其卒章云:“彼何人斯,居河之麋。无拳无勇,职为乱阶。”孙林父食邑在河上。公使太师歌此,喻孙林父居河上作乱。 ⑨辞:推辞。 ⑩师曹:太师所属乐人。 ⑪遂:乃,且。诵:朗诵。乐人唯恐孙林父听不懂,所以特意朗诵一遍。 ⑫忌:憎恶。 ⑬并帑于戚:将家人一起聚集到戚(孙林父食邑)。帑:妻子。 ⑭入:返,还。蘧(qǔ)伯玉:蘧瑗。 ⑮大:甚。⑯“虽奸”二句:即使废掉旧君,另立新君,又怎知新君一定比旧君好呢?奸:犯。庸:何。愈:胜。 ⑰关:出入境之关口。蘧伯玉欲速出关,以避祸乱,故从近关出。 ⑱子蟜、子伯、子皮:皆卫

公子。丘宫:卫之别宫。当在卫都。 ⑲子展:卫献公弟。⑳鄄(juàn):卫地,在今山东鄄城县西北。 ㉑"使子行"句:谓使子行往请和。子行:卫公子。 ㉒河泽:《四部丛刊》本作"阿泽"。卫地,在今山东阳谷县东北。 ㉓公徒败散,故执之。㉔子鱼:庾公差字。 ㉕为:则。 ㉖射为礼乎:谓用礼射而不用军射。即射而不求伤人。为:而。 ㉗朐(gōu):即軥。軛马颈驾马之具。一衡有两軛,加于两服马之颈,如两脚勾曲夹贴马颈,故曰朐。 ㉘子为师:谓庾公差因公孙丁为其师而手下留情。㉙远:公孙丁为尹公佗师祖,关系较远。 ㉚反之:回车再追。㉛贯臂:贯穿尹公佗之臂。 ㉜子鲜:卫献公母弟。 ㉝祝、宗:宗人、家祝,主祈祷、祭祀之官。 ㉞定姜:卫定公夫人,姜氏。㉟诬:欺。 ㊱冢卿:正卿。指孙林父。师保:冢卿兼有师保之责。 ㊲蔑:蔑视。指不释皮冠之类。 ㊳"余以"句:余为先君侍妾。自谦之辞。巾栉(zhì):洗沐之具。巾用以拭手,栉用以梳发。执巾栉为婢妾之事。 ㊴暴妾使余:谓轻蔑待己,如使贱妾。暴:蔑,轻蔑。使:役。《韩非子·八说》:"人臣轻上曰骄,人主轻下曰暴。"定姜虽非献公生母,而为嫡母(先君嫡夫人)。 ㊵瘠:厚成叔之名。 ㊶不抚社稷:不有社稷。即失去君位。抚:有。㊷越:播越,逃亡。 ㊸吊:恤。 ㊹执事:卫诸大夫。 ㊺吊:善。 ㊻不敏:谓不达于事。敏:达。 ㊼"君不"二句:国君不宽恕,臣下也不守职分。赦宥:赦免。帅:循。 ㊽增淫发泄:谓逐渐积累增益,以至于爆发。增:益。淫:渐进。发:泄。 ㊾大叔仪:卫大夫。 ㊿不佞:不才。 (51)即刑:就刑。 (52)悼弃之:谓出亡而弃群臣。悼:通"趠",远。 (53)又重恤之:恤群臣不达于事。 (54)重拜大贶(kuàng):谢其哀怜群臣。重拜:再三拜谢。贶:赐。 (55)臧武仲:臧孙纥。 (56)鱄(zhuān):子鲜之名。 (57)郲(lái):即莱。国名,在今山东昌邑市东南。此时已为齐所灭。

寄:寓,寄寓。　㊳复:返国复位。卫献公返国在襄公二十六年,《传》探后言之。　㊴右宰谷:卫大夫。名谷,官右宰。　㊵说:同“悦”。此句谓己初虽从献公出亡,而心不乐。　㊶“余狐裘”句:比喻善多而恶少。狐裘珍贵,以喻善,羔喻恶。　㊷公孙剽:穆公之孙。　㊸“以听”句:听盟会于诸侯。　㊹臧纥:臧孙纥。㊺虐:暴,暴虐。襄公二十六年《传》云“无宽言”(仁德之言)。㊻其人:指从者。　㊼道:顺。谓合乎礼义。　㊽輓:在前牵引。

师归自伐秦。晋侯舍新军[①],礼也。成国不过半天子之军[②]。周为六军[③],诸侯之大者,三军可也。

于是知朔生盈而死[④],盈生六年而武子卒[⑤],彘裘亦幼[⑥],皆未可立也。新军无帅[⑦],故舍之。

〔注释〕

①舍:废。　②成国:大国。　③“周为”三句:《周礼·夏官·司马》:“凡制军,万有二千五百人为军。王六军,大国三军,次国二军,小国一军。”　④“于是”句:当时知朔生下知盈就去世了。　⑤武子:荀罃,知盈之祖父,襄公九年为中军帅。　⑥彘裘:士鲂(晋下军佐)之子。　⑦“新军”二句:十三年荀罃、士鲂卒,其子皆幼,未堪为卿。新军无帅,故废之。

师旷侍于晋侯[①]。晋侯曰:“卫人出其君,不亦甚乎?”对曰:“或者其君实甚。良君将赏善而刑淫[②],养民如子,盖之如天[③],容之如地。民奉其君,爱之如父母,仰之如日月,敬之如神明[④],畏之如雷霆,其可出乎?夫君,神之主也,民之望也。若困民之性[⑤],匮神之祀[⑥],百姓绝望,社稷无主,

将安用之？弗去何为？天生民，而立之君，使司牧之[7]，勿使失性[8]。有君而为之贰[9]，使师保之，勿使过度。是故天子有公，诸侯有卿，卿置侧室[10]，大夫有贰宗[11]，士有朋友，庶人、工、商、皂、隶、牧、圉皆有亲昵[12]，以相辅佐也。善则赏之[13]，过则匡之[14]，患则救之，失则革之[15]。自王以下，各有父兄子弟，以补察其政[16]。史为书[17]，瞽为诗[18]，工诵箴谏[19]，大夫规诲[20]，士传言[21]，庶人谤[22]，商旅于市[23]，百工献艺[24]。故《夏书》曰[25]：'遒人以木铎徇于路[26]，官师相规[27]，工执艺事以谏[28]。'正月孟春，于是乎有之[29]，谏失常也。天之爱民甚矣，岂其使一人肆于民上[30]，以从其淫[31]，而弃天地之性[32]？必不然矣。"

〔注释〕

①师旷：字子野，晋太师（乐工之长）。 ②将：当，应该。刑：罚。淫：邪，恶。 ③盖：覆。 ④神明：即神。神、明同义。⑤困民之性：《说苑·君道》、《新序·杂事一》叙此作"困民之性"，与《传》之下文合，今据改。性是"生"的意思。性、生皆训"财"。 ⑥之：原本作"乏"，《释文》曰"乏祀，本或作'之祀'"。《说苑·君道》、《新序·杂事一》皆云"匮神之祀。"今据改。"若困"二句：与《国语·周语上》"匮神之祀而困民之财"同义。⑦司牧：管治。司、牧同义。 ⑧失性：失其赖以生存之资。性：生。 ⑨贰：副。指卿佐。 ⑩侧室：支子。 ⑪贰宗：嫡子为小宗，次者为贰宗。 ⑫皂、隶：奴隶。牧、圉：养牛、马的人。四者皆为臣隶。 ⑬赏：劝。 ⑭匡：正。 ⑮革：更，改。 ⑯补察：弥补审察。察：监察。 ⑰史为书：君举必书。 ⑱瞽（gǔ）：盲者。指乐师。为诗以讽谏。 ⑲工：乐工。诵：朗诵。箴谏：规谏

之言。 ⑳规诲：谏，规谏。 ㉑传言：闻君有过，传告大夫。 ㉒谤：批评。 ㉓旅：传，传言。 ㉔献艺：谓各尽其能。献：进。艺：技艺。 ㉕《夏书》：逸《书》。引文今见于《古文尚书·胤征》。 ㉖遒（qiú）人：宣政令、掌教化之官。木铎：金身木舌之铃。徇于路：巡行于路以求歌谣之言。 ㉗官师：下级官吏。中士、下士称官师。相规：自相规谏。 ㉘执：守。 ㉙"于是"句：此时有遒人徇行之事。 ㉚肆：放纵。 ㉛从：纵，放纵。 ㉜弃：背。

秋，楚子为庸浦之役故[①]，子囊师于棠以伐吴[②]，吴不出而还。子囊殿[③]，以吴为不能而弗儆[④]。吴人自皋舟之隘要而击之[⑤]。楚人不能相救，吴人败之，获楚公子宜谷。

〔注释〕

①庸浦之役：在上年。 ②子囊：公子贞，楚令尹。棠：楚地，在今江苏南京市六合区西北二十五里。 ③殿：殿后。 ④以……为：以为，认为。儆：戒备。 ⑤皋舟：吴险隘之道，在今江西湖口县。要：通"邀"，截击。

王使刘定公赐齐侯命[①]，曰："昔伯舅大公[②]，右我先王[③]，股肱周室，师保万民[④]，世胙大师[⑤]，以表东海[⑥]。王室之不坏，繄伯舅是赖[⑦]。今余命女环[⑧]，兹率舅氏之典[⑨]，纂乃祖考[⑩]，无忝乃旧[⑪]。敬之哉，无废朕命！"

〔注释〕

①刘定公：刘夏，周卿士。命：爵命。 ②伯舅：天子称异姓诸侯曰伯舅、叔舅。大公：齐太公姜尚，齐始封之君。 ③右：助。

④师保万民：为万民之师、保。即民众的教导者。 ⑤胙：赐。大师：指姜尚。为周太师。 ⑥表：仪范，表率。 ⑦繄：通“唯”。赖：恃。此句意谓完全仰仗伯舅。 ⑧环：齐灵公之名。 ⑨“兹率”句：谓循太师之旧职。兹：亦。率：循。典：职。 ⑩纂：继。⑪忝：辱。旧：与上“祖考”同义。指祖先。

晋侯问卫故于中行献子[①]，对曰：“不如因而定之。卫有君矣，伐之，未可以得志而勤诸侯[②]。史佚有言曰[③]：‘因重而抚之[④]。’仲虺有言曰[⑤]：‘亡者侮之，乱者取之[⑥]。’推亡固存[⑦]，国之道也。君其定卫以待时乎[⑧]！”

〔注释〕

①故：事。中行献子：荀偃，晋中军主帅。 ②勤：劳。③史佚：周武王时太史，名佚。 ④重：固，安。抚：安。 ⑤仲虺(huǐ)：汤左相。 ⑥《尚书·仲虺之诰》：“兼弱攻昧，取乱侮亡，推亡固存，邦乃其昌。” ⑦固：安，安定。 ⑧待时：待其昏乱之时而伐之。

冬，会于戚[①]，谋定卫也[②]。

〔注释〕

①“会于”句：鲁与晋、宋、卫、郑、莒、邾相会，《传》蒙经文省略与会之人。 ②定卫：定卫侯之位。

范宣子假羽毛于齐而弗归[①]，齐人始贰[②]。

〔注释〕

①范宣子：士匄。晋中军副帅。羽毛：羽旄。《周礼·春官·司常》："全羽为旞，析羽为旌。"郑玄注："全羽、析羽皆五采，系之于旞旌之上，所谓注旄于干首也（以牦牛尾、羽毛注于旗竿之首）。"毛：通"旄"。 ②贰：叛。

楚子囊还自伐吴，卒。将死，遗言谓子庚[①]："必城郢[②]。"君子谓子囊忠[③]。君薨，不忘增其名[④]，将死，不忘卫社稷，可不谓忠乎？忠，民之望也。《诗》曰[⑤]："行归于周[⑥]，万民所望。"忠也。

〔注释〕

①遗：留。子庚：公子午。继子囊为令尹。 ②郢：楚都，在今湖北江陵县北十里之纪南城。 ③谓：以为。 ④"不忘"句：谓不用"灵""厉"之号而谥之"共"。事见襄公十三年《传》。增：尊。 ⑤《诗》曰：引文出自《诗·小雅·都人士》。 ⑥周：忠信。

经

十有五年春[①]，宋公使向戌来聘。

二月己亥[②]，及向戌盟于刘[③]。

刘夏逆王后于齐[④]。

夏，齐侯伐我北鄙，围成[⑤]。

公救成，至遇[⑥]。

季孙宿、叔孙豹帅师城成郛[⑦]。

秋八月丁巳[⑧]，日有食之[⑨]。

邾人伐我南鄙。

冬十有一月癸亥⑩，晋侯周卒⑪。

〔注释〕

①十有五年：公元前558年。 ②己亥：十一日。 ③刘：鲁地，在今山东曲阜附近。 ④刘夏：周官师（士）。名夏，刘是其食邑。 ⑤成：鲁邑，在今山东宁阳县东北九十里。 ⑥遇：鲁邑，当在曲阜市北，宁阳县南。 ⑦齐毁其郛（外城），故城之。⑧丁巳：八月无丁巳。 ⑨日有食之：此为公元前558年5月31日的日偏食。 ⑩癸亥：十日。 ⑪晋侯周：晋悼公。

传

十五年春，宋向戌来聘①，且寻盟②。见孟献子③，尤其室④，曰："子有令闻⑤，而美其室，非所望也！"对曰："我在晋，吾兄为之⑥，毁之重劳⑦，且不敢间⑧。"

〔注释〕

①向戌：宋卿。 ②寻盟：寻十一年亳之盟。寻：温，重申。③孟献子：仲孙蔑。 ④尤：异。感到诧异。 ⑤令闻（wèn）：美誉。 ⑥为：作。 ⑦重劳：再费劳力。重：再。 ⑧间：非。不敢以兄之所为为非。

官师从单靖公逆王后于齐①。卿不行，非礼也。

〔注释〕

①"官师"句：官吏跟随单靖公到齐国迎接王后，没有派卿前往，不合于礼。单靖公：周大夫。官师：中士、下士称官师。

楚公子午为令尹,公子罢戎为右尹,蒍子冯为大司马[①],公子橐师为右司马,公子成为左司马,屈到为莫敖[②],公子追舒为箴尹[③],屈荡为连尹,养由基为宫厩尹,以靖国人。

君子谓楚于是乎能官人[④]。官人,国之急也。能官人,则民无觎心[⑤]。《诗》云[⑥]:"嗟我怀人[⑦],置彼周行。"能官人也。王及公、侯、伯、子、男、甸、采、卫大夫[⑧],各居其列[⑨],所谓周行也。

〔注释〕

①蒍(wěi)子冯:孙叔敖之堂侄。 ②屈到:屈荡之子。莫敖:楚官名。 ③公子追舒:庄王子。箴尹:谏官。 ④谓:以为。官人:任人。 ⑤觎心:觊觎之心。此二句谓用人得当,则民无非分之想。 ⑥《诗》云:引文出自《诗·周南·卷耳》。 ⑦"嗟我"二句:言女子思念君子,无心采摘野草,而置其筐于周行(大路)。引《诗》者断章取义,谓诗人嗟叹,思得贤人,置于周官之列。行:列。 ⑧"王及"句:谓王与五等爵位之诸侯、九服之大夫。《周礼·夏官·职方氏》:"乃辨九服之邦国:方千里曰王畿。其外方五百里曰侯服,又其外方五百里曰甸服,又其外方五百里曰男服,又其外方五百里曰采服,又其外方五百里曰卫服,又其外方五百里曰蛮服,又其外方五百里曰夷服,又其外方五百里曰镇服,又其外方五百里曰藩服。" ⑨列:位。

郑尉氏、司氏之乱[①],其余盗在宋。郑人以子西、伯有、子产之故[②],纳赂于宋,以马四十乘[③],与师茷、师慧[④]。三月,公孙黑为质焉[⑤]。司城子罕以堵女父、尉翩、司齐与

之[⑥]。良司臣而逸之[⑦],托诸季武子[⑧],武子置诸卞[⑨]。郑人醢之三人也[⑩]。

师慧过宋朝[⑪],将私焉[⑫]。其相曰[⑬]:"朝也。"慧曰:"无人焉。"相曰:"朝也,何故无人?"慧曰:"必无人焉。若犹有人[⑭],岂其以千乘之相易淫乐之矇[⑮]?必无人焉故也[⑯]。"子罕闻之,固请而归之。

〔**注释**〕

①"郑尉氏"二句:郑尉止、司臣等人作乱,杀子驷、子国、子耳三卿。叛乱平定后,堵女父、司臣、尉翩、司齐奔宋,见十年《传》。 ②"郑人"句:尉氏、司氏之乱,子西(公孙夏)之父子驷、伯有(良霄)之父子耳、子产(公孙侨)之父子国皆被杀。 ③四十乘:百六十匹。 ④师茷(fěi)、师慧:二人皆乐师。茷、慧,为其名。 ⑤公孙黑:子驷之子。 ⑥司城子罕:乐喜,官司城。与之:与郑。 ⑦良:以…为良。良:贤。逸:逃。使逃跑。 ⑧季武子:季孙宿,鲁卿。 ⑨卞:鲁地,在今山东泗水县东五十里。 ⑩醢:肉酱。此用作动词。之三人:此三人。 ⑪朝:朝廷。 ⑫私:小便。 ⑬相:扶持盲人的人。 ⑭若犹:若,如果。表示假设。若、犹义同。 ⑮岂其:岂。千乘之相:指郑之大臣。此句言宋不为郑之大臣杀三盗,待乐师得赂为言,而始归之,是重淫乐之矇而轻大臣。相:泛指大臣。矇:盲人。 ⑯焉:之。

夏,齐侯围成,贰于晋故也[①]。于是乎城成郛[②]。

〔**注释**〕

①贰于晋:与晋离心。不畏霸主,故敢伐鲁。 ②城成郛:修筑城邑的外城。郛:外城。

秋,邾人伐我南鄙[①]。使告于晋,晋将为会以讨邾、莒[②]。晋侯有疾,乃止。冬,晋悼公卒,遂不克会。

〔注释〕

①"邾人"句:邾亦贰于晋,故伐鲁。 ②"晋将"句:十二、十四年,莒伐鲁,故欲讨之。将:欲。

郑公孙夏如晋奔丧,子蟜送葬[①]。

〔注释〕

①子蟜(jiǎo):公孙虿。与公孙夏皆郑卿。

宋人或得玉[①],献诸子罕。子罕弗受。献玉者曰:"以示玉人[②],玉人以为宝也,故敢献之。"子罕曰:"我以不贪为宝,尔以玉为宝。若以与我,皆丧宝也,不若人有其宝[③]。"稽首而告曰[④]:"小人怀璧[⑤],不可以越乡。纳此以请死也[⑥]。"子罕置诸其里[⑦]。使玉人为之攻之[⑧],富而后使复其所[⑨]。

〔注释〕

①或:有人。 ②玉人:官名,掌治玉。 ③人有其宝:各自保有其宝。人:人人,各人。 ④稽(qǐ)首:叩首至地。古时最重的跪拜礼。告:请。 ⑤"小人"二句:谓卑微者身藏宝器,将为盗所害。怀:藏。越:过。 ⑥请死:请免于死。 ⑦"子罕"句:子罕将他安置在自己的乡里。 ⑧攻:治。 ⑨富:卖玉而致富。复其所:使复归故里。

十二月，郑人夺堵狗之妻[①]，而归诸范氏。

〔注释〕

①“郑人”二句：堵狗为堵女父之族人，娶于晋范氏。郑人诛堵女父，畏堵狗因范氏作乱，故夺其妻归范氏，使与范氏绝。归：嫁。

经

十有六年春[①]，王正月，葬晋悼公。

三月，公会晋侯、宋公、卫侯、郑伯、曹伯、莒子、邾子、薛伯、杞伯、小邾子于湨梁[②]。戊寅[③]，大夫盟[④]。

晋人执莒子、邾子以归[⑤]。

齐侯伐我北鄙。

夏，公至自会。

五月甲子[⑥]，地震。

叔老会郑伯、晋荀偃、卫宁殖、宋人伐许。

秋，齐侯伐我北鄙，围郕[⑦]。

大雩[⑧]。

冬，叔孙豹如晋。

〔注释〕

①十有六年：公元前557年。 ②湨(jú)梁：湨水的大堤。当在今河南济源市西。湨水源出济源市西，东流经孟州市入黄河。湨：原本作“溴”，据《尔雅·释地》疏引《春秋》及杜预注、《穀梁传》、阮元《校勘记》改。 ③戊寅：二十七日。 ④各国之

大夫盟。 ⑤“晋人”句：莒、邾屡次伐鲁。 ⑥甲子：十四日。 ⑦郕：亦作“成”。鲁邑，在今山东宁阳县东北九十里。 ⑧雩(yú)：求雨之祭。

传

十六年春，葬晋悼公。平公即位①，羊舌肸为傅②，张君臣为中军司马③，祁奚、韩襄、栾盈、士鞅为公族大夫④，虞丘书为乘马御⑤。改服修官⑥，烝于曲沃⑦。警守而下⑧，会于溴梁⑨。命归侵田。以我故，执邾宣公、莒犁比公⑩，且曰：“通齐、楚之使。”

晋侯与诸侯宴于温⑪。使诸大夫舞，曰：“歌诗必类⑫！”齐高厚之诗不类。荀偃怒，且曰：“诸侯有异志矣！”使诸大夫盟高厚，高厚逃归。于是叔孙豹、晋荀偃、宋向戌、卫宁殖、郑公孙虿、小邾之大夫盟曰：“同讨不庭⑬。”

〔注释〕

①平公：名彪，悼公子。 ②羊舌肸(xī)：叔向。傅：太傅。 ③张君臣：张老之子，代其父。 ④祁奚：祁奚已于襄公三年致仕。此或因平公年少而请其复出。韩襄：韩无忌子，代父职。栾盈：栾黡之子。士鞅：士匄之子。公族大夫：官名，掌管教训卿大夫子弟。 ⑤虞丘书：姓虞丘，名书。代程郑。乘马御：又名赞仆，官名，掌管六厩马政。 ⑥改服：修改法度。服：法。修官：修治官事。 ⑦烝(zhēng)：冬祭于宗庙曰烝。曲沃：晋祖庙所在地。 ⑧警守：布置戒备。下：沿黄河东行。 ⑨“会于”句：鲁君与晋、宋、卫、郑、曹、莒、邾、薛、杞、小邾之君相会，《传》蒙经文

省略与会之人。 ⑩莒犁比公:莒君无谥,多以地为号,此"犁比"亦地名。 ⑪温:地名,在今河南温县西南。 ⑫歌诗必类:谓所歌之诗须与舞相配,且能恰当表达己意。类:伦。 ⑬不庭:不朝。引申为不从命。

许男请迁于晋[①]。诸侯遂迁许。许大夫不可。晋人归诸侯[②]。

郑子蟜闻将伐许[③],遂相郑伯,以从诸侯之师。穆叔从公[④]。齐子帅师会晋荀偃[⑤]。书曰"会郑伯[⑥]",为夷故也。

夏六月,次于棫林[⑦]。庚寅[⑧],伐许,次于函氏[⑨]。

〔注释〕

①"许男"句:成公十五年,许畏郑逼,请迁,楚迁之于叶(在今河南叶县西南)。此时欲叛楚,故请迁于晋。 ②归诸侯:使诸侯返国,而留其师以伐许。 ③"郑子蟜"二句:郑与许有宿怨,故郑伯亲行。子蟜(jiǎo):公孙虿。 ④穆叔:叔孙豹。 ⑤齐子:叔老。 ⑥"书曰"二句:《经》书叔老"会郑伯",不以郑伯与诸大夫等同看待。夷:平。 ⑦棫(yù)林:许地(秦亦有棫林),在今河南叶县东北。 ⑧庚寅:十一日。 ⑨函氏:许地,在今河南叶县北。

晋荀偃、栾黡帅师伐楚,以报宋扬梁之役[①]。楚公子格帅师及晋师战于湛阪[②],楚师败绩。晋师遂侵方城之外[③],复伐许而还。

〔注释〕

①扬梁之役：楚入侵宋国扬梁，在十二年。扬：亦作“杨”。 ②湛阪：湛水之北有长阪，名湛阪，在今河南平顶山市北。 ③方城之外：方城：山名，在今河南叶县南。方城本在楚北境，此时疆土扩大，方城之外亦有属楚者，故晋至方城之外。

秋，齐侯围郕，孟孺子速徼之[①]。齐侯曰：“是好勇[②]，去之以为之名[③]。”速遂塞海陉而还[④]。

〔注释〕

①孟孺子速：献子之子，名速。徼：邀，截击。 ②是：此，此人。 ③为之名：成就其勇武之名。为：成。 ④海陉（xíng）：鲁国边境之隘道。

冬，穆叔如晋聘，且言齐故[①]。晋人曰：“以寡君之未禘祀[②]，与民之未息[③]。不然，不敢忘。”穆叔曰：“以齐人之朝夕释憾于敝邑之地，是以大请[④]。敝邑之急，朝不及夕，引领西望曰：‘庶几乎[⑤]！’比执事之间[⑥]，恐无及也！”见中行献子[⑦]，赋《圻父》[⑧]。献子曰：“偃知罪矣！敢不从执事以同恤社稷[⑨]，而使鲁及此！”见范宣子[⑩]，赋《鸿雁》之卒章[⑪]。宣子曰：“匄在此，敢使鲁无鸠乎[⑫]！”

〔注释〕

①“且言”句：言齐再次伐鲁之事。故：事。 ②禘（dì）祀：禘祭。此指吉禘。三年之丧（实际上是二十五个月）毕，而祫于大庙，然后进行禘祀，致死者之神主于庙，而以远祖当替代者入祧

(远祖的庙),借此大祭(禘)而审昭穆。祭祀之后,三年之丧即毕。 ③“与民”句:晋新伐许、楚。息:休,休息。 ④大请:恳请。大:甚。 ⑤庶几(jī):冀幸之辞。谓希望晋来救。 ⑥比:及。间:闲暇。 ⑦中行献子:荀偃。 ⑧《圻父》:《诗·小雅》篇名。今作《祈父》。诗人责圻父为司马主兵而不修其职,使百姓受困苦之忧。 ⑨恤:顾恤。 ⑩范宣子:士匄,晋中军副帅。士匄食邑于范。 ⑪《鸿雁》:《诗·小雅》篇名。其卒章云:“鸿雁于飞,哀鸣嗷嗷。唯此哲人,谓我劬劳。”言鲁忧困,嗷嗷然若失所之鸿雁。鸿雁:水鸟名。大曰鸿,小曰雁。 ⑫鸠:安。

经

十有七年春①,王二月庚午②,邾子牼卒③。

宋人伐陈。

夏,卫石买帅师伐曹。

秋,齐侯伐我北鄙,围桃④。

高厚帅师伐我北鄙,围防⑤。

九月,大雩⑥。

宋华臣出奔陈。

冬,邾人伐我南鄙。

〔注释〕

①十有七年:公元前556年。 ②庚午:二十四日。 ③邾子牼(kēng):邾宣公。 ④桃:鲁地,在今山东汶上县东北三十五里。 ⑤防:鲁地,在今山东费县东北。 ⑥雩(yú):求雨之祭。

传

十七年春，宋庄朝伐陈，获司徒卬①，卑宋也②。

〔注释〕

①司徒卬：陈大夫。 ②卑：轻，轻视。陈司徒卬轻视宋国，故为宋所获。

卫孙蒯田于曹隧①，饮马于重丘②，毁其瓶③。重丘人闭门而询之④，曰："亲逐而君⑤，尔父为厉⑥。是之不忧，而何以田为⑦？"

夏，卫石买、孙蒯伐曹⑧，取重丘。曹人诉于晋。

〔注释〕

①孙蒯：孙林父之子。曹隧：曹地。 ②重丘：此为南重丘，曹邑，在今山东巨野县西南。 ③瓶：汲水器。 ④询(gòu)：同"诟"。骂。 ⑤亲：身。 ⑥尔父：指孙林父。厉：恶。孙林父逐卫君在十四年。 ⑦何以田为：来打什么猎？为：乎。 ⑧石买：卫卿。

齐人以其未得志于我故①，秋，齐侯伐我北鄙，围桃。高厚围臧纥于防②。师自阳关逆臧孙③，至于旅松④。郰叔纥、臧畴、臧贾帅甲三百⑤，宵犯齐师，送之而复⑥。齐师去之。

齐人获臧坚⑦。齐侯使夙沙卫唁之⑧，且曰："无死。"坚稽首曰⑨："拜命之辱⑩！抑君赐不终⑪，姑又使其刑臣礼

于士[12]。"以杙抉其伤而死[13]。

〔注释〕

①"齐人"句:上年齐围成,避孟孺子,故未得志。 ②"高厚"句:高厚另帅一军围臧纥。臧纥:臧孙纥。防为臧氏食邑。③阳关:鲁地,在今山东泰安市东南约六十里。 ④旅松:鲁地,在防附近。 ⑤郰(zōu)叔纥:叔梁纥,孔子之父。臧畴、臧贾:皆臧纥之兄弟。 ⑥送之而复:送臧纥于旅松,而复还防。⑦臧坚:臧纥之族人。 ⑧夙沙卫:齐灵公宠信的宦官。唁:吊。⑨稽(qǐ)首:叩首至地。古时最重的跪拜礼。 ⑩拜命之辱:拜谢君命。辱:谦词。 ⑪抑:不过。赐:惠。 ⑫姑:通"固",乃。刑臣:指夙沙卫。宦者。 ⑬杙(yì):小木桩。抉:挑。

冬,邾人伐我南鄙,为齐故也[①]。

〔注释〕

①为齐故:齐未得志于鲁,邾为齐伐鲁。

宋华阅卒[①]。华臣弱皋比之室[②],使贼杀其宰华吴[③],贼六人以铍杀诸卢门合左师之后[④]。左师惧曰:"老夫无罪。"贼曰:"皋比私有讨于吴[⑤]。"遂幽其妻[⑥],曰:"畀余而大璧[⑦]!"宋公闻之,曰:"臣也[⑧],不唯其宗室是暴[⑨],大乱宋国之政,必逐之!"左师曰:"臣也,亦卿也。大臣不顺[⑩],国之耻也。不如盖之[⑪]。"乃舍之。左师为己短策[⑫],苟过华臣之门,必骋[⑬]。

十一月甲午[⑭],国人逐瘈狗[⑮]。瘈狗入于华臣氏,国人

从之。华臣惧[16],遂奔陈。

〔注释〕

①华阅:宋卿,为右师。 ②华臣:华阅之弟,为司徒。弱:谓因其弱而侵之。皋比:华阅之子。 ③宰:卿大夫家的总管。 ④铍(pī):兵器名。剑属,两面有刃,而以刀鞘装之。卢门:宋城门。合左师:向戌。向戌食邑于合,任左师。 ⑤私有讨于吴:私下讨伐华吴。 ⑥幽其妻:囚禁华吴之妻。 ⑦"畀余"句:谓以尔之大璧予余。畀:与。 ⑧臣:华臣。也:语气词。表示停顿语气。 ⑨"不唯"二句:华臣不仅残害宗室,也会搅乱宋国的政治。暴:虐。 ⑩顺:和顺。 ⑪盖:掩,掩盖。 ⑫策:马鞭。 ⑬骋:击马而骋,恶华臣。 ⑭甲午:二十二日。 ⑮瘈(zhì)狗:狂犬。瘈:《说文》、《汉书·五行志中之上》引《左传》皆作"狾",音、义与瘈同。 ⑯惧:惧其攻己。

宋皇国父为大宰,为平公筑台,妨于农功[①]。子罕请俟农功之毕,公弗许。筑者讴曰:"泽门之皙[②],实兴我役。邑中之黔[③],实慰我心。"子罕闻之,亲执扑[④],以行筑者[⑤],而抶其不勉者[⑥],曰:"吾侪小人,皆有阖庐以辟燥湿寒暑[⑦]。今君为一台,而不速成,何以为役?"讴者乃止。或问其故。子罕曰:"宋国区区[⑧],而有诅有祝[⑨],祸之本也[⑩]。"

〔注释〕

①农功:周之十一月,当夏之九月,正当收获之时。 ②泽门之皙:指皇国父。居于泽门,皮肤白皙,故获此称。 ③邑中之黔:指子罕。子罕居城内,而色黑。 ④扑:同"朴",刑杖。 ⑤行:巡察。 ⑥抶(chì):击,击打。 ⑦阖(hé)庐:居室。阖:

门扇。 ⑧区区：形容小。 ⑨有诅有祝：即有毁有誉。诅：诅咒之辞。祝：祈福祥之辞。 ⑩本：根源。

齐晏桓子卒[①]。晏婴粗缞斩[②]，苴绖、带、杖[③]，菅屦[④]，食粥，居倚庐[⑤]，寝苫[⑥]，枕草[⑦]。其老曰[⑧]："非大夫之礼也[⑨]。"曰："唯卿为大夫[⑩]。"

〔注释〕

①晏桓子：晏弱，晏婴之父。 ②粗：粗布。缞（cuī）斩：麻布丧服不缉边。缞：同"衰"。丧服，以一方布缀于上衣当心之处，谓之衰（唯为父母丧用之）。衰不缉（缝）边称斩。 ③苴绖（dié）、带：丧服。苴麻之首绖及腰绖。苴麻有籽，其色粗恶。杖：苴杖。丧服，斩衰三年，用苴杖。苴杖以竹为之，苴黑色，故称苴杖。 ④菅屦（jiān jù）：草鞋。菅：已经浸泡之茅。 ⑤倚庐：亦称庐。居丧之处，在寝门外东墙下，倚木为庐。 ⑥苫（shān）：草席。居丧时所卧。 ⑦枕草：以草为枕。 ⑧老：晏氏之宰。 ⑨"非大夫"句：晏婴为大夫而行士礼，家臣不解，故有此言。 ⑩"唯卿"句：谓诸侯之卿，当天子之大夫。晏婴不以大夫自居。

经

十有八年春[①]，白狄来[②]。

夏，晋人执卫行人石买[③]。

秋，齐师伐我北鄙。

冬十月，公会晋侯、宋公、卫侯、郑伯、曹伯、莒子、邾子、滕子、薛伯、杞伯、小邾子[④]，同围齐。

曹伯负刍卒于师。

楚公子午帅师伐郑。

〔注释〕

①十有八年：公元前555年。 ②白狄：狄之别种，因服色尚白而得名。来：不行朝礼，故不言来朝。 ③行人：使者。晋执行人，非礼。 ④"公会"句：凡十二国，从晋诸侯皆至。

传

十八年春，白狄始来①。

〔注释〕

①白狄始来：白狄前此未与鲁交往。

夏，晋人执卫行人石买于长子①，执孙蒯于纯留②，为曹故也③。

〔注释〕

①长子：晋邑，在今山西长子县西郊。 ②纯留：亦称屯留，晋邑，在今山西屯留县南十里。 ③为曹故：石买、孙蒯上年伐曹。

秋，齐侯伐我北鄙。中行献子将伐齐①，梦与厉公讼②，弗胜。公以戈击之③，首队于前③，跪而戴之，奉之以走，见梗阳之巫皋④。他日，见诸道⑤，与之言，同⑥。巫曰："今兹主必死⑦。若有事于东方，则可以逞⑧。"献子许诺。

晋侯伐齐，将济河，献子以朱丝系玉二瑴而祷曰[9]："齐环怙恃其险[10]，负其众庶[11]，弃好背盟，陵虐神主[12]。曾臣彪将率诸侯以讨焉[13]，其官臣偃实先后之[14]。苟捷有功[15]，无作神羞[16]，官臣偃无敢复济[17]。唯尔有神裁之[18]！"沈玉而济。

冬十月，会于鲁济[19]，寻溴梁之言[20]，同伐齐。

齐侯御诸平阴[21]，堑防门[22]，而守之广里[23]。夙沙卫曰："不能战，莫如守险。"弗听。诸侯之士门焉[24]，齐人多死。范宣子告析文子曰[25]："吾知子[26]，敢匿情乎？鲁人、莒人皆请以车千乘自其乡入[27]，既许之矣。若入，君必失国。子盍图之[28]？"子家以告公。公恐。晏婴闻之，曰："君固无勇，而又闻是，弗能久矣[29]。"齐侯登巫山以望晋师[30]。晋人使司马斥山泽之险[31]，虽所不至，必旆而疏陈之[32]：使乘车者左实右伪[33]，以旆先，舆曳柴而从之。齐侯见之，畏其众也，乃脱归[34]。丙寅晦[35]，齐师夜遁。师旷告晋侯曰："鸟乌之声乐[36]，齐师其遁。"邢伯告中行伯曰[37]："有班马之声[38]，齐师其遁。"叔向告晋侯曰："城上有乌，齐师其遁。"十一月丁卯朔，入平阴，遂从齐师。

夙沙卫连大车以塞隧而殿[39]。殖绰、郭最曰："子殿国师，齐之辱也。子姑先乎！"乃代之殿。卫杀马于隘以塞道[40]。晋州绰及之，射殖绰，中肩，两矢夹脰[41]，曰："止，将为三军获。不止，将取其衷[42]。"顾曰："为私誓[43]。"州绰曰："有如日[44]！"乃弛弓而自后缚之[45]。其右具丙亦舍兵而缚郭最。皆衿甲面缚[46]，坐于中军之鼓下。

晋人欲逐归者,鲁、卫请攻险。己卯[47],荀偃、士匄以中军克京兹[48]。乙酉[49],魏绛、栾盈以下军克邿[50]。赵武、韩起以上军围卢[51],弗克。十二月戊戌[52],及秦周[53],伐雍门之萩[54]。范鞅门于雍门,其御追喜以戈杀犬于门中[55]。孟庄子斩其楢以为公琴[56]。己亥[57],焚雍门及西郭、南郭。刘难、士弱率诸侯之师焚申池之竹木[58]。壬寅[59],焚东郭、北郭。范鞅门于扬门[60]。州绰门于东闾[61],左骖迫[62],还于门中[63],以枚数阖[64]。

齐侯驾,将走邮棠[65]。大子与郭荣扣马曰[66]:"师速而疾,略也[67]。将退矣,君何惧焉!且社稷之主不可以轻[68],轻则失众。君必待之!"将犯之[69],大子抽剑断鞅[70],乃止。甲辰[71],东侵及潍[72],南及沂[73]。

〔注释〕

①中行献子:荀偃,晋中军主帅。 ②"梦与"句:荀偃与栾书杀晋厉公,见成公十七年、十八年《传》。讼:争辩是非。③队:同"坠"。 ④梗阳之巫皋:梗阳之巫,名皋。 ⑤见诸道:在路上见到巫皋。 ⑥同:合。谓与梦合。 ⑦今兹:今年。主:卿大夫之称。 ⑧则:或。逞:通"縊",缓。谓缓死。 ⑨二瑴(jué):两对玉。亦作"珏"。双玉。 ⑩齐环:齐灵公名环。怙恃:依仗。怙、恃义同。 ⑪负:恃。众庶:谓人多。众、庶同义。⑫神主:指民。僖公十九年《传》:"民,神之主也。" ⑬曾臣:末臣,下臣。曾:重。彪:晋平公名。 ⑭官臣:守官之臣。先后:佐助。 ⑮苟:尚。表示希望。 ⑯无作神羞:不要让明神蒙受耻辱。作:为。羞:耻。 ⑰无敢复济:荀偃信巫皋之言,自誓必死。⑱有:名词词头,无义。 ⑲"会于"句:鲁君与晋侯、宋公、卫侯、

郑伯、曹伯、莒子、邾子、滕子、薛伯、杞伯、小邾子相会,《传》蒙经文省略与会之人。 ⑳寻:温,重申。溴(jú)梁之言:溴梁之盟在十六年。盟誓曰:“同讨不庭。” ㉑平阴:齐地,在今山东平阴县东北三十五里。 ㉒堑:壕沟。此用作动词。防门:齐地,在今山东平阴县东北三十二里。 ㉓守:御,抵御。广里:地名,在防门之北。 ㉔门:攻打城门。 ㉕范宣子:士匄,晋中军副帅。析文子:齐大夫。 ㉖知:善,亲。谓交好。 ㉗乡:向。此句谓鲁、莒将在各自所在的方向发起进攻齐国。 ㉘盍:何不。 ㉙弗能久:不敢再留。久:留。 ㉚巫山:山名,在今山东肥城市西北六十里。 ㉛斥:候望,侦察。 ㉜旆:大旗。此用作动词。疏陈:布,布陈。疏、陈同义。 ㉝伪:虚。 ㉞脱归:逃归。脱:逃。㉟丙寅:三十日。 ㊱乌乌:乌,乌鸦。 ㊲邢伯:邢侯,晋大夫。中行伯:荀偃。 ㊳班马之声:还军时马之嘶鸣声。班:还。军还,马之声亦异。上文云“乌乌之声乐”,此云“班马之声”,皆听音而知师之进退。 ㊴大车:牛车,用以载重。隧:山间小路。㊵隘:险阻之处。 ㊶脰(dòu):颈。 ㊷衷:中。两矢之中。指咽喉。 ㊸私誓:私下订立誓约。誓:约。 ㊹有如日:谓太阳之神可以为证。有如:有。有、如同义。 ㊺弛弓:解开弓弦。弛:解。 ㊻衿(jīn)甲:不解甲。面缚:反缚。将双手绑在背后。㊼己卯:十三日。 ㊽京兹:齐地,在今山东平阴县东南。 ㊾乙酉:十九日。 ㊿邿(shī):山名,在今山东平阴县西十二里。51卢:齐地,在今山东济南市长清区西南二十五里。京兹、邿、卢都在泰山山脉,地形险峻,故上文曰“攻险”。 52戊戌:二日。53秦周:齐地,在齐都临淄城西门外。 54雍门:齐都城之西门。萩(qiu 阴):楸。落叶乔木,质地细密,耐湿,可造船,也可制器具。 55杀犬:示闲暇。 56孟庄子:孟孺子,名速,鲁大夫。橁(xún):杶。即椿树。 57己亥:三日。 58刘难、士弱:皆晋大夫。申池：在申门（齐城东面第一门）外。 ⑲壬寅：六日。 ⑳扬门：齐西门。 ㉑东闾：齐都城东门。 ㉒迫：遽，惊惧。 ㉓“门”上原本有“东”字，据阮元《校勘记》、《宋本册府元龟》卷二四九删。还（xuán）：盘旋。 ㉔以枚数阖：谓数阖之枚。枚：钟乳。门上之钉突起如钟乳，州绰数之，示不惧。阖：指城门。 ㉕邮棠：齐邑，在今山东平度市东南。 ㉖大子：齐太子，名光。郭荣：齐大夫。扣马：牵马。《说文》：“扣，牵马也。” ㉗略：抢掠。 ㉘主：主人。君主社稷之祭祀，故云。 ㉙犯：突。指冲突而前。 ㉚鞅（yāng）：套在马颈部的革带。服马之鞅，用以固轭；骖马之鞅，一端系于衡之中部，以防两骖马外逸。 ㉛甲辰：八日。 ㉜及潍：抵达潍水西岸及北岸。潍河源出山东五莲县西南箕屋山，东北流经诸城，又北流汇合汶水，过昌邑入海。诸侯所至之地当在今山东潍坊市东潍河西岸。 ㉝沂：水名。沂河源出沂源县鲁山，南流经沂水、沂南、临沂入江苏境内。诸侯所至之地当在今山东沂源县东北。

郑子孔欲去诸大夫[①]，将叛晋而起楚师以去之。使告子庚[②]，子庚弗许。楚子闻之，使杨豚尹宜告子庚曰[③]：“国人谓不穀主社稷而不出师[④]，死不从礼[⑤]。不穀即位，于今五年，师徒不出，人其以不穀为自逸而忘先君之业矣[⑥]。大夫图之，其若之何？”子庚叹曰：“君王其谓午怀安乎[⑦]！吾以利社稷也。”见使者，稽首而对曰[⑧]：“诸侯方睦于晋，臣请尝之[⑨]。若可，君而继之[⑩]；不可，收师而退，可以无害，君亦无辱。”

子庚帅师治兵于汾[⑪]。于是子蟜、伯有、子张从郑伯伐齐[12],子孔、子展、子西守[13]。二子知子孔之谋[14],完守入保[15]。子孔不敢会楚师。

楚师伐郑,次于鱼陵[16]。右师城上棘[17],遂涉颍,次于旃然[18]。蒍子冯、公子格率锐师侵费滑、胥靡、献于、雍梁[19],右回梅山[20],侵郑东北,至于虫牢而反[21]。子庚门于纯门[22],信于城下而还[23]。涉于鱼齿之下[24],甚雨及之[25],楚师多冻,役徒几尽。

晋人闻有楚师,师旷曰:"不害[26]。吾骤歌北风[27],又歌南风[28],南风不竞[29],多死声。楚必无功[30]。"董叔曰:"天道多在西北[31],南师不时[32],必无功。"叔向曰:"在其君之德也[33]。"

〔注释〕

①"郑子孔"二句:襄公十一年,诸侯会于萧鱼,郑始属晋。此年郑简公从晋伐齐,子孔(公子嘉)与子展、子西留守。子孔欲杀诸大夫而叛晋从楚。 ②子庚:公子午,楚令尹。 ③杨豚尹宜:疑豚尹为字,宜是名。 ④谓:以为,认为。不穀:君主自称之辞。 ⑤不从礼:不得从先君之礼。 ⑥以……为:以为,认为。自逸:自求安逸。业:功业。 ⑦怀安:贪图安逸。 ⑧稽(qǐ)首:叩首至地。古代最重的跪拜礼。 ⑨尝:谓试其难易。⑩而:乃。 ⑪汾:楚地,在今河南许昌市西南。 ⑫子蟜(jiǎo):公孙虿。伯有:良霄。子张:公孙黑肱。 ⑬子展:公孙舍之。子西:公孙夏。 ⑭二子:指子展、子西。 ⑮完守:加固守备。完:坚,固。保:同"堡"。城。 ⑯鱼陵:即鱼齿山。郑地,在今河南平顶山西北。 ⑰上棘:郑地,在今河南禹州市西北。将涉颍,故于水边筑小城,以为进退之备。 ⑱旃然:即索

河。在今河南荥阳市东南三十五里。 ⑲费滑:郑邑,在今河南偃师市南之缑氏镇。胥靡:在今河南偃师市东南四十里。献于:郑邑。未详其处。雍梁:在今河南禹州市东北。 ⑳回:环绕。梅山:楚地,在今河南新郑市西南。 ㉑虫牢:郑地,在今河南封丘县北。 ㉒纯门:郑国都外郭门。 ㉓信:住两夜。 ㉔"涉于"句:鱼齿山下有滍水(今名沙河),故称涉。 ㉕甚雨:大雨。甚:大。 ㉖不害:无害。 ㉗骤:屡。歌:奏乐。北风:北方乐曲。 ㉘南风:南方乐曲。 ㉙不竞:谓其声不扬。竞:盛。㉚古人多以音律预测出兵之吉凶。 ㉛天道:指天象、天时。岁(岁星,即木星)在豖韦(营室星),月又建(北斗星星柄所指叫建)亥,故曰多在西北。 ㉜不时:与天时相违。 ㉝"在其"句:谓天时、地利不如人和。

经

十有九年春①,王正月,诸侯盟于祝柯②。晋人执邾子。

公至自伐齐。

取邾田③,自漷水。

季孙宿如晋。

葬曹成公。

夏,卫孙林父帅师伐齐。

秋七月辛卯④,齐侯环卒。

晋士匄帅师侵齐,至谷⑤,闻齐侯卒,乃还。

八月丙辰⑥,仲孙蔑卒。

齐杀其大夫高厚。

郑杀其大夫公子嘉。

冬,葬齐灵公。

城西郛⑦。

叔孙豹会晋士匄于柯⑧。

城武城⑨。

〔**注释**〕

①十有九年:公元前554年。 ②祝柯:齐地,在今山东济南市长清区东北三十里。 ③"取邾"句:取邾田,以漷水为界。漷(guò):水名。古漷水出山东峄城西北,经鲁国,至鱼台县东北入泗。 ④辛卯:二十九日。 ⑤谷:齐邑,在今山东平阴县东阿镇。 ⑥丙辰:二十四日。 ⑦西郛(fú):鲁之西郭。郛:外城。⑧柯:卫地,在今河南内黄县东北。 ⑨武城:鲁地,在今山东嘉祥县南南武山下。

传

十九年春①,诸侯还自沂上,盟于督扬②,曰:"大毋侵小。"

执邾悼公,以其伐我故③。遂次于泗上④,疆我田⑤。取邾田,自漷水归之于我⑥。

晋侯先归。公享晋六卿于蒲圃⑦,赐之三命之服⑧;军尉、司马、司空、舆尉、候奄皆受一命之服⑨。贿荀偃束锦加璧、乘马⑩,先吴寿梦之鼎⑪。

荀偃瘅疽⑫,生疡于头⑬。济河,及著雍⑭,病,目出。大夫先归者皆反。士匄请见⑮,弗内。请后,曰:"郑甥可⑯。"二月甲寅⑰,卒。而视⑱,不可含⑲。宣子盥而抚

之[20],曰:“事吴,敢不如事主[21]!”犹视。栾怀子曰[22]:“其为未卒事于齐故也乎[23]?”乃复抚之,曰:“主苟终[24],所不嗣事于齐者[25],有如河[26]!”乃瞑,受含。宣子出,曰:“吾浅之为丈夫也[27]。”

〔注释〕

①十九年春:此条承上年冬诸侯伐齐而言。 ②督扬:即《经》之祝柯。 ③伐鲁在十七年。 ④泗上:泗水之滨。当在今山东曲阜市北。泗:水名,源出山东泗水县,西流经曲阜市北,南流入南阳湖。 ⑤疆我田:正邾、鲁之疆界。 ⑥“自漷”句:漷水以西归于鲁。 ⑦六卿:晋中、上、下三军将佐。蒲圃:场圃名。在鲁东门附近。 ⑧三命:周代官爵分为九等,称九命。公、侯伯之卿三命。《周礼·春官·典命》:“壹命受职,再命受服,三命受位。”诸侯之卿三命,得立位于王朝。服:指相应的器物仪仗。 ⑨军尉、司马、司空、舆尉、候奄:皆官职名,位大夫。一命:九等官爵中最低的一等。 ⑩贿:赐。《史记·周本纪》:“成王既伐东夷,息慎来贺,王赐荣伯,作《贿息慎之命》。”《集解》:“孔安国曰:‘贿,赐也。’”束锦:锦十端(每端为二丈,二端为匹)。即锦五匹。锦:有织文者。加璧:以璧加于锦。乘马:四匹马。⑪“先吴”句:作为主要礼物寿梦鼎的先容。先:也叫“先容”。先于正式礼品赠送的较轻的礼物。寿梦之鼎:吴王寿梦所铸之鼎。⑫瘅(dàn):病。疽:恶疮。 ⑬疡(yáng):恶性脓疮。 ⑭著雍:晋地。 ⑮士匄:晋中军佐。 ⑯郑甥:荀吴。荀偃之子。其母郑女。 ⑰甲寅:十九日。 ⑱视:张目。 ⑲不可含:因口紧闭,不能放置饭含之物。含:置玉于死者口中。 ⑳宣子:范匄。抚:按,按摩。 ㉑主:卿大夫称主。 ㉒栾怀子:栾盈,晋下军副帅。 ㉓“其为”句:大概是因为伐齐尚未成功的缘故吧!也:用

法同“邪”。 ㉔终：使丧事得终。 ㉕所：如果。表示假设。嗣：继续。 ㉖有如河：谓河神可以为证。有如：有。有、如同义。㉗“吾浅”句：自恨浅薄没有大丈夫胸怀。之：语助词，无义。

晋栾魴帅师从卫孙文子伐齐[①]。

〔注释〕

①《经》在季武子如晋之后。孙文子：孙林父，卫卿。

季武子如晋拜师[①]。晋侯享之。范宣子为政[②]，赋《黍苗》[③]。季武子兴[④]，再拜稽首曰[⑤]：“小国之仰大国也[⑥]，如百谷之仰膏雨焉[⑦]！若常膏之，其天下辑睦[⑧]，岂唯敝邑？”赋《六月》[⑨]。

〔注释〕

①拜师：谢晋讨齐。 ②范宣子：范匄，时继荀偃任中军主帅。 ③《黍苗》：《诗·小雅》篇名。《诗》云：“芃芃黍苗，阴雨膏之。”赞美召公勤劳诸侯之事，如雨润黍苗。范宣子赋此，盖以自勉。 ④兴：起。指立起。 ⑤稽（qǐ）首：叩首至地。古代最重的跪拜礼。 ⑥仰：恃，依赖。 ⑦膏：泽，润泽。膏雨之膏为形容词。 ⑧其：将。 ⑨《六月》：《诗·小雅》篇名。尹吉甫佐周宣王征伐之诗。季武子以晋侯比尹吉甫。

季武子以所得于齐之兵，作林钟而铭鲁功焉[①]。臧武仲谓季孙曰[②]：“非礼也。夫铭，天子令德[③]，诸侯言时计功[④]，大夫称伐[⑤]。今称伐则下等也，计功则借人也[⑥]，言时

则妨民多矣[⑦],何以为铭[⑧]?且夫大伐小,取其所得以作彝器[⑨],铭其功烈以示子孙[⑩],昭明德而惩无礼也。今将借人之力以救其死[⑪],若之何铭之?小国幸于大国[⑫],而昭所获焉以怒之,亡之道也。”

〔注释〕

①林钟:钟名。林钟本为律吕之名,亦称函钟。十二律之阴声第四,相当于西乐之G调。铸钟声应林钟,故以为名。 ②臧武仲:臧孙纥。 ③天子令德:天子铭德不铭功。 ④言时计功:举动得时、有功,故可铭。 ⑤称:数,论。伐:指积功。《史记·高祖功臣侯者年表》:“明其等曰伐。” ⑥借人:借人之力。⑦“言时”句:伐齐在上年十月至十二月,当夏历之八月至十月,妨害农业生产。 ⑧伐、功、时三者无一可铭。 ⑨彝器:宗庙之常器。 ⑩功烈:功。功、烈义同。 ⑪将:乃。死:亡。 ⑫幸:侥幸。指侥幸取胜。大国:指齐。

齐侯娶于鲁,曰颜懿姬[①],无子。其侄鬷声姬[②],生光,以为大子。诸子仲子、戎子[③]。戎子嬖。仲子生牙,属诸戎子[④]。戎子请以为大子,许之[⑤]。仲子曰:“不可。废常[⑥],不祥;间诸侯[⑦],难。光之立也,列于诸侯矣[⑧]。今无故而废之,是专黜诸侯[⑨],而以难犯不祥也。君必悔之!”公曰:“在我而已。”遂东大子光[⑩]。使高厚傅牙[⑪],以为大子。夙沙卫为少傅。

齐侯疾,崔杼微逆光[⑫]。疾病而立之[⑬]。光杀戎子,尸诸朝[⑭],非礼也。妇人无刑。虽有刑,不在朝市[⑮]。

夏五月壬辰晦[16],齐灵公卒。庄公即位[17],执公子牙于句渎之丘[18],以夙沙卫易己[19]。卫奔高唐以叛[20]。

〔注释〕

①颜懿姬:姓姬,颜是母家之姓,懿是谥号。下"鬷声姬"与此相类。 ②鬷(zōng)声姬:颜懿姬的侄女。 ③诸子:诸姬(妾)。 ④属:同"嘱"。 ⑤许之:齐侯许之。 ⑥废常:废弃法度。常:法。依礼,嫡妻无子,则当立长。光为长子。 ⑦间:干,犯。 ⑧"列于"句:谓光屡次参与诸侯会盟征伐。 ⑨专:专擅。此句谓光之尊如同诸侯,不可擅废。 ⑩东:使居东鄙。⑪"使高厚"句:高厚为公子牙太傅。 ⑫微:隐。谓行动隐蔽。⑬立之:立光为太子。 ⑭尸:陈其尸。 ⑮以暴尸于朝为非礼。⑯夏五月壬辰:《经》书七月辛卯,光定位而后赴。壬辰:三十日。⑰庄公:即太子光。 ⑱句渎之丘:齐地。未详何处。 ⑲"以夙沙卫"句:庄公认为是夙沙卫废了自己太子之位。易:改变。⑳高唐:齐邑,在今山东高唐县东三十五里。

晋士匄侵齐。及谷,闻丧而还[1],礼也。

〔注释〕

①"闻丧"二句:不伐丧,合于礼。

于四月丁未[1],郑公孙虿卒,赴于晋大夫。范宣子言于晋侯,以其善于伐秦也[2]。六月,晋侯请于王,王追赐之大路[3],使以行[4],礼也。

〔注释〕

①丁未:十四日。 ②"以其"句:谓伐秦之役有功。襄公十四年,晋与诸侯之师伐秦,公孙虿劝诸侯之师济泾。善:佳。③大路:车名。天子之车统称路。 ④行:用。谓用以葬。

秋八月,齐崔杼杀高厚于洒蓝①,而兼其室②。书曰"齐杀其大夫③",从君于昏也。

〔注释〕

①洒蓝:齐地。未详何处。 ②室:指家产。 ③"书曰"二句:齐灵公废太子而立公子牙,而高厚为牙之太傅,乃从君于昏。故《春秋》称"齐杀其大夫高厚",而不称杀者之名。

郑子孔之为政也专①,国人患之,乃讨西宫之难与纯门之师②。子孔当罪③,以其甲及子革、子良氏之甲守④。甲辰⑤,子展、子西率国人伐之⑥,杀子孔而分其室。书曰"郑杀其大夫⑦",专也。

子然、子孔,宋子之子也⑧。士子孔⑨,圭妫之子也⑩。圭妫之班亚宋子⑪,而相亲也,二子孔亦相亲也⑫。僖之四年⑬,子然卒。简之元年⑭,士子孔卒。司徒孔实相子革、子良之室⑮,三室如一⑯,故及于难。子革、子良出奔楚。子革为右尹。郑人使子展当国⑰,子西听政⑱,立子产为卿⑲。

〔注释〕

①子孔:公子嘉。专:专擅。 ②西宫之难:尉止等作乱,攻西宫,杀大臣,劫郑伯,子孔知而不言,事见襄公十年《传》。纯门

之师：子孔召楚师攻郑，及于纯门，见上年《传》。③当罪：被认为有罪。当：处，处断。④甲：兵，士兵。子革：然丹，子然之子。子良：士子孔之子。氏：家。子革、子良皆子孔之侄。⑤甲辰：十三日。⑥子展：公孙舍之。子西：公孙夏。⑦"书曰"二句：《春秋》书"郑杀其大夫公子嘉"，称公子嘉之名而不书杀者之名，是因为他专权。⑧宋子：郑穆公妾。宋女，子姓。⑨士子孔：公子志。⑩圭妫（guī）：郑穆公妾。⑪班：位次。亚：次。这句说圭妫的位次在宋子之下。⑫二子孔：子孔与士子孔。二：原本作"士"，据阮元《校勘记》、《宋本册府元龟》卷七五〇改。⑬僖之四年：郑僖公四年，当鲁襄公六年。⑭简之元年：郑简公元年，鲁襄公八年。⑮"司徒"句：子孔兼管子革、子良的家事。司徒孔：子孔，任司徒。⑯如一：谓同心。⑰当国：执政。当：主。⑱听政：参政。⑲子产：公孙侨。

齐庆封围高唐①，弗克。冬十一月，齐侯围之。见卫在城上，号之②，乃下③。问守备焉，以无备告。揖之④，乃登⑤。闻师将傅⑥，食高唐人。殖绰、工偻会夜缒纳师⑦，醢卫于军⑧。

〔注释〕

①庆封：齐大夫。围高唐：夙沙卫据高唐以叛，故围之。②号（háo）：呼。③夙沙卫下城。④揖：拱手为礼。古代使人近前及与人告别皆作揖行礼。此指拱手作别。⑤乃登：夙沙卫不听，乃登城。⑥傅：蚁附。攀城进攻。⑦工偻会：姓工偻，名会。缒：以索悬挂而下。⑧醢：肉酱。此用作动词。

城西郛[1]，惧齐也[2]。

〔注释〕

①郛：外城。 ②惧齐也：鲁因惧齐而筑都城西郛。

齐及晋平，盟于大隧[1]。故穆叔会范宣子于柯[2]。穆叔见叔向[3]，赋《载驰》之四章[4]。叔向曰："肸敢不承命[5]！"穆叔归[6]，曰："齐犹未也[7]，不可以不惧。"乃城武城。

〔注释〕

①大隧：地名，在今山东高唐县。 ②穆叔：叔孙豹，鲁卿。③叔向：羊舌肸。 ④《载驰》：《诗·卫风》篇名。其四章云："控于大邦，谁因谁极。"谓欲引大国以自救助。控：引。因：依，依靠。极：至。 ⑤"肸敢"句：叔向知齐未服，故答应救鲁。⑥归：原本无此字，据阮元《校勘记》补。 ⑦未：未止其侵伐。

卫石共子卒[1]，悼子不哀[2]。孔成子曰[3]："是谓蹶其本[4]，必不有其宗[5]。"

〔注释〕

①石共子：石买。 ②悼子：石恶，石买之子。 ③孔成子：孔烝鉏。 ④蹶：拔。 ⑤有：保。襄公二十八年，石恶出奔晋。

经

二十年春[1]，王正月辛亥[2]，仲孙速会莒人，盟于向[3]。

夏六月庚申[4]，公会晋侯、齐侯、宋公、卫侯、郑伯、曹

伯、莒子、邾子、滕子、薛伯、杞伯、小邾子，盟于澶渊[5]。

秋，公至自会。

仲孙速帅师伐邾。

蔡杀其大夫公子燮[6]。蔡公子履出奔楚[7]。

陈侯之弟黄出奔楚[8]。

叔老如齐。

冬十月丙辰朔，日有食之[9]。

季孙宿如宋。

〔**注释**〕

①二十年：公元前553年。②辛亥：二十二日。③向：莒邑，今山东莒县南七十里有向城，即其地。④庚申：三日。⑤澶（chán）渊：在今河南濮阳市西北。⑥公子燮：庄公子。⑦公子履：公子燮同母弟。⑧黄：公子黄。《公羊传》《穀梁传》作“公子光”。⑨日有食之：此为公元前553年8月31日的日环食。

传

二十年春，及莒平[1]。孟庄子会莒人[2]，盟于向，督扬之盟故也[3]。

〔**注释**〕

①及莒平：鲁与莒和解。《传》蒙经文省略主语。②孟庄子：孟孙速。③督扬之盟：上年鲁、莒与诸侯同盟于督扬。今二国复盟以结好。

夏,盟于澶渊[1],齐成故也[2]。

〔注释〕

①"盟于"句:鲁君与晋、齐、宋、卫、郑、曹、莒、邾、滕、薛、杞、小邾盟。《传》蒙经文省略会盟之人。　②成:和解。齐与晋成。

邾人骤至[1],以诸侯之事,弗能报也。秋,孟庄子伐邾以报之。

〔注释〕

①骤至:屡次来犯。骤:屡。

蔡公子燮欲以蔡之晋[1],蔡人杀之。公子履,其母弟也,故出奔楚。

陈庆虎、庆寅畏公子黄之逼,诉诸楚曰:"与蔡司马同谋[2]。"楚人以为讨。公子黄出奔楚[3]。

初,蔡文侯欲事晋,曰:"先君与于践土之盟[4],晋不可弃[5],且兄弟也。"畏楚,不能行而卒[6]。楚人使蔡无常[7],公子燮求从先君以利蔡,不能而死。

书曰"蔡杀其大夫公子燮[8]",言不与民同欲也。"陈侯之弟黄出奔楚[9]",言非其罪也。

公子黄将出奔,呼于国曰:"庆氏无道,求专陈国[10],暴蔑其君[11],而去其亲,五年不灭,是无天也。"

〔注释〕

①以蔡之晋:以蔡从晋。蔡国靠近楚国,已从楚十余年。

②蔡司马:公子燮。 ③"公子黄"句:公子黄受到诬陷,故至楚说明实情。 ④先君:指蔡庄侯,蔡文侯之父。践土之盟:在僖公二十八年。 ⑤弃:背。 ⑥"不能"句:蔡文侯卒于宣公十七年。 ⑦使蔡无常:谓征发无度。 ⑧"书曰"二句:《春秋》书"蔡杀其大夫公子燮",书被杀者之名而不书杀者之名,因为公子燮违反众人的意愿。 ⑨"陈侯"二句:《春秋》书"陈侯之弟黄出奔楚",说明不是公子黄的罪过(罪在陈侯及二庆)。 ⑩专:专擅。指专权。 ⑪暴蔑:欺,欺凌。暴、蔑同义。

齐子初聘于齐[①],礼也[②]。

〔注释〕

①齐子:叔老。初聘:此年齐庄公新即位,鲁往聘,故曰初聘。②礼也:继好息民,合于礼。

冬,季武子如宋[①],报向戌之聘也[②]。褚师段逆之以受享[③],赋《常棣》之七章以卒[④]。宋人重贿之。归,复命,公享之。赋《鱼丽》之卒章[⑤]。公赋《南山有台》[⑥]。武子去所[⑦],曰:"臣不堪也。"

〔注释〕

①季武子:季孙宿。鲁卿。 ②"报向戌"句:向戌聘鲁在十五年。 ③褚师段:宋大夫。名段,氏褚师(以官为氏)。逆之以受享:迎之入国,受享礼。 ④"赋《常棣》"句:谓武子赋《常棣》之七章与卒章。《常棣》:《诗·小雅》篇名。常:通"棠"。以:与。其七章云:"妻子好合,如鼓琴瑟。兄弟既翕,和乐且湛。"卒章云:"宜而家室,乐而妻帑。是究是图,亶其然乎?"义取鲁、宋为

婚姻之国，宜和睦相处。宋共公夫人为鲁宣公之女，见成公八年《传》。 ⑤《鱼丽》：《诗·小雅》篇名。其卒章云：“物其有矣，维其时矣。”喻聘宋得时。 ⑥《南山有台》：《诗·小雅》篇名。取其“乐只君子，邦家之基”，“邦家之光”。喻武子奉使，能为鲁国增添荣光。 ⑦去所：避席。

卫宁惠子疾①，召悼子曰②：“吾得罪于君③，悔而无及也。名藏在诸侯之策④，曰：‘孙林父、宁殖出其君。’君入⑤，则掩之⑥。若能掩之，则吾子也⑦。若不能，犹有鬼神⑧，吾有馁而已⑨，不来食矣⑩。”悼子许诺，惠子遂卒。

〔注释〕

①宁惠子：宁殖。卫卿。 ②召：通“诏”，告。悼子：宁喜，宁殖之子。 ③“吾得罪”句：宁殖与孙林父迫使卫献公出奔于齐，改立公孙剽为君，见襄公十年《传》。 ④“名藏”三句：罪名记载在诸侯的策书上，说是“孙林父、宁殖出其君”。出：逐。⑤入：返，还。 ⑥掩：掩盖。 ⑦则：乃。 ⑧犹：若。 ⑨馁：饿。 ⑩不来食：不来享受其祭祀。即不认宁喜为子。

经

二十有一年春①，王正月，公如晋。

邾庶其以漆、闾丘来奔②。

夏，公至自晋。

秋，晋栾盈出奔楚。

九月庚戌朔，日有食之③。

冬十月庚辰朔，日有食之④。

曹伯来朝。

公会晋侯、齐侯、宋公、卫侯、郑伯、曹伯、莒子、邾子于商任⑤。

〔注释〕

①二十有一年：公元前552年。《公羊传》《穀梁传》谓孔子生于此年。 ②邾：国名，曹姓，在今山东邹城市。庶其：邾大夫。漆：邾邑，在今山东邹城市东北之漆乡。闾丘：邾邑，在漆东北十里。 ③日有食之：此为公元前552年8月20日的日环食。④此日不入食限。两月连续发生日食，都是偏食。上月已有日环食，此月不应再食，此盖司天者误认，或史官误记，或是特殊天象，今已不得而知。 ⑤商任：地名。未详何处。

传

二十一年春，公如晋，拜师及取邾田也①。

〔注释〕

①"拜师"句：晋执邾悼公，助鲁取邾田，晋士匄侵齐，见十九年《传》。

邾庶其以漆、闾丘来奔①。季武子以公姑姊妻之②，皆有赐于其从者。

于是鲁多盗。季孙谓臧武仲曰③："子盍诘盗④？"武仲曰："不可诘也。纥又不能。"季孙曰："我有四封⑤，而诘其盗，何故不可？子为司寇⑥，将盗是务去⑦，若之何不能？"武

仲曰："子召外盗而大礼焉⑧，何以止吾盗？子为正卿，而来外盗；使纥去之⑨，将何以能？庶其窃邑于邾以来，子以姬氏妻之，而与之邑，其从者皆有赐焉。若大盗礼焉以君之姑姊与其大邑⑩，其次皂牧舆马⑪，其小者衣裳剑带，是赏盗也。赏而去之，其或难焉⑫。纥也闻之，在上位者洒濯其心⑬，壹以待人⑭，轨度其信⑮，可明征也⑯，而后可以治人。夫上之所为⑰，民之归也。上所不为，而民或为之，是以加刑罚焉⑱，而莫敢不惩⑲。若上之所为，而民亦为之，乃其所也⑳，又可禁乎？《夏书》曰㉑：'念兹在兹㉒，释兹在兹，名言兹在兹，允出兹在兹，惟帝念功㉓。'将谓由己壹也㉔。信由己壹，而后功可念也㉕。"

庶其非卿也㉖，以地来，虽贱，必书，重地也。

〔注释〕

①"邾庶其"句：邾大夫庶其带着漆、闾丘二邑投奔鲁国。②公姑姊：成公之姑。父之姊妹，称姑姊妹，后人省称姑。长于己有为姑姊，少于己者为姑妹。　③臧武仲：臧孙纥。　④盍：何不。诘：治。　⑤四封：国之四界。　⑥司寇：掌刑狱之官。⑦将：当。盗是务去：即务去盗。务：勉，勉力。　⑧大礼焉：尊礼外盗。大：尊。焉：之。　⑨去之：去国内之盗。　⑩焉：之。⑪其次：与下文"其小者"皆指庶其之从者。皂牧：贱役。　⑫其：殆。　⑬洒濯（zhuó）：洗涤。洒、濯义同。　⑭壹：诚，诚信。⑮轨度其信：以诚信为法度。轨、度同义。　⑯明征：征，信。二字同义。　⑰"夫上"二句：言上行则下效。夫：凡。归：往。谓仿效。　⑱加：施，用。　⑲惩：戒。　⑳乃其所：谓理所当然。所：宜。　㉑《夏书》：逸《书》。　㉒"念兹"四句：谓怀思、说明、

称道美德并诚心推行美德者，都在皋陶一人。念：思。前一“兹”字指德，后一“兹”字指皋陶。名言：称道。允：语助词，无义。出：行。　㉓惟帝念功：只有舜帝能常思皋陶之功。念：久思。以上引文见于古文《尚书·大禹谟》。　㉔将：殆。　㉕念：为后人所思念。　㉖“庶其”五句：庶其非卿，不当书名。因窃邑外叛，罪恶深重，故《春秋》特书其名，以惩不义。

齐侯使庆佐为大夫①，复讨公子牙之党②，执公子买于句渎之丘。公子鉏来奔。叔孙还奔燕。

〔注释〕

①庆佐：崔杼亲信。　②“复讨”四句：公子牙、公子买、叔孙还三人皆齐之公族。

夏，楚子庚卒①。楚子使薳子冯为令尹②。访于申叔豫③，叔豫曰：“国多宠而王弱④，国不可为也⑤。”遂以疾辞。方暑，阙地⑥，下冰而床焉⑦。重茧⑧，衣裘⑨，鲜食而寝⑩。楚子使医视之，复曰：“瘠则甚矣⑪，而血气未动⑫。”乃使子南为令尹⑬。

〔注释〕

①子庚：公子午。　②薳（wěi）子冯：亦作“芳子冯”。③访：谋。申叔豫：申叔时之孙。　④多宠：谓贵族多。宠：贵。弱：年轻。　⑤为：治。　⑥阙地：掘地为室。　⑦“下冰”句：置冰地下而安床。　⑧重茧：身穿厚绵衣。《说文·重部》：“重，厚也。”茧：纩，丝绵衣。《礼记·玉藻》：“纩为茧，缊为袍。”　⑨裘：

皮衣。 ⑩鲜(xiǎn):少。 ⑪瘠:瘦。 ⑫血气:元气。 ⑬子南:公子追舒。

栾桓子娶于范宣子[①],生怀子[②]。范鞅以其亡也[③],怨栾氏,故与栾盈为公族大夫而不相能[④]。桓子卒,栾祁与其老州宾通[⑤],几亡室矣。怀子患之。祁惧其讨也,诉诸宣子曰:“盈将为乱,以范氏为死桓主而专政矣[⑥],曰:‘吾父逐鞅也,不怒而以宠报之[⑦],又与吾同官而专之[⑧]。吾父死,而益富[⑨]。死吾父而专于国,有死而已[⑩],吾蔑从之矣!’其谋如是,惧害于主[⑪],吾不敢不言!”范鞅为之征[⑫]。怀子好施,士多归之。宣子畏其多士也,信之。怀子为下卿[⑬],宣子使城著[⑭],而遂逐之。

秋,栾盈出奔楚。宣子杀箕遗、黄渊、嘉父、司空靖、邴豫、董叔、邴师、申书、羊舌虎、叔罴[⑮],囚伯华、叔向、籍偃。

人谓叔向曰:“子离于罪[⑯],其为不知乎[⑰]?”叔向曰:“与其死亡若何[⑱]?《诗》曰[⑲]:‘优哉游哉[⑳],聊以卒岁。’知也。”

乐王鲋见叔向,曰:“吾为子请。”叔向弗应。出[㉑],不拜。其人皆咎叔向。叔向曰:“必祁大夫[㉒]。”室老闻之,曰:“乐王鲋言于君无不行[㉓],求赦吾子,吾子不许。祁大夫,所不能也[㉔],而曰必由之[㉕],何也?”叔向曰:“乐王鲋,从君者也,何能行?祁大夫外举不弃雠[㉖],内举不失亲,其独遗我乎[㉗]?《诗》曰[㉘]:‘有觉德行[㉙],四国顺之。’夫子,觉者也。”

晋侯问叔向之罪于乐王鲋,对曰:“不弃其亲[㉚],其有焉。”于是祁奚老矣㉛，闻之，乘驲而见宣子㉜，曰：“《诗》曰㉝：‘惠我无疆㉞，子孙保之。’《书》曰㉟：‘圣有谟勋㊱，明征定保。’夫谋而鲜过，惠训不倦者，叔向有焉，社稷之固也㊲。犹将十世宥之㊳，以劝能者。今壹不免其身㊴，以弃社稷，不亦惑乎？鲧殛而禹兴㊵；伊尹放大甲而相之㊶，卒无怨色；管、蔡为戮㊷，周公右王。若之何其以虎也弃社稷？子为善，谁敢不勉？多杀何为㊸？”宣子说。与之乘，以言诸公而免之。不见叔向而归。叔向亦不告免焉而朝㊹。

初，叔向之母妒叔虎之母美而不使㊺。其子皆谏其母。其母曰：“深山大泽㊻，实生龙蛇。彼美，余惧其生龙蛇以祸女。女，敝族也㊼。国多大宠㊽，不仁人间之㊾，不亦难乎？余何爱焉㊿！”使往视寝，生叔虎，美而有勇力，栾怀子嬖之，故羊舌氏之族及于难。

栾盈过于周，周西鄙掠之[51]。辞于行人[52]，曰：“天子陪臣盈[53]，得罪于王之守臣[54]，将逃罪。罪重于郊甸[55]，无所伏窜[56]，敢布其死[57]。昔陪臣书能输力于王室[58]，王施惠焉。其子黡不能保任其父之劳[59]。大君若不弃书之力[60]，亡臣犹有所逃。若弃书之力，而思黡之罪，臣，戮余也[61]，将归死于尉氏[62]，不敢还矣。敢布四体[63]，唯大君命焉！”王曰：“尤而效之[64]，其又甚焉[65]！”使司徒禁掠栾氏者，归所取焉。使候出诸轘辕[66]。

〔注释〕

①“栾桓子”句：栾黡娶士匄之女。栾桓子：栾黡。范宣子：

士匄。 ②怀子:栾盈。 ③范鞅:士鞅,士匄子。范鞅为栾黡逼迫奔秦,见十四年《传》。 ④不相能:不睦。能:善。 ⑤“栾祁”二句:谓栾祁与州宾淫乱,肆无忌惮。栾祁:栾黡之妻,士匄之女,栾盈之母。范氏本姓祁,故曰栾祁。老:室老。卿大夫家臣之长。亡室:无室。谓内外混通,无男女之别。 ⑥“以范氏”句:认为范氏因栾黡死而乘机专权。桓主:栾黡。桓是栾黡之谥号,主为卿大夫之称。 ⑦不怒:指范宣子不为栾黡迁怒其子(士鞅)。宠报之:指让士鞅为公族大夫。宠:荣宠。 ⑧“又与”句:士鞅与栾盈同为公族大夫而专权。 ⑨益富:范氏益富。⑩“有死”二句:谓虽死不从范氏。 ⑪害:祸,加祸。主:此为栾祁称其父。 ⑫征:证。 ⑬下卿:栾盈为下军佐,位第六。⑭著:即著雍,晋邑。 ⑮“宣子”二句:箕遗等十人皆晋大夫,栾盈之亲信。羊舌虎:叔向之弟。伯华:羊舌赤。叔向:羊舌肸。三人都是羊舌职之子,为同父异母兄弟。 ⑯离:通“罹”,遭。⑰知:同“智”。 ⑱“与其”句:与死亡相比如何? ⑲《诗》:逸《诗》。 ⑳“优哉”三句:叔向以优游卒岁为智。优哉游哉:形容悠闲从容。聊:姑且。 ㉑出:乐王鲋出。 ㉒祁大夫:祁奚。食邑于祁,因以为氏。 ㉓行:成。 ㉔不能:不善。谓不睦。㉕曰:认为,以为。 ㉖“祁大夫”二句:谓举荐人才不分亲疏。外:远,疏。祁奚举仇、举亲事见三年《传》。弃:遗,遗忘。下文“失”“遗”皆同义。内:亲,近。 ㉗其:岂。 ㉘《诗》曰:引文出自《诗·大雅·抑》。 ㉙“有觉”二句:谓德行正直,则天下从之。有:形容词词头。觉:正直。顺:从。 ㉚“不弃”二句:谓可能因兄弟亲情而与羊舌虎等同谋。 ㉛老:致仕。 ㉜驲(rì):传车。㉝《诗》曰:引文出自《诗·周颂·烈文》。 ㉞“惠我”二句:加惠于百姓无穷无尽,子子孙孙永远保有它。疆:穷。 ㉟《书》:逸《书》。 ㊱“圣有”二句:言圣者有谋略教训者,当信而安定之。

勋:训。明征:信。明、征同义。勋:训。征:信。“定”“保”皆训“安”。引文见《古文尚书·胤征》。㊲固:屏障。㊳犹将十世宥之:即使十世子孙有罪亦当予以赦免。犹将:应,应当。二字同义。宥:赦。㊴壹:乃。㊵“鲧殛”句:言不以父罪废其子。鲧(gǔn):禹之父。鲧治水无功,尧诛之;禹继鲧治水,终获成功。殛:诛。兴:起用。㊶“伊尹”二句:言不以一时之怨废大德。太甲为汤之孙,即位后荒淫无度,伊尹放之于桐宫三年,俟太甲改悔而后复之,己为相,太甲终无怨恨。㊷“管、蔡”二句:言兄弟罪不相及。管叔、蔡叔与周公为兄弟,管、蔡助纣王之子武庚禄父叛乱,周公诛管叔,放蔡叔,一心辅佐成王。㊸何为:何用。㊹不告免:不向祁奚告知获免之事。㊺不使:谓不使侍寝。使:御,进。昭公二十五年《左传》:“公若欲使余,余不可而抶余。”“使”字义近。㊻“深山”二句:言非常之地,多非常之物。㊼敝族:衰败之家族。㊽大宠:指世家大族。宠:贵。㊾间:离间。㊿爱:吝惜。51掠:劫掠。52辞于行人:向周朝负责接待的官员申诉。行人:指小行人。官名,掌管待宾客使者及出使等事。53陪臣:诸侯之臣对天子称陪臣。54守臣:守土之臣。指晋侯。55罪重于郊甸:重(又)得罪于郊甸。谓遭人劫掠。郭外曰郊,郊外曰甸。56伏窜:隐藏。伏、窜义同。《广雅·释诂四》:“伏、窜,……藏也。”57敢布其死:斗胆冒死陈言。布:陈。58书:栾书,栾盈的祖父。输力:尽力。59保任:保有。任:保。劳:功。60大君:指天王。弃:忘。力:功。61戮余:罪戮之余。62归死:就戮。尉氏:指狱官。63布四体:谓俯伏于地,接受斧钺之诛。布:展,陈。64“尤而”二句:他人有过错而加以仿效,过错就更大了。尤:罪,过。此用作动词。65其:殆。66候:候人。迎送宾客之官。出:去,离开。轘辕:山名,在河南登封市西北三十里。

冬，曹武公来朝，始见也[①]。

〔注释〕

①始见：曹武公即位三年，始来见公。

会于商任[①]，锢栾氏也[②]。齐侯、卫侯不敬。叔向曰："二君者必不免。会朝，礼之经也[③]。礼，政之舆也[④]。政，身之守也[⑤]。怠礼失政，失政不立[⑥]，是以乱也。"

〔注释〕

①"会于"句：鲁君与晋、齐、宋、卫、郑、曹、莒、邾诸国之君相会。《传》蒙经文省略与会之人。 ②锢：禁锢。使诸侯不得接受。 ③经：常。 ④礼，政之舆也：谓政待礼而行。 ⑤政，身之守也：身待政而安。守：护。 ⑥不立：难以立身。

知起、中行喜、州绰、邢蒯出奔齐[①]，皆栾氏之党也。乐王鲋谓范宣子曰："盍反州绰、邢蒯？勇士也。"宣子曰："彼栾氏之勇也，余何获焉[②]？"王鲋曰："子为彼栾氏[③]，乃亦子之勇也。"

齐庄公朝，指殖绰、郭最曰："是寡人之雄也[④]。"州绰曰："君以为雄，谁敢不雄？然臣不敏[⑤]，平阴之役[⑥]，先二子鸣。"庄公为勇爵[⑦]。殖绰、郭最欲与焉。州绰曰："东闾之役[⑧]，臣左骖迫[⑨]，还于门中[⑩]，识其枚数[⑪]，其可以与于此乎？"公曰："子为晋君也。"对曰："臣为隶新[⑫]。然二子者，譬于禽兽[⑬]，臣食其肉而寝处其皮矣[⑭]。"

〔注释〕

①“知起”句:知起等四人皆晋大夫。 ②获:得。 ③“子为”二句:言若待之如栾氏,彼亦将为其所用。 ④雄:雄鸟。喻勇士。 ⑤不敏:不才。 ⑥“平阴”二句:十八年,晋伐齐,及平阴,州绰获殖绰、郭最。先二子鸣:谓与二人战而获胜。《太平御览》九一八引《尸子》云:“战如斗鸡,胜者先鸣。” ⑦勇爵:为勇士专设官位。爵:位。 ⑧东闾之役:见十八年《传》。 ⑨迫:惊惧。 ⑩还(xuán):盘旋。 ⑪识其枚数:数其门钉之数。⑫为隶新:谓新为君之臣隶。 ⑬譬于:譬如。于:如。 ⑭“臣食”句:食其肉而寝其皮。谓二人尝为己所获。

经

二十有二年春[①],王正月,公至自会。

夏四月。

秋七月辛酉[②],叔老卒。

冬,公会晋侯、齐侯、宋公、卫侯、郑伯、曹伯、莒子、邾子、薛伯、杞伯、小邾子于沙随[③]。

公至自会。

楚杀其大夫公子追舒[④]。

〔注释〕

①二十有二年:公元前551年。 ②辛酉:十七日。 ③《公羊传》《穀梁传》“邾子”下有“滕子”二字。沙随:宋地,在今河南宁陵县西北。 ④公子追舒:楚令尹。

传

二十二年春,臧武仲如晋[①]。雨,过御叔[②]。御叔在其邑,将饮酒,曰:“焉用圣人[③]?我将饮酒,而己雨行,何以圣为[④]?”穆叔闻之[⑤],曰:“不可使也[⑥],而傲使人,国之蠹也[⑦]。”令倍其赋[⑧]。

〔注释〕

①臧武仲:臧孙纥。②过:访。御叔:鲁御邑之大夫。③焉用圣人:要圣人何用?臧武仲多智,当时谓之圣人。④何以圣为:何必要当圣人?以:用。⑤穆叔:叔孙豹,鲁卿。⑥“不可”二句:谓御叔自身不可任使,而又轻视使者。傲:轻。⑦蠹:蛀虫。喻空耗财物的人。⑧倍其赋:使其食邑之赋税加倍。

夏,晋人征朝于郑[①]。郑人使少正公孙侨对曰[②]:“在晋先君悼公九年[③],我寡君于是即位。即位八月,而我先大夫子驷从寡君以朝于执事[④],执事不礼于寡君,寡君惧。因是行也,我二年六月朝于楚,晋是以有戏之役[⑤]。楚人犹竞[⑥],而申礼于敝邑[⑦]。敝邑欲从执事,而惧为大尤[⑧],曰晋其谓我不共有礼[⑨],是以不敢携贰于楚[⑩]。我四年三月,先大夫子蟜又从寡君以观衅于楚[⑪],晋于是乎有萧鱼之役[⑫]。谓我敝邑,迩在晋国,譬诸草木[⑬],吾臭味也,而何敢差池[⑭]?楚亦不竞,寡君尽其土实[⑮],重之以宗器[⑯],以受齐盟[⑰]。遂帅群臣随于执事,以会岁终[⑱]。贰于楚者,子侯、石盂[⑲],归而

讨之[20]。溴梁之明年[21]，子蟜老矣，公孙夏从寡君以朝于君，见于尝酎[22]，与执燔焉[23]。间二年[24]，闻君将靖东夏[25]，四月又朝，以听事期[26]。不朝之间，无岁不聘，无役不从。以大国政令之无常[27]，国家罢病[28]，不虞荐至[29]，无日不惕[30]，岂敢忘职[31]？大国若安定之，其朝夕在庭，何辱命焉[32]？若不恤其患[33]，而以为口实[34]，其无乃不堪任命[35]，而翦为仇雠[36]？敝邑是惧，其敢忘君命[37]？委诸执事，执事实重图之[38]！"

〔注释〕

①征朝于郑：召郑人使朝。　②少正：官名。公孙侨：子产。③晋先君悼公九年：晋悼公九年。即郑简公元年，当鲁襄公八年。悼公已去世，故称先君。　④子驷：公子騑。执事：谦辞。不愿斥言晋君，故言执事。　⑤戏之役：襄公九年，晋与诸侯伐郑，与郑盟于戏。　⑥竞：强。　⑦"而申"句：晋频伐郑，而楚救之。申：用。　⑧大尤：大罪。　⑨"曰晋"句：觉得晋国会认为鲁国对晋国不敬。曰、谓都是"认为""以为"的意思。有礼：指循礼而行的国家。　⑩携贰：怀有二心。　⑪子蟜（jiǎo）：公孙虿。观衅：实为朝聘，而曰观衅（伺察其瑕隙），饰词。　⑫萧鱼之役：襄公十一年，晋与诸侯伐郑，与郑盟于萧鱼。　⑬"譬诸"二句：以草木作比喻，我们郑国就像是晋国（草木）的气味。臭（xiù）：气味。⑭差池（cī cí）：不齐一。谓时而从楚，时而从晋，前后不一。⑮土实：土地所生。　⑯宗器：宗庙礼乐之器。　⑰齐（zhāi）盟：会盟。会盟必斋戒。齐：同"斋"。　⑱会岁终：指朝正。古代诸侯于正月朝见天子，称朝正。春秋时诸侯尊事霸主，亦往朝正。⑲子侯、石盂：皆郑大夫。　⑳讨：治。　㉑溴（jú）梁之明年：鲁襄公十七年。十六年，诸侯盟于溴梁。　㉒尝酎（zhòu）：祭祀时

尝饮新酒。酎:经多次酿制的醇酒。 ㉓与执燔(fán):谓得赐祭肉。与:参与。执:受。燔:通“膰”。祭祀宗庙之肉,祭后分赐同姓之国。 ㉔间二年:间隔二年。指襄公二十年。 ㉕“闻君”句:襄公二十年,诸侯会于澶渊以服齐。齐在东,故曰靖东夏。 ㉖听事期:澶渊之盟在六月,郑伯于四月朝于晋,听会盟之期。 ㉗无常:不遵法度。 ㉘罢(pí)病:病,疲困。罢、病义同。㉙不虞荐至:屡屡发生意外之事。荐:频仍。 ㉚惕:惧。 ㉛岂敢忘职:言将自往,不须来召。 ㉜辱命:谓召郑使朝。 ㉝恤:顾恤。 ㉞“而以”句:谓晋以郑国的灾患作为借口。口实:借口。 ㉟不堪任命:即不堪命。任:堪。 ㊱翦为仇雠:谓晋抛弃郑国,使之为敌人所灭。翦:灭。仇、雠皆训“敌”。 ㊲其:岂。㊳实:其。重:深。

秋,栾盈自楚适齐。晏平仲言于齐侯曰[①]:“商任之会[②],受命于晋。今纳栾氏,将安用之?小所以事大,信也。失信不立。君其图之!”弗听。退,告陈文子曰[③]:“君人执信[④],臣人执共。忠信笃敬[⑤],上下同之,天之道也。君自弃也,弗能久矣!”

〔注释〕

①晏平仲:晏婴。 ②商任之会:上年晋会诸侯于任商,以禁锢栾氏。 ③陈文子:陈须无。 ④“君人”二句:为人君者要讲诚信,为人臣者要恭敬行事。执:持,守。 ⑤忠信:诚信。忠、信同义。

九月,郑公孙黑肱有疾,归邑于公。召室老、宗人立

段[1],而使黜官、薄祭[2]。祭以特羊[3],殷以少牢[4]。足以共祀,尽归其余邑。曰:“吾闻之,生于乱世,贵而能贫,民无求焉,可以后亡。敬共事君与二三子[5]。生在敬戒[6],不在富也。”己巳[7],伯张卒。君子曰:“善戒。《诗》曰[8]:‘慎尔侯度[9],用戒不虞。’郑子张其有焉[10]!”

〔注释〕

①室老:卿大夫家臣之长。宗人:掌礼之官。段:黑肱之子。《说文》:“《春秋传》曰:‘郑公孙碬,字子石。’” ②黜官:减省其家臣。 ③祭:指四时之祭。特羊:一只羊。 ④殷:祭名。指三年盛祭。少牢:羊、猪。 ⑤敬共:恭敬。 ⑥敬戒:防备。敬:通“儆”,戒。 ⑦己巳:二十五日。 ⑧《诗》曰:引文出自《诗·大雅·抑》。 ⑨慎:敬。侯度:诸侯所守之法度。 ⑩其:殆。

冬,会于沙随[1],复锢栾氏也。栾盈犹在齐[2]。晏子曰:“祸将作矣!齐将伐晋,不可以不惧。”

〔注释〕

①“会于”句:鲁君与晋、齐、宋、卫、郑、曹、莒、邾、薛、杞、小邾诸国之君相会。《传》蒙经文省略与会之人。 ②“栾盈”句:齐人不从晋,故继续收留栾盈。

楚观起有宠于令尹子南[1],未益禄,而有马数十乘。楚人患之,王将讨焉。子南之子弃疾为王御士[2],王每见之,必泣。弃疾曰:“君三泣臣矣,敢问谁之罪也?”王曰:“令尹之不能[3],尔所知也。国将讨焉,尔其居乎[4]?”对曰:“父戮

子居，君焉用之？泄命重刑，臣亦不为。”王遂杀子南于朝，轘观起于四竟[⑤]。

子南之臣谓弃疾，请徙子尸于朝[⑥]，曰：“君臣有礼，唯二三子[⑦]。”三日[⑧]，弃疾请尸，王许之。既葬，其徒曰：“行乎？”曰：“吾与杀吾父，行将焉入[⑨]？”曰：“然则臣王乎？”曰：“弃父事雠，吾弗忍也。”遂缢而死。

复使薳子冯为令尹。公子齮为司马，屈建为莫敖[⑩]。有宠于薳子者八人，皆无禄而多马。他日朝，与申叔豫言，弗应而退[⑪]。从之，入于人中。又从之，遂归[⑫]。退朝，见之[⑬]，曰：“子三困我于朝[⑭]，吾惧，不敢不见。吾过，子姑告我，何疾我也？”对曰：“吾不免是惧，何敢告子？”曰：“何故？”对曰：“昔观起有宠于子南[⑮]，子南得罪，观起车裂，何故不惧？”自御而归[⑯]，不能当道。至，谓八人者曰：“吾见申叔，夫子所谓生死而肉骨也[⑰]。知我者，如夫子则可[⑱]。不然，请止[⑲]。”辞八人者，而后王安之。

〔注释〕

①“楚观起”三句：言观起因子南之宠而得富。子南：公子追舒，楚令尹。　②御士：侍御之士。　③不能：不善。　④居：居留。　⑤轘：将人车裂。此句谓车裂观起而徇于四境。　⑥“请徙”句：言欲犯命取子南之尸于朝而殡之。子：大夫之通称。⑦二三子：指楚之大臣。　⑧《周礼·秋官·掌戮》：“凡杀人者，踣诸市，肆之三日。”　⑨“行将”句：谓无人收留。入：归，往。⑩莫敖：楚官名，位次于司马。　⑪弗应而退：申叔躲避令尹，不想和他说话。　⑫遂归：申叔归于家。　⑬见之：令尹往申叔家

见之。 ⑭困:逃。谓躲避。《方言》卷十三:"困、胎、佐,逃也。" ⑮"昔观起"四句:言恐有罪如观起,故避之如不及。 ⑯"自御"二句:令尹自御其车,因惶惧而心不在焉。当道:谓行驶如常。 ⑰"夫子"句:言申叔之言免己于死。生死而肉骨:谓使死者复生,白骨长肉。 ⑱则:乃。 ⑲止:去。

十二月,郑游眅将如晋①,未出竟,遭逆妻者,夺之,以馆于邑。丁巳②,其夫攻子明,杀之,以其妻行。子展废良而立大叔③,曰:"国卿,君之贰也④,民之主也⑤,不可以苟⑥。请舍子明之类⑦。"求亡妻者⑧,使复其所。使游氏勿怨,曰:"无昭恶也⑨。"

〔注释〕

①游眅(pǎn):公孙虿之子。眅原本作"贩",如原本作"归",均据阮元《校勘记》改。 ②丁巳:十二月无丁巳。丁巳为十一月十四日。 ③子展:公孙舍之。良:游眅之子。大叔:游吉。公孙虿子,游眅之弟。 ④贰:副。谓辅佐。 ⑤主:主宰。 ⑥苟:苟且,马虎草率。 ⑦"请舍"句:盖良与其父均为邪恶之人。舍:废。 ⑧求:索,寻找。 ⑨昭:彰明。

经

二十有三年春①,王二月癸酉朔,日有食之②。

三月己巳③,杞伯匄卒。

夏,邾畀我来奔④。

葬杞孝公。

陈杀其大夫庆虎及庆寅⑤。

陈侯之弟黄自楚归于陈。

晋栾盈复入于晋⑥,入于曲沃。

秋,齐侯伐卫,遂伐晋。

八月,叔孙豹帅师救晋,次于雍榆⑦。

己卯⑧,仲孙速卒。

冬十月乙亥⑨,臧孙纥出奔邾。

晋人杀栾盈。

齐侯袭莒。

〔注释〕

①二十有三年:公元前550年。 ②日有食之:此为公历公元前550年1月5日之日环食。 ③己巳:二十八日。 ④邾畀我来奔:畀我非卿,例不当书,因他是庶其之党,同有窃邑叛君之罪,特书其来奔,以惩不义。 ⑤庆虎、庆寅专国叛君,故书其名。⑥复入:复返。 ⑦雍榆:晋地,在今河南浚县西南。 ⑧己卯:十一日。 ⑨乙亥:八日。

传

二十三年春,杞孝公卒。晋悼夫人丧之①。平公不彻乐②,非礼也。礼,为邻国阙③。

〔注释〕

①晋悼夫人:晋平公母,杞孝公之妹。 ②彻:撤去。 ③阙:去。指撤乐。杞孝公于晋平公为舅甥,但诸侯不服期年之丧,故以邻国责之。

陈侯如楚①。公子黄诉二庆于楚②。楚人召之。使庆乐往③,杀之。庆氏以陈叛。夏,屈建从陈侯围陈④。陈人城,板队而杀人⑤。役人相命⑥,各杀其长,遂杀庆虎、庆寅。楚人纳公子黄。君子谓庆氏不义⑦,不可肆也⑧。故《书》曰:"惟命不于常⑨。"

〔注释〕

①如楚:朝于楚。 ②二庆:庆虎、庆寅。二庆谮公子黄,黄奔楚以自明,见二十年《传》。 ③庆乐:二庆之族。二庆畏诛,不敢自往,故使乐往。 ④屈建:楚莫敖。 ⑤板:筑城的夹板。队:同"坠"。 ⑥命:告。 ⑦谓:以为,认为。 ⑧肆:赦。⑨"惟命"句:引文见《尚书·康诰》。谓天命无常,唯助有德之人。

晋将嫁女于吴,齐侯使析归父媵之①,以藩载栾盈及其士②,纳诸曲沃③。栾盈夜见胥午而告之④。对曰:"不可。天之所废,谁能兴之?子必不免⑤!吾非爱死也⑥,知不集也。"盈曰:"虽然,因子而死,吾无悔矣。我实不天⑦,子无咎焉。"许诺。伏之⑧,而觞曲沃人。乐作,午言曰:"今也得栾孺子⑨,何如?"对曰:"得主而为之死,犹不死也⑩。"皆叹,有泣者。爵行⑪,又言。皆曰:"得主,何贰之有?"盈出,遍拜之。

四月,栾盈帅曲沃之甲,因魏献子以昼人绛⑫。初,栾盈佐魏庄子于下军⑬,献子私焉⑭,故因之。赵氏以原、屏之难怨栾氏⑮,韩、赵方睦。中行氏以伐秦之役怨栾氏⑯,而固与范氏和亲。知悼子少[17]，而听于中行氏。程郑嬖于公[18]。唯魏氏及七舆大夫与之[19]。

乐王鲋侍坐于范宣子[20]。或告曰："栾氏至矣！"宣子惧。桓子曰[21]："奉君以走固宫[22]，必无害也。且栾氏多怨，子为政，栾氏自外[23]，子在位，其利多矣。既有利权，又执民柄[24]，将何惧焉？栾氏所得，其唯魏氏乎！而可强取也[25]。夫克乱在权，子无懈矣。"

公有姻丧[26]，王鲋使宣子墨缞冒绖[27]，二妇人辇以如公[28]，奉公以如固宫。

范鞅逆魏舒，则成列既乘，将逆栾氏矣。趋进，曰："栾氏帅贼以入，鞅之父与二三子在君所矣[29]，使鞅逆吾子。鞅请骖乘。"持带[30]，遂超乘[31]，右抚剑[32]，左援带，命驱之出。仆请，鞅曰："之公。"宣子逆诸阶，执其手，赂之以曲沃[33]。

初，斐豹，隶也，著于丹书[34]。栾氏之力臣曰督戎[35]，国人惧之。斐豹谓宣子曰："苟焚丹书，我杀督戎。"宣子喜曰："而杀之[36]，所不请于君焚丹书者[37]，有如日！"乃出豹而闭之[38]，督戎从之。逾隐而待之[39]，督戎逾入，豹自后击而杀之。

范氏之徒在台后[40]，栾氏乘公门[41]。宣子谓鞅曰："矢及君屋[42]，死之！"鞅用剑以帅卒[43]，栾氏退，摄车从之。遇栾乐[44]，曰："乐免之[45]。死[46]，将讼女于天。"乐射之，不中。又注[47]，则乘槐本而覆[48]。或以戟钩之，断肘而死。栾鲂伤。栾盈奔曲沃。晋人围之。

〔注释〕

①媵(yìng)之:送陪嫁之女。媵:古代贵族女子出嫁时陪嫁或随嫁的人。　②藩:有遮蔽的车。　③曲沃:栾盈食邑,在今山西闻喜县东北。　④胥午:曲沃大夫。　⑤不免:不免于死。⑥爱:吝惜。　⑦不天:不为天所佑。　⑧伏:藏匿。　⑨栾孺子:栾盈。　⑩不死:谓虽死犹生。　⑪爵行:举爵行酒之后。⑫因:依。魏献子:魏舒。绛:晋都,在今山西侯马市。　⑬魏庄子:魏绛,魏舒之父。　⑭私:相亲爱。　⑮"赵氏"句:赵庄姬谮原同、屏括,而栾氏为之作证,原、屏因而被杀,事见成公八年《传》。　⑯"中行氏"句:十四年,晋伐秦,栾黡不从荀偃之命。⑰知悼子:荀盈。荀朔之子,荀罃之孙。襄公十四年《传》:"于是知朔生盈而死,盈生六年而武子卒。"知武子荀罃死于襄公十四年,至此年荀盈十七岁。　⑱程郑:荀氏别族。　⑲七舆大夫:官名。　⑳侍坐:陪坐。范宣子:士匄,晋中军主帅。　㉑桓子:乐王鲋。　㉒奉:保。谓护送。固宫:襄公之宫。其宫完固,故据之以守。《国语·晋语八》:"范宣子以公入于襄公之宫。"　㉓自外:从外(入)。自:由,从。　㉔民柄:指赏罚之权。　㉕强取:谓以武力强制之。　㉖姻丧:杞悼公(晋平公舅父)之丧。　㉗墨缞(cuī):穿黑色的丧服。缞:同"衰",丧服之上衣。冒绖(dié):以绖盖其首。绖:丧服所系麻带。在首为首绖,在腰为腰绖。　㉘二妇人辇:与二妇人同车。　㉙二三子:晋之大臣。　㉚带:绥。手挽之以上车之绳。　㉛超乘:跳跃上车。指跳上魏献子之车。超:跳。　㉜抚剑:持剑。抚:持。　㉝"赂之"句:许以栾氏邑予魏舒。　㉞丹书:以丹(红色)书其名于简牍。　㉟力臣:力士。㊱而:如。　㊲"所不"二句:如果不请求国君焚毁丹书,日神可以为证。所:如果。有如:有。有、如同义。　㊳闭之:闭之于宫门之外。　㊴隐:短墙。　㊵台后:公台之后。　㊶乘:登。　㊷"矢

及”二句：栾氏之箭若射到晋侯之屋，你要以死抵罪。 ㊸“鞅用”三句：谓范鞅既以步战击退栾氏，复登车以逐之。摄：整，整饬。 ㊹栾乐：栾盈之族。 ㊺免之：谓勉力事其主。 ㊻“死”二句：谓即便栾乐死了，自己仍将诉其罪于天。 ㊼注：扣箭于弓弦。 ㊽则：而。乘：蹈。槐本：槐树之根。

秋，齐侯伐卫。先驱[①]：谷荣御王孙挥，召扬为右。申驱[②]：成秩御莒恒，申鲜虞之傅挚为右[③]。曹开御戎[④]，晏父戎为右。贰广[⑤]：上之登御邢公，卢蒲癸为右。启[⑥]：牢成御襄罢师，狼蘧疏为右。胠[⑦]：商子车御侯朝，桓跳为右。大殿[⑧]：商子游御夏之御寇，崔如为右，烛庸之越驷乘[⑨]。自卫将遂伐晋。

晏平仲曰：“君恃勇力以伐盟主，若不济，国之福也。不德而有功，忧必及君。”崔杼谏曰：“不可。臣闻之，小国间大国之败而毁焉[⑩]，必受其咎[⑪]。君其图之！”弗听。陈文子见崔武子[⑫]，曰：“将如君何？”武子曰：“吾言于君，君弗听也。以为盟主[⑬]，而利其难。群臣若急，君于何有[⑭]？子姑止之[⑮]。”文子退，告其人曰：“崔子将死乎！谓君甚[⑯]，而又过之，不得其死[⑰]。过君以义[⑱]，犹自抑也，况以恶乎？”

齐侯遂伐晋，取朝歌[⑲]。为二队[⑳]，入孟门[㉑]，登大行[㉒]。张武军于荧庭[㉓]，戍郫邵[㉔]，封少水[㉕]，以报平阴之役[㉖]，乃还。赵胜帅东阳之师以追之[㉗]，获晏氂[㉘]。八月，叔孙豹帅师救晋，次于雍榆，礼也。

〔注释〕

①先驱：前锋。 ②申驱：次列。继前驱之后的军队。③傅挚：申鲜虞之子。 ④御戎：御齐侯之戎车。 ⑤贰广：齐侯之副车。贰：副。 ⑥启：左翼。《尔雅·释畜》："前右足白，启。" ⑦胠：右翼。启、胠皆有旁侧之义，故以为左、右翼之名。⑧大殿：后军。 ⑨驷乘：为车右之贰。即四人共乘一车，设两名车右。 ⑩间：伺，伺机。败：祸，灾祸。指内乱。毁：败。 ⑪受：承受。咎：灾祸。 ⑫陈文子：陈须无，陈完之孙。崔武子：崔杼。⑬以为盟主：以晋为盟主。 ⑭君于何有：何有于君。谓将弑君以取悦于晋。有：爱。 ⑮止：待。《尔雅·释诂下》："止、徯，待也。" ⑯"谓君"二句：弑君之恶，大于伐盟主。谓：认为，以为。⑰不得其死：不得善终。 ⑱"过君"三句：在道义上胜过国君，尚且应该自我抑制，何况是作恶超过国君呢？抑：抑损。 ⑲朝歌：晋邑，在今河南淇县东北之朝歌城。 ⑳二队：二路。 ㉑孟门：太行隧道，在今河南辉县西。 ㉒大行：山名。即太行山。㉓张武军：谓作军垒。武军：彰显军威的营垒。荧庭：晋地，在今山西翼城县东南七十五里，距晋都不过百里。 ㉔郫(pí)邵：晋地，在今河南济源市西。 ㉕封：聚晋尸而封之，以为京观。少水：即沁水。黄河支流，源出山西沁源县东北羊头山，南流经安泽县，又经河南武陟县入黄河。 ㉖平阴之役：见十八年《传》。㉗赵胜：赵旃之子。东阳：泛指太行山以东之地。 ㉘晏氂：齐大夫，晏婴之子。

季武子无適子[①]，公弥长，而爱悼子[②]，欲立之。访于申丰[③]，曰："弥与纥，吾皆爱之，欲择才焉而立之。"申丰趋退。归，尽室将行[④]。他日，又访焉，对曰："其然[⑤]，将具敝车而

行。”乃止。

访于臧纥，臧纥曰：“饮我酒，吾为子立之。”季氏饮大夫酒，臧纥为客[⑥]。既献[⑦]，臧孙命北面重席[⑧]，新樽絜之[⑨]。召悼子，降，逆之[⑩]。大夫皆起。及旅[⑪]，而召公鉏[⑫]，使与之齿[⑬]。季孙失色[⑭]。

季氏以公鉏为马正[⑮]，愠而不出。闵子马见之[⑯]，曰：“子无然[⑰]！祸福无门，唯人所召。为人子者，患不孝，不患无所[⑱]。敬共父命，何常之有？若能孝敬，富倍季氏可也[⑲]。奸回不轨[⑳]，祸倍下民可也。”公鉏然之。敬共朝夕[㉑]，恪居官次[㉒]。季孙喜，使饮己酒，而以具往[㉓]，尽舍旃[㉔]。故公鉏氏富，又出为公左宰[㉕]。

孟孙恶臧孙[㉖]，季孙爱之。孟氏之御驺丰点好羯也[㉗]，曰：“从余言，必为孟孙[㉘]。”再三云，羯从之。孟庄子疾，丰点谓公鉏：“苟立羯，请雠臧氏[㉙]。”公鉏谓季孙曰：“孺子秩，固其所也[㉚]。若羯立[㉛]，则季氏信有力于臧氏矣。”弗应。己卯[㉜]，孟孙卒。公鉏奉羯立于户侧[㉝]。季孙至，入，哭而出，曰：“秩焉在？”公鉏曰：“羯在此矣！”季孙曰：“孺子长。”公鉏曰：“何长之有？唯其才也[㉞]。且夫子之命也[㉟]。”遂立羯。秩奔邾。

臧孙入，哭甚哀，多涕[㊱]。出，其御曰：“孟孙之恶子也，而哀如是。季孙若死，其若之何？”臧孙曰：“季孙之爱我，疾疢也[㊲]。孟孙之恶我，药石也[㊳]。美疢不如恶石[㊴]。夫石犹生我[㊵]，疢之美[㊶]，其毒滋多。孟孙死，吾亡无日矣[㊷]！”孟氏闭门，告于季孙曰：“臧氏将为乱，不使我葬。”季孙不信。臧孙闻之,戒[43]。冬十月,孟氏将辟[44],藉除于臧氏[45]。臧孙使正夫助之[46],除于东门,甲从己而视之[47]。孟氏又告季孙。季孙怒,命攻臧氏。乙亥,臧纥斩鹿门之关以出[48],奔邾。

初,臧宣叔娶于铸[49],生贾及为而死[50]。继室以其侄[51],穆姜之姨子也[52]。生纥,长于公宫。姜氏爱之[53],故立之[54]。臧贾、臧为出在铸[55]。臧武仲自邾使告臧贾[56],且致大蔡焉[57],曰:"纥不佞[58],失守宗祧[59],敢告不吊[60]。纥之罪,不及不祀[61]。子以大蔡纳请,其可[62]。"贾曰:"是家之祸也,非子之过也。贾闻命矣。"再拜受龟,使为以纳请[63],遂自为也[64]。臧孙如防[65],使来告曰:"纥非能害也[66],知不足也。非敢私请[67]。苟守先祀[68],无废二勋[69],敢不辟邑[70]!"乃立臧为。

臧纥致防而奔齐。其人曰[71]:"其盟我乎[72]?"臧孙曰:"无辞[73]。"将盟臧氏,季孙召外史掌恶臣[74],而问盟首焉[75]。对曰:"盟东门氏也[76],曰:'毋或如东门遂,不听公命,杀適立庶[77]!'盟叔孙氏也,曰:'毋或如叔孙侨如[78],欲废国常,荡覆公室!'"季孙曰:"臧孙之罪,皆不及此。"孟椒曰:"盍以其犯门斩关[79]?"季孙用之。乃盟臧氏曰:"毋或如臧孙纥,干国之纪[80],犯门斩关!"臧孙闻之,曰:"国有人焉[81]!谁居[82]?其孟椒乎!"

〔注释〕

①季武子:季孙宿。適子:嫡子,正妻所生之子。 ②悼子:名纥。 ③访:谋。申丰:季氏属大夫。 ④尽室:尽携其财产。室:家产。 ⑤其然:若是如此。其:表示假设。 ⑥客:上宾。⑦献:进酒于客曰献。 ⑧臧孙:臧纥。北面:居北向南。重席:

二重席。《仪礼·乡饮酒礼》:"席于宾东,公三重,大夫再重。" ⑨新樽絜之:用新酒杯,又加洗涤。絜:同"洁"。 ⑩降,逆之:臧纥下阶迎悼子入坐。 ⑪旅:旅酬。依次行酒曰旅。 ⑫公鉏:即公弥。 ⑬使与之齿:使公鉏从庶子之礼,列在悼子之下。齿:以年叙长幼。 ⑭季孙失色:恐公鉏不从。 ⑮马正:家司马,掌卿大夫采邑之兵众、车马、兵甲之政令。 ⑯闵子马:闵马父。 ⑰无然:不要如此。 ⑱无所:没有地位。所:处。指地位。 ⑲富:通"福"。季氏:指悼子。 ⑳奸回:奸邪。回:邪。不轨:不法。 ㉑朝夕:谓朝夕恭敬从事。朝省事曰朝,夕省事曰夕。 ㉒恪:恭敬。官次:官位。次:位列。 ㉓具:飨宴之具。 ㉔旃:"之焉"的合音。 ㉕出:仕。为公左宰:为鲁君之左宰。 ㉖孟孙:孟孙速,即下文之孟庄子。 ㉗御驺:主驾马车之官。羯(jié):孟庄子庶子。 ㉘必为孟孙:谓为孟孙继承人。 ㉙请雠臧氏:使孟氏与公鉏共怨臧纥。雠:怨。 ㉚"孺子"二句:立秩为继承人,是理所当然的。孺子:古代天子、诸侯或世卿的继承人。固其所:谓本自当立。所:宜。 ㉛"若羯"二句:谓若废秩而立羯,则季氏实有功于孟氏。臧氏:当为"孟氏"之误。王引之《经义述闻》卷十八《春秋左传中》:"公鉏之意,欲季孙立羯以树恩于孟氏,非求胜于臧孙之立悼子也,不得云有力于臧氏,'臧'当为'孟',因上下文臧氏而误为臧耳。力,功也。" ㉜己卯:十一日。 ㉝"公鉏"句:谓公鉏奉羯为丧主。《礼记·檀弓下》:"大夫之丧,庶子不受吊。"又《曾子问》云:"丧无二孤。"奉:侍奉。 ㉞唯其才也:季孙废鉏立悼子,云欲择贤能者而立之,故公鉏以此答之。才:贤,贤能。 ㉟夫子之命:谓孟庄子遗命。此为假托。 ㊱涕:泪。 ㊲疾疢(chèn):敦煌写本(S. 133)作"美疢"。疢:病。 ㊳药石:与下文"恶石"相对,指砭(古代针刺疗病之石)。药:疗。 ㊴"美疢"句:无论何种疾病,均使人受伤害,药石则可以治病。 ⑩“夫石”句:谓恶石犹可去病,使人得生。夫:指代石。犹:则。 ㊶“疢之”二句:疾病之美者,使人不觉其苦痛,而害人益甚。毒:害,祸患。多:大。 ㊷无日:谓即至。 ㊸戒:为戒备。 ㊹辟:穿藏,挖掘墓穴。 ㊺藉:借。除:除徒。清除道路之役徒。 ㊻正夫:常设之役徒。 ㊼“甲从”句:臧孙使甲士随从视察役徒除道。 ㊽鹿门:鲁都南城之东门。关:闭门之横木。即门栓。 ㊾臧宣叔:臧孙许。铸:国名,在今山东肥城市南大汶河北岸。 ㊿铸女死。 ⑤继室:谓接替夫人之位。继:续。侄:指侄女。 ⑤穆姜:宣公夫人,成公之母。姨子:姨母之女。 ⑤姜氏:即穆姜。 ⑤立之:立为宣叔之嗣。 ⑤出在铸:出居舅家。 ⑤臧贾:臧武仲嫡长兄。 ⑤致:送。大蔡:大龟。 ⑤不佞:不才。 ⑤失守宗祧(tiāo):不能祭祀宗庙。宗祧:宗庙。远祖为祧。 ⑥不吊:不善。 ⑥及:至。不祀:谓不立后嗣。祀:嗣。 ⑥其:将。 ⑥使为以纳请:臧贾使臧为纳蔡(大龟)为自己关说。 ⑥遂自为也:臧为不为贾请,而为己请。⑥防:东防,臧氏食邑,在今山东泗水县东二十八里。 ⑥“纥非”二句:言臧孙无意作乱,只是中人圈套。知:同“智”。足:周备。 ⑥非敢私请:言为其先人请。守:保。 ⑥先祀:先人之祭祀。 ⑥无:不。二勋:臧文仲、臧宣叔。 ⑦辟邑:谓让出防地。辟:去。 ⑦其人:谓从人。 ⑦其盟我乎:他们会因我出奔而盟誓吗?谓列数其罪,盟诸大夫以为戒。 ⑦无辞:没有合适的誓言。臧纥之罪在废长立少,而季孙与之同罪而不敢言。 ⑦外史:官名。 ⑦盟首:盟誓之首要内容。也即臧纥之主要罪状。⑦东门氏:公子遂,字襄仲。庄公之子,僖公之弟。居东门,因以为氏。 ⑦杀适立庶:杀文公嫡子恶,而立宣公。事见文公十八年《传》。 ⑦“毋或”三句:谓叔孙侨如谮鲁君与季孙、孟孙于晋。事见成公十六年《传》。国常:国之法度。常:法。 ⑦盍:何不。犯:侵。 ⑳干:犯。纪:法度。 ㉑人:人才。 ㉒居:句末语气词。表示疑问语气。

晋人克栾盈于曲沃,尽杀栾氏之族党[①]。栾鲂出奔宋。书曰"晋人杀栾盈[②]",不言大夫,言自外也。

〔注释〕

①族党:族类。指同族。 ②"书曰"三句:《春秋》书"晋人杀栾盈",而不称栾盈为大夫,因为他出奔在外,不再是晋大夫。自外:从外(入)。

齐侯还自晋,不入[①]。遂袭莒,门于且于[②],伤股而退[③]。明日,将复战,期于寿舒[④]。杞殖、华还载甲[⑤],夜入且于之隧[⑥],宿于莒郊。明日,先遇莒子于蒲侯氏[⑦]。莒子重赂之,使无死,曰:"请有盟[⑧]。"华周对曰[⑨]:"贪货弃命[⑩],亦君所恶也。昏而受命,日未中而弃之,何以事君?"莒子亲鼓之,从而伐之,获杞梁[⑪]。莒人行成[⑫]。

齐侯归,遇杞梁之妻于郊[⑬],使吊之。辞曰:"殖之有罪[⑭],何辱命焉[⑮]?若免于罪,犹有先人之敝庐在[⑯],下妾不得与郊吊[⑰]。"齐侯吊诸其室[⑱]。

〔注释〕

①不入:不入国。 ②且于:莒邑,在今山东莒县。 ③股:大腿。 ④寿舒:莒地,亦在今山东莒县。 ⑤杞殖、华还:皆齐大夫。 ⑥隧:险隘之道。 ⑦蒲侯氏:近莒之邑。 ⑧有盟:为盟。有:为。 ⑨华周:即华还。 ⑩弃:背。 ⑪获:古代生擒、

死得皆可称获。此为死得。 ⑫行成:言和,求和。 ⑬杞梁:即杞殖。梁是字。 ⑭之:若。表示假设。 ⑮何辱命:谓不劳君吊。 ⑯犹:则。《礼记·檀弓下》载此事,正作"则有先人之敝庐在"。 ⑰"下妾"句:妇人无外事,故杞梁之妻不接受郊吊。不得:不应。得:宜。 ⑱诸:于。

齐侯将为臧纥田[①]。臧孙闻之,见齐侯,与之言伐晋[②]。对曰:"多则多矣[③],抑君似鼠。夫鼠,昼伏夜动[④],不穴于寝庙[⑤],畏人故也。今君闻晋之乱而后作焉[⑥],宁将事之[⑦],非鼠如何[⑧]?"乃弗与田[⑨]。

仲尼曰:"知之难也。有臧武仲之知,而不容于鲁国,抑有由也[⑩]。作不顺而施不恕也[⑪]。《夏书》曰[⑫]:'念兹在兹[⑬]。'顺事、恕施也。"

〔注释〕

①为臧纥田:赐给臧纥土地。 ②"与之"句:齐侯自言伐晋之功。 ③多则多矣:谓战功多。《周礼·夏官·司勋》:"战功曰多。" ④伏:休,息。 ⑤寝庙:指居所。襄公四年《传》:"民有寝庙,兽有茂草,各有攸处,德用不扰。" ⑥作:起兵。 ⑦宁将事之:待到晋国安定下来,又将侍奉他们。宁:安。 ⑧如:而。⑨乃弗与田:臧纥有意激怒齐君,齐君怒,不与之田。 ⑩抑:则。有由:有原因。 ⑪恕:谓推己及人。己所不欲,勿施于人。 ⑫《夏书》:逸《书》。 ⑬念兹在兹:谓当思此事在己之身。

经

二十有四年春[①],叔孙豹如晋。

仲孙羯帅师侵齐。

夏,楚子伐吴。

秋七月甲子朔,日有食之②,既③。

齐崔杼帅师伐莒。

大水④。

八月癸巳朔,日有食之⑤。

公会晋侯、宋公、卫侯、郑伯、曹伯、莒子、邾子、滕子、薛伯、杞伯、小邾子于夷仪⑥。

冬,楚子、蔡侯、陈侯、许男伐郑。

公至自会。

陈鍼宜咎出奔楚。

叔孙豹如京师。

大饥⑦。

〔注释〕

①二十有四年:公元前 549 年。 ②日有食之:此为公元前 549 年 6 月 19 日的日全食。 ③既:尽。 ④大水:平地出水为大水。成灾,故书。 ⑤日有食之:七月已有日全食,八月无再食之理。此或史官误记。 ⑥夷仪:地名,在今山东聊城市西十二里。 ⑦大饥:饥荒严重。饥:谷不熟。

传

二十四年春,穆叔如晋①。范宣子逆之②,问焉,曰:“古人有言曰,‘死而不朽③’,何谓也?”穆叔未对。宣子曰:“昔匄之祖,自虞以上为陶唐氏④,在夏为御龙氏⑤,在商为豕韦氏[6],在周为唐杜氏[7],晋主夏盟为范氏[8],其是之谓乎?”穆叔曰:“以豹所闻,此之谓世禄,非不朽也。鲁有先大夫曰臧文仲[9],既没,其言立[10]。其是之谓乎!豹闻之:大上有立德[11],其次有立功,其次有立言。虽久不废,此之谓不朽。若夫保姓受氏[12],以守宗祊[13],世不绝祀,无国无之。禄之大者,不可谓不朽。”

〔注释〕

①穆叔:叔孙豹。 ②范宣子:范匄,晋正卿。 ③死而不朽:谓身死而名不灭。 ④陶唐氏:帝尧。尧初封于唐,为天子后都陶。 ⑤“在夏”句:陶唐之后刘累能驯龙,事孔甲,孔甲赐之姓,曰御龙氏。 ⑥豕韦氏:刘累之后封于豕韦(在今河南滑县),因以为氏。 ⑦唐杜氏:即杜氏。豕韦建国于杜(在今陕西西安市东南),后世因以为氏。 ⑧晋主夏盟:晋为华夏(中原地区)之盟主。指春秋时期。范氏:士会食邑于范(在今河南范县),因以为氏。 ⑨臧(zāng)文仲:臧孙辰。 ⑩立:谓传于后世。 ⑪大上:同“太上”,最上,最高。 ⑫若夫:发语词。保姓受氏:谓庇护其家族。受:保。 ⑬宗祊(bēng):宗庙。祊:宗庙之门。

范宣子为政,诸侯之币重[1],郑人病之。二月,郑伯如晋。子产寓书于子西以告宣子[2],曰:“子为晋国,四邻诸侯不闻令德,而闻重币,侨也惑之。侨闻君子长国家者[3],非无贿之患[4],而无令名之难[5]。夫诸侯之贿聚于公室,则诸侯贰[6]。若吾子赖之[7],则晋国贰。诸侯贰,则晋国坏。晋国贰[8],则子之家坏,何没没也[9]!将焉用贿?夫令名[10],德之舆也。德,国家之基也。有基无坏[11],无亦是务乎[12]!有德则乐,乐则能久。《诗》云[13]:'乐只君子[14],邦家之基。'有令德也夫[15]!'上帝临女[16],无贰尔心。'有令名也夫!恕思以明德[17],则令名载而行之[18],是以远至迩安。毋宁使人谓子'子实生我'[19],而谓'子浚我以生'乎?象有齿,以焚其身[20],贿也。"宣子说,乃轻币。

是行也,郑伯朝晋,为重币故,且请伐陈也。郑伯稽首[21],宣子辞。子西相[22],曰:"以陈国之介恃大国而陵虐于敝邑[23],寡君是以请罪焉[24],敢不稽首?"

〔注释〕

①"诸侯"句:诸侯向晋国贡献的财货加重。币:指贡赋。②子产:公孙侨。寓:寄。子西:公孙夏。子西相郑伯如晋,故子产托书请子西致范宣子。　③长国家:指执政。长:主。　④贿:财货。　⑤难:患。此二句谓不患无财货,而患无令名。　⑥贰:离心。　⑦赖:利。　⑧"晋国"二句:谓晋国内部纷争,则当政之臣受其祸。　⑨没没:同"昧昧"。谓昏瞆、糊涂。　⑩"夫令名"二句:谓德须令名而远闻。舆:车子。令名载德而行,故曰"德之舆"。　⑪坏:毁败。　⑫"无亦"句:反诘句。犹言岂能不致力于此。无亦:不亦,不。亦无为语助词,无义。务:勉,勉力。⑬《诗》云:引文出自《诗·小雅·南山有台》。　⑭"乐只"二句:谓和乐君子,乃国家之基石。只:句中语助词,无义。　⑮也夫:语气词。表示感叹语气。　⑯"上帝"二句:引文出自《诗·大雅·大明》。谓上帝临视,汝不可怀有贰心。　⑰恕思:谓推己及人,为他人着想。《逸周书·程典》:"慎德必躬恕,恕以明德。"⑱载:成。　⑲"毋宁"二句:宁可让人说你使我们得以生存,岂

可使人说你靠掠夺我们而生存！毋宁：宁。毋：语助词，无义。谓子：对你说。谓：言。浚：取。 ⑳焚(fèn)其身：丧生。焚：通“偾”，僵，倒毙。 ㉑稽(qí)首：叩首至地。古代最重的跪拜礼。 ㉒相：为相赞礼。 ㉓介恃：凭恃，依仗。介、恃义同。大国：指楚国。陵虐：侵暴。 ㉔请罪：问罪。

孟孝伯侵齐①，晋故也②。

〔注释〕

①孟孝伯：仲孙羯。 ②晋故：上年齐侵晋，鲁为晋侵齐。

夏，楚子为舟师以伐吴①。不为军政②，无功而还。

〔注释〕

①楚子：楚康王。舟师：水师。 ②军政：军之政教。

齐侯既伐晋而惧，将欲见楚子①。楚子使薳启彊如齐聘②，且请期③。齐社④，蒐军实⑤，使客观之。陈文子曰⑥：“齐将有寇⑦。吾闻之，兵不戢⑧，必取其族⑨。”

〔注释〕

①将欲：欲。 ②薳(wěi)启彊：即薳启疆。彊：通“疆”。 ③请：问。 ④社：祭于社。 ⑤蒐：检阅。军实：军中所有之物。人员、器用、粮食等都可称军实。 ⑥陈文子：陈须无。 ⑦寇：乱。 ⑧戢(jí)：藏。 ⑨取其族：谓害己。族：类。

秋，齐侯闻将有晋师，使陈无宇从薳启彊如楚，辞①，且

乞师[2]。崔杼帅师送之,遂伐莒,侵介根[3]。

〔注释〕

①辞:说明因为有晋师,不得与楚子相见。 ②乞师:请求援军。 ③介根:莒邑,在今山东高密市西南十二里。

会于夷仪[1],将以伐齐。水[2],不克[3]。

〔注释〕

①"会于"句:鲁君与晋、宋、卫、郑、曹、莒、邾、滕、薛、杞、小邾诸国之君相会。《传》蒙经文省略与会之人。 ②水:大水。③不克:其事未成。克:成。

冬,楚子伐郑以救齐,门于东门[1],次于棘泽[2]。诸侯还救郑[3]。

晋侯使张骼、辅跞致楚师[4],求御于郑[5]。郑人卜宛射犬[6],吉。子大叔戒之曰[7]:"大国之人,不可与也[8]。"对曰:"无有众寡[9],其上一也。"大叔曰:"不然。部娄无松柏[10]。"二子在幄[11],坐射犬于外[12],既食,而后食之。使御广车而行[13],已皆乘乘车[14]。将及楚师,而后从之乘,皆踞转而鼓琴[15]。近,不告而驰之[16]。皆取胄于櫜而胄[17]。入垒,皆下,搏人以投,收禽挟囚[18]。弗待而出[19]。皆超乘[20],抽弓而射。既免,复踞转而鼓琴,曰:"公孙!同乘,兄弟也[21],故再不谋[22]?"对曰:"曩者志入而已[23],今则怯也[24]。"皆笑曰:"公孙之亟也[25]。"

楚子自棘泽还,使薳启彊帅师送陈无宇。

〔注释〕

①门:攻打城门。 ②棘泽:地名,在今河南新郑市东南。 ③诸侯:指会于夷仪之诸侯。 ④致楚师:向楚军挑战。 ⑤求御于郑:求郑人为御。因其知地利。 ⑥宛射犬:郑公孙,食邑于宛。 ⑦子大叔:游吉。 ⑧不可与:谓不能与之平起平坐。与:敌,当。 ⑨“无有”二句:谓不论国家大小,都有上下之分。一:同。 ⑩部娄:低下潮湿之地。《国语·晋语九》:“松柏不生埤。” ⑪二子:张骼、辅跞。幄:帐,帐篷。 ⑫坐:止。 ⑬广车:兵车。 ⑭乘车:安车。 ⑮“皆踞转”句:坐在车后横木上弹琴。踞:坐。转:轸。车后的横木。 ⑯“不告”句:不告二人而驰入楚军。 ⑰胄:头盔。下“胄”字为动词。橐(gāo):兵甲之衣。 ⑱收禽:捕获。收、禽同义。挟:夹。以掖持物曰挟。囚:俘虏。 ⑲弗待而出:不待二人上车而离开。出:去。 ⑳超乘:跳上车。 ㉑同乘,兄弟也:谓共乘之人,义如兄弟。 ㉒故再不谋:为何入垒、出营都不打招呼?故:胡,何。 ㉓曩者:向者,先前。志入:专注于进入敌垒。心有所至曰志。 ㉔则:乃。㉕亟:急。指性急不能受辱。

吴人为楚舟师之役故[①],召舒鸠人[②]。舒鸠人叛楚。楚子师于荒浦[③],使沈尹寿与师祁犁让之[④]。舒鸠子敬逆二子[⑤],而告无之,且请受盟。二子复命,王欲伐之。薳子曰[⑥]:“不可。彼告不叛,且请受盟,而又伐之,伐无罪也。姑归息民,以待其卒。卒而不贰[⑦],吾又何求?若犹叛我[⑧],无辞,有庸[⑨]。”乃还。

〔注释〕

①“吴人”句：此年夏，楚人以舟师伐吴。 ②舒鸠：楚之属国，在今安徽舒城县。 ③荒浦：舒鸠地。 ④沈尹寿：与下“师祁犁”皆楚大夫。让：责备。 ⑤舒鸠子：舒鸠国国君。 ⑥薳子：薳子冯，楚令尹。 ⑦贰：叛。 ⑧若犹：如果。表示假设。若、犹同义。 ⑨无辞，有庸：谓彼理屈，而我伐之，乃有功。无辞：理亏。

陈人复讨庆氏之党[①]，鍼宜咎出奔楚。

〔注释〕

①庆氏：庆虎、庆寅。二人皆陈大夫，作乱被杀，见上年《传》。

齐人城郏[①]。穆叔如周聘，且贺城。王嘉其有礼也[②]，赐之大路[③]。

〔注释〕

①郏(jiá)：即郏鄏(rǔ)。周之雒邑，春秋时谓之王城，在今河南洛阳市。 ②嘉：褒。 ③大路：天子之车。

晋侯嬖程郑，使佐下军[①]。郑行人公孙挥如晋聘[②]，程郑问焉，曰：“敢问降阶何由[③]？”子羽不能对[④]。归以语然明[⑤]。然明曰：“是将死矣。不然，将亡[⑥]。贵而知惧，惧而思降，乃得其阶[⑦]。下人而已[⑧]，又何问焉？且夫既登而求降阶者，知人也不在[⑨]。程郑其有亡衅乎[⑩]？不然，其有惑疾[⑪]，将死而忧也。”

〔注释〕

①“使佐”句：下军佐栾盈被杀。 ②行人：使者。 ③降阶：指宾主会见时走下台阶。何由：由何，为什么。 ④子羽：公孙挥的字。 ⑤然明：鬷蔑。郑大夫。 ⑥亡：出奔。 ⑦阶：途径。 ⑧下人：居于人下。表示对人谦让。 ⑨不在：不终。谓不易善终。在：终。 ⑩亡衅：奔亡之征兆。 ⑪惑疾：神志不清之病。惑：丧失心志。

经

二十有五年春[①]，齐崔杼帅师伐我北鄙。

夏五月乙亥[②]，齐崔杼弑其君光[③]。

公会晋侯、宋公、卫侯、郑伯、曹伯、莒子、邾子、滕子、薛伯、杞伯、小邾子于夷仪[④]。

六月壬子[⑤]，郑公孙舍之帅师入陈。

秋八月己巳[⑥]，诸侯同盟于重丘[⑦]。

公至自会。

卫侯入于夷仪。

楚屈建帅师灭舒鸠[⑧]。

冬，郑公孙夏帅师伐陈。

十有二月，吴子遏伐楚，门于巢[⑨]，卒。

〔注释〕

①二十有五年：公元前548年。 ②乙亥：十七日。 ③“齐崔杼”句：书崔杼之名，罪之。 ④夷仪：地名，在今山东聊城市西。 ⑤壬子：二十四日。 ⑥己巳：八月无壬子。己巳为七月

十二日。 ⑦诸侯：会于夷仪之诸侯。重丘：齐地，在今山东聊城市东南十五里。 ⑧舒鸠：楚之属国，在今安徽舒城县。 ⑨门：攻打城门。巢：楚邑，今安徽巢湖市东北五里有居巢故城，即其地。

传

二十五年春，齐崔杼帅师伐我北鄙，以报孝伯之师也[①]。公患之，使告于晋。孟公绰曰[②]："崔子将有大志[③]，不在病我，必速归，何患焉！其来也不寇[④]，使民不严，异于他日。"齐师徒归[⑤]。

〔注释〕

①孝伯：孟孝伯，即仲孙羯，上年率师侵齐。 ②孟公绰：鲁大夫。 ③大志：谓将弑君。 ④寇：劫掠。 ⑤徒归：无所得而归。徒：空。

齐棠公之妻[①]，东郭偃之姊也。东郭偃臣崔武子[②]。棠公死，偃御武子以吊焉。见棠姜而美之，使偃取之。偃曰："男女辨姓[③]。今君出自丁[④]，臣出自桓，不可。"武子筮之[⑤]，遇《困》䷮之《大过》䷛[⑥]。史皆曰吉[⑦]。示陈文子，文子曰："夫从风[⑧]，风陨妻[⑨]，不可娶也。且其《繇》曰[⑩]：'困于石[⑪]，据于蒺梨[⑫]，入于其宫[⑬]，不见其妻，凶[⑭]。'困于石，往不济也。据于蒺梨，所恃伤也。入于其宫，不见其妻，凶，无所归也。"崔子曰："嫠也[⑮]，何害？先夫当之矣[⑯]。"遂取之。

庄公通焉[17],骤如崔氏[18]。以崔子之冠赐人。侍者曰:"不可。"公曰:"不为崔子[19],其无冠乎?"崔子因是[20],又以其间伐晋也[21],曰:"晋必将报。"欲弑公以说于晋[22],而不获间[23]。公鞭侍人贾举而又近之,乃为崔子间公[24]。

夏五月,莒为且于之役故[25],莒子朝于齐。甲戌,飨诸北郭。崔子称疾,不视事[26]。乙亥,公问崔子[27],遂从姜氏。姜入于室,与崔子自侧户出。公拊楹而歌[28]。侍人贾举止众从者[29],而入闭门。甲兴,公登台而请[30],弗许;请盟,弗许;请自刃于庙[31],弗许。皆曰:"君之臣杼疾病,不能听命[32]。近于公宫,陪臣干掫有淫者[33],不知二命。"公逾墙。又射之[34],中股,反队[35],遂弑之。贾举、州绰、邴师、公孙敖、封具、铎父、襄伊、偻堙皆死[36]。祝佗父祭于高唐[37],至,复命,不说弁而死于崔氏[38]。申蒯,侍渔者[39],退,谓其宰曰:"尔以帑免[40],我将死。"其宰曰:"免,是反子之义也[41]。"与之皆死。崔氏杀鬷蔑于平阴[42]。

晏子立于崔氏之门外[43],其人曰[44]:"死乎?"曰:"独吾君也乎哉[45],吾死也?"曰:"行乎?"曰:"吾罪也乎哉,吾亡也?"曰:"归乎?"曰:"君死,安归?君民者,岂以陵民[46]?社稷是主[47]。臣君者,岂为其口实[48]?社稷是养[49]。故君为社稷死,则死之;为社稷亡,则亡之。若为己死,而为己亡[50],非其私昵[51],谁敢任之?且人有君而弑之,吾焉得死之,而焉得亡之?将庸何归[52]?"门启而入,枕尸股而哭[53]。兴,三踊而出[54]。人谓崔子:"必杀之!"崔子曰:"民之望也[55]。舍之得民。"

卢蒲癸奔晋[56],王何奔莒。

叔孙宣伯之在齐也[57],叔孙还纳其女于灵公[58]。嬖,生景公[59]。丁丑[60],崔杼立而相之。庆封为左相。盟国人于大宫[61],曰:“所不与崔、庆者[62]。”晏子仰天叹曰:“婴所不唯忠于君利社稷者是与,有如上帝!”乃歃[63]。辛巳[64],公与大夫及莒子盟[65]。

大史书曰[66]:“崔杼弑其君。”崔子杀之。其弟嗣书而死者二人[67]。其弟又书,乃舍之。南史氏闻大史尽死,执简以往。闻既书矣,乃还。

闾丘婴以帷缚其妻而载之[68],与申鲜虞乘而出。鲜虞推而下之[69],曰:“君昏不能匡,危不能救,死不能死,而知匿其昵[70],其谁纳之?”行及弇中[71],将舍[72],婴曰:“崔、庆其追我!”鲜虞曰:“一与一[73],谁能惧我?”遂舍。枕辔而寝[74],食马而食,驾而行。出弇中,谓婴曰:“速驱之!崔、庆之众,不可当也。”遂来奔。

崔氏侧庄公于北郭[75]。丁亥[76],葬诸士孙之里[77]。四翣[78],不跸[79],下车七乘[80],不以兵甲[81]。

〔注释〕

①棠公:齐棠邑大夫。 ②臣崔武子:为崔杼家臣。 ③男女辨姓:谓男女同姓不婚。辨:别。 ④“今君”二句:谓己与崔杼同姓。出自丁:为姜姓女子所生。出:生。丁:丁公,齐太公之子。桓:齐桓公,名小白。 ⑤筮:用蓍草占卜吉凶。 ⑥《困》之《大过》:卦象由《困》变成《大过》。《困》之第三爻由阴爻变为阳爻,《困》卦即变成《大过》。《困》:《坎》下《兑》上。《大过》:

《巽》下《兑》上。 ⑦曰:认为,以为。 ⑧夫从风:《坎》为中男,故曰夫。变为《巽》,故曰从风(《巽》为风)。 ⑨风陨妻:此就卦象之变化而言。《困》变成《大过》,实由下卦《坎》变成《巽》。《坎》为男(夫),变为《巽》(风),风能使物陨落,故曰“风陨妻”。⑩繇(zhòu):卦兆之占辞。 ⑪困于石:谓犯罪被囚。石:指嘉石。《周礼·秋官·大司寇》:“以嘉石平罢民,凡万民之有罪过而未丽于法,而害于州里者,桎梏而坐诸嘉石,役诸司空。”⑫蒺梨:即蒺藜。有刺的植物。依据蒺藜,必被刺伤。 ⑬宫:室。指家。 ⑭以上五句,皆《困》六三爻辞。 ⑮嫠(lí):寡妇。⑯“先夫”句:谓先夫已当此凶兆。当:应。 ⑰通焉:与棠姜私通。 ⑱骤:屡。 ⑲“不为”二句:谓若无崔子之冠,岂无他人之冠以赐人乎?不为:即不有。表示假设的前提不存在。为:有。其:岂。 ⑳因是:因此而怒公。 ㉑间伐晋:乘晋有难而伐之。间:伺察。 ㉒说:取悦。 ㉓间:罅隙。引申为机会。此用如动词。 ㉔“乃为”句:为崔杼寻找杀庄公之机会。 ㉕且于之役:二十三年,齐伐晋,侵莒且于。 ㉖视:治,治理。 ㉗问:问疾。㉘拊:叩击。楹:柱子。歌:歌以命姜氏,欲其出。 ㉙侍人贾举:崔杼亲信。与下文贾举非一人。 ㉚请:《史记·齐太公世家》作“请解”。 ㉛自刃于庙:自杀于宗庙。 ㉜听命:亲听公命。㉝“陪臣”二句:言行夜得淫人,奉崔子之命讨之,不知其他。陪臣:崔杼家臣对齐君称陪臣。干掫(zōu):巡夜。干:通“扞”,捍卫。掫:行夜戒守。有:得。 ㉞又:或,有人。 ㉟反队:跌于墙内。队:同“坠”。 ㊱“贾举”句:八人皆齐勇力之士,同死于崔氏之宫。 ㊲高唐:地名,在今山东高唐县东三十五里。齐有别庙在高唐。 ㊳说(tuō):通“脱”。弁:爵弁,祭服。弁形如冕,无旒。 ㊴侍渔者:监收鱼税之官。 ㊵帑(nú):指申蒯的妻子。免:脱,逃走。 ㊶反:违。谓与死君之义相背。 ㊷鬷

(zōng)蔑：平阴大夫，庄公嬖臣。平阴：齐地，在今山东平阴县东北三十五里。 ㊸晏子：晏婴。 ㊹其人：指晏婴从人。 ㊺“独吾”二句：谓己与众臣无异，不必独为君死。也乎哉：三字同义连文，表示反问语气。 ㊻陵：加于其上。 ㊼社稷是主：为主社稷。社稷：土神和谷神。主：祭祀。 ㊽口实：指俸禄。 ㊾养：奉。 ㊿而：与。 51私昵：亲爱之人。 52将：且。庸何：何。庸、何义同。 53枕尸股：以庄公之尸枕己之股。 54踊：顿足，跳跃。丧礼中最哀恸的表示。《礼记·檀弓下》：“辟踊，哀之至也。”一踊三跳，三踊为九跳。 55民之望：民所仰望之人。 56卢蒲癸：与下文王何皆庄公亲信。 57叔孙宣伯：叔孙侨如。因与穆姜淫乱，逃亡于齐，见成公十六年《传》。 58叔孙还：齐群公子。女：宣伯之女。 59景公：齐庄公同父异母弟。 60丁丑：五月十九日。 61大宫：齐太公庙。 62“所不”四句：盟书本云：“所不与崔、庆者，有如上帝(谓上帝可以为证)。”读书未毕，而晏婴抢先插话。所：若。表示假设。有如：有。有，如同义。 63歃(shà)：歃血。古代会盟，小口饮血。 64辛巳：二十三日。 65及莒子盟：莒子朝齐，遇乱未去，故复与景公盟。 66大史：与下文“南史氏”皆齐国史官。 67“其弟”句：太史之弟接着记载此事，又有二人被杀。嗣：接续。 68闾丘婴：与下文申鲜虞皆庄公亲信。帷：车帷。縛(zhuàn)：束。 69推而下之：推闾丘婴妻下车。 70匿：藏。昵：亲。指妻。 71弇(yǎn)中：山谷名，在山东临淄至莱芜市之间。 72舍：住宿。 73“一与”二句：言狭道之中，以一当一，虽崔、庆之众，亦无奈我何。与：当，敌。惧：病。 74枕辔而寝：枕着缰绳睡觉。为防止马逃逸。 75侧：通“土则”，埋。此指临时掩埋，不殡于庙。 76丁亥：二十九日。庄公死后第十三日。 77士孙之里：里名。士孙是姓氏。 78翣(shà)：棺饰。以木为框，蒙以白布，有柄，送葬时用以障蔽车、柩。据《礼记·礼器》,天子用八翣,诸侯六翣,大夫四翣。 ⑲跸:清道、止行人,并加警戒。 ⑳下车七乘:齐君本依上公之礼,随葬之车九乘,今减为七乘。 ㉑不以兵甲:谓不以兵甲随葬。

晋侯济自泮[①],会于夷仪[②],伐齐,以报朝歌之役[③]。齐人以庄公说[④],使隰鉏请成[⑤],庆封如师。男女以班[⑥],赂晋侯以宗器、乐器[⑦]。自六正、五吏、三十帅、三军之大夫、百官之正长、师旅及处守者[⑧],皆有赂。晋侯许之。使叔向告于诸侯[⑨]。公使子服惠伯对曰[⑩]:"君舍有罪,以靖小国[⑪],君之惠也。寡君闻命矣!"

〔注释〕

①泮:水名,在今山东泰安市南。 ②"会于"句:鲁君与晋、宋、卫、郑、曹、莒、邾、滕、薛、杞、小邾诸国之君相会。《传》蒙经文省略与会之人。 ③朝歌之役:二十三年,齐伐晋,取朝歌。 ④以庄公说:归罪于庄公以解说。 ⑤请成:求和。 ⑥男女以班:男女各别,拘系出降。班:次。 ⑦宗器:祭祀之器。乐器:钟磬之属。 ⑧六正:六卿。指三军之将、佐。五吏:指军尉、司马、司空、舆尉、候奄。三十帅:指师帅。晋设三军,每军五师,每师二千五百人,设正、副帅。三军共有三十帅。五吏、三十帅皆军卿之属官。三军之大夫:各军中分掌各种事务的大夫。百官之正长:指晋国各部门的长官。正:长。 ⑨叔向:羊舌肸。 ⑩子服惠伯:孟椒。 ⑪靖:安。

晋侯使魏舒、宛没逆卫侯[①],将使卫与之夷仪[②]。崔子止其帑[③],以求五鹿。

〔注释〕

①卫侯：卫献公，名衎，襄公十四年奔齐。 ②夷仪：地名。本为邢地，卫灭邢而属卫，在今山东聊城市西。晋侯迫卫分夷仪让衎居住。 ③“崔子”二句：崔杼欲得五鹿，故扣留卫侯妻子于齐。五鹿：卫地，在今河南濮阳市南。

初，陈侯会楚子伐郑[①]，当陈隧者[②]，井堙木刊[③]。郑人怨之。六月，郑子展、子产帅车七百乘伐陈[④]，宵突陈城[⑤]，遂入之。陈侯扶其大子偃师奔墓[⑥]，遇司马桓子[⑦]，曰：“载余！”曰：“将巡城[⑧]。”遇贾获[⑨]，载其母妻，下之[⑩]，而授公车。公曰：“舍而母[⑪]！”辞曰：“不祥。”与其妻扶其母以奔墓，亦免。

子展命师无入公宫，与子产亲御诸门[⑫]。陈侯使司马桓子赂以宗器[⑬]。陈侯免[⑭]，拥社[⑮]。使其众男女别而累[⑯]，以待于朝。子展执絷而见[⑰]，再拜稽首[⑱]，承饮而进献[⑲]。子美入[⑳]，数俘而出[㉑]。祝祓社[㉒]，司徒致民[㉓]，司马致节，司空致地，乃还。

〔注释〕

①“陈侯”句：陈侯会楚子伐郑在上年冬。 ②隧：道，道路。③堙（yīn）：塞。刊：砍伐。《司马法·仁本》：“入罪人之地，……无伐林木。” ④子展：公孙舍之。子产：公孙侨。二人皆郑卿。⑤突：突袭。 ⑥奔墓：欲避冢间。 ⑦司马桓子：陈司马。桓是谥号。 ⑧巡城：到城上巡视。这是不想让陈侯乘车的托词。⑨贾获：陈大夫。 ⑩下之：使母与妻下车。 ⑪舍：弃。陈侯使

贾获从己而弃其母。 ⑫御:止。 ⑬宗器:宗庙之器。 ⑭免(wèn):同"絻",丧服。 ⑮拥:抱持。社:社主。 ⑯别:分开。累:绳索。此指用绳束缚。谓自囚系。以上四句表示降服。 ⑰縶:绊马索。 ⑱稽(qǐ)首:叩首至地。古代最重的跪拜礼。 ⑲承饮:奉觞。执縶、稽首、承饮是见被俘敌国君主的礼节。 ⑳子美:子产。 ㉑数:计。 ㉒祝:掌丧、祭之礼者。常以言告神,故称祝。此指郑国之祝。祓(阳)社:祓祭于社。祓:除灾祈福之祭。 ㉓"司徒"三句:指郑之司徒、司马、司空以民、节(兵符)、地归还陈国。致:归,还。

秋七月己巳[①],同盟于重丘[②],齐成故也。

〔注释〕

①己巳:十二日。 ②"同盟"句:会于夷仪的诸侯同盟。

赵文子为政[①],令薄诸侯之币而重其礼。穆叔见之[②]。谓穆叔曰:"自今以往,兵其少弭矣[③]!齐崔、庆新得政,将求善于诸侯[④]。武也知楚令尹[⑤]。若敬行其礼,道之以文辞[⑥],以靖诸侯,兵可以弭。"

楚薳子冯卒。屈建为令尹,屈荡为莫敖[⑦]。舒鸠人卒叛楚。令尹子木伐之,及离城[⑧]。吴人救之,子木遽以右师先[⑨],子强、息桓、子捷、子骈、子盂帅左师以退。吴人居其间七日[⑩]。子强曰:"久将垫隘[⑪],隘乃禽也[⑫]。不如速战。请以其私卒诱之,简师陈以待我[⑬]。我克则进,奔则亦视之[⑭],乃可以免。不然,必为吴禽。"从之。五人以其私卒先

击吴师。吴师奔,登山以望,见楚师不继,复逐之[15],傅诸其军[16]。简师会之,吴师大败。遂围舒鸠,舒鸠溃[17]。八月,楚灭舒鸠。

〔注释〕

①赵文子:赵武,晋卿。为政:时赵武代范匄为中军帅。②穆叔:叔孙豹,鲁卿。 ③其:将。弭(mǐ):止。 ④善:亲。⑤知:亲。谓有交情。令尹:楚令尹。为楚国最高军政长官。⑥道:开导。文辞:言辞。 ⑦屈荡:与屈建之祖父同名,而非一人。莫敖:楚官名。 ⑧离城:舒鸠之地。 ⑨遽:急速。 ⑩居其间:居楚右师、左师之间。 ⑪垫隘:谓困顿。 ⑫隘:即垫隘。⑬简师:选取精兵。简:选。 ⑭视之:谓伺机救援。 ⑮复逐之:吴复逐楚师。 ⑯傅:近,迫近。 ⑰溃:崩溃。民逃其上曰溃。

卫献公入于夷仪[①]。

〔注释〕

①为宁喜弑君张本。

郑子产献捷于晋[①],戎服将事[②]。晋人问陈之罪,对曰:“昔虞阏父为周陶正[③],以服事我先王。我先王赖其利器用也[④],与其神明之后也,庸以元女大姬配胡公[⑤],而封诸陈,以备三恪[⑥]。则我周之自出[⑦],至于今是赖。桓公之乱[⑧],蔡人欲立其出[⑨],我先君庄公奉五父而立之[⑩],蔡人杀之。我又与蔡人奉戴厉公[⑪],至于庄、宣[⑫],皆我之自立。夏氏之乱⑬，成公播荡⑭，又我之自入，君所知也。今陈忘周之大德，蔑我大惠⑮，弃我姻亲，介恃楚众⑯，以冯陵我敝邑⑰，不可亿逞⑱，我是以有往年之告⑲。未获成命⑳，则有我东门之役㉑。当陈隧者，井堙木刊。敝邑大惧不竞㉒，而耻大姬㉓。天诱其衷㉔，启敝邑之心。陈知其罪，授手于我㉕。用敢献功！”晋人曰：“何故侵小？”对曰：“先王之命，唯罪所在，各致其辟㉖。且昔天子之地一圻㉗，列国一同㉘，自是以衰㉙。今大国多数圻矣㉚！若无侵小，何以至焉㉛？”晋人曰：“何故戎服？”对曰：“我先君武、庄为平、桓卿士㉜。城濮之役㉝，文公布命，曰：‘各复旧职！’命我文公戎服辅王，以授楚捷㉞，不敢废王命故也㉟。”士庄伯不能诘㊱。复于赵文子，文子曰：“其辞顺，犯顺不祥。”乃受之。

冬十月，子展相郑伯如晋，拜陈之功㊲。子西复伐陈，陈及郑平。

仲尼曰：“《志》有之㊳：‘言以足志㊴，文以足言。’不言，谁知其志？言之无文㊵，行而不远。晋为伯，郑入陈，非文辞不为功。慎辞哉㊶！”

〔注释〕

①献捷：进献俘虏与战利品。 ②将事：行事。 ③虞阏（è）父：舜之后。陶正：掌陶器之官。 ④赖：善。其：之。利：便，便利。 ⑤庸：乃。元女：武王之长女。大（tài）姬：亦即长女。胡公：虞阏父之子。 ⑥三恪：指陈、杞、宋三国。周得天下，封虞之后于陈，夏之后于杞，殷之后于宋，三国均帝王之后，为周所礼敬，故称三恪。恪：敬。 ⑦“则我”二句：言陈为周甥，至今

犹赖周德。周之自出:周女所生。自:从。出:生。 ⑧桓公之乱:陈桓公鲍卒,陈乱,事见桓公五年《传》。 ⑨“蔡人”句:桓公之子厉公,为蔡女所生,蔡人欲立之。 ⑩五父:桓公之弟,名佗,杀太子而自立,郑庄公因定其位。 ⑪奉戴:奉,尊奉。奉、戴义同。 ⑫庄、宣:陈庄公、宣公,皆厉公之子。 ⑬夏氏之乱:宣公十年,夏征舒弑陈灵公。 ⑭“成公”二句:陈成公出奔在外,后从郑国还陈为君。播荡:流离失所。入:返,还。 ⑮蔑:弃。⑯介恃:凭恃,依仗。介、恃义同。 ⑰冯陵:凭陵,侵陵。 ⑱亿逞:满足。亿、逞义同。亿:同“意”,满。逞:快。 ⑲往年之告:谓上年郑伯告晋请伐陈。告:请。 ⑳未获成命:谓请求伐陈而未获晋国允许。成:定。 ㉑东门之役:上年陈从楚伐郑,攻郑东门。 ㉒竞:勉,勉力。 ㉓耻大姬:有辱大姬之灵。耻:辱。㉔“天诱”二句:言天助善人,郑得如所愿。诱:奖,助。衷:善。启:导,诱导。 ㉕授手:即授首。指降服。手、首古字通用。《孔子家语·正论解》正作“授首”。 ㉖辟:法。 ㉗一圻:方千里。㉘一同:方百里。 ㉙自是以衰:谓此下或七十里、或五十里,依次降等。 ㉚多:大。 ㉛至:大。 ㉜“我先君”句:郑武公、郑庄公皆曾为周平王卿士,平王崩,庄公又为桓王卿士。 ㉝“城濮”三句:城濮之战在僖公二十八年。布:宣布。 ㉞以授楚捷:郑伯傅襄王,代表周王接受晋国所献战俘。授:受。 ㉟“不敢”句:今我不敢废王命,故亦戎服献捷。 ㊱士庄伯:士弱。 ㊲拜陈之功:拜谢晋接受其献功。 ㊳《志》:古书。 ㊴“言以”二句:言辞用来表达思想,文采用来修饰言辞。足:成。 ㊵之:若。 ㊶慎:审,审慎。

楚蒍掩为司马①。子木使庀赋②,数甲兵③。甲午④,蒍

掩书土田[⑤],度山林[⑥],鸠薮泽[⑦],辨京陵[⑧],表淳卤[⑨],数疆潦[⑩],规偃猪[⑪],町原防[⑫],牧隰皋[⑬],井衍沃[⑭],量入脩赋[⑮],赋车籍马[⑯],赋车兵、徒卒、甲楯之数[⑰]。既成[⑱],以授子木,礼也。

〔注释〕

①蒍(wěi)掩:即薳掩。薳子冯之子。 ②庀(pǐ):治。赋:军赋。 ③数:计。甲兵:士卒。甲:兵。 ④甲午:十月八日。 ⑤土田:田畴。 ⑥度山林:计量山林之材,以供国用。 ⑦鸠薮(sǒu)泽:谋度薮泽之所出。鸠:度。薮泽:水泽。 ⑧辨京陵:测量各种高地。辨:别。京:绝高之地。陵:大阜。 ⑨表:标识。淳卤:盐碱地。 ⑩数疆潦:分别陆地与水域。数:辨。疆:坚土。潦:积水。 ⑪规:规划。偃猪:蓄水的池塘。偃:通“堰”,堤岸。猪:通“潴”,蓄水池。 ⑫町(tǐng)原防:划分平原之田界。町:界域。此用作动词。防:田埂。 ⑬牧隰(xí)皋:区划低洼之地。牧:划分界限。隰:低湿之地。皋:水边淤地。 ⑭井衍沃:在平旷肥沃之地,则制井田。衍:广。 ⑮量入脩赋:根据收入征收赋税。脩:同“修”。治。 ⑯赋车籍马:征收赋税,以备车马。籍:赋,税。 ⑰赋:分,颁。谓规定数量。车兵:甲士。徒卒:步卒。甲楯:盔甲和盾牌。楯:同“盾”。 ⑱成:毕。

十二月,吴子诸樊伐楚,以报舟师之役[①]。门于巢。巢牛臣曰:“吴王勇而轻,若启之[②],将亲门。我获射之,必殪[③]。是君也死,彊其少安[④]!”从之。吴子门焉。牛臣隐于短墙以射之,卒。

〔注释〕

①舟师之役:上年楚王以舟师伐吴。 ②启:导,诱导。 ③殪:死。 ④彊:通“疆”。

楚子以灭舒鸠赏子木。辞曰:“先大夫蒍子之功也[①]。”以与蒍掩[②]。

〔注释〕

①蒍(wěi)子:蒍子冯。蒍子冯请待舒鸠叛而伐之,见二十四年《传》。 ②蒍掩:蒍子冯之子。

晋程郑卒[①]。子产始知然明,问为政焉。对曰:“视民如子[②]。见不仁者,诛之如鹰鹯之逐鸟雀也[③]。”子产喜。以语子大叔[④],且曰:“他日吾见蔑之面而已[⑤],今吾见其心矣。”

子大叔问政于子产。子产曰:“政如农功,日夜思之,思其始而成其终,朝夕而行之。行无越思[⑥],如农之有畔[⑦],其过鲜矣。”

〔注释〕

①“晋程郑”二句:上年然明预言程郑将死,今已应验,故知其有识。 ②视:待,对待。 ③鹰鹯(zhān):两种猛禽。 ④子大叔:游吉。 ⑤“他日”二句:从前徒知其表,不知其里。意谓现在才知道然明虽面貌丑陋,而识见不凡。然明貌丑,见昭公二十八年《传》。 ⑥行无越思:行动要经过思考,不要超出其范围。 ⑦畔:田界。

卫献公自夷仪使与宁喜言[①]，宁喜许之。大叔文子闻之[②]，曰："乌乎！《诗》所谓'我躬不说[③]，皇恤我后'者，宁子可谓不恤其后矣！将可乎哉[④]？殆必不可。君子之行，思其终也[⑤]，思其复也[⑥]。《书》曰[⑦]：'慎始而敬终，终以不困。'《诗》曰[⑧]：'夙夜匪解[⑨]，以事一人[⑩]。'今宁子视君不如弈棋[⑪]，其何以免乎？弈者举棋不定，不胜其耦[⑫]，而况置君而弗定乎[⑬]？必不免矣。九世之卿族[⑭]，一举而灭之，可哀也哉！"

〔注释〕

①"卫献公"句：谓卫献公要求复位。宁喜：宁殖之子。②大叔文子：大叔仪。③"我躬"二句：引文出自《诗·邶风·谷风》及《小雅·小弁》。谓我自身尚不为人所容，又何暇顾及我之后人！言宁喜必身受灾祸，不能恤其后人。说(yuè)：今本《诗经》作"阅"。容。皇：遑，何。④将：此。⑤思其终：考虑到最终结果。⑥复：安。⑦《书》：逸《书》。⑧《诗》曰：引文出自《诗·大雅·烝民》。⑨夙夜：早晚，朝夕。匪解：不懈。⑩一人：本指天子。此指国君。⑪视：待，对待。弈：围棋。⑫耦：匹，对。指对弈者。⑬置君而弗定：卫侯剽已在位十余年，今宁喜欲废之。置：立。⑭"九世"句：宁氏出于卫武公，至宁喜已九世。

传

会于夷仪之岁[①]，齐人城郏[②]。其五月，秦、晋为成。晋韩起如秦莅盟[③]，秦伯车如晋莅盟[④]。成而不结[⑤]。

〔注释〕

①会于夷仪之岁:即襄公二十四年。 ②郏(jiá):即郏鄏(rǔ)。周之雒邑,春秋时谓之王城,在今河南洛阳市。 ③莅盟:与盟。莅:临。 ④伯车:秦伯之弟。 ⑤成而不结:有和解之意向而未达成其事。成:平,和。结:成。此条本与下年传文相接,为后人所割裂。

经

二十有六年春①,王二月辛卯②,卫宁喜弑其君剽。

卫孙林父入于戚以叛。

甲午③,卫侯衎复归于卫④。

夏,晋侯使荀吴来聘。

公会晋人、郑良霄、宋人、曹人于澶渊⑤。

秋,宋公杀其世子痤。

晋人执卫宁喜。

八月壬午⑥,许男宁卒于楚。

冬,楚子、蔡侯、陈侯伐郑。

葬许灵公。

〔注释〕

①二十有六年:公元前547年。 ②辛卯:七日。 ③甲午:二月十日。 ④复归:国君出奔,得复其君位曰复归。 ⑤澶(chán)渊:在今河南濮阳市西北。 ⑥壬午:朔日。

传

二十六年春①,秦伯之弟鍼如晋修成②。叔向命召行人子员③。行人子朱曰:“朱也当御④。”三云⑤,叔向不应。子朱怒曰:“班爵同⑥,何以黜朱于朝?”抚剑从之⑦。叔向曰:“秦、晋不和久矣。今日之事,幸而集⑧,晋国赖之。不集,三军暴骨。子员道二国之言无私⑨,子常易之。奸以事君者⑩,吾所能御也⑪。”拂衣从之⑫。人救之⑬。平公曰:“晋其庶乎⑭!吾臣之所争者大。”师旷曰⑮:“公室惧卑⑯。臣不心竞而力争⑰,不务德而争善⑱,私欲已侈⑲,能无卑乎?”

〔注释〕

①此条当与上年传文连读。 ②修成:修好。 ③叔向:羊舌肸。行人:官名,掌朝觐聘问诸事。 ④当御:当值。当、御皆训“值”。 ⑤三云:讲了三次。云:言。 ⑥班爵:次,位次。班、爵同义。同:等。 ⑦抚:持。 ⑧集:成。 ⑨“子员”二句:子员传达二国之言不带私心,而你却经常有出入。道:达。谓传达。易:违。 ⑩奸:邪。 ⑪御:治。 ⑫拂衣:振衣。 ⑬救:止。 ⑭庶:庶几。谓庶几可治。 ⑮师旷:晋乐师。 ⑯卑:微,衰微。 ⑰“臣不”句:谓不尽心国事而以力争胜。竞:争。⑱务德:致力于修德。务,勉。争善:争能。 ⑲已侈:过于膨胀。已:太。侈:张,大。

卫献公使子鲜为复①,辞。敬姒强命之②。对曰:“君无信,臣惧不免。”敬姒曰:“虽然,以吾故也。”许诺。初,献公使与宁喜言，宁喜曰："必子鲜在。不然，必败。"故公使子鲜。子鲜不获命于敬姒[3]，以公命与宁喜言曰："苟反，政由宁氏，祭则寡人。"宁喜告蘧伯玉。伯玉曰："瑗不得闻君之出[4]，敢闻其入？"遂行，从近关出[5]。告右宰谷[6]。右宰谷曰："不可。获罪于两君[7]，天下谁畜之[8]？"悼子曰："吾受命于先人[9]，不可以贰。"谷曰："我请使焉而观之。"遂见公于夷仪。反，曰："君淹恤在外十二年矣[10]，而无忧色，亦无宽言[11]，犹夫人也[12]。若不已[13]，死无日矣。"悼子曰："子鲜在。"右宰谷曰："子鲜在，何益？多而能亡[14]，于我何为？"悼子曰："虽然，不可以已。"

孙文子在戚[15]。孙嘉聘于齐[16]，孙襄居守。二月庚寅[17]，宁喜、右宰谷伐孙氏，不克。伯国伤[18]。宁子出舍于郊[19]。伯国死，孙氏夜哭。国人召宁子，宁子复攻孙氏，克之。辛卯，杀子叔及大子角[20]。书曰"宁喜弑其君剽[21]"，言罪之在宁氏也。孙林父以戚如晋[22]。书曰"入于戚以叛[23]"，罪孙氏也。臣之禄，君实有之。义则进，否则奉身而退[24]。专禄以周旋[25]，戮也[26]。

甲午，卫侯入。书曰"复归[27]"，国纳之也。大夫逆于竟者，执其手而与之言。道逆者，自车揖之。逆于门者，颔之而已[28]。公至，使让大叔文子曰[29]："寡人淹恤在外，二三子皆使寡人朝夕闻卫国之言[30]，吾子独不在寡人[31]。古人有言曰：'非所怨勿怨。'寡人怨矣[32]。"对曰："臣知罪矣！臣不佞，不能负羁绁以从扞牧圉[33]，臣之罪一也。有出者[34]，有居者[35]，臣不能贰[36]，通外内之言以事君，臣之罪二也。有二

罪,敢忘其死?”乃行,从近关出。公使止之。

〔注释〕

①子鲜:名鱄,献公之同母弟。为复:谋返国。 ②敬姒:子鲜之母。 ③“子鲜”句:谓子鲜欲推辞而未获敬姒同意。获:得。 ④“瑗不”二句:我不知道国君出奔的事,他回来也与我无关。襄公十四年,孙氏欲逐献公,蘧伯玉出奔于外。闻:知,问。入:返,还。 ⑤从近关出:从最近的边关出境。 ⑥右宰谷:卫大夫。 ⑦“获罪”句:从前宁喜之父宁殖出献公,今宁喜又欲弑君。 ⑧畜:容。 ⑨“吾受”二句:宁喜受宁殖之命,事见二十年《传》。贰:叛。 ⑩淹恤:谓滞留在外。淹:滞。恤:通“息”。止。 ⑪宽言:仁德之言。宽:爱。襄公十四年《传》云:“臧纥如齐言卫侯。卫侯与之言,虐。” ⑫犹夫人:谓仍无改变。夫:其。⑬已:止。 ⑭“多而”二句:谓子鲜守义,至多出亡自保,无益于我。何为:何用。 ⑮孙文子:孙林父。 ⑯孙嘉:与下文孙襄皆孙林父之子。 ⑰庚寅:六日。 ⑱伯国:孙襄。 ⑲出舍于郊:欲出奔。 ⑳子叔:即卫侯剽。 ㉑“书曰”二句:《春秋》书宁喜弑其君,表示罪在宁喜。 ㉒以戚如晋:以戚邑属晋。 ㉓“书曰”二句:《春秋》书“孙林父入于戚以叛”,是责其窃邑叛国之罪。㉔奉身:全身。奉:保全。 ㉕专禄:贪恋爵禄。专:擅,据有。此句意谓以戚叛。 ㉖戮:罪可戮。 ㉗“书曰”二句:《春秋》书卫侯“复归”,因为卫国接纳他。 ㉘颔(hàn):低头为礼。即点头。㉙大叔文子:大叔仪。 ㉚二三子:指诸大臣。 ㉛不在寡人:谓心中没有自己。在:存,体恤。 ㉜寡人怨矣:献公闻大叔仪答宁喜之言(在二十五年),故怨。 ㉝“不能”句:谓不能从君出亡,随侍执役。羁绁:马笼头和缰绳。扞:同“捍”,保卫。牧圉:放牧。养牛曰牧,养马曰圉。 ㉞出者:指卫侯衎。 ㉟居者:指卫

侯剽。 ㊱贰:有二心。

卫人侵戚东鄙。孙氏诉于晋,晋戍茅氏[1]。殖绰伐茅氏[2],杀晋戍三百人。孙蒯追之,弗敢击。文子曰:“厉之不如[3]!”遂从卫师[4],败之圉[5]。雍鉏获殖绰[6]。复诉于晋。

〔注释〕

①茅氏:在戚之东南。 ②殖绰:齐之力士,出奔在卫。 ③厉:恶鬼。鬼无所归曰厉。 ④遂从卫师:孙蒯为父言所激,复追卫师。 ⑤圉:卫地,在今河南濮阳市东。 ⑥雍鉏:孙氏家臣。

郑伯赏入陈之功。三月甲寅朔,享子展,赐之先路三命之服[1],先八邑[2];赐子产次路再命之服[3],先六邑。子产辞邑,曰:“自上以下,降杀以两[4],礼也。臣之位在四[5],且子展之功也。臣不敢及赏礼[6],请辞邑。”公固予之。乃受三邑。公孙挥曰:“子产其将知政矣[7]。让不失礼[8]。”

〔注释〕

①先路:车名。《礼记·郊特牲》记载路有大路、先路、次路三种。据《左传》,此三路常用于赏赐。三命:周代官爵分为九等,称九命。公、侯、伯之卿三命。《周礼·春官·典命》:“壹命受职,再命受服,三命受位。”诸侯之卿三命,得立位于王朝。服:指相应的器物仪仗。 ②先:正式送礼前所赠较轻的礼物。八邑:三十二井。 ③次路、再命:参见上文注。 ④降杀(shài):递减。降、杀义同,皆减削之意。降:原本作“隆”,据《孝经·谏

诤》疏引《左传》、洪亮吉《春秋左传诂》、阮元《校勘记》说改。两:二。 ⑤位在四:二十七年《传》叙郑卿之次序为子展、伯有、子西、子产。 ⑥赏礼:指六邑。 ⑦知政:主政。知:执掌。⑧失礼:违礼。

晋人为孙氏故,召诸侯,将以讨卫也。夏,中行穆子来聘①,召公也②。

〔注释〕

①中行穆子:荀吴。 ②召公:召鲁君与会。

楚子、秦人侵吴,及雩娄①,闻吴有备而还。遂侵郑。五月,至于城麇②。郑皇颉戍之,出,与楚师战,败。穿封戌囚皇颉③,公子围与之争之④,正于伯州犁⑤。伯州犁曰:"请问于囚。"乃立囚。伯州犁曰:"所争⑥,君子也,其何不知?"上其手⑦,曰:"夫子为王子围,寡君之贵介弟也⑧。"下其手⑨,曰:"此子为穿封戌,方城外之县尹也。谁获子?"囚曰:"颉遇王子,弱焉⑩。"戌怒,抽戈逐王子围,弗及。楚人以皇颉归。

印堇父与皇颉戍城麇⑪,楚人囚之,以献于秦。郑人取货于印氏以请之⑫,子大叔为令正⑬,以为请⑭。子产曰:"不获⑮。受楚之功而取货于郑⑯,不可谓国⑰,秦不其然⑱。若曰:'拜君之勤郑国⑲。微君之惠⑳,楚师其犹在敝邑之城下。'其可。"弗从,遂行。秦人不予㉑。更币㉒,从子产而后获之㉓。

〔**注释**〕

①雩（yú）娄：吴地，在今河南商城县东。　②城麇：郑地。未详何处。　③囚：俘。　④公子围：楚共王子，即后来的灵王。⑤正：决。　⑥"所争"三句：谓二人所争之人乃君子，当明白事理。　⑦上：高。　⑧贵介：谓地位高贵。介：大。　⑨下：低。⑩弱焉：谓不敌王子。即为王子所获。弱：弓力少曰弱。此指力弱不敌。　⑪印堇（jǐn）父：郑大夫。　⑫"郑人"句：郑人取财货于印氏，请于秦以赎印堇父。　⑬令正：主辞令之官。　⑭以为请：为请赎之辞。　⑮不获：不得堇父。　⑯功：战利品。谓所献战俘。　⑰谓：为。　⑱不其然：不然。谓不至于如此。其：语助词，无义。　⑲勤：恤。　⑳"微君"二句：谓楚师还，实由于秦，否则楚师犹在郑之城下。此为外交饰辞，使秦有下台之阶。微：非。其：必。　㉑不予：不以堇父与郑。　㉒更币：另遣使者改换礼品。　㉓从子产：从子产之辞。

六月，公会晋赵武、宋向戌、郑良霄、曹人于澶渊以讨卫，疆戚田[①]。取卫西鄙懿氏六十以与孙氏[②]。

赵武不书[③]，尊公也。向戌不书，后也[④]。郑先宋，不失所也[⑤]。

于是卫侯会之[⑥]。晋人执宁喜、北宫遗[⑦]，使女齐以先归[⑧]。卫侯如晋，晋人执而囚之于士弱氏[⑨]。

秋七月，齐侯、郑伯为卫侯故如晋，晋侯兼享之。晋侯赋《嘉乐》[⑩]。国景子相齐侯[⑪]，赋《蓼萧》[⑫]。子展相郑伯[⑬]，赋《缁衣》[⑭]。叔向命晋侯拜二君曰[⑮]："寡君敢拜齐君之安我先君之宗祧也[⑯]，敢拜郑君之不贰也。"

国子使晏平仲私于叔向曰⑰："晋君宣其明德于诸侯⑱，恤其患而补其阙，正其违而治其烦⑲，所以为盟主也。今为臣执君，若之何？"叔向告赵文子⑳，文子以告晋侯。晋侯言卫侯之罪，使叔向告二君。国子赋《辔之柔矣》㉑，子展赋《将仲子兮》㉒，晋侯乃许归卫侯。

叔向曰："郑七穆㉓，罕氏其后亡者也。子展俭而壹㉔。"

〔注释〕

①疆戚田：正戚之封疆。 ②懿氏：卫地，在今河南濮阳市西北。六十：六十邑。 ③"赵武"二句：赵武为晋正卿，不书其名而书"晋人"，以表示对鲁君的尊重。 ④后：后于会期而至。⑤不失所：指如期而至。所：时。 ⑥"于是"句：此时卫献公也在会所，晋不让他与会，故《春秋》未书。 ⑦北宫遗：北宫括之子。 ⑧女齐：司马侯。以先归：以宁喜、北宫遗先归。 ⑨士弱氏：士弱家。士弱为晋主刑狱之官。 ⑩《嘉乐》：《诗·大雅》篇名。义取"嘉乐君子，显显令德，宜民宜人，受禄于天"。 ⑪国景子：国弱。相：为相赞礼。 ⑫《蓼（lù）萧》：《诗·小雅》篇名。义取晋侯恩泽及于诸侯，如露之在萧。 ⑬子展：公孙舍之。⑭《缁衣》：《诗·郑风》篇名。义取"适子之馆兮，还，予授子之粲兮"。言两国之好无已时。 ⑮命：告。 ⑯安我先君之宗祧：《蓼萧》首章云："既见君子，燕笑语兮，是以有誉处兮。"言晋侯有令誉，得常处位，是以得安宗庙。 ⑰国子：国弱。晏平仲：晏婴。私于叔向：私下会见叔向。 ⑱宣：示。 ⑲正：止。违：邪。指奸邪之事。烦：乱。 ⑳赵文子：赵武。 ㉑《辔之柔矣》：逸《诗》。《逸周书·太子晋》："马之刚矣，辔之柔矣。马亦不刚，辔亦不柔。志气麃麃，取与不疑。"义取宽政以安诸侯，如柔辔之御

刚马。 ㉒《将仲子兮》:《诗·郑风》篇名。《诗》云:"岂敢爱之,畏人多言。仲可怀也,人之多言,亦可畏也。"义取人言可畏。卫侯虽有罪,而他人犹以为晋为臣执君。 ㉓郑七穆:郑穆公之子孙尚在而当政者七族:子展(公孙舍之),罕氏;子西(公孙夏),驷氏;子产(公孙侨),国氏;伯有(良霄),良氏;子大叔(游吉),游氏;子石(公孙段),丰氏;伯石(印段),印氏。穆公十一子,子然、子孔、士子孔已亡,子羽不为卿,故唯言七穆。 ㉔俭:节俭。壹:诚。

初,宋芮司徒生女子①,赤而毛,弃诸堤下。共姬之妾取以入②,名之曰弃。长而美。平公入夕③,共姬与之食。公见弃也,而视之④,尤⑤。姬纳诸御⑥,嬖,生佐⑦,恶而婉⑧。大子痤美而很⑨,合左师畏而恶之⑩。寺人惠墙伊戾为大子内师而无宠⑪。

秋,楚客聘于晋,过宋。大子知之⑫,请野享之。公使往,伊戾请从之。公曰:"夫不恶女乎?"对曰:"小人之事君子也,恶之不敢远,好之不敢近。敬以待命,敢有贰心乎?纵有共其外⑬,莫共其内⑭。臣请往也。"遣之。至,则欿⑮,用牲,加书⑯,征之⑰,而骋告公曰:"大子将为乱,既与楚客盟矣!"公曰:"为我子⑱,又何求?"对曰:"欲速。"公使视之,则信有焉。问诸夫人与左师⑲,则皆曰:"固闻之⑳。"公囚大子。大子曰:"唯佐也能免我㉑。"召而使请,曰:"日中不来,吾知死矣。"左师闻之,聒而与之语㉒。过期,乃缢而死。佐为大子。公徐闻其无罪也,乃亨伊戾㉓。

左师见夫人之步马者㉔,问之,对曰:"君夫人氏也。"左

师曰:“谁为君夫人?余胡弗知?”圉人归㉕,以告夫人。夫人使馈之锦与马,先之以玉㉖,曰:“君之妾弃使某献。”左师改命曰“君夫人”㉗,而后再拜稽首受之㉘。

〔注释〕

①芮司徒:宋大夫。 ②共姬:宋伯姬,鲁宣公女,嫁为宋共公夫人。妾:侍女。入:返,还。 ③平公:共姬之子。入夕:夜晚入而问安。暮见曰夕。 ④视:察,审视。 ⑤尤:异。凡绝异之物皆可称尤。此指绝美。 ⑥姬纳诸御:共姬纳此女为平公御妾。 ⑦佐:元公。 ⑧恶而婉:相貌丑恶而性情和顺。 ⑨很:戾,与“婉”相对。不随和。 ⑩合左师:向戌。向戌食邑于合,官左师。 ⑪寺人:宦官。惠墙伊戾:姓惠墙,名伊戾。内师:监管太子内事的长官。 ⑫知之:与之有交往。 ⑬有:有人。共:供奉。外:外役。 ⑭莫:无人。内:内务。 ⑮则:乃。欿:通“坎”。 ⑯书:盟书。古代结盟,先凿地为方坎,杀牲于坎上,用血为盟书,成,乃歃血而读书,以盟书置牲体之上。此三句言伊戾伪造太子与楚客结盟之假象。 ⑰征之:为太子谋反之证明。征:证。 ⑱子:嗣子。 ⑲夫人:即弃,佐之母。弃当时未为夫人,此为追书之辞。 ⑳固:久。闻:知。 ㉑免:脱。 ㉒聒(guō):谓絮语不休。 ㉓亨:同“烹”。 ㉔步马:遛马。 ㉕圉人:即步马者。 ㉖先:正式送礼之前先赠较轻的礼物。此句言以玉为锦、马之先。 ㉗改命:改称。命:名。曰:为。 ㉘稽首:叩首至地。古代最重的跪拜礼。

郑伯归自晋,使子西如晋聘①,辞曰:“寡君来烦执事,惧不免于戾②,使夏谢不敏③。”君子曰:“善事大国。”

〔注释〕

①子西:公孙夏。 ②戾:罪。 ③不敏:不才。

初,楚伍参与蔡太师子朝友[1],其子伍举与声子相善也[2]。伍举娶于王子牟。王子牟为申公而亡[3],楚人曰伍举实送之[4]。伍举奔郑,将遂奔晋。声子将如晋,遇之于郑郊,班荆相与食[5],而言复故[6]。声子曰:"子行也!吾必复子。"

及宋向戌将平晋、楚,声子通使于晋。还如楚,令尹子木与之语,问晋故焉[7],且曰:"晋大夫与楚孰贤?"对曰:"晋卿不如楚,其大夫则贤,皆卿材也。如杞、梓、皮革[8],自楚往也。虽楚有材,晋实用之。"子木曰:"夫独无族姻乎[9]?"对曰:"虽有,而用楚材实多。归生闻之:善为国者[10],赏不僭而刑不滥[11]。赏僭,则惧及淫人[12];刑滥,则惧及善人。若不幸而过,宁僭无滥[13]。与其失善,宁其利淫。无善人,则国从之[14]。《诗》曰[15]:'人之云亡[16],邦国殄瘁。'无善人之谓也。故《夏书》曰[17]:'与其杀不辜,宁失不经[18]。'惧失善也。"《商颂》有之曰[19]:'不僭不滥,不敢怠皇[20]。命于下国,封建厥福[21]。'此汤所以获天福也。古之治民者,劝赏而畏刑[22],恤民不倦。赏以春夏,刑以秋冬。是以将赏,为之加膳,加膳则饫赐[23],此以知其劝赏也。将刑,为之不举[24],不举则彻乐[25],此以知其畏刑也。夙兴夜寐[26],朝夕临政,此以知其恤民也。三者,礼之大节也[27]。有礼无败。今楚多淫刑[28],其大夫逃死于四方,而为之谋主[29],以害楚国,不可救疗,所谓不能也[30]。子仪之乱[31],析公奔晋。晋人置诸戎车之殿[32],以为谋主。绕角之役[33],晋将遁矣,析公曰:'楚师轻窕[34],易震荡也[35]。若多鼓钧声[36],以夜军之,楚师必遁。'晋人从之,楚师宵溃。晋遂侵蔡[37],袭沈,获其君;败申、息之师于桑隧,获申丽而还。郑于是不敢南面[38]。楚失华夏,则析公之为也。雍子之父兄谮雍子[39],君与大夫不善是也,雍子奔晋。晋人与之鄐[40],以为谋主。彭城之役[41],晋、楚遇于靡角之谷。晋将遁矣,雍子发命于军曰:'归老幼,反孤疾,二人役,归一人。简兵蒐乘[42],秣马蓐食[43],师陈焚次[44],明日将战。'行归者,而逸楚囚[45],楚师宵溃。晋降彭城而归诸宋[46],以鱼石归。楚失东夷,子辛死之[47],则雍子之为也。子反与子灵争夏姬[48],而雍害其事[49],子灵奔晋。晋人与之邢[50],以为谋主。扞御北狄[51],通吴于晋,教吴叛楚,教之乘车、射御、驱侵,使其子狐庸为吴行人焉。吴于是伐巢、取驾、克棘、入州来[52]。楚罢于奔命[53],至今为患,则子灵之为也。若敖之乱[54],伯贲之子贲皇奔晋[55]。晋人与之苗[56],以为谋主。鄢陵之役[57],楚晨压晋军而陈[58],晋将遁矣,苗贲皇曰:'楚师之良,在其中军王族而已。若塞井夷灶,成陈以当之,栾、范易行以诱之[59],中行、二郤必克二穆[60],吾乃四萃于其王族[61],必大败之。'晋人从之。楚师大败,王夷师熸[62],子反死之。郑叛吴兴,楚失诸侯,则苗贲皇之为也。"子木曰:"是皆然矣。"声子曰:"今又有甚于此。椒举娶于申公子牟[63],子牟得戾而亡[64],君大夫谓椒举:'女实遣之[65]!'惧而奔郑。引领南望曰:'庶几赦余!'亦弗图也[66]。今在晋矣。

晋人将与之县,以比叔向[67]。彼若谋害楚国,岂不为患?”子木惧。言诸王,益其禄爵而复之。声子使椒鸣逆之[68]。

〔注释〕

①子朝:公子朝,文公子。 ②伍举:伍子胥之祖父。声子:公子归生。子朝之子。相善:相亲。 ③“王子牟”句:王子牟为申大夫,获罪出奔。 ④曰:认为,以为。实:语助词,无义。送:遣,纵。 ⑤班:布。荆:灌木名。布荆于地而坐。 ⑥言:谋。复故:回归之事。故:事。 ⑦晋故:晋国之事。 ⑧杞、梓:皆木名。 ⑨“夫独”句:难道晋国就没有同宗和姻亲吗?夫:彼。独:岂。 ⑩为:治。 ⑪僭:过分。 ⑫淫人:邪恶之人。淫:邪,恶。 ⑬宁僭无滥:宁可过赏,不可滥罚。 ⑭从之:随之而亡。 ⑮《诗》曰:引文出自《诗·大雅·瞻卬》。 ⑯“人之”二句:言无善人,则国家病困。云:语助词,无义。 ⑰《夏书》:逸《书》。 ⑱不经:不法之人。此二句今见古文《尚书·大禹谟》。⑲《商颂》:引文见《诗·商颂·殷武》。 ⑳“不僭”二句:谓赏不失,刑不过,不敢懈怠偷闲。皇:通“遑”,闲暇。 ㉑封:大。此二句谓上天赐之以福。 ㉒劝赏而畏刑:乐于施赏而畏惧用刑。劝:乐。 ㉓饫(yù)赐:以多余食物赐下人。饫:饱。 ㉔不举:不享用盛馔。举:杀牲之盛馔。《周礼·天官·膳夫》:“王日一举。”注:“杀牲盛馔曰举。” ㉕彻乐:不用乐。彻:除。 ㉖夙兴:早起。 ㉗大节:大体。 ㉘淫:过甚。 ㉙谋主:主谋之人。㉚所谓:所以。不能:不如。 ㉛子仪之乱:楚庄王初立,公子仪(斗克)、公子燮因作乱被杀,见文公十四年《传》。 ㉜“晋人”句:晋人让析公跟在晋侯戎车之后。 ㉝绕角之役:在成公六年。㉞轻窕:轻佻,轻躁不持重。 ㉟震荡:动摇。 ㊱多鼓钧声:多建鼓而均同其声。钧:均,同。 ㊲“晋遂”五句:成公六年,晋栾

书救郑,与楚师遇于绕角(在今河南鲁山县),楚师还,晋遂侵蔡。八年,晋复侵蔡,遂侵楚,败申、息之师于桑隧(在今河南确山县东),获申丽。又侵沈,获沈子揖。　㊳南面:谓从楚。　㊴“雍子”二句:雍子受到族人的谗毁,国君与大臣都认为他不好。雍子被谗事,不见于《传》。善是:善。二字同义。　㊵鄐(chù):晋邑,在今河南温县附近。　㊶“彭城”二句:彭城之战在成公十八年。靡角之谷:宋地,当在彭城附近。　㊷简兵蒐乘:精选军士,检阅车乘。简:选择。　㊸秣:喂。蓐(rù)食:饱餐。蓐:厚,丰厚。　㊹次:舍。焚次以示必死。　㊺逸楚囚:放跑楚军俘虏。逸:纵。　㊻“晋降”二句:彭城降晋,晋拘囚鱼石等五人,将彭城归还宋国。事见襄公元年《传》。彭城为宋地,在今江苏徐州市。㊼子辛死之:子辛以贪被杀,非战死。事见襄公五年《传》。㊽“子反”句:子反欲娶夏姬,申公巫臣加以阻止,事见成公二年《传》。子反:公子侧。子灵:申公巫臣。　㊾雍害:阻碍,阻止。雍:通“壅”。害:遏。　㊿邢:晋邑,在今河南温县东。　51扞御:抵御。扞:同“捍”。　52巢:吴、楚间小国,今安徽巢湖市东北五里有居巢故址,即其地。驾:楚地,在今安徽无为县。棘:在今河南永城市南。州来:在今安徽凤台县。　53自“通吴于晋”以下至此,均见于成公七年《传》。　54若敖之乱:斗椒(字伯棼,若敖之后)作乱,楚灭若敖氏,见宣公四年《传》。　55伯贲:即伯棼。　56苗:晋邑,在今河南济源市西。　57鄢陵之役:晋、楚鄢陵(在今河南鄢陵县北)之战,在成公十六年。　58压:迫近。59栾、范易行:《国语·楚语上》云“易中、下”,谓以下军并入中军,而中军之一部分出,充实郤锜、荀偃(中行氏)所率之上军与郤至之新军,此即《传》所谓“分良以击其左右”也。　60中行:荀偃,时佐上军。二郤:郤锜(时将上军)、郤至(时佐新军)。二穆:子重(楚左军帅)、子辛(右军帅),二人皆穆王之后。　61四:指中、上、下、新军。萃:集中。 ㉒夷:伤。鄢陵之战,楚共王被射伤眼睛。熸(jiān):火灭曰熸。此指军队败亡。 ㉓申公子牟:即王子牟。 ㉔戾:罪。 ㉕遣:纵,放走。 ㉖弗图:不以为意。㉗以比叔向:令其禄秩与叔向相等。比:同。 ㉘椒鸣:伍举之子。

许灵公如楚①,请伐郑,曰:"师不兴,孤不归矣!"八月,卒于楚。楚子曰:"不伐郑,何以求诸侯?"

冬十月,楚子伐郑。郑人将御之,子产曰:"晋、楚将平,诸侯将和,楚王是故昧于一来②。不如使逞而归③,乃易成也。夫小人之性④,衅于勇、啬于祸、以足其性而求名焉者,非国家之利也。若何从之?"子展说,不御寇。十二月乙酉⑤,入南里⑥,堕其城。涉于乐氏⑦,门于师之梁⑧。县门发⑨,获九人焉⑩。涉于氾而归⑪,而后葬许灵公。

〔注释〕

①"许灵公"二句:十六年,诸侯伐许,他国皆使大夫,独郑伯亲往,许恚恨,欲予以报复。 ②昧:冒,贪。 ③逞:快意。④"夫小人"三句:言郑欲与楚战者,皆矜勇贪名之人,不能为国谋长久之利。夫:凡。衅:奋。啬:贪。足其性:谓放纵本性。足:满。 ⑤乙酉:六日。 ⑥南里:郑邑,在今河南新郑市南五里。⑦乐氏:津名。洧水渡口,在今河南新郑市。 ⑧门:攻打城门。师之梁:郑都城西门。 ⑨县(xuán)门:古代用于守城的闸门,平时悬起,有警可放下,以阻隔内外。发:启,启用。 ⑩获九人焉:郑九人被隔在城外,为楚所获。 ⑪氾(fàn):南氾水。即汝水,在今河南襄城县南一里。

卫人归卫姬于晋[①],乃释卫侯。君子是以知平公之失政也。

〔注释〕

①"卫人"二句:卫侯以女取悦于晋,而后得归。

晋韩宣子聘于周[①]。王使请事[②],对曰:"晋士起将归时事于宰旅[③],无他事矣。"王闻之,曰:"韩氏其昌阜于晋乎[④]!辞不失旧[⑤]。"

〔注释〕

①韩宣子:韩起。晋卿。 ②朝聘之礼,宾至,必使有司问为何事而来,谓之请事。《仪礼·聘礼》:"君使士请事,遂以入竟。" ③士:韩起自称。《礼记·曲礼下》:"列国之大夫入天子之国曰某士。"归:终,毕。时事:四时贡职。宰旅:冢宰之下士。不敢斥言尊者,故言宰旅。 ④昌阜:昌盛。阜:盛。 ⑤失:违。旧:旧章。

齐人城郏之岁[①],其夏,齐乌馀以廪丘奔晋[②]。袭卫羊角[③],取之。遂袭我高鱼[④]。有大雨,自其窦入[⑤],介于其库[⑥],以登其城,克而取之。又取邑于宋[⑦]。于是范宣子卒[⑧],诸侯弗能治也。及赵文子为政,乃卒治之。文子言于晋侯曰:"晋为盟主,诸侯或相侵也,则讨而使归其地。今乌馀之邑,皆讨类也[⑨],而贪之,是无以为盟主也。请归之!"公曰:"诺。孰可使也?"对曰:"胥梁带能无用师[⑩]。"晋侯使往[⑪]。

〔注释〕

①城郏之岁：在二十四年。 ②乌馀：齐大夫。廪丘：齐地，在今河南范县。 ③羊角：卫地，在今山东郓城县西北。 ④高鱼：鲁邑，在今山东郓城县北。 ⑤窦：水道。 ⑥介于其库：入高鱼之兵器库而着其甲。 ⑦取邑于宋：亦在二十四年。 ⑧范宣子：士匄，食邑于范。士匄卒于二十四年。 ⑨讨类：在当讨治之列。 ⑩胥梁带：晋大夫。能无用师：谓有权谋。 ⑪此条本与下年传文相接，为后人所割裂。

经

二十有七年春①，齐侯使庆封来聘②。

夏，叔孙豹会晋赵武、楚屈建、蔡公孙归生、卫石恶、陈孔奂、郑良霄、许人、曹人于宋。

卫杀其大夫宁喜③。

卫侯之弟鱄出奔晋④。

秋七月辛巳⑤，豹及诸侯之大夫盟于宋。

冬十有二月乙亥朔⑥，日有食之⑦。

〔注释〕

①二十有七年：公元前546年。 ②景公即位，通嗣君。 ③宁喜有弑君之罪，故书其名而称卫杀之。杀宁喜在诸侯会宋之前，《经》书于后，从告。 ④称卫侯之弟出奔，罪卫君。 ⑤辛巳：六日。 ⑥十有二月：此年日食当在十一月，《经》作十有二月，误。《传》正作十一月。乙亥：原本作“乙卯”，据《传》及阮元《校勘记》改。 ⑦日有食之：此为公历公元前546年10月13日的日全食。

传

二十七年春[1]，胥梁带使诸丧邑者[2]，具车徒以受地，必周[3]。使乌余具车徒以受封[4]。乌余以其众出[5]，使诸侯伪效乌余之封者[6]，而遂执之，尽获之[7]。皆取其邑[8]，而归诸侯。诸侯是以睦于晋。

〔注释〕

①此条当与上年传文连读。　②诸丧邑者：指齐、卫、鲁、宋四国。　③周：密。《管子·枢言》："周者，不出于口，不见于色。"　④"使乌余"句：乌余以邑奔晋，晋诈言将封之。欲尽灭其徒众，故使具车徒受封。　⑤其：原本无此字，据阮元《校勘记》、《宋本册府元龟》卷二五二、卷七四八、卷八四二补。出：往。⑥"使诸侯"句：使齐、卫、鲁、宋假装致地于乌馀。效：致。⑦尽获之：尽获其徒众。　⑧"皆取"二句：复以廪丘归齐、羊角归卫、高鱼归鲁，以宋所丧之邑归宋。

齐庆封来聘，其车美。孟孙谓叔孙曰[1]："庆季之车[2]，不亦美乎？"叔孙曰："豹闻之：服美不称[3]，必以恶终。美车何为[4]？"叔孙与庆封食，不敬。为赋《相鼠》[5]，亦不知也[6]。

〔注释〕

①孟孙：仲孙羯。叔孙：叔孙豹。　②庆季：庆封，字季。③"服美"句：谓所用之物与其人不相称。服：物。　④何为：何用。　⑤《相鼠》：《诗·鄘风》篇名。《诗》云"人而无仪，不死何

为”,“人而无止(耻),不死何俟”,“人而无礼,胡不遄死”。⑥亦:又。

卫宁喜专①,公患之。公孙免馀请杀之②。公曰:“微宁子不及此。吾与之言矣③。事未可知,只成恶名,止也。”对曰:“臣杀之,君勿与知④。”乃与公孙无地、公孙臣谋,使攻宁氏,弗克,皆死。公曰:“臣也无罪,父子死余矣⑤!”夏,免馀复攻宁氏,杀宁喜及右宰谷,尸诸朝⑥。石恶将会宋之盟,受命而出。衣其尸,枕之股而哭之⑦。欲敛以亡⑧,惧不免,且曰:“受命矣。”乃行。

子鲜曰⑨:“逐我者出⑩,纳我者死。赏罚无章⑪,何以沮劝⑫?君失其信,而国无刑⑬,不亦难乎!且鱄实使之⑭。”遂出奔晋。公使止之,不可。及河,又使止之,止使者而盟于河⑮。托于木门⑯,不乡卫国而坐⑰。木门大夫劝之仕,不可,曰:“仕而废其事⑱,罪也。从之,昭吾所以出也。将谁诉乎⑲?”吾不可以立于人之朝矣。”终身不仕。公丧之如税服终身⑳。

公与免馀邑六十㉑,辞曰:“唯卿备百邑㉒,臣六十矣㉓。下有上禄,乱也。臣弗敢闻㉔。且宁子唯多邑,故死。臣惧死之速及也。”公固与之,受其半。以为少师。公使为卿,辞曰:“大叔仪不贰㉕,能赞大事㉖。君其命之!”乃使文子为卿㉗。

〔注释〕

①专:专权。 ②公孙免馀:卫大夫。 ③“吾与”句:卫侯

曾有“政由宁氏,祭则寡人”之许诺。 ④与知:过问。与:语助词,无义。知:问。 ⑤父子死余:父子皆为我而死。献公出奔时,公孙臣之父为孙氏所杀。 ⑥尸:陈尸示众。 ⑦枕之股:以宁喜之尸枕己之股。 ⑧敛:大敛,以尸入棺。 ⑨子鲜:公子鱄,卫献公同母弟。 ⑩“逐我”二句:孙林父逐献公,奔于晋;宁喜纳献公而被杀。 ⑪章:法,法度。 ⑫沮劝:止恶劝善。⑬刑:法,法度。 ⑭使之:使宁喜纳献公。 ⑮盟:誓不还。⑯托:寄。谓寄寓。木门:晋邑。未详何处。 ⑰乡:向。 ⑱“仕而”四句:仕而不能履职,则已有罪;若能履职,则是彰显自己出亡的原因(宣扬君恶)。事:职。昭:明。 ⑲将谁诉乎:谓无人可告诉者。 ⑳如:而。税服:繐服,缕细而布疏之服。常用作丧服。诸侯本不为兄弟服丧,献公哀痛子鲜,特为此服。献公卒于鲁襄公二十九年夏,子鲜之死或稍前,故丧之终身。 ㉑邑:邑之大小不等,城可称邑,村亦称邑,故《论语》云“十室之邑”。 ㉒备:满。 ㉓臣六十矣:自己已有六十邑,再加六十,则过百矣。㉔弗敢闻:不敢接受。闻:受。 ㉕不贰:事君无二心。 ㉖赞:佐。 ㉗文子:大叔仪。

宋向戌善于赵文子[①],又善于令尹子木[②],欲弭诸侯之兵以为名[③]。如晋,告赵孟[④]。赵孟谋于诸大夫。韩宣子曰[⑤]:“兵,民之残也[⑥],财用之蠹[⑦],小国之大灾也。将或弭之[⑧],虽曰不可[⑨],必将许之[⑩]。弗许,楚将许之,以召诸侯,则我失为盟主矣。”晋人许之。如楚,楚亦许之。如齐,齐人难之[⑪]。陈文子曰[⑫]:“晋、楚许之,我焉得已[⑬]?且人曰弭兵,而我弗许,则固携吾民矣[⑭]。将焉用之?”齐人许之。告于秦,秦亦许之。皆告于小国,为会于宋。

五月甲辰[15]，晋赵武至于宋。丙午[16]，郑良霄至。六月丁未朔，宋人享赵文子，叔向为介[17]。司马置折俎[18]，礼也。仲尼使举是礼也[19]，以为多文辞。戊申[20]，叔孙豹、齐庆封、陈须无、卫石恶至。甲寅[21]，晋荀盈从赵武至。丙辰[22]，邾悼公至。壬戌[23]，楚公子黑肱先至[24]，成言于晋[25]。丁卯[26]，宋向戌如陈[27]，从子木成言于楚[28]。戊辰[29]，滕成公至。子木谓向戌："请晋、楚之从交相见也[30]。"庚午，向戌复于赵孟。赵孟曰："晋、楚、齐、秦，匹也[31]，晋之不能于齐[32]，犹楚之不能于秦也。楚君若能使秦君辱于敝邑，寡君敢不固请于齐？"壬申[33]，左师复言于子木[34]，子木使驲谒诸王[35]。王曰："释齐、秦，他国请相见也。"秋七月戊寅[36]，左师至。是夜也，赵孟及子皙盟[37]，以齐言[38]。庚辰[39]，子木至自陈。陈孔奂、蔡公孙归生至。曹、许之大夫皆至。以藩为军[40]。晋、楚各处其偏[41]。

伯夙谓赵孟曰[42]："楚氛甚恶[43]，惧难[44]。"赵孟曰："吾左还入于宋[45]，若我何？"辛巳[46]，将盟于宋西门之外。楚人衷甲[47]。伯州犁曰："合诸侯之师，以为不信，无乃不可乎？夫诸侯望信于楚，是以来服。若不信，是弃其所以服诸侯也。"固请释甲。子木曰："晋、楚无信久矣，事利而已。苟得志焉，焉用有信？"大宰退[48]，告人曰："令尹将死矣，不及三年。求逞志而弃信，志将逞乎[49]？志以发言[50]，言以出信，信以立志，参以定之[51]。信亡，何以及三？"赵孟患楚衷甲，以告叔向。叔向曰："何害也？匹夫一为不信[52]，犹不可，单毙其死[53]。若合诸侯之卿，以为不信，必不捷矣。食言者不病[54]，非子之患也。夫以信召人,而以僭济之[55],必莫之与也,安能害我?且吾因宋以守,病则夫能致死[56]。与宋致死[57],虽倍楚可也。子何惧焉?又不及是[58]。曰弭兵以召诸侯,而称兵以害我[59],吾庸多矣[60],非所患也。"

季武子使谓叔孙以公命[61],曰:"视邾、滕[62]。"既而齐人请邾[63],宋人请滕,皆不与盟。叔孙曰:"邾、滕,人之私也[64]。我,列国也。何故视之?宋、卫,吾匹也。"乃盟。故不书其族[65],言违命也。

晋、楚争先[66]。晋人曰:"晋固为诸侯盟主,未有先晋者也。"楚人曰:"子言晋、楚匹也,若晋常先,是楚弱也。且晋、楚狎主诸侯之盟也久矣[67],岂专在晋?"叔向谓赵孟曰:"诸侯归晋之德只[68],非归其尸盟也[69]。子务德,无争先!且诸侯盟,小国固必有尸盟者[70]。楚为晋细,不亦可乎?"乃先楚人。书先晋[71],晋有信也。

壬午[72],宋公兼享晋、楚之大夫,赵孟为客[73]。子木与之言,弗能对;使叔向侍言焉,子木亦不能对也。

乙酉[74],宋公及诸侯之大夫盟于蒙门之外[75]。子木问于赵孟曰:"范武子之德何如[76]?"对曰:"夫子之家事治,言于晋国无隐情。其祝史陈信于鬼神[77],无愧辞。"子木归,以语王。王曰:"尚矣哉[78]!能歆神人[79],宜其光辅五君以为盟主也[80]。"子木又语王曰:"宜晋之伯也!有叔向以佐其卿,楚无以当之,不可与争。"

晋荀盈遂如楚莅盟[81]。

〔注释〕

①向戌:宋卿。善:亲。谓关系亲密。赵文子:赵武,晋正卿。 ②子木:屈建,楚令尹。 ③弭(mǐ):止。弭兵之意起赵文子(见二十五年《传》),向戌欲成之以求名。 ④赵孟:即赵文子。 ⑤韩宣子:韩起。 ⑥残:残贼。 ⑦财用:财货。蠹:蛀虫。 ⑧将:今。或:有人。 ⑨曰:认为,以为。 ⑩必将:必,必定。许:听,从。 ⑪难之:以弭兵感到为难。 ⑫陈文子:陈须无,齐大夫。 ⑬已:止。 ⑭携:离。 ⑮甲辰:二十八日。 ⑯丙午:三十日。 ⑰叔向:羊舌肸,晋太傅。介:助宾客行礼者。 ⑱折俎:即殽烝。将煮熟的牲体切断,升于俎上者。此为供食用(而非摆设)之物。 ⑲"仲尼"二句:仲尼以为宾主之文辞可观,故使人载录之。举:记。据《公羊传》《穀梁传》,孔子生于鲁襄公二十一年,《史记·孔子世家》则云二十二年,此时才七、八岁,当是后来读此史料而使人记录之。 ⑳戊申:六月二日。 ㉑甲寅:八日。 ㉒丙辰:十日。 ㉓壬戌:十六日。 ㉔先至:子木在陈,遣公子黑肱先至。 ㉕成言于晋:与晋约言(商定会盟的文辞)。 ㉖丁卯:二十一日。 ㉗向戌:原本无"向"字,据下文"视邾、滕"孔疏引《传》文、阮元《校勘记》、杨伯峻说补。 ㉘从:即,就。 ㉙戊辰:二十二日。 ㉚"请晋"句:子木对向戌提议晋之盟国朝于楚,楚之盟国朝于晋。从:属国。 ㉛匹:敌。指地位相当。 ㉜"晋之"二句:谓晋不能支配齐,如同楚不能支配秦。犹:如。 ㉝壬申:二十六日。 ㉞左师:向戌所任官名。 ㉟驲(rì):驿传。以车曰驿,以马曰驲。谒:告。 ㊱戊寅:三日。 ㊲子皙:楚公子黑肱。 ㊳齐言:谓协调立场,达成口头协议,以免正式会盟时出现争执。 ㊴庚辰:五日。 ㊵藩:藩篱。不筑军垒,表示相互信任。 ㊶偏:一方。中之两旁曰偏。谓晋在北,楚在南。 ㊷伯夙:荀盈。 ㊸氛:气氛。 ㊹难:为患。 ㊺左

还(xuán):左转。 ㊻辛巳:六日。 ㊼衷甲:暗藏兵器。衷:怀,藏。甲:兵。 ㊽大宰:伯州犁。 ㊾将:岂。 ㊿"志以"三句:意志用言辞来表达,言辞表现诚信,诚信成就意志。发:出,生。出:生。立:成。 51"参以"句:志、言、信三者兼具,而后身安。 52匹夫:庶人。一:语助词,无义。 53单毙:谓病倒。单:通"瘅",病。毙:僵仆,倒下。 54食言者不病:即食言者病。"不"为语助词,无义。 55僭:诈。谓不信。济:成。 56病:危难。夫:众,众人。 57"与宋"二句:宋为地主,与我同致死于楚,楚军虽加倍,犹可抵御。 58不及是:没有到这种程度(加倍)。 59称:举。 60吾庸多矣:对我们大为有利。庸:利,好处。 61季武子:季孙宿,鲁正卿。 62视邾、滕:谓贡献视同邾、滕。季孙恐两属晋、楚,贡赋加重,故欲比小国。恐叔孙不从,故假公命以告之。视:比,比照。 63"既而"二句:齐人请以邾为其属国,宋人请以滕为其属国。 64私:私属。谓非独立之国。私:属。 65"不书"二句:《春秋》书"豹及诸侯之大夫盟于宋",而不书其氏(叔孙),是因为他违背君命。 66争先:争先歃血。67狎:更。 68只:语助词,无义。 69尸:主。 70固必:必,必定。固、必为同义复词。 71"书先"二句:《春秋》记载宋之盟,置晋于楚之前,是因为晋国守信用。 72壬午:七日。 73客:主宾。 74乙酉:九日。 75蒙门:宋城门,在宋都东北。 76范武子:士会。 77祝史:官职名。掌祭祀、告神之赞辞。信:诚。78尚:上,高。 79歆:欣喜。使动用法。 80光:荣,荣耀。五君:谓文、襄、灵、成、景。 81荀盈:原本"盈"作"寅",据《册府元龟》二四七、阮元《校勘记》、杨伯峻说改。莅盟:结盟。重结晋、楚之好。莅:临。

郑伯享赵孟于垂陇[①],子展、伯有、子西、子产、子大叔、

二子石从[②]。赵孟曰:“七子从君,以宠武也[③]。请皆赋,以卒君贶[④],武亦以观七子之志。”子展赋《草虫》[⑤]。赵孟曰:“善哉,民之主也!抑武也不足以当之。”伯有赋《鹑之贲贲》[⑥]。赵孟曰:“床笫之言不逾阈[⑦],况在野乎?非使人之所得闻也[⑧]。”子西赋《黍苗》之四章[⑨]。赵孟曰:“寡君在[⑩],武何能焉!”子产赋《隰桑》[⑪]。赵孟曰:“武请受其卒章[⑫]。”子大叔赋《野有蔓草》[⑬]。赵孟曰:“吾子之惠也[⑭]。”印段赋《蟋蟀》[⑮]。赵孟曰:“善哉,保家之主也!吾有望矣!”公孙段赋《桑扈》[⑯]。赵孟曰:“匪交匪敖[⑰],福将焉往?若保是言也[⑱],欲辞福禄,得乎?”

卒享,文子告叔向曰:“伯有将为戮矣!诗以言志。志诬其上[⑲],而公怨之以为宾荣[⑳],其能久乎?幸而后亡[㉑]。”叔向曰:“然。已侈[㉒],所谓不及五稔者[㉓],夫子之谓矣。”文子曰:“其余皆数世之主也。子展,其后亡者也,在上不忘降[㉔]。印氏,其次也,乐而不荒[㉕]。乐以安民,不淫以使之[㉖],后亡,不亦可乎?”

〔注释〕

①“郑伯”句:赵孟等自宋返晋过郑,郑伯享之。垂陇:地名,在今河南荥阳市东北。 ②子展:公孙舍之。伯有:良霄。子西:公孙夏。子产:公孙侨。子大叔:游吉。二子石:印段、公孙段(《说文》作碬)。 ③宠:荣。 ④贶(kuàng):赐。 ⑤《草虫》:《诗·召南》篇名。《诗》云:“未见君子,忧心忡忡。亦既见止,亦既觏止,我心则降。”子展赋此,以赵孟为君子,且以见赵孟为乐。 ⑥《鹑之贲贲》:《诗·鄘风》篇名。卫人刺宣姜淫乱,不

如鹑鹊。伯有赋此,义取“人之无良,我以为兄,我以为君”。贲贲:今《诗》作“奔奔”。音、义皆同。　⑦床笫(zǐ)之言:男女枕席之言。笫:床席。不逾阈:言不足为他人道。阈(yù):门槛。⑧闻:受,接受。　⑨《黍苗》:《诗·小雅》篇名。其四章云:“肃肃谢功,召伯营之。列列征师,召伯成之。”子西赋此,以赵孟比召伯。　⑩“寡君”二句:谓营成之功在晋君,非己之能。　⑪《隰桑》:《诗·小雅》篇名。《诗》云:“既见君子,其乐如何?”义取思见君子,尽心事之。　⑫卒章:《隰桑》之卒章云:“心乎爱矣,遐不谓矣。中心藏之,何日忘之?”赵孟欲得子产教诲。　⑬《野有蔓草》:《诗·郑风》篇名。义取“邂逅相遇,适我愿兮”。　⑭“吾子”句:大叔喜于相遇,故赵孟称其惠。　⑮《蟋蟀》:《诗·唐风》篇名。《诗》云:“好乐无荒,良士瞿瞿。”义取恭谨顾礼仪。⑯《桑扈》:《诗·小雅》篇名。义取君子有礼文,故能受天之福佑。　⑰“匪交”二句:谓不侮慢,则能获福报。匪:不。交:通“姣”,侮。敖:通“傲”。往:归。　⑱保:守。　⑲诬:轻,轻蔑。⑳公:公然。怨:刺,讥刺。荣:乐。　㉑幸而后亡:谓若幸运,乃得出亡,否则必被戮。　㉒已:太。侈:放纵。　㉓五稔(rěn):五年。　㉔“在上”句:谓谦卑自抑。《草虫》云:“我心则降”。㉕荒:放纵。　㉖淫:过度。

宋左师请赏,曰:“请免死之邑[①]。”公与之邑六十。以示子罕[②],子罕曰:“凡诸侯小国,晋、楚所以兵威之[③],畏而后上下慈和,慈和而后能安靖其国家,以事大国,所以存也。无威则骄[④],骄则乱生,乱生必灭,所以亡也。天生五材[⑤],民并用之[⑥],废一不可,谁能去兵?兵之设久矣,所以威不轨而昭文德也[⑦]。圣人以兴[⑧],乱人以废[⑨]。废兴存亡昏明

之术[10],皆兵之由也[11]。而子求去之[12],不亦诬乎[13]?以诬道蔽诸侯[14],罪莫大焉。纵无大讨[15],而又求赏,无厌之甚也。”削而投之[16]。左师辞邑。

向氏欲攻司城[17]。左师曰:“我将亡,夫子存我,德莫大焉,又可攻乎?”君子曰:“‘彼己之子[18],邦之司直’,乐喜之谓乎[19]!‘何以恤我[20],我其收之’,向戌之谓乎!”

〔注释〕

①请免死之邑:向戌弭兵成功,欲求赏邑,谦称免死之邑。 ②子罕:乐喜。 ③所:时。 ④骄:骄纵。 ⑤五材:金、木、水、火、土。材:物。 ⑥并:遍。 ⑦轨:法。 ⑧圣人:谓汤、武。 ⑨乱人:昏乱之人。指桀、纣。 ⑩术:道。 ⑪皆兵之由:皆由于兵。 ⑫去:原本无此字,据阮元《校勘记》补。 ⑬诬:欺罔。 ⑭蔽:欺,蒙骗。 ⑮大讨:重罚。讨:诛,罚。 ⑯削而投之:毁弃赏左师之书。古人书于竹、木,误则以刀削之。投:掷。 ⑰司城:子罕。 ⑱“彼己”二句:那个人,是国家主持正义之人。彼己之子:犹言彼人。彼、己、之三字同义。己:今本作“其”,义同。司:主。引文出自《诗·郑风·羔裘》。 ⑲乐喜:即子罕。乎:也。 ⑳“何以”二句:谓谁人体恤我,我当受其惠。收:受。《诗·周颂·维天之命》作“假以溢我,我其收之”。

齐崔杼生成及强而寡[1]。娶东郭姜[2],生明。东郭姜以孤入[3],曰棠无咎,与东郭偃相崔氏。崔成有疾而废之[4],而立明。成请老于崔[5],崔子许之。偃与无咎弗予,曰:“崔,宗邑也[6],必在宗主[7]。”成与强怒,将杀之。告庆封曰:“夫子之身,亦子所知也,唯无咎与偃是从,父兄莫得进矣[8]。

大恐害夫子，敢以告。”庆封曰：“子姑退，吾图之。”告卢蒲嫳⑨。卢蒲嫳曰：“彼，君之雠也⑩。天或者将弃彼矣。彼实家乱，子何病焉？崔之薄⑪，庆之厚也。”他日，又告。庆封曰：“苟利夫子，必去之。难⑫，吾助女。”

九月庚辰⑬，崔成、崔强杀东郭偃、棠无咎于崔氏之朝⑭。崔子怒而出，其众皆逃，求人使驾，不得。使圉人驾⑮，寺人御而出⑯，且曰：“崔氏有福，止余犹可⑰。”遂见庆封。庆封曰：“崔、庆一也⑱，是何敢然？请为子讨之。”使卢蒲嫳帅甲以攻崔氏。崔氏堞其宫而守之⑲，弗克。使国人助之，遂灭崔氏，杀成与强，而尽俘其家⑳，其妻缢。嫳复命于崔子，且御而归之㉑。至，则无归矣㉒，乃缢。崔明夜辟诸大墓㉓。辛巳㉔，崔明来奔㉕。庆封当国。

〔注释〕

①寡：指无妻。丧夫、丧妻都可称寡。 ②东郭姜：东郭偃之姊，棠公寡妻。 ③孤：前夫之子。 ④有疾：有罪。疾：原本作“病”，据纂图本、《四部丛刊》本、《史记·齐太公世家》张守节《正义》引《左传》改。《齐太公世家》载：“成有罪，二相急治之，立明为太子。” ⑤老于崔：养老于崔。崔：崔氏食邑，在今山西济阳县东北三十五里。 ⑥宗邑：宗庙所在地。 ⑦宗主：宗子。指崔明。 ⑧进：近前。 ⑨告卢蒲嫳（piè）：庆封以成、强之言告卢蒲嫳（庆封属大夫）。 ⑩君：指齐庄公。雠：同“仇”。齐庄公为崔杼所杀。 ⑪“崔之”二句：谓崔氏弱，则庆氏强。薄：弱。厚：强。 ⑫难：有危难。 ⑬庚辰：六日。 ⑭崔氏之朝：古代卿大夫亦设外朝、内朝以治事。 ⑮圉人：养马者。 ⑯寺人：阉人。 ⑰止余：止于余身。谓不灭家。 ⑱崔、庆一也：言崔、庆

如一家。　⑲堞(dié):墙。此谓筑墙。守:御,抵御。　⑳俘:取。家:家产。　㉑归之:送之归。　㉒则:已经。无归:无家可归。归:往。　㉓辟:同"避"。大墓:崔氏先人冢墓。　㉔辛巳:七日。　㉕来奔:奔鲁。

楚薳罢如晋莅盟,晋侯享之。将出,赋《既醉》①。叔向曰:"薳氏之有后于楚国也,宜哉!承君命,不忘敏②。子荡将知政矣③。敏以事君,必能养民,政其焉往④?"

〔注释〕

①《既醉》:《诗·大雅》篇名。《诗》云:"既醉以酒,既饱以德。君子万年,介尔景福。"赞美晋侯为太平君子。　②敏:敬。③子荡:即薳罢。知政:主政。指为令尹。　④"政其"句:言政必归之。其:将。往:归。

崔氏之乱①,申鲜虞来奔。仆赁于野②,以丧庄公③。冬,楚人召之,遂如楚,为右尹。

〔注释〕

①崔氏之乱:二十五年,崔杼弑齐庄公。　②仆赁:雇仆人。赁:佣夫。　③"以丧"句:为庄公服丧。

十一月乙亥朔,日有食之①。辰在申②,司历过也,再失闰矣。

〔注释〕

①日有食之:此次日食为日全食。　②"辰在"三句:斗柄指

申。辰：斗柄。申：周之十一月，夏之九月，斗柄当在戌而在申，知司历有误，已两次漏置闰月。辰在申：《汉书·律历志下》引《传》作"于是辰在申"。

经

二十有八年春[①]，无冰。

夏，卫石恶出奔晋[②]。

邾子来朝。

秋八月，大雩[③]。

仲孙羯如晋[④]。

冬，齐庆封来奔。

十有一月，公如楚。

十有二月甲寅[⑤]，天王崩[⑥]。

乙未[⑦]，楚子昭卒[⑧]。

〔注释〕

①二十有八年：公元前545年。 ②石恶：宁喜之党。 ③雩（yú）：求雨之祭。 ④仲孙羯如晋：前往晋国通报鲁国将朝于楚。 ⑤甲寅：十七日。 ⑥天王：周灵王。 ⑦乙未：十二月无乙未，日误。《经义述闻》认为当作"己未"。 ⑧楚子昭：楚康王。《史记·楚世家》《论衡·吉验》皆云康王名招。

传

二十八年春，无冰[①]。梓慎曰[②]："今兹宋、郑其饥乎[③]？岁在星纪[④]，而淫于玄枵，以有时灾[⑤]，阴不堪阳[⑥]。蛇乘

龙[7],龙,宋、郑之星也[8]。宋、郑必饥。玄枵,虚中也[9]。枵,秏名也[10]。土虚而民秏[11],不饥何为?"

〔注释〕

①周正之一、二、三月,相当于夏正之十一、十二月及次年一月,时值冬季,而无冰,为气候反常。　②梓慎:鲁大夫。为春秋时期著名天文家。　③今兹:今年。　④"岁在"二句:岁星本应在星纪,却超前到了玄枵。岁:岁星,也即木星。星纪:十二星次之一。在十二次中为丑,在二十八宿中为斗宿和牛宿。淫:过。玄枵(xiāo):亦为十二星次之一。在十二次中为子,在二十八宿中为虚宿和危宿。古人以岁星公转一周为一纪(十二年),因而分周天为十二次,而实际上岁星公转一周仅为11.86年,比人们设定的时间要少0.14年。因此,岁星运行约七周(84年),就会超出一次(如《传》所言岁在星纪,而淫于玄枵),谓之超辰。⑤以有时灾:天时不正常,故有灾。　⑥阴不堪阳:当寒冷时温暖无冰。　⑦蛇:玄武(北方七星斗、牛、女、虚、危、室、壁的总称)为龟、蛇合象,故称蛇。龙:岁星。岁星即木星,木为青龙,故称岁星为龙。岁星(龙)失次,出于虚、危(蛇)之下,故曰蛇乘龙。⑧星:分星。古人把十二星辰的位置与地上州、国的位置相对应,就天文而言,叫分星;就地域而言,叫分野。岁星为宋、郑之分星。⑨玄枵,虚中也:玄枵有女、虚、危三宿,而虚宿在中间。　⑩枵,秏名也:枵是虚耗的意思。秏:同"耗"。　⑪土虚:土无所出。

夏,齐侯、陈侯、蔡侯、北燕伯、杞伯、胡子、沈子、白狄朝于晋[1],宋之盟故也。

齐侯将行,庆封曰:"我不与盟[2],何为于晋[3]?"陈文子

曰[④]:"先事后贿[⑤],礼也。小事大,未获事焉[⑥],从之如志[⑦],礼也。虽不与盟,敢叛晋乎?重丘之盟[⑧],未可忘也。子其劝行!"

〔注释〕

①"齐侯"二句:陈、蔡、胡、沈皆楚之属国。北燕:姬姓国,都蓟,今北京琉璃河董家林古城是其遗址。胡:此胡为归姓国,在今安徽阜阳市。宋之盟规定晋、楚之从(属国)交相见,故三国朝于晋。白狄:狄之别种,因衣服尚白而得名。 ②我不与盟:宋之盟,齐、秦未参与。 ③何为于晋:言不必朝于晋。 ④陈文子:陈须无。 ⑤先事后贿:首先考虑事奉大国,赠送财货还在其次。⑥未获事:齐未与盟,故未确定与晋之从属关系。 ⑦从之如志:从晋如出己意。 ⑧重丘之盟:二十五年,晋与诸侯伐齐,齐求和,与诸侯盟于重丘。

卫人讨宁氏之党,故石恶出奔晋。卫人立其从子圃[①],以守石氏之祀[②],礼也。

〔注释〕

①从子:侄子。 ②"以守"二句:石恶之先石碏有大功于卫国,石恶之罪不至绝祀,故曰礼。

邾悼公来朝,时事也[①]。

〔注释〕

①时事:谓与宋之盟无关。

秋八月，大雩，旱也[①]。

〔注释〕

①大雩，旱也：因旱而雩，非例行之祭祀。

蔡侯归自晋，入于郑。郑伯享之，不敬。子产曰："蔡侯其不免乎[①]！日其过此也[②]，君使子展迋劳于东门之外[③]，而傲。吾曰犹将更之[④]。今还，受享而惰[⑤]，乃其心也。君小国，事大国[⑥]，而惰傲以为己心[⑦]，将得死乎[⑧]？若不免，必由其子。其为君也，淫而不父[⑨]。侨闻之，如是者，恒有子祸。"

〔注释〕

①不免：不免于祸。 ②日：往日。 ③子展：公孙舍之。迋（wàng）：往。劳：慰劳。 ④犹：或，或者。 ⑤惰：不敬。⑥事大国：郑大于蔡。 ⑦惰傲：不敬。惰、傲同义。 ⑧将：岂。得死：谓得善终。 ⑨淫而不父：蔡景公与太子般之妻私通，有失父道。

孟孝伯如晋[①]，告将为宋之盟故如楚也[②]。

〔注释〕

①孟孝伯：仲孙羯。 ②"告将"句：鲁属晋，故先告之而后行。

蔡侯之如晋也，郑伯使游吉如楚。及汉[①]，楚人还之，曰:“宋之盟,君实亲辱[2]。今吾子来,寡君谓吾子姑还[3]!吾将使驲奔问诸晋而以告[4]。”子大叔曰[5]:“宋之盟,君命将利小国,而亦使安定其社稷,镇抚其民人[6],以礼承天之休[7]。此君之宪令[8],而小国之望也。寡君是故使吉奉其皮币[9],以岁之不易[10],聘于下执事[11]。今执事有命曰:女何与政令之有[12]?必使而君弃而封守[13],跋涉山川,蒙犯霜露[14],以逞君心。小国将君是望[15],敢不唯命是听?无乃非盟载之言[16],以阙君德,而执事有不利焉,小国是惧[17]。不然,其何劳之敢惮?”

子大叔归,复命。告子展曰:“楚子将死矣!不修其政德,而贪昧于诸侯[18],以逞其愿[19],欲久,得乎?《周易》有之,在《复》䷗之《颐》䷚[20],曰:‘迷复,凶[21]。’其楚子之谓乎!欲复其愿[22],而弃其本[23],复归无所,是谓迷复,能无凶乎?君其往也!送葬而归,以快楚心。楚不几十年[24],未能恤诸侯也[25]。吾乃休吾民矣[26]。”裨灶曰[27]:“今兹周王及楚子皆将死。岁弃其次[28],而旅于明年之次[29],以害鸟帑[30],周、楚恶之。”

九月,郑游吉如晋,告将朝于楚以从宋之盟。子产相郑伯以如楚[31],舍不为坛[32]。外仆言曰[33]:“昔先大夫相先君适四国[34],未尝不为坛。自是至今[35],亦皆循之。今子草舍[36],无乃不可乎?”子产曰:“大适小,则为坛。小适大,苟舍而已[37],焉用坛?侨闻之,大适小有五美:宥其罪戾[38],赦其过失,救其灾患,赏其德刑[39],教其不及。小国不困,怀服如归[40],是故作坛以昭其功,宣告后人,无怠于德。小适大有

五恶：说其罪戾[41]，请其不足，行其政事[42]，共其职贡，从其时命[43]。不然，则重其币帛，以贺其福而吊其凶[44]，皆小国之祸也，焉用作坛以昭其祸[45]？所以告子孙[46]，无昭祸焉可也。”

〔注释〕

①汉：汉水。 ②君实亲辱：郑君是亲自与会的。据《传》，郑国由良霄参加宋之盟，郑君并未参与，疑此为楚人借口。 ③谓：使。《广雅·释诂一》：“谓、命，使也。” ④驲（rì）：驿传。问诸晋：问郑君应来朝否。 ⑤子大叔：游吉。 ⑥镇抚：安定。镇、抚同义。 ⑦休：福禄。 ⑧宪令：法令。 ⑨皮币：毛皮和缯帛。泛指各种礼品。 ⑩不易：不太平。易：平，平安。 ⑪执事：办事人员。不敢指斥其君，故言执事。 ⑫“女何”句：谓游吉不足以参与郑之政令。意即不够资格充当使者。 ⑬而：尔。封守：封地。守：谓所守之地。 ⑭蒙犯：犯。蒙：冒，犯。 ⑮“小国”句：谓小国有望于楚。 ⑯盟载：盟书。 ⑰小国是惧：即小国惧是。 ⑱贪昧：贪。贪、昧义同。 ⑲愿：欲，欲望。 ⑳《复》之《颐》：卦象由《复》变为《颐》。《复》卦第六爻阴变阳。《复》：《震》上《坤》下。《颐》：《震》下《艮》上。 ㉑迷复，凶：迷路而往复，故凶。此为《复》上六爻辞。 ㉒复：实现。愿：欲，欲望。㉓弃其本：指不修德。弃：舍。 ㉔几：逮，及。 ㉕未能恤诸侯：即未能争霸。恤：忧。 ㉖休：息。 ㉗裨灶：郑大夫，为当时著名天文学家。 ㉘岁弃其次：岁星失星纪之次。谓当在星纪而越在玄枵。 ㉙旅：行。明年之次：即玄枵。 ㉚“以害”二句：岁星所在，其国有福。岁星失次在北，南（岁星所对之次）有灾祸。鸟尾曰帑。南方朱鸟七宿，鹑火（柳、星、张三宿）、鹑尾（翼、轸）相当于鸟尾。鹑火为周之分野，鹑尾为楚之分野，故周王、楚子受其咎。害：祸，灾祸。 ㉛相：为相赞礼。 ㉜为坛：除地封土为

坛，以接受郊劳。 ㉝外仆：掌次舍者。 ㉞四国：四方之国。 ㉟自是：自先君先大夫之时。 ㊱草舍：不除草而为舍。 ㊲苟：但。 ㊳宥：宽赦，赦免。 ㊴赏：奖，勉。刑：法。 ㊵怀服：归附。怀：来。服：从。 ㊶说：解说。罪戾：罪过。罪、戾义同。 ㊷行：奉行。 ㊸时命：指朝会之命。 ㊹贺：庆。凶：灾祸。 ㊺"焉用"句：郑被迫朝楚，子产不欲彰显其事。"焉用"：何为，为什么。 ㊻所：其。告：示。

齐庆封好田而耆酒①，与庆舍政②，则以其内实迁于卢蒲嫳氏③，易内而饮酒④。数日，国迁朝焉⑤。使诸亡人得贼者⑥，以告而反之⑦，故反卢蒲癸。癸臣子之有宠⑧，妻之⑨。庆舍之士谓卢蒲癸曰："男女辨姓⑩。子不辟宗⑪，何也？"曰："宗不余辟⑫，余独焉辟之⑬？赋诗断章⑭，余取所求焉，恶识宗⑮？"癸言王何而反之⑯。二人皆嬖⑰，使执寝戈而先后之⑱。

公膳日双鸡⑲，饔人窃更之以鹜⑳。御者知之，则去其肉，而以其洎馈㉑。子雅、子尾怒㉒。庆封告卢蒲嫳㉓。卢蒲嫳曰："譬之如禽兽㉔，吾寝处之矣。"使析归父告晏平仲㉕。平仲曰："婴之众不足用也，知无能谋也㉖。言弗敢出，有盟可也㉗。"子家曰："子之言云㉘，又焉用盟？"告北郭子车㉙。子车曰："人各有以事君，非佐之所能也㉚。"陈文子谓桓子曰㉛："祸将作矣，吾其何得？"对曰："得庆氏之木百车于庄㉜。"文子曰："可慎守也已。"

卢蒲癸、王何卜攻庆氏，示子之兆㉝，曰："或卜攻雠㉞，敢献其兆。”子之曰:“克,见血。”冬十月,庆封田于莱[35],陈无宇从。丙辰[36],文子使召之。请曰:“无宇之母疾病,请归。”庆季卜之[37],示之兆,曰:“死。”奉龟而泣[38]。乃使归。庆嗣闻之[39],曰:“祸将作矣!”谓子家[40]:“速归,祸作必于尝[41],归,犹可及也。”子家弗听,亦无悛志[42]。子息曰[43]:“亡矣!幸而获在吴、越。”陈无宇济水,而戕舟发梁[44]。

卢蒲姜谓癸曰[45]:“有事而不告我,必不捷矣。”癸告之。姜曰:“夫子愎[46],莫之止,将不出。我请止之。”癸曰:“诺。”十一月乙亥[47],尝于大公之庙,庆舍莅事[48]。卢蒲姜告之,且止之,弗听,曰:“谁敢者?”遂如公[49]。麻婴为尸[50],庆奊为上献[51]。卢蒲癸、王何执寝戈。庆氏以其甲环公宫[52]。陈氏、鲍氏之圉人为优[53]。庆氏之马善惊[54],士皆释甲束马而饮酒[55],且观优,至于鱼里[56]。栾、高、陈、鲍之徒介庆氏之甲[57]。子尾抽桷[58],击扉三[59],卢蒲癸自后刺子之,王何以戈击之,解其左肩[60]。犹援庙桷,动于甍[61],以俎、壶投[62],杀人而后死。遂杀庆绳、麻婴[63]。公惧。鲍国曰:“群臣为君故也[64]。”陈须无以公归,税服而如内宫[65]。

庆封归,遇告乱者。丁亥[66],伐西门,弗克。还伐北门,克之。入,伐内宫,弗克。反,陈于岳[67]。请战,弗许,遂来奔。献车于季武子,美泽可以鉴[68]。展庄叔见之[69],曰:“车甚泽,人必瘁[70],宜其亡也。”叔孙穆子食庆封[71],庆封氾祭[72]。穆子不说。使工为之诵《茅鸱》[73],亦不知。既而齐人来让[74],奔吴。吴句馀予之朱方[75],聚其族焉而居之,富于其旧[76]。子服惠伯谓叔孙曰[77]:“天殆富淫人[78],庆封又富

矣。”穆子曰：“善人富，谓之赏；淫人富，谓之殃[79]。天其殃之也，其将聚而歼旃[80]？”

〔注释〕

①田：打猎。耆：同“嗜”。 ②庆舍：庆封之子。 ③则：而。内实：指宝物妻妾。 ④易内：交换妻妾。 ⑤国迁朝焉：诸大臣就卢蒲氏朝见庆封。 ⑥亡人：指避崔氏之难出奔在外者。贼：指崔氏之党。 ⑦“以告”句：亡人告崔氏之党于庆氏，则庆氏使其返国。 ⑧癸臣子之：卢蒲癸为子之家臣。子之：庆舍字。⑨妻之：子之以女嫁癸。 ⑩男女辨姓：《礼记·曲礼上》：“取妻不取同姓。故买妾不知其姓，则卜之。”辨：别。 ⑪不辟宗：庆姓、卢蒲氏皆姜姓，为同宗，故云不避宗。 ⑫宗不余辟：即宗不避余。谓庆舍欲以女嫁己。 ⑬独：将。 ⑭“赋诗”二句：言己有求于庆氏，不能复守礼，譬如赋诗者断章取义，为己所用而已。赋：诵。 ⑮恶（wū）：安。识：知。 ⑯“癸言”句：卢蒲癸言于庆舍，使之让王何返齐。 ⑰二人：卢蒲癸与王何。 ⑱寝戈：近身兵杖。即贴身短戈。先后之：为亲近侍卫，在庆舍前后。⑲公膳：公家供卿大夫之常膳。 ⑳饔（yōng）人：官名，掌割烹之事。鹜（wù）：鸭。 ㉑洎（jì）：肉汁。 ㉒子雅：公孙灶。子尾：公孙虿。二人皆惠公孙。 ㉓“庆封”句：庆封以二人怒告卢蒲嫳。 ㉔“譬之”二句：言能杀之视如禽兽。寝处：以其皮为寝席。 ㉕“使析归父”句：庆氏欲与晏平仲（晏婴）共谋杀子雅、子尾。 ㉖“知无”句：智慧不足以谋大事。能：足。 ㉗有盟：为盟。有：为。 ㉘云：然，如此。 ㉙北郭子车：齐大夫。 ㉚佐：子车之名。 ㉛桓子：名无宇，文子之子。 ㉜“得庆氏”句：在大路上得庆氏之木百车。隐喻可胜庆氏。庄：齐大街之名。㉝兆：龟兆。古人烧灼龟甲，以其兆（裂痕）预测吉凶。 ㉞或：

有人。雠:同“仇”。 ㉟莱:齐地,在今山东昌邑市东南。㊱丙辰:十八日。 ㊲庆季:庆封。 ㊳泣:无宇泣。无宇欲去庆封先归,故托言母将死。 ㊴庆嗣:庆封之族。 ㊵子家:庆封。㊶尝:秋祭。 ㊷悛志:悔改之意。 ㊸子息:庆嗣的字。㊹戕:残坏,毁坏。发:拆除。《说文·力部》:“勶,发也。”梁:桥梁。 ㊺卢蒲姜:庆舍女,癸之妻。 ㊻夫子:指庆舍。愎:倔强。㊼乙亥:七日。 ㊽莅事:谓将临祭事。 ㊾公:公所在之处。指太公庙。 ㊿尸:代受祭者接受祭祀的人。 (51)庆奊(xié):人名。上献:首先献酒的人。 (52)庙在宫内。 (53)圉人:养马者。优:俳优,演戏者。 (54)善惊:易受惊。 (55)束:羁绊之。 (56)鱼里:里名。优在鱼里,因往观之。 (57)栾:子雅。高:子尾。陈:陈须无。鲍:鲍国。介庆氏之甲:取庆氏之甲而着之。 (58)桷(jué):方形的椽子。一说桷指榱。《广雅·释器》:“桷、植、榉,榱也。” (59)扉:门扇。 (60)解:判。谓砍断。 (61)甍(méng):屋栋。屋顶水平木梁。 (62)俎:祭祀时放置牲体的礼器。 (63)庆绳:即庆奊。与麻婴皆为庆氏之党。 (64)“群臣”句:言欲尊公室,非作乱。 (65)税:通“脱”。服:指祭服。内宫:指夫人之宫。 (66)丁亥:十九日。 (67)陈:列阵。岳:临淄城内大街之名。 (68)泽可以鉴:光亮可以照人。 (69)展庄叔:鲁大夫。 (70)人:谓他人。瘁:病。 (71)叔孙穆子:叔孙豹。 (72)氾祭:远散所祭。为不恭之举动。 (73)工:乐工。《茅鸱》:逸《诗》。刺不敬。 (74)来让:责备鲁国接受庆封。 (75)句馀:吴子夷末。一说馀祭。朱方:吴邑,在今江苏镇江市东丹徒镇南。 (76)富于其旧:比在齐国时更加富有。 (77)子服惠伯:孟椒。 (78)淫人:恶人。淫:邪,恶。 (79)殃:罚。 (80)歼:灭。旃:之。

癸巳[①],天王崩。未来赴[②],亦未书,礼也。

〔注释〕

①癸巳：十一月二十五日。　②“未来”三句：周灵王崩于癸巳，周人未发讣告，故《春秋》未书。

崔氏之乱[①]，丧群公子，故鉏在鲁[②]，叔孙还在燕，贾在句渎之丘[③]。及庆氏亡，皆召之，具其器用，而反其邑焉。与晏子邶殿其鄙六十[④]，弗受。子尾曰：“富，人之所欲也，何独弗欲？”对曰：“庆氏之邑足欲[⑤]，故亡。吾邑不足欲也，益之以邶殿，乃足欲。足欲，亡无日矣。在外，不得宰吾一邑。不受邶殿，非恶富也，恐失富也。且夫富，如布帛之有幅焉[⑥]，为之制度，使无迁也[⑦]。夫民生厚而用利[⑧]，于是乎正德以幅之[⑨]，使无黜嫚[⑩]，谓之幅利。利过则为败。吾不敢贪多，所谓幅也。”与北郭佐邑六十，受之。与子雅邑，辞多受少。与子尾邑，受而稍致之[⑪]。公以为忠，故有宠。释卢蒲嫳于北竟[⑫]。

求崔杼之尸[⑬]，将戮之，不得。叔孙穆子曰：“必得之。武王有乱臣十人[⑭]，崔杼其有乎[⑮]？不十人，不足以葬[⑯]。”既，崔氏之臣曰：“与我其拱璧[⑰]，吾献其柩。”于是得之。十二月乙亥朔[⑱]，齐人迁庄公[⑲]，殡于大寝[⑳]。以其棺尸崔杼于市[㉑]。国人犹知之[㉒]，皆曰：“崔子也。”

〔注释〕

①“崔氏”二句：襄公十九年，齐灵公卒，崔杼、庆封拥立庄公，执公子牙，杀高厚，其余诸公子出奔在外。　②“故鉏”二句：襄公二十一年，齐庄公使庆佐（崔杼之党）复讨公子牙之党，执公

子买于句渎之丘，公子鉏奔鲁，叔还奔燕。 ③贾在句渎之丘：襄公二十一年《传》云："齐侯使庆佐为大夫，复讨公子牙之党，执公子买于句渎之丘。""贾"与"買"形近，容或有误。 ④邶(bèi)殿其鄙六十：邶殿城郊野之六十邑。邶殿：齐别都，在今山东昌邑市西北郊。其：之。 ⑤足欲：完全满足欲望。足：满。 ⑥"如布"句：古代布宽二尺二寸，帛宽二尺四寸。布帛广狭长短有度，故以为喻。幅：指布帛长宽之制。 ⑦迁：改变。 ⑧生厚：生活富足。生：财。厚：多。用利：器用便利。 ⑨幅：限制。 ⑩黜嫚：放纵无所约束。黜：放。嫚：通"漫"，漫溢。 ⑪稍：尽。致之：还于公。 ⑫释：放，逐。北竟：北部边境。 ⑬"求崔杼"二句：欲求崔杼之尸以示众。求：索，寻。 ⑭乱臣：治臣。谓治理天下之臣。 ⑮其：岂。 ⑯足：可。 ⑰拱璧：崔氏之大璧。《集韵·钟韵》："珙，大璧也。《春秋传》：'与我其珙璧。'徐邈读(恭)。或作'拱'。"金文"共"字作双手持璧之形，即"拱"之古字。 ⑱十二月乙亥朔：十二月朔日为戊戌，非乙亥。 ⑲迁：迁葬。 ⑳殡：停放灵柩。大寝：路寝，诸侯之正寝。 ㉑尸：陈尸示众。 ㉒知：识。

为宋之盟故，公及宋公、陈侯、郑伯、许男如楚。公过郑，郑伯不在，伯有廷劳于黄崖[①]，不敬。穆叔曰："伯有无戾于郑[②]，郑必有大咎[③]。敬，民之主也[④]，而弃之，何以承守[⑤]？郑人不讨，必受其辜[⑥]。济泽之阿[⑦]，行潦之蘋藻[⑧]，置诸宗室，季兰尸之[⑨]，敬也。敬可弃乎？"

及汉，楚康王卒。公欲反，叔仲昭伯曰[⑩]："我楚国之为，岂为一人？行也！"子服惠伯曰："君子有远虑，小人从迩。饥寒之不恤，谁遑其后[⑪]？不如姑归也。"叔孙穆子曰：

“叔仲子专之矣[12],子服子始学者也[13]。”荣成伯曰[14]:“远图者,忠也。”公遂行。宋向戌曰:“我一人之为,非为楚也。饥寒之不恤,谁能恤楚?姑归而息民,待其立君而为之备[15]。”宋公遂反。

〔注释〕

①伯有:良霄,郑卿。黄崖:地名,在今河南新郑市东北二十里。 ②戾:罪。 ③咎:灾,祸。 ④主:本。 ⑤承守:继承先祖之业。守:职官。 ⑥受:承,担当。辜:咎,灾祸。 ⑦济泽:小池。济:通“癠”。阿:水之曲隅。此指水边所生野菜。 ⑧行潦:流潦。《诗·召南·采蘋》云:“于以采蘋,南涧之滨。于以采藻,于彼行潦。”蘋:一种多年生水中蕨类植物,叶有长柄,每茎四小叶呈田字形,也叫“田字草”,夏秋开小白花。藻:水藻的总称。此三句谓:如果心存恭敬,则虽蘋藻些微之物,皆可献于宗庙。⑨季兰尸之:《诗·召南·采蘋》又云:“于以奠之,宗室牖下。其谁尸之,有齐季女。”季兰即季女。季兰虽少而敬,故能主荐祭品。 ⑩叔仲昭伯:叔仲带。 ⑪谁遑其后:谓无暇顾及其后。谁:何。 ⑫专:擅。谓擅长此道。 ⑬始学者:言未识远。始:初。 ⑭荣成伯:荣驾鹅。 ⑮立君:嗣君。

楚屈建卒。赵文子丧之如同盟[1],礼也。

〔注释〕

①“赵文子”二句:宋之盟(在二十七年),楚欲袭晋,赵武不因此而废同盟之义,合于礼。

王人来告丧[1]。问崩日,以甲寅告,故书之,以征过也。

〔注释〕

①“王人”五句：周灵王实崩于癸巳，而王人来告丧，却说是甲寅崩，故《春秋》书“十有二月甲寅，天王崩”，以明其过失。征：明。

经

二十有九年春①，王正月，公在楚。

夏五月，公至自楚②。

庚午③，卫侯衎卒。

阍弑吴子馀祭④。

仲孙羯会晋荀盈、齐高止、宋华定、卫世叔仪、郑公孙段、曹人、莒人、滕人、薛人、小邾人城杞⑤。

晋侯使士鞅来聘。

杞子来盟⑥。

吴子使札来聘。

秋九月，葬卫献公。

齐高止出奔北燕⑦。

冬，仲孙羯如晋。

〔注释〕

①二十有九年：公元前544年。 ②公至自楚：襄公上年十一月如楚，至此共历七月。 ③庚午：五日。 ④阍(hūn)：守门人。阍为刑人，非士，故不言盗。 ⑤“莒人”下《穀梁传》《公羊传》有“邾(邾娄)人”。 ⑥杞子：杞多称伯，唯此与僖公二十三年、二十七年三称子。 ⑦北燕：国名，姬姓，故城在今北京琉璃

河董家林。

传

二十九年春，王正月[1]，公在楚，释不朝正于庙也。

〔注释〕

①“王正月”三句:《春秋》书“二十有九年春王正月,公在楚”,是说明鲁君此年未行朝正之礼的原因。朝正:国君于岁首(正月初一)祭享宗庙。

楚人使公亲禭[1]，公患之。穆叔曰[2]:“祓殡而禭[3]，则布币也。”乃使巫以桃茢先祓殡[4]。楚人弗禁，既而悔之[5]。

〔注释〕

①禭(suì):致送给死者的衣服(置于灵柩东面)。依礼,国君不给诸侯送葬,楚国要求鲁君致禭,视同臣子。　②穆叔:叔孙豹。　③“祓殡”二句:谓先行祓殡,而后禭,与朝而布币(陈列布帛礼品)无异。祓:祓除凶恶之祭。　④桃茢(liè):桃枝与萑苕。古人以为桃茢可以去除不祥。萑苕是一种草,可做苕帚。　⑤悔之:君临臣丧乃祓殡,故楚人悔之。《礼记·檀弓下》:“君临臣丧,以巫祝桃茢执戈,恶之也。”

二月癸卯[1]，齐人葬庄公于北郭[2]。

〔注释〕

①癸卯:七日。　②“齐人”句:庄公被杀,不能葬入宗族墓地,故葬北郭。

夏四月，葬楚康王。公及陈侯、郑伯、许男送葬，至于西门之外，诸侯之大夫皆至于墓。楚郏敖即位[①]，王子围为令尹[②]。郑行人子羽曰[③]："是谓不宜[④]，必代之昌。松柏之下[⑤]，其草不殖。"

〔注释〕

①郏(jiá)敖：熊麇，康王之子。 ②王子围：康王之弟。 ③行人子羽：郑大夫公孙挥，长于辞令。行人为官名。 ④宜：适当，适合。 ⑤"松柏"二句：此时令尹强，楚君弱，故以松柏与草为喻。

公还，及方城[①]。季武子取卞[②]，使公冶问[③]，玺书追而与之[④]，曰："闻守卞者将叛[⑤]，臣帅徒以讨之，既得之矣。敢告。"公冶致使而退[⑥]，及舍，而后闻取卞[⑦]。公曰："欲之而言叛[⑧]，只见疏也。"

公谓公冶曰："吾可以入乎[⑨]？"对曰："君实有国，谁敢违君？"公与公冶冕服[⑩]。固辞，强之而后受。公欲无入。荣成伯赋《式微》[⑪]，乃归。五月，公至自楚。

公冶致其邑于季氏[⑫]，而终不入焉[⑬]。曰："欺其君，何必使余？"季孙见之[⑭]，则言季氏如他日。不见，则终不言季氏。及疾，聚其臣[⑮]，曰："我死，必无以冕服敛，非德赏也[⑯]。且无使季氏葬我。"

〔注释〕

①方城：山名，在今河南方城县东北四十里。 ②卞：鲁邑，在今山东泗水县东五十里。卞本公室之邑，季氏取之以自益。

③公冶:季氏属大夫。问:问公起居。 ④玺书:用印章封记的文书。追而与之:追公冶而以书付之。 ⑤"闻守"四句:此为玺书内容。季氏借口守卞者欲叛而取之。 ⑥致使:传达季氏使命。 ⑦公冶不知玺书内容。 ⑧"欲之"二句:言季氏想要得卞,却借口卞人背叛,只是显得疏远我。衹:但。 ⑨"吾可"句:恐季氏为变,故有此问。入:返,还。 ⑩冕服:古代大夫以上的礼冠与服饰。凡吉礼皆戴冕,而服饰随事而异。冕服为礼服中最为尊贵的服饰,天子、诸侯、卿大夫均有冕服。此鲁君以卿之冕服赐公冶。 ⑪荣成伯:荣驾鹅。《式微》:《诗·邶风》篇名。《诗》云:"式微式微,胡不归?"荣成伯劝鲁君回国。式:语助词,无义。 ⑫"公冶"句:公冶退还季氏所予之邑。 ⑬"而终"句:终不入季氏之家。 ⑭"季孙"二句:季氏与之相见,公冶就像往日一样与他说话。 ⑮臣:此指大夫(公冶)之家臣。 ⑯非德赏:非因德而赏赐。

葬灵王[①]。郑上卿有事[②],子展使印段往[③]。伯有曰[④]:"弱[⑤],不可。"子展曰:"与其莫往[⑥],弱不犹愈乎?《诗》云[⑦]:'王事靡盬[⑧],不遑启处[⑨]。'东西南北,谁敢宁处?坚事晋、楚,以蕃王室也[⑩]。王事无旷[⑪],何常之有?"遂使印段如周。

〔注释〕

①葬灵王:鲁未往会葬,故《春秋》不书。 ②上卿有事:时郑伯在楚,子展或有事于晋、楚。 ③子展:公孙舍之。 ④伯有:良霄。 ⑤弱:年少。 ⑥"与其"二句:派年少的人去,总比没有人去好。莫:无人。 ⑦《诗》云:引文出自《诗·小雅》之

《四牡》及《采薇》。　⑧王事靡盬(gǔ)：谓王事无有止息。盬：息。　⑨遑：闲暇。启处：安居。启：跪。处：居。　⑩蕃：通"藩"，屏障。此为藩屏、保卫之意。　⑪旷：废。

吴人伐越，获俘焉，以为阍，使守舟。吴子馀祭观舟，阍以刀弑之[①]。

〔注释〕

①越：原作"楚"。《春秋事语》《史记·吴太伯世家》《索隐》引《左传》作"越"，今据改。　②"以刀"句：阍以刀弑吴王，表明他因接近刑人而被杀。

郑子展卒，子皮即位[①]。于是郑饥，而未及麦，民病。子皮以子展之命，饩国人粟[②]，户一钟[③]，是以得郑国之民。故罕氏常掌国政，以为上卿。宋司城子罕闻之[④]，曰："邻于善[⑤]，民之望也[⑥]。"宋亦饥，请于平公，出公粟以贷；使大夫皆贷。司城氏贷而不书[⑦]，为大夫之无者贷[⑧]。宋无饥人。叔向闻之[⑨]，曰："郑之罕[⑩]，宋之乐[⑪]，其后亡者也，二者其皆得国乎[⑫]！民之归也[⑬]。施而不德[⑭]，乐氏加焉，其以宋升降乎[⑮]！"

〔注释〕

①子皮即位：子皮代父为上卿。子皮：罕虎，子展之子。②饩(xì)：赠送。　③一钟：六斛(十斗为斛)四斗。　④司城子罕：乐喜，官司城。　⑤邻：近。　⑥民之望：人民仰望之人。⑦不书：不登记。谓不求偿还。　⑧"为大夫"句：替没有余粮的

大夫借粮给百姓。 ⑨叔向：羊舌肸。 ⑩罕：罕氏。子展、子皮为罕氏。 ⑪乐：乐氏。司城子罕为乐氏。 ⑫得国：得掌国政。⑬民之归：民望之所归。归：依归。 ⑭"施而"二句：施舍而不显示恩德，乐氏又在罕氏之上。加：上。 ⑮以宋升降：谓随宋盛衰。以：与。

晋平公，杞出也①，故治杞②。六月，知悼子合诸侯之大夫以城杞③，孟孝伯会之④，郑子大叔与伯石往⑤。子大叔见大叔文子⑥，与之语。文子曰："甚乎⑦，其城杞也！"子大叔曰："若之何哉？晋国不恤周宗之阙⑧，而夏肄是屏⑨，其弃诸姬，亦可知也已。诸姬是弃⑩，其谁归之？吉也闻之，弃同即异⑪，是谓离德。《诗》曰⑫：'协比其邻⑬，昏姻孔云。'晋不邻矣⑭，其谁云之？"

〔注释〕

①杞出：平公为杞女所生。 ②治：谓治其地，修其城。③知悼子：荀盈。诸侯之大夫：指鲁仲孙羯、齐高止、宋华定、卫世叔仪、郑公孙段等。《传》蒙经文省略。 ④孟孝伯：仲孙羯。⑤子大叔：游吉。伯石：公孙段。 ⑥大叔文子：卫大叔仪。⑦甚：过分。晋为舅家修城而劳诸侯，诸侯以为过。 ⑧周宗：周之同宗。谓诸姬。 ⑨夏肄：夏余，指杞。周武王灭纣，封其后于杞。肄：余。屏：藩屏，保卫。 ⑩"诸姬"二句：晋为姬姓，而弃诸姬，则诸侯无亲附者。归：依归。 ⑪同：谓同姓。即：就。异：异姓。 ⑫《诗》曰：引文出自《诗·小雅·正月》。 ⑬"协比"二句：言王者为政，先和协亲近，然后婚姻亲戚得以和睦。协：和，和睦。比：亲。邻：亲。孔：甚。云：有。谓相亲善。 ⑭不邻：谓

不亲关系亲密之人。

齐高子容与宋司徒见知伯[①],女齐相礼[②]。宾出,司马侯言于知伯曰:“二子皆将不免。子容专[③],司徒侈[④],皆亡家之主也。”知伯曰:“何如?”对曰:“专则速及,侈将以其力毙[⑤],专则人实毙之,将及矣。”

〔注释〕

①高子容:高止。司徒:华定。知伯:荀盈。 ②女齐:司马侯。相礼:赞礼。 ③专:自是专行。 ④侈:放纵。 ⑤将:则。以其力毙:因有力而自毙。

范献子来聘[①],拜城杞也[②]。公享之,展庄叔执币[③]。射者三耦[④],公臣不足[⑤],取于家臣。家臣,展瑕、展玉父为一耦[⑥];公臣,公巫召伯、仲颜庄叔为一耦,鄫鼓父、党叔为一耦。

〔注释〕

①范献子:士鞅,晋卿。 ②拜城杞:谢鲁城杞。 ③执币:代鲁君以币酬宾。主人酬宾劝酒,送之礼品,称为酬币。礼重者用乘马,轻者束帛、俪皮。 ④耦:对。二人为耦。 ⑤公臣不足:鲁公室卑弱,公臣不能备足三耦(六人)。 ⑥玉:或作“王”,与“玉”同。

晋侯使司马女叔侯来治杞田[①],弗尽归也[②]。晋悼夫人愠曰[③]:“齐也取货[④]。先君若有知也,不尚取之[⑤]。”公告叔

侯。叔侯曰:“虞、虢、焦、滑、霍、扬、韩、魏皆姬姓也⑥,晋是以大。若非侵小,将何所取?武、献以下⑦,兼国多矣,谁得治之⑧?杞,夏余也⑨,而即东夷⑩。鲁,周公之后也,而睦于晋。以杞封鲁犹可,而何有焉⑪?鲁之于晋也,职贡不乏⑫,玩好时至,公卿大夫相继于朝,史不绝书,府无虚月。如是可矣,何必瘠鲁以肥杞⑬?且先君而有知也⑭,毋宁夫人⑮,而焉用老臣?”

〔注释〕

①女叔侯:即女齐。治杞田:使鲁国归还侵占杞国之土地。 ②弗尽归:晋使鲁归侵杞之田,鲁未尽归。 ③晋悼夫人:平公之母。 ④取货:接受鲁之财货。 ⑤不尚取之:谓当杀女叔侯。不尚:尚,当。不为语助词,无义。取:杀。 ⑥虞:与下文虢、焦等八国,皆姬姓之国,先后为晋所灭。虞在今山西平陆县;虢指北虢,亦在今山西平陆县;焦在今河南三门峡市东二里;滑在今河南偃师市缑氏镇;霍在今山西霍州市;扬在今山西洪洞县东南;韩在今陕西韩城市;魏在今山西芮城县。 ⑦“武、献”二句:武公、献公之时,晋始强大。 ⑧得:能。 ⑨夏余:夏之余封。周武王灭纣,封其后于杞。 ⑩即:就,亲近。 ⑪何有焉:何必吝惜杞田。有:爱。 ⑫职贡:贡赋,赋税。 ⑬瘠:瘦。谓亏损。 ⑭而:如,如果。 ⑮“毋宁”二句:谓先君宁可取夫人,而无须杀老臣。毋宁:宁。毋:语助词,无义。

杞文公来盟①。书曰“子”,贱之也②。

〔注释〕

①鲁归杞田,故来盟。 ②贱之:贱杞用夷礼。

吴公子札来聘[1]，见叔孙穆子[2]，说之。谓穆子曰："子其不得死乎[3]！好善而不能择人。吾闻君子务在择人。吾子为鲁宗卿[4]，而任其大政，不慎举，何以堪之？祸必及子！"

请观于周乐[5]。使工为之歌《周南》《召南》[6]，曰："美哉[7]！始基之矣[8]，犹未也[9]，然勤而不怨矣[10]。"为之歌《邶》《鄘》《卫》[11]，曰："美哉，渊乎[12]！忧而不困者也[13]。吾闻卫康叔、武公之德如是[14]，是其卫风乎！"为之歌《王》[15]，曰："美哉！思而不惧[16]，其周之东乎[17]！"为之歌《郑》[18]，曰："美哉！其细已甚[19]，民弗堪也，是其先亡乎[20]！"为之歌《齐》[21]，曰："美哉，泱泱乎[22]，大风也哉[23]！表东海者[24]，其大公乎[25]！国未可量也。"为之歌《豳》[26]，曰："美哉，荡乎[27]！乐而不淫[28]，其周公之东乎[29]！"为之歌《秦》[30]，曰："此之谓夏声[31]。夫能夏则大[32]，大之至也[33]，其周之旧乎！"为之歌《魏》[34]，曰："美哉，沨沨乎[35]！大而婉[36]，险而易行[37]。以德辅此，则明主也。"为之歌《唐》[38]，曰："思深哉！其有陶唐氏之遗民乎[39]！不然，何忧之远也？非令德之后，谁能若是？"为之歌《陈》[40]，曰："国无主，其能久乎！"自《郐》以下[41]，无讥焉[42]。为之歌《小雅》，曰："美哉！思而不贰[43]，怨而不言，其周德之衰乎[44]！犹有先王之遗民焉[45]。"为之歌《大雅》，曰："广哉，熙熙乎[46]！曲而有直体[47]，其文王之德乎！"为之歌《颂》[48]，曰："至矣哉！直而不倨[49]，曲而不屈[50]，迩而不逼[51]，远而不携[52]，迁而不淫[53]，复而不厌[54]，哀而不愁，乐而不荒[55]，用而不匮[56]，广而不宣[57]，施而不费[58]，取而不贪[59]，处而不底[60]，行而不流[61]。五声和[62]，八风平[63]，节有度[64]，守有序[65]，盛德之所同也[66]。”见舞《象箾》、《南籥》者[67]，曰：“美哉！犹有憾。”见舞《大武》者[68]，曰：“美哉！周之盛也，其若此乎！”见舞《韶濩》者[69]，曰：“圣人之弘也，而犹有惭德[70]，圣人之难也。”见舞《大夏》者[71]，曰：“美哉！勤而不德，非禹，其谁能修之[72]？”见舞《韶箾》者[73]，曰：“德至矣哉，大矣！如天之无不帱也[74]，如地之无不载也。虽甚盛德，其蔑以加于此矣[75]。观止矣[76]！若有他乐[77]，吾不敢请已！”

其出聘也，通嗣君也[78]。故遂聘于齐，说晏平仲[79]，谓之曰：“子速纳邑与政。无邑无政，乃免于难。齐国之政，将有所归[80]，未获所归，难未歇也[81]。”故晏子因陈桓子以纳政与邑[82]，是以免于栾、高之难[83]。

聘于郑，见子产，如旧相识。与之缟带[84]，子产献纻衣焉[85]。谓子产曰：“郑之执政侈[86]，难将至矣，政必及子。子为政，慎之以礼[87]。不然，郑国将败。”

适卫，说蘧瑗、史狗、史鳅、公子荆、公叔发、公子朝[88]，曰：“卫多君子，未有患也。”

自卫如晋，将宿于戚[89]，闻钟声焉，曰：“异哉！吾闻之也，辩而不德[90]，必加于戮。夫子获罪于君以在此，惧犹不足[91]，而又何乐？夫子之在此也，犹燕之巢于幕上[92]。君又在殡，而可以乐乎？”遂去之[93]。文子闻之，终身不听琴瑟[94]。

适晋，说赵文子、韩宣子、魏献子[95]，曰：“晋国其萃于三族乎[96]！”说叔向。将行，谓叔向曰：“吾子勉之[97]！君侈而

多良[98],大夫皆富,政将在家[99]。吾子好直[100],必思自免于难。”

〔**注释**〕

①公子札:季札。吴王寿梦第四子。 ②叔孙穆子:叔孙豹。③其:殆。不得死:谓不得善终。 ④宗卿:宗室之世卿。 ⑤“请观”句:鲁以周公之故,有天子礼乐,故季札请观之。 ⑥《周南》《召南》:为周公、召公封国之诗歌。南:乐名。 ⑦美:指其音乐美。 ⑧基:奠定王业之基础。 ⑨未:尚未最后成功。 ⑩勤:劳。以上三句论其歌辞内容。 ⑪邶(bèi)、鄘(yōng)、卫:地名,在今河南汤阴县东南。周武王克商,分朝歌以北为邶,以封纣子武庚禄父;南为鄘,管叔治之;东为卫,蔡叔治之,称为三监。武庚作乱,周公尽以其地封康叔,而迁邶、鄘之民于雒邑。 ⑫渊:深。 ⑬忧而不困:遭遇忧患而不至于困顿。 ⑭卫康叔:名封,先封康,后徙卫,曾遭遇管、蔡之乱。武公:名和,卫康叔九世孙。犬戎攻杀幽王,武公曾率兵助周平戎。 ⑮《王》:《王风》。指周幽王遭犬戎之祸,平王东迁,王政不复行于天下,王室所在之地,风俗与诸侯同,其诗亦不列于《雅》。 ⑯思而不惧:宗周陨灭,故忧思;先王之遗风犹在,故不惧。 ⑰其周之东乎:谓此殆周室东迁后之乐诗。 ⑱《郑》:《郑风》。 ⑲细:琐碎。已:太。⑳其:将。先亡:繁琐,不能久,故先亡。 ㉑《齐》:《齐风》。㉒泱泱:弘大之声。 ㉓大风:宏大的风度气概。 ㉔表东海:为东海诸国之表率。 ㉕大公:齐太公,姜尚。 ㉖《豳》:《豳风》。今本《诗经》列第十五。豳为周之旧国,在今陕西彬县东北二十余里。公刘建都于此,太王避狄,迁居岐山之阳。 ㉗荡乎:形容坦荡无忧。 ㉘乐而不淫:言欢乐而有节制。淫:过度。 ㉙“其周公”句:周公遭管、蔡之乱,东征三年,为成王陈后稷先公不敢

荒淫,以成王业。 ㉚《秦》:《秦风》。今本《诗经》列第十一。㉛夏声:秦本在西戎汧、陇之西,秦仲时始有车马礼乐,去戎狄之音,而有诸夏之声,故谓之夏声。 ㉜《方言》:“夏,大也。”㉝“大之”二句:秦襄公佐平王东迁,平王立襄公为诸侯,封之以岐、丰之地,故曰周之旧。至:极。 ㉞《魏》:《魏风》。今本《诗经》列第九。《宋本册府元龟》卷八五六作“俭”。 ㉟沨(féng)沨:形容乐声婉转悠扬。 ㊱婉:约。 ㊲险:难,艰难。 ㊳《唐》:《唐风》。今本《诗经》列第十。唐:唐叔虞所封之国,在今山西太原市。唐即晋之前身。 ㊴陶唐氏:帝尧。尧初封陶,后都唐。遗民:或为“遗风”之误。杜注云:“晋本唐国,故有尧之遗风。”《史记·吴太伯世家》:“思深哉,其有陶唐氏之遗风乎?” ㊵《陈》:《陈风》。今本《诗经》列第十二。 ㊶《郐》:《郐风》。今本《诗经》列第十三。下尚有《曹风》。郐:亦作“桧”。国名,在今河南郑州市南。 ㊷讥:评论。 ㊸思而不贰:虽有忧虑,而无背叛之心。思:忧。贰:叛。 ㊹周德之衰:指幽王、厉王之政。 ㊺先王:指文、武、成、康。 ㊻熙熙:形容广大。 ㊼曲而有直体:其声抑扬婉转而主调平直。 ㊽《颂》:指《周颂》。今本《诗经》有《商颂》《鲁颂》,当为后人所加,非季札所观之旧。 ㊾直:正直。倨:倨傲。 ㊿曲:婉顺。屈:挠屈。 51逼:逼迫。 52携:离。53迁:变。淫:放纵。 54复:往返,复叠。厌:厌倦。 55荒:迷乱。 56用而不匮:行其德,故不匮。 57广而不宣:音声宽缓而不松散。广:缓。宣:散。 58施:施予。谓因民所利而利之。59取而不贪:义然后取,虽取而不为贪。 60处:留。底:凝滞。61行:动。流:放任。 62五声:宫、商、角、徵、羽。和:和谐。63八风:指八方之风。隐公五年《传》云:“夫舞,所以节八音而行八风。”平:协调。此二句谓八音和谐。 64节有度:乐曲之节拍得其正。 65守有序:音阶之调和得其体。 66盛德之所同:谓文、武、成、康盛德皆同。 ⑰《象箾》：舞名。执箾而舞象舞，故称《象箾》。箾：同“箫”。《南籥》：舞名。执籥（管乐器，似笛）而舞，故曰南籥。《象箾》、《南籥》皆文王之舞。 ⑱《大武》：武王乐。 ⑲《韶濩》：亦称《大濩》，汤乐。 ⑳犹有惭德：以武力征伐，故犹有愧。 ㉑《大夏》：禹之乐。 ㉒修：作。 ㉓《韶箾》：亦作《箫韶》，舜之乐。 ㉔帱（dǎo）：覆，覆盖。 ㉕其：亦。蔑：无。 ㉖观止：谓所见事物尽善尽美，无以复加。 ㉗若：虽，即便。 ㉘嗣君：指夷昧。《史记·吴太伯世家》季札使鲁在余祭即位之第四年，或另有所据。 ㉙晏平仲：晏婴。 ㉚归：依归。谓归属。 ㉛歇：止。 ㉜因：由，通过。陈桓子：陈无宇。 ㉝栾、高之难：昭公十年，陈氏、鲍氏伐栾氏、高氏，栾施、高强奔鲁。《传》探后言之。 ㉞缟带：白色生绢所制之大带。 ㉟纻衣：苎麻所织之衣。纻：同“苎”。 ㊱郑之执政：指伯有。侈：放纵。 ㊲慎之以礼：循礼而行。慎：顺，循。 ㊳蘧瑗：蘧伯玉。史狗：史朝之子文子。史鳅（qiū）：史鱼。公叔发：公叔文子。 ㊴戚：孙林父食邑，在今河南濮阳市东北。 ㊵辩：争。孙林父逐其君，故曰辩而不德。 ㊶不足：不够。足：够。 ㊷“犹燕”句：谓孙林父逐君而以戚叛，至为危险。幕：帐幕。 ㊸去之：不止宿。 ㊹琴瑟：乐之小者。 ㊺赵文子：赵武。韩宣子：韩起。魏献子：魏舒。 ㊻“晋国”句：谓晋国之政，将集于三家。 ㊼勉：保重，自爱。 ㊽良：贤臣。 ㊾政将在家：政权将由公室移于大夫。 ㊿好直：谓主持正义。直：义。

秋九月，齐公孙虿、公孙灶放其大夫高止于北燕①。乙未②，出。书曰“出奔③”，罪高止也。高止好以事自为功④，且专，故难及之。

〔注释〕

①公孙虿:子尾。公孙灶:子雅。放:放逐。原本“于”字重,据阮元《校勘记》、《宋本册府元龟》卷七五〇删。　②乙未:二日。　③“书曰”二句:高止为齐国驱逐,而《春秋》书“出奔”,是责备他的罪过。　④好以事自为功:好兴事以为己功。

冬,孟孝伯如晋,报范叔也[①]。

〔注释〕

①范叔:士鞅。此年夏来聘。

为高氏之难故,高竖以卢叛[①]。十月庚寅[②],闾丘婴帅师围卢。高竖曰:“苟使高氏有后[③],请致邑[④]。”齐人立敬仲之曾孙酀[⑤],良敬仲也[⑥]。十一月乙卯[⑦],高竖致卢而出奔晋。晋人城绵而置旃[⑧]。

〔注释〕

①高竖:高止子。卢:高氏食邑,在今山东济南市长清区西南。　②庚寅:二十八日。　③使:原本作“请”,据纂图本、《四部丛刊》本、《宋本册府元龟》卷七三一、卷七五〇改。　④致邑:还邑于君。　⑤敬仲:高傒。曾孙:泛指后世子孙。古人于孙辈以后之子孙,皆可称曾孙。酀:亦作“偃”。　⑥良:贤。　⑦乙卯:二十三日。　⑧绵:绵上,在今山西介休市东南。旃:“之焉”的合音。

郑伯有使公孙黑如楚,辞曰:“楚、郑方恶,而使余往,是

杀余也。”伯有曰：“世行也[①]。”子皙曰[②]：“可则往，难则已，何世之有？”伯有将强使之。子皙怒，将伐伯有氏，大夫和之[③]。十二月己巳[④]，郑大夫盟于伯有氏。裨谌曰：“是盟也，其与几何[⑤]？《诗》曰[⑥]：‘君子屡盟[⑦]，乱是用长。’今是长乱之道也[⑧]，祸未歇也，必三年而后能纾。”然明曰：“政将焉往[⑨]？”裨谌曰：“善之代不善，天命也[⑩]，其焉辟子产[⑪]？举不逾等[⑫]，则位班也。择善而举，则世隆也[⑬]。天又除之[⑭]，夺伯有魄[⑮]，子西即世[⑯]，将焉辟之？天祸郑久矣，其必使子产息之[⑰]，乃犹可以戾[⑱]。不然，将亡矣。”

〔注释〕

①世行：言累世为行人。行：行人。官名。 ②子皙：公孙黑。 ③和：调解。 ④己巳：八日。 ⑤其与几何：言不能久。与：语助词，无义。 ⑥《诗》曰：引文出自《诗·小雅·巧言》。 ⑦“君子”二句：谓在上者不能止乱，而屡次结盟以相要，反而更加助长祸乱。屡：数。长：生。 ⑧今：此。 ⑨政将焉往：问政将归于何人。往：归。 ⑩天命：天道。命：道。 ⑪“其焉”句：言政将归子产。辟：同“避”。 ⑫“举不”二句：谓若以班次，则子产应知政。等：次。位班：位次。位、班同义。 ⑬世隆：为世人所尊敬。 ⑭天又除之：上天又为子产清除障碍。 ⑮夺伯有魄：谓使伯有丧失精神。魄：人之精神依附于形体者。 ⑯子西：公孙夏。即世：指死。 ⑰其必：必。其、必同义。息：安。 ⑱乃犹：乃。乃、犹同义。戾：定。

经

三十年春[①]，王正月，楚子使薳罢来聘。

夏四月，蔡世子般弒其君固。

五月甲午②，宋灾③。

宋伯姬卒。

天王杀其弟佞夫④。

王子瑕奔晋⑤。

秋七月，叔弓如宋，葬宋共姬⑥。

郑良霄出奔许。自许入于郑⑦。郑人杀良霄。

冬十月，葬蔡景公。

晋人、齐人、宋人、卫人、郑人、曹人、莒人、邾人、滕人、薛人、杞人、小邾人会于澶渊⑧，宋灾故。

〔注释〕

①三十年：公元前 543 年。 ②甲午：五日。 ③灾：天火曰灾。 ④天王杀其弟：称弟，恶天王残害骨肉。 ⑤奔晋：四海之内，莫非王土，故王子瑕奔晋不言“出”。 ⑥宋共姬：即伯姬，鲁女，宋共公夫人。 ⑦入：返，还。 ⑧“晋人”二句：《春秋》书会不言其故，此云“宋灾故”，是《春秋》特笔，参见《传》注。澶(chán)渊：地名，在今河南濮阳市西。

传

三十年春，王正月，楚子使薳罢来聘，通嗣君也①。穆叔问②：“王子之为政何如③？”对曰：“吾侪小人，食而听事④，犹惧不给命⑤，而不免于戾⑥，焉与知政⑦？”固问焉，不告。穆叔告大夫曰：“楚令尹将有大事⑧，子荡将与焉⑨，助之匿其情矣。”

〔注释〕

①通嗣君:郑敖即位而来聘。 ②穆叔:叔孙豹。 ③王子:王子围,楚令尹。 ④侪:辈。 ⑤不给命:不足以完成使命。给:足。 ⑥戾:罪。 ⑦与:得。 ⑧大事:谓弑君自立。⑨子荡:薳罢之字。

子产相郑伯以如晋[①],叔向问郑国之政焉。对曰:“吾得见与否,在此岁也。驷、良方争[②],未知所成[③]。若有所成,吾得见,乃可知也。”叔向曰:“不既和矣乎?”对曰:“伯有侈而愎[④],子皙好在人上,莫能相下也。虽其和也,犹相积恶也[⑤],恶至无日矣[⑥]。”

〔注释〕

①子产:公孙侨,郑卿。相:为相赞礼。 ②驷:驷氏。指公孙黑,字子皙。良:良氏。指良霄,字伯有。 ③成:终。 ④侈:放纵。愎:刚愎。 ⑤恶:怨。 ⑥恶:患。

二月癸未[①],晋悼夫人食舆人之城杞者[②]。绛县人或年长矣[③],无子而往[④],与于食。有与疑年[⑤],使之年[⑥],曰:“臣小人也,不知纪年。臣生之岁,正月甲子朔[⑦],四百有四十五甲子矣[⑧],其季于今三之一也[⑨]。”吏走问诸朝[⑩]。师旷曰:“鲁叔仲惠伯会郤成子于承匡之岁也[⑪]。是岁也,狄伐鲁,叔孙庄叔于是乎败狄于咸[⑫],获长狄侨如及虺也、豹也[⑬],而皆以名其子。七十三年矣。”史赵曰[⑭]:“亥有二首六身[⑮],下二如身,是其日数也。”士文伯曰[⑯]:“然则二万六千六百有六旬也⑰。"

赵孟问其县大夫⑱,则其属也。召之,而谢过焉,曰:"武不才,任君之大事,以晋国之多虞⑲,不能由吾子⑳,使吾子辱在泥涂久矣㉑,武之罪也。敢谢不才。"遂仕之,使助为政。辞以老。与之田,使为君复陶㉒,以为绛县师㉓,而废其舆尉㉔。

于是鲁使者在晋,归以语诸大夫。季武子曰㉕:"晋未可媮也㉖。有赵孟以为大夫㉗,有伯瑕以为佐㉘,有史赵、师旷而咨度焉㉙,有叔向、女齐以师保其君㉚。其朝多君子,其庸可媮乎㉛?勉事之而后可㉜。"

〔注释〕

①二月:原本作"三月",据阮元《校勘记》改。癸未:二十三日。 ②晋悼夫人:平公之母,杞女。舆人之城杞者:参与城杞之人众。舆:众。城杞在上年。 ③或:有人。长:老。 ④无子而往:因无子而自往城杞。 ⑤有与疑年:有人怀疑他年岁过大(不应参加劳役)。《周礼·地官·乡大夫》云:"以岁时登其夫家之众寡,辨其可任者。国中自七尺以及六十,野自六尺以及六十有五,皆征之。"据此,则年六十五以上,不当再服劳役。 ⑥使之年:使言其年。 ⑦"正月"句:正月一日为甲子日。 ⑧"四百"句:谓自己已经历四百四十五个甲子日。甲子:古人以天干与地支相配纪年、月、日。自甲子至癸亥,六十日而周遍,故以六十日为一甲子。 ⑨"其季"句:最后一个甲子日到今天又过了三分之一甲子(二十日)。自甲子至癸未(会食之日)正好是二十日。 ⑩"吏走"句:众人皆不知,故问于朝。 ⑪"鲁叔仲"句:指文公十一年。叔仲惠伯:叔彭生,鲁大夫。郤成子:郤缺,晋大

夫。 ⑫叔孙庄叔:叔孙得臣。 ⑬“获长狄”二句:文公十一年《传》仅言叔孙得臣获长狄侨如,以命宣伯(叔孙侨如)。虺、豹二人盖略而未书。宣伯之弟有叔孙豹(穆叔)。叔孙虺不见经传。⑭史赵:晋大夫。 ⑮“亥有”三句:亥字以二为首,六为身,将二下置于身,即为其经历之日数(二万六千六百六十日)。史赵所说亥字,字形已不可知。 ⑯士文伯:士匄。 ⑰“然则”句:老人经历四十五个甲子日,包括四十四个整甲子又二十日,合起来是二万六千六百六十日。六旬:六十日。六:原作“二”,据孔疏及阮元《校勘记》改。 ⑱“赵孟”二句:赵武问老人所在县的大夫是谁,原来是赵武的属下。 ⑲虞:忧。 ⑳由:用。 ㉑辱在泥涂:身处下贱。辱:委屈。涂:泥。 ㉒复陶:主衣服之官。㉓师:周代教民之官。 ㉔舆尉:军尉。主发众使民。此舆尉役孤老,故废之。 ㉕季武子:季孙宿。 ㉖婾(tōu):同“偷”。怠,懈怠。 ㉗大夫:赵孟为晋正卿。 ㉘伯瑕:即士文伯。 ㉙咨度:咨询。度:谋。 ㉚叔向:羊舌肸,晋平公太傅。女齐:女叔齐,亦称司马侯,与叔向同为师保。 ㉛其庸:岂,难道。其、庸义同。 ㉜勉:勉力。

夏四月己亥[①],郑伯及其大夫盟[②]。君子是以知郑难之不已也[③]。

〔注释〕

①己亥:此年四月无己亥。 ②“郑伯”句:驷氏、良氏相争,故盟。 ③已:止。

蔡景侯为大子般娶于楚,通焉[①]。大子弑景侯。

〔注释〕

①通焉：景侯与楚女私通。

初，王儋季卒①，其子括将见王而叹②。单公子愆期为灵王御士③，过诸廷④，闻其叹，而言曰："乌乎⑤！必有此夫⑥！"入以告王，且曰："必杀之！不戚而愿大⑦，视躁而足高⑧，心在他矣。不杀，必害。"王曰："童子何知？"及灵王崩，儋括欲立王子佞夫⑨，佞夫弗知。戊子⑩，儋括围蒍⑪，逐成愆⑫。成愆奔平畤⑬。五月癸巳⑭，尹言多、刘毅、单蔑、甘过、巩成杀佞夫⑮。括、瑕、廖奔晋⑯。书曰"天王杀其弟佞夫"⑰，罪在王也。

〔注释〕

①儋季：周灵王弟。　②"其子"句：括除服见王，入朝而叹。③御士：侍御之士。　④过诸廷：愆期过于王庭。王引之认为"过"当为"遇"之误。　⑤乌乎：同"呜呼"。　⑥必：乃。有此：如此。夫：叹词。　⑦愿：欲，欲望。　⑧躁：疾。足高：举步高。⑨佞夫：灵王之子，景王之弟。　⑩戊子：二十九日。　⑪蒍(wěi)：地名，据考古资料，这里最早是周人祭祀平王的场所，后为邑，在今河南孟津县东北。　⑫成愆：蒍邑大夫。　⑬平畤：周邑，据考古资料，这里最早是周人祭祀平王的场所，后为邑在今河南孟津县东南，洛阳市东北。　⑭癸巳：四日。　⑮尹言多：与下文刘毅等人皆周大夫。　⑯括、瑕、廖奔晋：《春秋》只书王子瑕奔晋，而不书括、廖，书其首恶。　⑰"书曰"二句：《春秋》"天王杀其弟佞夫"，是归罪于天王(佞夫不知其事)。

或叫于宋大庙[①],曰:"譆譆[②]! 出出[③]!"鸟鸣于亳社[④],如曰:"譆譆。"甲午[⑤],宋大灾。宋伯姬卒,待姆也[⑥]。君子谓宋共姬女而不妇[⑦]。女待人[⑧],妇义事也[⑨]。

〔注释〕

①或:有人。叫:呼。大庙:宋微子(宋始封之君)庙。 ②譆譆:伤痛之声。 ③出出:亦作"诎诎"。同"咄咄",嗟叹之声。 ④亳社:殷社。宋为殷商之后,故立其社,以供祭祀。 ⑤甲午:五日。 ⑥姆:女师。 ⑦谓:以为,认为。女而不妇:如未嫁之女而非已嫁之妇。 ⑧待人:待人而行。 ⑨义事:谓当相机行事。义:通"仪",度。伯姬为鲁宣公女,宋共公夫人,共公卒于成公十五年,伯姬此时应在六十岁左右。

六月,郑子产如陈莅盟[①]。归,复命,告大夫曰:"陈,亡国也,不可与也[②]。聚禾粟,缮城郭,恃此二者,而不抚其民[③]。其君弱植[④],公子侈[⑤],大子卑[⑥],大夫敖,政多门[⑦],以介于大国[⑧],能无亡乎? 不过十年矣。"

〔注释〕

①莅盟:与盟。莅:临。 ②与:亲。 ③抚:安,安抚。 ④弱植:弱志。谓懦弱、不坚毅。《楚辞·招魂》:"弱颜固植,謇其有意些。" ⑤侈:大。谓强盛。 ⑥卑:微。谓微弱。 ⑦政多门:政不由一人。 ⑧介于大国:处于大国之间。介:间。

秋七月,叔弓如宋[①],葬共姬也[②]。

〔注释〕

①叔弓：鲁卿。　②葬共姬：伯姬遇灾而卒，特使卿往葬之。昭公三年《传》云："君薨，大夫吊，卿共葬事；夫人，士吊，大夫送葬。"

郑伯有耆酒[①]，为窟室[②]，而夜饮酒，击钟焉。朝至，未已[③]。朝者曰："公焉在[④]？"其人曰[⑤]："吾公在壑谷[⑥]。"皆自朝布路而罢[⑦]。既而朝，则又将使子皙如楚[⑧]，归而饮酒。庚子[⑨]，子皙以驷氏之甲伐而焚之。伯有奔雍梁[⑩]，醒而后知之，遂奔许[⑪]。

大夫聚谋，子皮曰[⑫]："《仲虺之志》云[⑬]：'乱者取之，亡者侮之。'推亡固存，国之利也。罕、驷、丰同生[⑭]，伯有汏侈[⑮]，故不免。"

人谓子产就直助强[⑯]。子产曰："岂为我徒[⑰]？国之祸难[⑱]，谁知所敝[⑲]？或主强直[⑳]，难乃不生。姑成吾所[㉑]。"辛丑[㉒]，子产敛伯有氏之死者而殡之，不及谋而遂行[㉓]。印段从之[㉔]。子皮止之。众曰："人不我顺[㉕]，何止焉？"子皮曰："夫子礼于死者，况生者乎？"遂自止之[㉖]。壬寅[㉗]，子产入。癸卯[㉘]，子石入[㉙]。皆受盟于子皙氏[㉚]。乙巳[㉛]，郑伯及其大夫盟于大宫[㉜]，盟国人于师之梁之外[㉝]。

伯有闻郑人之盟己也，怒。闻子皮之甲不与攻己也，喜。曰："子皮与我矣。"癸丑[㉞]，晨自墓门之渎入[㉟]，因马师颉介于襄库[㊱]，以伐旧北门。驷带率国人以伐之[㊲]。皆召子产[㊳]。子产曰："兄弟而及此[㊴]，吾从天所与。"伯有死于羊肆[40],子产襚之[41],枕之股而哭之[42],敛而殡诸伯有之臣在市侧者[43],既而葬诸斗城[44]。子驷氏欲攻子产[45],子皮怒之曰:“礼,国之干也[46]。杀有礼,祸莫大焉。”乃止。

于是游吉如晋还,闻难,不入。复命于介[47]。八月甲子[48],奔晋。驷带追之,及酸枣[49]。与子上盟[50],用两圭质于河[51]。使公孙肸入盟大夫。己巳[52],复归[53]。

书曰“郑人杀良霄[54]”,不称大夫,言自外入也。

于子蟜之卒也[55],将葬,公孙挥与裨灶晨会事焉[56]。过伯有氏,其门上生莠[57]。子羽曰[58]:“其莠犹在乎[59]?”于是岁在降娄[60],降娄中而旦[61]。裨灶指之曰[62]:“犹可以终岁[63],岁不及此次也已[64]。”及其亡也[65],岁在娵訾之口[66],其明年,乃及降娄。

仆展从伯有[67],与之皆死。羽颉出奔晋[68],为任大夫[69]。

鸡泽之会[70],郑乐成奔楚,遂适晋。羽颉因之[71],与之比[72],而事赵文子[73],言伐郑之说焉[74]。以宋之盟故[75],不可。子皮以公孙鉏为马师[76]。

〔注释〕

①伯有:良霄,郑执政之卿。耆:通“嗜”。 ②窟室:地下室。 ③朝至,未已:朝者已至,饮酒尚未停止。 ④公:指伯有。⑤其人:指伯有之家臣。 ⑥壑谷:窟室。 ⑦布路:分散。布:散,分散。罢:归。 ⑧子晳:公孙黑,子驷之子。 ⑨庚子:十二日。 ⑩雍梁:郑地,在今河南新郑市西南四十五里。 ⑪许:地名,在今河南许昌市。 ⑫子皮:罕虎。 ⑬仲虺:汤之左相。⑭罕、驷、丰同生:子皮、子晳、公孙段三家本同母兄弟。 ⑮汏

侈:放纵。汏:同"汰"。汏、侈同义。 ⑯谓:以为,认为。就直助强:谓帮助势力强大的一方。强、直同义。《说文》:"弱,桡也。上象桡曲,彡象毛氂桡弱也。"段玉裁注:"桡者,曲木也。引伸为凡曲之称。直者多强,曲者多弱。《易》曰'栋桡',本末弱也。弱与桡叠韵。" ⑰徒:党。 ⑱祸难:祸患。难:患。 ⑲谁知所敝:谓不知祸患所终。敝:止,终。 ⑳"或主"二句:亲近势力强大之人,或可避免祸难。主:亲。 ㉑姑成吾所:谓且善自处置以自保。成:定。所:职,位。 ㉒辛丑:十三日。 ㉓"不及"句:言不及与大夫谋而出行。 ㉔以子产为义,故从之。 ㉕人不我顺:即人不顺我。谓子产收伯有氏之尸。顺:从。 ㉖遂自:遂。自、遂同义。止之:止子产。 ㉗壬寅:十四日。 ㉘癸卯:十五日。 ㉙子石:印段。 ㉚子晳氏:子晳之家。氏:家。 ㉛乙巳:十七日。 ㉜大宫:太庙,祖庙。 ㉝师之梁:郑国都西城门。㉞癸丑:二十五日。 ㉟墓门:郑城门。渎:通"窦",出水穴。㊱"因马师"句:通过马师颉用襄库之甲武装起来。因:依。马师颉:子羽孙。襄库:府库名。 ㊲驷带:子西之子,子晳之宗主。㊳皆召子产:驷氏、伯有皆召子产助己。 ㊴良霄(伯有)、驷带皆穆公曾孙。 ㊵羊肆:市列。 ㊶襚(suì):给死者穿衣。 ㊷枕之股:以伯有之尸枕己之股。 ㊸敛:大敛,以尸入棺。 ㊹斗城:郑地,在今河南通许县东北。 ㊺子驷氏:即驷氏。 ㊻干:支柱。 ㊼复命于介:游吉将出奔,故向副使复命。介:副使。㊽甲子:六日。 ㊾酸枣:地名,在今河南延津县西南。 ㊿子上:驷带。 51用两圭质于河:谓沉圭祭祀河神。质:信。 52己巳:十一日。 53复归:游吉复归。 54"书曰"三句:《春秋》书"郑人杀良霄",不称他为大夫,因为他出奔后又进入郑国(既出则位绝)。 55子蟜:公孙虿。卒于十九年。 56会事:会葬事。57莠(yǒu):草名,似稷而无实,又称狗尾草。 58子羽:公孙挥。

㊾“其莠”句:伯有骄纵,知不能久。 ㊿“于是”句:那一年岁星运行至降娄。岁:岁星,亦即木星。降娄:亦名奎娄,十二星次之一(戌)。在二十八宿中为奎宿和娄宿。 ⑹降娄中而旦:周之八月,当夏之六月。降娄中而天明。 ⑹指之:指着降娄。⑹终岁:终岁星(木星)一周。岁星十二年一终。 ⑹“岁不及”句:谓伯有之亡,不待岁星再至此次(降娄)。 ⑹亡:伯有被杀。⑹娵訾(jū zī):十二星次之一(亥),在二十八宿中为室宿(营室)。娵訾之口:指营室东壁。二十八年岁星在玄枵,二十九年在娵訾,三十年周正七月,伯有死,岁星正经过娵訾,而未及降娄。⑹仆展:郑大夫,伯有之党。 ⑹羽颉:马师颉。马师是其官,羽是其氏。 ⑹任:晋邑,在今河北任县东南。 ⑺鸡泽之会:诸侯会于鸡泽,在襄公三年。 ⑺因:依。 ⑺比:勾结。 ⑺赵文子:赵武。 ⑺“言伐”句:进言伐郑。 ⑺“以宋”二句:宋之盟(在二十七年),诸侯相约弭兵。 ⑺公孙鉏:子罕之子,代羽颉为马师。

楚公子围杀大司马蒍掩而取其室①。申无宇曰②:“王子必不免。善人,国之主也。王子相楚国,将善是封殖③,而虐之④,是祸国也。且司马,令尹之偏⑤,而王之四体也⑥。绝民之主,去身之偏,艾王之体⑦,以祸其国,无不祥大焉⑧。何以得免?”

〔注释〕

①公子围:楚共王子。此时为令尹。室:家产。 ②申无宇:芋尹。 ③将:当。封殖:培植。培本曰封。 ④虐:残,残害。⑤偏:佐。 ⑥四体:手足。 ⑦艾:绝,断。 ⑧无不祥大焉:谓

不善莫大于此。无:何。

为宋灾故,诸侯之大夫会[①],以谋归宋财[②]。冬十月,叔孙豹会晋赵武、齐公孙虿、宋向戌、卫北宫佗、郑罕虎及小邾之大夫会于澶渊[③]。既而无归于宋,故不书其人。

君子曰:"信其不可不慎乎!澶渊之会,卿不书,不信也夫!诸侯之上卿,会而不信,宠名皆弃[④],不信之不可也如是!《诗》曰[⑤]:'文王陟降[⑥],在帝左右。'信之谓也。又曰[⑦]:'淑慎尔止[⑧],无载尔伪。'不信之谓也。"书曰"某人某人会于澶渊[⑨],宋灾故",尤之也。不书鲁大夫[⑩],讳之也。

〔注释〕

①"诸侯"句:晋、齐、宋、卫、郑、曹、莒、邾、滕、薛、杞、小邾之大夫相会。《传》蒙经文省略与会之人。 ②归(kuì):通"馈",赠送。 ③"叔孙豹"三句:叔孙豹等六人皆卿,依常例应书其名。北宫佗:北宫括,字佗。 ④宠名皆弃:谓《春秋》不书与会卿大夫之名。《春秋》常例,卿皆书名。宠:族。 ⑤《诗》曰:引文出自《诗·大雅·文王》。 ⑥"文王"三句:言文王或升或降,无不在上帝之左右,唯以其信。陟:登,升。 ⑦又曰:以下引文为逸《诗》。 ⑧"淑慎"二句:谓言行应当诚信,不要施行诈伪。淑:善。慎:敬。止:举止。无:不要。载:成。 ⑨"书曰"三句:《春秋》书某国某国之人会于澶渊,因为宋国发生了火灾,是怪罪他们。尤:罪。会而无信,故罪之。 ⑩"不书"二句:叔孙豹与会,而《经》不书,为鲁讳耻。

郑子皮授子产政[①],辞曰:"国小而逼[②],族大宠多[③],不

可为也。”子皮曰：“虎帅以听，谁敢犯子？子善相之，国无小[4]。小能事大，国乃宽[5]。”

子产为政，有事伯石[6]，赂与之邑[7]。子大叔曰[8]：“国皆其国也[9]，奚独赂焉？”子产曰：“无欲实难。皆得其欲，以从其事，而要其成[10]。非我有成[11]，其在人乎？何爱于邑[12]，邑将焉往[13]？”子大叔曰：“若四国何[14]？”子产曰：“非相违也，而相从也[15]，四国何尤焉？《郑书》有之曰[16]：‘安定国家，必大焉先[17]。’姑先安大，以待其所归[18]。”既，伯石惧而归邑，卒与之。伯有既死，使大史命伯石为卿，辞[19]。大史退，则请命焉[20]。复命之，又辞。如是三，乃受策入拜。子产是以恶其为人也[21]，使次己位[22]。

子产使都鄙有章[23]，上下有服[24]，田有封洫[25]，庐井有伍[26]。大人之忠俭者[27]，从而与之[28]；泰侈者[29]，因而毙之[30]。

丰卷将祭，请田焉[31]。弗许[32]，曰：“唯君用鲜[33]，众给而已[34]。”子张怒[35]，退而征役[36]。子产奔晋，子皮止之，而逐丰卷。丰卷奔晋。子产请其田里[37]，三年而复之[38]，反其田里及其入焉[39]。

从政一年，舆人诵之[40]，曰：“取我衣冠而褚之[41]，取我田畴而伍之[42]。孰杀子产，吾其与之[43]！”及三年，又诵之，曰：“我有子弟，子产诲之[44]；我有田畴，子产殖之[45]。子产而死[46]，谁其嗣之[47]？”

〔注释〕

①授子产政：是时子皮当国，以子产贤，故让之。 ②逼：邻

近大国。 ③宠多:尊贵者多。宠:尊。 ④无:不。 ⑤宽:缓。⑥有事伯石:有事要请伯石办。伯石:公孙段。字子石。印段亦字子石,故称伯石加以区别。 ⑦赂与之邑:与之邑以赂之。⑧子大叔:游吉。 ⑨"国皆"二句:言国为众人之国,为何单单贿赂伯石?奚:何。 ⑩要(yāo):求。 ⑪"非我"二句:言成犹在我,不在他人。其:岂。 ⑫爱:吝惜。 ⑬邑将焉往:言邑犹在国。往:归。 ⑭若四国何:谓恐为邻国所讥议。若:奈。⑮"而相"句:致邑于伯石,欲使关系和睦。而:乃。从:顺。⑯《郑书》:郑国史书。 ⑰必大焉先:必大是先。谓必先于大族。焉:是。 ⑱归:终。 ⑲辞:伯石不受。 ⑳请命:请复命己。 ㉑恶其为人:厌恶伯石之虚伪。 ㉒次己位:位居己之下。子产畏伯石作乱,故尊其位。 ㉓都鄙:即城乡。都:国都、城邑皆可曰都。鄙:郊之外曰鄙。章:法。 ㉔服:法,法度。 ㉕封洫:疆界。封:分界。洫:水沟。 ㉖庐井:指田地。《汉书·食货志上》:"井方一里,是为九夫。八家共之,各受私田百亩,公田十亩,是为八百八十亩,余二十亩以为庐舍。"伍:通"赋"。指收取赋税。下文云"取我田畴而伍之",与此义近。 ㉗大人:谓卿大夫。忠俭:忠诚自律。俭:约束。 ㉘从而:因而。与:亲。㉙泰侈:汰侈,放纵。泰、侈同义。 ㉚因而,从而。毙:踣。使僵仆。㉛田:猎。 ㉜弗许:子产不许。 ㉝用鲜:用现杀的鸟兽祭祀。鸟兽新杀者曰鲜。 ㉞给:具。谓备其物。 ㉟子张:丰卷之字。㊱征役:征召兵徒。 ㊲请其田里:请求不以丰卷田宅入官。里:居,住宅。 ㊳复:返。 ㊴入:指田、里之收入。 ㊵舆人:众人。诵之:为之作诗。诵:指诗。 ㊶"取我"句:谓增收赋税以增加国库收入。褚:蓄。 ㊷"取我"句:《吕氏春秋·乐成》引此作"我有田畴,而子产赋之"。伍即交纳田租。田畴:田地。 ㊸其:将。与:助。此数句"褚""伍"为韵。 ㊹诲:

教诲。 ㊺殖:增殖。指增加产量。 ㊻而:如,如果。 ㊼嗣:继。以上数句“诲”“殖”“嗣”为韵。

经

三十有一年春①,王正月。

夏六月辛巳②,公薨于楚宫③。

秋九月癸巳④,子野卒⑤。

己亥⑥,仲孙羯卒。

冬十月,滕子来会葬。

癸酉,葬我君襄公。

十有一月,莒人弑其君密州⑦。

〔注释〕

①三十有一年:公元前 542 年。 ②辛巳:二十八日。③楚宫:别宫,非正寝。 ④癸巳:十二日。 ⑤子野:襄公之太子。不书葬,未成君。 ⑥己亥:十八日。 ⑦“莒人”句:《春秋》书“莒人弑其君密州”,称国以弑,不称弑君者之名,国君无道。

传

三十一年春,王正月,穆叔至自会①。见孟孝伯②,语之曰:“赵孟将死矣③。其语偷④,不似民主。且年未盈五十,而谆谆焉如八九十者⑤,弗能久矣。若赵孟死,为政者其韩子乎⑥!吾子盍与季孙言之⑦,可以树善⑧,君子也。晋君将失政矣，若不树焉，使早备鲁[9]，既而政在大夫，韩子懦弱，大夫多贪，求欲无厌[10]，齐、楚未足与也，鲁其惧哉[11]！”孝伯曰：“人生几何？谁能无偷？朝不及夕，将安用树？”穆叔出而告人曰：“孟孙将死矣。吾语诸赵孟之偷也[12]，而又甚焉[13]。”又与季孙语晋故[14]，季孙不从。

及赵文子卒[15]，晋公室卑[16]，政在侈家[17]。韩宣子为政，不能图诸侯。鲁不堪晋求，谗慝弘多[18]，是以有平丘之会[19]。

〔注释〕

①穆叔：叔孙豹。至自会：从澶渊之会回国。上年诸侯会于澶渊。 ②孟孝伯：仲孙羯。 ③赵孟：赵武，晋正卿。 ④偷：苟且。谓无远虑。 ⑤谆谆：形容唠叨。《说文》：“谆，告晓之孰也。” ⑥韩子：韩起。 ⑦盍：何不。季孙：季孙宿，鲁执政大夫。⑧树善：结好。树：建，建立。善：亲。 ⑨使早备鲁：使韩起早为鲁备。 ⑩求欲：欲，欲望。求、欲同义。 ⑪惧：忧。谓有忧。⑫诸：以。 ⑬而：乃。甚焉：超过赵孟。甚：过。 ⑭故：事。⑮赵文子：赵孟。赵孟卒于昭公元年。 ⑯卑：微，衰微。 ⑰侈家：大家。侈：大。 ⑱谗慝弘多：怨谤。谗：谤。慝：恶，怨。谗、慝同义。弘多：多。弘、多同义。 ⑲平丘之会：在昭公十三年。晋人执季孙意如于会。

齐子尾害闾丘婴[1]，欲杀之，使帅师以伐阳州[2]。我问师故[3]。夏五月，子尾杀闾丘婴，以说于我师[4]。工偻洒、渻灶、孔虺、贾寅出奔莒[5]。出群公子[6]。

〔注释〕

①子尾:公孙虿。害:恨,憎恨。 ②阳州:鲁地,在今山东东平县北部。 ③问师故:问齐师何以伐我。 ④说:解说。⑤工偻洒:姓工偻,名洒,与下三人皆闾丘婴之党。莒:国名,己姓,在今山东莒县。 ⑥出:逐。

公作楚宫[①]。穆叔曰:“《大誓》云[②]:‘民之所欲[③],天必从之。’君欲楚也夫!故作其宫。若不复适楚,必死是宫也。”六月辛巳,公薨于楚宫。

叔仲带窃其拱璧[④],以与御人,纳诸其怀,而从取之,由是得罪[⑤]。

立胡女敬归之子子野[⑥],次于季氏。秋九月癸巳,卒,毁也[⑦]。

〔注释〕

①楚宫:襄公适楚,喜爱其宫室,归而仿作之,故称楚宫。②《大誓》:《尚书》篇名。 ③“民之”二句:今《尚书·泰誓》无此文。 ④叔仲带:鲁大夫。拱璧:襄公之大璧。金文“共”字为双手持璧之形,共即拱之古字。 ⑤得罪:谓见轻于鲁人。⑥敬归:襄公之妾。敬是谥号,归是母家之姓。 ⑦毁:过哀毁瘠(消瘦),以至于亡。

己亥,孟孝伯卒。

立敬归之娣齐归之子公子裯[①]。穆叔不欲,曰:“大子死,有母弟,则立之;无,则立长[②]。年钧择贤[③],义钧则卜,

古之道也。非適嗣[4],何必娣之子?且是人也,居丧而不哀,在戚而有嘉容[5],是谓不度[6]。不度之人,鲜不为患。若果立之[7],必为季氏忧。"武子不听[8],卒立之。比及葬[9],三易衰[10],衰衽如故衰[11]。于是昭公十九年矣[12],犹有童心,君子是以知其不能终也[13]。

〔注释〕

①娣:女弟。即妹妹。公子裯(chóu):昭公名。 ②立长:原本作"长立",据纂图本、《四部丛刊》本改。 ③钧:同"均",等,同。 ④非適嗣:子野非嫡子。 ⑤嘉容:愉悦之色。嘉:乐。⑥不度:无法度。 ⑦若果:如,如果。表示假设。 ⑧武子:季武子,季孙宿。 ⑨比及:等到。比:介词。待到。及:至。⑩衰(cuī):丧服。 ⑪衰衽如故衰:丧服像是旧的一样。言其嬉戏无度。衽:衣襟。 ⑫十九年:十九岁。年:岁。 ⑬不能终:不能善终。昭公于二十五年孙(奔)于齐。

冬十月,滕成公来会葬,惰而多涕[1]。子服惠伯曰[2]:"滕君将死矣!怠于其位,而哀已甚[3],兆于死所矣[4],能无从乎[5]?"

〔注释〕

①惰:懈怠。涕:泪。 ②子服惠伯:孟椒,仲孙它之子。③已甚:太过分。已:太。 ④"兆于"句:谓在丧礼上已有预兆。兆:形,显示。所:处。 ⑤能无从乎:谓将应其兆而死。滕子卒于昭公三年。

癸酉，葬襄公。

公薨之月，子产相郑伯以如晋①。晋侯以我丧故，未之见也。子产使尽坏其馆之垣②，而纳车马焉。士文伯让之③，曰："敝邑以政刑之不修，寇盗充斥④，无若诸侯之属辱在寡君者何⑤，是以令吏人完客所馆⑥，高其闬闳⑦，厚其墙垣，以无忧客使。今吾子坏之，虽从者能戒⑧，其若异客何？以敝邑之为盟主，缮完葺墙⑨，以待宾客。若皆毁之，其何以共命⑩？寡君使匄请命⑪。"对曰："以敝邑褊小⑫，介于大国⑬，诛求无时⑭，是以不敢宁居，悉索敝赋⑮，以来会时事⑯。逢执事之不闲⑰，而未得见，又不获闻命，未知见时，不敢输币⑱，亦不敢暴露。其输之⑲，则君之府实也，非荐陈之⑳，不敢输也。其暴露之，则恐燥湿之不时而朽蠹㉑，以重敝邑之罪。侨闻文公之为盟主也㉒，宫室卑庳㉓，无观台榭㉔，以崇大诸侯之馆㉕，馆如公寝㉖。库厩缮修，司空以时平易道路㉗，圬人以时塓馆宫室㉘。诸侯宾至，甸设庭燎㉙，仆人巡宫㉚。车马有所㉛，宾从有代㉜，巾车脂辖㉝，隶人牧圉各瞻其事㉞，百官之属各展其物㉟。公不留宾㊱，而亦无废事㊲。忧乐同之，事则巡之㊳，教其不知，而恤其不足。宾至如归，无宁灾患㊴。不畏寇盗，而亦不患燥湿。今铜鞮之宫数里㊵，而诸侯舍于隶人㊶，门不容车，而不可逾越。盗贼公行㊷，而夭厉不戒㊸。宾见无时，命不可知㊹。若又勿坏㊺，是无所藏币，以重罪也。敢请执事，将何所命之㊻？虽君之有鲁丧，亦敝邑之忧也。若获荐币，修垣而行，君之惠也，敢惮勤劳？"文伯复命。赵文子曰："信。我实不德，而以

隶人之垣以赢诸侯[47]，是吾罪也。"使士文伯谢不敏焉。

晋侯见郑伯，有加礼[48]，厚其宴好而归之[49]。乃筑诸侯之馆。叔向曰："辞之不可以已也如是夫[50]！子产有辞[51]，诸侯赖之[52]。若之何其释辞也[53]？《诗》曰[54]：'辞之辑矣[55]，民之协矣。辞之绎矣，民之莫矣。'其知之矣。"

〔注释〕

①子产：公孙侨，郑执政大夫。相：为相，任赞礼官。 ②馆：客舍。垣：墙。 ③士文伯：士匄。 ④寇盗：盗贼。寇：盗。充斥：言盗贼多。充、斥都有"大""多"的意思。 ⑤若……何：奈……何。在：于。 ⑥完：坚，固。所：之。 ⑦闬闳（hàn hóng）：门。闬、闳义同。 ⑧戒：戒备。 ⑨缮完葺：三字义近，皆修缮之意。 ⑩共命：谓供给所需。 ⑪请命：请问毁垣之命。⑫褊（biǎn）小：狭小。 ⑬介：间。 ⑭诛求：求索。诛、求同义。⑮悉索：穷尽。索：尽。 ⑯会时事：随时来朝会。 ⑰不间（xián）：无闲暇。 ⑱输币：指输送礼物入库。 ⑲"其输"二句：若运入仓库，即是晋君府库之物。其：若。下文"其暴露之"义同。⑳荐：进献。陈：陈列。 ㉑朽蠹：朽坏蛀蚀。 ㉒侨：子产之名。文公：重耳。 ㉓卑庳（bì）：矮小。庳：屋低小。 ㉔无观台榭：无可供升高观望的台榭。四方而高曰台，台上有屋曰台榭。 ㉕以：而。崇大：使高大。 ㉖公寝：指晋君居室。 ㉗平易：治理。平、易同义。 ㉘圬（wū）人：涂者。即今之泥工。塓（mì）：涂，粉刷。 ㉙甸：甸人。官名，掌供薪蒸之事。庭燎：大烛。 ㉚巡宫：巡宫行夜。 ㉛所：安置之处。 ㉜代：替换者。谓主人代客执役。 ㉝巾车：主车之官。脂辖：给车上油脂。辖：插入轴端孔穴以固定车轴的销钉。此指车轴。 ㉞隶人：官名，掌宫室洗扫等事。牧：养牛者。圉：养马者。瞻：视。 ㉟展：具，备。 ㊱留：滞

留。 ㊲废事:谓因接待宾客而耽搁他事。 ㊳事则巡之:有事则省视之。巡:行,巡行。 ㊴无宁:无。宁:句中语助词,无义。 ㊵铜鞮(dī)之宫:晋离宫,在今山西沁县南二十余里铜鞮山东。 ㊶舍于隶人:舍于隶人之舍。 ㊷公行:公然行动。谓肆无忌惮。 ㊸夭厉:灾,灾害。夭、厉同义。 ㊹命:见客之命。 ㊺"若又"二句:倘若不毁墙,则无处藏币。若又:如果。若、又二字同义。是:则。 ㊻何所命之:言何时得以接见。所:原本作"以",据纂图本改。所:时。 ㊼赢:受,容受。 ㊽有加礼:谓礼敬超过平常。 ㊾宴好:宴饮所赠财货。昭公五年《传》云:"宴有好货。" ㊿已:去。谓弃而不用。 ⑤①有辞:善于辞令。有:善。 ⑤②赖之:利之。 ⑤③释:舍弃。 ⑤④《诗》曰:引文出自《诗·大雅·板》。 ⑤⑤"辞之"四句:谓言辞辑睦,则民和谐;言辞和悦,则民安定。辑:和。协:和合。绎:通"怿",悦。莫:定。

郑子皮使印段如楚[1],以适晋告,礼也[2]。

〔注释〕

①"郑子皮"句:宋之盟(在襄公二十七年)规定晋、楚之从(属国)交相见,故郑适晋。子皮:罕虎,郑执政大夫。 ②礼也:告而后行,合于礼。

莒犁比公生去疾及展舆[1]。既立展舆,又废之。犁比公虐[2],国人患之[3]。十一月,展舆因国人以攻莒子[4],弑之,乃立。去疾奔齐,齐出也[5]。展舆,吴出也[6]。书曰"莒人弑其君买朱鉏[7]",言罪之在也。

〔注释〕

①犁比公:莒子之号。莒君无谥,以地为号。 ②虐:暴虐。③患:恶。 ④因:凭借。 ⑤齐出:齐女所生。 ⑥吴出:吴女所生。 ⑦“书曰”二句:《春秋》单书莒君之名,不书何人弑君,表明罪在莒君。买朱鉏:即《经》之“密州”。“买朱鉏”与“密州”声音相近。

吴子使屈狐庸聘于晋[①],通路也[②]。赵文子问焉,曰:“延州来季子其果立乎[③]?巢陨诸樊[④],阍戕戴吴[⑤],天似启之[⑥],何如?”对曰:“不立。是二王之命也[⑦],非启季子也。若天所启,其在今嗣君乎[⑧]!甚德而度[⑨]。德不失民,度不失事,民亲而事有序,其天所启也。有吴国者,必此君之子孙实终之[⑩]。季子,守节者也[⑪]。虽有国[⑫],不立。”

〔注释〕

①吴子:吴王夷昧。屈狐庸:屈巫(申公巫臣)之子。成公七年至吴为行人。 ②通路:开通吴、晋之路。指加强两国交往。吴季札曾于襄公二十九年聘晋。 ③延州来季子:吴季札,吴王寿梦第四子,初封延陵,后加封州来。果:终。 ④巢陨诸樊:诸樊门于巢而卒,见二十五年《传》。陨:丧。 ⑤阍戕戴吴:馀祭(即戴吴)为阍(守门人)所弑,见二十九年《传》。 ⑥启:佑,助。据《史记·吴太伯世家》,寿梦有子四人:诸樊、馀祭、夷昧、季札。寿梦欲立季札为嗣,季札不肯,乃立诸樊。诸樊亦欲让位于季札,故命王位兄弟相继。今诸樊、馀祭皆死,故曰天似启之。 ⑦是二王之命也:诸樊、馀祭之死,乃二王之命如此,非天启季札。⑧嗣君:指夷昧。 ⑨德:有德。度:有法度。 ⑩“必此”句:

《世本》谓公子光(吴王阖闾)为夷昧之子。　⑪节:节操,操守。⑫虽有国,不立:即便应该继位,他也不会答应。诸樊、馀祭、夷昧三人欲传国于季札,而季札终不肯立。

十二月,北宫文子相卫襄公以如楚①,宋之盟故也②。过郑,印段迋劳于棐林③,如聘礼而以劳辞④。文子入聘⑤。子羽为行人⑥,冯简子与子大叔逆客⑦。事毕而出⑧,言于卫侯曰:"郑有礼,其数世之福也,其无大国之讨乎!《诗》云⑨:'谁能执热⑩,逝不以濯。'礼之于政,如热之有濯也⑪。濯以救热⑫,何患之有?"

子产之从政也,择能而使之。冯简子能断大事。子大叔美秀而文⑬。公孙挥能知四国之为,而辨于其大夫之族姓、班位、贵贱、能否⑭,而又善为辞令。裨谌能谋,谋于野则获⑮,谋于邑则否⑯。郑国将有诸侯之事⑰,子产乃问四国之为于子羽,且使多为辞令;与裨谌乘以适野,使谋可否;而告冯简子,使断之;事成⑱,乃授子大叔使行之,以应对宾客,是以鲜有败事。北宫文子所谓有礼也。

〔注释〕

①北宫文子:北宫佗,卫卿。卫襄公:名恶,献公之子。②宋之盟规定晋、楚之从(属国)交相见。　③迋(wàng):往。棐(fěi)林:亦称北林,在今河南新郑市北四十余里。　④"如聘"句:如行聘礼而用郊劳之辞。　⑤入聘:报印段。　⑥子羽:公孙挥。行人:官名,掌接待宾客之事。　⑦子大叔:游吉。逆客:逆文子。　⑧出:文子出。　⑨《诗》云:引文出自《诗经·大雅·

桑柔》。 ⑩“谁能”二句:谓谁能惧怕炎热,而不沐浴以求凉爽?执:通“热”。畏,惧。逝:语助词,无义。 ⑪有:于。 ⑫救:止。《说文》:“救,止也。” ⑬美秀而文:貌美而才秀。 ⑭族姓:姓氏。族:姓。班位:位次。班、位同义。 ⑮获:得。得其宜。⑯否:不得。 ⑰将:如,如果。 ⑱成:毕。

郑人游于乡校①,以论执政②。然明谓子产曰③:“毁乡校,何如?”子产曰:“何为?夫人朝夕退而游焉④,以议执政之善否。其所善者,吾则行之⑤;其所恶者,吾则改之。是吾师也,若之何毁之?我闻忠善以损怨,不闻作威以防怨⑥。岂不遽止⑦?然犹防川⑧,大决所犯⑨,伤人必多,吾不克救也⑩。不如小决使道⑪,不如吾闻而药之也⑫。”然明曰:“蔑也今而后知吾子之信可事也⑬。小人实不才。若果行此⑭,其郑国实赖之⑮,岂唯二三臣?”

仲尼闻是语也⑯,曰:“以是观之,人谓子产不仁,吾不信也。”

〔**注释**〕

①乡校:乡之学校。 ②论执政:议论执政之得失。 ③然明:鬷蔑,郑大夫。 ④夫人:彼人。 ⑤则:即。 ⑥防:止,禁止。 ⑦岂不遽止:谓作威以防怨(虽)可立即制止。遽:急,速。⑧防川:筑坝堵河。防:堤。 ⑨决:决堤。犯:侵,侵败。 ⑩救:止。 ⑪道:导,通。 ⑫药:作为治病的药石。 ⑬事:奉事。⑭若果:如,如果。若、果同义,表示假设。 ⑮赖:恃。 ⑯“仲尼”五句:孔子生于襄公二十二年(一说二十一年),此时十岁,此当是孔子长大后闻此事而论之。

子皮欲使尹何为邑[①],子产曰:“少,未知可否。”子皮曰:“愿[②],吾爱之,不吾叛也。使夫往而学焉[③],夫亦愈知治矣[④]。”子产曰:“不可。人之爱人,求利之也。今吾子爱人,则以政[⑤],犹未能操刀而使割也,其伤实多[⑥]。子之爱人,伤之而已,其谁敢求爱于子?子于郑国,栋也。栋折榱崩[⑦],侨将厌焉[⑧],敢不尽言?子有美锦[⑨],不使人学制焉[⑩]。大官、大邑,身之所庇也,而使学者制焉。其为美锦[⑪],不亦多乎?侨闻学而后入政,未闻以政学者也。若果行此,必有所害。譬如田猎,射御贯[⑫],则能获禽[⑬]。若未尝登车射御,则败绩厌覆是惧[⑭],何暇思获?”子皮曰:“善哉!虎不敏[⑮]。吾闻君子务知大者远者[⑯],小人务知小者近者。我,小人也。衣服附在吾身[⑰],我知而慎之[⑱]。大官、大邑所以庇身也,我远而慢之[⑲]。微子之言,吾不知也。他日我曰:‘子为郑国,我为吾家,以庇焉,其可也。’今而后知不足。自今请虽吾家,听子而行。”子产曰:“人心之不同,如其面焉。吾岂敢谓子面如吾面乎[⑳]?抑心所谓危[㉑],亦以告也。”子皮以为忠,故委政焉。子产是以能为郑国。

〔注释〕

①为邑:治其私邑。即任邑大夫。 ②愿:谨慎。《说文》:“愿,谨也。” ③夫:彼。指尹何。 ④愈:渐。 ⑤以政:以政与之。 ⑥伤:自伤。 ⑦榱(cuī):椽子。 ⑧厌(yā):压。 ⑨锦:有花纹图案的丝织品。 ⑩制:割,裁断。 ⑪“其为”二句:言大官大邑比美锦更为重要。为:比。多:重。 ⑫贯:习,熟习。 ⑬禽:走兽之总名。 ⑭败绩厌(yā)覆:翻车压到人。

厌：通“压”。惧：忧。 ⑮虎：子皮之名。不敏：不才。 ⑯务：致力。谓专注。知：了解。 ⑰附：近。 ⑱慎：重。 ⑲慢：轻。⑳谓：认为，以为。 ㉑抑：不过。危：不安。

卫侯在楚，北宫文子见令尹围之威仪[①]，言于卫侯曰：“令尹似君矣，将有他志[②]。虽获其志，不能终也。《诗》云[③]：‘靡不有初[④]，鲜克有终。’终之实难，令尹其将不免。”公曰：“子何以知之？”对曰：“《诗》云[⑤]：‘敬慎威仪[⑥]，惟民之则。’令尹无威仪，民无则焉。民所不则，以在民上，不可以终。”公曰：“善哉！何谓威仪？”对曰：“有威而可畏，谓之威；有仪而可象[⑦]，谓之仪。君有君之威仪，其臣畏而爱之，则而象之[⑧]，故能有其国家，令闻长世[⑨]。臣有臣之威仪，其下畏而爱之，故能守其官职，保族宜家[⑩]。顺是以下皆如是，是以上下能相固也[⑪]。《卫诗》曰[⑫]：‘威仪棣棣[⑬]，不可选也。’言君臣、上下、父子、兄弟、内外、大小皆有威仪也。《周诗》曰[⑭]：‘朋友攸摄[⑮]，摄以威仪。’言朋友之道，必相教训以威仪也。《周书》数文王之德[⑯]，曰：‘大国畏其力[⑰]，小国怀其德。’言畏而爱之也。《诗》云[⑱]：‘不识不知[⑲]，顺帝之则。’言则而象之也。纣囚文王七年，诸侯皆从之囚，纣于是乎惧而归之，可谓爱之[⑳]。文王伐崇，再驾而降为臣[㉑]，蛮夷帅服[㉒]，可谓畏之。文王之功，天下诵而歌舞之，可谓则之。文王之行，至今为法，可谓象之。有威仪也。故君子在位可畏，施舍可爱，进退可度[㉓]，周旋可则，容止可观[㉔]，作事可法，德行可象，声气可乐，动作有文[㉕]，言语有章[㉖]，以临其

下，谓之有威仪也。"

〔注释〕

①威仪：礼仪举止。威、仪同义。 ②他志：异志。指弑君。③《诗》云：引文出自《诗·大雅·荡》。 ④"靡不"二句：谓人之初无不良善，却很少有人能保持到底。靡：无。鲜：少。 ⑤《诗》云：引文出自《诗·大雅·抑》。 ⑥"敬慎"二句：敬其威仪，乃可为天下法。慎：敬。则：法。 ⑦仪：仪容。象：仿效。 ⑧则而象之：以为表率。 ⑨令闻(wèn)：美誉。长世：历世久远。⑩保族宜家：保其家族。宜：安，保。 ⑪固：安。 ⑫《卫诗》曰：引文出自《诗·邶风·柏舟》。《邶》《鄘》《卫》皆可称《卫》。⑬"威仪"二句：谓威仪众多，不可计数。棣棣：富，盛。选：计，数。 ⑭《周诗》曰：引文出自《诗·大雅·既醉》。 ⑮"朋友"二句：本指助祭之宾客皆有威仪。此谓朋友以威仪相佐。攸：所。摄：佐，助。 ⑯《周书》：逸《书》。数：称。 ⑰"大国"二句：今见古文《尚书·武成》。力：强，强大。怀：思。 ⑱《诗》云：引文出自《诗·大雅·皇矣》。 ⑲"不识"二句：文王行事无所斟酌，循上天之法度。 ⑳爱之：诸侯爱之。 ㉑驾：兴师。降为臣：崇侯虎降为臣。 ㉒帅：率，皆。 ㉓度：法。 ㉔容止：容礼，容仪。《广雅·释言上》："止，礼也。" ㉕动作有文：举动合于礼。文：礼。 ㉖章：文采。

春秋左傳詳注

下

〔周〕左丘明 著
赵生群 注

中国古典名著译注丛书

中华书局

昭　公[1]

经

元年春[2],王正月,公即位。

叔孙豹会晋赵武、楚公子围、齐国弱、宋向戌、卫齐恶、陈公子招、蔡公孙归生、郑罕虎、许人、曹人于虢[3]。

三月,取郓[4]。

夏,秦伯之弟鍼出奔晋[5]。

六月丁巳[6],邾子华卒。

晋荀吴帅师败狄于大卤[7]。

秋,莒去疾自齐入于莒。莒展舆出奔吴。

叔弓帅师疆郓田[8]。

葬邾悼公。

冬十有一月己酉[9],楚子麇卒。

楚公子比出奔晋[10]。

〔注释〕

①昭公:名裯(一作稠),襄公之子,公元前541—公元前510年在位。《谥法》:“威仪恭明曰昭。”　②元年:公元前541年。

③虢：指东虢，周文王之弟姬仲所封国名，在今河南郑州市北古荥镇。 ④郓：鲁、莒边境之邑，在今山东沂水县东北五十里。⑤鍼：音 qián。 ⑥丁巳：十日。 ⑦大卤：即太原，在今山西太原市西南约二十五公里。 ⑧疆郓田：正郓之封疆。 ⑨己酉：十一月无己酉。 ⑩楚：原本无此字，据阮元《校勘记》补。《公羊传》《穀梁传》所据经文有"楚"字，与《春秋》文例合。

传

元年春，楚公子围聘于郑，且娶于公孙段氏，伍举为介①。将入馆②，郑人恶之③，使行人子羽与之言④，乃馆于外。既聘，将以众逆⑤。子产患之⑥，使子羽辞曰："以敝邑褊小⑦，不足以容从者，请墠听命⑧！"令尹命大宰伯州犁对曰⑨："君辱贶寡大夫围⑩，谓围：将使丰氏抚有而室⑪。围布几筵⑫，告于庄、共之庙而来⑬。若野赐之，是委君贶于草莽也⑭，是寡大夫不得列于诸卿也⑮。不宁唯是⑯，又使围蒙其先君⑰，将不得为寡君老⑱，其蔑以复矣⑲。唯大夫图之！"子羽曰："小国无罪，恃实其罪⑳。将恃大国之安靖己㉑，而无乃包藏祸心以图之㉒？小国失恃㉓，而惩诸侯，使莫不憾者，距违君命，而有所壅塞不行是惧。不然，敝邑，馆人之属也㉔，其敢爱丰氏之祧㉕？"伍举知其有备也，请垂橐而入㉖。许之。

正月乙未㉗，入㉘，逆而出。遂会于虢㉙，寻宋之盟也。

祁午谓赵文子曰㉚："宋之盟㉛，楚人得志于晋。今令尹之不信，诸侯之所闻也。子弗戒㉜，惧又如宋。子木之信称于诸侯[33],犹诈晋而驾焉[34],况不信之尤者乎[35]?楚重得志于晋[36],晋之耻也。子相晋国,以为盟主,于今七年矣。再合诸侯[37],三合大夫[38],服齐、狄[39],宁东夏,平秦乱[40],城淳于[41],师徒不顿[42],国家不罢,民无谤讟[43],诸侯无怨,天无大灾,子之力也。有令名矣,而终之以耻,午也是惧。吾子其不可以不戒!"文子曰:"武受赐矣[44]。然宋之盟[45],子木有祸人之心,武有仁人之心,是楚所以驾于晋也。今武犹是心也,楚又行僭[46],非所害也。武将信以为本,循而行之。譬如农夫,是穮是蓘[47],虽有饥馑[48],必有丰年。且吾闻之:能信不为人下。吾未能也[49]。《诗》曰[50]:'不僭不贼[51],鲜不为则。'信也。能为人则者,不为人下矣。吾不能是难[52],楚不为患。"

楚令尹围请用牲读旧书加于牲上而已[53],晋人许之。

三月甲辰[54],盟。楚公子围设服离卫[55]。叔孙穆子曰[56]:"楚公子美矣[57],君哉!"郑子皮曰[58]:"二执戈者前矣[59]!"蔡子家曰[60]:"蒲宫有前[61],不亦可乎?"楚伯州犁曰:"此行也,辞而假之寡君[62]。"郑行人挥曰:"假不反矣[63]。"伯州犁曰:"子姑忧子皙之欲背诞也[64]。"子羽曰:"当璧犹在[65],假而不反,子其无忧乎?"齐国子曰[66]:"吾代二子愍矣[67]!"陈公子招曰:"不忧何成[68]?二子乐矣。"卫齐子曰[69]:"苟或知之[70],虽忧何害?"宋合左师曰[71]:"大国令,小国共[72],吾知共而已。"晋乐王鲋曰:"《小旻》之卒章善矣[73],吾从之。"

退会,子羽谓子皮曰:"叔孙绞而婉[74],宋左师简而礼[75],

乐王鲋字而敬[76],子与子家持之[77],皆保世之主也[78]。齐、卫、陈大夫其不免乎!国子代人忧,子招乐忧,齐子虽忧弗害。夫弗及而忧[79],与可忧而乐[80],与忧而弗害,皆取忧之道也,忧必及之。《大誓》曰[81]:'民之多欲,天必从之。'三大夫兆忧[82],能无至乎[83]?言以知物[84],其是之谓矣!"

〔注释〕

①伍举:椒举。介:副使。 ②馆:客馆。 ③恶之:患楚袭郑。恶:患。 ④行人:官名,掌接待宾客。子羽:公孙挥。⑤逆:迎。指亲迎。 ⑥子产:公孙侨。 ⑦褊(biǎn)小:狭小。⑧墠(shàn):清除场地。此句谓子产欲于城外除地,以行婚礼。⑨令尹:公子围。时为楚令尹。 ⑩贶(kuàng):赐。 ⑪"将使"句:谓以丰氏之女为王子围之妻。丰氏:公孙段。抚有:安,安定。抚、有义同。而:尔。室:家。 ⑫布:置,列。几筵:筵席。指用于祭祀的席位。 ⑬庄:楚庄王,公子围之祖。共:楚共王,公子围之父。 ⑭草莽:荒野。莽:草。 ⑮"是寡"句:谓公子围不得从卿礼。 ⑯不宁唯是:不仅如此。宁:语助词,无义。唯:独。 ⑰蒙:欺。告先君而来,而不得成礼于丰氏之庙,故以为欺诬。 ⑱"将不"句:谓惧辱命而遭黜退。老:指上卿。⑲蔑:无。复:复命。 ⑳恃:依仗。谓依恃大国而不为备。㉑安靖:安定。 ㉒祸心:害人之心。 ㉓"小国"四句:谓郑所惧者,在楚图袭郑使已失所恃、诸侯怀恨而拒君命,使楚国之命壅塞而不行。距:通"拒"。违:拒。 ㉔馆人:守舍人。 ㉕其:岂。爱:吝惜。祧(tiāo):祖庙。 ㉖垂櫜(gāo):表示内无兵器。櫜:收存甲衣兵器的口袋。 ㉗乙未:十五日。 ㉘入:入城。 ㉙"遂会"二句:叔孙豹会晋赵武、楚公子围、齐国弱、宋向戌、卫齐恶、陈公子招、蔡公孙归生、郑罕虎、许人、曹人于虢,重申

宋之盟(在襄公二十七年)。《传》蒙经文省略与会之人。寻:温。㉚赵文子:赵武。㉛"宋之"二句:谓宋之盟,楚先于晋歃血。㉜戒:戒备。㉝子木:屈建,当时为楚令尹。称:显扬。㉞诈:使诈。指楚人衷甲。驾:加于其上。㉟尤:异。指突出。㊱重:又,再次。㊲再合诸侯:襄公二十五年,会诸侯于夷仪;二十六年,会诸侯于澶渊。㊳三合大夫:襄公二十七年,会诸侯之大夫于宋;三十年,会诸侯之大夫于澶渊;此年又会诸侯之大夫于虢。㊴服齐、狄:襄公二十八年,齐、白狄朝晋。㊵平秦乱:襄公二十六年,秦、晋为成。㊶城淳于:襄公二十九年,城杞之淳于,杞迁都。㊷顿:疲。㊸谤讟(dú):诽谤。指非议。㊹受赐:受其言。㊺然:但。㊻又:若。僭:诈,伪。谓不信。㊼穮(biāo):耘田,除草。蔉(gǔn):以土壅苗根。㊽"虽有"二句:谓耕作不息,必获丰年之报。饥馑:荒年。谷不熟为饥,蔬不熟为馑。㊾吾未能也:我只是担心未能做到诚信。㊿《诗》曰:引文出自《诗·大雅·抑》。51"不僭"二句:不僭越,不害人,就可以成为法度。僭:超越本分。贼:害。鲜(xiǎn):少。则:法。52"吾不"二句:我之所患在于不做到守信,楚不足为患。不能是难:患不能。53"楚令尹"句:楚恐晋先歃,故以旧书加于牲上,不歃血。旧书:指襄公二十七年会于宋之盟书。54甲辰:二十五日。55设服离卫:谓设国君之仪仗,陈列侍卫。服:器用。此指仪仗。离:丽。谓两人相对。56叔孙穆子:叔孙豹。57"楚公子"二句:谓楚公子用君之器用、仪仗,有如君主。58子皮:罕虎的字。59"二执戈"句:依礼,国君前后有执戈之人。60子家:公子归生。61蒲宫:公子围在会,特缉蒲以为王宫。此二句言既造王宫而居之,即便用国君之仪仗,使二人执戈在前,亦不足为怪。62"辞而"句:辞行时借之于楚君。此为饰辞。63假不反矣:借了将不再归还。言将篡位为君。反:还。64背诞:背信。诞:信。《荀子·修身》:"易言曰诞。" ⑥⑤"当璧"三句:楚共王无嫡嗣,而有宠子五人,命人藏璧于大室之庭,使五人依长幼之次入拜,规定当璧而拜者,即为嗣君。公子弃疾(即后来之楚平王)年幼,抱持而入,再拜,皆压纽,此即所谓当璧。事详昭公十三年《传》。此数句谓公子围非合法继承人,不能无忧。 ⑥⑥国子:国弱。 ⑥⑦二子:指公子围、伯州犁。愍:忧。 ⑥⑧"不忧"句:言以忧生事,事成而乐。 ⑥⑨齐子:齐恶。 ⑦⓪"苟或"二句:言先知为备,虽有忧患,亦无所害。害:患。 ⑦①合左师:向戌。向戌食邑于合,任左师之职。 ⑦②共:恭。 ⑦③《小旻》:《诗·小雅》篇名。其卒章云:"不敢暴虎,不敢冯河。人知其一,莫知其他。战战兢兢,如临深渊,如履薄冰。"义取非独暴虎冯河之可畏,不敬小人,亦将危殆。 ⑦④绞:刺,讥刺。 ⑦⑤简:略。 ⑦⑥字:爱。 ⑦⑦持:持平,不偏不倚。 ⑦⑧保世:保持爵禄世代相传。 ⑦⑨弗及而忧:不及己而忧。即代人忧。 ⑧⓪可忧而乐:当忧而乐。即乐忧。 ⑧①《大誓》:引文为逸《书》。 ⑧②兆忧:显示出忧患之预兆。 ⑧③至:及。 ⑧④言以知物:谓听其言而知其人。

季武子伐莒[1],取郓。莒人告于会。楚告于晋曰:"寻盟未退[2],而鲁伐莒,渎齐盟[3],请戮其使。"

乐桓子相赵文子[4],欲求货于叔孙[5],而为之请。使请带焉,弗与。梁其踁曰[6]:"货以藩身[7],子何爱焉?"叔孙曰:"诸侯之会,卫社稷也。我以货免,鲁必受师,是祸之也,何卫之为[8]?人之有墙,以蔽恶也[9]。墙之隙坏[10],谁之咎也?卫而恶之,吾又甚焉[11]。虽怨季孙,鲁国何罪?叔出季处[12],有自来矣,吾又谁怨?然鲋也贿[13],弗与,不已。"召使

者,裂裳帛而与之[14],曰:"带其褊矣。"

赵孟闻之,曰:"临患不忘国[15],忠也。思难不越官[16],信也。图国忘死,贞也。谋主三者[17],义也。有是四者,又可戮乎?"乃请诸楚曰:"鲁虽有罪,其执事不辟难,畏威而敬命矣。子若免之[18],以劝左右,可也。若子之群吏,处不辟污[19],出不逃难,其何患之有?患之所生,污而不治,难而不守,所由来也。能是二者,又何患焉?不靖其能[20],其谁从之?鲁叔孙豹可谓能矣,请免之,以靖能者。子会而赦有罪,又赏其贤[21],诸侯其谁不欣焉望楚而归之,视远如迩?疆埸之邑[22],一彼一此[23],何常之有?王伯之令也[24],引其封疆[25],而树之官;举之表旗[26],而著之制令[27],过则有刑[28],犹不可壹[29]。于是乎虞有三苗[30],夏有观、扈[31],商有姺、邳[32],周有徐、奄[33]。自无令王,诸侯逐进[34],狎主齐盟[35],其又可壹乎?恤大舍小[36],足以为盟主,又焉用之[37]?封疆之削[38],何国蔑有?主齐盟者,谁能辩焉[39]?吴、濮有衅[40],楚之执事,岂其顾盟[41]?莒之疆事,楚勿与知[42],诸侯无烦[43],不亦可乎?莒、鲁争郓,为日久矣[44],苟无大害于其社稷,可无亢也[45]。去烦宥善[46],莫不竞劝[47]。子其图之!"固请诸楚,楚人许之,乃免叔孙。

〔注释〕

①季武子:季孙宿。　②寻盟:重申宋之盟。襄公二十七年,诸侯会于宋以弭兵。寻:温。退:罢,毕。　③渎:慢。齐盟:指盟誓。齐:同"斋"。古代盟誓必斋戒,故称。　④乐桓子:乐王鲋。相:为相,任赞礼官。　⑤叔孙:叔孙豹。时在会。　⑥梁其踁

(jìng):叔孙家臣,名跁。 ⑦藩:屏,卫。 ⑧何卫之为:哪里是保卫社稷?为:有。 ⑨蔽恶:杜绝祸患。蔽:塞,绝。恶:患。⑩隙坏:开裂毁坏。 ⑪甚焉:言罪甚于墙坏。 ⑫"叔出"二句:叔孙出行,季孙居守,由来已久。自:从。 ⑬然:但。贿:谓贪财货。 ⑭"裂裳"三句:谓撕裂裙帛以为带,且言恐带狭小,故裂裳与之。褊:狭小。 ⑮患:难。 ⑯不越官:不忘本职。⑰谋主三者:谋事以忠、信、贞为主。 ⑱若:且。 ⑲污:烦,劳。指烦劳之事。 ⑳靖:安,安定。能:贤。指贤人。 ㉑赏:劝,勉励。 ㉒疆埸(yì):边界。 ㉓一彼一此:或彼或此。一:或。㉔"王伯"句:谓三王(夏禹,商汤,周文、武)五霸(夏昆吾,商大彭、豕韦,周齐桓、晋文)有令德时。令:善。 ㉕引:正。 ㉖举:立。表旗:标志。指后世界碑之类。"旗"与"表"同义。 ㉗制令:法,法令。制、令同义。 ㉘过:越过边界。 ㉙壹:常。谓固定。 ㉚三苗:诸侯名。缙云氏之后,号饕餮。 ㉛观:国名,姒姓,在今河南范县。扈:国名,姒姓,在今陕西户县北。 ㉜姺(xiǎn shēn):亦作"侁""莘"。盖即古有莘国,在今山东曹县北。邳:国名,在今江苏邳州市。 ㉝徐:国名,嬴姓,在今安徽泗县西北。奄:国名,在今山东曲阜市东。 ㉞逐:竞。 ㉟狎:更替,轮流。 ㊱大:大事。指篡弑灭亡之类。 ㊲又焉用之:言不必治小事。用:为。 ㊳"封疆"二句:疆界被侵削之事,哪个国家都会遇到。 ㊴辩:治。 ㊵吴、濮:皆楚之邻,吴在楚之东,濮在楚之南。衅:瑕隙。指可乘之机。 ㊶岂其:岂。岂、其义同。顾:念。㊷与知:过问。与:语助词。知:问。 ㊸烦:劳。 ㊹为:其。㊺亢:捍御。 ㊻烦:乱。宥善:赦免贤人(指叔孙豹)。善:贤。㊼竞劝:勉力。竞、劝同义。

令尹享赵孟[①],赋《大明》之首章[②]。赵孟赋《小宛》之

二章[③]。事毕，赵孟谓叔向曰："令尹自以为王矣，何如？"对曰："王弱，令尹强，其可哉[④]！虽可，不终。"赵孟曰："何故？"对曰："强以克弱而安之，强不义也。不义而强，其毙必速。《诗》曰[⑤]：'赫赫宗周[⑥]，褒姒灭之。'强不义也。令尹为王，必求诸侯。晋少懦矣[⑦]，诸侯将往。若获诸侯，其虐滋甚[⑧]，民弗堪也，将何以终？夫以强取，不义而克，必以为道[⑨]。道以淫虐[⑩]，弗可久已矣！"

〔注释〕

①赵孟：赵武。 ②《大明》：《诗·大雅》篇名。其首章言文王光明临照于下，故能赫赫盛于上。 ③《小宛》：《诗·小雅》篇名。其二章云："各敬尔仪，天命不又。"言天命一去，不可复返。赵孟赋此，以戒令尹。 ④其：殆。可：可成。 ⑤《诗》曰：引文出自《诗·小雅·正月》。 ⑥"赫赫"二句：言虽有赫赫之盛，不义足以灭亡。赫赫：形容强盛。宗周：指镐京（西周都城，在今陕西西安）。褒姒：周幽王后，幽王为其所惑，而多行不义，遂至灭亡。 ⑦懦：软弱。 ⑧虐：恶。 ⑨以为道：谓循此而行，习以为常。 ⑩淫虐：恶。淫、虐同义。

夏四月，赵孟、叔孙豹、曹大夫入于郑，郑伯兼享之。子皮戒赵孟[①]，礼终[②]，赵孟赋《瓠叶》。子皮遂戒穆叔[③]，且告之[④]。穆叔曰："赵孟欲一献[⑤]，子其从之！"子皮曰："敢乎[⑥]？"穆叔曰："夫人之所欲也[⑦]，又何不敢？"及享，具五献之笾豆于幕下[⑧]。赵孟辞，私于子产曰[⑨]："武请于冢宰矣[⑩]。"乃用一献。赵孟为客，礼终乃宴[⑪]。穆叔赋《鹊

巢》[12]。赵孟曰:"武不堪也。"又赋《采蘩》[13],曰:"小国为蘩[14],大国省穑而用之[15],其何实非命[16]?"子皮赋《野有死麇》之卒章[17]。赵孟赋《常棣》[18],且曰:"吾兄弟比以安[19],尨也可使无吠。"穆叔、子皮及曹大夫兴[20],拜,举兕爵[21],曰:"小国赖子,知免于戾矣[22]。"饮酒乐。赵孟出,曰:"吾不复此矣[23]!"

〔注释〕

①戒:告。指事先告知享期。 ②"礼终"二句:受所戒,礼毕而赋诗。《瓠叶》:《诗·小雅》篇名。义取古人不以微薄废礼,宴饮当从节俭。 ③穆叔:叔孙豹。 ④告之:告以赵孟赋《瓠叶》。 ⑤欲:求。一献:士饮酒之礼。主人酌献宾,宾酢主人,主人酬宾,献、酢、酬谓之一献。 ⑥敢乎:言不敢从。 ⑦夫人:此人。指赵孟。 ⑧五献:据《周礼·秋官·大行人》,享上公之礼九献,侯伯七献,子男五献。《春官·典命》谓公侯伯之卿皆三献。晋为霸主,礼数加敬,故备五献之礼。笾(biān)豆:祭祀、宴享时盛放食物的礼器。 ⑨私:私语。 ⑩冢宰:上卿。指子皮。⑪礼终乃宴:飨礼之后即行燕(宴)礼。古代待宾之礼有三:飨、食、燕。就礼仪而言,飨重于食,食重于燕。飨主于敬,燕主于欢,而食主于明善贤之礼。飨礼体荐(牲体不分割)而不食,爵盈而不饮,设几而不倚,重在肃敬;食以饭为主,虽设酒浆,以漱不以饮,故无献仪;燕以饮为主,有折俎(分解牲体,升于俎上可食者)而无饭,行一献之礼,脱屦升坐以尽欢。 ⑫《鹊巢》:《诗·召南》篇名。言鹊有巢而鸠居之。比喻晋君有国,赵孟治之。 ⑬《采蘩》:《诗·召南》篇名。义取蘩菜薄物,可荐于公侯。享其信,不求其厚。蘩:白蒿。一种野菜。 ⑭为:有。 ⑮穑(sè):爱惜。

⑯其何实非命:谓何敢不从命。⑰《野有死麇》:《诗·召南》篇名。其卒章曰:“舒而脱脱兮,无感(撼)我帨(佩巾)兮,无使尨(狗)也吠。”比喻赵孟以义安抚诸侯,不以非礼相陵。麇:麞。⑱《常棣》:《诗·小雅》篇名。义取“凡今之人,莫如兄弟”,言欲亲兄弟之国。常棣:或作“棠棣”。⑲比:亲,亲近。⑳兴:起,立起。㉑兕(sì)爵:犀牛角做的酒杯。㉒戾:罪。㉓不复此:不复见此乐。

天王使刘定公劳赵孟于颍[①],馆于雒汭[②]。刘子曰:“美哉禹功[③]!明德远矣。微禹[④],吾其鱼乎!吾与子弁冕端委[⑤],以治民临诸侯,禹之力也。子盍亦远绩禹功[⑥],而大庇民乎!”对曰:“老夫罪戾是惧,焉能恤远[⑦]?吾侪偷食[⑧],朝不谋夕,何其长也[⑨]?”刘子归,以语王曰:“谚所谓‘老将知而耄及之’者[⑩],其赵孟之谓乎!为晋正卿,以主诸侯,而侪于隶人[⑪],朝不谋夕,弃神人矣[⑫]。神怒民叛,何以能久?赵孟不复年矣[⑬]。神怒,不歆其祀[⑭];民叛,不即其事[⑮]。祀事不从[⑯],又何以年?”

〔注释〕

①天王:周景王。刘定公:刘夏。颍:郑邑,在今河南登封市东。②雒汭(ruì):洛水弯曲处,在今河南巩义市西。③美哉禹功:即禹功美哉。刘子见河、雒而思禹功。④“微禹”二句:若无禹,则己将与鱼为同类。微:无。其:为。⑤弁冕:皆古代男子所服之冠。吉礼之服用冕,常礼之服用弁。端委:礼服。礼服端正无杀(用整幅布不加裁剪),故曰端;文服袖长下垂,故曰委。⑥盍亦:盍,何不。亦:语助词,无义。绩:继。⑦恤:顾。

⑧侪：辈。偷食：苟且度日。偷：苟且。 ⑨何其长也：谓不能计长远。其：可。长：久。 ⑩将：当。知：智。耄（mào）：年老昏惑。八十曰耄。 ⑪“而侪”句：谓赵孟将自己等同于贱人，而无恤民之心。 ⑫弃神人矣：民为神主，不恤其民，故神、人皆去。⑬不复年：言将死，不复见明年。复：再。 ⑭歆：享。 ⑮即：就。事：功。 ⑯从：遂。

叔孙归[①]，曾夭御季孙以劳之[②]。旦及日中[③]，不出。曾夭谓曾阜曰[④]：“旦及日中，吾知罪矣。鲁以相忍为国也，忍其外[⑤]，不忍其内[⑥]，焉用之？”阜曰：“数月于外[⑦]，一旦于是，庸何伤[⑧]？贾而欲赢[⑨]，而恶嚣乎？”阜谓叔孙曰：“可以出矣！”叔孙指楹曰[⑩]：“虽恶是[⑪]，其可去乎？”乃出见之。

〔注释〕

①归：自会所返鲁。 ②曾夭：季孙家臣。 ③“旦及”句：季孙伐莒，叔孙几乎被杀，故不出见季孙。 ④曾阜：叔孙家臣。⑤忍其外：谓不避楚戮。 ⑥不忍其内：谓中日不出。 ⑦“数月”二句：叔孙劳役在外数月，季孙在此等待一个上午。 ⑧庸何：何。庸、何义同。 ⑨“贾而”二句：言商贾既求赢利，不得厌恶喧嚣之声。前一“而”字训“既”，后一“而”字训“能”。欲：求。⑩楹：柱。 ⑪“虽恶”二句：鲁有季孙，如屋有柱，故虽恶之，而不可去。其：岂。

郑徐吾犯之妹美[①]，公孙楚聘之矣[②]，公孙黑又使强委禽焉[③]。犯惧，告子产。子产曰：“是国无政，非子之患也。唯所欲与。”犯请于二子，请使女择焉。皆许之。子皙盛饰

入④,布币而出⑤。子南戎服入⑥,左右射,超乘而出⑦。女自房观之,曰:“子皙信美矣,抑子南夫也⑧。夫夫妇妇⑨,所谓顺也。”适子南氏⑩。子皙怒。既而櫜甲以见子南⑪,欲杀之,而取其妻。子南知之,执戈逐之。及冲⑫,击之以戈。子皙伤而归,告大夫曰:“我好见之⑬,不知其有异志也,故伤。”

大夫皆谋之。子产曰:“直钧⑭,幼贱有罪。罪在楚也⑮。”乃执子南而数之⑯,曰:“国之大节有五,女皆奸之⑰。畏君之威,听其政⑱,尊其贵,事其长,养其亲,五者所以为国也。今君在国,女用兵焉,不畏威也。奸国之纪⑲,不听政也。子皙,上大夫,女,嬖大夫⑳,而弗下之,不尊贵也。幼而不忌㉑,不事长也。兵其从兄㉒,不养亲也。君曰:‘余不女忍杀,宥女以远㉓。’勉速行乎㉔,无重而罪!”

五月庚辰㉕,郑放游楚于吴㉖。将行子南㉗,子产咨于大叔㉘。大叔曰:“吉不能亢身㉙,焉能亢宗?彼㉚,国政也,非私难也。子图郑国㉛,利则行之,又何疑焉?周公杀管叔而蔡蔡叔㉜,夫岂不爱?王室故也。吉若获戾㉝,子将行之㉞,何有于诸游㉟?”

〔注释〕

①徐吾犯:郑大夫。复姓徐吾,名犯。　②公孙楚:郑穆公孙。聘:古代订婚、迎娶皆称聘。　③委禽:纳采。古代结婚六礼(纳采、问名、纳吉、纳征、请期、亲迎),纳采为第一事,以雁作贽,故亦称委禽。　④子皙:公孙黑。　⑤布币:陈列贽币(初见时礼品)。　⑥子南:公孙楚。　⑦超乘:跳跃上车。　⑧抑:然,

不过。夫:丈夫。即男子汉。 ⑨夫夫妇妇:丈夫应像丈夫,妻子应像妻子。 ⑩适子南氏:嫁给子南。 ⑪櫜(gāo)甲:暗藏兵器。櫜:藏。甲:兵。以:而。 ⑫冲:道路交通之处。 ⑬好:友好。 ⑭直钧:是非相等。直:义。钧:等。 ⑮罪在楚:子皙族大,子产力未能讨,故归罪于子南。 ⑯数:责其罪。 ⑰大节:法度。 ⑱听:从。政:政令。 ⑲奸国之纪:谓伤人。纪:法度。⑳嬖大夫:晋、郑等国谓下大夫为嬖大夫。 ㉑忌:敬。 ㉒从兄:堂兄。 ㉓宥女以远:谓赦免其死罪,逐于远方以代死。以:于。 ㉔勉速:迅速。勉:趣。与"速"同义。 ㉕庚辰:二日。㉖游楚:即子南。 ㉗行:出。使动用法。即放逐。 ㉘大叔:游吉,游楚之侄。 ㉙亢:蔽,保护。 ㉚此三句谓:子南伤子皙,关系国家纲纪,非私人仇怨。政:事。难:仇。 ㉛图:谋。 ㉜"周公"句:周公旦与管叔鲜、蔡叔度皆武王同母弟。管叔为周公之兄,蔡叔为其弟。武王崩,成王少,管、蔡挟商纣王子武庚禄父作乱,周公杀管叔而放蔡叔。蔡:通"䊮",放。 ㉝戾:罪。 ㉞行:出。谓放逐。 ㉟"何有"句:言不必怜惜游氏诸人。有:爱。

秦后子有宠于桓[①],如二君于景[②]。其母曰:"弗去,惧选[③]。"癸卯[④],鍼适晋,其车千乘。书曰"秦伯之弟鍼出奔晋[⑤]",罪秦伯也。

后子享晋侯,造舟于河[⑥],十里舍车[⑦],自雍及绛[⑧]。归取酬币[⑨],终事八反[⑩]。司马侯问焉,曰:"子之车,尽于此而已乎?"对曰:"此之谓多矣[⑪]! 若能少此[⑫],吾何以得见?"女叔齐以告公[⑬],且曰:"秦公子必归。臣闻君子能知其过,必有令图。令图,天所赞也[⑭]。"

后子见赵孟。赵孟曰："吾子其曷归⑮？"对曰："鍼惧选于寡君，是以在此，将待嗣君。"赵孟曰："秦君何如？"对曰："无道。"赵孟曰："亡乎？"对曰："何为⑯？一世无道，国未艾也⑰。国于天地，有与立焉⑱。不数世淫，弗能毙也。"赵孟曰："夭乎⑲？"对曰："有焉。"赵孟曰："其几何⑳？"对曰："鍼闻之，国无道而年谷和熟㉑，天赞之也，鲜不五稔㉒。"赵孟视荫㉓，曰："朝夕不相及，谁能待五㉔？"后子出，而告人曰："赵孟将死矣。主民，翫岁而愒日㉕，其与几何㉖？"

〔注释〕

①后子：名鍼，秦桓公子，景公同母弟。　②如二君于景：与景公权位不相上下，有如二君并立。　③选：遣。谓放逐。④癸卯：二十五日。　⑤"书曰"二句：《春秋》书"秦伯之弟"出奔，是责怪秦伯失教。　⑥造舟于河：并舟架木以为桥。类似于今之浮桥。造：同"艁"。《说文》："艁，古文造，从舟。"段注："艁者，谓并舟成梁。"　⑦十里舍车：每十里置车八乘，为八反（往返八次）之备。舍：车八乘为舍。　⑧雍：秦国都，在今陕西凤翔县。绛：晋都，在今山西侯马市。　⑨酬币：古代飨礼，先由主人酌宾，称献；次由宾还敬主人，称酢；再由主人先酌酒自饮，再饮宾，称酬。献、酢、酬之过程，谓之一献。酬宾时，主人赠礼物于宾，谓之酬币。　⑩终事八反：享礼结束，共往还八次。后子享晋侯，备九献之仪，始至已携礼一份，续送其余酬币八次，故八次往返。终：毕。　⑪谓：为。　⑫"若能"二句：若是车少，就不会见到你（不至于出奔）了。　⑬女叔齐：司马侯。　⑭赞：助。　⑮曷：何时。　⑯何为：表示反问。即为何会灭亡？　⑰艾：通"刈"，绝。　⑱"有与"句：谓必有根基。与：所。　⑲夭：夭折。夭原

本作“天”，据阮元《校勘记》、杨伯峻说改。 ⑳其：将。 ㉑年谷：谷。年、谷二字同义。和熟：丰熟。 ㉒鲜：少。五稔（rěn）：五年。稔：谷物成熟。谷物一年一熟，故称年为稔。 ㉓荫：日影。 ㉔谁能待五：谓己等不到五年。 ㉕翫（wán）岁而愒（kài）日：贪于时日。林尧叟曰：“翫、愒皆贪也。” ㉖其与几何：谓不能长久。

郑为游楚乱故，六月丁巳[1]，郑伯及其大夫盟于公孙段氏。罕虎、公孙侨、公孙段、印段、游吉、驷带私盟于闺门之外[2]，实薰隧[3]。公孙黑强与于盟，使大史书其名，且曰“七子[4]”。子产弗讨[5]。

〔注释〕

①丁巳：十日。 ②闺门：郑城门。 ③薰隧：门外道路名。④七子：与六卿并列，故称七子。 ⑤“子产”句：子晳之族强，讨之恐乱国。讨：责罚。

晋中行穆子败无终及群狄于大原[1]，崇卒也[2]。将战，魏舒曰：“彼徒我车，所遇又厄[3]，以什共车[4]，必克。困诸厄[5]，又克。请皆卒[6]，自我始。”乃毁车以为行[7]，五乘为三伍[8]。荀吴之嬖人不肯即卒[9]，斩以徇[10]。为五陈以相离[11]，两于前[12]，伍于后[13]，专为右角[14]，参为左角[15]，偏为前拒[16]，以诱之。翟人笑之[17]。未陈而薄之[18]，大败之。

〔注释〕

①中行穆子：荀吴。无终：山戎国名。 ②崇：聚。 ③所

遇:作战之地。遇:战。厄:隘。指险隘之地。 ④以什共车:以十人聚于一车之地。 ⑤困诸厄:困敌众于险隘之地。 ⑥卒:去车为步卒。 ⑦毁车以为行:谓舍弃车乘,而将乘卒编入步兵行列。毁:舍。 ⑧五乘为三伍:古代战车,每乘三人,五乘共十五人,今编为三伍。 ⑨即卒:编入步兵行列。 ⑩徇:示众。 ⑪五陈:五种阵形。离:丽,附。 ⑫两:二伍。即十人。于:为。 ⑬伍:五伍。二十五人。 ⑭专:一。一伍。五人。 ⑮参(sān):三伍。十五人。 ⑯偏:五十人。拒:通"矩",方阵。以上为皆诱敌之兵。 ⑰翟:同"狄"。 ⑱"未陈"句:乘狄人尚未列阵而突然发起攻击。薄:迫近。

莒展舆立,而夺群公子秩[①]。公子召去疾于齐[②]。秋,齐公子鉏纳去疾,展舆奔吴[③]。

叔弓帅师疆郓田[④],因莒乱也。于是莒务娄、瞀胡及公子灭明以大厖与常仪靡奔齐[⑤]。

君子曰:"莒展之不立[⑥],弃人也夫!人可弃乎?《诗》曰[⑦]:'无竞维人[⑧]。'善矣!"

〔注释〕

①秩:俸禄。 ②公子:即群公子。 ③"展舆"句:展舆之母为吴女。 ④疆:划定疆界。 ⑤务娄、瞀(mào)胡、公子灭明:皆展舆亲信。大厖(máng)、常仪靡:皆莒邑,在今山东莒县西北。 ⑥莒展:指展舆。 ⑦《诗》曰:引文出自《诗·周颂·烈文》。 ⑧无竞维人:什么都比不上人。莫:无。竞:比,并。

晋侯有疾,郑伯使公孙侨如晋聘,且问疾。叔向问

焉[1]，曰："寡君之疾病，卜人曰：'实沈、台骀为祟[2]。'史莫之知，敢问此何神也？"子产曰[3]："昔高辛氏有二子[4]，伯曰阏伯，季曰实沈，居于旷林[5]，不相能也[6]，日寻干戈[7]，以相征讨。后帝不臧[8]，迁阏伯于商丘[9]，主辰[10]。商人是因[11]，故辰为商星。迁实沈于大夏[12]，主参[13]。唐人是因，以服事夏、商。其季世曰唐叔虞[14]。当武王邑姜方震大叔[15]，梦帝谓己[16]：'余命而子曰虞[17]，将与之唐[18]，属诸参[19]，而蕃育其子孙。'及生，有文在其手曰'虞'[20]，遂以命之。及成王灭唐，而封大叔焉，故参为晋星。由是观之，则实沈，参神也。昔金天氏有裔子曰昧[21]，为玄冥师[22]，生允格、台骀。台骀能业其官[23]，宣汾、洮[24]，障大泽[25]，以处大原[26]。帝用嘉之[27]，封诸汾川，沈、姒、蓐、黄实守其祀[28]。今晋主汾而灭之矣[29]。由是观之，则台骀，汾神也。抑此二者[30]，不及君身。山川之神，则水旱疠疫之灾，于是乎禜之[31]；日月星辰之神，则雪霜风雨之不时，于是乎禜之。若君身，则亦出入饮食哀乐之事也[32]。山川星辰之神[33]，又何为焉？侨闻之，君子有四时：朝以听政，昼以访问，夕以修令[34]，夜以安身。于是乎节宣其气[35]，勿使有所壅闭湫底以露其体[36]，兹心不爽[37]，而昏乱百度[38]。今无乃壹之[39]，则生疾矣。侨又闻之，内官不及同姓[40]，其生不殖[41]。美先尽矣[42]，则相生疾，君子是以恶之。故《志》曰：'买妾不知其姓，则卜之[43]。'违此二者[44]，古之所慎也。男女辨姓[45]，礼之大司也[46]。今君内实有四姬焉[47]，其无乃是也乎？若由是二者，弗可为也已[48]！四姬有省犹可[49]，无则必生疾矣[50]。"叔向曰："善哉！肸未之闻也。此

皆然矣。"叔向出,行人挥送之[51]。叔向问郑故焉[52],且问子皙[53]。对曰:"其与几何[54]?无礼而好陵人,怙富而卑其上[55],弗能久矣。"

晋侯闻子产之言,曰:"博物君子也[56]。"重贿之[57]。

〔注释〕

①叔向:羊舌肸。 ②为祟:作祟。祟:鬼神为祸。 ③子产:公孙侨。 ④高辛氏:帝喾。 ⑤旷林:地名。其处未详。⑥不相能:不睦。能:善。 ⑦寻:用。 ⑧后帝:指尧。臧:善。谓不以为善。 ⑨商丘:宋地。 ⑩主辰:主祀辰星。辰:亦称商星、大火、大辰。二十八宿之一,东方苍龙七宿的第五宿,有星三颗(属天蝎座)。 ⑪商人是因:汤之先祖相土封于商丘,因阏伯故国,祀辰星。因:仍,沿袭。 ⑫大夏:地名,在汾、浍流域,即今山西曲沃、翼城一带,旧说以为在今山西太原市,误。 ⑬参(shēn):参宿。星座名,二十八宿之一,西方白虎七宿的末一宿,即猎户星座的七颗亮星。 ⑭唐叔虞:唐末世君主。与晋之先祖非一人。 ⑮邑姜:武王后,齐太公女。震:怀孕。大叔:叔虞,成王同母弟。 ⑯帝:上帝,天。 ⑰命:名。 ⑱唐:地名,在今山西翼城县南。 ⑲属诸参:参星属之。 ⑳文:字。手:手掌。㉑金天氏:少昊(皞)。裔子:后代。 ㉒为玄冥师:言昧为水官之长。玄冥:水官。师:长。 ㉓业:续,继。 ㉔宣:疏通。汾:水名,黄河支流,源出山西宁武县管涔山,南流至曲沃县改向西流,经河津市入黄河。洮(táo):水名,源出山西绛县横岭山,与陈村峪水(涑水)合。在山西闻喜县东南。 ㉕障:修筑堤防。大泽:即台骀泽。在今山西太原南,久涸。 ㉖大原:指汾水流域一带高平之地。 ㉗帝:指颛顼。用:因。嘉:褒。 ㉘沈、姒、蓐(rù)、黄:四国皆台骀之后,都在晋国境内,其地已无从确知。守:

主。谓主持。 ㉙主汾:为汾水之主。之:指四国。 ㉚抑:然,不过。二者:实沈与台骀。 ㉛疠疫:传染病。禜(yǒng):禳风雨雪霜水旱疠疫,祭日月星辰山川之神。一说"禜",义同"宁"。甲骨文此类祭祀只用"宁",无"禜"字。"禜"当为后起字,"宁"取安定、安宁之意。 ㉜出入:内外。出:外。入:内。 ㉝"山川"二句:言祭祀山川日月之神无益。何为:何用。 ㉞修令:制定政令。修:作。 ㉟节:适,适当。宣:发散,宣泄。 ㊱壅闭湫底:壅蔽堵塞。湫:集。底:滞。露:败。 ㊲兹:致,以致。爽:明。 ㊳昏乱:乱。昏、乱同义。百度:百事之节。 ㊴壹之:谓专注于某一方面。壹:专。 ㊵内官:指君之妻妾。 ㊶"其生"句:谓若是夫妻同姓,则年寿不长。殖:长。 ㊷"美先"二句:同姓既亲,又为夫妻,其美已尽,继之则生疾病。 ㊸"买妾"二句:《礼记·曲礼上》:"取妻不取同姓。故买妾不知其姓,则卜之。" ㊹二者:谓壹(专注一事)与娶同姓。 ㊺辨:别。 ㊻大司:大事。司:事。 ㊼"今君"句:谓晋君嫔妃中有姬姓者四人。内实:谓嫔妃。襄公二十八年《传》:"齐庆封好田而耆酒,与庆舍政。则以其内实迁于卢蒲嫳氏,易内而饮酒。" ㊽为:治。 ㊾省:减。犹:或。 ㊿无:否。 51行人挥:公孙挥,郑行人。 52故:事。 53子皙:公孙黑,郑大夫。 54其与几何:谓不能长久。 55怙(hù):恃。卑:轻,轻视。 56博物君子:知识渊博之人。博物:谓闻见广博。《荀子·修身》:"多闻曰博,少闻曰浅。" 57重贿之:赠子产以厚礼。重:厚。贿:赐。

晋侯求医于秦,秦伯使医和视之,曰:"疾不可为也。是谓近女,生疾如蛊[①]。非鬼非食,惑以丧志[②]。良臣将死[③],天命不祐。"公曰:"女不可近乎?"对曰:"节之。先王之

乐[④],所以节百事也,故有五节。迟速本末以相及[⑤],中声以降。五降之后,不容弹矣。于是有烦手淫声[⑥],慆堙心耳,乃忘平和,君子弗听也。物亦如之[⑦]。至于烦[⑧],乃舍也已[⑨],无以生疾。君子之近琴瑟[⑩],以仪节也,非以慆心也。天有六气[⑪],降生五味[⑫],发为五色[⑬],征为五声[⑭]。淫生六疾[⑮]。六气曰阴、阳、风、雨、晦、明也[⑯]。分为四时,序为五节[⑰],过则为灾。阴淫寒疾,阳淫热疾,风淫末疾[⑱],雨淫腹疾,晦淫惑疾[⑲],明淫心疾。女,阳物而晦时[⑳],淫则生内热惑蛊之疾。今君不节不时,能无及此乎?"

出,告赵孟。赵孟曰:"谁当良臣?"对曰:"主是谓矣[㉑]!主相晋国,于今八年,晋国无乱,诸侯无阙[㉒],可谓良矣。和闻之,国之大臣,荣其宠禄,任其大节[㉓]。有灾祸兴,而无改焉,必受其咎。今君至于淫以生疾,将不能图恤社稷,祸孰大焉?主不能御[㉔],吾是以云也。"赵孟曰:"何谓蛊?"对曰:"淫溺惑乱之所生也[㉕]。于文[㉖],皿虫为蛊,谷之飞亦为蛊[㉗]。在《周易》[㉘],女惑男,风落山,谓之蛊☶。皆同物也[㉙]。"赵孟曰:"良医也。"厚其礼而归之。

〔注释〕

①生:原本作"室",据王引之说改。如:为。蛊:惑疾。②惑以丧志:惑于女色,困而丧失心智。 ③"良臣"句:良臣不匡君过,故将死,不为天所佑。良:贤。 ④"先王"三句:谓先王作乐,以节百事,故为乐有五声之节。 ⑤"迟速"四句:为声缓急先后,衔接有序,既得中和之声,然后逐渐停止。五声既息,不可复弹。言近女色如奏乐,当有节制。迟速:徐疾。本末:主次,

先后。降:止,息。五降:五声皆降。谓乐曲已终。 ⑥"于是"四句:谓五降而不息,则非复正声,杂乱无章,淫心塞耳,忘其平和,故君子弗听。烦:乱。谓动作急促烦乱。淫:过。谓放纵。慆(tāo):淫。堙(yīn):塞。 ⑦物亦如之:谓百事皆如乐,不可失节。⑧烦:劳。 ⑨乃:则。舍:罢,止。 ⑩"君子"二句:君子亲近女色,要适可而止。仪、节都是法度的意思。 ⑪六气:六象。指阴、阳、风、雨、晦、明。 ⑫五味:辛、酸、咸、苦、甘。 ⑬发:出,生。五色:白、青、黑、赤、黄。 ⑭征:彰,显。 ⑮淫:过,过度。以下各句"淫"字同此义。六疾:寒、热、末、腹、惑、心六种疾病。此句谓五味、五色、五声可以养生,过度则生害。 ⑯晦:夜。明:昼。 ⑰五节:五行之节。 ⑱末:指四肢。 ⑲晦淫惑疾:夜间纵欲过度就精神恍惚迷乱。惑:丧失心志。 ⑳阳物:女常随男,故为阳物。晦时:房室之事常以夜,故曰晦时。 ㉑主:古代卿大夫之称。此指赵武。 ㉒阙:失。 ㉓任其大节:担当国之大事。任:承担。大:原本作"宠",据阮元《校勘记》、《宋本册府元龟》卷八五八改。节:事。 ㉔御:止。 ㉕淫溺:沉溺。指沉迷于嗜欲。 ㉖"于文"二句:蛊字从皿从虫。 ㉗"谷之"句:谷中所生飞虫亦为蛊。 ㉘"在《周易》"四句:《巽》下《艮》上为《蛊》。《巽》为长女,为风。《艮》为少男,为山。少男而悦长女,非匹,故惑。山之木遇风则落。 ㉙同物:同类。

楚公子围使公子黑肱、伯州犁城犨、栎、郏[①]。郑人惧。子产曰:"不害[②]。令尹将行大事[③],而先除二子也[④]。祸不及郑,何患焉?"

冬,楚公子围将聘于郑,伍举为介[⑤]。未出竟,闻王有疾而还。伍举遂聘。十一月己酉,公子围至,入问王疾,缢

而弑之⑥。遂杀其二子幕及平夏。右尹子干出奔晋⑦。宫厩尹子皙出奔郑⑧。杀大宰伯州犁于郏。葬王于郏,谓之郏敖⑨。使赴于郑⑩,伍举问应为后之辞焉⑪,对曰:“寡大夫围。”伍举更之曰⑫:“共王之子围为长。”

子干奔晋,从车五乘。叔向使与秦公子同食⑬,皆百人之饩⑭。赵文子曰⑮:“秦公子富。”叔向曰:“底禄以德⑯,德钧以年,年同以尊。公子以国⑰,不闻以富。且夫以千乘去其国⑱,强御已甚⑲。《诗》曰⑳:‘不侮鳏寡㉑,不畏强御。’秦、楚匹也㉒。”使后子与子干齿㉓,辞曰:“鍼惧选㉔,楚公子不获,是以皆来,亦唯命。且臣与羁齿㉕,无乃不可乎?史佚有言曰㉖:‘非羁,何忌㉗?’”

〔注释〕

①公子黑肱:王子围之弟。犨(chōu)、栎(yuè)、郏(jiá):三邑本皆郑地,此时属楚。犨在今河南鲁山县东南五十里,栎在今河南新蔡县北二十里,郏在今河南郏县。 ②不害:无妨。 ③大事:指弑君。 ④二子:公子黑肱、伯州犁。 ⑤介:副使。 ⑥缢而弑之:《韩非子·奸劫弑臣》云“以其冠缨绞而杀之”。 ⑦子干:王子比。 ⑧子皙:公子黑肱。 ⑨郏敖:楚子麇。无谥,葬于郏,因称郏敖。 ⑩赴:讣告。 ⑪问:问讣者。 ⑫更:改。⑬同食:同其食禄。同:等。 ⑭百人之饩(xì):言赐田百亩。《国语·晋语八》载叔向之言曰:“大国之卿,一旅之田;上大夫,一卒(百人)之田(百亩)。” ⑮赵文子:赵武。 ⑯底(zhǐ):致。⑰以国:以国之大小。 ⑱夫:指秦公子。 ⑲强御:强盛。御:强。⑳《诗》曰:引文出自《诗·大雅·烝民》。 ㉑侮:陵。鳏寡:指孤弱之人。寡:弱。 ㉒匹:地位相当。 ㉓齿:并列。 ㉔“鍼

惧”四句：谓自己因害怕被逐而奔晋，楚公子因不自安而出奔，虽同出奔，而情形有别，唯主人命其所处。此自谦之辞。不获：不得。不相得。唯命：任凭处置。唯：任，听凭。 ㉕“且臣”句：后子已先仕于晋，故以主人自居，不欲与羁客争先。羇：同“羁”。 ㉖史佚：周武王时太史，名佚。 ㉗非羇，何忌：谓以其客居而加敬。忌：敬。

楚灵王即位①，薳罢为令尹，薳启彊为大宰②。郑游吉如楚，葬郏敖，且聘立君③。归，谓子产曰：“具行器矣④！楚王汰侈⑤，而自说其事⑥，必合诸侯，吾往无日矣！”子产曰：“不数年，未能也。”

〔注释〕

①楚灵王：公子围。 ②薳（wěi）启彊：即薳启疆。彊：通“疆”。 ③立君：嗣君。立：嗣。 ④具行器矣：谓预备行装器具为会盟之用。 ⑤汰侈：自大。汰：侈，张大。 ⑥说：同“悦”，喜。

十二月，晋既烝①，赵孟适南阳②，将会孟子馀③。甲辰朔，烝于温。庚戌④，卒。郑伯如晋吊，及雍乃复⑤。

〔注释〕

①烝：冬祭宗庙曰烝。 ②南阳：地名，在今河南温县西南，赵武祖庙所在地。 ③会：通“禬”。消除灾害之祭。孟子馀：赵衰，赵武之曾祖。此句谓祭于赵衰之庙而求其赐福除灾。 ④庚戌：六日。 ⑤雍：地名，在今河南修武县西。赵氏辞之，故复还。

经

二年春[①],晋侯使韩起来聘。

夏,叔弓如晋。

秋,郑杀其大夫公孙黑。

冬,公如晋[②],至河乃复[③]。

季孙宿如晋[④]。

〔注释〕

①二年:公元前540年。 ②公如晋:吊少姜。 ③至河乃复:晋人辞之,故还。鲁君如晋在秋天,冬还乃书。 ④致少姜之襚(赠送给死者的衣被)。

传

二年春,晋侯使韩宣子来聘[①],且告为政[②],而来见,礼也。观书于大史氏[③],见《易象》与《鲁春秋》[④],曰:"周礼尽在鲁矣[⑤]。吾乃今知周公之德与周之所以王也[⑥]。"公享之。季武子赋《绵》之卒章[⑦]。韩子赋《角弓》[⑧]。季武子拜,曰:"敢拜子之弥缝敝邑[⑨],寡君有望矣!"武子赋《节》之卒章[⑩]。既享[⑪],宴于季氏,有嘉树焉,宣子誉之[⑫]。武子曰:"宿敢不封殖此树[⑬],以无忘《角弓》?"遂赋《甘棠》[⑭]。宣子曰:"起不堪也[⑮],无以及召公。"

宣子遂如齐纳币[⑯]。见子雅[⑰]。子雅召子旗[⑱],使见宣子。宣子曰:"非保家之主也,不臣。"见子尾[⑲]。子尾见

强[20]。宣子谓之如子旗[21]。大夫多笑之,唯晏子信之[22],曰:“夫子[23],君子也。君子有信,其有以知之矣。”

自齐聘于卫,卫侯享之。北宫文子赋《淇澳》[24]。宣子赋《木瓜》[25]。

〔**注释**〕

①韩宣子:韩起。来聘:襄公初即位,聘问以通嗣君。 ②为政:执政。上年赵武卒,韩起代之。 ③大史氏:掌国史典策,为世袭之官。 ④《易象》:《周易》之象辞(《易》之爻辞,卦有六爻,爻各有所象,象辞言其意义)。一说《易》与《象》为二事。《象》指法令,即哀公三年《传》之《象魏》,因其悬挂于象魏而得名,亦省称《象》。《鲁春秋》:鲁国史书名。当时各国史书,通名《春秋》。此为鲁国史官之记录,非今之《春秋》。 ⑤“周礼”句:《鲁春秋》遵循周公之典以序事,故曰周礼尽在鲁矣。 ⑥“吾乃”句:周公为文王之子,武王之弟,鲁始封之君。《鲁春秋》记鲁国历史,必从周公旦及伯禽写起,考、炀、幽、魏、厉、献、真、武、懿、伯御、孝、惠诸公(皆鲁之先君,在隐公之前)及至文、武、成王暨周初之事,无不备载,故韩起见《鲁春秋》而知周公之德与周所以王天下之故。今《春秋》始自隐公,周公至惠公十三君事迹皆无存,乃孔子删削鲁史、加以裁断之结果。乃今:于今。 ⑦季武子:季孙宿。《绵》:《诗·大雅》篇名。其卒章云:“虞芮质厥成,文王蹶厥生。予曰有疏附,予曰有先后,予曰有奔奏,予曰有御侮。”谓文王有疏附(率上亲下)、先后、奔奏(喻德宣誉)、御侮之臣,故能兴盛。季武子赋此,以晋侯比文王,以韩起比四辅。 ⑧《角弓》:《诗·小雅》篇名。义取“兄弟昏姻,无胥远矣”。言兄之国宜相亲爱。 ⑨弥缝:弥补缺失。弥、缝义同,皆“补合”之意。 ⑩《节》:《诗·小雅》篇名。今名《节南山》。其卒章有云:

“式讹尔心,以畜万邦。”武子赋此,义取晋德可以畜万邦。讹:化。畜:养。 ⑪“既享”二句:飨礼在宗庙举行,享毕而宴于季氏之家。 ⑫誉:赞美,称赞。 ⑬封殖:培植。封:壅本。殖:植,立。 ⑭《甘棠》:《诗·召南》篇名。召伯曾息于甘棠(乔木名,花白色,实可食),后人思其德,而爱其树,诗人歌之。武子赋此,以宣子比召公。 ⑮不堪:担当不起。 ⑯纳币:亦称“纳征”。古代婚礼六礼之第四事。币:帛。亦泛指礼品。韩起为平公娶少姜而如齐纳币。 ⑰子雅:公孙灶。 ⑱子旗:栾施,子雅之子。 ⑲子尾:公孙虿。 ⑳强:高强,子尾之子。 ㉑如子旗:亦不臣。 ㉒晏子:晏婴。 ㉓夫子:指韩起。 ㉔《淇澳》:《诗·卫风》篇名。此诗赞美卫武公。北宫文子赋此,言宣子有武公之德。 ㉕《木瓜》:《诗·卫风》篇名。宣子赋此,义取欲厚报以结好。

夏四月,韩须如齐逆女①。齐陈无宇送女,致少姜②。少姜有宠于晋侯,晋侯谓之少齐③。谓陈无宇非卿④,执诸中都⑤。少姜为之请,曰:“送从逆班⑥。畏大国也,犹有所易⑦,是以乱作。”

〔**注释**〕

①韩须:韩起之子。逆女:迎娶少姜。 ②致:送诣。即送达晋国。 ③少齐:按常例,当举母家之姓,称少姜。平公为之别立号,以示宠异。 ④“谓陈”句:晋人觉得陈无宇地位太低。谓:认为,以为。桓公三年《传》云:“凡公女嫁于敌国,姊妹,则上卿送之,以礼于先君;公子,则下卿送之。于大国,虽公子,亦上卿送之。”盖指诸侯嫡妻而言。少姜则为姬妾,本不必依此礼。⑤中都:晋邑,在今山西介休市。 ⑥送从逆班:送女者位次应视

迎女者地位高低而定。班:位,位次。 ⑦“犹有”二句:韩须仅为公族大夫,陈无宇乃上大夫。因敬畏晋国,违背礼制,使上大夫送,遂致此执止之罪。易:违。

叔弓聘于晋,报宣子也①。晋侯使郊劳②,辞曰:“寡君使弓来继旧好,固曰:‘女无敢为宾③!’彻命于执事④,敝邑弘矣⑤,敢辱郊使?请辞⑥。”致馆,辞曰:“寡君命下臣来继旧好,好合使成⑦,臣之禄也⑧,敢辱大馆?”叔向曰⑨:“子叔子知礼哉⑩!吾闻之曰,忠信,礼之器也;卑让⑪,礼之宗也。辞不忘国,忠信也。先国后己⑫,卑让也。《诗》曰⑬:‘敬慎威仪⑭,以近有德。’夫子近德矣。”

〔注释〕

①报宣子:回报韩起之聘。 ②郊劳:聘礼、觐礼,宾至于郊,主国使人慰劳宾客,谓之郊劳。 ③无敢为宾:不得接受迎宾之礼。 ④彻:达,传达。 ⑤弘:大。谓受惠已多。 ⑥辞:辞郊劳。 ⑦合:会,会见。 ⑧禄:福。 ⑨叔向:羊舌肸。 ⑩子叔子:叔弓。 ⑪“卑让”二句:谦让为礼之根本。卑:谦。宗:本。 ⑫先国后己:指先称敝邑之弘,后称臣之禄。 ⑬《诗》曰:引文出自《诗·大雅·民劳》。 ⑭“敬慎”二句:敬慎其威仪,以近有德之人。慎:敬。威仪:礼仪。

秋,郑公孙黑将作乱,欲去游氏而代其位①,伤疾作而不果②。驷氏与诸大夫欲杀之③。子产在鄙,闻之,惧弗及,乘遽而至④,使吏数之⑤,曰:“伯有之乱⑥,以大国之事,而

未尔讨也。尔有乱心,无厌,国不女堪。专伐伯有[7],而罪一也[8]。昆弟争室[9],而罪二也。薰隧之盟[10],女矫君位,而罪三也。有死罪三,何以堪之?不速死,大刑将至[11]!”再拜稽首[12],辞曰:“死在朝夕[13],无助天为虐。”子产曰:“人谁不死?凶人不终[14],命也。作凶事,为凶人。不助天,其助凶人乎?”请以印为褚师[15]。子产曰:“印也若才[16],君将任之;不才,将朝夕从女[17]。女罪之不恤,而又何请焉?不速死,司寇将至[18]。”七月壬寅[19],缢。尸诸周氏之衢[20],加木焉[21]。

〔注释〕

①“欲去”句:公孙黑欲去游氏而代游吉之位。游吉为游氏宗主,公孙黑欲代其位,必先伐其宗。 ②“伤疾”句:前年为游楚所击伤。果:遂。谓达成其事。 ③驷氏:公孙黑之族。恐祸其族,故欲杀之。 ④遽(jù):传车。 ⑤数之:责其罪。 ⑥“伯有”句:公孙黑之族攻杀伯有,事见襄公三十年《传》。 ⑦专:擅,擅自。 ⑧而:尔,你的。 ⑨昆弟:兄弟。争室:争妻。公孙黑与公孙楚争徐吾犯之妹,事见昭公元年《传》。 ⑩“薰隧”二句:昭公元年,因游楚之乱,郑六卿盟于薰隧。公孙黑强求参加,且使太史书“七子”,而与六卿并列。 ⑪大刑:谓死刑。至:及。⑫稽(qǐ)首:叩首至地。古代最重的跪拜礼。 ⑬“死在”二句:自己创伤复发,不久将死,无需助天施虐(行刑)。 ⑭凶人:恶人。 ⑮印:公孙黑之子。褚师:市官。 ⑯才:贤,贤能。 ⑰从女:谓亦将受刑。 ⑱司寇:主刑法之官。 ⑲壬寅:初一日。⑳尸:陈尸示众。周氏之衢:街道名。 ㉑加木焉:书其罪于木,置之尸上。

晋少姜卒。公如晋,及河,晋侯使士文伯来辞曰[①]:“非伉俪也[②]。请君无辱[③]!”公还。季孙宿遂致服焉[④]。

叔向言陈无宇于晋侯曰:“彼何罪?君使公族逆之[⑤],齐使上大夫送之,犹曰不共[⑥],君求以贪[⑦]。国则不共[⑧],而执其使,君刑已颇[⑨],何以为盟主?且少姜有辞[⑩]。”冬十月,陈无宇归。

十一月,郑印段如晋吊[⑪]。

〔注释〕

①士文伯:士匄。 ②伉俪:指正室。 ③请君无辱:谓鲁君不必亲往送葬。依礼,即使是晋侯去世,鲁君亦不必亲自参加葬礼。辱:谦辞。 ④致:送,送达。服:襚服,送给死者的衣被。⑤公族:公族大夫韩须。 ⑥曰:认为,以为。共:同“恭”。⑦以:已,太。 ⑧国则不共:晋国自身不恭(不使卿逆)。⑨刑:法,法度。已:太。颇:偏,偏颇。不公平。 ⑩少姜有辞:少姜之言有理。 ⑪吊少姜。

经

三年春[①],王正月丁未,滕子原卒。

夏,叔弓如滕。

五月,葬滕成公。

秋,小邾子来朝。

八月,大雩[②]。

冬,大雨雹。

北燕伯款出奔齐。

〔注释〕

①三年:公元前539年。 ②雩(yú):求雨之祭。

传

三年春,王正月,郑游吉如晋,送少姜之葬。梁丙与张趯见之[①]。梁丙曰:"甚矣哉[②]!子之为此来也。"子大叔曰[③]:"将得已乎[④]?昔文、襄之霸也,其务不烦诸侯[⑤],令诸侯三岁而聘,五岁而朝,有事而会,不协而盟[⑥]。君薨,大夫吊,卿共葬事;夫人,士吊,大夫送葬。足以昭礼、命事、谋阙而已[⑦],无加命矣[⑧]。今嬖宠之丧,不敢择位[⑨],而数于守適,唯惧获戾[⑩],岂敢惮烦?少姜有宠而死[⑪],齐必继室[⑫]。今兹吾又将来贺[⑬],不唯此行也。"张趯曰:"善哉!吾得闻此数也[⑭]。然自今子其无事矣[⑮]。譬如火焉[⑯],火中[⑰],寒暑乃退。此其极也[⑱],能无退乎?晋将失诸侯,诸侯求烦不获。"二大夫退。子大叔告人曰:"张趯有知[⑲],其犹在君子之后乎!"

〔注释〕

①梁丙、张趯(tì):皆晋大夫。 ②"甚矣"二句:卿送妾葬,其礼过甚。 ③子大叔:游吉。 ④将:其,岂。已:止。 ⑤务:事。 ⑥不协:不睦。 ⑦昭:明。谋阙:谋其缺失。 ⑧无加命:谓命有常。 ⑨"不敢"二句:谓不敢以其位卑而不敬,礼数如同对待嫡夫人。数:等差。于:如。守:视,待。適:同"嫡"。⑩戾:罪。 ⑪少姜:据阮元《校勘记》,石经本、宋本、淳熙本作"少齐"。 ⑫继室:荐继配之女。 ⑬今兹:今年。 ⑭此数:

此言。数:言,说。 ⑮然:但。自今:从今以后。 ⑯火:大火。即心宿。 ⑰“火中”二句:心宿夏末黄昏时出现在天空之中而暑气衰,冬末天明时出现在天空之中而寒气衰。退:减。 ⑱此其极也:言平公已达极点,将不能复烦诸侯。 ⑲“张趯”二句:言张趯虽有见识,犹不得为君子。盖讥其无隐讳。有:之。

丁未,滕子原卒。同盟[①],故书名。

〔注释〕

①同盟:滕子自襄公五年至二十五年,六次与鲁同盟。

齐侯使晏婴请继室于晋[①],曰:“寡君使婴曰:‘寡人愿事君,朝夕不倦,将奉质币[②],以无失时[③],则国家多难,是以不获[④]。不腆先君之適以备内官[⑤],焜耀寡人之望[⑥],则又无禄,早世[⑦]陨命,寡人失望。君若不忘先君之好,惠顾齐国,辱收寡人[⑧],徼福于大公、丁公[⑨],照临敝邑[⑩],镇抚其社稷[⑪],则犹有先君之適及遗姑姊妹若而人[⑫]。君若不弃敝邑,而辱使董振择之[⑬],以备嫔嫱[⑭],寡人之望也。’”韩宣子使叔向对曰:“寡君之愿也。寡君不能独任其社稷之事,未有伉俪,在缞绖之中[⑮],是以未敢请。君有辱命,惠莫大焉。若惠顾敝邑[⑯],抚有晋国[⑰],赐之内主[⑱],岂惟寡君举群臣实受其贶[⑲],其自唐叔以下[⑳],实宠嘉之。”

既成昏[㉑],晏子受礼[㉒]。叔向从之宴,相与语。叔向曰:“齐其何如?”晏子曰:“此季世也[㉓],吾弗知齐其为陈氏矣[㉔]。公弃其民,而归于陈氏。齐旧四量[㉕],豆、区、釜、钟。

四升为豆,各自其四[26],以登于釜。釜十则钟[27]。陈氏三量[28],皆登一焉,钟乃大矣。以家量贷[29],而以公量收之。山木如市[30],弗加于山;鱼、盐、蜃、蛤,弗加于海。民参其力[31],二入于公,而衣食其一。公聚朽蠹[32],而三老冻馁[33]。国之诸市,屦贱踊贵[34]。民人痛疾,而或燠休之[35],其爱之如父母,而归之如流水,欲无获民,将焉辟之?箕伯、直柄、虞遂、伯戏其相[36],胡公、大姬已在齐矣[37]。"

叔向曰:"然。虽吾公室,今亦季世也。戎马不驾,卿无军行,公乘无人[38],卒列无长。庶民罢敝,而宫室滋侈[39]。道殣相望[40],而女富溢尤[41]。民闻公命,如逃寇雠[42]。栾、郤、胥、原、狐、续、庆、伯[43],降在皂隶[44]。政在家门[45],民无所依。君日不悛[46],以乐慆忧[47]。公室之卑,其何日之有[48]?《谗鼎之铭》曰[49]:'昧旦丕显[50],后世犹怠。'况日不悛,其能久乎?"

晏子曰:"子将若何?"叔向曰:"晋之公族尽矣。肸闻之,公室将卑,其宗族枝叶先落,则公从之。肸之宗十一族[51],唯羊舌氏在而已[52]。肸又无子[53],公室无度,幸而得死[54],岂其获祀[55]?"

初,景公欲更晏子之宅,曰:"子之宅近市,湫隘嚣尘[56],不可以居,请更诸爽垲者[57]。"辞曰:"君之先臣容焉[58],臣不足以嗣之,于臣侈矣[59]。且小人近市,朝夕得所求,小人之利也。敢烦里旅[60]?"公笑曰:"子近市,识贵贱乎?"对曰:"既利之,敢不识乎?"公曰:"何贵何贱?"于是景公繁于刑[61],有鬻踊者[62]。故对曰:"踊贵屦贱。"既已告于君[63],故

与叔向语而称之。景公为是省于刑。

君子曰:“仁人之言,其利博哉[64]!晏子一言,而齐侯省刑。《诗》曰[65]:‘君子如祉[66],乱庶遄已。’其是之谓乎!”

及晏子如晋,公更其宅,反,则成矣。既拜[67],乃毁之,而为里室[68],皆如其旧,则使宅人反之[69]。且[70]:“谚曰:‘非宅是卜[71],唯邻是卜。’二三子先卜邻矣[72],违卜不祥。君子不犯非礼,小人不犯不祥,古之制也[73]。吾敢违诸乎[74]?”卒复其旧宅。公弗许,因陈桓子以请[75],乃许之。

〔注释〕

①:“齐侯”句:请复以齐女继少姜。继室:续配。 ②将:欲。质币:指礼品。质:通“贽”。 ③无失时:谓按时朝聘。④不获:不得亲至。 ⑤不腆(tiǎn):不善。谦词。先君之適:先君之嫡女。指少姜。备内官:充内宫之数。 ⑥焜(kūn)耀:照耀。焜:明。 ⑦早世:早亡。没身曰世。 ⑧收:接纳。 ⑨徼:求。大公:齐太公姜尚。齐始封之君。丁公:太公之子。 ⑩照临:照耀。照、临义同。 ⑪镇抚:安定。镇、抚同义。 ⑫姑姊妹:即姑。父之姊妹,称姑姊妹,长于己者为姑姊,少于己者为姑妹。后人省称姑。若而人:若干人。 ⑬董振:动震。谓敬谨。⑭嫔嫱:指姬妾之位。 ⑮缞绖(cuī dié):丧服名。古代夫为妻服齐衰(zī cuī)。此为外交辞令(少姜非正妻)。 ⑯“若惠”句:谓与晋友好。 ⑰抚有晋国:以女嫁晋侯。抚有:安,安定。抚、有同义。 ⑱内主:嫡夫人。夫人为内宫之主。 ⑲举:与。贶(kuàng):赐。 ⑳“其自”二句:谓晋之历代先君,皆以此为荣耀。唐叔:唐叔虞,晋始封之君。其:且。宠:荣。嘉:乐。 ㉑成昏:定婚。 ㉒受礼:受宾享之礼。 ㉓此:今。季世:末世。

㉔弗知:不保。 ㉕四量:四种量具。 ㉖“各自”二句:谓四豆为区(一斗六升),四区为釜(六斗四升),各为其四倍,这样进至釜。自:以。登:升,进。 ㉗釜十则钟:十釜为钟(六斛四斗)。则:为。 ㉘“陈氏”二句:谓豆、区、釜皆加旧量之一。即以五升为豆,五豆为区,五区为釜。则区为二斗,釜八斗,钟八斛。登:增,加。 ㉙“以家”二句:谓借多而还少。收:还。 ㉚“山木”四句:谓山海所产之物,市场价格如在产地,而不加价。蜃:大蛤。蛤:蛤蜊。加:益,增加。 ㉛“民参”三句:人民劳动所得收入,三分之二归于齐君,三分之一用于衣食。入:纳。 ㉜朽蠹:指钱物腐朽蛀蚀。 ㉝三老:本指天子所养有德之年长者。此指齐国之三老。 ㉞屦贱踊贵:言受刑者众。屦:鞋。踊:刖足者接足之屦。 ㉟燠(yù)休:亦作“噢煦”“噢咻”。抚慰病者的声音。 ㊱箕伯、直柄、虞遂、伯戏:皆舜之后,陈之祖先。相:助。 ㊲“胡公”句:言陈氏虽为人臣,然将有国,其祖先之神灵已与胡公、大姬共在齐。胡公:箕伯等四人之后,陈始封之君。大姬:胡公之妃。 ㊳“公乘”二句:公室的车乘没有御者和戎右,士卒之行列无可用之长。卒:百人为卒。 ㊴滋:益。侈:多。㊵殣(jìn):饿死的人。 ㊶女:女宠之家。溢:同“益”。尤:甚。“溢尤”与上文“滋侈”相对。 ㊷寇雠:敌,敌人。寇、雠同义。㊸栾、郤、胥、原、狐、续、庆、伯:皆晋之旧族。 ㊹皂隶:贱役。㊺政在家门:大夫专政。 ㊻日:实,终。悛:改。 ㊼以乐慆(tāo)忧:以娱乐掩盖忧患。慆:通“韬”。藏。 ㊽“其何”句:谓公室衰微之日不远。 ㊾谗鼎:鼎名。 ㊿“昧旦”二句:谓凌晨即起,可致显赫之功,而后世犹懈怠不为。昧旦:天将明未明之时。丕:语助词,无义。 (51)宗:同祖曰宗。 (52)羊舌氏:叔向以叔为族,羊舌(食邑名)为氏。 (53)无子:无贤子。 (54)幸而得死:得以善终,已属幸事。 (55)岂其:岂能。岂、其义同。 (56)湫(jiǎo)

隘:低湿狭小。 ㊼爽垲(kǎi):地势高而干燥。《说文·土部》:"垲,高燥也。" ㊽先臣:晏子之先人。 ㊾侈:奢。 ㊿里旅:司里。官名,掌卿大夫之宅居。 (61)于是:此时。《韩非子·难二》作"是时景公繁于刑"。 (62)鬻(yù):卖。踊:古代受刖刑者所着之鞋。 (63)"既已"二句:《晏子春秋》无此二句,且上下文义不连贯,疑为后人旁注窜入正文者。 (64)博:大。 (65)《诗》曰:引文出自《诗·小雅·巧言》。 (66)"君子"二句:言君子闻善言而喜,则祸乱庶可速止。祉(zhǐ):喜。遄(chuán):疾。已:止。(67)拜:拜谢新宅。 (68)"而为"二句:谓恢复邻里之居室,皆如其旧。 (69)"则使"句:使邻居返回原处。则:而。 (70)"且谚"句:疑文有脱误。《晏子春秋·内篇杂下》文与此全同。类书"且"或作"曰",疑后人所致。 (71)"非宅"二句:买宅行卜,非为卜宅,乃为卜邻。古代有"千万买邻"的成语。 (72)二三子:指晏子的邻居。(73)制:法,法度。 (74)诸:之。 (75)因:由,通过。

夏四月,郑伯如晋,公孙段相①,甚敬而卑②,礼无违者。晋侯嘉焉,授之以策③,曰:"子丰有劳于晋国④,余闻而弗忘。赐女州田⑤,以胙乃旧勋⑥。"伯石再拜稽首⑦,受策以出。

君子曰:"礼,其人之急也乎⑧!伯石之汰也⑨,一为礼于晋⑩,犹荷其禄⑪,况以礼终始乎?《诗》曰⑫:'人而无礼⑬,胡不遄死⑭。'其是之谓乎!"

初,州县,栾豹之邑也⑮。及栾氏亡⑯,范宣子、赵文子、韩宣子皆欲之⑰。文子曰:"温,吾县也⑱。"二宣子曰:"自郤称以别⑲,三传矣。晋之别县不唯州,谁获治之⑳?"文子病之,乃舍之。二子曰[21]:“吾不可以正议而自与也[22]。”皆舍之。及文子为政,赵获曰[23]:“可以取州矣。”文子曰:“退!二子之言,义也。违义,祸也。余不能治余县,又焉用州,其以徼祸也[24]?君子曰弗知实难[25]。知而弗从,祸莫大焉。有言州必死!”

丰氏故主韩氏[26],伯石之获州也,韩宣子为之请之,为其复取之之故[27]。

〔注释〕

①相:为相,任赞礼官。 ②卑:谦,谦恭。 ③策:赐封之书。 ④子丰:公孙段之父。劳:功。 ⑤州:晋邑,在今河南温县东北。 ⑥胙:报。 ⑦稽(qǐ)首:叩首至地。古代最重的跪拜礼。 ⑧急:急务。 ⑨汰:侈。谓自大。 ⑩一:偶尔。为礼:行礼。 ⑪荷:承,受。 ⑫《诗》曰:引文出自《诗·鄘风·相鼠》。 ⑬而:如。 ⑭遄死:速死。 ⑮栾豹:栾盈之族。⑯栾氏亡:见襄公二十三年《传》。 ⑰范宣子:范匄。赵文子:赵武。韩宣子:韩起。欲:求。 ⑱温,吾县也:州本属温。温为赵氏食邑。 ⑲“自郤称”二句:郤称为晋大夫,从温地分出州为其食邑,后传于赵氏,复传于栾氏,故云三传。别:分。 ⑳谁获治之:谓既分则不得追取之。 ㉑二子:指范宣子、韩宣子。㉒自与:自取。 ㉓赵获:赵武之子。 ㉔其:而。 ㉕曰:认为,以为。难:患。 ㉖丰氏:公孙段之族。故:旧。主韩氏:以韩氏为主人(即住宿于其家中)。 ㉗“为其”句:谓日后若以州还晋,因欲自取之。

五月,叔弓如滕,葬滕成公,子服椒为介[1]。及郊,遇懿

伯之忌[②],敬子不入[③]。惠伯曰[④]:"公事有公利,无私忌。椒请先入。"乃先受馆。敬子从之。

〔注释〕

①子服椒:孟椒。介:助使者行礼者。 ②懿伯:子服椒之父。忌:忌日。古人遇父母忌日如同居丧。 ③敬子:叔弓。叔弓为子服椒回避父亲忌日,故不入。 ④惠伯:子服椒。

晋韩起如齐逆女[①]。公孙虿为少姜之有宠也,以其子更公女[②],而嫁公子[③]。人谓宣子:"子尾欺晋[④],晋胡受之[⑤]?"宣子曰:"我欲得齐[⑥],而远其宠[⑦],宠将来乎[⑧]?"

〔注释〕

①晋"韩起"句:为平公迎娶夫人。 ②"以其"句:以己女更换齐侯之女。古代男、女皆可称"子"。 ③嫁公子:更嫁公女于他人。 ④子尾:公孙虿之字。 ⑤胡:何。 ⑥得:善。谓亲近。 ⑦宠:宠臣。指子尾。 ⑧将:岂。

秋七月,郑罕虎如晋,贺夫人,且告曰:"楚人日征敝邑以不朝立王之故[①],敝邑之往[②],则畏执事其谓寡君'而固有外心[③]'。其不往[④],则宋之盟云[⑤]。进退罪也。寡君使虎布之[⑥]。"宣子使叔向对曰:"君若辱有寡君[⑦],在楚何害[⑧]?修宋盟也。君苟思盟,寡君乃知免于戾矣[⑨]。君若不有寡君,虽朝夕辱于敝邑,寡君猜焉[⑩]。君实有心[⑪],何辱命焉?君其往也!苟有寡君,在楚犹在晋也。"

张趯使谓大叔曰:"自子之归也[⑫],小人粪除先人之敝

庐[13],曰:‘子其将来!’今子皮实来[14],小人失望。”大叔曰:“吉贱[15],不获来,畏大国、尊夫人也。且孟曰[16]:‘而将无事。’吉庶几焉[17]。”

〔注释〕

①征:问。立王:楚之嗣君。指楚灵王。立:嗣。 ②之:若。 ③其:将。谓:认为,以为。而:尔。外心:谓叛离之心。外:远。 ④其:如,如果。表示假设。 ⑤宋之盟:在襄公二十七年。此次会盟规定晋、楚之从(属国)交相见。云:然,如此。 ⑥布:陈。 ⑦辱:谦辞。犹言“委屈”。有:友,亲善。 ⑧在:至,往。害:妨。 ⑨戾:罪。 ⑩猜:疑。 ⑪“君实”二句:谓郑若有心事晋,往楚可不必告晋。 ⑫自子之归:大叔归郑在此年春。 ⑬粪除:扫除。粪、除同义。 ⑭子皮:罕虎的字。 ⑮贱:谓非上卿。 ⑯孟:张趯。 ⑰庶几:冀,望。谓希望无事。

小邾穆公来朝。季武子欲卑之[1],穆叔曰[2]:“不可。曹、滕、二邾实不忘我好[3]。敬以逆之,犹惧其贰,又卑一睦[4],焉逆群好也?其如旧而加敬焉!《志》曰:‘能敬无灾[5]。’又曰:‘敬逆来者,天所福也。’”季孙从之。

〔注释〕

①季武子:季孙宿。即下文之季孙。卑之:降低其礼仪。即不以诸侯之礼待之。卑:下。 ②穆叔:叔孙豹。 ③二邾:指邾、小邾。 ④一睦:一个友好国家。指小邾。睦:亲。 ⑤灾:祸。

八月,大雩,旱也[1]。

〔注释〕

①大雩,旱也:因旱而雩,非时祭,故《经》书之。

齐侯田于莒[①],卢蒲嫳见[②],泣,且请曰:“余发如此种种[③],余奚能为?”公曰:“诺。吾告二子[④]。”归而告之。子尾欲复之,子雅不可,曰:“彼其发短[⑤],而心甚长[⑥],其或寝处我矣[⑦]。”九月,子雅放卢蒲嫳于北燕[⑧]。

〔注释〕

①莒:齐东鄙之邑。　②卢蒲嫳(piè):庆封之党。襄公二十八年,被逐于齐之北境。　③“余发”二句:言已已衰老,不能复为害。种种:形容短。　④二子:子雅、子尾。　⑤彼其(jì):那个人。彼、其同义。　⑥长:大。　⑦“其或”句:襄公二十八年《传》载庆封闻子雅、子尾怒,告卢蒲嫳,嫳曰:“譬之如禽兽,吾寝处之矣。”寝处:谓杀之而寝其皮。　⑧“子雅”句:恐其复作乱。北燕:国名,姬姓,故城在今北京琉璃河董家林。

燕简公多嬖宠,欲去诸大夫而立其宠人。冬,燕大夫比以杀公之外嬖[①]。公惧,奔齐。书曰“北燕伯款出奔齐[②]”,罪之也。

〔注释〕

①比:相亲比。谓联合。外嬖:宠臣。　②“书曰”二句:《春秋》书款之名,以示其有罪。

十月,郑伯如楚,子产相。楚子享之,赋《吉日》[①]。既

享,子产乃具田备[②],王以田江南之梦[③]。

〔注释〕

①《吉日》:《诗·小雅》篇名。宣王田猎之诗。楚王欲与郑伯共田,故赋此诗。　②田备:田猎之具。　③以:与。梦:云梦泽。楚之大泽。

齐公孙灶卒[①]。司马灶见晏子,曰:"又丧子雅矣。"晏子曰:"惜也[②]!子旗不免[③],殆哉[④]!姜族弱矣[⑤],而妫将始昌[⑥]。二惠竞爽犹可[⑦],又弱一个焉[⑧],姜其危哉!"

〔注释〕

①公孙灶:齐大夫。　②惜也:惜子雅之死。　③子旗:子雅之子。不免:不免于祸。　④殆哉:谓栾氏之族危殆。　⑤族:姓。　⑥妫(guī):陈氏。　⑦二惠:子雅、子尾。二人皆惠公之孙。竞爽:皆强盛。竞:并。爽:盛。《方言》卷二:"撊、梗、爽,猛也。……齐、晋曰爽。"　⑧弱:丧。

经

四年春[①],王正月,大雨雹[②]。

夏,楚子、蔡侯、陈侯、郑伯、许男、徐子、滕子、顿子、胡子、沈子、小邾子、宋世子佐、淮夷会于申[③]。

楚人执徐子。

秋七月,楚子、蔡侯、陈侯、许男、顿子、胡子、沈子、淮夷伐吴,执齐庆封[④],杀之。遂灭赖[⑤]。

九月,取鄫[⑥]。

冬十有二月乙卯[⑦],叔孙豹卒。

〔注释〕

①四年:公元前538年。 ②大雨雹:成灾,故书。 ③此为楚灵王始会诸侯。申:楚邑,在今河南南阳市。 ④齐庆封:庆封于襄公二十八年奔吴,已历八年。灵王欲行霸,为齐讨庆封,故称齐。 ⑤赖:国名,在今湖北随州市东北。《公羊传》《穀梁传》作"厉"。 ⑥鄫(zēng):莒邑。本鄫国,在今山东枣庄市东七十余里。 ⑦乙卯:二十八日。

传

四年春,王正月,许男如楚,楚子止之[①],遂止郑伯,复田江南,许男与焉。

使椒举如晋求诸侯[②],二君待之[③]。椒举致命曰:"寡君使举曰:日君有惠[④],赐盟于宋[⑤],曰:'晋、楚之从交相见也[⑥]。'以岁之不易[⑦],寡人愿结欢于二三君[⑧],使举请间[⑨]。君若苟无四方之虞[⑩],则愿假宠以请于诸侯[⑪]。"

晋侯欲勿许,司马侯曰:"不可。楚王方侈[⑫],天或者欲逞其心,以厚其毒[⑬],而降之罚,未可知也;其使能终[⑭],亦未可知也。晋、楚唯天所相,不可与争。君其许之,而修德以待其归[⑮]。若归于德,吾犹将事之,况诸侯乎?若适淫虐[⑯],楚将弃之,吾又谁与争?"公曰[⑰]:"晋有三不殆[⑱],其何敌之有?国险而多马,齐、楚多难。有是三者,何乡而不济[⑲]?"对曰:"恃险与马,而虞邻国之难[⑳],是三殆也。四岳、三涂、阳城、大室、荆山、中南[㉑],九州之险也[㉒],是不一姓[㉓]。冀之北土[24],马之所生,无兴国焉。恃险与马,不可以为固也[25],从古以然。是以先王务修德音以亨神人[26],不闻其务险与马也。邻国之难,不可虞也。或多难以固其国,启其疆土;或无难以丧其国,失其守宇[27]。若何虞难?齐有仲孙之难[28],而获桓公,至今赖之[29]。晋有里、丕之难[30],而获文公,是以为盟主。卫、邢无难[31],敌亦丧之。故人之难,不可虞也。恃此三者,而不修政德,亡于不暇[32],又何能济?君其许之!纣作淫虐,文王惠和[33],殷是以陨,周是以兴,夫岂争诸侯?”乃许楚使。使叔向对曰:“寡君有社稷之事,是以不获春秋时见[34]。诸侯,君实有之,何辱命焉[35]?”椒举遂请昏,晋侯许之。

楚子问于子产曰:“晋其许我诸侯乎?”对曰:“许君。晋君少安[36],不在诸侯[37]。其大夫多求[38],莫匡其君。在宋之盟,又曰如一[39],若不许君,将焉用之[40]?”王曰:“诸侯其来乎?”对曰:“必来。从宋之盟,承君之欢[41],不畏大国[42],何故不来?不来者,其鲁、卫、曹、邾乎?曹畏宋,邾畏鲁,鲁、卫逼于齐而亲于晋[43],唯是不来。其余,君之所及也,谁敢不至?”王曰:“然则吾所求者,无不可乎?”对曰:“求逞于人[44],不可。与人同欲,尽济。”

〔注释〕

①止:拘留,扣留。 ②椒举:伍举。 ③二君:指郑伯、许男。 ④日:昔日。 ⑤赐盟于宋:宋之盟在襄公二十七年。⑥从:属国。交:相互。 ⑦不易:不太平。易:平,平安。 ⑧二三君:指诸侯。 ⑨间:同“闲”,闲暇。 ⑩若苟:如果。若、苟

同义。虞:忧。 ⑪“则愿”句:愿借晋之尊以求诸侯从己。宠:尊。 ⑫侈:自大。谓野心膨胀。 ⑬厚:益。毒:恶。 ⑭其:或,或者。 ⑮归:终。 ⑯适:归。淫虐:恶。淫、虐同义。⑰公:原本无此字,据阮元《校勘记》、杨伯峻说及《新序·善谋》补。 ⑱殆:危。 ⑲乡:向。济:成。 ⑳而:与,及。虞:望,指望。 ㉑四岳:东岳泰山(在今山东泰安市北)、西岳华山(在今陕西华阴市南)、南岳衡山(在今湖南衡山县西)、北岳恒山(在今山西浑源县西)。一说四岳即太岳。三涂:三涂山,在今河南嵩县西南十里。阳城:山名,在今河南登封市北。大室:即嵩山,在今河南登封市北。荆山:山名,在今湖北南漳县西八十里。中南:又名终南山,在今陕西西安市南。 ㉒九州:规定分中国为九州,其说不一。《尚书·禹贡》以冀、豫、雍、扬、兖、徐、梁、青、荆为九州。《周礼·夏官·职方氏》九州无徐、梁,有幽、并。《尔雅·释地》无青、梁,有幽、营。 ㉓不一姓:非一国所据。 ㉔“冀之”三句:言马不足恃。兴国:强盛之国。兴:盛。 ㉕不可以:不足以。可:足。 ㉖务:专一。谓专注。德音:明德。亨:同“享”。 ㉗守宇:所守之土地。 ㉘仲孙之难:事在庄公八年、九年。仲孙即公孙无知。庄公八年,无知弑其君诸儿。九年,齐人杀无知。 ㉙赖:恃。 ㉚里、丕之难:事在僖公九年。里指里克,丕指丕郑。僖公九年,里克杀献公太子奚齐与公子卓,又杀奚齐之傅荀息。 ㉛“卫、邢”二句:言邻国之难不足恃。闵公二年,狄灭卫;僖公二十五年,卫灭邢。敌:《新序·善谋》作“狄”。丧:亡。 ㉜亡于不暇:谓忙于挽救危亡而无暇他顾。于:之。㉝惠和:仁爱和善。 ㉞“是以”句:言不得亲往。 ㉟何辱命焉:言不须征得晋国同意。 ㊱少安:即少惰。 ㊲在:存,体恤。㊳求:贪。 ㊴如一:谓晋之从国事楚如事晋,楚之从国事晋如事楚。 ㊵焉用之:将如何应对。用:为。 ㊶承:顺。 ㊷大国:

指晋国。 ㊸逼于齐:近于齐。逼:近。 ㊹“求逞”二句:谓求快意于人,人必违之。逞:快。

大雨雹。季武子问于申丰曰[1]:“雹可御乎[2]?”对曰:“圣人在上,无雹。虽有,不为灾。古者日在北陆而藏冰[3],西陆朝觌而出之[4]。其藏冰也[5],深山穷谷,固阴沍寒[6],于是乎取之。其出之也,朝之禄位[7],宾食丧祭,于是乎用之。其藏之也,黑牡、秬黍以享司寒[8]。其出之也,桃弧、棘矢以除其灾[9]。其出入也时,食肉之禄[10],冰皆与焉。大夫、命妇丧浴用冰[11]。祭寒而藏之[12],献羔而启之[13],公始用之[14],火出而毕赋[15],自命夫、命妇至于老、疾,无不受冰。山人取之[16],县人传之[17],舆人纳之[18],隶人藏之。夫冰以风壮[19],而以风出[20]。其藏之也周[21],其用之也遍[22],则冬无愆阳[23],夏无伏阴[24],春无凄风[25],秋无苦雨,雷出不震[26],无灾霜雹[27],疠疾不降[28],民不夭札[29]。今藏川池之冰弃而不用,风不越而杀[30],雷不发而震[31]。雹之为灾,谁能御之?《七月》之卒章[32],藏冰之道也。”

〔注释〕

①季武子:季孙宿,鲁卿。申丰:鲁大夫。 ②御:止。③北陆:即玄枵。在十二次中为子,在二十八宿中为虚宿和危宿。地球公转至此,时值小寒、大寒,当夏正十二月,此时冰极坚厚,可以收藏。 ④西陆:亦称大梁。在十二次中为酉,在二十八宿中为昴宿和毕宿。日在西陆,时值清明、谷雨,当夏正三月。朝觌:春分之中,奎星晨现于东方,始取冰。 ⑤冰:《周礼·天官·凌

人》贾公彦《疏》引作"之"。 ⑥固阴沍(hù)寒:阴冷之气闭凝结不泄。固通"涸"。固、沍皆"凝结"之义。 ⑦"朝之"三句:谓不独国君用冰。朝之禄位:朝廷有禄位者。指卿大夫。宾:迎宾。食:内外饔之肴膳。丧:大丧。祭:祭祀。参见《周礼·天官·凌人》。 ⑧黑牡:黑牲。秬(jù)黍:黑黍。享:祭。司寒:指冬神玄冥。司寒为北方之神,故物皆用黑。有事于冰,故祭其神。⑨"桃弧"句:以桃木之弓、棘木(酸枣树)之箭禳除凶邪。 ⑩食肉之禄:指在朝廷治事食于官者。 ⑪"大夫"句:大夫、命妇死后擦身也要用冰。命妇:大夫之妻。 ⑫祭寒:祭享司寒。⑬献羔而启之:谓二月春分之时,献羔祭韭于司寒,始开冰室。⑭公始用之:国君首先开始用冰。始:先。 ⑮"火出"句:三月藏冰分发完毕。火出:火星黄昏时现于东方,谓夏历三月。出:现,出现。赋:授,与。 ⑯山人:虞人,掌管山泽之官。 ⑰县人:遂(五县为遂)之属官。 ⑱舆人:与下文"隶人"皆为低级官吏。纳:受。 ⑲冰以风壮:冰因风寒而坚实。 ⑳而以风出:顺春风而散用之。 ㉑周:密。 ㉒遍:周遍。上自国君卿大夫,下及老、疾,皆得用冰。 ㉓愆阳:过暖。愆:过。阳过则冬温。㉔伏阴:谓夏寒。 ㉕凄风:寒风。 ㉖震:动,震动。 ㉗无灾霜雹:无霜雹成灾之事。 ㉘疠疾:指传染病。降:生。 ㉙夭札:夭折,夭亡。短折为夭,夭死为札。 ㉚越:散。杀:杀死植物。 ㉛发:作。指发声。 ㉜《七月》:《诗·豳风》篇名。其卒章曰"二之日凿冰冲冲(谓夏正十二月凿而取之)";"三之日纳于凌阴(冰窖)";"四之日其蚤,献羔祭韭(谓二月春分,早开冰室,以荐宗庙)"。

夏,诸侯如楚,鲁、卫、曹、邾不会。曹、邾辞以难,公辞

以时祭[1]，卫侯辞以疾。郑伯先待于申。六月丙午[2]，楚子合诸侯于申[3]。椒举言于楚子曰："臣闻诸侯无归，礼以为归[4]。今君始得诸侯，其慎礼矣。霸之济否，在此会也。夏启有钧台之享[5]，商汤有景亳之命[6]，周武有孟津之誓[7]，成有岐阳之蒐[8]，康有酆宫之朝[9]，穆有涂山之会[10]，齐桓有召陵之师[11]，晋文有践土之盟[12]。君其何用[13]？宋向戌、郑公孙侨在，诸侯之良也[14]，君其选焉。"王曰："吾用齐桓。"

王使问礼于左师与子产[15]。左师曰："小国习之，大国用之，敢不荐闻[16]？"献公合诸侯之礼六[17]。子产曰："小国共职，敢不荐守[18]？"献伯、子、男会公之礼六[19]。君子谓合左师善守先代[20]，子产善相小国。

王使椒举侍于后以规过[21]。卒事，不规。王问其故，对曰："礼，吾所未见者有六焉[22]，又何以规？"

宋大子佐后至，王田于武城[23]，久而弗见。椒举请辞焉[24]。王使往，曰："属有宗祧之事于武城[25]，寡君将堕币焉[26]，敢谢后见。"

徐子，吴出也[27]，以为贰焉，故执诸申。

楚子示诸侯侈[28]。椒举曰："夫六王、二公之事[29]，皆所以示诸侯礼也，诸侯所由用命也。夏桀为仍之会[30]，有缗叛之[31]；商纣为黎之蒐[32]，东夷叛之；周幽为大室之盟[33]，戎狄叛之。皆所以示诸侯汰也，诸侯所由弃命也[34]。今君以汰[35]，无乃不济乎？"王弗听。

子产见左师，曰："吾不患楚矣。汰而愎谏[36]，不过十年。"左师曰："然。不十年侈，其恶不远，远恶而后弃[37]。善

亦如之，德远而后兴㊳。”

〔注释〕

①时祭：指四时祭祖。 ②丙午：十七日。 ③诸侯：指楚、蔡、陈、郑、许、徐、滕、顿、胡、沈、小邾之君与宋世子、淮夷，《传》蒙经文省略。 ④礼以为归：以礼为归。谓归服于有礼者。⑤夏启：禹之子，名启。钧台：在今河南禹州市南。《竹书纪年》载启即位而大飨诸侯于钧台，知诸侯因启即位而往朝。下文言“命”“誓”“蒐”“朝”“会”“师”“盟”，亦皆指朝会之事。 ⑥景亳：地名，在今河南商丘市北五十里。 ⑦“周武”句：据《史记·周本纪》，周武王伐纣灭殷之年会诸侯于孟津，作《太誓》。孟津：即盟津，在今河南孟州市南十八里。 ⑧成：成王。岐阳：地名，在今陕西岐山县东北。成王曾与诸侯在此会盟。《国语·晋语八》：“昔成王盟诸侯于岐阳。”蒐：聚。 ⑨康：周康王。酆（fēng）：地名，在今陕西户县东五里，有灵台，康王朝诸侯于此。⑩穆：周穆王。涂山：地名，在今安徽怀远县东南八里，穆王曾会诸侯于此。 ⑪召陵之师：僖公四年，齐桓公伐楚，与诸侯盟于召陵。 ⑫践土之盟：僖公二十八年，晋文公与诸侯盟于践土。⑬其：将。 ⑭良：贤，贤者。 ⑮左师：向戌。子产：公孙侨。⑯荐闻：进献所知会合诸侯之礼。 ⑰“献公”句：献公合诸侯之礼六仪（六种仪节）。宋为公爵，故献公礼。 ⑱荐守：谓献其所闻以尽职。守：职责。 ⑲“献伯”句：郑为伯爵，故献伯、子、男会公之礼。向戌、子产所献礼同，而所取角度不同。 ⑳谓：以为。合左师：向戌。向戌食邑于合，官左师。善守先代：善守前世之礼。 ㉑规过：纠正礼仪之失。规：正。 ㉒“吾所”句：向戌、子产各献六礼，皆楚未尝行者。原本无“所”字，阮元《校勘记》云石经本、淳熙本“吾”下有“所”字，今据补。 ㉓武城：楚地，在今

河南南召县东南。 ㉔请辞:请楚王辞谢之。 ㉕属:适,正巧。宗祧(tiāo)之事:宗庙之事。谓田猎以备祭祀。 ㉖堕币:陈设祭品。堕:布。币:指用以祭祀的物品。 ㉗吴出:吴女所生。㉘侈:张,自大。 ㉙六王:启、汤、武、成、康、穆。二公:齐桓、晋文。 ㉚仍:即任。国名,风姓,在今山东金乡县东北。 ㉛有缗:即缗。国名,姚姓,在今山东金乡县东北。 ㉜黎:国名,在今山西壶关县西北。蒐:《史记·楚世家》作"会"。 ㉝"周幽"句:据《竹书纪年》,周幽王十年,会诸侯于太室。大室:嵩山。 ㉞弃命:违命。弃:违。 ㉟以:已,太。 ㊱汰:侈,自大。愎:不听谏言。 ㊲弃:废。 ㊳兴:盛。

秋七月,楚子以诸侯伐吴,宋大子、郑伯先归[①]。宋华费遂、郑大夫从。使屈申围朱方[②]。八月甲申[③],克之,执齐庆封而尽灭其族[④]。

将戮庆封[⑤],椒举曰:"臣闻无瑕者可以戮人。庆封惟逆命[⑥],是以在此,其肯从于戮乎[⑦]?播于诸侯[⑧],焉用之?"王弗听。负之斧钺[⑨],以徇于诸侯,使言曰:"无或如齐庆封弑其君[⑩],弱其孤[⑪],以盟其大夫[⑫]!"庆封曰:"无或如楚共王之庶子围,弑其君兄之子麇而代之[⑬],以盟诸侯!"王使速杀之。

遂以诸侯灭赖。赖子面缚衔璧[⑭],士袒[⑮],舆榇从之[⑯],造于中军[⑰]。王问诸椒举,对曰:"成王克许[⑱],许僖公如是,王亲释其缚,受其璧,焚其榇。"王从之。迁赖于鄢[⑲]。

楚子欲迁许于赖,使斗韦龟与公子弃疾城之而还[⑳]。申无宇曰:"楚祸之首[㉑],将在此矣。召诸侯而来[㉒],伐国而

克，城竟莫校[23]，王心不违，民其居乎[24]？民之不处[25]，其谁堪之？不堪王命，乃祸乱也。"

〔注释〕

①"宋大子"二句：晋之属国已返其国，郑伯久在楚，宋太子不得时见，故犹在楚。今遣二人归，而以其大夫从楚伐吴。②朱方：吴邑，在今江苏镇江市南。③甲申：此年八月无甲申。日误。④"执齐"句：庆封奔吴，吴赐之朱方，见襄公二十八年《传》。⑤戮：戮兼有杀、辱二义。此谓先示众而后杀之。睡虎地秦简《法律答问》："翏（戮）者可（何）如？生翏（戮），翏（戮）之已乃斩之之谓殹（也）。"⑥逆命：谓不恭顺。⑦其：岂。⑧播：宣扬。⑨负之斧钺：让庆封身背大斧。钺：大斧。⑩无：毋。禁止之辞。弑其君：崔杼弑齐君，庆封为其亲信，故责以弑君之罪。⑪弱：以为弱。即轻视。孤：指庄公之子景公。⑫盟其大夫：襄公二十五年，崔、庆盟国人于大宫，要挟诸大臣亲附二人。⑬"弑其"句：杀郏敖事见元年《传》。麇：即郏敖。公子围兄（康王）之子。⑭面缚：将双手反绑于背后。衔璧：以璧为贽（礼物），手被缚，故口衔之。面缚、衔璧，表示愿意请罪、臣服。⑮袒：脱上衣之左袖（内仍有襦、中衣）。⑯舆榇（chèn）：以丧车载棺。舆：輀轴，古代的丧车。榇：棺材。⑰中军：王所率亲兵。⑱成王：楚成王。克许事见僖公六年《传》。⑲鄢：楚邑，在今湖北宜城市南。⑳为许城赖。㉑首：始，开端。㉒而：则。下句"而"字同。㉓城竟莫校：谓筑城于境外，而诸侯无与争者。㉔民其居乎：谓将多兴事，而民不得安。居：安。㉕之：若。处：居，安。

九月，取鄫[①]，言易也。莒乱，著丘公立[②]，而不抚鄫[③]，

鄫叛而来,故曰“取”。凡克邑,不用师徒曰取。

〔注释〕

①“取鄫”二句:《春秋》书“取鄫”,因为得之甚易。 ②著丘公:莒君去疾之号。莒君无谥,以地名为号。 ③抚:安抚,存恤。

郑子产作丘赋[①],国人谤之[②],曰:“其父死于路[③],己为虿尾[④],以令于国,国将若之何?”子宽以告[⑤]。子产曰:“何害?苟利社稷,死生以之[⑥]。且吾闻为善者不改其度[⑦],故能有济也。民不可逞[⑧],度不可改。《诗》曰[⑨]:‘礼义不愆[⑩],何恤于人言?’吾不迁矣[⑪]。”浑罕曰:“国氏其先亡乎[⑫]!君子作法于凉[⑬],其敝犹贪[⑭]。作法于贪,敝将若之何?姬在列者[⑮],蔡及曹、滕其先亡乎[⑯],逼而无礼。郑先卫亡,逼而无法。政不率法[⑰],而制于心[⑱]。民各有心,何上之有?”

〔注释〕

①丘赋:田赋制度的一种。十六井为丘,按古制当出马一匹,牛三头。今子产又增收其田赋。 ②谤:毁谤。 ③“其父”句:子产之父子国为尉止所杀,事见襄公十年《传》。 ④己为虿(chài)尾:谓子产赋重,毒害百姓。虿:蝎属。 ⑤子宽:浑罕,郑大夫。 ⑥以:由。 ⑦度:法,法度。 ⑧逞:纵。 ⑨《诗》:逸《诗》。 ⑩“礼义”二句:如果自己的行为不违反礼义,就不必在意人家说什么。愆:失,违。恤:忧。 ⑪迁:改。 ⑫国氏:指子产之族。子产之父字子国,后人因以为氏。 ⑬凉:薄。 ⑭敝:终。 ⑮在列:在位。列:位。 ⑯“蔡及”四句:蔡逼于楚,曹、

滕逼于宋，郑、卫逼于晋、楚。　⑰率：循，遵循。　⑱制：裁。

冬，吴伐楚，入棘、栎、麻①，以报朱方之役②。楚沈尹射奔命于夏汭③，箴尹宜咎城钟离④，薳启彊城巢⑤，然丹城州来⑥。东国水⑦，不可以城，彭生罢赖之师⑧。

〔注释〕

①棘、栎、麻：皆楚东鄙之邑。棘在今河南永城市南，栎在今河南新蔡县北二十里，麻在今安徽砀山县东北二十五里。　②“以报”句：此年秋楚克朱方。　③沈尹射：沈之县尹，名射。夏汭：汉口（在今湖北汉口市）。地当汉水（汉水自沔阳以下兼称夏水）入江之口。吴兵在东北，楚盛兵在东南，以绝其后。　④箴（zhēn）尹宜咎：宜咎本陈大夫，襄公二十四年出奔楚。箴：原本作“咸”，据《四部丛刊》本、《册府元龟》卷二四九、二五二改。钟离：地名，在今安徽凤阳县东北二十里。　⑤彊：通“疆”。巢：地名，在今安徽巢湖市。　⑥然丹：郑穆公孙，襄公十九年出奔楚。州来：楚邑，在今安徽凤台县。　⑦东国：指楚国东部地区。钟离、巢、州来、赖皆在其中。　⑧彭生：楚大夫。罢赖之师：罢斗韦龟城赖之师。

初，穆子去叔孙氏①，及庚宗②，遇妇人，使私为食而宿焉。问其行③，告之故，哭而送之。适齐，娶于国氏④，生孟丙、仲壬。梦天压己⑤，弗胜，顾而见人⑥，黑而上偻⑦，深目而豭喙⑧，号之曰：“牛！助余！”乃胜之。旦而皆召其徒⑨，无之。且曰：“志之。”及宣伯奔齐⑩，馈之⑪。宣伯曰：“鲁以先子之故⑫，将存吾宗⑬，必召女。召女，何如？”对曰：

“愿之久矣。”

鲁人召之,不告而归[14]。既立[15],所宿庚宗之妇人献以雉[16]。问其姓[17],对曰:“余子长矣,能奉雉而从我矣。”召而见之,则所梦也。未问其名,号之曰“牛”。曰:“唯[18]。”皆召其徒,使视之,遂使为竖[19]。有宠,长,使为政[20]。公孙明知叔孙于齐[21],归,未逆国姜[22],子明取之[23],故怒,其子长而后使逆之。

田于丘莸[24],遂遇疾焉。竖牛欲乱其室而有之[25],强与孟盟,不可。叔孙为孟钟[26],曰:“尔未际[27],飨大夫以落之[28]。”既具[29],使竖牛请日[30]。入[31],弗谒[32],出,命之日[33]。及宾至,闻钟声[34]。牛曰:“孟有北妇人之客[35]。”怒,将往,牛止之。宾出,使拘而杀诸外[36]。牛又强与仲盟,不可。仲与公御莱书观于公[37],公与之环[38],使牛入示之[39]。入,不示。出,命佩之[40]。牛谓叔孙:“见仲而何[41]?”叔孙曰:“何为[42]?”曰:“不见,既自见矣,公与之环而佩之矣[43]。”遂逐之,奔齐[44]。疾急,命召仲,牛许而不召。杜泄见[45],告之饥渴[46],授之戈。对曰:“求之而至[47],又何去焉?”竖牛曰:“夫子疾病,不欲见人。”使置馈于个而退[48]。牛弗进,则置虚命彻[49]。十二月癸丑[50],叔孙不食。乙卯[51],卒。牛立昭子而相之[52]。

公使杜泄葬叔孙。竖牛赂叔仲昭子与南遗[53],使恶杜泄于季孙而去之。杜泄将以路葬[54],且尽卿礼。南遗谓季孙曰:“叔孙未乘路,葬焉用之?且冢卿无路[55],介卿以葬[56],不亦左乎[57]?”季孙曰:“然。”使杜泄舍路[58]。不可。曰:“夫

子受命于朝[59],而聘于王[60],王思旧勋而赐之路[61],复命而致之君[62]。君不敢逆王命而复赐之,使三官书之[63]。吾子为司徒,实书名[64];夫子为司马[65],与工正书服[66];孟孙为司空,以书勋[67]。今死而弗以[68],是弃君命也[69]。书在公府而弗以,是废三官也。若命服[70],生弗敢服[71],死又不以,将焉用之?”乃使以葬[72]。

季孙谋去中军,竖牛曰:“夫子固欲去之[73]。”

〔注释〕

①穆子:叔孙豹。去叔孙氏:成公十六年,穆子避叔孙侨如之难奔齐。 ②庚宗:鲁地,在今山东泗水县东。 ③行:出奔(之原因)。 ④国氏:齐之正卿,姜姓。 ⑤天:神。 ⑥顾:视。 ⑦上偻(lǚ):肩部前曲。 ⑧豭(jiā)喙:嘴巴像猪。豭:公猪。 ⑨皆:遍。召:中华书局1985年版《原本玉篇残卷》“占”字下引《左传》作“占”。占,视也。《方言》卷十:“占、伺,视也。……凡相候谓之占,占犹瞻也。” ⑩宣伯:叔孙侨如,穆子之兄,成公十六年奔齐。 ⑪馈之:穆子馈宣伯。 ⑫先子:宣伯之先人。 ⑬“将存”句:谓立叔孙之嗣。 ⑭不告侨如而归。 ⑮既立:立为卿。 ⑯献以雉:以雉献穆子。《周礼·春官·大宗伯》:“士执雉。”郑玄注:“雉取其守介而死,不失其节。” ⑰问其姓:问有子否。《广雅·释亲下》:“姓,子也。” ⑱唯:应答之声。《礼记·曲礼下》:“父君无诺,唯而起。” ⑲竖:小臣。 ⑳为政:治理家政。 ㉑公孙明:齐大夫。知:交,交接。 ㉒国姜:穆子在齐所娶妇。 ㉓子明:即公孙明。 ㉔丘莸:地名。李善《运命论》注引作“蒲丘”。 ㉕乱:治。 ㉖为孟钟:为孟丙铸钟。㉗际:接,交接。此句谓孟未与诸大夫相交接。 ㉘落:成,落成。

造宫室器物成而举行仪式。 ㉙既具:飨礼已具。 ㉚请日:请问飨日。 ㉛入:入穆子之室。 ㉜弗谒:不以请日之事告穆子。谒:告。 ㉝命之日:诈以父命飨日告之。 ㉞穆子闻钟声。㉟北妇人:指国姜。客:谓公孙明。 ㊱杀孟丙。 ㊲莱书:公之御士。仲与之私游观于公宫。 ㊳环:玉环。 ㊴示叔孙。㊵命佩之:诈以叔孙之命命仲壬佩之。 ㊶而何:如何。此句谓使仲壬见鲁君,确立其嗣子地位。 ㊷何为:牛所言突兀,故叔孙怪而问之。 ㊸而:已。 ㊹仲奔齐。 ㊺杜泄:叔孙氏之宰。㊻"告之"二句:牛不予叔孙饮食,叔孙怒,使杜泄杀之。 ㊼"求之"二句:谓叔孙曾要寻找牛帮助自己,现在来了,又何必除掉他呢? ㊽个:堂之左右厢(东西厢房)。 ㊾置虚命彻:放置空的容器,示叔孙已食,命撤去之。 ㊿癸丑:二十六日。 51乙卯:二十八日。 52"牛立"句:立昭子(叔孙婼)在明年,《传》探后言之。 53叔仲昭子:叔仲带。南遗:季氏家臣。 54将:欲。路:王赐予叔孙之车。 55冢卿:上卿。指季孙。 56介卿:次卿。57左:戾。谓不合情理。 58舍路:不以路车葬。 59夫子:指叔孙豹。 60聘于王:事在襄公二十四年。 61"王思"句:叔孙豹有礼,王念及其先人而赐之车。 62致之君:归车于君。《礼记·玉藻》:"君赐车马,乘以拜;赐衣服,服以拜。赐,君未有命,弗敢即乘服也。"叔孙受赐于天子,未获君命,故不敢乘而致之于君。 63三官:天子之三官指大司徒、大司马、大司空。见《礼记·王制》。诸侯之三官则为司徒、司马、司空。 64吾子:指季孙。书名:定位号。 65夫子:指叔孙。 66工正:百工之长。书服:书器物之名。服:物。 67勋:功。 68以:用。 69弃:背,违背。 70命服:指天子所赐器物。命:赐。 71服:用。 72乃使以葬:葬在明年,《传》终言之。 73"夫子"句:谓叔孙本欲去中军。此为竖牛讨好季孙之言。此条本与下年传文相接,为后人所割裂。

经

五年春[①],王正月,舍中军[②]。

楚杀其大夫屈申[③]。

公如晋。

夏,莒牟夷以牟娄及防、兹来奔[④]。

秋七月,公至自晋。

戊辰,叔弓帅师败莒师于蚡泉[⑤]。

秦伯卒。

冬,楚子、蔡侯、陈侯、许男、顿子、沈子、徐人、越人伐吴。

〔注释〕

①五年:公元前537年。 ②襄公十一年始立中军。 ③书屈申之名,罪之。 ④牟娄:莒邑,在今山东诸城市西。防:在今山东安丘市西南。兹:在今山东诸城市北。 ⑤蚡(fén)泉:鲁地。

传

五年春,王正月,舍中军[①],卑公室也。毁中军于施氏[②],成诸臧氏。初,作中军,三分公室而各有其一[③]。季氏尽征之[④],叔孙氏臣其子弟[⑤],孟氏取其半焉[⑥]。及其舍之也[⑦],四分公室,季氏择二,二子各一,皆尽征之[⑧],而贡于公。

以书使杜泄告于殡[⑨],曰:“子固欲毁中军,既毁之矣,故告。”杜泄曰:“夫子唯不欲毁也[⑩],故盟诸僖闳,诅诸五父之衢。”受其书而投之,帅士而哭之[⑪]。

叔仲子谓季孙曰:“带受命于子叔孙曰,葬鲜者自西门[⑫]。”季孙命杜泄[⑬]。杜泄曰:“卿丧自朝[⑭],鲁礼也。吾子为国政,未改礼,而又迁之[⑮],群臣惧死,不敢自也[⑯]。”既葬而行。

仲至自齐。季孙欲立之。南遗曰:“叔孙氏厚[⑰],则季氏薄。彼实家乱,子勿与知[⑱],不亦可乎?”南遗使国人助竖牛以攻诸大库之庭[⑲],司宫射之,中目而死。竖牛取东鄙三十邑,以与南遗。

昭子即位[⑳],朝其家众,曰:“竖牛祸叔孙氏,使乱大从[㉑],杀適立庶,又披其邑[㉒],将以赦罪[㉓],罪莫大焉。必速杀之!”竖牛惧,奔齐。孟、仲之子杀诸塞关之外[㉔],投其首于宁风之棘上[㉕]。

仲尼曰:“叔孙昭子之不劳[㉖],不可能也[㉗]。周任有言曰:‘为政者不赏私劳,不罚私怨。’《诗》云[㉘]:‘有觉德行[㉙],四国顺之。’”

初,穆子之生也,庄叔以《周易》筮之[㉚],遇《明夷》䷣之《谦》䷎[㉛]。以示卜楚丘[㉜],曰:“是将行[㉝],而归为子祀[㉞]。以谗人入,其名曰牛,卒以馁死[㉟]。《明夷》,日也[㊱]。日之数十[㊲],故有十时,亦当十位[㊳]。自王已下,其二为公,其三为卿。日上其中[㊴],食日为二[㊵],旦日为三[㊶]。《明夷》之

《谦》[42],明而未融,其当旦乎[43],故曰为子祀。日之《谦》[44],当鸟,故曰明夷于飞。明之未融[45],故曰垂其翼。象日之动[46],故曰君子于行。当三在旦[47],故曰三日不食。《离》[48],火也。《艮》,山也。《离》为火,火焚山,山败。于人为言[49],败言为谗,故曰有攸往,主人有言。言必谗也。纯《离》为牛[50],世乱谗胜[51],胜将适《离》,故曰其名曰牛。《谦》不足[52],飞不翔,垂不峻,翼不广,故曰其为子后乎。吾子[53],亚卿也,抑少不终[54]。"

〔注释〕

①舍中军:谓罢中军。此后季孙氏称左师,孟孙氏称右师,叔孙氏则自以叔孙为军名。此举意在降低公室地位。 ②"毁中军"二句:季孙不欲亲议其事,故授意施氏、臧氏成之。毁:舍。谓裁撤。 ③各有其一:三家各有一军。 ④尽征之:谓租税不入公室。 ⑤臣其子弟:谓以子弟属己,以父兄归公。 ⑥取其半:取其子弟之半。四分公乘之一,以三归公,己取其一。 ⑦舍之:舍中军。 ⑧"皆尽"二句:国人尽属三家,三家以时贡献于鲁君。 ⑨告于殡:告叔孙之柩。 ⑩"夫子"三句:参见襄公十一年《传》。欲:愿。古者杀牲歃血,告誓于神明,大事曰盟,小事曰诅。盟、诅亦常并用。僖闳(hóng):僖公之庙门。闳:门。五父之衢:道路名,在今山东曲阜市东南五里。 ⑪"帅士"句:痛叔孙见诬,故率士哭之。 ⑫鲜:不以寿终为鲜。叔孙饥渴三日而死,非正常死亡。 ⑬命自西门出殡。 ⑭朝:指正门。 ⑮迁:改。谓违背。 ⑯自:从。 ⑰"叔孙氏"二句:谓叔孙氏强,则季氏弱。厚:强。薄:弱。 ⑱与知:过问。与:语助词。知:问。 ⑲"南遗"句:攻仲壬于大库(府库名)之庭。昭公十八年《传》曰:"梓慎

登大庭氏之库以望之。”　⑳昭子：叔孙婼，叔孙豹庶子。　㉑大从：指立嗣之次第。从：顺。　㉒披：分。谓以邑与南遗。　㉓将：欲。赦罪：释罪。谓自脱其罪。　㉔塞关：齐、鲁边境的关口。　㉕宁风：齐地。　㉖不劳：不以竖牛立己为有功。劳：功。　㉗不可能：不可及。能：及。　㉘《诗》云：引文出自《诗·大雅·抑》。　㉙“有觉”二句：谓德行正直，则天下归顺之。有：形容词词头。觉：直，正直。顺：从。　㉚庄叔：叔孙得臣，穆子之父。　㉛《明夷》䷣之《谦》䷎：卦象由《明夷》变为《谦》。《明夷》：《离》下《坤》上。《谦》：《艮》下《坤》上。　㉜楚丘：卜人姓名。　㉝行：指出奔。　㉞为子祀：为嗣子。祀：嗣。　㉟馁：饥。　㊱《明夷》，日也：谓《明夷》之卦，与日有关。《离》下《坤》上为《明夷》。《离》为日。　㊲日之数十：日之数，自甲至癸，凡十，故下云“分为十时”。《周礼·春官·冯相氏》云：“掌十有二岁、十有二月、十有二辰、十日、二十八宿之位。”《疏》：“十日者，谓甲乙丙丁之等也。”　㊳亦当十位：谓十日与十等之人相应。当：应，对。　㊴日上其中：日中极明，故当王位。　㊵食日为二：当公位。　㊶旦日为三：当卿位。　㊷“《明夷》”二句：《离》在《坤》下（《明夷》），为日在地中之象（《离》为日，《坤》为地）。又变为《谦》，谦道卑让，故曰明而未融。日明未融，故曰其当旦乎。融：高，升高。　㊸“其当”二句：旦为卿位，故知穆子将嗣立。　㊹“日之”三句：《明夷》之初爻由阳变阴（也即《明夷》之下卦《离》变为《艮》），整个卦象即变为《谦》，故曰“日之《谦》（《离》为日）”。《周易·明夷》初九爻辞云：“明夷于飞，垂其翼。君子于行，三日不食。有攸往，主人有言。”爻辞云“于飞”，“垂其翼”，知与飞禽有关，故曰“当鸟”。　㊺“明之”二句：日明而未融（未升高），犹鸟未高飞，故曰“垂其翼”。之：而。　㊻“象日”二句：日象（《离》）有变，故曰“君子于行”。　㊼“当三”二句：当三之数而在旦（卿位当旦），而非食时,故曰“三日不食”。 ㊽“《离》”七句:《离》为火,《艮》为山。火焚山,山被毁坏。败:毁坏。 ㊾“于人”五句:《艮》又为言,毁败人之言则为谗言。《离》变为《艮》,故曰“有攸往”。人为谗言所毁败,故曰“主人有言”。 ㊿纯《离》为牛:《离》下《离》上为《离》卦之象。《周易·离》:“畜牝牛,吉。”故曰“纯《离》为牛”。纯:双。 ㉛“世乱”三句:《离》(火)焚山则《离》胜,世乱则谗胜,故知进谗言者名牛。 ㉜“《谦》不”五句:此数句言穆子。《谦》道退让,故飞不远翔。翼垂不高举,亦不能高远。故知不远去,而为庄叔之后。峻:高。 ㉝“吾子”二句:庄叔父子世为鲁之亚卿。谓穆子将继其位。 ㉞抑:不过。少不终:言穆子虽至老寿,而仍不得善终。少:小。

楚子以屈申为贰于吴[①],乃杀之。以屈生为莫敖[②],使与令尹子荡如晋逆女。过郑,郑伯劳子荡于汜[③],劳屈生于菟氏[④]。晋侯送女于邢丘[⑤]。子产相郑伯,会晋侯于邢丘。

〔注释〕

①以……为:认为,以为。申:原本作“伸”,据纂图本、阮元《校勘记》、杨伯峻说及敦煌写本(P.3729)改。 ②屈生:屈建子。莫敖:楚官名。 ③汜(fàn):郑地,在今河南襄城县南。 ④菟(tú)氏:郑地,在今河南尉氏县西北四十里。 ⑤邢丘:晋地,在今河南温县东。

公如晋,自郊劳至于赠贿[①],无失礼。晋侯谓女叔齐曰:“鲁侯不亦善于礼乎?”对曰:“鲁侯焉知礼!”公曰:“何为?自郊劳至于赠贿,礼无违者,何故不知?”对曰:“是仪

也[②],不可谓礼。礼,所以守其国,行其政令,无失其民者也。今政令在家[③],不能取也[④];有子家羁,弗能用也;奸大国之盟,陵虐小国[⑤];利人之难[⑥],不知其私[⑦];公室四分,民食于他[⑧],思莫在公[⑨],不图其终;为国君,难将及身,不恤其所[⑩]:礼之本末将于此乎在[⑪],而屑屑焉习仪以亟!言善于礼,不亦远乎?"君子谓叔侯于是乎知礼[⑫]。

〔注释〕

①"自郊劳"二句:谓昭公习于礼仪之过程。古代朝聘,至郊,主人郊劳;朝聘礼毕,返还之前,主人有赠贿。赠贿:赠送礼物。贿:财货。 ②仪:仪式,仪节。 ③家:大夫。 ④取:收。 ⑤陵虐小国:指伐莒取郓。事在昭公元年。 ⑥利人之难:指乘莒乱取鄫。事在上年。 ⑦私:邪。 ⑧民食于他:民为三家所有。 ⑨"思莫"二句:无人为公室着想,谋虑其终始。 ⑩恤:忧。所:处境。 ⑪"礼之"二句:此二句顺序倒置,为反问句,谓昭公以习礼仪为急务,礼之本末岂在此乎!本末:主次,先后。将:岂。屑屑焉:形容细琐。亟:急。 ⑫谓:以为。

晋韩宣子如楚送女[①],叔向为介[②]。郑子皮、子大叔劳诸索氏[③]。大叔谓叔向曰:"楚王汏侈已甚[④],子其戒之[⑤]!"叔向曰:"汏侈已甚,身之灾也,焉能及人?若奉吾币帛,慎吾威仪[⑥],守之以信[⑦],行之以礼,敬始而思终,终无不复[⑧]。从而不失仪[⑨],敬而不失威,道之以训辞[⑩],奉之以旧法[⑪],考之以先王[⑫],度之以二国[⑬],虽汏侈,若我何[⑭]?"

及楚,楚子朝其大夫曰:"晋,吾仇敌也。苟得志焉,无恤其他[15]。今其来者,上卿、上大夫也[16]。若吾以韩起为阍[17],以羊舌肸为司宫[18],足以辱晋,吾亦得志矣。可乎?”大夫莫对。薳启彊曰[19]:“可。苟有其备,何故不可?耻匹夫不可以无备,况耻国乎?是以圣王务行礼[20],不求耻人。朝聘有圭[21],享覜有璋[22],小有述职[23],大有巡功[24]。设机而不倚[25],爵盈而不饮,宴有好货[26],飧有陪鼎[27],入有郊劳[28],出有赠贿[29],礼之至也。国家之败,失之道也[30],则祸乱兴[31]。城濮之役[32],晋无楚备,以败于邲[33]。邲之役,楚无晋备,以败于鄢[34]。自鄢以来,晋不失备,而加之以礼,重之以睦[35],是以楚弗能报而求亲焉。既获姻亲,又欲耻之,以召寇雠[36],备之若何[37]?谁其重此[38]?若有其人,耻之可也;若其未有,君亦图之。晋之事君,臣曰可矣。求诸侯而麇至[39],求昏而荐女,君亲送之,上卿及上大夫致之。犹欲耻之[40],君其亦有备矣。不然,奈何?韩起之下,赵成、中行吴、魏舒、范鞅、知盈[41],羊舌肸之下,祁午、张趯、籍谈、女齐、梁丙、张骼、辅跞、苗贲皇[42],皆诸侯之选也[43]。韩襄为公族大夫[44],韩须受命而使矣[45]。箕襄、邢带、叔禽、叔椒、子羽[46],皆大家也。韩赋七邑[47],皆成县也[48]。羊舌四族[49],皆强家也。晋人若丧韩起、杨肸[50],五卿八大夫辅韩须、杨石,因其十家九县[51],长毂九百[52],其余四十县,遗守四千[53],奋其武怒[54],以报其大耻,伯华谋之[55],中行伯、魏舒帅之[56],其蔑不济矣。君将以亲易怨,实无礼以速寇[57],而未有其备,使群臣往遗之禽[58],以逞君心[59],何不可之有?”王曰:“不穀之过也[60],大夫无辱[61]!”厚为韩子礼。王欲敖叔向以其所不知[62],而不能,亦厚

其礼。

韩起反,郑伯劳诸圉[63]。辞不敢见[64],礼也。

〔注释〕

①韩宣子:韩起,晋正卿。 ②介:助宾客行礼者。 ③子皮:罕虎。子大叔:游吉。索氏:郑地,在今河南荥阳市。 ④汏侈:放纵。汏:侈,张大。已甚:太甚。 ⑤戒:戒备。 ⑥慎:敬。威仪:礼仪。 ⑦信:诚。 ⑧终无不复:谓事皆可复行。 ⑨从:顺,顺从。失:违。仪:法度。 ⑩道:引导。训辞:谓合礼之言。训:顺。⑪奉:行。 ⑫考之以先王:以先王之事稽考之。 ⑬度之以二国:度之以晋、楚二国之势。 ⑭若我何:谓无奈我何。 ⑮恤:顾。 ⑯“上卿”句:韩起为上卿,叔向为上大夫。 ⑰阍:守门人。古以刑人为阍。 ⑱羊舌肸:叔向。司宫:为内宫之官。古以阉人为司宫。 ⑲薳(wěi)启彊:即薳启疆。彊:通“疆”。⑳行礼:循礼而行。行:奉行。 ㉑圭:古代礼器,上尖下方。圭为信物。 ㉒享眺(tiào):覲见。享:覲。璋:半圭(圭中剖为二)曰璋。亦为古代瑞信。 ㉓小:小国。述职:小国朝于大国曰述职。 ㉔巡功:即巡守。大国适小国曰巡守。 ㉕机:通“几”。㉖宴有好货:谓宴饮赠以货赂以为好。 ㉗飧:熟食。陪鼎:增加的菜肴。陪:加。 ㉘郊劳:宾至,劳之于郊。 ㉙出有赠贿:礼毕将去,则赠之以财货。 ㉚失:违。之:此。 ㉛则:故。兴:起。㉜“城濮”二句:僖公二十八年,晋胜楚于城濮,而不再备楚。㉝以败于邲:宣公十二年,晋、楚战于邲,晋师败绩。 ㉞以败于鄢:楚败于鄢陵,在成公十六年。 ㉟重:加。睦:敬。《说文》:“睦,目顺也。……一曰:敬和也。” ㊱寇雠:敌,敌人。寇、雠同义。 ㊲备之若何:言何以备之。 ㊳重:任,担当。 ㊴而:则。麇:群。楚求诸侯于晋,见上年《传》。 ㊵“犹欲”二句:谓欲辱

晋须有备。犹:若。亦:必。 ㊶“赵成”句:赵成等五卿位在韩起之下,为三军之将佐,皆为晋卿。 ㊷“祁午”句:祁午等八人皆为晋大夫。 ㊸选:谓出众的人才。 ㊹韩襄:韩无忌之子,为公族大夫。 ㊺韩须:韩起嫡子。 ㊻箕襄、邢带:皆韩氏族人。叔禽、叔椒、子羽:皆韩起庶子。 ㊼韩赋七邑:韩氏征赋之七邑。㊽成县:大县。 ㊾四族:铜鞮伯华、叔向、叔鱼、叔虎。 ㊿杨肸:羊舌肸。即叔向,食邑于杨。 (51)因:依靠,凭借。十家九县:韩氏七家,杨氏四家,共十一家。此言十家,举其成数。韩氏七人,每人一邑,共七县。杨氏四人,共二县。 (52)长毂:戎车。每县百乘,九县共九百乘。 (53)遗守四千:留守者尚有四千乘。遗:留。(54)武怒:军威。怒:威。 (55)伯华:叔向之兄。 (56)中行伯:中行吴。 (57)速:召。 (58)禽:同“擒”,俘获。 (59)逞:快。 (60)不穀:君主自谦之辞。意为不善之人。 (61)无辱:无过失。 (62)敖:通“傲”。 (63)圉:郑地,在今河南杞县南五十里。 (64)辞不敢见:不敢当国君亲劳。

郑罕虎如齐①,娶于子尾氏②。晏子骤见之③。陈桓子问其故④,对曰:“能用善人⑤,民之主也。”

〔注释〕

①如齐娶妻,亲迎之。 ②子尾氏:公孙虿。 ③晏子:晏婴。骤:屡。 ④陈桓子:陈无宇。 ⑤能用善人:谓授子产政。

夏,莒牟夷以牟娄及防、兹来奔。牟夷非卿①,而书,尊地也。

〔注释〕

①“牟夷”三句：牟夷不是卿，而《春秋》书其名，是由于重视土地的缘故。尊：重。《四部丛刊》本“非卿”前无“牟夷”二字，于义为长。

莒人诉于晋[①]。晋侯欲止公[②]，范献子曰[③]：“不可。人朝而执之，诱也。讨不以师，而诱以成之，惰也。为盟主而犯此二者，无乃不可乎？请归之，间而以师讨焉[④]。”乃归公[⑤]。秋七月，公至自晋。

〔注释〕

①“莒人”句：控诉鲁国接受牟夷。 ②止：扣留。 ③范献子：士鞅。 ④间：同“闲”。闲暇。 ⑤乃：原本作“又”，据纂图本、《四部丛刊》本、敦煌写本（P. 3729）改。

莒人来讨，不设备[①]。戊辰，叔弓败诸蚡泉，莒未陈也[②]。

〔注释〕

①不设备：莒人不设备。 ②陈：同“阵”，列阵。

冬十月，楚子以诸侯及东夷伐吴[①]，以报棘、栎、麻之役[②]。薳射以繁扬之师会于夏汭[③]。越大夫常寿过帅师会楚子于琐[④]。闻吴师出，薳启彊帅师从之[⑤]，遽不设备[⑥]，吴人败诸鹊岸[⑦]。楚子以驲至于罗汭[⑧]。

吴子使其弟蹶由犒师，楚人执之，将以衅鼓[⑨]。王使问

焉,曰:“女卜来吉乎?”对曰:“吉。寡君闻君将治兵于敝邑,卜之以守龟[10],曰:‘余亟使人犒师[11],请行以观王怒之疾徐[12],而为之备,尚克知之[13]!’龟兆告吉,曰:‘克可知也。’君若欢焉好逆使臣,滋敝邑休怠[14],而忘其死,亡无日矣。今君奋焉震电冯怒[15],虐执使臣[16],将以衅鼓,则吴知所备矣。敝邑虽羸,若早修完[17],其可以息师[18]。难易有备[19],可谓吉矣。且吴社稷是卜,岂为一人?使臣获衅军鼓,而敝邑知备,以御不虞[20],其为吉孰大焉?国之守龟,其何事不卜?一臧一否[21],其谁能常之[22]?城濮之兆[23],其报在邲。今此行也[24],其庸有报志?”乃弗杀。

楚师济于罗汭。沈尹赤会楚子,次于莱山[25]。薳射帅繁扬之师先入南怀[26],楚师从之,及汝清。吴不可入[27]。楚子遂观兵于坻箕之山[28]。

是行也,吴早设备,楚无功而还,以蹶由归。楚子惧吴,使沈尹射待命于巢[29],薳启彊待命于雩娄[30],礼也[31]。

〔注释〕

①东夷:指淮南之夷,在今清江市至扬州市一带近海地区。②“以报”句:此役在上年。 ③繁扬:即繁阳,在今河南新蔡县。④常寿过:姓常寿,名过。琐:楚地,在今安徽霍邱县东。 ⑤从之:从吴师。 ⑥遽:仓促。 ⑦鹊岸:地名,在今安徽无为县南至铜陵市北长江北岸一带。 ⑧驲(rì):传车。罗:水名。⑨将:欲。衅鼓:以血祭祀。 ⑩守龟:用于占卜之龟。 ⑪亟:急。 ⑫行:往。疾徐:激烈或平缓。指怒气大小。 ⑬尚:希望。克:能。 ⑭滋:致,致使。休怠:懈怠。《韩非子·说林下》

作“懈怠”。怠：原本作“殆”，据阮元《校勘记》、敦煌写本（P. 3729）、《宋本册府元龟》卷七四五改。 ⑮奋焉：形容旺盛。奋：盛。震电冯怒：谓盛怒。冯、怒为同义复词。 ⑯虐：暴。 ⑰修完：备，准备。修、完同义。 ⑱其：则。息：止，已。 ⑲难易：患难。难易为偏义复词。 ⑳御：备。不虞：指意外之事。 ㉑一臧一否：或吉或不吉。臧：善。否：不善。臧否即吉凶。 ㉒谓吉凶无常，不可必。 ㉓“城濮”二句：城濮之战（在僖公二十八年），楚卜得吉兆，而战败；吉兆之报在邲之战（宣公十二年）。 ㉔“今此”二句：言自己此番出使，本不打算回国复命（准备被杀）。其庸：岂。其、庸二字同义。 ㉕莱山：地名。 ㉖南怀：与下文“汝清”皆楚国边界之地，在今江、淮之间。 ㉗吴不可入：吴有备。 ㉘观兵：陈兵示威。坻箕之山：坻箕山在今安徽巢湖市南三十七里。 ㉙巢：地名，在今安徽巢湖市。 ㉚雩（yú）娄：吴地，在今河南商城县东。 ㉛礼也：善其有备。

秦后子复归于秦①，景公卒故也。

〔注释〕

①后子：秦桓公宠子，景公同母弟，于昭公元年奔晋。

经

六年春①，王正月，杞伯益姑卒。

葬秦景公。

夏，季孙宿如晋。

葬杞文公。

宋华合比出奔卫②。

秋九月，大雩。

楚薳罢帅师伐吴。

冬，叔弓如楚。

齐侯伐北燕。

〔注释〕

①六年：公元前536年。　②华合比事君不以其道，故书其名以罪之。

传

六年春，王正月，杞文公卒。吊如同盟[①]，礼也。

〔注释〕

①“吊如”二句：鲁怒杞因晋取其田，而不废丧纪，合于礼。

大夫如秦[①]，葬景公，礼也。

〔注释〕

①“大夫”三句：合于诸侯丧葬之礼。

三月，郑人铸刑书[①]。叔向使诒子产书[②]，曰：“始吾有虞于子[③]，今则已矣[④]。昔先王议事以制[⑤]，不为刑辟[⑥]，惧民之有争心也。犹不可禁御[⑦]，是故闲之以义，纠之以政[⑧]，行之以礼，守之以信，奉之以仁[⑨]。制为禄位，以劝其从[⑩]。严断刑罚，以威其淫[⑪]。惧其未也[⑫]，故诲之以忠，耸之以行[⑬]，教之以务[⑭]，使之以和，临之以敬，莅之以强[⑮]，断之以

刚[16]。犹求圣哲之上、明察之官、忠信之长、慈惠之师[17],民于是乎可任使也[18],而不生祸乱。民知有辟,则不忌于上[19],并有争心[20],以征于书[21],而徼幸以成之[22],弗可为矣[23]。夏有乱政[24],而作《禹刑》;商有乱政,而作《汤刑》;周有乱政,而作《九刑》。三辟之兴[25],皆叔世也[26]。今吾子相郑国,作封洫[27],立谤政[28],制参辟[29],铸刑书,将以靖民[30],不亦难乎?《诗》曰[31]:'仪式刑文王之德,日靖四方[32]。'又曰[33]:'仪刑文王,万邦作孚[34]。'如是,何辟之有[35]?民知争端矣[36],将弃礼而征于书,锥刀之末[37],将尽争之。乱狱滋丰[38],贿赂并行[39]。终子之世,郑其败乎[40]!肸闻之:国将亡,必多制[41]。其此之谓乎!"

复书曰[42]:"若吾子之言,侨不才,不能及子孙[43]。吾以救世也。既不承命[44],敢忘大惠?"

士文伯曰[45]:"火见[46],郑其火乎!火未出[47],而作火以铸刑器[48],藏争辟焉[49]。火如象之[50],不火何为?"

〔注释〕

①铸刑书:将法律条文铸于鼎。刑:法。 ②诒:遗。 ③虞:望。 ④已:止。 ⑤议事以制:谓临事裁断,不预设刑法。议:谋,谋度。制:裁断。 ⑥为:作。刑辟:法,法律。刑、辟同义。⑦禁御:禁止。《尔雅·释言》:"御、圉,禁也。" ⑧纠:约束。⑨奉:行。 ⑩从:顺。指顺从者。 ⑪淫:放。指放纵者。⑫未:谓不能奏效。 ⑬耸:劝,奖。行:顺,顺从。 ⑭务:勉。⑮莅:临。强:坚强。 ⑯断:制。 ⑰上:指公、王。明察:精明。明、察同义。官:指卿大夫。忠信:诚信。忠:诚,信。长:上。为

官长之通称。慈惠:仁爱。师:周代教民之官。 ⑱任使:役使。任:使。 ⑲忌:畏。 ⑳并:咸。 ㉑征于书:谓引法以为己证。征:证。 ㉒微幸:同“侥幸”。求取意外的成功或逃脱罪罚。㉓为:治。 ㉔乱政:不合法度之政。 ㉕三辟:指《禹刑》《汤刑》《九刑》三部刑律。辟:刑。兴:作。 ㉖叔世:衰世。 ㉗作封洫:事在襄公三十年。封指田界,洫为水沟。 ㉘谤政:遭人非议之政。指作丘赋。事见昭公四年《传》。 ㉙制:裁制。参辟:三种法律。参:通“三”。 ㉚将:欲。 ㉛《诗》曰:引文出自《诗·周颂·我将》。 ㉜仪式刑:三字同义叠用,皆“仿效”“效法”之意。四方:指诸侯各国。 ㉝又曰:引文出自《诗·大雅·文王》。 ㉞作:则。孚:信。 ㉟何辟之有:有何辟。言不必用法。㊱“民知”句:指铸刑书。 ㊲锥刀之末:比喻小事。 ㊳狱:讼。滋:益。丰:谓繁多。 ㊴贿赂:《汉书·刑法志》引作“货赂”。并行:遍行。 ㊵败:衰,衰落。 ㊶多制:谓政令繁多。 ㊷复书:报书。以下为子产回复之言。 ㊸谓不能虑及子孙。承上“终子之世,郑其败乎”而言。才:贤,贤能。 ㊹承命:谓接受谏言。 ㊺士文伯:士匄。 ㊻火见:火为心宿,周之五月(夏之三月)黄昏时出现。 ㊼火未出:此时为周正三月,心宿未出。㊽作:用。刑器:指鼎。 ㊾藏:匿。 ㊿“火如”二句:谓同气相求,火未出而用火,必相感而致灾。如:而。象:类。

夏,季孙宿如晋,拜莒田也①。晋侯享之,有加笾②。武子退③,使行人告曰:“小国之事大国也,苟免于讨④,不敢求贶⑤。得贶不过三献⑥。今豆有加⑦,下臣弗堪,无乃戾也⑧?”韩宣子曰:“寡君以为欢也⑨。”对曰:“寡君犹未敢⑩,况下臣,君之隶也,敢闻加贶⑪?”固请,彻加⑫,而后卒事⑬。

晋人以为知礼，重其好货⑭。

〔注释〕

①拜莒田：谢上年莒牟夷以地奔鲁而晋未来讨。 ②有加笾（biān）：谓笾豆之数多于常礼。加笾用菱、芡、栗、脯等物。笾：指笾与豆。二者皆古代食器，形体相似，笾为竹制，豆为木制，笾以盛果脯，豆以盛菹醢。 ③武子：季孙宿。 ④苟：但。 ⑤贶（kuàng）：赐。 ⑥三献：古代飨礼，先由主人酌宾，称献；次由宾还敬主人，称酢；再由主人先酌酒自饮，再饮宾，称酬。献、酢、酬之过程，谓之一献。 ⑦豆：亦指笾豆。笾与豆同类，用不单行，举笾可以概豆，举豆亦可以概笾，故上文言“有加笾”，此云“豆有加”。 ⑧戾：罪。也：语气词。用法同“乎”，表示疑问语气。 ⑨“寡君”句：谓以加礼为欢。 ⑩未敢：未敢当此礼。 ⑪闻：受，接受。 ⑫彻：撤去。 ⑬卒事：毕享宴之礼。 ⑭重：厚。好货：享宴时所赠礼物。

宋寺人柳有宠①，大子佐恶之。华合比曰：“我杀之。”柳闻之，乃坎②，用牲，埋书，而告公曰：“合比将纳亡人之族③，既盟于北郭矣。”公使视之，有焉④，遂逐华合比。合比奔卫。于是华亥欲代右师⑤，乃与寺人柳比⑥，从为之征曰⑦：“闻之久矣⑧。”公使代之。见于左师⑨，左师曰：“女夫也必亡⑩！女丧而宗室⑪，于人何有⑫？人亦于女何有？《诗》曰⑬：‘宗子维城⑭，毋俾城坏，毋独斯畏。’女其畏哉⑮！”

〔注释〕

①寺人柳:阉人,名柳。有宠:有宠于平公。 ②“乃坎”三句:谓伪造会盟的现场。古代盟誓,凿地为方坎,杀牲于坎上,用血为盟书,成,乃歃血而读书,加书于牲上而埋之。 ③亡人:指华臣,襄公十七年奔卫。 ④有焉:谓有证验。 ⑤华亥:华合比之弟。 ⑥比:亲近。 ⑦征:证。 ⑧闻之久矣:谓早就知道华合比欲纳华臣。 ⑨左师:向戌。 ⑩女夫:犹今言“你这人”。轻贱之辞。 ⑪而:尔。宗室:指同宗。 ⑫有:亲,爱。下句“有”字与此同义。 ⑬《诗》曰:引文出自《诗·大雅·板》。⑭“宗子”三句:宗族如同城垣,不可使之毁坏,毁坏则孤立无援,深可畏惧。 ⑮其:殆。为二十二年华亥出奔传。

六月丙戌[①],郑灾[②]。

〔注释〕

①丙戌:八日。 ②灾:天火(自然发生的火灾)曰灾。

楚公子弃疾如晋,报韩子也[①]。过郑,郑罕虎、公孙侨、游吉从郑伯以劳诸柤[②]。辞不敢见[③]。固请,见之。见如见王[④]。以其乘马八匹私面[⑤]。见子皮如上卿[⑥],以马六匹。见子产[⑦],以马四匹。见子大叔[⑧],以马二匹。禁刍牧采樵[⑨],不入田,不樵树,不采蓺[⑩],不抽屋[⑪],不强匄[⑫]。誓曰:“有犯命者,君子废[⑬],小人降[⑭]。”舍不为暴,主不慁宾[⑮]。往来如是。郑三卿皆知其将为王也[⑯]。

韩宣子之适楚也,楚人弗逆[⑰]。公子弃疾及晋竟,晋侯

将亦弗逆,叔向曰:"楚辟[18],我衷[19],若何效辟?《诗》曰[20]:'尔之教矣[21],民胥效矣。'从我而已,焉用效人之辟[22]?《书》曰[23]:'圣作则[24]。'无宁以善人为则[25],而则人之辟乎?匹夫为善[26],民犹则之,况国君乎?"晋侯说,乃逆之。

〔注释〕

①报韩子:韩起去年如楚致女。 ②柤(zhā):郑地。③不敢当国君亲劳。 ④见如见王:见郑伯如见楚王。 ⑤私面:私见郑伯。 ⑥子皮:罕虎,郑之上卿。此句谓见子皮如见楚之上卿。 ⑦子产:公孙侨,郑亚卿。 ⑧子大叔:游吉,郑下卿。⑨樵:取薪。 ⑩蓺:种。指种植之物。 ⑪不抽屋:谓不取屋宇之木。抽:拔取。 ⑫强匄:强行讨求。匄:同"丐"。 ⑬君子:指有官职的人。 ⑭小人:指做杂役的人。降:流放。 ⑮慁(hùn):患。 ⑯三卿:指罕虎、公孙侨、游吉。 ⑰弗逆:不郊迎。 ⑱辟:邪。 ⑲衷:正。 ⑳《诗》曰:引文出自《诗·小雅·角弓》。 ㉑"尔之"二句:言上教下效。胥:相。 ㉒焉用:何为,为什么。 ㉓《书》曰:逸《书》。 ㉔则:法。此句见于今文《尚书·说命》。 ㉕无宁:宁。无:语助词,无义。 ㉖匹夫:庶人。

秋九月,大雩[1],旱也。

〔注释〕

①大雩,旱也:进行大雩,是因为干旱。雩:求雨之祭。

徐仪楚聘于楚[1],楚子执之,逃归。惧其叛也,使薳泄伐徐[2]。吴人救之。令尹子荡帅师伐吴,师于豫章[3],而次

于乾溪[④]。吴人败其师于房钟[⑤],获宫厩尹弃疾[⑥]。子荡归罪于薳泄而杀之。

〔注释〕

①仪楚:徐公子,后为徐国国君。出土青铜器有郐王义楚觯、徐王义楚盘、徐王义楚之子元剑。《传》称其名,以其时尚未即位故。　②薳(wěi)泄:楚大夫。　③豫章:地名,在淮河以南、长江以北一带。　④乾溪:楚地,在今安徽亳州市东南七十里。⑤房钟:吴地,在今安徽蒙城县西南。　⑥弃疾:斗韦龟之父。

冬,叔弓如楚,聘,且吊败也[①]。

〔注释〕

①吊为吴所败。

十一月,齐侯如晋,请伐北燕也[①]。士匄相士鞅逆诸河[②],礼也[③]。晋侯许之。十二月,齐侯遂伐北燕,将纳简公[④]。晏子曰:"不入[⑤]。燕有君矣,民不贰。吾君贿[⑥],左右谄谀,作大事不以信,未尝可也[⑦]。"

〔注释〕

①晋为盟主,故告请之。　②士匄:晋大夫,即士文伯,士渥浊之孙,士弱之子,士弥牟之父。相:为相赞礼。　③礼也:敬逆来者,合于礼。　④将:欲。简公:北燕伯,名款,昭公三年奔齐。⑤不入:不得返。入:返,还。　⑥贿:贪。谓贪于财货。　⑦未尝可:言所为未尝有可者。此条本与下年传文相接,为后人所割裂。

经

七年春[①],王正月,暨齐平[②]。

三月,公如楚。

叔孙婼如齐莅盟[③]。

夏四月甲辰朔,日有食之[④]。

秋八月戊辰[⑤],卫侯恶卒。

九月,公至自楚。

冬十有一月癸未[⑥],季孙宿卒。

十有二月癸亥[⑦],葬卫襄公。

〔注释〕

①七年:公元前 535 年。 ②暨齐平:燕与齐平。此承上年经文“齐侯伐北燕”而言。暨:与。 ③叔孙婼(chuò):《公羊传》作叔孙舍。鲁君将远至楚国,故遣使与齐修旧好。 ④日有食之:此为公元前 535 年 3 月 18 日之日全食。 ⑤戊辰:二十七日。 ⑥癸未:十三日。 ⑦癸亥:二十四日。

传

七年春,王正月,暨齐平[①],齐求之也。癸巳[②],齐侯次于虢[③]。燕人行成[④],曰:“敝邑知罪,敢不听命?先君之敝器,请以谢罪。”公孙皙曰[⑤]:“受服而退,俟衅而动,可也。”二月戊午[⑥],盟于濡上[⑦]。燕人归燕姬[⑧],赂以瑶瓮、玉椟、斝耳[⑨]。不克而还[⑩]。

〔注释〕

①“暨齐”二句：齐伐燕，燕人赂之，故齐反求与燕平。②癸巳：十九日。③虢：燕地，在今河北任丘县西北。④行成：言和，求和。⑤公孙皙：齐大夫。⑥戊午：十四日。⑦濡上：地名，在今河北任丘县西北。⑧归燕姬：嫁女于齐侯。北燕为姬姓国。⑨瑶瓮：玉瓮。椟：柜子。斝(jiǎ)耳：有耳之爵。斝：爵。⑩不克而还：此承上年传文齐伐北燕而言。

楚子之为令尹也，为王旌以田[①]。芋尹无宇断之[②]，曰：“一国两君，其谁堪之？”及即位，为章华之宫[③]，纳亡人以实之。无宇之阍入焉[④]。无宇执之，有司弗与[⑤]，曰：“执人于王宫，其罪大矣。”执而谒诸王[⑥]。王将饮酒，无宇辞曰[⑦]：“天子经略[⑧]，诸侯正封[⑨]，古之制也。封略之内[⑩]，何非君土？食土之毛[⑪]，谁非君臣？故《诗》曰[⑫]：‘普天之下[⑬]，莫非王土。率土之滨[⑭]，莫非王臣。’天有十日[⑮]，人有十等，下所以事上，上所以共神也。故王臣公，公臣大夫，大夫臣士，士臣皂，皂臣舆，舆臣隶，隶臣僚，僚臣仆，仆臣台。马有圉[⑯]，牛有牧[⑰]，以待百事[⑱]。今有司曰：‘女胡执人于王宫？’将焉执之？周文王之法曰：‘有亡，荒阅[⑲]。’所以得天下也。吾先君文王[⑳]，作仆区之法[㉑]，曰：‘盗所隐器[㉒]，与盗同罪。’所以封汝也[㉓]。若从有司，是无所执逃臣也。逃而舍之，是无陪台也[㉔]。王事无乃阙乎？昔武王数纣之罪[㉕]，以告诸侯曰：‘纣为天下逋逃主[㉖]，萃渊薮。’故夫致死焉[㉗]。君王始求诸侯而则纣[㉘]，无乃不可乎！若以二文之法取

之㉙,盗有所在矣㉚。”王曰:“取而臣以往㉛。盗有宠㉜,未可得也。”遂赦之㉝。

〔注释〕

①旌:旗杆上有五色羽毛为饰者。王之木路(田猎时所乘车)建旌。 ②芋尹:掌田猎的长官。《新序·义勇》:“芊尹文者,荆之欧鹿彘者也。”“芊”为“芋”之讹。断之:谓断旗之游(即旒)。《广雅·释天》:“天子十二斿,至地;诸侯九斿,至轸;卿大夫七斿,至轵;士三斿,至肩。”昭公十年《传》:“公卜使王黑以灵姑銔率,吉。请断三尺焉而用之。”与此相类。 ③章华之宫:楚别宫,在今湖北潜江市西南。 ④阍:守门人。 ⑤有司:王之有司。 ⑥谒:告。 ⑦辞:解说。辩解。 ⑧经略:治理疆界。经:理。略:界。 ⑨正封:治其封疆。正:治。 ⑩封略:封疆。⑪毛:谓土地所生之物。 ⑫《诗》曰:引文出自《诗·小雅·北山》。 ⑬普:遍。 ⑭率:循。滨:边,边缘。 ⑮“天有”二句:十日指甲、乙、丙、丁、戊、己、庚、辛、壬、癸。《周礼·春官·冯相氏》云:“掌十有二岁、十有二月、十有二辰、十日、二十八宿之位。”《疏》:“十日者,谓甲乙丙丁之等也。”五年《传》云:“日之数十,故有十时,亦当十位。自王以下,其二为公,其三为卿。”十等:自王至台共十等。 ⑯养马为圉。 ⑰养牛为牧。 ⑱待:备。 ⑲荒阅:大搜捕。荒:大。 ⑳文王:楚文王。 ㉑仆区:窝藏。仆:藏。区:匿。 ㉒盗所隐器:隐所盗器。谓藏匿盗所得器物。 ㉓封汝:谓文王行善法,故能开拓疆土,以至于汝水。㉔陪台:罪人充当奴隶者为台。逃亡而被抓获,则为陪台,地位更在台之下。陪:贰,次。 ㉕数:责。 ㉖“纣为”二句:言纣为窝藏天下逃犯之主,逃亡者如鱼入渊,如兽归薮,皆集于纣处。萃:集。 ㉗“故夫”句:谓众人欲致死而讨纣。夫:众,众人。 ㉘则:

仿效，效法。 ㉙二文：周文王、楚文王。取：治。 ㉚"盗有"句：谓楚王亦为盗。 ㉛而：尔。往：去。 ㉜盗：楚王自称。有宠：谓地位尊贵。《说文》："宠，尊居也。" ㉝赦之：赦免无宇。

楚子成章华之台①，愿以诸侯落之②。大宰薳启彊曰③："臣能得鲁侯。"薳启彊来召公，辞曰："昔先君成公命我先大夫婴齐曰④：'吾不忘先君之好，将使衡父照临楚国⑤，镇抚其社稷⑥，以辑宁尔民⑦。'婴齐受命于蜀⑧，奉承以来⑨，弗敢失陨，而致诸宗祧。日我先君共王⑩，引领北望，日月以冀⑪，传序相授，于今四王矣⑫。嘉惠未至⑬，唯襄公之辱临我丧。孤与其二三臣悼心失图⑭，社稷之不皇⑮，况能怀思君德⑯？今君若步玉趾⑰，辱见寡君，宠灵楚国⑱，以信蜀之役⑲，致君之嘉惠，是寡君既受贶矣⑳，何蜀之敢望㉑？其先君鬼神实嘉赖之㉒，岂唯寡君？君若不来，使臣请问行期，寡君将承质币而见于蜀㉓，以请先君之贶㉔。"

公将往，梦襄公祖㉕。梓慎曰："君不果行㉖。襄公之适楚也，梦周公祖而行。今襄公实祖，君其不行㉗！"子服惠伯曰㉘："行！先君未尝适楚，故周公祖以道之㉙。襄公适楚矣，而祖以道君，不行，何之？"

三月，公如楚。郑伯劳于师之梁㉚。孟僖子为介㉛，不能相仪㉜。及楚，不能答郊劳㉝。

〔注释〕

①章华之台：在今湖北潜江市西南。台高十丈，广十五丈。

②以:与。落:成,落成。宫室器物初成举行典礼。 ③薳(wěi)启彊:即薳启疆。彊:通“疆”。 ④婴齐:楚公子婴齐。 ⑤将:而。衡父:公衡。成公之子。照临楚国:谓至楚。照临:照耀。照、临二字同义。 ⑥镇抚:安,安定。镇、抚同义。 ⑦辑:安。⑧“婴齐”句:成公二年,鲁君与楚公子婴齐盟于蜀,公衡质于楚。⑨“奉承”三句:言敬奉成公之命,不敢违背,且告于宗庙。奉承:奉。奉、承同义。失陨:失,违。失、陨同义。 ⑩日:语助词,无义。 ⑪日月以冀:谓迫切盼望鲁朝楚。 ⑫四王:指楚共王、康王、郏敖、灵王。 ⑬嘉惠:犹言“恩赐”。嘉:美,善。惠:赐。⑭孤:指康王之子郏敖。悼心失图:哀伤痛心,失去主意。悼:痛。⑮皇:通“遑”,暇。 ⑯况:乃。怀思:思。谓感念。怀、思同义。⑰步:行。趾:足。 ⑱宠灵:加宠赐福。灵:福。 ⑲信:通“伸”。 ⑳贶(kuàng):赐。 ㉑何蜀之敢望:言不敢复如蜀之会使鲁质子。 ㉒嘉赖:善。二字同义。 ㉓承:奉。质币:见面礼。质:贽。 ㉔请:问。成公二年,楚侵卫,遂侵鲁,至于蜀。鲁惧,乃请盟。此云“请问行(往)期”“见于蜀”,皆暗含威胁。 ㉕祖:祭道路之神。 ㉖果:遂。谓达成其事。 ㉗不:毋,勿。 ㉘子服惠伯:孟椒。 ㉙道:导,引导。 ㉚师之梁:郑国城门。 ㉛孟僖子:仲孙貜。介:助宾客行礼者。 ㉜相仪:助行礼仪。仪:礼。㉝郊劳:使者至郊,东道国派人到郊外迎接、慰劳。

夏四月甲辰朔,日有食之。晋侯问于士文伯曰[①]:“谁将当日食[②]?”对曰:“鲁、卫恶之。卫大,鲁小。”公曰:“何故?”对曰:“去卫地[③],如鲁地,于是有灾[④],鲁实受之。其大咎,其卫君乎[⑤]!鲁将上卿[⑥]。”公曰:“《诗》所谓‘彼日而食[⑦],于何不臧[⑧]’者,何也?”对曰:“不善政之谓也。国无

政[9],不用善,则自取谪于日月之灾[10]。故政不可不慎也。务三而已[11]:一曰择人[12],二曰因民[13],三曰从时[14]。"

〔注释〕

①士文伯:士匄。　②当日食:应日食之凶咎。当:应。③"去卫"二句:此次日食在周之四月,当夏之二月,日食始于娵訾(十二次之一,卫之分野),至降娄(十二次之一,鲁之分野)之始乃止。　④"于是"二句:灾祸始于卫,而鲁国也受到波及。灾:祸。　⑤此年八月,卫侯卒。　⑥十一月,季孙宿卒。　⑦《诗》所谓:引文出自《诗·小雅·十月之交》。彼日:今本《诗经》作"此日",与《汉书·五行志下之下》引文同。　⑧臧:善。　⑨无政:无善政。　⑩谪:罚。　⑪务:事。谓政事。　⑫择人:择善人。⑬因民:顺应民心。　⑭从时:顺从四时之所务。

晋人来治杞田[1],季孙将以成与之[2]。谢息为孟孙守[3],不可。曰:"人有言曰:'虽有挈瓶之知[4],守不假器[5],礼也。'夫子从君[6],而守臣丧邑,虽吾子亦有猜焉[7]。"季孙曰:"君之在楚,于晋罪也,又不听晋,鲁罪重矣。晋师必至[8],吾无以待之[9],不如与之,间晋而取诸杞[10],吾与子桃[11]。成反[12],谁敢有之?是得二成也。鲁无忧而孟孙益邑,子何病焉?"辞以无山,与之莱、柞[13],乃迁于桃[14]。晋人为杞取成。

〔注释〕

①襄公二十九年,晋侯使女叔侯来治杞田(要求鲁国归还取杞之田),而未尽归。今鲁君适楚,晋人怒,故复来治杞田。

②季孙:季孙宿。 ③谢息:孟僖子家臣。 ④挈瓶之知:喻小智。挈瓶:指挈瓶之人,汲者。挈:提。 ⑤守不假器:为人居守,不当以物借与他人。 ⑥夫子:孟僖子。从君:从君至楚。⑦猜:猜疑。疑其不忠。 ⑧必:若。 ⑨待:御。 ⑩“间晋”句:伺晋有可乘之机,而复取于杞。 ⑪桃:地名,在今山东汶上县东北三十五里。 ⑫反:复归于鲁。 ⑬莱、柞:二山名,在今山东莱芜市。 ⑭谢息迁于桃。

楚子享公于新台①,使长鬣者相②。好以大屈③。既而悔之。薳启彊闻之,见公。公语之,拜贺。公曰:“何贺?”对曰:“齐与晋、越欲此久矣④。寡君无適与也⑤,而传诸君。君其备御三邻⑥,慎守宝矣,敢不贺乎?”公惧,乃反之。

〔注释〕

①新台:指章华台。 ②长鬣者:高大之人。鬣:通“儠”。高,长。 ③好:酬宾时所赠礼物。大屈:弓名。 ④欲:求。⑤適(dí):专主。 ⑥“君其”句:言齐、晋、越将伐鲁而取之。备御:防备。备、御同义。

郑子产聘于晋①。晋侯疾。韩宣子逆客,私焉②,曰:“寡君寝疾,于今三月矣,并走群望③,有加而无瘳④。今梦黄熊入于寝门,其何厉鬼也⑤?”对曰:“以君之明,子为大政⑥,其何厉之有⑦?昔尧殛鲧于羽山⑧,其神化为黄熊,以入于羽渊,实为夏郊⑨,三代祀之。晋为盟主⑩,其或者未之祀也乎?”韩子祀夏郊⑪。晋侯有间⑫,赐子产莒之二方

鼎[13]。

〔注释〕

①子产:公孙侨。《国语·晋语八》云“郑简公使公孙成子来聘”,“成”为子产之谥。 ②私:私下交谈。 ③并走群望:晋所望祀之山川,皆前往祈祷。并:遍。走:趋。 ④加:益。瘳:病愈或好转。 ⑤厉鬼:恶鬼。鬼无所归者为厉。 ⑥大政:正卿。⑦厉:即厉鬼。 ⑧殛:诛。羽山:山名,在今江苏赣榆县。鲧治洪水不成,为尧所诛。 ⑨“实为”二句:鲧为禹之父,故夏后氏郊鲧;商、周之时,鲧亦在祀典。 ⑩“晋为”二句:周衰,晋为盟主,当继周而祭之。其:或,也许,与“或者”同义。 ⑪韩子:韩起。祀夏郊:祀鲧。 ⑫间:病痊愈或好转。 ⑬方鼎:四足鼎。鼎三足则圆,四足则方。此二鼎为莒所贡。

子产为丰施归州田于韩宣子[1],曰:“日君以夫公孙段为能任其事[2],而赐之州田,今无禄早世[3],不获久享君德[4]。其子弗敢有,不敢以闻于君,私致诸子。”宣子辞。子产曰:“古人有言曰:‘其父析薪[5],其子弗克负荷[6]。’施将惧不能任其先人之禄[7],其况能任大国之赐[8]?纵吾子为政而可,后之人若属有疆埸之言[9],敝邑获戾[10],而丰氏受其大讨[11]。吾子取州,是免敝邑于戾,而建置丰氏也[12]。敢以为请。”宣子受之,以告晋侯。晋侯以与宣子。宣子为初言[13],病有之,以易原县于乐大心[14]。

〔注释〕

①丰施:公孙段之子。昭公三年,晋以州田赐公孙段。归:

还。 ②以……为:认为,以为。夫:彼。 ③早世:早亡。公孙段死于此年正月。 ④享:食。君德:谓晋君之赐。 ⑤析薪:砍柴。析:分剖。 ⑥弗克负荷:挑不动。荷:担。 ⑦将:方,正当。任:保有。 ⑧其:而。任:受。 ⑨属:会。疆埸(yì)之言:指晋人议论将田赐予郑人之事。 ⑩戾:罪。 ⑪受:承担,担当。 ⑫建置:置立。二字同义。使丰氏免于讨伐,其功德如同始建。 ⑬初言:指韩起与赵文子争州田之言,事见三年《传》。 ⑭“以易”句:谓以州田换取乐大心(宋大夫)的原县。原县:地名,在今河南济源市西北。原本为晋邑,不知何时属宋乐大心。

郑人相惊以伯有[①],曰:“伯有至矣!”则皆走[②],不知所往。铸刑书之岁二月[③],或梦伯有介而行[④],曰:“壬子[⑤],余将杀带也[⑥]。明年壬寅[⑦],余又将杀段也[⑧]。”及壬子,驷带卒,国人益惧。齐、燕平之月[⑨],壬寅,公孙段卒,国人愈惧。其明月[⑩],子产立公孙泄及良止以抚之[⑪],乃止。子大叔问其故。子产曰:“鬼有所归,乃不为厉[⑫],吾为之归也。”大叔曰:“公孙泄何为[⑬]?”子产曰:“说也[⑭]。为身无义而图说[⑮],从政有所反之[⑯],以取媚也。不媚,不信。不信,民不从也。”

及子产适晋,赵景子问焉[⑰],曰:“伯有犹能为鬼乎?”子产曰:“能。人生始化曰魄[⑱],既生魄,阳曰魂[⑲]。用物精多[⑳],则魂魄强[㉑],是以有精爽[㉒],至于神明[㉓]。匹夫匹妇强死[㉔],其魂魄犹能冯依于人[㉕],以为淫厉[㉖],况良霄,我先君穆公之胄[㉗],子良之孙[㉘],子耳之子[㉙],敝邑之卿,从政三世矣。郑虽无腆[㉚],抑谚曰‘蕞尔国[㉛]’,而三世执其政柄,其

用物也弘矣㉜,其取精也多矣,其族又大㉝,所冯厚矣,而强死,能为鬼,不亦宜乎?”

〔注释〕

①伯有:良霄,郑卿,襄公三十年被杀。　②则:乃。　③铸刑书之岁二月:上年二月。　④介:甲。著甲。　⑤壬子:昭公六年三月二日。　⑥带:驷带,助子晳杀伯有者。　⑦明年壬寅:昭公七年正月二十八日。　⑧段:公孙段。驷氏之党,亦为助驷带攻伯有者。　⑨齐、燕平之月:此年正月。　⑩明月:公孙段死之第二月,即此年二月。　⑪公孙泄:子孔之子。襄公十九年,郑杀子孔。良止:伯有之子。子产立此二人为大夫,使有宗庙。　⑫厉:恶。　⑬“公孙泄”句:问子孔不为厉,何以复立其后。何为:何用。　⑭说:同“悦”。谓取悦。　⑮伯有不义,因其为厉而立其后,恐民困惑,故并立公孙泄,如继绝嗣,以此向民众交代。⑯“从政”二句:执政者有时违反常规以取悦于民。所:时。媚:悦。《说文》:“媚,说也。”　⑰赵景子:赵成,晋中军佐。　⑱化:生。魄:形。亦指阴神。　⑲阳曰魂:阳气叫做魂。《淮南子·主术训》:“天气为魂,地气为魄。”　⑳物:指养生之资。精多:既精且多。　㉑则:故。魂魄:神气。魂为阳气。魄为阴神。强:盛。　㉒精爽:神魂。精:神。爽:明。　㉓神明:即神。神、明同义。　㉔匹夫匹妇:指庶民百姓。匹:众庶之称。夫:男。妇:女。强死:暴死。谓不以寿终。　㉕冯依:依附。冯:依。　㉖淫厉:厉鬼。　㉗胄:后代。　㉘子良:公孙去疾。　㉙子耳:公孙辄。㉚无腆:不大。　㉛蕞尔:形容小。　㉜弘:多。　㉝其族又大:良氏为郑之大族。

子皮之族饮酒无度,故马师氏与子皮氏有恶①。齐师

还自燕之月②，罕朔杀罕魋③。罕朔奔晋。韩宣子问其位于子产④，子产曰："君之羁臣⑤，苟得容以逃死，何位之敢择？卿违⑥，从大夫之位⑦，罪人以其罪降⑧，古之制也。朔于敝邑，亚大夫也⑨，其官，马师也，获戾而逃，唯执政所置之⑩。得免其死，为惠大矣，又敢求位⑪？"宣子为子产之敏也⑫，使从嬖大夫⑬。

〔注释〕

①马师氏：公孙鉏之子罕朔，与子皮同族。 ②"齐师"句：事在此年二月。 ③罕魋：子皮之弟，罕朔之堂兄弟。 ④时子产在晋。 ⑤羁臣：寄居之臣。 ⑥违：出奔。 ⑦从大夫之位：谓以礼出奔，位降一等。 ⑧"罪人"句：若是有罪之人，则视其罪之轻重酌降。 ⑨亚大夫：位次大夫。亚：次。 ⑩唯：任，听凭。所：所以。 ⑪又：何。 ⑫敏：敬。 ⑬嬖大夫：下大夫。为子产故，使降一等，而不以罪降。

秋八月，卫襄公卒。晋大夫言于范献子曰①："卫事晋为睦②，晋不礼焉，庇其贼人而取其地③，故诸侯贰。《诗》曰④：'鹏鸰在原⑤，兄弟急难。'又曰⑥：'死丧之威⑦，兄弟孔怀。'兄弟之不睦，于是乎不吊⑧，况远人，谁敢归之？今又不礼于卫之嗣⑨，卫必叛我，是绝诸侯也。"献子以告韩宣子。宣子说，使献子如卫吊，且反戚田。

卫齐恶告丧于周，且请命⑩。王使成简公如卫吊⑪，且追命襄公曰："叔父陟恪⑫，在我先王之左右，以佐事上帝，余敢忘高圉、亚圉⑬？"

〔注释〕

①范献子:士鞅。　②睦:敬。　③贼人:指孙林父。襄公二十六年,孙林父以戚叛归晋。　④《诗》曰:引文出自《诗・小雅・常棣》。　⑤鹏鸰(jí líng):亦作"脊令""鹡鸰"。一种水鸟,飞则鸣,如人之相招呼,故诗人用以起兴。晋、卫皆姬姓,为兄弟之国。　⑥又曰:引文亦出自《诗・小雅・常棣》。　⑦"死丧"二句:言有死丧可畏之事,兄弟甚为关怀。威:畏。怀:思。⑧不吊:不相顾恤。　⑨今:若。表示假设。　⑩请命:请求赐命。　⑪成简公:周卿士。成:同"郕"。原本作"臣",据《四部丛刊》本改。　⑫叔父:天子称同姓诸侯为伯父、叔父。陟恪:升。谓灵魂上升于天。恪:同"格",与陟同义。汪中《经义知新记》谓"恪"为"降"之误。《诗・大雅・文王》:"文王陟降在帝左右"。⑬高圉、亚圉:周之祖先,为殷时诸侯,亦受殷王追命者。

九月,公至自楚。孟僖子病不能相礼[①],乃讲学之[②],苟能礼者从之。及其将死也[③],召其大夫曰:"礼,人之干也。无礼,无以立。吾闻将有达者曰孔丘,圣人之后也[④],而灭于宋[⑤]。其祖弗父何以有宋而授厉公[⑥]。及正考父佐戴、武、宣[⑦],三命兹益共[⑧],故其鼎铭云[⑨]:'一命而偻[⑩],再命而伛[⑪],三命而俯[⑫]。循墙而走[⑬],亦莫余敢侮。饘于是[⑭],鬻于是,以餬余口。'其共也如是。臧孙纥有言曰[⑮]:'圣人有明德者,若不当世[⑯],其后必有达人。'今其将在孔丘乎?我若获没[⑰],必属说与何忌于夫子[⑱],使事之,而学礼焉,以定其位[⑲]。"故孟懿子与南宫敬叔师事仲尼[⑳]。仲尼曰:"能补过者,君子也。《诗》曰[㉑]:'君子是则是效[㉒]。'孟僖子可则

效已矣㉓。"

〔注释〕

①病:耻。相礼:助行礼仪。 ②讲学:学习。讲:习。③"及其"句:孟僖子卒于二十四年,《传》终言之。 ④圣人:指弗父何与正考父。 ⑤灭于宋:孔子六世祖孔父嘉,为华督所杀,其子奔鲁。 ⑥弗父何:孔父嘉之高祖,宋闵公之子,厉公之兄。弗父何本当嗣位,而让于厉公。 ⑦戴、武、宣:三人皆宋君。⑧三命:为卿。周代官爵分为九等,称九命。公、侯、伯之卿三命。《周礼·春官·典命》:"壹命受职,再命受服,三命受位。"兹益:益。兹、益义同。共:同"恭"。 ⑨鼎铭:鼎之铭文。 ⑩一命:为士。 ⑪再命:为大夫。 ⑫偻、伛、俯皆曲身表示恭敬之状,而程度以次加深。 ⑬"循墙"二句:言谦恭之至,而无人敢欺负。走:趋。小步快走。侮:侵,陵。 ⑭"馇于"三句:谓寄口食于此鼎。即以此鼎煮食。馇:糜。加米合煮之羹。《说文》:"馇,糜也。"鬻:粥。餬:寄。《方言》卷二:"糊,……寄也。" ⑮臧孙纥:臧武仲。 ⑯若:虽。当世:居高位。当:遇。 ⑰获没:谓得寿终。 ⑱夫子:孔子。 ⑲知礼则位安。 ⑳孟懿子:即何忌。南宫敬叔:南宫阅。 ㉑《诗》曰:引文出自《诗·小雅·鹿鸣》。㉒则:效。 ㉓则效:仿效。则:效。

单献公弃亲用羁①。冬十月辛酉,襄、顷之族杀献公而立成公②。

〔注释〕

①单献公:周卿士。靖公之子,顷公之孙。羁:寄居之客。②襄:襄公。顷公之父。

十一月，季武子卒[①]。晋侯谓伯瑕曰[②]："吾所问日食，从矣[③]。可常乎[④]？"对曰："不可。六物不同[⑤]，民心不壹[⑥]，事序不类[⑦]，官职不则[⑧]，同始异终，胡可常也？《诗》曰[⑨]：'或燕燕居息[⑩]，或憔悴事国。'其异终也如是。"公曰："何谓六物？"对曰："岁、时、日、月、星、辰是谓也[⑪]。"公曰："多语寡人辰，而莫同，何谓辰？"对曰："日月之会是谓辰[⑫]，故以配日[⑬]。"

〔注释〕

①季武子：季孙宿。 ②伯瑕：士文伯。 ③从：谓如其言。士文伯预言卫君与鲁上卿将死，今皆已应验。 ④常：以为常例。 ⑤六物不同：谓各异时。 ⑥壹：齐，同。 ⑦事序：事之顺序。 ⑧官职不则：谓在位之人贤否不同。则：等。则与上文同、壹、类皆"同"义。 ⑨《诗》曰：引文出自《诗·小雅·北山》。 ⑩"或燕燕"二句：有人安居享乐，有人为国事困苦奔忙。燕燕：形容安息。憔悴：今本《诗经》、《汉书五行志下之下》皆作"尽悴"。 ⑪岁：年。时：四时。日：即昭公七年《传》"天有十日"之日。指十干(甲乙丙丁戊己庚辛壬癸)。星：二十八宿。 ⑫"日月"句：日月所会曰辰。即日月合朔。一岁之中，有十二次日月合朔(此时太阳和月球的地心视黄经之差为零，日、月、地在垂直于黄道面的同一平面上且月球位于日、地之间。日月合朔可能出现在农历初一的任何一个时刻。 ⑬故以配日：谓辰与日相配，也即以十干(甲乙丙丁戊己庚辛壬癸)配十二支(子丑寅卯辰巳午未申酉戌亥)。

卫襄公夫人姜氏无子[①]，嬖人婤始生孟絷[②]。孔成子梦

康叔谓己③:“立元④,余使羁之孙圉与史苟相之⑤。”史朝亦梦康叔谓己:“余将命而子苟与孔烝鉏之曾孙圉相元。”史朝见成子,告之梦,梦协⑥。晋韩宣子为政聘于诸侯之岁⑦,婤姶生子,名之曰元。孟絷之足不良能行⑧。孔成子以《周易》筮之,曰:“元尚享卫国⑨,主其社稷。”遇《屯》䷂⑩。又曰:“余尚立絷⑪,尚克嘉之。”遇《屯》䷂之《比》䷇⑫。以示史朝。史朝曰:“元亨⑬,又何疑焉?”成子曰:“非长之谓乎⑭?”对曰:“康叔名之,可谓长矣⑮。孟非人也⑯,将不列于宗⑰,不可谓长。且其《繇》曰⑱:‘利建侯⑲。’嗣吉⑳,何建?建非嗣也。二卦皆云㉑,子其建之!康叔命之,二卦告之,筮袭于梦㉒,武王所用也㉓,弗从何为?弱足者居㉔。侯主社稷,临祭祀,奉民人㉕,事鬼神,从会朝,又焉得居?各以所利㉖,不亦可乎?”故孔成子立灵公㉗。十二月癸亥,葬卫襄公。

〔注释〕

①姜氏:指宣姜。　②嬖人:妾。婤姶(zhōu è):嬖人之名。③孔成子:孔烝鉏。卫卿,孔达之孙。康叔:卫康叔,卫始封之君。④元:孟絷之弟。梦时元尚未出生。　⑤羁:孔烝鉏之子。史苟:史朝之子。　⑥协:合。　⑦在二年。　⑧不良能行:不善行走。良、能同义,皆训善。　⑨“元尚”二句:此为命筮之辞。尚:希望。享:祭,祭祀。此谓主祭。　⑩《屯》䷂:《震》下《坎》上。⑪“余尚”二句:亦命筮之辞。嘉:善。　⑫《屯》䷂之《比》䷇:卦象由《屯》变为《比》。也即《屯》卦之初爻由阳变阴。《比》:《坤》下《坎》上。　⑬元亨:《屯》卦卦辞。史朝理解“元”为“元尚享

卫国”之“元”,乃人名。 ⑭成子理解“元”为“长”义。 ⑮长:谓善之长。 ⑯非人:谓有残疾,非正常人。 ⑰不列于宗:不可为宗主。 ⑱《繇》:卦辞。 ⑲利建侯:亦《屯》卦卦辞。侯:君主。 ⑳“嗣吉”三句:谓若立庶长,为当然之嗣,无所谓立;既谓之立,则非当然之嗣。建:立。 ㉑二卦皆云:《屯》卦卦辞与《比》卦初九爻辞皆云“利建侯”。 ㉒筮袭于梦:卜筮结果与梦吻合。袭:合。 ㉓《国语·周语下》引《大誓》云:“朕梦协朕卜,袭于休祥,戎商必克。”《大誓》为武王伐纣之誓。 ㉔弱足者居:跛足者宜居于家。《屯》初九爻辞云:“磐桓。利居贞。”磐桓:徘徊。形容行走困难。 ㉕奉:养。 ㉖所:其。 ㉗灵公:公子元。

经

八年春[1],陈侯之弟招杀陈世子偃师。

夏四月辛丑[2],陈侯溺卒。

叔弓如晋。

楚人执陈行人干徵师[3],杀之。

陈公子留出奔郑。

秋,蒐于红[4]。

陈人杀其大夫公子过[5]。

大雩[6]。

冬十月壬午[7],楚师灭陈[8]。执陈公子招,放之于越。杀陈孔奂。

葬陈哀公。

〔注释〕

①八年：公元前 534 年。 ②辛丑：四日。 ③行人：使者。④蒐：检阅，阅兵。红：鲁地，在今安徽萧县。 ⑤公子过与公子招共杀太子偃师，故称名以罪之。 ⑥大雩：不旱而秋雩，书过（不时）。 ⑦壬午：十月无壬午。壬午为十一月十八日。《传》正作“十一月”。 ⑧灭陈：此为楚第一次灭陈，五年后陈复国。

传

八年春，石言于晋魏榆[①]。晋侯问于师旷曰：“石何故言？”对曰：“石不能言，或冯焉[②]。不然，民听滥也[③]。抑臣又闻之曰[④]：‘作事不时，怨讟动于民[⑤]，则有非言之物而言。’今宫室崇侈[⑥]，民力彫尽[⑦]，怨讟并作，莫保其性[⑧]，石言，不亦宜乎？”于是晋侯方筑虒祁之宫[⑨]，叔向曰：“子野之言[⑩]，君子哉！君子之言，信而有征，故怨远于其身。小人之言，僭而无征[⑪]，故怨咎及之[⑫]。《诗》曰[⑬]：‘哀哉不能言[⑭]，匪舌是出，唯躬是瘁。哿矣能言[⑮]，巧言如流，俾躬处休。’其是之谓乎！是宫也成，诸侯必叛，君必有咎[⑯]，夫子知之矣！”

〔注释〕

①魏榆：晋地，在今山西晋中市榆次区西北。 ②或冯焉：谓有物依附于石。《汉书·五行志上》引《左传》“或”上有“神”字。③滥：失。谓失实。 ④抑：然，不过。 ⑤怨讟（dú）：怨恨。讟：怨痛。 ⑥崇侈：高大。崇、侈都有“大”的意思。 ⑦彫：通“凋”，伤。 ⑧保：安。性：生。 ⑨虒（sī）祁之宫：晋离宫，在

绛(今山西侯马市)西。 ⑩子野:师旷。 ⑪僭:伪。 ⑫怨咎:怨恨。咎:怨。 ⑬《诗》曰:引文出自《诗·小雅·雨无正》。⑭“哀哉”三句:谓不能言者,言出于其口,而为身之病。瘁:病。《说苑·敬慎》:“臣闻酒入舌出,舌出者言失,言失者身弃。”与《诗》意相近。 ⑮“哿矣”三句:谓能言者,巧言如流,而身处安乐之地。哿(gě):可。处:安。赋诗者断章取义,不必尽合《诗》之本义。 ⑯咎:灾祸。

陈哀公元妃郑姬生悼大子偃师[①],二妃生公子留,下妃生公子胜。二妃嬖,留有宠,属诸司徒招与公子过[②]。哀公有废疾[③]。三月甲申[④],公子招、公子过杀悼大子偃师,而立公子留。

夏四月辛亥[⑤],哀公缢。干徵师赴于楚[⑥],且告有立君[⑦]。公子胜诉之于楚[⑧],楚人执而杀之[⑨]。公子留奔郑。

书曰“陈侯之弟招杀陈世子偃师[⑩]”,罪在招也。“楚人执陈行人干徵师[⑪],杀之”,罪不在行人也。

〔注释〕

①元妃:夫人。悼大子偃师:太子名偃师,悼是谥号。 ②司徒招:与公子过皆哀公之弟。原本无“司”字,据阮元《校勘记》补。 ③废疾:谓有病生活不能自理。《礼记·王制》:“废疾非人不养者,一人不从政。” ④甲申:十六日。 ⑤辛亥:十四日。《经》书辛丑,从告。 ⑥干徵师:陈大夫。 ⑦立君:嗣君。⑧“公子胜”句:以招、过杀偃师告楚。 ⑨杀之:杀干徵师。⑩“书曰”二句:《春秋》书“陈侯之弟招杀陈世子偃师”,表明罪在公子招。 ⑪“楚人”三句:《春秋》称楚人执杀陈行人,说明行人

无罪。

叔弓如晋,贺虒祁也[①]。游吉相郑伯以如晋,亦贺虒祁也。史赵见子大叔[②],曰:“甚哉,其相蒙也[③]!可吊也,而又贺之!”子大叔曰:“若何吊也?其非唯我贺[④],将天下实贺。”

〔注释〕

①贺虒祁:贺虒祁宫建成。 ②子大叔:游吉。 ③蒙:欺。 ④“其非”二句:言诸侯皆畏晋,非独郑。将:且。

秋,大蒐于红,自根牟至于商、卫[①],革车千乘。

〔注释〕

①根牟:鲁之东境,在今山东莒县西南五十余里。商:即宋。鲁西部边境与宋、卫相接。

七月甲戌[①],齐子尾卒[②]。子旗欲治其室[③]。丁丑[④],杀梁婴[⑤]。八月庚戌[⑥],逐子成、子工、子车[⑦],皆来奔[⑧],而立子良氏之宰[⑨]。其臣曰:“孺子长矣[⑩],而相吾室,欲兼我也[⑪]。”授甲,将攻之。陈桓子善于子尾,亦授甲,将助之。或告子旗,子旗不信[⑫],则数人告。将往[⑬],又数人告于道,遂如陈氏[⑭]。桓子将出矣[⑮],闻之而还[⑯],游服而逆之[⑰],请命。对曰:“闻强氏授甲将攻子[⑱],子闻诸?”曰:“弗闻。”“子盍亦授甲?无宇请从[⑲]。”子旗曰:“子胡然[⑳]?彼,孺子

也。吾诲之，犹惧其不济，吾又宠秩之[21]。其若先人何[22]？子盍谓之[23]？《周书》曰[24]：'惠不惠[25]，茂不茂。'康叔所以服弘大也[26]。"桓子稽颡曰[27]："顷、灵福子[28]，吾犹有望[29]！"遂和之如初[30]。

〔注释〕

①甲戌：八日。 ②子尾：公孙虿。 ③子旗：栾施。 ④丁丑：十一日。 ⑤梁婴：子尾家宰。 ⑥庚戌：十五日。 ⑦子成：名圉，顷公之子。子工：名铸，子成之弟。子车：名捷，顷公之孙。三人皆子尾之属。 ⑧来奔：奔鲁。《春秋》不书，非卿。⑨"而立"句：子旗为子良（即高强，子尾之子）立宰。 ⑩孺子：指子良。 ⑪兼：并。 ⑫"子旗"句：不信子良攻己。 ⑬往：往子良家。 ⑭不敢复往子良家。 ⑮率甲将出。 ⑯闻子旗来。 ⑰游服：出行之服。 ⑱强氏：高强。 ⑲无宇：陈桓子之名。 ⑳胡然：何故如此。 ㉑宠秩之：与之尊位。谓为之立宰。宠：尊。秩：官。 ㉒"其若"句：若攻之，无以面对先人。 ㉓喻之使勿攻己。 ㉔《周书》曰：引文出自《尚书·康诰》。 ㉕"惠不"二句：言当施惠于不肯施惠者，劝勉其不能勉力者。茂：通"懋"。勉。今本《尚书》作"懋"。 ㉖康叔：卫康叔，卫始封之君。服：行。弘大：宽大。弘：大。 ㉗稽颡（qǐ sǎng）：跪拜时叩头至地。为最重的跪拜礼节。一般用于凶事。 ㉘顷、灵：顷为顷公，子雅（栾施之父）与子尾（高强之父）之伯父。灵为灵公，子雅、子尾之从兄。 ㉙"吾犹"句：谓有望于子旗。 ㉚和之：使栾、高和好。

陈公子招归罪于公子过而杀之。九月，楚公子弃疾帅

师奉孙吴围陈①,宋戴恶会之②。冬十一月壬午,灭陈。舆嬖袁克杀马毁玉以葬③。楚人将杀之,请置之④。既又请私⑤,私于幄⑥,加绖于颡而逃⑦。

使穿封戌为陈公⑧,曰:"城麇之役不谄⑨。"侍饮酒于王。王曰:"城麇之役,女知寡人之及此⑩,女其辟寡人乎?"对曰:"若知君之及此,臣必致死礼以息楚⑪。"

晋侯问于史赵曰:"陈其遂亡乎?"对曰:"未也。"公曰:"何故?"对曰:"陈,颛顼之族也⑫,岁在鹑火⑬,是以卒灭。陈将如之。今在析木之津⑭,犹将复由⑮。且陈氏得政于齐,而后陈卒亡。自幕至于瞽瞍无违命⑯,舜重之以明德,置德于遂⑰。遂世守之,及胡公不淫⑱,故周赐之姓⑲,使祀虞帝⑳。臣闻盛德必百世祀。虞之世数未也㉑,继守将在齐㉒,其兆既存矣。"

〔注释〕

①孙吴:悼太子偃师之子,名吴。 ②戴恶:宋大夫。 ③舆嬖:掌管车乘的宠臣。盖"占梦嬖人"之类。杀马毁玉:不欲使人得之。 ④置:《说文》:"置,赦也。" ⑤私:小便。 ⑥幄:帐。⑦绖(dié):丧服所系之带,以麻为之,在首为首绖,在腰为腰绖。⑧穿封戌:楚大夫。楚灭陈为县,使戌为县尹。 ⑨城麇之役:在襄公二十六年。楚侵郑,穿封戌俘获皇颉,公子围(楚灵王)与之争,戌怒,以戈逐围。 ⑩及此:指为王。 ⑪致死礼:为郏敖致死而杀灵王。息楚:据阮元《校勘记》,宋本、淳熙本、毛本、足利本"楚"下有"国"字。息:安,安定。 ⑫颛顼(zhuān xū)之族:颛顼之后代。陈之祖先舜,出于颛顼。族:嗣。 ⑬"岁在"句:颛顼驾崩之年,岁星(木星)在鹑火(十二次之一,南方朱鸟七宿

之中三星柳、星、张称鹑火)之次。 ⑭析木之津:即析木。十二星次之一。箕(龙尾)、斗(南斗)之间有天汉(银河),析木(箕、尾)在其间,如河之津梁,故谓之析木之津。 ⑮复由:复生。由:通甹。《说文》:"甹,木生条也。"《尚书·盘庚上》:"若颠木之有由蘖。" ⑯幕:舜之祖先。瞽瞍(sǒu):舜之父。 ⑰置德于遂:封舜之后于遂。置德:立有德之人。遂为国名,亦为人名。《史记·陈杞世家》云"至于遂,世世守之"。遂:舜之后。 ⑱胡公:名满,遂之后。 ⑲赐姓妫。 ⑳"使祀"句:谓封之于陈,续舜后。祀:嗣,续。 ㉑未:未满。 ㉒"继守"二句:言陈氏兴盛于齐,已有预兆。继守:续承者。

经

九年春[①],叔弓会楚子于陈[②]。

许迁于夷[③]。

夏四月,陈灾[④]。

秋,仲孙貜如齐。

冬,筑郎囿[⑤]。

〔注释〕

①九年:公元前533年。 ②以事往会,非行会礼。 ③夷:地名,在今安徽亳州市南七十里城父故城。 ④灾:天火曰灾。⑤郎:鲁邑,在今山东鱼台县。囿:苑。

传

九年春,叔弓、宋华亥、郑游吉、卫赵黡会楚子于陈[①]。

〔注释〕

①“叔弓”句:非盟主所召,不行会礼,故不书华亥等三人。

二月庚申[1],楚公子弃疾迁许于夷,实城父[2]。取州来淮北之田以益之[3],伍举授许男田。然丹迁城父人于陈[4],以夷濮西田益之[5]。迁方城外人于许[6]。

〔注释〕

①庚申:二十七日。　②实城父:所谓夷,实即城父。此时改城父为夷。　③州来:地名,在今安徽凤台县。　④迁城父人于陈:城父本陈地,今迁其民以实陈县。　⑤“以夷”句:以夷田在濮水西岸者与城父人。濮水在安徽亳州市西境,今已湮。　⑥成公十五年,迁许于叶,谓之许;今又迁许于夷,以方城外人充实之。

周甘人与晋阎嘉争阎田[1],晋梁丙、张趯率阴戎伐颍[2]。王使詹桓伯辞于晋[3],曰:“我自夏以后稷[4],魏、骀、芮、岐、毕,吾西土也。及武王克商,蒲姑、商奄[5],吾东土也;巴、濮、楚、邓[6],吾南土也;肃慎、燕、亳,吾北土也[7]。吾何迩封之有[8]?文、武、成、康之建母弟[9],以蕃屏周[10],亦其废队是为[11],岂如弁髦[12],而因以敝之[13]?先王居梼杌于四裔[14],以御螭魅[15],故允姓之奸居于瓜州[16]。伯父惠公归自秦[17],而诱以来[18],使逼我诸姬,入我郊甸[19],则戎焉取之[20]。戎有中国,谁之咎也?后稷封殖天下[21],今戎制之,不亦难乎?伯父图之!我在伯父,犹衣服之有冠冕,木水之有本原[22],民人之有谋主也[23]。伯父若裂冠毁冕[24],拔本塞原,专弃谋主,

虽戎狄，其何有余一人？”叔向谓宣子曰㉕：“文之伯也㉖，岂能改物？翼戴天子㉗，而加之以共。自文以来，世有衰德，而暴灭宗周㉘，以宣示其侈㉙，诸侯之贰㉚，不亦宜乎？且王辞直㉛，子其图之！”宣子说。

王有姻丧㉜，使赵成如周吊，且致阎田与襚㉝，反颍俘。王亦使宾滑执甘大夫襄以说于晋㉞，晋人礼而归之。

〔注释〕

①甘人：甘大夫襄。甘为地名，在今河南洛阳市西南。阎嘉：晋阎大夫，名嘉。阎：其地未详，当距甘不远。 ②阴戎：陆浑之戎。戎之一支，允姓，本居瓜州，秦、晋诱而迁之于伊川（在今河南嵩县、伊川县）。颍：周邑，在今河南登封市西南。 ③詹桓伯：周大夫。辞：讼。 ④“我自”三句：周在夏世，以后稷之功，受此五国之地，为西方之长。魏：当在今山西芮城县至万荣县之间。骀：在今陕西武功县西南。芮：在今山西芮城县西。岐：在今陕西岐山县。毕：在今陕西咸阳市北。 ⑤蒲姑：在今山东博兴县东南。商奄：在今山东曲阜市。 ⑥巴：在今四川中部一带。濮：在今湖北石首市一带。楚：在今湖北江陵县。邓：在今河南邓州市。 ⑦肃慎：在今黑龙江、松花江一带。燕：指北燕，在今北京市一带。亳：盖殷商旧都，非后世之亳。一说燕亳为一地。亳通貊（貉），貉人所居之地，后入燕，在大小凌河流域。 ⑧迩：近。 ⑨建母弟：封立同母弟。周文王封母弟姬仲于制（今河南荥阳），封姬叔于雍（今陕西宝鸡陈仓一带），故称“虢仲”“虢叔”。昭公九年《传》：“文、武、成、康之建母弟，以蕃屏周。”文公五年《传》：“虢仲、虢叔，王季之穆也。”《国语·晋语四》：“（文王）孝友二虢。”传世器物有文王呼虢叔鼎。管叔鲜、周公旦、蔡

叔度、曹叔振铎、成叔武、霍叔处、康叔封为武王母弟;唐叔虞为成王母弟。康王封母弟事未详。 ⑩蕃屏:拱卫。蕃:屏。⑪"亦其"句:为后世衰乱,兄弟之国可以相救。废队(zhuì):坠落,陨落。 ⑫弁髦(máo):弁为缁布冠,髦是幼童垂于眉际的头发。古代男子成人行冠礼,先加缁布冠,次加皮弁,后加爵弁,此后即不再用缁布冠,并剃去垂髦,理发为髻。后因以弁髦比喻弃置无用之物。 ⑬敝:弃。 ⑭梼杌(táo wù):指四凶。梼杌为恶兽名。因以为凶人之号。四裔:四方边远之地。 ⑮御:当。螭魅(chī mèi):传说山林中害人的怪物。螭:同"魑"。文公十八年《传》云:"舜臣尧,宾于四门,流四凶族浑敦、穷奇、梼杌、饕餮,投诸四裔,以御螭魅。" ⑯允姓:阴戎之祖。奸:邪。指恶人。瓜州:地名,在今甘肃敦煌。 ⑰伯父:天子称同姓诸侯为伯父、叔父。惠公归自秦:僖公十五年,秦、晋战于韩,惠公被俘入秦,同年归晋。 ⑱而诱以来:僖公二十二年,秦、晋迁陆浑之戎于伊川。 ⑲郊甸:邑外为郊,郊外为甸。 ⑳戎焉取之:戎是取之。焉:是。 ㉑"后稷"三句:后稷封立天下诸侯,而今为戎狄占据,使我深感为难。封:建。殖:立。 ㉒"木水"句:如木之有本,水之有源。原:同"源"。 ㉓谋主:主谋之人。 ㉔"伯父"五句:言晋为同姓,尚且暴蔑宗周,彼戎狄何能顾及于我?专:擅。弃:背。虽:况。何有:何爱。有:亲,爱。余一人:天子自称。 ㉕叔向:羊舌肸。宣子:韩起。 ㉖"文之"二句:文公为霸主,亦不能改朝换代。改物:谓改正朔,易服色。 ㉗翼戴:辅佐。翼、戴同义。㉘暴灭:同"暴蔑"。轻蔑。灭:通"蔑"。宗周:指周天子。 ㉙宣示:显示,彰显。侈:放纵。 ㉚贰:离。谓离心。 ㉛辞直:言辞有理。直:正。 ㉜姻丧:外亲之丧。 ㉝襚(suì):送给死者的衣、被。 ㉞宾滑:周大夫。说:悦,取悦。

夏四月,陈灾。郑裨灶曰①:"五年,陈将复封。封五十二年而遂亡。"子产问其故。对曰:"陈,水属也②。火,水妃也③,而楚所相也④。今火出而火陈⑤,逐楚而建陈也⑥。妃以五成⑦,故曰五年。岁五及鹑火⑧,而后陈卒亡,楚克有之,天之道也,故曰五十二年。"

〔注释〕

①裨灶:郑大夫,为当时著名天文家。 ②陈,水属也:颛顼以水德王,陈为颛顼之后,故为水属。 ③火,水妃也:火畏水,故为水之妃。 ④相:治。楚之先祝融,高辛氏火正。 ⑤"今火"句:大火星出而陈国发生火灾。火:心宿。火出,当周之五月,今在四月,历法有误。出:现。 ⑥"逐楚"句:水得妃而兴,故当逐出楚人而复建陈国。 ⑦妃(pèi)以五成:水、火、木、金、土相配,得五而成,故五岁而复封陈。妃:合。 ⑧"岁五"五句:此年岁星在星纪(十二次之一),五岁而及大梁(亦星次名),而陈复封。又四岁而及鹑火,后四周(岁星运行一周约十二年)四十八年,凡五及鹑火,历五十二年。天数以五为纪,故五及鹑火,而火盛水衰,陈为楚所灭。楚克有之:楚将拥有陈地。

晋荀盈如齐逆女①,还,六月,卒于戏阳②。殡于绛,未葬。晋侯饮酒,乐③。膳宰屠蒯趋入④,请佐公使尊⑤,许之。而遂酌以饮工⑥,曰:"女为君耳⑦,将司聪也。辰在子卯⑧,谓之疾日⑨,君彻宴乐⑩,学人舍业⑪,为疾故也。君之卿佐,是谓股肱。股肱或亏⑫,何痛如之⑬?女弗闻而乐,是不聪也。"又饮外嬖嬖叔曰⑭:"女为君目,将司明也。服以旌礼⑮,礼以行事,事有其物⑯,物有其容⑰。今君之容⑱,非

其物也，而女不见，是不明也。"亦自饮也，曰："味以行气⑲，气以实志⑳，志以定言㉑，言以出令㉒。臣实司味，二御失官㉓，而君弗命，臣之罪也。"公说，彻酒。

初，公欲废知氏而立其外嬖㉔，为是悛而止㉕。秋八月，使荀跞佐下军以说焉㉖。

〔注释〕

①逆女：为己迎娶。 ②戏阳：晋地，在今河南内黄县北。 ③乐：奏乐。 ④膳宰：官名，掌国君之饮食。相当于天子之宰夫。 ⑤使尊：执尊（酒杯）酌酒。 ⑥饮：使喝酒。表示责罚。工：指师旷。 ⑦"女为"二句：乐所以聪耳。将：当。 ⑧辰：日。古以十二辰纪日。子：甲子。卯：乙卯。 ⑨疾日：忌日。甲子为商纣亡日，乙卯为夏桀亡日，故国君以为忌日。 ⑩彻：除去。 ⑪学人：学习音乐者。 ⑫股肱或亏：卿佐有丧者。亏：损。 ⑬"何痛"句：谓伤痛莫过于股肱之丧。 ⑭外嬖：嬖臣。⑮服：物。指器物礼仪。旌：表。 ⑯物：职，官。 ⑰容：貌，仪容。 ⑱"今君"二句：容貌动作与其身分不相称。物：职。⑲行：流，流行。 ⑳气和则志充。 ㉑在心为志，出口为言。㉒出：成。 ㉓二御：指工与嬖叔。御：治事之官。失官：失职。㉔知氏：荀盈。外嬖：嬖臣。 ㉕悛：觉。 ㉖荀跞（lì）：荀盈之子。佐下军：代其父。说：同"悦"。谓取悦于众。

孟僖子如齐殷聘①，礼也②。

〔注释〕

①孟僖子：仲孙貜。殷聘：盛聘。自叔老聘齐后，鲁已二十年不聘于齐，故特盛其礼而聘之。 ②礼也：修聘以继旧好，合

于礼。

冬，筑郎囿。书，时也①。季平子欲其速成也②，叔孙昭子曰③："《诗》曰④：'经始勿亟⑤，庶民子来。'焉用速成⑥，其以勦民也⑦？无囿，犹可。无民，其可乎？"

〔注释〕

①书，时也：冬天兴作，不违农时。　②季平子：季孙意如。　③叔孙昭子：叔孙婼。　④《诗》曰：引文出自《诗·大雅·灵台》。　⑤"经始"二句：言文王始作灵台，非急于成事，而民心乐之，如子事父，争相来助。经：营造。　⑥焉用：何为。　⑦其：而。勦：劳。

经

十年春①，王正月。

夏，齐栾施来奔②。

秋七月，季孙意如、叔弓、仲孙貜帅师伐莒③。

戊子④，晋侯彪卒。

九月，叔孙婼如晋，葬晋平公。

十有二月甲子⑤，宋公戌卒⑥。

〔注释〕

①十年：公元前532年。　②栾施来奔：嗜酒好内，自取奔亡，故书名以罪之。　③季孙为主，叔弓、仲孙从之。　④戊子：四日。　⑤甲子：十二日。　⑥戌：原本作"成"，据《公羊传》、阮元《积古斋钟鼎彝器款识》卷三改。

传

十年春，王正月，有星出于婺女[①]。郑裨灶言于子产曰："七月戊子，晋君将死。今兹岁在颛顼之虚[②]，姜氏、任氏实守其地[③]。居其维首[④]，而有妖星焉[⑤]，告邑姜也[⑥]。邑姜，晋之妣也[⑦]。天以七纪[⑧]，戊子逢公以登[⑨]，星斯于是乎出。吾是以讥之[⑩]。"

〔注释〕

①"有星"句：客星侵入婺女。星：客星。为新星或变星。据天文学测算，此年出现的是一颗新星。出：现。婺（wù）女：即女宿。二十八宿之一，北方玄武七宿之第三宿，有星四颗。　②"今兹"句：今年岁星处于玄枵。今兹：今年。岁：岁星，即木星。颛顼之虚：即玄枵。十二次之一，在二十八宿中为女、虚、危三宿。③姜氏：齐姓。任氏：薛姓。齐、薛二国守玄枵之地（在其分野）。守：居。　④居其维首：婺女（女宿）为玄枵三宿之首。维：语助词，无义。　⑤妖星：客星。非正常天象，故称妖。妖：怪，异。⑥邑姜：齐太公之女，晋始祖唐叔虞之母。此年岁星在齐，齐不当受祸（古人认为岁星所在之国有福），故知妖星之祸与从齐出嫁之女（邑姜）有关。　⑦妣：女性祖先之称。邑姜距晋平公已历二十世。　⑧天以七纪：二十八宿分布于四方，每方七宿。纪：数。　⑨"戊子"二句：上次妖星出婺女，正值戊子，其时岁星不在齐之分野，居于齐地的逢公（殷时诸侯）因此当祸而死。登：升。古人以死为升天。斯：乃。　⑩讥：通"几"，察。

齐惠栾、高氏皆耆酒[①]，信内多怨[②]，强于陈、鲍氏而

恶之[3]。

夏,有告陈桓子曰[4]:“子旗、子良将攻陈、鲍。”亦告鲍氏。桓子授甲,而如鲍氏,遭子良醉而骋[5],遂见文子[6],则亦授甲矣。使视二子[7],则皆将饮酒[8]。桓子曰:“彼虽不信[9],闻我授甲,则必逐我。及其饮酒也,先伐诸?”陈、鲍方睦,遂伐栾、高氏。子良曰:“先得公,陈、鲍焉往[10]?”遂伐虎门[11]。

晏平仲端委立于虎门之外[12],四族召之,无所往。其徒曰:“助陈、鲍乎?”曰:“何善焉[13]?”“助栾、高乎?”曰:“庸愈乎[14]?”“然则归乎?”曰:“君伐[15],焉归?”公召之,而后入。公卜使王黑以灵姑銔率[16],吉。请断三尺焉而用之[17]。五月庚辰[18],战于稷[19],栾、高败,又败诸庄[20]。国人追之,又败诸鹿门[21]。栾施、高强来奔[22]。陈、鲍分其室。

晏子谓桓子:“必致诸公。让,德之主也[23]。让之谓懿德[24]。凡有血气,皆有争心,故利不可强,思义为愈。义,利之本也。蕴利生孽[25]。姑使无蕴乎,可以滋长[26]。”桓子尽致诸公,而请老于莒。

桓子召子山[27],私具幄幕、器用、从者之衣屦,而反棘焉[28]。子商亦如之,而反其邑。子周亦如之,而与之夫于[29]。反子城、子公、公孙捷[30],而皆益其禄。凡公子、公孙之无禄者,私分之邑[31]。国之贫约孤寡者[32],私与之粟。曰:“《诗》云[33]:‘陈锡载周[34]。’能施也。桓公是以霸[35]。”

公与桓子莒之旁邑,辞。穆孟姬为之请高唐[36],陈氏始大。

〔注释〕

①“齐惠”句：齐栾氏、高氏皆出于惠公，故云“齐惠栾、高氏”。此栾氏指栾施，字子旗；高氏指高强，字子良。耆：通“嗜”。②信内多怨：悦妇人之言，故多怨。　③恶之：厌恶陈、鲍。④有：有人。陈桓子：陈无宇。　⑤陈桓子如鲍氏，适值子良醉而骋于路。　⑥文子：鲍国。　⑦视：察看。二子：子旗、子良。⑧将：原本作“从”，据阮元《校勘记》、《宋本册府元龟》卷七四六、卷七四九、卷七五〇、卷八三一改。　⑨彼：指栾氏、高氏。不信：谓没有进攻陈、鲍之意图。信：实。　⑩陈、鲍焉往：言二人将无所依附而归于己。往：归。　⑪虎门：齐君路寝（正寝）之西门。⑫晏平仲：晏婴。下文称晏子。端委：朝服。　⑬善：愈，胜。焉：乎。　⑭庸：何。愈：胜。与上文“善”同义。　⑮君伐：国君被伐。　⑯王黑：齐大夫。灵姑銔（pī）：齐侯旗名。　⑰“请断”句：谓断去旗之游（即旒）三尺，以示不敢与齐君同。《广雅·释天》：“天子十二斿，至地；诸侯九斿，至轸；卿大夫七斿，至轵；士三斿，至肩。”　⑱庚辰：五月无庚辰。　⑲稷：稷下，在今山东淄博市旧临淄西。　⑳庄：齐临淄城内大街之名。　㉑鹿门：齐城门。　㉒《经》不书高强，非卿。　㉓主：本。　㉔让之：原本无此二字，据阮元《校勘记》、《宋本册府元龟》卷七三七补。㉕蕴：积。孽：灾祸。　㉖滋长：益，增益。滋、长同义。　㉗子山：与下文子商、子周皆襄公三十一年子尾所逐群公子。　㉘棘：子山故邑，在今淄博市临淄区西北。　㉙夫于：在原山东长山县（今已撤销）南三十里。　㉚子城、子公、公孙捷：三人皆八年为子旗所逐者。　㉛私分之邑：以己邑分之。　㉜贫约：贫穷。贫、约同义。　㉝《诗》云：引文出自《诗·大雅·文王》。　㉞陈锡载周：言文王能布利以赐天下，而成此周国。锡：赐。载：成。今本《诗经》作“哉”，义同。　㉟“桓公”句：齐桓公亦以能施致霸。

㊱穆孟姬：齐景公之母。高唐：在今山东高唐县东三十五里。

秋七月，平子伐莒[①]，取郠[②]。献俘，始用人于亳社[③]。臧武仲在齐，闻之，曰："周公其不飨鲁祭乎！周公飨义[④]，鲁无义[⑤]。《诗》曰[⑥]：'德音孔昭[⑦]，视民不佻。'佻之谓甚矣[⑧]，而壹用之[⑨]，将谁福哉[⑩]？"

〔注释〕

①平子：季孙意如。 ②郠(gěng)：莒邑，在今山东沂水县。《经》不书取郠，因鲁君见讨于平丘而讳之。 ③"始用"句：以人祭于殷社。用人：杀人以祭。 ④义：合于义者。 ⑤杀人以祭，不合于义。 ⑥《诗》曰：引文出自《诗·小雅·鹿鸣》。 ⑦"德音"二句：先王明德昭显，示民不薄于礼义。孔：甚。昭：明。视：示。佻：偷，薄。 ⑧"佻之"句：杀人以祭，违背礼义尤甚。谓：以，过。 ⑨壹：语助词，无义。 ⑩将：其。谁：何。

戊子，晋平公卒。郑伯如晋[①]，及河，晋人辞之。游吉遂如晋。

九月，叔孙婼、齐国弱、宋华定、卫北宫喜、郑罕虎、许人、曹人、莒人、邾人、滕人、薛人、杞人、小邾人如晋[②]，葬平公也。

郑子皮将以币行[③]，子产曰："丧焉用币？用币必百两[④]，百两必千人。千人至，将不行[⑤]。不行，必尽用之。几千人而国不亡[⑥]？"子皮固请以行。

既葬，诸侯之大夫欲因见新君。叔孙昭子曰[⑦]："非礼也。”弗听。叔向辞之，曰：“大夫之事毕矣，而又命孤[8]。孤斩焉在衰绖之中[9]，其以嘉服见[10]，则丧礼未毕；其以丧服见，是重受吊也[11]。大夫将若之何？”皆无辞以见。

子皮尽用其币。归，谓子羽曰：“非知之实难[12]，将在行之。夫子知之矣，我则不足[13]。《书》曰[14]：‘欲败度[15]，纵败礼。’我之谓矣。夫子知度与礼矣，我实纵欲而不能自克也[16]。”

昭子至自晋，大夫皆见。高强见而退[17]，昭子语诸大夫曰：“为人子，不可不慎也哉！昔庆封亡，子尾多受邑[18]，而稍致诸君[19]，君以为忠，而甚宠之。将死，疾于公宫，辇而归，君亲推之[20]。其子不能任[21]，是以在此。忠为令德，其子弗能任，罪犹及之，难不慎也[22]？丧夫人之力[23]，弃德旷宗[24]，以及其身，不亦害乎[25]？《诗》曰[26]：‘不自我先[27]，不自我后。’其是之谓乎！”

〔注释〕

①“郑伯”三句：诸侯不相吊，故辞之。三年《传》云：“君薨，大夫吊，卿共葬事。”　②滕人：原本无此二字，据阮元《校勘记》、《宋本册府元龟》卷九〇一补。　③将：欲。币：见新君之贽（礼物）。　④百两：载币之车百乘。两：车。　⑤不行：不能速行。行：疾。　⑥“几千”句：谓如此消耗财用，将亡国。几：岂。⑦叔孙昭子：叔孙婼。　⑧命孤：欲与晋君相见。孤：晋之新君（昭公）自称。叔向代致晋君之命，故称孤。　⑨斩焉：形容哀痛之深。斩：通“憯”。痛。衰绖（cuī dié）：丧服。　⑩其：若。嘉服：吉服。⑪重：再。　⑫“非知”二句：谓难不在知，而在行。实：是。将：乃。

⑬不足：不能。谓不能知。 ⑭《书》曰：引文见《古文尚书·太甲中》。 ⑮欲：贪欲。度：法度。 ⑯克：克制。 ⑰高强：子良。⑱子尾：子良之父。 ⑲稍：尽。致：还。 ⑳“君亲”句：谓君推其车而送之。君，原本作“吾”，据金泽文库本改。 ㉑任：保。 ㉒难：奈何。 ㉓夫人：指子尾。力：功，功劳。 ㉔弃：背。旷宗：使宗庙废弃。旷：废。 ㉕亦：原本无此字，据阮元《校勘记》、杨伯峻说补。语助词，无义。害：患，祸患。 ㉖《诗》曰：引文见于《诗·小雅·正月》，又见《大雅·瞻印》。 ㉗“不自”二句：言祸乱不先不后，适当己身。喻高强自取其祸。自：从。先：前。

冬十二月，宋平公卒。初，元公恶寺人柳[①]，欲杀之。及丧，柳炽炭于位[②]，将至，则去之[③]。比葬[④]，又有宠。

〔注释〕

①元公：名佐，宋平公太子。 ②以炭温地。 ③去之：去炭使元公坐。 ④比：及，至。

经

十有一年春[①]，王二月[②]，叔弓如宋。

葬宋平公。

夏四月丁巳[③]，楚子虔诱蔡侯般，杀之于申[④]。

楚公子弃疾帅师围蔡。

五月甲申[⑤]，夫人归氏薨[⑥]。

大蒐于比蒲[⑦]。

仲孙貜会邾子，盟于祲祥[8]。

秋，季孙意如会晋韩起、齐国弱、宋华亥、卫北宫佗、郑罕虎、曹人、杞人于厥慭[9]。

九月己亥[10]，葬我小君齐归。

冬十有一月丁酉[11]，楚师灭蔡，执蔡世子有以归[12]，用之[13]。

〔注释〕

①十有一年：公元前 331 年。 ②二月：《公羊传》作“正月”。 ③丁巳：七日。 ④申：楚邑，在今河南南阳市。 ⑤甲申：五日。 ⑥归氏：昭公之母。胡女，归姓。 ⑦比蒲：地名。未详何处。 ⑧祲（jīn）祥：地名。未详何处。《公羊传》作“侵羊”。 ⑨厥慭（yìn）：地名。未详何处。《公羊传》作“屈银”。 ⑩己亥：二十一日。 ⑪丁酉：二十日。 ⑫有：《史记·管蔡世家》作“友”。 ⑬用之：杀之以祭。

传

十一年春，王二月[1]，叔弓如宋，葬平公也[2]。

〔注释〕

①二月：《穀梁传》作“正月”。 ②言《经》书如宋，非为行聘。

景王问于苌弘曰[1]：“今兹诸侯何实吉[2]？何实凶？”对曰：“蔡凶。此蔡侯般弑其君之岁也[3]，岁在豕韦，弗过此矣[4]。楚将有之[5]，然壅也[6]。岁及大梁[7]，蔡复，楚凶，天之

道也。”

楚子在申，召蔡灵侯。灵侯将往，蔡大夫曰：“王贪而无信，唯蔡于感⑧。今币重而言甘，诱我也，不如无往。”蔡侯不可。三月丙申⑨，楚子伏甲而飨蔡侯于申⑩，醉而执之。夏四月丁巳，杀之，刑其士七十人⑪。公子弃疾帅师围蔡。

韩宣子问于叔向曰⑫：“楚其克乎？”对曰：“克哉！蔡侯获罪于其君⑬，而不能其民⑭，天将假手于楚以毙之⑮，何故不克？然肸闻之⑯，不信以幸⑰，不可再也。楚王奉孙吴以讨于陈曰⑱：‘将定而国。’陈人听命，而遂县之。今又诱蔡而杀其君，以围其国，虽幸而克，必受其咎⑲，弗能久矣。桀克有缗⑳，以丧其国。纣克东夷，而陨其身。楚小位下㉑，而亟暴于二王㉒，能无咎乎？天之假助不善㉓，非祚之也，厚其凶恶而降之罚也㉔。且譬之如天其有五材而将用之㉕，力尽而敝之㉖，是以无拯㉗，不可没振㉘。”

〔注释〕

①苌弘：周大夫。 ②今兹：今年。何：谁。实：语助词，无义。 ③“此蔡”句：襄公三十年，蔡世子般（后之蔡灵侯）弑其君固，岁星（木星）在豕韦（营室，二十八宿之室宿，玄武七宿之第六宿），今年岁星又在豕韦（岁星约十二年运行一周）。 ④弗过此：言蔡之凶咎不过此年。 ⑤楚将有之：谓楚将克蔡而有之（蔡近楚故）。 ⑥壅：积。楚无德，天将盈其恶而毙之。 ⑦“岁及”四句：昭公元年，楚公子围弑君自立，其年岁星在大梁（十二星次之一，在二十八宿为胃、昴、毕三宿）。至昭公十三年，岁星复在大梁，蔡将复国，楚受凶咎，此天道往复相报之理。 ⑧唯蔡于感：

唯蔡之恨。于:之。感:通"憾"。恨。 ⑨三月:原本作"五月",据阮元《校勘记》、杨伯峻说改。丙申:十六日。 ⑩伏甲:伏兵。甲:兵。申:楚邑,在今河南南阳市。 ⑪刑:杀。 ⑫韩宣子:韩起。 ⑬获罪于其君:指弑父而立。 ⑭不能:不善。 ⑮毙:仆,倒。 ⑯肸(xī):羊舌肸。即叔向。 ⑰以:而。幸:侥幸成功。 ⑱"楚王"句:公子招杀陈世子偃师,楚奉偃师之子吴伐陈,见八年《传》。 ⑲咎:殃,灾祸。 ⑳"桀克"四句:四年《传》云:"夏桀为仍之会,有缗叛之;商纣为黎之蒐,东夷叛之。"有缗、东夷叛,桀、纣伐而克之。以:而。 ㉑楚小位下:楚比之夏桀、商纣,国小而位卑。 ㉒亟(qì):屡。二王:指夏桀、商纣。 ㉓假助:谓不施惩罚而反助之。假:宽纵。 ㉔厚:益。凶恶:恶。凶、恶同义。 ㉕其:之。五材:金、木、水、火、土。 ㉖"力尽"句:功用尽则弃之。力:用。敝:弃。 ㉗拯:救。 ㉘没:终。振:兴。

五月,齐归薨①。大蒐于比蒲,非礼也。

〔注释〕

①"齐归"三句:国有大丧而蒐,不合于礼。齐归:即经文之"归氏",昭公之母。齐是谥号。

孟僖子会邾庄公①,盟于祲祥,修好,礼也②。

泉丘人有女梦以其帷幕孟氏之庙③,遂奔僖子,其僚从之④。盟于清丘之社⑤,曰:"有子,无相弃也⑥。"僖子使助薳氏之簉⑦。反自祲祥,宿于薳氏,生懿子及南宫敬叔于泉丘人⑧。其僚无子,使字敬叔⑨。

〔注释〕

①孟僖子:仲孙貜。 ②礼也:会盟以安社稷,虽有丧而不废,合于礼。 ③泉丘:鲁邑,在今山东宁阳、泗水二县之间。 ④僚:女伴。 ⑤“盟于”句:此句言二女自盟于社。清丘:地名,当距泉丘不远。社:祭土神之庙。 ⑥弃:忘。 ⑦薳(wěi)氏之簉(chòu):薳氏之女为僖子妾者。薳氏别居在外,故僖子令二女助之。簉:副。 ⑧懿子:仲孙何忌。南宫敬叔:仲孙说。二人为双生子。 ⑨字:养。

楚师在蔡,晋荀吴谓韩宣子曰:“不能救陈,又不能救蔡,物以无亲[①]。晋之不能,亦可知也已!为盟主而不恤亡国,将焉用之?”

秋,会于厥慭[②],谋救蔡也。

郑子皮将行。子产曰[③]:“行不远,不能救蔡也。蔡小而不顺[④],楚大而不德,天将弃蔡以壅楚[⑤],盈而罚之[⑥],蔡必亡矣。且丧君而能守者鲜矣。三年,王其有咎乎!美恶周必复[⑦],王恶周矣[⑧]。”

晋人使狐父请蔡于楚[⑨],弗许。

〔注释〕

①物:人。亲:亲附。 ②鲁、晋、齐、宋、卫、郑、曹、杞相会。《传》蒙经文省略与会之人。 ③子产:公孙侨。 ④顺:从,服从。 ⑤壅楚:谓积楚之恶。壅:积。 ⑥盈而罚之:盈楚恶而后罚之。 ⑦美:善。周:终,竟。复:报。 ⑧“王恶”句:灵王于昭公元年弑君自立,从今往后三年(昭公十三年),岁星已运行一周。 ⑨狐父:晋大夫。

单子会韩宣子于戚[①],视下,言徐。叔向曰:“单子其将死乎!朝有著定[②],会有表[③],衣有襘[④],带有结[⑤]。会朝之言必闻于表著之位[⑥],所以昭事序也[⑦];视不过结襘之中[⑧],所以道容貌也[⑨]。言以命之,容貌以明之,失则有阙[⑩]。今单子为王官伯[⑪],而命事于会,视不登带[⑫],言不过步[⑬],貌不道容[⑭],而言不昭矣。不道,不共[⑮];不昭,不从[⑯]。无守气矣[⑰]。”

〔注释〕

①单子:单成公。戚:卫邑,在今河南濮阳市北。 ②著定:固定的位子。著:位。 ③表:标志。 ④襘(guì):交领。交领当胸,为左右衿所会之处,故称襘。 ⑤结:带交结于腰间。 ⑥闻:使在位者皆得闻。 ⑦事序:事之顺序。七年《传》云:“事序不类。” ⑧“视不”句:视线在衣领与腰之间。《礼记·曲礼下》:“天子视不上于袷(衣领),不下于带;国君绥视(视时脸面稍朝下);大夫衡视(平视);士视五步。凡视,上于面则敖,下于面则忧,倾则奸。” ⑨道:治。容貌:威仪,仪容。 ⑩失:违。阙:过。 ⑪王官伯:王官之长。伯:长。 ⑫视不登带:视线不超过腰带。登:升。 ⑬言不过步:指声音很低。六尺为步。 ⑭貌不道容:仪容不合法度。道:循,遵循。容:指仪容之法度。 ⑮不道,不共:貌不循仪容之规定,不恭。 ⑯不昭,不从:言不明,不顺。从:顺。 ⑰守气:守身之气。

九月,葬齐归,公不戚。晋士之送葬者归以语史赵。史赵曰:“必为鲁郊[①]。”侍者曰:“何故?”曰:“归姓也[②],不思亲[③],祖不归也[④]。”

叔向曰:“鲁公室其卑乎!君有大丧,国不废蒐[⑤];有三年之丧,而无一日之戚。国不恤丧[⑥],不忌君也[⑦]。君无戚容,不顾亲也[⑧]。国不忌君,君不顾亲,能无卑乎?殆其失国[⑨]。”

〔注释〕

①为鲁郊:郊祀后稷。后稷为周之始祖,周人禘尝而效稷。此与昭公七年“夏郊”类似。 ②归姓:昭公为归氏所生。姓:生。 ③不思亲:母死而无戚容。 ④祖不归:不为祖考所佑。归:依。 ⑤国不废蒐:大蒐于比蒲。 ⑥恤:忧。 ⑦忌:畏。⑧顾:念。 ⑨其:将。

冬十一月,楚子灭蔡,用隐大子于冈山[①]。申无宇曰:“不祥。五牲不相为用[②],况用诸侯乎!王必悔之[③]。”

〔注释〕

①隐大子:蔡太子,名有。隐是谥号。 ②五牲:牛、羊、豕、犬、鸡。不相为用:不以同类祭祀。 ③悔之:为行暴虐而后悔。

十二月,单成公卒[①]。

〔注释〕

①终叔向之言。

楚子城陈、蔡、不羹[①]。使弃疾为蔡公。王问于申无宇曰:“弃疾在蔡,何如?”对曰:“择子莫如父,择臣莫如君。

郑庄公城栎而置子元焉②，使昭公不立。齐桓公城穀而置管仲焉③，至于今赖之。臣闻五大不在边④，五细不在庭⑤。亲不在外，羁不在内⑥。今弃疾在外，郑丹在内⑦，君其少戒！"王曰："国有大城⑧，何如？"对曰："郑京、栎实杀曼伯⑨，宋萧、亳实杀子游⑩，齐渠丘实杀无知⑪，卫蒲、戚实出献公⑫。若由是观之，则害于国⑬。末大必折⑭，尾大不掉⑮，君所知也。"

〔注释〕

①不羹：不羹有二。一为西不羹，在今河南襄城县东南二十里。一为东不羹，在今河南舞阳县北。　②栎（lì）：郑国的大城，为公子元食邑，在今河南禹州市（郑都城西南九十里）。子元：郑厉公，名突，郑庄公子。郑厉公长期与昭公争位，桓公十五年因栎人杀其大夫檀伯而居之，后昭公为郑卿高渠弥所杀（在桓公十七年）。　③穀：亦称小穀，在今山东平阴县西南之东阿镇。城穀在庄公三十二年。　④五大：五种势力强大的人。指太子、母弟、贵宠公子、公孙、累世正卿。　⑤五细：其义未详。或以为指贱、少、远、新、小者，似不确。隐公三年《传》云："且夫贱妨贵，少陵长，远间亲，新间旧，小加大，淫破义，所谓六逆也。"庭：朝廷。⑥羁：寄居之臣。　⑦郑丹：郑大夫子革。襄公十九年奔楚。⑧"国有"二句：谓大城足以御乱。　⑨曼伯：公子忽。即郑昭公，郑庄公之子。然公子忽实为高渠弥所杀，此处传文疑有脱误。《国语·楚语上》云："叔段以京患庄公，郑几不克，栎人寔使郑子不得其位。"　⑩庄公十二年，宋万弑其君闵公，立子游，群公子奔萧，公子御说奔亳。同年，萧叔大心与群公子杀子游于宋。⑪渠丘：齐大夫雍廪食邑。庄公九年，雍廪杀无知。　⑫蒲：宁殖

食邑。戚:孙林父食邑。卫宁殖、孙林父出献公,在襄公十四年。⑬则害于国:谓大城有害于国。则:乃。 ⑭末大必折:树枝大于主干,必然折断。 ⑮掉:摇。

经

十有二年春[①],齐高偃帅师纳北燕伯于阳[②]。

三月壬申[③],郑伯嘉卒。

夏,宋公使华定来聘。

公如晋,至河乃复[④]。

五月,葬郑简公。

楚杀其大夫成熊[⑤]。

秋七月。

冬十月,公子慭出奔齐[⑥]。

楚子伐徐。

晋伐鲜虞[⑦]。

〔注释〕

①十有二年:公元前530年。 ②高偃:高傒(敬仲)之玄孙。北燕伯:名款,三年出奔于齐。阳:即《传》之"唐",在今河北顺平县西、唐县东北。 ③壬申:二十八日。 ④晋人以莒故辞公。 ⑤《传》在葬郑简公上。《经》在其下,从告。 ⑥成熊谋作乱,故书其名以罪之。 ⑦鲜虞:国名,白狄之别族,故城在今河北新乐市西南。

传

十二年春,齐高偃纳北燕伯款于唐,因其众也[①]。

〔注释〕

①因其众:凭借众人之力。

三月,郑简公卒。将为葬除①,及游氏之庙②,将毁焉。子大叔使其除徒执用以立③,而无庸毁④。曰:"子产过女⑤,而问何故不毁⑥,乃曰:'不忍庙也。诺,将毁矣。'"既如是,子产乃使辟之⑦。司墓之室有当道者⑧,毁之,则朝而堋⑨;弗毁,则日中而堋⑩。子大叔请毁之,曰:"无若诸侯之宾何⑪。"子产曰:"诸侯之宾,能来会吾丧,岂惮日中?无损于宾,而民不害,何故不为?"遂弗毁。日中而葬。君子谓子产于是乎知礼⑫。礼,无毁人以自成也。

〔注释〕

①为葬除:清理送葬道路上的障碍。　②游氏:子大叔(游吉)之族。庙:祖庙。　③除徒:除道之徒众。执:持。用:器具。指毁庙之工具。　④庸:即。　⑤女:此。　⑥而:如,如果。⑦辟:通"避"。　⑧司墓之室:郑掌公墓大夫徒属之家。　⑨堋(bèng):丧葬下土。此指下棺于墓室。　⑩绕道则迟缓。⑪"无若"句:谓不欲使宾客久留。　⑫谓:以为,认为。

夏,宋华定来聘,通嗣君也①。享之,为赋《蓼萧》②,弗知,又不答赋。昭子曰③:"必亡④。宴语之不怀⑤,宠光之不宣⑥,令德之不知⑦,同福之不受⑧,将何以在⑨?"

〔注释〕

①通嗣君:国君新立而通好。时宋元公新即位。　②《蓼

萧》:《诗·小雅》篇名。主人赋此诗以赞客。蓼:音(lù)。③昭子:叔孙昭子,叔孙婼。 ④亡:奔亡。 ⑤"宴语"句:《蓼萧》云:"燕笑语兮,是以有誉处兮。"宴:即燕。怀:思。 ⑥"宠光"句:谓不宣扬荣耀。宠:荣,荣耀。宠、光皆训"荣"。今本《诗·蓼萧》云:"既见君子,为龙为光。"龙,宠也。 ⑦"令德"句:《蓼萧》云:"宜兄宜弟,令德寿岂。" ⑧"同福"句:《蓼萧》云:"和鸾雝雝,万福攸同。"同福:犹多福。同:聚。 ⑨在:终。

齐侯、卫侯、郑伯如晋,朝嗣君也①。公如晋,至河乃复。取郠之役②,莒人诉于晋,晋有平公之丧,未之治也,故辞公。公子憖遂如晋③。晋侯享诸侯,子产相郑伯④,辞于享,请免丧而后听命。晋人许之,礼也。

晋侯以齐侯晏⑤,中行穆子相⑥。投壶⑦,晋侯先,穆子曰:"有酒如淮⑧,有肉如坻⑨。寡君中此,为诸侯师⑩。"中之。齐侯举矢曰:"有酒如渑⑪,有肉如陵。寡人中此,与君代兴⑫。"亦中之。伯瑕谓穆子曰⑬:"子失辞。吾固师诸侯矣⑭,壶何为焉,其以中儁也?齐君弱吾君⑮,归弗来矣!"穆子曰:"吾军帅强御⑯,卒乘竞劝⑰,今犹古也,齐将何事⑱?"公孙傁趋进曰⑲:"日旰君勤⑳,可以出矣!"以齐侯出。

〔注释〕

①朝嗣君:晋昭公新立而往朝。 ②取郠之役:在十年。③公子憖(yìn):鲁大夫。 ④"子产"三句:郑伯为郑定公,简公之子。父丧未毕,故辞享。 ⑤以:与。晏:通"宴"。 ⑥中行穆子:荀吴。 ⑦投壶:古代宾主宴饮时的一种游戏。设特制之壶,宾主依次以矢投壶,投中多者为胜,负者则饮酒。 ⑧淮:水

名。 ⑨坻(dǐ):通“阺”,山。 ⑩为诸侯师:即为霸主。师:长。 ⑪渑(shéng):水名,源出山东临淄西北,西北流经博兴县入时水。今已湮。 ⑫代:更,交替。 ⑬伯瑕:士文伯。 ⑭“吾固”三句:言晋已霸诸侯,不应以此为祝辞。何为:何用。儁:异。 ⑮弱:以其弱(年幼)而轻之。 ⑯强御:强悍。谓素质高。御:强。 ⑰竞劝:谓勉力事君。竞、劝同义。 ⑱何事:何所为。 ⑲公孙傁:齐大夫。 ⑳旰(gàn):晚。勤:劳。

楚子谓成虎若敖之余也①,遂杀之。或谮成虎于楚子②,成虎知之,而不能行。书曰“楚杀其大夫成虎”,怀宠也③。

〔注释〕

①谓:以为,认为。成虎:令尹子玉之孙,与斗氏同出于若敖。宣公四年,斗椒作乱,楚灭若敖氏。今灵王信谗言杀成虎,托言讨若敖氏之余。《经》作“成熊”。 ②或:有人。谮:谗毁。 ③怀:贪恋。宠:宠贵。

六月①,葬郑简公。

〔注释〕

①《经》在五月,误。

晋荀吴伪会齐师者①,假道于鲜虞②,遂入昔阳③。秋八月壬午④,灭肥⑤,以肥子绵皋归⑥。

〔注释〕

①伪会齐师者:假装成与齐师会合。者:语助词,无义。 ②假道:借路通行。古有入邦假道之礼。 ③昔阳:鼓之都城,在今河北晋州市西。 ④壬午:十日。 ⑤肥:国名,白狄之别支,在今河北省石家庄市藁城区西南。 ⑥肥子绵皋:肥之国君,名绵皋。

周原伯绞虐其舆臣[①],使曹逃[②]。冬十月壬申朔,原舆人逐绞,而立公子跪寻[③]。绞奔郊[④]。

〔注释〕

①原伯绞:周大夫原公。舆:众。 ②曹:群。 ③公子跪寻:绞之弟。 ④郊:周地。

甘简公无子[①],立其弟过。过将去成、景之族[②]。成、景之族赂刘献公[③]。丙申[④],杀甘悼公[⑤],而立成公之孙鳝[⑥]。丁酉[⑦],杀献太子之傅庾皮之子过[⑧],杀瑕辛于市[⑨],及宫嬖绰、王孙没、刘州鸠、阴忌、老阳子。

〔注释〕

①甘简公:周卿士。 ②成、景:成公、景公,皆甘之先君。 ③刘献公:亦周之卿士。 ④丙申:二十四日。 ⑤甘悼公:即过。 ⑥鳝(qiū):平公。 ⑦丁酉:二十五日。 ⑧献太子:刘献公之太子。过:献太子之傅。“献太子之傅”与“庾皮之子过”为同位语,以区别于被杀之甘悼公(亦名过)。 ⑨瑕辛:与下宫嬖绰、王孙没、刘州鸠、阴忌、老阳子以及庾过皆甘悼公亲信。

季平子立[1],而不礼于南蒯[2]。南蒯谓子仲[3]:"吾出季氏,而归其室于公[4],子更其位[5],我以费为公臣。"子仲许之。南蒯语叔仲穆子[6],且告之故。

季悼子之卒也[7],叔孙昭子以再命为卿[8]。及平子伐莒,克之,更受三命。叔仲子欲构二家[9],谓平子曰:"三命逾父兄[10],非礼也。"平子曰:"然。"故使昭子[11]。昭子曰:"叔孙氏有家祸[12],杀適立庶,故婼也及此。若因祸以毙之[13],则闻命矣。若不废君命,则固有著矣[14]。"昭子朝,而命吏曰:"婼将与季氏讼,书辞无颇[15]。"季孙惧,而归罪于叔仲子。故叔仲小、南蒯、公子慭谋季氏[16]。慭告公,而遂从公如晋。南蒯惧不克,以费叛如齐[17]。子仲还,及卫,闻乱,逃介而先[18]。及郊,闻费叛,遂奔齐。

南蒯之将叛也,其乡人或知之,过之而叹,且言曰:"恤恤乎[19],湫乎[20],攸乎[21]!深思而浅谋[22],迩身而远志,家臣而君图,有人矣哉!"

南蒯枚筮之[23],遇《坤》䷁之《比》䷇[24],曰:"黄裳元吉[25]。"以为大吉也,示子服惠伯[26],曰:"即欲有事[27],何如?"惠伯曰:"吾尝学此矣,忠信之事则可[28],不然,必败。外强内温[29],忠也。和以率贞[30],信也。故曰'黄裳元吉'。黄,中之色也[31]。裳[32],下之饰也。元,善之长也。中不忠[33],不得其色[34]。下不共[35],不得其饰[36]。事不善,不得其极[37]。外内倡和为忠,率事以信为共[38],供养三德为善[39]。非此三者,弗当[40]。且夫《易》[41],不可以占险,将何事也[42]?且可饰乎?中美能黄[43],上美为元,下美则裳,参成可筮[44]。犹有阙

也[45],筮虽吉,未也。”

将适费,饮乡人酒。乡人或歌之曰:“我有圃[46],生之杞乎[47]! 从我者子乎[48],去我者鄙乎[49],倍其邻者耻乎[50]! 已乎已乎[51],非吾党之士乎[52]!”

平子欲使昭子逐叔仲小[53]。小闻之,不敢朝。昭子命吏谓小待政于朝[54],曰:“吾不为怨府[55]。”

〔注释〕

①季平子:季孙意如。 ②南蒯:季氏费邑之宰。 ③子仲:公子慭。 ④室:家产。 ⑤更:代。 ⑥叔仲穆子:叔仲小。⑦季悼子:季孙纥。武子之子,平子之父。 ⑧叔孙昭子:叔孙婼。 ⑨叔仲子:叔仲小。构:离间。二家:季平子与叔孙昭子。⑩“三命”二句:谓叔孙昭子受三命,超过其先人,不合于礼。三命:周代官爵分为九等,称九命。公、侯、伯之卿三命。《周礼·春官·典命》:“壹命受职,再命受服,三命受位。” ⑪故使昭子:使昭子自贬爵。 ⑫“叔孙氏”三句:竖牛之乱,叔孙氏嫡子被杀,事见四年《传》。立叔孙婼在五年。 ⑬“若因”句:若因乱而讨己,则己不敢违命。毙:仆。 ⑭著:位次。 ⑮辞:讼辞。颇:偏。 ⑯慭:子仲。 ⑰费(bì):季氏食邑,在今山东费县。⑱逃介而先:弃介而先归。逃:去。介:副使。 ⑲恤恤:忧愁。⑳湫:忧。《春秋繁露·王道通》:“秋之为言湫湫也,……湫湫者,忧悲之状也。” ㉑攸:愁。恤、湫、攸同义。 ㉒“深思”句:身为家臣,而图谋人君之事,故曰深思而浅谋,身近而志远。㉓枚筮:谓不指其事,泛卜吉凶。古代卜筮,常先述所卜之事。《方言》卷十三:“枚,凡也。”《说文》段注:“凡之言泛也,包举泛滥一切之称也。” ㉔遇《坤》☷之《比》☵:卦象由《坤》变为

《比》。《坤》:《坤》下《坤》上。《比》:《坤》下《坎》上。《坤》卦之第五爻由阴变阳,整个卦象即变为《比》。 ㉕黄裳元吉:此《坤》卦六五爻辞。 ㉖子服惠伯:孟椒。 ㉗即:若。 ㉘可:可如筮所言。 ㉙温:温顺。 ㉚率:循。贞:正。 ㉛黄,中之色也:黄为身体之颜色。中:身。 ㉜裳:下衣。古代男子穿裙。 ㉝中:身。指南蒯。 ㉞不为黄。 ㉟共:同"恭"。 ㊱不为裳。 ㊲极:终。 ㊳率:行。 ㊴三德:谓黄、裳、元。 ㊵弗当:不能当此卦。当:应。 ㊶夫:此。 ㊷将:此。 ㊸美:善。能:乃。与下文"为""则"义近。 ㊹参成可筮:谓三者具备,乃可如筮。成:备。 ㊺犹:若。阙:缺。 ㊻圃:种植果木瓜菜的园地。 ㊼之:语助词,无义。杞:杞柳。柳之一种。此二句言南蒯在费,而欲为乱,如杞生于园,非所宜。 ㊽子:男子之美称。 ㊾鄙:鄙陋之人。 ㊿倍:背。邻:亲。 51已乎已乎:叹词。表示绝望。 52党:乡。 53"平子"句:叔仲小离间季孙、叔孙,平子失理,欲逐叔仲小以自解。 54谓:使。《广雅·释诂一》:"谓、命,使也。" 55怨府:聚怨之所。府:聚。言不能为季氏驱逐仲叔小,以生怨恨。

楚子狩于州来[1],次于颍尾[2],使荡侯、潘子、司马督、嚣尹午、陵尹喜帅师围徐以惧吴[3]。楚子次于乾溪[4],以为之援。雨雪,王皮冠,秦复陶[5],翠被[6],豹舄[7],执鞭以出。仆析父从[8]。

右尹子革夕[9],王见之,去冠、被[10],舍鞭,与之语曰:"昔我先王熊绎[11],与吕级、王孙牟、燮父、禽父并事康王[12],四国皆有分[13],我独无有。今吾使人于周,求鼎以为分,王其与我乎[14]?"对曰:"与君王哉!昔我先王熊绎辟在荆山[15],筚路蓝缕[16],以处草莽[17],跋涉山林,以事天子。唯是桃弧、棘矢以共御王事[18]。齐,王舅也[19]。晋及鲁、卫,王母弟也[20]。楚是以无分,而彼皆有。今周与四国服事君王,将唯命是从,岂其爱鼎[21]?”王曰:“昔我皇祖伯父昆吾[22],旧许是宅。今郑人贪赖其田[23],而不我与。我若求之,其与我乎?”对曰:“与君王哉!周不爱鼎,郑敢爱田[24]?”王曰:“昔诸侯远我而畏晋[25],今我大城陈、蔡、不羹[26],赋皆千乘,子与有劳焉,诸侯其畏我乎?”对曰:“畏君王哉!是四国者[27],专足畏也,又加之以楚,敢不畏君王哉!”

工尹路请曰[28]:“君王命剥圭以为鏚柲[29],敢请命。”王入视之。

析父谓子革:“吾子,楚国之望也[30]。今与王言,如响[31],国其若之何[32]?”子革曰:“摩厉以须[33],王出,吾刃将斩矣。”

王出,复语。左史倚相趋过[34]。王曰:“是良史也,子善视之!是能读《三坟》《五典》《八索》《九丘》[35]。”对曰:“臣尝问焉,昔穆王欲肆其心[36],周行天下,将皆必有车辙马迹焉[37]。祭公谋父作《祈招》之诗[38],以止王心,王是以获没于祗宫[39]。臣问其诗,而不知也。若问远焉,其焉能知之?”王曰:“子能乎?”对曰:“能。其诗曰:‘祈招之愔愔[40],式昭德音[41]。思我王度[42],式如玉[43],式如金。形民之力[44],而无醉饱之心。’”王揖而入,馈不食,寝不寐,数日。不能自克[45],以及于难。

仲尼曰:“古也有志[46]:‘克己复礼,仁也。’信善哉[47]!楚灵王若能如是,岂其辱于乾溪?”

〔注释〕

①狩:冬天田猎之名。州来:地名,在今安徽凤台县。 ②颍尾:颍水入淮处,在今安徽正阳关。 ③荡侯、潘子、司马督、嚣尹午、陵尹喜:五人皆楚大夫。围徐以惧吴:徐、吴为与国(徐子为吴女所生),故围徐以逼吴。 ④乾溪:地名,在今安徽亳州市东南七十五里。 ⑤秦复陶:秦人所赠羽衣。 ⑥翠被:翠羽所制披风。被:通"帔"。 ⑦豹舄(xì):豹皮所制之鞋。 ⑧仆析父:楚之仆夫(掌马之官),名析父。 ⑨子革:郑丹。夕:晚上见楚王。 ⑩"去冠"二句:表示尊敬大臣。 ⑪熊绎:楚始封之君。 ⑫吕级:亦作吕伋。即丁公,姜太公之子。王孙牟:康伯,名髡,卫康叔之子。燮父:晋唐叔之子。禽父:伯禽,姬旦之子。康王:成王之子。 ⑬四国:齐、卫、晋、鲁。分:天子所赐职官土地器物人民,皆可谓之分。 ⑭王:周王。 ⑮荆山:山名。熊绎建都丹阳(在今湖北秭归县东),荆山在其北。 ⑯筚(bì)路蓝缕:驾着柴车、穿着破衣服。筚路:用竹木编的车,亦称柴车。蓝缕:敝衣。 ⑰草莽:荒野。 ⑱桃弧、棘矢:桃木之弓,棘木之矢。棘:木名。即酸枣树。共御:供给,供奉。共、御同义。 ⑲王舅:成王之母邑姜为齐太公女,吕级为成王之舅。 ⑳母弟:鲁周公、卫康叔皆武王同母弟。唐叔虞为成王同母弟。 ㉑岂其:岂。岂、其义同。 ㉒"昔我"二句:陆终氏生六子,长子曰昆吾,少子曰季连。季连为楚之祖,故称昆吾为伯父。昆吾为夏伯,迁于许(在今河南许昌市)。此时许国已迁移,故谓之旧许。 ㉓"今郑"句:郑人贪其田地。赖:利,贪。"贪赖"同义连文。 ㉔爱:爱惜。 ㉕远:以我为远。 ㉖"今我"句:《新书·大都》云:"我欲大城陈、蔡、叶与不羹。"不羹有二,一为西不羹,在今河南襄城县东南二十里,是为不羹城;一为东不羹,在今河南舞阳县北,是为不羹亭。羹:旧读 láng。 ㉗"是四国"二句:言陈、蔡、叶、不

羹四城已足以使晋国畏惧。《左传》上下文及《国语·楚语上》皆云楚城陈、蔡、不羹三邑。国：邑。专：独，单独。足畏：可畏。㉘工尹路：楚掌百工之官，名路。 ㉙剥：裂，分剖。鏚：同“戚”。斧。柲(bì)：柄。此句谓剖圭玉以饰斧柄。 ㉚望：指有声望之人。 ㉛如响：如声之回音。 ㉜其：将。 ㉝“摩厉”三句：言已作好准备，规谏楚王(如磨快刀剑，斩向楚王)。摩：磨。厉：同“砺”。须：待。 ㉞倚相：楚史之名。趋：小步快走，以示恭敬。㉟《三坟》《五典》《八索》《九丘》：皆古书名。 ㊱穆王：周穆王。肆：放纵。 ㊲将：殆。必：期。 ㊳祭(zhài)公谋父：周卿士，周公之孙，名谋父。《祈招》：逸《诗》。祈父为周司马，名招。 ㊴获没：谓得以寿终。祗(zhī)宫：周之离宫，在今陕西华县北。 ㊵愔(yīn)愔：形容安和。 ㊶式：以。昭：明。德音：令德。 ㊷王度：君王之法度。 ㊸“式如”二句：谓坚固如金、玉。式：乃。㊹“形民”二句：成就百姓之功，而不纵欲。形：同“刑”。成。力：功。 ㊺克：克制。 ㊻也：句中语助词，表提顿。志：记，记载。㊼信：诚。

晋伐鲜虞，因肥之役也①。

〔注释〕

①“因肥”句：肥之役在此年。因：因为。

经

十有三年春①，叔弓帅师围费②。

夏四月，楚公子比自晋归于楚③，弑其君虔于乾溪。

楚公子弃疾杀公子比④。

秋,公会刘子、晋侯、齐侯、宋公、卫侯、郑伯、曹伯、莒子、邾子、滕子、薛伯、杞伯、小邾子于平丘⑤。

八月甲戌⑥,同盟于平丘。公不与盟。

晋人执季孙意如以归。

公至自会。

蔡侯庐归于蔡⑦。

陈侯吴归于陈。

冬十月,葬蔡灵公⑧。

公如晋,至河乃复⑨。

吴灭州来⑩。

〔注释〕

①十有三年:公元前529年。 ②南蒯以费叛,故围之。费(bì):季氏食邑,在今山东费县。 ③"楚公子"二句:公子比胁立,而书其弑君,为《春秋》特笔,义见《春秋繁露·玉杯》与《王道》诸篇。 ④比虽为君,而未列于诸侯,故不称其爵。 ⑤平丘:地名,在今河南长垣县南五十里。 ⑥甲戌:八日。 ⑦蔡:国名,姬姓,旧都上蔡(在今河南上蔡县)。平侯迁新蔡(在今河南新蔡县)。 ⑧蔡复,而后以君礼葬之。 ⑨至河乃复:晋人辞公,故还。 ⑩灭:用大师曰灭。州来:地名,在今安徽凤台县。

传

十三年春,叔弓围费,弗克,败焉。平子怒①,令见费人执之以为囚俘②。冶区夫曰③:"非也。若见费人,寒者衣之,饥者食之,为之令主,而共其乏困④,费来如归,南氏亡矣。民将叛之,谁与居邑?若惮之以威,惧之以怒,民疾而叛,为之聚也[5]。若诸侯皆然[6],费人无归,不亲南氏,将焉入矣[7]?"平子从之。费人叛南氏[8]。

〔注释〕

①平子:季平子,季孙意如。 ②囚俘:俘虏。囚、俘同义。③冶区(ōu)夫:鲁大夫。 ④乏困:匮乏,缺少。乏、困同义。⑤为之聚:为南氏聚民。 ⑥皆然:皆以威、怒惧之。 ⑦"将焉"句:言无所归属。入:归,往。 ⑧"费人"句:费人叛南氏在明年,《传》终言之。

楚子之为令尹也[1],杀大司马薳掩,而取其室。及即位,夺薳居田[2]。迁许而质许围[3]。蔡洧有宠于王,王之灭蔡也[4],其父死焉[5],王使与于守而行[6]。申之会[7],越大夫戮焉[8]。王夺斗韦龟中犫[9],又夺成然邑,而使为郊尹[10]。蔓成然故事蔡公[11]。故薳氏之族及薳居、许围、蔡洧、蔓成然,皆王所不礼也,因群丧职之族,启越大夫常寿过作乱[12],围固城[13],克息舟,城而居之。

观起之死也[14],其子从在蔡,事朝吴[15],曰:"今不封蔡[16],蔡不封矣。我请试之。"以蔡公之命召子干、子晳[17],及郊,而告之情,强与之盟,入袭蔡。蔡公将食[18],见之而逃。观从使子干食,坎[19],用牲,加书,而速行。己徇于蔡[20],曰:"蔡公召二子[21],将纳之,与之盟而遣之矣,将师而从之[22]。"蔡人聚,将执之。辞曰:"失贼成军[23],而杀余,何益?"乃释之。朝吴曰:"二三子若能死亡,则如违之[24],以待所济[25]。

若求安定，则如与之，以济所欲。且违上，何适而可[26]？”众曰：“与之。”乃奉蔡公，召二子而盟于邓[27]，依陈、蔡人以国[28]。

楚公子比、公子黑肱、公子弃疾、蔓成然、蔡朝吴帅陈、蔡、不羹、许、叶之师，因四族之徒以入楚[29]。及郊，陈、蔡欲为名，故请为武军[30]。蔡公知之，曰：“欲速，且役病矣，请藩而已。”乃藩为军。蔡公使须务牟与史猈先入[31]，因正仆人杀大子禄及公子罢敌[32]。公子比为王，公子黑肱为令尹，次于鱼陂[33]。公子弃疾为司马，先除王宫[34]。使观从从师于乾溪[35]，而遂告之[36]，且曰：“先归复所[37]，后者劓[38]！”师及訾梁而溃[39]。

王闻群公子之死也，自投于车下[40]，曰：“人之爱其子也，亦如余乎？”侍者曰：“甚焉。小人老而无子，知挤于沟壑矣[41]。”王曰：“余杀人子多矣，能无及此乎？”右尹子革曰[42]：“请待于郊，以听国人。”王曰：“众怒不可犯也。”曰：“若入于大都[43]，而乞师于诸侯。”王曰：“皆叛矣。”曰：“若亡于诸侯，以听大国之图君也。”王曰：“大福不再，祇取辱焉[44]。”然丹乃归于楚[45]。王沿夏[46]，将欲入鄢[47]。芋尹无宇之子申亥曰[48]：“吾父再奸王命[49]，王弗诛，惠孰大焉？君不可忍，惠不可弃[50]，吾其从王！”乃求王，遇诸棘闱[51]，以归。夏五月癸亥[52]，王缢于芋尹申亥氏。申亥以其二女殉而葬之。

观从谓子干曰：“不杀弃疾，虽得国，犹受祸也。”子干曰：“余不忍也。”子玉曰[53]：“人将忍子，吾不忍俟也。”乃行。

国每夜骇曰：“王入矣[54]！”乙卯夜[55]，弃疾使周走而呼曰[56]:“王至矣!”国人大惊。使蔓成然走告子干、子皙曰:“王至矣!国人杀君司马[57],将来矣!君若早自图也,可以无辱。众怒如水火焉,不可为谋。”又有呼而走至者曰:“众至矣!”二子皆自杀。丙辰[58],弃疾即位,名曰熊居。葬子干于訾[59],实訾敖[60]。杀囚,衣之王服而流诸汉,乃取而葬之[61],以靖国人。使子旗为令尹[62]。

楚师还自徐,吴人败诸豫章[63],获其五帅[64]。

平王封陈、蔡,复迁邑[65],致群赂[66],施舍,宽民,宥罪[67],举职[68]。召观从,王曰:“唯尔所欲。”对曰:“臣之先佐开卜[69]。”乃使为卜尹[70]。使枝如子躬聘于郑[71],且致犨、栎之田[72]。事毕,弗致。郑人请曰:“闻诸道路,将命寡君以犨、栎,敢请命。”对曰:“臣未闻命。”既复,王问犨、栎,降服而对曰[73]:“臣过失命[74],未之致也。”王执其手曰:“子毋勤[75]。姑归,不穀有事[76],其告子也[77]。”

他年,芋尹申亥以王柩告,乃改葬之。

初,灵王卜,曰:“余尚得天下[78]!”不吉。投龟,诟天而呼曰:“是区区者而不余畀[79],余必自取之!”民患王之无厌也[80],故从乱如归。

初,共王无冢適[81],有宠子五人,无適立焉[82]。乃大有事于群望[83],而祈曰:“请神择于五人者,使主社稷。”乃遍以璧见于群望曰:“当璧而拜者,神所立也,谁敢违之?”既,乃与巴姬密埋璧于大室之庭[84],使五人齐[85],而长入拜[86]。康王跨之[87],灵王肘加焉[88],子干、子皙皆远之。平王弱[89],抱而入,再拜,皆厌纽[90]。斗韦龟属成然焉[91],且曰:“弃礼违命[92],楚其危哉!”

子干归,韩宣子问于叔向曰[93]:“子干其济乎[94]?”对曰:“难。”宣子曰:“同恶相求[95],如市贾焉,何难?”对曰:“无与同好[96],谁与同恶?取国有五难:有宠而无人[97],一也;有人而无主[98],二也;有主而无谋,三也;有谋而无民[99],四也;有民而无德,五也。子干在晋[100],十三年矣,晋、楚之从[101],不闻达者,可谓无人。族尽亲叛[102],可谓无主。无衅而动[103],可谓无谋。为羁终世[104],可谓无民。亡无爱征[105],可谓无德。王虐而不忌[106],楚君子干,涉五难以弑旧君,谁能济之?有楚国者,其弃疾乎!君陈、蔡,城外属焉[107]。苛慝不作[108],盗贼伏隐[109],私欲不违[110],民无怨心。先神命之[111],国民信之。芈姓有乱,必季实立[112],楚之常也。获神[113],一也;有民[114],二也;令德[115],三也;宠贵[116],四也;居常[117],五也。有五利以去五难[118],谁能害之?子干之官,则右尹也。数其贵宠[119],则庶子也。以神所命,则又远之。其贵亡矣[120],其宠弃矣。民无怀焉,国无与焉,将何以立?”宣子曰:“齐桓、晋文不亦是乎[121]?”对曰:“齐桓,卫姬之子也,有宠于僖[122];有鲍叔牙、宾须无、隰朋以为辅佐[123];有莒、卫以为外主[124],有国、高以为内主[125];从善如流,下善齐肃[126],不藏贿[127],不从欲[128],施舍不倦,求善不厌,是以有国,不亦宜乎?我先君文公,狐季姬之子也,有宠于献[129];好学而不贰[130],生十七年,有士五人[131]。有先大夫子馀、子犯以为腹心[132],有魏犨、贾佗以为股肱,有齐、宋、秦、楚以为外主[133],有栾、郤、狐、先以为内主[134];亡十九年[135],守志弥笃。惠、怀弃民[136],民从而与之[137]。献无异

亲[138],民无异望,天方相晋,将何以代文?此二君者,异于子干。共有宠子[139],国有奥主[140]。无施于民,无援于外,去晋而不送[141],归楚而不逆[142],何以冀国?”

〔注释〕

①“楚子”三句:事在襄公三十年。室:家产。 ②薳(wěi)居:薳掩之族。 ③迁许:在昭公九年。质许围:以许围为质。围:许大夫。 ④灭蔡:楚灭蔡在十一年。 ⑤其父死焉:蔡洧之父在蔡,故死。 ⑥使蔡洧居守,灵王行至乾溪。 ⑦申之会:在四年。 ⑧越大夫:常寿过。戮:辱。指为楚王所辱。 ⑨斗韦龟:令尹子文玄孙。中犨(chōu):邑名。 ⑩郊尹:治郊境之大夫。 ⑪蔓成然:斗成然,食邑于蔓。故:旧,原先。蔡公:公子弃疾。 ⑫启:引导。 ⑬固城:与下文息舟皆楚邑,未详何处。⑭观起:楚令尹子南宠臣,襄公二十二年被杀。 ⑮朝吴:故蔡大夫声子之子。 ⑯封:建,建立。此指恢复。 ⑰子干:公子比,灵王弟,元年奔晋。子皙:公子黑肱,灵王弟,元年奔郑。 ⑱“蔡公”二句:蔡公不知其故,惊起躲避。 ⑲“坎”三句:古代为盟,先凿地为方坎,杀牲于其上,以牲血为盟书。成,乃歃血而读书,然后加书于牲而埋之。此数句言制造与蔡公结盟之假象。⑳己:观从。 ㉑二子:敦煌写本(P. 3806)作“二公子”。㉒诈言蔡公将助二子。 ㉓贼:指子干、子皙。成军:谓蔡公已成军。 ㉔如:当,应当。 ㉕以待所济:等待能成事之人。济:成。㉖适:归。 ㉗二子:指子干、子皙。邓:地名,在今河南漯河市东南。 ㉘国:复其国。 ㉙因:依。四族:指薳氏、许围、蔡洧、蔓成然。 ㉚武军:足以彰显军威的军营。军:军垒。 ㉛须务牟、史猈(bà):皆楚大夫,蔡公之党。须务:复姓。 ㉜正仆人:太子之近官。大子禄:楚灵王太子,名禄。公子罢敌:楚灵王子。 ㉝鱼

陂(pí):地名,在今湖北天门市西北。㉞除:清除。㉟从:即,就。谓至其所。㊱告之:告知其事,使叛王。㊲复所:复其禄位。㊳劓(yì):割去鼻子。㊴訾梁:梁名,在今河南信阳市。㊵投:掷,跳。㊶挤于沟壑:坠于沟壑。挤:通“跻”。㊷右尹:楚官名,位次令尹。㊸若:且。大都:大邑。㊹祇:适。焉:耳。㊺然丹:子革。归于楚:弃王而归。㊻沿:顺流而下。夏:汉水之别名。㊼入:至。鄀:楚邑,在今湖北宜城市西南九里。㊽芋尹:掌田猎的长官。㊾再奸(gān)王命:指断王旌,执人于章台。事在七年。奸:犯。㊿惠:恩。弃:忘。51棘闱:地名。闱:原本作“围”,据阮元《校勘记》及敦煌写本(P.3806)改。52五月:《经》在四月,从告。癸亥:二十五日。癸亥在“乙卯”“丙辰”之后,《传》终言之。53子玉:观从。54时不知灵王已死。55乙卯:十七日。56周:遍。57司马:指公子弃疾。58丙辰:十八日。59訾:地名,在今河南信阳市。60訾敖:楚不成君及无谥者,多以葬地加敖字为称号。61取:收。62子旗:蔓成然。63豫章:地名,淮河以南、长江之北。64五帅:指荡侯、潘子、司马督、嚣尹午、陵尹喜。上年围徐之将帅。65九年,楚迁许于夷,迁城父人于陈,迁方城外人于许,今复之。66群赂:始举事时所许货赂。67宥:宽赦。68举职:修废官。69佐开卜:佐卜人开龟兆(钻龟甲使灼火时出现裂痕)。70卜尹:卜官之长。71枝如子躬:枝如为复姓。72犨、栎:皆郑邑,为楚所取。平王新立,故以还郑。73降服:释服谢罪。74失命:违命。失:违。75勤:辱。指降服而言。76不穀:君主自谦之辞,意为“不善之人”。77其告子也:谓有事将复使之。其:将。78尚:希望。79区区:谓小。畀:给。80患:恶。81冢適(dí):嫡子。82適立:嫡嗣。指太子。立:嗣。83大有事:谓遍祭群神。事:指祭祀。84巴姬:共王妾。大室:祖庙。85齐

(zhāi):通“斋”。 ㊇而长入拜:依长幼之次入拜。 ㊈跨之:从璧上跨过。跨:渡,越。 ㊉加焉:位于璧上。 ㊊弱:幼小。 ㊋厌:同“压”。纽:印玺穿组(丝绳)之鼻。 ㊌知其当立,故托其子。 ㊍弃礼违命:违立长之礼,背当璧之命。弃:违。 ㊎韩宣子:韩起。 ㊏济:成。 ㊐“同恶”二句:言国人共恶灵王,如贾人如市求利。求:聚。 ㊑“无与”二句:言诸人本非同好(目的不同),则亦不能同恶。 ㊒无人:无贤人相助。 ㊓无主:无内主为应。 ㊔无民:不得民众拥护。 ⑩昭公元年,子干奔晋。 ⑩“晋、楚”二句:晋、楚之士从子干者,皆非达人。 ⑩族尽亲叛:无亲信与族人在楚。 ⑩“无衅”句:召子干时,楚无大衅。衅:缝隙。引申为机会。 ⑩“为羁”句:终身客居于晋。羁:同“羇”,寄居。世:身。 ⑩“亡无”句:子干出亡,楚人无思之者。 ⑩“王虐”句:谓灵王虽暴,而不忌刻。 ⑩城外属焉:方城之外属子干。《史记·楚世家》云“方城外属焉”。 ⑩苛慝(tè):暴虐邪恶。苛:暴。慝:恶。 ⑩伏隐:隐藏,藏匿。伏、隐同义。 ⑩欲:好。谓喜好。不违:不违于礼。 ⑪“先神”句:谓再拜皆压纽。先神:指祖先与群望。 ⑪季:少子。 ⑪获神:得神助。指当璧而拜。 ⑪有民:国民信之。 ⑪令德:苛慝不作。 ⑪宠贵:尊贵。宠:尊。下文“贵宠”义同。 ⑪居常:楚国有乱,常立少者。文公元年《传》云:“楚国之举,恒在少者。” ⑪五难:指子干无人、无主、无谋、无民、无德。 ⑪数:计,论。 ⑫“其贵”二句:其父已没而失势。弃:废。 ⑫“齐桓”句:齐桓公小白、晋文公重耳亦皆庶子而出奔在外者。 ⑫有宠于僖:《史记·齐太公世家》:“小白母,卫女也,有宠于僖公。”小白或因其母而有宠。 ⑫鲍叔牙、宾须无、隰朋:皆齐之贤人。 ⑫“有莒”句:小白出奔莒,其母卫人,故得二国之助。 ⑫国、高:国氏、高氏。二氏世为齐之上卿。 ⑫下善齐(zhāi)肃:卑下于贤人,态度恭敬。下:谦退。善:贤。下文“求善”之“善”义同。齐:庄,肃。肃:敬。　⑫不藏贿:谓清廉。贿:货赂。　⑱从欲:纵欲。　⑲献:献公,文公之父。　⑳不贰:谓专一。　㉛五人:指狐偃、赵衰、颠颉、魏犨、胥臣。　㉜子馀:赵衰。子犯:狐偃。　㉝“有齐”句:齐以女妻之,宋赠之马,楚享以九献,秦妻而纳之。　㉞栾、郤(xì)、狐、先:栾枝、郤縠、狐突、先轸。　㉟亡十九年:僖公五年,文公奔狄,二十四年,乃复返晋国。㊱惠:晋惠公。名夷吾。怀:怀公。名圉,惠公之子。弃民:不恤民。　㊲从:顺。与:因。　㊳献无异亲:献公之子九人,唯重耳尚在。　㊴宠子:指弃疾。　㊵奥主:内主。奥:内。　㊶“去晋”句:晋人无从之者。送:从。　㊷“归楚”句:楚人无迎之者。

晋成虒祁[①],诸侯朝而归者皆有贰心[②]。为取郠故[③],晋将以诸侯来讨,叔向曰[④]:“诸侯不可以不示威。”乃并征会[⑤],告于吴。秋,晋侯会吴子于良[⑥],水道不可,吴人辞,乃还。

七月丙寅[⑦],治兵于邾南[⑧],甲车四千乘[⑨],羊舌鲋摄司马[⑩],遂合诸侯于平丘。

子产、子大叔相郑伯以会[⑪]。子产以幄幕九张行[⑫]。子大叔以四十[⑬],既而悔之,每舍损焉[⑭]。及会,亦如之[⑮]。

次于卫地,叔鲋求货于卫[⑯],淫刍荛者[⑰]。卫人使屠伯馈叔向羹与一箧锦[⑱],曰:“诸侯事晋,未敢携贰[⑲],况卫在君之宇下,而敢有异志[⑳]?刍荛者异于他日,敢请之[㉑]。”叔向受羹反锦,曰:“晋有羊舌鲋者,渎货无厌,亦将及矣[㉒]。为此役也[㉓],子若以君命赐之[㉔],其已[㉕]。”客从之,未退而禁之[㉖]。

晋人将寻盟[27]，齐人不可[28]。晋侯使叔向告刘献公曰[29]："抑齐人不盟[30]，若之何？"对曰："盟以厎信[31]。君苟有信，诸侯不贰[32]，何患焉？告之以文辞，董之以武师[33]，虽齐不许，君庸多矣[34]。天子之老[35]，请帅王赋，'元戎十乘[36]，以先启行'。迟速唯君。"叔向告于齐曰："诸侯求盟，已在此矣，今君弗利，寡君以为请。"对曰："诸侯讨贰，则有寻盟。若皆用命，何盟之寻？"叔向曰："国家之败，有事而无业[37]，事则不经；有业而无礼[38]，经则不序；有礼而无威[39]，序则不共；有威而不昭[40]，共则不明。不明弃共[41]，百事不终，所由倾覆也。是故明王之制，使诸侯岁聘以志业[42]，间朝以讲礼[43]，再朝而会以示威[44]，再会而盟以显昭明[45]。志业于好[46]，讲礼于等[47]，示威于众[48]，昭明于神[49]。自古以来，未之或失也[50]。存亡之道，恒由是兴。晋礼主盟[51]，惧有不治，奉承齐牺[52]，而布诸君，求终事也。君曰'余必废之'，何齐之有？唯君图之[53]。寡君闻命矣！"齐人惧，对曰："小国言之，大国制之[54]，敢不听从？既闻命矣，敬共以往，迟速唯君。"

叔向曰："诸侯有间矣[55]，不可以不示众。"八月辛未[56]，治兵，建而不旆[57]。壬申[58]，复旆之。诸侯畏之。

邾人、莒人诉于晋曰："鲁朝夕伐我，几亡矣。我之不共[59]，鲁故之以[60]。"晋侯不见公，使叔向来辞曰："诸侯将以甲戌盟，寡君知不得事君矣，请君无勤[61]。"子服惠伯对曰[62]："君信蛮夷之诉[63]，以绝兄弟之国，弃周公之后，亦惟君。寡君闻命矣。"叔向曰："寡君有甲车四千乘在，虽以无道行之，必可畏也。况其率道[64]，其何敌之有？牛虽瘠[65]，偾于豚上，其畏不死？南蒯、子仲之忧[66]，其庸可弃乎？若奉晋之众，用诸侯之师，因邾、莒、杞、鄫之怒[67]，以讨鲁罪，间其二忧[68]，何求而弗克[69]？"鲁人惧，听命[70]。

甲戌，同盟于平丘，齐服也。令诸侯日中造于除[71]。癸酉[72]，退朝。子产命外仆速张于除[73]，子大叔止之，使待明日。及夕，子产闻其未张也，使速往，乃无所张矣。

及盟，子产争承[74]，曰："昔天子班贡[75]，轻重以列[76]。列尊贡重，周之制也。卑而贡重者，甸服也[77]。郑，伯男也[78]，而使从公侯之贡，惧弗给也[79]。敢以为请。诸侯靖兵，好以为事[80]。行理之命[81]，无月不至，贡之无艺[82]，小国有阙，所以得罪也。诸侯修盟，存小国也。贡献无极[83]，亡可待也。存亡之制[84]，将在今矣[85]。"自日中以争，至于昏，晋人许之。

既盟，子大叔咎之曰："诸侯若讨，其可渎乎[86]？"子产曰："晋政多门[87]，贰偷之不暇[88]，何暇讨？国不竞亦陵[89]，何国之为？"

公不与盟[90]。晋人执季孙意如，以幕蒙之[91]，使狄人守之。司铎射怀锦[92]，奉壶饮冰[93]，以蒲伏焉[94]。守者御之[95]，乃与之锦而入。晋人以平子归[96]，子服湫从[97]。

子产归，未至，闻子皮卒[98]，哭，且曰："吾已[99]！无为为善矣[100]。唯夫子知我。"

仲尼谓："子产于是行也，足以为国基矣。《诗》曰[101]：'乐只君子[102]，邦家之基。'子产，君子之求乐者也。"且曰："合诸侯，艺贡事[103]，礼也。"

〔注释〕

①虒(sī)祁:晋离宫。建成于八年。 ②贰心:离心。 ③取郠(gěng):鲁伐莒取郠在十年。 ④叔向:羊舌肸。 ⑤并:遍。征:召。 ⑥会:约与吴子会。良:地名,在今江苏邳州市北六十里。 ⑦丙寅:二十九日。 ⑧邾南:邾之南境。 ⑨甲车:兵车。 ⑩羊舌鲋:叔向之弟。摄:代。司马:晋掌军法之官。 ⑪子产:公孙侨。子大叔:游吉。 ⑫幄幕:帐篷。 ⑬四十:四十张。 ⑭每舍损焉:每次住宿,则减少其幄幕。 ⑮亦如之:亦如子产用九张。 ⑯叔鲋:即羊舌鲋。 ⑰淫:纵,放纵。羊舌鲋故意放纵刍荛者,欲惧卫人以取赂。 ⑱屠伯:卫大夫。羹:肉。箧(qiè):箱之小者。 ⑲携贰:怀有二心。携、贰皆训"离"。 ⑳而:岂。异志:二心。 ㉑请:问。请问其故。 ㉒及:及于祸。 ㉓役:事。 ㉔"子若"句:言以卫君之命赐锦于叔鲋。 ㉕其已:放纵刍荛之事将止。 ㉖未退而禁之:敦煌写本(P. 3611)"而"下有"命"字。 ㉗寻盟:重申前盟。寻:温,重申。 ㉘有贰心故。 ㉙刘献公:名挚,周卿士。 ㉚抑:发语词,无义。 ㉛底(zhǐ):致。 ㉜贰:叛。 ㉝董:督。 ㉞庸:利,好处。 ㉟"天子"二句:谓己将率周王之军队随晋伐齐。老:指天子之上公。《礼记·王制》:"八伯各以其属属于天子之老二人。"注:"老,谓上公。"王赋:王卒。 ㊱"元戎"二句:引文出自《诗·小雅·六月》。言愿率戎车在前开道。元戎:古代大型战车,用于冲开敌阵。元:大。启行:开道。 ㊲"有事"二句:有事而无职贡,则事不可常。业:职。经:常。 ㊳"有业"二句:供其职贡而无礼,则等差无序。 ㊴"有礼"二句:有礼而无威严,则虽有序而不恭敬。 ㊵"有威"二句:有威严而不显示,则貌恭而心不诚。 ㊶"不明"二句:心不诚,无恭敬之心,则百事无成。终:成。 ㊷志业:谓修其职贡。志:识,记。业:职。 ㊸间朝:隔

年而朝。古代三年一朝。讲礼:习礼。庄公二十三年《传》:"朝以正班爵之义,帅长幼之序。" ㊹再朝而会:古代六年一会。庄公二十三年《传》:"会以训上下之则,制财用之节。" ㊺再会而盟:十二年一盟。显昭明:显示诚信。显:《初学记》卷十四《礼部下》引作"著"。昭:明,信。昭、明同义。 ㊻志业于好:行聘意在修好。好:聘。聘是嘉好之事,故谓之好。 ㊼讲礼于等:以礼明上下等级。讲:习。于:以。 ㊽示威于众:以众示威。 ㊾昭明于神:以神昭明诚信。 ㊿未之或失:未之有失。谓未有违之者。或:有。 51晋礼主盟:晋以礼主盟。 52奉承:奉。奉、承同义。齐牺:斋戒之牺牲。齐:通"斋"。下文"何齐之有"之"齐"与此同。 53唯:愿。 54制:裁断。 55间:隙。谓诸侯有离心。 56辛未:五日。 57建而不旆(pèi):建旌旗而不设旆。旆:附设在旗正幅上的长帛,可以解下。旗上加旆,表示将要打仗。 58壬申:六日。 59不共:不供晋贡。 60鲁故之以:因鲁之故。 61请君无勤:意即拒绝鲁君参加会盟。勤:辱。 62子服惠伯:孟椒。 63蛮夷:指邾、莒。 64率:循。 65"牛虽"二句:牛虽瘦,倒下也会压死猪。偾(fèn):仆,倒。 66"南蒯"二句:南蒯欲以子仲(公子慭)代季氏,又据费叛,事见十二年《传》。其庸:岂。二字义同。弃:忘。 67因:趁。邾、莒、杞、鄫(zēng):都是靠近鲁国的小国。鄫已灭,其民犹在。 68间其二忧:乘南蒯、子仲为乱之机。间:伺机。 69克:获,得。 70听命:谓不敢与盟。 71造:至。除:除地而成之坛,会盟之处所。 72癸酉:七日。 73张:张幕。 74承:次。指贡赋之次。 75班贡:规定贡赋之等级。班:赋,布。 76轻重以列:以地位高低确定贡赋多少。列:位。 77甸服:在王畿千里之内的诸侯。 78郑,伯男也:言郑应承担伯爵之职贡。男:任。《释名·释长幼》:"男,任也,任王事。"《国语·周语中》云:"夫狄无列于王室,郑,伯南也，王而卑之，是不尊贵也。”“南”亦有“任”义。《广雅·释言》：“南、壬，任也。” ⑲给：足。 ⑳好以为事：以友好为事。 ㉑行理：使人。命：使。 ㉒无艺：没有限度。艺：极，法度。 ㉓无极：无度。 ㉔制：法度。 ㉕将：唯。 ㉖渎：易，慢，轻忽。 ㉗多门：谓不出一家。 ㉘贰偷：猜疑苟且。贰：疑。 ㉙“国不”二句：言不争则为人所陵，将不成其国。竞：争。为：有。 ⑳公不与盟：晋听邾、莒之诉，欲讨鲁故。 ㉑以幕蒙之：谓关押在帐篷之内。蒙：覆蔽。 ㉒司铎射：鲁大夫。司铎为官名。 ㉓壶：箭筒。饮冰：以箭筒盖盛水而饮之。冰：箭筒之盖。 ㉔蒲伏：匍匐。 ㉕御：止。 ㉖平子：季孙意如。 ㉗子服湫：孟椒。 ㉘子皮：罕虎。 ㉙吾已：我完了！已：止。终了之辞。 ⑩⓪无为为善：无与为善之人。为：与 ⑩①《诗》曰：引文出自《诗·小雅·南山有台》。 ⑩②“乐只”二句：谓和乐君子，乃国家之基石。只：语助词，无义。 ⑩③艺：准则，法度。此用作动词。

鲜虞人闻晋师之悉起也，而不警边，且不修备[①]。晋荀吴自著雍以上军侵鲜虞[②]，及中人[③]，驱冲竞[④]，大获而归。

〔注释〕

①修备：设备。修：备办。备：指守备。 ②著雍：晋地。 ③中人：地名，在今河北唐山市西北十三里。 ④驱冲竞：驱驰攻击追逐。冲：击。竞：逐。

楚之灭蔡也[①]，灵王迁许、胡、沈、道、房、申于荆焉[②]。平王即位，既封陈、蔡，而皆复之，礼也。隐大子之子庐归于蔡[③]，礼也。悼大子之子吴归于陈[④]，礼也。

〔注释〕

①楚灭蔡在十一年。 ②“灵王”句：许、胡、沈、道、房、申皆小国，楚灭之而迁于楚。据《传》，楚迁许于夷，在九年。胡：归姓国，在今安徽阜阳市。沈：姬姓国，在今河南沈丘县东南。道：在今河南息县西南（即汉之阳安县）。房：祁姓国，在今河南遂平县。申：姜姓国，在今河南南阳市。荆：即楚。 ③隐大子：蔡太子，名有。隐是谥号。庐：蔡平侯。 ④悼大子：陈太子偃师。吴：陈惠公。

冬十月，葬蔡灵公[①]，礼也。

〔注释〕

①复蔡，成礼以葬。

公如晋。荀吴谓韩宣子曰：“诸侯相朝，讲旧好也[①]。执其卿而朝其君，有不好焉，不如辞之。”乃使士景伯辞公于河[②]。

〔注释〕

①讲：习。 ②士景伯：弥牟，士文伯之子。

吴灭州来[①]。令尹子旗请伐吴[②]，王弗许，曰：“吾未抚民人[③]，未事鬼神，未修守备[④]，未定国家，而可民力[⑤]，败不可悔。州来在吴，犹在楚也。子姑待之！”

〔注释〕

①州来：楚邑，在今安徽寿县。 ②子旗：原作“子期”，据阮元

《校勘记》及武英殿本改。 ③抚:安。 ④修:备。 ⑤可:用。

季孙犹在晋,子服惠伯私于中行穆子曰[①]:"鲁事晋何以不如夷之小国[②]?鲁,兄弟也,土地犹大,所命能具[③]。若为夷弃之,使事齐、楚,其何瘳于晋[④]?亲亲,与大,赏共,罚否[⑤],所以为盟主也。子其图之!谚曰:'臣一主二。'吾岂无大国[⑥]?"穆子告韩宣子,且曰:"楚灭陈、蔡,不能救,而为夷执亲,将焉用之?"乃归季孙。惠伯曰:"寡君未知其罪,合诸侯而执其老[⑦]。若犹有罪[⑧],死命可也。若曰无罪而惠免之[⑨],诸侯不闻,是逃命也[⑩],何免之为[⑪]?请从君惠于会[⑫]。"宣子患之,谓叔向曰:"子能归季孙乎?"对曰:"不能。鲋也能。"乃使叔鱼[⑬]。叔鱼见季孙曰:"昔鲋也得罪于晋君,自归于鲁君[⑭],微武子之赐[⑮],不至于今。虽获归骨于晋,犹子则肉之[⑯],敢不尽情?归子而不归,鲋也闻诸吏,将为子除馆于西河[⑰],其若之何?"且泣。平子惧,先归。惠伯待礼[⑱]。

〔注释〕

①私:私下会见。中行穆子:荀吴。 ②夷之小国:指邾、莒。③具:备。 ④瘳:益。 ⑤否:不能供给者。指邾、莒。 ⑥岂无大国:言晋若不容,鲁将事他国。 ⑦老:指季孙意如。诸侯之上卿称老。《礼记·曲礼下》:"国君不名卿老世妇。"注:"卿老,上卿也。" ⑧若犹:若,如果。若、犹义同。 ⑨曰:认为,以为。⑩逃:匿,藏匿。 ⑪何免之为:哪里是赦免呢?为:有。 ⑫欲会诸侯而免之。 ⑬叔鱼:羊舌鲋。 ⑭自:而。归:依归。谓投

靠。 ⑮微:非。武子:季武子。季孙宿,季平子之祖父。 ⑯“犹子”句:你使我得以复生。叔鱼受武子之恩,而归德于其孙,故曰“犹子实肉之”。肉:使枯骨生肉。 ⑰除:修治。西河:黄河以西之地。晋之西境,距离鲁国较远。 ⑱待礼:等待遣返之礼。

经

十有四年春[1],意如至自晋[2]。

三月,曹伯滕卒[3]。

夏四月。

秋,葬曹武公。

八月,莒子去疾卒。

冬,莒杀其公子意恢。

〔注释〕

①十有四年:公元前528年。 ②“意如”句:喜其得免,故书其至。 ③滕:《史记·管蔡世家》《汉书·古今人表》皆作“胜”。

传

十四年春,意如至自晋[1],尊晋罪己也。尊晋罪己,礼也。

〔注释〕

①“意如”二句:言《春秋》不书意如之族(季孙),表示尊重盟主,归罪于己。十年晋人执季孙意如。

南蒯之将叛也[①],盟费人。司徒老祁、虑癸伪废疾[②],使请于南蒯曰:“臣愿受盟,而疾兴[③]。若以君灵不死,请待间而盟。”许之。二子因民之欲叛也[④],请朝众而盟。遂劫南蒯,曰:“群臣不忘其君[⑤],畏子以及今,三年听命矣。子若弗图,费人不忍其君,将不能畏子矣[⑥]。子何所不逞欲[⑦]?请送子。”请期五日。遂奔齐。侍饮酒于景公。公曰:“叛夫[⑧]!”对曰:“臣欲张公室也[⑨]。”子韩皙曰[⑩]:“家臣而欲张公室,罪莫大焉。”司徒老祁、虑癸来归费[⑪]。齐侯使鲍文子致之[⑫]。

〔注释〕

①“南蒯”句:南蒯将以费(季孙氏食邑)叛于齐。 ②老祁、虑癸:皆季氏家臣。废疾:发病。废:通“发”。 ③而:然。兴:作。 ④因:趁。 ⑤君:指季孙。 ⑥不能畏子:不能复畏子。⑦“子何”句:言至他处亦可逞其心意。所:处。逞:快。 ⑧叛夫:叛人。此为戏言。 ⑨张:张大。 ⑩子韩皙:齐大夫。 ⑪归费:以费归鲁。 ⑫“齐侯”句:费人不欲叛,故齐侯复致其地于鲁。鲍文子:鲍国。

夏,楚子使然丹简上国之兵于宗丘[①],且抚其民。分贫振穷[②],长孤幼[③],养老疾,收介特[④],救灾患,宥孤寡[⑤],赦罪戾[⑥],诘奸慝[⑦],举淹滞[⑧],礼新[⑨],叙旧,禄勋[⑩],合亲[⑪],任良物官[⑫]。使屈罢简东国之兵于召陵[⑬],亦如之[⑭]。好于边疆[⑮],息民五年,而后用师,礼也。

〔注释〕

①简:习,治。上国:指楚都以西地区。西方居上流,故谓之上国。宗丘:楚地,在今湖北秭归县。 ②分:施。谓救助。振:救助。 ③长:养。 ④收:收聚。介特:指单身之民。介、特皆“孤独”之意。 ⑤宥:宽。指宽其赋税。 ⑥罪戾:有罪之人。戾:罪。 ⑦诘:责。奸慝(tè):奸邪。奸、慝同义。 ⑧淹滞:有才而未用者。 ⑨新:羁旅之人。 ⑩禄勋:赏有功者。 ⑪合:和。亲:九亲。 ⑫任良物官:任用贤良之士。良:贤。物、官都是官职的意思。 ⑬东国:指楚都以东地区。召(shào)陵:楚地,在今河南偃城县东。 ⑭如之:如然丹。 ⑮好于边疆:与四邻结好。

秋八月,莒著丘公卒。郊公不戚[1]。国人弗顺[2],欲立著丘公之弟庚舆[3]。蒲馀侯恶公子意恢[4],而善于庚舆。郊公恶公子铎[5],而善于意恢。公子铎因蒲馀侯而与之谋曰[6]:“尔杀意恢,我出君而纳庚舆[7]。”许之。

〔注释〕

①郊公:著丘公子。 ②顺:从。 ③庚舆:莒共公。舆:原本作“与”,据阮元《校勘记》、《宋本册府元龟》卷七四九改。下同。 ④蒲馀侯:名兹夫,莒大夫。意恢:莒群公子。 ⑤公子铎:亦莒群公子。 ⑥因:依。 ⑦出:逐。

楚令尹子旗有德于王[1],不知度,与养氏比[2],而求无厌[3]。王患之[4]。九月甲午[5],楚子杀斗成然,而灭养氏之族。使斗辛居郧[6],以无忘旧勋。

〔注释〕

①子旗：斗成然，亦称蔓成然。有德于王：有佐立之功。②养氏：养由基之后。比：亲近。 ③求：贪，贪婪。 ④患：恶。⑤甲午：四日。 ⑥斗辛：子旗之子。郧（yún）：楚邑，在今湖北安陆市。

冬十二月，蒲馀侯兹夫杀莒公子意恢。郊公奔齐。公子铎逆庚舆于齐，齐隰党、公子鉏送之[①]，有赂田[②]。

〔注释〕

①隰党、公子鉏：皆齐大夫。 ②莒以田赂齐。

晋邢侯与雍子争鄐田[①]，久而无成[②]。士景伯如楚[③]，叔鱼摄理[④]。韩宣子命断旧狱[⑤]，罪在雍子。雍子纳其女于叔鱼，叔鱼蔽罪邢侯[⑥]。邢侯怒，杀叔鱼与雍子于朝。宣子问其罪于叔向。叔向曰："三人同罪，施生戮死可也[⑦]。雍子自知其罪，而赂以买直[⑧]，鲋也鬻狱[⑨]，邢侯专杀[⑩]，其罪一也。己恶而掠美为昏[⑪]，贪以败官为墨[⑫]，杀人不忌为贼[⑬]。《夏书》曰[⑭]：'昏、墨、贼，杀[⑮]。'皋陶之刑也[⑯]。请从之。"乃施邢侯[⑰]，而尸雍子与叔鱼于市。

仲尼曰："叔向，古之遗直也[⑱]。治国制刑，不隐于亲[⑲]。三数叔鱼之恶[⑳]，不为末减[㉑]，曰义也夫[㉒]，可谓直矣！平丘之会[㉓]，数其贿也[㉔]，以宽卫国，晋不为暴。归鲁季孙，称其诈也[㉕]，以宽鲁国，晋不为虐。邢侯之狱[㉖]，言其贪也，以正刑书[㉗]，晋不为颇[㉘]。三言而除三恶[㉙]，加三利[㉚]，杀亲益

荣㉛,犹义也夫㉜!”

〔注释〕

①邢侯:楚申公巫臣之子。雍子:亦楚人奔晋者。争鄐(xù)田:襄公二十六年《传》云:“雍子奔晋,晋人与之鄐,以为谋主。”《说文》:“鄐,晋邢侯田。”雍子与邢侯共有其田,故争其界。鄐在今河南修武县。 ②无成:没有结果。成:定。 ③士景伯:晋之司法官。 ④叔鱼:羊舌鲋,叔向(羊舌肸)之弟。摄理:代理。士景伯如楚,故叔鱼摄其官。 ⑤韩宣子:韩起。旧狱:旧案。狱:讼。 ⑥蔽:断。 ⑦“施生”句:将活着的杀死,与死者一起陈尸示众。施:陈尸曰施。戮:辱。谓陈尸示众。《国语·晋语三》:“秦人杀冀芮而施之。” ⑧赂以买直:以贿赂求胜诉。⑨鬻狱:谓受贿枉法。鬻:卖。 ⑩专:擅。 ⑪掠美:取他人之善为己有。掠:夺取。美:善。昏:乱。 ⑫败官:败坏法度。官:法。墨:贪污不洁之称。 ⑬忌:畏。 ⑭《夏书》:逸《书》。⑮杀:皆处死刑。 ⑯皋陶(yáo):舜之臣,掌刑狱之事。刑:法。⑰施:劾捕。 ⑱古之遗直:言叔向正直,有古人遗风。直:正。⑲隐:避,回避。 ⑳数:言。 ㉑末减:稍予开脱。末:薄。减:损。 ㉒曰:为,行。 ㉓平丘之会:在上年。 ㉔数其贿也:叔向谓叔鱼“渎货无厌”。贿:贪。 ㉕称:言。叔鱼以诈谋迫使季孙返鲁。 ㉖“邢侯”二句:叔向言“鲋也鬻狱”。 ㉗刑书:指刑法。㉘颇:偏。 ㉙三恶:指暴、虐、颇。 ㉚三利:谓宽卫国、晋国、正刑书。利:善。 ㉛益荣:增加美名。 ㉜犹:由。《孔子家语·正论》“犹”作“由”。

经

十有五年春①,王正月,吴子夷末卒。

二月癸酉[2]，有事于武宫[3]。籥入[4]，叔弓卒。去乐，卒事[5]。

夏，蔡朝吴出奔郑。

六月丁巳朔，日有食之[6]。

秋，晋荀吴帅师伐鲜虞。

冬，公如晋。

〔注释〕

①十有五年：公元前527年。 ②癸酉：十五日。 ③有事：指祭祀。武宫：鲁武公（鲁公伯禽玄孙）之庙。 ④"籥入"二句：祭祀必奏乐，并有舞。文舞执羽籥，武舞执干戚。入庙时先文而后武。当籥始入时，叔弓暴卒。籥（yuè）：管乐器。有吹籥、舞籥二种。吹籥似笛而短小，三孔；舞籥长，有六孔或七孔，可执以舞。⑤去乐，卒事：撤去音乐，而完成祭祀。 ⑥日有食之：此为公元前527年4月18日的日环食。

传

十五年春，将禘于武公[1]，戒百官[2]。梓慎曰："禘之日其有咎乎[3]！吾见赤黑之祲[4]，非祭祥也[5]，丧氛也[6]。其在莅事乎[7]！"二月癸酉，禘，叔弓莅事，籥入而卒。去乐，卒事，礼也[8]。

〔注释〕

①禘（dì）：指四时之祭。《礼记·祭义》："是故君子合诸天道，春禘秋尝。" ②戒：戒期。预先告知日期。 ③咎：灾祸。④祲（jīn）：阴阳相感形成的云气。 ⑤祥：应征，征候。 ⑥氛：

祥气,吉凶之先兆。 ⑦莅事:主事者。莅:临。 ⑧礼也:大臣卒,去乐,不废祭,合于礼。

楚费无极害朝吴之在蔡也[①],欲去之,乃谓之曰:“王唯信子,故处子于蔡。子亦长矣[②],而在下位,辱。必求之[③],吾助子请。”又谓其上之人曰[④]:“王唯信吴,故处诸蔡,二三子莫之如也,而在其上,不亦难乎?弗图,必及于难。”夏,蔡人逐朝吴。朝吴出奔郑。王怒,曰:“余唯信吴,故置诸蔡。且微吴[⑤],吾不及此。女何故去之[⑥]?”无极对曰:“臣岂不欲吴[⑦]?然而前知其为人之异也[⑧]。吴在蔡,蔡必速飞[⑨]。去吴,所以翦其翼也[⑩]。”

〔注释〕

①费无极:《史记·楚世家》《伍子胥列传》皆作“费无忌”。害:患。朝吴:蔡大夫。 ②长:老。 ③必:若,如果。 ④其上之人:位在朝吴之上的人。 ⑤微:非。 ⑥何故去之:王已知无极之谋,故有此问。 ⑦“臣岂”句:言非不喜爱朝吴。欲:好。 ⑧前:先前。知:觉。异:有异心。 ⑨蔡必速飞:谓蔡很快将叛楚独立。 ⑩翦:断。此二句以鸟为喻。

六月乙丑[①],王大子寿卒[②]。

〔注释〕

①乙丑:九日。 ②大子寿:周景王之太子。

秋八月戊寅[①],王穆后崩[②]。

〔注释〕

①戊寅：二十三日。 ②穆后：太子寿之母。

晋荀吴帅师伐鲜虞，围鼓①。鼓人或请以城叛，穆子弗许②。左右曰："师徒不勤③，而可以获城，何故不为？"穆子曰："吾闻诸叔向曰：'好恶不愆④，民知所适⑤，事无不济。'或以吾城叛，吾所甚恶也；人以城来，吾独何好焉？赏所甚恶，若所好何⑥？若其弗赏，是失信也，何以庇民？力能则进，否则退，量力而行。吾不可以欲城而迩奸⑦，所丧滋多。"使鼓人杀叛人而缮守备。围鼓三月，鼓人或请降。使其民见，曰："犹有食色，姑修而城。"军吏曰："获城而弗取，勤民而顿兵⑧，何以事君？"穆子曰："吾以事君也。获一邑而教民怠，将焉用邑？邑以贾怠⑨，不如完旧⑩。贾怠无卒⑪，弃旧不祥。鼓人能事其君，我亦能事吾君。率义不爽⑫，好恶不愆，城可获而民知义所⑬，有死命而无二心⑭，不亦可乎！"鼓人告食竭力尽，而后取之。克鼓而反，不戮一人，以鼓子鸢鞮归⑮。

〔注释〕

①鼓：国名，白狄之别族，在今河北晋州市。 ②穆子：荀吴。③勤：劳。 ④不愆：谓得当。愆：失，违。 ⑤适：从。 ⑥若所好何：谓无以复加于所好者。 ⑦迩奸：亲近坏人。奸：邪，恶。⑧顿：毁坏。 ⑨贾：买。 ⑩完：保守。旧：旧邑。 ⑪卒：终。⑫率：循。爽：差失。 ⑬义所：义之所在。 ⑭"有死"句：谓虽死而无二心。有：虽。 ⑮鸢鞮（yuān dī）：亦作"鸢鞮"。鼓君

之名。

冬，公如晋[①]，平丘之会故也。

〔注释〕

①“公如”二句：十三年，诸侯会于平丘，鲁君不得与会，季孙见执。今得免，故往谢之。

十二月，晋荀跞如周，葬穆后，籍谈为介[①]。既葬，除丧，以文伯宴[②]，樽以鲁壶[③]。王曰：“伯氏，诸侯皆有以镇抚王室[④]，晋独无有，何也？”文伯揖籍谈[⑤]。对曰：“诸侯之封也，皆受明器于王室[⑥]，以镇抚其社稷，故能荐彝器于王[⑦]。晋居深山，戎狄之与邻，而远于王室，王灵不及[⑧]，拜戎不暇[⑨]，其何以献器？”王曰：“叔氏[⑩]，而忘诸乎！叔父唐叔[⑪]，成王之母弟也，其反无分乎[⑫]？密须之鼓[⑬]，与其大路，文所以大蒐也[⑭]；阙巩之甲[⑮]，武所以克商也，唐叔受之，以处参虚[⑯]，匡有戎狄[⑰]。其后襄之二路、鏚钺、秬鬯、彤弓、虎贲[⑱]，文公受之[⑲]，以有南阳之田[⑳]，抚征东夏[㉑]，非分而何？夫有勋而不废，有绩而载[㉒]，奉之以土田[㉓]，抚之以彝器[㉔]，旌之以车服[㉕]，明之以文章[㉖]，子孙不忘，所谓福也。福祚之不登[㉗]，叔父焉在[㉘]？且昔而高祖孙伯黡司晋之典籍[㉙]，以为大政[㉚]，故曰籍氏。及辛有之二子董之[㉛]，晋于是乎有董史[㉜]。女，司典之后也，何故忘之？”籍谈不能对。宾出，王曰：“籍父其无后乎[㉝]！数典而忘其祖。”

籍谈归，以告叔向。叔向曰：“王其不终乎！吾闻之，所

乐必卒焉㉞。今王乐忧,若卒以忧,不可谓终㉟。王一岁而有三年之丧二焉㊱,于是乎以丧宾宴,又求彝器,乐忧甚矣,且非礼也。彝器之来,嘉功之由㊲,非由丧也。三年之丧,虽贵遂服㊳,礼也。王虽弗遂,宴乐以早㊴,亦非礼也。礼,王之大经也㊵。一动而失二礼㊶,无大经矣。言以考典㊷,典以志经㊸。忘经而多言举典㊹,将焉用之?"

〔注释〕

①介:副使。 ②以:与。文伯:荀跞。 ③樽以鲁壶:以鲁所献之壶为樽。 ④有以镇抚王室:谓有贡献于王室。镇抚:安定。镇、抚同义。 ⑤"文伯"句:荀跞示意让籍谈回答。揖:揖之使前。 ⑥明器:大器。谓重器。 ⑦荐:献。彝器:宗庙之常器。 ⑧灵:福。指分赐。 ⑨拜戎:服戎。拜:服。使服。⑩"叔氏"二句:《汉书·五行志中之上》作"叔氏其忘诸乎"。⑪叔父:天子称同姓诸侯为伯父、叔父。此称荀跞为伯父,籍谈为叔父,亦以同姓之故。而:其,岂。诸:之。唐叔:唐叔虞,晋始封之君。 ⑫其:岂。分:天子所赐土地器物人民,皆可谓之分。⑬密须:即密。国名,姞姓,在今甘肃灵台县西五十里。 ⑭"文所以"句:文王伐密,得其鼓与大路以蒐(检阅军队)。 ⑮阙巩之甲:阙巩国所出之甲。 ⑯参(shēn)虚:实沈(十二星次之名,晋之分野)之次。虚:次。 ⑰匡有:匡正而领有之。 ⑱襄之二路:周襄王赐晋文公之大路、戎路。鏚钺:斧钺。鏚:同"戚"。斧。钺:大斧。《礼记·王制》:"诸侯,赐弓矢然后征,赐斧钺然后杀。"秬鬯(jù chàng):以秬黍酿成的酒。此酒不加郁金香草。秬:黑黍。鬯:黑黍所酿之酒,芬香条畅上下,故称鬯。彤弓:漆成红色的弓。虎贲(bēn):勇力之士。 ⑲文公受之:晋文公受周

王之赐,事见僖公二十八年《传》。 ⑳南阳:在晋山之南,黄河之北,故云南阳。 ㉑抚征:或抚之,或征之。东夏:指齐、鲁、郑、宋诸国。 ㉒绩:功。载:书于策。 ㉓土田:田地。指南阳之地。 ㉔彝器:弓钺之属。 ㉕旌:表彰。车服:指所赐路车及相应的器物仪仗。 ㉖明:彰显。文章:指旌旗车服等器物上的彩饰,古代用以区别贵贱等级。 ㉗福祚:福。福、祚同义。登:登记。 ㉘叔父焉在:谓籍谈忘其世职。焉在:在何处。 ㉙高祖:远祖之通称。孙伯黡(yǎn):籍谈九世祖。 ㉚大政:《汉书·五行志中之上》作"大正"。正卿。《说文》:"政,正也。" ㉛辛有:周太史。二子:次子。董:督,理。谓治其事。 ㉜董史:董氏世为史官。 ㉝其:殆。 ㉞"所乐"句:言必以所乐之事终。㉟不可谓终:不能善终。谓:以。 ㊱指太子寿卒、穆王后崩。㊲嘉功之由:由于赏功。嘉:褒。谓褒奖。 ㊳贵:尊。谓位尊者。遂:终,竟。服:行。 ㊴以:同"已"。太。 ㊵经:纲纪。㊶失二礼:谓因丧求彝器,宴乐过早。失:违。 ㊷考:成。 ㊸志:记,记载。 ㊹举典:称引典籍。举:称。

经

十有六年春[1],齐侯伐徐。

楚子诱戎蛮子,杀之。

夏,公至自晋。

秋八月己亥[2],晋侯夷卒。

九月,大雩[3]。

季孙意如如晋。

冬十月,葬晋昭公。

〔注释〕

①十有六年:公元前 526 年。 ②己亥:二十日。 ③雩(yú):求雨之祭。

传

十六年春,王正月,公在晋。晋人止公[1],不书[2],讳之也。

〔注释〕

①止公:拘留昭公。十年,鲁伐莒取郠,晋讨其罪,故拘之。②“不书”二句:《春秋》不书晋人止公,为鲁讳耻。

齐侯伐徐[1]。

〔注释〕

①齐侯伐徐:此与“二月丙申”条为一事,因不在同月,故插入楚子诱杀戎蛮子一事。

楚子闻蛮氏之乱也[1],与蛮子之无质也[2],使然丹诱戎蛮子嘉,杀之,遂取蛮氏。既而复立其子焉,礼也[3]。

〔注释〕

①蛮氏:国名,在今河南汝阳县东南。 ②质:信。 ③礼也:复立其子,合于礼。

二月丙申[1],齐师至于蒲隧[2]。徐人行成[3]。徐子及郯人、莒人会齐侯,盟于蒲隧,赂以甲父之鼎[4]。叔孙昭子

曰[⑤]:“诸侯之无伯[⑥],害哉!齐君之无道也,兴师而伐远方,会之,有成而还,莫之亢也[⑦]。无伯也夫[⑧]!《诗》曰[⑨]:‘宗周既灭[⑩],靡所止戾。正大夫离居,莫知我肄。’其是之谓乎!”

〔**注释**〕

①丙申:十四日。 ②蒲隧:地名,在今江苏睢宁县西南。 ③行成:言和,求和。 ④甲父:国名,在今山东金乡县。徐人得甲父之鼎以赂齐。 ⑤叔孙昭子:叔孙婼。 ⑥“诸侯”二句:诸侯没有霸主,小国受其祸害。 ⑦亢:御。 ⑧也夫:语气词。表示感叹语气。 ⑨《诗》曰:引文出自《诗·小雅·雨无正》。 ⑩“宗周”四句:言周为天下宗主,今趋衰亡,乱无止息之时。执政大夫散乱,无人知我之劳。戾:止。正:长。周官八职,一曰正,谓六官之长,皆上大夫。肄:劳。今本《诗经》与此略有出入。

三月[①],晋韩起聘于郑,郑伯享之。子产戒曰:“苟有位于朝,无有不共恪[②]。”孔张后至[③],立于客间[④];执政御之[⑤],适客后;又御之,适县间[⑥]。客从而笑之。事毕,富子谏曰[⑦]:“夫大国之人,不可不慎也,几为之笑而不陵我[⑧]?我皆有礼,夫犹鄙我[⑨]。国而无礼,何以求荣?孔张失位,吾子之耻也。”子产怒曰:“发命之不衷[⑩],出令之不信,刑之颇类[⑪],狱之放纷[⑫],会朝之不敬,使命之不听[⑬],取陵于大国,罢民而无功,罪及而弗知,侨之耻也[⑭]。孔张[⑮],君之昆孙子孔之后也,执政之嗣也[⑯]。为嗣大夫,承命以使,周于诸侯[⑰],国人所尊,诸侯所知。立于朝而祀于家[⑱],有禄于

国[19],有赋于军[20],丧祭有职[21],受脤归脤[22]。其祭在庙,已有著位[23]。在位数世,世守其业[24],而忘其所,侨焉得耻之?辟邪之人而皆及执政[25],是先王无刑罚也。子宁以他规我[26]!”

宣子有环,其一在郑商。宣子谒诸郑伯,子产弗与,曰:“非官府之守器也,寡君不知。”子大叔、子羽谓子产曰[27]:“韩子亦无几求[28],晋国亦未可以贰[29]。晋国、韩子不可偷也[30]。若属有谗人交斗其间[31],鬼神而助之,以兴其凶怒[32],悔之何及?吾子何爱于一环,其以取憎于大国也[33]?盍求而与之?”子产曰:“吾非偷晋而有二心,将终事之,是以弗与,忠信故也。侨闻君子非无贿之难[34],立而无令名之患。侨闻为国非不能事大字小之难[35],无礼以定其位之患。夫大国之人令于小国,而皆获其求,将何以给之[36]?一共一否[37],为罪滋大。大国之求,无礼以斥之[38],何餍之有?吾且为鄙邑[39],则失位矣[40]。若韩子奉命以使,而求玉焉,贪淫甚矣[41],独非罪乎?出一玉以起二罪[42],吾又失位,韩子成贪,将焉用之?且吾以玉贾罪,不亦锐乎[43]?”

韩子买诸贾人,既成贾矣[44]。商人曰:“必告君大夫[45]。”韩子请诸子产,曰:“日起请夫环,执政弗义,弗敢复也。今买诸商人,商人曰必以闻,敢以为请。”子产对曰:“昔我先君桓公与商人皆出自周[46],庸次比耦[47],以艾杀此地[48],斩之蓬蒿藜藋[49],而共处之。世有盟誓,以相信也,曰:‘尔无我叛,我无强贾,毋或匄夺[50]。尔有利市宝贿[51],我勿与知[52]。’恃此质誓[53],故能相保,以至于今。今吾子以好来辱,而谓敝邑强夺商人[54],是教敝邑背盟誓也,毋乃不可乎!吾子得玉,而失诸侯,必不为也。若大国令,而共无艺[55],郑鄙邑也,亦弗为也。侨若献玉,不知所成[56]。敢私布之[57]。"韩子辞玉,曰:"起不敏,敢求玉以徼二罪?敢辞之。"

夏四月,郑六卿饯宣子于郊。宣子曰:"二三君子请皆赋,起亦以知郑志[58]。"子齹赋《野有蔓草》[59]。宣子曰:"孺子善哉!吾有望矣。"子产赋郑之《羔裘》[60]。宣子曰:"起不堪也。"子大叔赋《褰裳》[61]。宣子曰:"起在此[62],敢勤子至于他人乎?"子大叔拜。宣子曰:"善哉,子之言是[63]!不有是事[64],其能终乎?"子游赋《风雨》[65]。子旗赋《有女同车》[66]。子柳赋《萚兮》[67]。宣子喜,曰:"郑其庶乎[68]!二三君子以君命贶起,赋不出郑志[69],皆昵燕好也[70]。二三君子,数世之主也,可以无惧矣[71]。"宣子皆献马焉,而赋《我将》[72]。子产拜,使五卿皆拜,曰:"吾子靖乱,敢不拜德?"

宣子私觐于子产以玉与马[73],曰:"子命起舍夫玉[74],是赐我玉而免吾死也[75],敢不藉手以拜[76]?"

〔注释〕

①三月:原本作"二月",据纂图本、《四部丛刊》本、《宋本册府元龟》卷七四七改。上文已有"二月",此不当重出。 ②共恪:恭敬。 ③孔张:公孙申,字子张。子孔之孙,故以孔为氏。④客间:宾客之间。 ⑤执政:掌位列的人。御:止,阻止。不使杂于宾客之列。 ⑥县间:悬挂钟、磬的地方。县:"悬"之本字。⑦富子:郑大夫。 ⑧几:岂。 ⑨夫:彼。 ⑩命:令。衷:中,当。 ⑪刑:法。颇类:偏颇失当。颇:偏。类:通"纇",不平。⑫狱:狱讼。放纷:混乱。放:纷,乱。 ⑬听:从。 ⑭侨:子产

之名。 ⑮孔张:公孙申,子孔(郑襄公兄)之孙。“君之昆孙”与“子孔之后”为同位语。昆:兄。 ⑯执政之嗣:子孔曾为郑执政大夫。 ⑰周:遍。 ⑱祀于家:卿得立庙于其家。 ⑲有禄于国:谓受国之禄、邑。 ⑳有赋于军:卿出军赋百乘。 ㉑职:职事。 ㉒受脤(shèn):指国君祭祀后把祭肉分赐给大夫。归脤:指大夫祭祀后送祭肉给君主。脤:祭社稷之肉。亦祭肉之泛称。㉓著位:位。著、位同义。 ㉔守:持,保有。业:职,官职。 ㉕辟邪:邪恶。辟:邪。 ㉖规:谏。 ㉗子大叔:游吉。子羽:郑行人。 ㉘无几求:言所求不多。几:几何。 ㉙贰:叛。 ㉚偷:薄。 ㉛属:适。谗人:邪恶之人。交斗其间:从中挑拨离间。交斗:义同“交构”。 ㉜兴:行。凶怒:暴怒。凶:暴。 ㉝其:而。㉞非无贿之难:不患无财货。之:起提宾作用。难:患。 ㉟事:事奉。字:爱。 ㊱给:供。 ㊲一:或。 ㊳无礼以斥之:言不以礼拒绝其过分要求。斥:推,拒。 ㊴鄙邑:指晋国边鄙之邑。㊵失位:谓不复成国。 ㊶贪淫:贪婪。贪、淫同义。 ㊷起:生出,产生。 ㊸锐:细琐。 ㊹成贾:议定价格。贾:通“价”。㊺告:请。 ㊻桓公:郑桓公。名友,郑始封之君,周厉王少子,周宣王之弟。桓公始封之郑,在今陕西华县西北,后来郑取虢、郐之地而都之(在今河南新郑市),商人亦与郑一起东迁。 ㊼庸次比耦:共同耕作。庸、次、比:三字义同,皆“比并”之意。耦:二人并耕。 ㊽艾(yì)杀:清除。艾:通“刈”。铲除,斩杀。 ㊾之:其。蓬蒿藜藋(diào):皆野草之名。 ㊿匄:乞求。夺:强夺。51利市:指财货。利、市同义。宝贿:珍宝财货。 52与知:过问。与:语助词。知:问。 53质誓:盟约,盟誓。质:盟。哀公二十年《传》:“黄池之役,先主与吴王有质。誓:誓约,盟誓。 54谓:使。55艺:法。引申为原则。 56成:善。 57布:陈。 58“起亦”句:赋《诗》以明志,故观所赋诗可知其志。 59子齹(cuō):婴齐，子皮之子。《野有蔓草》：《诗·郑风》篇名。义取"邂逅相遇，适我愿兮"。 ⑩郑之《羔裘》：《诗经》中《郑风》《唐风》《桧风》皆有《羔裘》。言"郑之《羔裘》"，以区别于《唐风》《桧风》之《羔裘》。子产赋此，义取"彼其之子，舍命不渝"，"彼其之子，邦之司直"，"彼其之子，邦之彦兮"，以赞美韩起。 ⑪《褰裳》：《诗·郑风》篇名。《诗》云："子惠思我，褰裳涉溱。子不我思，岂无他人？" ⑫"起在"二句：言己在位，当存恤郑国，必不令郑事他国。勤：辱。 ⑬是：指《褰裳》。 ⑭"不有"二句：友好之国，若不相警戒，则将难以善终。 ⑮子游：驷偃，驷带之子。《风雨》：《诗·郑风》篇名。义取"既见君子，云胡不夷（平）"。⑯子旗：丰施，公孙段之子。《有女同车》：《诗·郑风》篇名。义取"洵美且都"，赞美韩起仪表风度之美。 ⑰子柳：印癸，印段之子。《萚兮》：《诗·郑风》篇名。义取"倡予和女"。言韩起倡，而己和之。 ⑱庶：庶几乎兴盛。 ⑲郑志：郑诗。《说文》："诗，志也。"郑六卿所赋，皆出《郑风》。 ⑳"皆昵"句：都是表示亲近之意。昵、燕、好皆训"亲"。 ㉑惧：忧。 ㉒《我将》：《诗·周颂》篇名。义取"日靖四方，我其夙夜，畏天之威"，言志在靖乱而畏惧天威。 ㉓觐（jìn）：见。 ㉔夫：此。 ㉕玉：谓良言。 ㉖"敢不"句：言献上玉、马拜谢子产。不：原本无此字，据阮元《校勘记》《宋本册府元龟》卷九〇一、卷九五五补。藉手：持物赠人曰藉。

公至自晋[①]。子服昭伯语季平子曰[②]："晋之公室，其将遂卑矣！君幼弱，六卿强而奢傲，将因是以习[③]，习实为常，能无卑乎？"平子曰："尔幼[④]，恶识国？"

〔注释〕

①晋人释公,故得还。 ②子服昭伯:子服回,孟椒之子。季平子:季孙意如。 ③因是:因此。习:习惯。 ④“尔幼”二句:谓年幼不足以知国事。

秋八月,晋昭公卒[①]。

〔注释〕

①为季平子如晋传。

九月,大雩,旱也[①]。

〔注释〕

①大雩,旱也:因旱而雩,区别于“书不时”之例。

郑大旱,使屠击、祝款、竖柎有事于桑山[①]。斩其木,不雨。子产曰:“有事于山,蓺山林也[②];而斩其木,其罪大矣。”夺之官邑[③]。

〔注释〕

①屠击、祝款、竖柎(fū):三人皆郑大夫。有事:谓祭祀。 ②蓺(yì):保养使繁盛。 ③夺之官邑:剥夺他的官位与食邑。之:其。

冬十月,季平子如晋,葬昭公。平子曰:“子服回之言犹信[①]。子服氏有子哉[②]!”

〔注释〕

①犹信:是符合实情的。信:真。 ②有子:有贤子。

经

十有七年春[①],小邾子来朝。

夏六月甲戌朔,日有食之[②]。

秋,郯子来朝。

八月,晋荀吴帅师灭陆浑之戎[③]。

冬,有星孛于大辰[④]。

楚人及吴战于长岸[⑤]。

〔注释〕

①十有七年:公元前525年。 ②日有食之:此年日食应在十月癸酉朔,《经》《传》俱云"六月",不知何故。 ③陆浑之戎:戎之一支,允姓,本居瓜州,秦、晋诱而迁之于伊川。 ④"有星"句:彗星经过大火星。孛(bèi):彗星。大辰:心宿二,亦称大火。⑤长岸:地名,在今安徽当涂县西南三十里有西梁山,与和县南七十里东梁山夹江相对,形如门阙。

传

十七年春,小邾穆公来朝,公与之燕。季平子赋《采叔》[①]。穆公赋《菁菁者莪》[②]。昭子曰[③]:"不有以国[④],其能久乎[⑤]?"

〔注释〕

①季平子：季孙意如。《采叔》：《诗·小雅》篇名。今本《诗经》作《采菽》。义取“君子来朝，何锡与之”。以穆公喻君子。②《菁菁者莪》：《诗·小雅》篇名。义取“既见君子，乐且有仪”。③昭子：叔孙婼。　④不有：无有，没有。以国：指治国之人才。以：为。　⑤其：岂。

夏六月甲戌朔，日有食之。祝史请所用币[①]。昭子曰：“日有食之，天子不举[②]，伐鼓于社[③]；诸侯用币于社[④]，伐鼓于朝[⑤]，礼也。”平子御之[⑥]，曰：“止也。唯正月朔[⑦]，慝未作，日有食之，于是乎有伐鼓、用币，礼也。其馀则否。”大史曰：“在此月也[⑧]。日过分而未至[⑨]，三辰有灾[⑩]，于是乎百官降物[⑪]，君不举，辟移时[⑫]，乐奏鼓[⑬]，祝用币[⑭]，史用辞[⑮]。故《夏书》曰[⑯]：‘辰不集于房[⑰]，瞽奏鼓[⑱]，啬夫驰[⑲]，庶人走[⑳]。’此月朔之谓也。当夏四月，是谓孟夏。”平子弗从。昭子退，曰：“夫子将有异志[㉑]，不君君矣[㉒]。”

〔注释〕

①请：问。币：指祭祀之物。　②不举：不享用盛馔。举：杀牲之盛馔。《周礼·天官·膳夫》：“王日一举。”注：“杀牲盛馔曰举。”　③伐鼓于社：伐鼓以责群阴。社为土神，属阴。　④用币于社：用祭品祭祀于社神。　⑤伐鼓于朝：以自责。　⑥御：止。⑦“唯正月”五句：季平子以为唯有正月朔日，一岁方始，邪恶之事未现，而有日食，伐鼓用币，乃合于礼。不知正月指建巳之月（夏之四月），慝指阴气。参见下注。　⑧此月：谓正月正是此月。周正六月，当夏正四月。《诗·小雅·正月》：“正月繁霜，我

心忧伤。"《笺》:"夏之四月,建巳之月,纯阳用事。"四月阳气正盛,阴气未作,此时日食,古人以为反常。正音 zhèng　⑨日过分而未至:过春分而未及夏至。　⑩三辰:日、月、星。　⑪降物:降服。指素服。　⑫辟移时:避正寝,以待日食过去。　⑬乐奏鼓:伐鼓。　⑭用币于社。　⑮用辞以自责。　⑯《夏书》:逸《书》。今古文《尚书·胤征》作"辰弗集于房"。　⑰辰:即上文之"三辰"。指日、月、星。集:安。房:舍。　⑱瞽:乐师。　⑲啬夫:司空之属官。　⑳走:奔跑。　㉑将有异志:古人以日食为阴侵阳、臣侵君之象,救日食乃助君抑臣。季平子不肯救君之灾,故曰有异志(异心)。　㉒君君:以君为君。

秋,郯子来朝[①],公与之宴。昭子问焉,曰:"少皞氏鸟名官[②],何故也[③]?"郯子曰:"吾祖也,我知之。昔者黄帝氏以云纪[④],故为云师而云名[⑤]。炎帝氏以火纪[⑥],故为火师而火名[⑦]。共工氏以水纪[⑧],故为水师而水名[⑨]。大皞氏以龙纪[⑩],故为龙师而龙名[⑪]。我高祖少皞挚之立也[⑫],凤鸟适至[⑬],故纪于鸟,为鸟师而鸟名:凤鸟氏,历正也。玄鸟氏[⑭],司分者也[⑮]。伯赵氏[⑯],司至者也[⑰]。青鸟氏[⑱],司启者也[⑲]。丹鸟氏[⑳],司闭者也[㉑]。祝鸠氏[㉒],司徒也[㉓]。鴡鸠氏[㉔],司马也[㉕]。鸤鸠氏[㉖],司空也[㉗]。爽鸠氏[㉘],司寇也[㉙]。鹘鸠氏[㉚],司事也[㉛]。五鸠[㉜],鸠民者也[㉝]。五雉为五工正[㉞],利器用[㉟],正度量[㊱],夷民者也[㊲]。九扈为九农正[㊳],扈民无淫者也[㊴]。自颛顼以来[㊵],不能纪远[㊶],乃纪于近[㊷]。为民师而命以民事,则不能故也。"

仲尼闻之,见于郯子而学之[㊸]。既而告人曰:"吾闻之:

天子失官㊹,学在四夷㊺。犹信㊻。”

〔注释〕

①郯(tān)子:郯国(国名,己姓,少昊之后,在今山东郯城县)之君,子爵。 ②少皞(hào):亦作少昊。传说中的古代部落首领,名挚,字青阳,黄帝子,己姓,邑穷桑,都曲阜。鸟名官:以鸟为官名。少皞是东夷集团的首领,良诸文化、商文化遗迹中出现大量飞鸟图案或羽冠神等图案的玉器、青铜器与此密切相关。③鲁封于少皞之墟,郯子为少皞之后,故昭子问之。 ④黄帝:轩辕氏,姬姓之祖。传说中古代帝王。以云纪:以云别其官长。纪:别。黄帝得景云之瑞,故以云名官。 ⑤“故为”句:百官师长皆以云为名号。师:官。云名:以云为名。应劭谓黄帝以“春官为青云,夏官为缙云,秋官为白云,冬官为黑云,中官为黄云。”不知确否,姑录之以供参考。 ⑥炎帝:神农氏。姜姓之祖。古代传说中的帝王。神农有火星之瑞,故以火名其官。 ⑦服虔云:“炎帝以火名官,春官为大火,夏官为鹑火,秋官为西火,冬官为北火,中官为中火。” ⑧共工:古代传说中的部落首领。共工有水瑞,故以水名其官。 ⑨服虔云:“共工以水名官,春官为东水,夏官为南水,秋官为西水,冬官为北水,中官为中水。” ⑩大皞:伏羲氏。风姓之祖。有龙瑞,故以龙名官。 ⑪服虔云:“大皞以龙名官,春官为青龙氏,夏官为赤龙氏,秋官为白龙氏,冬官为黑龙氏,中官为黄龙氏。” ⑫高祖:指远祖或始祖。 ⑬“凤鸟”二句:凤鸟知天时,故名历正之官。适:正好。 ⑭玄鸟:燕。 ⑮分:二分。指春分、秋分。燕以春分来,秋分去。 ⑯伯赵:伯劳。⑰至:二至。指夏至、冬至。伯劳夏至始鸣,至冬至而止。 ⑱青鸟:鸧鹒。 ⑲启:指立春、立夏。青鸟以立春鸣,立夏止。⑳丹鸟:锦鸡。 ㉑闭:指立秋、立冬。丹鸟以立秋来,立冬去。

㉒祝鸠:鹁鸪。 ㉓祝鸠孝,故为司徒,掌教化。 ㉔鹍鸠:王鸠。 ㉕司马:雎鸠为猛禽,故为司马,掌法制。 ㉖鸤鸠:布谷鸟。 ㉗鸤鸠平均,故为司空,平水土。 ㉘爽鸠:鹰。 ㉙司寇:鹰威猛,故为司寇,主盗贼。 ㉚鹘(gǔ)鸠:鹘鵃。 ㉛司事:主管农事及造作的官员。鹘鸠春来冬去,故为司事。 ㉜五鸠:指祝鸠、雎鸠、鸤鸠、爽鸠、鹘鸠。 ㉝鸠民:聚集民众。 ㉞"五雉"句:以五雉为五官之长。五雉:雉有五种。西方曰鷷雉,东方曰鶅雉,南方曰翟雉,北方曰鵗雉,伊、洛之南曰翚雉。 ㉟利:便,便利。器用:器具。器、用同义。 ㊱度量:计量长短和容积的工具。 ㊲夷:平。 ㊳"九扈"句:以九扈为九种农官之号,各随其宜以教民事。九扈:扈(鸟名)有九种。指春扈鳻鶞、夏扈窃玄,秋扈窃蓝,冬扈窃黄,棘扈窃丹,行扈唶唶,宵扈啧啧,桑扈窃脂,老扈鷃鷃。扈:通"雇",农桑候鸟。 ㊴扈:止。淫:邪。 ㊵颛顼(zhuān xū):古代传说中的帝王。黄帝之孙,昌意之子,代少皞而有天下,号青阳氏。 ㊶不能纪远:不能以远物别其官。 ㊷乃纪于近:以就近之事为官名。 ㊸此年孔子二十八岁。 ㊹失官:官不修其职。 ㊺学在四夷:言其学散在四方。夷不专指夷狄。 ㊻犹信:是符合实情的。信:真。

晋侯使屠蒯如周①,请有事于雒与三涂②。苌弘谓刘子曰③:"客容猛,非祭也,其伐戎乎?陆浑氏甚睦于楚④,必是故也。君其备之!"乃警戎备⑤。九月丁卯⑥,晋荀吴帅师涉自棘津⑦,使祭史先用牲于雒。陆浑人弗知,师从之。庚午⑧,遂灭陆浑,数之以其贰于楚也⑨。陆浑子奔楚,其众奔甘鹿⑩。周大获⑪。宣子梦文公携荀吴而授之陆浑⑫,故使穆子帅师⑬,献俘于文宫⑭。

〔**注释**〕

①屠蒯:晋侯之膳宰。 ②有事:祭祀。雒:洛水。三涂:山名,在今河南嵩县西南,伊水之北。雒、三涂皆周地。 ③苌弘:周大夫。刘子:刘献公。名挚。 ④陆浑氏:即陆浑之戎。戎之一支,允姓,本居瓜州,秦、晋诱而迁之于伊川。 ⑤警戒以备戎。⑥丁卯:二十四日。 ⑦棘津:河津名。 ⑧庚午:二十七日。⑨数:责。 ⑩甘鹿:周地,在今河南宜阳县东南五十里。 ⑪有备,故大获。 ⑫宣子:韩起。 ⑬穆子:荀吴。 ⑭文宫:晋文公之庙。

冬,有星孛于大辰①,西及汉。申须曰②:"彗,所以除旧布新也③。天事恒象④,今除于火⑤,火出必布焉⑥,诸侯其有火灾乎!"梓慎曰:"往年吾见之,是其征也⑦,火出而见⑧。今兹火出而章⑨,必火入而伏⑩,其居火也久矣⑪,其与不然乎⑫?火出⑬,于夏为三月,于商为四月,于周为五月⑭。夏数得天⑮,若火作,其四国当之,在宋、卫、陈、郑乎!宋,大辰之虚也⑯;陈,大皞之虚也⑰;郑,祝融之虚也⑱,皆火房也⑲。星孛及汉⑳,汉,水祥也。卫,颛顼之虚也㉑,故为帝丘,其星为大水㉒,水,火之牡也㉓。其以丙子若壬午作乎㉔!水火所以合也㉕。若火入而伏㉖,必以壬午㉗,不过其见之月㉘。"

郑裨灶言于子产曰:"宋、卫、陈、郑将同日火。若我用瓘斝、玉瓒㉙,郑必不火。"子产弗与㉚。

〔注释〕

①“有星”二句：夏正八月，大辰（心宿二，亦名大火）出现在天汉（银河）西。今孛（bèi，彗星）出于辰星之西，光芒及于天汉。②申须：鲁大夫。《汉书·五行志下之下》作“申繻”。 ③彗星形似扫帚，古人以彗星出为除旧布新之象。 ④天事恒象：谓天事常先有征兆。 ⑤除于火：指彗星经过大火星。 ⑥“火出”句：既已除旧，则大火复现将布新。 ⑦征：征兆。 ⑧火出而见：谓上年火星出而彗星现。 ⑨今兹：今年。章：明。 ⑩火入而伏：大火隐没，彗星也随之消失。 ⑪“其居”句：彗星居于火之位已历二年。 ⑫其与不然乎：岂不然乎。其：岂。与：语助词，无义。 ⑬“火出”三句：大火黄昏时出现，当夏正三月，商正为四月。夏正建寅，以寅月（正月）为岁首，商正建丑，以十二月为岁首，故夏之三月，当商正之四月。 ⑭周正建子，以十一月为岁首，故夏之三月，当周之五月。 ⑮夏数得天：夏正合于自然之道。夏正大体以立春之月为正月。《周书·周月》：“万物春生、夏长、秋收、冬藏，天地之正，四时之极，不易之道。夏数得天。”⑯大辰之虚：宋为大辰（大火星）之分野（古人把十二星辰的位置与地上州、国的位置相对应，就天文而言，叫分星；就地域而言，叫分野）。 ⑰大皞之虚：大皞氏旧居陈。大皞：《汉书·五行志下之下》作“太昊”。 ⑱祝融：高辛氏火正，居郑。 ⑲火房：火舍。 ⑳及：原本作“天”，据阮元《校勘记》《汉书·五行志下之下》引文改。汉：天汉，银河，故为水祥。 ㉑“颛顼”二句：此时卫已徙居帝丘（即今河南濮阳市西南之颛顼城），相传为颛顼所居。 ㉒大水：即营室。 ㉓水，火之牡也：水火相配，水为牡（雄），火为牝（雌）。 ㉔以：于。若：及，与。作：谓发生火灾。㉕“水火”句：丙、午，火；壬、子，水。水火相会合，水少而火多，故水不胜火。 ㉖“若火”句：谓大火隐没而彗星亦随之消失。

㉗以：于。 ㉘大火出现在周之五月。 ㉙瓘斝（guàn jiǎ）：灌尊，盛酒之器。瓒（zàn）：古礼器，祼祭时所用盛灌鬯酒之勺，有鼻口，鬯酒从中流出。以圭为柄称圭瓒，以璋为柄称璋瓒。 ㉚为明年郑灾《传》。

吴伐楚。阳匄为令尹①，卜战，不吉。司马子鱼曰②："我得上流③，何故不吉？且楚故④，司马令龟⑤，我请改卜。"令曰："鲂也以其属死之，楚师继之，尚大克之⑥！"吉。战于长岸，子鱼先死，楚师继之，大败吴师，获其乘舟馀皇⑦。使随人与后至者守之，环而堑之⑧，及泉，盈其隧炭⑨，陈以待命。吴公子光请于其众曰⑩："丧先王之乘舟，岂唯光之罪，众亦有焉。请藉取之以救死⑪！"众许之。使长鬣者三人潜伏于舟侧⑫，曰："我呼余皇⑬，则对。"师夜从之⑭。三呼，皆迭对⑮。楚人从而杀之，楚师乱。吴人大败之，取馀皇以归。

〔注释〕

①阳匄：楚穆王曾孙。 ②子鱼：公子鲂。 ③"我得"二句：谓顺江流而下，易于胜敌。 ④故：故事，旧例。 ⑤令龟：即命龟。占卜前将所卜之事告龟。 ⑥尚：希望。以上为命龟之辞。 ⑦馀皇：舟名。 ⑧堑：壕沟。此用作动词。 ⑨盈其隧炭：在出入之路布满炭火，以防吴人。隧：出入之道。 ⑩公子光：吴王阖闾。据襄公三十一年《传》，当为夷昧之子。 ⑪藉取之：谓藉众人之力取回馀皇。 ⑫长鬣者：高大之人。长：高。鬣：通"儠"。潜伏：隐藏。潜、伏都是隐匿的意思。 ⑬馀皇：原本无"馀"字，据阮元《校勘记》、杨伯峻说补。 ⑭从：即，就。谓

至其处。　⑮迭：更迭，交替。

经

十有八年春[①]，王三月，曹伯须卒。

夏五月壬午[②]，宋、卫、陈、郑灾。

六月，邾人入鄅[③]。

秋，葬曹平公。

冬，许迁于白羽[④]。

〔注释〕

①十有八年：公元前524年。　②壬午：十三日。　③鄅(yǔ)：国名，妘姓，在今山东临沂市北十五里。　④白羽：楚地，在今河南西峡县西关外。

传

十八年春，王二月乙卯[①]，周毛得杀毛伯过而代之。苌弘曰[②]："毛得必亡。是昆吾稔之日也[③]，侈故之以[④]。而毛得以济侈于王都[⑤]，不亡何待[⑥]！"

〔注释〕

①乙卯：十五日。　②苌弘：周大夫。　③昆吾：祝融之后，陆终次子，为夏伯。稔：通"饯"。杀。昆吾、夏桀于乙卯日同时被杀。　④侈故之以：是因为纵恣。侈：凌驾于人。以：因。《说文》段注："凡自多以凌人曰侈。"　⑤济：益。　⑥为二十六年毛伯奔楚传。

三月，曹平公卒[①]。

〔注释〕

①为会葬见原伯起本。

夏五月，火始昏见[①]。丙子[②]，风。梓慎曰[③]："是谓融风[④]，火之始也[⑤]。七日[⑥]，其火作乎？"戊寅[⑦]，风甚。壬午，大甚。宋、卫、陈、郑皆火。梓慎登大庭氏之库以望之[⑧]，曰："宋、卫、陈、郑也。"数日，皆来告火。

裨灶曰[⑨]："不用吾言[⑩]，郑又将火。"郑人请用之，子产不可[⑪]。子大叔曰[⑫]："宝以保民也。若有火[⑬]，国几亡[⑭]。可以救亡，子何爱焉[⑮]？"子产曰："天道远[⑯]，人道迩，非所及也，何以知之？灶焉知天道？是亦多言矣[⑰]，岂不或信？"遂不与。亦不复火。

郑之未灾也，里析告子产曰[⑱]："将有大祥[⑲]，民震动[⑳]，国几亡。吾身泯焉[㉑]，弗良及也[㉒]。国迁[㉓]，其可乎？"子产曰："虽可，吾不足以定迁矣[㉔]。"及火，里析死矣，未葬，子产使舆三十人迁其柩[㉕]。

火作，子产辞晋公子、公孙于东门[㉖]，使司寇出新客[㉗]，禁旧客勿出于宫[㉘]。使子宽、子上巡群屏摄[㉙]，至于大宫[㉚]。使公孙登徙大龟[㉛]，使祝史徙主祏于周庙[㉜]，告于先君。使府人、库人各儆其事[㉝]。商成公儆司宫[㉞]，出旧宫人[㉟]，置诸火所不及。司马、司寇列居火道[㊱]，行火所焮[㊲]。城下之人伍列登城[㊳]。明日，使野司寇各保其征[㊴]，郊人助祝史除于

国北㊵,禳火于玄冥、回禄㊶,祈于四鄘㊷。书焚室而宽其征㊸,与之材㊹。三日哭㊺,国不市㊻。使行人告于诸侯㊼。

宋、卫皆如是。

陈不救火,许不吊灾,君子是以知陈、许之先亡也㊽。

〔注释〕

①火始昏见:大火星(心宿)于黄昏时出现于南方。 ②丙子:七日。 ③梓慎:鲁之日官。 ④融风:东北风。 ⑤火之始也:融风为木,木为火之母,故曰"火之始"。 ⑥七日:从丙子至壬午七日。壬午为水火会合之日,水不胜火,故知火当作。 ⑦戊寅:九日。 ⑧大庭氏之库:大庭为古国名,在鲁城内,为鲁库所在地,地势高耸,故登以望气。 ⑨裨灶:郑大夫,为当时著名天文家。 ⑩"不用"二句:上年裨灶欲用瓘斝玉瓒禳火,今复请用之。 ⑪子产:公孙侨。 ⑫子大叔:游吉。 ⑬有:通"又"。 ⑭几:殆,危。 ⑮爱:吝惜。 ⑯"天道"四句:谓天道(自然之道)幽远,渺不可及,非人所能尽知。 ⑰"是亦"二句:裨灶多言,亦有偶尔言中者。亦:只,只是。 ⑱里析:郑大夫。告:请。 ⑲大祥:大灾祸。祥:吉凶之征兆。 ⑳震动:恐惧。震、动都是"惧"的意思。 ㉑泯:灭。指死。 ㉒弗良及:谓先灾而死。良:能。 ㉓国:指都城。 ㉔"吾不足"句:天灾难料,非迁都可免,故托言以辞之。 ㉕舆:即哀公二十三年之"舆人"。指送丧的人。舆:辁轴,古代的丧车。 ㉖"子产"句:晋人新来,未入城,因灾辞之,不使入。 ㉗新客:新来聘者。 ㉘宫:室。指客馆。 ㉙子宽、子上:皆郑大夫。子宽名游速,游吉之子。屏摄:祭祀之神位。 ㉚大宫:郑祖庙。 ㉛公孙登:郑开卜大夫。大龟:龟用以占卜,为古人所重。 ㉜主祏(shí):主,神主。《说文·宀部》:"宔:宗庙宔祏。从宀,主声。"《说文·示

部》:“祏,宗庙主也。”周庙:周厉王庙。合群公神主于祖庙,为便于救护。 ㉝府人、库人:看守财物、兵甲的官吏。儆:戒,戒备。㉞商成公:郑大夫。司宫:宦官之长。 ㉟旧宫人:先君之宫女。㊱列居火道:排列在火所经行之处,以备非常。 ㊲行:巡行。焮(xīn):烧灼。 ㊳伍列登城:编伍登城。 ㊴野司寇:县士。保:监护。征:所征发之役徒。 ㊵郊人:郊内乡之长官。除:扫除场地为祭祀之坛。国北:都城之北。北方为阴气所聚之处,故祭之以禳火。 ㊶禳火:祭祀火神以求消除灾殃。禳:祭,祭祀。 ㊷祈:祭。鄘:城墙。土属阴,故祈之以除灾。 ㊸“书焚”句:登记被烧之房舍,减免其赋税。 ㊹材:物。指建筑材料。 ㊺三日哭:以示忧戚。 ㊻不市:停止交易。 ㊼行人:掌迎送通使之官。㊽“君子”句:哀公十七年,楚灭陈;定公六年,郑灭许。

六月,鄅人藉稻[①],邾人袭鄅。鄅人将闭门,邾人羊罗摄其首焉[②],遂入之,尽俘以归。鄅子曰:“余无归矣[③]。”从帑于邾[④],邾庄公反鄅夫人,而舍其女[⑤]。

〔注释〕

①鄅人:指鄅君。藉:蹈,践踏。 ②摄:持,引持。 ③无归:无家可归。 ④从:率。帑:妻子。 ⑤舍:释放。

秋,葬曹平公。往者见周原伯鲁焉[①],与之语,不说学[②]。归以语闵子马。闵子马曰:“周其乱乎!夫必多有是说[③],而后及其大人[④]。大人患失而惑[⑤],又曰:‘可以无学,无学不害。’不害而不学[⑥],则苟而可[⑦],于是乎下陵上替[⑧],能无乱乎?夫学,殖也[⑨]。不学,将落[⑩]。原氏其亡乎[⑪]!”

〔注释〕

①原伯鲁:周大夫。 ②说:同“悦”。 ③是说:不学之说。 ④大人:在位者。 ⑤“大人”句:谓在上者患民失为学正道而生惑乱。 ⑥不害而不学:以不学为无害,因而不学。 ⑦苟:苟且,马虎。 ⑧下陵上替:在下者凌驾于上,在上者衰微不振。替:废。 ⑨殖:长,生长。 ⑩落:废。谓荒废。 ⑪二十九年,京师杀原伯鲁之子。

七月,郑子产为火故,大为社[①],祓禳于四方[②],振除火灾[③],礼也。乃简兵大蒐[④],将为蒐除[⑤]。子大叔之庙在道南,其寝在道北[⑥],其庭小[⑦],过期三日,使除徒陈于道南庙北[⑧],曰:“子产过女[⑨],而命速除,乃毁于而乡[⑩]。”子产朝,过而怒之,除者南毁[⑪]。子产及冲[⑫],使从者止之,曰:“毁于北方[⑬]。”

火之作也,子产授兵登陴[⑭]。子大叔曰:“晋无乃讨乎?”子产曰:“吾闻之,小国忘守则危[⑮],况有灾乎!国之不可小[⑯],有备故也。”

既,晋之边吏让郑曰:“郑国有灾,晋君、大夫不敢宁居[⑰],卜筮走望[⑱],不爱牲玉。郑之有灾,寡君之忧也。今执事撊然授兵登陴[⑲],将以谁罪?边人恐惧,不敢不告。”子产对曰:“若吾子之言,敝邑之灾,君之忧也。敝邑失政,天降之灾,又惧谗慝之间谋之[⑳],以启贪人[㉑],荐为敝邑不利[㉒],以重君之忧。幸而不亡,犹可说也[㉓]。不幸而亡,君虽忧之,亦无及也[㉔]。郑有他竟[㉕],望走在晋。既事晋矣,其敢有

二心?”

〔注释〕

①为:作,造。社:土地庙。 ②祓禳:消除灾患之祭。③振除:消除。振:弃。谓除去。 ④简:选择。蒐:检阅,阅兵。⑤蒐除:为检阅清除场地。 ⑥寝:宗庙藏衣冠之处。 ⑦庭:寝庙之庭。 ⑧除徒:清除场地之徒卒。 ⑨女:此。 ⑩而:尔。乡:向。除徒所向,乃庙之所在。 ⑪南毁:南向毁庙。 ⑫冲:纵横交错的大路。 ⑬北方:寝之所在。 ⑭授兵:分发兵器。登陴(pí):登上城墙。陴:城上矮墙,设有孔穴,可以窥外。 ⑮则:必。 ⑯小:被人小看。 ⑰宁居:安居。 ⑱走望:奔走祭祀晋国之山川。望:谓望祭(遥望而祭)之神。 ⑲撊(xiàn)然:形容勇武。撊:猛。 ⑳谗慝:邪恶之人。间:隙。谓乘机。 ㉑启:导,诱导。 ㉒荐:重,再。 ㉓说:解说,解释。 ㉔也:用法同“矣”。 ㉕“郑有”二句:郑有他境之忧,则望晋走晋,以求救助。

楚左尹王子胜言于楚子曰:“许于郑,仇敌也,而居楚地[①],以不礼于郑。晋、郑方睦,郑若伐许,而晋助之,楚丧地矣。君盍迁许?许不专于楚[②],郑方有令政[③],许曰余旧国也[④]。郑曰余俘邑也[⑤]。叶在楚国,方城外之蔽也[⑥]。土不可易[⑦],国不可小[⑧],许不可俘,雠不可启[⑨],君其图之!”楚子说。冬,楚子使王子胜迁许于析[⑩],实白羽。

〔注释〕

①“而居”二句:十三年,平王复迁邑,许自夷复徙叶,恃楚而不事郑。 ②不专于楚:不专心事楚。专:一。 ③令政:善政。④“许曰”句:许认为自己本是国家。成公十五年,许灵公惧郑逼

迫,请迁于楚,后屡经迁徙,此时居于叶。曰:认为,以为。⑤“郑曰”句:郑国认为许是其属地。隐公十一年,郑曾灭许。俘:取。⑥蔽:屏障。⑦易:轻,轻忽。⑧国:指郑国。⑨雠:敌。启:导,诱导。⑩析:即《经》之“白羽”。白羽为析之旧名,析为作《传》时之名。

经

十有九年春①,宋公伐邾②。

夏五月戊辰③,许世子止弑其君买。

己卯④,地震。

秋,齐高发帅师伐莒。

冬,葬许悼公。

〔注释〕

①十有九年:公元前523年。②邾袭鄅故。③戊辰:五日。④己卯:十六日。

传

十九年春,楚工尹赤迁阴于下阴①,令尹子瑕城郏②。叔孙昭子曰③:“楚不在诸侯矣④,其仅自完也⑤,以持其世而已⑥。”

〔注释〕

①工尹:楚官名,掌百工。阴:楚邑。下阴:楚邑,在今湖北光化县西,汉水北岸。②郏(jiá):本郑邑,后属楚,在今河南郏

县。 ③叔孙昭子:叔孙婼。 ④在:存,体恤。 ⑤自完:自保。完:保守。 ⑥持:保,保守。世:禄。

楚子之在蔡也[①],郹阳封人之女奔之[②],生大子建。及即位,使伍奢为之师[③]。费无极为少师[④],无宠焉,欲谮诸王,曰:"建可室矣[⑤]。"王为之聘于秦,无极与逆,劝王取之。正月,楚夫人嬴氏至自秦[⑥]。

〔注释〕

①弃疾为蔡公在十一年。 ②郹(jú)阳:蔡邑,在今河南新蔡县。封人:负责管理疆界的官员。奔:私奔。 ③伍奢:伍举之子,伍员(子胥)之父。 ④费无极:《史记·楚世家》《伍子胥列传》皆作"费无忌"。 ⑤室:妻。指娶妻。 ⑥楚王自娶秦女,故称"夫人至"。

郳夫人,宋向戌之女也,故向宁请师[①]。二月,宋公伐邾,围虫[②]。三月,取之,乃尽归郳俘。

〔注释〕

①向宁:向戌之子。请师:请宋出兵伐邾。 ②虫:邾邑,在今山东济宁市。

夏,许悼公疟[①]。五月戊辰,饮大子止之药,卒。大子奔晋。书曰[②]:"弑其君。"君子曰:"尽心力以事君[③],舍药物可也。"

〔注释〕

①疟:患疟疾。 ②"书曰"二句:谓许世子止实未弑君,而《春秋》书"弑"。 ③"尽心"二句:许世子不是医生,尽其心力即可,不应自作主张用药。

郳人、郳人、徐人会宋公。乙亥[1],同盟于虫。

〔注释〕

①乙亥:五月十二日。

楚子为舟师以伐濮[1]。费无极言于楚子曰:"晋之伯也,迩于诸夏,而楚辟陋[2],故弗能与争。若大城城父[3],而置大子焉,以通北方,王收南方[4],是得天下也。"王说,从之。故大子建居于城父[5]。

令尹子瑕聘于秦,拜夫人也[6]。

〔注释〕

①舟师:水军。濮:江、汉以南的少数民族部落。 ②辟陋:偏僻。辟、陋同义。 ③城父:楚邑,在今河南宝丰县东四十里。④收:取。 ⑤大:原本作"太",据上下文及纂图本改。 ⑥拜夫人:拜谢以女嫁楚。

秋,齐高发帅师伐莒[1],莒子奔纪鄣[2]。使孙书伐之[3]。

初,莒有妇人,莒子杀其夫,已为嫠妇[4]。及老,托于纪鄣[5],纺焉以度而去之[6]。及师至,则投诸外[7]。或献诸子占,子占使师夜缒而登[8]。登者六十人,缒绝。师鼓噪,城

上之人亦噪。莒共公惧，启西门而出。七月丙子[9]，齐师入纪[10]。

〔注释〕

①莒不事齐故。 ②纪鄣：莒邑，在今江苏赣榆县北。③孙书：陈无宇之子。 ④嫠（lí）妇：寡妇。 ⑤托：寄，寄寓。⑥纺：纺麻为布缕。此指纺麻为绳。度：量。指量城之高度。去（jǔ）：通“弆”，藏。 ⑦则：乃。投诸外：以绳之一端固定于城上，而以另一端投于城外。 ⑧缒而登：缘绳以登城。缒：索。⑨丙子：十四日。 ⑩纪：即纪鄣。

是岁也，郑驷偃卒。子游娶于晋大夫[1]，生丝，弱[2]，其父兄立子瑕[3]。子产憎其为人也，且以为不顺[4]，弗许，亦弗止。驷氏耸[5]。他日，丝以告其舅[6]。冬，晋人使以币如郑，问驷乞之立故。驷氏惧，驷乞欲逃，子产弗遣。请龟以卜，亦弗予。大夫谋对[7]，子产不待而对客曰：“郑国不天[8]，寡君之二三臣札瘥夭昏[9]，今又丧我先大夫偃，其子幼弱，其一二父兄惧队宗主[10]，私族于谋[11]，而立长亲[12]。寡君与其二三老曰[13]：‘抑天实剥乱是[14]，吾何知焉？’谚曰：‘无过乱门。’民有乱兵[15]，犹惮过之，而况敢知天之所乱[16]？今大夫将问其故，抑寡君实不敢知[17]，其谁实知之？平丘之会[18]，君寻旧盟，曰：‘无或失职。’若寡君之二三臣，其即世者[19]，晋大夫而专制其位[20]，是晋之县鄙也，何国之为[21]？”辞客币而报其使[22]。晋人舍之。

〔注释〕

①子游：驷偃。 ②弱：幼小。 ③子瑕：驷乞。子游之弟，丝之叔父。 ④谓当立其子。 ⑤耸：惧。 ⑥其舅：即晋大夫。 ⑦谋对：商量如何对答晋使。 ⑧不天：不为天所佑。 ⑨札瘥(cuó)夭昏(hūn)：疾病死亡。札：疫疾。瘥：病。夭：短折。昏：通“殙”，死。 ⑩队：失。宗主：宗族之主。 ⑪私族于谋：即私谋于族。 ⑫长亲：同族成年之人。 ⑬与：谓。二三老：指郑之卿大夫。 ⑭“抑天”句：言天欲打破继承之常规。抑：发语词，无义。剥乱：乱。二字义同。 ⑮乱兵：乱灾。兵：灾。 ⑯知：闻，问。谓过问。 ⑰抑：而。表示转折语气。 ⑱平丘之会：在十三年。 ⑲即世：去世。即，就，终。 ⑳专：擅，擅自。 ㉑何国之为：还成什么国家？为：有。 ㉒“辞客”句：辞币，表示拒绝责问；遣使以报，表示有礼。

楚人城州来[①]。沈尹戌曰[②]：“楚人必败。昔吴灭州来，子旗请伐之。王曰：‘吾未抚吾民。’今亦如之，而城州来以挑吴[③]，能无败乎？”侍者曰：“王施舍不倦，息民五年，可谓抚之矣。”戌曰：“吾闻抚民者，节用于内，而树德于外，民乐其性[④]，而无寇雠[⑤]。今宫室无量[⑥]，民人日骇，劳罢死转[⑦]，忘寝与食，非抚之也。”

〔注释〕

①州来：楚邑，在今安徽寿县。 ②沈尹戌：楚庄王曾孙。 ③挑：引逗。 ④性：生。 ⑤寇雠：敌。指外敌。寇、雠同义。 ⑥无量：无度。量：度。 ⑦劳罢：疲劳。死转：死而弃其尸。转：弃。

郑大水,龙斗于时门之外洧渊[①]。国人请为禜焉[②],子产弗许,曰:“我斗,龙不我觌也[③]。龙斗,我独何觌焉?禳之[④],则彼其室也[⑤]。吾无求于龙,龙亦无求于我。”乃止也。

〔注释〕

①时门:郑国南门。洧(wěi)渊:洧河发源于河南登封市东阳城山,东流至新郑市东为洧渊。 ②禜(yǒng):禳风雨雪霜水旱疠疫,祭日月星辰山川之神。禜是营的意思。禜祭无常处,临时营其地(圈地,以芳草捆扎,围成祭祀场所),故称禜。一说“禜”义同“宁”。甲骨文此类祭祀用“宁”,无“禜”字,疑“禜”为后起字。“宁”取安定、安宁之意。 ③觌(dí):见。 ④禳:祭祀以消除灾殃。 ⑤其:之。室:居处。渊为龙之居处。

令尹子瑕言蹶由于楚子曰[①]:“彼何罪?谚所谓‘室于怒市于色’者[②],楚之谓矣。舍前之忿[③],可也。”乃归蹶由。

〔注释〕

①蹶由:吴王之弟。五年,楚伐吴,吴子使其弟蹶由犒师,灵王执之以归。 ②室于怒市于色:发怒于其家而作色于市。谓迁怒于人。《战国策·韩策二》:“语曰:‘怒于室者色于市。’” ③舍:弃。

经

二十年春[①],王正月。

夏,曹公孙会自鄸出奔宋[②]。

秋,盗杀卫侯之兄絷[③]。

冬十月,宋华亥、向宁、华定出奔陈[④]。

十有一月辛卯[⑤],蔡侯庐卒[⑥]。

〔注释〕

①二十年:公元前522年。 ②公孙会:曹宣公孙,子臧之子。鄸(mèng):曹邑,在今山东菏泽市西。 ③盗:齐豹为齐之大夫,作不义之事,欲以求名,而《春秋》书之曰“盗”,所谓求名而不得。 ④华亥等人与君争而出走,《春秋》书名以恶之。⑤辛卯:七日。 ⑥庐:原本作“卢”,据阮元《校勘记》、杨伯峻说改。

传

二十年春,王二月己丑,日南至[①]。梓慎望氛[②],曰:“今兹宋有乱[③],国几亡,三年而后弭[④]。蔡有大丧。”叔孙昭子曰[⑤]:“然则戴、桓也[⑥]。汏侈[⑦],无礼已甚[⑧],乱所在也[⑨]。”

〔注释〕

①日南至:冬至日。冬至时,日处于极南。冬至本当在正月朔日,史失闰,故在二月朔日。 ②梓慎:鲁之日官。氛:气。③今兹:今年。 ④弭:止。 ⑤叔孙昭子:叔孙婼。 ⑥戴:华氏,戴公之后。桓:向氏,桓公之后。 ⑦汏侈:放纵。汏、侈同义。 ⑧已甚:太过分。 ⑨在:自,由来。

费无极言于楚子曰:“建与伍奢将以方城之外叛[①],自以为犹宋、郑也[②],齐、晋又交辅之[③],将以害楚,其事集矣[④]。”王信之。问伍奢,伍奢对曰:“君一过多矣[⑤],何信于谗?”王执伍奢,使城父司马奋扬杀大子[⑥]。未至,而使遣

之[7]。三月,大子建奔宋。王召奋扬,奋扬使城父人执己以至[8]。王曰:"言出于余口,入于尔耳,谁告建也?"对曰:"臣告之。君王命臣曰:'事建如事余。'臣不佞[9],不能苟贰[10]。奉初以还[11],不忍后命,故遣之。既而悔之,亦无及已。"王曰:"而敢来,何也?"对曰:"使而失命[12],召而不来,是再奸也[13]。逃无所入[14]。"王曰:"归,从政如他日。"

无极曰:"奢之子材[15],若在吴,必忧楚国,盍以免其父召之?彼仁,必来。不然,将为患。"王使召之,曰:"来,吾免而父。"棠君尚谓其弟员曰[16]:"尔适吴,我将归死[17]。吾知不逮[18],我能死,尔能报。闻免父之命,不可以莫之奔也[19]。亲戚为戮[20],不可以莫之报也。奔死免父,孝也。度功而行[21],仁也。择任而往[22],知也。知死不辟,勇也。父不可弃[23],名不可废[24],尔其勉之[25]!相从为愈[26]。"伍尚归。奢闻员不来,曰:"楚君、大夫其旰食乎[27]!"楚人皆杀之。

员如吴,言伐楚之利于州于[28]。公子光曰[29]:"是宗为戮,而欲反其雠[30],不可从也。"员曰:"彼将有他志[31],余姑为之求士,而鄙以待之[32]。"乃见鱄设诸焉[33],而耕于鄙。

〔注释〕

①将:欲。方城:山名,楚地,在今河南叶县南。 ②"自以为"句:言将割据其地,自成一国。犹:如。 ③交辅:夹辅,辅佐。交、辅同义。 ④集:成。 ⑤一过:指楚王信谗纳太子建之妻。多:甚。 ⑥城父:楚地,在今安徽亳州市南七十里。司马:主军赋之官。 ⑦使遣之:使人遣之使去。遣:纵,放走。 ⑧城父人:城父大夫。执:拘止。 ⑨不佞:不才。 ⑩贰:背,违背。

⑪奉初以还:奉初命行事。还:周旋。 ⑫而:已,已经。失命:违命。失:违。 ⑬再:二次。奸(gān):犯。 ⑭入:住。 ⑮材:有才能。 ⑯棠君尚:伍奢之长子,名尚,为棠邑大夫。君:尹。员(yún):伍员,字子胥。 ⑰归死:赴死。归:就。 ⑱知:同"智"。不逮:不及。谓不如其弟。 ⑲莫之奔:无人为之奔命。⑳亲戚:指其父。 ㉑"度功"二句:谓仁者贵成功。度:谋虑。功:事。 ㉒任:能。谓兄弟各尽所能。往:行。 ㉓父不可弃:若兄弟俱去,则为弃父。 ㉔名:命。指父命。 ㉕:勉之:谓保重、自爱。 ㉖愈:胜。 ㉗旰(gàn)食:晚食。言楚将有忧,不能按时进食。 ㉘州于:吴王僚。 ㉙公子光:吴公子阖闾。 ㉚反其雠:报仇。反:复,报。 ㉛他志:异心。谓公子光欲弑吴王僚。㉜鄙:谓隐处于野。 ㉝鱄(zhuān)设诸:《史记》作"专诸",吴之勇士。

宋元公无信多私,而恶华、向。华定、华亥与向宁谋曰:"亡愈于死①,先诸②?"华亥伪有疾,以诱群公子。公子问之③,则执之。夏六月丙申④,杀公子寅、公子御戎、公子朱、公子固、公孙援、公孙丁⑤,拘向胜、向行于其廪。公如华氏请焉,弗许,遂劫之。癸卯⑥,取大子栾与母弟辰、公子地以为质⑦。公亦取华亥之子无戚、向宁之子罗、华定之子启,与华氏盟,以为质⑧。

〔注释〕

①亡愈于死:出奔比死亡好。 ②诸:"之乎"的合音。③问:问其疾。 ④丙申:九日。 ⑤"杀公子"二句:公子寅等八人皆宋公亲信。廪:谷仓。 ⑥癸卯:十六日。 ⑦大子栾:即

后来的宋景公。辰:太子栾同母弟。公子地:辰之兄。 ⑧为华、向出奔传。

卫公孟絷狎齐豹[①],夺之司寇与鄄[②]。有役则反之[③],无则取之。公孟恶北宫喜、褚师圃,欲去之。公子朝通于襄夫人宣姜[④],惧,而欲以作乱。故齐豹、北宫喜、褚师圃、公子朝作乱。

初,齐豹见宗鲁于公孟[⑤],为骖乘焉[⑥]。将作乱,而谓之曰:"公孟之不善,子所知也。勿与乘,吾将杀之。"对曰:"吾由子事公孟,子假吾名焉[⑦],故不吾远也。虽其不善,吾亦知之;抑以利故[⑧],不能去,是吾过也。今闻难而逃,是僭子也[⑨]。子行事乎,吾将死之,以周事子[⑩],而归死于公孟[⑪],其可也。"

丙辰[⑫],卫侯在平寿[⑬]。公孟有事于盖获之门外[⑭],齐子氏帷于门外,而伏甲焉。使祝鼃置戈于车薪以当门[⑮],使一乘从公孟以出[⑯]。使华齐御公孟,宗鲁骖乘。及闳中[⑰],齐氏用戈击公孟,宗鲁以背蔽之,断肱,以中公孟之肩,皆杀之。

公闻乱,乘驱自阅门入,庆比御公,公南楚骖乘。使华寅乘贰车[⑱]。及公宫,鸿骝魋驷乘于公[⑲]。公载宝以出。褚师子申遇公于马路之衢[⑳],遂从[㉑]。过齐氏,使华寅肉袒[㉒],执盖以当其阙[㉓]。齐氏射公,中南楚之背[㉔],公遂出。寅闭郭门,逾而从公[㉕]。公如死鸟。析朱鉏宵从窦出[㉖],徒行从公。

齐侯使公孙青聘于卫[27]。既出,闻卫乱,使请所聘[28]。公曰:“犹在竟内[29],则卫君也。”乃将事焉[30],遂从诸死鸟。请将事,辞曰:“亡人不佞,失守社稷,越在草莽[31],吾子无所辱君命。”宾曰:“寡君命下臣于朝,曰:‘阿下执事[32]。’臣不敢贰[33]。”主人曰:“君若惠顾先君之好,昭临敝邑[34],镇抚其社稷[35],则有宗祧在[36]。”乃止[37]。卫侯固请见之。不获命[38],以其良马见,为未致使故也[39]。卫侯以为乘马[40]。宾将掫[41],主人辞曰:“亡人之忧,不可以及吾子。草莽之中,不足以辱从者。敢辞。”宾曰:“寡君之下臣,君之牧圉也[42]。若不获扞外役[43],是不有寡君也[44]。臣惧不免于戾[45],请以除死。”亲执铎[46],终夕与于燎[47]。

齐氏之宰渠子召北宫子[48]。北宫氏之宰不与闻[49],谋杀渠子,遂伐齐氏,灭之。丁巳晦[50],公入,与北宫喜盟于彭水之上[51]。秋七月戊午朔,遂盟国人。八月辛亥[52],公子朝、褚师圃、子玉霄、子高鲂出奔晋[53]。闰月戊辰,杀宣姜[54]。卫侯赐北宫喜谥曰贞子[55],赐析朱鉏谥曰成子,而以齐氏之墓予之。

卫侯告宁于齐[56],且言子石[57]。齐侯将饮酒,遍赐大夫曰:“二三子之教也。”苑何忌辞曰[58]:“与于青之赏,必及于其罚[59]。在《康诰》曰[60]:父子兄弟[61],罪不相及。况在群臣?臣敢贪君赐以干先王?”

琴张闻宗鲁死[62],将往吊之。仲尼曰:“齐豹之盗[63],而孟絷之贼,女何吊焉[64]?君子不食奸[65],不受乱[66],不为利疚于回[67],不以回待人[68],不盖不义[69],不犯非礼[70]。”

〔注释〕

①公孟絷:卫灵公兄。狎:轻。齐豹:齐恶之子,为卫司寇。②之:其。司寇:官名。鄄(juàn):齐豹食邑,在今山东鄄城县西北。 ③"有役"句:絷有足疾,故有役则以官、邑还豹使行。④宣姜:灵公嫡母。 ⑤见:推荐。 ⑥为骖乘:为公孟之骖乘(车右武士)。 ⑦假吾名:以名假我。即借我以善名。 ⑧抑:不过。 ⑨僭子:使子蒙受不信之名。僭:不信。 ⑩周:终。⑪归死于公孟:从公孟而死。归:依。 ⑫丙辰:二十九日。⑬平寿:卫邑。 ⑭有事:指祭祀。盖获之门:卫之郭门。 ⑮拦截于前。 ⑯随其后。 ⑰闳:郭门。 ⑱贰车:卫君之副车。⑲驷乘:为骖乘之副。谓鸿骝魋与卫侯等四人共一车,故设两名车右。 ⑳马路之衢:此为城中大道。 ㉑从:从卫君出。 ㉒肉袒:去左袖内外衣而露臂,表示不敢与齐氏争。 ㉓执:持。盖:车上御雨遮阳之具,类似于今之雨伞。 ㉔南楚:公南楚。㉕从:就,依。 ㉖窦:孔穴。 ㉗公孙青:齐顷公之子。 ㉘请所聘:问向谁行聘。 ㉙"犹在"二句:谓若在境内,犹是卫君。犹:若。则:犹。 ㉚将事:行聘事。 ㉛越在草莽:谓出奔在外。越:播越,逃亡。草莽:荒野。 ㉜阿下执事:谓私布君命于卫之臣下。阿:私。谦词。 ㉝贰:违,违背。 ㉞昭临:《宋本册府元龟》卷六五四作"照临"。昭、临同为"照耀"之意。引申为"莅临"。㉟镇抚:安,安定。镇、抚同义。 ㊱则:犹。宗祧:指宗庙。此句言受聘当在宗庙。 ㊲止:不行聘事。 ㊳不获命:公孙青欲推辞,而未获卫侯同意。 ㊴未致使:未达成使命。 ㊵乘马:驾车之马。乘:车乘。 ㊶掫:行夜戒守。 ㊷牧圉:臣隶。 ㊸扞外役:在外警戒。扞:同"捍"。保卫。 ㊹有:亲爱,友好。 ㊺戾:罪。 ㊻铎:大铃。 ㊼与于燎:谓参与劳役之事。燎:通"僚"。㊽宰:家臣之长。北宫子:北宫喜。 ㊾不与闻:不接受。与:语

助词。闻:受。 ⑩丁巳:三十日。 ⑪与北宫喜盟:北宫喜本与齐氏同谋,故先与之盟。彭水:水名,当在卫都附近。 ⑫辛亥:二十五日。 ⑬“公子”句:公子朝等四人皆齐氏之党。 ⑭杀宣姜:宣姜与公子朝通谋,故杀之。 ⑮“卫侯”三句:北宫喜、析朱鉏皆于死后得赐谥与墓田,《传》探后言之。 ⑯告宁:报平安。 ⑰言子石:言子石(公孙青)有礼。 ⑱苑何忌:齐大夫。辞:不受赐。 ⑲言青若有罪,亦当受其罚。 ⑳《康诰》:《尚书》篇名。 ㉑“父子”二句:今《康诰》无此文。《传》用其意,非引其原文。 ㉒琴张:名牢,字子开,孔子弟子。有人以为即颛孙师(字子张),误。 ㉓“齐豹”二句:言齐豹为盗,孟絷被杀,皆因宗鲁。 ㉔焉:之。 ㉕食奸:受恶人之禄。奸:邪。宗鲁知公孟不善,而受其禄,是食奸。 ㉖受乱:许齐豹行事,是受乱。 ㉗疚:病。回:邪。 ㉘知难而不告,是以邪待人。 ㉙盖:掩盖。㉚以二心事絷,非礼。

宋华、向之乱,公子城、公孙忌、乐舍、司马彊、向宜、向郑、楚建、郳甲出奔郑[①]。其徒与华氏战于鬼阎[②],败子城。子城适晋[③]。

华亥与其妻必盥而食所质公子者而后食。公与夫人每日必适华氏,食公子而后归。华亥患之,欲归公子。向宁曰:“唯不信[④],故质其子。若又归之,死无日矣。”公请于华费遂[⑤],将攻华氏。对曰:“臣不敢爱死,无乃求去忧而滋长乎[⑥]!臣是以惧,敢不听命?”公曰:“子死亡有命[⑦],余不忍其询[⑧]。”

冬十月,公杀华、向之质而攻之。戊辰[⑨],华、向奔陈,

华登奔吴[10]。向宁欲杀大子,华亥曰:"干君而出,又杀其子,其谁纳我?且归之有庸[11]。"使少司寇牼以归[12],曰:"子之齿长矣[13],不能事人[14]。以三公子为质[15],必免。"公子既入,华牼将自门行[16]。公遽见之,执其手曰:"余知而无罪也,入,复而所[17]。"

〔注释〕

①公子城等八人皆宋大夫,宋公亲信,故出奔避难。公子城:平公子。乐舍:乐喜孙。向宜、向郑:皆向戌子。楚建:楚平王太子,时出奔在宋。郳甲:小邾穆公子。 ②其徒:八人之徒众。鬼阎:宋地,在今河南西华县东北三十里。 ③子城适晋:公子城为华氏所败,独奔于晋。 ④不信:宋元公无信。 ⑤华费遂:宋大司马。华氏之族。 ⑥滋长:益,增益。滋、长同义。 ⑦子:指太子栾及其弟公子辰、公子地。 ⑧诟(gòu):耻。 ⑨戊辰:十三日。 ⑩华登:华费遂之子。 ⑪庸:功。 ⑫牼(kēng):华亥庶兄。以归:以三公子归宋公。 ⑬齿:年,年龄。长:老。⑭不能事人:谓不能出奔至他国为臣。 ⑮质:信。送公子归,可明不叛。 ⑯自门行:从公门出奔。 ⑰复而所:复其所居之官。所:职,位。

齐侯疥[1],遂痁[2],期而不瘳[3]。诸侯之宾问疾者多在。梁丘据与裔款言于公曰[4]:"吾事鬼神丰,于先君有加矣[5]。今君疾病,为诸侯忧[6],是祝、史之罪也[7]。诸侯不知,其谓我不敬,君盍诛于祝固、史嚚以辞宾?"公说,告晏子。晏子曰:"日宋之盟[8],屈建问范会之德于赵武[9]。赵武曰:'夫子之家事治;言于晋国,竭情无私。其祝、史祭祀,陈信不

愧。其家事无猜[10]，其祝、史不祈。'建以语康王[11]。康王曰：'神人无怨，宜夫子之光辅五君[12]，以为诸侯主也。'"公曰："据与款谓寡人能事鬼神，故欲诛于祝、史，子称是语，何故？"对曰："若有德之君，外内不废[13]，上下无怨[14]，动无违事[15]，其祝、史荐信[16]，无愧心矣。是以鬼神用飨，国受其福，祝、史与焉[17]。其所以蕃祉老寿者[18]，为信君使也，其言忠信于鬼神[19]。其适遇淫君[20]，外内颇邪[21]，上下怨疾，动作辟违[22]，从欲厌私，高台深池，撞钟舞女，斩刈民力[23]，输掠其聚[24]，以成其违，不恤后人，暴虐淫从[25]，肆行非度，无所还忌[26]，不思谤讟[27]，不惮鬼神，神怒民痛，无悛于心。其祝、史荐信，是言罪也。其盖失数美[28]，是矫诬也[29]。进退无辞，则虚以求媚。是以鬼神不飨，其国以祸，之祝、史与焉[30]。所以夭昏孤疾者[31]，为暴君使也，其言僭嫚于鬼神[32]。"公曰："然则若之何？"对曰："不可为也。山林之木，衡鹿守之[33]；泽之萑蒲[34]，舟鲛守之[35]；薮之薪蒸[36]，虞候守之[37]；海之盐、蜃[38]，祈望守之[39]。县鄙之人[40]，入从其政[41]；逼介之关[42]，暴征其私[43]。承嗣大夫[44]，强易其贿[45]。布常无艺[46]，征敛无度，宫室日更，淫乐不违[47]。内宠之妾，肆夺于市[48]；外宠之臣，僭令于鄙[49]。私欲养求[50]，不给则应[51]。民人苦病，夫妇皆诅[52]。祝有益也，诅亦有损。聊、摄以东[53]，姑、尤以西[54]，其为人也多矣！虽其善祝[55]，岂能胜亿兆人之诅[56]？君若欲诛于祝、史，修德而后可。"公说。使有司宽政，毁关[57]，去禁[58]，薄敛，已责[59]。

〔注释〕

①疥：癣疾。 ②遂：且，又。痁（shān）：疟疾。《说文》："痁，有热疟。"《晏子春秋·内篇谏上》："景公疥且痁，期年不已。" ③期（jī）：周年。瘳：痊愈。 ④梁丘据：与下"裔款"皆景公之嬖大夫。 ⑤有加：谓多于先君。加：益。 ⑥为：使。⑦祝、史：官名，掌祭祀、告神之赞辞。 ⑧日：往日。宋之盟：在襄公二十七年。 ⑨屈建：楚令尹。范会：士会。 ⑩"其家"二句：家中无猜疑之事，故祝史于鬼神无所求。 ⑪康王：楚康王。⑫光：荣，荣耀。五君：晋之文、襄、灵、成、景五位君主。 ⑬不废：无废事。 ⑭上下：指神与人。 ⑮违事：奸邪之事。违：邪。⑯荐信：陈言诚实无欺。荐：陈。 ⑰与：与受国福。《说文》："禛，以真受福也。"古人以为事神以诚信为本，真诚则受其福佑，诈伪则遭灾祸。 ⑱蕃祉：多福。老寿：长寿。老：寿。 ⑲忠信：诚信。忠：诚。 ⑳其：若。淫君：无德之君。淫：邪，恶。 ㉑颇邪：倾斜。 ㉒辟违：邪，邪僻。辟、违同义。 ㉓斩刈民力：谓不蓄养民力。斩、刈，皆芟杀之意。 ㉔输掠：掠夺。输：通"愉"。取。聚：指财货。 ㉕暴虐：暴戾。淫从：淫纵，放纵。淫：纵。㉖还忌：顾忌。还：顾。 ㉗思：容。《说文》："思，容也。"谤讟（dú）：诽谤，非议。讟：诽。 ㉘盖失数美：掩盖过失，列举美善。数：称。美：善。 ㉙矫诬：欺诬，欺骗。矫、诬都是欺的意思。㉚之：其。 ㉛夭昏（hūn）：死亡。昏：通"殙"。死。孤疾：获罪、生病。孤：通"辜"。 ㉜僭嫚：欺诈轻侮。《说文》："僭，假也。"㉝衡鹿：主管山林之官。鹿：通"麓"。《说文》："麓，守山林吏也。"守：主管。 ㉞萑（huán）蒲：皆生于泽中之草，可以织席。㉟舟鲛：掌水泽之官。鲛：《上海博物馆藏战国楚竹书》作"敂"。㊱薮：丛林。薪蒸：薪柴。粗曰薪，细曰蒸。 ㊲虞候：官名。㊳蜃：大蛤。 ㊴祈望：官名。祈望善知潮汐出没。 ㊵县鄙：边

鄙。 ㊶入从其政：谓缴纳赋税。入：内。政：征。 ㊷逼介之关：邻近国都之关。介：一本作“尒”，即“迩”字。 ㊸暴征：强行征敛。私：私人财产。 ㊹承嗣：继嗣。 ㊺易：夺。贿：财货。 ㊻布常无艺：公布政令不合法度。常：政。艺：法。 ㊼违：离。 ㊽肆夺：以强力夺取。《尔雅·释言》：“肆，力也。” ㊾偕令于鄙：诈为政令于边鄙。 ㊿养求：索取。养、求都是取的意思。 51不给则应：谓物有缺，则求之。给：具备。应：求。 52夫妇：男女。诅：诅咒。 53聊：齐邑，在今山东聊城市西北。摄：亦作“聂”。齐邑，在今山东聊城市境内。聊、摄为齐之西界。 54姑：大沽河。尤：小沽河。姑、尤是沽河上游的二支，在今山东东部，春秋时为齐之东界。 55其：指祝、史。 56亿兆：极言其多。《礼记·内则》孔疏云：“亿之数有大小二法，其小数以十为等，十万为亿，十亿为兆也；其大数以万为等，万万为亿，万亿曰兆。” 57毁：废，废除。 58去禁：除山泽之禁。 59已责：免除积欠租税。已：去、除去。责：同“债”。

十二月，齐侯田于沛①，招虞人以弓②，不进。公使执之，辞曰：“昔我先君之田也，旃以招大夫③，弓以招士，皮冠以招虞人。臣不见皮冠，故不敢进。”乃舍之。仲尼曰：“守道不如守官④，君子韪之⑤。”

齐侯至自田，晏子侍于遄台⑥，子犹驰而造焉。公曰：“唯据与我和夫！”晏子对曰：“据亦同也⑦，焉得为和？”公曰：“和与同异乎？”对曰：“异。和如羹焉，水、火、醯、醢、盐、梅以烹鱼肉⑧，燀之以薪⑨，宰夫和之，齐之以味⑩，济其不及⑪，以泄其过⑫。君子食之，以平其心。君臣亦然。君所谓可而有否焉[⑬],臣献其否以成其可[⑭];君所谓否而有可焉,臣献其可,以去其否。是以政平而不干,民无争心。故《诗》曰[⑮]:'亦有和羹[⑯],既戒既平。鬷嘏无言[⑰],时靡有争。'先王之济五味、和五声也[⑱],以平其心,成其政也。声亦如味,一气[⑲],二体[⑳],三类[㉑],四物[㉒],五声,六律[㉓],七音[㉔],八风[㉕],九歌[㉖],以相成也。清浊、大小、短长、疾徐、哀乐、刚柔、迟速、高下、出入、周疏[㉗],以相济也。君子听之,以平其心。心平,德和。故《诗》曰[㉘]:'德音不瑕[㉙]。'今据不然。君所谓可,据亦曰可[㉚];君所谓否,据亦曰否。若以水济水,谁能食之?若琴瑟之专壹[㉛],谁能听之?同之不可也如是。"

饮酒乐。公曰:"古而无死[㉜],其乐若何?"晏子对曰:"古而无死,则古之乐也,君何得焉?昔爽鸠氏始居此地[㉝],季萴因之[㉞],有逢伯陵因之[㉟],蒲姑氏因之[㊱],而后大公因之[㊲]。古者无死[㊳],爽鸠氏之乐,非君所愿也[㊴]。"

〔注释〕

①沛:泽名。 ②虞人:掌山泽之官。 ③旃:赤色曲柄之旗。 ④守道不如守官:君召当往,乃道之常。非物不进,乃官之制。虞人守官之制,反经而合于道。官:职。 ⑤韪:善,是。⑥遄台:台名,当在齐都(今山东临淄)附近。 ⑦据:梁丘据,子犹之名。亦:只,不过。同:阿比。谓逢迎求合。 ⑧醯(xī):醋。醢:肉酱。 ⑨燀(chǎn):炊。 ⑩齐:调和。 ⑪济:益。⑫以:而。泄:减。 ⑬"君所谓"句:君以为善而其中有不善者。谓:认为。可:善。否:不善。 ⑭"臣献"句:谓献言纠正其不善

者而成其善者。献:进言。 ⑮《诗》曰:引文出自《诗·商颂·烈祖》。 ⑯“亦有”二句:言殷中宗政如和羹,慎而且平。和羹:加五味调和烹煮之肉。戒:慎。 ⑰鬷(zōng):总。嘏(jiǎ):大。无言:无异言。此句谓总揽大政能使上下无异言。 ⑱济:成。五味:辛、酸、咸、苦、甘。 ⑲一气:人作诸乐,皆须气而动。 ⑳二体:指文舞、武舞。古代乐多与舞相配,文舞执羽籥,武舞执干戚。㉑三类:风、雅、颂。 ㉒四物:兼用四方之物以成器。 ㉓六律:黄钟、大蔟、姑洗、蕤宾、夷则、无射。六律再分阴阳,则为十二律。㉔七音:宫、商、角、徵、羽、变商、变徵。 ㉕八风:八方之风。隐公五年《传》云:“夫舞,所以节八音而行八风。” ㉖九歌:九功之事可歌者。文公七年《传》:“劝之以《九歌》,勿使坏。九功之德皆可歌也,谓之九歌。六府、三事,谓之九功。水、火、金、木、土、谷,谓之六府。正德、利用、厚生,谓之三事。” ㉗出入:进退。出:进。入:退。周疏:疏密。周:密。《说文》:“周,密也。” ㉘《诗》曰:引文出自《诗·豳风·狼跋》。 ㉙德音:明德。不瑕:无瑕疵。㉚曰:认为,以为。 ㉛“若琴”句:言琴瑟专一,唯有一声,不能成乐。专、壹都是单一的意思。 ㉜而:如,如果。 ㉝爽鸠氏:少昊氏之司寇。 ㉞季萴(cè):虞、夏时诸侯,代爽鸠氏者。因:沿袭。 ㉟有逢伯陵:即逢伯陵。殷时诸侯,姜姓。有:名词词头。 ㊱蒲姑氏:殷、周之间代逢公者。蒲姑:亦作“薄姑”。㊲大公:齐太公姜尚。 ㊳“古者”三句:谓人若不死,则齐犹为爽鸠氏之地,齐君不得享此乐。者:若。 ㊴愿:欲。

郑子产有疾①,谓子大叔曰②:“我死,子必为政。唯有德者能以宽服民,其次莫如猛。夫火烈,民望而畏之,故鲜死焉;水懦弱,民狎而翫之③,则多死焉④。故宽难。”疾数月

而卒。

大叔为政，不忍猛而宽。郑国多盗，取人于萑苻之泽⑤。大叔悔之，曰："吾早从夫子，不及此。"兴徒兵以攻萑苻之盗，尽杀之。盗少止。

仲尼曰："善哉！政宽则民慢，慢则纠之以猛。猛则民残，残则施之以宽。宽以济猛，猛以济宽，政是以和。《诗》曰⑥：'民亦劳止⑦，汔可小康⑧。惠此中国⑨，以绥四方⑩。'施之以宽也。'毋从诡随⑪，以谨无良⑫。式遏寇虐⑬，憯不畏明⑭。'纠之以猛也。'柔远能迩⑮，以定我王。'平之以和也。又曰⑯：'不竞不絿⑰，不刚不柔。布政优优⑱，百禄是遒⑲。'和之至也。"

及子产卒，仲尼闻之，出涕曰："古之遗爱也⑳。"

〔注释〕

①子产：公孙侨。 ②子大叔：游吉。 ③狎：习。翫：同"玩"，轻忽。 ④则：故。 ⑤取：杀。萑苻(huán fú)：泽名。⑥《诗》曰：引文出自《诗·大雅·民劳》。 ⑦止：句末语助词。⑧汔：几，庶几。 ⑨中国：指京师。 ⑩绥：安。四方：指诸夏。⑪"毋从"句：不要放纵谲诈欺谩之人。毋从：今本《诗经》作"无纵"。诡、随义近。 ⑫谨：约束。无良：不善。 ⑬式：用。遏：止。寇虐：暴虐。《说文》："寇，暴也。" ⑭"憯不"二句：言若有为暴虐而不畏明法者，则予以遏制。憯：曾。明：明法。 ⑮柔远能迩：安定远近各国。柔、能都是安的意思。 ⑯又曰：引文出自《诗·商颂·长发》。 ⑰竞：强。谓刚强。絿(qiú)：缓。 ⑱优优：形容宽缓。 ⑲百禄是遒：即遒百禄。禄：福。遒：聚。⑳古之遗爱：谓子产有古仁者之风。遗：留。爱：仁。

经

二十有一年春[①],王三月,葬蔡平公。

夏,晋侯使士鞅来聘[②]。

宋华亥、向宁、华定自陈入于宋南里以叛[③]。

秋七月壬午朔,日有食之[④]。

八月乙亥[⑤],叔辄卒[⑥]。

冬,蔡侯朱出奔楚。

公如晋,至河乃复[⑦]。

〔注释〕

①二十有一年:公元前521年。 ②晋顷公即位,遣使通嗣君。 ③南里:宋城内里名。 ④日有食之:此为公元前521年6月10日之日全食。 ⑤乙亥:二十五日。 ⑥叔辄:叔弓之子。 ⑦晋人辞公,故还。

传

二十一年春,天王将铸无射[①],泠州鸠曰[②]:"王其以心疾死乎!夫乐,天子之职也[③]。夫音[④],乐之舆也。而钟,音之器也[⑤]。天子省风以作乐[⑥],器以钟之[⑦],舆以行之[⑧],小者不窕[⑨],大者不槬[⑩],则和于物[⑪]。物和则嘉成[⑫]。故和声入于耳而藏于心,心亿则乐[⑬]。窕则不咸[⑭],槬则不容[⑮],心是以感[⑯],感实生疾。今钟槬矣,王心弗堪[⑰],其能久乎[⑱]!"

〔注释〕

①天王:周景王。无射(yì):钟名。无射本为十二律之阳声第六。景王铸钟,律中无射,故以为名。 ②泠州鸠:乐官,名州鸠。 ③职:所主。 ④“夫音”二句:谓乐因音而行。 ⑤器:器具。谓发音之器。 ⑥省:观。风:风俗。 ⑦钟:聚。 ⑧舆以行之:谓乐须音而行。舆:车。 ⑨小者不窕:谓小乐器声音不能过细,过细则不充于心。窕:细。 ⑩大者不槬(huà):谓大乐器声音不能过大,过大则不容于心。槬:宽。 ⑪则:故。物:人。⑫嘉成:嘉乐成。 ⑬亿:安。 ⑭不咸:不充于心。《说文》:“咸,皆也,悉也。”此为“充满”之意。 ⑮不容:心不堪容。 ⑯感:心应于外物而动。 ⑰堪:容,盛。 ⑱为明年天王崩传。

三月,葬蔡平公。蔡大子朱失位[①],位在卑[②]。大夫送葬者归,见昭子[③]。昭子问蔡故[④],以告。昭子叹曰:“蔡其亡乎!若不亡,是君也必不终。《诗》曰[⑤]:‘不解于位[⑥],民之攸塈。’今蔡侯始即位,而适卑,身将从之[⑦]。”

〔注释〕

①失位:不在太子之位(指不为丧主)。 ②位在卑:在卑者之位。卑:下。 ③昭子:叔孙婼。 ④故:事。 ⑤《诗》曰:引文出自《诗·大雅·假乐》。 ⑥“不解”二句:言在位者不懈怠,乃民所以得休息。解:同“懈”。塈(jì):息。 ⑦为蔡侯朱出奔传。

夏,晋士鞅来聘。叔孙为政[①],季孙欲恶诸晋[②],使有司以齐鲍国归费之礼为士鞅[③]。士鞅怒,曰:“鲍国之位下,其国小,而使鞅从其牢礼,是卑敝邑也[④],将复诸寡君!”鲁人

恐，加四牢焉，为十一牢[5]。

〔注释〕

①叔孙：即叔孙婼。为政：主持国政。 ②季孙：季孙意如。诸："之于"的合音。 ③鲍国以费归鲁，在十四年。据下文，知鲁礼以七牢。为：与，待。 ④卑：轻视。 ⑤为：用。

宋华费遂生华貙、华多僚、华登[1]。貙为少司马，多僚为御士[2]，与貙相恶，乃谮诸公曰："貙将纳亡人[3]。"亟言之。公曰："司马以吾故[4]，亡其良子[5]。死亡有命，吾不可以再亡之。"对曰："君若爱司马，则如亡[6]。死如可逃[7]，何远之有？"公惧。使侍人召司马之侍人宜僚，饮之酒而使告司马[8]。司马叹曰："必多僚也。吾有谗子，而弗能杀，吾又不死。抑君有命，可若何？"乃与公谋逐华貙，将使田孟诸而遣之[9]。公饮之酒，厚酬之[10]，赐及从者。司马亦如之[11]。张匄尤之[12]，曰："必有故。"使子皮承宜僚以剑而讯之[13]。宜僚尽以告。张匄欲杀多僚。子皮曰："司马老矣，登之谓甚[14]，吾又重之，不如亡也。"五月丙申[15]，子皮将见司马而行，则遇多僚御司马而朝。张匄不胜其怒，遂与子皮、臼任、郑翩杀多僚[16]，劫司马以叛，而召亡人。壬寅[17]，华、向入。乐大心、丰愆、华牼御诸横[18]。华氏居卢门[19]，以南里叛。六月庚午[20]，宋城旧鄘及桑林之门而守之[21]。

〔注释〕

①貙：音 chū。 ②御士：宋公侍御之士。 ③亡人：逃亡之

人。指华亥等。 ④司马:华费遂,宋大司马。 ⑤良子:指华登。良:贤。二十年,华登出奔吴。 ⑥如:当,应当。亡:谓出奔以避司马。 ⑦“死如”二句:若可逃避死亡,不惧远奔。 ⑧告司马:使驱逐华貙。 ⑨孟诸:大泽名,在今河南商丘市东北。⑩厚酬之:厚赠其酬币。古代飨礼,先由主人酌宾,称献;次由宾还敬主人,称酢;再由主人先酌酒自饮,再饮宾,称酬。酬宾时,主人赠礼物于宾,谓之酬币。 ⑪亦如之:亦如公厚赐华貙及其从者。 ⑫张匄:华貙家臣。尤:异。即感到奇怪。 ⑬子皮:华貙。承:当,抵。谓以剑相逼。讯:问。 ⑭“登之”句:谓使华登出亡,已经过分。谓:为。 ⑮丙申:十五日。 ⑯臼任、郑翩:皆华貙家臣。 ⑰壬寅:二十一日。 ⑱横:地名,在今河南商丘市西南。 ⑲卢门:宋东城之南门。 ⑳庚午:十九日。 ㉑旧鄘:故鄘城,在今河南商丘市。桑林之门:宋城门,当在国都郊外。

秋七月壬午朔,日有食之。公问于梓慎曰[①]:“是何物也[②],祸福何为[③]?”对曰:“二至、二分[④],日有食之,不为灾。日月之行也,分,同道也[⑤];至,相过也[⑥]。其他月则为灾,阳不克也[⑦],故常为水。”

于是叔辄哭日食[⑧]。昭子曰:“子叔将死,非所哭也。”八月,叔辄卒。

〔注释〕

①梓慎:鲁之日官。 ②物:事。 ③何为:如何。 ④二至:冬至、夏至。二分:春分、秋分。 ⑤分,同道也:春分、秋分时,日、月在同一轨道。 ⑥至,相过也:冬至时夜极长而昼极短,夏至时昼极长而夜极短,故相过。《汉书·五行志下之下》:“日

月之行也，春、秋分日夜等，故同道；冬、夏至长短极，故相过。”⑦“阳不”二句：日食乃日光为月光所蔽，阴侵阳，故曰阳不克。日为阳为火，月为阴为水，古人以为日食主水灾。 ⑧哭日食：恐其成灾。

冬十月，华登以吴师救华氏①。齐乌枝鸣戍宋②。厨人濮曰③：“《军志》有之：‘先人有夺人之心④，后人有待其衰。’盍及其劳且未定也伐诸？若入而固⑤，则华氏众矣，悔无及也。”从之。丙寅⑥，齐师、宋师败吴师于鸿口⑦，获其二帅公子苦雂、偃州员⑧。华登帅其馀以败宋师。公欲出，厨人濮曰：“吾小人，可藉死⑨，而不能送亡⑩，君请待之！”乃徇曰⑪：“扬徽者⑫，公徒也。”众从之。公自扬门见之⑬，下而巡之，曰：“国亡君死，二三子之耻也，岂专孤之罪也⑭？”齐乌枝鸣曰：“用少，莫如齐致死。齐致死，莫如去备⑮。彼多兵矣，请皆用剑。”从之。华氏北，复即之⑯。厨人濮以裳裹首而荷以走，曰：“得华登矣⑰！”遂败华氏于新里⑱。翟偻新居于新里，既战，说甲于公而归⑲。华妵居于公里⑳，亦如之㉑。

十一月癸未㉒，公子城以晋师至㉓。曹翰胡会晋荀吴、齐苑何忌、卫公子朝救宋㉔。丙戌㉕，与华氏战于赭丘㉖。郑翩愿为鹳㉗，其御愿为鹅。子禄御公子城㉘，庄堇为右。干犨御吕封人华豹㉙，张匄为右。相遇，城还。华豹曰：“城也！”城怒，而反之㉚。将注㉛，豹则关矣㉜。曰：“平公之灵㉝，尚辅相余㉞！”豹射，出其间㉟。将注，则又关矣。曰：

“不狎[36],鄙。”抽矢[37],城射之,殪[38]。张匄抽殳而下[39],射之,折股。扶伏而击之[40],折轸[41]。又射之,死[42]。干犨请一矢[43],城曰:“余言汝于君。”对曰:“不死伍乘[44],军之大刑也[45]。干刑而从子,君焉用之?子速诸!”乃射之,殪。大败华氏,围诸南里。华亥搏膺而呼[46],见华貙曰:“吾为栾氏矣[47]!”貙曰:“子无我迋[48],不幸而后亡[49]。”使华登如楚乞师,华貙以车十五乘、徒七十人犯师而出,食于睢上[50],哭而送之,乃复入[51]。

楚薳越帅师将逆华氏,大宰犯谏曰:“诸侯唯宋事其君[52],今又争国,释君而臣是助,无乃不可乎?”王曰:“而告我也后[53],既许之矣[54]。”

〔注释〕

①“华登”句:华登于上年奔吴。 ②乌枝鸣:齐大夫。③厨人濮:宋厨邑大夫,名濮。 ④“先人”二句:言进攻与防守策略不同。先人:先发制人。有:以。有待其衰:待敌之衰乃攻之。 ⑤入:返,还。固:安。 ⑥丙寅:十七日。 ⑦鸿口:地名,在今河南虞城县西北。 ⑧苦雒(án)、偃州员:皆吴大夫。⑨藉死:致死。藉:借。死:命。 ⑩送:从,跟随。 ⑪徇:宣示。⑫扬:原本作“杨”,据阮元《校勘记》改。下“扬门”之“扬”亦据阮校改。徽:徽识。指旗幡之类。 ⑬扬门:宋之正东门。见之:见国人皆扬徽。 ⑭专:独。 ⑮备:指长兵器。 ⑯即:就。⑰得:获。谓杀死。 ⑱新里:华氏所取之邑,在今河南开封市东。 ⑲“说甲”句:谓翟偻新反助宋公。说(tuó):通“脱”。⑳华妵(tǒu):华氏之族。 ㉑亦如之:亦如翟偻新,弃华氏而归于宋公。 ㉒癸未:四日。 ㉓公子城上年奔晋,今还救宋。

㉔翰胡:曹大夫。 ㉕丙戌:七日。 ㉖赭(zhě)丘:宋地,当在宋都郊外。 ㉗郑翩:华氏之党。鹳:与下文“鹅”皆为阵名。㉘子禄:向宜。 ㉙封人:掌封疆之官。华豹:华氏之党。 ㉚怒其呼己,故还战。 ㉛注:扣矢于弓。 ㉜关:引弓。 ㉝平公:公子城之父。灵:神。 ㉞尚:希望。辅相:辅助,佑助。此二句为公子城祈祷之辞。 ㉟箭出于子城、子禄之间。 ㊱不狎:谓华豹频射而不使对手得射。狎:更,更替。 ㊲抽矢:华豹撤下附弦之箭。 ㊳殪:死。 ㊴殳(shū):长兵器,在车边。 ㊵扶伏:匍匐。 ㊶轸:车后之横木。 ㊷张匄死。 ㊸请一矢:求死。 ㊹伍乘:指同乘共伍之人。古代军制,五人一组,谓之伍。乘指战车。 ㊺大刑:重刑。 ㊻搏膺:捶胸。 ㊼“吾为”句:晋栾盈出奔复入作乱而死,事在襄公二十三年。 ㊽迋(guàng):恐吓。 ㊾不幸而后亡:谓侥幸犹可不亡。 ㊿睢上:当在今河南商丘市境。 (51)复入:复返南里。 (52)“诸侯”句:唯宋之臣下犹尊事其君。《宋本册府元龟》卷七四二无“其”字。(53)而:尔。 (54)为明年华、向奔楚传。

蔡侯朱出奔楚。费无极取货于东国①,而谓蔡人曰:“朱不用命于楚,君王将立东国。若不先从王欲,楚必围蔡!”蔡人惧,出朱而立东国②。朱诉于楚,楚子将讨蔡。无极曰:“平侯与楚有盟③,故封。其子有二心④,故废之。灵王杀隐大子⑤,其子与君同恶⑥,德君必甚⑦。又使立之,不亦可乎?且废置在君⑧,蔡无他矣。”

〔注释〕

①东国:蔡隐太子之子,平侯庐之弟,蔡侯朱之叔父。 ②“出

朱”句:《史记·十二诸侯年表》皆云“东国杀平侯子而自立”。出:逐。 ③“平侯”二句:盟于邓,依陈、蔡人以国。 ④其子:蔡侯朱。 ⑤楚灵王用蔡太子于冈山,事在十一年。 ⑥同恶:同恶灵王。 ⑦德:感恩。楚平王杀灵王,是为东国报父仇。 ⑧“且废”二句:谓废立之权在楚,则诸侯无二心。置:立。

公如晋,及河,鼓叛晋①。晋将伐鲜虞,故辞公。

〔**注释**〕

①鼓:国名,白狄之别种。鼓本从晋,此时属鲜虞。

经

二十有二年春①,齐侯伐莒。

宋华亥、向宁、华定自宋南里出奔楚。

大蒐于昌间②。

夏四月乙丑③,天王崩。

六月,叔鞅如京师④,葬景王⑤。

王室乱。

刘子、单子以王猛居于皇⑥。

秋,刘子、单子以王猛入于王城⑦。

冬十月⑧,王子猛卒⑨。

十有二月癸酉朔⑩,日有食之。

〔**注释**〕

①二十有二年:公元前520年。 ②昌间:鲁地。未详何处。

③乙丑:十九日。 ④叔鞅:叔弓之子。 ⑤葬景王:天子七月而葬。周有乱,故速葬。 ⑥王猛:未即位,故书名。皇:地名,在今河南洛阳市东,巩义市西南。 ⑦王城:周之东都,当时为都城所在地,在今河南洛阳市西北隅。 ⑧冬十月:《传》云“十一月乙酉”。 ⑨王子猛卒:未即位,故不书崩。 ⑩十有二月癸酉朔:此年十二月癸卯朔,癸酉乃闰十二月朔日。《经》失书“闰”字。

传

二十二年春,王二月甲子①,齐北郭启帅师伐莒②。莒子将战,苑羊牧之谏曰③:“齐帅贱,其求不多,不如下之。大国不可怒也。”弗听。败齐师于寿馀④。齐侯伐莒⑤,莒子行成⑥。司马灶如莒莅盟⑦。莒子如齐莅盟,盟于稷门之外⑧。莒于是乎大恶其君⑨。

〔注释〕

①甲子:十七日。 ②北郭启:齐大夫。北郭佐之后。③苑羊牧之:莒大夫。名牧之,字羊。 ④寿馀:莒地,在今山东安丘市。 ⑤齐侯怒,故亲伐之。 ⑥行成:言和,求和。 ⑦司马灶:齐大夫。莅盟:与盟。莅:临。 ⑧稷门:齐城门。 ⑨为明年莒子来奔传。

楚薳越使告于宋曰:“寡君闻君有不令之臣为君忧,无宁以为宗羞①?寡君请受而戮之②。”对曰:“孤不佞③,不能媚于父兄④,以为君忧,拜命之辱。抑君臣日战,君曰余必臣是助⑤,亦唯命。人有言曰,‘唯乱门之无过⑥’。君若惠

保敝邑,无亢不衷[⑦],以奖乱人[⑧],孤之望也。唯君图之!”楚人患之。诸侯之戍谋曰:“若华氏知困而致死,楚耻无功而疾战[⑨],非吾利也。不如出之,以为楚功,其亦无能为也已[⑩]。救宋而除其害[⑪],又何求?”乃固请出之,宋人从之。己巳[⑫],宋华亥、向宁、华定、华貙、华登、皇奄伤、省臧、士平出奔楚[⑬]。宋公使公孙忌为大司马[⑭],边卬为大司徒[⑮],乐祁为司城[⑯],仲幾为左师[⑰],乐大心为右师[⑱],乐輓为大司寇,以靖国人[⑲]。

〔注释〕

①无宁:无乃。为宗羞:为宗庙之耻。 ②“寡君”句:此为外交辞令。楚欲救华氏,故作此言。 ③不佞:不才。 ④媚:悦。谓取悦。父兄:指华、向。二氏皆宋之公族。 ⑤曰:认为,以为。 ⑥“唯乱”句:十九年《传》云“无过乱门”。 ⑦亢:捍卫,保护。不衷:不善。 ⑧奖:助。 ⑨疾战:力战。 ⑩无能为:谓不能复为宋患。无能:原本作“能无”,据阮元《校勘记》、杨伯峻说改。 ⑪“救宋”句:除华氏,则宋患除。 ⑫己巳:二十二日。 ⑬华貙以下五人,经文不书,非卿。 ⑭代华费遂。⑮边卬:平公之曾孙。为大司徒:代华定。 ⑯乐祁:乐祁犁。司城:原本作“司马”,据《四部丛刊》本改。 ⑰仲幾:仲江之孙。为左师:代向宁。 ⑱为右师:代华亥。 ⑲终梓慎之言,三年而后弭。

王子朝、宾起有宠于景王[①]。王与宾孟说之[②],欲立之。刘献公之庶子伯蚠事单穆公[③],恶宾孟之为人也,愿杀之[④]。又恶王子朝之言,以为乱,愿去之。宾孟适郊,见雄鸡自断

其尾。问之,侍者曰:“自惮其牺也[5]。”遽归告王,且曰:“鸡其惮为人用乎[6]!人异于是[7]。牺者实用人[8],人牺实难[9],己牺何害[10]?”王弗应[11]。

夏四月,王田北山[12],使公卿皆从,将杀单子、刘子。王有心疾[13],乙丑,崩于荣锜氏[14]。戊辰[15],刘子挚卒,无子[16],单子立刘蚠。五月庚辰[17],见王[18],遂攻宾起,杀之。盟群王子于单氏[19]。

〔注释〕

①王子朝:景王之庶长子。宾起:王子朝之傅。 ②宾孟:即宾起。说:同“悦”。 ③刘献公:刘挚。伯蚠(fén):刘狄。单穆公:单旗。 ④愿:欲。 ⑤自惮其牺:惧为牺牲,故自残毁。《国语·周语下》无“自”字。 ⑥其:殆。用:杀之以祭。 ⑦人异于是:鸡中选为牺,将被杀。人中选,则当贵盛,故人异于鸡。⑧牺:指有权势之人。《国语·晋语九》:“夫范、中行氏不恤庶难,欲擅晋国,今其子孙将耕于齐,宗庙之牺为畎亩之勤,人之化也,何日之有!”用人:治人。 ⑨人牺实难:言唯患他人为牺(人喻子猛,牺喻得势)。难:患。 ⑩己牺何害:自己为牺,则能治人,故无患。己:指子朝。害:患。 ⑪王弗应:十五年,太子寿卒,王立子猛,其后复欲立子朝,而惧祸及子朝,因而犹豫不决。宾起以牺进言,王心许之,故不应。 ⑫北山:北邙山。亦作“北芒”。在今河南洛阳市东北。 ⑬心疾:心脏病。 ⑭崩于荣锜之家。 ⑮戊辰:二十二日。 ⑯无子:无嫡子。刘蚠为其庶子。⑰庚辰:四日。 ⑱王:王猛。 ⑲惧诸王子党于子朝,故盟之。

晋之取鼓也[1],既献[2],而反鼓子焉[3]。又叛于鲜虞[4]。

六月，荀吴略东阳[⑤]。使师伪籴者[⑥]，负甲以息于昔阳之门外[⑦]，遂袭鼓[⑧]，灭之。以鼓子鸢鞮归，使涉佗守之[⑨]。

〔注释〕

①“晋之”句：晋取鼓在十五年。 ②献：献于庙。 ③反鼓子：使返国复为君。 ④“又叛”句：复叛晋而属鲜虞。鲜虞：国名，白狄之别族，故城在今河北新乐市西南。 ⑤略：巡行。东阳：即南阳。泛指太行山以东之地。 ⑥伪籴者：假装成籴米。者：语助词，无义。 ⑦息：止。昔阳：地名，在今河北晋州市西。⑧鼓：国名，亦白狄之族。 ⑨涉佗：晋大夫。守之：守鼓之地。

丁巳[①]，葬景王。王子朝因旧官百工之丧职秩者与灵、景之族以作乱[②]。帅郊、要、饯之甲[③]，以逐刘子[④]。壬戌[⑤]，刘子奔扬[⑥]。单子逆悼王于庄宫以归[⑦]。王子还夜取王以如庄宫[⑧]。癸亥[⑨]，单子出[⑩]。王子还与召庄公谋[⑪]，曰：“不杀单旗[⑫]，不捷。与之重盟[⑬]，必来。背盟而克者多矣。”从之。樊顷子曰[⑭]：“非言也，必不克。”遂奉王以追单子[⑮]，及领[⑯]，大盟而复[⑰]，杀挚荒以说[⑱]。刘子如刘[⑲]。单子亡。乙丑[⑳]，奔于平畤[㉑]。群王子追之，单子杀还、姑、发、弱、鬷、延、定、稠[㉒]，子朝奔京[㉓]。丙寅[㉔]，伐之[㉕]。京人奔山。刘子入于王城[㉖]。辛未[㉗]，巩简公败绩于京[㉘]。乙亥[㉙]，甘平公亦败焉。

叔鞅至自京师[㉚]，言王室之乱也。闵马父曰[㉛]：“子朝必不克。其所与者，天所废也[㉜]。”

单子欲告急于晋。秋七月戊寅[㉝]，以王如平畤，遂如圃

车㉞,次于皇。刘子如刘。单子使王子处守于王城㉟,盟百工于平宫㊱。辛卯㊲,鄩肸伐皇㊳,大败,获鄩肸。壬辰㊴,焚诸王城之市㊵。八月辛酉㊶,司徒丑以王师败绩于前城㊷。百工叛㊸。己巳㊹,伐单氏之宫,败焉㊺。庚午㊻,反伐之。辛未㊼,伐东圉㊽。冬十月丁巳㊾,晋籍谈、荀跞帅九州之戎及焦、瑕、温、原之师㊿,以纳王于王城。庚申[51],单子、刘盆以王师败绩于郊[52],前城人败陆浑于社[53]。十一月乙酉[54],王子猛卒[55]。不成丧也。己丑[56],敬王即位[57]。馆于子旅氏[58]。十二月庚戌[59],晋籍谈、荀跞、贾辛、司马督帅师军于阴[60],于侯氏[61],于溪泉[62],次于社[63]。王师军于氾[64],于解[65],次于任人[66]。闰月,晋箕遗、乐征、右行诡济师取前城[67],军其东南。王师军于京[68]。辛丑[69],伐京[70],毁其西南[71]。

〔注释〕

①丁巳:十二日。 ②因:依,依靠。百工:百官。一说指工匠。职秩:官位与俸禄。灵、景之族:灵王、景王之子孙。 ③郊、要、饯:皆周邑。甲:兵。 ④刘子:刘狄,字伯盆。 ⑤壬戌:十七日。 ⑥扬:邑名。诸戎所居,都在今河南洛阳市西南。⑦悼王:王子猛,景王之子。以归:归于其家。 ⑧王子还:子朝之党。取王以如庄宫:不欲使单子得王,故取之。 ⑨癸亥:十八日。 ⑩失王,故出奔。 ⑪召庄公:召伯奂,子朝之党。 ⑫单旗:单子。 ⑬重盟:厚盟。指条件优厚之盟约。 ⑭樊顷子:樊齐。刘、单之党。 ⑮王子还奉王。 ⑯领:周地。 ⑰大盟而复:厚盟欲使单子、刘子复归。大盟:即“重盟”。厚盟。 ⑱归罪于挚荒。说:解说。 ⑲刘:刘子食邑,在今河南偃师市西南。⑳乙丑:二十日。 ㉑平畤:周地,当在河南洛阳市附近。 ㉒还、

姑、发、弱、鬷、延、定、稠：八人皆灵王、景王之族。 ㉓京：周地。㉔丙寅：二十一日。 ㉕单子伐京。 ㉖子朝奔亡，故得入。㉗辛未：二十六日。 ㉘巩简公：与下文之甘平公皆周卿士。㉙乙亥：三十日。 ㉚葬景王还。 ㉛闵马父：闵子马，鲁大夫。㉜天所废：指群丧职秩者。 ㉝秋七月戊寅：七月三日。《经》书六月，误。 ㉞圃车：周地，当在巩义市西南。 ㉟守于王城：拒子朝。 ㊱平宫：平王庙。 ㊲辛卯：十六日。 ㊳鄩肸（xún xī）：子朝之党。皇：周地。 ㊴壬辰：十七日。 ㊵"焚诸"句：焚鄩肸。 ㊶辛酉：十七日。 ㊷司徒丑：悼王之司徒，名丑。前城：周地，在今河南洛阳市东南三十里伊水东岸。 ㊸司徒丑败故。 ㊹己巳：二十五日。 ㊺败焉：为单氏所败。 ㊻庚午：二十六日。 ㊼辛未：二十七日。 ㊽东圉：周地，在今河南偃师市西南。 ㊾冬十月丁巳：十月十四日。《经》书秋，误。 ㊿九州之戎：陆浑之戎。州：古代基层单位。五州为乡。焦、瑕、温、原：皆晋邑。焦、瑕二邑都在今河南陕县附近；温在今河南温县西南；原在今河南济源市西北。 51庚申：十七日。 52为子朝党羽所败。 53社：周地，在今河南巩义市东北。 54乙酉：十一月十二日。《经》书十月，误。 55"王子"二句：《春秋》书"王子猛卒"，而不书"天王崩"是因为丧葬未用王礼。成：备。 56己丑：十六日。57敬王：王子匄，王子猛同母弟。 58子旅：周大夫。 59庚戌：八日。 60阴：即平阴，在今河南孟津县北。阴为籍谈驻军之所。61侯氏：在今河南偃师市缑氏镇。侯氏为荀跞所军。 62溪泉：在今河南洛阳市东南。溪泉为贾辛所军。 63社为司马督所军。64汜（fàn）：郑地，在今河南荥阳市西北。 65解：在今河南洛阳市西南。 66任人：在今河南洛阳市附近。 67箕遗、乐征、右行诡：皆晋大夫。济师：以师渡洛水、伊水。 68京：在今河南洛阳市附近。原本"京"下有"楚"字，据段玉裁说删。 69辛丑：二十九日。 ⑦⓪子朝所在。 ⑦①此条本与下年传文相接，为后人所割裂。

经

二十有三年春[1]，王正月，叔孙婼如晋。

癸丑[2]，叔鞅卒[3]。

晋人执我行人叔孙婼[4]。

晋人围郊[5]。

夏六月，蔡侯东国卒于楚。

秋七月，莒子庚舆来奔。

戊辰[6]，吴败顿、胡、沈、蔡、陈、许之师于鸡父[7]。

胡子髡、沈子逞灭[8]。

获陈夏啮[9]。

天王居于狄泉[10]。

尹氏立王子朝[11]。

八月乙未[12]，地震。

冬，公如晋，至河，有疾，乃复。

〔注释〕

①二十有三年：公元前519年。 ②癸丑：十二日。 ③叔鞅：叔弓之子，叔辄之弟。 ④行人：使者。 ⑤晋人围郊，为讨子朝。围郊在叔鞅卒前，《经》书于后，从告。 ⑥戊辰：二十九日。 ⑦鸡父：楚地，在今河南固始县东南。 ⑧灭：国虽存，君死曰灭。 ⑨获：大夫死得、生擒皆可称获。夏啮：夏徵舒曾孙。⑩狄泉：地名，当时在洛阳城外（今在城内）。敬王出居狄泉以避

子朝。 ⑪尹氏：周卿士。 ⑫乙未：二十七日。

传

二十三年春[①]，王正月壬寅朔，二师围郊[②]。癸卯[③]，郊、鄩溃[④]。丁未[⑤]，晋师在平阴[⑥]，王师在泽邑[⑦]。王使告间[⑧]。庚戌[⑨]，还[⑩]。

〔注释〕

①此条应与上年传文连读。 ②二师：指王师、晋师。 ③癸卯：二日。 ④郊：周邑，当在鄩邑附近。鄩（xún）：周邑，在今河南巩义市西南。 ⑤丁未：六日。 ⑥平阴：在今河南孟津县北。 ⑦泽邑：即狄泉。 ⑧王：周敬王。间：病痊愈或好转。此指局势趋于缓和。 ⑨庚戌：九日。 ⑩还：晋师还。

邾人城翼[①]，还，将自离姑[②]。公孙鉏曰[③]："鲁将御我[④]。"欲自武城还[⑤]，循山而南[⑥]。徐鉏、丘弱、茅地曰[⑦]："道下，遇雨，将不出[⑧]，是不归也。"遂自离姑[⑨]。武城人塞其前[⑩]，断其后之木而弗殊[⑪]，邾师过之，乃推而蹶之[⑫]。遂取邾师，获鉏、弱、地。

邾人诉于晋，晋人来讨。叔孙婼如晋，晋人执之。书曰"晋人执我行人叔孙婼"，言使人也。晋人使与邾大夫坐[⑬]，叔孙曰："列国之卿[⑭]，当小国之君，固周制也。邾又夷也[⑮]。寡君之命介子服回在[⑯]，请使当之，不敢废周制故也。"乃不果坐。

韩宣子使邾人聚其众[⑰]，将以叔孙与之。叔孙闻之，去

众与兵而朝[18]。士弥牟谓韩宣子曰[19]:“子弗良图[20],而以叔孙与其雠,叔孙必死之。鲁亡叔孙,必亡邾。邾君亡国,将焉归[21]?子虽悔之,何及?所谓盟主,讨违命也。若皆相执,焉用盟主?”乃弗与。使各居一馆[22]。士伯听其辞[23],而诉诸宣子[24],乃皆执之。士伯御叔孙,从者四人,过邾馆以如吏[25]。先归邾子。士伯曰:“以刍荛之难[26],从者之病,将馆子于都[27]。”叔孙旦而立,期焉[28]。乃馆诸箕[29]。舍子服昭伯于他邑。

范献子求货于叔孙[30],使请冠焉[31]。取其冠法[32],而与之两冠,曰:“尽矣。”为叔孙故,申丰以货如晋。叔孙曰:“见我,吾告女所行货[33]。”见,而不出[34]。吏人之与叔孙居于箕者[35],请其吠狗[36],弗与。及将归,杀而与之食之[37]。叔孙所馆者,虽一日,必葺其墙屋[38],去之如始至[39]。

〔注释〕

①翼:邾邑,在今山东曹县西南。 ②离姑:邾邑,在翼之北。③公孙鉏:邾大夫。 ④从离姑至绎(邾之都城),须经鲁之武城。 ⑤武城:鲁邑,在离姑之北。 ⑥循山而南:循沂蒙山而南,欲绕过武城。 ⑦徐鉏、丘弱、茅地:三人皆邾大夫。 ⑧不出:谓前行困难。《说文》:“出,进也。” ⑨“遂自”句:谓欲经离姑过武城。 ⑩塞其前:拦塞前路。 ⑪殊:断。 ⑫蹶:倒。⑬坐:争讼相质证。 ⑭“列国”二句:大国之卿,相当于小国君主。列国:大国。当:对,等同。 ⑮邾又夷也:邾虽在中国,而杂东夷之风,故谓之夷。又:乃。 ⑯介:副使。介亦奉君命,故云命介。子服回:鲁大夫。 ⑰韩宣子:韩起。聚:原本作“取”,据纂图本、《宋本册府元龟》卷七四六改。 ⑱“去众”句:单身而且

不带兵器朝晋君，示不惧死。 ⑲士弥牟：士景伯。 ⑳弗良图：不能妥善处理此事。良：能。 ㉑将焉归：时邾君在晋，若亡国无所归，将益为晋忧。 ㉒使各居一馆：叔孙不愿与邾大夫坐讼，故使鲁、邾大夫分处而听其讼辞。馆：舍。 ㉓士伯：即士弥牟。 ㉔诉：告。 ㉕“过邾”句：欲使邾人见叔孙之屈辱。 ㉖刍荛：割草打柴之人。 ㉗都：邑。指别邑。 ㉘期：待。 ㉙箕：晋邑，在今山西蒲县东北。 ㉚范献子：范鞅。 ㉛请冠：以求冠为辞，欲求贿赂。 ㉜“取其”二句：既送作冠之模法，又送之以两冠。 ㉝所行货：行贿的对象。 ㉞不出：留之不使出。 ㉟吏人：晋之吏人看管叔孙者。 ㊱吠狗：守舍之狗。 ㊲表明先前不予非因吝惜。 ㊳葺：修补。 ㊴叔孙明年春始得归，《传》终言之。

夏四月乙酉①，单子取訾②，刘子取墙人、直人③。六月壬午④，王子朝入于尹⑤。癸未⑥，尹圉诱刘佗杀之⑦。丙戌⑧，单子从阪道⑨，刘子从尹道伐尹⑩。单子先至而败，刘子还。己丑⑪，召伯奂、南宫极以成周人戍尹⑫。庚寅⑬，单子、刘子、樊齐以王如刘⑭。甲午⑮，王子朝入于王城，次于左巷⑯。秋七月戊申⑰，鄩罗纳诸庄宫⑱。尹辛败刘师于唐⑲。丙辰⑳，又败诸鄩。甲子㉑，尹辛取西闱㉒。丙寅㉓，攻蒯㉔，蒯溃㉕。

〔注释〕

①乙酉：十五日。 ②訾（zī）：邑名，在今河南巩义市南。③墙人、直人：与上文唐三邑皆属子朝。 ④壬午：十三日。⑤自宋入于尹氏之邑。 ⑥癸未：十四日。 ⑦尹圉：尹文公。刘佗：刘蚠之族，敬王亲信。 ⑧丙戌：十七日。 ⑨阪道：斜道。

⑩尹道:正道。《尔雅·释言》:"尹,正也。" ⑪己丑:二十日。⑫召伯奂、南宫极:二人皆周卿士。 ⑬庚寅:二十一日。 ⑭出居刘子食邑,以避子朝。 ⑮甲午:二十五日。 ⑯左巷:近东城之地。 ⑰戊申:九日。 ⑱鄩罗:周大夫鄩肸之子。 ⑲尹辛:尹氏之族。唐:周地,在今河南洛阳市西南。 ⑳丙辰:十七日。 ㉑甲子:二十五日。 ㉒西闱:周地。 ㉓丙寅:二十七日。 ㉔蒯:周地,在今河南洛阳市偏西北。 ㉕此时敬王居于狄泉,尹氏立王子朝。

莒子庚舆虐而好剑[①]。苟铸剑,必试诸人。国人患之。又将叛齐。乌存帅国人以逐之[②]。庚舆将出,闻乌存执殳而立于道左[③],惧将止死[④]。苑羊牧之曰[⑤]:"君过之!乌存以力闻可矣[⑥],何必以弑君成名?"遂来奔。齐人纳郊公[⑦]。

〔注释〕

①莒子庚舆:犁比公之子,著丘公弟。 ②乌存:莒大夫。逐:驱逐。 ③殳:古代的一种长兵器。 ④惧将止死:惧将被拘止而死。 ⑤苑羊牧之:莒大夫。名牧之,字羊。 ⑥力:勇。⑦郊公:著丘公之子,十四年出奔齐。

吴人伐州来[①],楚薳越帅师及诸侯之师奔命救州来[②]。吴人御诸钟离[③]。子瑕卒,楚师熸[④]。

吴公子光曰:"诸侯从于楚者众,而皆小国也,畏楚而不获已,是以来。吾闻之曰:'作事威克其爱[⑤],虽小,必济。'胡、沈之君幼而狂[⑥],陈大夫啮壮而顽[⑦],顿与许、蔡疾楚政。楚令尹死,其师熸,帅贱多宠[⑧],政令不壹。七国同役而不

同心⑨,帅贱而不能整,无大威命,楚可败也。若分师先以犯胡、沈与陈,必先奔。三国败,诸侯之师乃摇心矣。诸侯乖乱⑩,楚必大奔。请先者去备薄威⑪,后者敦陈整旅⑫。"吴子从之。戊辰晦⑬,战于鸡父。吴子以罪人三千先犯胡、沈与陈⑭,三国争之。吴为三军以系于后⑮,中军从王,光帅右,掩馀帅左⑯。吴之罪人或奔或止,三国乱。吴师击之,三国败,获胡、沈之君及陈大夫。舍胡、沈之囚,使奔许与蔡、顿,曰:"吾君死矣!"师噪而从之⑰,三国奔⑱,楚师大奔。

书曰⑲:"胡子髡、沈子逞灭,获陈夏啮。"君臣之辞也。不言战⑳,楚未陈也。

〔注释〕

①州来:本古国,后为吴、楚相争之地,在今安徽凤台县。②薳(wěi)越帅师:令尹子瑕以病从戎,故薳越摄行军事。奔命:奉楚王之命赴敌。　③御:迓,迎。钟离:吴、楚边境之地,在今安徽凤阳县东北。　④熸(jiān):火灭。引申为军队溃败。　⑤"作事"句:谓军事尚威。克:胜。　⑥狂:愚。　⑦顽:愚钝。⑧帅贱:薳越非正卿。多宠:贵族多。宠:尊,贵。　⑨七国:指楚、顿、胡、沈、蔡、陈、许。　⑩乖乱:违逆,不协调。乖:背。⑪去备薄威:谓示敌不整以诱之。　⑫敦:厚。　⑬戊辰晦:七月二十九日。晦:农历每月的最后一天。成公十六年《传》郤至数楚有六间,其一曰"陈不违晦",知古人忌讳于晦日作战。此吴师与楚战,为出其不意。　⑭囚徒不习战而用之,乃示以不整。⑮系:继。　⑯掩馀:吴王寿梦之子。　⑰三国争之,故乱。⑱三国:指许、蔡、顿。　⑲"书曰"四句:《春秋》于胡、沈之君死称"灭",陈大夫死称"获",因君重臣轻,故措辞不同。　⑳"不

言”二句:未战而溃,故不书战。

八月丁酉①,南宫极震②。苌弘谓刘文公曰③:“君其勉之!先君之力可济也④。周之亡也⑤,其三川震。今西王之大臣亦震⑥,天弃之矣!东王必大克⑦。”

〔注释〕

①丁酉:二十九日。 ②南宫极震:南宫极(周卿士)因地震房屋倒塌被压死。 ③刘文公:刘盆。 ④先君:指刘献公(刘挚)。刘盆之父。献公欲立子猛,未及而卒,见上年《传》。力:功。 ⑤“周之”二句:《国语·周语上》:“幽王三年,西周三川皆震。”三川:指泾、渭、洛水。 ⑥西王:指王子朝。子朝在王城,故称西王。 ⑦东王:指周敬王。敬王居于狄泉,在王城东,故称东王。

楚大子建之母在郹①,召吴人而启之②。冬十月甲申③,吴大子诸樊入郹④,取楚夫人与其宝器以归。楚司马薳越追之,不及。将死,众曰:“请遂伐吴以徼之⑤。”薳越曰:“再败君师⑥,死且有罪。亡君夫人,不可以莫之死也⑦。”乃缢于薳澨⑧。

〔注释〕

①郹(jú):即郹阳,蔡邑,在今河南新蔡县。平王娶秦女,而废太子建,故母归其家。 ②启:导,引导。 ③甲申:十七日。④大子诸樊:此时吴王僚在位,其伯父号诸樊,太子不应名诸樊。《史记·吴太伯世家》云:“八年,吴使公子光伐楚,败楚师,迎楚

故太子建母于居巢以归。”　⑤徼之：谓复取楚夫人与其宝器。徼：求。　⑥再败：救州来已大败，复战恐再败。　⑦莫之死：没有人为之而死。　⑧薳澨：楚地，在今湖北京山县西百余里之汉水东岸。澨：水边增高之地，人所居者。

公为叔孙故如晋①，及河，有疾而复。

〔注释〕

①“公为”句：此年春晋执鲁使叔孙婼。

楚囊瓦为令尹①，城郢②。沈尹戌曰：“子常必亡郢。苟不能卫，城无益也。古者，天子守在四夷③；天子卑④，守在诸侯。诸侯守在四邻⑤；诸侯卑，守在四竟⑥。慎其四竟，结其四援⑦，民狎其野⑧，三务成功⑨。民无内忧，而又无外惧⑩，国焉用城？今吴是惧，而城于郢，守已小矣。卑之不获，能无亡乎？昔梁伯沟其公宫而民溃⑪，民弃其上，不亡，何待？夫正其疆埸⑫，修其土田⑬，险其走集⑭，亲其民人，明其伍候⑮，信其邻国，慎其官守⑯，守其交礼⑰，不僭不贪⑱，不懦不耆⑲，完其守备⑳，以待不虞㉑，又何畏矣？《诗》曰㉒：‘无念尔祖㉓，聿修厥德。’无亦监乎若敖、蚡冒至于武、文㉔？土不过同㉕，慎其四竟，犹不城郢。今土数圻㉖，而郢是城，不亦难乎㉗？”

〔注释〕

①囊瓦：子常，子囊之子。　②城郢：增修加固郢城。郢为楚都，在今湖北江陵县北十里之纪南城。　③守在四夷：德及于远，

故四夷皆为藩卫。守:守卫。 ④卑:微,衰微。 ⑤守在四邻:邻国为之守。 ⑥守在四竟:谓仅能自保。竟:同“境”。 ⑦结其四援:结四邻之国以为援。 ⑧狎:安习。 ⑨三务:春、夏、冬三时之务。务:事。 ⑩惧:忧,患。 ⑪“昔梁伯”句:事见僖公十九年《传》。 ⑫正:治。疆埸(yì):疆界。 ⑬修:治。土田:田地。 ⑭险:固。走集:指边境之壁垒。 ⑮伍候:五方(四方及中央)之候。 ⑯慎:敬。官守:职守。官:职。 ⑰守:持,保持。交礼:交接之礼。 ⑱僭:差。贪:滥。 ⑲懦:弱。耆:强。 ⑳完:坚,固。 ㉑待:备。 ㉒《诗》曰:引文出自《诗·大雅·文王》。㉓“无念”二句:言不忘其祖,而修其德。无念:念。“无”与下文“聿”都是发语词,无义。 ㉔无亦:不亦,不。“亦”是语助词,无义。乎:于。若敖、蚡冒:与下“武”“文”四君皆楚先君之贤者。㉕同:方圆百里。 ㉖圻:方千里。 ㉗不亦:不。

经

二十有四年春①,王二月丙戌②,仲孙貜卒。

婼至自晋③。

夏五月乙未朔,日有食之④。

秋八月,大雩⑤。

丁酉⑥,杞伯郁厘卒。

冬,吴灭巢⑦。

葬杞平公。

〔注释〕

①二十有四年:公元前518年。原本无“有”字,据纂图本、阮元《校勘记》补。 ②丙戌:二月二十一日。二:原本作“三”,

据纂图本、《四部丛刊》本及《公羊传》《穀梁传》改。三月无丙戌。③叔孙婼上年为晋所执。 ④日有食之：此为公历公元前518年4月19日之日环食。 ⑤雩（yú）：求雨之祭。 ⑥丁酉：九月五日。 ⑦巢：楚邑，今安徽巢湖市东北五里有居巢故址，即其地。

传

二十四年春，王正月辛丑[①]，召简公、南宫嚚以甘桓公见王子朝[②]。刘子谓苌弘曰："甘氏又往矣。"对曰："何害？同德度义[③]。《大誓》曰[④]：'纣有亿兆夷人[⑤]，亦有离德[⑥]。余有乱臣十人[⑦]，同心同德[⑧]。'此周所以兴也。君其务德，无患无人。"戊午[⑨]，王子朝入于邬[⑩]。

〔注释〕

①辛丑：五日。 ②召简公：召伯盈，召庄公之子。南宫嚚（yín）：南宫极之子。甘桓公：甘平公之子。 ③同德度义：言所谓同德者，唯在于义。度：在。 ④《大誓》：《尚书》篇名。⑤亿兆夷人：亿兆人。极言其多。夷：语助词，无义。 ⑥离德：指乖离之心。 ⑦乱臣：治臣。 ⑧以上四句今在古文《尚书·泰誓中》，字句略有出入。 ⑨戊午：二十二日。 ⑩邬（wū）：地名，在今河南偃师市西南。

晋士弥牟逆叔孙于箕[①]。叔孙使梁其跁待于门内[②]，曰："余左顾而欬[③]，乃杀之[④]。右顾而笑，乃止。"叔孙见士伯[⑤]，士伯曰："寡君以为盟主之故，是以久子[⑥]。不腆敝邑之礼[⑦]，将致诸从者[⑧]，使弥牟逆吾子。"叔孙受礼而归。二

月，婼至自晋⑨，尊晋也。

〔注释〕

①叔孙：叔孙婼。箕：晋邑，在今山西蒲县东北。 ②梁其踁(jìng)：叔孙婼的家臣。 ③欬：同“咳”，咳嗽。 ④疑士弥牟来害己，故谋杀之。 ⑤士伯：即士弥牟。 ⑥久：留滞。 ⑦腆：厚。 ⑧将致其礼而归之。 ⑨“婼至”二句：谓《春秋》不书叔孙之族，仅称其名，表示尊重晋国。

三月庚戌①，晋侯使士景伯莅问周故②。士伯立于乾祭③，而问于介众④。晋人乃辞王子朝，不纳其使。

〔注释〕

①庚戌：十五日。 ②“晋侯”句：晋侯使士景伯问子朝、敬王之曲直。士景伯：士弥牟。莅：临。故：事。 ③乾祭：王城之北门。 ④介众：众人。介：大。

夏五月乙未朔，日有食之。梓慎曰①：“将水②。”昭子曰③：“旱也。日过分而阳犹不克④，克必甚，能无旱乎？阳不克莫⑤，将积聚也。”

〔注释〕

①梓慎：鲁之日官。 ②将水：梓慎以为日食乃阴胜阳，故曰将水。《汉书·五行志下之下》作“将大水”。 ③昭子：叔孙婼。 ④“日过”句：已过春分，阳气盛时，而不克阴，阳气郁积，其后克之必甚。克：胜。 ⑤莫：散，散发。《广雅·释诂三》：“莫、班、赋，布也。”

六月壬申[①],王子朝之师攻瑕及杏[②],皆溃。

〔注释〕

①壬申:九日。 ②瑕:敬王控制之邑。未详何处。杏:在今河南禹州市北。亦敬王之邑。

郑伯如晋,子大叔相[①]。见范献子[②],献子曰:“若王室何?”对曰:“老夫其国家不能恤[③],敢及王室?抑人亦有言曰[④]:‘嫠不恤其纬[⑤],而忧宗周之陨[⑥],为将及焉[⑦]。’今王室实蠢蠢焉[⑧],吾小国惧矣。然大国之忧也,吾侪何知焉[⑨]?吾子其早图之!《诗》曰[⑩]:‘瓶之罄矣[⑪],惟罍之耻。’王室之不宁,晋之耻也。”献子惧,而与宣子图之[⑫]。乃征会于诸侯,期以明年[⑬]。

〔注释〕

①子大叔:游吉。 ②范献子:范鞅。 ③恤:忧。 ④抑:然,不过。 ⑤嫠:寡妇。不恤其纬:不忧所织布之多寡。纬:织物的横线,与“经”相对。 ⑥宗周之陨:谓周失宗庙社稷。陨:失。 ⑦及:祸及己。 ⑧实:《说文·心部》引《传》作“日”。日与实同义。蠢蠢:形容扰乱。 ⑨侪:辈。 ⑩《诗》曰:引文出自《诗·小雅·蓼莪》。 ⑪“瓶之”二句:瓶、罍皆盛酒之器,瓶小而罍大,瓶常受酒于罍。瓶罄,则罍亦无余,故耻之。 ⑫宣子:韩起。 ⑬为明年会于黄父传。

秋八月,大雩,旱也[①]。

〔注释〕

①终如叔孙之言。

冬十月癸酉[①],王子朝用成周之宝圭于河[②]。甲戌[③],津人得诸河上[④]。阴不佞以温人南侵[⑤],拘得玉者,取其玉。将卖之,则为石[⑥]。王定而献之[⑦],与之东訾[⑧]。

〔注释〕

①癸酉:十一日。 ②"王子"句:王子朝以宝圭祭祀于河。用:以人、牲、玉帛祭祀神祇。 ③甲戌:十二日。 ④津人:摆渡的人。 ⑤阴不佞:敬王大夫。南侵:击子朝。 ⑥为:化。 ⑦不佞献玉于王。 ⑧东訾:地名,在今河南巩义市西。

楚子为舟师以略吴疆[①]。沈尹戌曰:"此行也,楚必亡邑。不抚民而劳之,吴不动而速之[②],吴踵楚[③],而疆埸无备[④],邑能无亡乎?"

越大夫胥犴劳王于豫章之汭[⑤],越公子仓归王乘舟[⑥]。仓及寿梦帅师从王[⑦],王及圉阳而还[⑧]。

吴人踵楚,而边人不备,遂灭巢及钟离而还[⑨]。

沈尹戌曰:"亡郢之始,于此在矣。王壹动而亡二姓之帅[⑩],几如是而不及郢[⑪]?《诗》曰[⑫]:'谁生厉阶[⑬],至今为梗。'其王之谓乎[⑭]!"

〔注释〕

①略:巡视,巡行。 ②速:召。 ③踵:继。谓随其后。④疆埸(yì):边境。 ⑤豫章:地名,地处淮河以南、长江以北。

汭:水弯曲之处。 ⑥归(kuì):通“馈”,赠送。乘舟:乘坐的船(非战船)。 ⑦寿梦:越大夫。 ⑧圉阳:楚地。 ⑨钟离:楚邑,在今安徽凤阳县东北。 ⑩二姓之帅:指巢、钟离大夫。 ⑪几:岂。 ⑫《诗》曰:引文出自《诗·大雅·桑柔》。 ⑬“谁生”二句:是谁引起祸端,以致至今为患?厉:怨。阶:缘由。梗:病。 ⑭为定公四年吴入郢传。

经

二十有五年春[①],叔孙婼如宋。

夏,叔诣会晋赵鞅、宋乐大心、卫北宫喜、郑游吉、曹人、邾人、滕人、薛人、小邾人于黄父[②]。

有鹳鹆来巢[③]。

秋七月上辛[④],大雩[⑤]。季辛[⑥],又雩。

九月己亥[⑦],公孙于齐[⑧],次于阳州[⑨]。齐侯唁公于野井[⑩]。

冬十月戊辰[⑪],叔孙婼卒。

十有一月己亥[⑫],宋公佐卒于曲棘[⑬]。

十有二月,齐侯取郓[⑭]。

〔注释〕

①二十有五年:公元前517年。 ②黄父:又名“黑壤”,晋地,在今山西翼城县东北。 ③鹳鹆(qú yù):亦作“鸲鹆”。即八哥。来巢:鲁地本无鹳鹆,今有之,故曰“来巢”。 ④上辛:上旬之辛日。指辛卯。四日。 ⑤雩(yú):求雨之祭。 ⑥季辛:下旬之辛日。指辛亥。二十四日。 ⑦己亥:十三日。 ⑧孙:

同“逊”。内讳奔,故曰孙,若主动逊让而去位者。 ⑨阳州:本鲁邑,此时已为齐有,在今山东东平县北境。 ⑩唁:对遭遇非常变故者进行慰问。此因鲁公失国而唁之。野井:齐邑,在今山东济南市长清区。 ⑪戊辰:十二日。 ⑫己亥:十三日。 ⑬曲棘:地名,在今河南兰考县东南。 ⑭郓:鲁有东、西二郓。此为西郓,在今山东郓城县东。

传

二十五年春,叔孙婼聘于宋。桐门右师见之①,语,卑宋大夫而贱司城氏②。昭子告其人曰③:“右师其亡乎!君子贵其身④,而后能及人,是以有礼。今夫子卑其大夫而贱其宗,是贱其身也,能有礼乎?无礼,必亡。”

宋公享昭子,赋《新宫》⑤。昭子赋《车辖》⑥。明日,宴,饮酒,乐。宋公使昭子右坐⑦,语相泣也。乐祁佐⑧,退而告人曰:“今兹君与叔孙其皆死乎⑨!吾闻之,哀乐而乐哀⑩,皆丧心也。心之精爽⑪,是谓魂魄⑫。魂魄去之,何以能久⑬?”

〔**注释**〕

①桐门右师:乐大心。宋右师,居于桐门(宋之北门),后因以为氏。 ②卑:轻,轻视。与“贱”同义。司城:乐祁。乐氏之大宗。 ③昭子:叔孙婼。其人:指从者。 ④“君子”三句:唯礼可以贵身,贵身,故尚礼。 ⑤《新宫》:逸《诗》。 ⑥《车辖》:《诗·小雅》篇名。诗言周人思得贤女以配君子。昭子将为季孙迎娶宋公之女,故赋此。 ⑦“宋公”句:宋公特意使昭子坐于其

右,靠近以便交谈。 ⑧佐:助宴礼。 ⑨今兹:今年。 ⑩哀乐:以乐为哀。而:与。乐哀:以哀为乐。 ⑪精爽:神魂。精:神。爽:明。 ⑫魂魄:神气。魂:阳气。魄:阴神。 ⑬为此年冬叔孙、宋公卒传。

季公若之姊为小邾夫人①,生宋元夫人②,生子③,以妻季平子。昭子如宋聘④,且逆之。公若从⑤,谓曹氏勿与,鲁将逐之。曹氏告公,公告乐祁。乐祁曰:“与之。如是⑥,鲁君必出。政在季氏三世矣⑦,鲁君丧政四公矣⑧。无民而能逞其志者,未之有也,国君是以镇抚其民⑨。《诗》曰⑩:‘人之云亡⑪,心之忧矣。’鲁君失民矣,焉得逞其志?靖以待命犹可⑫,动必忧⑬。”

〔注释〕

①季公若之姊:季平子(季孙意如)庶姑,与公若同母,故曰公若之姊。 ②宋元夫人:平子的表姐。 ③子:古代子、女皆可称子。此指女儿。 ④季平子为人臣,而鲁卿亲为迎娶,因其势盛。 ⑤“公若”三句:公若劝宋元公夫人,叫她不要将女儿嫁给季孙,鲁国将要驱逐他。谓:使。曹氏:宋元公夫人。曹为小邾君之姓。 ⑥“如是”二句:如果鲁君想要驱逐季平子,最终只能自己出奔。 ⑦三世:指文子、武子、平子。 ⑧四公:宣公、成公、襄公、昭公。 ⑨镇抚:安,安定。镇、抚同义。 ⑩《诗》曰:引文出自《诗·大雅·瞻卬》。 ⑪“人之”二句:言无人则忧患至。云:句中语助词,无义。 ⑫靖:静,安静。 ⑬为公孙于齐传。

夏,会于黄父①,谋王室也。赵简子令诸侯之大夫输王

粟、具戍人[2],曰:“明年将纳王[3]。”

子大叔见赵简子[4],简子问揖让周旋之礼焉。对曰:“是仪也,非礼也。”简子曰:“敢问何谓礼?”对曰:“吉也闻诸先大夫子产曰:‘夫礼,天之经也[5],地之义也,民之行也。’天地之经,而民实则之[6]。则天之明,因地之性[7],生其六气[8],用其五行[9]。气为五味[10],发为五色[11],章为五声[12]。淫则昏乱[13],民失其性。是故为礼以奉之[14]:为六畜、五牲、三牺[15],以奉五味;为九文、六采、五章[16],以奉五色;为九歌、八风、七音、六律[17],以奉五声;为君臣上下[18],以则地义;为夫妇外内[19],以经二物;为父子、兄弟、姑姊、甥舅、昏媾、姻亚[20],以象天明[21];为政事、庸力、行务[22],以从四时;为刑罚、威狱[23],使民畏忌,以类其震曜杀戮[24];为温慈惠和,以效天之生殖长育[25]。民有好、恶、喜、怒、哀、乐,生于六气,是故审则宜类[26],以制六志[27]:哀有哭泣,乐有歌舞,喜有施舍,怒有战斗,喜生于好,怒生于恶。是故审行信令[28],祸福赏罚,以制死生。生,好物也[29];死,恶物也[30]。好物,乐也;恶物,哀也。哀乐不失[31],乃能协于天地之性[32],是以长久。”简子曰:“甚哉,礼之大也!”对曰:“礼,上下之纪,天地之经纬也[33],民之所以生也,是以先王尚之。故人之能自曲直以赴礼者[34],谓之成人[35]。大,不亦宜乎?”简子曰:“鞅也请终身守此言也[36]。”

宋乐大心曰:“我不输粟。我于周为客[37],若之何使客?”晋士伯曰:“自践土以来[38],宋何役之不会,而何盟之不同[39]?曰‘同恤王室’,子焉得辟之[40]?子奉君命,以会大

事，而宋背盟，无乃不可乎？”右师不敢对㊶，受牒而退㊷。士伯告简子曰：“宋右师必亡。奉君命以使，而欲背盟以干盟主，无不祥大焉㊸。”

〔注释〕

①“会于”二句：叔诣会晋赵鞅、宋乐大心、卫北宫喜、郑游吉、曹人、邾人、滕人、薛人、小邾人于黄父，谋定王子朝之乱。《传》蒙经文省略主语。 ②赵简子：赵鞅。 ③纳王：送敬王回到王城。 ④子大叔：游吉，郑执政之卿。 ⑤“天之”三句：谓礼为天地之常道，百姓行动的依据。经：常。 ⑥则：仿效。⑦因地之性：依地之本性。地有高下、刚柔。 ⑧生：养。《国语·周语下》：“夫六，中之色也，故名之曰黄钟，所以宣养六气、九德也。”六气：阴、阳、风、雨、晦、明。 ⑨五行：金、木、水、火、土。 ⑩气为五味：谓五行之气，入于人口为五味（酸、咸、辛、苦、甘）。 ⑪发：生。五色：青、黄、赤、白、黑。 ⑫章：彰，显。五声：宫、商、角、徵、羽。 ⑬“淫则”二句：谓滋味声色等，过则伤生。淫：过。性：生。 ⑭奉：保，守。 ⑮六畜：马、牛、羊、鸡、犬、豕。五牲：牛、羊、豕、犬、鸡。三牺：牛、羊、豕。 ⑯九文：山、龙、华（花）、虫、藻、火（画火）、米粉（若白米）、黼（若斧形，谓刃白身黑）、黻（若二己字相背之形）九种图形。参见桓公二年注。六采：六种色彩。绘画之事，杂用天地四方之色。青与白、赤与黑、玄与黄皆相次，谓之六色。五章：五种文饰。青与白谓之文，赤与白谓之章，白与黑谓之黼，黑与青谓之黻，五色具备谓之绣。⑰九歌：九功之事可歌者。文公七年《传》：“劝之以《九歌》，勿使坏。九功之德皆可歌也，谓之九歌。六府、三事，谓之九功。水、火、金、木、土、谷，谓之六府。正德、利用、厚生，谓之三事。”八风：八方之风。七音：宫、商、角、徵、羽、变商、变徵。六律：黄钟、

大蔟、姑洗、蕤宾、夷则、无射。 ⑱“为君臣”二句：君臣有尊卑，犹地有高下。 ⑲“为夫妇”二句：夫治外，妇治内，以经营内外之事。 ⑳昏媾：妻父曰昏，重婚曰媾（重叠交互为婚）。姻亚：婿父曰姻，两婿相谓曰亚（亦作“娅”，今称连襟）。 ㉑“以象”句：谓效法天象。六亲和睦，以事严父，如众星环绕北辰。 ㉒“为政”二句：在君为政，在臣为事，民功曰庸，治功曰力，行其德教，务其时要，乃礼之根本。 ㉓威狱：诉讼。威：刑罚。狱：讼。 ㉔类：象，效法。震曜：谓雷鸣闪电。雷电可以杀人。 ㉕生殖：生。长育：养育。长：养。 ㉖审：辨。宜类：指宜仿效者。 ㉗以制六志：用以节制好恶喜怒哀乐六种情感。志：情志。情动曰志。 ㉘信令：出令言而有信。《国语·晋语四》：“信于令则时无废功。” ㉙好物：好事，吉事。好：喜。 ㉚恶物：凶事。恶：凶。 ㉛不失：不违于礼。 ㉜协：和，合。 ㉝经纬：指常道。 ㉞曲直：谓性曲者以礼直之，性直者以礼曲之，以辅其性，使适中。赴：一本作“从”，于义为长。 ㉟成人：成德之人。 ㊱守：持。谓铭记。 ㊲“我于”二句：言不可役使宾客。使：役。二王（夏、殷）之后，于周为宾客。宋为殷之后。 ㊳践土之盟在僖公二十八年。 ㊴同：会。 ㊵辟：违。 ㊶右师：乐大心。 ㊷牒：书札。 ㊸“无不”句：谓不祥之事莫大于此。

有鸜鹆来巢，书所无也①。师己曰②：“异哉！吾闻文、成之世童谣有之③，曰：‘鸜之鹆之④，公出辱之。鸜鹆之羽，公在外野，往馈之马⑤。鸜鹆跦跦⑥，公在乾侯⑦，征褰与襦⑧。鸜鹆之巢，远哉遥遥。稠父丧劳⑨，宋父以骄⑩。鸜鹆鸜鹆，往歌来哭⑪。’童谣有是，今鸜鹆来巢，其将及乎⑫！”

〔注释〕

①书所无：鸜鹆非鲁地所有，故《春秋》书之。 ②师己：鲁大夫。 ③文、成之世：鲁文、宣、成公之世。不言宣公，举其首尾。成：原本作“武”，据阮元《校勘记》、杨伯峻说改。 ④“鸜之”二句：言鸜鹆来，则公出奔受辱。之：用法同“兮”。鹆、辱为韵。 ⑤馈：赠送。昭公出奔在外，季平子每岁买马馈之。⑥跦（zhū）跦：跳行貌。 ⑦乾（gān）侯：晋邑，在今河北成安县东南。昭公最终死于乾侯。 ⑧征：求。褰：裤。襦：短衣，短袄，著于单衫之外。跦、侯、襦为韵。 ⑨稠：亦作“裯”，昭公之名。父为男子之通号。丧劳：谓昭公出奔而死，为国之忧。劳：忧。⑩宋父：定公（昭公之弟）。因昭公之难而得立。骄：宠，受宠。巢、遥、劳、骄为韵。 ⑪往歌来哭：昭公生出，歌；死还，哭。鹆、哭为韵。 ⑫及：及于祸。

秋，书再雩，旱甚也[①]。

〔注释〕

①书再雩，旱甚也：《春秋》载此年鲁二次举行雩祭，因旱情严重。

初，季公鸟娶妻于齐鲍文子[①]，生甲。公鸟死，季公亥与公思展与公鸟之臣申夜姑相其室[②]。及季姒与饔人檀通[③]，而惧[④]，乃使其妾抶己[⑤]，以示秦遄之妻[⑥]，曰：“公若欲使余[⑦]，余不可而抶余。”又诉于公甫[⑧]，曰：“展与夜姑将要余[⑨]。”秦姬以告公之[⑩]。公之与公甫告平子。平子拘展于卞[⑪]，而执夜姑，将杀之。公若泣而哀之曰：“杀是，是余杀

也。”将为之请。平子使竖勿内[12]，日中不得请。有司逆命[13]，公之使速杀之。故公若怨平子。

季、郈之鸡斗[14]。季氏介其鸡[15]，郈氏为之金距[16]。平子怒[17]，益宫于郈氏[18]，且让之[19]。故郈昭伯亦怨平子。

臧昭伯之从弟会为谗于臧氏[20]，而逃于季氏，臧氏执旃[21]。平子怒，拘臧氏老[22]。将禘于襄公[23]，《万》者二人[24]，其众《万》于季氏。臧孙曰：“此之谓不能庸先君之庙[25]。”大夫遂怨平子。

公若献弓于公为[26]，且与之出射于外，而谋去季氏。公为告公果、公贲[27]。公果、公贲使侍人僚相告公[28]。公寝，将以戈击之[29]，乃走。公曰：“执之。”亦无命也[30]。惧而不出[31]，数月不见。公不怒。又使言，公执戈以惧之，乃走。又使言，公曰：“非小人之所及也[32]。”公果自言，公以告臧孙，臧孙以难[33]，告郈孙。郈孙以可，劝[34]。告子家懿伯[35]。懿伯曰：“谗人以君徼幸[36]，事若不克[37]，君受其名[38]，不可为也。舍民数世以求克[39]，事不可必也[40]。且政在焉[41]，其难图也。”公退之[42]。辞曰：“臣与闻命矣[43]，言若泄，臣不获死。”乃馆于公。

叔孙昭子如阚[44]，公居于长府[45]。九月戊戌[46]，伐季氏，杀公之于门，遂入之。平子登台而请曰：“君不察臣之罪[47]，使有司讨臣以干戈，臣请待于沂上以察罪[48]。”弗许。请囚于费[49]，弗许。请以五乘亡，弗许。子家子曰：“君其许之！政自之出久矣，隐民多取食焉[50]，为之徒者众矣。日入慝作[51]，弗可知也。众怒不可蓄也，蓄而弗治，将蕴[52]。蕴蓄，民将生心。生心，同求将合[53]。君必悔之！”弗听。郈孙曰：“必杀之！”

公使郈孙逆孟懿子[54]。叔孙氏之司马鬷戾言于其众曰[55]：“若之何？”莫对。又曰：“我，家臣也，不敢知国[56]。凡有季氏与无[57]，于我孰利？”皆曰：“无季氏，是无叔孙氏也。”鬷戾曰[58]：“然则救诸[59]！”帅徒以往，陷西北隅以入。公徒释甲[60]，执冰而踞，遂逐之[61]。孟氏使登西北隅，以望季氏。见叔孙氏之旌，以告。孟氏执郈昭伯，杀之于南门之西，遂伐公徒。子家子曰：“诸臣伪劫君者[62]，而负罪以出，君止。意如之事君也，不敢不改。”公曰：“余不忍也[63]。”与臧孙如墓谋[64]，遂行[65]。

己亥，公孙于齐，次于阳州。齐侯将唁公于平阴[66]，公先至于野井。齐侯曰：“寡人之罪也。使有司待于平阴[67]，为近故也。”书曰：“公孙于齐，次于阳州。齐侯唁公于野井。”礼也[68]。将求于人，则先下之，礼之善物也[69]。齐侯曰：“自莒疆以西，请致千社[70]，以待君命[71]。寡人将帅敝赋以从执事，唯命是听。君之忧，寡人之忧也。”公喜。子家子曰：“天禄不再[72]。天若胙君[73]，不过周公，以鲁足矣。失鲁，而以千社为臣，谁与之立？且齐君无信，不如早之晋。”弗从。

臧昭伯率从者将盟，载书曰：“戮力壹心，好恶同之。信罪之有无[74]，缱绻从公[75]，无通外内！”以公命示子家子。子家子曰：“如此，吾不可以盟。羁也不佞，不能与二三子同心，而以为皆有罪[76]，或欲通外内[77]，且欲去君。二三子好亡而恶定，焉可同也？陷君于难，罪孰大焉？通外内而去君，君将速入,弗通何为?而何守焉[78]?"乃不与盟。

昭子自阚归,见平子。平子稽颡曰[79]:"子若我何?"昭子曰:"人谁不死?子以逐君成名,子孙不忘,不亦伤乎!将若子何?"平子曰:"苟使意如得改事君,所谓生死而肉骨也[80]。"昭子从公于齐,与公言。子家子命适公馆者执之[81]。公与昭子言于幄内,曰:"将安众而纳公[82]。"公徒将杀昭子,伏诸道[83]。左师展告公[84],公使昭子自铸归[85]。平子有异志[86]。冬十月辛酉[87],昭子齐于其寝[88],使祝、宗祈死[89]。戊辰[90],卒。左师展将以公乘马而归[91],公徒执之。

〔注释〕

①季公鸟:季公亥之兄,季平子庶叔父。鲍文子:鲍国。②公思展:季氏之族。相其室:治其家事。相:治。 ③季姒:公鸟妻,鲍文子女。饔人檀:食官,名檀,季氏家臣。 ④惧公亥等讨己。 ⑤抶:击。 ⑥秦遄(chuán):鲁大夫。其妻为公鸟妹,秦姬。 ⑦"公若"句:谓公若欲使季姒与之私通。公若:即公亥。使:御。襄公二十一年《传》:"叔向之母妒叔虎之母美而不使。""使"字义近。 ⑧公甫:季平子之子。 ⑨要:要挟。谓强迫己行非礼之事。 ⑩公之:名鞅,亦季平子之子。 ⑪卞:鲁邑,故城在今山东泗水县东五十里。 ⑫竖:小臣。 ⑬逆命:受命。 ⑭季平子、郈昭伯二家相近,故鸡相斗。 ⑮介其鸡:为其鸡(头部)著甲。 ⑯金距:以金属包裹鸡爪。距:爪。后专指雄鸡足后突出的尖骨。 ⑰怒其与己争。 ⑱侵郈氏之宫以益己宅。 ⑲让:责备。 ⑳臧昭伯:臧孙赐。从弟:堂弟。 ㉑旃:之。 ㉒老:大夫家的总管。 ㉓禘(dì):大祭之名。 ㉔《万》者二人:依礼,鲁公当用六佾,即四十八人。卢文弨以为"二人"

当为“二八”之误。《万》:舞名。分为文、武两种。文舞执籥与翟,故亦称籥舞、羽舞。武舞执干与戚,故亦称干舞。 ㉕“此之”句:谓不能善待先君之庙。庸:善。 ㉖公为:昭公之子。㉗公果、公贲:皆昭公之子,公为之弟。 ㉘僚柤(zhā):昭公之侍者。 ㉙佯以戈击僚柤。戈:寝戈,就寝时防身的兵器。 ㉚无命:无敕命。 ㉛僚柤不敢出。 ㉜小人:指卑微者。 ㉝以难:认为困难。以:谓。 ㉞劝:谓怂恿昭公行事。 ㉟子家懿伯:子家羁,庄公之玄孙。 ㊱谗人:邪恶之人。徼幸:谓侥幸求成。㊲克:成。 ㊳受:承担,担当。名:指恶名。 ㊴舍民:弃民。鲁自文公以来,政权不在公室。 ㊵不可必:不能保证成功。㊶政在焉:政在季氏。 ㊷退:使去。 ㊸与闻命:即闻命。与:语助词,无义。 ㊹阚(kàn):鲁地,在今山东汶上县西南。 ㊺长府:官府名。 ㊻戊戌:十一日。 ㊼察:审察,验核。 ㊽“臣请”句:谓暂居沂水边以待审查。沂:水名。沂水源出山东曲阜市东南尼丘,西经曲阜、兖州合于泗水。 ㊾费:季氏食邑,在今山东费县。 ㊿隐民:贫民。隐:穷困。 51日入:日冥。即入夜。慝:奸恶。 52蕴:积,积蓄。 53同求:指与季氏同欲叛君者。合:聚。 54孟懿子:仲孙何忌。 55言:讯,问。《尔雅·释言》:“讯,言也。”郭璞注:“相问讯。” 56不敢知国:不敢过问国事。知:问。 57凡:总概之辞。 58鬷:原本作鬷,据纂图本、《宋本册府元龟》卷七四九改。昭公二十六年《传》亦有鬷戾之名。 59诸:“之乎”的合音。 60“公徒”二句:昭公的士卒脱下铠甲,拿着箭筒随意走动。冰:箭筒之盖,可作临时饮器。昭公二十七年《传》述此事谓“岂其伐人而说甲执冰以游”。 61逐之:逐公徒。 62“诸臣”三句:假称诸臣劫持鲁君伐季氏,因负罪而出逃,鲁君仍留在宫中。者:语助词,无义。止:留下。 63不忍:不忍心。 64如墓谋:辞先君,且谋出奔之所。《礼记·檀弓下》:“去国,则哭于墓而后行。反其国不哭,展墓而入。” ⑥⑤行:出奔。 ⑥⑥平阴:齐地,在今山东平阴县东北三十五里。 ⑥⑦“使有司”二句:言本拟唁公于平阴,以其距阳州近,不想公远至井野迎己。 ⑥⑧谓鲁君至井野合于礼。 ⑥⑨善物:善事,好事。物:事。 ⑦⓪千社:二万五千家。二十五家为社。 ⑦①等待鲁君讨伐季氏之命。 ⑦②再:谓得齐社,复得鲁国。 ⑦③“天若”六句:谓天若赐福于鲁,不得过于周公,以鲁封鲁君即已足够。若得千社,必失鲁国(兼得则过于周公)。以千社为齐臣,则谁为鲁君复位? 胙:禄。立:同“位”。 ⑦④“信罪”句:谓居者有罪,行者无罪。信:明。 ⑦⑤缱绻:本为抟捏不离散之意。此指态度坚定。 ⑦⑥“而以”句:从者陷君,居者逐君,故皆有罪。 ⑦⑦“或欲”二句:谓又欲通内外,而使君得以回国。或:又。 ⑦⑧言不必守公。 ⑦⑨稽颡(qǐ sǎng):跪拜时头叩地。 ⑧⓪生死:使死者复生。肉骨:使枯骨生肉。生死、肉骨皆起死回生之意。 ⑧①执之以防泄密。 ⑧②昭子请归安众。 ⑧③伏诸道:伏兵于道。伏:藏匿。 ⑧④左师展:鲁大夫。 ⑧⑤铸:地名,在今山东肥城市南大汶河北岸。 ⑧⑥异志:异心。谓不欲复纳公。 ⑧⑦辛酉:五日。 ⑧⑧齐:通“斋”。 ⑧⑨祝、宗:宗人、家祝,主祈祷、祭祀之官。祈死:耻为季氏所欺,故求死。 ⑨⓪戊辰:十二日。 ⑨①乘马:一乘。即单车。

壬申①,尹文公涉于巩②,焚东訾③,弗克。

〔注释〕

①壬申:十六日。 ②尹文公:王子朝之党。涉于巩:从巩地(在今河南巩义市)涉洛水。 ③东訾:敬王控制之邑。

十一月,宋元公将为公故如晋①,梦大子栾即位于庙②,

己与平公服而相之[3]。旦,召六卿。公曰:“寡人不佞,不能事父兄[4],以为二三子忧,寡人之罪也。若以群子之灵[5],获保首领以殁[6],唯是楄柎所以藉干者[7],请无及先君[8]。”仲幾对曰:“君若以社稷之故,私降昵宴[9],群臣弗敢知[10]。若夫宋国之法,死生之度[11],先君有命矣,群臣以死守之[12],弗敢失队[13]。臣之失职[14],常刑不赦。臣不忍其死[15],君命衹辱[16]。”宋公遂行。己亥,卒于曲棘。

〔注释〕

①“宋元公”句:宋公欲如晋请纳鲁君。原本“宋”下有“公”字,据阮元《校勘记》、《宋本册府元龟》卷八九二删。 ②大子栾:宋元公太子,名栾,即后来之宋景公。 ③平公:元公之父。服:朝服。 ④父兄:指华、向。 ⑤灵:福佑。 ⑥“获保”句:谓得以寿终正寝。殁:终。 ⑦唯:若。楄柎(pián fǔ):棺中垫尸体的木板。藉:衬垫。干:躯干。指尸体。 ⑧“请无”句:请求降其礼数。 ⑨降:临。昵宴:指私人燕乐之事。昵:私。⑩弗敢知:不敢过问。知:问。 ⑪度:制度。 ⑫守:遵,遵循。⑬失队:失。谓违背。失、队同义。队,同“坠”。 ⑭之:若。失职:指不守先君之命。 ⑮不忍其死:谓担当不起死罪。忍:堪。⑯君命衹辱:言君命必不得行。衹:适。

十二月庚辰[1],齐侯围郓。

〔注释〕

①庚辰:二十五日。

初,臧昭伯如晋,臧会窃其宝龟偻句[①],以卜为信与僭[②],僭吉。臧氏老将如晋问[③],会请往[④]。昭伯问家故[⑤],尽对。及内子与母弟叔孙[⑥],则不对[⑦]。再三问,不对。归,及郊[⑧],会逆。问,又如初[⑨]。至,次于外而察之[⑩],皆无之。执而戮之,逸,奔郈[⑪]。郈鲂假使为贾正焉[⑫]。计于季氏[⑬],臧氏使五人以戈楯伏诸桐汝之闾[⑭],会出,逐之,反奔,执诸季氏中门之外。平子怒曰:"何故以兵入吾门?"拘臧氏老。季、臧有恶。及昭伯从公,平子立臧会[⑮]。会曰:"偻句不余欺也[⑯]。"

〔注释〕

①偻(lǚ)句:龟名。龟出于偻句,故以为名。 ②信:诚,诚信。僭:不信。 ③问:问昭伯起居。 ④请往:请代家老往。⑤故:事。 ⑥内子:指昭伯之妻。 ⑦不对:故意不回答,欲使昭伯起疑心。 ⑧归,及郊:昭伯返鲁,至于郊。 ⑨又如初:又不对。 ⑩察:审察,分辨。 ⑪郈(hòu):鲁地,在今山东东平县东南四十里。 ⑫鲂假:郈邑大夫。贾正:主管物价的官吏。⑬计于季氏:送计簿于季氏。 ⑭桐汝:里名。闾:里门。 ⑮立臧会为臧氏之后。 ⑯不余欺:没有欺骗我。

楚子使薳射城州屈[①],复茄人焉[②];城丘皇[③],迁訾人焉[④]。使熊相禖郭巢[⑤],季然郭卷[⑥]。子大叔闻之,曰:"楚王将死矣。使民不安其土,民必忧。忧将及王,弗能久矣[⑦]。"

〔注释〕

①州屈:楚邑,在今安徽凤阳县西。 ②使茄人复还州屈。茄:靠近淮河的小邑。 ③丘皇:地名,在今河南信阳市。 ④迁訾人于丘皇。 ⑤熊相禖(méi):楚大夫。郭:外城。此用作动词。 ⑥季然:楚大夫。卷:楚邑,在今河南方城县之独树镇。⑦为明年楚子卒传。

经

二十有六年春[①],王正月,葬宋元公。

三月,公至自齐,居于郓[②]。

夏,公围成[③]。

秋,公会齐侯、莒子、邾子、杞伯,盟于鄟陵[④]。

公至自会,居于郓。

九月庚申[⑤],楚子居卒。

冬十月[⑥],天王入于成周[⑦]。

尹氏、召伯、毛伯以王子朝奔楚[⑧]。

〔注释〕

①二十有六年:公元前516年。 ②郓:鲁有东、西二郓。此为西郓,在今山东郓城县东。 ③成:孟氏之邑,在今山东宁阳县北。 ④鄟(zhuān)陵:地名。未详何处。 ⑤庚申:十日。⑥冬十月:《传》在十一月。 ⑦成周:周之都城。周敬王徙都于此。 ⑧据《传》召伯并未出奔,且迎敬王。

传

二十六年春,王正月庚申[①],齐侯取郓。

〔注释〕

①庚申：六日。

葬宋元公[①]。如先君，礼也。

〔注释〕

①"葬宋元公"三句：宋元公临终，欲自损其葬礼，见上年《传》。

三月，公至自齐[①]，处于郓[②]，言鲁地也。

〔注释〕

①至自齐：自齐至于鲁境，故书"至"。 ②未入国都，故书地名。

夏，齐侯将纳公，命无受鲁货。申丰从女贾[①]，以币锦二两[②]，缚一如瑱[③]，适齐师，谓子犹之人高齮[④]："能货子犹，为高氏后，粟五千庾[⑤]。"高齮以锦示子犹，子犹欲之[⑥]。齮曰："鲁人买之，百两一布[⑦]。以道之不通，先入币财。"子犹受之，言于齐侯曰："群臣不尽力于鲁君者，非不能事君也。然据有异焉[⑧]。宋元公为鲁君如晋，卒于曲棘[⑨]；叔孙昭子求纳其君，无疾而死。不知天之弃鲁耶，抑鲁君有罪于鬼神[⑩]，故及此也？君若待于棘[⑪]，使群臣从鲁君以卜焉[⑫]。若可，师有济也，君而继之[⑬]，兹无敌矣[⑭]；若其无成，君无辱焉。"齐侯从之，使公子鉏帅师从公[⑮]。

成大夫公孙朝谓平子曰："有都[16]，以卫国也，请我受师[17]。"许之。请纳质[18]，弗许，曰："信女，足矣。"告于齐师曰："孟氏，鲁之敝室也[19]。用成已甚[20]，弗能忍也，请息肩于齐[21]。"齐师围成。成人伐齐师之饮马于淄者[22]，曰："将以厌众[23]。"鲁成备而后告曰："不胜众[24]。"

师及齐师战于炊鼻[25]。齐子渊捷从泄声子[26]，射之，中楯瓦[27]，繇朐汰辀[28]，匕入者三寸[29]。声子射其马，斩鞅[30]，殪。改驾[31]，人以为鬷戾也[32]，而助之。子车曰[33]："齐人也[34]。"将击子车，子车射之，殪。其御曰："又之[35]。"子车曰："众可惧也，而不可怒也。"子囊带从野泄[36]，叱之。泄曰："军无私怒[37]，报乃私也，将亢子。"又叱之[38]，亦叱之[39]。冉竖射陈武子[40]，中手，失弓而骂。以告平子，曰："有君子白皙，鬒须眉[41]，甚口[42]。"平子曰："必子强也[43]，无乃亢诸？"对曰："谓之君子，何敢亢之？"林雍羞为颜鸣右[44]，下。苑何忌取其耳[45]。颜鸣去之[46]。苑子之御曰："视下[47]！"顾。苑子剕林雍[48]，断其足。𨄅而乘于他车以归[49]。颜鸣三入齐师，呼曰："林雍乘[50]！"

〔注释〕

①申丰：与女贾都是季氏家臣。 ②币：泛指礼品。二两：二匹。一两四丈，分为两卷，两两合其卷，故称两。 ③缚：束。瑱(tiàn)：充耳。古代悬于冠冕两边的玉，用以塞耳避听。 ④子犹：梁丘据。高齮(yǐ)：子犹的家臣。 ⑤五千庾：约合现在二千四百石。据《周礼·考工记》，二斗四升为庾，相当于现在四升八合。 ⑥欲：求。 ⑦百两一布：言以百匹计数。布：陈，陈列。

⑧据:梁丘据。异:怪。 ⑨曲棘:地名,在今河南兰考县东南。⑩抑:还是。 ⑪若:且。棘:地名,在今山东泰安市西南。原本"棘"上有"曲"字,据阮元《校勘记》删。 ⑫以卜预测可否讨伐季氏。 ⑬而:乃。 ⑭兹:则。 ⑮公子鉏:齐景公之子。 ⑯都:邑。 ⑰请我受师:谓以成邑抵御齐师。受:当。 ⑱请纳质:公孙朝为孟氏之臣,故请委质以取信。质:通"贽"。 ⑲敝室:自谦之辞。犹称本国为"敝邑"。 ⑳"用成"二句:用成地民力太过,民不能堪。忍:堪。 ㉑息肩于齐:谓降齐而得以减轻负担。㉒淄:此淄水指小汶河,亦称柴汶水,非临淄之淄水。小汶河源出山东新泰市东北龙堂山,西流至东平县与大清河、小清河会合,流入大汶河。 ㉓厌众:满足众人之心。 ㉔不胜众:谓众人不愿投降,自己无能为力。 ㉕炊鼻:鲁地,当在今山东宁阳县。 ㉖子渊捷:氏子渊,名捷。泄声子:鲁大夫。氏野名泄,声是谥号。㉗楯瓦:盾脊。 ㉘繇(yǒu):通"由",自,从。朐(qǔ):通"軥"。车軛,夹贴马颈以驾车者。其形勾曲,故谓之軥。汏:过。谓穿过。辀(zhōu):车辕。用于大车上的称辕,用于兵车、田车、乘车上的称辀。 ㉙匕:镞。此数句谓来矢强劲,射穿车軛与车辕,箭头深入盾脊三寸。 ㉚鞅(yāng):套在马颈部的革带。服马之鞅,用以固軛。骖马之鞅,一端系于衡之中部,以防两骖马外逸。㉛子渊捷改乘他人之车。 ㉜人:鲁人。鬷戾:叔孙氏之司马。㉝子车:即子渊捷。 ㉞子渊捷声明自己是齐人。 ㉟又之:使复射他人。 ㊱子囊带:齐大夫。 ㊲"军无"三句:谓不欲报被叱之私怒,而以公战御之。怒:怨。亢:御。 ㊳子囊带复叱之。㊴野泄亦叱子囊带。 ㊵冉竖:季氏之臣。陈武子:名开,陈无宇之子。 ㊶鬒须眉:须眉浓密。《说文》:"鬒,稠发也。" ㊷甚口:大口。 ㊸子强:陈开(武子)之字。 ㊹"林雍"二句:林雍耻为颜鸣之车右,故下车步战。林雍、颜鸣皆鲁人。 ㊺苑何忌:

齐大夫。取其耳:不欲杀之,故仅取其耳。 ㊻颜鸣去之:其右被俘,故惧而去之。 ㊼视下:看车下。 ㊽刜(fú):以刀击。 ㊾磬(qìng):通"罄"。即"胫"字。谓以胫行。 ㊿林雍乘:呼林雍乘己车。《传》言颜鸣不计私怨。

四月,单子如晋告急。五月戊午①,刘人败王城之师于尸氏②。戊辰③,王城人、刘人战于施谷④,刘师败绩。

〔注释〕

①戊午:六日。 ②刘人:刘盆之属。王城之师:王子朝之徒。二十三年,王子朝入于王城,尹氏立以为王。尸氏:地名,在今河南偃师市西三十里。 ③戊辰:十六日。 ④施谷:周地。

秋,盟于剸陵①,谋纳公也。

〔注释〕

①"盟于"句:鲁君与齐侯、莒子、邾子、杞伯盟,《传》蒙经文省略会盟之人。剸陵:即《经》之鄟陵。

七月己巳①,刘子以王出②。庚午③,次于渠④。王城人焚刘⑤。丙子⑥,王宿于褚氏⑦。丁丑⑧,王次于萑谷⑨。庚辰⑩,王入于胥靡⑪。辛巳⑫,王次于滑⑬。晋知跞、赵鞅帅师纳王,使汝宽守阙塞⑭。

〔注释〕

①己巳:十七日。 ②师败,故惧而出。 ③庚午:十八日。 ④渠:阳渠。周地,在今河南洛阳市。 ⑤刘:刘子食邑。 ⑥丙

子:二十四日。 ⑦褚氏:地名,在今河南洛阳市南。 ⑧丁丑:二十五日。 ⑨萑(huán)谷:周地。 ⑩庚辰:二十八日。 ⑪胥靡:周地,在今河南偃师市东。 ⑫辛巳:二十九日。 ⑬滑:周地,在今河南偃师市缑氏镇。 ⑭汝宽:叔宽,晋大夫。阙塞:即伊阙,在今河南洛阳市南三十五里之龙门。阙:原本作“关”,据阮元《校勘记》、杨伯峻说改。

九月,楚平王卒,令尹子常欲立子西[①],曰:“大子壬弱[②],其母非適也,王子建实聘之[③]。子西长而好善。立长则顺,建善则治[④]。王顺国治,可不务乎?”子西怒曰:“是乱国而恶君王也[⑤]。国有外援[⑥],不可渎也[⑦]。王有適嗣,不可乱也。败亲、速雠、乱嗣[⑧],不祥,我受其名[⑨]。赂吾以天下,吾滋不从也[⑩]。楚国何为?必杀令尹!”令尹惧,乃立昭王。

〔注释〕

①子西:宜申,平王之庶长子。 ②壬:昭王之名,即位后改名轸。弱:年幼。昭王之母为秦女,鲁昭公十九年至楚。 ③“王子”句:太子壬之母本王子建所聘,费无极劝平王自娶之。事见昭公十九年《传》。 ④建善:立贤。 ⑤恶君王:彰君王之恶名。 ⑥外援:指秦国。 ⑦渎:慢。 ⑧败亲:毁败父亲之声誉。速:召。雠:同“仇”。指秦。废太子壬,秦将来讨,故云速仇。 ⑨受:承担,担当。名:指恶名。 ⑩滋:亦。

冬十月丙申[①],王起师于滑。辛丑[②],在郊[③]。遂次于尸[④]。十一月辛酉[⑤],晋师克巩[⑥]。召伯盈逐王子朝[⑦],王子

朝及召氏之族、毛伯得、尹氏固、南宫嚚奉周之典籍以奔楚。阴忌奔莒以叛[8]。召伯逆王于尸，及刘子、单子盟[9]。遂军圉泽[10]，次于堤上[11]。癸酉[12]，王入于成周。甲戌[13]，盟于襄宫[14]。晋师使成公般戍周而还[15]。十二月癸未[16]，王入于庄宫[17]。

王子朝使告于诸侯曰："昔武王克殷[18]，成王靖四方[19]，康王息民，并建母弟，以蕃屏周，亦曰：'吾无专享文、武之功[20]，且为后人之迷败倾覆，而溺入于难，则振救之。'至于夷王[21]，王愆于厥身[22]，诸侯莫不并走其望[23]，以祈王身。至于厉王，王心戾虐，万民弗忍[24]，居王于彘[25]。诸侯释位[26]，以间王政。宣王有志[27]，而后效官[28]。至于幽王[29]，天不吊周[30]，王昏不若[31]，用愆厥位[32]。携王奸命[33]，诸侯替之[34]，而建王嗣[35]，用迁郏鄏[36]，则是兄弟之能用力于王室也。至于惠王[37]，天不靖周，生颓祸心[38]，施于叔带[39]。惠、襄辟难，越去王都[40]，则有晋、郑咸黜不端[41]，以绥定王家。则是兄弟之能率先王之命也。在定王六年[42]，秦人降妖[43]，曰：'周其有頿王[44]，亦克能修其职[45]，诸侯服享[46]，二世共职[47]。王室其有间王位[48]，诸侯不图，而受其乱灾[49]。'至于灵王，生而有頿。王甚神圣，无恶于诸侯。灵王、景王克终其世。今王室乱，单旗、刘狄剥乱天下[50]，壹行不若[51]，谓'先王何常之有？唯余心所命，其谁敢请之[52]'？帅群不吊之人[53]，以行乱于王室，侵欲无厌[54]，规求无度[55]，贯渎鬼神[56]，慢弃刑法[57]，倍奸齐盟[58]，傲很威仪[59]，矫诬先王[60]。晋为不道，是摄是赞[61]，思肆其罔极[62]。兹不穀震荡播越[63]，窜在荆蛮，未有攸底[64]。

若我一二兄弟甥舅奖顺天法[65],无助狡猾[66],以从先王之命,毋速天罚,赦图不穀[67],则所愿也。敢尽布其腹心及先王之经[68],而诸侯实深图之[69]！昔先王之命曰:‘王后无适,则择立长。年钧以德,德钧以卜。’王不立爱,公卿无私,古之制也。穆后及大子寿早夭即世[70],单、刘赞私立少,以间先王。亦唯伯仲叔季图之[71]!”

闵马父闻子朝之辞,曰:“文辞以行礼也。子朝干景之命[72],远晋之大,以专其志[73],无礼甚矣,文辞何为[74]?”

〔注释〕

①丙申:十六日。 ②辛丑:二十一日。 ③郊:王子朝之邑,在今河南巩义市西南。 ④尸:即尸氏,在今河南偃师市西三十里。 ⑤辛酉:十二日。 ⑥晋师:知跞、赵鞅之师。 ⑦召伯盈:召简公。召伯盈本从王子朝,此时叛子朝而从敬王。 ⑧阴忌:王子朝之党。莒:周邑,未详何处。 ⑨召伯新还,故盟。⑩圉泽:周地,在今河南洛阳市东。 ⑪堤上:周地。 ⑫癸酉:二十四日。 ⑬甲戌:二十五日。 ⑭襄宫:周襄王之庙。 ⑮使:原本无此字,据阮元《校勘记》、杨伯峻说补。成公般:晋大夫。⑯癸未:四日。 ⑰庄宫:庄王之宫在王城。 ⑱武:原本作“成”,据阮元《校勘记》改。 ⑲谓成王平定武庚、管叔、蔡叔之叛乱。 ⑳专享:独受。 ㉑夷王:厉王之父。 ㉒愆:恶疾。此谓患有恶疾。 ㉓“诸侯”二句:诸侯皆奔走祭祀域内名山大川,为夷王祈祷。望:所望祀之山川。 ㉔弗忍:不堪。忍:堪。㉕居王于彘:《国语·周语上》:“厉王虐,国人谤王。邵公告曰:‘民不堪命矣。’王怒,得卫巫,使监谤者,以告,则杀之。国人莫敢言,道路以目。王喜,……三年,乃流王于彘。”彘:地名,在今

山西霍州市。 ㉖"诸侯"二句:诸侯去其位,而代王行政。指共伯和摄政称王。一说周公、召公共同行政,疑误。师兑簋、师龢簋、清华简《纪年》等均载共伯和摄政称王事。间:代。 ㉗宣王:厉王之子。彘之乱,宣王年少,召公虎取而养之。有志:谓心智成熟。志:知。 ㉘效官:致天子之位。官:君。 ㉙幽王:宣王之子。幽王宠幸褒姒,立其子伯服为太子,废申后及太子宜臼。申侯怒,联合犬戎,攻杀幽王于骊山之下。 ㉚吊:恤。 ㉛若:善。 ㉜用:因,因而。愆:失。 ㉝携王:王子余臣,幽王之弟。幽王被杀,诸侯大臣共立余臣为王,在位二十一年,后为晋文侯所杀。 ㉞替:废。 ㉟王嗣:指平王宜臼。宜臼本为幽王之太子。根据《左传》《竹书纪年》和清华简《系年》,周携王二十一年,晋文侯杀携王而立太子宜臼,三年后迁都成周洛邑。 ㊱郏鄏(jiá rǔ):周之洛邑,春秋时称为王城,在今河南洛阳市。 ㊲惠王:平王六世孙。 ㊳"生颓"句:庄公十九年,王子颓之乱,惠王适郑。颓:子颓。庄王之子,惠王叔父。 ㊴"施(yì)于"句:僖公二十四年,叔带作乱,襄王出居于温。施:延及。叔带:襄王之弟。㊵越:远。 ㊶"则有"句:晋文公杀叔带(在僖公二十五年),郑厉公杀子颓(在庄公二十一年),而除去不正之人。咸黜:一本作"减黜"。灭绝之意。 ㊷定王六年:鲁宣公八年,公元前 601 年。 ㊸秦人降妖:有精怪附于秦人之身。 ㊹頿(zī)王:有须之王。下文云灵王生而有须。頿:口上之须。 ㊺修:治。职:官。㊻服享:服从。享:宾,从。 ㊼二世:指灵王、景王。 ㊽"王室"句:此王子以妖言贬低敬王。以为妖言所谓王室中有干犯王位者即指敬王。间:干,犯。 ㊾受:承担。乱灾:祸殃。乱、灾皆训祸。灾皆训祸。 ㊿单旗:单穆公。刘狄:刘蚠。剥乱:乱,扰乱。剥、乱义同。 51壹:专。若:善。 52请:问。 53不吊:不善。54侵欲:纵欲。 55规求:谋求。"规",或作"玩"。"玩""求"皆贪义。 ㊱贯渎:轻慢,亵渎。贯:习,狎。贯、渎皆有轻慢之义。㊲慢:轻忽。弃:违背。刑法:法,法度。刑:法。 ㊳倍奸:违背。奸:犯。 ㊴傲很:轻慢不顺从。很:不听从。威仪:礼仪。 ㊵矫诬:欺诬,欺骗。矫、诬都是欺的意思。先王:指景王。 ㊶摄:佐,助。赞:助。 ㊷思:语助词,无义。肆:放纵。罔极:指不正之行为。罔:不。极:法。 ㊸兹:使,致令。不穀:意为"不善之人"。君主自谦之辞。震荡:动摇。播越:逃亡。 ㊹攸:所。厎(zhǐ):止。 ㊺兄弟:指同姓诸侯。甥舅:指异姓诸侯。天子称异姓诸侯为伯舅、叔舅。奖顺:助成。奖:辅助。僖公二十八年《传》:"皆奖王室,无相害也。"天法:上天的法度。 ㊻狡猾:指作乱之人。 ㊼赦:置,放弃。谓放弃图谋。 ㊽布:陈。经:常。指常法。 ㊾而:汝。实:其。 ㊿即世:去世。 (71)亦:语助词。无义。伯仲叔季:泛指各国诸侯。 (72)景王虽爱王子朝,然已立王猛为太子。 (73)专其志:一意孤行。专:一。 (74)何为:何用。此节传文终言周室之乱。

齐有彗星[1],齐侯使禳之[2]。晏子曰[3]:"无益也,祇取诬焉[4]。天道不谄[5],不贰其命[6],若之何禳之?且天之有彗也[7],以除秽也。君无秽德,又何禳焉?若德之秽,禳之何损[8]?《诗》曰[9]:'惟此文王,小心翼翼[10]。昭事上帝[11],聿怀多福[12]。厥德不回[13],以受方国[14]。'君无违德[15],方国将至,何患于彗?《诗》曰[16]:'我无所监[17],夏后及商。用乱之故[18],民卒流亡。'若德回乱[19],民将流亡,祝、史之为[20],无能补也。"公说,乃止。

〔注释〕

①齐有彗星：彗星出齐之分野。 ②禳之：祭祷以消除灾变。禳：祭。 ③晏子：晏婴。 ④祇取诬焉：只是自欺欺人罢了。祇：适。取：为。诬：欺诈，欺骗。 ⑤天道：天命。昭公二十七年《传》："天命不慆久矣。"谄：通"慆"。疑。 ⑥不贰其命：不会随意改变天命。贰：变。 ⑦"且天"二句：彗星形似扫帚。扫帚用于除秽，古人以为彗星出现是除旧布新的先兆。且：夫。发语词。⑧损：当作"益"。《新序·杂事四》《论衡·变虚篇》载此皆作"穰之何益"，与下文"无能补"相应。一说损为减损之义，亦通。⑨《诗》曰：引文出自《诗·大雅·大明》。 ⑩小心翼翼：形容恭敬。 ⑪昭：明。 ⑫聿：语助词，无义。怀：来。 ⑬回：邪。⑭方国：四方来附之国。 ⑮违德：邪德。违：邪。 ⑯《诗》曰：逸《诗》。 ⑰"我无"二句：谓我以夏、商为鉴。无：何。监：通"鉴"。 ⑱用：因。 ⑲回乱：违乱，邪恶意。违、乱同义。 ⑳祝、史：官名，掌祭祀、告神之赞辞者。

齐侯与晏子坐于路寝[①]，公叹曰："美哉室！其谁有此乎[②]？"晏子曰："敢问何谓也？"公曰："吾以为在德。"对曰："如君之言，其陈氏乎[③]！陈氏虽无大德，而有施于民。豆、区、釜、钟之数[④]，其取之公也薄[⑤]，其施之民也厚[⑥]。公厚敛焉，陈氏厚施焉，民归之矣。《诗》曰[⑦]：'虽无德与女[⑧]，式歌且舞。'陈氏之施，民歌舞之矣。后世若少惰，陈氏而不亡[⑨]，则国其国也已。"公曰："善哉！是可若何？"对曰："唯礼可以已之[⑩]。在礼，家施不及国，民不迁，农不移，工贾不变[⑪]，士不滥[⑫]，官不滔[⑬]，大夫不收公利[⑭]。"公曰："善哉！

我不能矣。吾今而后知礼之可以为国也。”对曰：“礼之可以为国也久矣[15]，与天地并。君令臣共，父慈子孝，兄爱弟敬，夫和妻柔，姑慈妇听[16]，礼也。君令而不违，臣共而不贰；父慈而教，子孝而箴[17]；兄爱而友，弟敬而顺；夫和而义，妻柔而正[18]；姑慈而从[19]，妇听而婉[20]，礼之善物也。”公曰：“善哉！寡人今而后闻此礼之上也[21]。”对曰：“先王所禀于天地[22]，以为其民也[23]，是以先王上之。”

〔注释〕

①路寝：天子、诸侯之正寝，治事之处。 ②“其谁”句：言己死后谁当有此。其：将。 ③陈氏：田完之子孙。 ④豆、区、釜、钟：四种量具。豆：四升。四豆为区（一斗六升），四区为釜（六斗四升），十釜为钟（六斛四斗）。 ⑤“其取”句：谓以公量收。⑥“其施”句：谓以私量贷。昭公三年《传》载，陈氏私家量具，以五升为豆，五豆为区（二斗五升），五区为釜（十斗）。陈氏以家量放贷，而以公量收之。 ⑦《诗》曰：引文出自《诗·小雅·车辖》。 ⑧“虽无”二句：谓虽无大德，而有喜悦之心，欲歌舞之。式：用。 ⑨而：如。表示假设。 ⑩已：止。 ⑪不变：谓守常业。 ⑫滥：越轨。 ⑬滔：傲慢。 ⑭收：取。 ⑮“礼之”二句：谓礼可以治国，其理与天地并存。并：俱，同时。 ⑯姑：夫之母。听：从。 ⑰箴：谏。 ⑱正：听，顺从。 ⑲从：顺从，不专擅。 ⑳婉：顺。 ㉑上：尊崇。 ㉒禀：受。 ㉓为：治。

经

二十有七年春[1]，公如齐。

公至自齐,居于郓[②]。

夏四月,吴弑其君僚[③]。

楚杀其大夫郤宛[④]。

秋,晋士鞅、宋乐祁犁、卫北宫喜、曹人、邾人、滕人会于扈[⑤]。

冬十月,曹伯午卒。

邾快来奔[⑥]。

公如齐[⑦]。

公至自齐,居于郓。

〔注释〕

①二十有七年:公元前515年。 ②郓:鲁有东、西二郓。此为西郓,在今山东郓城县东。 ③吴王僚频战疲民,又伐楚丧,故《春秋》称其名以罪之。 ④郤宛亲近谗人,以取败亡,故《春秋》书其名。 ⑤扈:郑地,在今河南原阳县西。 ⑥邾快:邾国之卿,名快。 ⑦自郓往。

传

二十七年春,公如齐。公至自齐,处于郓,言在外也[①]。

〔注释〕

①鲁公在外邑(郓非都城),故书地名。

吴子欲因楚丧而伐之[①],使公子掩馀、公子烛庸帅师围潜[②]。使延州来季子聘于上国[③],遂聘于晋,以观诸侯。楚莠尹然、王尹麇帅师救潜[④]。左司马沈尹戌帅都君子与王马之属以济师[⑤]，与吴师遇于穷[⑥]。令尹子常以舟师及沙汭而还[⑦]。左尹郤宛、工尹寿帅师至于潜[⑧]，吴师不能退。

吴公子光曰[⑨]："此时也[⑩]，弗可失也。"告鱄设诸曰[⑪]："上国有言曰：'不索[⑫]，何获？'我，王嗣也[⑬]，吾欲求之。事若克，季子虽至，不吾废也。"鱄设诸曰："王可弑也。母老子弱[⑭]，是无若我何。"光曰："我，尔身也[⑮]。"

夏四月，光伏甲于堀室而享王[⑯]。王使甲坐于道[⑰]，及其门。门阶户席，皆王亲也，夹之以铍[⑱]。羞者献体改服于门外[⑲]。执羞者坐行而入[⑳]，执铍者夹承之，及体以相授也[㉑]。光伪足疾，入于堀室。鱄设诸置剑于鱼中以进，抽剑刺王，铍交于胸[㉒]，遂弑王。阖庐以其子为卿。

季子至，曰："苟先君无废祀，民人无废主[㉓]，社稷有奉，国家无倾，乃吾君也。吾谁敢怨？哀死事生[㉔]，以待天命。非我生乱，立者从之，先人之道也。"复命哭墓[㉕]，复位而待[㉖]。吴公子掩馀奔徐[㉗]，公子烛庸奔钟吾[㉘]。楚师闻吴乱而还。

〔注释〕

①因楚丧：乘楚有大丧。上年楚平王卒。 ②公子掩馀、公子烛庸：二人皆吴王僚同母弟。潜：楚邑，在今安徽霍邱县东北三十里。 ③延州来季子：季札，吴王寿梦之子。本封延陵，后封州来，故称。上国：指中原诸侯。 ④莠尹、王尹皆官名。然、麇为人名。王：原本作"工"，据上下文并参考阮元《校勘记》、杨伯峻说改。 ⑤都君子：都邑中免除徭役之士。王马：王养马之官，属校人。济师：增加军队。济：益。 ⑥穷：楚地，在今安徽霍邱县

西南。 ⑦沙汭:沙水转弯处。在今安徽怀远县东北。 ⑧左尹:与下“工尹”皆官名。二人率师至潜,堵截吴军后路,使不能归。 ⑨公子光:夷末之子。 ⑩“此时”二句:这是一个好机会,不可坐失。 ⑪鱄设诸:《史记·吴太伯世家》《刺客列传》均作“专诸”。 ⑫索:求。 ⑬我,王嗣也:夷末死后,其庶兄僚继位。公子光认为自己当继承王位,故云。 ⑭“母老”二句:谓吴王僚母老子弱,兄弟又带兵在外,无人能阻止刺杀王僚。⑮我,尔身也:我身如同尔身。 ⑯伏甲:伏兵。伏:隐匿。堀(kū)室:掘地而成之室。即地下室。堀:通“窟”。 ⑰“王使”句:王使甲士陈于路边,直至公子光之门。坐:守。 ⑱铍(pī):兵器名。剑属,两面有刃,而以刀鞘装之。 ⑲羞者:进食者。羞:食物。献体:裸身。献:呈现,显露。 ⑳执:持。坐行:膝行。㉑及体:铍之锋刃,及于执羞者之体。相授:以食物转付王之左右。 ㉒交于胸:交于鱄设诸之胸。 ㉓主:君,君主。 ㉔哀死事生:哀死者(王僚),事生者(阖闾)。 ㉕复命哭墓:复命于王僚之墓而哭之。 ㉖复位而待:复本位以待光命。 ㉗徐:国名,嬴姓,在今安徽泗县西北。 ㉘钟吾:国名,在今江苏宿迁市东北。徐、钟吾因容纳掩馀、烛庸为吴所灭,见三十年《传》。

郤宛直而和,国人说之。鄢将师为右领[①],与费无极比而恶之[②]。令尹子常贿而信谗[③],无极谮郤宛,焉谓子常曰[④]:“子恶欲饮子酒[⑤]。”又谓子恶:“令尹欲饮酒于子氏[⑥]。”子恶曰:“我,贱人也,不足以辱令尹。令尹将必来辱[⑦],为惠已甚,吾无以酬之[⑧],若何?”无极曰:“令尹好甲兵,子出之,吾择焉。”取五甲五兵。曰[⑨]:“置诸门。令尹至,必观之,而从以酬之[⑩]。”及飨日,帷诸门左[⑪]。无极谓令

尹曰："吾几祸子！子恶将为子不利[12]，甲在门矣。子必无往！且此役也[13]，吴可以得志[14]，子恶取赂焉而还，又误群帅，使退其师，曰：'乘乱不祥。'吴乘我丧，我乘其乱，不亦可乎？"令尹使视郤氏，则有甲焉。不往，召鄢将师而告之。将师退，遂令攻郤氏，且爇之[15]。子恶闻之，遂自杀也。国人弗爇。令曰："不爇郤氏，与之同罪。"或取一编菅焉[16]，或取一秉秆焉[17]，国人投之，遂弗爇也。令尹炮之[18]，尽灭郤氏之族党[19]，杀阳令终与其族弟完及佗[20]，与晋陈及其子弟。晋陈之族呼于国曰："鄢氏、费氏自以为王[21]，专祸楚国[22]，弱寡王室[23]，蒙王与令尹以自利也[24]，令尹尽信之矣，国将如何？"令尹病之[25]。

〔注释〕

①右领：楚官名。　②比：阿党。恶之：恶郤宛。　③贿：贪于货赂。　④焉：因。《韩非子·内储说下·说三》作"因"，义同。　⑤子恶：郤宛。　⑥子氏：《吕氏春秋·慎行》作"子之家"，义同。　⑦将必：如果。二字同义，皆为表示假设之连词。来辱：屈驾光临。辱：临。　⑧酬：报。　⑨曰：以下数句为无极之辞。　⑩从：因。　⑪帷诸门左：设帷帐于门的左边而陈兵甲于其中。　⑫为子不利：行对你不利之事。为：于。　⑬此役：此年春救潜之役。　⑭吴可以得志：谓楚可以得志于吴。　⑮爇（ruò）：烧。　⑯或：有人。菅（jiān）：草苫，用茅草编织的覆盖物。　⑰秉：把。秆：禾茎。即稻草。　⑱炮：焚烧。　⑲族党：族类。指同族。　⑳阳令终：阳匄之子。　㉑"鄢氏"句：谓鄢氏、费氏专权。当时楚昭王年仅七、八岁。　㉒专：专擅，专权。㉓弱寡：削弱。寡：弱。　㉔蒙：欺。　㉕此节传文为下杀费无

极张本。

秋，会于扈[①]，令戍周，且谋纳公也。宋、卫皆利纳公，固请之。范献子取货于季孙[②]，谓司城子梁与北宫贞子曰[③]："季孙未知其罪，而君伐之。请囚，请亡，于是乎不获，君又弗克，而自出也。夫岂无备而能出君乎[④]？季氏之复[⑤]，天救之也。休公徒之怒[⑥]，而启叔孙氏之心。不然，岂其伐人而说甲执冰以游[⑦]？叔孙氏惧祸之滥[⑧]，而自同于季氏[⑨]，天之道也。鲁君守齐[⑩]，三年而无成。季氏甚得其民，淮夷与之[⑪]，有十年之备，有齐、楚之援[⑫]，有天之赞，有民之助，有坚守之心，有列国之权，而弗敢宣也[⑬]，事君如在国。故鞅以为难。二子皆图国者也，而欲纳鲁君，鞅之愿也。请从二子以围鲁，无成，死之。"二子惧，皆辞。乃辞小国，而以难复[⑭]。

〔注释〕

①"会于"句：晋士鞅、宋乐祁犁、卫北宫喜、曹人、邾人、滕人会于扈。《传》蒙经文省略主语。　②范献子：范鞅。季孙：季孙意如。　③子梁：宋乐祁。北宫贞子：卫北宫喜。　④"夫岂"句：谓季氏无逐君之心，昭公乃自行出奔。　⑤复：安。　⑥休：息。　⑦说甲执冰：指昭公之徒众脱去铠甲，手执箭筒盖随意走动。参见二十五年《传》。　⑧滥：溢。指延及。　⑨同：合。⑩守齐：待于齐。守：待。　⑪淮夷：鲁东部之夷。　⑫"有齐"句：言鲁君虽在齐，而齐不为之尽力。　⑬宣：骄。谓侈大。《诗·小雅·鸿雁》："维此哲人，谓我劬劳。维彼愚人，谓我宣骄。"　⑭以难复：以难纳鲁君告晋侯。

孟懿子、阳虎伐郓[①]。郓人将战，子家子曰[②]："天命不慆久矣[③]。使君亡者，必此众也。天既祸之，而自福也，不亦难乎？犹有鬼神[④]，此必败也。呜呼！为无望也夫[⑤]，其死于此乎！"公使子家子如晋，公徒败于且知[⑥]。

〔注释〕

①孟懿子：仲孙何忌。阳虎：阳货，季氏家臣。伐郓：昭公在郓，故伐之。　②子家子：子家羁。　③慆（tāo）：疑。言弃君之意确定无疑。　④犹：若，如果。　⑤为：其。　⑥且知：地名，在郓附近。

楚郤宛之难，国言未已[①]，进胙者莫不谤令尹[②]。沈尹戌言于子常曰："夫左尹与中厩尹[③]，莫知其罪，而子杀之，以兴谤讟[④]，至于今不已。戌也惑之。仁者杀人以掩谤，犹弗为也。今吾子杀人以兴谤，而弗图，不亦异乎[⑤]！夫无极，楚之谗人也[⑥]，民莫不知。去朝吴[⑦]，出蔡侯朱[⑧]，丧大子建[⑨]，杀连尹奢[⑩]，屏王之耳目[⑪]，使不聪明。不然，平王之温惠共俭，有过成、庄，无不及焉。所以不获诸侯，迩无极也[⑫]。今又杀三不辜[⑬]，以兴大谤，几及子矣。子而不图，将焉用之？夫鄢将师矫子之命，以灭三族，国之良也[⑭]，而不愆位[⑮]。吴新有君[⑯]，疆埸日骇[⑰]。楚国若有大事，子其危哉！知者除谗以自安也，今子爱谗以自危也，甚矣，其惑也！"子常曰："是瓦之罪[⑱]，敢不良图[⑲]！"九月己未[⑳]，子常杀费无极与鄢将师，尽灭其族，以说于国[㉑]。谤言乃止。

〔注释〕

①言：指谤言。已：止。　②进胙者：指公卿大夫。大夫祭祀后归胙于国君。谤：诅，诅咒。　③左尹：郤宛。中厩尹：阳令终。④兴：起，引发。谤讟（dú）：诽谤，非议。二字义同。　⑤异：怪，奇怪。　⑥谗人：邪恶之人。　⑦去朝吴：费无极设计进谗，使朝吴奔郑，见十五年《传》。　⑧出蔡侯朱：费无极接受贿赂，出蔡侯朱而立东国，见二十一年《传》。朱：原本作“宋”，据纂图本改。⑨丧大子建：费无极劝楚王夺太子建之妻，又诬陷他要反叛，太子建被迫奔宋，事见十九年、二十年《传》。丧：亡，出奔。《说文》：“丧，亡也。”　⑩杀连尹奢：费无极谗杀伍奢，事见二十年《传》。⑪屏：蔽。　⑫迩：近。极：原本作“及”，据敦煌写本（P. 2540）及、纂图本、《四部丛刊》本、《宋本册府元龟》卷七四七改。⑬三不辜：指郤宛、阳令终、晋陈。　⑭国之良也：言三族乃国之贤良。敦煌写本（P. 2540）“国”字上有“三族”二字，于义为长。⑮不愆位：在位无过失。　⑯公子光初立。　⑰疆埸（yì）：边界。⑱瓦：子常（囊瓦）之名。　⑲良图：谓善谋之。　⑳己未：十四日。　㉑说于国：取悦于国人。

冬，公如齐，齐侯请飨之[①]。子家子曰：“朝夕立于其朝，又何飨焉？其饮酒也。”乃饮酒，使宰献[②]，而请安[③]。子仲之子曰重[④]，为齐侯夫人，曰：“请使重见[⑤]。”子家子乃以君出[⑥]。

〔注释〕

①飨：烹太牢以享宾之礼。　②使宰献：让宰向昭公敬酒。这是以大夫之礼待鲁君。依礼，齐、鲁之君地位匹敌，当自献。③请安：请自安。即离席。　④子仲：鲁公子慭。十二年，谋逐季氏不成，出奔于齐。　⑤“请使”句：齐侯使夫人与鲁君相见。

⑥“子家”句:齐侯自己不作陪而使夫人见鲁君,为怠慢之举,故子家子与鲁君出。以:与。

十二月,晋籍秦致诸侯之戍于周①,鲁人辞以难②。

〔**注释**〕

①籍秦:籍谈之子。诸侯之戍:诸侯助周戍守之兵。 ②鲁未参与,故《经》不书。

经

二十有八年春①,王三月,葬曹悼公。

公如晋,次于乾侯②。

夏四月丙戌③,郑伯宁卒。

六月,葬郑定公。

秋七月癸巳④,滕子宁卒。

冬,葬滕悼公。

〔**注释**〕

①二十有八年:公元前514年。 ②乾(gān)侯:晋境内之邑。在今河北成安县东南三十里。 ③丙戌:十五日。 ④癸巳:二十三日。

传

二十八年春,公如晋①,将如乾侯,子家子曰:“有求于人,而即其安②,人孰矜之③?其造于竟④。”弗听。使请逆

于晋。晋人曰:“天祸鲁国,君淹恤在外[⑤]。君亦不使一个辱在寡人[⑥],而即安于甥舅[⑦],其亦使逆君[⑧]?”使公复于竟,而后逆之。

〔**注释**〕

①公如晋:齐侯轻视昭公,故如晋。 ②即其安:贪图安逸。指先往乾侯。即:就。 ③矜:怜。 ④造于竟:至鲁国边境待命。 ⑤淹恤:谓滞留在外。淹:久。恤:通“息”。止。 ⑥“君亦”句:谓不先向晋国通报。一个:一人。指单个使者。敦煌写本(P.2540)“个”作“介”,义同。在:于。 ⑦甥舅:指齐国。鲁与齐有婚姻关系。 ⑧“其亦”句:难道还要到齐国去迎接你吗?谓晋国事先不知昭公将至。其:岂。

晋祁胜与邬臧通室[①]。祁盈将执之,访于司马叔游[②]。叔游曰:“《郑书》有之[③]:‘恶直丑正[④],实蕃有徒。’无道立矣,子惧不免。《诗》曰[⑤]:‘民之多辟[⑥],无自立辟。’姑已[⑦],若何?”盈曰:“祁氏私有讨,国何有焉[⑧]?”遂执之[⑨]。祁胜赂荀跞,荀跞为之言于晋侯。晋侯执祈盈。祁盈之臣曰:“钧将皆死[⑩],憖使吾君闻胜与臧之死也以为快[⑪]。”乃杀之。夏六月,晋杀祁盈及杨食我[⑫]。食我,祁盈之党也,而助乱,故杀之。遂灭祁氏、羊舌氏[⑬]。

初,叔向欲娶于申公巫臣氏[⑭],其母欲娶其党[⑮]。叔向曰:“吾母多而庶鲜[⑯],吾惩舅氏矣[⑰]。”其母曰:“子灵之妻杀三夫、一君、一子[⑱],而亡一国、两卿矣[⑲],可无惩乎?吾闻之:甚美必有甚恶。是郑穆少妃姚子之子[⑳],子貉之妹也[㉑]。

子貉早死[22],无后,而天钟美于是[23],将必以是大有败也[24]。昔有仍氏生女[25],黰黑[26],而甚美,光可以鉴[27],名曰玄妻[28]。乐正后夔取之[29],生伯封,实有豕心,贪婪无餍,忿纇无期[30],谓之封豕[31]。有穷后羿灭之[32],夔是以不祀。且三代之亡、共子之废[33],皆是物也[34]。女何以为哉[35]?夫有尤物[36],足以移人。苟非德义,则必有祸。”叔向惧,不敢取。平公强使取之,生伯石。伯石始生,子容之母走谒诸姑[37],曰:“长叔姒生男[38]。”姑视之,及堂,闻其声而还,曰:“是豺狼之声也。狼子野心。非是,莫丧羊舌氏矣[39]。”遂弗视。

〔注释〕

①祁胜:与下文邬臧皆祁盈家臣。通室:易妻。 ②司马叔游:司马叔侯之子。 ③《郑书》:古书名。 ④“恶直”二句:嫉恨正直者,多有其人。丑:恶。恶与丑、正与直都是同义词。蕃:多。徒:党。 ⑤《诗》曰:引文出自《诗·大雅·板》。 ⑥“民之”二句:谓人多邪僻,不可自立法度,以危及自身。前“辟”字释为“邪僻”,后“辟”字释为“法”。 ⑦姑:且。已:止。 ⑧国何有焉:言讨家臣,与国家无关。 ⑨以其专戮。 ⑩钧:同。⑪慭(yìn):宁,宁可。 ⑫杨食我:叔向之子伯石。杨为叔向食邑。 ⑬羊舌氏:即杨氏。 ⑭“叔向”句:叔向欲娶申公巫臣与夏姬所生之女。巫臣在楚时为申公,适晋为邢大夫。 ⑮党:亲。指母家之人。 ⑯母:诸母。指父之妾媵。庶:父之庶子。⑰惩:戒。谓以此为戒。此二句谓舅氏家女少生育。据《列女传》、《论衡》,叔向之父娶同姓之女。 ⑱子灵:巫臣。三夫:子蛮(夏姬初嫁之夫)、御叔(夏姬再嫁之夫,夏徵舒之父)、襄老(楚连尹)。成公二年《传》谓夏姬“夭子蛮,杀御叔”。一君:指陈灵

公。一子:夏徵舒。 ⑲一国:陈国。两卿:孔宁、仪行父。⑳郑穆:郑穆公。敦煌写本(P.2540)有"公"字。 ㉑子貉:郑穆公子,名夷。 ㉒子貉早死:郑灵公于鲁宣公四年(公元前605年)继位,当年即被杀。 ㉓钟:聚。 ㉔"将必"句:即甚美必有甚恶之意。将必:必,必定。将、必同义。败:恶。与"善"相对。㉕有仍:古诸侯。 ㉖鬒(zhěn)黑:头发浓密乌黑。鬒:通"鬒"。头发稠密。 ㉗光可以鉴:其发有光,可以照人。 ㉘因其头发乌黑。玄:黑。 ㉙后夔:大康、中康时君主,为舜时乐正夔之后裔,世袭为典乐之官,亦名夔。 ㉚忿纇(lèi):狷急暴戾。纇:戾。期:通"綦"。极。 ㉛封豕:大猪。 ㉜有穷:国名。后羿:有穷国君长,名羿。 ㉝三代之亡:夏桀宠幸末喜,殷纣宠妲己,周幽王宠褒姒,而皆亡其国。共子之废:晋共太子(献公之太子申生),因其父宠爱骊姬而被废。 ㉞是物:指美女。物:人。㉟何以为:为何娶之?为:乎。表示疑问语气。 ㊱尤物:美女。物之特异者称尤。 ㊲子容之母:伯华之妻,叔向之嫂。谒:告。姑:丈夫之母。伯华之母也即叔向之母。 ㊳长叔姒:指叔向之妻。兄弟之妻相称为姒。 ㊴莫:无指代词。无人。丧:亡,灭。

秋,晋韩宣子卒[①]。魏献子为政[②]。分祁氏之田以为七县[③],分羊舌氏之田以为三县[④]。司马弥牟为邬大夫[⑤],贾辛为祁大夫[⑥],司马乌为平陵大夫[⑦],魏戊为梗阳大夫[⑧],知徐吾为涂水大夫[⑨],韩固为马首大夫[⑩],孟丙为盂大夫[⑪],乐霄为铜鞮大夫[⑫],赵朝为平阳大夫[⑬],僚安为杨氏大夫[⑭]。谓贾辛、司马乌为有力于王室[⑮],故举之。谓知徐吾、赵朝、韩固、魏戊,余子之不失职能守业者也[⑯]。其四人者[⑰],皆受县而后见于魏子[⑱],以贤举也。

魏子谓成鱄[19]:“吾与戊也县,人其以我为党乎[20]?”对曰:“何也?戊之为人也,远不忘君[21],近不逼同[22],居利思义,在约思纯[23],有守心而无淫行[24],虽与之县,不亦可乎?昔武王克商,光有天下[25],其兄弟之国者十有五人,姬姓之国者四十人,皆举亲也。夫举无他,唯善所在,亲疏一也。《诗》曰[26]:‘唯此文王[27],帝度其心。莫其德音[28],其德克明。克明克类[29],克长克君。王此大国,克顺克比[30]。比于文王,其德靡悔[31]。既受帝祉[32],施于孙子[33]。’心能制义曰度[34],德正应和曰莫[35],照临四方曰明[36],勤施无私曰类,教诲不倦曰长,赏庆刑威曰君[37],慈和遍服曰顺,择善而从之曰比,经纬天地曰文[38]。九德不愆[39],作事无悔,故袭天禄[40],子孙赖之。主之举也,近文德矣,所及其远哉[41]!”

贾辛将适其县,见于魏子。魏子曰:“辛来!昔叔向适郑,鬷蔑恶[42],欲观叔向,从使之收器者[43],而往,立于堂下,一言而善。叔向将饮酒,闻之,曰:‘必鬷明也[44]。’下,执其手以上,曰:‘昔贾大夫恶[45],娶妻而美,三年不言不笑。御以如皋[46],射雉,获之,其妻始笑而言。贾大夫曰:“才之不可以已[47]。我不能射,女遂不言不笑夫!”今子少不扬[48],子若无言,吾几失子矣。言之不可以已也如是[49]!’遂如故知[50]。今女有力于王室[51],吾是以举女。行乎!敬之哉!毋堕乃力[52]!”

仲尼闻魏子之举也,以为义,曰:“近不失亲[53],远不失举[54],可谓义矣!”又闻其命贾辛也,以为忠:“《诗》曰[55]:‘永言配命[56],自求多福。’忠也。魏子之举也义,其命也忠,其

长有后于晋国乎㊼！”

〔注释〕

①韩宣子：韩起。 ②魏献子：魏舒。 ③七县：邬、祁、平陵、梗阳、涂水、马首、盂。 ④三县：铜鞮、平阳、杨氏。 ⑤邬：在今山西介休市东北二十七里。 ⑥祁：在今山西祁县东南。⑦平陵：在今山西汶水县东北二十里。 ⑧梗阳：在今山西清徐县。 ⑨涂水：在今山西晋中市榆次区西南二十里。 ⑩韩固：韩起之孙。马首：在今山西平定县东南十五里。 ⑪盂：在今山西盂县。 ⑫铜鞮：在今山西沁县南。 ⑬赵朝：赵胜曾孙。平阳：在今山西临汾市。 ⑭杨氏：在今山西洪洞县东南十八里。⑮谓：以为，认为。贾辛、司马督（即司马乌）帅师纳敬王，见二十二年《传》。 ⑯余子：卿嫡子之同母弟。守业：守职。 ⑰四人：司马弥牟、孟丙、乐霄、僚安。 ⑱受县而见魏子，以明不以私举。 ⑲成鱄：晋大夫。 ⑳以：以为，认为。党：偏，偏私。㉑远：疏远。 ㉒同：同位。 ㉓在约思纯：处于穷困而无苟且之行。约：穷。 ㉔有守心：谓保持节操。守：操守。淫行：放纵行为。指违礼之事。 ㉕光：大，广。 ㉖《诗》曰：引文出自《诗·大雅·皇矣》。 ㉗唯此文王：今本《诗经》作“维此王季”。㉘莫：静，清静。德音：美德。 ㉙类：勤（务）施无私。 ㉚顺：从。比：亲，亲近。 ㉛悔：咎，过。 ㉜祉：福。 ㉝施（yì）：延及。孙子：子孙。 ㉞制义：遵从法度。制：从。 ㉟正：善。应和：和谐。应：和。莫：安。 ㊱照临：照耀。二字同义。 ㊲赏庆刑威：赏善罚恶。庆：善。威：畏，罪。 ㊳“经纬”句：经纬相错而成文。 ㊴九德：指上文所言度、莫、明、类、长、君、顺、比、文。衍：失，违。 ㊵袭：受。禄：福。 ㊶其：将。 ㊷恶：相貌丑恶。㊸“从使”句：跟随所使收敛器具之人。 ㊹鬷（zōng）明：即鬷蔑，

又称“然明”。　㊺贾大夫:贾国之大夫。　㊻御以如皋:御其妻至泽边。皋:泽。也指泽边之地。　㊼已:弃,废弃。　㊽“今子”句:谓相貌丑陋。扬:美。　㊾之:原本无此字,据纂图本、阮元《校勘记》及敦煌写本(P.2540)、(P.2981)补。　㊿故知:故交。　51力:功。　52堕:废。乃:第二人称代词。力:功。　53亲:指魏戊。　54举:当举者。　55《诗》曰:引文出自《诗·大雅·文王》。　56永言配命:言合于天理。永:长。言:句中语助词,无义。配:合。命:天理。　57“其长”句:言其后嗣将长享晋禄。长:久。

冬,梗阳人有狱,魏戊不能断,以狱上[1]。其大宗赂以女乐[2],魏子将受之。魏戊谓阎没、女宽曰[3]:“主以不贿闻于诸侯,若受梗阳人,贿莫甚焉。吾子必谏!”皆许诺。退朝,待于庭[4]。馈入,召之。比置[5],三叹。既食,使坐。魏子曰:“吾闻诸伯叔,谚曰:‘唯食忘忧[6]。’吾子置食之间三叹,何也?”同辞而对曰:“或赐二小人酒[7],不夕食[8]。馈之始至,恐其不足,是以叹。中置[9],自咎曰:‘岂将军食之而有不足[10]?’是以再叹。及馈之毕,愿以小人之腹为君子之心[11],属厌而已。”献子辞梗阳人[12]。

〔注释〕

①以狱上:将案件上报魏舒。　②大宗:古代宗法制度,以嫡长子继承制为基础,分大宗、小宗。凡始封者之嫡长子,其子孙亦以嫡长子世世继承者,为大宗。此指宗子所在之宗。女乐:歌舞伎。　③阎没、女宽:皆晋大夫。　④待于魏子之庭。　⑤比:介词。及,等到。置:放置食品。　⑥《礼记·曲礼上》云“当食不

叹”,《国语·晋语九》云“唯食可以忘忧”,与此义近。 ⑦或:有人。 ⑧不夕食:昨日未进晚餐。言饥甚。 ⑨中置:放置一半时。 ⑩“岂将军”句:《国语·晋语九》作“岂主之食而有不足”,疑传文“食之”二字误倒。 ⑪“愿以”二句:言小人只求腹饱,君子之心,亦应如此。属:但。已:止。 ⑫辞其财货。

经

二十有九年春①,公至自乾侯②,居于郓③。

齐侯使高张来唁公④。

公如晋,次于乾侯。

夏四月庚子⑤,叔诣卒。

秋七月。

冬十月,郓溃⑥。

〔注释〕

①二十有九年:公元前513年。 ②乾(gān)侯:晋邑,在今河北成安县东南三十里。 ③郓:指西郓。鲁邑,在今山东郓城县东。 ④高张:高偃之子。唁公:对昭公奔波在外表示慰问。⑤庚子:五日。 ⑥溃:民溃散叛公。

传

二十九年春,公至自乾侯,处于郓。齐侯使高张来唁公①,称主君②。子家子曰③:“齐卑君矣④,君祇辱焉⑤。”公如乾侯。

〔注释〕

①唁:对遭遇非常变故者进行慰问。 ②主君:指齐君。主:君。《史记·鲁周公世家》:“二十九年,昭公如郓。齐景公使人赐昭公书,自谓‘主君’。昭公耻之。” ③子家子:子家羁。④卑:轻,轻视。 ⑤祇:适。焉:耳。

三月己卯①,京师杀召伯盈、尹氏固及原伯鲁之子②。尹固之复也③,有妇人遇之周郊,尤之④,曰:“处则劝人为祸,行则数日而反,是夫也⑤,其过三岁乎⑥?”

夏五月庚寅⑦,王子赵车入于鄻以叛⑧,阴不佞败之。

〔注释〕

①己卯:十三日。《四部丛刊》本作“二月己卯”。 ②“京师”句:召伯盈等三人皆王子朝余党。 ③尹固之复:昭公二十六年,尹固与王子朝同奔楚,旋即复还。 ④尤:责其过。 ⑤是夫:此人。 ⑥其:岂。 ⑦庚寅:二十五日。 ⑧王子赵车:王子朝余党。鄻(xiǎn):周邑。赵车见王杀召伯盈等,故叛。

平子每岁贾马①,具从者之衣屦,而归之于乾侯②。公执归马者,卖之③,乃不归马。

卫侯来献其乘马曰启服④,堑而死⑤。公将为之椟⑥。子家子曰:“从者病矣,请以食之。”乃以帏裹之⑦。

公赐公衍羔裘,使献龙辅于齐侯⑧,遂入羔裘⑨。齐侯喜,与之阳谷⑩。公衍、公为之生也,其母偕出⑪。公衍先生。公为之母曰:“相与偕出,请相与偕告。”三日,公为生。

其母先以告,公为为兄。公私喜于阳谷,而思于鲁,曰:“务人为此祸也[12]。且后生而为兄,其诬也久矣[13]。”乃黜之,而以公衍为大子。

〔**注释**〕

①平子:季平子,季孙意如。贾:买。 ②归:通“馈”。 ③卖之:卖其马。 ④启服:马名。《尔雅·释畜》:“前右足白,启。” ⑤堑:坑。此指坠坑。 ⑥为之椟:为马作棺。 ⑦帏:通“帷”。 ⑧龙辅:玉名。 ⑨入:献,纳。 ⑩阳谷:齐邑,在今山东阳谷县北三十里。 ⑪偕出:一同出居于产舍。 ⑫务人:公为。公为与公若谋逐季氏。 ⑬诬:欺。

秋,龙见于绛郊[1]。魏献子问于蔡墨曰[2]:“吾闻之:虫莫知于龙[3],以其不生得也,谓之知,信乎?”对曰:“人实不知,非龙实知。古者畜龙[4],故国有豢龙氏,有御龙氏。”献子曰:“是二氏者,吾亦闻之,而不知其故[5],是何谓也?”对曰:“昔有飂叔安[6],有裔子曰董父[7],实甚好龙,能求其耆欲以饮食之[8],龙多归之。乃扰畜龙[9],以服事帝舜。帝赐之姓曰董,氏曰豢龙[10],封诸鬷川[11],鬷夷氏其后也。故帝舜氏世有畜龙。及有夏孔甲[12],扰于有帝[13],帝赐之乘龙[14],河、汉各二[15],各有雌雄。孔甲不能食[16],而未获豢龙氏。有陶唐氏既衰[17],其后有刘累,学扰龙于豢龙氏,以事孔甲,能饮食之。夏后嘉之[18],赐氏曰御龙,以更豕韦之后[19]。龙一雌死,潜醢以食夏后[20]。夏后飨之[21],既而使求之。惧而迁于鲁县[22],范氏其后也。”献子曰:“今何故无之?”对曰:“夫

物㉓，物有其官，官修其方㉔，朝夕思之。一日失职㉕，则死及之。失官不食㉖。官宿其业㉗，其物乃至。若泯弃之㉘，物乃坻伏㉙，郁湮不育㉚。故有五行之官㉛，是谓五官，实列受氏姓㉜，封为上公㉝，祀为贵神㉞。社稷五祀㉟，是尊是奉。木正曰句芒㊱，火正曰祝融，金正曰蓐收，水正曰玄冥，土正曰后土。龙，水物也，水官弃矣㊲，故龙不生得。不然，《周易》有之：在《乾》䷀之《姤》䷫㊳，曰：'潜龙勿用㊴。'其《同人》䷌曰㊵：'见龙在田㊶。'其《大有》䷍曰㊷：'飞龙在天㊸。'其《夬》䷪曰㊹：'亢龙有悔㊺。'其《坤》䷁曰㊻：'见群龙无首，吉㊼。'《坤》之《剥》䷖曰㊽：'龙战于野㊾。'若不朝夕见，谁能物之㊿？"献子曰："社稷五祀，谁氏之五官也51？"对曰："少皞氏有四叔52，曰重，曰该，曰修，曰熙，实能金、木及水53。使重为句芒54，该为蓐收55，修及熙为玄冥56，世不失职，遂济穷桑57，此其三祀也58。颛顼氏有子曰犁59，为祝融60；共工氏有子曰句龙61，为后土62，此其二祀也63。后土为社64；稷，田正也65。有烈山氏之子曰柱66，为稷，自夏以上祀之。周弃亦为稷67，自商以来祀之。"

〔注释〕

①绛：晋之国都，在今山西侯马市。　②魏献子：魏舒。蔡墨：亦称史墨，晋大夫。　③知：同"智"。　④畜：养。下文"豢""御"义同。　⑤不：原本无此字，据阮元《校勘记》、《宋本册府元龟》卷七九七补。　⑥有飂（liú）：古国名。有为名词词头，无义。叔安：飂君之名。　⑦裔子：相隔悬远之子孙。裔：远。玄孙之后称裔。　⑧求：得。耆欲：嗜好。耆：通"嗜"。　⑨扰畜：驯养。

扰:驯。 ⑩氏曰豢龙:为豢龙之官,因以为氏。 ⑪鬷(zōng)川:地名,在今山东定陶县东北二十里。 ⑫孔甲:少康之后九世君。 ⑬扰于有帝:谓少康之德能顺于天。扰:顺。 ⑭乘龙:驾车之龙。 ⑮河、汉各二:黄河、汉水之龙各二。 ⑯食:饲养。 ⑰陶唐氏:尧之后。陶唐为尧所治之地。 ⑱夏后:孔甲。嘉:褒。 ⑲"以更"句:以刘累代豕韦之后。参见二十四年《传》。豕韦:祝融之后。 ⑳潜:秘密,隐秘。 ㉑飨:食。 ㉒鲁县:地名,在今河南鲁山县东北。 ㉓夫:众。 ㉔修:治。方:事。 ㉕"一日"二句:一旦失职,即面临死罪。 ㉖不食:不得食禄。 ㉗宿:久。业:职,职位。 ㉘泯弃:废绝。泯:绝。弃:废。 ㉙坻(zhǐ)伏:隐伏。坻:隐。 ㉚郁湮:抑郁。育:生。㉛五行之官:即下文木正、火正、金正、水正、土正。 ㉜列受氏姓:谓得赐姓氏。列:分,受。列、受同义。姓:表示家族系统的称号。氏:表明宗族的称号。 ㉝封为上公:爵位为上公。封:爵。㉞贵神:尊神。 ㉟社稷:土谷之神。五祀:木、火、金、水、土五官之神。 ㊱正:长,官。 ㊲弃:废。 ㊳《乾》䷀之《姤》䷫:卦象由《乾》变为《姤》。《乾》:《乾》下《乾》上。《姤》:《巽》下《乾》上。㊴潜龙勿用:此为《乾》初九爻辞。《乾》变为《姤》,因初九变初六(初爻由阳爻变成阴爻)。 ㊵《同人》䷌:《离》下《乾》上。㊶见龙在田:《乾》九二爻辞。《乾》变为《同人》,因九二变六二。㊷《大有》䷍:《乾》下《离》上。 ㊸飞龙在天:《乾》九五爻辞。《乾》变为《大有》,因九五变六五。 ㊹《夬》䷪:《乾》下《兑》上。㊺亢龙有悔:《乾》上九爻辞。《乾》变为《夬》,因上九变上六。亢龙即直龙。龙欲曲不欲直,故亢龙为不吉。 ㊻《坤》䷁:《坤》下《坤》上。《乾》六爻皆变,则为《坤》卦。 ㊼见群龙无首,吉:《乾》用九(言《乾》卦六爻皆为九,乃能共成天德)之辞。群龙:卷龙。 ㊽《坤》之《剥》䷖:卦象由《坤》变为《剥》。《坤》:《坤》下

《坤》上。《剥》:《坤》下《艮》上。 ㊾龙战于野:《坤》上六爻辞。《坤》变为《剥》,因上六变上九。 ㊿物:类。指区别各种不同情形。 (51)谁氏:何代帝王。上古帝王称氏。 (52)少皞氏:又称金天氏。四叔:四个弟弟。 (53)能:能治其官。 (54)句芒:木正。(55)蓐收:金正。 (56)玄冥:水正。 (57)穷桑:少皞氏之号。少皞氏邑于穷桑,以登帝位。重、该、修、熙能治其官,以成少皞之功,死后皆得为神,享受祭祀。济:成。 (58)三祀:为木、金、水三官之神而享受祭祀者。 (59)颛顼氏:号高阳。 (60)祝融:火正。 (61)子:指子孙。 (62)后土:土地之神。句龙能平水火,故死后为土神。(63)二祀:火神、土神。 (64)后土为社:后土是土神,同时也是社神。(65)田正:掌种植之官。 (66)烈山氏:炎帝。《礼记·祭法》:"是故厉山氏之有天下也,其子曰农,能殖百谷。"厉山氏即烈山氏,农即柱。 (67)弃:周之始祖,能播百谷。殷灭夏,废柱而以弃为稷神。

冬,晋赵鞅、荀寅帅师城汝滨[①],遂赋晋国一鼓铁[②],以铸刑鼎,著范宣子所为刑书焉[③]。

仲尼曰:"晋其亡乎!失其度矣[④]。夫晋国将守唐叔之所受法度[⑤],以经纬其民[⑥]。卿大夫以序守之[⑦],民是以能尊其贵,贵是以能守其业[⑧]。贵贱不愆[⑨],所谓度也。文公是以作执秩之官[⑩],为被庐之法[⑪],以为盟主。今弃是度也,而为刑鼎,民在鼎矣[⑫],何以尊贵?贵何业之守?贵贱无序,何以为国?且夫宣子之刑,夷之蒐也[⑬],晋国之乱制也,若之何以为法?"蔡史墨曰[⑭]:"范氏、中行氏其亡乎!中行寅为下卿,而干上令[⑮],擅作刑器,以为国法,是法奸也[⑯],又

加范氏焉⑰，易之亡也。其及赵氏，赵孟与焉⑱。然不得已⑲，若德，可以免⑳。”

〔注释〕

①赵鞅：赵武之孙。荀寅：中行荀吴之子。汝滨：晋所取陆浑之地。汝水源出河南天息山，东北流经伊阳、临汝，复东南经郏县、襄城，与沙河合。　②赋：征收赋税。鼓：衡名。古以四百八十斤为鼓。鼓亦用作量名，十二斛为鼓。然铁非谷物，不可概量，故仍宜作衡名解。　③范宣子：范匄。刑书：法典。刑：法。范宣子所用刑，乃赵盾所作。参见下文注。　④失：违，违背。度：法，法度。　⑤将：当。守：遵。唐叔：晋始封之君。　⑥经纬：治理。经、纬都是“治”的意思。　⑦序：次。谓位次。　⑧业：次，序。⑨“贵贱”句：尊卑不相踰越。愆：过。　⑩执秩：掌爵禄之官。⑪被庐之法：僖公二十七年，晋侯（文公）蒐于被庐，修唐叔之法。其后范武子（士会）修之，以为晋国之常法。　⑫在：察。谓察鼎而知刑。　⑬“夷之”二句：文公六年，晋蒐于夷。夷之蒐前后，晋三易中军主帅（士縠、梁益耳代已故之先且居、赵衰；蒐于夷，以狐射姑将中军；阳处父改蒐于董，以赵盾为中军帅，狐射姑佐之），导致贾季、箕郑作乱，故曰乱制。乱制：乱法。　⑭蔡史墨：即蔡墨。姓蔡，名墨，为史官。　⑮干：犯。令：法。　⑯奸：乱。⑰“又加”二句：谓中行寅之罪，又在范宣子之上，将加速其灭亡。加：居其上。易：速。此用作使动词。　⑱赵孟：赵鞅。　⑲“然不”句：铸刑书非赵鞅之意，不得已而从之。　⑳为定公十三年荀寅、士吉射入朝歌叛传。

经

三十年春①，王正月，公在乾侯②。

夏六月庚辰[③],晋侯去疾卒。

秋八月,葬晋顷公[④]。

冬十有二月,吴灭徐[⑤],徐子章羽奔楚[⑥]。

〔注释〕

①三十年:公元前512年。 ②乾(gān)侯:晋邑,在今河北成安县东南三十里。 ③庚辰:二十三日。 ④诸侯五月而葬。此三月而葬,速。 ⑤徐:国名,嬴姓,在今安徽泗县西北。⑥赴告以名,故未同盟而书名。

传

三十年春[①],王正月,公在乾侯。不先书郓与乾侯,非公,且征过也。

〔注释〕

①"三十年春"六句:解释《春秋》书法。二十七年、二十八年公在郓,二十九年公在乾侯,《春秋》皆不书"正月"不在国内,似乎朝正之礼未废,犹得为君,乃隐讳之笔。至此众叛亲离,故直书"王正月,公在乾侯",以明其过失。征:明。

夏六月,晋顷公卒。秋八月,葬。郑游吉吊,且送葬。魏献子使士景伯诘之曰[①]:"悼公之丧[②],子西吊[③],子蟜送葬[④]。今吾子无贰[⑤],何故?"对曰:"诸侯所以归晋君,礼也。礼也者,小事大,大字小之谓[⑥]。事大,在共其时命[⑦],字小,在恤其所无。以敝邑居大国之间,共其职贡,与其备御不虞之患[⑧],岂忘共命?先王之制:诸侯之丧,士吊,大夫

送葬；唯嘉好、聘享、三军之事[9]，于是乎使卿。晋之丧事，敝邑之间[10]，先君有所助执绋矣[11]；若其不间，虽士大夫有所不获数矣[12]。大国之惠，亦庆其加[13]，而不讨其乏[14]，明厎其情[15]，取备而已[16]，以为礼也。灵王之丧[17]，我先君简公在楚，我先大夫印段实往，敝邑之少卿也[18]。王吏不讨，恤所无也。今大夫曰：'女盍从旧？'旧有丰有省[19]，不知所从[20]。从其丰，则寡君幼弱[21]，是以不共。从其省，则吉在此矣[22]。唯大夫图之！"晋人不能诘。

〔注释〕

①魏献子：魏舒。士景伯：士弥牟。　②悼公之丧：葬晋悼公在襄公十六年。　③子西：公孙夏。　④子蟜（jiǎo）：公孙虿。⑤贰：副。指副使。　⑥字：抚爱，爱护。　⑦共其时命：随时供奉所求。　⑧备御：备，防备。备、御同义。不虞：指意外之事。⑨嘉好：友好之事。如朝会。嘉、好同义。三军之事：指战争。⑩间：同"闲"。指闲暇之时。　⑪有所：有时。执绋（fú）：送葬。绋：亦称"引"，下葬时挽引柩车的绳索。天子之葬用六绋，诸侯四绋，大夫二绋。依礼，送葬必执绋。　⑫不获数：不得备数。⑬庆：善。加：过。谓超过常例。　⑭讨：诛，责。乏：缺，少。指礼数不足。　⑮厎（zhǐ）：致。　⑯取备：但求充数。取：求。备：具。谓充其数。　⑰灵王之丧：葬周灵王在襄公二十九年。　⑱少卿：年少之卿。襄公二十九年《传》云："郑上卿有事，子展使印段往。"印段时尚年少，故称少卿。　⑲丰：多。省：少。　⑳所：何。　㉑幼弱：年少。　㉒"则吉"句：昭公二十一年，子产死，游吉执政，为郑上卿。

吴子使徐人执掩馀[①],使钟吾人执烛庸[②],二公子奔楚。楚子大封[③],而定其徙,使监马尹大心逆吴公子[④],使居养[⑤],莠尹然、左司马沈尹戌城之[⑥],取于城父与胡田以与之[⑦],将以害吴也。子西谏曰[⑧]:“吴光新得国[⑨],而亲其民,视民如子,辛苦同之,将用之也。若好吴边疆,使柔服焉[⑩],犹惧其至。吾又强其雠以重怒之[⑪],无乃不可乎?吴,周之胄裔也[⑫],而弃在海滨,不与姬通。今而始大[⑬],比于诸华[⑭]。光又甚文[⑮],将自同于先王[⑯]。不知天将以为虐乎,使翦丧吴国而封大异姓乎[⑰],其抑亦将卒以祚吴乎[⑱],其终不远矣[⑲]。我盍姑亿吾鬼神[⑳],而宁吾族姓,以待其归[㉑],将焉用自播扬焉[㉒]?”王弗听。

吴子怒。冬十二月[㉓],吴子执钟吾子[㉔],遂伐徐,防山以水之[㉕]。己卯[㉖],灭徐。徐子章禹断其发[㉗],携其夫人,以逆吴子。吴子唁而送之[㉘],使其迩臣从之[㉙],遂奔楚。楚沈尹戌帅师救徐,弗及。遂城夷[㉚],使徐子处之。

〔注释〕

①掩馀:吴公子,二十七年奔徐。 ②烛庸:亦吴公子,二十七年奔钟吾。 ③大封:谓多与之封地。 ④逆:迎之于吴境。⑤养:吴公子所封之邑,在今河南沈丘县城之南。 ⑥城之:城养。 ⑦城父:亦称夷,地名,在养之东北。胡:在今安徽阜阳市,在养之东南。 ⑧子西:公子申。 ⑨吴光:吴王阖闾,名光。⑩柔服:顺从。谓不与楚结怨。 ⑪强:原本作“疆”,据阮元《校勘记》、《宋本册府元龟》卷七四二改。雠:仇人。指吴公子。重:加重。 ⑫胄裔:后代。胄、裔二字同义。吴之先君太伯、仲雍,

皆周太王之子,季历(文王父)之兄。 ⑬而:乃。 ⑭比:同。诸华:华夏诸国。 ⑮文:有礼仪法度。 ⑯“将自”句:谓欲自比于西周盛王。同:等,齐。 ⑰翦丧:灭,灭绝。翦、丧同义。封大异姓:谓扩大异姓的势力。封大:大。封、大同义。 ⑱其抑亦:或,或者。三字同义。祚吴:赐福于吴。 ⑲“其终”句:谓结果不久便可知晓。 ⑳亿:安。 ㉑归:终。指结局。 ㉒焉用:何为,为什么。播扬:劳动。 ㉓十二月:《四部丛刊》本作“十一月”。 ㉔钟吾子:钟吾国之君。“吾”,原本作“吴”,据纂图本、阮元《校勘记》、《宋本册府元龟》卷七四二改。 ㉕“防山”句:筑坝蓄山水以灌徐。防:堤。此用作动词。 ㉖己卯:十二月二十四日。 ㉗“徐子”句:断发以示臣服。吴俗断发文身。 ㉘送:遣,纵,释放。 ㉙迩臣:近臣。 ㉚夷:即上文之城父。

吴子问于伍员曰:“初而言伐楚①,余知其可也,而恐其使余往也,又恶人之有余之功也。今余将自有之矣②。伐楚何如?”对曰:“楚执政众而乖③,莫适任患④。若为三师以肄焉⑤,一师至,彼必皆出。彼出则归,彼归则出,楚必道敝⑥。亟肄以罢之⑦,多方以误之⑧,既罢,而后以三军继之,必大克之。”阖庐从之。楚于是乎始病⑨。

〔注释〕

①“初而”句:伍员建议伐楚见二十年《传》。 ②自有之:自取伐楚之功。 ③乖:违。 ④莫适(dí)任患:无人愿意承担责任。适:专主。 ⑤肄:通“逮”,临。《说文·立部》:“逮,临也。” ⑥道敝:疲敝于道路奔波。 ⑦亟:屡,屡次。 ⑧多方:多端。谓采取各种方法。方:方法。 ⑨为定公四年吴入郢传。

经

三十有一年春[1],王正月,公在乾侯[2]。

季孙意如会晋荀跞于適历[3]。

夏四月丁巳[4],薛伯谷卒。

晋侯使荀跞唁公于乾侯。

秋,葬薛献公。

冬,黑肱以滥来奔[5]。

十有二月辛亥朔,日有食之[6]。

〔注释〕

①三十有一年:公元前511年。 ②乾(gān)侯:晋邑,在今河北成安县东南三十里。 ③適(dì)历:晋地。《公羊传》《穀梁传》作"適栎"。 ④丁巳:三日。 ⑤黑肱:邾大夫。不书邾,史之缺文。滥:地名,在今山东滕州市东南。 ⑥日有食之:此为公元前511年11月14日之日全食。

传

三十一年春,王正月,公在乾侯,言不能外内也[1]。

〔注释〕

①《春秋》直书正月公在乾侯,因昭公内不容于臣子,外不为齐、晋所尊敬,所以久在乾侯。不能:不相得。能:善。

晋侯将以师纳公,范献子曰[1]:"若召季孙而不来,则信

不臣矣，然后伐之，若何？”晋人召季孙，献子使私焉[②]，曰：“子必来[③]，我受其无咎。”季孙意如会晋荀跞于適历。荀跞曰：“寡君使跞谓吾子[④]：‘何故出君？有君不事，周有常刑[⑤]。子其图之！’”季孙练冠、麻衣[⑥]，跣行，伏而对曰：“事君，臣之所不得也，敢逃刑命？君若以臣为有罪，请囚于费[⑦]，以待君之察也[⑧]，亦唯君；若以先臣之故，不绝季氏，而赐之死；若弗杀弗亡，君之惠也，死且不朽[⑨]；若得从君而归，则固臣之愿也。敢有异心？”

夏四月，季孙从知伯如乾侯[⑩]。子家子曰[⑪]：“君与之归。一惭之不忍[⑫]，而终身惭乎？”公曰：“诺。”众曰：“在一言矣[⑬]，君必逐之！”荀跞以晋侯之命唁公，且曰：“寡君使跞以君命讨于意如，意如不敢逃死，君其入也！”公曰：“君惠顾先君之好，施及亡人[⑭]，将使归粪除宗祧以事君[⑮]，则不能见夫人[⑯]。已所能见夫人者[⑰]，有如河[⑱]！”荀跞掩耳而走[⑲]，曰：“寡君其罪之恐[⑳]，敢与知鲁国之难[㉑]？臣请复于寡君。”退而谓季孙：“君怒未怠[㉒]，子姑归祭[㉓]。”子家子曰：“君以一乘入于鲁师[㉔]，季孙必与君归。”公欲从之，众从者胁公，不得归。

〔注释〕

①范献子：士鞅。 ②私焉：私下会见季孙（意如）。 ③“子必”二句：你若来晋国，我保你无事。必：若，如果。表示假设。受：保，保证。咎：灾祸。 ④谓：告，语。 ⑤常刑：常法。刑：法。⑥“季孙”二句：季孙衣着举动如遭丧，以显示对昭公出奔的忧戚。练冠：丧礼十三月小祥后所着之冠。用练治之布为之，故称练冠。

麻衣:丧服。《礼记·间传》:“又期而大祥,素缟麻衣。”跣(xiǎn):赤足。《礼记·问丧》:“亲始死,鸡斯(笄纚)徒跣。” ⑦费:季孙食邑,在今山东费县。 ⑧察:审察,分辨。 ⑨死且不朽:疑此句当在“而赐之死”句下。 ⑩知伯:荀跞。 ⑪子家子:子家羁。⑫“一惭”二句:谓不能忍受一时之耻,难道愿意忍受终生的耻辱吗?惭:耻。 ⑬“在一”二句:谓昭公一言,即可使晋驱逐季孙。⑭施:延及。 ⑮粪除:扫除。粪、除同义。宗祧:宗庙。祧:远祖之庙。 ⑯夫人:那人。指季孙。 ⑰所:如果。假设连词。⑱有如河:谓黄河之神可以为证。有如:有。“如”亦训有。 ⑲掩耳而走:怪昭公所言,示不忍听。 ⑳“寡君”二句:谓唯恐获不纳鲁君之罪,不敢过问鲁国之内乱。 ㉑与知:过问。与:语助词,无义。知:问。 ㉒息:休,止息。 ㉓归祭:谓归鲁摄君事。襄公二十六年《传》载卫献公之言曰:“苟反,政由宁氏,祭则寡人。”㉔“君以”句:谓以单车入于季孙之军。

薛伯谷卒[①],同盟[②],故书[③]。

〔注释〕

①《经》在荀跞唁公之前,《传》在其后,为使鲁事相接。②同盟:襄公二十五年同盟于重丘。 ③故书:《春秋》始书薛伯之名,《传》解释其原因。

秋,吴人侵楚,伐夷[①],侵潜、六[②]。楚沈尹戌帅师救潜,吴师还。楚师迁潜于南冈而还[③]。吴师围弦[④],左司马戌、右司马稽帅师救弦,及豫章[⑤],吴师还。始用子胥之谋也[⑥]。

〔注释〕

①夷:即城父,在今安徽亳州市东南。 ②潜:楚邑,在今安徽霍邱县东北三十里。六:在今安徽霍邱县南。 ③南冈:地名,在今安徽霍邱县北。 ④弦:楚邑,在今河南息县南。 ⑤豫章:地名,在淮河之南长江之北。 ⑥子胥:伍员。子胥之谋见上年传。

冬,邾黑肱以滥来奔[1]。贱而书名,重地故也。

君子曰:"名之不可不慎也如是!夫有所有名[2],而不如其已。以地叛,虽贱,必书地,以名其人,终为不义[3],弗可灭已。是故君子动则思礼,行则思义,不为利回[4],不为义疚[5]。或求名而不得,或欲盖而名章,惩不义也。齐豹为卫司寇,守嗣大夫[6],作而不义[7],其书为'盗'。邾庶其、莒牟夷、邾黑肱以土地出[8],求食而已,不求其名,贱而必书[9]。此二物者[10],所以惩肆而去贪也[11]。若艰难其身[12],以险危大人[13],而有名章彻[14],攻难之士将奔走之[15]。若窃邑叛君,以徼大利而无名[16],贪冒之民将置力焉[17]。是以《春秋》书齐豹曰'盗',三叛人名,以惩不义,数恶无礼[18],其善志也[19]。故曰,《春秋》之称[20],微而显[21],婉而辨[22]。上之人能使昭明[23],善人劝焉[24],淫人惧焉,是以君子贵之[25]。"

〔注释〕

①"邾黑肱"三句:黑肱非卿,而《春秋》书其名,因其以地来奔。 ②"夫有"二句:谓有时虽有名而不如无名。有所:有时。已:去。 ③终:既,已。 ④不为利回:不因求利而行奸邪之事。回:邪。 ⑤不为义疚:不因邪恶而内疚于心。义:通"俄"。邪。 ⑥守嗣大夫

夫:世袭而为卿大夫者。 ⑦"作而"二句:二十年,齐豹杀卫侯之兄,欲求不畏强御之名,而《春秋》书"盗杀卫侯之兄絷"。此所谓求名而不得。 ⑧襄公二十一年《经》云"邾庶其以漆、吕丘来奔";昭公五年《经》云"莒牟夷以牟娄及防、兹来奔"。 ⑨贱而必书:庶其、牟夷、黑肱皆小国之大夫,以地出奔,无意求名,依照常例,非卿不当书其名,《春秋》特笔书之,以惩戒不义,此所谓欲盖而名章。 ⑩物:事。 ⑪"所以"句:书齐豹为"盗",以惩放肆;三人书名,以去贪婪。 ⑫艰难其身:身为险恶之事。艰、难都是险的意思。 ⑬险危:危。险、危二字同义。此为使动用法。大人:指在位者。 ⑭章彻:彰显。彻:明。 ⑮攻难:作难。奔走:趋赴。走,趋。 ⑯无名:指恶名不彰。 ⑰贪冒:贪婪。二字义同。置力:致力,尽力。置:施。 ⑱数恶(shǔ wù):指责,责备。数:责。恶:言其过恶,与"数"义近。 ⑲善志:记述之善者。 ⑳称:述。谓叙述史事。 ㉑微:隐,隐晦。 ㉒婉而辨:委婉而明白。 ㉓上之人:在位者。 ㉔"善人"二句:谓好人得到勉励,恶人受到震慑。 ㉕参见成公十四年《传》。

十二月辛亥朔,日有食之。是夜也,赵简子梦童子裸而转以歌①。旦,占诸史墨②,曰:"吾梦如是③,今而日食,何也?"对曰:"六年及此月也④,吴其入郢乎⑤!终亦弗克。入郢必以庚辰⑥,日月在辰尾⑦。庚午之日⑧,日始有谪。火胜金⑨,故弗克。"

〔注释〕

①转:旋转。指舞蹈。 ②史墨:即蔡墨。晋大夫。 ③"吾梦"三句:梦而遇日食,疑日食之咎与己有关,故问之。 ④六

年：谓六年之后。　⑤郢：楚都，在今湖北江陵县北。吴入郢在定公四年。　⑥以：于，在。庚辰：庚辰日。定公四年十一月庚辰，吴入郢。　⑦“日月”句：周之十二月（当夏之十月），日月合朔于辰尾而发生日食。辰尾：龙尾，也即大辰，东方苍龙七宿之尾宿。《尔雅·释天》：“大辰，房、心、尾也。”　⑧“庚午”二句：庚午之日为十月十九日，距辛亥朔四十一日。午为南方之辰，楚为南方之国，故午为楚位。日以庚午有变，南方之国当其咎，故灾在楚。吴为楚之仇敌，故知入楚者为吴。日始有谪：谓出现日食之变。　⑨火胜金，故弗克：午为火，庚为金。火胜金，故吴终不能克楚。食在辛亥，亥为水，水之数六，故知六年。史墨所占，今难以尽知，姑据前人之说，略加综合，以备参考。据《传》，定公四年庚午，吴败楚于柏举，庚辰，吴入郢，楚申包胥乞师于秦，秦师出，终败吴师。史墨所言似皆应验，亦不可解，此或后人附会之言，不必尽信。

经

三十有二年春①，王正月，公在乾侯②，取阚③。

夏，吴伐越。

秋七月。

冬，仲孙何忌会晋韩不信、齐高张、宋仲幾、卫世叔申、郑国参、曹人、莒人、薛人、杞人、小邾人④，城成周⑤。

十有二月己未⑥，公薨于乾侯。

〔**注释**〕

①三十有二年：公元前510年。　②乾（gān）侯：晋邑，在今河北县东南三十里。　③取：不用师徒而得邑，故曰取。阚

(kàn):鲁邑,在今山东汶上县西南南旺湖中。 ④世叔申:世叔仪之孙。国参:子产之子。 ⑤成周:西周的东都洛邑,在今河南洛阳市东郊白马寺之东,距王城十八里。 ⑥己未:十五日。

传

三十二年春,王正月,公在乾侯。言不能外内[1],又不能用其人也[2]。

〔注释〕

①不能外内:昭公内不容于臣子,外不为齐、晋所尊敬。能:得,和睦。 ②其人:指子家羁,鲁之贤臣。昭公不能外内,不用贤臣,故《春秋》直书正月公在乾侯,以明其过。

夏,吴伐越,始用师于越也。史墨曰:"不及四十年[1],越其有吴乎!越得岁而吴伐之[2],必受其凶。"

〔注释〕

①"不及"二句:史墨预言"不及四十年,越其有吴",其根据不得而知。 ②"越得岁"二句:此年岁星(亦称木星)在星纪(十二星次之一,在十二支为丑,在二十八宿为斗宿和牛宿),为吴、越之分野。古人认为岁星所在,其下之国有福。吴先用兵,故当其祸。受:承当。凶:咎,灾祸。

秋八月,王使富辛与石张如晋,请城成周[1]。天子曰:"天降祸于周,俾我兄弟并有乱心[2],以为伯父忧[3]。我一二亲昵甥舅不皇启处[4],于今十年[5]。勤戍五年[6],余一人无

日忘之[7],闵闵焉如农夫之望岁[8],惧以待时。伯父若肆大惠[9],复二文之业[10],弛周室之忧[11],徼文、武之福,以固盟主,宣昭令名[12],则余一人有大愿矣。昔成王合诸侯城成周,以为东都,崇文德焉[13]。今我欲徼福假灵于成王[14],修成周之城,俾戍人无勤,诸侯用宁[15],蝥贼远屏[16],晋之力也。其委诸伯父,使伯父实重图之,俾我一人无征怨于百姓[17],而伯父有荣施[18],先王庸之[19]。"

范献子谓魏献子曰[20]:"与其戍周[21],不如城之。天子实云,虽有后事,晋勿与知可也[22]。从王命以纾诸侯[23],晋国无忧,是之不务[24],而又焉从事?"魏献子曰:"善。"使伯音对曰[25]:"天子有命,敢不奉承以奔告于诸侯?迟速衰序[26],于是焉在[27]。"

冬十一月,晋魏舒、韩不信如京师,合诸侯之大夫于狄泉[28],寻盟[29],且令城成周。魏子南面[30]。卫彪傒曰[31]:"魏子必有大咎。干位以令大事,非其任也。《诗》曰[32]:'敬天之怒[33],不敢戏豫[34]。敬天之渝[35],不敢驰驱[36]。'况敢干位以作大事乎[37]?"

己丑[38],士弥牟营成周,计丈数,揣高卑[39],度厚薄[40],仞沟洫[41],物土方[42],议远迩[43],量事期[44],计徒庸[45],虑财用[46],书糇粮[47],以令役于诸侯。属役赋丈[48],书以授帅[49],而效诸刘子[50]。韩简子临之[51],以为成命[52]。

〔注释〕

①"请城"句:王室之乱,王子朝余党多在王城,敬王畏之,故徙都。成周狭小,故请城之。 ②俾:使。兄弟:谓周之宗室,如灵、景之族。并:俱,皆。 ③伯父:指晋侯(定公,名午)。天子

称同姓诸侯为伯父、叔父。 ④甥舅:指异姓诸侯。天子称异姓诸侯为伯舅、叔舅。不皇启处:无暇安居。皇:同“遑”。启:跪。即今之坐。处:居。 ⑤于今十年:二十二年,王室乱,至今已历十年。 ⑥勤戍五年:二十七年十二月,晋籍秦致诸侯之戍于周,至今五年。勤:劳。 ⑦余一人:天子自称。 ⑧“闵闵”二句:形容戒惧。望岁:盼望谷物丰收。岁:谷。《尔雅·释天》:“夏曰岁,商曰祀,周曰年。”疏:“年者,禾熟之名。每岁一熟,故以为岁名。”惧:敬。 ⑨肆:布,施。 ⑩二文:晋文侯仇、文公重耳。晋文侯助平王,《尚书》有《文侯之命》;文公助襄王,见僖公二十八年《传》。 ⑪弛:缓。 ⑫宣昭:昭明,彰显。 ⑬文德:指以礼乐教化进行统治,相对于“武功”而言。 ⑭假灵:与徼福义近。灵:福。 ⑮用:因此。 ⑯蝥贼:害虫之名。比喻坏人。《诗·小雅·大田》:“去其螟螣,及其蟊贼。”《传》:“食心曰螟,食叶曰螣,食根曰蟊,食节曰贼。”屏:放,放逐。 ⑰征怨:召怨。征:取。 ⑱荣施:大惠。荣:盛。 ⑲先王庸之:谓先王将酬其功而福佑之。庸:功。 ⑳范献子:士鞅。魏献子:魏舒。㉑“与其”二句:言欲罢诸侯之戍而筑城。 ㉒与知:过问。与:语助词。知:问。 ㉓纾:缓。 ㉔是之不务:即不务是。务:致力,从事。 ㉕伯音:韩不信,韩起之孙。 ㉖“迟速”句:谓工程进度快慢和承担的任务。衰(cuī)序:等级序列(谓承担劳役之多寡)。 ㉗焉:乎。 ㉘狄泉:地名,当时在洛阳城外(今在城内)。 ㉙寻盟:重申平丘之盟(在昭公十三年)。寻:温,重。㉚南面:居君位。 ㉛彪傒(xī):卫大夫。 ㉜《诗》曰:引文出自《诗·大雅·板》。 ㉝敬:肃,慎。 ㉞戏豫:游戏逸乐。豫:乐,逸乐。 ㉟渝:变。 ㊱驰驱:疾驰。二字义同。 ㊲大事:指为天子筑城。 ㊳己丑:十四日。 ㊴揣高卑:测量高低。《说文》:“揣,量也。……度高曰揣。” ㊵度:量,测量。 ㊶仞:

测量深度。 ㊷物：相。土方：土地。方：地。《周礼·夏官》有土方氏，掌四方邦国之土地。 ㊸议：通“仪”。度。 ㊹量事期：估算毕事之日期。量：度。 ㊺计徒庸：估算役徒人数。 ㊻财用：财货。财、用同义。 ㊼书糇粮：预计用粮之数。 ㊽属役赋丈：会聚役徒，分派相应的定额。赋：分，分配。丈：指筑城的长度。 ㊾帅：诸侯之大夫。 ㊿效：致。刘子：刘文公（刘蚠）。 (51)韩简子：韩不信。临之：莅临其事，以命诸侯。 (52)成命：定命。

十二月，公疾，遍赐大夫①，大夫不受。赐子家子双琥、一环、一璧、轻服②，受之。大夫皆受其赐。己未，公薨。子家子反赐于府人，曰：“吾不敢逆君命也。”大夫皆反其赐。书曰“公薨于乾侯”，言失其所也③。

赵简子问于史墨曰④：“季氏出其君⑤，而民服焉，诸侯与之，君死于外，而莫之或罪⑥，何也⑦？”对曰：“物生有两，有三，有五，有陪贰⑧。故天有三辰⑨，地有五行⑩，体有左右⑪，各有妃耦⑫。王有公，诸侯有卿，皆有贰也。天生季氏，以贰鲁侯，为日久矣。民之服焉，不亦宜乎？鲁君世从其失⑬，季氏世修其勤，民忘君矣。虽死于外，其谁矜之⑭？社稷无常奉⑮，君臣无常位，自古以然⑯。故《诗》曰⑰：‘高岸为谷⑱，深谷为陵。’三后之姓⑲，于今为庶⑳，主所知也㉑。在《易》卦，雷乘乾曰《大壮》☳☰㉒，天之道也㉓。昔成季友，桓之季也㉔，文姜之爱子也。始震而卜㉕，卜人谒之㉖，曰：‘生有嘉闻㉗，其名曰友㉘，为公室辅。’及生，如卜人之言，有文在其手曰‘友’，遂以名之。既而有大功于鲁㉙，受

费[30],以为上卿。至于文子、武子[31],世增其业[32],不废旧绩[33]。鲁文公薨,而东门遂杀適立庶,鲁君于是乎失国[34],政在季氏[35],于此君也四公矣。民不知君,何以得国?是以为君慎器与名[36],不可以假人[37]。"

〔注释〕

①大夫:指从公者。 ②琥:玉器,刻虎为玉形者。环:瑞玉名,圆形,中间圆孔之半径与边宽相等。璧:瑞玉名,平圆形,中间圆孔半径为边宽的一半。轻服:细好之服。 ③失其所:谓不薨于路寝。 ④赵简子:赵鞅。 ⑤季氏:季孙意如。 ⑥莫之或罪:没有人怪罪于他。 ⑦何:原本无此字,据杨伯峻说补。⑧陪贰:副贰,辅佐。陪、贰皆训副。 ⑨三辰:日、月、星。⑩五行:水、火、木、金、土。 ⑪体有左右:谓手足各分为左右。谓有两。 ⑫妃(pèi)耦:匹敌。妃:同"配"。妃、耦皆"比并""匹敌"之意。 ⑬从:通"纵"。失:通"佚",安逸。 ⑭矜:怜。⑮"社稷"句:奉守社稷之人无常。言唯在有德。奉:主。 ⑯以:而。 ⑰《诗》曰:引文出自《诗·小雅·十月之交》。 ⑱"高岸"二句:言高下有变化。高岸:高峻之地。 ⑲三后:虞、夏、商三代君主。姓:子孙。《广雅·释亲下》:"姓,子也。" ⑳庶:庶民。㉑主:原本作"王",据阮元《校勘记》、杨伯峻说改。卿大夫称主。㉒"雷乘"句:《大壮》☳:《乾》下《震》上。震为雷,在《乾》上,故曰"雷乘乾"。 ㉓天之道也:《乾》为天子,《震》为诸侯。《震》在《乾》上,君臣易位,象征大臣强盛,若天上有雷。 ㉔桓之季:季友为桓公少子。 ㉕始:初。震:娠,怀孕。 ㉖谒:告。 ㉗嘉闻(wèn):令闻,美誉。 ㉘"其名"二句:季友为公室之辅。参见闵公二年《传》。 ㉙大功:指立僖公。 ㉚费:鲁邑,在今山东费县。㉛文子:季孙行父。武子:季孙宿。 ㉜业:功绩。 ㉝废:原本作

“费”,据杨伯峻说改。旧绩:旧功。 ㉞失国:失国政。 ㉟“政在”二句:宣公八年,东门襄仲卒,季文子执政,至昭公已历四君。㊱器:车服之类。名:爵号。 ㊲假人:滥施于人。假:僭,滥。

定　公[1]

经

元年春[2]，王三月[3]。

晋人执宋仲幾于京师[4]。

夏六月癸亥[5]，公之丧至自乾侯[6]。

戊辰[7]，公即位。

秋七月癸巳[8]，葬我君昭公。

九月，大雩[9]。

立炀宫[10]。

冬十月，陨霜杀菽[11]。

〔注释〕

①定公：名宋。襄公之子，昭公之弟。公元前 509—公元前 495 年在位。《谥法》："安民大虑曰定。"　②元年：公元前 509 年。　③王三月：正月无事，故不书，此《春秋》常例。杜预云："公之始年，而不书正月，公即位在六月故。"　④"晋人"句：晋人执仲幾，而不归于京师，故不书所归。　⑤癸亥：二十二日。⑥乾（gān）侯：晋邑，在今河北成安县东南三十里。　⑦戊辰：二十七日。　⑧癸巳：二十二日。　⑨雩（yú）：求雨之祭。　⑩立

炀宫:重建炀公之庙。炀公名熙,鲁公伯禽之子,考公之弟。其庙已毁,今复立之。 ⑪陨霜杀菽:周之十月,当夏之八月,陨霜杀菽(豆类之总称),乃异常之灾。

传

元年春,王正月辛巳①,晋魏舒合诸侯之大夫于狄泉②,将以城成周③。魏子莅政④。卫彪傒曰⑤:"将建天子⑥,而易位以令⑦,非义也。大事奸义⑧,必有大咎。晋不失诸侯,魏子其不免乎!"是行也,魏献子属役于韩简子及原寿过⑨,而田于大陆⑩,焚焉⑪。还,卒于宁⑫。范献子去其柏椁⑬,以其未复命而田也。

孟懿子会城成周⑭,庚寅⑮,栽⑯。宋仲幾不受功⑰,曰:"滕、薛、郳⑱,吾役也。"薛宰曰:"宋为无道,绝我小国于周,以我适楚⑲,故我常从宋。晋文公为践土之盟⑳,曰:'凡我同盟,各复旧职。'若从践土㉑,若从宋,亦唯命。"仲幾曰:"践土固然㉒。"薛宰曰:"薛之皇祖奚仲居薛㉓,以为夏车正㉔。奚仲迁于邳㉕,仲虺居薛㉖,以为汤左相。若复旧职,将承王官㉗,何故以役诸侯㉘?"仲幾曰:"三代各异物㉙,薛焉得有旧㉚?为宋役㉛,亦其职也。"士弥牟曰:"晋之从政者新㉜,子姑受功。归,吾视诸故府㉝。"仲幾曰:"纵子忘之,山川鬼神其忘诸乎㉞?"士伯怒,谓韩简子曰:"薛征于人㉟,宋征于鬼,宋罪大矣。且已无辞㊱,而抑我以神㊲,诬我也㊳。启宠纳侮㊴,其此之谓矣。必以仲幾为戮㊵。"乃执仲幾以归。三月,归诸京师㊶。

城三旬而毕[42],乃归诸侯之戍。

齐高张后[43],不从诸侯。晋女叔宽曰[44]:“周苌弘、齐高张皆将不免。苌叔违天,高子违人[45]。天之所坏,不可支也[46]。众之所为,不可奸也。”

〔注释〕

①辛巳:七日。 ②狄泉:地名,当时在洛阳城外(今在城内)。 ③成周:西周的东都洛邑,在今河南洛阳市东郊白马寺之东,距王城十八里。 ④莅政:代天子之大夫为政。莅:临。⑤彪傒(xī):卫大夫。傒,昭公三十二年《传》作“徯”,疑此误。⑥建天子:指立天子之居处。 ⑦易位:谓魏子为臣,而居君位以令诸侯大夫。上年《传》云“魏子南面”。 ⑧奸:犯。 ⑨韩简子:韩不信,韩起之孙。原寿过:周大夫。 ⑩大陆:地名,在今河南获嘉县西北。 ⑪焚:放火以便田猎。 ⑫宁:地名,在今河南获嘉县西。《国语·周语下》云:“魏献子合诸侯之大夫于狄泉,遂田于大陆,焚而死。” ⑬范献子(范鞅)代魏舒为政,去其柏椁以示贬抑。《礼记·丧大记》:“君松椁,大夫柏椁,士杂木椁。”⑭孟懿子:仲孙何忌。 ⑮庚寅:十六日。 ⑯栽(zài):筑墙立板。 ⑰功:指役事。 ⑱“滕薛”二句:欲使三国代其劳役。郳:小邾。 ⑲以我适楚:以薛属楚。适:从。 ⑳践土之盟:城濮之战,晋大败楚军,晋文公(重耳)召诸侯会盟于践土,事在僖公二十八年。 ㉑“若从”三句:或从践土之盟,复旧职,直属周天子;或从宋,为其属国,唯晋命之。若:或。亦:句首语助词,无义。 ㉒践土固然:践土之盟,本来就如此。谓薛仍为宋役。㉓皇祖:太祖。 ㉔“以为”句:奚仲为夏禹掌车服之大夫。以:而。 ㉕邳:地名,在今江苏邳州市东北邳城镇。 ㉖仲虺:奚仲之后。 ㉗承:奉,事奉。王官:犹言君王。指周天子。官:君。

㉘役诸侯：为诸侯所役使。 ㉙异物：异职。物：职。 ㉚“薛焉”句：言薛之祖先，夏、殷时任职不同，无法复其旧职。有：为。 ㉛“为宋”二句：薛曾属宋，故云“亦其职”。亦：乃。 ㉜“晋之”句：指韩不信初主诸侯之役，不熟习故事。 ㉝故府：旧府。 ㉞“山川”句：古代盟誓以告山川鬼神。其：岂。诸：之。 ㉟薛征于人：取证于人。谓典籍故事，为人所共知。征：证。 ㊱无辞：理不直。 ㊲抑：压。 ㊳诬：欺，欺骗。 ㊴启宠纳侮：谓欲求荣而反取辱。启：求。宠：荣。纳：取。侮：辱。 ㊵戮：辱。 ㊶归诸京师：不宜执之以归，故归之于京师。 ㊷三旬：三十天。 ㊸后役期。 ㊹女叔宽：女宽。 ㊺违人：犯众。 ㊻支：拄，支撑。

夏，叔孙成子逆公之丧于乾侯[①]。季孙曰[②]：“子家子亟言于我[③]，未尝不中吾志也[④]。吾欲与之从政，子必止之[⑤]，且听命焉。”子家子不见叔孙，易幾而哭[⑥]。叔孙请见子家子，子家子辞曰：“羁未得见[⑦]，而从君以出。君不命而薨[⑧]，羁不敢见！”叔孙使告之曰：“公衍、公为实使群臣不得事君[⑨]。若公子宋主社稷[⑩]，则群臣之愿也。凡从君出而可以入者，将唯子是听。子家氏未有后[⑪]，季孙愿与子从政。此皆季孙之愿也，使不敢以告[⑫]。”对曰：“若立君，则有卿士、大夫与守龟在[⑬]，羁弗敢知[⑭]。若从君者，则貌而出者[⑮]，入可也；寇而出者[⑯]，行可也。若羁也[⑰]，则君知其出也，而未知其入也，羁将逃也。”丧及坏隤[⑱]，公子宋先入，从公者皆自坏隤反[⑲]。

六月癸亥[⑳]，公之丧至自乾侯。戊辰，公即位。季孙使役如阚[㉑]，公氏将沟焉[㉒]，荣驾鹅曰[㉓]：“生不能事，死又离

之,以自旌也㉔。纵子忍之,后必或耻之。”乃止。季孙问于荣驾鹅曰:“吾欲为君谥㉕,使子孙知之。”对曰:“生弗能事,死又恶之,以自信也㉖,将焉用之?”乃止。

〔注释〕

①叔孙成子:叔孙不敢,叔孙婼之子。丧:指灵柩。 ②季孙:季孙意如。 ③子家子:子家羁。 ④中:合。 ⑤止:留。谓不使往他国。 ⑥易幾:改变哭丧的时间。幾:期。 ⑦“羁未”二句:谓子家羁出奔时,叔孙成子尚未为卿。 ⑧不命:言未受昭公之命。 ⑨“公衍”句:二十五年,公为谋去季氏,公衍并未参与。季孙不想立昭公之子,故诬称公衍亦在其中。 ⑩公子宋:昭公之弟。 ⑪后:谓立为大夫奉祭祀者。 ⑫不敢:叔孙成子之名。 ⑬守龟:龟用以占卜决疑。龟人守之,故称守龟。⑭弗敢知:不敢过问。知:问。 ⑮则:若。貌而出:谓虽从昭公出,而与季氏无怨者。貌:外表,表面。《逸周书·芮良夫》:“王貌受之,终弗获用。”注:“貌,谓外相悦而无实也。” ⑯寇:仇。指与季氏为仇。 ⑰若:至于。 ⑱坏隤(tuí):鲁邑,在今山东曲阜市境内。 ⑲反:重又离开鲁境。 ⑳“六月”四句:诸侯薨,五日而殡,见《礼记·王制》。殡则嗣子即位。癸亥,昭公之丧至,五日后殡于宫,然后定公即位。 ㉑阚:鲁群公墓地所在之处,在今山东汶上县西南。 ㉒公氏将沟:即将沟公氏。指将昭公墓与群公分开。公氏:指昭公。昭公称公氏,如隐公之母称“君氏”。 ㉓荣驾(jiā)鹅:鲁大夫。 ㉔自旌:彰显自己的恶行。旌:彰。 ㉕“吾欲”二句:欲为恶谥,使后世知其过。㉖自信:自明。谓自明其过失。

秋七月癸巳,葬昭公于墓道南①。孔子之为司寇也②,

沟而合诸墓③。

〔注释〕

①与群公墓异处。 ②司寇:卿位。据《史记·孔子世家》,孔子为司寇在定公十年之前。 ③沟而合诸墓:在墓地挖沟,使昭公与先公之墓合为一处。孔子此举,意在表明臣无贬君之义。

昭公出故①,季平子祷于炀公。九月,立炀宫②。

〔注释〕

①"昭公"二句:季平子逐君,惧而祷于炀公。 ②昭公死于外,季氏以为获炀公之福,故立其宫。炀公为伯禽之子,考公之弟,继兄而立。季孙立炀宫,表示兄终弟及,鲁有先例,非出于私心。

周巩简公弃其子弟①,而好用远人②。

〔注释〕

①巩简公:周卿士。 ②远人:异族。此条本与下年传文相接,为后人所割裂。

经

二年春①,王正月。

夏五月壬辰②,雉门及两观灾③。

秋,楚人伐吴。

冬十月,新作雉门及两观。

〔注释〕

①二年:公元前508年。 ②壬辰:二十六日。 ③雉门:天子周城五门,雉门为第二门(正门)。诸侯三门(雉门、库门、路门),雉门为第一门,亦为正门,南向。观:宫门两旁聚土为台,居高可以观望,故称观。亦称阙、象魏。灾:天火曰灾。

传

二年夏,四月辛酉[①],巩氏之群子弟贼简公[②]。

〔注释〕

①辛酉:二十四日。 ②贼:杀。此条当与上年传文连读。

桐叛楚[①]。吴子使舒鸠氏诱楚人[②],曰:"以师临我[③],我伐桐[④],为我使之无忌。"

秋,楚囊瓦伐吴,师于豫章[⑤]。吴人见舟于豫章[⑥],而潜师于巢[⑦]。冬十月,吴军楚师于豫章[⑧],败之。遂围巢,克之,获楚公子繁[⑨]。

〔注释〕

①桐:古国名,当时属楚,在今安徽桐城市北。 ②吴子:阖庐,亦作"阖闾"。舒鸠:楚之属国,在今安徽舒城县。舒鸠在桐之北。 ③以师临我:吴子使舒鸠诱楚伐吴。 ④"我伐"二句:吴伐桐(为楚伐叛国,表示畏楚),使楚国不忌惮吴国。 ⑤豫章:地名,在淮南江北。 ⑥"吴人"句:吴故意置舟于豫章,佯装伐桐。见:通"现"。使动词。 ⑦潜:谓行动隐秘。巢:楚邑,今安徽巢湖市东北五里有居巢故址,即其地。 ⑧军:攻,攻打。

⑨公子繁:楚守巢之大夫。

邾庄公与夷射姑饮酒[①],私出[②]。阍乞肉焉[③],夺之杖以敲之[④]。

〔**注释**〕

①邾庄公:邾国之君,名穿。夷射姑:邾大夫。 ②私出:逃席避酒。 ③阍:守门人。 ④“夺之”句:夺阍之杖而击其首。前一“之”字与“其”同义。敲:同“毃”。《说文》:“毃,击头也。”此条本与下年传文相接,为后人所割裂。

经

三年春[①],王正月,公如晋,至河,乃复[②]。
二月辛卯[③],邾子穿卒。
夏四月。
秋,葬邾庄公。
冬,仲孙何忌及邾子盟于拔[④]。

〔**注释**〕

①三年:公元前507年。 ②乃复:未至晋而复,不知何故。③辛卯:二十九日。 ④拔:《传》作“郯”,在今山东郯城县西南。

传

三年春,二月辛卯,邾子在门台[①],临廷[②]。阍以瓶水沃廷[③],邾子望见之,怒。阍曰:“夷射姑旋焉[④]。”命执之。弗

得,滋怒[⑤],自投于床[⑥],废于炉炭[⑦],烂[⑧],遂卒。先葬以车五乘,殉五人。庄公卞急而好洁[⑨],故及是。

〔注释〕

①门台:门上之台,类似今之门楼。　②廷:朝廷。古代外朝、治朝、燕朝皆在廷不在屋。　③沃:浇灌。指冲洗。　④旋:小便。　⑤滋:益。　⑥自投于床:从床上跳下。投:掷,跳。床:坐卧之具。类似于后世之几。　⑦废:坠。　⑧烂:烧熟。《说文》:"烂,火熟也。"　⑨卞急:急躁。卞、急义同。

秋九月,鲜虞人败晋师于平中[①],获晋观虎,恃其勇也[②]。

〔注释〕

①鲜虞:国名,白狄之别族。故城在今河北新乐市西南。平中:鲜虞邑名。　②为十五年士鞅围鲜虞张本。

冬,盟于郯[①],修邾好也[②]。

〔注释〕

①郯:即经之"拔"。　②定公即位而修好于邾。

蔡昭侯为两佩与两裘以如楚[①],献一佩一裘于昭王。昭王服之,以享蔡侯。蔡侯亦服其一。子常欲之[②],弗与,三年止之[③]。唐成公如楚[④],有两肃爽马[⑤],子常欲之,弗与,亦三年止之。唐人或相与谋,请代先从者[⑥],许之。饮先从者酒,醉之,窃马而献之子常。子常归唐侯。自拘于司

败[7],曰:“君以弄马之故[8],隐君身[9],弃国家。群臣请相夫人以偿马[10],必如之。”唐侯曰:“寡人之过也。二三子无辱!”皆赏之。蔡人闻之,固请,而献佩于子常。子常朝,见蔡侯之徒[11],命有司曰:“蔡君之久也[12],官不共也。明日,礼不毕,将死!”蔡侯归,及汉,执玉而沈[13],曰:“余所有济汉而南者[14],有若大川!”蔡侯如晋,以其子元与其大夫之子为质焉,而请伐楚[15]。

〔注释〕

①蔡昭侯:蔡国国君,名申。安徽寿县蔡侯墓是其陵寝,其名据篆文字形不同或隶定为𪓑,或定为绅。佩:系在衣带上的装饰品。 ②欲:求。子常:囊瓦,楚令尹。 ③三年止之:止之三年。止:拘,拘留。 ④唐成公:唐惠侯之后。 ⑤肃爽:骏马名。⑥请于楚。 ⑦自拘:自拘止。司败:即司寇,掌刑狱。 ⑧弄马:戏玩之马。相对于“乘马”而言。 ⑨隐君身:给自己带来忧患。隐:忧。 ⑩“群臣”二句:谓必得善马如肃爽者以偿唐侯。相:助。夫人:那人。指养马者。 ⑪蔡侯之徒:从蔡侯者。⑫“蔡君”二句:言蔡侯滞留于楚,因礼遣蔡侯之物不备。久:留。⑬“执玉”句:谓以玉祭水。执:持。沈(chén):祭川泽曰沈。⑭“余所”二句:蔡侯誓不再朝楚。所有:如果。二字同义,表示假设。《宋本册府元龟》卷二五二作“所以”。有若大川:有河神可以为证。有若:同“有如”。若、如都是“有”的意思。 ⑮此条本与下年传文相接,为后人所割裂。

经

四年春[1],王二月癸巳[2],陈侯吴卒。

三月，公会刘子、晋侯、宋公、蔡侯、卫侯、陈子、郑伯、许男、曹伯、莒子、邾子、顿子、胡子、滕子、薛伯、杞伯、小邾子、齐国夏于召陵③，侵楚。

夏四月庚辰④，蔡公孙姓帅师灭沈⑤，以沈子嘉归，杀之。

五月，公及诸侯盟于皋鼬⑥。

杞伯成卒于会。

六月，葬陈惠公。

许迁于容城⑦。

秋七月，公至自会。

刘卷卒⑧。

葬杞悼公。

楚人围蔡。

晋士鞅、卫孔圉帅师伐鲜虞⑨。

葬刘文公。

冬十有一月庚午⑩，蔡侯以吴子及楚人战于柏举⑪，楚师败绩。

楚囊瓦出奔郑。

庚辰⑫，吴入郢⑬。

〔注释〕

①四年：公元前506年。 ②癸巳：正月七日。《经》书二月，从告。 ③召(shào)陵：地名，在今河南偃城市东。 ④庚辰：二十五日。 ⑤沈：国名，姬姓，故城在今河南沈丘县东南之沈丘城。 ⑥皋鼬：郑邑，在今河南临颍县南。 ⑦容城：地名，在今河南鲁山县南偏东约三十里处。 ⑧刘卷：即刘盆。 ⑨士

鞅:即范鞅。鲜虞:国名,白狄之别族,故城在今河北新乐市西南。⑩庚午:十八日。 ⑪以:指挥自如,故称“以”。柏举:楚地,在今湖北麻城市东北。 ⑫庚辰:二十八日。 ⑬郢:楚都,在今湖北江陵县北。

传

四年春,三月,刘文公合诸侯于召陵①,谋伐楚也。

〔注释〕

①刘文公:刘蚠。亦即经文之刘子、刘卷。诸侯:指鲁、晋、宋、蔡、卫、陈、郑、许、曹、莒、邾、顿、胡、滕、薛、杞、小邾之君与齐国夏。《传》蒙经文省略。

晋荀寅求货于蔡侯,弗得,言于范献子曰①:“国家方危,诸侯方贰,将以袭敌,不亦难乎!水潦方降,疾疟方起,中山不服②,弃盟取怨③,无损于楚,而失中山,不如辞蔡侯。吾自方城以来④,楚未可以得志⑤,祇取勤焉⑥。”乃辞蔡侯⑦。

晋人假羽旄于郑⑧,郑人与之。明日,或旆以会⑨。晋于是乎失诸侯。

将会,卫子行敬子言于灵公曰⑩:“会同难⑪,啧有烦言⑫,莫之治也⑬。其使祝佗从⑭!”公曰:“善。”乃使子鱼⑮。子鱼辞曰:“臣展四体⑯,以率旧职⑰,犹惧不给而烦刑书⑱。若又共二⑲,徼大罪也。且夫祝⑳,社稷之常隶也㉑。社稷不动,祝不出竟,官之制也㉒。君以军行,祓社衅鼓[23],祝奉以从[24],于是乎出竟。若嘉好之事[25],君行师从[26],卿行旅从[27],臣无事焉。”公曰:“行也。”

及皋鼬[28],将长蔡于卫[29]。卫侯使祝佗私于苌弘曰:“闻诸道路,不知信否[30]。若闻蔡将先卫[31],信乎?”苌弘曰:“信。蔡叔[32],康叔之兄也[33],先卫,不亦可乎[34]?”子鱼曰:“以先王观之,则尚德也[35]。昔武王克商,成王定之,选建明德[36],以藩屏周[37]。故周公相王室,以尹天下[38],于周为睦[39]。分鲁公以大路、大旂[40],夏后氏之璜[41],封父之繁弱[42],殷民六族:条氏、徐氏、萧氏、索氏、长勺氏、尾勺氏;使帅其宗氏[43],辑其分族[44],将其类丑[45],以法则周公[46],用即命于周[47]。是使之职事于鲁[48],以昭周公之明德。分之土田倍敦[49],祝、宗、卜、史[50],备物、典策[51],官司、彝器[52],因商奄之民[53],命以《伯禽》而封于少皞之虚[54]。分康叔以大路、少帛、綪茷、旃旌、大吕[55],殷民七族:陶氏、施氏、繁氏、锜氏、樊氏、饥氏、终葵氏;封畛土略[56],自武父以南[57],及圃田之北竟[58],取于有阎之土[59],以共王职;取于相土之东都[60],以会王之东蒐[61]。聃季授土[62],陶叔授民[63],命以《康诰》而封于殷虚[64],皆启以商政[65],疆以周索[66]。分唐叔以大路、密须之鼓、阙巩、沽洗[67],怀姓九宗[68],职官五正[69],命以《唐诰》而封于夏虚[70],启以夏政[71],疆以戎索[72]。三者皆叔也[73],而有令德,故昭之以分物[74]。不然,文、武、成、康之伯犹多[75],而不获是分也,唯不尚年也[76]。管、蔡启商[77],惎间王室[78],王于是乎杀管叔,而蔡蔡叔以车七乘、徒七十人[79]。其子蔡仲,改行帅德[80],周公举之,以为己卿士[81],见诸王而命之以

蔡[82]。其命书云:'王曰:"胡[83]!无若尔考之违王命也!"'若之何其使蔡先卫也[84]?武王之母弟八人,周公为太宰[85],康叔为司寇[86],聃季为司空[87],五叔无官[88],岂尚年哉[89]!曹[90],文之昭也[91]。晋[92],武之穆也[93]。曹为伯甸[94],非尚年也。今将尚之[95],是反先王也[96]。晋文公为践土之盟[97],卫成公不在,夷叔,其母弟也,犹先蔡。其载书云:'王若曰:"晋重、鲁申、卫武、蔡甲午、郑捷、齐潘、宋王臣、莒期[98]。"'藏在周府,可覆视也[99]。吾子欲复文、武之略[100],而不正其德,将如之何?"苌弘说,告刘子,与范献子谋之,乃长卫侯于盟。

〔注释〕

①范献子:士鞅。 ②中山:即鲜虞。鲜虞战国时为中山国。③弃盟取怨:背弃盟誓,招致怨恨。晋、楚同盟,伐之则结怨。弃:背。取:致。 ④"吾自"句:谓晋侵方城以来。晋败楚,取方城,在襄公十六年。 ⑤"楚未"句:言晋未可以得志于楚。 ⑥祇(zhī):同"衹"。适。勤:辱。焉:耳。 ⑦蔡侯以其子与大夫之子为质,请晋伐楚,见上年《传》。 ⑧羽旄:羽旌。《周礼·春官·司常》:"全羽为旞,析羽为旌。"郑玄注:"全羽、析羽皆五采,系之于旞旌之上,所谓注旄于干首也(以牦牛尾、羽毛注于旗竿之首)。" ⑨或:有人。其名不显,故略之。旆(pèi):附设在旗正幅上的长帛,可以解下。晋本因羽旄美而借观之,今用之以会,则是借而不归,与襄公十四年借羽旄于齐不归同例。 ⑩子行敬子:卫大夫。 ⑪会同难:谓诸侯会盟之事,难得其宜。会、同同义,皆指诸侯相会。 ⑫啧有烦言:谓争论不休。《说文》:"啧,大呼也。"烦言:谓忿争之言。 ⑬莫:没有人。 ⑭祝佗:卫之

太祝。 ⑮子鱼:祝佗的字。 ⑯展四体:言勤劳其事。展:陈。四体:四肢。 ⑰率:勉,勉力。旧职:指太祝。太祝为世袭官职。⑱不给:不能胜任。给:足。烦刑书:触犯法律。烦:干,犯。刑书:法典。刑:法。 ⑲共二:供奉二职。 ⑳祝:掌丧礼、祭祀的官。常以言告神,故称祝。 ㉑常隶:常官。 ㉒制:法,法度。㉓祓:除凶之礼。衅:祭名。杀牲血祭,并以血涂新制器物、房屋等。 ㉔祝奉以从:奉社稷之主从君。 ㉕嘉好之事:友好之事。如朝会。嘉、好同义。 ㉖师:二千五百人。 ㉗旅:五百人。㉘及皋鼬:谓将盟之时。 ㉙长蔡于卫:使蔡先于卫歃血。长:先。㉚信:确实。 ㉛若:句首语助词,无义。 ㉜蔡叔:名度,蔡始封之君。 ㉝康叔:卫康叔,名封,卫始封之君。 ㉞蔡本从楚,此时改从晋,蔡请伐楚,晋又辞之,故欲先蔡,以示安慰。 ㉟则:乃。尚德:谓不尚年齿。 ㊱建:立。 ㊲藩屏:拱卫。藩:屏。㊳尹:治。 ㊴睦:亲。 ㊵分:与。鲁公:伯禽,周公旦之子。大路:金路。即以铜为饰之车。用以分赐同姓诸侯。大旂:画有交龙的大旗。大旂与大路相配。 ㊶夏后氏:夏朝。夏后为夏之国号。璜:半璧为璜。《礼记·明堂位》:"大璜、封父圭,天子之器也。" ㊷封父:国名,在今河南封丘县。繁弱:大弓名。 ㊸宗氏:指同族。 ㊹辑:集合。分族:天子分赐之氏族。即殷民六族。 ㊺类丑:指同类。《广雅·释诂上》:"丑:类也。"王念孙《疏证》:"丑之言俦也。" ㊻法则:仿效,效法。法、则同义。㊼用:因。即:就。 ㊽是:于是。职事:任职。《说文》:"事,职也。"职、事同义。 ㊾"分之"句:分予鲁公田地山川。土田、倍敦同义。倍:同"培"。《说文》:"培,培敦。土地山川也。从土,音声。" ㊿祝:即太祝。宗:宗人。掌礼之官。卜:太卜。掌龟卜之事。史:太史。掌载籍、祭祀、星历等事。 (51)备物:服物。指大路、大旂之类。备:通"服"。典策:典籍简策。 (52)官司:百官。彝器：常器。 ⑬因：就。商奄：国名，在今山东曲阜市。⑭《伯禽》：即《伯禽之命》。《尚书》篇名，是策封伯禽的诰命，今已亡佚。少皞之虚：少皞（金天氏）之旧址。少皞都曲阜。 ⑮少帛：小白。旗名。少通“小”，帛通“白”。绮茷（qiàn pèi）红旗。绮：同“蒨”。草名。可染物为赤色。茷：通“旆”。旃旌：旗名。以整幅帛制成的旗为旃，析羽为饰者为旌。大吕：钟名。其钟律中大吕（十二律阴声之首），故以为名。 ⑯封畛（zhěn）土略：所封土地之疆界。封畛、土略义同。畛、略都是疆界的意思。 ⑰武父：卫之北界。 ⑱圃田：即原圃，郑之薮泽，在今河南郑州市东。⑲有阎：卫朝宿邑，在今河南洛阳市附近。 ⑳相土之东都：在今河南商丘市。相土：殷商之始祖。 ㉑“以会”句：周王东巡时，便于助祭泰山。蒐：巡守。 ㉒聃季：冉季载，周公之弟，为司空。 ㉓陶叔：曹叔振铎，为司徒。曹叔之封近定陶，故又称陶叔。 ㉔《康诰》：《尚书》篇名。殷虚：朝歌，在今河南淇县。 ㉕“皆启”句：鲁、卫居殷故地，因其风俗。启：教。政：风教，风俗。 ㉖疆以周索：疆理土地用周法。索：法。 ㉗唐叔：名虞，成王之弟，晋始封之君。密须：国名，在今甘肃灵台县西五十里。阙巩：指铠甲。阙巩为古国名，其地产铠甲。昭公十五年《传》云分唐叔以阙巩之甲。沽洗：钟名。其钟律中姑洗（十二律之阳声第三），故以为名。 ㉘怀姓：唐氏之余民。九宗：怀氏一姓之九族。 ㉙职官五正：为五官之长。职：官。正：长。 ㉚《唐诰》：《尚书》篇名。今已佚。夏虚：大夏。在今山西太原市。 ㉛启以夏政：亦因夏之风俗。 ㉜疆以戎索：太原近戎，故疆理土地以戎法。 ㉝三者：指周公、康叔、唐叔。周公、康叔为武王之弟，唐叔为成王之弟，故云“三者皆叔”。 ㉞昭：显。分物：分赐之器物。 ㉟“文武”句：谓文、武、成、康之子长于三叔者尚多。 ㊱年：齿。谓长幼。 ㊲管、蔡启商：管、蔡利用殷民叛乱。启：导，诱导。周灭殷,封叔鲜于管、叔度于蔡,相纣之子武庚禄父,治殷之遗民。武王死后,管、蔡挟武庚作乱。 ⑱惎(jì)间王室:谋犯王室。惎:谋。间:干,犯。 ⑲“蔡蔡叔”句:与蔡叔车徒而放之。蔡:通“檕”,放,放逐。 ⑳帅:循。 ㉑卿士:士大夫之通称。 ㉒命为蔡侯。《尚书》有《蔡仲之命》。今见于古文《尚书》。 ㉓胡:蔡仲之名。 ㉔其:乃。使:以。 ㉕太宰:即冢宰。六卿之一,总领百官,佐王治理国家。 ㉖司寇:六卿之一,掌刑法。 ㉗司空:六卿之一,掌营造及器物之事。 ㉘五叔:指管叔鲜、蔡叔度、曹叔振铎、成叔武、霍叔处。 ㉙管叔为周公之兄而无官,康叔封、聃季载二人最少而为司寇、司空。 ㉚曹:曹叔振铎所封之国。 ㉛文之昭:文王之子。古代宗庙、墓地排列之次序,始祖居中,左昭右穆。周以后稷为始祖,其子为昭,其孙为穆。后世子孙昭生穆,穆生昭,以世次计(单数为昭,偶数为穆)。文王为后稷十四世孙,为穆,故其子为昭。 ㉜晋:唐叔虞初封于唐,后世改为晋。 ㉝武之穆:武王之子。武王于周为昭,故其子为穆。㉞“曹为”二句:谓曹叔振铎长于唐叔虞,而封地小且偏远。伯甸:伯爵而居甸服者。《周礼·秋官·大行人》:“邦畿方千里,其外方五百里谓之侯服,……又其外方五百里谓之甸服。” ㉟将:若。 ㊱反:违,违背。 ㊲“晋文公”五句:僖公二十八年,诸侯盟于践土,《春秋》书蔡在卫之前,乃霸主以国之大小为序。子鱼所言,为盟时歃血之次第。夷叔:叔武,卫成公之弟。当时卫成公出奔在外,叔武代表卫国参加会盟。 ㊳重:重耳,晋文公。申:鲁僖公之名。武:叔武。甲午:蔡庄侯之名。捷:郑文公之名。潘:齐昭公之名。王臣:宋成公之名。期:莒子之名。《礼记·曲礼上》:“二名不偏讳。”祝佗为盟主、为本国各讳一字。 ㊴覆视:谓验核。覆:审视。 ㊵略:法,法度。

反自召陵，郑子大叔未至而卒[①]。晋赵简子为之临[②]，甚哀，曰："黄父之会[③]，夫子语我九言，曰：'无始乱[④]，无怙富，无恃宠[⑤]，无违同[⑥]，无敖礼[⑦]，无骄能[⑧]，无复怒[⑨]，无谋非德，无犯非义[⑩]。'"

〔注释〕

①子大叔：游吉。郑之正卿。 ②临：哭吊。 ③黄父之会：在昭公二十五年。 ④始乱：挑起祸乱。始：首。 ⑤宠：贵。⑥违同：背盟。同：会。 ⑦敖：通"傲"。轻忽，轻视。 ⑧骄能：轻慢贤人。能：贤。 ⑨复怒：报怨。 ⑩无犯非义：不为不义之事。

沈人不会于召陵，晋人使蔡伐之。夏，蔡灭沈。

秋，楚为沈故，围蔡。伍员为吴行人以谋楚[①]。

楚之杀郤宛也[②]，伯氏之族出。伯州犁之孙嚭为吴大宰以谋楚。楚自昭王即位，无岁不有吴师，蔡侯因之，以其子乾与其大夫之子为质于吴。

冬，蔡侯、吴子、唐侯伐楚[③]。舍舟于淮汭[④]，自豫章与楚夹汉[⑤]。左司马戌谓子常曰[⑥]："子沿汉而与之上下[⑦]，我悉方城外以毁其舟[⑧]，还塞大隧、直辕、冥厄[⑨]，子济汉而伐之，我自后击之，必大败之。"既谋而行。武城黑谓子常曰[⑩]："吴用木也[⑪]，我用革也，不可久也，不如速战。"史皇谓子常[⑫]："楚人恶子而好司马[⑬]，若司马毁吴舟于淮，塞城口而入[⑭]，是独克吴也。子必速战！不然，不免。"乃济汉而陈，自小别至于大别[⑮]。三战，子常知不可，欲奔。史皇曰："安求其事[⑯]，难而逃之，将何所入？子必死之，初罪必尽说[17]。”

十一月庚午，二师陈于柏举[18]。阖庐之弟夫概王晨请于阖庐曰：“楚瓦不仁[19]，其臣莫有死志。先伐之，其卒必奔，而后大师继之，必克。”弗许。夫概王曰：“所谓‘臣义而行，不待命’者，其此之谓也。今日我死，楚可入也。”以其属五千先击子常之卒。子常之卒奔，楚师乱，吴师大败之。子常奔郑。史皇以其乘广死[20]。吴从楚师，及清发[21]，将击之。夫概王曰：“困兽犹斗，况人乎？若知不免而致死，必败我。若使先济者知免，后者慕之，蔑有斗心矣。半济而后可击也。”从之。又败之。楚人为食，吴人及之，奔。食而从之[22]，败诸雍澨[23]。五战，及郢。

己卯，楚子取其妹季芈畀我以出[24]，涉雎[25]。鍼尹固与王同舟，王使执燧象以奔吴师[26]。

庚辰，吴入郢，以班处宫[27]。子山处令尹之宫[28]，夫概王欲攻之，惧而去之，夫概王入之[29]。

左司马戌及息而还[30]，败吴师于雍澨，伤。初，司马臣阖庐[31]，故耻为禽焉。谓其臣曰：“谁能免吾首[32]？”吴句卑曰：“臣贱，可乎？”司马曰：“吾实失子[33]，可哉！”三战皆伤，曰：“吾不可用也已[34]！”句卑布裳，刭而裹之，藏其身，而以其首免。

楚子涉雎，济江，入于云中[35]。王寝，盗攻之，以戈击王，王孙由于以背受之，中肩。王奔郧[36]，钟建负季芈以从[37]。由于徐苏而从。郧公辛之弟怀将弑王[38]，曰：“平王杀吾父，我杀其子，不亦可乎？”辛曰：“君讨臣[39]，谁敢雠之？

君命,天也。若死天命,将谁雠?《诗》曰[40]:‘柔亦不茹[41],刚亦不吐。不侮矜寡,不畏强御。’唯仁者能之。违强陵弱[42],非勇也。乘人之约[43],非仁也。灭宗废祀,非孝也。动无令名,非知也。必犯是[44],余将杀女!”斗辛与其弟巢以王奔随[45]。吴人从之,谓随人曰:“周之子孙在汉川者[46],楚实尽之。天诱其衷[47],致罚于楚,而君又窜之[48],周室何罪?君若顾报周室[49],施及寡人,以奖天衷[50],君之惠也。汉阳之田,君实有之。”楚子在公宫之北[51],吴人在其南。子期似王[52],逃王[53],而己为王,曰:“以我与之,王必免。”随人卜与之,不吉。乃辞吴曰:“以随之辟小而密迩于楚[54],楚实存之。世有盟誓,至于今未改。若难而弃之,何以事君?执事之患,不唯一人。若鸠楚竟[55],敢不听命?”吴人乃退。鑢金初宦于子期氏[56],实与随人要言[57]。王使见[58],辞曰:“不敢以约为利[59]。”王割子期之心以与随人盟[60]。

初,伍员与申包胥友[61]。其亡也,谓申包胥曰:“我必复楚国[62]!”申包胥曰:“勉之!子能复之,我必能兴之[63]。”及昭王在随,申包胥如秦乞师[64],曰:“吴为封豕长蛇[65],以荐食上国[66],虐始于楚[67]。寡君失守社稷,越在草莽[68],使下臣告急,曰:‘夷德无厌[69],若邻于君[70],疆埸之患也[71]。逮吴之未定[72],君其取分焉[73]。若楚之遂亡,君之土也。若以君灵抚之[74],世以事君。’”秦伯使辞焉,曰:“寡人闻命矣!子姑就馆,将图而告。”对曰:“寡君越在草莽,未获所伏[75],下臣何敢即安[76]?”立,依于庭墙而哭,日夜不绝声,勺饮不入口七日。秦哀公为之赋《无衣》[77]。九顿首而坐[78]。秦师乃出[79]。

〔注释〕

①伍员:楚大夫伍奢次子。昭公二十年,楚平王杀伍奢,伍员逃至吴国。行人:使人。 ②"楚之"二句:昭公二十七年,楚杀郤宛,伯氏之族(楚太宰伯州犁之后)出奔。 ③唐侯之军属吴、蔡,故《春秋》不书。 ④"舍舟"句:吴乘舟沿淮河而行,至蔡,乃舍其舟。淮汭:淮水边。 ⑤豫章:地名,在淮南江北。 ⑥子常:楚令尹囊瓦之字。 ⑦与之上下:随敌上下,不使渡河。⑧"我悉"句:以方城之外人民毁吴所舍之舟。方城:山名,在今河南叶县西。 ⑨大隧、直辕、冥厄:皆汉东险隘之地。今豫、鄂边界有三关,东为九里关,即古之大隧;中为武胜关,即直辕;西为平靖关,即冥厄。冥厄亦称黾塞,凿山通道,极为险峻。 ⑩武城黑:楚武城大夫。 ⑪用:器用。 ⑫史皇:楚大夫。 ⑬司马:指沈尹戌。 ⑭城口:三处关隘之总名。 ⑮小别:山名,在今湖北汉川市东南。大别:即今安徽霍邱县西南九十里之安阳山。⑯求其事:指仕为令尹。事:职。 ⑰说(tuō):通"脱"。 ⑱二师:指吴师、楚师。 ⑲瓦:子常之名。 ⑳乘广:楚王或楚军主帅所率之兵车。此句谓史皇率乘广战死。 ㉑清发:水名,在今湖北安陆市。 ㉒食而从之:吴人食其食而从之。复逐楚军。㉓雍澨:地名。澨:水边增高之地。 ㉔季芈畀我:芈为楚姓,畀我为人名,季是排行。 ㉕睢:水名。即今之沮水。楚王自纪南城西逃,渡沮水之处当在今湖北枝江市东北。 ㉖执:胁制。此指驱逼。燧象:燃火炬系于象尾。 ㉗以班处宫:以尊卑之次,处楚君臣之室。班:次。宫:室。 ㉘子山:吴王之子。 ㉙入令尹之室。 ㉚息:楚邑,在今河南息县。 ㉛"司马"二句:司马曾在吴,为阖庐(阖闾)之臣,故耻为吴所俘。 ㉜免吾首:带着我的头逃走。免:脱。 ㉝失:谓不知。 ㉞可:原本无此字,据纂图本、阮元《校勘记》、杨伯峻说补。 ㉟云中:指云梦在江南的

部分。旧说云梦泽横跨长江南北。 ㊱郧:楚邑,在今湖北安陆市。 ㊲钟建:楚大夫。 ㊳辛:斗辛,蔓成然之子。昭公十四年,楚平王杀蔓成然。 ㊴"君讨"二句:谓君诛臣,无人敢怀恨。讨:杀。雠:怨。 ㊵《诗》曰:引文出自《诗·大雅·烝民》。 ㊶"柔亦"四句:谓不避强陵弱。茹:食。吐:弃。侮:侵,陵。矜(guān)寡:孤弱之人。矜:同"鳏"、鳏寡都有少、小之意,引申则有微弱、弱小之义。强御:强大。御:强。 ㊷违:避。 ㊸约:困。 ㊹必:若,如果。 ㊺随:国名,故城在今湖北随州市南。 ㊻"周之"二句:僖公二十八年《传》云:"汉阳诸姬,楚实灭之。"尽:灭。 ㊼天诱其衷:天助善人。诱:奖,助。衷:善。 ㊽窜:藏,藏匿。 ㊾顾:念,思。报:酬,答。谓报答。 ㊿以奖天衷:谓助成天之善意。奖:助。 (51)公宫:随侯之宫。 (52)子期:公子结,昭王之兄。 (53)"逃王"二句:将楚王隐藏起来,自己假扮楚王。逃:匿。为:伪。 (54)辟:通"僻"。密迩:紧靠。密:近。与"迩"同义。 (55)鸠:集。指平定。 (56)鑪(lú)金:子期之家臣。鑪原本作"炉",宧原本作"官",据纂图本、阮元《校勘记》、杨伯峻说改。 (57)要言:立誓。要:誓。指约定不将楚王交给吴人。 (58)王使见:楚王欲引见之以比王臣,且欲使与随人盟。 (59)"不敢"句:谓不敢因王之困以求利。约:穷困。为:谋。 (60)"王割"句:当子期心口处割破皮肤取血,以示至诚。 (61)申包胥:楚大夫。 (62)复:通"覆",倾覆。《史记·伍子胥列传》正作"覆"。 (63)兴:盛。谓复兴。 (64)乞师:请求援军。 (65)为:如,如同。封豕:大野猪。封:大。 (66)荐:数,屡。 (67)虐:暴。 (68)越:播越,逃亡。 (69)德:性。谓天性。 (70)吴灭楚,则与秦相邻。 (71)疆埸(yì):疆界。 (72)逮:趁。 (73)"君其"句:谓与吴共分楚地。 (74)灵:福。抚:存恤。 (75)未获所伏:未得安身之处。伏:休,休息。《说文》:"卧,休也。从人、臣,取其伏也。"《新序·节士》作

“休”。 ⑯即安:休息。安:休止。 ⑰《无衣》:《诗·秦风》篇名。秦哀公赋此诗,取“王于兴师,修我戈矛,与子同仇”之意,表示愿意出兵。 ⑱顿首:叩首至地。古无九顿首之礼,申包胥求援心切,故为此变礼。 ⑲为明年申包胥以秦师救楚张本。

经

五年春[①],王三月辛亥朔,日有食之[②]。

夏,归粟于蔡[③]。

於越入吴[④]。

六月丙申[⑤],季孙意如卒。

秋七月壬子[⑥],叔孙不敢卒。

冬,晋士鞅帅师围鲜虞[⑦]。

〔注释〕

①五年:公元前505年。 ②日有食之:此为公元前505年2月16日之日环食。三月:《公羊传》《穀梁传》作“正月”。 ③此句主语为鲁。《公羊传》《穀梁传》以为诸侯馈粟于蔡,实误。④於越:越。於为发语词,无义。 ⑤丙申:十八日。 ⑥壬子:五日。 ⑦鲜虞:国名,白狄之别族。故城在今河北新乐市西南。

传

五年春,王人杀子朝于楚[①]。

〔注释〕

①昭公二十六年,王子朝奔楚,今王人因楚乱而杀之。

夏，归粟于蔡，以周亟①，矜无资②。

〔注释〕

①周：通“赒”，救济。亟：急。 ②矜：怜悯。资：粮食。

越入吴，吴在楚也①。

〔注释〕

①吴军主力在楚，越乘虚而入。

六月，季平子行东野①。还，未至，丙申，卒于房②。阳虎将以玙璠敛③，仲梁怀弗与④，曰：“改步改玉⑤。”阳虎欲逐之，告公山不狃⑥。不狃曰：“彼为君也⑦，子何怨焉？”既葬，桓子行东野⑧，及费⑨。子泄为费宰⑩，逆劳于郊⑪，桓子敬之。劳仲梁怀，仲梁怀弗敬⑫。子泄怒，谓阳虎：“子行之乎⑬？”

〔注释〕

①季平子：季孙意如。行：巡视。东野：季孙之邑。 ②房：即防，在今山东曲阜市东二十里。 ③阳虎：季氏家臣。将：欲。玙璠(yú fán)：《说文》引作“与璠”。鲁之宝玉，国君所佩。敛：指下葬。为死者易衣称小敛，以尸入棺为大敛。以棺入墓亦称敛。 ④仲梁怀：亦季氏家臣。 ⑤改步改玉：谓身分不同，礼数亦异。玉：指佩玉，用以节制行步。步：行。指步履之节奏、幅度。古代尊卑不同，行步亦异。《礼记·玉藻》：“天子佩白玉而玄组绶，公侯佩山玄玉而朱组绶，大夫佩水苍玉而纯组绶，世子佩瑜玉而綦组绶，士佩瓀玟而缊组绶。”昭公出奔，季氏行君事，佩玙璠

祭祀宗庙。定公既立,季氏复臣位,改君步,当去玙璠。⑥公山不狃(niǔ):季氏家臣,姓公山。⑦彼为君也:谓不用玙璠从葬,是为季氏考虑,不让他僭越违礼。君:指季氏。诸人同为季氏家臣,故称季氏为君。⑧桓子:季桓子。季孙斯。⑨费:季氏之食邑,在今山东费县。⑩子泄:公山不狃的字。⑪逆劳:迎接慰劳。⑫弗敬:不敬子泄。⑬行之:逐仲梁怀。

申包胥以秦师至。秦子蒲、子虎帅车五百乘以救楚。子蒲曰:“吾未知吴道[①]。”使楚人先与吴人战,而自稷会之[②],大败夫概王于沂[③]。吴人获薳射于柏举[④],其子帅奔徒以从子西[⑤],败吴师于军祥[⑥]。

秋七月,子期、子蒲灭唐[⑦]。

九月,夫概王归,自立也[⑧],以与王战,而败,奔楚,为堂溪氏[⑨]。

吴师败楚师于雍澨[⑩]。秦师又败吴师。吴师居麇[⑪],子期将焚之,子西曰:“父兄亲暴骨焉[⑫],不能收,又焚之,不可。”子期曰:“国亡矣!死者若有知也,可以歆旧祀[⑬],岂惮焚[⑭]?”焚之,而又战,吴师败。又战于公婿之溪[⑮],吴师大败。吴子乃归。囚闉舆罢[⑯]。闉舆罢请先,遂逃归。叶公诸梁之弟后臧从其母于吴[⑰],不待而归。叶公终不正视。

〔注释〕

①道:指战术。②稷:楚地,在今河南桐柏县。③夫概王:吴王阖庐(阖闾)之弟。沂:楚地,在今河南正阳县。④薳(wěi)射:楚大夫。柏举:楚地,在今湖北麻城市东北。⑤奔

徒:楚败散之卒。子西:公子申。 ⑥军祥:楚地,在今湖北随州市西南。 ⑦子期:公子结,楚昭王之兄。唐:国名,在今湖北随州市西唐县镇。 ⑧自立:自立为吴王,号夫概。 ⑨堂溪氏:堂溪(亦作“棠溪”)为楚地名(在今河南遂平县西北),此以地为氏。⑩雍澨:楚地。 ⑪麇:地名。 ⑫“父兄”四句:上年楚与吴战,多死麇中,骸骨未葬,不可并焚之。收:敛。 ⑬“可以”句:言焚吴复楚,则祭祀不废。歆:享。《说文》:“歆,神食气也。” ⑭原本有“焚”下“之”字,据敦煌写本(P. 2523)删。 ⑮公婿之溪:楚地。 ⑯闉(yīn)舆罢:楚大夫。 ⑰“叶公”二句:吴入楚,获后臧之母。楚定,后臧弃母而归。叶公诸梁:叶公子高,司马沈尹戌之子。叶:旧读 shè,今读 yè。

乙亥[①],阳虎囚季桓子及公父文伯[②],而逐仲梁怀。冬十月丁亥[③],杀公何藐[④]。己丑[⑤],盟桓子于稷门之内[⑥]。庚寅[⑦],大诅[⑧]。逐公父歜及秦遄[⑨],皆奔齐。

〔注释〕

①乙亥:二十八日。 ②公父文伯:公父歜(音 chù)。季桓子的堂兄弟。 ③丁亥:十一日。 ④公何藐:季氏之同族。⑤己丑:十三日。 ⑥稷门:鲁之南城门。 ⑦庚寅:十四日。⑧诅:杀牲歃血,告誓于明神。大事曰盟,小事曰诅,但也常常一事而盟、诅并用。 ⑨公父歜(chù):即公父文伯。秦遄:季平子之姑婿。

楚子入于郢[①]。初,斗辛闻吴人之争宫也,曰:“吾闻之:不让,则不和;不和,不可以远征。吴争于楚,必有乱;有

乱,则必归,焉能定楚?”

王之奔随也[2],将涉于成臼[3]。蓝尹亹涉其帑[4],不与王舟。及宁[5],王欲杀之。子西曰:“子常唯思旧怨以败,君何效焉?”王曰:“善。使复其所[6],吾以志前恶[7]。”王赏斗辛、王孙由于、王孙圉、钟建、斗巢、申包胥、王孙贾、宋木、斗怀[8]。子西曰:“请舍怀也[9]。”王曰:“大德灭小怨[10],道也。”申包胥曰:“吾为君也,非为身也。君既定矣,又何求?且吾尤子旗[11],其又为诸?”遂逃赏。

王将嫁季芈[12],季芈辞曰:“所以为女子,远丈夫也[13]。钟建负我矣。”以妻钟建,以为乐尹[14]。

王之在随也,子西为王舆服以保路[15],国于脾泄[16]。闻王所在,而后从王。王使由于城麇,复命。子西问高厚焉[17],弗知。子西曰:“不能,如辞[18]。城不知高厚小大[19],何知?”对曰:“固辞不能,子使余也。人各有能有不能。王遇盗于云中,余受其戈[20],其所犹在[21]。”袒而视之背[22],曰:“此余所能也。脾泄之事,余亦弗能也。”

〔注释〕

①郢:楚都,在今湖北江陵县北。 ②“王之”句:吴入郢,楚王奔随,见上年《传》。 ③成臼:水名。亦称臼水。成臼河源出湖北京山县聊屈山,古时西南流入沔水,今已改道。 ④蓝尹亹(wěi):楚大夫。帑:妻子。 ⑤宁:安定。 ⑥复其所:复其位。⑦志:记住。恶:过。 ⑧“王赏”句:斗辛等九人皆有大功。⑨舍怀:除去斗怀。斗怀初谋弑王。 ⑩灭:除,消除。 ⑪子旗:蔓成然。子旗有功于平王,贪求无厌,平王杀之,事在昭公十

四年。 ⑫季芈（mǐ）：名畀我。楚昭王的妹妹。 ⑬丈夫：男子。 ⑭乐尹：掌乐之大夫。 ⑮保路：设守卫于路。保：守。路：君王所乘之车。 ⑯国：立国。脾泄：楚邑，在今湖北江陵县附近。 ⑰高厚：城墙的高度、厚度。敦煌写本（P. 2523）“高厚”下有“大小”二字。 ⑱不能，如辞：己若不能，则当辞之。如：当，应当。 ⑲“城不”二句：城之高厚、大小尚且不知，则其他一无所知矣。 ⑳受：当。 ㉑所：处。指受伤之处。 ㉒视：示。

晋士鞅围鲜虞，报观虎之败也①。

〔注释〕

①三年，鲜虞人败晋师，获观虎。“败”，原本作“役”，据纂图本、阮元《校勘记》及敦煌写本（P. 2523）改。

经

六年春①，王正月癸亥②，郑游速帅师灭许③，以许男斯归。

二月，公侵郑。

公至自侵郑。

夏，季孙斯、仲孙何忌如晋。

秋，晋人执宋行人乐祁犁④。

冬，城中城⑤。

季孙斯、仲孙忌帅师围郓⑥。

〔注释〕

①六年：公元前504年。 ②癸亥：十八日。 ③游速：游吉

之子。 ④非其罪,故称行人。 ⑤中城:内城。鲁为晋侵郑,故惧而城之。 ⑥仲孙忌:即仲孙何忌。郓:鲁有东、西二郓。此为西郓,在今山东郓城县东。郓贰于齐,故围之。

传

六年春,郑灭许[①],因楚败也[②]。

〔注释〕

①郑灭许:许为姜姓之国,此时都容城(在今河南鲁山县东南约三十里),距许昌(许之旧地,当时已属郑)不足四百里 ②因:趁。

二月,公侵郑,取匡[①],为晋讨郑之伐胥靡也[②]。往不假道于卫[③],及还,阳虎使季、孟自南门入[④],出自东门,舍于豚泽[⑤]。卫侯怒,使弥子瑕追之[⑥]。公叔文子老矣[⑦],辇而如公[⑧],曰:"尤人而效之[⑨],非礼也。昭公之难[⑩],君将以文之舒鼎、成之昭兆、定之鞶鉴[⑪],苟可以纳之[⑫],择用一焉。公子与二三臣之子[⑬],诸侯苟忧之,将以为之质。此群臣之所闻也。今将以小忿蒙旧德[⑭],无乃不可乎?大姒之子[⑮],唯周公、康叔为相睦也[⑯],而效小人以弃之[⑰],不亦诬乎[⑱]?天将多阳虎之罪以毙之[⑲],君姑待之,若何?"乃止。

〔注释〕

①匡:郑地,在今河南长垣县西南。 ②胥靡:周地,在今河南偃师市东。周儋翩因郑人作乱,郑为之伐胥靡,故晋使鲁讨之。③假道:借路。古代经过他国,须行假道之礼。阳虎将逐三桓,欲

使之得罪邻国。 ④季:季桓子,季孙斯。孟:孟懿子,仲孙何忌。⑤豚泽:卫地。 ⑥弥子瑕:卫灵公之幸臣。 ⑦公叔文子:公叔发。老:致仕,告老。 ⑧輂:坐人拉的车。 ⑨“尤人”句:季、孟入卫而不假道,卫侯欲追伐之,皆非礼,故云。尤:罪。 ⑩昭公之难:鲁昭公为季孙所逐,事在二十五年。 ⑪文:卫文公。舒鼎:鼎名。成:卫成公。昭兆:宝龟之名。定:卫定公。鞶(pán)鉴:大镜子。鞶:通“盘”。大。 ⑫“苟可”二句:谓若有人能使昭公归鲁,三宝可择用其一。 ⑬“公子”三句:言以公子及大夫之子为质,以求纳昭公。 ⑭将:若。蒙:覆蔽,掩盖。 ⑮大姒:文王妃。 ⑯周公:姬旦。鲁之始祖。康叔:康叔封。卫之始祖。周公与卫康叔皆太姒所生。睦:亲。 ⑰小人:指阳虎。 ⑱诬:虚妄不实。 ⑲多:重。谓加重。

夏,季桓子如晋,献郑俘也①。阳虎强使孟懿子往报夫人之币②。晋人兼享之③。孟孙立于房外④,谓范献子曰⑤:“阳虎若不能居鲁⑥,而息肩于晋,所不以为中军司马者,有如先君!”献子曰:“寡君有官,将使其人⑦,鞅何知焉?”献子谓简子曰⑧:“鲁人患阳虎矣。孟孙知其衅⑨,以为必适晋,故强为之请⑩,以取入焉⑪。”

〔注释〕

①郑俘:侵郑伐匡所得之俘。 ②“阳虎”句:阳虎欲困辱三桓,而求媚于晋,故强使正卿报夫人之聘。币:聘享之礼物。诸侯夫人亦可以遣使致聘。 ③兼享之:同时享宴季桓子、孟懿子。④孟孙:即孟懿子。 ⑤范献子:范鞅。 ⑥“阳虎”四句:言阳虎将不为鲁所容,而奔逃至晋,希望晋能以阳虎为中军司马。孟

孙之本意,并非为阳虎求官,而在提示晋国:阳虎专横,必将作乱而出奔。息肩:栖身,立足。所:如果。表示假设。以下为誓言。中军司马:晋大夫之最贵者。有如先君:谓先君可以为证。有如:有。“如”亦训有。 ⑦使其人:择其人而用之。使:任。 ⑧简子:赵简子,赵鞅。 ⑨衅:预兆。 ⑩强为之请:强设请托之辞。⑪取入:希望晋国能接纳。取:求。入:受。

四月己丑[①],吴大子终累败楚舟师[②],获潘子臣、小惟子及大夫七人[③]。楚国大惕[④],惧亡。子期又以陵师败于繁扬[⑤]。令尹子西喜曰:“乃今可为矣[⑥]!”于是乎迁郢于鄀[⑦],而改纪其政[⑧],以定楚国[⑨]。

〔注释〕

①己丑:十六日。 ②终累:吴王阖庐(阖闾)之长子,夫差之兄。 ③潘子臣、小惟子:楚舟师之帅。 ④惕:惧。 ⑤陵师:陆军。繁扬:即繁阳,在今河南新蔡县北。 ⑥“乃今”句:知惧而后可治。乃今:于今。 ⑦鄀(ruò):指上鄀。古鄀国为允姓,都商密,在今河南内乡县、陕西商州市之间,是为下鄀。秦人入鄀,迁上鄀,在今湖北宜城市东南九十里。楚文王自丹阳迁都于郢,此年(楚昭王十二年)徙都,是为鄀郢。 ⑧纪:治。⑨据《史记·楚世家》,其后昭王复都于郢。

周儋翩率王子朝之徒因郑人将以作乱于周[①],郑于是乎伐冯、滑、胥靡、负黍、狐人、阙外[②]。六月,晋阎没戍周,且城胥靡[③]。

〔注释〕

①儋翩:王子朝余党。因:依,依靠。 ②冯、滑、胥靡、负黍、狐人、阙外:皆周邑。冯当在今河南洛阳市附近,滑在今河南偃师市缑氏镇,负黍在今河南登封市西南,狐人在今河南临颍县,阙外在今河南伊川县北(伊阙之外)。 ③为下文天王出居姑莸张本。

秋八月,宋乐祁言于景公曰[①]:"诸侯唯我事晋,今使不往,晋其憾矣[②]。"乐祁告其宰陈寅[③]。陈寅曰:"必使子往。"他日,公谓乐祁曰:"唯寡人说子之言[④],子必往。"陈寅曰:"子立后而行[⑤],吾室亦不亡,唯君亦以我为知难而行也[⑥]。"见溷而行[⑦]。赵简子逆[⑧],而饮之酒于绵上[⑨],献杨楯六十于简子[⑩]。陈寅曰:"昔吾主范氏[⑪],今子主赵氏,又有纳焉,以杨楯贾祸[⑫],弗可为也已。然子死晋国,子孙必得志于宋。"范献子言于晋侯曰:"以君命越疆而使,未致使而私饮酒[⑬],不敬二君[⑭],不可不讨也。"乃执乐祁。

〔注释〕

①景公:宋景公。名栾,宋元公之子。 ②憾:恨。 ③"乐祁"句:谓以与公所言告陈寅。宰:家臣之长。 ④唯:发语词,无义。 ⑤"子立"二句:陈寅知晋政多门,往或将有难,故使乐祁立后而行。 ⑥唯:虽。以……为:以为,认为。行:往。⑦见溷而行:见溷于君,立以为后。溷为乐祁之子。 ⑧赵简子:赵鞅。 ⑨绵上:地名,在今山西介休市南四十里的介山之下。⑩杨楯:杨木所做之盾。杨:黄杨,木质坚硬细密。 ⑪主范氏:住宿在范家。主:舍。 ⑫贾祸:招致祸患。陈寅知范氏必怨,祸将

及身。贾:求。 ⑬致使:达成使命。 ⑭二君:指晋定公、宋景公。

阳虎又盟公及三桓于周社[①],盟国人于亳社[②],诅于五父之衢[③]。

〔注释〕

①三桓:鲁之孟孙、叔孙、季孙。三家皆出于桓公,故称三桓。周社:鲁之神社(土地庙)。 ②亳社:殷社。鲁因商奄之地及殷之遗民,故立其社。 ③诅:杀牲歃血,告誓于明神。大事曰盟,小事曰诅。五父之衢:道路名。在今山东曲阜市东南五里。

冬十二月,天王处于姑莸[①],辟儋翩之乱也[②]。

〔注释〕

①天王:周敬王。姑莸:周地。 ②辟:避。

经

七年春[①],王正月。

夏四月。

秋,齐侯、郑伯盟于咸[②]。

齐人执卫行人北宫结以侵卫[③]。

齐侯、卫侯盟于沙[④]。

大雩[⑤]。

齐国夏帅师伐我西鄙[⑥]。

九月,大雩。

冬十月。

〔**注释**〕

①七年:公元前503年。　②咸:卫地,在今河南濮阳市东南六十里。　③执卫行人:北宫结无罪,故不称名。　④沙:地名,在今河北大名县东。　⑤雩(yú):求雨之祭。　⑥国夏:国佐之孙。国氏世为齐卿。

传

七年春二月,周儋翩入于仪栗以叛①。

〔**注释**〕

①仪栗:周邑,当在今河南洛阳市附近。

齐人归郓、阳关①,阳虎居之以为政。

〔**注释**〕

①郓、阳关皆鲁邑,中贰于齐,今复归鲁。郓指东郓,在今山东郓城县东。阳关在今山东泰安市南六十里。

夏四月,单武公、刘桓公败尹氏于穷谷①。

〔**注释**〕

①单武公:穆公之子。刘桓公:文公之子。穷谷:周地。尹氏党儋翩为乱,故单、刘与之战。

秋,齐侯、郑伯盟于咸,征会于卫。卫侯欲叛晋[①],诸大夫不可。使北宫结如齐,而私于齐侯曰[②]:“执结以侵我[③]。”齐侯从之,乃盟于琐[④]。

〔注释〕

①“卫侯”句:卫侯欲叛晋而属齐、郑。 ②私:私下见面。③执:拘止。 ④琐:即经文之“沙”。

齐国夏伐我。阳虎御季桓子[①],公敛处父御孟懿子[②],将宵军齐师[③]。齐师闻之,堕[④],伏而待之[⑤]。处父曰:“虎不图祸,而必死[⑥]。”苫夷曰[⑦]:“虎陷二子于难[⑧],不待有司[⑨],余必杀女!”虎惧,乃还,不败。

〔注释〕

①季桓子:季孙斯。 ②公敛处父:公敛阳。孟氏家臣,为成宰。孟懿子。仲孙何忌。 ③军:攻,攻打。军的本义是将车四周排列为军营。 ④堕:毁,毁坏。 ⑤伏:设伏兵。 ⑥而:汝。⑦苫(shān)夷:即苫越。孟氏家臣。 ⑧二子:季孙、孟孙。⑨有司:指执法官吏。

冬十一月戊午[①],单子、刘子逆王于庆氏[②]。晋籍秦送王[③]。己巳[④],王入于王城[⑤],馆于公族党氏[⑥],而后朝于庄宫[⑦]。

〔注释〕

①戊午:二十四日。 ②单子:单武公。刘子:刘桓公。庆氏:守姑莸之大夫。 ③籍秦:晋大夫。 ④己巳:十二月五日。

⑤王城:周之东都,当时为都城所在地,在今河南洛阳市西北隅。⑥馆:住宿。党(zhǎng)氏:周大夫。 ⑦庄宫:周庄王庙。

经

八年春[①],王正月,公侵齐[②]。

公至自侵齐。

二月,公侵齐[③]。

三月,公至自侵齐。

曹伯露卒。

夏,齐国夏帅师伐我西鄙。

公会晋师于瓦[④]。

公至自瓦。

秋七月戊辰[⑤],陈侯柳卒。

晋士鞅帅师侵郑,遂侵卫。

葬曹靖公。

九月,葬陈怀公。

季孙斯、仲孙何忌帅师侵卫。

冬,卫侯、郑伯盟于曲濮[⑥]。

从祀先公[⑦]。

盗窃宝玉、大弓[⑧]。

〔注释〕

①八年:公元前502年。 ②报上年齐侵鲁西鄙。 ③未得志,故复侵之。 ④"公会"句:晋师将救鲁,公往会之。瓦:卫

地，在今河南滑县瓦岗集。 ⑤戊辰：八日。 ⑥曲濮：卫地。郑、卫会于曲濮，盟而叛晋。 ⑦从祀先公：调整先君之神位而祭祀之。文公二年，跻（升）僖公于闵公之上，为逆祀。今正其位，且顺昭穆之次第。参见文公二年《经》《传》。从：顺。 ⑧盗：指阳虎。阳虎为季氏家臣，贱而不名，称之曰盗。宝玉：指夏后氏之璜。大弓：指封父之繁弱。宝玉、大弓皆周天子赐予鲁公伯禽之物，为鲁之国宝。参见四年《传》。

传

八年春，王正月，公侵齐，门于阳州①。士皆坐列②，曰："颜高之弓六钧③。"皆取而传观之。阳州人出，颜高夺人弱弓，籍丘子鉏击之④，与一人俱毙⑤。偃，且射子鉏⑥，中颊⑦，殪⑧。颜息射人中眉⑨，退曰："我无勇，吾志其目也⑩。"师退，冉猛伪伤足而先⑪。其兄会乃呼曰："猛也殿⑫！"

〔注释〕

①门：攻其城门。阳州：本鲁邑，此时已为齐有，在今山东东平县北境。 ②士皆坐列：就其行列而坐。言无斗志。 ③颜高：鲁人。六钧：一百八十斤。谓拉满弓需用力六钧。三十斤为钧。 ④籍丘子鉏：齐人。 ⑤颜高与另一人俱被击而倒地。毙：仆。 ⑥偃，且射子鉏：颜高虽倒地，尚能射人。言其善射。⑦颊：面颊。 ⑧殪：死。 ⑨颜息：鲁人。 ⑩志其目：谓欲射其目。志：准的，目标。 ⑪冉猛：鲁人。冉猛欲先归，而假装受伤。⑫猛也殿：其兄令冉猛在后为殿。

二月己丑①，单子伐谷城②，刘子伐仪栗③。辛卯④，单

子伐简城[⑤],刘子伐盂[⑥],以定王室。

〔注释〕

①二月己丑:二月无己丑。己丑为三月二十七日。疑“二”乃“三”之讹。 ②单子:单武公。谷城:周邑,在今河南洛阳市西北。 ③仪栗:周邑,当在今河南洛阳市附近。 ④辛卯:二十九日。 ⑤简城:周邑。 ⑥盂:即邘。周邑,在今河南沁阳市西北。

赵鞅言于晋侯曰[①]:“诸侯唯宋事晋,好逆其使,犹惧不至。今又执之,是绝诸侯也。”将归乐祁,士鞅曰[②]:“三年止之[③],无故而归之,宋必叛晋。”献子私谓子梁曰[④]:“寡君惧不得事宋君,是以止子。子姑使溷代子[⑤]。”子梁以告陈寅。陈寅曰:“宋将叛晋[⑥],是弃溷也,不如待之。”乐祁归,卒于大行[⑦]。士鞅曰:“宋必叛,不如止其尸以求成焉[⑧]。”乃止诸州[⑨]。

〔注释〕

①晋侯:指晋定公。 ②士鞅:即范鞅。范鞅言于晋侯,执乐祁,在六年。 ③止:留,扣留。 ④献子:范鞅。子梁:乐祁。 ⑤溷:乐祁之子。 ⑥将:若,如果。 ⑦大行:山名。即太行山。 ⑧止:留。 ⑨州:晋邑,在今河南沁阳市东南五十里。

公侵齐,攻廪丘之郛[①]。主人焚冲[②],或濡马褐以救之[③],遂毁之[④]。主人出[⑤],师奔。阳虎伪不见冉猛者[⑥],曰:“猛在此[⑦],必败。”猛逐之[⑧],顾而无继,伪颠。虎曰:“尽客

气也[9]。"

苫越生子[10],将待事而名之。阳州之役获焉[11],名之曰阳州。

〔注释〕

①廪丘:齐邑,在今山东鄄城县东北四十里。郛:外城。②主人:守军。指廪丘人。自居其地而战,故称主人。冲:战车。冲车以铁著于辕端,马披甲,车披兵,用于攻坚陷阵。 ③濡:湿,沾湿。马褐:马衣。救:止。 ④毁之:毁其郛。 ⑤"主人"二句:齐人出城,鲁师奔逃。 ⑥者:句末语助词,无义。 ⑦"猛在"二句:阳州之役,冉猛先归。此言今猛若在此,必败齐师,以激冉猛。 ⑧猛逐之:冉猛被激,而逐齐师。 ⑨尽客气:谓挫鲁军之士气。起兵伐人者为客。《尉缭子·守权》:"令客气十百倍,而主之气不半焉。" ⑩苫越:即七年《传》之苫夷。 ⑪阳州之役:在此年春。获:有所俘获。

夏[1],齐国夏、高张伐我西鄙[2]。晋士鞅、赵鞅、荀寅救我。公会晋师于瓦。范献子执羔,赵简子、中行文子皆执雁[3]。鲁于是始尚羔[4]。

〔注释〕

①夏:金泽文库本作"夏四月"。 ②"齐国夏"句:本年春,鲁二次侵齐。 ③赵简子:赵鞅。中行文子:荀寅。 ④《周礼·春官·大宗伯》:"孤执皮帛,卿执羔,大夫执雁。"鲁三卿本皆执羔,其后唯正卿执羔。

晋师将盟卫侯于鄟泽[1],赵简子曰:"群臣谁敢盟卫君

者[②]?”涉佗、成何曰[③]:“我能盟之。”卫人请执牛耳[④]。成何曰:“卫,吾温、原也[⑤],焉得视诸侯[⑥]?”将歃,涉佗捘卫侯之手[⑦],及捥[⑧]。卫侯怒。王孙贾趋进曰[⑨]:“盟以信礼也[⑩],有如卫君[⑪],其敢不唯礼是事而受此盟也?”

卫侯欲叛晋,而患诸大夫。王孙贾使次于郊,大夫问故[⑫]。公以晋诟语之[⑬],且曰:“寡人辱社稷,其改卜嗣[⑭],寡人从焉。”大夫曰:“是卫之祸,岂君之过也?”公曰:“又有患焉,谓寡人:‘必以而子与大夫之子为质[⑮]!’”大夫曰:“苟有益也,公子则往[⑯],群臣之子敢不皆负羁绁以从[⑰]?”将行,王孙贾曰:“苟卫国有难,工商未尝不为患,使皆行而后可[⑱]。”公以告大夫,乃皆将行之。行有日[⑲],公朝国人[⑳],使贾问焉,曰:“若卫叛晋,晋五伐我,病何如矣?”皆曰:“五伐我,犹可以能战。”贾曰:“然则如叛之[㉑],病而后质焉,何迟之有?”乃叛晋。晋人请改盟[㉒],弗许。

〔注释〕

①卫侯:指卫灵公。鄟(zhuān)泽:一作“剸泽”。卫地。未详何处。　②“群臣”句:上年卫叛晋属齐,简子欲辱之,故使大夫与卫侯盟。　③涉佗、成何:皆晋大夫。　④执牛耳:谓主盟。古代会盟时,割牛耳取血,珠盘盛之以歃。　⑤温、原:皆晋邑。⑥视:比,比拟。　⑦捘(zùn):挤,推。　⑧捥:同“腕”,手腕。此二句谓卫侯欲蘸血将先歃,涉佗执其手推之,由指掌逆推至于手腕。　⑨王孙贾:卫大夫。　⑩信:明。　⑪“有如”二句:谓晋之与盟者,若与卫侯地位匹敌,卫不敢不受盟。谓晋无礼,卫不欲受盟。其:岂。　⑫问故:问不入之故。　⑬诟:耻。　⑭“其

改”二句:请改立君主,我将服从所立之君。卜嗣:通过占卜确定嗣君。 ⑮而:尔,汝。 ⑯则:即,若。 ⑰负羁绁:谓从行。羁绁:马络头和马缰绳。 ⑱王孙贾欲以此激怒国人。 ⑲行有日:已确定启程日期。 ⑳公朝国人:古代国有大事,则询问于民。《周礼·秋官·小司寇》:“小司寇之职,掌外朝之政,以致万民而询焉,一曰询国危,二曰询国迁,三曰询立君。” ㉑“然则”句:言既不畏晋,当叛之。如:当,应当。 ㉒改盟:改订盟约。

秋,晋士鞅会成桓公侵郑[①],围虫牢[②],报伊阙也[③]。遂侵卫[④]。

〔注释〕

①成桓公:周卿士。 ②虫牢:郑地,在今河南封丘县北。③报伊阙:六年,郑伐周六邑,晋为周报之。伊阙:周地,在今河南洛阳市南。 ④卫叛晋,故伐之。

九月,师侵卫[①],晋故也[②]。

〔注释〕

①师侵卫:鲁师侵卫。《传》蒙经文省略主语。 ②为晋讨卫。

季寤、公鉏极、公山不狃皆不得志于季氏[①],叔孙辄无宠于叔孙氏[②],叔仲志不得志于鲁[③],故五人因阳虎[④]。阳虎欲去三桓[⑤],以季寤更季氏[⑥],以叔孙辄更叔孙氏[⑦],己更孟氏[⑧]。

冬十月,顺祀先公而祈焉[9]。辛卯[10],禘于僖公[11]。壬辰[12],将享季氏于蒲圃而杀之[13],戒都车曰[14]:“癸巳至[15]。”成宰公敛处父告孟孙曰[16]:“季氏戒都车[17],何故?”孟孙曰:“吾弗闻。”处父曰:“然则乱也,必及于子,先备诸[18]!”与孟孙以壬辰为期[19]。

阳虎前驱。林楚御桓子[20],虞人以铍、盾夹之[21],阳越殿[22]。将如蒲圃,桓子咋谓林楚曰[23]:“而先皆季氏之良也[24],尔以是继之。”对曰:“臣闻命后[25]。阳虎为政,鲁国服焉,违之征死[26],死无益于主[27]。”桓子曰:“何后之有？而能以我适孟氏乎?”对曰:“不敢爱死[28],惧不免主[29]。”桓子曰:“往也!”孟氏选圉人之壮者三百人[30],以为公期筑室于门外[31]。林楚怒马[32],及衢而骋,阳越射之,不中。筑者阖门[33]。有自门间射阳越,杀之。阳虎劫公与武叔[34],以伐孟氏。公敛处父帅成人自上东门入[35],与阳氏战于南门之内,弗胜。又战于棘下[36],阳氏败。阳虎说甲如公宫[37],取宝玉、大弓以出,舍于五父之衢[38],寝而为食。其徒曰:“追其将至!”虎曰:“鲁人闻余出,喜于征死[39],何暇追余?”从者曰:“嘻[40]！速驾！公敛阳在[41]。”公敛阳请追之,孟孙弗许。阳欲杀桓子[42],孟孙惧而归之[43]。子言辨舍爵于季氏之庙而出[44]。阳虎入于讙、阳关以叛[45]。

〔注释〕

①季寤:季孙意如之子,季桓子之弟。公鉏极:公弥曾孙,季桓子族子。公弥字鉏,其后以公鉏为氏。公山不狃:季氏家臣。②叔孙辄:叔孙氏之庶子。 ③叔仲志:叔仲昭伯(叔仲带)之

孙。　④因:就,依。　⑤三桓:孟孙、叔孙、季孙。三家皆出于桓公,故称三桓。　⑥更:取代,替代。季氏:季桓子(季孙斯)。⑦叔孙氏:叔孙州仇。　⑧孟氏:孟懿子(仲孙何忌)。　⑨顺祀:即经文“从祀”之意。指仍以闵公置于僖公之上。祈:求福。⑩辛卯:二日。　⑪禘(dì):合祀群公之礼。禘本应在太庙进行,此时因降僖公于闵公之下,故特改在僖公之庙举行。　⑫壬辰:三日。　⑬蒲圃:地名,在鲁东门之外。　⑭戒:命,敕命。都车:都邑之车。　⑮癸巳:四日。阳虎拟于壬辰之夜杀季孙,此日以都车攻孟孙、叔孙。　⑯公敛处父:孟氏家臣,时为成邑之宰。⑰季氏戒都车:阳虎戒都车,而托季氏之名,故处父云“季氏”。⑱诸:之乎。　⑲处父欲以兵救孟氏,以壬辰(癸巳前一天)为期。　⑳林楚:季氏家臣。　㉑虞人:掌山泽之官。铍(pī):兵器名。剑属,两面有刃,而以刀鞘装之。　㉒阳越:阳虎之堂弟。㉓咋:暂,突然。　㉔良:良臣。　㉕后:晚。　㉖征:召,招致。㉗主:古代卿大夫称主。　㉘爱:吝惜。　㉙惧不免主:惧不能免主于死。　㉚圉人:奴隶。　㉛公期:孟氏支子。　㉜怒:奋。马:原本作“焉”,据纂图本、《四部丛刊》本、《永乐大典》卷一〇三一〇引《左传》改。　㉝阖门:闭门。　㉞武叔:叔孙州仇。　㉟上东门:鲁东城之北门。　㊱棘下:地名,在鲁城内。　㊲说(tuō):通“脱”。　㊳五父之衢:道路名。在今山东曲阜市东南五里。　㊴征:通“缢”,缓。　㊵嘻:叹词。表示惊惧。　㊶公敛阳:处父之名。　㊷欲因乱杀季氏,强孟氏。　㊸归季桓子于季氏。　㊹“子言”句:遍告庙而饮酒,表示不惧怕。子言:季寤。辨:通“遍”。周遍。舍爵:饮酒后放置酒杯。　㊺讙:鲁地,在今山东宁阳县北。阳关:鲁地,在今山东泰安市东南六十里。

郑驷歂嗣子大叔为政[①]。

〔注释〕

①驷歂(chuǎn):驷乞之子。子大叔:游吉。为明年杀邓析张本。

经

九年春[①],王正月。

夏四月戊申[②],郑伯虿卒。

得宝玉、大弓[③]。

六月,葬郑献公。

秋,齐侯、卫侯次于五氏[④]。

秦伯卒[⑤]。

冬,葬秦哀公。

〔注释〕

①九年:公元前501年。 ②戊申:二十二日。 ③宝玉:指夏后氏之璜。大弓:指封父之繁弱。宝玉、大弓皆周天子赐予鲁公伯禽之物,为鲁之国宝,上年为阳虎所盗。 ④五氏:晋地,在今河北邯郸市西。 ⑤秦伯卒:未与鲁同盟,故《春秋》不书其名。

传

九年春,宋公使乐大心盟于晋[①],且逆乐祁之尸。辞,伪有疾。乃使向巢如晋盟[②],且逆子梁之尸[③]。子明谓桐门右师出[④],曰[⑤]:“吾犹衰绖[⑥],而子击钟[⑦],何也?”右师曰:

“丧不在此故也[⑧]。”既而告人曰：“己衰绖而生子[⑨]，余何故舍钟？”子明闻之，怒，言于公曰：“右师将不利戴氏[⑩]。不肯适晋，将作乱也。不然，无疾[⑪]。”乃逐桐门右师[⑫]。

〔注释〕

①宋公：指宋景公。 ②向巢：向戌之子。 ③子梁：即乐祁。宋大夫，上年卒于晋，晋止其尸。 ④“子明”句：右师至子明之舍，子明逐之使出。子明：乐溷，乐祁之子。谓：使。桐门右师：乐大心。子明族父。 ⑤以下为子明谓乐大心之言。 ⑥衰绖（cuī dié）：古代居丧之服。衰：丧服，以一方麻布缀于上衣当心之处，谓之衰（此衰唯为父母服丧用之）。丧服之上衣亦称衰。绖：服丧所系之带，以麻为之，在首为首绖，在腰为腰绖。 ⑦“而子”二句：子明怒其不逆父丧，因责其无同族之恩。 ⑧言丧在晋。⑨己：自己。指子明。 ⑩戴氏：戴公之族。此指宋国公族。⑪不然，无疾：谓若无作乱之意，何故假装有病而辞使命？ ⑫逐右师在明年，《传》终言之。

郑驷歂杀邓析[①]，而用其《竹刑》[②]。君子谓子然于是不忠[③]。苟有可以加于国家者[④]，弃其邪可也[⑤]。《静女》之三章[⑥]，取彤管焉。《竿旄》[⑦]“何以告之”，取其忠也。故用其道，不弃其人。《诗》云[⑧]：“蔽芾甘棠[⑨]，勿翦勿伐，召伯所茇[⑩]。”思其人，犹爱其树，况用其道而不恤其人乎[⑪]？子然无以劝能矣！

〔注释〕

①驷歂（chuǎn）：郑执政之卿。邓析：郑大夫。 ②《竹刑》：

邓析所作刑书,因书于竹简,故称《竹刑》。 ③谓:以为。子然:驷歂之字。 ④加:益。 ⑤弃:置。指赦免。邪:恶。 ⑥“静女”句:言诗人喜爱美人,及于美人所赠之彤管。此谓《竹刑》有益于国,亦当赦邓析之恶。《静女》:《诗・邶风》篇名。 ⑦“竿旄”二句《竿旄》:《诗・鄘风》篇名。今本作“干旄”。何以告之:谓愿告人以善道。 ⑧《诗》云:引文出自《诗・召南・甘棠》。⑨蔽芾:形容茂盛。甘棠:棠,乔木之名,有白、赤两种。白棠即甘棠,也称棠梨。 ⑩召伯:召公奭。茇(bá):止息之舍。召公巡行南国,舍于甘棠之下,以布文王之政。后人思其德,故爱其树而不忍伤。 ⑪恤:顾。

夏,阳虎归宝玉、大弓。书曰“得”[①],器用也[②]。凡获器用曰得,得用焉曰获[③]。

六月,伐阳关[④]。阳虎使焚莱门[⑤]。师惊,犯之而出[⑥],奔齐,请师以伐鲁,曰:“三加[⑦],必取之。”齐侯将许之[⑧]。鲍文子谏曰[⑨]:“臣尝为隶于施氏矣[⑩],鲁未可取也。上下犹和,众庶犹睦[⑪],能事大国,而无天灾,若之何取之?阳虎欲勤齐师也[⑫],齐师罢,大臣必多死亡,己于是乎奋其诈谋[⑬]。夫阳虎有宠于季氏,而将杀季孙,以不利鲁国,而求容焉[⑭]。亲富不亲仁,君焉用之?君富于季氏,而大于鲁国,兹阳虎所欲倾覆也。鲁免其疾[⑮],而君又收之[⑯],无乃害乎!”齐侯执阳虎,将东之[⑰]。阳虎愿东[⑱],乃囚诸西鄙。尽借邑人之车,锲其轴[⑲],麻约而归之[⑳]。载葱灵[㉑],寝于其中而逃。追而得之,囚于齐。又以葱灵逃,奔宋,遂奔晋[㉒],适赵氏。仲尼曰:“赵氏其世有乱乎[㉓]!”

〔注释〕

①书曰:以下解释《春秋》书“得宝玉、大弓”的含义。 ②器用:器物,器具。器、用同义。 ③用:指供祭祀与食用。 ④伐阳关:讨阳虎。阳关:鲁地,在今山东泰安市东南六十里。 ⑤莱门:阳关邑门。 ⑥犯,突。阳虎乘鲁师惊惧,溃围而出。 ⑦加:加兵。 ⑧齐侯:指齐景公。 ⑨鲍文子:鲍国。 ⑩为隶:为臣。鲍国曾为施孝叔家臣。 ⑪众庶:大众。 ⑫勤:劳。 ⑬己:指阳虎。 ⑭求容:求自容。 ⑮免:去。疾:患,害。 ⑯收:受。谓容留。 ⑰东:置于齐之东鄙。 ⑱阳虎愿东:阳虎欲西奔晋,而诈言愿东。 ⑲锲:刻。 ⑳麻约:用麻缠结车轴刻损之处。阳虎以此防齐人追赶。 ㉑载:乘。葱灵:有围幔的车。其车前后有遮蔽,两边开窗,窗中竖木,谓之灵。葱:通“窗”。 ㉒奔宋,遂奔晋:原本无“宋遂奔”三字,据阮元《校勘记》、杨伯峻说补。 ㉓其:将。

秋,齐侯伐晋夷仪[①]。敝无存之父将室之[②],辞,以与其弟,曰:“此役也不死,反必娶于高、国[③]。”先登[④],求自门出,死于霤下。东郭书让登[⑤],犁弥从之,曰:“子让而左[⑥],我让而右,使登者绝而后下[⑦]。”书左,弥先下[⑧]。书与王猛息[⑨]。猛曰:“我先登。”书敛甲[⑩],曰:“曩者之难[⑪],今又难焉!”猛笑曰:“吾从子[⑫],如骖之靳。”

晋车千乘在中牟[⑬],卫侯将如五氏[⑭],卜过之[⑮],龟焦[⑯]。卫侯曰:“可也[⑰]。卫车当其半,寡人当其半,敌矣。”乃过中牟。中牟人欲伐之。卫褚师圃亡在中牟,曰:“卫虽小,其君在焉,未可胜也。齐师克城而骄[⑱],其帅又贱,遇[⑲],必败之。

不如从齐。”乃伐齐师，败之[20]。齐侯致禚、媚、杏于卫[21]。

齐侯赏犁弥，犁弥辞曰：“有先登者，臣从之。皙帻而衣狸制[22]。”公使视东郭书，曰：“乃夫子也，吾贶子[23]。”公赏东郭书，辞曰：“彼，宾旅也[24]。”乃赏犁弥。

齐师之在夷仪也，齐侯谓夷仪人曰：“得敝无存者，以五家免[25]。”乃得其尸。公三襚之[26]，与之犀轩与直盖[27]，而先归之。坐引者[28]，以师哭之，亲推之三[29]。

〔注释〕

①“齐侯”句：齐为卫伐夷仪。夷仪：地名，在今河北邢台市西。 ②敝无存：齐人。室之：为之娶妻。 ③高、国：高氏、国氏，为齐之世卿。 ④“先登”三句：既入城，与夷仪人战，而死于屋檐之下。霤：檐下滴水之处。 ⑤东郭书：与下文犁弥皆齐大夫。让登：登。指登城。让：读作“襄”。上，升。 ⑥让而左：登城后沿城墙左行（不立即下来）。 ⑦“使登”句：使登者尽而后齐下。 ⑧弥先下：犁弥从登城处先下。 ⑨王猛：即犁弥。息：战罢休息。 ⑩敛甲：拿起兵器（欲击猛）。敛：取。甲：兵。⑪之：已。难：恶。 ⑫“吾从”二句：谓己随东郭书之后。骖：骖马。古代一车四马，两边的马称骖，中间的马称服。靳：服马当胸之革带。车前行时，骖马之首，与服马之胸（靳所在之处）平齐。⑬中牟：晋邑，在今河南鹤壁市西牟山之侧。 ⑭五氏：地名，在今河北邯郸市西。 ⑮卜过之：占卜经过中牟的吉凶。 ⑯龟焦：龟甲被烧焦而不成兆。古人以为不吉。 ⑰“可也”四句：卫侯与晋结怨甚深，不顾占卜结果，欲以身当晋五百乘。 ⑱城：指夷仪。 ⑲遇：战。 ⑳败之：据哀公十五年《传》，此役获齐车五百乘。 ㉑“齐侯”句：齐致邑于卫，答谢卫从己伐晋。禚

(zhuó):在今山东济南市长清区。媚:在今山东禹城市。杏:在今山东茌平县。三邑皆在齐之西界。 ㉒皙帻(zé):牙齿白而整齐。帻:《说文》:"齰,齿相值也,……《春秋传》曰:'皙齰。'"狸制:狸裘。制:衣服之通称。 ㉓贶(kuàng):赐。 ㉔宾旅:羁旅之臣。 ㉕以五家免:以五家给得其尸者,而免其役事。㉖襚:给死者穿衣服。自死至殡,有袭、小敛、大敛,三次加衣,以示礼敬。 ㉗犀轩:以犀皮为饰之车。古代大夫以上乘轩。直盖:高盖。盖:车盖。此句谓赐予殉葬之车。 ㉘坐引者:停丧车以尽哀。坐:止。 ㉙亲推之三:齐侯亲推丧车之轮三转。

经

十年春①,王三月,及齐平②。

夏,公会齐侯于夹谷③。

公至自夹谷。

晋赵鞅帅师围卫。

齐人来归郓、讙、龟阴田④。

叔孙州仇、仲孙何忌帅师围郈⑤。

秋,叔孙州仇、仲孙何忌帅师围郈⑥。

宋乐大心出奔曹。

宋公子地出奔陈。

冬,齐侯、卫侯、郑游速会于安甫⑦。

叔孙州仇如齐。

宋公之弟辰暨仲佗、石彄出奔陈⑧。

〔注释〕

①十年：公元前500年。　②平：和，和解。此前齐、鲁屡相侵伐。　③夹谷：齐地，在今山东淄川西南。　④郓、讙、龟阴：三邑皆汶阳之地，上年阳虎以此奔齐。郓在今山东郓城县东十六里，讙在今山东肥城市南，龟阴在新泰市西南。《说文》引作"酄"。　⑤郈（hòu）：叔孙氏食邑，在今山东东平县东南。⑥夏围郈弗克，故复围之。　⑦安甫：地名，未详何处。《公羊传》作"窜"。　⑧《传》在叔孙州仇如齐前，《经》书于后，从告。

传

十年春，及齐平[①]。

〔注释〕

①及齐平：鲁与齐平（讲和）。《春秋》叙鲁事，常省略主语，《左传》也是如此。

夏，公会齐侯于祝其，实夹谷[①]。孔丘相[②]。犁弥言于齐侯曰："孔丘知礼而无勇，若使莱人以兵劫鲁侯[③]，必得志焉。"齐侯从之。孔丘以公退，曰："士兵之[④]！两君合好[⑤]，而裔夷之俘以兵乱之[⑥]，非齐君所以命诸侯也。裔不谋夏，夷不乱华，俘不干盟，兵不逼好[⑦]。于神为不祥[⑧]，于德为愆义[⑨]，于人为失礼，君必不然。"齐侯闻之，遽辟之[⑩]。

将盟，齐人加于载书曰[⑪]："齐师出竟，而不以甲车三百乘从我者[⑫]，有如此盟[⑬]！"孔丘使兹无还揖[⑭]，对曰："而不反我汶阳之田[⑮]，吾以共命者，亦如之！"

齐侯将享公，孔丘谓梁丘据曰："齐、鲁之故⑯，吾子何不闻焉？事既成矣⑰，而又享之，是勤执事也⑱。且牺象不出门⑲，嘉乐不野合⑳。飨而既具㉑，是弃礼也；若其不具㉒，用秕稗也。用秕稗，君辱；弃礼，名恶。子盍图之！夫享，所以昭德也。不昭，不如其已也㉓。"乃不果享㉔。

〔注释〕

①实夹谷：谓祝其，实即夹谷。夹谷山旧名祝其山，见《一统志》。 ②孔丘相：据《史记·孔子世家》，孔子乃摄行相事。相：助行礼仪之人。通常由卿充任，此时鲁因阳虎之乱，三桓势力削弱，故孔子得以为相。 ③莱人：齐所灭莱夷。 ④兵：以兵击之。古代君、卿出，以师旅相随。 ⑤合好：交好。合：成。⑥裔夷：华夏以外之夷人。裔：远。指华夏以外之地。俘：莱为齐所灭，故云俘。 ⑦"兵不"句：兵器不用于友好场合。逼：近。⑧"于神"句：盟当告神，背之则不祥。 ⑨"于德"二句：谓违背德义。衍：失，违。 ⑩遽：急。辟：同"避"，使退避。 ⑪载书：盟书。 ⑫而：如，如果。甲车：兵车。 ⑬有如此盟：愿如盟誓之约受罚。有：动词词头，无义。 ⑭兹无还：鲁大夫。揖：进，前。《广雅·释诂二》："揖，……进也。" ⑮"而不"三句：言齐须归还鲁汶阳之地（在今山东泰安市西南），鲁乃奉齐命。而：如。以：若。表示假设。《孔子家语·相鲁》作"所"，义同。 ⑯故：旧典。 ⑰事：指会盟之事。成：终。 ⑱勤：劳，烦劳。 ⑲牺象：牺尊、象尊。皆酒器。 ⑳嘉乐：指钟、磬。野合：谓奏于野。㉑"飨而"二句：在夹谷举行享礼，若用牺象、嘉乐，则不合于礼。诸侯相见之礼，享在庙，燕在寝。既：若。表示假设。弃：背。㉒"若其"二句：享而礼器不备，则轻薄若秕稗。若其：如果。二字同义。秕：有粒无实之谷。稗：似谷之草。 ㉓已：去。 ㉔果：

遂。谓达成其事。

齐人来归郓、讙、龟阴之田①。

〔注释〕

①《经》载此事在晋赵鞅围卫之后,得其实。《传》在其前,因夹谷之会而终言之。讙:《说文》引作"酄"。

晋赵鞅围卫,报夷仪也①。

初,卫侯伐邯郸午于寒氏②,城其西北而守之③,宵熸④。及晋围卫,午以徒七十人门于卫西门⑤,杀人于门中,曰:"请报寒氏之役。"涉佗曰:"夫子则勇矣⑥,然我往,必不敢启门。"亦以徒七十人,旦门焉,步左右⑦,皆至而立,如植。日中不启门,乃退。

反役,晋人讨卫之叛故⑧,曰:"由涉佗、成何⑨。"于是执涉佗以求成于卫⑩,卫人不许,晋人遂杀涉佗。成何奔燕。君子曰:"此之谓弃礼必不钧⑪。《诗》曰⑫:'人而无礼,胡不遄死⑬?'涉佗亦遄矣哉!"

〔注释〕

①报夷仪:上年齐为卫取夷仪。　②邯郸午:晋邯郸大夫。邯郸本为卫地,后属晋。春秋时期的邯郸城当在今邯郸市区之大北城遗址,在赵王城遗址东北,与之相邻。寒氏:即上年经文之"五氏"。晋地,在今河北邯郸市西南。　③"城其"句:攻破寒氏西北隅而以兵守之。城:攻城。　④宵熸(jiān):邯郸午之军宵溃。熸:火灭。引申为军队溃败。　⑤徒:徒兵,步兵。门:攻打

城门。 ⑥则：固。 ⑦“步左右”三句：行于门之左右，然后站立，如立木不动，示整肃。 ⑧讨：治。 ⑨涉佗、成何羞辱卫侯，见八年《传》。 ⑩求成：求和。 ⑪弃：违。不钧：不平。谓不能服人。钧：同“均”。 ⑫《诗》曰：引文出自《诗·鄘风·相鼠》。 ⑬胡：何。遄(chuán)：速。

初，叔孙成子欲立武叔①，公若藐固谏曰②：“不可。”成子立之而卒。公南使贼射之③，不能杀。公南为马正④，使公若为郈宰⑤。武叔既定，使郈马正侯犯杀公若，不能。其圉人曰⑥：“吾以剑过朝⑦，公若必曰：‘谁之剑也？’吾称子以告，必观之。吾伪固⑧，而授之末⑨，则可杀也。”使如之。公若曰：“尔欲吴王我乎⑩？”遂杀公若。侯犯以郈叛。武叔、懿子围郈，弗克。

秋，二子及齐师复围郈⑪，弗克。叔孙谓郈工师驷赤曰⑫：“郈非唯叔孙氏之忧，社稷之患也，将若之何？”对曰：“臣之业⑬，在《扬水》卒章之四言矣⑭。”叔孙稽首。驷赤谓侯犯曰：“居齐、鲁之际而无事⑮，必不可矣。子盍求事于齐以临民？不然，将叛。”侯犯从之。齐使至，驷赤与郈人为之宣言于郈中曰⑯：“侯犯将以郈易于齐⑰，齐人将迁郈民。”众凶惧⑱。驷赤谓侯犯曰：“众言异矣⑲，子不如易于齐⑳，与其死也，犹是郈也㉑，而得纾焉㉒，何必此㉓？齐人欲以此逼鲁，必倍与子地。且盍多舍甲于子之门㉔，以备不虞㉕？”侯犯曰：“诺。”乃多舍甲焉。侯犯请易于齐。齐有司观郈，将至，驷赤使周走呼曰㉖：“齐师至矣！”郈人大骇，介侯犯之

门甲㉗,以围侯犯。驷赤将射之㉘,侯犯止之,曰:“谋免我。”侯犯请行㉙,许之。驷赤先如宿㉚,侯犯殿。每出一门,郈人闭之。及郭门㉛,止之曰:“子以叔孙氏之甲出,有司若诛之㉜,群臣惧死。”驷赤曰:“叔孙氏之甲有物㉝,吾未敢以出。”犯谓驷赤曰:“子止而与之数㉞。”驷赤止,而纳鲁人。侯犯奔齐,齐人乃致郈㉟。

〔注释〕

①叔孙成子:叔孙不敢。武叔:叔孙州仇。二人即下文之武叔、懿子。 ②公若藐:叔孙氏之族。 ③公南:叔孙家臣,武叔之党。 ④马正:官名,掌选马、养马等事。 ⑤郈(hòu)宰:郈邑之宰。郈为叔孙氏食邑,在今山东东平县南。 ⑥圉人:侯犯之圉人。 ⑦过朝:过访。古代凡访人皆曰朝。 ⑧伪固:假装不懂礼仪。《礼记·内则》:“辍朝而顾,君子谓之固。”郑玄注:“固谓不达于礼也。”据《礼记·少仪》,授人以刀、剑之类,应以锋刃向己。 ⑨末:剑之末端。 ⑩“尔欲”句:问是否欲行刺。吴王我:以我为吴王。吴王僚为阖闾刺客所杀,见昭公二十七年《传》。 ⑪二子:叔孙州仇、仲孙何忌。《传》蒙经文省略人名。⑫叔孙:叔孙州仇。工师:掌工匠之官。 ⑬业:事。 ⑭《扬水》:即《扬之水》。《诗·唐风》篇名。《扬之水》卒章有云“我闻有命”。驷赤赋此,表示愿从叔孙之命。 ⑮际:交。指边界。无事:不服事于人。 ⑯与:以。为之宣言:假托齐使扬言。⑰“侯犯”句:谓将以郈换取齐国之地。 ⑱凶惧:惧。凶、惧义同。 ⑲异:不与侯犯同。 ⑳“子不如”二句:意谓与其死也,不如易于齐。 ㉑犹是郈也:以郈易他邑,他邑与郈无异。㉒纾:缓。 ㉓此:指郈。 ㉔舍:置。 ㉕不虞:意想不到之事。

㉖周走:到处奔跑。周:遍。 ㉗“介侯犯”句:言取侯犯门前之甲着之。 ㉘“驷赤”句:驷赤假装为侯犯射郈人。 ㉙行:出奔。 ㉚宿:齐邑,在今山东东平县东南二十里。 ㉛郭门:外城门。 ㉜诛:责,求。 ㉝物:数。 ㉞“子止”句:数甲交付郈人。驷赤至宿,又返回救侯犯。 ㉟致郈:归还郈之名簿。

宋公子地嬖蘧富猎[①],十一分其室[②],而以其五与之。公子地有白马四[③],公嬖向魋[④],魋欲之[⑤]。公取而朱其尾、鬣以与之[⑥]。地怒,使其徒抶魋而夺之[⑦]。魋惧,将走。公闭门而泣之,目尽肿。母弟辰曰:“子分室以与猎也,而独卑魋,亦有颇焉[⑧]。子为君礼[⑨],不过出竟,君必止子。”公子地出奔陈,公弗止。辰为之请,弗听。辰曰:“是我迋吾兄也[⑩]。吾以国人出,君谁与处?”冬,母弟辰暨仲佗、石弫出奔陈[⑪]。

〔注释〕

①公子地:宋景公弟,公子辰之兄。 ②室:家产。 ③四:《汉书·五行志下之上》作“驷”。 ④向魋(tuí):桓魋。宋司马。⑤欲:好。 ⑥鬣:马颈上之毛。 ⑦抶(chì):击。 ⑧颇:偏。⑨为君礼:以礼避让君主。 ⑩迋(guàng):通“诳”,欺。 ⑪暨:与。仲佗:仲幾之子。石弫(kōu):褚师段之子。二人皆宋卿,素孚人望。

武叔聘于齐[①],齐侯享之,曰:“子叔孙!若使郈在君之他竟[②],寡人何知焉[③]?属与敝邑际[④],故敢助君忧之。”对

曰:“非寡君之望也[5]。所以事君,封疆社稷是以[6],敢以家隶勤君之执事[7]?夫不令之臣[8],天下之所恶也[9],君岂以为寡君赐?”

〔注释〕

①“武叔”句:武叔往聘,谢齐归还郈邑。武叔:叔孙州仇。 ②若使:假如,如果。若、使同义。他竟:谓不与齐邻者。 ③言无法干预。 ④属:适,正好。际:接壤,交界。 ⑤鲁君不以此为齐人之恩德。 ⑥以:为。 ⑦家隶:家臣。指侯犯。 ⑧不令:不善。 ⑨“天下”二句:言义在讨恶,不足为鲁君赐。赐:惠。

经

十有一年春[1],宋公之弟辰及仲佗、石彄、公子地自陈入于萧以叛[2]。

夏四月。

秋,宋乐大心自曹入于萧[3]。

冬,及郑平[4]。

叔还如郑莅盟[5]。

〔注释〕

①十有一年:公元前499年。 ②萧:宋邑,在今安徽萧县西北十五里。 ③乐大心:即桐门右师。上年被逐奔曹。 ④及郑平:鲁与郑和解。六年,鲁伐郑,取匡,至此始和解。 ⑤莅盟:与盟。莅:临。

传

十一年春，宋公母弟辰暨仲佗、石彄、公子地入于萧以叛①。

〔注释〕

①上年诸人出奔陈。

秋，乐大心从之，大为宋患。宠向魋故也①。

〔注释〕

①宋公宠向魋。

冬，及郑平，始叛晋也①。

〔注释〕

①鲁自僖公以来，世服于晋，至此始叛。

经

十有二年春①，薛伯定卒。
夏，葬薛襄公。
叔孙州仇帅师堕郈②。
卫公孟彄帅师伐曹③。
季孙斯、仲孙何忌帅师堕费④。
秋，大雩⑤。
冬十月癸亥⑥，公会齐侯⑦，盟于黄⑧。

十有一月丙寅朔，日有食之[⑨]。

公至自黄。

十有二月，公围成[⑩]。

公至自围成。

〔注释〕

①十有二年：公元前 498 年。 ②堕（huī）：毁，毁坏。郈（hòu）：叔孙氏食邑，在今山东东平县东南。 ③公孟弜（kōu）：卫大夫。孟絷之子。 ④费（bì）：季孙氏食邑，在今山东费县。 ⑤雩（yú）：求雨之祭。 ⑥癸亥：二十七日。 ⑦齐侯：《公羊传》作“晋侯”。 ⑧黄：齐地，在今山东淄博市东北。 ⑨日有食之：此为公历公元前 498 年 9 月 22 日之日环食。 ⑩成：孟孙氏食邑，在今山东宁阳县东北九里。

传

十二年夏，卫公孟弜伐曹，克郊[①]。还，滑罗殿[②]。未出[③]，不退于列[④]。其御曰：“殿而在列，其为无勇乎！”罗曰：“与其素厉[⑤]，宁为无勇[⑥]。”

〔注释〕

①郊：曹邑，在今山东菏泽市。 ②滑罗：卫大夫。 ③未出曹国边境。 ④不退于列：不退后殿军而在行列之中。 ⑤素厉：谓空有勇猛之名。素：空。凡事有名无实或有实无名者，皆可曰素。如素餐、素玉、素封等。厉：猛。 ⑥滑罗知曹人不敢追击，故有此言。

仲由为季氏宰①,将堕三都②。于是叔孙氏堕郈③。季氏将堕费,公山不狃、叔孙辄帅费人以袭鲁④。公与三子入于季氏之宫⑤,登武子之台⑥。费人攻之,弗克。入及公侧⑦,仲尼命申句须、乐颀下⑧,伐之,费人北。国人追之,败诸姑蔑⑨。二子奔齐⑩。遂堕费。将堕成,公敛处父谓孟孙⑪:"堕成,齐人必至于北门⑫。且成,孟氏之保障也。无成,是无孟氏也。子伪不知,我将不坠⑬。"

〔注释〕

①仲由:字子路,孔子弟子。季氏:季孙斯。 ②三都:指费、郈、成。分别为季孙、叔孙、孟孙氏的食邑。三都强盛危害鲁国,故仲由欲毁之。 ③叔孙氏:叔孙州仇。 ④公山不狃(niǔ):费宰。叔孙辄:叔孙氏庶子。 ⑤三子:季孙斯、叔孙州仇、仲孙何忌。 ⑥武子之台:季武子(季孙宿)之台,在今山东曲阜市东北五里。 ⑦入及公侧:至于台下。入:进。谓逼近。 ⑧仲尼:孔子的字。当时孔子为鲁司寇。申句须、乐颀:皆鲁大夫。 ⑨姑蔑:即隐公元年之"蔑"。鲁地,在今山东泗水县东四十五里。⑩二子:指公山不狃、叔孙辄。 ⑪公敛处父:公敛阳,为成宰。⑫成为鲁之北境。 ⑬坠:毁。

冬十二月,公围成,弗克。

经

十有三年春①,齐侯、卫侯次于垂葭②。

夏,筑蛇渊囿③。

大蒐于比蒲[④]。

卫公孟彄帅师伐曹。

秋[⑤],晋赵鞅入于晋阳以叛[⑥]。

冬,晋荀寅、士吉射入于朝歌以叛[⑦]。

晋赵鞅归于晋。

薛弑其君比[⑧]。

〔注释〕

①十有三年:公元前497年。 ②垂葭(jiā):齐地,在今山东巨野县西南。 ③蛇渊囿:苑囿名,在今山东肥城市南汶河北岸。 ④"大蒐"句:夏蒐,非时。比蒲:鲁地。未详何处。⑤秋:原本无此字,据阮元《校勘记》补。 ⑥晋阳:晋邑,在今山西太原市西南二十余里。 ⑦士吉射:士鞅之子。朝歌:晋邑,在今河南淇县。 ⑧薛君无道,故称其名,而书国弑。

传

十三年春,齐侯、卫侯次于垂葭,实郹氏[①]。使师伐晋。将济河,诸大夫皆曰不可[②]。邴意兹曰[③]:"可。锐师伐河内[④],传必数日而后及绛[⑤]。绛不三月,不能出河[⑥],则我既济水矣[⑦]。"乃伐河内。齐侯皆敛诸大夫之轩,唯邴意兹乘轩[⑧]。齐侯欲与卫侯乘[⑨],与之宴,而驾乘广[⑩],载甲焉。使告曰:"晋师至矣!"齐侯曰:"比君之驾也[⑪],寡人请摄[⑫]。"乃介而与之乘[⑬],驱之。或告曰:"无晋师。"乃止。

〔注释〕

①齐侯：指齐景公。卫侯：指卫灵公。郹(jú)氏：垂葭改名郹氏。“郹”原本作“郥”，据阮元《校勘记》、杨伯峻说改。 ②曰：认为，以为。 ③邴意兹：齐大夫。 ④河内：本卫地，此时属晋，在今河南卫辉市。 ⑤传：驿车。绛：晋都城，在今山西曲沃县西南。 ⑥出：达，至。河：黄河。 ⑦济水：渡河返回河东。此时之黄河，流经河内原阳、延津诸县西北，东北流经濮阳西而北。齐、卫皆在河东。 ⑧使独乘轩以示宠异。 ⑨乘：共乘一车。⑩乘广(guàng)：兵车。 ⑪比：皆。 ⑫请摄：请以己代御。⑬介：着甲。

晋赵鞅谓邯郸午曰：“归我卫贡五百家[①]，吾舍诸晋阳。”午许诺。归，告其父兄[②]，父兄皆曰：“不可。卫是以为邯郸[③]，而置诸晋阳，绝卫之道也。不如侵齐而谋之[④]。”乃如之，而归之于晋阳。赵孟怒[⑤]，召午，而囚诸晋阳。使其从者说剑而入[⑥]，涉宾不可[⑦]。乃使告邯郸人曰：“吾私有讨于午也[⑧]，二三子唯所欲立。”遂杀午。赵稷、涉宾以邯郸叛[⑨]。

夏六月，上军司马籍秦围邯郸。邯郸午，荀寅之甥也；荀寅，范吉射之姻也[⑩]，而相与睦，故不与围邯郸，将作乱[⑪]。董安于闻之[⑫]，告赵孟曰：“先备诸？”赵孟曰：“晋国有命，始祸者死，为后可也[⑬]。”安于曰：“与其害于民，宁我独死。请以我说[⑭]。”赵孟不可。

秋七月，范氏、中行氏伐赵氏之宫[⑮]，赵鞅奔晋阳，晋人围之。

范皋夷无宠于范吉射⑯，而欲为乱于范氏。梁婴父嬖于知文子⑰，文子欲以为卿。韩简子与中行文子相恶⑱，魏襄子亦与范昭子相恶⑲。故五子谋⑳，将逐荀寅而以梁婴父代之，逐范吉射而以范皋夷代之。荀跞言于晋侯曰："君命大臣：'始祸者死。'载书在河㉑。今三臣始祸㉒，而独逐鞅，刑已不钧矣。请皆逐之！"

冬十一月，荀跞、韩不信、魏曼多奉公以伐范氏、中行氏，弗克。

二子将伐公㉓，齐高强曰㉔："三折肱知为良医㉕。唯伐君为不可，民弗与也。我以伐君在此矣。三家未睦㉖，可尽克也。克之，君将谁与㉗？若先伐君，是使睦也。"弗听，遂伐公。国人助公，二子败，从而伐之㉘。丁未㉙，荀寅、士吉射奔朝歌。

韩、魏以赵氏为请㉚。十二月辛未㉛，赵鞅入于绛，盟于公宫。

〔注释〕

①"归我"二句：十年，赵鞅围卫，卫人惧，贡五百家，赵鞅置之邯郸，今欲徙于晋阳（赵鞅食邑）。 ②父兄：指邯郸长老。 ③是以：以是，以此。为：置。 ④"不如"句：侵齐，则齐必来报复，此时迁邯郸之民，不致得罪卫人。 ⑤"赵孟"三句：赵鞅不察其谋，以为邯郸午不从命，故囚之。 ⑥说（tuō）：通"脱"。 ⑦涉宾：邯郸午家臣。 ⑧"吾私"二句：欲杀邯郸午而另立其宗亲。唯：任，听凭。 ⑨赵稷：邯郸午之子。邯郸午本为赵鞅同族，别封于邯郸。 ⑩荀寅娶范吉射之女。 ⑪攻赵鞅。 ⑫董

安于:赵氏家臣。 ⑬为后可也:谓待其先发而后应之。为:于。⑭请鞅杀己,以自解说。 ⑮范氏:士吉射。中行氏:荀寅。⑯范皋夷:范氏侧室之子。 ⑰梁婴父:晋大夫。知文子:荀跞。⑱韩简子:韩不信,韩起之孙。中行文子:荀寅。 ⑲魏襄子:魏曼多。范昭子:士吉射。 ⑳五子:范皋夷、梁婴父、知文子、韩简子、魏襄子。 ㉑载书在河:所立盟书沉于河。 ㉒三臣:范吉射、荀寅、赵鞅。 ㉓二子:范吉射、荀寅。 ㉔高强:公孙虿之子。昭公十年奔鲁,遂奔晋。 ㉕"三折"句:犹今言久病成良医。肱:胳膊。知:语助词,无义。 ㉖三家:知氏、韩氏、魏氏。㉗将:其。 ㉘从而伐之:三家因而伐范氏、中行氏。 ㉙丁未:十八日。 ㉚请归赵鞅。 ㉛辛未:十二日。

初,卫公叔文子朝①,而请享灵公②。退,见史鳍而告之③。史鳍曰:"子必祸矣!子富而君贪,其及子乎④!"文子曰:"然。吾不先告子,是吾罪也。君既许我矣,其若之何?"史鳍曰:"无害。子臣⑤,可以免。富而能臣,必免于难,上下同之⑥。戍也骄⑦,其亡乎!富而不骄者鲜,吾唯子之见⑧。骄而不亡者,未之有也。戍必与焉⑨。"及文子卒,卫侯始恶于公叔戍,以其富也。公叔戍又将去夫人之党⑩,夫人诉之曰:"戍将为乱⑪。"

〔注释〕

①公叔文子:公叔发。 ②请享灵公:欲使灵公至其家。③史鳍:卫大夫。 ④其及子乎:言祸将及之。 ⑤臣:谓能守臣礼。 ⑥尊卑皆然。 ⑦戍:文子之子。 ⑧唯子之见:唯见子。⑨与:与于祸。 ⑩夫人:灵公夫人子南。 ⑪此条本与下年传

文相接,为后人所割裂。

经

十有四年春[1],卫公叔戌来奔。

卫赵阳出奔宋[2]。

二月辛巳[3],楚公子结、陈公孙佗人帅师灭顿[4],以顿子牂归。

夏,卫北宫结来奔[5]。

五月,於越败吴于槜李[6]。

吴子光卒。

公会齐侯、卫侯于牵[7]。

公至自会。

秋,齐侯、宋公会于洮[8]。

天王使石尚来归脤[9]。

卫世子蒯聩出奔宋[10]。

卫公孟彄出奔郑[11]。

宋公之弟辰自萧来奔[12]。

大蒐于比蒲。

邾子来会公[13]。

城莒父及霄[14]。

〔注释〕

①十有四年:公元前 496 年。 ②赵阳:赵黡之孙。公叔戌之同党。 ③辛巳:二十三日。 ④顿:国名,在今湖北荆门市稍

西之南顿故城。 ⑤北宫结:亦公叔戌同党。 ⑥於越:越。於为发语词。槜(zuì)李:越地,在今浙江嘉兴县南四十五里。⑦牵:卫邑,在今河南浚县北十余里。 ⑧洮(táo):曹地,在今山东鄄城县西南。 ⑨石尚:天子之士。脤(shèn):祭社之肉。祭社之肉,盛之以蜃,故谓之脤。祭社后以肉分赐同姓诸侯,与之同福,以亲兄弟之国。 ⑩世子:太子。 ⑪公孟彄(kōu):蒯聩之同党。 ⑫萧:宋邑,在今安徽萧县县城西北十五里。 ⑬鲁君蒐于比蒲,邾子来会,不用朝礼,故曰会。 ⑭莒父:即莒。古国名。莒与霄都在今山东莒县。鲁叛晋,助范氏,惧而城此二邑。

传

十四年春,卫侯逐公叔戌与其党[①],故赵阳奔宋,戌来奔[②]。

〔注释〕

①卫侯:指卫灵公。戌:原本作“戍”,据上年《传》及阮元《校勘记》改。下同。 ②此条当与上年传文连读。

梁婴父恶董安于[①],谓知文子曰[②]:“不杀安于,使终为政于赵氏,赵氏必得晋国,盍以其先发难也讨于赵氏?”文子使告于赵孟曰[③]:“范、中行氏虽信为乱[④],安于则发之[⑤],是安于与谋乱也。晋国有命,始祸者死。二子既伏其罪矣[⑥],敢以告。”赵孟患之。安于曰:“我死而晋国宁,赵氏定[⑦],将焉用生?人谁不死?吾死莫矣[⑧]。”乃缢而死。赵孟尸诸市[⑨],而告于知氏曰:“主命戮罪人[⑩],安于既伏其罪矣,敢以

告。"知伯从赵孟盟[11],而后赵氏定。祀安于于庙[12]。

〔注释〕

①梁婴父:晋大夫。董安于:赵鞅家臣。 ②知文子:荀跞。 ③告:请。 ④范:范氏(范吉射)。中行:中行氏(荀寅)。信:确实。 ⑤发:起,始。 ⑥二子:指范吉射、荀寅。伏其罪:承担罪责。 ⑦定:安。 ⑧莫:"暮"之本字。晚。 ⑨尸:陈尸示众。 ⑩主:卿大夫之称。 ⑪知伯:即荀跞。从:即,就。 ⑫庙:赵氏之庙。

顿子牂欲事晋,背楚而绝陈好。二月,楚灭顿[1]。

〔注释〕

①《传》言顿不能事大国,故亡。

夏,卫北宫结来奔,公叔戌之故也[1]。

〔注释〕

①北宫结党于公叔戌,为卫侯所恶,故惧而出奔。

吴伐越[1],越子勾践御之[2],陈于槜李。句践患吴之整也,使死士再禽焉[3],不动。使罪人三行[4],属剑于颈[5],而辞曰:"二君有治[6],臣奸旗鼓[7],不敏于君之行前[8],不敢逃刑,敢归死[9]。"遂自刭也[10]。师属之目[11],越子因而伐之,大败之。灵姑浮以戈击阖庐[12],阖庐伤将指[13],取其一屦[14]。还,卒于陉,去槜李七里。

夫差使人立于庭[15],苟出入,必谓己曰:“夫差!而忘越王之杀而父乎[16]?”则对曰:“唯[17]。不敢忘!”三年,乃报越[18]。

〔注释〕

①吴伐越:报复定公五年越入吴。 ②越子:越国君主。勾:下文作“句”,同。 ③再:更,更互。禽:杀。 ④三行:三列。⑤属剑于颈:以剑拟于颈。属:连。 ⑥有治:治军旅。指打仗。⑦奸旗鼓:犯军令。奸:乱。 ⑧敏:敬。行:阵,军阵。 ⑨归死:就死。归:就。 ⑩刭:割脖子。 ⑪师属(zhǔ)之目:吴军专注于越人自杀的行为。属:注,专注。 ⑫灵姑浮:越大夫。⑬将指:指足之拇指。手之中指、足之拇指为将。 ⑭屦(jù):履,鞋。 ⑮夫差:阖闾之嗣子。 ⑯而:尔,你。 ⑰唯:应答之声。 ⑱报越:向越国复仇。吴报越在哀公元年,《传》终言之。

晋人围朝歌[1],公会齐侯、卫侯于脾、上梁之间[2],谋救范、中行氏。析成鲋、小王桃甲率狄师以袭晋[3],战于绛中[4],不克而还。士鲋奔周[5],小王桃甲入于朝歌。

〔注释〕

①朝歌:晋邑,在今河南淇县。范吉射、荀寅逃奔朝歌,见上年《传》。 ②齐侯:指齐景公。卫侯:指卫灵公。脾、上梁之间:即经文所载之牵邑。 ③析成鲋、小王桃甲:皆晋大夫,范、中行氏之党。 ④绛:晋国都城,在今山西曲沃县西南。 ⑤士鲋:析成鲋。

秋,齐侯、宋公会于洮,范氏故也[1]。

〔注释〕

①谋救范氏。

卫侯为夫人南子召宋朝[①]，会于洮。大子蒯聩献盂于齐[②]，过宋野。野人歌之曰："既定尔娄猪[③]，盍归吾艾豭[④]？"大子羞之。谓戏阳速曰[⑤]："从我而朝少君[⑥]，少君见我，我顾[⑦]，乃杀之。"速曰："诺。"乃朝夫人。夫人见大子。大子三顾，速不进。夫人见其色[⑧]，啼而走，曰："蒯聩将杀余！"公执其手以登台。大子奔宋。尽逐其党，故公孟彄出奔郑，自郑奔齐。

大子告人曰："戏阳速祸余！"戏阳速告人曰："大子则祸余[⑨]。大子无道，使余杀其母[⑩]。余不许，将戕于余[⑪]。若杀夫人，将以余说[⑫]。余是故许而弗为，以纾余死[⑬]。谚曰：'民保于信[⑭]。'吾以信义也[⑮]。"

〔注释〕

①南子：卫灵公夫人，宋女。宋朝：宋公子。南子私通于宋朝。　②蒯聩：卫灵公太子。盂：卫邑。未详何处。　③定：安。谓配。娄猪：求子猪(发情之母猪)。喻南子。　④盍：何不。艾豭(jiā)：老公猪。喻宋朝。艾：老。　⑤戏阳速：太子家臣。⑥少君：小君，国君夫人。　⑦顾：回首。　⑧"夫人"二句：见太子神色异常，知欲杀己。　⑨则：语助词，无义。　⑩"使余"句：南子非蒯聩生母，因是灵公嫡妻，故称之为母。妾之子女称父之正妻曰君母，见《仪礼·丧礼》。　⑪戕：杀。　⑫将以余说：将归罪于戏阳速，而为自己开脱罪责。　⑬纾：缓。　⑭民保于信：

民有信,然后能自保。 ⑮信义:以义为信。谓合于义,不必拘于言。

冬十二月,晋人败范、中行氏之师于潞[1],获籍秦、高强[2]。又败郑师及范氏之师于百泉[3]。

〔**注释**〕

①潞:国名,赤狄之别种。在今山西潞城市东北。 ②籍秦、高强:皆范氏同党。 ③百泉:地名,在今河南辉县西北七里。

经

十有五年春[1],王正月,邾子来朝。

鼷鼠食郊牛[2],牛死,改卜牛。

二月辛丑[3],楚子灭胡[4],以胡子豹归。

夏五月辛亥[5],郊。

壬申[6],公薨于高寝[7]。

郑罕达帅师伐宋。

齐侯、卫侯次于渠蒢[8]。

邾子来奔丧[9]。

秋七月壬申[10],姒氏卒[11]。

八月庚辰朔,日有食之[12]。

九月,滕子来会葬。

丁巳[13],葬我君定公,雨,不克葬。戊午[14],日下昃[15],乃克葬。

辛巳[⑯],葬定姒。

冬,城漆[⑰]。

〔注释〕

①十有五年:公元前495年。 ②鼷(xī)鼠:一种极小的老鼠。郊牛:用作郊祀的牛。 ③辛丑:十九日。 ④胡:国名,归姓,在今安徽阜阳市。 ⑤辛亥:应为朔日。 ⑥壬申:二十二日。 ⑦高寝:宫名。不薨于路寝(天子、诸侯之正寝),非其所。⑧渠蒢(chú):地名。未详何处。"渠":《传》作"蘧"。 ⑨诸侯亲自奔丧,不合于礼。 ⑩壬申:二十三日。 ⑪姒氏:定公夫人,哀公之母。 ⑫此次日食为公历公元前495年7月22日之日全食。 ⑬丁巳:九日。 ⑭戊午:十日。 ⑮昃:太阳下山偏西。 ⑯辛巳:十月三日。 ⑰漆:本为邾邑,此时属鲁,在今山东邹城市北。

传

十五年春,邾隐公来朝[①]。子贡观焉[②]。邾子执玉高[③],其容仰[④]。公受玉卑,其容俯。子贡曰:"以礼观之,二君者皆有死亡焉[⑤]。夫礼,死生存亡之体也[⑥]。将左右周旋,进退俯仰,于是乎取之。朝祀丧戎,于是乎观之。今正月相朝,而皆不度[⑦],心已亡矣。嘉事不体[⑧],何以能久?高、仰,骄也。卑、俯,替也[⑨]。骄近乱,替近疾。君为主,其先亡乎[⑩]!"

〔注释〕

①邾隐公:邾国国君,名益,隐是谥号。邾是鲁国附庸。

②子贡:亦作“子赣”。端木赐,孔门弟子。 ③执玉高:交付礼品时手的位置过高。玉:瑞玉。指朝见时所执礼品。据《周礼·春官·典瑞》,诸侯相见时,公、侯、伯执圭,子、男执璧。 ④容:指脸。 ⑤有:将。 ⑥体:法,法度。 ⑦不度:不合法度。 ⑧嘉事:指朝会。 ⑨替:怠惰。 ⑩此节《传》文为此年定公薨、哀公七年以邾子益归传。

吴之入楚也[①],胡子尽俘楚邑之近胡者[②]。楚既定,胡子豹又不事楚,曰:“存亡有命,事楚何为[③]?多取费焉[④]。”二月,楚灭胡。

〔注释〕

①在四年。 ②俘:取。《尔雅·释诂下》:“俘,取也。”③何为:何用。 ④多:只,适。取费:耗费财货。

夏五月壬申,公薨。仲尼曰[①]:“赐不幸言而中[②],是使赐多言者也[③]。”

〔注释〕

①仲尼:孔子的字。 ②“赐不”句:谓其言侥幸应验。赐:端木赐。 ③“是使”句:意谓这就是赐多言的原因。使:语助词,无义。

郑罕达败宋师于老丘[①]。

〔注释〕

①宋公子地奔郑,郑人为之伐宋,欲取地以处之。老丘:宋

地，在今开封市东南。

齐侯、卫侯次于蘧挐[①]，谋救宋也。

〔注释〕

①蘧挐(qú rú)：即经文之“渠蒢”。

秋七月壬申，姒氏卒。不称夫人，不赴[①]，且不祔也[②]。

〔注释〕

①赴：报丧。赴于同盟之国。今作“讣”。 ②祔(fù)：祭祀名，死者与祖先合享之祭。古代丧礼，人死后百日祭祀，停止无时之哭，改为朝夕一哭，称为卒哭。卒哭后的第二天，奉死者神主祭于祖庙，称为祔。礼，夫人死，祔于祖姑(丈夫的祖母)。赴、祔之礼皆阙，故不称夫人。

葬定公，雨，不克襄事[①]，礼也[②]。

〔注释〕

①不克：不能。襄：成。 ②礼也：若冒雨而葬，则有急于下葬之嫌。

葬定姒，不称小君[①]，不成丧也。

〔注释〕

①“不称”二句：定公未葬而夫人薨，臣子怠于治丧，不赴不祔，不成丧礼(不以夫人规格安葬)，故不称小君。小君：国君夫

人称小君。成:备。

冬,城漆。书,不时告也[①]。

〔注释〕

①城漆实际时间在秋天,因不合时宜,故至冬方告于庙,《春秋》书之以示讥。

哀　公[1]

经

元年春[2]，王正月，公即位。

楚子、陈侯、随侯、许男围蔡[3]。

鼷鼠食郊牛，改卜牛。

夏四月辛巳[4]，郊。

秋，齐侯、卫侯伐晋。

冬，仲孙何忌帅师伐邾。

〔注释〕

①哀公：名蒋。定公之子。公元前494年—公元前477年在位。《谥法》："恭仁短折曰哀。"　②元年：公元前494年。③随为楚国附庸，长期不通于中原诸侯。定公四年，吴入郢，楚昭王奔随，随人保护昭王有功，楚使随复列于诸侯，故随侯复见于《经》。　④辛巳：六日。

传

元年春，楚子围蔡[1]，报柏举也[2]。里而栽[3]，广丈，高倍[4]。夫屯昼夜九日[5]，如子西之素[6]。蔡人男女以辨[7]，使

疆于江、汝之间而还[8]。蔡于是乎请迁于吴[9]。

〔注释〕

①楚子:指楚昭王。 ②定公四年,蔡与吴伐楚,战于柏举,楚师败绩,几乎灭国。 ③里:居处。此指修建居处。栽:筑墙的长版。此指设版筑墙。 ④广丈,高倍:宽一丈,高二丈。 ⑤夫:众。屯:戍守。垒未成,故设兵戍守戒备。 ⑥素:预,预计。⑦辨:班,次。此句谓男女分开拘系出降。 ⑧“使疆”句:楚欲使蔡居于长江之北、汝水以南一带地区。蔡侯表示听命,故楚师还。 ⑨“蔡于是”句:楚师既还,蔡人叛楚而就吴。

吴王夫差败越于夫椒[1],报槜李也[2]。遂入越。越子以甲楯五千保于会稽[3],使大夫种因吴大宰嚭以行成[4]。吴子将许之,伍员曰:“不可。臣闻之:树德莫如滋[5],去疾莫如尽。昔有过浇杀斟灌以伐斟鄩[6],灭夏后相[7]。后缗方娠[8],逃出自窦,归于有仍[9],生少康焉。为仍牧正[10],惎浇[11],能戒之[12]。浇使椒求之[13],逃奔有虞[14],为之庖正[15],以除其害[16]。虞思于是妻之以二姚[17],而邑诸纶[18],有田一成[19],有众一旅[20]。能布其德,而兆其谋[21],以收夏众[22],抚其官职。使女艾谍浇[23],使季杼诱豷[24],遂灭过、戈[25],复禹之绩,祀夏配天[26],不失旧物[27]。今吴不如过,而越大于少康,或将丰之[28],不亦难乎!句践能亲而务施[29],施不失人[30],亲不弃劳[31]。与我同壤,而世为仇雠[32],于是乎克而弗取,将又存之,违天而长寇雠[33],后虽悔之,不可食已[34]。姬之衰也[35],日可俟也[36]。介在蛮夷[37],而长寇雠,以是求伯,必不

行矣㊳。”弗听。退而告人曰：“越十年生聚㊴，而十年教训，二十年之外，吴其为沼乎㊵！”三月，越及吴平。吴入越㊶，不书，吴不告庆，越不告败也。

〔注释〕

①夫椒：山名，在今江苏苏州市吴中区西南太湖中。　②槜(zuì)李：越地，在今浙江嘉兴县南四十五里。定公十四年，吴伐越，战于槜李，吴王阖庐(阖闾)受伤殒命。　③甲楯：披盔持甲的士兵。保：守。会稽：山名，在今浙江绍兴市东南十二里。④大夫种：文种。大宰嚭：伯嚭，为吴太宰。因：由，通过。行成：言和，求和。　⑤滋：益。　⑥有过(guō)：国名，在今山东莱州市西北。浇(ào)：寒浞之子。寒浞杀羿，纳其妻而生浇，封于过。斟灌：国名，在今河南范县北。此指斟灌之君。斟鄩(xún)：国名，在今河南偃师市东北三十里。　⑦夏后相：夏启之孙。后相失国，依于斟灌、斟鄩，复为浇所灭。　⑧后缗：相之妻。娠：怀孕。　⑨有仍：国名，在今山东济宁市。后缗为有仍氏女。⑩牧正：牧官之长。　⑪惎(jì)：毒，恨。　⑫能：乃。戒：备。⑬椒：浇之臣。　⑭有虞：国名，在今河南虞城县西南三里。　⑮庖正：掌膳食之官。　⑯除：免。害：灾祸。　⑰虞思：有虞之君，名思。二姚：虞君之二女。虞为姚姓。　⑱纶：虞邑，在今河南虞城县东南三十里。　⑲成：方十里为成。　⑳旅：五百人为旅。㉑兆：始。　㉒“以收”二句：襄公四年《传》云：“靡(夏之遗臣)自有鬲氏收二国之烬，以灭浞而立少康。”收：聚。抚：安抚。官职：官。官、职同义。　㉓女艾：少康之臣。谍：为间谍。　㉔季杼：少康之子后杼。豷：寒浞之子，浇之弟。　㉕戈：国名，在宋、郑之间。寒浞封豷于戈。　㉖祀夏配天：祭天而配以夏之祖先。　㉗物：职。　㉘或：又。丰：大。《史记·吴太伯世家》此句作“又将宽

之”，义同。 ㉙务施：多所施舍。务：勤。 ㉚施不失人：施恩不忘他人。失：弃，忘。 ㉛弃：忘。 ㉜仇雠：敌，敌人。仇、雠同义。 ㉝“违天”句：谓天予不取，如帮助敌人。长：益。寇、雠皆训“敌”。 ㉞不可食：不可为。食：为。 ㉟姬：指吴国。㊱日可俟：言可计日而待。 ㊲介在蛮夷：吴处于越、楚之间。㊳不行：不成。 ㊴生聚：增殖人口，积聚财货。 ㊵“吴其”句：吴之宫室，将废为污池。言吴将灭亡。 ㊶“吴人”四句：吴、越交战，均未告鲁，故《春秋》不书。庆：谓战胜。

夏四月，齐侯、卫侯救邯郸[①]，围五鹿[②]。

〔注释〕

①“齐侯”句：赵稷以邯郸叛，晋伐之，而齐、卫往救。齐侯：指齐景公。卫侯：指卫灵公。邯郸：晋邑，春秋时之邯郸城在今河北邯郸市，西南为赵王城。 ②五鹿：晋邑，在今河北大名县之沙麓。

吴之入楚也[①]，使召陈怀公。怀公朝国人而问焉，曰：“欲与楚者右，欲与吴者左。”陈人从田[②]，无田从党[③]。逢滑当公而进[④]，曰：“臣闻：国之兴也以福，其亡也以祸。今吴未有福，楚未有祸，楚未可弃，吴未可从。而晋，盟主也，若以晋辞吴，若何？”公曰：“国胜君亡[⑤]，非祸而何？”对曰：“国之有是多矣，何必不复？小国犹复，况大国乎？臣闻，国之兴也，视民如伤[⑥]，是其福也；其亡也，以民为土芥[⑦]，是其祸也。楚虽无德，亦不艾杀其民[⑧]。吴日敝于兵，暴骨如莽[⑨]，而未见德焉。天其或者正训楚也[⑩]！祸之适吴，其何日之

有?"陈侯从之。及夫差克越,乃修先君之怨[11]。秋八月,吴侵陈,修旧怨也。

〔注释〕

①"吴之"句:定公四年,吴王阖庐(阖闾)攻入楚国。　②陈人从田:田在西者居右(近楚),田在东者居左(近吴)。　③党:乡。五百家为党。　④逢滑:陈大夫。当公:正对着陈怀公。谓不左不右。　⑤国胜君亡:楚为吴所胜,昭王出奔。　⑥视民如伤:对百姓关怀备至。视:待,对待。　⑦以民为土芥:视民如土如草。谓不加爱惜。芥:草。　⑧艾杀:残害。艾:刈,割。杀:斩伐。　⑨暴骨如莽:言多。莽:草。　⑩其:或,也许,与"或者"同义。正训:整治训诫。正:治。训:诫。　⑪修:治。阖闾召陈,陈不应,故有怨。

齐侯、卫侯会于乾侯[1],救范氏也。师及齐师、卫孔圉、鲜虞人伐晋[2],取棘蒲[3]。

〔注释〕

①乾(gān)侯:晋境内之邑。在今河北成安县东南三十里。②鲜虞:白狄之一支,战国时为中山国,在今河北新乐市西南。狄帅贱,故不书名。　③棘蒲:晋邑,在今河北赵县。

吴师在陈,楚大夫皆惧,曰:"阖庐惟能用其民,以败我于柏举[1]。今闻其嗣又甚焉,将若之何?"子西曰[2]:"二三子恤不相睦,无患吴矣。昔阖庐食不二味,居不重席[3],室不崇坛[4],器不彤镂[5],宫室不观[6],舟车不饰,衣服财用[7],

择不取费。在国,天有灾疠[8],亲巡其孤寡,而共其乏困。在军,熟食者分[9],而后敢食。其所尝者[10],卒乘与焉。勤恤其民[11],而与之劳逸,是以民不罢劳,死知不旷[12]。吾先大夫子常易之[13],所以败我也。今闻夫差次有台榭陂池焉[14],宿有妃嫱嫔御焉。一日之行,所欲必成[15],玩好必从,珍异是聚,观乐是务[16],视民如雠[17],而用之日新[18]。夫先自败也已,安能败我[19]?"

〔注释〕

①以:故。 ②子西:公子申。 ③居不重席:《礼记·礼器》:"天子之席五重,诸侯之席三重,大夫再重。"居:坐。双膝跪地而臀部坐于脚跟。 ④室不崇坛:居室不建在高坛上。谓平地作室,不起坛。崇:高。 ⑤彤:丹饰。此泛指采饰。镂:雕刻。⑥不观:不筑台榭。 ⑦"衣服"二句:谓节约而不靡费。财用:财货。 ⑧灾:指水旱等自然灾害。疠:指流行疾疫。 ⑨分:遍。⑩尝:食。 ⑪勤恤:恤,体恤。勤、恤义同。 ⑫知不:原本作"不知",据纂图本、阮元《校勘记》及《说苑·权谋》改。旷:弃。⑬子常:囊瓦。楚令尹。易:违反。 ⑭"今闻"二句:此二句互文见义,谓夫差虽临时居住之处,必有台榭嫔妃。次:住宿超过两晚。宿:住一晚。妃嫱嫔御:皆内官之名。妃嫱贵而嫔御贱。⑮欲:好。成:备,具备。 ⑯观乐:观赏玩乐。务:专一。谓沉迷。 ⑰视:待,对待。雠:同"仇"。 ⑱用之日新:谓无已时。⑲安:何。

冬十一月,晋赵鞅伐朝歌[1]。

〔注释〕

①伐朝歌:讨范氏(范吉射)、中行氏(荀寅)。朝歌:晋邑,在今河南淇县。

经

二年春[①],王二月,季孙斯、叔孙州仇、仲孙何忌帅师伐邾,取漷东田及沂西田[②]。

癸巳[③],叔孙州仇、仲孙何忌及邾子盟于句绎[④]。

夏四月丙子[⑤],卫侯元卒。

滕子来朝。

晋赵鞅帅师纳卫世子蒯聩于戚[⑥]。

秋八月甲戌[⑦],晋赵鞅帅师及郑罕达帅师战于铁[⑧],郑师败绩[⑨]。

冬十月,葬卫灵公[⑩]。

十有一月,蔡迁于州来[⑪]。

蔡杀其大夫公子驷。

〔注释〕

①二年:公元前493年。 ②"取漷"句:邾人以田赂鲁,故曰取。襄公十九年《经》云:"取邾田,自漷水。"当时漷水以西属鲁,今则并取漷东之田。漷(guò):水名。古漷水出山东峄城西北,经鲁国,至鱼台县东北入泗。沂:水名。源出山东曲阜市东南,西流经曲阜、兖州入泗水。 ③癸巳:二十三日。 ④句绎:邾邑,在今山东邹城市峄山东南。 ⑤丙子:七日。 ⑥蒯聩:卫灵公太子。定公十四年,因得罪卫灵公夫人南子而出奔。戚:卫

邑,在今河南濮阳市北。　⑦甲戌:六日。　⑧铁:卫地,在今河南濮阳市。　⑨败绩:大崩。　⑩诸侯五月而葬。卫灵公七月而葬,缓。　⑪州来:本楚邑,此时属吴,蔡迁于此,改称下蔡,在今安徽凤台县。

传

二年春,伐邾[①]。将伐绞[②],邾人爱其土,故赂以漷、沂之田而受盟。

〔注释〕

①伐邾:季孙斯、叔孙州仇、仲孙何忌率师伐邾。《传》蒙经文省略主语。　②绞:邾邑,在今山东滕州市北。

初,卫侯游于郊,子南仆[①]。公曰:"余无子[②],将立女。"不对。他日,又谓之,对曰:"郢不足以辱社稷,君其改图!君夫人在堂,三揖在下[③],君命祇辱[④]。"

夏,卫灵公卒。夫人曰[⑤]:"命公子郢为大子,君命也。"对曰:"郢异于他子[⑥],且君没于吾手[⑦],若有之,郢必闻之。且亡人之子辄在[⑧]。"乃立辄。

六月乙酉[⑨],晋赵鞅纳卫大子于戚。宵迷[⑩],阳虎曰:"右河而南[⑪],必至焉。"使大子绝[⑫],八人衰绖[⑬],伪自卫逆者[⑭]。告于门,哭而入,遂居之。

〔注释〕

①子南:名郢,卫灵公之子。仆:御,驾车。　②子:指嫡子。

此时太子蒯聩已出奔。 ③三揖：指卿、大夫、士。卿、大夫、士皆为君所揖，故称三揖。 ④衹：适。 ⑤夫人：南子，灵公夫人。⑥异于他子：谓无意居君位。 ⑦“且君”三句：言无其事。没：终。 ⑧亡人：指蒯聩。此时蒯聩出奔在外。辄：蒯聩之子。即后来的卫出公。 ⑨乙酉：十六日。 ⑩宵迷：夜行迷路。⑪当时黄河自河南滑县东北流经浚县、内黄、馆陶之东，晋军从国内出发东行至内黄南，其右为河，渡河而南即至戚，复南行，则至铁与帝丘。 ⑫绕（wèn）：丧服名。脱冠扎发，以布缠头。⑬衰绖（cuī dié）：丧服。衰为披于胸前的麻布条，绖为系于头上、腰间的麻带。 ⑭“伪自”句：伪装成从卫国前来迎接太子。者：语助词，无义。

秋八月，齐人输范氏粟，郑子姚、子般送之[①]。士吉射逆之，赵鞅御之，遇于戚。阳虎曰：“吾车少，以兵车之旆与罕、驷兵车[②]，先陈，罕、驷自后随而从之，彼见吾貌[③]，必有惧心，于是乎会之[④]，必大败之。”从之。卜战，龟焦[⑤]。乐丁曰[⑥]：“《诗》曰[⑦]：‘爰始爰谋[⑧]，爰契我龟。’谋协以故[⑨]，兆询可也。”简子誓曰[⑩]：“范氏、中行氏反易天明[⑪]，斩艾百姓[⑫]，欲擅晋国而灭其君。寡君恃郑而保焉。今郑为不道[⑬]，弃君助臣，二三子顺天明，从君命，经德义[⑭]，除诟耻[⑮]，在此行也。克敌者，上大夫受县[⑯]，下大夫受郡，士田十万[⑰]，庶人工商遂[⑱]，人臣隶圉免[⑲]。志父无罪[⑳]，君实图之；若其有罪，绞缢以戮[㉑]，桐棺三寸[㉒]，不设属辟[㉓]，素车朴马[㉔]，无入于兆[㉕]，下卿之罚也[㉖]。”

甲戌，将战，邮无恤御简子[㉗]，卫大子为右。登铁上[㉘]，望见郑师众，大子惧，自投于车下[29]。子良授大子绥而乘之[30]，曰："妇人也[31]。"简子巡列[32]，曰："毕万[33]，匹夫也，七战皆获[34]，有马百乘，死于牖下[35]。群子勉之！死不在寇[36]。"繁羽御赵罗[37]，宋勇为右。罗无勇，麇之[38]。吏诘之，御对曰："痁作而伏[39]。"卫大子祷曰："曾孙蒯聩敢昭告皇祖文王、烈祖康叔、文祖襄公[40]：郑胜乱从[41]，晋午在难[42]，不能治乱，使鞅讨之。蒯聩不敢自佚[43]，备持矛焉[44]。敢告无绝筋[45]，无折骨，无面伤，以集大事[46]，无作三祖羞[47]。大命不敢请[48]，佩玉不敢爱[49]。"

郑人击简子，中肩，毙于车中[50]，获其蜂旗[51]。大子救之以戈，郑师北，获温大夫赵罗[52]。大子复伐之，郑师大败，获齐粟千车。赵孟喜曰[53]："可矣。"傅傁曰[54]："虽克郑，犹有知在[55]，忧未艾也[56]。"

初，周人与范氏田，公孙尨税焉[57]，赵氏得而献之[58]。吏请杀之，赵孟曰："为其主也，何罪？"止而与之田。及铁之战，以徒五百人宵攻郑师，取蜂旗于子姚之幕下，献曰："请报主德[59]。"追郑师，姚、般、公孙林殿而射[60]，前列多死[61]。赵孟曰："国无小[62]。"既战，简子曰："吾伏弢呕血[63]，鼓音不衰，今日我上也[64]。"大子曰："吾救主于车，退敌于下，我右之上也。"邮良曰[65]："我两靷将绝[66]，吾能止之[67]，我御之上也。"驾而乘材[68]，两靷皆绝。

〔注释〕

①子姚：罕达。子般：驷弘。　②兵车之旆：兵车之先驱。

与:御,抵御。 ③貌:指军情。 ④会:会战。 ⑤龟焦:龟甲被烧焦,纹理不成兆。古人以为不吉。 ⑥乐丁:晋大夫。 ⑦《诗》曰:引文出自《诗·大雅·绵》。 ⑧“爰始”二句:谓先谋而后卜。前一“爰”字为语助词,无义。后一“爰”字作“于是”解。始:谋。契:刻。占卜必先钻刻龟甲。 ⑨“谋协”二句:谓谋虑未变,依前谋行事即可。协:合。以:于。兆:始。询:谋。 ⑩简子:赵简子,赵鞅。 ⑪反易:违反。反、易同义。天明:天命。明:通“命”。 ⑫斩艾:残害。艾:刈,割。 ⑬不道:不顺。 ⑭经:行。《孟子·尽心下》:“经德不回。”赵岐注:“经,行也。” ⑮诟耻:耻辱。诟、耻都是辱的意思。 ⑯“上大夫”二句:春秋时县大于郡。 ⑰十万:十万亩。 ⑱遂:进。谓进用。 ⑲人臣隶圉:奴隶。臣、隶、圉皆奴隶之名。免:赦。指赦为平民。 ⑳“志父”二句:谓事成,君当图其赏。志父:即赵鞅。实:其。 ㉑绞缢:绞杀。绞、缢义同。 ㉒桐棺:桐木之棺。 ㉓属辟(zhú bì):重棺。古代棺有数重,贴身之棺曰椑,外曰属,再外为大棺。《礼记·丧大记》:“君大棺八寸,属六寸,椑四寸。上大夫大棺八寸,属六寸。下大夫大棺六寸,属四寸。士棺六寸。”辟:通“椑”。㉔素车朴马:无装饰之车马。凡物无饰曰素。朴:与“素”同义。㉕兆:兆域。指墓地。 ㉖赵鞅时为上卿,故以下卿之罚自誓。㉗邮无恤:王良,古之善御者。 ㉘铁:丘名,在今河南濮阳市。㉙投:下。指跌落。 ㉚子良:邮无恤。绥:执以登车之索。 ㉛讥其怯。 ㉜列:行列。指军行。 ㉝毕万:魏之始祖,事晋献公有功,封于魏,为大夫。 ㉞获:有所俘获。 ㉟死于牖下:谓得以寿终。 ㊱死不在寇:未必死于敌手。言有命。寇:敌。 ㊲赵罗:赵武之曾孙。 ㊳麇:通“麇”,束缚。 ㊴痁(shàn):疟疾。伏:卧。 ㊵曾孙:孙之子为曾孙。泛言之,则孙之子以下事祖先皆曰曾孙。曾:重。皇祖:太祖。文王:周文王。卫为文王之后。

烈祖:指始祖。康叔:卫始封之君。文祖:继业守文,故曰文祖。蒯聩为卫襄公之孙。 ㊶郑胜:郑声公名胜。乱从:谓偏离顺道。指弃君助臣。从:顺。 ㊷晋午:晋定公名午。清华简晋午谥号为“简”。 ㊸佚:通“逸”。 ㊹备持矛:谓为车右。戎右持矛。备有备员充数的意思。 ㊺告:请。 ㊻集:成。 ㊼作:为。三祖:皇祖、烈祖、文祖。 ㊽大命:死生之命。 ㊾以佩玉祈祷。㊿毙:倒。 51蜂旗:旗名。 52温大夫赵罗:为温大夫之赵罗。盖范氏之臣,与上文赵罗非一人。 53赵孟:赵简子。 54傅傻(sǒu):赵简子之属。 55知:知氏。 56艾:止。 57公孙尨(máng):范氏家臣。税:收取田税。 58“赵氏”句:赵氏抓住公孙尨献于赵简子。 59主:卿大夫之称。 60姚:子姚。般:子般。 61前列:晋之前列。 62无:通“毋”。不可。 63弢:弓套。呕:吐。 64上:高。谓功高。 65邮良:即邮无恤。 66靷(yǐn):引车前行的革带。服马、骖马各有一靷,一端系于马颈部的套环,另一端分别系于车轴和舆下后边的横木。 67止:使不绝。 68乘材:越过横木。乘:轹。谓碾压。

吴泄庸如蔡纳聘①,而稍纳师。师毕入,众知之。蔡侯告大夫,杀公子驷以说②,哭而迁墓。冬,蔡迁于州来。

〔注释〕

①“吴泄庸”二句:元年,蔡请迁于吴,后又反悔,故因聘而袭之。泄庸:吴大夫。 ②说:解说。

经

三年春①,齐国夏、卫石曼姑帅师围戚②。

夏四月甲午[3]，地震。

五月辛卯[4]，桓宫、僖宫灾[5]。

季孙斯、叔孙州仇帅师城启阳[6]。

宋乐髡帅师伐曹。

秋七月丙子[7]，季孙斯卒。

蔡人放其大夫公孙猎于吴[8]。

冬十月癸卯[9]，秦伯卒。

叔孙州仇、仲孙何忌帅师围邾。

〔注释〕

①三年：公元前492年。 ②戚：卫邑，在今河南濮阳市北。 ③甲午：朔日。 ④辛卯：二十八日。 ⑤桓宫、僖宫：桓公、僖公之庙。 ⑥城启阳：鲁助范氏，惧晋来讨，故筑城。启阳：鲁邑，在今山东临沂市北十五里。 ⑦丙子：十四日。 ⑧公孙猎：公子驷之党。 ⑨癸卯：十二日。

传

三年春，齐、卫围戚，求援于中山[1]。

〔注释〕

①中山：即鲜虞。白狄国名，在今河北新乐市西南，战国时为中山国。

夏五月辛卯，司铎火[1]。火逾公宫，桓、僖灾[2]。救火者皆曰："顾府[3]。"南宫敬叔至[4]，命周人出御书[5]，俟于宫[6]，

曰:“庀女⑦,而不在,死。”子服景伯至⑧,命宰人出礼书⑨,以待命:“命不共⑩,有常刑。”校人乘马⑪,巾车脂辖⑫,百官官备⑬,府库慎守,官人肃给⑭。济濡帷幕⑮,郁攸从之⑯,蒙葺公屋⑰,自大庙始⑱,外内以悛⑲,助所不给⑳。有不用命㉑,则有常刑,无赦。公父文伯至㉒,命校人驾乘车㉓。季桓子至㉔,御公立于象魏之外㉕,命救火者伤人则止㉖,财可为也㉗。命藏《象魏》㉘,曰:“旧章不可亡也㉙。”富父槐至,曰:“无备而官办者㉚,犹拾渖也。”于是乎去表之槁㉛,道还公宫㉜。

孔子在陈,闻火,曰:“其桓、僖乎㉝!”

〔**注释**〕

①司铎:宫名。火:宣公六年《传》:“凡火,人火曰火,天火曰灾。” ②桓、僖:指桓公、僖公之庙。 ③顾府:照看府库。府藏为财货所聚之处。 ④南宫敬叔:南宫阅,孔子弟子。 ⑤周人:掌管周书典籍之官。御书:进御国君之书。 ⑥俟于宫:待命于宫。 ⑦“庀女”三句:此为倒装句。谓汝若擅离职守,则当治其罪,至于死。庀:治。而:如,如果。 ⑧子服景伯:名何。 ⑨宰人:即宰夫。掌治朝之法。 ⑩“命不”二句:若不听命,将受惩罚。共:敬。谓服从。常刑:常法。 ⑪校人:官名,主马政之官。乘:驾。 ⑫巾车:主车之官。脂辖:给车上油脂。辖:插入轴端孔穴以固定车轴的销钉。此指车轴。 ⑫官备:办事妥贴。官:事。备:成。 ⑭官人:主馆舍者。官:同“馆”。肃给:敬肃供事。 ⑮济濡:沾湿。济、濡同义。 ⑯郁攸从之:火气所往之处。《尔雅·释言》:“郁,气也。”郭璞注:“郁然气出。” ⑰蒙葺:以沾湿之物覆盖。蒙、葺均为覆盖之意。 ⑱大庙:祖庙。 ⑲外内以

悛:从内至外,依次覆盖。悛:次。 ⑳助所不给:人力不足者,他人助之。 ㉑有:若。表示假设。 ㉒公父文伯:公父歜。 ㉓乘车:指鲁君乘坐之车。 ㉔季桓子:季孙斯。 ㉕象魏:在宫门外悬挂象版之门阙。 ㉖止:已。停止救火。 ㉗为:成。 ㉘《象魏》:指法令。据《周礼·天官·大宰》,象魏本是悬挂法令之所,后人因称有关法令为《象魏》。 ㉙旧章:旧法。 ㉚"无备"二句:言无备而求办好事情,不可得。官办:事成。与上文"官备"同义。办亦成义。拾:敛。沈(shěn):汁。汁覆于地,不可复收。 ㉛去表之槁:除去当火道(风所向者)之易燃物。表:标明火道之标记。槁:枯木。 ㉜道还公宫:开辟火道环绕公宫。 ㉝"其桓"句:《礼记·王制》:"诸侯五庙:二昭二穆,与大祖之庙而五。"桓公为哀公八世祖,僖公为哀公六世祖,据迭毁之礼,桓、僖之庙不宜再保留。故宜为天所灾。

刘氏、范氏世为婚姻①,苌弘事刘文公②,故周与范氏。赵鞅以为讨③。六月癸卯④,周人杀苌弘。

〔**注释**〕

①刘氏:周卿士。范氏:晋大夫。 ②苌弘:周大夫。为刘文公(刘盆)之下属。 ③以为讨:责周助范氏。 ④癸卯:十一日。

秋,季孙有疾①,命正常曰②:"无死③。南孺子之子④,男也⑤,则以告而立之;女也,则肥也可⑥。"季孙卒,康子即位⑦。既葬,康子在朝。南氏生男,正常载以如朝,告曰:"夫子有遗言,命其圉臣曰⑧:'南氏生男,则以告于君与大

夫而立之。'今生矣,男也,敢告。"遂奔卫。康子请退[9]。公使共刘视之[10],则或杀之矣[11]。乃讨之[12]。召正常,正常不反。

〔注释〕

①季孙:季孙斯。 ②正常:季桓子之宠臣。 ③无死:欲托以后事,故令勿从死。 ④南孺子:季桓子之妻。 ⑤"男也"二句:若生男,则请于鲁君而立之。 ⑥肥:季桓子庶子。 ⑦季康子:季孙肥。 ⑧圉臣:自谦之辞。犹言贱臣。 ⑨退:退位。 ⑩共刘:鲁大夫。 ⑪或:有人。 ⑫讨杀者。

冬十月,晋赵鞅围朝歌,师于其南[1]。荀寅伐其郛[2],使其徒自北门入,己犯师而出。癸丑[3],奔邯郸[4]。

十一月,赵鞅杀士皋夷[5],恶范氏也。

〔注释〕

①师于其南:置重兵于范、中行氏所在之处。 ②"荀寅"二句:荀寅使城外救援之军攻赵氏,自己从城内出击,因而得出。 ③癸丑:二十二日。 ④赵稷在邯郸。 ⑤士皋夷:范皋夷,范氏之族。

经

四年春[1],王二月庚戌[2],盗杀蔡侯申[3]。

蔡公孙辰出奔吴[4]。

葬秦惠公。

宋人执小邾子[5]。

夏,蔡杀其大夫公孙姓、公孙霍⑥。

晋人执戎蛮子赤,归于楚。

城西郛⑦。

六月辛丑⑧,亳社灾⑨。

秋八月甲寅⑩,滕子结卒。

冬十有二月,葬蔡昭公⑪。

葬滕顷公。

〔**注释**〕

①四年:公元前 491 年。 ②庚戌:二十一日。 ③盗为贱者之称。盗不得有君,故不称“弑”。 ④公孙辰参与弑君,故书名。 ⑤郲子无道于其民,故称人以执。 ⑥公孙姓、公孙霍:皆参与弑君之人。 ⑦城西郭以备晋。 ⑧辛丑:十四日。 ⑨亳社:殷社。鲁因商奄之地及殷之遗民,故立其社。 ⑩甲寅:二十八日。 ⑪国乱,故缓葬。

传

四年春,蔡昭侯将如吴①,诸大夫恐其又迁也,承②。公孙翩逐而射之,入于家人而卒③。以两矢门之④,众莫敢进。文之锴后至⑤,曰:“如墙而进,多而杀二人⑥。”锴执弓而先,翩射之,中肘。锴遂杀之。故逐公孙辰而杀公孙姓、公孙盱⑦。

〔**注释**〕

①蔡昭侯:名申。 ②承:止。 ③家人:庶人之家。 ④“以

两矢”二句：诸大夫虽不欲迁，然无意弑君。公孙翩既弑其君，诸大夫共讨之，故翩以矢守门，不使众入。　⑤文之锴：蔡大夫。⑥多：至多。而：乃。　⑦公孙盱：即公孙霍。

夏，楚人既克夷虎①，乃谋北方。左司马眅、申公寿馀、叶公诸梁致蔡于负函②，致方城之外于缯关③，曰：“吴将溯江入郢④，将奔命焉。”为一昔之期⑤，袭梁及霍⑥。

单浮馀围蛮氏⑦，蛮氏溃。蛮子赤奔晋阴地⑧。司马起丰、析与狄戎⑨，以临上雒⑩。左师军于菟和⑪，右师军于仓野⑫，使谓阴地之命大夫士蔑曰⑬：“晋、楚有盟，好恶同之。若将不废⑭，寡君之愿也。不然，将通于少习以听命⑮。”士蔑请诸赵孟。赵孟曰：“晋国未宁⑯，安能恶于楚？必速与之！”士蔑乃致九州之戎⑰，将裂田以与蛮子而城之⑱，且将为之卜⑲。蛮子听卜，遂执之⑳，与其五大夫，以畀楚师于三户㉑。司马致邑㉒，立宗焉，以诱其遗民，而尽俘以归。

〔注释〕

①夷虎：蛮夷之叛楚者。　②眅（pān）：与下文“寿馀”“诸梁”皆楚大夫。负函：楚地，在今河南信阳市。　③方城：在今河南叶县南、方城县东北。缯关：楚地，在今河南方城县。　④溯：逆流而上。　⑤“为一”句：犹言“于一夜之间”。《广雅·释诂上》：“昔，……夜也。”　⑥梁：与“霍”皆蛮氏之邑。梁在今河南汝州市西，霍在汝州市西南，距汝州市稍远。　⑦单浮馀：楚大夫。蛮氏：国名，在今河南汝阳县东南。　⑧阴地：晋地，在今河南卢氏县东北。　⑨起：兴。指征发。丰：楚邑，在今河南淅川县故治西南。析：楚邑，在今河南西峡县。　⑩上雒：地名，在今陕西

商洛市。 ⑪菟和:山名,在今陕西商洛市东百余里。 ⑫仓野:亦作“苍野”,在今陕西商洛市东南一百四十里。 ⑬命大夫:受策命之大夫。阴地为晋都南面要道,故使士蔑守之。 ⑭若将:如果。若、将同义。 ⑮“将通”句:言将联合秦国伐晋。少习:山名,在今陕西商洛市东一百八十余里,山下即武关。 ⑯未宁:有范、中行之乱。 ⑰致:召集。九州之戎:即陆浑之戎,居晋阴地、陆浑之地。 ⑱“将裂”句:此为欺诈之言。 ⑲卜:卜城。 ⑳“遂执”二句:执蛮子与其大夫五人。与:及。 ㉑三户:楚地,在今河南淅川县西南丹江之南。 ㉒“司马”四句:楚人又诈予蛮子邑,立其宗主,诱蛮氏遗民而尽俘之。宗:主。

秋七月,齐陈乞、弦施、卫宁跪救范氏[①]。庚午[②],围五鹿[③]。九月,赵鞅围邯郸。冬十一月,邯郸降。荀寅奔鲜虞[④],赵稷奔临[⑤]。十二月,弦施逆之,遂堕临[⑥]。国夏伐晋,取邢、任、栾、鄗、逆畤、阴人、盂、壶口[⑦]。会鲜虞[⑧],纳荀寅于柏人[⑨]。

〔**注释**〕

①陈乞:齐大夫。弦施:弦多。 ②庚午:十四日。 ③五鹿:晋邑,在今河北大名县之沙麓。 ④鲜虞:国名,白狄之一支,在今河北新乐市西南,战国时为中山国。 ⑤临:晋邑,在今河南临城县西南。 ⑥堕(huī)临:毁其城墙。堕:毁,毁坏。 ⑦邢及以下各邑皆晋地。邢在今河北邢台市;任(rén)在今河北任县东南;栾在今河北栾城县及赵县北部;鄗在今河北高邑县、柏乡县;逆畤在今河北顺平县东南二十里;壶口在今山西长治县东南之壶关。阴人、盂已无法确知。 ⑧弦施会鲜虞。 ⑨柏人:晋

邑，在今河北隆尧县西南之尧城镇。

经

五年春[①]，城毗[②]。

夏，齐侯伐宋。

晋赵鞅帅师伐卫。

秋九月癸酉[③]，齐侯杵臼卒。

冬，叔还如齐。

闰月，葬齐景公。

〔注释〕

①五年：公元前490年。　②城毗(pí)：以备晋。毗：鲁邑。未详其处。《公羊传》作“比”。　③癸酉：二十三日。

传

五年春，晋围柏人，荀寅、士吉射奔齐。

初，范氏之臣王生恶张柳朔，言诸昭子[①]，使为柏人[②]。昭子曰：“夫非而雠乎[③]？”对曰：“私雠不及公，好不废过[④]，恶不去善，义之经也[⑤]，臣敢违之？”及范氏出，张柳朔谓其子：“尔从主[⑥]，勉之[⑦]！我将止死[⑧]，王生授我矣[⑨]。吾不可以僭之[⑩]。”遂死于柏人[⑪]。

〔注释〕

①昭子：范吉射。　②为：治。柏人：晋邑，在今河北隆尧县西南之尧城镇。　③夫：彼。而：尔，你的。雠：同“仇”。　④废：

弃,去。谓忽略不计。 ⑤经:常道。 ⑥主:卿大夫称主。 ⑦勉之:保重,自爱。 ⑧止死:御敌战死。 ⑨授:教。 ⑩僭:不信。 ⑪拒晋战死。

夏,赵鞅伐卫[①],范氏之故也,遂围中牟[②]。

〔注释〕

①“赵鞅”二句:卫助范氏,故伐之。 ②中牟:晋邑,在今河北邢台、邯郸之间。

齐燕姬生子[①],不成而死[②]。诸子鬻姒之子荼嬖[③]。诸大夫恐其为大子也,言于公曰:“君之齿长矣[④],未有大子,若之何?”公曰:“二三子间于忧虞[⑤],则有疾疢,亦姑谋乐[⑥],何忧于无君?”公疾,使国惠子、高昭子立荼[⑦],置群公子于莱[⑧]。秋,齐景公卒。冬十月,公子嘉、公子驹、公子黔奔卫[⑨],公子鉏、公子阳生来奔。莱人歌之曰:“景公死乎不与埋,三军之事乎不与谋。师乎师乎[⑩],何党之乎[⑪]?”

〔注释〕

①燕姬:齐景公夫人,燕女。 ②不成:未成年。 ③诸子:天子、诸侯之姬妾。 ④齿:年,年龄。长:老。据《史记·齐太公世家》,此时景公已在位五十八年。 ⑤“二三子”二句:谓诸大夫心怀忧虑,则易生疾病。间:参与。忧虞:忧。忧、虞同义。疢:病。 ⑥亦:其。 ⑦国惠子:国夏。高昭子:高张。 ⑧莱:齐东部边境之邑。 ⑨“公子嘉”二句:公子嘉等五人皆景公之子,此时在莱。 ⑩师:众。 ⑪党:所。之:往。

郑驷秦富而侈[①]，嬖大夫也[②]，而常陈卿之车服于其庭[③]。郑人恶而杀之。子思曰[④]："《诗》曰[⑤]：'不解于位[⑥]，民之攸塈。'不守其位而能久者鲜矣[⑦]。《商颂》曰[⑧]：'不僭不滥[⑨]，不敢怠皇，命以多福。'"

〔注释〕

①侈：张，大。谓自大。　②嬖大夫：下大夫。　③车服：车乘及相关器物仪仗。　④子思：国参。子产之子。　⑤《诗》曰：引文出自《诗·大雅·假乐》。　⑥"不解"二句：言在位者不懈怠，乃民所以得休息。解：同"懈"。塈(jì)：息。　⑦不守其位：谓僭越。　⑧《商颂》曰：引文出自《诗·商颂·殷武》。　⑨"不僭"三句：不僭越，不过分，不敢懈怠偷闲，则上天赐之以福。皇：通"遑"，闲暇。命：赐。今本《诗经》作："不僭不滥，不敢怠皇，命于下国，封建厥福。"此为断章取义，不必尽同于原文、原意。

经

六年春[①]，城邾瑕[②]。

晋赵鞅帅师伐鲜虞[③]。

吴伐陈。

夏，齐国夏及高张来奔[④]。

叔还会吴于柤[⑤]。

秋七月庚寅[⑥]，楚子轸卒。

齐阳生入于齐[⑦]。

齐陈乞弑其君荼[⑧]。

冬，仲孙何忌帅师伐邾。

宋向巢帅师伐曹。

〔注释〕

①六年:公元前489年。 ②城邾瑕:以备晋。邾瑕:地名,在今山东济宁市南十里。 ③鲜虞:国名,白狄之一支,在今河北新乐市西南,战国时为中山国。 ④"齐国夏"句:国夏、高张从君于昏,废长立少,以致国乱,故书其名。 ⑤柤(zhā):本为楚地,此时属吴,在今江苏邳州市北稍偏西之加口。 ⑥庚寅:十五日。 ⑦阳生:景公庶子,于孺子荼即位后奔鲁。 ⑧"齐陈乞"句:弑君者为朱毛、阳生而非陈乞。然荼被杀,实因陈乞立阳生,故书其名以罪之。

传

六年春,晋伐鲜虞,治范氏之乱也[①]。

〔注释〕

①四年,鲜虞纳荀寅于柏人。

吴伐陈,复修旧怨也[①]。楚子曰[②]:"吾先君与陈有盟[③],不可以不救。"乃救陈,师于城父[④]。

〔注释〕

①元年,吴伐陈而未得志,故复伐之。修:治。 ②楚子:楚昭王。名轸。 ③"吾先君"二句:昭公十三年,楚封陈、蔡,必有盟誓。先君:指楚平王。昭王之父。 ④城父:楚邑,在今河南宝丰县东四十里。

齐陈乞伪事高、国者[①],每朝,必骖乘焉[②]。所从[③],必言诸大夫,曰:“彼皆偃蹇[④],将弃子之命。皆曰:‘高、国得君[⑤],必逼我,盍去诸?’固将谋子,子早图之!图之,莫如尽灭之。需[⑥],事之下也[⑦]。”及朝,则曰:“彼虎狼也,见我在子之侧,杀我无日矣,请就之位[⑧]。”又谓诸大夫曰:“二子者祸矣[⑨]!恃得君而欲谋二三子,曰:‘国之多难[⑩],贵宠之由,尽去之而后君定。’既成谋矣[⑪],盍及其未作也先诸[⑫]?作而后,悔亦无及也。”大夫从之。

夏六月戊辰[⑬],陈乞、鲍牧及诸大夫以甲入于公宫[⑭]。昭子闻之,与惠子乘如公,战于庄[⑮],败[⑯]。国人追之,国夏奔莒[⑰],遂及高张、晏圉、弦施来奔[⑱]。

〔注释〕

①高张、国夏受景公遗命立荼,陈乞伪事二人。者:句末语助词,无义。 ②骖乘:陪乘。古代乘车,尊者居左,御者居中,另一人在车右,为骖乘。 ③所:若,如果。从:在高、国身边。 ④偃蹇:高貌。谓自傲。“彼皆偃蹇”,《史记·齐太公世家》《田敬仲完世家》皆云“大夫皆自危”。 ⑤得君:与国君亲近。得:善。⑥需:犹豫不决。 ⑦下:下策。 ⑧请就之位:就诸大夫之位。之:其。 ⑨“二子”句:言高、国将为祸乱。 ⑩“国之”二句:此陈乞捏造高、国之言。谓国有患难,由于多贵宠之臣。 ⑪成谋:定谋。 ⑫诸:“之乎”的合音。 ⑬戊辰:二十三日。 ⑭鲍牧:鲍国之孙。甲:士卒。 ⑮庄:齐国都临淄城内大街之名。⑯败:高、国败。 ⑰莒:国名,在今山东莒县。 ⑱晏圉:晏婴之子。晏圉、弦施非卿,故《春秋》不书。

秋七月，楚子在城父，将救陈。卜战，不吉；卜退，不吉。王曰："然则死也。再败楚师[①]，不如死。弃盟逃雠[②]，亦不如死。死一也[③]，其死雠乎！"命公子申为王[④]，不可；则命公子结[⑤]，亦不可；则命公子启[⑥]，五辞，而后许。将战，王有疾。庚寅，昭王攻大冥[⑦]，卒于城父。子间退，曰："君王舍其子而让[⑧]，群臣敢忘君乎？从君之命，顺也；立君之子，亦顺也。二顺不可失也。"与子西、子期谋，潜师闭涂[⑨]，逆越女之子章[⑩]，立之而后还。

是岁也，有云如众赤鸟，夹日以飞[⑪]，三日。楚子使问诸周大史。周大史曰："其当王身乎[⑫]！若禜之[⑬]，可移于令尹、司马。"王曰："除腹心之疾，而置诸股肱[⑭]，何益？不穀不有大过[⑮]，天其夭诸？有罪受罚，又焉移之？"遂弗禜。

初，昭王有疾。卜曰："河为祟[⑯]。"王弗祭。大夫请祭诸郊。王曰："三代命祀[⑰]，祭不越望[⑱]。江、汉、雎、漳[⑲]，楚之望也。祸福之至，不是过也。不穀虽不德，河非所获罪也。"遂弗祭。

孔子曰："楚昭王知大道矣[⑳]。其不失国也，宜哉！《夏书》曰[㉑]：'惟彼陶唐[㉒]，帅彼天常[㉓]，有此冀方[㉔]。今失其行[㉕]，乱其纪纲[㉖]，乃灭而亡。'又曰[㉗]：'允出兹在兹[㉘]。'由己率常[㉙]，可矣。"

〔注释〕

①再败楚师：使楚师两次战败。定公四年，吴、楚战于柏举而楚败。此次若又败，则为再败。　②弃盟：背盟。指不救陈。逃雠：避敌。逃：避。雠：敌。　③死一也：谓同样是死。一：同，等。

④公子申:子西。 ⑤公子结:子期。 ⑥公子启:公子闾。据《史记·楚世家》,公子申等三人皆昭王之弟。 ⑦大冥:陈地,在今湖北荆门市。 ⑧舍:弃。 ⑨潜师闭涂:谓秘密还师,堵塞道路。潜:隐秘。闭:塞。涂:同“途”。 ⑩越女:昭王之妾。章:后之惠王。 ⑪夹日:位于太阳两边。以:而。 ⑫当:应,对应。 ⑬禜(yǒng):禳风雨雪霜水旱疠疫,祭日月星辰山川之神。禜是营的意思。禜祭无常处,临时营其地(圈地,以芳草捆扎,围成祭祀场所),故称禜。一说禜义同“宁”。甲骨文此类祭祀只用“宁”,无“禜”字。“禜”为后起字,亦取安定、安宁之意。⑭股肱:大腿和胳膊。比喻辅佐大臣。 ⑮“不穀”句:谓我若无大过,天不会使己夭折。不穀:意为不善之人。君主自谦之辞。不有:没有。谓如果没有。昭王年幼即位,在位二十七年,死时不过三十余岁,故曰夭。 ⑯河为祟:黄河之神作祟。祟:鬼神为祸。 ⑰命祀:王命规定之祭祀。 ⑱祭不越望:谓只祭祀境内名山大川。 ⑲“江汉”二句:江、汉、睢、漳四水,皆在楚国境内。睢即今之沮水。漳:原本作“章”,据《四部丛刊》本改。 ⑳大道:天道。《说苑·君道》作“天道”。 ㉑《夏书》:逸《书》。所引之文见于古文《尚书·五子之歌》,字句略有出入。 ㉒惟:在,于。陶唐:帝尧。尧初居陶,后封唐,故称陶唐。 ㉓帅:循。天常:天之常道。 ㉔冀方:指中国。尧、舜、禹都于今河北一带,故称中国为“冀方”。 ㉕行:道。 ㉖乱:败,败坏。纪纲:法度。 ㉗又曰:亦逸《书》。引文见今古文《尚书·大禹谟》。 ㉘“允出”句:言美德出于皋陶。允:语助词,无义。前一“兹”字指德,后一“兹”字指皋陶。 ㉙由:正。

八月,齐邴意兹来奔[①]。

〔注释〕

①邴意兹：国夏、高张之党。

陈僖子使召公子阳生[1]。阳生驾而见南郭且于[2]，曰：“尝献马于季孙[3]，不入于上乘，故又献此，请与子乘之[4]。”出莱门而告之故[5]。阚止知之[6]，先待诸外[7]。公子曰：“事未可知，反，与壬也处[8]。”戒之[9]，遂行。逮夜，至于齐，国人知之。僖子使子士之母养之[10]，与馈者皆入[11]。

冬十月丁卯[12]，立之。将盟，鲍子醉而往[13]。其臣差车鲍点曰[14]：“此谁之命也？”陈子曰：“受命于鲍子。”遂诬鲍子曰：“子之命也[15]。”鲍子曰：“女忘君之为孺子牛而折其齿乎[16]？而背之也[17]！”悼公稽首曰[18]：“吾子，奉义而行者也。若我可[19]，不必亡一大夫；若我不可，不必亡一公子[20]。义则进，否则退，敢不唯子是从？废兴无以乱[21]，则所愿也。”鲍子曰：“谁非君之子[22]？”乃受盟。使胡姬以安孺子如赖[23]，去鬻姒[24]，杀王甲，拘江说，囚王豹于句窦之丘[25]。

公使朱毛告于陈子曰[26]：“微子[27]，则不及此。然君异于器，不可以二。器二不匮[28]，君二多难。敢布诸大夫。”僖子不对而泣曰：“君举不信群臣乎[29]？以齐国之困，困又有忧[30]，少君不可以访[31]，是以求长君[32]，庶亦能容群臣乎！不然，夫孺子何罪？”毛复命，公悔之。毛曰：“君大访于陈子[33]，而图其小可也[34]。”使毛迁孺子于骀[35]。不至，杀诸野幕之下[36]，葬诸殳冒淳[37]。

〔注释〕

①陈僖子:陈乞。公子阳生:齐景公之子。 ②南郭且于:齐公子鉏,在鲁南郭。 ③季孙:季康子,名肥。 ④“请与”句:惧人闻其言,故托言试马外出。 ⑤莱门:鲁郭门。 ⑥阚止:字子我,阳生家臣。 ⑦待于外,欲同往。 ⑧壬:阳生之子。 ⑨戒之:告诫不可泄漏秘密。 ⑩子士之母:陈僖子妾。 ⑪与馈者皆入:阳生随馈食之人入于公宫。 ⑫丁卯:二十四日。《史记·齐太公世家》作“戊子”。 ⑬鲍子:鲍牧。 ⑭差车:掌车之官。鲍点:鲍牧家臣。 ⑮因其醉而诬之。 ⑯“女忘”句:景公爱荼,曾衔绳为牛,使荼牵行,而折其齿。君:指景公。孺子:齐君荼。其时年尚幼,故称孺子。 ⑰而:乃。也:语气词。用法同“乎”,表示疑问语气。 ⑱悼公:阳生。稽首:叩首至地。 ⑲“若我”二句:表示己若为君,必不杀鲍子。 ⑳公子:指自己。 ㉑“废兴”句:言无论得立与否,都不想导致流血。 ㉒“谁非”句:谓阳生亦景公之子,固可立。 ㉓胡姬:景公之妾,胡女,姬姓。安孺子:即荼。荼无谥,安是号。赖:齐邑,在今山东章丘市西北。 ㉔鬻姒:荼之母。 ㉕王甲、江说、王豹皆景公嬖臣,荼亲近之人。句窦之丘:齐地。 ㉖朱毛:齐大夫。 ㉗“微子”二句:如果没有陈乞,自己不能即位。 ㉘匮:匮乏。 ㉙举:皆。 ㉚“困又”句:谓齐内有饥荒之困,又有兵革之忧。 ㉛少君:幼君。访:谋。 ㉜长君:成年之君。 ㉝大:大事。谓国政。 ㉞小:谓杀荼。 ㉟骀(tái):齐邑。 ㊱“杀诸”句:朱毛驻于野而张幕,杀荼于其中。 ㊲殳冒(shū mò)淳:地名。

经

七年春①,宋皇瑗帅师侵郑。

晋魏曼多帅师侵卫。

夏,公会吴于鄫[2]。

秋,公伐邾。

八月己酉[3],入邾,以邾子益来[4]。

宋人围曹。

冬,郑驷弘帅师救曹。

〔注释〕

①七年:公元前488年。 ②鄫(zēng):莒邑,在今山东枣庄市东。 ③己酉:十日。 ④来:归于鲁。

传

七年春,宋师侵郑,郑叛晋故也[1]。

〔注释〕

①定公八年,郑始叛晋。

晋师侵卫,卫不服也[1]。

〔注释〕

①五年,晋伐卫,至今未服。

夏,公会吴于鄫[1]。吴来征百牢[2],子服景伯对曰[3]:"先王未之有也。"吴人曰:"宋百牢我[4],鲁不可以后宋。且鲁牢晋大夫过十[5],吴王百牢,不亦可乎?"景伯曰:"晋范鞅贪而弃礼[6],以大国惧敝邑,故敝邑十一牢之。君若以礼命

于诸侯,则有数矣[7]。若亦弃礼,则有淫者矣[8]。周之王也,制礼,上物不过十二[9],以为天之大数也[10]。今弃周礼,而曰必百牢,亦唯执事。”吴人弗听。景伯曰:“吴将亡矣!弃天而背本[11]。不与,必弃疾于我[12]。”乃与之。

大宰嚭召季康子[13],康子使子贡辞[14]。大宰嚭曰:“国君道长[15],而大夫不出门,此何礼也?”对曰:“岂以为礼,畏大国也[16]。大国不以礼命于诸侯,苟不以礼,岂可量也[17]?寡君既共命焉,其老岂敢弃其国[18]?大伯端委以治周礼[19],仲雍嗣之[20],断发文身[21],裸以为饰,岂礼也哉[22]?有由然也[23]。”

反自鄫,以吴为无能为也[24]。

〔注释〕

①“公会”句:时中国无霸主,吴欲称霸。 ②百牢:一百太牢。牛、羊、猪各一为一太牢。 ③子服景伯:子服何。 ④吴过宋,宋以百牢礼之,故吴向鲁征求百牢之礼。 ⑤“且鲁”句:昭公二十一年《传》载:范鞅聘于鲁,鲁欲以七牢待之,范鞅怒。鲁人惧,加四牢,为十一牢。 ⑥弃:背。 ⑦则:固。有数:有常数。据《周礼·秋官·大行人》,上公之礼九牢;诸侯七牢;诸子五牢。 ⑧淫:过。 ⑨“上物”句:牢礼之上限不超过十二。《周礼·秋官·掌客》:“王合诸侯而飨礼,则具十有二牢。”上:大。物:数。 ⑩天之大数:古人分周天为十二次,故云。 ⑪弃天:违天之数。背本:吴为太伯之后,与周同姓,而违周礼,故曰背本。 ⑫弃疾:犹致怨。弃:置。 ⑬大宰嚭(pǐ):吴太宰,伯州犁之孙。大:原作“太”,据纂图本及上下文改。季康子:季孙肥。⑭子贡:端木赐,孔子弟子。 ⑮国君道长:谓吴君长途跋涉。自

吴至鄫有千里之遥。长：远。 ⑯畏惧大国，不敢虚国尽行。⑰量：满，满足。 ⑱老：卿大夫之称。 ⑲大伯：吴太伯，周太王之子，吴之始祖。端委：礼服。此用如动词。礼衣端正而下垂，故曰端委。治周礼：秉持周人之礼。治：持。 ⑳仲雍：太伯之弟。㉑断发：剪去头发。文身：在身上刺绣花纹。断发文身为吴地风俗。 ㉒《礼记·曲礼下》："君子行礼，不求变俗。"谓君子离开故国，不改变原有的礼俗。仲雍断发文身，乃权时制宜，以避灾害。 ㉓由：原因。 ㉔以……为：认为，以为。无能为：难有作为。

季康子欲伐邾，乃飨大夫以谋之。子服景伯曰："小所以事大，信也；大所以保小[①]，仁也；背大国[②]，不信；伐小国，不仁。民保于城，城保于德。失二德者[③]，危将焉保？"孟孙曰[④]："二三子以为何如？恶贤而逆之[⑤]？"对曰："禹合诸侯于涂山[⑥]，执玉帛者万国[⑦]。今其存者，无数十焉，唯大不字小[⑧]，小不事大也。知必危，何故不言？鲁德如邾，而以众加之[⑨]，可乎？"不乐而出。

秋，伐邾。及范门[⑩]，犹闻钟声[⑪]。大夫谏[⑫]，不听。茅成子请告于吴[⑬]，不许，曰："鲁击柝闻于邾[⑭]，吴二千里，不三月不至，何及于我？且国内岂不足[⑮]？"成子以茅叛[⑯]。师遂入邾，处其公宫。众师昼掠[⑰]，邾众保于绎[⑱]。师宵掠，以邾子益来[⑲]，献于亳社[⑳]，囚诸负瑕[㉑]，负瑕故有绎[㉒]。

邾茅夷鸿以束帛乘韦自请救于吴[㉓]，曰："鲁弱晋而远吴[㉔]，冯恃其众[㉕]，而背君之盟[㉖]，辟君之执事[㉗]，以陵我小国。邾非敢自爱也，惧君威之不立。君威之不立，小国之忧

也。若夏盟于鄫衍㉘,秋而背之,成求而不违㉙,四方诸侯其何以事君?且鲁赋八百乘㉚,君之贰也㉛。邾赋六百乘,君之私也㉜。以私奉贰㉝,唯君图之㉞!”吴子从之㉟。

〔注释〕

①保:安。 ②“背大国”二句:此年夏,鲁君会吴于鄫,有盟,据下文可知。 ③失:违,背。 ④孟孙:仲孙何忌。 ⑤“恶贤”句:问既以季孙为贤,为何又逆其意。恶(wū):何。 ⑥涂山:即当涂山,在今安徽怀远县东南八里。一说在今安徽当涂县,禹会村遗址即禹合诸侯之处。 ⑦玉帛:朝见时所执礼品。 ⑧字:养。 ⑨加:陵。 ⑩范门:邾之郭门。 ⑪犹闻钟声:言邾无备。 ⑫大夫谏:谏季康子伐邾。一说邾大夫谏国君止乐备鲁。⑬茅成子:茅夷鸿,邾大夫。 ⑭“鲁击”句:谓邾与鲁相距太近。柝:巡夜所击之木梆。 ⑮“且国”句:谓本国自足拒敌。 ⑯茅:邾地,在今山东金乡县西北四十里。 ⑰众师:众。众、师义同。掠:掠取财货。 ⑱绎:山名,在今山东邹城市东南。 ⑲益:邾子之名。 ⑳亳社:殷社。鲁因商奄之地及殷之遗民,故立其社。㉑负瑕:鲁邑,在今山东兖州市西二十五里。 ㉒“负瑕”句:其地原本有绎地之民。 ㉓束帛:帛十端(五匹)为一束。二丈为端,二端为一两(匹),十端为五两,谓之一束。乘韦:四张熟牛皮。《宋本册府元龟》卷二五二无“乘”字。自:自行。无君命,故曰自。 ㉔弱、远:皆意动词。以为弱,以为远。 ㉕冯恃:依仗。冯、恃义同。 ㉖盟:鄫之盟。 ㉗辟:陋。谓鄙视。 ㉘鄫衍:即鄫。 ㉙“成求”句:言得其所欲而无违逆。成:遂。求:欲。㉚赋:军赋。 ㉛贰:敌,匹。谓鲁与吴相当。此为夸张之辞。㉜私:谓属国。私:属。 ㉝以私奉贰:谓以邾奉鲁,则鲁强而吴弱,将不利于吴。奉:赠与。 ㉞唯:愿。 ㉟为明年吴伐鲁传。

宋人围曹。郑桓子思曰[①]："宋人有曹，郑之患也，不可以不救。"冬，郑师救曹，侵宋。

初，曹人或梦众君子立于社宫[②]，而谋亡曹，曹叔振铎请待公孙强[③]，许之。旦而求之曹，无之。戒其子曰："我死，尔闻公孙强为政，必去之[④]。"及曹伯阳即位，好田弋[⑤]。曹鄙人公孙强好弋，获白雁，献之，且言田弋之说[⑥]。说之。因访政事[⑦]，大说之。有宠，使为司城以听政[⑧]。梦者之子乃行。

强言霸说于曹伯[⑨]，曹伯从之，乃背晋而奸宋[⑩]。宋人伐之，晋人不救，筑五邑于其郊，曰黍丘、揖丘、大城、钟、邘[⑪]。

〔注释〕

①桓子思：国参。子产之子，字子思。桓是谥号。　②或：有人。社宫：社之有屋者。古代社不建屋。《礼记·郊特牲》："天子大社，必受霜露风雨，以达天地之气也。是故丧国之社屋之，不受天阳也。"　③曹叔振铎：周武王弟，曹始封之君。　④去：离开。　⑤田弋：田猎。弋：以绳系箭而射。　⑥"且言"句：谈论有关田猎弋射之事。《说文》："（说）一曰，谈说也。"　⑦访：问。⑧司城：职同司空。宋武公名司空，因废司空之名，改称司城，曹或受其影响。听政：从政。　⑨霸说：有关霸主的事。　⑩奸（gān）：犯。　⑪黍丘：杜预以为在今河南夏邑县西南，似未确。揖丘：在今山东曹县。大城：在今山东菏泽市。钟：在今山东定陶县。邘：亦在今山东定陶县。此条本与下年传文相接，为后人所割裂。

经

八年春[①],王正月,宋公入曹[②],以曹伯阳归。

吴伐我。

夏,齐人取讙及阐[③]。

归邾子益于邾。

秋七月。

冬十有二月癸亥[④],杞伯过卒。

齐人归讙及阐。

〔注释〕

①八年:公元前 487 年。 ②“宋公”二句:灭曹非宋公本意,故《春秋》书“入”而不称“灭”。 ③讙:鲁地,在今山东肥城市南。阐:鲁地,在今山东宁阳县东北。 ④癸亥:二日。

传

八年春,宋公伐曹。将还,褚师子肥殿[①]。曹人诟之[②],不行[③]。师待之。公闻之,怒,命反之,遂灭曹。执曹伯及司城强以归,杀之。

〔注释〕

①褚师子肥:宋大夫。 ②诟:辱骂。 ③不行:谓不肯还师。行:还。此条当与上年传文连读。

吴为邾故,将伐鲁,问于叔孙辄[①]。叔孙辄对曰:“鲁有

名而无情[2],伐之,必得志焉。"退而告公山不狃。公山不狃曰:"非礼也。君子违[3],不适雠国。未臣而有伐之[4],奔命焉,死之可也;所托也则隐[5]。且夫人之行也,不以所恶废乡[6]。今子以小恶而欲覆宗国[7],不亦难乎[8]?若使子率[9],子必辞,王将使我。"子张疾之[10]。王问于子泄[11],对曰:"鲁虽无与立[12],必有与毙[13]。诸侯将救之,未可以得志焉。晋与齐、楚辅之,是四雠也[14]。夫鲁,齐、晋之唇,唇亡齿寒,君所知也。不救何为?"

三月,吴伐我,子泄率,故道险[15],从武城[16]。初,武城人或有因于吴竟田焉[17],拘鄫人之沤菅者[18],曰:"何故使吾水滋[19]?"及吴师至,拘者道之以伐武城[20],克之。王犯尝为之宰[21],澹台子羽之父好焉[22],国人惧[23]。懿子谓景伯[24]:"若之何?"对曰:"吴师来,斯与之战[25],何患焉?且召之而至[26],又何求焉?"吴师克东阳而进[27],舍于五梧[28]。明日,舍于蚕室[29]。公宾庚、公甲叔子与战于夷[30],获叔子与析朱鉏[31],献于王。王曰:"此同车[32],必使能,国未可望也。"明日,舍于庚宗[33],遂次于泗上[34]。微虎欲宵攻王舍[35],私属徒七百人三踊于幕庭[36],卒三百人[37],有若与焉[38]。及稷门之内[39],或谓季孙曰[40]:"不足以害吴,而多杀国士[41],不如已也。"乃止之。吴子闻之,一夕三迁[42]。

吴人行成[43],将盟,景伯曰:"楚人围宋[44],易子而食,析骸而爨,犹无城下之盟[45]。我未及亏[46],而有城下之盟,是弃国也。吴轻而远[47],不能久,将归矣,请少待之。"弗从。景伯负载造于莱门[48],乃请释子服何于吴[49],吴人许之。以王

子姑曹当之[50],而后止[51]。吴人盟而还。

〔注释〕

①定公十二年,叔孙辄与公山不狃袭鲁,败而奔齐,后又自齐奔吴。 ②“鲁有”句:谓鲁有大国之名而无其实。情:实。③“君子”二句:君子出奔,不投靠敌国。违:去国。雠:敌。④“未臣”三句:谓未臣所往之国,而他国伐故国,则应还奔命,死其难。未臣:未出仕。 ⑤“所托”句:谓所寓居之国伐故国,则当回避之。《说文·言部》:“托,寄也。”隐:避。 ⑥所:其。乡:乡土,故土。 ⑦宗国:叔孙辄为鲁公族,故谓之宗国。 ⑧难:病。 ⑨率:引导。 ⑩子张:叔孙辄。疾:病。《说文》“疾,病也。” ⑪子泄:公山不狃。 ⑫无与立:不足以自立。与:以。⑬有与毙:急时则有与国共存亡之人。 ⑭四雠:鲁、晋、齐、楚皆为吴之敌国。雠:敌。 ⑮故道险:故意经过险道,使鲁有备。⑯武城:此为南武城,在今山东费县西南。武城在沂蒙山区。⑰因:就。竟:同“境”。田:种地。 ⑱鄫(zēng):莒邑,在今山东枣庄市东。菅:茅。已经浸泡之茅为菅,可以搓绳编鞋葺屋。⑲滋:通“滓”,滓浊,污垢。 ⑳拘者:被拘之鄫人。 ㉑王犯:吴大夫。曾出奔至鲁为武城宰。 ㉒澹(tán)台子羽:澹台灭明,孔子弟子。 ㉓国人惧:以为子羽之父为吴人内应,故惧。㉔懿子:仲孙何忌。景伯:子服景伯。 ㉕斯:则,乃。 ㉖召之而至:鲁背盟伐邾,而招致吴师。 ㉗东阳:鲁邑,在今山东费县西南。 ㉘五梧:鲁邑,在今山东平邑县西。 ㉙蚕室:鲁地,在今山东平邑县。 ㉚公宾庚、公甲叔子:皆鲁大夫。公宾、公甲皆为复姓。夷:鲁地,在今山东平邑县。 ㉛析朱鉏:与公宾庚、公甲叔子同车,《传》互言之。 ㉜“此同”三句:同车而能俱死,表明所任用者贤能,不可企望得其国。望:觊,觊觎。 ㉝庚宗:鲁

地,在今山东泗水县东。 ㉞泗上:鲁邑,在今山东泗水县。㉟微虎:鲁大夫。王舍:吴王住宿之军垒。 ㊱属:聚。踊:跳跃。幕庭:帐幕之堂下。 ㊲卒三百人:最终选定三百人。卒:终。㊳有若:孔子弟子。 ㊴稷门:鲁南城门。 ㊵季孙:季孙肥。㊶多:只,徒。国士:指一国勇力之士。 ㊷一夕三迁:夫差畏微虎,一夜之间多次移居。 ㊸行成:言和,求和。 ㊹"楚人"三句:见宣公十五年《传》。析骸而爨:剖开尸骨当柴烧。 ㊺城下之盟:敌人兵临城下而被迫签订的屈辱和约。 ㊻亏:损。㊼轻:轻佻。 ㊽负:持。载:载书,盟书。造:至。莱门:鲁郭门。㊾"乃请"句:请以子服景伯为质于吴。释:舍。 ㊿"以王子"句:以王子姑曹(夫差之子)质于鲁。 51吴人不想使王子姑曹为质于鲁,故双方不交换人质。

齐悼公之来也[①],季康子以其妹妻之。即位而逆之,季鲂侯通焉[②],女言其情[③],弗敢与也。齐侯怒。夏五月,齐鲍牧帅师伐我,取讙及阐。

〔注释〕

①齐悼公:公子阳生,齐景公之子。哀公五年,阳生奔鲁。②季鲂侯:季康子之叔父。通焉:与之私通。 ③女:季姬,季康子的妹妹。情:实,实情。

或谮胡姬于齐侯曰[①]:"安孺子之党也[②]。"六月,齐侯杀胡姬。

〔注释〕

①或:有人。谮:谗毁。胡姬:齐景公之妾。 ②安孺子:名

荼,继景公而立。荼无谥,安是号。齐公子阳生弑荼,事在六年。

齐侯使如吴请师①,将以伐我,乃归邾子②。邾子又无道,吴子使大宰子馀讨之③,囚诸楼台④,栫之以棘⑤。使诸大夫奉大子革以为政⑥。

〔注释〕

①“齐侯”二句:齐未得季姬,故如吴请师以伐鲁。 ②乃归邾子:鲁归邾子。《传》蒙经文省略主语。吴前为邾伐鲁,鲁惧邾与吴同心,故归其君。 ③子馀:太宰嚭。 ④诸:原本作“请”,据纂图本、阮元《校勘记》、《宋本册府元龟》卷二五二改。 ⑤栫(jiàn)之以棘:以棘为篱笆。栫:篱笆。此用作动词。 ⑥奉:辅佐。大子革:即后来的邾桓公。为十年邾子来奔传。

秋,及齐平。九月,臧宾如如齐莅盟①。齐闾丘明来莅盟②,且逆季姬以归③,嬖④。

〔注释〕

①臧宾:臧会之子。莅盟:与盟。莅:临。 ②闾丘明:闾丘婴之子。 ③季姬:与鲂侯私通者。 ④嬖:得宠。

鲍牧又谓群公子曰:“使女有马千乘乎①?”公子诉之②。公谓鲍子:“或谮子,子姑居于潞以察之③。若有之,则分室以行④;若无之,则反子之所⑤。”出门,使以三分之一行。半道,使以二乘。及潞,麇之以入⑥,遂杀之。

〔注释〕

①有马千乘：指为君。鲍牧本不愿立阳生。 ②诉：告。③潞：齐邑。察：审察，分辨。 ④分室：谓携带部分财产。室：家产。 ⑤反子之所：使复其位。 ⑥麇：通"縻"，束缚。入：返，还。

冬十二月，齐人归讙及阐，季姬嬖故也。

经

九年春[1]，王二月，葬杞僖公。
宋皇瑗帅师取郑师于雍丘[2]。
夏，楚人伐陈。
秋，宋公伐郑。
冬十月。

〔注释〕

①九年：公元前486年。 ②取：胜之甚易，故言取。雍丘：宋邑，在今河南杞县。

传

九年春，齐侯使公孟绰辞师于吴[1]。吴子曰[2]："昔岁寡人闻命[3]，今又革之[4]，不知所从[5]，将进受命于君[6]。"

〔注释〕

①齐侯：指齐悼公。上年齐侯请吴出兵伐鲁，今齐、鲁已讲和，故辞吴师。 ②吴子：指吴王夫差。 ③昔岁：去年。 ④革：更，

改。 ⑤所:何。 ⑥进:前。谓前往齐国。为十年吴伐齐《传》。

郑武子賸之嬖许瑕求邑[①],无以与之。请外取[②],许之,故围宋雍丘。宋皇瑗围郑师[③],每日迁舍[④]。垒合,郑师哭。子姚救之[⑤],大败。二月甲戌[⑥],宋取郑师于雍丘,使有能者无死[⑦],以郏张与郑罗归[⑧]。

〔注释〕

①武子賸:罕达,字子賸,武是谥号。许瑕:武子之下属。②外取:取于他国。 ③郑师:许瑕之师。 ④"每日"二句:宋师每日筑垒挖沟而迁居,最后合围郑师。 ⑤子姚:武子賸。罕达字子賸,又字子姚。 ⑥甲戌:十四日。 ⑦惜其才能。⑧郏(jiá)张:与下文"郑罗"皆郑国有才能之人。

夏,楚人伐陈,陈即吴故也[①]。

〔注释〕

①即吴:亲附吴国。六年,吴伐陈,楚救之不得,陈从吴。

宋公伐郑[①]。

〔注释〕

①报复郑伐雍丘。

秋,吴城邗[①],沟通江、淮[②]。

晋赵鞅卜救郑,遇水适火[③],占诸史赵、史墨、史龟[④]。

史龟曰："是谓沈阳[⑤]，可以兴兵[⑥]。利以伐姜[⑦]，不利子商[⑧]。伐齐则可，敌宋不吉。"史墨曰："盈，水名也[⑨]；子，水位也[⑩]。名位敌[⑪]，不可干也[⑫]。炎帝为火师[⑬]，姜姓其后也。水胜火，伐姜则可。"史赵曰："是谓如川之满[⑭]，不可游也。郑方有罪[⑮]，不可救也。救郑则不吉，不知其他[⑯]。"阳虎以《周易》筮之[⑰]，遇《泰》䷊之《需》䷄[⑱]，曰："宋方吉，不可与也[⑲]。微子启[⑳]，帝乙之元子也。宋、郑，甥舅也。祉，禄也[㉑]。若帝乙之元子归妹而有吉禄，我安得吉焉？"乃止。

〔注释〕

①邗：吴邑，在今江苏扬州市北运河西岸。　②沟通江、淮：挖沟连通长江与淮河。其沟大致起于今扬州市南长江北岸，至于清江市淮水南岸。今之运河即古代之邗江（亦称韩江）。　③遇水适火：指龟甲由北向南裂开，分别呈水（北方为水）、火（南方为火）之形。　④史赵、史墨、史龟：皆晋国史官。　⑤沈（chén）阳：火为阳，遇水而沉伏。沈：同"沉"。　⑥可以兴兵：兵为阴类，故可兴兵。　⑦"利以"句：谓可以伐齐。以：于。姜：齐姓。齐为炎帝之后，炎帝为火德。　⑧子商：谓宋。宋为殷后，子姓。⑨盈，水名也：《史记·赵世家》："赵氏之先，与秦同祖。"秦姓嬴，赵姓盈，盈与嬴同，盈与水有关，故下文云："是谓如川之满，不可游也。"　⑩子，水位也：古代干支与五行相配，子为水。　⑪敌：相等。　⑫干：犯。二水（盈姓、子姓）皆盛，故不可相犯。　⑬炎帝：神农氏。火师：以火为官名。参见昭公十七年《传》。　⑭"是谓"二句：川水满，游则溺。　⑮"郑方"句：郑以嬖人伐宋，故有罪。⑯其他：指伐齐。　⑰《周易》：古代卜筮之书。后经孔子整理加

工,成为儒家经典之一。 ⑱遇《泰》䷊之《需》䷄:此句谓卦象由《泰》变为《需》。《泰》:《乾》下《坤》上。《需》:《乾》下《坎》上。 ⑲与:敌,当。 ⑳“微子”以下:《泰》六五爻辞曰:“帝乙归妹,以祉,元吉。”帝乙为纣之父,曾嫁女于周文王(妹为少女)。爻辞以此为好事,有福,大吉。宋为微子启(帝乙长子)之后,嫁女于郑,与帝乙嫁女之事相应。爻辞所示有利于宋,则必不利于晋。元子:长子。 ㉑禄:福。

冬,吴子使来儆师伐齐[①]。

〔注释〕

①儆:戒,告。指预告出师之日期。

经

十年春[①],王二月,邾子益来奔。

公会吴伐齐。

三月戊戌[②],齐侯阳生卒[③]。

夏,宋人伐郑。

晋赵鞅帅师侵齐。

五月,公至自伐齐。

葬齐悼公。

卫公孟彄自齐归于卫[④]。

薛伯夷卒。

秋,葬薛惠公。

冬,楚公子结帅师伐陈。

吴救陈[⑤]。

〔注释〕

①十年:公元前485年。 ②戊戌:十五日。 ③以疾赴于鲁,故不书弑。 ④公孟彄(kōu):蒯聩之党,此时叛蒯聩而从辄。 ⑤吴季札帅师而不书名,陈不以名告。

传

十年春,邾隐公来奔。齐甥也[①],故遂奔齐。

〔注释〕

①邾隐公之母为齐女。

公会吴子、邾子、郯子伐齐南鄙[①],师于鄎[②]。

〔注释〕

①吴子:吴王夫差。《经》不书邾子、郯子,因其并兵于吴,不列于诸侯。 ②鄎(xī):齐南部边境之邑。

齐人弑悼公[①],赴于师[②]。吴子三日哭于军门之外[③]。徐承帅舟师[④],将自海入齐,齐人败之,吴师乃还。

〔注释〕

①悼公:齐悼公,即公子阳生。 ②赴:发讣告。 ③三日哭:此为诸侯相临之礼。哭:哭临。 ④徐承:吴大夫。

夏,赵鞅帅师伐齐。大夫请卜之,赵孟曰:“吾卜于此起

兵[①],事不再令[②],卜不袭吉[③]。行也!”于是乎取犁及辕[④],毁高唐之郭[⑤],侵及赖而还[⑥]。

〔注释〕

①“吾卜”句:上年卜救郑,史龟言:“可以兴兵,利以伐姜。” ②事不再令:一事不再卜。令:告。指告龟。占卜必先告知所卜之事。 ③袭吉:重复吉兆。袭:重,重复。 ④犁:即犁丘,齐邑,在今山东临邑县。辕:齐地,在今山东禹城市西北。 ⑤高唐:齐邑,在今山东高唐县东。 ⑥赖:齐邑,在今山东章丘市西北,济南市东。

秋,吴子使来复儆师[①]。

〔注释〕

①为明年吴伐齐传。

冬,楚子期伐陈[①]。吴延州来季子救陈[②],谓子期曰:“二君不务德[③],而力争诸侯[④],民何罪焉?我请退,以为子名,务德而安民。”乃还。

〔注释〕

①“楚子”句:陈从吴,故伐之。子期:公子结。 ②延州来季子:季札,吴王寿梦之少子。季札初封于延陵,后复封州来,故称延州来季子。寿梦卒于襄公十二年,至今已七十七年。季札之年,盖已九十有余。 ③二君:吴、楚之君。务:勉,致力。 ④力:勉。与“务”同义。

经

十有一年春[1]，齐国书帅师伐我。

夏，陈辕颇出奔郑。

五月，公会吴伐齐。

甲戌[2]，齐国书帅师及吴战于艾陵[3]，齐师败绩，获齐国书。

秋七月辛酉[4]，滕子虞母卒。

冬十有一月，葬滕隐公。

卫世叔齐出奔宋。

〔注释〕

①十有一年：公元前 484 年。 ②甲戌：二十八日。 ③艾陵：即艾邑。齐地，在今山东莱芜市东部。 ④辛酉：十五日。

传

十一年春，齐为鄎故[1]，国书、高无丕帅师伐我。及清[2]，季孙谓其宰冉求曰[3]："齐师在清，必鲁故也，若之何？"求曰："一子守[4]，二子从公御诸竟。"季孙曰："不能[5]。"求曰："居封疆之间[6]。"季孙告二子[7]，二子不可。求曰："若不可，则君无出。一子帅师，背城而战，不属者[8]，非鲁人也。鲁之群室[9]，众于齐之兵车，一室敌车优矣[10]，子何患焉？二子之不欲战也宜[11]，政在季氏。当子之身，齐人伐鲁而不能战，子之耻也，大不列于诸侯矣[12]。"季孙使从于朝[13],俟于党氏之沟[14]。武叔呼而问战焉[15]。对曰:“君子有远虑,小人何知?”懿子强问之[16],对曰:“小人虑材而言[17],量力而共者也。”武叔曰:“是谓我不成丈夫也。”[18]退而蒐乘[19]。孟孺子泄帅右师[20],颜羽御[21],邴泄为右。冉求帅左师,管周父御,樊迟为右[22]。季孙曰:“须也弱[23]。”有子曰[24]:“就用命焉[25]。”季氏之甲七千,冉有以武城人三百为己徒卒,老幼守宫,次于雩门之外[26]。五日[27],右师从之。公叔务人见保者而泣曰[28]:“事充[29],政重[30],上不能谋,士不能死,何以治民?吾既言之矣[31],敢不勉乎!”

师及齐师战于郊,齐师自稷曲[32],师不逾沟[33]。樊迟曰:“非不能也,不信子也。请三刻而逾之[34]。”如之,众从之,师入齐军[35]。右师奔[36],齐人从之[37]。陈瓘、陈庄涉泗[38]。孟之侧后入以为殿[39],抽矢策其马,曰:“马不进也[40]。”林不狃之伍曰[41]:“走乎[42]!”不狃曰:“谁不如[43]?”曰:“然则止乎[44]?”不狃曰:“恶贤[45]?”徐步而死[46]。师获甲首八十[47],齐人不能师[48]。宵,谍曰[49]:“齐人遁。”冉有请从之三,季孙弗许。孟孺子语人曰:“我不如颜羽[50],而贤于邴泄。子羽锐敏[51],我不欲战而能默[52],泄曰:‘驱之[53]。’”公为与其嬖僮汪锜乘,皆死,皆殡。孔子曰:“能执干戈以卫社稷,可无殇也[54]。”冉有用矛于齐师,故能入其军。孔子曰:“义也。”

〔注释〕

①上年鲁会吴师伐齐,师于鄎。 ②清:鲁地,在今山东平阴县东阿镇。 ③季孙:季康子,名肥。冉求:孔子弟子。 ④一子:谓三桓(季孙肥、叔孙州仇、仲孙何忌)中之一人。 ⑤不能:

谓己不能使孟孙、叔孙御敌于境。 ⑥封疆之间:境内近郊之地。⑦二子:指孟孙、叔孙。 ⑧属:聚,会。 ⑨群室:指卿大夫之家。 ⑩一室:一家。指季氏。敌:当,抵挡。优:裕,有余。⑪"二子"二句:言孟孙、叔孙恨季氏专政,不肯尽力。 ⑫大:甚。 ⑬"季孙"句:使冉求从己访孟孙、叔孙。于:以。朝:访。⑭党(zhǎng)氏之沟:地名。 ⑮武叔:叔孙州仇。呼:召。问战焉:问战于冉求。 ⑯懿子:孟懿子。即仲孙何忌。 ⑰"小人"二句:言所问非己材力所及,故不能言。 ⑱"武叔"二句:武叔知冉求责己不欲战而不正面回答,故有此言。谓:言,说。 ⑲蒐乘:集合车乘。蒐:聚。 ⑳孟孺子:名彘,字泄,孟懿子之子。㉑颜羽:与下文"邴泄"皆孟氏家臣。 ㉒樊迟:名须,字子迟,孔子弟子。 ㉓弱:力少。指材力不强。据《史记·仲尼弟子列传》,樊迟少孔子三十六岁,此时已三十有余。 ㉔有子:即冉求。字子有。 ㉕虽材力不足,而能用命。 ㉖雩门:鲁之南门。㉗"五日"二句:不愿出战,故五日后乃至。 ㉘公叔务人:公为,昭公之子。保者:守城者。 ㉙事充:徭役繁重。充:多,重。㉚政(zhēng):赋。 ㉛"吾既"二句:谓既言他人不能死,自己不敢不死。 ㉜稷曲:鲁城郊地名。 ㉝鲁师不越沟迎战。 ㉞刻:责。 ㉟冉求之师。 ㊱右师:孟孺子所率之师。 ㊲逐右师。㊳陈瓘(guàn)、陈庄:齐大夫,二人皆陈恒宗族。泗:泗水。泗水经鲁城北及城西。 ㊴孟之侧:字反,孟氏之族。 ㊵"马不"句:言孟之反不伐善。进:前。 ㊶林不狃:鲁士。伍:五人为伍。 ㊷走:逃跑。 ㊸谁不如:谓人人皆能逃跑。如:而,能。㊹止:留。谓留下交战。 ㊺恶贤:未必比逃跑好。恶:何。贤:胜。 ㊻"徐步"句:孟之侧、林不狃皆壮士,而主帅无战心,故败。徐步:徐行。 ㊼"师获"句:言冉求所得。获:斩杀。 ㊽不能师:不能整其师。 ㊾谍:间谍。 ㊿"我不"二句:谓己不如颜羽,而胜过邴泄。颜羽、邴泄与孟孺子同车,故与之相比。贤:愈。下文"贤于邴泄"义同。 ㉛子羽:颜羽。锐敏:精锐敏捷。言欲战。 ㉜默:缄口不言奔。 ㉝驱马奔逃。 ㉞"可无"句:言可用成人之礼治丧。殇:未成年而死去。殇者之丧服规格低于成人,见《仪礼·丧服·大功》。

夏,陈辕颇出奔郑。初,辕颇为司徒,赋封田以嫁公女[①]。有余,以为己大器[②]。国人逐之,故出。道渴,其族辕咺进稻醴、粱糗、腶脯焉[③]。喜曰:"何其给也[④]?"对曰:"器成而具[⑤]。"曰:"何不吾谏?"对曰:"惧先行[⑥]。"

〔注释〕

①赋封田:封内之田皆收赋税。公女:国君的女儿。 ②大器:钟鼎之属。 ③稻醴:稻米做的甜酒。粱糗(qiǔ):小米所制干粮。腶(duàn)脯:加姜桂的干肉。腶:同"段"。捶(击打)脯加姜桂曰段。 ④给:备,丰足。 ⑤器成而具:大器铸成,即已备出行之食品。而:已。 ⑥行:出。谓被逐。

为郊战故,公会吴子伐齐[①]。五月,克博[②]。壬申[③],至于嬴[④]。中军从王[⑤],胥门巢将上军[⑥],王子姑曹将下军,展如将右军。齐国书将中军,高无丕将上军,宗楼将下军。陈僖子谓其弟书[⑦]:"尔死,我必得志。"宗子阳与闾丘明相厉也[⑧]。桑掩胥御国子[⑨]。公孙夏曰:"二子必死[⑩]。"将战,公孙夏命其徒歌《虞殡》[⑪]。陈子行命其徒具含玉[⑫]。公孙挥命其徒曰:"人寻约[⑬],吴发短[⑭]。"东郭书曰:"三战必死[⑮]。

于此三矣。”使问弦多以琴[16]，曰：“吾不复见子矣。”陈书曰：“此行也，吾闻鼓而已[17]，不闻金矣。”

甲戌，战于艾陵，展如败高子[18]。国子败胥门巢[19]。王卒助之，大败齐师，获国书、公孙夏、闾丘明、陈书、东郭书，革车八百乘，甲首三千[20]，以献于公[21]。

将战，吴子呼叔孙[22]，曰：“而事何也[23]？”对曰：“从司马[24]。”王赐之甲、剑铍[25]，曰：“奉尔君事，敬无废命！”叔孙未能对，卫赐进[26]，曰：“州仇奉甲从君。”而拜[27]。

公使大史固归国子之元[28]，置之新箧[29]，褽之以玄纁[30]，加组带焉[31]。置书于其上曰：“天若不识不衷[32]，何以使下国[33]？”

吴将伐齐，越子率其众以朝焉[34]，王及列士，皆有馈赂。吴人皆喜，唯子胥惧，曰：“是豢吴也夫[35]！”谏曰：“越在我[36]，心腹之疾也。壤地同[37]，而有欲于我。夫其柔服[38]，求济其欲也，不如早从事焉。得志于齐，犹获石田也，无所用之。越不为沼[39]，吴其泯矣。使医除疾，而曰‘必遗类焉’者[40]，未之有也。《盘庚之诰》曰[41]：‘其有颠越不共[42]，则劓殄无遗育[43]，无俾易种于兹邑[44]。’是商所以兴也。今君易之[45]，将以求大，不亦难乎！”弗听。使于齐[46]，属其子于鲍氏，为王孙氏[47]。反役[48]，王闻之，使赐之属镂以死[49]。将死，曰：“树吾墓槚[50]，槚可材也，吴其亡乎！三年，其始弱矣。盈必毁[51]，天之道也[52]。”

〔注释〕

①伐齐：欲报复齐国。　②博：齐邑，在今山东泰安市东南三

十里。 ③壬申：二十六日。 ④嬴：齐邑，在今山东莱芜市西北。 ⑤中军：吴之中军。 ⑥胥门巢：与下文“王子姑曹”“展如”皆吴大夫。 ⑦陈僖子：陈乞。 ⑧宗子阳：宗楼。厉：励。谓以致死相勉励。 ⑨国子：国书。 ⑩二子：指国书、桑掩胥。 ⑪《虞殡》：送葬之歌。唱挽歌，以示必死。 ⑫陈子行：陈逆。具含玉：亦以示必死之决心。古人死后口中含玉。 ⑬人寻约：每人准备八尺长之绳。寻：八尺为寻。约：绳。 ⑭吴发短：吴人断发，发短不可相结，故具绳以贯其首。 ⑮：三战必死：盖当时相传之语。 ⑯问：以物赠人。 ⑰“吾闻”二句：谓将战死。古时击鼓进军，鸣金收兵。 ⑱高子：指高无丕。齐上军主帅。 ⑲“国子”句：吴上军亦败。 ⑳甲首：《国语·吴语》韦昭《注》引《左传》作“甲盾”，于义为长。 ㉑哀公以兵从，故劳之。 ㉒叔孙：叔孙州仇。 ㉓而事何也：问任何职。事：职。 ㉔从司马：即为司马。谦辞。 ㉕剑铍（pī）：剑铍为一物。铍：剑属，两面有刃，而以刀鞘装之。 ㉖卫赐：端木赐，字子贡，孔子弟子。端木赐为卫人，故称卫赐。 ㉗拜：拜受之。 ㉘元：首。吴以国书之首归鲁。 ㉙箧（qiè）：箱子。 ㉚褽（wèi）：荐，垫。玄纁（xūn）：黑色的帛，色有玄有纁。玄：黑色。纁：黄黑色。 ㉛组带：绶带。 ㉜不衷：不善。谓不善之人，指国书。 ㉝使：令。 ㉞越子：越王句践。 ㉟豢：养。若人养牺牲，将用之。 ㊱在：于，对于。 ㊲“壤地”二句：越与吴土地相连，而对吴有野心。欲：贪欲。 ㊳夫其：彼。指代越国。夫、其二字同义。柔服：顺服，服从。 ㊴“越不”二句：言越不灭，则吴将灭。沼：水池。 ㊵遗类：谓留其根。遗：留。类：种。 ㊶《盘庚之诰》：即《盘庚》。《尚书》篇名。 ㊷其：若。颠越不共：违背礼法，不遵上命。颠越：陨坠。共：通“恭”。 ㊸劓殄：消灭。劓：断。殄：绝。遗育：遗类，后代。育：胤，后嗣。 ㊹俾：使。易：延。种：种族。指后代。 ㊺易：违。 ㊻使于齐：伍子胥使于齐。 ㊼为王孙氏：子胥之后为王孙氏。《传》终言之。 ㊽反役：自艾陵之役反。㊾属（zhǔ）镂：剑名。 ㊿树：种。槚（jiǎ）：即榎。一名山楸，古人常用来做棺椁。 51毁：亏。 52天之道：自然之道。为十三年越伐吴张本。

秋，季孙命修守备①，曰："小胜大，祸也。齐至无日矣。"

〔注释〕

①修：备。

冬，卫大叔疾出奔宋①。初，疾娶于宋子朝②，其娣嬖③。子朝出④，孔文子使疾出其妻⑤，而妻之⑥。疾使侍人诱其初妻之娣⑦，置于犁⑧，而为之一宫，如二妻。文子怒，欲攻之，仲尼止之。遂夺其妻。或淫于外州⑨，外州人夺之轩以献⑩。耻是二者⑪，故出。卫人立遗⑫，使室孔姞⑬。疾臣向魋⑭，纳美珠焉⑮，与之城鉏⑯。宋公求珠⑰，魋不与，由是得罪。及桓氏出⑱，城鉏人攻大叔疾，卫庄公复之⑲，使处巢⑳，死焉。殡于郧㉑，葬于少禘㉒。

初，晋悼公子慭亡在卫，使其女仆而田。大叔懿子止而饮之酒㉓，遂聘之㉔，生悼子㉕。悼子即位，故夏戊为大夫㉖。悼子亡，卫人翦夏戊㉗。

孔文子之将攻大叔也，访于仲尼。仲尼曰："胡簋之事㉘，则尝学之矣；甲兵之事，未之闻也。"退，命驾而行，曰："鸟则择木㉙，木岂能择鸟？"文子遽止之㉚，曰："圉岂敢度

其私[31]？访卫国之难也[32]。"将止[33]，鲁人以币召之[34]，乃归。

〔注释〕

①大叔疾：即《经》之"世叔齐"。 ②子朝：宋人，仕卫为大夫。 ③娣：所娶女之妹。 ④出：出奔。 ⑤孔文子：孔圉，卫卿。 ⑥妻之：以女为之妻。 ⑦初妻：即宋朝之女。 ⑧犁：卫邑，在今河南范县。 ⑨"或淫"句：疾又与他女私通。或：又。外州：卫邑。 ⑩之：其。 ⑪二者：指妻与车被夺二事。 ⑫遗：疾之弟。 ⑬室孔姞：以孔姞为妻。即娶其嫂。 ⑭臣向魋：为宋向魋家臣。 ⑮"纳美"句：疾献美珠于向魋。 ⑯向魋予疾城鉏。城钼：宋邑，在今河南滑县东十五里。 ⑰宋公：指宋景公。⑱桓氏：向魋。哀公十四年向魋出奔，《传》终言之。 ⑲复之：使还。卫庄公立于哀公十六年。 ⑳巢：卫地。 ㉑殡：停柩待葬。郧：卫邑。未详何处。 ㉒少禘（dì）：卫邑。未详何处。大叔疾殡葬皆后来之事，《传》终言之。 ㉓大叔懿子：名申，卫大夫，大叔仪之孙。 ㉔聘：聘为妾。 ㉕悼子：大叔疾。 ㉖夏戊：悼子之外甥。懿子生悼子与一女，女嫁于夏氏，生戊。 ㉗翦：灭。参见二十五年《传》。 ㉘胡簋（guǐ）：即簠（fǔ）簋。金文"簠"与"胡"形近。簠为盛稻粱之器，其形方。簋为盛黍稷之器，其形圆。 ㉙则：能。 ㉚遽：急。 ㉛圉：孔文子之名。度：谋。㉜访：谋。 ㉝将止：想要留下。将：欲。止：留。 ㉞币：礼品。

季孙欲以田赋[①]，使冉有访诸仲尼。仲尼曰："丘不识也。"三发[②]，卒曰："子为国老[③]，待子而行，若之何子之不言也？"仲尼不对。而私于冉有曰："君子之行也，度于礼，施取其厚[④]，事举其中[⑤]，敛从其薄。如是，则以丘亦足矣[⑥]。

若不度于礼,而贪冒无厌⑦,则虽以田赋,将又不足。且子季孙若欲行而法,则周公之典在⑧。若欲苟而行,又何访焉?"弗听⑨。

〔注释〕

①以田赋:鲁国原本实行丘赋,丘(十六井)出戎马一匹,牛三头。此时欲令一井出一丘之税,井别出马一匹,牛三头。②三发:问了三次。发:言。 ③国老:国之尊者。老:尊称。④其:于。 ⑤举:取。 ⑥以丘:以丘赋。 ⑦贪冒:贪婪。贪、冒义同。 ⑧周公之典:周公制订的典章制度。典:法。 ⑨此条本与下年传文相接,为后人所割裂。

经

十有二年春①,用田赋②。

夏五月甲辰③,孟子卒④。

公会吴于橐皋⑤。

秋,公会卫侯、宋皇瑗于郧⑥。

宋向巢帅师伐郑。

冬十有二月,螽⑦。

〔注释〕

①十有二年:公元前483年。 ②用:行,施行。 ③甲辰:三日。 ④孟子:昭公夫人。 ⑤橐皋:吴地,在今安徽巢湖市西北。 ⑥郧(yún):吴地,在今江苏如皋市东。 ⑦螽(zhōng):指飞蝗。此年发生蝗灾,故《春秋》书之。

传

十二年春，王正月，用田赋[①]。

〔注释〕

①此条当与上年传文连读。

夏五月，昭夫人孟子卒。昭公娶于吴[①]，故不书姓。死不赴[②]，故不称夫人[③]。不反哭[④]，故不言葬小君[⑤]。孔子与吊，适季氏。季氏不绕[⑥]，放绖而拜[⑦]。

〔注释〕

①"昭公"二句：古代同姓不婚。吴与鲁同姓，《春秋》不书孟子之姓及所出之国，是隐讳之辞。 ②赴：发讣告。 ③不称夫人，故不言葬。 ④反哭：古代丧礼，葬后丧主奉神主归而哭，称反哭。 ⑤以上四句释《春秋》不称夫人、不言薨、不书葬之原因。 ⑥季氏：季康子，名肥。绕(wèn)：丧冠。古代丧礼，去冠扎发，用布缠头以代冠。 ⑦放：去。绖(dié)：丧服所系之带，以麻为之。在首为首绖，在腰为腰绖。孔子以夫人丧礼往吊，季孙不服丧，故从主人，亦去其绖。

公会吴于橐皋。吴子使大宰嚭请寻盟[①]。公不欲，使子贡对曰[②]："盟，所以周信也[③]，故心以制之[④]，玉帛以奉之[⑤]，言以结之[⑥]，明神以要之[⑦]。寡君以为苟有盟焉，弗可改也已。若犹可改，日盟何益？今吾子曰'必寻盟'，若可寻也，亦可寒也[⑧]。"乃不寻盟。

〔注释〕

①寻盟:重申前盟。寻:温。七年,鲁会吴于鄫。 ②子贡:端木赐,孔子弟子。 ③周信:取信。周、信同义。 ④心以制之:以心裁制之。之:指盟。 ⑤玉帛:指礼品。盟用玉帛。奉:行。 ⑥言:指盟誓。盟必有辞。 ⑦明神:即神。明、神同义。要:誓,誓约。 ⑧寒:凉。指废弃。

吴征会于卫①。初,卫人杀吴行人且姚而惧②,谋于行人子羽③。子羽曰:“吴方无道,无乃辱吾君?不如止也。”子木曰④:“吴方无道,国无道,必弃疾于人⑤。吴虽无道,犹足以患卫。往也!长木之毙⑥,无不摽也⑦;国狗之瘈⑧,无不噬也⑨,而况大国乎!”

秋,卫侯会吴于郧。公及卫侯、宋皇瑗盟⑩,而卒辞吴盟。吴人藩卫侯之舍⑪。子服景伯谓子贡曰⑫:“夫诸侯之会,事既毕矣,侯伯致礼⑬,地主归饩⑭,以相辞也⑮。今吴不行礼于卫,而藩其君舍以难之⑯,子盍见大宰⑰?”乃请束锦以行⑱。语及卫故⑲,大宰嚭曰:“寡君愿事卫君。卫君之来也缓⑳,寡君惧,故将止之㉑。”子贡曰:“卫君之来,必谋于其众,其众或欲或否㉒,是以缓来。其欲来者,子之党也㉓;其不欲来者,子之雠也㉔。若执卫君,是堕党而崇雠也㉕,夫堕子者得其志矣。且合诸侯而执卫君,谁敢不惧?堕党崇雠,而惧诸侯,或者难以霸乎!”大宰嚭说,乃舍卫侯㉖。卫侯归,效夷言㉗。子之尚幼㉘,曰:“君必不免,其死于夷乎㉙!执焉㉚,而又说其言,从之固矣㉛。”

〔注释〕

①征:征召。 ②行人:使者。 ③子羽:卫大夫。 ④子木:卫大夫。 ⑤弃疾:致怨。 ⑥长木:大树。毙:倒,倒下。长:大。 ⑦摽(biào):击。 ⑧国狗:一国之名狗。瘈(zhì):疯狂。 ⑨噬:咬。 ⑩"公及"句:三国畏吴而窃盟,故《春秋》不书。 ⑪藩:以篱笆隔离。 ⑫子服景伯:子服何,鲁大夫。⑬侯伯:指盟主。致礼:礼宾。 ⑭地主:会盟所在地的诸侯。归饩(kuì xì):致饩,赠送食物。饩:生食。 ⑮辞:辞别。 ⑯难:难为。 ⑰大宰:吴太宰伯嚭。 ⑱束锦:五匹有花纹的绸缎。五匹为一束,故称束锦。 ⑲语及卫故:装作顺便谈及卫国之事。故:事。 ⑳缓:迟,迟缓。 ㉑止:拘,扣留。 ㉒或欲或否:有人愿意来,有人不愿意来。欲:愿。 ㉓党:朋党。 ㉔雠:敌,敌人。 ㉕堕:毁,弃。崇:益,助。 ㉖舍:释放。 ㉗效:仿效。夷言:指吴语。 ㉘子之:公孙弥牟。 ㉙"其死"句:卫侯辄最后死于越。 ㉚执焉:为吴所执。 ㉛固:坚定。

冬十二月,螽。季孙问诸仲尼。仲尼曰:"丘闻之,火伏而后蛰者毕[①]。今火犹西流[②],司历过也[③]。"

〔注释〕

①"火伏"句:火指心宿。心宿在夏正十月隐没不见,此时天气已经寒冷,昆虫都已蛰伏地下(冬眠)。 ②西流:言未尽没。③司历:掌管历法的官员。过:失误。当置闰而不置,故时令与天象不协调。

宋、郑之间有隙地焉[①],曰弥作、顷丘、玉畅、嵒、戈、

钖[②]。子产与宋人为成[③]，曰："勿有是[④]。"及宋平、元之族自萧奔郑[⑤]，郑人为之城嵒、戈、钖[⑥]。九月，宋向巢伐郑，取钖，杀元公之孙，遂围嵒。十二月，郑罕达救嵒。丙申[⑦]，围宋师[⑧]。

〔注释〕

①隙地：闲田。　②弥作、顷丘、玉畅、嵒（yán）、戈、钖（yáng）：六者皆邑名。　③子产：公孙侨，郑卿。为成：讲和。④勿有是：宋、郑俱弃之而不居。　⑤"及宋"句：诸人奔郑在定公十五年。宋平、元之族：宋平公、元公的后代。　⑥"郑人"句：郑人为之筑城以处之。　⑦丙申：二十八日。　⑧此条本与下年传文相接，为后人所割裂。《经》书宋伐郑在前，螽在后，《传》则螽在前，伐郑在后，亦因伐郑事与明年传文相接。

经

十有三年春[①]，郑罕达帅师取宋师于嵒[②]。

夏，许男成卒。

公会晋侯及吴子于黄池[③]。

楚公子申帅师伐陈。

於越入吴[④]。

秋，公至自会。

晋魏曼多帅师侵卫。

葬许元公。

九月，螽[⑤]。

冬十有一月，有星孛于东方[⑥]。

盗杀陈夏区夫[7]。

十有二月,螽。

〔注释〕

①十有三年:公元前482年。 ②取:胜之甚易,故言取。 ③黄池:地名,在今河南封丘县西南。 ④於越:越。於为发语词,无义。 ⑤螽(zhōng):指飞蝗。此年蝗虫成灾,故《春秋》书之。 ⑥孛(bèi):彗星。 ⑦盗:非大夫,故称盗。夏区夫:《公羊传》作“夏彄(ōu)夫”。

传

十三年春,宋向魋救其师[1]。郑子賸使徇曰[2]:“得桓魋者有赏[3]!”魋也逃归[4]。遂取宋师于嵒,获成讙、郜延[5]。以六邑为虚[6]。

〔注释〕

①此条当与上年传文连读。 ②郑子賸:即罕达。 ③桓魋:即向魋。 ④也:句中语助词,无义。 ⑤成讙、郜延:皆宋大夫。 ⑥以六邑为虚:谓郑、宋均不占领。虚:无人之地。

夏,公会单平公、晋定公、吴夫差于黄池[1]。

〔注释〕

①单平公:周卿士。单平公位尊,不与盟,故《春秋》不书。晋定公:名午。

六月丙子[1],越子伐吴[2],为二隧[3]。畴无馀、讴阳自南方[4],先及郊[5]。吴大子友、王子地、王孙弥庸、寿於姚自泓上观之[6]。弥庸见姑蔑之旗[7],曰:"吾父之旗也[8]。不可以见雠而弗杀也。"大子曰:"战而不克,将亡国,请待之。"弥庸不可。属徒五千[9],王子地助之。乙酉[10],战,弥庸获畴无馀,地获讴阳。越子至,王子地守。丙戌[11],复战,大败吴师,获大子友、王孙弥庸、寿於姚。丁亥[12],入吴。吴人告败于王。王恶其闻也[13],自刭七人于幕下[14]。

〔注释〕

①丙子:十一日。 ②越子:越王句践。 ③二隧:二队。隧:古"队"字。 ④畴无馀、讴阳:皆越大夫。 ⑤郊:吴国都之郊。 ⑥泓:水名。观之:观越师。 ⑦姑蔑:越地,在今浙江衢县。 ⑧弥庸之父被俘,故姑蔑人得其旗。 ⑨属:会,聚。⑩乙酉:二十日。 ⑪丙戌:二十一日。 ⑫丁亥:二十二日。⑬恶:惧。闻:闻知。 ⑭刭:割脖子。杀之以灭口。幕:帐幕。

秋七月辛丑[1],盟。吴、晋争先[2]。吴人曰:"于周室[3],我为长。"晋人曰:"于姬姓[4],我为伯。"赵鞅呼司马寅曰[5]:"日旰矣[6],大事未成[7],二臣之罪也[8]。建鼓整列,二臣死之,长幼必可知也[9]!"对曰:"请姑视之。"反,曰:"肉食者无墨[10]。今吴王有墨,国胜乎[11]?大子死乎?且夷德轻[12],不忍久[13],请少待之。"乃先晋人。

吴人将以公见晋侯,子服景伯对使者曰[14]:"王合诸侯,则伯帅侯牧以见于王[15];伯合诸侯[16],则侯帅子、男以见于伯。自王以下,朝聘玉帛不同。故敝邑之职贡于吴,有丰于晋,无不及焉,以为伯也⑰。今诸侯会,而君将以寡君见晋君,则晋成为伯矣⑱,敝邑将改职贡。鲁赋于吴八百乘⑲,若为子男⑳,则将半邾以属于吴㉑,而如邾以事晋㉒。且执事以伯召诸侯,而以侯终之,何利之有焉?”吴人乃止。既而悔之㉓,将囚景伯。景伯曰:“何也立后于鲁矣㉔,将以二乘与六人从㉕,迟速唯命。”遂囚以还。及户牖㉖,谓大宰曰㉗:“鲁将以十月上辛有事于上帝先王㉘,季辛而毕㉙,何世有职焉㉚,自襄以来,未之改也。若不会㉛,祝、宗将曰吴实然㉜。且谓鲁不共㉝,而执其贱者七人㉞,何损焉?”大宰嚭言于王曰:“无损于鲁,而衹为名㉟,不如归之。”乃归景伯。

吴申叔仪乞粮于公孙有山氏㊱,曰:“佩玉蘂兮㊲,余无所系之。旨酒一盛兮㊳,余与褐之父睨之。”对曰:“粱则无矣㊴,粗则有之㊵。若登首山以呼曰‘庚癸乎㊶’,则诺㊷。”

王欲伐宋㊸,杀其丈夫而囚其妇人㊹。大宰嚭曰:“可胜也,而弗能居也㊺。”乃归。

〔注释〕

①辛丑:七日。 ②争先:争歃血之先后。 ③“于周”二句:吴始祖太伯,为古公亶父长子,季历长兄。太伯欲让位于季历,故出奔至吴。 ④“于姬”二句:晋为侯伯(诸侯之长)。⑤司马寅:名寅,官司马。 ⑥旰(gàn):晚,迟。 ⑦大事:指会盟之事。成:定也。 ⑧二臣:指赵鞅与司马寅。 ⑨长幼:谓先后。 ⑩墨:黑。谓脸色晦黑。 ⑪国胜:国为敌所胜。 ⑫德:本性。轻:急躁。 ⑬不忍久:不能持久。忍:堪。 ⑭子服景

伯:子服何。 ⑮伯:王官之长。侯牧:诸侯之方伯(一方诸侯之长)。 ⑯伯:诸侯之长。 ⑰以为伯:以吴为侯伯。 ⑱成为:为。成、为义同。 ⑲“鲁赋”句:谓鲁以八百乘从吴。七年《传》云“鲁赋八百乘”。赋:军赋。 ⑳上文云“伯合诸侯,则侯帅子、男以见于伯”。 ㉑“则将”句:谓以邾赋之半(三百乘)从吴。七年《传》云“邾赋六百乘”。 ㉒如邾:六百乘。 ㉓谓景伯欺骗吴国。 ㉔何:子服景伯之名。 ㉕二乘六人:一乘三人,二乘则六人。 ㉖户牖:宋邑,在今河南兰考县东北。 ㉗大宰:吴太宰伯嚭。 ㉘十月上辛:十月中的第一个辛日。是年十月上辛为辛未(八日)。有事:谓祭祀。 ㉙季辛:第三个辛日。十月季辛为辛卯(二十八日)。 ㉚“何世”句:子服何谓己世供祭祀之职。㉛会:至。 ㉜祝、宗:宗人、家祝,主祈祷、祭祀之官。曰:认为,以为。吴实然:吴国致使如此(子服何不能参加祭祀)。 ㉝谓:认为,以为。 ㉞贱者七人:子服何与从者共七人,皆非卿。 ㉟祇为名:适足以成其恶名。祇:适。为:成。 ㊱申叔仪:吴大夫。公孙有山氏:鲁大夫。此二人旧相识。 ㊲“佩玉”二句:谓他人服饰众盛,而己独无以系佩。縈(ruǐ):垂。 ㊳“旨酒”二句:虽有美酒,而己与贫者虽见之而不得食。一盛:一器。褐之父:贫穷老者。睨:视。此数句言吴王不恤下,以系、睨为韵。 ㊴粱:小米。㊵粗:指粗粮。 ㊶首山:地名。此为二人约定的地点。庚癸乎:此为暗号。 ㊷诺:应,答应。 ㊸王欲伐宋:以其不会黄池之故。 ㊹丈夫:男子。囚:俘。 ㊺能:可。

冬,吴及越平①。

〔注释〕

①平:讲和。

经

十有四年春[1],西狩获麟[2]。

小邾射以句绎来奔[3]。

夏四月,齐陈恒执其君,置于舒州[4]。

庚戌[5],叔还卒。

五月庚申朔,日有食之[6]。

陈宗竖出奔楚。

宋向魋入于曹以叛[7]。

莒子狂卒[8]。

六月,宋向魋自曹出奔卫。

宋向巢来奔。

齐人弑其君壬于舒州。

秋,晋赵鞅帅师伐卫。

八月辛丑[9],仲孙何忌卒。

冬,陈宗竖自楚复入于陈[10],陈人杀之。

陈辕买出奔楚。

有星孛[11]。

饥。

〔注释〕

①十有四年:公元前 481 年。 ②西狩获麟:《公羊传》《穀梁传》所据经文皆终于此条,且以为孔子作《春秋》与获麟此事有关。 ③射(yì):小邾大夫。句绎:邾邑,在今山东邹城市峄山东南。贾逵、服虔、杜预以为此条至十六年皆鲁史记之文,孔门弟子

欲存孔子卒,故并录以续孔子所修《春秋》。 ④舒州:齐地,在今河北廊坊市,为齐极北之地。 ⑤庚戌:二十日。 ⑥日有食之:此为公历公元前 481 年 4 月 19 日之日全食。 ⑦曹:宋邑。哀公八年宋灭曹,以为向魋食邑。 ⑧狂(qíng):郲子之名。⑨辛丑:十三日。 ⑩复入:返,复返。复、入都是返的意思。⑪孛(bèi):彗星。不言所在,史失之。

传

十四年春,西狩于大野①,叔孙氏之车子鉏商获麟②,以为不祥③,以赐虞人④。仲尼观之,曰:"麟也。"然后取之。

〔注释〕

①狩:打猎。大野:泽名,在今山东巨野县北。 ②车:车士。子鉏商:子鉏是氏,商是人名。麟:麒麟。 ③以为不祥:麟为极罕见之兽,故怪之。 ④虞人:掌山泽之官。

小邾射以句绎来奔,曰:"使季路要我①,吾无盟矣。"使子路,子路辞。季康子使冉有谓之曰②:"千乘之国③,不信其盟,而信子之言④,子何辱焉⑤?"对曰:"鲁有事于小邾⑥,不敢问故⑦,死其城下可也。彼不臣⑧,而济其言⑨,是义之也⑩,由弗能⑪。"

〔注释〕

①"使季路"二句:子路诚信,故射愿与子路约言,而不须与鲁盟誓。季路:子路。孔子弟子。要:约。 ②季康子:季孙肥。冉有:孔子弟子。 ③千乘之国:指鲁国。 ④《刘子·履信》作

“而信子之一言”,疑今本脱“一”字。 ⑤子何辱焉:谓无辱于子路。 ⑥事:指戎事。 ⑦故:缘由。 ⑧不臣:以地出奔,乃不臣之举。 ⑨济:成。 ⑩义之:以之为义。 ⑪由:子路之名。

齐简公之在鲁也①,阚止有宠焉②。及即位,使为政③。陈成子惮之④,骤顾诸朝⑤。诸御鞅言于公曰⑥:“陈、阚不可并也,君其择焉⑦!”弗听。

子我夕⑧,陈逆杀人⑨,逢之⑩,遂执以入⑪。陈氏方睦⑫,使疾⑬,而遗之潘沐⑭,备酒肉焉,飨守囚者⑮,醉而杀之,而逃。子我盟诸陈于陈宗⑯。

初,陈豹欲为子我臣⑰,使公孙言己⑱,已有丧而止⑲。既而言之⑳,曰:“有陈豹者,长而上偻㉑,望视㉒,事君子必得志㉓,欲为子臣。吾惮其为人也㉔,故缓以告。”子我曰:“何害?是其在我也。”使为臣。他日,与之言政,说,遂有宠,谓之曰:“我尽逐陈氏而立女,若何?”对曰:“我远于陈氏矣㉕,且其违者不过数人㉖,何尽逐焉?”遂告陈氏。子行曰㉗:“彼得君,弗先,必祸子㉘。”子行舍于公宫。

夏五月壬申㉙,成子兄弟四乘如公㉚。子我在幄㉛,出逆之,遂入,闭门㉜。侍人御之㉝,子行杀侍人。公与妇人饮酒于檀台㉞,成子迁诸寝㉟。公执戈㊱,将击之。大史子馀曰㊲:“非不利也,将除害也㊳。”成子出舍于库㊴,闻公犹怒,将出㊵,曰:“何所无君㊶?”子行抽剑曰:“需㊷,事之贼也㊸。谁非陈宗㊹?所不杀子者㊺,有如陈宗!”乃止。

子我归,属徒攻闱与大门㊻,皆不胜,乃出。陈氏追之,

失道于弇中[47],适丰丘[48]。丰丘人执之,以告[49],杀诸郭关[50]。成子将杀大陆子方[51],陈逆请而免之。以公命取车于道[52],及耏[53],众知而东之[54]。出雍门[55],陈豹与之车,弗受,曰:"逆为余请,豹与余车,余有私焉。事子我而有私于其雠,何以见鲁、卫之士?"东郭贾奔卫[56]。

庚辰[57],陈恒执公于舒州。公曰:"吾早从鞅之言[58],不及此。"

〔注释〕

①齐简公:名壬,齐悼公(阳生)之子。 ②阚止:齐悼公宠臣。 ③为政:执政。 ④陈成子:陈恒。亦称田常。 ⑤骤顾:频频回顾。 ⑥诸御鞅:齐大夫。诸御为复姓,《说苑·正谏》载诸御己事可证。 ⑦择焉:在阚止与陈恒之间择用一人。 ⑧子我:阚止的字。夕:傍晚朝见君主。 ⑨陈逆:陈氏之族。 ⑩逢之:子我逢陈逆。 ⑪执以入:执陈逆带入公宫。 ⑫睦:亲。谓齐心。 ⑬使疾:使之装病。 ⑭潘沐:用以洗沐的淘米水。潘:淘米水。古人以潘洗脸、洗头以除垢。 ⑮飨守囚者:陈逆以酒食招待看管囚犯的人。守:看守。 ⑯"子我"句:陈逆逃逸,子我惧其为患,故盟陈氏。陈宗:陈氏宗主之家。 ⑰陈豹:亦陈氏宗族。 ⑱公孙:齐大夫。言:道说。谓推荐。 ⑲已:以,因。⑳既:丧毕。 ㉑长而上偻(lǚ):身材高大而上部曲屈。长:高。㉒望视:仰视。 ㉓得志:合意。 ㉔惮其为人:谓恐其多诈。㉕远:疏远。 ㉖违者:不从子我者。 ㉗子行:陈逆之字。㉘子:指陈恒(田常)。 ㉙壬申:十三日。 ㉚四乘:四人共乘一车。 ㉛幄:帐。听政之处。 ㉜遂入,闭门:成子入而闭门,不纳子我。 ㉝侍人:简公之侍者。 ㉞檀台:台名,在今山东临

淄东北一里。 ㉟迁诸寝:欲使简公迁居于正寝。 ㊱“公执”二句:疑其作乱,故欲击之。 ㊲子馀:陈氏之党,为太史。㊳将:乃。 ㊴公怒,故惧。 ㊵将出:欲出奔。 ㊶何所:何处。㊷需:犹豫不决。 ㊸事之贼也:谓害于大事。贼:害。 ㊹“谁非”句:谓他人亦可以为陈氏宗主。这是威胁的话。宗:主。㊺“所不”二句:子若出奔,我必杀子,陈氏先人可以为证。所:如果。有如:有。如亦训有。宗:祖。 ㊻属:会,聚。闱:指宫墙之小门。宫墙四周都有大门、小门。 ㊼失道:迷路。弇(yǎn)中:谷名,在山东临淄至莱芜市之间。 ㊽丰丘:陈氏食邑。 ㊾以告:告陈恒。 ㊿郭关:齐郭门。 51大陆子方:子我家臣。齐太公之后,食邑于陆乡,故号大陆氏。 52取车于道:取道中行人之车。 53耏(ér):亦名“时”,齐、鲁交界之地。 54东之:知其假托君命,故夺其车使东行。 55雍门:齐城门。 56东郭贾:即大陆子方。 57庚辰:二十一日。 58“吾早”二句:悔不杀陈氏。

宋桓魋之宠害于公[①]。公使夫人骤请享焉[②],而将讨之。未及[③],魋先谋公,请以鞌易薄[④]。公曰:“不可。薄,宗邑也[⑤]。”乃益鞌七邑[⑥],而请享公焉。以日中为期[⑦],家备尽往[⑧]。公知之,告皇野曰:“余长魋也[⑨],今将祸余,请即救。”司马子仲曰[⑩]:“有臣不顺,神之所恶也,而况人乎?敢不承命?不得左师[⑪],不可,请以君命召之。”左师每食,击钟。闻钟声,公曰:“夫子将食。”既食[⑫],又奏。公曰:“可矣。”以乘车往[⑬],曰:“迹人来告曰[⑭]:‘逢泽有介麋焉[⑮]。’公曰:‘虽魋未来,得左师,吾与之田,若何?’君惮告子[⑯]。野曰:‘尝私焉[⑰]。’君欲速,故以乘车逆子。”与之乘,至[⑱],公告之故，拜，不能起[19]。司马曰："君与之言[20]。"公曰："所难子者[21]，上有天，下有先君！"对曰："魋之不共，宋之祸也，敢不唯命是听！"司马请瑞焉[22]，以命其徒攻桓氏[23]。其父兄故臣曰："不可。"其新臣曰："从吾君之命。"遂攻之。子颀骋而告桓司马[24]。司马欲入[25]，子车止之[26]，曰："不能事君，而又伐国，民不与也，祇取死焉[27]。"向魋遂入于曹以叛。

六月，使左师巢伐之，欲质大夫以入焉[28]。不能，亦入于曹[29]，取质。魋曰："不可。既不能事君，又得罪于民，将若之何？"乃舍之。民遂叛之。向魋奔卫。向巢来奔，宋公使止之[30]，曰："寡人与子有言矣，不可以绝向氏之祀。"辞曰："臣之罪大，尽灭桓氏可也。若以先臣之故，而使有后，君之惠也。若臣，则不可以入矣。"

司马牛致其邑与圭焉[31]，而适齐。向魋出于卫地，公文氏攻之[32]，求夏后氏之璜焉[33]。与之他玉，而奔齐。陈成子使为次卿。司马牛又致其邑焉，而适吴[34]。吴人恶之，而反。赵简子召之[35]，陈成子亦召之，卒于鲁郭门之外，阬氏葬诸丘舆[36]。

〔注释〕

①桓魋：即向魋，宋大夫。宠：贵盛。害：忌。此句谓桓魋势大，为宋君所忌惮。 ②夫人：景公之母。骤：数，屡次。 ③未及：未及享桓魋。 ④"请以"句：欲因易邑享宴而作乱。鞌(ān)：向魋食邑，与薄邻近，当在今山东定陶县之南、河南商丘市之北。薄：即亳。宋君之邑，在今安徽亳州市。 ⑤宗邑：宗庙所在之邑。 ⑥益鞌七邑：在鞌之外又加上七邑。 ⑦日中：正午。

⑧家备:家众。备:指甲兵之备。 ⑨长:谓自小养育之。 ⑩司马子仲:即皇野。 ⑪左师:指向巢。向魋之兄,官左师。 ⑫既食:食毕。 ⑬乘车:乘坐之车。 ⑭迹人:官名,掌田猎所在地之政令。 ⑮逢泽:薮泽名,在今河南商丘市南。介麇:离群之麇。介:单,独。 ⑯君惮告子:谓以游戏烦大臣,难以启齿。惮:难。 ⑰尝私焉:试着私下与左师谈谈。 ⑱至:至公所。 ⑲拜,不能起:向巢拜公,惧而不敢起。能:敢。 ⑳君与之言:使宋君与向巢立约。言:誓。 ㉑"所难"三句:宋公自誓,必不为难向巢。所:如果。表示假设。 ㉒瑞:指符节,用以发兵。 ㉓桓氏:向魋。 ㉔子颀:向魋之弟。桓司马:即向魋,为司马。 ㉕入:入攻宋公。 ㉖子车:亦向魋之弟。 ㉗衹:适。焉:耳。 ㉘"欲质"句:欲以宋大夫为质而返国。入:返。 ㉙"亦入"二句:谓向巢入于曹,挟迫宋君以大夫为人质。 ㉚止之:阻止向巢出奔。 ㉛司马牛:向魋之弟。致:归,还。圭:守邑之符信。 ㉜公文氏:卫大夫。 ㉝璜:半璧为璜。璧之形平而圆,中心有孔。璜为古代礼器,用于朝聘、祭祀、丧葬、征召等。 ㉞表示与向魋不同。 ㉟赵简子:赵鞅。 ㊱阬氏:鲁人。丘舆:鲁地,在今山东费县西。

甲午[①],齐陈恒弑其君壬于舒州。孔丘三日齐[②],而请伐齐三。公曰:"鲁为齐弱久矣[③],子之伐之,将若之何?"对曰:"陈恒弑其君,民之不与者半。以鲁之众,加齐之半,可克也。"公曰:"子告季孙[④]。"孔子辞。退而告人曰:"吾以从大夫之后也[⑤],故不敢不言。"

〔注释〕

①甲午:六月五日。 ②齐:通"斋"。 ③为:比。 ④季

孙：季康子，名肥。 ⑤“吾以”句：谓居其位。以：因。

初，孟孺子泄将圉马于成[1]，成宰公孙宿不受，曰："孟孙为成之病[2]，不圉马焉。"孺子怒，袭成，从者不得入，乃反。成有司使[3]，孺子鞭之。秋八月辛丑，孟懿子卒[4]。成人奔丧[5]，弗内。袒、免[6]，哭于衢[7]，听共[8]，弗许。惧，不归[9]。

〔注释〕

①孟孺子：孟懿子（仲孙何忌）之子，名泄。圉：畜养。成：孟孙氏食邑，在今山东宁阳县东北。 ②孟孙：孟懿子。病：谓民困苦。 ③有司：官吏。 ④孟懿子：仲孙何忌。 ⑤成人：指成宰。 ⑥袒、免（wèn）：丧服名。古代丧礼：凡五服以外的远亲，无丧服之制，唯脱上衣，露左臂，脱冠扎发，用宽一寸布从颈下前部交于额上，又向后绕于髻。免：同“绕”。 ⑦衢：四通八达的大道。 ⑧听共：请听命以供驱使。 ⑨不归：不敢归成。此条本与下年传文相接，为后人所割裂。

经

十有五年春[1]，王正月，成叛。

夏五月，齐高无丕出奔北燕[2]。

郑伯伐宋。

秋八月，大雩[3]。

晋赵鞅帅师伐卫。

冬，晋侯伐郑。

及齐平[4]。

卫公孟彄出奔齐。

〔注释〕

①十有五年：公元前480年。 ②北燕：国名，姬姓，故城在今北京琉璃河董家林。 ③雩(yú)：求雨之祭。 ④及齐平：鲁与齐和解。

传

十五年春[1]，成叛于齐。武伯伐成[2]，不克，遂城输[3]。

〔注释〕

①此条当与上年传文连读。 ②武伯：即孟孺子(仲孙泄)。③输：鲁邑，与成邻近。城输以逼成。

夏，楚子西、子期伐吴[1]，及桐汭[2]。陈侯使公孙贞子吊焉[3]，及良而卒[4]。将以尸入[5]，吴子使大宰嚭劳[6]，且辞曰："以水潦之不时，无乃廪然陨大夫之尸[7]，以重寡君之忧？寡君敢辞上介[8]。"芋尹盖对曰[9]："寡君闻楚为不道，荐伐吴国[10]，灭厥民人，寡君使盖备使[11]，吊君之下吏。无禄[12]，使人逢天之戚[13]，大命陨队[14]，绝世于良[15]。废日共积[16]，一日迁次[17]。今君命逆使人曰：'无以尸造于门[18]。'是我寡君之命委于草莽也[19]。且臣闻之曰，事死如事生[20]，礼也。于是乎有朝聘而终，以尸将事之礼[21]，又有朝聘而遭丧之礼[22]。若不以尸将命[23]，是遭丧而还也，无乃不可乎！以礼防民[24]，

犹或逾之㉕,今大夫曰死而弃之㉖,是弃礼也,其何以为诸侯主?先民有言曰:'无秽虐士㉗。'备使奉尸将命㉘,苟我寡君之命达于君所,虽陨于深渊,则天命也㉙,非君与涉人之过也㉚。"吴人内之㉛。

〔注释〕

①子西:公子申。子期:公子结。 ②桐汭(ruì):桐水弯曲处。桐:水名,源出安徽广德县,折而西北流,经郎溪县南,北入江苏高淳县,注入丹阳湖。 ③"陈侯"句:吴为楚所伐,故吊之。陈侯:陈闵公。 ④良:吴地。 ⑤以尸入:据《仪礼·聘礼》,使者进入所聘之国,标志着使命已经开始。如果使者死亡,主人应为之殡,入敛后以棺造于朝,由副使代为完成使命。 ⑥吴子:吴王夫差。大宰嚭:伯嚭,吴太宰。劳:郊劳。使者至于都郊,所使国之君使卿朝服用束帛慰劳。 ⑦廪然:形容危险。廪:通"懔"。 ⑧上介:上国之使。敬辞。介:副使。 ⑨芋尹:掌田猎的长官。盖:陈大夫,为芋尹。 ⑩荐:重,屡次。 ⑪备使:谓充任使者。备:具。 ⑫无禄:无福。犹言"不幸"。 ⑬戚:怒。⑭陨队:失,丧失。队:同"坠"。 ⑮绝世:弃世。谓死亡。 ⑯废日共积:谓舍弃日常供给之物。积:指刍米菜薪之类。 ⑰一日迁次:一日即迁移,不敢废君命。 ⑱造:至。门:大门。指宫门。⑲"是我"句:谓无法完成使命,是弃君命。草莽:荒野。 ⑳"事死"二句:《礼记·祭义》:"文王之祭也,事死者如生者,思死者如不欲生。" ㉑将事:执行君命。将:行。 ㉒"又有"句:据《仪礼·聘礼》,所聘之国有丧,仪礼从简(不郊劳,不筵几,不礼宾,主人毕归礼,宾唯饔饩之受,不贿,不礼玉,不赠),而不废使命。㉓"若不"二句:若使者死而废使命,如同出使遇丧而还,二者皆不合于礼。 ㉔防:止。谓约束。 ㉕或:有人。 ㉖曰:以。

弃:违。 ㉗无秽虐士:不要以死者为秽恶。虐士:死者。虐:残,死。 ㉘奉:持,带着。 ㉙则:乃。 ㉚涉人:津人。掌渡者。 ㉛内:接纳。

秋,齐陈瓘如楚[①]。过卫,仲由见之[②],曰:“天或者以陈氏为斧斤[③],既斫丧公室[④],而他人有之,不可知也;其使终飨之[⑤],亦不可知也。若善鲁以待时[⑥],不亦可乎!何必恶焉[⑦]?”子玉曰[⑧]:“然。吾受命矣,子使告我弟[⑨]。”

〔注释〕

①陈瓘(guàn):陈恒之兄。 ②仲由:子路。 ③斧斤:斧子。斤:斫木之斧。 ④既:使。斫丧:消灭。 ⑤其:或,或者。终飨之:最终享有齐国。 ⑥善:交好。 ⑦恶焉:与鲁交恶。仲由为孔门弟子,故为鲁言。 ⑧子玉:陈瓘的字。 ⑨弟:陈恒。

冬,及齐平[①]。子服景伯如齐[②],子赣为介[③],见公孙成[④],曰:“人皆臣人,而有背人之心,况齐人虽为子役,其有不贰乎[⑤]?子,周公之孙也[⑥],多飨大利,犹思不义。利不可得,而丧宗国[⑦],将焉用之?”成曰:“善哉!吾不早闻命。”

陈成子馆客[⑧],曰:“寡君使恒告曰,寡君愿事君如事卫君[⑨]。”景伯揖子赣而进之[⑩],对曰:“寡君之愿也。昔晋人伐卫[⑪],齐为卫故,伐晋冠氏[⑫],丧车五百。因与卫地,自济以西[⑬],禚、媚、杏以南[⑭],书社五百[⑮]。吴人加敝邑以乱[⑯],齐因其病[⑰],取讙与阐[⑱],寡君是以寒心。若得视卫君之事君也[⑲],则固所愿也。”成子病之[⑳],乃归成。公孙宿以其兵

甲人于嬴[21]。

〔注释〕

①及齐平：鲁与齐和解。《春秋》记载鲁国之事多省略主语，《左传》亦然。　②子服景伯：子服何。　③子赣：即子贡。端木赐，孔子弟子。介：副使。　④公孙成：成宰公孙宿。　⑤"其有"句：言公孙宿叛鲁，齐人亦将叛宿。其：岂。贰：叛。　⑥周公之孙：周公之后。自子以下皆可称孙。　⑦丧：失。宗国：公孙宿为鲁公族，故谓之宗国。　⑧馆客：即"馆宾"。主人至客馆拜见使者。为聘礼送别之仪节。　⑨"寡君"句：谓齐欲与鲁结好如同卫国。　⑩揖：拱手为礼。古代使人近前及与人告别皆作揖行礼。　⑪晋人伐卫：在定公八年。　⑫冠氏：晋邑，在今山东冠县北。　⑬济以西：济水以西。　⑭禚（zhuó）：在今山东济南市长清区。媚：在今山东禹城市。杏：在今山东茌平县。三邑皆在齐之西界。　⑮二十五家为社，书其户籍而致之。　⑯"吴人"句：指吴伐鲁。事在哀公八年。加：陵。　⑰因其病：乘其危难。因：乘。　⑱取讙与阐：亦在哀公八年。讙、阐皆鲁地，讙在今山东肥城市南，阐在今山东宁阳县东北。　⑲视：比，参照。　⑳病之：病其言。　㉑兵甲：士卒。嬴：齐邑，在今山东莱芜市西北。

卫孔圉取大子蒯聩之姊[①]，生悝。孔氏之竖浑良夫长而美[②]，孔文子卒[③]，通于内[④]。大子在戚[⑤]，孔姬使之焉[⑥]。大子与之言曰："苟使我入获国，服冕、乘轩[⑦]，三死无与[⑧]。"与之盟，为请于伯姬[⑨]。

闰月[⑩]，良夫与大子入，舍于孔氏之外圃[⑪]。昏，二人蒙衣而乘[⑫]，寺人罗御[⑬]，如孔氏。孔氏之老栾宁问之[⑭]，称姻

妾以告[15],遂入[16],适伯姬氏[17]。既食,孔伯姬杖戈而先,大子与五人介[18],舆豭从之[19]。迫孔悝于厕,强盟之[20],遂劫以登台[21]。栾宁将饮酒,炙未熟[22],闻乱,使告季子[23],召获驾乘车[24],行爵食炙[25],奉卫侯辄来奔[26]。

季子将入,遇子羔将出[27],曰:"门已闭矣。"季子曰:"吾姑至焉。"子羔曰:"弗及,不践其难[28]!"季子曰:"食焉[29],不辟其难。"子羔遂出。子路入,及门[30],公孙敢门焉[31],曰:"无入为也[32]。"季子曰:"是公孙也[33],求利焉[34],而逃其难。由不然,利其禄,必救其患!"有死者出[35],乃入[36],曰:"大子焉用孔悝?虽杀之,必或继之[37]。"且曰:"大子无勇,若燔台,半[38],必舍孔叔。"大子闻之,惧,下石乞、盂黡敌子路,以戈击之,断缨[39]。子路曰:"君子死,冠不免[40]。"结缨而死。孔子闻卫乱,曰:"柴也其来[41],由也死矣[42]。"孔悝立庄公[43]。

庄公害故政[44],欲尽去之。先谓司徒瞒成曰[45]:"寡人离病于外久矣[46],子请亦尝之。"归告褚师比,欲与之伐公,不果[47]。

〔注释〕

①蒯聩:卫灵公之太子。 ②竖:童仆。长:体长,高大。③孔文子:即孔圉。 ④通于内:与孔文子之妻(蒯聩之姊)私通。 ⑤戚:卫邑,在今河南濮阳市北。 ⑥孔姬:指蒯聩之姊。⑦服冕、乘轩:为大夫。冕为大夫之服,轩为大夫之车。 ⑧三死无与:赦其死罪三次。 ⑨"为请"句:浑良夫为太子请于孔姬。⑩闰月:闰十二月。 ⑪圃:园。 ⑫二人:指蒯聩与浑良夫。蒙衣而乘:假装成女子。《礼记·内则》:"女子出门,必拥蔽其面。"

⑬寺人罗:宦者,名罗。 ⑭老:指大夫之家臣。 ⑮姻妾:有婚姻关系者之妾。 ⑯入:入孔氏家。 ⑰适伯姬氏:往孔姬居处。⑱介:披甲。 ⑲舆:车。此谓以车载。豭(jiā):公猪。 ⑳强盟之:孔氏专政,故劫孔悝,欲迫使其驱逐卫侯辄。 ㉑登台:登卫氏之台。 ㉒炙:烤肉。 ㉓季子:子路。 ㉔召获:卫大夫。驾乘车:驾平时乘坐之车(非战车)。 ㉕行爵:酌酒劝饮。炙:烤肉。行爵食炙,表示不害怕。 ㉖奉:护送。卫侯辄:卫出公,名辄,蒯聩之子。 ㉗子羔:高柴。卫大夫,孔门弟子。出:去,离开。 ㉘不:勿,不要。禁止之辞。践:履,蹈。 ㉙"食焉"二句:谓食禄于孔氏,不当逃其难。 ㉚门:指孔氏之门。 ㉛门:守门。 ㉜无入为:不要进去。为:语助词,无义。 ㉝也:原本无此字,据阮元《校勘记》、《宋本册府元龟》卷七四六补。公孙敢在门内,子路闻其声而知之。 ㉞求利焉:指为蒯聩守门。 ㉟死:《四部丛刊》本、《宋本册府元龟》卷七四六作"使"。 ㊱门开,故得入。 ㊲必或继之:必有人继孔悝攻太子。 ㊳《史记·卫康叔世家》无"半"字,疑衍文。 ㊴缨:系冠之带。 ㊵免:去。指离身。 ㊶柴:高柴。即子羔。其:则。 ㊷由:仲由。即子路。㊸庄公:卫庄公。即蒯聩。 ㊹害:患。故政:辄之臣。政:指当政之卿大夫。《史记·卫康叔世家》云:"庄公蒯聩者,出公父也,居外,怨大夫莫迎立。元年即位,欲尽诛大臣。" ㊺谓:告。㊻离:同"罹",遭遇。病:困。 ㊼果:遂。谓达成其事。此条本与下年传文相接,为后人所割裂。

经

十有六年春[①],王正月己卯[②],卫世子蒯聩自戚入于卫[③]。

卫侯辄来奔[④]。

二月，卫子还成出奔宋[⑤]。

夏四月己丑[⑥]，孔丘卒[⑦]。

〔注释〕

①十有六年：公元前479年。 ②己卯：二十九日。 ③卫世子蒯聩：蒯聩为卫灵公太子。戚：卫邑，在今河南濮阳市北。④卫侯辄：蒯聩之子。 ⑤子还（xuán）成：即上年传文之瞒成。⑥四月己丑：四月无己丑。己丑为五月十二日。 ⑦孔子卒：经文终于此。据《史记·孔子世家》，孔子生于鲁襄公二十二年，此年七十二岁。据《公羊传》《穀梁传》，则孔子生于襄公二十一年，此年七十三岁。

传

十六年春，瞒成、褚师比出奔宋[①]。

〔注释〕

①瞒成：即经文之"子还成"。卫大夫。此条当与上年传文连读。

卫侯使鄢武子告于周[①]，曰："蒯聩得罪于君父君母[②]，逋窜于晋。晋以王室之故，不弃兄弟[③]，置诸河上[④]。天诱其衷[⑤]，获嗣守封焉[⑥]，使下臣肸敢告执事。"王使单平公对曰[⑦]："肸以嘉命来告余一人[⑧]，往谓叔父[⑨]，余嘉乃成世[⑩]，复尔禄次[⑪]，敬之哉！方天之休[⑫]，弗敬弗休[⑬]，悔其可追[⑭]？"

〔注释〕

①卫侯：指卫庄公。名蒯聩，卫灵公太子。鄢武子：名肸，卫大夫。 ②君母：妾之子女称父之正妻曰君母。蒯聩欲杀卫灵公夫人南子，见定公十四年《传》。 ③兄弟：晋、卫皆姬姓，为兄弟之国。 ④河上：黄河边。指戚。 ⑤天诱其衷：天助善人。诱：奖，助。衷：善。 ⑥守封：守其封疆。 ⑦王：指周敬王。单平公：周卿士。 ⑧嘉命：犹今言"好消息"。嘉：美，善。余一人：天子自称。 ⑨往：归。谓：告。叔父：天子称同姓诸侯为伯父、叔父。 ⑩嘉乃成世：祝贺你继位。嘉：贺。成世：继父之世。⑪禄次：禄位。 ⑫方：有。谓保有。休：福禄。 ⑬弗敬弗休：若不敬，则天不保佑。 ⑭其：岂。

夏四月己丑，孔丘卒。公诔之曰①："旻天不吊②，不憖遗一老③，俾屏余一人以在位④，茕茕余在疚⑤。呜呼哀哉尼父⑥！无自律⑦。"

子赣曰⑧："君其不没于鲁乎⑨！夫子之言曰⑩：'礼失则昏，名失则愆⑪。'失志为昏⑫，失所为愆。生不能用，死而诔之，非礼也。称一人⑬，非名也⑭。君两失之。"

〔注释〕

①诔：称述死者功德以示哀悼。如今之悼辞。 ②旻天：泛指天。不吊：不恤。 ③憖（yìn）：肯，愿。遗：留。老：对人的尊称。十一年《传》称孔丘为国老。 ④俾：使。屏：屏藩。谓辅佐。 ⑤茕茕：孤独。疚：病。 ⑥尼父（fǔ）：指孔丘。孔丘字仲尼，父为男子之尊称。 ⑦无自律：言仲尼既死，自己无所效法。自：所。律：法。 ⑧子赣：即子贡。端木赐，孔子弟子。 ⑨其：

殆。没：终。　⑩之：有。　⑪愆：过，过失。　⑫失志：失其心智。志：知。　⑬一人：即上文“余一人”。同“予一人”。天子自称之辞。《礼记·曲礼下》：“君天下曰天子，朝诸侯、分职授政任功曰予一人。”　⑭非名：非诸侯所宜用。《汉书·五行志中之上》作“予一人”。

六月，卫侯饮孔悝酒于平阳①，重酬之②，大夫皆有纳焉③。醉而送之，夜半而遣之。载伯姬于平阳而行④，及西门⑤，使贰车反祏于西圃⑥。子伯季子初为孔氏臣，新登于公⑦，请追之，遇载祏者，杀而乘其车。许公为反祏⑧，遇之，曰：“与不仁人争明⑨，无不胜。”必使先射，射三发，皆远许为。许为射之，殪⑪。或以其车从⑫，得祏于橐中⑬。孔悝出奔宋。

〔注释〕

①平阳：卫地，在今河南滑县东南。　②重酬之：多与之财货。重：厚。酬：酬币。古代飨礼，先由主人酌宾，称献；次由宾还敬主人，称酢；再由主人先酌酒自饮，再饮宾，称酬。献、酢、酬之过程，谓之一献。酬宾时，主人赠礼物于宾，谓之酬币。　③“大夫”句：大夫亦纳财货于孔悝。　④伯姬：蒯聩之姊。孔悝之母。⑤西门：平阳之门。　⑥贰车：副车。祏（shí）：主，神主。《说文·示部》：“祏，宗庙主也。”西圃：孔氏祖庙所在地。　⑦登于公：升进为庄公之臣。登：进。　⑧“许公为”句：孔悝因载祏者久而未至，使公为返回迎接。　⑨不仁人：指子伯季子。明：神。即指祏。　⑩许为：即许公为。　⑪殪：死。　⑫或：有人。　⑬橐：口袋。

楚大子建之遇谗也[①],自城父奔宋。又辟华氏之乱于郑[②]。郑人甚善之。又适晋,与晋人谋袭郑,乃求复焉[③]。郑人复之如初。晋人使谍于子木[④],请行而期焉[⑤]。子木暴虐于其私邑,邑人诉之。郑人省之[⑥],得晋谍焉,遂杀子木。其子曰胜,在吴。子西欲召之[⑦]。叶公曰[⑧]:"吾闻胜也诈而乱,无乃害乎?"子西曰:"吾闻胜也信而勇,不为不利。舍诸边竟,使卫藩焉[⑨]。"叶公曰:"周仁之谓信[⑩],率义之谓勇[⑪]。吾闻胜也好复言[⑫],而求死士,殆有私乎!复言,非信也[⑬]。期死[⑭],非勇也。子必悔之。"弗从。召之,使处吴竟[⑮],为白公。请伐郑,子西曰:"楚未节也[⑯]。不然,吾不忘也。"他日,又请,许之。未起师,晋人伐郑,楚救之,与之盟。胜怒,曰:"郑人在此[⑰],雠不远矣。"

胜自厉剑[⑱],子期之子平见之[⑲],曰:"王孙何自厉也[⑳]?"曰:"胜以直闻,不告女,庸为直乎[㉑]?将以杀尔父!"平以告子西。子西曰:"胜如卵,余翼而长之。楚国第[㉒],我死,令尹、司马,非胜而谁?"胜闻之,曰:"令尹之狂也[㉓],得死[㉔],乃非我。"子西不悛[㉕]。胜谓石乞曰[㉖]:"王与二卿士[㉗],皆五百人当之[㉘],则可矣。"乞曰:"不可得也。"曰:"市南有熊宜僚者,若得之,可以当五百人矣。"乃从白公而见之。与之言,说。告之故[㉙],辞。承之以剑[㉚],不动[㉛]。胜曰:"不为利谄[㉜],不为威惕[㉝],不泄人言以求媚者[㉞],去之。"

吴人伐慎[㉟],白公败之。请以战备献[㊱],许之,遂作乱。

秋七月,杀子西、子期于朝,而劫惠王[㊲]。子西以袂掩面而死[㊳]。子期曰:"昔者吾以力事君[㊴],不可以弗终。"抉豫章以杀人而后死[40]。石乞曰:“焚库弑王,不然,不济。”白公曰:“不可,杀王不祥[41],焚库无聚,将何以守矣?”乞曰:“有楚国而治其民,以敬事神,可以得祥,且有聚矣,何患?”弗从。

叶公在蔡[42],方城之外皆曰[43]:“可以入矣。”子高曰[44]:“吾闻之,以险徼幸者,其求无餍[45],偏重必离[46]。”闻其杀齐管脩也[47],而后入。

白公欲以子闾为王[48],子闾不可,遂劫以兵。子闾曰:“王孙若安靖楚国,匡正王室,而后庇焉,启之愿也,敢不听从?若将专利以倾王室[49],不顾楚国,有死不能[50]。”遂杀之,而以王如高府[51]。石乞尹门[52]。圉公阳穴宫[53],负王以如昭夫人之宫[54]。

叶公亦至,及北门,或遇之,曰:“君胡不胄[55]?国人望君如望慈父母焉,盗贼之矢若伤君,是绝民望也,若之何不胄?”乃胄而进。又遇一人曰:“君胡胄?国人望君如望岁焉[56],日日以几[57]。若见君面,是得艾也[58]。民知不死,其亦夫有奋心[59],犹将旌君以徇于国[60],而又掩面以绝民望,不亦甚乎!”乃免胄而进。遇箴尹固[61],帅其属将与白公[62]。子高曰:“微二子者[63],楚不国矣。弃德从贼[64],其可保乎[65]?”乃从叶公。使与国人以攻白公。白公奔山而缢,其徒微之[66]。生拘石乞,而问白公之死焉[67],对曰:“余知其死所,而长者使余勿言[68]。”曰:“不言,将烹!”乞曰:“此事克则为卿,不克则烹,固其所也[69],何害?”乃烹石乞。王孙燕奔頯黄氏[70]。

沈诸梁兼二事[71],国宁,乃使宁为令尹[72],使宽为司马[73],而老于叶[74]。

〔注释〕

①“楚大子”二句：建为楚平王太子，遇谗奔宋，见昭公二十年《传》。 ②华氏之乱：华定、华亥作乱亦在昭公二十年。③求复：求返郑。 ④谍：间谍。子木：太子建之字。 ⑤“请行”句：商请行动之日期。而：之。 ⑥省：察。 ⑦子西：公子申，楚令尹。 ⑧叶公：沈诸梁，字子高。 ⑨卫藩：保卫。藩：卫。 ⑩周仁：合于仁。周：合。《大戴礼记·四代》：“仁，信之器也。” ⑪率：循。 ⑫复言：履行诺言。复：行。 ⑬复言，非信也：不义之言而行之，不可谓信。《论语·学而》：“信近于义，言可复也。” ⑭期死：必死。 ⑮吴竟：楚与吴相邻之边境。楚使胜守白（楚邑，在今河南息县东），故下文称“白公”。 ⑯未节：无法度。节：度，法度。襄公九年《传》：“行之期年，国乃有节。” ⑰“郑人”二句：郑人杀胜之父，而子西救郑，且与郑盟，故胜以子西比郑人。 ⑱厉：同“砺”。磨。 ⑲子期：公子结，楚司马。 ⑳王孙：胜为楚平王嫡孙。 ㉑庸：岂。 ㉒第：次。指任职之次第。 ㉓狂：狂妄。 ㉔“得死”二句：谓自取灭亡，怪不得我。得：当。乃：而。 ㉕悛：改悟。 ㉖石乞：胜之党羽。㉗二卿士：子西、子期。 ㉘皆：凡，共。 ㉙故：事。 ㉚承之以剑：谓以剑逼之。承：当，抵。 ㉛不动：不惧。“动”与下文“惕”同义。 ㉜谄：通“啖”。诱。 ㉝惕：惧。 ㉞求媚：取悦于人。媚：悦。 ㉟慎：吴地，今安徽颍上县北之江口集古慎城，即其地。㊱战备：戎服。备：通“服”。《上海博物馆藏战国楚竹书》“衣服”多作“衣备”。襄公二十五年《传》：“郑子产献捷于晋，戎服将事。” ㊲惠王：名章，楚昭王之子。 ㊳“子西”句：愧叶公之言，故以袂掩面而死。 ㊴力：勇。 ㊵抉：揭。豫章：木名。樟类。㊶杀：《四部丛刊》本作“弑”。 ㊷叶公在蔡：蔡迁于州来，旧地已为楚所有。 ㊸方城：春秋时楚国北部的长城，在今河南方城

县北至邓州市一带。 ㊹子高：叶公的字。 ㊺求：欲，欲望。餍：满足。 ㊻偏重：失衡。偏：倾斜。离：离心。 ㊼“闻其”二句：管脩为齐相管仲之后，迁楚为阴大夫，有贤名。叶公闻胜杀贤大夫，知其必败。 ㊽子闾：名启，平王之子，胜之叔父，曾五次推辞王位。 ㊾若将：如果。若、将同义。专利：积聚财货。专：聚。利：资财，财货。 ㊿有：虽。 51高府：楚之别府。 52尹门：为门尹。 53圉公阳：楚大夫。穴宫：在宫墙上打洞。 54昭夫人：楚王之母，越女。 55胄：头盔。此用作动词。 56望岁：盼望谷物丰收。岁：谷。 57几：冀，希望。 58艾：安。 59夫：人，人人。奋：振，振作。 60犹将：应，应当。二字同义。旌：旗帜。此处用作意动词。以为旗帜。徇：宣示。 61箴尹固：楚大夫。名固，官箴尹。 62与：助。 63微：非。二子：指子西、子期。 64弃：背。 65保：恃。 66微：隐，藏匿。 67死：通“尸”。 68长者：指白公胜。 69所：宜。犹言“本分”。 70王孙燕：白公胜之弟。頯（kuí）黄：吴地，在今安徽宣城市。 71沈诸梁：原本无“沈”字，据阮元《校勘记》、《宋本册府元龟》卷七三七补。二事：指令尹、司马二职。事：职。 72宁：子西之子。 73宽：子期之子。74老：告老。

卫侯占梦嬖人求酒于大叔僖子[1]，不得，与卜人比[2]，而告公曰：“君有大臣在西南隅，弗去，惧害[3]。”乃逐大叔遗。遗奔晋。

〔注释〕

①占梦嬖人：占梦之嬖人。占梦为官名，见于《周礼·春官》。大叔僖子：大叔遗。 ②比：阿党。今言勾结。 ③惧害：惧有祸患。害：祸。

卫侯谓浑良夫曰①："吾继先君而不得其器②，若之何？"良夫代执火者而言曰③："疾与亡君④，皆君之子也，召之而择材焉可也⑤。若不材⑥，器可得也。"竖告大子⑦。大子使五人舆豭从己⑧，劫公而强盟之⑨，且请杀良夫。公曰："其盟免三死⑩。"曰："请三之后，有罪杀之。"公曰："诺哉⑪！"

〔注释〕

①浑良夫：孔文子的小臣。文子死后，浑良夫与其妻私通，助卫庄公（蒯聩）复位。 ②器：指国之宝器、服物仪仗等。卫侯辄逃亡时携之而出。 ③"良夫"句：将与卫君密谋，屏退左右。执火者：即《周礼·天官·宫人》之执烛。 ④疾：卫庄公的太子。亡君：卫出公（辄）。 ⑤召之：召辄。 ⑥"若不"二句：若辄不材，则废其人而取其器。 ⑦竖：童仆。大子：太子疾。 ⑧豭（jiā）：公猪。 ⑨"劫公"句：强迫庄公订盟而立己。 ⑩"其盟"句：据上年《传》，卫庄公与浑良夫盟誓云"三死无与"，即免除三次死罪。 ⑪此条本与下年传文相接，为后人所割裂。

传

十七年春①，卫侯为虎幄于藉圃②，成，求令名者而与之始食焉。大子请使良夫。良夫乘衷甸两牡③，紫衣狐裘④。至，袒裘⑤，不释剑而食⑥。大子使牵以退，数之以三罪而杀之⑦。

〔注释〕

①十七年：公元前478年。 ②虎幄：以虎为饰之幕帐。藉

圃：苑囿名。《四部丛刊》本作“籍圃”。 ③衷甸：单辕轻车。两牡：以两匹公马驾车。 ④紫衣：君主之服色。 ⑤袒裘：脱去裘衣左袖。 ⑥释：去。 ⑦“数之”句：责其三罪，又以他罪杀之。三罪：指紫衣、袒裘、不释剑而食，皆为不敬。

三月，越子伐吴[①]，吴子御之笠泽[②]，夹水而陈。越子为左右句卒[③]，使夜或左或右，鼓噪而进。吴师分以御之。越子以三军潜涉[④]，当吴中军而鼓之，吴师大乱，遂败之。

〔注释〕

①越子：越王句践。 ②吴子：吴王夫差。笠泽：水名。即今之吴淞江，又称苏州河。 ③左右句（gōu）卒：左右迂回之军。句：迂曲。 ④潜涉：隐秘渡河。

晋赵鞅使告于卫曰：“君之在晋也，志父为主[①]。请君若大子来[②]，以免志父。不然，寡君其曰志父之为也[③]。”卫侯辞以难。大子又使椓之[④]。

夏六月，赵鞅围卫。齐国观、陈瓘救卫[⑤]，得晋人之致师者[⑥]。子玉使服而见之[⑦]，曰：“国子实执齐柄，而命瓘曰：‘无辟晋师！’岂敢废命？子又何辱[⑧]？”简子曰[⑨]：“我卜伐卫，未卜与齐战。”乃还。

〔注释〕

①志父：赵鞅。主：主人。 ②若：或。 ③“寡君”句：恐晋君以为赵鞅使卫侯不来。其：将。曰：以为。 ④椓（zhuó）：通“诼”，诉，告讦。 ⑤国观：国书之子。陈瓘（guàn）：陈恒之兄。

⑥致师者：挑战者。 ⑦子玉：陈瓘的字。服：谓去囚服，着其本服。 ⑧子又何辱：言即便不来挑战，齐亦将与晋战。 ⑨简子：赵简子，赵鞅。

楚白公之乱[①]，陈人恃其聚而侵楚[②]。楚既宁，将取陈麦。楚子问帅于大师子谷与叶公诸梁[③]。子谷曰："右领差车与左史老[④]，皆相令尹、司马以伐陈[⑤]，其可使也。"子高曰[⑥]："率贱[⑦]，民慢之，惧不用命焉。"子谷曰："观丁父[⑧]，鄀俘也，武王以为军率，是以克州、蓼[⑨]，服随、唐[⑩]，大启群蛮[⑪]。彭仲爽[⑫]，申俘也，文王以为令尹，实县申、息[⑬]，朝陈、蔡，封畛于汝[⑭]。唯其任也[⑮]，何贱之有？"子高曰："天命不谄[⑯]。令尹有憾于陈[⑰]，天若亡之，其必令尹之子是与[⑱]，君盍舍焉[⑲]？臣惧右领与左史有二俘之贱，而无其令德也。"王卜之，武城尹吉[⑳]。使帅师取陈麦。陈人御之，败。遂围陈。秋七月己卯[㉑]，楚公孙朝帅师灭陈。

王与叶公枚卜子良以为令尹[㉒]。沈尹朱曰："吉。过于其志[㉓]。"叶公曰："王子而相国[㉔]，过将何为？"他日，改卜子国而使为令尹[㉕]。

〔注释〕

①白公胜作乱，见上年《传》。 ②聚：积聚。 ③楚子：楚惠王。 ④右领差车：名差车，官右领。左史老：名老，官左史。 ⑤令尹：子西。司马：子期。 ⑥子高：诸梁。 ⑦率贱：言右领、左史地位较低，不足以为帅。楚出兵多由令尹为统帅，或国君亲行。 ⑧"观丁父"三句：楚武王伐鄀，俘获观丁父，任为军帅。鄀：

又称下鄀,国名,允姓,在今河南内乡县、陕西商州市之间。后徙上鄀,在今湖北宜城市东南。 ⑨州:国名,偃姓,在今湖北洪湖市东北。蓼:国名,在今河南唐河县南。 ⑩随:国名,姬姓,在今湖北随州市。唐:国名,姬姓,在今湖北随州市唐县镇。 ⑪大:广。启:开,开拓。 ⑫“彭仲爽”三句:楚文王灭申,俘获彭仲爽,任为令尹。申:国名,姜姓,在今河南南阳市。 ⑬县申、息:灭申、息以为楚县。息:国名,姬姓,在今河南息县。 ⑭封畛(zhěn)于汝:拓展疆域至于汝水。封、畛皆疆域之意。 ⑮任:能。 ⑯谄:同“慆”。疑。 ⑰“令尹”句:十五年,子西伐吴,陈人吊吴,故恨之。⑱“其必”句:谓必与令尹之子。其、必同义。与:助。 ⑲舍焉:舍右领与左史。 ⑳武城尹:公孙朝,子西之子。 ㉑己卯:八日。㉒枚卜:谓不指其事,泛卜吉凶。古代卜筮,常先述所卜之事。《方言》卷十三:“枚,凡也。”《说文》段注:“凡之言泛也,包举泛滥一切之称也。”子良:楚惠王弟。 ㉓志:望,期望。 ㉔“王子”二句:言唯王在相上,地位无以复加。 ㉕子国:名宁。子西之子。

卫侯梦于北宫①,见人登昆吾之观②,被发北面而噪曰:“登此昆吾之虚③,绵绵生之瓜。余为浑良夫④,叫天无辜。”公亲筮之,胥弥赦占之⑤,曰:“不害。”与之邑,置之而逃⑥,奔宋。卫侯贞卜⑦,其《繇》曰⑧:“如鱼竀尾⑨,衡流而方羊⑩。裔焉大国⑪,灭之⑫,将亡⑬。阖门塞窦⑭,乃自后逾。”

冬十月,晋复伐卫⑮,入其郛⑯。将入城,简子曰:“止!叔向有言曰⑰:‘怙乱灭国者无后⑱。’”卫人出庄公而与晋平,晋立襄公之孙般师而还⑲。

十一月,卫侯自鄄入[20],般师出。

初,公登城以望,见戎州[21]。问之,以告。公曰:"我,姬姓也,何戎之有焉?"翦之[22]。公使匠久[23]。公欲逐石圃[24],未及而难作。辛巳[25],石圃因匠氏攻公,公阖门而请,弗许。逾于北方而队[26],折股。戎州人攻之,大子疾、公子青逾从公[27],戎州人杀之。公入于戎州己氏[28]。初,公自城上见己氏之妻发美,使髡之[29],以为吕姜髢[30]。既入焉,而示之璧,曰:"活我,吾与女璧。"己氏曰:"杀女,璧其焉往[31]?"遂杀之,而取其璧。卫人复公孙般师而立之。十二月,齐人伐卫,卫人请平。立公子起[32],执般师以归,舍诸潞[33]。

〔注释〕

①北宫:卫之别宫。 ②昆吾之观:观名,在昆吾之墟,故名昆吾之观。昆吾:夏、商之间部落名,己姓,在今河南濮阳市。 ③"登此"二句:描摹墟中情形,未必与下文有直接联系。绵绵:形容不断。之:语助词,无义。 ④"余为"二句:卫侯与浑良夫盟,答应免其三死,后以一时之事杀之,故自谓无罪。此数句以虚、瓜、夫、辜为韵。 ⑤胥弥赦:卫筮史。 ⑥置:弃。 ⑦贞卜:占卜,卜问。贞、卜义同。 ⑧繇(zhòu):卦兆的占辞。 ⑨赪(chēng)尾:赤尾。鱼困顿则尾赤。 ⑩"衡流"句:形容局促不安。衡:同"横"。方羊:驰骋。 ⑪裔焉大国:谓与大国相邻。裔:边。焉:于。 ⑫灭之:言身为大国所灭。《诗·鄘风·载驰序》:"卫懿公为狄人所灭。" ⑬将亡:言国将灭亡。此数句以羊、亡为韵。 ⑭"阖门"二句:以窦、逾为韵。阖:闭。窦:孔穴。 ⑮春伐卫未得志,故复伐之。 ⑯郛:外城。 ⑰叔向:羊舌肸,晋大夫。 ⑱怙(hù):恃。 ⑲襄公:卫襄公,卫灵公之

父。 ⑳“卫侯”句:晋师还,卫侯复入。鄄(juàn):本为卫邑,此时属齐,在今山东鄄城县。 ㉑戎州:戎人所居之邑。 ㉒翦:灭。 ㉓公使匠久:谓工匠长期不得休息。 ㉔石圃:卫卿。㉕辛巳:十二日。 ㉖队:同“坠”。 ㉗公子青:太子疾之弟。㉘己氏:戎人之姓。 ㉙髡:剃发。 ㉚吕姜:卫庄公夫人。髢(tì):假发。 ㉛璧将焉往:言璧自可得。往:归。 ㉜公子起:灵公之子。 ㉝潞:齐邑。

公会齐侯[①],盟于蒙[②],孟武伯相[③]。齐侯稽首[④],公拜[⑤]。齐人怒,武伯曰:“非天子,寡君无所稽首。”武伯问于高柴曰:“诸侯盟,谁执牛耳[⑥]?”季羔曰[⑦]:“鄫衍之役[⑧],吴公子姑曹;发阳之役[⑨],卫石魋[⑩]。”武伯曰:“然则彘也[⑪]。”

〔注释〕

①齐侯:齐平公,名敖,简公之弟。 ②蒙:地名,在今山东蒙阴县东十里。 ③孟武伯:孟孺子泄,名彘。相:为相赞礼。④稽(qǐ)首:叩首至地。古代最重的跪拜礼。 ⑤拜:先跪而拱手,俯首至手,与手平。 ⑥执牛耳:谓主盟。 ⑦季羔:高柴。⑧鄫衍之役:指鄫衍之盟,在七年。 ⑨发阳之役:指发阳(即郧)之盟,在十二年。 ⑩石魋(tuí):卫卿,石曼姑之子。 ⑪彘:武伯之字。

宋皇瑗之子麇有友曰田丙[①],而夺其兄劖般邑以与之[②]。劖般愠而行,告桓司马之臣子仪克[③]。子仪克适宋[④],告夫人曰[⑤]:“麇将纳桓氏。”公问诸子仲[⑥]。初,子仲将以杞姒之子非我为子[⑦],麇曰:“必立伯也[⑧],是良材[⑨]。”

子仲怒,弗从,故对曰:"右师则老矣[10],不识麇也。"公执之[11]。皇瑗奔晋,召之[12]。

〔注释〕

①皇瑗:宋右师。 ②劖(chán)般:麇之兄。劖:同"鄺"。 ③桓司马:桓魋。亦称向魋。子仪克:桓氏家臣。克远离宋都,未参与桓魋之乱,故尚在位。 ④适宋:适宋都。 ⑤夫人:景公之母。 ⑥子仲:皇野。 ⑦杞姒:子仲之妻。子:宗子,嗣子。 ⑧伯:非我之兄。 ⑨良材:贤能之人。材:同"才"。贤,贤能。良、材同义。 ⑩"右师"二句:言右师已老,不能作乱,麇则不可知。 ⑪执之:执麇。 ⑫召之:召之使还。此条本与下年传文相接,为后人所割裂。

传

十八年春[1],宋杀皇瑗[2]。公闻其情[3],复皇氏之族,使皇缓为右师[4]。

〔注释〕

①十八年:公元前477年。 ②皇瑗:宋右师。 ③公闻其情:宋景公知其冤。情:实。 ④皇缓:皇瑗之侄。此条当与上年传文连读。

巴人伐楚,围鄾[1]。初,右司马子国之卜也[2],观瞻曰[3]:"如志[4]。"故命之。及巴师至,将卜帅,王曰:"宁如志[5],何卜焉?"使帅师而行,请承[6],王曰:"寝尹、工尹[7],勤先君者也。"三月,楚公孙宁、吴由于、薳固败巴师于鄾[8],故

封子国于析[9]。

君子曰："惠王知志。《夏书》曰[10]：'官占唯能蔽志[11]，昆命于元龟。'其是之谓乎！《志》曰：'圣人不烦卜筮[12]。'惠王其有焉！"

〔注释〕

①鄾(yōu)：楚邑，在今湖北襄阳旧城东北二十里。 ②"右司马"句：子国为令尹前，卜为右司马，得吉兆。子国：公孙宁之字。 ③观瞻：楚开卜大夫观从之后。 ④如志：如其所愿。 ⑤宁：子国。 ⑥承：佐。指辅佐者。 ⑦"寝尹"二句：柏举之战，寝尹吴由于以背受戈，鍼尹固(此时已改任工尹)为王执象燧惊退吴师，见定公四年《传》。勤：劳，恤。 ⑧薳(wěi)固：即工尹固。 ⑨析：楚邑，一名"白羽"，在今河南内乡县西北。 ⑩《夏书》：逸《书》。 ⑪"官占"二句：言当先判断人的愿望，而后用占卜。即先人谋后卜筮之意。官占：卜筮之官。蔽：断。志：意。昆：后。命：占。此二句见于古文《尚书·大禹谟》。 ⑫"圣人"句：卜以决疑。无疑，故不卜。

夏，卫石圃逐其君起[1]，起奔齐。卫侯辄自齐复归[2]，逐石圃，而复石魋与大叔遗[3]。

〔注释〕

①"卫石圃"二句：起为齐所立，故逐之。石圃：卫卿。 ②卫侯辄：卫出公。十五年奔鲁。 ③石魋与大叔遗皆为蒯聩所逐。

传

十九年春[①]，越人侵楚，以误吴也[②]。夏，楚公子庆、公孙宽追越师，至冥[③]，不及，乃还。

〔注释〕

①十九年：公元前476年。 ②误吴：谓麻痹吴人，使之不作准备。 ③冥：越地。

秋，楚沈诸梁伐东夷[①]，三夷男女及楚师盟于敖[②]。

〔注释〕

①报复越人伐楚。 ②三夷：三种居于越地之夷。在今浙江宁波、台州、温州一带。敖：东夷之地，亦在今浙江滨海地区。

冬，叔青如京师[①]，敬王崩故也。

〔注释〕

①叔青：鲁大夫，叔还之子。

传

二十年春[①]，齐人来征会[②]。夏，会于廪丘[③]，为郑故[④]，谋伐晋。郑人辞诸侯。秋，师还。

〔注释〕

①二十年：公元前475年。 ②征：召。 ③廪丘：齐邑，在今河南范县。 ④“为郑”二句：因晋伐郑，齐、鲁谋伐晋。

吴公子庆忌骤谏吴子[①],曰:“不改,必亡。”弗听。出居于艾[②]。遂适楚。闻越将伐吴,冬,请归平越[③],遂归。欲除不忠者以说于越。吴人杀之。

〔注释〕

①骤:屡,屡次。 ②艾:吴邑,在今江西修水县西。 ③平越:与越和解。

十一月,越围吴,赵孟降于丧食[①]。楚隆曰[②]:“三年之丧,亲昵之极也,主又降之[③],无乃有故乎?”赵孟曰:“黄池之役[④],先主与吴王有质[⑤],曰:‘好恶同之。’今越围吴,嗣子不废旧业而敌之[⑥],非晋之所能及也,吾是以为降。”楚隆曰:“若使吴王知之[⑦],若何?”赵孟曰:“可乎?”隆曰:“请尝之[⑧]。”乃往,先造于越军,曰:“吴犯间上国多矣[⑨],闻君亲讨焉,诸夏之人莫不欣喜[⑩],唯恐君志之不从[⑪],请入视之。”许之。告于吴王曰:“寡君之老无恤使陪臣隆敢展谢其不共[⑫]:黄池之役,君之先臣志父得承齐盟[⑬],曰:‘好恶同之。’今君在难,无恤不敢惮劳,非晋国之所能及也,使陪臣敢展布之[⑭]。”王拜稽首曰[⑮]:“寡人不佞[⑯],不能事越,以为大夫忧[⑰],拜命之辱。”与之一箪珠[⑱],使问赵孟[⑲],曰:“句践将生忧寡人,寡人死之不得矣[⑳]。”王曰:“溺人必笑[㉑],吾将有问也。史黯何以得为君子[㉒]?”对曰:“黯也进不见恶[㉓],退无谤言。”王曰:“宜哉!”

〔注释〕

①赵孟:赵鞅之子,赵襄子无恤。降于丧食:赵孟居父丧,饮食降等。今吴有灭亡之忧,而己不能救,复降饮食之等级。②楚隆:襄子家臣。 ③主:卿大夫之称。 ④黄池之役:哀公十三年,吴、晋等国会于黄池。 ⑤先主:指赵鞅。有质:有盟约。质:约。 ⑥嗣子:襄子自称。敌:当。指担当旧业。 ⑦若:其。⑧尝:试。 ⑨犯间:犯。犯、间义同。上国:指越国。敬称。⑩诸夏:指中原各国。 ⑪从:遂。 ⑫老:亦卿大夫之称。陪臣:臣之臣称陪臣。展:陈。 ⑬志父:赵鞅。承:奉。齐盟:斋盟。齐:通“斋”。盟誓必斋戒,故称斋盟。 ⑭展布:陈,陈述。展、布同义。 ⑮稽首:叩首至地。古代最重之跪拜礼。 ⑯不佞:不才。 ⑰为:使。大夫:指无恤。 ⑱箪(dān):圆形竹器,可盛饭食。 ⑲问:以物赠人曰问。 ⑳死之不得:谓不得善终。㉑“溺人”二句:比喻所问不急,如溺水者不知所为而笑。 ㉒史黯:即史墨。 ㉓“黯也”二句:此为互文。谓史黯进退得宜,人无毁谤之言。进:出仕。退:不仕。

传

二十一年夏五月①,越人始来②。

〔注释〕

①二十一年:公元前474年。 ②越欲称霸,始遣使适鲁。

秋八月,公及齐侯、邾子盟于顾①。齐人责稽首②,因歌之曰:“鲁人之皋③,数年不觉,使我高蹈④。唯其儒书⑤,以为二国忧。”

是行也，公先至于阳谷[6]。齐闾丘息曰[7]："君辱举玉趾，以在寡君之军[8]，群臣将传遽以告寡君[9]。比其复也，君无乃勤[10]？为仆人之未次[11]，请除馆于舟道[12]。"辞曰："敢勤仆人[13]？"

〔注释〕

①顾：齐地，在今河南范县。 ②"齐人"句：十七年，鲁、齐会于蒙，齐侯稽首，鲁君仅拜而不稽首，故齐人责之。 ③皋：通"浩"，倨傲。 ④高蹈：形容嗔怒。 ⑤"唯其"二句：言鲁拘于儒书，不答齐侯稽首之礼，使齐、鲁二国不睦。此数句以皋、蹈、忧为韵。 ⑥阳谷：齐地，在今山东阳谷县北三十里。 ⑦闾丘息：闾丘明之后。 ⑧在：莅。 ⑨传遽（zhuàn jù）：传车。 ⑩勤：劳。 ⑪次：舍。 ⑫除：治。舟道：齐地。 ⑬敢勤仆人：不敢劳齐人除馆。

传

二十二年夏四月[1]，邾隐公自齐奔越[2]，曰："吴为无道，执父立子[3]。"越人归之，大子革奔越[4]。

〔注释〕

①二十二年：公元前 473 年。 ②邾隐公：邾子益。哀公八年，邾隐公为吴所囚；十年，奔齐。 ③执：原本作"埶"，据纂图本改。 ④大子革：邾隐公之太子桓公，哀公八年为吴所立。

冬十一月丁卯[1]，越灭吴，请使吴王居甬东[2]。辞曰："孤老矣，焉能事君？"乃缢。越人以归[3]。

〔注释〕

①丁卯：二十七日。 ②甬(yǒng)东：越地，在今浙江舟山市定海区东之翁山。 ③以归：以其尸归吴。

传

二十三年春[①]，宋景曹卒[②]。季康子使冉有吊[③]，且送葬，曰："敝邑有社稷之事，使肥与有职竞焉[④]，是以不得助执绋[⑤]，使求从舆人[⑥]，曰：'以肥之得备弥甥也[⑦]，有不腆先人之产马[⑧]，使求荐诸夫人之宰[⑨]，其可以称旌繁乎[⑩]？'"

〔注释〕

①二十三年：公元前472年。 ②宋景曹：宋元公夫人，小邾女，季桓子之外祖母。景是谥号，曹是姓。 ③季康子：季孙肥。冉有：孔子弟子。 ④有职竞：谓有职事。竞：语助词，无义。⑤得：能。执绋(fú)：送葬。送葬必执绋。绋：引柩下墓穴所执的绳索。 ⑥求：冉有之名。舆人：送丧的人。舆：轶轴。古代送丧的车。 ⑦备：充。犹言"凑数"。谦辞。弥甥：远甥。宋元公夫人为季桓子外祖母，故季康子自称弥甥。 ⑧腆：多。 ⑨荐：献。宰：家臣。 ⑩称：副，相称。旌：旗。繁(pán)：繁缨。桓公二年《传》云："藻、率、鞞、鞛、鞶、厉、游、缨，昭其数也，……三辰旂旗，昭其明也。"

夏六月，晋荀瑶伐齐[①]，高无丕帅师御之。知伯视齐师，马骇，遂驱之[②]，曰："齐人知余旗[③]，其谓余畏而反也[④]。"及垒而还。

将战，长武子请卜[⑤]，知伯曰："君告于天子，而卜之以守龟于宗祧[⑥]，吉矣，吾又何卜焉？且齐人取我英丘[⑦]，君命瑶，非敢耀武也，治英丘也[⑧]。以辞伐罪足矣，何必卜？"

壬辰[⑨]，战于犁丘[⑩]，齐师败绩。知伯亲禽颜庚[⑪]。

〔注释〕

①荀瑶：知伯，知襄子，知跞之孙。 ②驱之：策马向前。 ③知：见。 ④谓：认为，以为。 ⑤长武子：晋大夫。 ⑥守龟：用于占卜的龟。宗祧：宗庙。 ⑦英丘：晋邑。未详何处。 ⑧治英丘：治齐取英丘之罪。 ⑨壬辰：二十六日。 ⑩犁丘：即隰。齐地，在今山东临邑县西。 ⑪颜庚：颜涿聚，齐大夫。

秋八月，叔青如越[①]，始使越也。越诸鞅来聘[②]，报叔青也。

〔注释〕

①叔青：叔还之子。 ②诸鞅：越大夫。

传

二十四年夏四月[①]，晋侯将伐齐[②]，使来乞师曰[③]："昔臧文仲以楚师伐齐[④]，取谷[⑤]；宣叔以晋师伐齐[⑥]，取汶阳[⑦]。寡君欲徼福于周公，愿乞灵于臧氏[⑧]。"臧石帅师会之[⑨]，取廪丘[⑩]。军吏令缮[⑪]，将进[⑫]。莱章曰[⑬]："君卑政暴，往岁克敌[⑭]，今又胜都[⑮]，天奉多矣[⑯]，又焉能进[⑰]？是躗言也[⑱]。役将班矣[⑲]！"晋师乃还。饩臧石牛[⑳]，大史谢之曰[㉑]："以寡

君之在行[22],牢礼不度[23],敢展谢之[24]。”

〔注释〕

①二十四年:公元前471年。 ②晋侯:指晋出公。 ③乞师:请师。 ④臧文仲:臧孙辰。 ⑤取谷:事在僖公二十六年。谷:齐地,在今山东平阴县东阿镇。 ⑥宣叔:臧宣叔。名许,臧文仲之子。 ⑦取汶阳:事在成公二年。汶阳:汶水北岸之地。 ⑧乞灵:义同“徼福”。求福。灵:福。 ⑨臧石:臧宾如之子。 ⑩廪丘:齐邑,在今河南范县。 ⑪军吏:晋之军吏。缮:通“膳”。炊,煮食。 ⑫进:前。 ⑬莱章:齐大夫。 ⑭往岁:去年。克敌:擒颜庚。 ⑮都:指廪丘。 ⑯奉:与,给与。 ⑰进:益。 ⑱躗(wèi)言:诬妄不信之言。躗:通譪。诬妄。 ⑲班:还。 ⑳饩(xì):赠送活的牲畜。 ㉑大史:晋太史。 ㉒在行:在军行。 ㉓牢礼:谓接待规格。牛、羊、猪各一为一牢。不度:不合礼数。 ㉔展:陈。

邾子又无道[①],越人执之以归,而立公子何[②]。何亦无道。

〔注释〕

①邾子:名益。八年,邾子因无道而被废;二十二年,越人复立之,今又无道。 ②公子何:邾隐公子,太子革弟。

公子荆之母嬖[①],将以为夫人,使宗人衅夏献其礼[②]。对曰:“无之。”公怒曰:“女为宗司[③],立夫人,国之大礼也,何故无之?”对曰:“周公及武公娶于薛[④],孝、惠娶于商[⑤],自桓以下娶于齐[⑥],此礼也则有。若以妾为夫人,则固无其

礼也。”公卒立之，而以荆为大子。国人始恶之。

〔注释〕

①公子荆：鲁哀公庶子。 ②宗人：掌礼之官。衅夏：人名。③宗司：掌管宗室之官。司：官。 ④周公：鲁周公姬旦。武公：名敖。薛：国名，任姓，故城在今山东滕州市官桥、张汪二镇之间。⑤孝：孝公，名称。惠：惠公，名弗皇。商：宋。宋为商之后，子姓。⑥桓：桓公，名轨。桓公夫人文姜，齐女。

闰月①，公如越，得大子适郢②，将妻公而多与之地。公孙有山使告于季孙。季孙惧③，使因大宰嚭而纳赂焉④，乃止。

〔注释〕

①闰月：闰十月。 ②得：中。指相得，投合。适郢：越王句践太子之名。 ③季孙恐鲁君因越人讨己，故惧。 ④因：由，通过。大宰嚭（pǐ）：伯嚭。故吴太宰，此时仕于越。赂：财货。

传

二十五年夏五月庚辰①，卫侯出奔宋②。

卫侯为灵台于藉圃③，与诸大夫饮酒焉。褚师声子袜而登席④，公怒。辞曰：“臣有疾，异于人。若见之，君将嗀之⑤，是以不敢。”公愈怒。大夫辞之⑥，不可。褚师出，公戟其手曰⑦：“必断而足！”闻之。褚师与司寇亥乘⑧，曰：“今日幸而后亡⑨。”

公之入也，夺南氏邑⑩，而夺司寇亥政。公使侍人纳公

文懿子之车于池[11]。初,卫人翦夏丁氏[12],以其帑赐彭封弥子[13]。弥子饮公酒,纳夏戊之女,嬖,以为夫人。其弟期[14],大叔疾之从孙甥也[15],少畜于公[16],以为司徒。夫人宠衰,期得罪。公使三匠久[17]。公使优狡盟拳弥[18],而甚近信之。故褚师比、公孙弥牟、公文要、司寇亥、司徒期因三匠与拳弥以作乱,皆执利兵,无者执斤[19]。使拳弥入于公宫,而自大子疾之宫噪以攻公[20]。鄄子士请御之[21],弥援其手曰:“子则勇矣,将若君何[22]?不见先君乎[23]?君何所不逞欲[24]?且君尝在外矣,岂必不反?当今不可,众怒难犯。休而易间也[25]。”乃出。将适蒲[26],弥曰:“晋无信,不可。”将适鄄[27],弥曰:“齐、晋争我,不可。”将适泠[28],弥曰:“鲁不足与[29],请适城鉏以钩越[30],越有君。”乃适城鉏。弥曰:“卫盗不可知也[31],请速,自我始。”乃载宝以归。

公为支离之卒[32],因祝史挥以侵卫[33]。卫人病之。懿子知之[34],见子之[35],请逐挥。文子曰:“无罪。”懿子曰:“彼好专利而妄[36]。夫见君之入也[37],将先道焉[38]。若逐之,必出于南门,而适君所。夫越新得诸侯,将必请师焉[39]。”挥在朝,使吏遣诸其室[40]。挥出,信[41],弗内。五日,乃馆诸外里[42],遂有宠,使如越请师。

〔注释〕

①二十五年:公元前470年。庚辰:二十五日。 ②卫侯:卫出公辄。 ③藉圃:园名。 ④褚师声子:褚师比。袜而登席:古时饮宴则解袜。袜而登席不合于礼。 ⑤嗀(xiào):吐,呕吐。⑥辞:请,请求。 ⑦戟手:伸出食指和中指指人,形状如戟,故云

戟手。常用来形容人的愤怒。 ⑧司寇亥:名亥,官司寇。⑨幸而后亡:恐诛,故以出亡为幸。 ⑩南氏:公孙弥牟。子南之子。 ⑪纳:藏。公文懿子:公文要。 ⑫"卫人"句:事在十一年。翦:灭。夏丁氏:夏戊。 ⑬帑(nú):同"孥"。妻子。彭封弥子:弥子瑕。 ⑭期:夏戊之子。 ⑮从孙甥:姊妹之孙。⑯畜:养。 ⑰三匠:三种匠人。如木工等。 ⑱优狡:俳优,名狡。拳弥:卫大夫。 ⑲斤:斧。 ⑳大子疾:蒯聩之太子,死于十七年。噪:群呼。 ㉑鄄子士:卫大夫。 ㉒言子士死,卫君将无人护卫。 ㉓"不见"句:蒯聩遇乱而不速奔,故为戎州人所杀,令以为戒。 ㉔"君何"句:言他处亦可以得志。 ㉕休:息,止息。而:乃。间:疏离。 ㉖蒲:卫邑,近于晋,在今河南长垣县。 ㉗鄄(juàn):卫地,在今山东鄄城县西北。 ㉘泠:卫邑,近于鲁。 ㉙与:亲。 ㉚城鉏:卫邑,近于宋,在今河南滑县东十五里。钩越:与越联系。 ㉛"卫盗"四句:拳弥欺骗卫君,谓若携其宝物,将招致卫盗,请君速行,而己为先发。己乃载宝而归卫。 ㉜支离:分散。此为阵名。 ㉝因:依凭。祝史:官名,掌祭祀、告神之赞辞。 ㉞知之:知挥为卫君内间。 ㉟子之:公孙弥牟。即下文之"文子"。 ㊱专利:积聚财货。专:聚。利:资财,财货。妄:不法。 ㊲夫:彼。 ㊳道:导,引导。 ㊴将必:必,必定。将、必同义。 ㊵诸:语助词,无义。 ㊶信:信如懿子所言。 ㊷外里:卫侯所在处。

六月,公至自越[①]。季康子、孟武伯逆于五梧[②],郭重仆[③],见二子,曰:"恶言多矣,君请尽之[④]。"公宴于五梧,武伯为祝[⑤],恶郭重,曰:"何肥也!"季孙曰:"请饮彘也[⑥]!以鲁国之密迩仇雠[⑦],臣是以不获从君,克免于大行[⑧],又谓重

也肥[⑨]？”公曰：“是食言多矣[⑩]，能无肥乎？”饮酒不乐，公与大夫始有恶[⑪]。

〔注释〕

①公至自越：哀公于上年闰十月至越，至此始归。 ②季康子：季孙肥。孟武伯：孟孺子，名彘。五梧：鲁南部边境之地。③仆：为公御。 ④尽：穷。谓穷诘之。 ⑤祝：献酒祝寿。⑥饮彘：谓彘（即孟武伯）应罚酒。 ⑦密迩：紧靠。密：近。仇雠：敌，敌人。指齐国。 ⑧克：得。大行：远行。大有“长”“远”的意思。 ⑨又：何。 ⑩“是食言”二句：暗指三桓多食言。食言：谓言而无信。 ⑪恶：怨。

传

二十六年夏五月[①]，叔孙舒帅师会越皋如、舌庸、宋乐茷纳卫侯[②]。文子欲纳之[③]，懿子曰[④]：“君愎而虐[⑤]，少待之，必毒于民[⑥]，乃睦于子矣。”师侵外州[⑦]，大获。出御之，大败[⑧]。掘褚师定子之墓[⑨]，焚之于平庄之上[⑩]。

文子使王孙齐私于皋如曰[⑪]：“子将大灭卫乎[⑫]，抑纳君而已乎[⑬]？”皋如曰：“寡君之命无他，纳卫君而已。”文子致众而问焉，曰：“君以蛮夷伐国，国几亡矣，请纳之。”众曰：“勿纳。”曰：“弥牟亡而有益，请自北门出[⑭]。”众曰：“勿出。”重赂越人，申开守陴而纳公[⑮]，公不敢入。师还。立悼公[⑯]，南氏相之[⑰]。以城鉏与越人[⑱]。公曰：“期则为此[⑲]。”令苟有怨于夫人者[⑳]，报之。司徒期聘于越[㉑]，公攻而夺之币。期告王[㉒]，王命取之，期以众取之。公怒，杀期之甥为

大子者㉓。遂卒于越㉔。

〔**注释**〕

①二十六年:公元前469年。 ②舌:原本作"后",据阮元《校勘记》、杨伯峻说改。卫侯:出公辄。 ③文子:公孙弥牟。 ④懿子:公文要。 ⑤愎:固执。 ⑥毒:怨恨。谓取怨。 ⑦师:越纳辄之师。 ⑧大败:卫师大败。 ⑨褚师定子:褚师比之父。 ⑩平庄:陵名。 ⑪王孙齐:卫大夫王孙贾之子。私:私下会见。 ⑫大:语助词,无义。 ⑬抑:还是。已:止。 ⑭"请自"句:言己愿出奔。弥牟此言,为试探众心。 ⑮"申开"句:开重门而严设守备,故卫侯不敢入。申:重。陴(pí):城上矮墙。 ⑯悼公:公子黚,蒯聩庶弟。 ⑰南氏:公孙弥牟。 ⑱城鉏:卫邑,在今河南滑县东十五里。 ⑲期:夏期。官司徒。 ⑳"令苟"二句:令恨夫人(司徒期之姊)者可自行报复。 ㉑聘于越:为悼公聘。 ㉒王:越王。 ㉓期之甥为大子者:即卫侯与期之姊所生之子立为太子者。 ㉔卫侯未必死于此年,《传》终言之。

宋景公无子①,取公孙周之子得与启②,畜诸公宫,未有立焉。于是皇缓为右师③,皇非我为大司马,皇怀为司徒④,灵不缓为左师⑤,乐茷为司城⑥,乐朱鉏为大司寇⑦。六卿三族降听政⑧,因大尹以达⑨。大尹常不告⑩,而以其欲称君命以令⑪。国人恶之。司城欲去大尹,左师曰:"纵之,使盈其罪。重而无基,能无敝乎⑫?"

冬十月,公游于空泽⑬。辛巳⑭,卒于连中⑮。大尹兴空泽之士千甲⑯,奉公自空桐入⑰,如沃宫⑱,使召六子⑲,曰:"闻下有师⑳,君请六子画㉑。"六子至,以甲劫之,曰:

“君有疾病，请二三子盟。”乃盟于少寝之庭[22]，曰：“无为公室不利！”大尹立启，奉丧殡于大宫[23]，三日而后国人知之。司城茷使宣言于国曰：“大尹惑蛊其君[24]，而专其利[25]，令君无疾而死，死又匿之，是无他矣，大尹之罪也[26]。”

得梦启北首而寝于卢门之外[27]，己为乌而集于其上[28]，咮加于南门[29]，尾加于桐门[30]。曰：“余梦美，必立。”

大尹谋曰：“我不在盟[31]，无乃逐我？复盟之乎！”使祝为载书[32]。六子在唐盂[33]，将盟之。祝襄以载书告皇非我[34]。皇非我因子潞、门尹得、左师谋曰[35]：“民与我，逐之乎！”皆归授甲，使徇于国曰[36]：“大尹惑蛊其君，以陵虐公室[37]。与我者，救君者也。”众曰：“与之！”大尹徇曰：“戴氏、皇氏将不利公室[38]，与我者，无忧不富。”众曰：“无别[39]！”戴氏、皇氏欲伐公[40]，乐得曰：“不可。彼以陵公有罪，我伐公，则甚焉。”使国人施于大尹[41]。大尹奉启以奔楚，乃立得。司城为上卿，盟曰：“三族共政[42]，无相害也。”

〔注释〕

①宋景公：名栾。 ②公孙周：宋元公之孙。得：即后来的宋昭公。启：得之弟。 ③于是：此时。 ④皇怀：皇非我之堂兄弟。 ⑤灵不缓：公子围龟（字子灵）四世孙。 ⑥乐茷（fěi）：乐溷之子。 ⑦乐朱鉏：乐輓之子。 ⑧六卿：右师、左师、司马、司徒、司城、司寇。三族：皇、灵、乐氏。降：共，共同。听政：参政。⑨因：由，通过。大尹：疑为临时设置之官。达：通。 ⑩不告：不告宋君。 ⑪欲：愿。谓所愿。 ⑫敝：败。 ⑬空泽：即空桐泽，在今河南虞城县南。 ⑭辛巳：四日。 ⑮连中：馆名，在空

桐泽之后。 ⑯兴:发。士千甲:甲士千人。 ⑰奉公:护送其尸。奉:保。空桐:地名,即空泽。 ⑱沃宫:宋都城内宫名。 ⑲六子:指六卿。 ⑳下:下邑。 ㉑画:筹划。 ㉒少寝:小寝,燕寝。诸侯燕息之所。 ㉓大宫:宋之祖庙。 ㉔惑蛊:惑,迷惑。惑、蛊义同。 ㉕专:擅,独揽。 ㉖“大尹”句:言大尹弑君。 ㉗北首:人死后北首。《礼记·礼运》:“故死者北首,生者南乡。”卢门:宋东城南门。 ㉘乌:原本作“鸟”,据阮元《校勘记》、《宋本册府元龟》卷七四七、卷八九二改。 ㉙咮(zhòu):鸟口。加:居,处。 ㉚桐门:宋都城之北门。 ㉛“我不”句:少寝之庭,以君命盟六卿,大尹不在其列。 ㉜祝:礼官。常以言告神,故称祝。据《周礼·春官·诅祝》,诅祝作盟诅之载辞(即载书,盟书)。 ㉝唐盂:地名,在宋都近郊。 ㉞襄:祝之名。 ㉟因:依。子潞:乐茷。门尹得:乐得,官门尹。 ㊱徇:宣示。 ㊲陵虐:欺凌。虐:侮,陵。 ㊳戴氏:即乐氏。 ㊴无别:没有凭证。别:契约。 ㊵公:启。 ㊶施:归罪。 ㊷三族:即上文之皇氏、灵氏、乐氏。

卫出公自城鉏使以弓问子赣[①],且曰:“吾其入乎?”子赣稽首受弓[②],对曰:“臣不识也[③]。”私于使者曰:“昔成公孙于陈[④],宁武子、孙庄子为宛濮之盟而君入[⑤];献公孙于齐[⑥],子鲜、子展为夷仪之盟而君入[⑦]。今君再在孙矣[⑧],内不闻献之亲,外不闻成之卿,则赐不识所由入也。《诗》曰[⑨]:‘无竞惟人[⑩],四方其顺之。’若得其人,四方以为主,而国于何有[⑪]?”

〔注释〕

①问：以物赠人曰问。子赣：即子贡。端木赐，孔子弟子。②稽（qǐ）首：叩首至地。古代最重的跪拜礼。③识：知。④"昔成公"句：卫成公（名郑）出奔楚，遂奔陈，见僖公二十八年《传》。孙：奔。⑤"宁武子"句：宛濮之盟亦在僖公二十八年。宁武子：宁俞。与孙庄子皆为卫大夫。⑥"献公"句：卫献公（名衎）奔齐在襄公十四年。原本"齐"上有"卫"字，据阮元《校勘记》、杨伯峻说删。⑦"子鲜"句：夷仪之盟在襄公二十六年。子鲜：卫献公之弟，名鱄，与子展皆为卫大夫。⑧"今君"句：卫出公于哀公十五年孙于鲁，今又孙于宋。⑨《诗》曰：引文出自《诗·周颂·烈文》。⑩"无竞"二句：言有人则天下顺之。无竞惟人：什么都比不上人。竞：比，并。四方：指四方各国。顺：从。⑪何有：有何。谓不难。

传

二十七年春[①]，越子使舌庸来聘[②]，且言邾田[③]，封于骀上。

二月，盟于平阳[④]。三子皆从[⑤]。康子病之[⑥]，言及子赣[⑦]，曰："若在此，吾不及此夫[⑧]！"武伯曰："然。何不召？"曰："固将召之。"文子曰："他日请念[⑨]。"

〔注释〕

①二十七年：公元前468年。②越子：越王句践。舌：原本作"后"，据阮元《校勘记》、杨伯峻说改。③"且言"二句：越欲使鲁归还侵占邾国之土地，以骀上为界。封：疆界。此用作动词。骀（tái）上：即狐骀，在今山东滕州市东南二十里。④平阳：鲁

邑,在今山东邹城市。 ⑤三子皆从:季康子(季孙肥)、叔孙文子(叔孙舒)、孟武伯(孟彘,即孺子泄)皆从舌庸盟。 ⑥耻与蛮夷盟。 ⑦子赣:即子贡。端木赐,孔子弟子。为著名才辩之士。⑧不及此:谓不与越盟。 ⑨他日请念:言季孙不能用子赣,临难而思之。念:思。

夏四月己亥[1],季康子卒。公吊焉,降礼[2]。

〔注释〕

①己亥:二十五日。 ②降礼:降其丧礼之等。

晋荀瑶帅师伐郑[1],次于桐丘[2]。郑驷弘请救于齐。齐师将兴,陈成子属孤子三日朝[3]。设乘车两马[4],系五邑焉[5]。召颜涿聚之子晋[6],曰:"隰之役[7],而父死焉。以国之多难,未女恤也。今君命女以是邑也,服车而朝[8],毋废前劳[9]!"乃救郑。及留舒[10],违谷七里[11],谷人不知。及濮[12],雨,不涉。子思曰[13]:"大国在敝邑之宇下[14],是以告急。今师不行,恐无及也!"成子衣制杖戈[15],立于阪上[16],马不出者[17],助之鞭之。知伯闻之[18],乃还,曰:"我卜伐郑,不卜敌齐。"使谓成子曰:"大夫陈子[19],陈之自出。陈之不祀[20],郑之罪也,故寡君使瑶察陈衷焉[21],谓大夫其恤陈乎[22]! 若利本之颠[23],瑶何有焉?"成子怒曰:"多陵人者皆不在[24],知伯其能久乎!"中行文子告成子曰[25]:"有自晋师告寅者,将为轻车千乘,以厌齐师之门[26],则可尽也。"成子曰:"寡君命恒曰:"无及寡[27],无畏众。"虽过千乘,敢辟之

乎？将以子之命告寡君。”文子曰：“吾乃今知所以亡㉘。君子之谋也，始、衷、终皆举之㉙，而后入焉㉚。今我三不知而入之，不亦难乎㉛？”

〔注释〕

①荀瑶：晋执政大夫。②桐丘：郑地，在今河南扶沟县西。③“陈成子”句：谓召集战死者之子，使朝三日，以示礼遇。古代有恤孤之礼。《礼记·郊特牲》：“春飨孤子。”陈成子：陈恒。齐执政大夫。属（zhǔ）：聚，召集。④乘车两马：大夫所服。⑤系：加。⑥颜涿聚：即颜庚，齐大夫。⑦隰之役：即犁丘之役。在二十三年。⑧服：乘。⑨前劳：指颜涿聚之功。⑩留舒：齐地，在今山东平阴县东阿镇。⑪违：离，距离。谷：齐地，今山东平阴县有东阿镇，即其地。⑫濮：水名，流经河南滑县与延津县一带，今已湮。⑬子思：国参。子产之子。⑭大国：指晋。⑮制：雨衣。⑯阪：高坡。⑰出：进，前。《说文·出部》：“出，进也。”⑱知伯：知瑶。⑲“大夫”二句：陈恒之祖先本陈人。庄公二十二年，陈公子完（敬仲）奔齐。陈之自出：即出自陈。自：所。⑳“陈之”二句：哀公十七年，楚灭陈，与郑无关。㉑察：审察。衷：情实。㉒谓：以为，认为。㉓“若利”二句：谓陈国灭亡，于我无伤。何有：何爱。㉔不在：不终。谓不得善终。㉕中行文子：荀寅。此时在齐。㉖厌（yā）：压迫。㉗“无及”二句：谓不要趋弱避强。及：就。㉘乃今：于今。㉙衷：中。举：尽。㉚入：进。谓进而行之。㉛难：病。

公患三桓之侈也①，欲以诸侯去之；三桓亦患公之妄也②，故君臣多间③。公游于陵阪④，遇孟武伯于孟氏之衢，

曰："请有问于子，余及死乎[⑤]？"对曰："臣无由知之。"三问，卒辞不对。公欲以越伐鲁，而去三桓。秋八月甲戌[⑥]，公如公孙有陉氏[⑦]，因孙于邾[⑧]，乃遂如越。国人施公孙有山氏[⑨]。

〔注释〕

①三桓：鲁之孟孙、叔孙、季孙皆出于桓公，故称三桓。侈：大。谓强大。　②妄：气盛。《说文》："毅，妄怒也。"段注："凡气盛曰妄。"　③间：隔阂，嫌隙。　④陵阪：地名。　⑤"余及"句：问己得善终否。死：指自然死亡。　⑥甲戌：朔日。　⑦公孙有陉氏：即公孙有山氏。氏：家。　⑧"因孙"二句：《史记·鲁周公世家》云："公欲以越伐三桓。八月，哀公如陉氏。三桓攻公，公奔于卫，去如邹，遂如越。国人迎哀公复归，卒于有山氏。"　⑨施：罪，加罪。

悼之四年[①]，晋荀瑶帅师围郑。未至，郑驷弘曰："知伯愎而好胜[②]，早下之，则可行也[③]。"乃先保南里以待之[④]。知伯入南里，门于桔柣之门[⑤]。郑人俘酅魁垒[⑥]，赂之以知政[⑦]，闭其口而死[⑧]。将门，知伯谓赵孟[⑨]："入之。"对曰："主在此[⑩]。"知伯曰："恶而无勇[⑪]，何以为子[⑫]？"对曰："以能忍耻[⑬]，庶无害赵宗乎[⑭]！"知伯不悛[⑮]，赵襄子由是惎知伯[⑯]，遂丧之[⑰]。知伯贪而愎[⑱]，故韩、魏反而丧之。

〔注释〕

①悼之四年：鲁悼公四年，当晋出公十二年，即公元前463年。悼：鲁悼公。名宁，哀公之子。　②愎：固执。　③行：去。谓使退军。　④保：据，据守。南里：地名，在都城外。　⑤门：攻

打城门。桔柣(jié dié):郑国远郊之门。 ⑥鄬(xī)魁垒:晋士。 ⑦“赂之”句:许用为郑卿。 ⑧“闭其”句:塞其口使窒息而死。闭:塞。 ⑨赵孟:赵襄子无恤。 ⑩主:卿大夫之称。 ⑪“恶而”二句:谓襄子貌丑而无勇,何以得立为嗣。无恤本贱妾之子,其父简子废嫡子伯鲁而立之。 ⑫子:宗子,嗣子。 ⑬耻:辱。 ⑭赵宗:赵氏家族。宗:宗族。 ⑮悛:改。 ⑯惎(jì):毒,恨。 ⑰丧:灭。 ⑱“知伯”二句:赵襄子四年(公元前454年),知伯联合魏氏、韩氏共攻赵,赵襄子保于晋阳。岁余,赵与魏、韩合谋,灭知伯而共分其地。愎:任性,固执。反:叛。

后 记

2001年,陕西人民出版社周鹏飞先生约我为《左传》作一新注,列入"中国六大史学名著"丛书。其实我对"史学名著"这个名称并不赞同,但因为是丛书名称,而且前面已经出过数种,所以只能从众。《春秋左传新注》于1988年3月出版①。

此书出版后,随着阅读的深入和教学、研究的开展,觉得还有许多内容需要修改补充,曾与陕西人民出版社联系,希望加以修订,而未能如愿。

2020年,应中华书局之约,对此书进行修订,在原有基础上参考金泽文库本、纂图互注本审定文字,增加《前言》《凡例》,改写《后记》,补充修改注释,并将书名改为《春秋左传详注》。

在本次修订过程中,得到吕友仁、周维纲、方向东、王锷、俞志慧、刘立志诸师友的帮助,苏芃、吴柱、姚瀾、郭帅、王少帅、历届本科生、研究生予以多方协助,或商榷注解,或校对文本,或提供资料,在此表示谢忱。中华书局刘明先生

① 其详细情况可参阅该书后记。

通校底本,校阅全稿,多所献替,于此一并致谢。山东大学刘晓东先生欣然为拙著题署,足为本书生色。

本书修订过程中有一些新的认识,撰成《〈左传〉校读札记》若干篇,共十馀万字,正在陆续发表,可供读者参考。

赵生群

2023 年 6 月 11 日于济南